ERSTE BRANDENBURGISCHE
LANDESAUSSTELLUNG
SCHLOSS DOBERLUG 2014

PREUSSEN UND SACHSEN

Szenen einer Nachbarschaft

HERAUSGEGEBEN VON
FRANK GÖSE
WINFRIED MÜLLER
KURT WINKLER
ANNE-KATRIN ZIESAK
FÜR DAS HAUS DER BRANDENBURGISCH-PREUSSISCHEN GESCHICHTE

SANDSTEIN VERLAG

Inhalt

Leihgeber

Wir danken sehr herzlich den Leihgebern der Landesausstellung sowie allen, die bei ihrer Verwirklichung mit Rat und Tat geholfen haben!

Deutschland

- Altena, Museen Burg Altena
- Ahlsdorf, Familie Meuschel-Wehner
- Aukrug, Dr. Thomas Habeck
- Ballenstedt, Privatbesitz
- Bautzen, Domschatzkammer St. Petri
- Beelitz, »Alte Posthalterei« – Beelitzer Heimatmuseum
- Berlin, Akademie der Künste
- Berlin, Berlin-Brandenburgische Akademie der Wissenschaften
- Berlin, Stiftung Deutsches Historisches Museum
- Berlin, Evangelische Kirchengemeinde St. Petri-St. Marien
- Berlin, Geheimes Staatsarchiv Preußischer Kulturbesitz (PK)
- Berlin, Astrid Gräfin von Hardenberg
- Berlin, Museum für Naturkunde
- Berlin, Staatliche Museen zu Berlin, Kunstbibliothek
- Berlin, Staatliche Museen zu Berlin (SMB), Kunstgewerbemuseum
- Berlin, Staatliche Museen zu Berlin, Kupferstichkabinett
- Berlin, Staatsbibliothek zu Berlin – Preußischer Kulturbesitz (PK), Benutzungsabteilung (IID), Handschriftenabteilung (IIIA), Kartenabteilung (IIIC) und Abt. Historische Drucke (IIIR)
- Berlin, Stiftung Stadtmuseum Berlin
- Bremen, Nils Viebahn
- Chemnitz, Schloßbergmuseum – Museum für Stadtgeschichte
- Dessau, Anhaltische Gemäldegalerie
- Dresden, Gemäldegalerie Alte Meister, Staatliche Kunstsammlungen Dresden (SKD)
- Dresden, Grünes Gewölbe, Staatliche Kunstsammlungen Dresden
- Dresden, Kunstgewerbemuseum, Staatliche Kunstsammlungen Dresden
- Dresden, Kupferstich-Kabinett, Staatliche Kunstsammlungen Dresden
- Dresden, Münzkabinett, Staatliche Kunstsammlungen Dresden
- Dresden, Porzellansammlung, Staatliche Kunstsammlungen Dresden
- Dresden, Rüstkammer, Staatliche Kunstsammlungen Dresden
- Dresden, Skulpturensammlung, Staatliche Kunstsammlungen Dresden
- Dresden, Militärhistorisches Museum der Bundeswehr
- Dresden, Sächsisches Staatsarchiv – Hauptstaatsarchiv Dresden
- Dresden, Sächsische Landesbibliothek – Staats- und Universitätsbibliothek
- Dresden, Städtische Galerie Dresden – Kunstsammlung, Museen der Stadt Dresden
- Dresden, Stadtmuseum
- Eilenburg, Stadtmuseum Eilenburg
- Frankfurt am Main, Universitätsbibliothek Johann Christian Senckenberg
- Frankfurt am Main, Universitätsbibliothek Johann Christian Senckenberg, Zentralbibliothek
- Freiberg, Technische Universität Bergakademie Freiberg
- Freiberg, Technische Universität Bergakademie Freiberg Universitätsbibliothek »Georgius Agricola«
- Freital, Städtische Sammlungen Freital auf Schloss Burgk
- Görlitz, Kulturhistorisches Museum Görlitz
- Görlitz, Oberlausitzische Bibliothek der Wissenschaften
- Greifswald, Pommersches Landesmuseum
- Halberstadt, Berend Lehmann Museum
- Halberstadt, Städtisches Museum Halberstadt
- Halberstadt, Gleimhaus
- Halle (Saale), Martin-Luther-Universität Halle-Wittenberg, Universitäts- und Landesbibliothek Sachsen-Anhalt
- Halle (Saale), Martin-Luther-Universität-Halle-Wittenberg, Zentrale Kustodie
- Halle (Saale), Technisches Halloren- und Salinemuseum
- Hannover, Museum August Kestner

- Hannover, Gottfried Wilhelm Leibniz Bibliothek – Niedersächsische Landesbibliothek
- Hechingen, Haus Hohenzollern, SKH Georg Friedrich Prinz von Preußen
- Herrnhut, Unitätsarchiv der Evangelischen Brüder-Unität
- Herrnhut, Heimatmuseum
- Idar-Oberstein, Deutsches Mineralienmuseum
- Jüterbog, Museum im Mönchenkloster Jüterbog
- Kamenz, Lessing-Museum
- Leipzig, Museum der bildenden Künste
- Leipzig, Stadtgeschichtliches Museum
- Leipzig, Sondersammlungen der Universitätsbibliothek Leipzig
- Leipzig, Kunstsammlung der Universität Leipzig
- Löwenberger Land, Evangelische Kirchengemeinde Neuholland
- Lübbenau, Gräflich zu Lynarsche Schloßverwaltung
- Luckau, Evangelische Kirchengemeinde St. Nikolai
- Luckau, Niederlausitz-Museum Luckau
- Magdeburg, Kulturhistorisches Museum
- Magdeburg, Stadtarchiv
- Nassau a. d. Lahn, Privatbesitz
- Nörten-Hardenberg, Carl Graf von Hardenberg
- Potsdam, Brandenburgisches Landeshauptarchiv
- Potsdam, Potsdam Museum – Forum für Kunst und Geschichte
- Potsdam, Stiftung Preußische Schlösser und Gärten Berlin-Brandenburg (SPSG)
- Potsdam, Universitätsbibliothek
- Schildau, Evangelisches Kirchspiel Schildau
- Schwerin, Staatliches Museum Schwerin – Kunstsammlungen, Schlösser und Gärten
- Sölden, Christian F. Zander
- Trier, Stadtbibliothek Weberbach / Stadtarchiv
- Weißenfels, Museum Weißenfels Schloss Neu-Augustusburg
- Wittenberg, Städtische Sammlungen Lutherstadt Wittenberg
- Zossen, Brandenburgisches Landesamt für Denkmalpflege und Archäologisches Landesmuseum

England
- Barnard Castle, The Bowes Museum

Frankreich
- Straßburg, Musée Historique
- Valençay, Schloss Valençay

Italien
- Turin, Galleria Civica d'Arte Moderna e Contemporanea

Niederlande
- Doorn, Huis Doorn, Stichting Museum

Polen
- Warschau, Muzeum Narodowe (Nationalmuseum)
- Warschau, Zamek Królewski (Königsschloss)
- Zgorzelec, Muzeum Łużyckie (Lausitzer Museum)

Schweden
- Stockholm, Livrustkammaren och Skoklosters slott med Stiftelsen Hallwylska museet

Schweiz
- Basel, Historisches Museum

Grußworte

Verheiratet waren sie nie, Preußen und Sachsen, aber sie hatten es miteinander. »Szenen einer Nachbarschaft« heißt denn auch die Erste Brandenburgische Landesausstellung im Untertitel und lässt erahnen, dass diese Wechselbeziehung schon lange Bestand hat.

Facetten aus drei Jahrhunderten einer Geschichte, die viele Ausprägungen des Mit- und Gegeneinanders kannte, stehen im Zentrum der Ausstellung. Wer weiß schon, dass der Süden Brandenburgs bis zum Wiener Kongress 1815 sächsisch war? Damals gingen die europäischen Mächte daran, nach dem Sieg über Napoleon das »europäische Haus« neu zu ordnen. Im Zeitalter der Monarchen wurden Territorien und Untertanen verschoben – so auch die Sachsen, die über Nacht Preußen wurden. Mit Schloss Doberlug im heutigen Landkreis Elbe-Elster, das in der ersten Hälfte des 17. Jahrhunderts Sachsens Kurfürst Johann Georg I. erbauen ließ, präsentiert sich ein Ausstellungsort, der selber Zeugnis jener Zeit ist, in der dieser Teil Brandenburgs noch sächsisch war. Doch mussten Schloss und Klosteranlage zunächst aus ihrem Dornröschenschlaf erweckt werden. Dieses gelang mit Mitteln der Europäischen Union, des Bundes und des Landes, von Stadt und Kirche. Nun ist die »sächsische Perle Brandenburgs« erstmals wieder für die Öffentlichkeit zugänglich. Auch darauf kann man stolz blicken.

Geschichte ist tot und für die Gegenwart unerheblich, sagen die einen. Geschichte vergeht nie, sagen die anderen. Und tatsächlich: Die Vergangenheit ragt überall in die Gegenwart hinein. Noch immer lebt sächsische Lebensart im brandenburgischen Süden und noch immer existiert trotz aller guten Zusammenarbeit eine Grenze – mittlerweile zwischen Sachsen und Brandenburg. Indem die Landesausstellung das Vergangene in das Heute holt, trägt sie auch zu unserer Selbstvergewisserung bei. Nur wer weiß, wo er herkommt, kann auch sagen, wo er hin will. Deshalb richtet sich die Exposition nicht zuletzt an junge Menschen, für die besondere Angebote entwickelt wurden.

Die Erste Brandenburgische Landesausstellung wird von Vorträgen, Konzerten und Ausstellungen in verschiedenen anderen Orten flankiert. Wie die Landesausstellung überhaupt viele Akteure animiert hat, in der ganzen Region ihrerseits thematisch bezogene Veranstaltungen durchzuführen. »Die Region feiert« – und strebt über ihre Grenzen hinaus!

Mein besonders herzlicher Dank gilt VATTENFALL und der Ostdeutschen Sparkassenstiftung gemeinsam mit der Sparkasse Elbe-Elster, der Kulturstiftung der Länder und dem Landkreis Elbe-Elster für ihre Unterstützung. In diesen Dank schließe ich ausdrücklich all jene ein, die hier nicht namentlich genannt werden können – es sind sehr viele!

Dr. Dietmar Woidke
Ministerpräsident des Landes Brandenburg

Sachsen und Preußen haben einander in ihrer Geschichte geprägt. Die Erste Brandenburgische Landesausstellung »Preußen und Sachsen. Szenen einer Nachbarschaft« spiegelt diese einzigartige Beziehung beider Länder wider.

Es ist mir deshalb eine Freude, als sächsischer Ministerpräsident zusammen mit meinem brandenburgischen Kollegen Dr. Dietmar Woidke die Schirmherrschaft für die Erste Brandenburgische Landesausstellung zu übernehmen.

Beide Länder pflegten über Jahrhunderte zum einen ein intensives und freundschaftliches Verhältnis, das sich in einem regen kulturellen, wirtschaftlichen und politischen Austausch niederschlug. Die prunkvollen Bauten in Sachsen und Brandenburg, die heute Weltruf genießen, gehen auch auf die ambitionierte Konkurrenz der einstigen Herrscherhäuser zurück.

Allerdings gab es zum anderen auch Zeiten feindseliger Rivalität und offener Auseinandersetzungen, wovon insbesondere die Lausitz betroffen war. Schloss Doberlug – dort, »wo Preußen Sachsen küsst« – symbolisiert als Veranstaltungsort genau das: Einst im Besitz des sächsischen Kurfürsten, fiel es 1815 an Preußen. Jetzt wird es nach aufwendiger Sanierung erstmals wieder genutzt und lässt die wechselvolle Geschichte von »Sachsens Glanz und Preußens Gloria« für die Besucherinnen und Besucher der Ausstellung lebendig werden.

Für den Freistaat Sachsen haben sich die Staatlichen Kunstsammlungen Dresden, das Institut für Sächsische Geschichte und Volkskunde, die Technische Universität Dresden und viele andere kulturelle Einrichtungen an der Ausstellung beteiligt. Ich freue mich insbesondere, dass die Landesausstellung auch in drei sächsischen Städten meiner Heimat, der Lausitz, mit Partnerprojekten ausgewählte regionale Aspekte der preußisch-sächsischen Nachbarschaft zeigt.

In Bautzen wird die Entwicklung der Oberlausitz nach ihrer durch den Wiener Kongress beschlossenen Teilung beleuchtet. In Görlitz präsentiert eine Ausstellung erstmals Kunstschätze des Adels aus der Lausitz und Schlesien. Und unter dem Titel »Ein Sachse in Preußen« wird in Kamenz der Schriftsteller Gotthold Ephraim Lessing porträtiert.

Ich hoffe, dass die Ausstellung in beiden Ländern ein großer Erfolg wird. Ihnen, den Besucherinnen und Besuchern, wünsche ich eindrucksvolle und interessante Stunden in der Landesausstellung. Und ich lade Sie recht herzlich ein: Kommen Sie auch nach Bautzen, Görlitz und Kamenz!

Stanislaw Tillich
Ministerpräsident des Freistaates Sachsen

Das Jahr 2014 bietet für den Landkreis Elbe-Elster die einmalige Chance, stärker als bisher auf sich aufmerksam zu machen. Das verdanken wir der Ersten Brandenburgischen Landesausstellung mit dem wunderbaren Slogan »Wo Preußen Sachsen küsst«. Als Folge des Wiener Kongresses von 1814/15 fielen große Teile von Sachsen an Preußen, darunter auch die Niederlausitz sowie die Hälfte der Oberlausitz. Von einem Tag zum anderen wurden die dort lebenden Menschen von Sachsen zu Preußen. Spuren dieser wechselvollen Vergangenheit finden sich in Südbrandenburg bis heute.

Das Ereignis gibt uns die Gelegenheit, unsere regionalen Schätze im Rahmen dieser besonderen kulturhistorischen Schau zu präsentieren. Die Landesausstellung unterstreicht, dass diese Region spannende Geschichte und Geschichten zu bieten hat, die sich weiterzuerzählen lohnen. Als Landkreis bringen wir uns mit vielen regionalen Partnern von den Kommunen bis zu den Vereinen intensiv mit ein. Erkennbar ist das unter den Stichworten »Die Region feiert« und »Kultursommer«, hinter denen sich eine Vielzahl von Erlebnisangeboten für die ganze Familie verbergen.

»Was den Menschen auszeichnet, ist nicht, dass er Geschichte hat, sondern dass er etwas von der Geschichte begreift«, hat der deutsche Friedensforscher Carl Friedrich von Weizsäcker einmal gesagt.

Ich wünsche mir, dass sich möglichst viele Menschen aus nah und fern dafür und für die Geschichten rund um diesen Kulturhöhepunkt von außerordentlicher Bedeutung interessieren und den Weg 2014 und auch danach zu uns finden. Das ist beste Werbung für unseren Landkreis! Und ich meine: Die tollen Bilder von Schloss, Refektorium und Klosterkirche sind auch ein guter Ansporn für die Zukunft.

Ihr
Christian Heinrich-Jaschinski
Landrat des Landkreises Elbe-Elster

Mit einer erstmalig in Brandenburg ausgerichteten Landesausstellung stehen Doberlug-Kirchhain und der Landkreis Elbe-Elster im besonderen Fokus der Aufmerksamkeit. Es erfüllt uns mit Stolz, erster Austragungsort dieses neuen Ausstellungsformats im Land Brandenburg zu sein.

Seit etwa einem Jahrzehnt unternimmt die Stadt große Anstrengungen, das Schloss und mit ihm das historische Areal attraktiv und funktional zu gestalten. Eine wahre Herkulesaufgabe für uns! Jetzt können wir sagen, wir haben es »wachgeküsst«. Und wie das Strahlen in den Gesichtern nach einem Kuss, so erstrahlt Schloss Doberlug jetzt im neuen, edlen Glanz und ist zu Recht das herausragende Exponat der Landesausstellung.

Mit der spätromanisch-frühgotischen Klosterkirche des ehemaligen Zisterzienserklosters Dobrilugk, dem letzten großen sächsischen Renaissancebau Schloss Doberlug und der planmäßigen barocken Stadtanlage, der »Idealstadt« Doberlug, können Sie Architektur-, Bau- und Kulturgeschichte auf engstem Raum hautnah erleben.

Wir haben aber noch mehr zu bieten. Im Stadtteil Kirchhain lohnt ein Besuch im Weißgerbermuseum, dem einzigen dieser Art in Europa. Dort können Sie das Handwerk der Weiß- und Glaceeledergerberei anschaulich nachverfolgen.

In den vielen ehemaligen Klosterdörfern um Doberlug-Kirchhain herum mit Feldsteinkirchen und idyllischen Dorfangern sind dörfliche Traditionen noch tief verwurzelt und erlebbar. Empfehlenswert ist nach dem kompakten Kultur- und Geschichtsgenuss in der Ausstellung ein Abstecher in den benachbarten Naturpark Niederlausitzer Heidelandschaft. Auch dort gibt es viel zu entdecken, zu erkunden und zu erleben.

Ich würde mich freuen, wenn Sie die Anregungen mitnehmen und sich davon zu einem weiteren Besuch inspirieren lassen.

Ich wünsche Ihnen eine angenehme, erlebnisreiche Zeit in der Kloster- und Gerberstadt Doberlug-Kirchhain sowie viele neue Erkenntnisse durch den Besuch der Landesausstellung »Preußen und Sachsen. Szenen einer Nachbarschaft«.

Herzlich willkommen auf Schloss Doberlug oder – wie wir es liebevoll nennen – in der sächsischen Perle Brandenburgs!

Ihr
Bodo Broszinski
Bürgermeister der Stadt Doberlug-Kirchhain

Lessing lässt in seinem gleichnamigen Lustspiel schließlich doch noch die sächsische Minna von Barnhelm mit ihrem preußischen Major von Tellheim zusammenfinden. Vielleicht haben unsere Vorfahren in Preußen und Sachsen *Minna von Barnhelm* zu wenig gesehen oder gelesen, sonst hätte es möglicherweise weniger Konfliktstoff zwischen beiden Ländern gegeben. Lessings berühmtes Paar stellt glücklicherweise heute keine Rarität mehr in den brandenburgisch-sächsischen Beziehungen dar. Davon werden sich insbesondere die Schülerinnen und Schüler überzeugen können, die der Einladung der Ausstellungsorganisatoren und der Ostdeutschen Sparkassenstiftung zur »Jungen Landesausstellung« in die Niederlausitz folgen. Denn ihr »Tag zwischen Preußen und Sachsen« kann sich nach Rückkehr als ein entscheidender Gesprächsanstoß erweisen. Warum sollen sie nicht zu Hause die Entdeckung machen, dass sie selbst Kinder brandenburgisch-sächsischer Eltern sind und damit eine mittlerweile längst verankerte Länderzusammengehörigkeit personifizieren, die sich historisch nicht immer von selbst verstand?!

Die Erste Brandenburgische Landesausstellung wird manche Besucher auf Fragen von Identität und Heimat ansprechen. Sie wird unseren Blick auf das südliche Brandenburg an der Grenze nach Sachsen positiv erweitern. Landesausstellungen sind ein ausgezeichnetes Format, um faszinierende Abschnitte unserer Landesgeschichten zeitgemäß, attraktiv und mit der Aussicht auf hohe Resonanz zu präsentieren. Die Ostdeutsche Sparkassenstiftung stellt gern ihre langjährige Expertise in der Kooperation mit Landeausstellungen zur Verfügung und ist gemeinsam mit der Sparkasse Elbe-Elster überzeugter Partner dieses ehrgeizigen Ausstellungsvorhabens. Denn es bedeutet einen wichtigen Meilenstein für die weitere Entwicklung eines markanten Teils Brandenburgs abseits der großen Zentren. Wir sind zuversichtlich, dass die Landesausstellung über ihren Abschluss Anfang November hinaus Aufmerksamkeit auf Schloss Doberlug, die Stadt Doberlug-Kirchhain, den Landkreis Elbe-Elster und die Niederlausitz lenken wird.

Wir wollen Herkunft und Zukunft zusammenbringen und haben deshalb in Brandenburg wie in Sachsen Kräfte gebündelt, damit bis zu 10 000 Schülerinnen und Schüler auf Schloss Doberlug eine unvergessliche Begegnung mit charakteristischen Kapiteln von Kultur und Geschichte zwischen Dresden und Potsdam haben. Und wer weiß: Vielleicht erfährt dank der Ersten Brandenburgischen Landesausstellung Lessings *Minna von Barnhelm* noch ihre zeitgenössische Variante in der brandenburgisch-preußischen Beziehungsgeschichte.

Dr. Michael Ermrich
Vorsitzender des Vorstandes der Ostdeutschen Sparkassenstiftung und Geschäftsführender Präsident des Ostdeutschen Sparkassenverbandes

Jürgen Riecke
Vorsitzender des Vorstandes der Sparkasse Elbe-Elster

Friedrich-Wilhelm von Rauch
Geschäftsführer der Ostdeutschen Sparkassenstiftung

Es ist für Unternehmen nicht immer einfach, abzuwägen, wo man als Unterstützer und Förderer auftritt und wo nicht. Viele gute und interessante Ideen werden regelmäßig vorgestellt, doch längst nicht allen kann Hilfe zugesagt werden. Bei dem Projekt »Erste Brandenburgische Landesausstellung 2014« hingegen war schnell klar, dass es viele gute Gründe gibt, uns zu engagieren. Denn wo Preußen Sachsen küsst, da sind wir zu Hause. An der Grenze zwischen Brandenburg und Sachsen, in der Lausitz, gehen wir schon seit Jahrzehnten unserer Arbeit nach. Ein wertvoller Schatz verbindet beide Länder: Es ist das schwarze Gold der Lausitz, die Braunkohle. Seit mehr als 100 Jahren gehört der Bergbau in die Lausitz, verschafft die Kohle den Menschen Lohn und Brot. Aus dem Jahr 1789 liegt die erste urkundliche Erwähnung eines Braunkohlefunds in der Niederlausitz bei Bockwitz auf dem Butterberg vor, heute ein Stadtteil von Lauchhammer, unweit von Doberlug-Kirchhain. Brandenburg und Sachsen erlebten eine wechselvolle Geschichte mit Licht- und Schattenseiten. Dieser Wechsel spiegelt sich auch in der wirtschaftlichen Entwicklung der Länder wider, und die Wirtschaft ihrerseits veränderte die Länder. Mit Beginn des 20. Jahrhunderts begann der Siegeszug des elektrischen Stromes. Bis zu 100 000 Menschen waren in der Region in der Braunkohle und der Braunkohleverstromung beschäftigt. Und ich bin froh, dass ich beim Blick auf das Heute feststellen kann, dass die Kohle weiterhin als Wirtschaftsmotor der Region genutzt wird. Jetzt, in unserer Zeit, allerdings mit großem Anspruch auf eine Balance aus Wirtschaftlichkeit, Versorgungssicherheit und Umweltschutz im fairen Ausgleich der Interessen und auf der Basis der Energiestrategien der Länder Brandenburg und Sachsen. Noch heute hängen am Bergbau in der Lausitz direkt und indirekt rund 22 000 Arbeitsplätze. Die Lausitz war und ist eine Energieregion mit langer Tradition. Und Tradition verpflichtet. Dazu zählt eben auch, der Kultur genauso wie dem Sport oder der Bildung als Partner zur Seite zu stehen, um weitere Fußabdrücke in der Geschichte zu hinterlassen. Wir freuen uns gemeinsam mit allen Lausitzern auf das spannende Projekt »Erste Brandenburgische Landesausstellung«. Gern schreiben wir an dieser Erfolgsgeschichte mit und wünschen den Machern und Organisatoren viele begeisterte Besucher. In dem Sinne: Auf eine gute Nachbarschaft.

Glück auf!

Dr. Hartmuth Zeiß
Vorsitzender des Vorstandes von Vattenfall Europe Mining AG und Vattenfall Europe Generation AG

Zum Geleit

Mit »Preußen und Sachsen. Szenen einer Nachbarschaft« reiht Brandenburg sich ein in den Kreis der deutschen Bundesländer, die zu besonderem Anlass und an besonderem Ort große, überregional ausstrahlende Landesausstellungen ausrichten. Historischer und räumlicher Bezugspunkt der Ersten Brandenburgischen Landesausstellung ist der Wiener Kongress von 1814/1815, in dessen Folge weite Teile Sachsens, darunter auch die Niederlausitz, Preußen zugeschlagen wurden. Auch das Schloss Doberlug, der »Spielort« der Landesausstellung, wechselte die Zugehörigkeit. Aus einem wettinischen Jagdschloss, dessen geschweifte und mit Obelisken bekrönte Giebel die Herkunft aus dem sächsischen Schlossbau des 17. Jahrhunderts offenlegen, wurde über Nacht ein preußischer Verwaltungsbau und dann schließlich jene Kaserne, als die der Bau noch manchen Männern in Erinnerung ist, die hier ihrem Dienst in der Nationalen Volksarmee der DDR nachkamen.

Wer Doberlug heute aus Anlass der Landesausstellung besucht, den überrascht und bezaubert ein ganz anderes Bild. Das Schloss ist aus dem Dornröschenschlaf erwacht. Nach der Sanierung und sorgfältigen Restaurierung sind nicht nur Außengelände und Innenhof, Dächer und Fassaden, Ziergiebel und Wasserspeier wiederhergestellt, auch die Innenräume des Erdgeschosses und des ersten Obergeschosses, die die Ausstellung für fünf Monate beherbergen, sind von entstellenden Einbauten jüngerer Zeit befreit und aufs Beste restauriert worden. Dabei trat Überraschendes zutage: Die barocke Raumflucht und damit die innere Organisation der Repräsentationszimmer wurde erkennbar, fast schon verlorene Stuckdecken zeigen sich in alter Pracht und unter den Malschichten aus drei Jahrhunderten konnte in manchen Räumen die historische Farbfassung samt Dekorationsmalerei freigelegt und wieder zur Anschauung gebracht werden.

Ebenso bedeutsam sind die bauarchäologischen Befunde im Erdgeschoss. Hier fanden sich unter den Fußböden und unter dem Mauerputz die mittelalterlichen Reste des Abtshauses des 1165 gegründeten Klosters Dobrilugk, womit die Verbindung des heutigen Schlosses zur mittelalterlichen Zisterzienseranlage, die durch die Nachbarschaft von Kirche und Refektorium dem Besucher so pittoresk vor Augen tritt, auch im Baubefund dokumentiert ist. Kloster Dobrilugk war einst die mächtigste Zisterze zwischen Elbe und Oder, davon zeugen nicht nur die zahlreichen Filialkirchen, die dem Reisenden bei der Annäherung an Doberlug in den früheren Klosterdörfern der Umgebung begegnen, davon zeugen auch das vor wenigen Jahren restaurierte Refektorium und die vermutlich 1228 geweihte Klosterkirche selbst, ein Hauptwerk der norddeutschen Backsteingotik. Der Besucher der Landesausstellung wird somit nicht nur eine Ausstellung vorfinden, sondern einen bau- und kulturgeschichtlich bedeutsamen Ort kennenlernen und eine Region erkunden, die zu Unrecht noch immer in der Aufmerksamkeit des Publikums hinter den prominenteren Reisezielen der Kulturinteressierten in Brandenburg und Sachsen zurücksteht.

Die Ausstellung umfasst historisch die knapp zwei Jahrhunderte zwischen der Belehnung des sächsischen Kurfürsten mit den Markgraftümern Ober- und Niederlausitz gemäß dem Prager Frieden von 1635 und der Abtretung der Niederlausitz an Preußen 1815. Zwei Kriege von europäischem Ausmaß, die tiefe Spuren in Geschichte und Geschichtsbewusstsein der Deutschen hinterlassen haben, begrenzen die Ausstellungserzählung – der Dreißigjährige Krieg und die antinapoleonischen Kriege, die als »Befreiungskriege« gegen die französische Fremdherrschaft einen festen Platz im nationalen Narrativ haben. Dazwischen liegt eine weitere dramatische Krise, die die Machtverhältnisse in Deutschland dauerhaft umkehrte: Aus dem Siebenjährigen Krieg ging Friedrich »der Große« (für Sachsen: Friedrich »der Zweite«) als Sieger hervor. Der König von Preußen, Parvenü unter den gekrönten Häuptern Europas, hatte mit Glück und unter Aufbietung der letzten Reserven den Habsburgern Schlesien endgültig abgerungen und seinen Staat auf Kosten Sachsens neben England, Frankreich, Österreich und Russland als fünfte europäische Großmacht etabliert.

Dies ist die große Rahmenhandlung, in die die Ausstellung eingebettet ist. In sieben »Szenen« entfaltet sich zunächst der Aufstieg und die zunehmende Konkurrenz der Kurfürstentümer Sachsen und Brandenburg, wobei Sachsen als dem an Bodenschätzen und Wirtschaftskraft überlegenen Territorium und als Primus inter Pares im Verband der protestantischen Fürsten anfangs die dominierende Stellung zukommt. Um die Jahrhundertwende gelingt beiden Fürstentümern der Griff nach der Königswürde. Friedrich August I. »der Starke« wird 1697 (als August II.) zum König von Polen gewählt, Friedrich III. krönt sich 1701 als Friedrich I. zum »König in Preußen«. Beide Rangerhöhungen waren nur außerhalb des tradierten und ausbalancierten Herrschaftsverbandes des Heiligen Römischen Reiches Deutscher Nation möglich. Brandenburg-Preußen und Sachsen-Polen kooperieren und konkurrieren, befruchten und beargwöhnen sich wechselseitig im Lauf des 18. Jahrhunderts. Die Ausstellung berichtet von diesen »Szenen einer Nachbarschaft« im ganzen Facettenreichtum der verschiedensten Lebenssphären. Die Konkurrenz um Macht und Einfluss im mitteldeutschen Raum kommt ebenso zur Sprache wie die gegenseitige Wahrnehmung der Künstler und Gelehrten in »Spree-Athen« und »Elb-Florenz«, dynastische Interessen ebenso wie die Rolle des Adels beider Länder in Armee und Verwaltung. Der dramatische Tiefpunkt der Beziehungen, die Besetzung Dresdens durch Friedrich II. im September 1756, wird ebenso veranschaulicht wie das fruchtbare Zusammenwirken des Verlegers Friedrich Nicolai und des aus dem sächsischen Kamenz stammenden Dichters Gotthold Ephraim Lessing, die gemeinsam mit Moses Mendelssohn Berlin zu einem Kristallisationspunkt der Aufklärung machen.

Welche Bedeutung kann, über einzelne Forschungsinteressen und über eine resümierende Gesamtbetrachtung des Wissensstandes hinaus, einem solchen Geschichtspanorama heute noch zukommen? Warum wird »Preußen und Sachsen« zum Thema einer Landesausstellung?

In den Kulturwissenschaften rücken derzeit historische Räume und Phänomene der kulturellen Durchdringung ins Zentrum des Interesses. Ging der Begriff der Kulturlandschaft oder Kunstlandschaft – entwickelt von der deutschen Frühromantik, in der Milieutheorie des 19. Jahrhunderts materialistisch gewendet und um die Wende zum 20. Jahrhundert psychologisch umgedeutet – von einem wie auch immer zu bestimmenden Kern kollektiver oder räumlicher Identität aus, so erscheint heute der Transfer von Menschen und Ideen als entscheidende wirtschaftliche, politische und kulturelle Produktivkraft. Folgt man diesem Gedanken, so lässt sich die Identität einer Region als ein Prozess des wirtschaftlichen und kulturellen Austausches, der Transformation und Verarbeitung innerhalb bestimmter Begegnungsräume beschreiben. Dabei gilt das Interesse sowohl den Orten, den Handlungsfeldern, den soziologischen Milieus und den symbolischen Formen des Austausches selbst als auch den politisch dominierenden Bezugssystemen, deren Konkurrenz oder Kooperation den Rahmen für die genannten Austauschprozesse definiert. Brandenburg-Preußen auf der einen, Sachsen auf der anderen Seite werden in der Ausstellung als sich dynamisch verändernde Mächte im Reich und im Gefüge der europäischen Staaten betrachtet und im Fokus von zwei Jahrhunderten voller dramatischer Entwicklungen auf ihre Interdependenzen und Interaktionen hin untersucht.

Neben dieses wissenschaftlich-methodische Interesse tritt ein zweites, eher kulturpolitisches Motiv. Als am 18. Oktober 2011 das Brandenburger Kabinett den Beschluss zur Durchführung der Landesausstellung fasste, betonte es die Zielsetzung, zur Förderung der »Landesidentität« beizutragen. Nur mit einem gewissen Zögern wird man den Begriff der Identität, der zunächst an Individuen gebunden scheint, auf topografische Räume, politische Gebilde oder soziologische Einheiten anwenden. Von der Identität eines Landes spricht man im metaphorischen Sinn; gemeint sind die aktuelle oder historische Selbstwahrnehmung und Selbstbeschreibung seiner Bewohner sowie die Zuschreibungen, die eine Region von außen erfährt. Dies ist nun im Fall von Brandenburg-Preußen und Sachsen sowie der Niederlausitz dazwischen eine vertrackte Angelegenheit. Tritt das Sächsische spätestens seit der Wiedervereinigung 1990, die die historischen deutschen Lande als Bundesländer wieder in Geltung setzte, mit fast klischeehafter Überdeutlichkeit hervor, so wurde Preußen, in dem Brandenburg 1701 als Provinz aufging, im Februar 1947 durch alliierten Kontrollratsbeschluss aufgelöst. Preußen stellt ungeachtet der lebhaften wissenschaftlich-historischen Debatte, der biografischen Rückbezüge vieler Familien und mancherlei Folklore keine identitätsstiftende Kraft mehr dar. Brandenburg hingegen erfreut sich bei Bürgern und Gästen eines zunehmend positiven Images und gewinnt in seinen Berlin nahen Regionen an Wirtschaftskraft und Attraktivität. Die insgesamt positive Entwicklung dieser »Landesidentität« verläuft jedoch inhomogen. Sie wird in erster Linie mit der Metropolregion Berlin-Potsdam verbunden und zudem auf das Gebiet der Fontane'schen »Mark Brandenburg« bezogen, weshalb es ja sogar Berliner geben soll, die die Worte »Brandenburg«, »Mark Brandenburg« oder »Mark« synonym gebrauchen. Dabei wird überschen, dass bis 1815 Sachsen bis Jüterbog, Luftlinie 45 Kilometer vor Potsdam, reichte. Weite, südliche Teile des heutigen Brandenburg sind sächsisch geprägt und empfinden sich durchaus noch heute als eine Region des Übergangs.

In die historische Themenwahl der Ersten Brandenburgischen Landesausstellung flossen somit durchaus aktuelle Fragestellungen ein. Hinzu kam ein pragmatischer Aspekt, was die Wahl des Ortes betrifft. Die Vorgeschichte der Ersten Brandenburgischen Landesausstellung reicht zurück bis ins Jahr 2008, als im Landesdenkmalbeirat unter Leitung von Ministerpräsident a. D. Manfred Stolpe diskutiert wurde, welche Nutzungs- und Entwicklungsperspektiven mit der Sanierung des Schlosses und Schlossgeländes Doberlug verknüpft werden könnten. In Abstimmung mit der Stadt Doberlug-Kirchhain als Eigentümerin der Liegenschaft und dem Ministerium für Wissenschaft, Forschung und Kultur des Landes Brandenburg wurde die Idee entwickelt, das Schloss nach Abschluss der wesentlichen Sanierungsphasen zum Ort einer großen Ausstellung zu machen, die das wenig geläufige Doberlug auch einem breiteren, kulturinteressierten Publikum bekannt machen sollte. Vorbilder für dieses Verfahren waren erfolgreiche Kampagnen wie die Ausstellungen »Onder den Oranjeboom« in Schloss Oranienburg 1999 und »Zeit und Ewigkeit« in Kloster St. Marienstern 1998. In beiden Fällen war es gelungen, durch das Mittel einer kulturhistorischen Ausstellung ein großes Publikum an den jeweiligen Ort zu ziehen und ihm dadurch einen nachhaltigen Impuls nicht zuletzt auch in kulturtouristischer Hinsicht zu verleihen.

Die Leitfrage der Landesausstellung, die Beziehungen zwischen den Mächten Preußen und Sachsen und die wechselnden Schicksale der Menschen und der Kulturräume zwischen diesen Polen, ist also unmittelbar verbunden mit der Region und ihrer Gegenwart. Die Niederlausitz war historisch eine Region des Übergangs zwischen den politischen Mächten, und sie ist es, unter anderen Vorzeichen, heute wieder: Begann nach dem Wiener Kongress unter den Auspizien preußischer Verwaltung die Zeit der Industrialisierung, so schwindet heute angesichts der ökologischen und ökonomischen Kosten die Akzeptanz für den Braunkohletagebau, das Rückgrat der »Energieregion Lausitz«. Die Bevölkerungszahl sinkt in den Landgemeinden, aber auch in Städten wie Cottbus dramatisch. Mit der Internationalen Bauausstellung (IBA) Fürst-Pückler-Land 2000–2010 wurden Fragen des unausweichlichen Strukturwandels von der Industrie- zur Kultur- und Tourismuslandschaft aufgeworfen. Die Erste Brandenburgische Landesausstellung hat sich neben ihren wissenschaftlichen Zielen auch vorgenommen, mit den Mitteln einer kulturhistorischen Ausstellung und eines breit angelegten Veranstaltungsprogramms einen Beitrag zur historischen Reflexion dieses Strukturwandels zu leisten und dem südlichen Brandenburg auch überregional mehr Aufmerksamkeit der kulturellen Öffentlichkeit zu verschaffen.

Nach langen Vorbereitungen, die nicht zuletzt der Sicherung der Finanzierung galten, wurden schließlich im Oktober 2011 durch einen Kabinettsbeschluss der brandenburgischen Landesregierung die entscheidenden Weichen gestellt, die erheblichen Finanzierungsanteile des Landes bereitgestellt und zugleich dem Haus der Brandenburgisch-Preußischen Geschichte die Realisierung des Projekts auch förmlich übertragen. Neben Doberlug-Kirchhain, das (unterstützt mit Landesmitteln und europäischen Fonds) die Last der eigentlichen baulichen Sanierung trägt, engagiert sich der Landkreis Elbe-Elster durch eine Kofinanzierung. Von Beginn an setzte die Landesausstellung in ihrem Leitbild auf die möglichst nachhaltige Nutzung der Ressourcen, auf die Partizipation der Akteure, Initiativen und Institutionen vor Ort und auf eine konsequente Umsetzung regionaler Entwicklungsziele. Ihren konkreten Ausdruck fanden diese Prinzipien unter anderem in dem Konzept, die Landesausstellung in ein breit angelegtes, lokales und regionales Veranstaltungsprogramm einzubetten: Im Grunde handelt es sich um ein fünf Monate währendes Festival auf dem Schloss- und Klosterareal Doberlug mit einer ambitionierten Ausstellung im Kern, Veranstaltungen und Festivitäten des «Kultursommers« auf dem umgebenden Gelände sowie einer stattlichen Anzahl zusätzlicher regionaler Kulturaktivitäten unter dem Leitbegriff »Die Region feiert«. Schließlich wird die Landesausstellung begleitet von Partner- oder Korrespondenzausstellungen, die in Museen an elf authentischen Orten preußisch-sächsischer Geschichte ausgewählte Themen vertiefen – und zwar sowohl in Brandenburg als auch in Sachsen. Zugleich sind diese Ausstellungen Teil des Themenjahres »Preußen – Sachsen –

Brandenburg. Nachbarschaften im Wandel« von Kulturland Brandenburg.

Auf dem langen Weg von der Idee bis zur Eröffnung wurde die Landesausstellung von einer Vielzahl von Persönlichkeiten, von Partnern und Förderern unterstützt, die durch ihr gemeinsames Wirken das ambitionierte Unterfangen erst möglich gemacht haben und die auf der Ehrentafel in diesem Katalog aufgeführt sind. Ihnen allen gebührt unser herzlicher Dank! Ermöglicht wurde die Erste Brandenburgische Landesausstellung durch finanzielle Förderung des Landes Brandenburg und des Landkreises Elbe-Elster. Die Ostdeutsche Sparkassenstiftung unterstützte das Projekt auf großzügige Weise und engagierte sich insbesondere für die »Junge Landesausstellung« und das Schülerfahrten-Programm »Ein Tag zwischen Sachsen und Preußen«. Unter den vielen weiteren Sponsoren und Förderern ragt Vattenfall weit heraus, gefolgt von der Kulturstiftung der Länder. Großer Dank gebührt allen unseren institutionellen Partnern, allen voran der Stadt Doberlug-Kirchhain, der Hochschule für Film und Fernsehen Konrad Wolf, der Stiftung preußische Schlösser und Gärten Berlin-Brandenburg, den Staatlichen Kunstsammlungen Dresden sowie allen anderen öffentlichen oder privaten Leihgebern. Die Mitglieder des Kuratoriums und des Fachbeirats haben an der Realisierung wesentlichen Anteil. Besonders herausgehoben seien Professor Dr. Frank Göse und Professor Dr. Winfried Müller, die Sprecher des Fachbeirats und Mitherausgeber des Kataloges. Die Ausstellungsgestaltung und das Erscheinungsbild der Landesausstellung sind das Verdienst von gewerkdesign, Berlin. Dem Sandstein Verlag gebührt unser Dank für die vorzügliche Zusammenarbeit.

Persönlich danken möchte ich schließlich Dr. Uwe Koch, ohne dessen Initiative und Beharrlichkeit die Erste Brandenburgische Landesausstellung nicht zustande gekommen wäre, Anne-Katrin Ziesak, der Kuratorin der Landesausstellung, die das Projekt von der ersten Stunde an geprägt und realisiert hat, und Peter Langen, der seine hohe wissenschaftliche Kompetenz ganz in den Dienst der Sache gestellt hat! Für die stets vertrauensvolle Kooperation danke ich Herrn Landrat Christian Heinrich-Jaschinski und Herrn Bürgermeister Bodo Broszinski sowie der Fachbereichsleiterin Bau Kerstin Stahl und der Leiterin zentraler Service Claudia Drews. Dr. Bardia Khadjavi-Gontard hat in entscheidenden Phasen auf vielfältige Weise unterstützt und ermutigt.

Mit der Ersten Brandenburgischen Landesausstellung haben wir mehr als ein Ausstellungsprojekt organisiert: In Doberlug-Kirchhain wird ein kompletter Museumsbetrieb und gemeinsam mit unseren Partnern ein umfangreiches Kulturfestival mit mehr als 50 Veranstaltungen auf die Beine gestellt. Ausnahmslos alle Mitarbeiterinnen und Mitarbeiter des Projektteams haben in den vergangenen Jahren mit dem größtem Einsatz die Erste Brandenburgische Landesausstellung Wirklichkeit werden lassen. Ihnen kommt das Verdienst am Gelingen vor allem. Jedes Projekt dieser Größe benötigt eine gute Budgetierung und Ablaufsteuerung. Hierfür danke ich der Berliner Agentur relations* unter der Leitung von Samo Darian. Für die Realisierung der Ausstellung geht mein Dank neben den oben Genannten an Dr. Ewa Gossart. Für die engagierte und erfolgreiche Arbeit im Bereich Organisation, Programm, Museumspädagogik und Besucherservice danke ich Bettina Scharf, Katja Meyer, Dana Kresse und Ulrike Strube sowie Karina Wisniewski und Kerstin Petzold. Für die gute Kommunikation und Bewerbung der Landesausstellung danke ich Elke Scheler sowie Christine Oehrlein, assistiert von Christian Huber.

Zum Schluss gilt meine besondere Anerkennung meinem Haus. Alle Kolleginnen und Kollegen des Hauses der Brandenburgisch-Preußischen Geschichte haben die Landesausstellung mit begleitet und engagiert unterstützt. Ich danke insbesondere Dr. Antje Frank, Kirsten Foemmel, Theresia Gebauer, Ina Plitta sowie, last but not least, Monika Hingst, die den Katalog und die Begleitpublikationen, assistiert von Stephan Gutschmidt, betreut hat.

Kurt Winkler,
Direktor des Hauses
der Brandenburgisch-Preußischen Geschichte

Potsdam, April 2014

Vorwort

Spätestens seitdem vor nahezu drei Jahrzehnten der Mehrteiler *Sachsens Glanz und Preußens Gloria* im Fernsehen beider deutscher Staaten ausgestrahlt worden ist, darf sich das darin verarbeitete Sujet eines vergleichsweise hohen Bekanntheitsgrades unter der geschichtsinteressierten Bevölkerung erfreuen. Der unbestreitbare und nachhaltige Publikumserfolg dieses Filmzyklus unterstreicht die Tatsache, dass es sich bei Preußen und Sachsen zweifellos um zwei Länder handelt, die der deutschen Geschichte über mehrere Jahrhunderte hindurch ihren Stempel aufgedrückt haben. Aus geschichtswissenschaftlicher Perspektive eröffnen sich vor allem zwei Zugänge, um diesem in mehrfacher Hinsicht faszinierenden Thema nahezukommen: Zum einen interessiert die Darstellung der wechselvollen Beziehungsgeschichte, die natürlich nicht nur auf die politischen Kontakte, etwa zwischen den regierenden Fürsten und den anderen Entscheidungsträgern in Berlin und Dresden, zu reduzieren ist. Zum anderen muss die Aufmerksamkeit auf die über die gesamte Zeit hinweg zu beobachtenden Rezeptionsprozesse gerichtet werden, die auf vielfältige Weise das preußisch-sächsische Verhältnis geprägt haben und die zudem die Gesellschaft in ihrer Breite in den Blick geraten lassen. Beide Aspekte werden in den nachfolgenden Beiträgen des Bandes ausgiebig Berücksichtigung finden.

Nun hat die preußisch-sächsische Beziehungsgeschichte durchaus auch schon in der Vergangenheit das Interesse der Historiker gefunden. Somit muss also bei der Beschäftigung mit diesem Thema wahrlich kein Neuland beschritten werden, wohl aber gilt es gerade deshalb, so manches Urteil erneut auf den Prüfstand zu stellen und falsche Vorannahmen und Verzerrungen zu korrigieren. Die sogenannte borussische Schule, die im 19. und frühen 20. Jahrhundert die Deutungshoheit über die Geschichtsschreibung zur Historie des Alten Reiches und seiner Territorien erobert hatte, beeinflusste zwangsläufig auch die Sicht auf das preußisch-sächsische Verhältnis – und dies weit über die Fachzeitschriften und Hörsäle der Universitäten hinaus. So bot etwa für die ungemein öffentlichkeitswirksamen preußischen »Geschichtsbaumeister« der Weg Sachsens im 18. und frühen 19. Jahrhundert geradezu ein Lehrstück dafür, in welche Verstrickungen ein Reichsterritorium geraten konnte, das angeblich nicht die Zeichen der Zeit erkannt und wie Preußen den vorgezeichneten Weg zum »Machtstaat« beschritten hatte. Heinrich von Treitschke oder Paul Haake – beide im Übrigen gebürtige Sachsen – mögen mit ihren Wortmeldungen exemplarisch für diese Urteilsbildungen stehen.

Die damals geprägten Mythen und Klischees zeigen, wenn auch in nunmehr subtilerer Weise, ihre Wirkung durchaus bis heute – Grund genug also, sich diesem nur scheinbar »alten« Thema erneut zuzuwenden. Dieser Herausforderung haben sich die Autoren des vorliegenden Bandes gestellt. Dabei handelt es sich um Wissenschaftlerinnen und Wissenschaftler, die vor allem in Brandenburg und Sachsen in jenen Einrichtungen arbeiten, die sich der Erforschung der Landesgeschichte widmen, wie dem Institut für Sächsische Geschichte und Volkskunde e.V., den Historischen Instituten der Universität Potsdam und der TU Dresden, der Stiftung Preußische Schlösser und Gärten, den Staatlichen Kunstsammlungen Dresden sowie dem Haus der Brandenburgisch-Preußischen Geschichte und weiteren Institutionen.

Um gewissermaßen »Appetit auf mehr« zu machen, seien in einer sehr gedrängten Tour d'Horizon die markantesten Stationen der Beziehungsgeschichte beider Territorien knapp vorgestellt: Am Beginn der Frühen Neuzeit galt Sachsen sowohl unter ökonomischen als auch politischen Aspekten, nicht zuletzt aber auch als Mutterland der Reformation, als eines der bedeutendsten, wenn nicht gar als das bedeutendste Reichsterritorium, dem der ressourcenarme brandenburgische Nachbar in vielerlei Hinsicht nachstand. In einem gestreckten historischen Prozess kam es im Verlauf der folgenden beiden Jahrhunderte zu einer Umkehrung dieser Verhältnisse: Die »Monarchisierung« beider Reichsstände durch die sächsisch-polnische Personalunion (1697) und die durch den brandenburgischen Kurfürsten gewonnene preußische Königskrone (1701) war Ausdruck einer Neujustierung des Nachbarschaftsverhältnisses. Am Ende des Siebenjährigen Krieges stand das sächsische Eingeständnis, von einer aufstiegsorientierten Schwellen- zu einer Mindermacht gesunken zu sein, während sich Preußen nunmehr als eine deutsche und europäische Großmacht durchgesetzt hatte. Fortgeschrieben wurde diese Konstellation zu Beginn des 19. Jahrhunderts: Die Völkerschlacht bei Leipzig (1813) bildete schließlich den Ausgangspunkt für die für den Prozess der

Nationsbildung zentrale Meistererzählung von Preußens »deutscher Sendung«, während das um zwei Drittel seines Territoriums geschrumpfte Sachsen abseits stand. Dieses Szenarium können wir uns ganz real vorstellen: Als am 18. Januar 1871 – auf den Tag genau am 170. Jahrestag des Beginns des preußischen Königtums – Wilhelm I. im Spiegelsaal von Versailles zum Deutschen Kaiser proklamiert wurde, nahm Kronprinz Albert als Vertreter Sachsens am Reichsgründungakt teil und bemerkte süffisant: »Vor 170 Jahren König, jetzt Kaiser, ein recht gutes Avancement.« Doch dieses Avancement, mit dem im Vergleich zum Beginn der Frühen Neuzeit die Gewichte endgültig neu verteilt schienen, war zeitlich limitiert. 1947 besiegelte der Alliierte Kontrollratsbeschluss vom 25. Februar das endgültige Ende des preußischen Staates. Aus ganz anderen Gründen und unter anderen politischen Rahmenbedingungen wurde wenige Jahre später Sachsen durch das »Gesetz über die weitere Demokratisierung des Aufbaus und der Arbeitsweise der staatlichen Organe in den Ländern der Deutschen Demokratischen Republik« vom 23. Juli 1952 in Bezirke aufgeteilt und faktisch beseitigt.

Brandenburg konnte das durch die Auflösung des preußischen Staates entstandene Vakuum nur bedingt ausfüllen, denn ein genuin »brandenburgisches« Landesbewusstsein zu pflegen, stieß in den kommenden Jahrzehnten auf nicht geringe Schwierigkeiten. In Sachsen gelang es dagegen wesentlich erfolgreicher, historisch gewachsene Identitäten trotz gegenläufiger Bemühungen zur Etablierung einer »sozialistischen Nation« zu bewahren. Nicht von ungefähr war es dann auch eine *Geschichte Sachsens*, die als erste und vor dem politischen Umbruch von 1989/90 einzige monografische Darstellung der in der DDR geplanten Geschichten der deutschen Länder erschienen war. Dass es sich in Brandenburg anders verhielt, hing nicht zuletzt mit der seit dem 17. Jahrhundert engen Verknüpfung der brandenburgischen Geschichte mit der preußischen Historie zusammen. Preußen und das Preußentum aber unterlagen seit dem Kriegsende im Osten Deutschlands lange Zeit einem scharfen ideologischen Verdikt.

Auch bei der Konzeption des vorliegenden Bandes und der Ausstellung galt es, diese etwas diffizilen Zuordnungen zu den alten Territorien und Geschichtslandschaften zu berücksichtigen. Zwar wird vor allem das Verhältnis der »Staaten« Sachsen und Preußen thematisiert, doch gerät bei der Betrachtung der kleinen Lebenswelten – besonders auch der sich vom Fläming bis in die Niederlausitz hinziehenden Grenzlandschaften – zwangsläufig ein stärkerer Brandenburg-Bezug in den Fokus. Dies ruft uns zugleich in Erinnerung, dass es sich beim preußischen Staat über lange Zeit hinweg um ein sehr regionalistisch geprägtes Gebilde gehandelt hat, in dem Brandenburg als »Zentralprovinz« eine gewichtige Rolle zugefallen war. Aber für jene hoffentlich zahlreichen Besucher der Landesausstellung, die aus den heutigen Bundesländern Brandenburg und Sachsen kommen, dürfte damit vielleicht sogar der Zugang zum Gesamtthema der Ausstellung leichter fallen, weil die heutigen Lebenswelten stärker eingebunden werden können.

Wünschen wir uns also gemeinsam, dass von der Ersten Brandenburgischen Landesausstellung wichtige Impulse ausgehen, damit die faszinierende preußisch-sächsische Beziehungsgeschichte in all ihren Facetten nicht nur einen angemessenen Platz in der Erinnerungskultur und im Geschichtsbewusstsein behält, sondern dass sie auch die künftige landesgeschichtliche Forschung zu neuen innovativen Ansätzen anregen möge.

Prof. Dr. Frank Göse
Universität Potsdam

Prof. Dr. Winfried Müller
Institut für sächsische Geschichte und Volkskunde, Dresden
Technische Universität Dresden

Sprecher des Wissenschaftlichen Beirats

Szenen einer Nachbarschaft. Sachsen und Preußen konnten nicht gut miteinander, ohne einander ging es aber auch nicht

FRANK KALLENSEE

Fußball sei eine Welt für sich, heißt es. Wenn das stimmt, stellt sich aber die Frage, warum wir in unserer Welt mit Fußball belästigt werden. Weil, könnte immerhin eine Antwort lauten, eine Fernsehserie wie *Sachsens Glanz und Preußens Gloria* ohne Bolzplatz nicht möglich geworden wäre. Deren Drehbuchautor Albrecht Börner erzählt nämlich folgende Geschichte: Bei einem Spiel der DDR-Oberligisten Jena und Magdeburg Ende der 1970er Jahre hätten die Anhänger der Heimmannschaft ihre Elf plötzlich mit einem rhythmischen »Thü-rin-gen! Thü-rin-gen!« angefeuert und die Gästefans daraufhin den Schlachtruf »Preu-ßen! Preu-ßen!« hören lassen. Börner: »Da dämmerte es mir: Das ist es! Da äußert sich die Volksseele unverblümt. Da muss man anknüpfen. Das Landsmannschaftliche ist nicht totzukriegen in den Köpfen der Menschen.«[1] Und dies, obwohl schon 1952 aus den fünf (ostdeutschen) Ländern 14 Bezirke (plus Ost-Berlin) geworden waren. »Wenn nun gar«, so Börner weiter, »die jungen Leute auf dem Sportplatz die alten Landesbezüge aufgriffen, die man ihnen bewusst hatte vorenthalten wollen, so steckte darin eine Widerborstigkeit, eine Art Oppositionsgeist. Jedenfalls versprach ein regionaler Ansatz für ein Filmprojekt Popularität.«[2]

Die sollte dem 1985 und 1987 in zwei Tranchen gesendeten Sechsteiler dann auch zuteil werden, gesamtdeutsch obendrein, Börner und Regisseur Hans-Joachim Kasprzik außerdem eine Einladung nach Paris einbringen. Ihre dramaturgische Konstruktion, für die Sachsens August der Starke und Preußens Friedrich der Große zu tragenden Bauteilen und damit ganz nebenbei auch rehabilitiert wurden, grundierte historisch üppig, was in der DDR Gegenwart war: die knifflige Koexistenz der »Saggsn« und »Breißn«. Erstere wohnten in den Bezirken Dresden, Leipzig, Karl-Marx-Stadt, Letztere waren in den Bezirken Potsdam, Frankfurt (Oder) und Cottbus heimisch – und natürlich in Berlin.

»Doch gommt der Sachse nach Berlin, da gönn'se ihn nich leiden. / Da wolln s'ihm eene drieberziehn, da wolln se mit ihm streiten! / Und dud ma'n ooch verscheißern, sein Liedschen singt er eisern! / Sing, mei Sachse, sing«.[3] Pünktlich zur Leipziger Herbstmesse 1979 machten der Kabarettist Jürgen Hart und der Komponist Arndt Bause dem »Ärcher« der Sachsen musikalisch Luft. Ihr Schlager war eine Ketzerei und wurde genau deshalb zum Hit. Der Süden der Republik sang gewissermaßen zurück: gegen das Geschwätz von den »Sachsen als fünfter Besatzungsmacht«, gegen die Besetzungspraxis in Film und Fernsehen, wo Sachsen grundsätzlich Hanswürste geben mussten, gegen die »Hauptstadt der DDR« als eigentlichem Feind der »Erdenbircher« des Landes, gegen die Enge in diesem Land überhaupt.

Wie wehrhaft, witzig und weise das Sächsische sein kann, hatte vor Hart und Bause freilich schon Erich Kästner vorgeführt: »Wir sinn nich so gemiedlich, wie wir schbrechen. / Wir hamm, wenns sein muß, Dinnamit im Bluhd. / Da kennse Gift droff nähm, daß wir uns rächn! / Na, Ihr Gesichde merkd sich ja ganz guhd.«[4] Geschrieben hat das der in Dresden geborene Poet 1930. Die Sache mit der Rache wurde dann kurz nach Harts »Sachsenhymne« akut, als ein deutlich böserer Text auf Bauses Marsch-Takte gereimt wurde. Der ging so: »An Arroganz und Größenwahn / erkennste de Berliner, / doch wennst se mal in Hintern trittst, / gleich machen se en Diener. / Sie ham nischt auf

Rolf Hoppe als August III. in der Fernsehserie Sachsens Glanz und Preußens Gloria

der Blauze / und bloß ne große Schnauze.« Und weiter: »Das meiste Gute, was ihr fresst, / dis kommt ja doch aus Sachsen, / weil in dem märk'schen Wiestensand / bloß Krippelkiefern wachsen. / Die Pol'n tun eich beneiden, / wir wolln gern Hunger leiden.« Schließlich, und ein Schelm, wer dabei an Großflughäfen denkt: »Ooch den Ballast der Republik / ham Sachsen hochgezogen, / denn was so ihr Berliner baut, / wird bröcklich un verboochen. / Da sauft'r zu viel Weiße / und nachher baut'r Scheiße!« Der Refrain schließlich rückte das sächsisch-preußische Verhältnis ein für alle Mal zurecht: »Brillt, ihr Breißn, brillt, / bloß habt euch ni so wild, / denn euer Spree-Athen / gann nicht ohne uns besteh'n. / Euer Dorf Berlin / gönnt ihr so groß offziehn, / weil wir eich unterstützen, / regieren und beschützen.«[5] Kurzum, der sächsische Protest brauchte den Dialekt, keine Gewalt. Wie wirkungsvoll er war, konnte der nichtsächsische Rest der Welt im Herbst 1989 beobachten, als aus Leipzig eine »Heldenstadt« wurde.

Womit, um bei Albrecht Börner zu bleiben, der Ball im preußischen Strafraum liegt. Und ein »Fairplayer« wie Heinrich von Kleist hätte ihn hier vermutlich über die Torlinie rollen lassen. Denn unterwegs in Sachsen listete der werdende Dichter im September 1800 seiner Verlobten Wilhelmine von Zenge die Ergebnisse eigener Feldstudien auf: »Du solltest einmal hören«, schrieb der Frankfurter von der Oder ziemlich beeindruckt, »mit welcher Gewandtheit ein [...] sächsisches Mädchen auf Fragen antwortet. Unsre (maulfaulen) Brandenburgerinnen

Kabarettist Jürgen Hart, Verfasser der Sachsenhymne, 1979

würden Stunden brauchen, um abzutun, was hier in Minuten abgetan wird.«[6] Eins zu null für Sachsen, oder? Im selben Brief erwähnt Kleist jedoch auch die »Höhen von Kesselsdorf« und merkt unüberlesbar melancholisch an: »Ein Ort, der berühmt ist, weil in seiner Nähe ein Sieg erfochten worden ist. So kann man sich Ruhm erwerben in der Welt, ohne selbst das mindeste dazu beizutragen.«[7] Gewonnen hatte die Schlacht Fürst Leopold, der »Alte Dessauer«, im Dezember 1745. Verlierer waren die Sachsen. Mit besagtem Ruhm wollte sich unterdessen Friedrich der Große bekleckert wissen, denn damit war der Zweite Schlesische Krieg zu seinem Gunsten entschieden. Die Preußen zogen in Dresden ein, Sachsenkurfürst und Polenkönig August III. und sein Minister Brühl sicherheitshalber nach Prag um. De Breißn gonnten ähm ooch gemeene Bässe schlachen. Zu Deutsch und um die Fußballmetaphorik beizubehalten: Die Preußen konnten eben auch gemeine Pässe schlagen.

Gleichwohl, bis den Preußen die Gloria wichtiger wurde, glänzte Sachsen in Preußen. Musikalisch zum Beispiel. Friedrich, gerade König geworden, aber noch nicht »der Große«, kaufte sich Dresdner Know-how ein: Carl Heinrich und Johann Gottlieb Graun waren Absolventen der Kreuzschule. Franz Benda geigte in Elbflorenz, bis er nach Potsdam wechselte und seinen Bruder Johann Georg nachholte. Johann Joachim Quantz blies in Sachsens Hofkapelle die Flöte, bevor er selbiges in Berlin tat. Carl Philipp Emanuel Bach hatte sein in Leipzig begonnenes Jurastudium eben in Frankfurt (Oder) beendet, als ihn der Ruf ereilte, dem jungen Fritz als Cembalist dienlich zu sein. 1747, kurz nach dem Zweiten Schlesischen Krieg, ließ Friedrich sogar noch Johann Sebastian Bach im Potsdamer Stadtschloss »am Forte und Piano« improvisieren, wofür sich der Thomaskantor mit dem »Musikalischen Opfer« bedankte, ohne Friedrich damit aber sonderlich zu beeindrucken. Egal, Preußen hätte jedenfalls – ganz friedlich (!) und durchaus mit Siegchancen – zur tönenden Konkurrenz für Sachsen werden können. Doch was kam, stand auf einem anderen (Noten-)Blatt: 1755 verhalf Carl Heinrich Graun dem Azteken »Montezuma« zur Singstimme, um ihn Texte Friedrichs mitteilen zu lassen. Der König hatte die wahre Geschichte von der Kolonialisierung Mexikos durch den Conquistador Hernán Cortés für die Oper redigiert, zum eigenen Vergnügen und als »Regierungserklärung«. In der Realpolitik angekommen, war die »Verteidigung der Menschlichkeit«, für die er sich noch als Kronprinz 1739 wortreich ins Zeug gelegt hatte, nichts als Geschwätz von gestern. Rückblickend betrachtet, porträtieren die Kontrahenten Montezuma und Cortés den Preußen Friedrich: als Friedensfürst, wie er gesehen werden wollte; als Angriffskrieger, der er war. 1756, ein Jahr nach der Berliner Uraufführung, schossen die Preußen wieder. Graun hatte vier Rollen mit männlichen Sopranen besetzt, Friedrich-Sachsen.

Insofern kann es auch späte Wiedergutmachung genannt werden, wenn Brandenburg nun mit seiner ersten Landesausstellung die sächsisch-preußische Beziehungskiste öffnet. Der Titel »Szenen einer Nachbarschaft« passt, da hübsch doppeldeutig, genau: Denn zum einen waren es viele verschiedene Szenen und zum anderen machten sich beide Seiten welche. Eine der freundlicheren war sicher das Dreikönigstreffen 1709, zu dem der preußische Monarch Friedrich I. seine Kollegen aus Dänemark und Sachsen eingeladen hatte. Schäbiger war, was von Sachsen nach dem Wiener Kongress 1815 übrig blieb: Zwei Drittel seines Bodens fielen an Preußen, die Niederlausitz inbegriffen. Sachsen hatte sich, wie gewohnt, mit den Falschen verbündet, in diesem Fall mit Napoleon. Deshalb leben bis heute »Muss-Preußen« in Brandenburg: in Doberlug-Kirchhain (Elbe-Elster) etwa, wo die Landesschau in der einstigen – und letzthin für teuer brandenburgisches Geld sanierten – Renaissance-Nebenresidenz der Sachsen-Merseburger Herzöge unterkommt.

Umgekehrt gab es im bereits 1462 brandenburgisch gewordenen Peitz (Spree-Neiße) – zumindest vorübergehend – »Muss-Sachsen«. Der 1807 ausgehandelte Frieden von Tilsit hatte Friedrich August I., seit 1806 Sachsens König von Napoleons

*Peter Friedel: Heinrich von Kleist, 1801,
Miniatur auf Elfenbein, Staatsbibliothek zu Berlin – PK*

Gnaden, die Peitzer Eisenhütte überschrieben, deren Anfänge 1550 dem in rauen Mengen vorhandenen Raseneisenstein zu verdanken waren und deren Ende, nein, nicht die Sachsen, sondern die Montanbarone in Schlesien und im Rheinland besiegelten. 1813 hatten sich die Preußen ihren Besitz zwar wieder zurückgeholt und hier die Kanonenkugeln gegossen, die sie dann in der Völkerschlacht bei Leipzig auf Franzosen und Sachsen abfeuerten, aber das nur am Rande. Interessanter ist, warum das historische Hüttenwerk Peitz heute in einem Zustand erhalten ist, der es zu einem Rarissimum macht.

Bequemlichkeit und der Wahl-Sachse Adolf Hennecke haben es gerettet. Hennecke, gebürtig aus Westfalen, aber seit 1926 Kumpel im Steinkohlerevier des Erzgebirges, »Aktivist der ersten Stunde« und Inbegriff realsozialistisch-proletarischer Schaffensfreude, kam in den 1950er Jahren, sah diese Hochofenhalle und erklärte sie für sakrosankt; ergo für etwas, dem der Begriff »Kathedrale der Arbeiterklasse« am nächsten kam. Deshalb blieb alles, wie es die Sachsen 1810 eingerichtet und die Preußen 1858 aufgegeben hatten. Deshalb und weil der volkseigene Fischereibetrieb, der auf der Liegenschaft ansässig war, die tatsächlich kirchenschiffartige Industriearchitektur umstandslos zum Kahnschuppen umfunktionierte. Diese eher unfreiwillig denkmalschonende Verwendung schützte das Ensemble von Hochofenhalle, Emaillierhütte und Arbeiterwohnhäusern vor der Demontage – und gestattete die Nachwende-Instandsetzung. Weswegen Peitz nun für Preußens Technikgeschichte sein darf, was Sanssouci für dessen Kunstgeschichte ist.

Einer wie Hennecke wäre darum wohl auf der Habenseite des brandenburgisch-preußisch-sächsischen Miteinanders zu verbuchen, allerdings mit deutlichem Abstand hinter dem Leipziger Gottfried Wilhelm Leibniz, dem Preußen im Jahr 1700 seine Akademie der Wissenschaften verdankte, dem Kamenzer Gotthold Ephraim Lessing, der 1758 in Berlin allwöchentlich *Briefe, die neueste Literatur betreffend* publizierte oder dem berlinischsten aller Berliner, dem Radeburger Sachsen Heinrich Zille, der das »Milljöh« an der Spree tragikomisch fand. Das brandenburgisch-preußisch-sächsische Gegeneinander wiegt deshalb aber nicht weniger schwer …

Hatten Sachsen und Preußen zunächst noch gegen Habsburg kooperiert, als Friedrich der Große 1740 Schlesien stahl, wusste Sachsens Erster Minister Heinrich Graf von Brühl sehr genau, dass die Interessen beider Staaten keineswegs identisch waren. Sachsen, dessen Kurfürst auch König von Polen war, brauchte eine Landverbindung Richtung Warschau. Das konnte Preußen nicht nur nicht dulden, vielmehr erwog Friedrich ernsthaft, die Nachbarn ihrer Souveränität zu berauben: Mit

Hüttenwerk Peitz

Adolf Hennecke mit freiem Oberkörper bei der Arbeit im Stollen, Oktober 1948

Sachsen oder wenigstens der Lausitz, meinte er, ließe sich sein Königreich prima arrondieren.

Brühls Waffe war die Allianz, die er mit den bis dahin entzweiten Österreichern und Franzosen plus Russland schmiedete. Ihrethalben saß Friedrich in Potsdam und nahm übel. Denn Brühls geschmeidige Diplomatie drohte, ihn um seinen Ruhm zu bringen. Als er dann 1756 präventiv in Sachsen einmarschierte und damit vom Zaun brach, was als Siebenjähriger Krieg in die Annalen einging, war das auch die Gelegenheit zur Revanche: Brühls Schloss in Grochwitz wurde 1757 geplündert, das berühmte Belvedere des Brühl'schen Terrassengartens in Dresden 1758 niedergelegt, Nischwitz war im Januar 1758 dran, Pförten ging im September 1758 in Flammen auf. Die Kanonade Dresdens 1760 besorgte den Rest: Granaten schlugen in Brühls Palais, Bibliothek, Gemäldegalerie ein. Kein Zweifel, Brühl war Friedrichs liebster Feind. Während sich Friedrich hassgeschüttelt über den »Ränkeschmieder« und »Aufwandmacher« Brühl echauffierte, reagierte der Geschmähte im Ton außerordentlich zurückhaltend. Lediglich die Banausie mit dem Belvedere retournierte er 1761 mit einer Kupferstichserie über den Bau, mit der er dessen Zerstörung für inhuman, unstandesgemäß und unverhältnismäßig erklärte. Sollte heißen: Es habe sich um einen mit dem hohen Amt eines Souveräns unvereinbaren Akt gehandelt. Schlaflose Nächte hatte Friedrich deshalb nicht, auch nicht wegen seines Plünderungsbefehls für Sachsens Prachtjagdschloss Hubertusburg.

Bernardo Bellotto, gen. Canaletto: Dresden vom rechten Elbufer oberhalb der Augustusbrücke, Öl auf Leinwand, 1747, Gemäldegalerie Alte Meister, SKD

Vergleichbare Freude am Vandalismus hatte im Sächsischen wohl nur einer: Walter Ulbricht. Dafür hatte der Leipziger jedoch erst 1950 Generalsekretär des Zentralkomitees der SED werden müssen. Aber als solcher zahlte er es Preußen heim, wenn auch nur posthum: Von September 1950 bis März 1951 wurde das Berliner Schloss gesprengt, von November 1959 bis April 1960 folgten das Stadtschloss und im Mai/Juni 1968 die Garnisonkirche in Potsdam. Worüber das Parteiblatt *Neues Deutschland* im August 1968 unverhohlen jubelte: »Die Arbeiterklasse hat im Bunde mit allen Werktätigen Macht und Ideologie des verruchten älteren und neueren Preußentums ausgerottet. Sie überwindet nun auch seine negativen städtebaulichen Auswirkungen.«[8] In Potsdam mit einem »Liebknecht-Forum«, das im SED-Bezirksorgan *Märkische Volksstimme* als »Triumph über [den] Geist von Potsdam'« angekündigt wurde.[9] 1983 eingeweiht, war Potsdams Stadtmitte, wenn man so will, zur sächsischen Exklave geworden: Karl Liebknecht war nämlich ooch'n äschder Leipzscher.

Nein, es ist nicht zu leugnen: Das, was Sachsen und Preußen in der Vergangenheit trieben, kann auch als Geschichte einer Feindschaft gelesen werden. Hier wie da sollten die Triumphe totale sein. Die Pointe? Brühls Nachkommen machten als »gute Preußen« von sich reden. Ulbrichts Brachen werden respektive sind gegenwärtig wieder mit jenen Schlössern bebaut, die er einst schleifen ließ. Und weil wir gerade bei Pointen sind: In Potsdam hat das ein Sachse besorgt, der sich seines Faibles für den preußischen Barock nicht schämte. In seiner Heimatstadt Dresden setzte Peter Kulka dem Residenzschloss eine transparente Membrankuppel auf, in Potsdam steckte er einen modernen Landtag in Knobelsdorff'sche Hüllen.

Vielleicht ist es einer dieser ironischen Salti der Geschichte, aber der aktuelle Retro-Trend trifft den Geschmack der Sachsen genauso wie den der Brandenburg-Preußen. Das »ob« stellen beide nicht infrage, über das »wie« wird hier mal mehr, dort mal weniger leidenschaftlich gestritten. Allerdings ließ die 1989 begonnene Rekonstruktion der Sgraffitodekoration im Großen Hof des Dresdner Schlosses erahnen, dass Bedenkenpflege mitunter nützlicher sein könnte als überambitionierte Denkmalpflege. Den Fassadenschmuck gab es seit August dem Starken nicht mehr.

Echt? Falsch? Vor der Frauenkirche musste stehen, wer das Warum des Wiederaufbaus begreifen wollte. Erst 2005, als die Dresdner ihre Canaletto-Blicke wiederhatten, die sie in der Regel nur noch von jenen Veduten kannten, die Bernardo

Das wiederaufgebaute Stadtschloss in Potsdam, 2014

Bellotto 1747 bis 1758 auf Leinwände bannte, wurde klar, wie leer der Platz war und wie leer die Stadt – und wie sehr die Dresdner diese Leere leid waren. Es war, als ob die Nachkriegszeit erst mit der Neuweihe des Gotteshauses für sie ein Ende hatte. Dass hinterher rund um die Frauenkirche Häuser wuchsen, deren Kubaturen sich keck aufs 18. Jahrhundert beriefen, de facto aber aus Beton gemacht waren, tat dem fröhlichen Historismus der Sachsen keinen Abbruch. Die Brandenburg-Preußen unterschieden sich von den Sachsen nur insoweit, als dass sie etwas länger quengelten, bevor sie ihr Landtags-»Vorhängeschloss« durchwinkten.

»Wir haben uns beim Wiederaufbau der Frauenkirche an eine sehr preußische Tugend gehalten: Mehr Sein als Schein!«[10], räumte Ludwig Güttler, der mit seiner Trompete weltweit Spenden für das Projekt akquiriert hatte, augenzwinkernd ein. Sind demnach die Sachsen die besseren Preußen? Oder sind sie nur ausgebuffter? O-Ton: »Mir Saggsn, mir sin helle, das wees de ganze Weld, und simmor ma ni helle, dann hammor uns verschdelld.«[11]

Vermutlich haben sich Sachsen und Preußen nie etwas geschenkt, weder als Partner noch als Rivalen. Mit einer Einschränkung: Von Kunst haben die Sachsen eindeutig mehr verstanden. Preußens Friedrich hat das gewaltig gewurmt. Eine Bildergalerie wie die in Dresden hätte er auch gern gehabt, was er hatte, war, nun ja, bestimmt nicht das »Schönste der Welt« (auch wenn ihm das ein erfahrener Schmeichler wie der Marquis d'Argens einreden wollte). Bleiben wir also einstweilen bei dem Urteil, dass Sachsen nicht nur glänzte und Preußens Gloria nur die halbe Wahrheit war.

Gedruckte Quellen und Literatur Börner 2007 · Kästner 1998 · Kleist 1982 · Oschlies 2009

Anmerkungen **1** Börner 2007, S. 326. **2** Ebd. **3** Oschlies 2009. **4** Kästner 1998, S. 264. **5** Oschlies 2009. **6** Kleist 1982, Bd. 4, S. 541. **7** Ebd., S. 542. **8** Neues Deutschland, 16. August 1968. **9** Märkische Volksstimme, 25. Mai 1968. **10** Märkische Allgemeine Zeitung, 29. Oktober 2005. **11** www.die-sachsen-kommen.de/shtm/menschen.htm [abgerufen am 20. 10. 2012]

Prolog

Wo Preußen Sachsen küsst

PETER LANGEN | ANNE-KATRIN ZIESAK

2014 ist die Erste Brandenburgische Landesausstellung »Preußen und Sachsen. Szenen einer Nachbarschaft« dem Verhältnis zweier Länder auf der Spur, die im Lauf der Geschichte auf vielfältige Weise miteinander verbunden waren, im guten wie im schlechten Sinne. Anlass gibt das 200-jährige Jubiläum des Wiener Kongresses von 1814/15, der Europa nach den Napoleonischen Kriegen neu ordnete. In seiner Folge fielen fast zwei Drittel des sächsischen Territoriums an Preußen, darunter auch das heutige südliche Brandenburg mit der Niederlausitz. Von einem Tag zum anderen wurden die dort lebenden Sachsen zu Preußen. Schloss Doberlug steht als Erinnerungsort stellvertretend für diese einschneidende Grenzverschiebung. Im 17. Jahrhundert als Schloss des sächsischen Kurfürsten errichtet, von seinen Nachkommen ausgebaut und als Hauptaufenthaltsort im Markgraftum Niederlausitz sowie zur Jagd genutzt, wurde der Bau unter preußischer Herrschaft zum Verwaltungssitz und Gefängnis. Seit den 1990er Jahren wird Schloss Doberlug aufwendig saniert und 2014 erstmals der Öffentlichkeit zugänglich gemacht – es wird mit der Ersten Brandenburgischen Landesausstellung »wachgeküsst«.

Szenen einer Nachbarschaft

So lautet der Untertitel der Ausstellung, und so ist die Schau als Abfolge von sieben thematisch angelegten Szenen inszeniert, die von einem Prolog und einem Epilog gerahmt werden. Wer durch die sieben Szenen der Brandenburgischen Landesausstellung geht, durchmisst dabei en passant auch die Geschichte von Schloss Doberlug: Der Besucher betritt im Prolog ein sächsisches Renaissanceschloss und verlässt nach dem Epilog ein preußisches Verwaltungsgebäude.

Szene 1 zeigt die Kurfürstentümer Sachsen und Brandenburg-Preußen als »Partner und Rivalen«. Lange Zeit war es das reiche und mächtige Sachsen, das gegenüber dem ärmeren Nachbarn im Norden den Ton angab. Doch Ende des 17. Jahrhunderts stieg Brandenburg-Preußen auf zum Partner auf Augenhöhe. Die Herrscher hatten zu jener Zeit das gleiche Ziel: Beide Kurfürsten wollten die Königswürde erlangen.

In Szene 2 »Königskunst« verfolgt die Ausstellung den Weg der beiden Kurfürsten zur Königskrone und öffnet den Blick für Repräsentationsstrategien und Kulturtransfer um 1700. Die Neulinge im Kreis der europäischen Monarchen bauten ihre Residenzen prachtvoll aus, legten großzügige Sammlungen an und taten alles, um ihrem neuen Rang den nötigen Glanz zu verleihen. Dabei beobachtete man aufmerksam, was jeweils am benachbarten Königshof entstand. Die Künste in Sachsen und Preußen profitierten vom kulturellen Wettstreit.

»Glaubenssache« ist Szene 3 überschrieben, in der konfessionelle Fragen und der Umgang mit Minderheiten in Preußen und Sachsen beleuchtet werden. Zwar galten Preußen und vor allem Sachsen als Garanten des Luthertums. Doch schon seit 1613 zählte der brandenburgische Kurfürst zu den Reformierten. Der sächsische Kurfürst trat 1697 zum katholischen Glauben über, denn nur so konnte er König von Polen werden. Lutherisch blieben dagegen die Untertanen – in Preußen wie in Sachsen.

»Von Glanz und Gloria« steht als Titel von Szene 4 für die Rolle des Militärs und die Adelsgesellschaft um 1730. Landesgrenzen hatten wenig Bedeutung für den Adel in Preußen und Sachsen. Preußisch-sächsische Karrieren und Eheschließungen waren nicht selten, wovon zahlreiche Familienstammbäume zeugen. Wie schon der Titel verrät, werden hier auch Klischees angesprochen, wonach die Sachsen der Kunst zugeneigt waren, während sich die Preußen dem Militär verschrieben.

Szene 5 »Um die Vormacht« geht auf die kulturelle Vorbildwirkung des augusteischen Sachsen für das friderizianische Preußen ein, bevor der bewaffnete Konflikt am Beispiel des Siebenjährigen Krieges thematisiert wird. Im Spiel der europäischen Mächte konkurrierten Preußen und Sachsen Mitte des 18. Jahrhunderts um die Vormacht. Als der preußische König 1756 in Sachsen einfiel, endete eine der glanzvollsten Epochen

Daniel Chodowiecki: Des Künstlers Reise nach Dresden im Juni 1789, 1795, Radierung, Stiftung Stadtmuseum Berlin

der sächsischen Geschichte. Für Sachsen ist Friedrich bis heute nicht »der Große«.

»Im Dialog« befinden sich in Szene 6 Literaten, Künstler und Wissenschaftler der zweiten Hälfte des 18. Jahrhunderts. Ob Preuße oder Sachse: Sie tauschten sich aus und gaben damit der Aufklärung entscheidende Impulse – gerade wegen der Nähe und Konkurrenz der Nachbarländer. Auf allen Ebenen traten Literaten, Wissenschaftler, Künstler und Gelehrte in einen fruchtbaren Dialog, der von den Zentren wie Leipzig, Halle, Berlin und Dresden bis in die Provinz geführt wurde.

In Szene 7 »Heute Sachse, morgen Preuße« rückt der eingangs erwähnte Anlass der Landesausstellung in den Mittelpunkt, der Wiener Kongress von 1814/15 mit seinen Folgen für Preußen und Sachsen. In den Napoleonischen Kriegen hatte Sachsen lange als Verbündeter Frankreichs ausgeharrt. Als der Stern Napoleons sank, ging auch Sachsen unter. Nachdem der Wiener Kongress neue Grenzen gezogen hatte, musste Sachsen an den Kriegsgewinner Preußen fast zwei Drittel seines Territoriums abtreten. Die Untertanen wurden nicht gefragt.

Die Bühne

Dobraluh, Dobrilugk, Doberlug, Doberlug-Kirchhain – der Ort der Ersten Brandenburgischen Landesausstellung trug im Laufe seiner Geschichte viele Namen; in diesem Band wie auch in der Ausstellung wird er zumeist nur Doberlug genannt, wohl wissend, dass man damit manches vereinfacht. Keimzelle von Schloss Doberlug sind Gebäude des Klosters Dobrilugk, das der wettinische Markgraf Dietrich von Landsberg 1165 als sein Hauskloster gründete. Besiedelt mit Mönchen aus dem thüringischen

Volkenroda, entwickelte sich diese älteste Zisterze zwischen Elbe und Oder zu einem bedeutenden Kulturträger in der Niederlausitz mit umfangreichem Besitz. Nach der Säkularisierung des Klosters 1541 wurden das Abtshaus und das Infirmarium überformt und von mehreren Generationen adliger Besitzer zu einem Schloss ausgebaut.

In dieser Zeit gehörten die Markgraftümer Ober- und Niederlausitz zum Königreich Böhmen. Dies änderte sich 1635, als Kaiser Ferdinand II. dem sächsischen Kurfürsten Johann Georg I. im Prager Frieden die Herrschaft über die Lausitzen übertrug. Bis dahin waren Sachsen und Brandenburg-Preußen zwar Nachbarn, doch hatten sie nur eine recht kurze gemeinsame Grenze, an die bis heute unter anderem Grenzsteine in der Gegend von Brück und Bad Belzig erinnern. Erst 1635 wurden Sachsen und Brandenburg-Preußen auf langer Linie zu Nachbarn und Raumkonkurrenten.

Doberlug war bereits seit 1623 im Besitz Johann Georgs I., doch es blieb nicht lange bei der Dresdner Kurlinie. 1657 entstanden im »Freundbrüderlichen Hauptvergleich« drei sächsische Sekundogeniturfürstentümer: Sachsen-Weißenfels, Sachsen-Merseburg und Sachsen-Zeitz. Die jüngeren Brüder des Kurfürsten Johann Georg II. erhielten, wenn auch nicht vollkommen unabhängig von Dresden, eigene Landesportionen, in denen sie die eingeschränkte Landesherrschaft ausübten. Das Markgraftum Niederlausitz kam in den Besitz des Herzogs Christian von Sachsen-Merseburg, ebenso Doberlug – das allerdings rechtlich aus dem Markgraftum herausgelöst war und bis dahin als kurfürstlich sächsisches Amt betrachtet wurde. Seine Residenz bezog der Herzog im ehemals bischöflichen Schloss in Merseburg, wo er als Administrator des lutherischen Hochstifts fungierte. Doberlug machte Christian I. zum wichtigsten Ort seiner Herrschaft in der Niederlausitz. Er ließ das Schloss in seiner heutigen Form errichten (Fertigstellung 1676) – die Architektur zitiert unmittelbar sächsische Herrschaftsorte wie Merseburg oder Torgau – und gründete eine eigene Planstadt gleich dazu (1664). Die Klosterkirche wurde zur herzoglichen Hofkirche umgestaltet. Christian schuf sich damit einen repräsentativen Rahmen für seine Aufenthalte im Markgraftum, und dies bezeichnenderweise nicht in Lübben, das traditionell als »Hauptstadt« der Niederlausitz galt. Doberlug diente als fürstlicher Gegenpol zu der mit Lübben assoziierten zweiten Macht der Niederlausitz, den einflussreichen Standesherren. Es war also das landesherrliche Repräsentationsbedürfnis eines sächsischen Sekundogeniturfürsten, dem Brandenburg heute ein architektonisches Ensemble verdankt, das über die Landesgrenzen hinaus seinesgleichen sucht.

Schloss Doberlug, 2012

Ofenplatte mit sächsischem und brandenburgischem Wappen, 17. Jh., Museen der Stadt Dresden, Stadtmuseum

Während seiner Regierungszeit hielt sich Christian I. mit wenigen Ausnahmen jährlich für einige Wochen in Doberlug auf, das als Standesherrschaft wieder in das Markgraftum Niederlausitz integriert wurde. Verbunden waren die Aufenthalte meist mit der Jagd, doch nicht ausschließlich zu diesem Zweck wurde das Schloss genutzt. Und nicht nur die häufige Anwesenheit des Herzogs und seines Hofstaats in Doberlug sprechen für die hohe Bedeutung des Ortes für Christian I. Dort warteten ihm auch die Niederlausitzer Standesherren wie die Promnitz oder Lynars auf, Vertreter der Stände wurden empfangen und selbst dynastische Großereignisse wie die Hochzeit einer Tochter des Herzogs mit dem Herzog von Württemberg-Bernstadt wurden in Doberlug gefeiert.

Als nach 1697 / 1701 – einhergehend mit der polnischen und preußischen Königswürde – in den Residenzlandschaften um Berlin und Dresden eine Hochphase höfischer Prachtentfaltung einsetzte, war die Glanzzeit Doberlugs allerdings bereits vorbei. 1691 starb Herzog Christian I., 1694 sein Sohn und Nachfolger Christian II., dessen Erbe Moritz Wilhelm noch minderjährig war. Kurfürst Friedrich August I., ab 1697 König August II. von Polen, sowie die Herzoginmutter Erdmuthe Dorothea und Moritz Wilhelms Onkel, Prinz August von Sachsen-Merseburg, führten bis 1712 die Regentschaft. In der Zeitspanne der vormundschaftlichen Regierung blieb Schloss Doberlug nicht ungenutzt. Es diente Erdmuthe Dorothea, dann, nach 1714, ihrer Schwiegertochter Eleonore Wilhelmine von Anhalt-Köthen zeitweise als Witwensitz, und auch Moritz Wilhelm suchte das Schloss des Öfteren auf. Die besondere politische Situation verhinderte in Sachsen-Merseburg und damit auch in Doberlug jedoch die Ausbildung einer fürstlichen Repräsentationskultur, wie sie noch unter Christian I. ausgeprägt war. Inwieweit Herzog Moritz Wilhelm Doberlug nach 1712 nutzte, ist bisher nicht bekannt.

August II. hatte bereits während seiner Regentschaft für den Merseburger versucht, die Oberhoheitsrechte Dresdens auf Kosten der Eigenständigkeit von Sachsen-Merseburg zu stärken. Dazu zählten Einquartierungen und Aushebungen sächsischer Truppen in der Niederlausitz ebenso wie beispielsweise die

Errichtung von Postmeilensäulen als sichtbare Hoheitszeichen Kursachsens. Auch nach Ende der Vormundschaftsregierung blieben die Konflikte zwischen Sekundogenitur und Kurlinie bestehen. Am Zeithainer Lager, dem festlichen Großereignis, das August II. 1730 zum Abschluss seiner Heeresreformen etwa 40 Kilometer von Doberlug entfernt veranstaltete, nahm Herzog Moritz Wilhelm denn auch nicht teil. Zu Gast war jedoch sein Onkel Heinrich, der nach dem Tod Moritz Wilhelms im Jahr darauf die Nachfolge antrat. Heinrich war der letzte noch lebende Sohn Christians I. und hatte als nachgeborener Prinz Spremberg als Wohnsitz erhalten, dem er auch nach seinem Herrschaftsantritt verbunden blieb. Da Heinrich bereits in hohem Alter und ohne Söhne war, zeichnete sich ab, dass Sachsen-Merseburg nach seinem Tod zurück an Dresden fallen würde. Dies führte dazu, dass die Spannungen zwischen Kurlinie und Sekundogenitur während seiner Regierung endeten. 1738 verstarb er in Schloss Doberlug. Vor seinem Aufbruch aus Merseburg verabschiedete sich Heinrich von einem Beamten mit den Worten: »Ich reise zu meinen Wenden, die können was.«[1] Das Zitat weist darauf, dass bis weit ins 18. Jahrhundert die Niederlausitz auch als wendisches (sorbisches) Land begriffen wurde. Erst im 19. Jahrhundert wurde aus den Wenden eine wirkliche Minderheit, und erst das 20. Jahrhundert machte aus Dobrilugk Doberlug.

Mit dem Tod des letzten Herzogs von Sachsen-Merseburg verlor das Schloss endgültig an Bedeutung. Zusammen mit der Niederlausitz und den übrigen merseburgischen Gebieten fiel es zurück an den sächsischen Kurfürsten. Der Verbleib der Doberluger Ausstattungsstücke ist ungeklärt. Ein Inventar, das 1731 nach dem Ableben Herzog Moritz Wilhelms erstellt wurde, ist so unspezifisch, dass es nur wenige Rückschlüsse auf das Mobiliar zulässt, mit dem das Schloss während des Sachsen-Merseburger Intermezzos ausgestattet war. Alles von größerem Wert wird vermutlich nach Dresden gebracht worden sein. In der Folge wurde es ruhig um Schloss Doberlug.

Friedrich August II., als August III. König von Polen, hielt sich immerhin in den 1740er Jahren in Doberlug auf, wenn er zur Jagd im Markgraftum weilte. Damit fiel auch auf Doberlug ein wenig vom Glanz des augusteischen Zeitalters, andere Orte in der Niederlausitz strahlten in dieser Zeit jedoch sehr viel heller. Beispielsweise Pförten, der prachtvolle Besitz des sächsischen Premierministers Heinrich von Brühl, wo August III. auf seinen Reisen in das Königreich Polen Station machte – ein Umstand, der den Grafen und die Gräfin stets in Unruhe versetzte, wollten sie dem König doch den Aufenthalt so angenehm wie möglich gestalten. Neben dem Grafen Brühl besaß eine weitere zentrale Gestalt des Dresdner Hofes ein Gut in der Niederlausitz: Carl Heinrich von Heineken. In Altdöbern ließ Heineken, der den Kunstgeschmack in Dresden diktierte und die Sammlungen des Kurfürst-Königs und seines Gönners Brühl kenntnisreich mehrte, ein eindrucksvolles Schloss und opulente Gartenanlagen errichten – unter Einsatz von Dresdner Hofkünstlern. Doch nicht nur in der Niederlausitz, auch an anderen Orten im heutigen Land Brandenburg haben sich Zeugnisse der augusteischen Kultur erhalten: das ehemals im sächsischen Kurkreis gelegene Schloss Martinskirchen bei Mühlberg etwa oder Schloss Grochwitz in Herzberg. Ersteres gehörte Friedrich Wilhelm von Brühl, Letzteres – wie Pförten – seinem Bruder Heinrich.

Obelisk mit preußischem Adler an der Stelle des ehemaligen Schlosstores in Doberlug, 2013

Im Siebenjährigen Krieg (1756 – 1763) endete das augusteische Zeitalter, und mit ihm gingen die Brühl'schen Schlösser in Pförten und Grochwitz unter. Auf Befehl des preußischen Königs Friedrich II. wurden sie geplündert und zerstört – wie auch andere Besitztümer des sächsischen Premiers. Friedrich, aus sächsischer Sicht nicht »der Große«, sondern der Schurke in diesem düsteren Kapitel der preußisch-sächsischen Nachbarschaft, war Doberlug übrigens durchaus bekannt. Angetan von dessen idyllischer Lage soll er den Wunsch geäußert haben, dort ein philosophisches Leben mit Freunden zu führen, so jedenfalls notierte es Friedrichs Vorleser Henri de Catt.

Als nach 1763 Prinz Carl, ein Sohn Augusts III., in dem Gebiet um Doberlug jagte, residierte er im nahe gelegenen Elsterwerda,

Blick in den Innenhof von Schloss Doberlug, 2012

einem wesentlich moderneren Schlossbau. Wohl spätestens 1773 verlor Schloss Doberlug vollständig seine Funktion als fürstlicher Aufenthaltsort und wurde zu einem Verwaltungsgebäude.

Nach der Teilung Sachsens auf dem Wiener Kongress 1815 begann Preußen, den ehemaligen sächsischen Gebieten seinen Stempel aufzudrücken. Statt Rautenkranz und Kurschwertern prangte nun der preußische Adler an Stadttoren, Rathäusern und anderen öffentlichen Gebäuden. In Schloss Doberlug zogen Behörden ein, später wurden Teile auch als Gefängnis und Wohnungen genutzt.

Gestalterisch führte der Architekt Carl Weber Preußen und Sachsen Anfang des 20. Jahrhunderts in Doberlug zusammen, als er von 1905 bis 1909 die Klosterkirche umfassend restaurierte und sie mit Wandmalereien ausstattete, die die sächsische Vergangenheit des Ortes zwar würdigen, doch sein Aufgehen in Preußen und schließlich im Deutschen Kaiserreich als Ziel der Geschichte postulieren. In diese Zeit fällt auch die Aufstellung der Obelisken an der Stelle des ehemaligen Stadttores, kurz vor der Einfahrt zum Schloss. Die Obelisken sind der Architektur des sächsischen Schlosses entlehnt, die Adler sind preußisch. Seit ihrer Aufstellung ist mehr als ein weiteres Jahrhundert vergangen, in dem Schloss Doberlug unter anderem mehrere Jahrzehnte lang militärisch genutzt wurde, bevor es Mitte der 1990er Jahre in städtischen Besitz überging.

In dieser wechselvollen Geschichte wird nun ein neues Kapitel aufgeschlagen: Erstmals ist Schloss Doberlug für die Öffentlichkeit zugänglich. Besucher von nah und fern können diese einzigartige Anlage genießen, Brandenburger und Sachsen die gemeinsame Geschichte wiederentdecken. Ein preußisch-sächsischer Erinnerungsort wird wieder lebendig. Die Szenen einer Nachbarschaft sind noch längst nicht abgeschlossen.

Literatur Berndt 2014 · Czech 2013 · Leibetseder 2013 · Richter, M. 2009 · Barocke Fürstenresidenzen, Kat. 2007

Anmerkungen 1 Zit. nach Alfred Schmekel, Historisch=topographische Beschreibung des Hochstiftes Merseburg. Ein Beitrag zur Deutschen Vaterlandskunde, Halle 1858, S. 226.

NACHBARN

Brandenburg-Preußen und Sachsen waren zwar Nachbarn, doch ihre Territorien berührten sich kaum. Dies änderte sich, als Sachsen 1635 im Frieden von Prag die Markgraftümer Ober- und Niederlausitz erhielt.

Zu jener Zeit existierte in Doberlug (Dobrilugk), inmitten der Niederlausitz, bereits ein Schloss. Der sächsische Kurfürst Johann Georg I. und nach ihm sein Sohn Herzog Christian I. von Sachsen-Merseburg ließen es ausbauen. 1676 wurde es als letztes sächsisches Renaissanceschloss vollendet.

Als die Lausitzen sächsisch wurden, standen Brandenburg-Preußen und Sachsen vor einer neuen Situation: Sie hatten nun eine lange gemeinsame Grenze, und keine Pufferzone trennte sie mehr. Diese neugewonnene Nähe hatte Folgen: Zwar wurden, wie unter engen Nachbarn üblich, Ideen, Waren und Wissen ausgetauscht, doch die Nähe führte auch zu Rivalität und Konkurrenz. AZ

Grenzstein zwischen den Kurfürstentümern Sachsen und Brandenburg
17. Jh. · sächsischer Sandstein · H 137 cm
Beelitz, Beelitzer Heimatmuseum

Auf der einen Seite die Inschrift »BRANDENBVRCG« und das Wappen mit dem Kurzepter, auf der andere die Inschrift »SACHSEN« und das Wappen mit Rautenkranz und Kurschwerten – solcherart gestaltete Grenzsteine finden sich im Landkreis Potsdam-Mittelmark bis heute. Die Steine erinnern daran, dass hier bis 1815 die sächsische Grenze verlief und Städte wie Bad Belzig, Brück und Niemegk sächsische Wurzeln haben. Mit dieser Gegend verknüpft und bis heute kolportiert werden Geschichten von Schmugglern und Deserteuren. In Bezeichnungen wie »Haderland« leben die alte Grenze und mit ihr verbundene Streitigkeiten fort. AZ

Prolog

Partner und

Brandenburg wie Sachsen waren Teil des Heiligen Römischen Reiches Deutscher Nation und damit in einen größeren staatlichen Zusammenhang eingebunden. Als Kurfürsten zählten ihre Herrscher aus den Familien der Hohenzollern und der Wettiner zur Fürstenelite dieses Reiches, unterstanden aber dem deutschen Kaiser. Sachsen war ein reiches Land, es besaß Bodenschätze, bedeutende Städte und ein selbstbewusstes Bürgertum. Es war das Mutterland der Reformation und sein Herrscher galt als der vornehmste evangelische Fürst im Reich. Im Vergleich dazu war Brandenburg ein karges Land. Zwar herrschte sein Fürst über größere Gebiete als

SZENE 1

Rivalen

der sächsische Nachbar – darunter auch das Herzogtum Preußen –, doch waren diese Territorien uneinheitlich und räumlich voneinander getrennt. Auch Brandenburg-Preußen war lutherisch geprägt, die Herrscherfamilie gehörte jedoch bereits seit 1613 zum reformierten Bekenntnis. Lange Zeit gab das reiche und mächtige Sachsen gegenüber dem ärmeren Nachbarn den Ton an. Doch Ende des 17. Jahrhunderts entwickelte sich Brandenburg-Preußen zum Partner auf Augenhöhe. Zu jener Zeit vereinte die beiden Kurfürsten ein gemeinsames Interesse: der Wunsch, die Königswürde zu erlangen.

Von der »Juniorpartnerschaft« zur Gleichrangigkeit. Das brandenburgisch-sächsische Verhältnis im 16. und 17. Jahrhundert

FRANK GÖSE

Der Einritt der Kurfürsten auf den Platz vor dem Frankfurter Römer anlässlich der im Jahr 1612 zelebrierten Wahl des Erzherzogs Matthias zum Kaiser des Heiligen Römischen Reiches gestaltete sich wie gewohnt prachtvoll vor einer opulenten Kulisse. Gleichwohl hielt es der Chronist für angebracht, in der Bildunterschrift auf Nuancierungen bei der Beschreibung der Fürsten und ihres Gefolges hinzuweisen:

> »Die Churfürsten reiten zur wahl,
> Jn Ihrm habit vons Römers Saal,
> Meintz vndt Trier, Cölln vnd Böhmen recht
> Pfaltz, Sachs geziert, Brandenburg schlecht«[1]

Auch wenn »schlecht« hier gewiss in anderer Bedeutung, wohl im Sinne von »schlicht«, gebraucht worden sein dürfte, bleibt die abschätzige Beurteilung Kurbrandenburgs doch unübersehbar. Diese Charakterisierung stimmt in auffälliger Weise mit den sich in anderen Quellen findenden Beobachtungen überein. Brandenburg wurde gemeinhin als ein unwegsames und karges Land angesehen, und selten galten die in der Hohenzollernresidenz vorgefundenen Kunstwerke für einen kundigen Reisenden im 16. und frühen 17. Jahrhundert als berichtenswert – ganz im Gegensatz etwa zu den südlich angrenzenden wettinischen Territorien.

Damit sind wir schon mitten in unserem Thema. Doch wie misst man den »Wert«, das Gewicht von frühneuzeitlichen Staaten? Heute haben wir uns daran gewöhnt, dass Rating-Agenturen zuweilen solche Aufgaben übernehmen. Nach deren Kategorien hätte sich wohl das albertinische Kursachsen im ausgehenden 16. Jahrhundert eines »AA« erfreuen dürfen, Brandenburg hingegen mit einem »CC« (also knapp vor der Zahlungsunfähigkeit stehend) vorliebnehmen müssen. Sind dies aber zuallererst die Wertmaßstäbe der Zeit, mit der wir uns im Folgenden beschäftigen?

Der moderne »Staats«-Begriff erscheint für einen Vergleich nur bedingt tauglich; dies gilt sowohl für Brandenburg als auch für Sachsen. Vielmehr sind es eher die Dynastien, also die Familien des Hochadels, über deren Vorstellungen und Interessen man den Beziehungen zwischen Sachsen und Brandenburg nahezukommen vermag. Um 1500 galten die Wettiner als die nach den Habsburgern mächtigste Dynastie im Reich. Kurfürst Friedrich der Weise genoss hohes Ansehen und großen Einfluss im Reichsfürstenstand. Andere Mitglieder der ernestinischen Linie der Wettiner besetzten zu dieser Zeit den Stuhl des Erzbischofs von Magdeburg und das Hochmeisteramt im Deutschen Ordensstaat. Und die Hohenzollern, die lange Zeit trotz ihrer Zugehörigkeit zum Kurkolleg als Parvenüs im Reichsfürstenstand angesehen worden waren, akzeptierten diese Vorbildrolle weitgehend. Beide Familien hatten fast zeitgleich die Kurwürde erworben. Den Hohenzollern fiel es aber im Unterschied zu den Wettinern, für die ja nur das bis 1422 von den Askaniern regierte Herzogtum Sachsen-Wittenberg als neue Erwerbung hinzukam, lange schwer, sich als landfremde Dynastie in ihrem neuen Territorium zu behaupten.

Auch angesichts des beträchtlichen Rückstands ihrer Berlin-Cöllner Residenz erschien dieses Gefälle mehr als verständlich. Immer wieder fanden deshalb Angehörige führender brandenburgischer Adelsfamilien den Weg an den kursächsischen Hof; ebenso wurden sächsische Baumeister, Architekten und Handwerker mit ihren Erfahrungen und Kontakten gern für Vorhaben in der Hohenzollern-Residenz angeworben. Das Torgauer Schloss Hartenfels galt etwa als Vorbild für den Berliner Schloss-

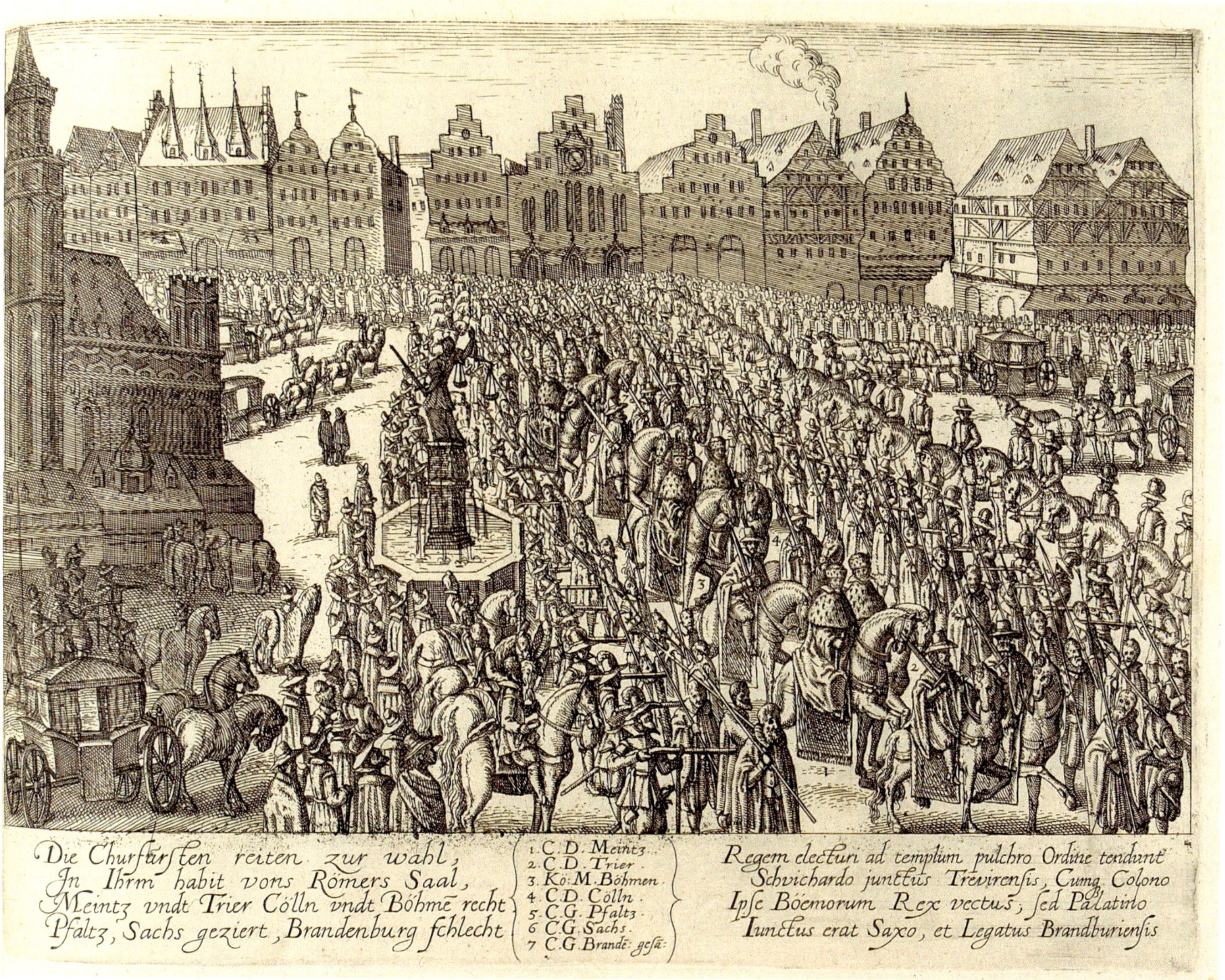

Einzug der Kurfürsten 1612 in Frankfurt am Main, in: Gotthard Arthus: Electio Et Coronatio Sereniss […], Frankfurt am Main: Officina de Bry, 1612, Herzog August Bibliothek Wolfenbüttel

neubau. Ebenso profitierte man zuweilen von der größeren Professionalität der Verwaltung. So gingen aus der sächsischen Familie Distelmeier zwei brandenburgische Kanzler hervor.

Mehrere Hochzeiten und die Übernahme von Vormundschaften befestigten die familiären Bande zwischen den beiden Dynastien. Ein Beispiel dafür bildet der Zinnaer Vertrag von 1591, der das Prozedere der zehn Jahre währenden Vormundschaft über den minderjährigen sächsischen Kurfürsten Christian II. regelte. Sein Großvater mütterlicherseits, der brandenburgische Kurfürst Johann Georg, fungierte dabei als »Mit-Vormund« über den jungen Wettiner und war – vor allem in außen- und reichspolitischen Angelegenheiten – stets zu konsultieren.

Ebenso spiegeln die zahlreich überlieferten Fürstenkorrespondenzen diesen im wortwörtlichen Sinn sehr familiären Charakter der Beziehungen zwischen Wettinern und Hohenzollern wider. Regelmäßig informierte man sich über den Gesundheitszustand der Gemahlinnen und der Kinder, bevorstehende Geburten oder Hochzeiten. Und man wusste manchmal über sehr persönliche Dinge der anderen Familie Bescheid. Dass man für die damalige Zeit nur sehr zurückhaltend schon von »Staats«-Angelegenheiten sprechen kann, zeigt sich eben auch an der so typischen Vermischung familiärer und hochpolitischer »Materien«. So bekundete der sächsische Kurfürst Johann Georg I. sein Mitleid für den Berliner Standesgenossen Johann Sigismund angesichts dessen häuslicher Probleme. Es war die eigene Gemahlin, die sehr selbstbewusst auftretende Kurfürstin Anna, die dem Brandenburger das Leben zunehmend schwerer machte. Der sächsische Kurfürst äußerte sich gegenüber Johann Sigismund mit Blick auf die mit dem Jülich-Klevischen Erbstreit aufgetretenen Probleme zwischen dem Berliner und Dresdner Hof dahingehend, dass er sich mit ihm schon einigen würde, wenn nur dessen »gemahlin nicht wäre. Ich habe auch eine,

Unbekannter Künstler: Die sächsischen Kurfürstenpaare August und Anna von Dänemark, Christian I. und Sophie von Brandenburg, Christian II. und Hedwig von Dänemark, Johann Georg I. und Magdalena Sibylla von Preußen, um 1692–94, Öl auf Kupfer, Gemäldegalerie Alte Meister, SKD

wenn sie mich aber so tribulirte [...], es würden gewiß maulschellen fallen.«[2]

Gemeinsame Interessen der beiden nordostdeutschen Kurfürstentümer überwogen ungeachtet solcher Irritationen in der Reichspolitik der zweiten Hälfte des 16. Jahrhunderts. Zunächst war Kurbrandenburg in den Jahren zwischen dem Schmalkaldischen Krieg (1546/47) und dem »Fürstenaufstand« (1551/52), als die ernestinische und die albertinische Linie des Hauses Wettin in erbitterter Feindschaft zueinander gestanden hatten, in den Augen des Kaisers eine wichtige Vermittlerrolle in dieser kaiserfernen Zone des Reiches zugefallen. Nach der Stabilisierung der Position der nun die Kurwürde bekleidenden albertinischen Wettiner geriet Brandenburg in den nächsten Jahrzehnten immer mehr in das Fahrwasser der Dresdner Politik und wuchs in die Rolle eines kursächsischen »Juniorpartners« hinein. Die Reichstagsprotokolle vermitteln hier ein eindeutiges Bild. Es traf sich dabei gut, dass man – hinter Sachsen – die sechste Stimme im Kurfürstenkolleg führte, sodass die Protokolle häufig zu den Voten der brandenburgischen Gesandten vermerken: »stimmt wie Sachsen«.[3]

Um die enge Anlehnung der Hohenzollern in allen wichtigen Fragen der Reichs- und Außenpolitik an Kursachsen – besonders ist hier der fast dreißig Jahre regierende Kurfürst Johann Georg zu nennen – wussten auch die Zeitgenossen: »Vor allem anderen«, schreibt Johannes Cernitius in seiner 1626 gedruckten Geschichte des Hauses Hohenzollern, »ist erwähnenswert, daß unser Herr und der sächsische Kurfürst August mehr als dreißig Jahre in engster Verbindung lebten, alle ihre Ratschläge, in denen sie fast immer übereinstimmten, auf das öffentliche Wohl richteten, und diese unauflösliche innere Zuneigung bei freundschaftlichen Zusammenkünften nicht selten durch Austausch von Küssen, gleichsam das Wahrzeichen der Gastfreundschaft, bekundet haben«.[4]

Bei einem vergleichenden Blick auf die politischen Spielräume beider Territorien darf natürlich auch die unterschiedliche Ressourcenlage nicht übersehen werden. Schließlich spielten die »harten« Fakten, also die Zahl der Bewohner oder die Dichte der Gewerbelandschaften, bei der Gewichtung der frühneuzeitlichen Länder eine nicht zu unterschätzende Rolle. Und auf diesem Terrain fiel in dem hier interessierenden Zeitraum der Befund eindeutig aus: Die wettinischen Lande gehörten zu den wirtschaftlich am weitesten entwickelten Territorien im Reich. Insbesondere aus dem von den sächsischen Landesherren genutzten Bergregal sprudelten die Einnahmen reichlich. In der Mitte des 16. Jahrhunderts machten diese etwa 25 Prozent der Gesamteinnahmen der kurfürstlichen Kassen aus. Davon hoben sich die Verhältnisse in Brandenburg durch ihre traditionell starke naturalwirtschaftliche Prägung deutlich ab. Die Haupteinnahmequelle stellten hier die kurfürstlichen Domänen dar. Die Erhebung der kaum den Bedarf des Berliner Hofes und die steigenden Aufwendungen für die Verwaltung abdeckenden Steuern lag hingegen bei den Ständen. Jeder brandenburgische Kurfürst des 16. und der ersten Hälfte des 17. Jahrhunderts hinterließ seinem Nachfolger einen größer werdenden Schuldenberg. Und man wusste im Reich um die angespannte finanzielle Lage, in der sich Brandenburg befand. So ist vom hessischen Landgrafen Philipp die auf Kurfürst Joachim II. gemünzte Äußerung überliefert, »der Kurfürst meint es gut, ist aber ohne Mittel«.[5] Es spricht im Übrigen aber für den Realitätssinn der damaligen brandenburgischen Politik, dass man diese Defizite durchaus erkannte. So wurde 1567 bei den Neuverhandlungen des Anschlags für die Reichsmatrikel von Berliner Seite folgendes bezeichnendes Statement vorgebracht: »Es ist aber notorium unnd offenbar, das der anndernn churfurstenn [...] lande ann einkhommenn, nutz, zolln, gefelln [...] umb viellmehr beßer und hoher.«[6]

Vor dem Hintergrund des bislang gezeichneten Bildes überrascht nun natürlich die gleichsam bis zum Ende des 17. Jahrhunderts erfolgte Umkehrung der Koordinaten im Verhältnis zwischen den beiden Territorien. Es sind im Wesentlichen zwei Gründe, die diesen Wandel erklären können:

Das Hauptmotiv ist in der Horizonterweiterung, ja gewissermaßen in der »Europäisierung« der brandenburgischen Politik im frühen 17. Jahrhundert infolge territorialer Gewinne am Niederrhein und – dies sogar außerhalb der Reichsgrenzen – in Gestalt des Herzogtums Preußen zu suchen. Die Chancen auf die Umsetzung von Erbansprüchen, die hinter diesen Erwerbungen standen, begannen sich indes schon einige Jahre zuvor abzuzeichnen. Kurfürst Johann Sigismund setzte im Vergleich zu seinen bedächtiger agierenden Vorgängern nun des Öfteren auf einen selbstbewussteren, mitunter konfrontativ vorgehenden Politikstil, was sich auch in dem gelegentlich harscher werdenden Ton gegenüber Kursachsen zeigte. Hier spielte gewiss seine Prägung durch die pfälzische Politik hinein, der er sich seit seiner Jugend verbunden fühlte. Diese zeitweilig engere Anlehnung an die Kurpfalz, die damals das Zentrum des Calvinismus im Reich darstellte, führte zwangsläufig zu einer Abkühlung des Verhältnisses zum Dresdner Hof.

Damit kommt zugleich ein zweites Motiv ins Spiel: Durch den Weihnachten 1613 erfolgten Konfessionswechsel Johann Sigismunds vom lutherischen Bekenntnis zum Reformiertentum wurde die bis dahin von Berlin akzeptierte Stellung Kursachsens als protestantische Leitmacht im Reich indirekt infrage gestellt. Das Unbehagen über diese Entwicklung war am Dresdner Hof auch deshalb groß, weil aus kursächsischer Perspektive die Reformierten mit ihrem so umtriebigen »Calvini Geist« ohnehin als die gefährlicheren Ketzer angesehen wurden, die die verfassungspolitische Ordnung des Reiches und damit ebenso »die territoriale Integrität des saturierten Reichsstandes Sachsen« gefährdeten.[7]

Freilich: Die gebotenen Erklärungen erscheinen uns heute aus der Sicht der Nachlebenden recht plausibel – für die Zeitgenossen war es aber noch lange nicht entschieden, wer das Rennen in den kommenden Jahrzehnten machen würde. Schließlich muss bedacht werden – um auf die angesprochenen Gebietsgewinne zurückzukommen, dass die »Westerweiterung« des hohenzollernschen Territorialkomplexes zunächst nicht sukzessive zu einer Machtsteigerung des Hauses Brandenburg geführt hatte. Wer sich näher mit den Vorgängen der Herrschaftsübernahme am Niederrhein befasst, erkennt schnell die enormen Probleme, die die Integrationsbemühungen dort verursacht hatten. Und auch der Konfessionswechsel, dem ja

Unbekannter Künstler: August von Sachsen-Weißenfels, um 1665, Öl auf Leinwand, Museum Weißenfels

Abbildung folgende Seiten:
Guillaume Sanson: Karte von Sachsen, Meissen, Thüringen und der Lausitz, 1692, Kupferstich, koloriert, Sächsische Landesbibliothek – Staats- und Universitätsbibliothek Dresden

LE CERCLE DE LA HAUTE SAXE, ou sont LE DUCHÉ et ELECTORAT DE SAXE, LES MARQUIS
DUCS DE SAXE, LA PRINCIPAUTÉ D'ANHALT, LES COMTÉS DE MANSFELD, DE SCHWARTZBURG, DE STOLBERG, DE H

ISNIE et DE LUSACE et LE LANDGRAVIAT DE THURINGE, qui comprennent LES ESTATS DES
DE BARBY, et DE BEICHLINGEN. dans ce Cercle sont encor compris LE BRANDEBOURG, et LA POMERANIE, qui font leur carte separée. Dressé sur les Memoires les plus nouveaux. Par le S.r SANSON, Geog.r ord.re du Roy. 1692.

wohl Heinrich Christoph Fehling:
Kurfürst Johann Georg IV. von Sachsen und Kurfürst Friedrich III. von Brandenburg, 1692, Öl auf Leinwand, Gemäldegalerie Alte Meister, SKD

zunächst nur eine zahlenmäßig kleine Gruppe innerhalb der Berliner Hof- und Staatselite gefolgt war, engte für längere Zeit den politischen Spielraum der brandenburgischen Landesherren gegenüber ihren Ständen eher ein, als dass daraus eine Machtsteigerung erwachsen wäre.

Zudem muss bedacht werden, dass es Kursachsen ebenfalls schon wenige Jahre später gelang, mit den beiden Lausitzen in den Genuss von Gebietserweiterungen zu kommen – als Dank für seine prokaiserliche Haltung im Dreißigjährigen Krieg. Dabei handelte es sich im Übrigen um Territorien, die direkt an das bestehende Staatsgebiet angegliedert werden konnten, ganz im Gegensatz zu den Hohenzollernlanden mit ihrem lange unzusammenhängend bleibenden Staatsgebiet, das inzwischen vom Niederrhein bis an die Grenze des Baltikums reichte.

Die verheerenden Wirkungen des Dreißigjährigen Krieges trafen die wettinischen und hohenzollernschen Territorien in Gestalt erheblicher ökonomischer und demografischer Verwerfungen. Doch trotz der im Ganzen gesehen für Kurbrandenburg größer ausfallenden Verluste konnten sich die Hohenzollern im Westfälischen Friedensvertrag von 1648 – vor allem dank der Fürsprache Frankreichs – als Entschädigung für das vorenthaltene Vorpommern den Besitz der ehemaligen Bistümer Halberstadt und Minden sowie die Anwartschaft auf das Erzstift Magdeburg sichern. Damit waren wichtige Grundlagen geschaffen worden, um in dem für das brandenburgisch-sächsische Verhältnis strategisch bedeutenden mitteldeutschen Raum einen langfristigen Positionsgewinn zu erzielen.

Es mangelte angesichts dieser besorgniserregenden Entwicklung gewiss nicht an warnenden Stimmen unter den führenden Räten am Dresdner Hof, die sich gelegentlich auch Gehör verschafften. So führte man sich die Konsequenzen einer sich nach 1648 abzeichnenden Etablierung eines Territorienkonglomerats durch den nördlichen Nachbarn vor Augen, »wann Ihre Churf. Gn und Durchl zu Brandenburg Ihr Herzogthum Magdeburg, das Fürstenthum Halberstadt, die Grafschafft Mansfeld [...], dann die Graffschafften Hohn- und Rheinstein nunmehr ohne fremder Herrschafften interruption conjugiren, welches so viel und mächtig, als manches Churfürstenthum seyn kann«.[8] Letztlich war es aber ein Abwägen, das die Argumente für die Beibehaltung eines ausgewogenen Verhältnisses zu Brandenburg in den Vordergrund treten ließ. Schließlich brauchte man einander. So bemühten sich Kursachsen und Brandenburg in jenen Jahren gemeinsam, die Vorzugsstellung, also die sogenannte Präeminenz der Kurfürsten, aufrechtzuerhalten. Man betonte die »so gutte Harmonie und Einigkeit zwischen zweyen so großen Churfürsten und Säulen des Reiches«[9] und versuchte diese auch in – mal mehr, mal weniger abgestimmten – politischen Initiativen auszuspielen. Und von brandenburgischer Seite ließ man es zuweilen nicht an Wertschätzung für das militärische Potenzial Kursachsens fehlen. So erinnerte etwa Kurfürst Friedrich Wilhelm seinen Dresdner Standesgenossen daran, dass es in der Vergangenheit zuvorderst das Verdienst Sachsens gewesen wäre, »die ruhe und tranquillitat im Reich für andere erhalten [zu] helfen«.[10]

Dennoch zeichnete sich eine zunehmende Bedenkenlosigkeit der Mittel ab, derer sich die brandenburgische Politik bediente, und die »standespolitische Unzuverlässigkeit«[11] wurde eines ihrer Markenzeichen. Zur Erklärung für diesen Wandel dienen vor allem die grundstürzenden Erfahrungen des Dreißigjährigen Krieges, wonach nach Auffassung Friedrich Wilhelms die eigenen Lande nicht noch einmal »das theatrum sein« sollen, »darauff man die tragedi spillen« würde.[12] Und die strategische Mittellage der Hohenzollernterritorien machte sie außerordentlich anfällig dafür, eigenwillige Wege in den mächtepolitischen Auseinandersetzungen zu beschreiten.

Der modifizierte Stil im politischen Agieren Brandenburgs spiegelte sich besonders in dem Vorgehen in Bezug auf die kleinen Territorien im mitteldeutschen Raum wider, den nun einmal beide nordostdeutsche Kurfürstentümer als ihren Einflussbereich betrachteten. Der Magdeburger Administrator August beklagte sich 1678 angesichts der rücksichtslosen Einquartierungspraxis der brandenburgischen Truppen bitterlich beim sächsischen Kurfürsten, »da nunmehr der ganzen Welt vor Augen liegt, daß es diesem Stande [= Kurbrandenburg – F. G.] nicht sowohl umbs allgemeine Reichs- als umb sein eigen privat-interesse zu thun sey«.[13] Im Umfeld der eher kleinräumig angelegten Klientelpolitik in dieser Region offenbarte sich also das gewachsene Potenzial und gestiegene politische Selbstbewusstsein Brandenburgs deutlicher und zeitiger als auf der Bühne der europäischen bzw. der Reichspolitik – eine Beobachtung, die gerade für die Beurteilung des brandenburgisch-sächsischen Verhältnisses grundsätzliche Bedeutung einnimmt.

Und Kursachsen? Übte man sich am Dresdner Hof – so der Tenor etwa der älteren Forschung – in einer gewissen Selbstbescheidung? Gewiss wurde der politische Spielraum durch die Bildung der drei Sekundogenitur-Fürstentümer, also der 1657 aus dem Kurstaat herausgelösten Territorien der albertinisch-wettinischen Seitenlinien, eingeengt. Und die fragile Lage, in der sich diese Sekundogenitur-Fürsten befanden, bot den brandenburgischen Herrschern eine subtil genutzte Möglichkeit, um ihren größer gewordenen politischen Einfluss gegenüber Dresden geltend zu machen. Es dürfte die sächsischen Kurfürsten wenig amüsiert haben, wenn sie von den »Bittgängen« ihrer Weißenfelser, Merseburger und Zeitzer Verwandten an den Berlin-Potsdamer Hof erfahren mussten, die ihre Besuche zum Teil auch dazu nutzten, um sich über ihren Dresdner Vetter zu beschweren. Es sei höchst befremdlich, teilte man im Mai 1688 aus Dresden dem kursächsischen Gesandten in Berlin mit, »wie mißfällig die Herren Vettern zu Merseburg und Zeitz gegen Ihre Chf. Durchl. als Caput Familia movirten«.[14]

Doch ungeachtet dieses latent bestehenden Misstrauens setzten sich immer wieder die gemeinsamen Interessenlagen Berlins und Dresdens durch. Schließlich brauchte man einander auf vielen »Baustellen« der Reichspolitik. Und dieses Aufeinander-angewiesen-Sein schloss am Ende des 17. Jahrhunderts vor allem die gegenseitige Unterstützung beim Kronerwerb ein – bis hin zu finanziellen Hilfestellungen. Bekanntlich ist die Abtretung der Herrschaftsrechte über mehrere mitteldeutsche Kleinterritorien, wie Quedlinburg, Petersberg, die drei Halberstädter Ämter oder die Grafschaft Mansfeld, vor dem Hintergrund der gewaltigen Schulden zu sehen, die August der Starke in seinem »Wahlkampf« um die polnische Krone 1697 gemacht hatte. Er setzte sich damit gegen die in seinem näheren Umfeld geäußerten Bedenken gegenüber dem Verzicht auf wichtige Positionen im mitteldeutschen Raum durch.

Aus der Sicht des sächsischen Kurfürsten gab man aber nur vergleichsweise kleinere Positionen in Mitteldeutschland preis, um damit der Verwirklichung des vorrangigen Zieles näher zu kommen: dem Erwerb der polnischen Krone! Von brandenburgischer Seite zeigte man sich entgegenkommend und setzte zugleich auf die Fürsprache des sächsischen Kurfürsten bei dem Vorantreiben des eigenen »Großen Planes« – der am 18. Januar 1701 zelebrierten Königskrönung in Preußen. Der brandenburgische Kurfürst Friedrich III. hoffte darauf, dass Kursachsen seinen guten Stand am Wiener Hof in die Waagschale werfen würde, um »das Werck [der Krönung – F. G.] bestens secundiren [zu] helfen«[15] und für die Anerkennung unter den anderen Reichsfürsten und europäischen Monarchen zu werben.

Der Große Nordische Krieg (1700 – 1721) setzte diesen Trend einer auf den gesamteuropäischen Schauplatz ausgerichteten Erweiterung der Politik Dresdens und Berlins fort. Sachsen-Polen und Brandenburg-Preußen standen sich von nun an als Akteure gegenüber, die primär auf der Bühne der europäischen Mächtepolitik agierten. Gerade in Nordosteuropa wurden in dieser Zeit bei aller aufscheinenden Interessenkonformität, zum Beispiel bei den zu treffenden Vorkehrungen gegen Schweden, die gegensätzlichen Motive (Elbing, Westpreußen) immer deutlicher. Die vergleichsweise als behaglich empfundene Atmosphäre des alten Reichsgebäudes, in dem sich Brandenburg und Sachsen als »Säulen des Reiches« lange hatten einrichten können, wich nun dem eisiger werdenden Wind der in der europäischen Mächtepolitik waltenden *ratio status*, die fortan auch die Beziehungen zwischen diesen beiden Staaten in erheblichem Maße prägen sollte.

Ungedruckte Quellen Geheimes Staatsarchiv Preußischer Kulturbesitz (GStA PK), I. HA Geheimer Rat, Rep. 41 Beziehungen zu Kursachsen. · Sächsisches Hauptstaatsarchiv Dresden (Sächs. HStA Dresden), 10024 Geheimer Rat

Gedruckte Quellen und Literatur Arthus 1612 · Cernitius 1626 · Die politischen Testamente, 1986 · Droege 1966 · Göse 2011 · Gotthard 1996 · Koser 1913 · Meine 1898 · Müller, F. 1997 · Nicklas 2002 · RTA J. R. 18. 1, 2006 · Vötsch 2003

Anmerkungen **1** Arthus 1612, o. Bl. **2** Zit. nach Koser 1913, S. 85. **3** RTA J. R. 18. 1, 2006, S. 373 (»wie Sachsen« im Protokoll zum 20. 09. 1547); S. 411 (»Vergleicht sich mit Sachsen« im Protokoll zum 21. 10. 1547). **4** Zit. und übers. nach Koser 1913, S. 279 f. **5** Zit. nach Meine 1898, S. 51. **6** Zit. nach Nicklas 2002, S. 165. **7** Müller, F. 1997, S. 463. **8** Zit. nach Vötsch 2003, S. 371. **9** Zit. nach Göse 2011, S. 159. **10** GStA PK, I. HA, Rep. 41, Nr. 792, o. Bl. **11** Gotthard 1996, S. 12. **12** Die politischen Testamente, 1986, S. 63. **13** Sächs. HStA Dresden, 10024 Geheimer Rat, Loc. 8946/5, Bl. 3. **14** Sächs. HStA Dresden, 10024 Geheimer Rat, Loc. 8266/3, Bl. 3. **15** Sächs. HStA Dresden, 10024 Geheimer Rat, Loc. 2963, o. Bl.

Wettiner und Hohenzollern im Ancien Régime. Räumliche Nachbarn und dynastische Rivalen

PETER-MICHAEL HAHN

Bekanntlich bewerteten national gesinnte Historiker seit der Mitte des 19. Jahrhunderts das gewachsene Verhältnis der Wettiner und Hohenzollern durchweg im Licht der politischen Ereignisse nach 1815. »Staats- und Machtbildung« lautete daher das Zauberwort, welches der von ihnen gedachten Geschichte stets zugrunde gelegt wurde. Vor diesem Hintergrund stand die historische Rollenverteilung zwischen diesen Dynastien und den von ihnen begründeten Staaten von vornherein fest. Während das hohenzollernsche Königtum und dessen Repräsentanten das erfolgreiche modernstaatliche Prinzip in geradezu idealtypischer Weise verkörperten, verband man mit dem Haus Wettin und seinen Angehörigen vornehmlich barocke Pracht, Luxus und höfische Dekadenz sowie Erfolglosigkeit auf dem politischen Parkett.

An dieser Sicht Kursachsens hat sich trotz gelegentlicher, davon abweichender Interpretationen aus Kreisen der Wissenschaft bis heute nur wenig geändert, insbesondere wenn man etliche populäre Geschichtsdeutungen in Presse und Bildmedien – sogar noch aus jüngerer Zeit – in Augenschein nimmt. Das Preußen der Hohenzollern dagegen hat bisher seine zukunftsträchtige historische Rolle bewahrt. Allerdings wurde nach 1945 eifrig versucht, dessen etatistisch-militärischen Grundzug zugunsten eines seitdem in der Öffentlichkeit konsensfähigeren Bildes vom Rechts- und Kulturstaat neu zu justieren.

Historische Erklärungsmuster zeichnen sich jedoch häufig, wenn sie fest etabliert sind, durch eine lange Lebensdauer aus. Nicht ohne Grund bemerkte daher schon vor über hundert Jahren Anatole France ebenso hellsichtig wie bissig zu diesem Sachverhalt: »Und der Leser hat es nicht gern, wenn er überrascht wird. In einem Geschichtswerk sucht er stets nur Dummheiten, die er schon weiß.«[1]

Gleichwohl ist es angezeigt, immer wieder auf die Eigentümlichkeiten geschichtlicher Interpretationen hinzuweisen, insbesondere wenn der politische Kontext, dem sie ihre Entstehung verdankten, seine Gültigkeit längst eingebüßt hat. Der preußisch-deutsche Nationalstaat und die Hohenzollern als dessen Exponenten und Begründer gehören als Fixpunkte historisch-politischer Orientierung und Sinnstiftung heutzutage eindeutig der Vergangenheit an.

Überdies litt diese weit in die Geschichte zurückgreifende Interpretationsweise darunter, dass die Realität des politischen Lebens spätestens mit dem Regierungsantritt des Kurfürsten Friedrich Wilhelm 1640 so dargestellt wurde, als orientierte sich das Handeln der politischen Akteure zumeist an einem kollektiven Staatsinteresse. Dadurch wurde dem Geschehen aus preußischer Perspektive Dynamik und Modernität eingehaucht. Ferner suggerierten die Historiker, hinter dem von ihnen ausgiebig verwandten Begriff »Preußen« hätte sich bereits damals die von den Zeitgenossen intensiv wahrgenommene Vorstellung eines zusammenhängenden »Staatsganzen« verborgen.

Tatsächlich bildete die Hohenzollernmonarchie ebenso wie der Besitz der Wettiner aber ein buntscheckiges Konglomerat von Herrschaftstiteln, welches allein durch die Person des Herrschaftsträgers zusammengebunden war. Keine landständische Verfassung, kein Staatsvertrag überwölbte die territoriale Vielfalt zu einem Ganzen. Selbst auf der obersten Verwaltungsebene bei Hofe mühte sich nur ein winziger Personenkreis, das Ganze in den Blick zu nehmen. Es war vielmehr der dauernde Herrschaftsanspruch einer Dynastie, welcher in einem über Jahrhunderte währenden Ringen aus dem vielgliedrigen Besitz eines Fürstenhauses langsam die in die Zukunft weisende Staatseinheit entstehen ließ.

Über fast ein Jahrtausend bildete das fürstliche Haus den wichtigsten Kristallisationspunkt von Staatlichkeit, ehe im Zeitalter der europäischen Revolutionen und der Industrialisierung der moderne Anstaltsstaat bzw. der Nationalstaat die Monarchie aus ihrer Rolle als Nukleus staatlicher Ordnung weitgehend verdrängt hatten. Auch im Schicksal der Wettiner und Hohenzollern spiegelt sich dieser gesamteuropäische Prozess vielfältig wider.

Allerdings gab es zwischen diesen Häusern, wenn man deren Geschichte genauer betrachtet, erhebliche mentale Unterschiede. Sie sollten im Verhalten ihrer Repräsentanten lange Zeit nachwirken. Man kommt wohl nicht umhin, vor allem in

Kopie nach Friedrich Wilhelm Weidemann: Kurfürst Friedrich III. und Kurfürstin Sophie Charlotte, 1. Hälfte 18. Jh., Öl auf Leinwand, SPSG

ihrer dynastischen Frühgeschichte eine Erklärung zu suchen, weshalb die beiden Geschlechter in der Frühen Neuzeit verschiedenartige Strategien in Fragen höfischer Selbstdarstellung und Kunstpolitik, aber auch auf dem Gebiet territorialer Expansion verfolgten.

So traten die Hohenzollern im Grunde erst als letztes Geschlecht in die exklusive oberste Führungsschicht des Heiligen Römischen Reiches ein. Als Gefolgsleute der Luxemburger machten sie Karriere. Ihnen verdankten sie sowohl den Aufstieg in den Reichsfürstenstand als auch den Eintritt in das Kurkolleg. Dennoch waren sie selbst nach dem Erwerb der Mark Brandenburg weiterhin territorial schwach ausgestattet.

Es mangelte den brandenburgischen Hohenzollern im Vergleich mit anderen Großen des Reiches allenthalben an Ressourcen sowohl in ökonomischer als auch kultureller Hinsicht. Daher ließen andere Fürsten, etwa Vertreter des Hauses Wittelsbach, sie gelegentlich deutlich spüren, dass sie Emporkömmlinge waren. Dementsprechend vermieden es die brandenburgischen Kurfürsten in ihrer dynastischen Selbstdarstellung konsequent, ihre mittelalterliche Herkunft, soweit sie in die Zeit vor dem Erwerb der Kurwürde zurückreichte, öffentlich zu machen. Im Gegensatz zu allen anderen großen Geschlechtern des Reiches präsentierten die Brandenburger in ihrer Residenz keinen dynastischen »Spitzenahnen«.

Ganz anders stellte sich die Situation der Wettiner dar. Sie waren eine Dynastie mit einer altehrwürdigen Tradition. Im Gegensatz zu den Hohenzollern verfügten sie als Markgrafen von Meißen, seit 1247 auch als Landgrafen von Thüringen bereits Jahrhunderte früher über eine stattliche territoriale Basis. Überdies sahen sie sich als legitime Erben der noch älteren Luidolfinger, der sächsischen Könige.

Im vollen Bewusstsein dieser Machtgrundlagen trugen die Wettiner auch keine Bedenken, ihre Lande mehrfach auf ihre Nachkommen zu verteilen. Das an Bevölkerung und Bodenschätzen gleichermaßen reiche Territorium erlaubte der regierenden Dynastie eine Herrschaftspraxis, die sich an west- und südeuropäischen Maßstäben orientierte. Der Erwerb der askanischen Kurwürde 1423 und der mit ihr verbundenen Kurlande bedeutete im Zusammenhang ihrer Herrschaftsbildung – anders als bei den Hohenzollern – daher nur wenig.

Wesentlich folgenreicher für ihre herrschaftliche Lage war dagegen die Teilung der wettinischen Lande in eine albertinische und eine ernestinische Linie, die 1485 eintrat. Bedeutsam war dieser Akt, weil er zu einem Zeitpunkt vereinbart wurde, als sich die ökonomischen Anforderungen an den Fürstenstaat zu wandeln begannen. Der Fürstenstaat der Renaissance beanspruchte und verschlang in weit stärkerem Maße als seine Vorgänger Ressourcen aller Art.

Betrachtet man unter diesem Aspekt die nachfolgenden Jahrhunderte, dann formulierten Hohenzollern und Wettiner seit dem 15. Jahrhundert jeweils andere Antworten auf die praktischen Erfordernisse fürstlicher Politik. Der dynastische Ehrgeiz, nicht irgendein gesamtstaatliches Interesse trieb sie dabei voran. Daraus resultierte aber eine Vielzahl politischer, sozialer und ökonomischer Konsequenzen für ihre Untertanen.

Im Zeitalter der Reformation drängte es sämtliche großen Fürstenhäuser des Reiches auf die Bühne der europäischen Politik, auch wenn für sie der Erfolg zumeist ausbleiben sollte. So glaubte Kurfürst Joachim I. von Brandenburg kurzzeitig, durch sehr ambitionierte Heiratspläne und ein kühnes Taktieren bei der Kaiserwahl in der Reichspolitik und darüber hinaus ein Mehr an Bedeutsamkeit auf sein Haus lenken zu können. Es kam nicht so.

Unbeirrt hielten er und sein gleichnamiger Sohn (gest. 1571) dennoch an ihrem politischen Kurs fest, das Ansehen und den Einfluss des Hauses Brandenburg zu festigen. Der aufwendige persönliche Besuch mehrerer Reichstage, die kostenträchtige Übernahme des Amtes eines Reichsfeldhauptmanns gegen die Türken 1542 und der Bau des Berlin-Cöllner Stadtschlosses zeugten davon. Am Ende waren die kurfürstlichen Kassen leer gespült, was das agrarisch geprägte Land auf Jahrzehnte hinaus schwer belastete.

Den Wettinern stellten sich andere Herausforderungen. Zwar erschütterte der gewaltsame Wechsel der Kurwürde zwischen den beiden Linien ihre Herrschaft, aber die Albertiner gingen aus dieser Krise letztendlich politisch gestärkt hervor. Die immensen Erträge aus dem Bergbau, das hohe technische und künstlerische Niveau des sächsischen Handwerks sowie die Leipziger Messen sorgten überdies dafür, dass das Land ökonomisch und kulturell weiter aufblühte.

Louis de Silvestre:
König August II. von Polen zu Pferde, um 1718, Öl auf Leinwand, Gemäldegalerie Alte Meister, SKD

Ein Netz von Haupt- und Nebenresidenzen überzog die wettinischen Gebiete. Gestützt auf ihre territorialen Mittel entwickelten die Dresdner Wettiner einen aufwendigen höfischen Lebensstil, der west- und südeuropäische Tendenzen geschickt zu integrieren verstand. Er spiegelte in hervorragender Weise ihre führende Stellung unter den protestantischen Fürstenhäusern des Reiches wider. Gleichwohl standen sie politisch betrachtet zumeist an der Seite des katholischen Kaiserhauses. Dies fiel den Albertinern, vor allem Kurfürst August, umso leichter, als sie primär ihre Herrschaft im Inneren zu verdichten beabsichtigten. Expansive Ziele, sieht man von der Disziplinierung der Ernestiner ab, lagen ihnen fern.

Über weite Strecken der Reichspolitik folgten die Brandenburger Hohenzollern damals ihrem südlichen Nachbarn. Für eine eigenständige Politik fehlte ihnen das Geld. Dennoch eröffneten sich dem Haus verschiedene territoriale Optionen. So hatten sich brandenburgische Prinzen erfolgreich in den Bistümern an der mittleren Elbe festgesetzt. Außerdem hatten die fränkischen (!) Hohenzollern das ferne Herzogtum Preußen erworben und sich durch kluges Heiraten als mögliche Erben der alten Herzöge von Jülich und Kleve in Position gebracht. Davon hoffte die Brandenburger Linie dereinst zu profitieren, falls, wie abzusehen war, ihre fränkischen Vettern in der männlichen Linie aussterben sollten. 1603 trat dies ein.

Fortan war die Dynastie in ein gänzlich anders ausgerichtetes Politikfeld eingebunden, insbesondere wenn sie ihre territorialen Ziele, das Herzogtum Preußen und das rheinische Erbe, mit geringen Eigenmitteln verteidigen wollte. Der Übertritt der Brandenburger zum Calvinismus zu Beginn des 17. Jahrhunderts zeigte dies klar. Das Geschlecht fügte sich nun in neue politische und dynastische Allianzsysteme ein. Die familiäre Brücke zu katholischen Fürstenhäusern war fortan gänzlich verbaut, aber selbst lutherische Dynastien betrachteten calvinistische Geschlechter mit größtem Misstrauen.

Darüber brach der erbitterte Kampf der alteuropäischen Vormächte um die Vorherrschaft in Mitteleuropa aus, der erst mit dem Frieden von Oliva 1660 zu einem Abschluss gelangte. Wettiner und Hohenzollern waren davon gleichermaßen betroffen. Beide Häuser erlebten diese Auseinandersetzungen als eine Kette persönlicher Demütigungen und Verheerungen ihrer Territorien. In erster Linie waren sie stets Getriebene gewesen, weil es ihnen beiden an militärischem Potenzial fehlte, sich der fremden Heere zu erwehren.

Aus dem blutigen Geschehen zogen die Dynastien unterschiedliche Lehren für ihr künftiges Handeln, überdies veränderten sich die territorialen Fixpunkte ihrer Politik durch das Eingreifen der großen Mächte noch massiv. So gewannen die Wettiner zwar die Ober- und Niederlausitz hinzu, aber ansonsten war ihnen jede weitere Möglichkeit einer großflächigen Expansion versperrt, denn durch schwedisches Eingreifen im Westfälischen Frieden wurde der für sie wirtschaftlich interessante mittlere Elbraum als Kompensation für die von Schweden beanspruchten Teile Pommerns dem Brandenburger Gebiet zugeschlagen.

Die Tragweite dieser Entscheidung dürfte den Wettinern vermutlich erst im Rückblick bewusst geworden sein, denn das bevölkerungsreiche und gewerbestarke Kursachsen erholte sich rasch von den Kriegsschäden. Daher knüpfte die höfische Politik der Wettiner auch nahtlos an alte Traditionen an. Man nahm Anregungen aus Italien ebenso wie aus Frankreich auf, um den Dresdner Hof prächtig auszustatten. Architektur, Musik und bildende Künste wurden gefördert. Der Einfluss der finanzstarken Landstände auf die Politik blieb gewahrt, obwohl erste Schritte unternommen wurden, ein kleines stehendes Heer aufzubauen.

In eine andere Richtung zeigte dagegen die brandenburgische Entwicklung. Die Hohenzollern geboten jetzt zwar über ausgedehnte Territorien, die von der Maas bis an die Memel reichten. Dabei handelte es sich aber überwiegend um eher dünn besiedelte und selten gewerblich potente Gebiete. Deshalb wurden vielerorts die Kriegsfolgen auch nur zögerlich überwunden. An den beiden äußersten Grenzen war man jedoch entweder in sämtliche baltische oder die westeuropäischen Konfliktfelder direkt eingebunden. Über kurz oder lang mussten die daraus resultierenden geopolitischen Belastungen der Hohenzollernherrschaft ihren Stempel aufprägen.

Sie entwickelte sich zu einer Militärmonarchie – das heißt, Dynastie und Herrschaftsapparat nahmen einen kriegerischen Habitus an. Die Hofrangordnungen spiegelten das soziale Übergewicht des Militärs seit der Spätzeit Kurfürst Friedrich Wilhelms geradezu exemplarisch wider. Dazu floss der größte Teil aller Steuern in den militärischen Sektor. Die Effizienz der Finanzverwaltung wurde jetzt zum Motor hoheitlicher Verdichtung.

Das Vorbild hierzu war der nördliche Nachbar und politische Rivale Schweden gewesen. Allerdings sollte man auch nicht die Wirkung der familiären und politischen Bande zu den Oraniern unterschätzen. Deren Einfluss und Stellung beruhten allein auf ihrer militärischen Tüchtigkeit. Außenpolitisch kam dies darin zum Ausdruck, dass Brandenburg-Preußen bis 1713 seine Soldaten regelmäßig als Hilfstruppen an ausländische Mächte vermietete.

Auch in den stürmischen Zeiten um 1700, als Wettiner und Hohenzollern erfolgreich nach einer Königskrone griffen, wurden die unterschiedlichen Politikstile der beiden Dynastien deutlich sichtbar. Königlich zeigten sich beide Höfe der Fürstenwelt. Der Brandenburger Hof war nach 1680 ebenfalls kräftig aufgewertet worden. Aber Friedrich III. erkämpfte auf den Schlachtfeldern Europas die Zustimmung des Kaisers als des maßgebenden Garanten seiner neu gestifteten Würde, während Kurfürst Friedrich August in einem gewaltigen ökonomischen Kraftakt die wichtigsten Stimmgeber kaufte, um das polnische Wahlkönigtum an sein Haus zu binden.

In der Folge mussten beide Dynastien auf die kriegsbedingten Verlagerungen im europäischen Mächtegefüge reagieren. Eine politische Antwort auf den Niedergang Schwedens, aber auch auf den gewachsenen Einfluss von Kaiser und Zar war vonnöten. Neben August dem Starken, der in dieser Situation seine politischen Ambitionen mit herkömmlichen Mitteln, einer opulenten höfischen Selbstdarstellung und einer ehrgeizigen Heiratspolitik, zu verwirklichen trachtete, wirkte Friedrich Wilhelm I. dabei eher wie ein höfischer Querulant.

Polternd und drohend betrat er stets das diplomatische Parkett. Obwohl er der größte Silbersammler seiner Zeit war, ließ er seine Residenz laut dem Urteil der Diplomaten langsam verfallen. Die Pracht des Berliner Hofes bestand allein im Glanz einer bunten, aber gut ausfinanzierten Paradearmee, die niemals eingesetzt wurde. So gesehen waren beide Häuser sehr unterschiedlich gewappnet, als das Alte Reich von einer dynastischen Krise, dem Aussterben der Habsburger, zutiefst erschüttert wurde.

Während das Haus Wettin seine erbrechtlichen Ansprüche ohne sonderlichen Nachdruck anmeldete, veränderte Friedrich II. durch seinen Wagemut und die Bedenkenlosigkeit seines militärischen Handelns und politischen Wollens nicht nur das mitteleuropäische Mächtegefüge, sondern auch das Verhältnis zu seinem südlichen Nachbarn. Der Militär auf dem

Friedrich Wilhelm I.
König in Preußen.
geb. 1688. gest. 1740.

Martin van Meytens d. J.: Maria Theresia von Österreich, um 1750/1755, (Detail)
Öl auf Leinwand, Kunsthistorisches Museum Wien

Johann Georg Ziesenis: Friedrich II., 1763,
Öl auf Leinwand, SPSG

Hohenzollernthron sah in Kursachsen aufgrund seiner bitteren Erfahrungen aus dem misslungenen Feldzug von 1744 primär ein zentrales Versorgungs- und Aufmarschgebiet gegen seine Todfeindin Maria Theresia. Ohne dessen Besitz vermochte er nicht erfolgreich Krieg zu führen.

Bislang waren die nachbarlichen Beziehungen zwar nicht ungetrübt gewesen. So waren die Hohenzollern einst vom ökonomischen und kulturellen Kapital Sachsens abhängig gewesen, dagegen hatten die Brandenburger den Wettinern die Bistümer an der mittleren Elbe entrissen, woraus eine Vielzahl kleinerer wirtschaftlicher Konflikte entstanden war. In konfessionellen Fragen herrschte ebenfalls Uneinigkeit, insbesondere wollte man die Wettiner aus ihrer Führungsrolle im Corpus Evangelicorum verdrängen. Aber trotz dieser Gegensätze hatte man sich immer wieder im gegenseitigen Respekt arrangiert.

Mit Friedrich II. wurden die Beziehungen jedoch auf eine völlig neue Grundlage gestellt. Das Machtgefälle zwischen beiden war durch die Schlesischen Kriege zu groß geworden. Allein Sachsens Wirtschaftsmacht fürchtete man noch in Berlin. Diese zählte im Konfliktfall aber wenig. Daher trug Friedrich keine Bedenken, das Nachbarland im Interesse seiner Ambitionen auszubeuten oder zu zerstören. Der Gedanke einer Annexion aus strategischen Gründen lag fest versiegelt in der königlichen Schreibschatulle. Folgerichtig unterstützte er auch die russische Politik, die sächsisch-polnische Union mit dem Tod Augusts III. enden zu lassen.

Antoine Pesne: Friedrich Wilhelm I., um 1733,
Öl auf Leinwand, SPSG

Dadurch hatten die Wettiner in Europa und im Reich trotz ihres hohen kulturellen Kapitals ihre einstige politische Rolle weitgehend eingebüßt, denn militärisches Potenzial und Bevölkerungsstärke wogen am Ende des 18. Jahrhunderts in der hohen Politik deutlich schwerer als höfischer Glanz, dynastische Allianzen oder fürstliche Reputation. Während im Zeitalter der Französischen Revolution das Hohenzollernreich auf sich gestellt, als eine Macht zweiten Ranges, zu agieren vermochte – deren geringe militärische Handlungsfähigkeit jedoch nicht erst 1806, sondern bereits im Feldzug 1792 und bei der Bekämpfung des polnischen Aufstands 1796 überdeutlich wurde –, bestand Kursachsens Rolle fortan nur noch in der eines territorialen Statisten im Konzert der alteuropäischen Vormächte. Das Verhängnis von 1815 war insoweit lange zuvor schon absehbar gewesen, auch wenn dessen praktische Umsetzung gegen den Widerstand Habsburgs und Englands der konkreten Situation geschuldet war.

Es wäre jedoch abwegig, den Aufstieg der Hohenzollernmonarchie seit 1740 bzw. den Niedergang des Hauses Wettin seit 1763 allein unter dem Aspekt der Kraft- und Machtentfaltung zu betrachten. Darin kommen vornehmlich moderne Denkmuster, insbesondere eine hohe Wertschätzung von Quantitäten, zum Ausdruck. Solange Dynastien aber den zentralen Kristallisationspunkt staatlicher Organisation bildeten, stellten territoriale Verschiebungen kaum mehr als temporäre Veränderungen dar. 1815 oder auch 1866 hätte die nach vorne hin immer offene Geschichte freilich einen anderen Weg nehmen können.

Literatur France 1925 · Haake 1922 · Haake 1939 · Hahn, P. 1990 · Hahn, P. 2013 · Sachsen und Preußen, 2012

Anmerkungen 1 France 1925, S. 10

Pietro Antonio Rotari (Werkstattkopie): Kurfürst Friedrich August II. von Sachsen, als polnischer König August III., bald nach 1775, Öl auf Leinwand, Gemäldegalerie Alte Meister, SKD

Pietro Antonio Rotari (Werkstattkopie): Maria Josepha, Gemahlin Augusts III. von Polen, bald nach 1775, Öl auf Leinwand, Gemäldegalerie Alte Meister, SKD

Die Universitätsgründung der Fridericiana in Halle. Eine Motivsuche

ANDREAS PEČAR

Wie wird die Gründungsgeschichte Halles erzählt?

Die Universität Halle hat in der Universitätsgeschichte einen prominenten Platz. Die in den Klauen der Scholastik und des Gelehrtendünkels vor sich hin dämmernden Universitäten hätten Halle »die Rettung zu danken«, so Notker Hammerstein, und weiter: Die »Inauguration dieser Universität kennzeichnet ganz allgemein den Umschwung der deutschen Universitäts- und Wissenschaftsgeschichte zwischen Reformation und Idealismus«.[1] Der Jurist Christian Thomasius habe diese Reform wesentlich ins Werk gesetzt und sei dafür als zweiter »Praeceptor Germaniae« gerühmt worden.[2] Halle habe sich als moderne Hochschule einen Namen gemacht, Göttingen und Berlin seien später in Halles Fußstapfen getreten.

Auch die klassische hallesche Universitätsgeschichte von Wilhelm Schrader beschreibt den unmittelbaren Zusammenhang zwischen der Universitätsgründung in Halle einerseits und der Ideenrevolution dieser Zeit: »Die unfruchtbare Scholastik wich in der Philosophie vor dem Ideenreichtum des grossen Leibniz, in der Theologie vor der warmen Sehnsucht Speners zurück; und für das öffentliche Recht war das Bedürfnis neuer Gestaltung in der Wissenschaft durch Grotius und Pufendorf [...] wach geworden«.[3] An den Universitäten ginge diese Ideenrevolution aufgrund ihrer Beharrungstendenzen aber vorbei. Erst die Gründung der Universität Halle habe »ein Gebilde entstehen [...] lassen, in dem der neue Geist Gestalt und Zusammenhang, Kraft und Frucht gewinnen sollte«.[4] Dieser neue Geist der Universität personifiziere sich in Christian Thomasius und August Hermann Francke, die Schrader als geistige Gründungsväter der Universität an den Anfang seiner Darstellung stellt.

In dieser Gründungslegende fällt der Stadt Leipzig und der dort beheimateten Universität die Rolle des Schurken zu. Thomasius und Francke, die Gründungsväter der Universität Halle und Initiatoren einer geistig-moralischen Wende im Universitätsbetrieb, haben beide zunächst in Leipzig gewirkt – Thomasius als Juraprofessor, Francke als Magister der Theologie –, bevor sie die Stadt aus Angst vor Verfolgung verlassen mussten und dann beide in Brandenburg-Preußen eine neue Heimat fanden. In Leipzig gab es für sie keine Bleibe mehr, da die lutherische Orthodoxie in Stadt und Universität das intellektuelle Klima voll und ganz dominierte und hier für Reformideen kein Platz war. Auf Francke lastete aufgrund seiner pietistischen Umtriebe der Vorwurf der Heterodoxie, Thomasius musste sich sogar des Atheismusvorwurfs erwehren. Erst in Halle unter dem Schutzschirm des brandenburgischen Kurfürsten Friedrich III. hätten beide dann die notwendige Rückendeckung erhalten, um ihre geistige Saat blühen und gedeihen zu sehen.

Thomasius und Francke haben in dieser Legende beide die Rolle von Reformern in der Bildungspolitik und darüber hinaus. Allerdings stehen sie für zwei unterschiedliche Reformbewegungen, deren Verhältnis zueinander die weitere Universitätsgeschichte wesentlich bestimmt habe. Die Geschichte der Universität Halle scheint in den ersten fünfzig Jahren ihres Bestehens wesentlich durch ein und denselben Konflikt geprägt worden zu sein: die Auseinandersetzung zwischen Aufklärung und Pietismus. Wie Schraders Universitätsgeschichte beweist, personifizieren bereits Thomasius und Francke diesen Gegensatz. Alle weiteren Vorfälle – insbesondere auch die Ausweisung Christian Wolffs aus Halle – werden als Teil dieses Grundkonfliktes angesehen. Und die Ausweisung von Christian Wolff im Jahr 1723 wird gerne als Zäsur dargestellt. Hier habe der Pietismus über die Aufklärung zwar den Sieg davongetragen. Dadurch sei aber auch das fortschrittliche Profil der Universität Halle unrettbar beschädigt worden, der intellektuelle Elan der Anfangsjahre mehr und mehr verblasst.

Diese Gründungslegende ist zu schön, um wahr zu sein. Anhand der Etappen auf dem Weg zur Gründung der Universität Halle soll daher erörtert werden, welche Akteure an diesem Vorhaben beteiligt waren und welche Ziele sie damit jeweils verknüpft haben könnten.

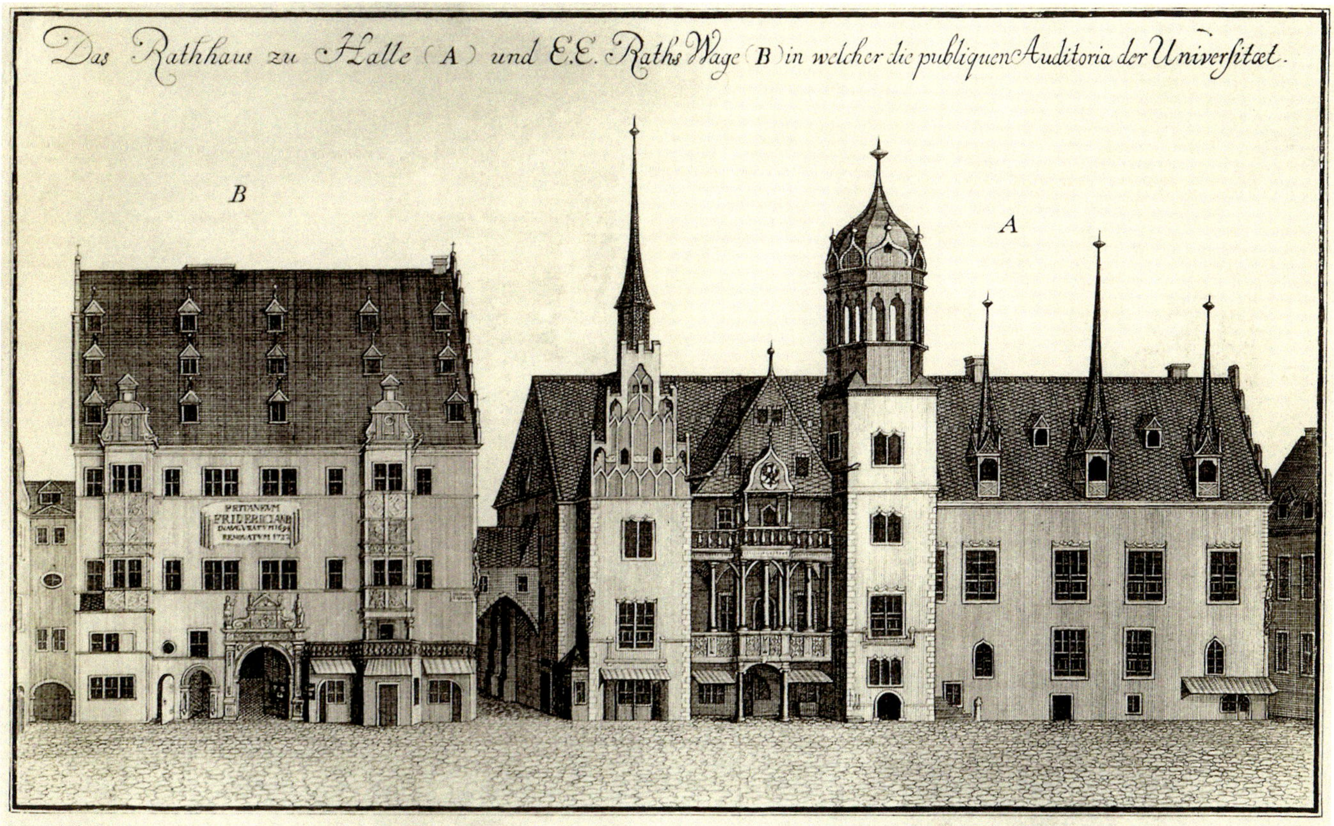

Johann Christoph von Dreyhaupt: Altes Rathaus und Ratswaage in Halle, Kupferstich, 1750. Die Ratswaage beanspruchte Thomasius für seine Vorlesungen, das Gebäude wurde der Universität übertragen.

Der lange Weg zur Universitätsgründung

Die Gründung der Universität Halle vollzog sich in mehreren Schritten. Und diese Schritte verdeutlichen, dass die Gründung keinem stringenten Plan folgte, sondern oft auch Zufälligkeiten den Gang der Ereignisse bestimmten. Halle, der Ort des Geschehens, war bis 1680 Residenzstadt des Administrators vom Erzbistum Magdeburg, des Herzogs August von Sachsen-Weißenfels. Nach dessen Tod fiel das Erzstift an Brandenburg und wurde als Herzogtum Magdeburg in das preußische Herrschaftsgebiet integriert. Damit entfielen die Rolle des Administrators und die Residenzfunktion der Stadt Halle; der dort etablierte Hofstaat wurde aufgelöst.

Dieser Herrschaftswechsel markiert zugleich die Entstehung der Idee, mit Bildungsprojekten die entstandene Lücke zu füllen. Ein ehemaliger Kammerdiener Augusts, Michel Milié, genannt la Fleur, hatte infolge der Auflösung des Hofstaats des verstorbenen Herzogs seine Anstellung verloren und schlug dem neuen Landesherrn, Kurfürst Friedrich Wilhelm, daher vor, sich mit einer »Exerzitienschule« selbstständig zu machen. Hier sollten adlige Zöglinge die Standesqualitäten des Adels erlernen, insbesondere die adligen Exerzitien Tanzen, Reiten und Fechten. Im Kreis der beschäftigungslos gewordenen Höflinge fand er das dafür notwendige Lehrpersonal. Dieses Projekt fand die Billigung des Landesherrn, hatte aber nicht den nötigen Erfolg.

Als 1688 Friedrich III. dem Großen Kurfürsten im Amt nachfolgte, ließ er seinerseits in Halle eine weitere Ritterakademie gründen und bestimmte Anton Günter von Berghorn, den ehemaligen Stallmeister des sächsischen Kurfürsten Johann Georg II., zu deren Leiter. Berghorn hatte in den vergangenen vier Jahren bereits in Wittenberg eine »Akademie« geleitet, also eine Einrichtung betreut, in der adlige Studenten die Exerzitien erlernen konnten. War diese Verpflichtung ein Indiz für landesherrliche Pläne, eine Universität zu gründen? Friedrich III. begründete sein Engagement zur Gründung einer Ritterakademie in der Bestallungsurkunde für Anton Günter von Berghorn mit folgenden Worten: »Nachdem Wir, bey Antretung unserer Landes-Regierung, unseres Landes väterliche Gedancken dahin gerichtet, daß gleichwie, durch unser glorwürdigsten Vorfahren löbliche Vorsorge, unsere Lande mit Universitäten, dergestalt versehen, daß es der erwachsenen Jugend an Gelegenheiten nicht mangelt, ihre Studia, in allen Facultäten und Professionen, fortzusetzen; also auch genugsame Ritter-Schulen angeleget werden, in welchen die Jugend, insonderheit der Adel [...] erlernen könne und nicht nötig haben möge, sich derohalben, nach fremde Lande, zu begeben.«[5]

Diese Worte legen nicht unbedingt nahe, dass die Regierung in Berlin über eine Universitätsgründung in Halle nachdachte. Die Ritterakademie war vielmehr als eine alternative Einrichtung gedacht, zugeschnitten auf die spezifischen Bedürfnisse des Adels. Während es dem Bestallungsbrief zufolge genug Universitäten in Brandenburg-Preußen gebe, herrsche an Ritterakademien ein Mangel, dem man abhelfen müsse. Glaubt man aber dem Autoren der ersten Universitätsgeschichte Halles, Johann Peter von Ludewig, so habe der verstorbene Kurfürst Friedrich Wilhelm sehr wohl die Gründung einer Universität im Herzogtum Magdeburg erwogen und dies auch Gelehrten bereits mitgeteilt. Nun waren solche Pläne unter dem Großen Kurfürsten öfter geschmiedet worden, nicht nur für das Herzogtum Magdeburg. So wurde zeitweilig auch die Gründung einer Akademie in Tangermünde erwogen und bereits vom Landesherrn privilegiert, ein Projekt, das dann aufgrund fehlender Professoren und Studenten schnell wieder beerdigt wurde. Am Scheitern dieses Projekts wird aber sichtbar, dass man für Universitätsgründungen mehr brauchte als nur die Unterstützung des Landesherrn. Insbesondere bedurfte es renommierter Professoren, deren Namen Studenten dazu veranlassten, die neugegründete Universität aufzusuchen. Pläne, solche Professoren für Halle zu gewinnen, sind für die ersten Jahre unter Friedrich III. nicht nachweisbar. Von bestimmten inhaltlichen Profilvorstellungen kann auf Regierungsebene ebenfalls keine Rede sein. Im Geheimen Staatsarchiv in Berlin findet sich einzig und allein ein Schreiben eines magdeburgischen Bürgermeisters, der sich mit dem Vorschlag nach Berlin wandte, in Halle eine Universität zu gründen, im Gegenzug aber die Regierung von Halle nach Magdeburg zu verlegen. Nun ist es zwar genauso gekommen, wie in diesem Brief vorgeschlagen wurde. Als Vorwegname oder Ausdruck landesherrlicher Planungen wird man das Schreiben aber wohl kaum verstehen dürfen.

Um an eine Universitätsgründung in Halle zu denken, bedurfte es vielmehr einer Art Initialzündung. An dieser Stelle kommt Christian Thomasius ins Spiel. Der Leipziger Rechtsprofessor stand im Briefwechsel mit Samuel von Pufendorf und deutete hier seit Oktober 1688 Wechselabsichten an. Thomasius erkundigte sich auch darüber, was denn mit der Ritterakademie in Halle für die Zukunft geplant sei. Es wurde aber auch über die Idee diskutiert, Thomasius auf einen frei werdenden Lehrstuhl in Frankfurt an der Oder zu berufen, wo dieser selbst promoviert worden war. Der Wechsel in kurbrandenburgische Dienste stand jedenfalls im Raum und hatte Thomasius eventuell auch dazu veranlasst, seiner Hochachtung gegenüber dem brandenburgischen Herrscherhaus in mehreren Veröffentlichungen Ausdruck zu verleihen.[6] Beispielhaft sei nur sein Gutachten hervorgehoben, mit dem er die gemischtkonfessionelle Ehe des Herzogs von Sachsen-Zeitz mit der Schwester Friedrichs III., Maria Amalia, billigte. In Brandenburg wurde diese Schützenhilfe sehr positiv wahrgenommen. In Dresden sah man dies jedoch anders und leitete juristische Schritte gegen den

Samuel Theodor Gericke: Friedrich I., König in Preußen, nach 1701, Öl auf Leinwand, Halle (Saale), Martin-Luther-Universität Halle-Wittenberg, Zentrale Kustodie

Rechtsprofessor ein. Das Oberkonsistorium forderte bereits ein vollständiges Lehr- und Publikationsverbot, der Rektor wurde aufgefordert, ein Untersuchungsverfahren gegen ihn anzustrengen. Diesem Verfahren entzog sich Thomasius durch seine Flucht nach Berlin. Dort bot er in einem Schreiben dem Kurfürsten seine Dienste an und schlug vor, in Halle seinen bereits in Leipzig begonnenen »cursum Philosophiae et Juris universi« fortzusetzen. Auch bot er an, Vorschläge beizusteuern, wie »ohne fernere Kosten die studia auch in denen anderen Facultäten in Halle vermittels Göttlicher Hilfe in Flor gebracht [...] und die studirende Jugend dahin gezogen werden« könnte.[7] Dieser Bitte wurde entsprochen. Ab dem Sommer 1690 war Thomasius als Rechtsprofessor in Halle, bot dort Vorlesungen an, und machte sich Gedanken über den weiteren Aufbau der Universität.

Thomasius spielte somit für das Gründungsgeschehen der halleschen Universität eine zentrale Rolle. Welche Gründe mochten Kurfürst Friedrich III. bewogen haben, Thomasius als Spiritus

Rector nach Halle zu schicken und als Professor in seine Dienste zu nehmen? Zunächst einmal dürfte hier der pragmatische Aspekt seiner praktischen Verfügbarkeit eine wichtige Rolle gespielt haben. Thomasius musste man nicht umwerben und nach Halle locken, sondern er bot freiwillig seine Dienste an und schien an der Universität Leipzig seines Bleibens nicht mehr sicher zu sein. Des Weiteren hat Thomasius seine Loyalität zum brandenburgischen Herrscherhaus mehrfach öffentlich unter Beweis gestellt: mit dem erwähnten Gutachten über die Rechtmäßigkeit der gemischtkonfessionellen Eheschließung des Herzogs von Sachsen-Zeitz, aber auch mit seiner 1690 auf Lateinisch erschienenen Disputation über die Glückseligkeit der brandenburgischen Untertanen. Diese politische Lobrede pries die brandenburgischen Landesherren dafür, dass sie mit ihren Religionsedikten der konfessionellen Polemik lutherischer Prediger gegen die Reformierten einen Riegel vorgeschoben und damit den Frieden zwischen den Konfessionen erzwungen hätten, gegen die Zanksucht der lutherischen Geistlichkeit, die sich insbesondere an den Universitäten stets aufs Neue zeige. Man sei daher gut beraten, die Theologie an den Universitäten mit friedfertigen Geistlichen zu besetzen, wie Philipp Jakob Spener einer sei.

Es war nicht Thomasius' Profil als Wegbereiter eines neuen Naturrechts, das im Zusammenhang mit seiner Berufung eine Rolle spielte, sondern seine Verfügbarkeit und seine demonstrativ herausgestellte Unterstützung für die brandenburgische Religionspolitik und seine Aversionen gegen lutherische Abgrenzungsbemühungen gegenüber den Reformierten. Thomasius spielte Ende der 1680er Jahre wohl auch deswegen auf dieser Klaviatur, da er wusste, dass der preußischen Regierung die lutherische Polemik gegen die Reformierten ein Dorn im Auge war. Vor allem deshalb wurde den brandenburgischen Landeskindern 1662 ausdrücklich untersagt, in Wittenberg ein Studium aufzunehmen. Nirgends wird hingegen ersichtlich, dass mit seiner Protektion ein Bekenntnis zu einer akademischen Profilbildung in Aufklärung und Naturrecht einherging. Thomasius schien dies auch nicht angenommen zu haben, spielte dieser Aspekt doch in seinen Entwürfen über die Einrichtung der Universität Halle keine Rolle. Worauf legte er in seinen Blaupausen stattdessen Wert?

Thomasius sah die deutschen Universitäten in der Krise und schlug daher vor, in Halle all die Fehler zu vermeiden, die andernorts die Universitäten lähmten: Man dürfe nicht zu viele Professoren bestellen und die Professoren nicht mit übermäßig vielen Nebenaufgaben belasten, damit sie ihren Lehraufgaben nachkommen könnten. Es sei außerdem falsch, den Professoren ihre Lehrinhalte vorschreiben zu wollen, ebenso wie Thomasius allzu große fachliche Spezialisierung als Nachteil ansah. Um Gelehrtendünkel zu unterbinden, sollten die Vorlesungen schließlich in der Landessprache und nicht auf Latein gehalten werden. Er schlug daher vor, zunächst nur zwei bis drei Professoren pro Fakultät zu benennen, diesen für ihre Lehrfreiheit keine Schranken zu setzen, außer dass sie nichts gegen die Heilige Schrift lehren dürften, die Gesetze des Landes achten müssten und sich unnützen Streitigkeiten zu enthalten hätten. Für die Theologische Fakultät macht sich Thomasius für einen »Professor Pietatis« stark, der sich statt sinnloser scholastischer Streitfragen um die rechte Predigt und das Studium der Heiligen Schrift bemühen solle.[8]

Diese Vorschläge blieben in Berlin zunächst ohne klare Antwort. Dies hinderte Thomasius aber nicht daran, sich in Halle bereits nach repräsentativen Räumen für den universitären Lehrbetrieb umzusehen und die Ratswaage als Ort seiner Vorlesungen einzufordern. Erste Streitigkeiten mit dem Rat der Stadt Halle waren die Folge. Die lutherischen Geistlichen in Halle sahen in Thomasius einen Pietisten, was in ihren Augen einem Häretiker zumindest nahekam, und agitierten gegen ihn von der Kanzel. Bevor die Universität in Halle Gestalt annahm, sorgte ihre Einrichtung bereits für Unruhe und Konflikte zwischen Stadt und Regierung. Mit der eigentlichen Gründung ließ sich der Landesherr Zeit. Erst ein persönliches Zusammentreffen zwischen Thomasius und Friedrich III. in Halle – der Kurfürst befand sich auf seiner Rückreise aus Karlsbad – beschleunigte den weiteren Gang der Dinge: Ende August wurde die Universität Halle offiziell aus der Taufe gehoben und es wurden die ersten Professoren ernannt.

Udo Sträter hat betont, dass die in Berlin zusammengestellte Liste der vorgesehenen Professoren kaum als Umsetzung von Thomasius' Reformideen gedeutet werden könne. Vielmehr überwogen praktische Aspekte bei den vorgesehenen Berufungen: ein schmales Finanzpolster sowie die Verfügbarkeit des Lehrpersonals.[9] Viele der zu berufenden Professoren waren bereits als Amtsträger in Halle tätig – als Konsistorialrat, Hofkammerrat, Hofprediger oder Stadtmedikus – und bekamen für ihre Lehrtätigkeit nur kleine Zuschläge vergütet. Eine Profilidee lässt sich bei diesen Berufungsplanungen kaum ausmachen, wohl aber der Wille, Geld zu sparen. Allein die Absagen fast aller auf der Liste versammelten Personen machten diese ersten Planungen gegenstandslos und zwangen die Regierung in Berufungsverhandlungen mit anderen Kandidaten. Bei Thomasius wurde bereits dargelegt, dass er seine Berufung nicht seinem naturrechtlichen Profil verdankte, sondern seiner Verfügbarkeit und der Übereinstimmung mit seinen religionspolitischen Anschauungen. Diese Kriterien dürften auch bei anderen Berufungen eine wesentliche Rolle gespielt haben. Auch war die Regierung in Preußen nicht bereit, Thomasius' Vorschlägen in allen Punkten zu entsprechen und ihm dauerhaft eine Leitungsrolle in der Universität zuzugestehen. Zwar zählte er unter den in Halle installierten Gelehrten zu den Spitzenverdienern. Als Prorektor wurde aber sein älterer Fachkollege, Samuel Stryk, bestimmt, der dieses Amt bis zu seinem Tod ausfüllen sollte. Thomasius hatte sich in den Kreis seiner Kollegen einzuordnen und konnte für sich keine privilegierte Position in Anspruch nehmen. Gleichwohl kommt es in der Literatur über Halle immer wieder zu emphatischen Deutungen, die letztlich die gesamte

Unbekannter Künstler, August Hermann Francke, um 1750, Öl auf Leinwand, Halle, Franckesche Stiftungen

Geschichte der deutschen Aufklärungsuniversitäten von Thomasius' Wirken ableiten.[10]

Wie sah es mit August Hermann Francke aus, dem zweiten vermeintlichen Gründungsvater der Universität neben Thomasius? Rückblickend war das Wirken Franckes in Halle von immenser Bedeutung für die Erfolgsgeschichte der Universität in den ersten Jahrzehnten ihres Bestehens. Franckes Rolle als Theologieprofessor und seine pädagogischen Bemühungen in der von ihm geschaffenen Schulstadt von Glaucha, die man heute unter dem Namen Franckesche Stiftungen kennt, trugen viel zur Profilbildung Halles bei, ein Profil, das in der Forschung gerne mit dem Begriff Pietismus belegt wird. War Francke also berufen worden, da man an der neugegründeten Universität den Pietismus stärken wollte? Dies war nicht der Fall. Bei den ersten Planungen zur Gründung einer Universität spielte Francke keine Rolle. Auf der ersten Berufungsliste der Regierung taucht sein Name nicht auf. Erst als man ihm eine Pfarrstelle in Glaucha anvertraute, wurde er auch an die Universität berufen, aber nicht als Theologe, sondern an die Philosophische Fakultät; als Professor für Griechisch und für orientalische Sprachen (Hebräisch). Diese Berufung passt zu dem allgemeinen Vorgehen, sich geeigneter Personen, die ohnehin in Halle verfügbar waren, auch als Professoren für die neugegründete Universität zu bedienen. Und eine Sprachenprofessur an der Philosophischen Fakultät war mit wenigen Risiken für die Obrigkeit verbunden, konnte Francke hier doch in seiner Lehrtätigkeit nur wenig Unruhe stiften.

Franckes bisheriger Werdegang in Leipzig und Erfurt machte es wenig wahrscheinlich, dass er sich als Theologe ganz dem Prinzip der Friedfertigkeit hätte unterwerfen wollen. Sowohl in Leipzig als auch in Erfurt kam es zum Zerwürfnis zwischen ihm und der Stadtgeistlichkeit. Es bedurfte daher erst der Fürsprache von Philipp Jacob Spener und dem ersten Kanzler der Universität, Veit Ludwig von Seckendorff, um Francke in Glaucha, vor der Stadt Halle gelegen, eine Pfarrstelle zu verschaffen. Dieses Misstrauen beförderte daher sicherlich nicht die Neigung, ihm auch eine Professur in der Theologischen Fakultät anzuvertrauen. Erst 1698 war er schließlich zum Theologieprofessor ernannt worden, nachdem er sieben Jahre Zeit hatte, als Pfarrer zu wirken und sich einen Ruf zu erarbeiten; nachdem er sein Waisenhaus bereits errichtet hatte und diese Gründung vom Landesherrn privilegiert worden war. Ein Gründungsvater der Universität lässt sich in Francke nicht erkennen. Seine Berufung steht daher auch nicht im Zusammenhang mit einer beabsichtigten Förderung des Pietismus und eines dementsprechenden Profils an der Universität. Diese Mission wird der Universität erst von Francke selbst zugeschrieben, beispielsweise in seinem Großen Aufsatz aus dem Jahre 1704, in dem er der neuen Universität in Halle die Aufgabe zuerkennt, »dem allgemeinen Verderben in allen Ständen am nachdrücklichsten abzuhelfen«.[11] Dies sei in Halle besser möglich als woanders, da hier die Universität neu errichtet worden sei, sie also noch nicht von Missständen und schlechten Traditionen verderbt sei.

Die Gründungsphase der Universität Halle war abgeschlossen, als im Herbst 1693 das Privileg Kaiser Leopolds I. erfolgte und am 1. Juli 1694 die Inaugurationsfeierlichkeiten stattfanden. Damit war die Universität rechtlich abgesichert und auch vom Landesherrn, Kurfürst Friedrich III., offiziell eingeweiht worden. Die Feierlichkeiten werfen auf die Universitätsgründung noch einmal ein neues Licht. Eine Universitätsgründung unterstrich die Rolle des Landesherrn als Freund der Wissenschaften, der Gelehrsamkeit und der Bildung, sie dokumentierte seinen Einsatz für das Gemeinwohl. Gerade die Inaugurationsfeierlichkeiten stellten diesen Aspekt in den Mittelpunkt. Die Feierlichkeiten anlässlich der Gründung der Universität Halle sind dabei besonders prächtig ausgefallen, und man ließ

Kaiserliches Privileg Leopolds I. für die Universität Halle, 19. Oktober 1693, Halle (Saale), Martin-Luther-Universität Halle-Wittenberg, Universitätsarchiv

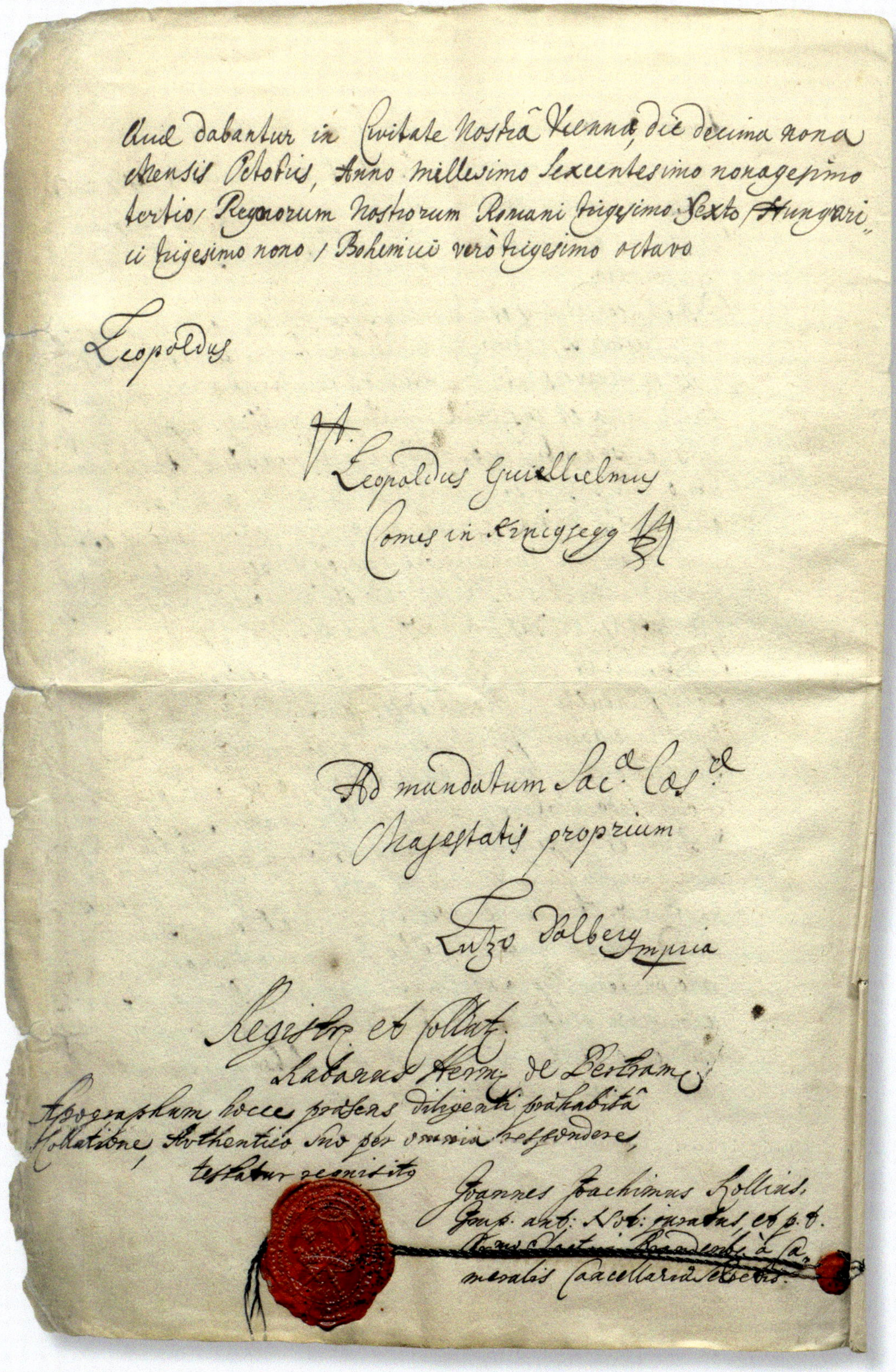
Quae dabantur in Civitate Nostra Vienna, die decima nona
Mensis Octobris, Anno millesimo sexcentesimo nonagesimo
tertio, Regnorum Nostrorum Romani trigesimo Sexto, Hungari=
ci trigesimo nono, Bohemici verò trigesimo octavo

Leopoldus

Vt. Leopoldus Guillelmus
Comes in Kœnigsegg

Ad mandatum Sac.ae Cæs.ae
Majestatis proprium
Lutzo Dolberg mpria

Registr. et collat.
Labarrus Herm. de Bertram

Apographum hocce praesens diligenti praehabita
Collatione, Authentico suo per omnia respondere,
testatur requisitus
Joannes Joachimus Kollius
Caes. [illegible] juratus, et p. t.
[illegible] à Ca-
meralis Cancellaria [illegible]

sich das Ereignis einiges kosten. Selbst im Festkalender des spendierfreudigen Kurfürsten Friedrich III. waren diese Feierlichkeiten ein herausgehobener Akt, ein Markenzeichen seiner Landesherrschaft vor der Erringung der Königskrone. Wie stark das Ereignis mit seiner Person verknüpft werden sollte, sieht man auch am Datum der Feierlichkeiten: Der 1. Juli 1694 war zugleich der Geburtstag des Kurfürsten, ein Datum, das traditionell im Hofkalender als Anlass großer Feierlichkeiten diente. Die Festivitäten zur Einweihung der Universität treten dafür an die Stelle, unterstreichen aber zugleich seine persönliche Verbundenheit mit der von ihm eingeweihten Einrichtung. Der Ablauf wurde von Johann von Besser geplant, dem später auch die Planungen für die Königskrönung oblagen und der sich als erster und letzter Zeremonienmeister Brandenburg-Preußens einen Namen machte. Auch an ausführlichen Beschreibungen der Festereignisse herrscht kein Mangel. Johann von Besser hat selbst eine Zeremonialbeschreibung angefertigt; Christoph Cellarius, seit 1693 Professor für Geschichte und Rhetorik in Halle, verfertigte eine ausführliche Dokumentation der mehrtägigen Veranstaltung. Offenkundig hatten sowohl der Hof als auch die Universität ein Interesse daran, das denkwürdige und prestigeträchtige Festereignis für die Nachwelt festzuhalten.

Die Universitätsgründung erlaubte es Friedrich III., im neu erworbenen Herzogtum Magdeburg als Stifter aufzutreten und die langjährige Residenzstadt Halle mit einer neuen Rolle zu versehen, die nicht nur im Festakt und im Namen der Institution ganz auf ihn zugeschnitten war. In die Stadt Halle wurde mit der Universität eine neue Korporation eingefügt, wobei der Landesherr als Gründer und als Stifter dieser Korporation auftrat: Die Professoren erhielten vom Kurfürsten ihre Talare ausgehändigt, mit denen sie fortan ihren Rang und Status sowohl untereinander als auch im städtischen Raum dokumentierten. Ebenso wurden die akademischen Insignia verliehen, die die Universität als eigenständigen Rechtsraum auswiesen: Die Schlüssel, die Statuten, die Matrikel, die Siegel und die Zepter markierten zusammen mit den kurfürstlichen Privilegien die Eigenständigkeit der Universität als Gemeinschaft der Lehrenden und Lernenden. Öffentliche Promotionen in den drei obersten Fakultäten und die Verleihung der Magisterwürde in der Philosophischen Fakultät bewiesen schließlich die Funktionstüchtigkeit der neuen Korporation vor den Augen der Stadt, des Hofes und des Landesherrn. Der Stadt Halle war durch die Universitätsgründung eine neue Aufgabe und Funktion innerhalb Brandenburg-Preußens zugewiesen worden. Das Festereignis der Inauguration hat dies für alle Beteiligten sichtbar werden lassen.

Fazit in vier Punkten

- Es gab für die Universitätsgründung in Halle keinen Masterplan. Der Weg von der 1688 gegründeten Ritterakademie zur Universität war von Zufällen bestimmt; erst die Verfügbarkeit von Christian Thomasius verschaffte der Regierung Brandenburg-Preußens die Möglichkeit, eine Universitätsgründung in Angriff zu nehmen.
- Das spezifische Profil der Universität in Halle hat sich erst im Verlauf der Universitätsgeschichte ergeben. Es gibt keine Anzeichen dafür, dass Berlin von vornherein eine Förderung von Frühaufklärung und Pietismus geplant habe.
- Dies zeigt auch ein Blick auf die beiden vermeintlichen Gründungsväter der Universität. Thomasius wurde nicht als Aufklärer gefördert, sondern als profilierter Professor, der verfügbar war und außerdem zahlreiche Zeichen des Einverständnisses mit dem Herrscherhaus und dem religionspolitischen Kurs in Brandenburg-Preußen ausgesandt hatte. Francke wiederum spielte für die unmittelbare Gründungsgeschichte der Universität überhaupt keine Rolle.
- Die Idee einer »Reformuniversität Halle« muss daher relativiert werden. Von Thomasius' Reformideen, wie er sie in seinen Gutachten formuliert hatte, wurden nur wenige in die Tat umgesetzt – in Berlin hatte man Thomasius' Reformeifer offenkundig nicht geteilt. Die Gründungsgeschichte liefert daher keinen Beleg für ein Bündnis zwischen Preußen(tum) und Pietismus oder gar zwischen Preußen und (Früh-)Aufklärung. Was sich im Laufe der Jahrzehnte in Halle entwickeln sollte, war dieser Universität zur Zeit ihrer Gründung noch nicht in die Wiege gelegt.

Literatur Boor 1997 · Hammerstein 1972 · Hinrichs 1971 · Jerouschek 2006 · Luig 1995 · Schrader 1894 · Sträter 1995 · Sträter 2012 · Taatz-Jacobi 2014

Anmerkungen **1** Hammerstein 1972, S. 13. **2** Ebd. S. 375 f. **3** Schrader 1894, Bd. 1, S. 7. **4** Ebd. **5** Zit. nach Taatz-Jacobi 2014, S. 122. **6** Jerouschek 2006, S. 317. **7** Zit. nach Boor 1997, S. 61. **8** Boor 1997, S. 82. **9** Sträter 1995, S. 56. **10** Vgl. nur exemplarisch Luig 1995, S. 228: »Die 1694 in Halle gegründete preußische Staatsuniversität ist geprägt von den Prinzipien seines [Thomasius] Wissenschaftssystems und seines Ausbildungsprogramms. Nach diesem Muster sind die deutschen Universitäten des 18. Jahrhunderts, an ihrer Spitze Göttingen, eingerichtet worden, an denen die Staatsbeamten und Richter des absoluten Staates die entscheidenden Phasen ihrer Ausbildung durchlaufen.« **11** Zit. nach Hinrichs 1971, S. 55

August Hosse: Rektorenszepter der Halleschen Universität, Halle 1694, Silber, teilweise feuervergoldet, Halle (Saale), Martin-Luther-Universität Halle-Wittenberg, Zentrale Kustodie

»[D]en Wohlstand unserer Lande zu einiger Gleichheit nach Möglichkeit zu befördern« nach *»der benachbarten und anderer Lande Exempel«* – Die Steuerpolitik in Brandenburg und Sachsen

FELIX ENGEL

Die finanziellen Möglichkeiten eines Staates bedingen dessen politische Handlungsfähigkeit. Friedrich II. war sich dieses Umstands bewusst, als er sich 1776 in einer seiner unzähligen Denkschriften folgendermaßen äußerte: »Ich beginne mit den Finanzen. Sie gleichen den Nerven im menschlichen Körper, die alle Glieder in Bewegung setzen.«[1]

Nun haben Staaten seit Jahrhunderten wiederkehrend mit Überschuldung zu kämpfen. Die freiwilligen oder durch die Zeitumstände aufgenötigten Ausgaben übersteigen nicht selten ihre Einnahmen, die sich meistens aus den von der Bevölkerung erbrachten Steuern ergeben. Wollen die Verantwortlichen in der Regierung ihre Handlungsfreiheit nicht verlieren oder den Staat maßlos verschulden, sind sie dazu gezwungen, entweder ihre Ausgabenpolitik einzudämmen oder neue Einnahmequellen zu erschließen. Dabei wird nicht selten auf die bewährten Methoden der Nachbarn gesehen, um mehr oder minder gründlich Versatzstücke aus deren Systemen zu übernehmen und damit von den Erfahrungen anderer zu profitieren.

Gerade die Kurfürstentümer Brandenburg und Sachsen beeinflussten sich in der Frühen Neuzeit auch auf diesem Gebiet gegenseitig. Zunächst verband sie der rege Austausch von Personal, Kunst und Wissenschaft. Später sollten sie insbesondere wegen ihrer Wirtschafts- und Steuerpolitik zu erbitterten Konkurrenten und Feinden werden.

Zwei ungleiche Nachbarn in Finanznot

Brandenburg und Sachsen wiesen trotz ihrer mitteldeutschen Nachbarschaft und ähnlicher Zeitumstände bereits im Spätmittelalter durchaus unterschiedliche ökonomische Voraussetzungen auf. Während der im Entstehen begriffene Hohenzollernstaat aufgrund seiner naturräumlichen Gegebenheiten mit einer sehr geringen Bevölkerungsdichte und dem Fehlen von Bodenschätzen fast ausschließlich ländlich-agrarisch geprägt war, konnten sich in den sächsischen Landen starke gewerbliche Strukturen ausbilden. Der bis auf das 12. Jahrhundert zurückgehende Bergbau erlebte mit Silberfunden im Erzgebirge um 1470 eine neue Blüte. Daneben entstand eine robuste Eisen verarbeitende Industrie. Daraus resultierte in Sachsen ein städtischer Aufschwung, der durch eine Stärkung der ländlichen Gebiete komplettiert wurde, die wegen des Bevölkerungsanstiegs im 15. Jahrhundert Arbeitskräfte für die verlagsgesteuerte Textilproduktion freisetzen konnten.

Im 16. Jahrhundert stieg der Finanzbedarf der Territorien im Alten Reich enorm an. Die Fürsten ließen sich Residenzen errichten, von denen aus sie ihre Länder regierten und wo sie eine prachtvolle Hofhaltung unterhielten, um ihr Bedürfnis nach monarchischer Repräsentation zu erfüllen. Brandenburg und Sachsen waren da keine Ausnahme! Jedoch scheinen die Sachsen der enormen Ausgabenlast aufgrund ihrer festeren ökonomischen Grundlage besser beigekommen zu sein.

In finanzieller Hinsicht mussten die brandenburgischen Kurfürsten sich vorerst mit der Rolle des »Juniorpartners« zufriedengeben, was sie aber freilich für sich zu nutzen wussten. Große Summen liehen sie sich bei ihren sächsischen Nachbarn. Als Joachim II. 1541 Schulden in Höhe von 50 000 Gulden bei den Landschaften, also den Ständevertretungen, von Thüringen und Meißen aufnahm, muss er in höchstem Maße verzweifelt gewesen sein. Er sicherte seinen Gläubigern im Fall eines Zahlungsverzugs zu, »das sie vnsere Amptleute vnnd alle andere vnser vnderthanen geistlich vnd weltlich, sie seien von der Ritterschafft, Rath oder Burger, auß Vnsern Stedten mith ihren leiben, Hab und guttern, jnn den landen Doringen vnd Meissen, vnnd an allen andern ortten, wo sie die antreffen, auffhalten konnen vnnd sich der bezalung, so fern vnnd wie Jhr hab vnnd gutt reichet, an jhnen erholen mugen«.[2]

Um die brandenburgische Zahlungsmoral oder -fähigkeit scheint es nicht zum Besten bestellt gewesen zu sein. Des Öfteren sahen sich die sächsischen Kurfürsten zur Vermittlung zwischen den Brandenburgern und ihren Gläubigern genötigt – so geschehen zum Beispiel 1574, als August von Sachsen sich an Johann Georg von Brandenburg wandte, weil dessen Schulden von 3 080 Gulden bei Hans von Taubenheim noch nicht beglichen waren.

In diese Zeit der Geldknappheit fiel zugleich der kostenintensive Ausbau des Verwaltungssystems, um dem Landesherrn einen festeren Zugriff auf seine Untertanen zu gewähren. Dafür mussten zumeist ausländische Spezialisten gewonnen werden, deren Entlohnung die landesherrlichen Kassen zusätzlich belastete.

An der Schwelle vom 16. zum 17. Jahrhundert wurden beide Nachbarn von den zeittypischen Krisenerscheinungen erfasst. Infolge der Klimaverschlechterung während der sogenannten Kleinen Eiszeit, die für einschneidende Ernteausfälle verantwortlich war, stiegen die Preise für Lebensmittel rasant und breite Bevölkerungsschichten verarmten. Darüber hinaus erschütterten die Kipper- und Wipperunruhen, in deren Zuge eine Geldwertminderung durch das Einschmelzen der Münzen und die Neuprägung mit geringerem Edelmetallgehalt stattfand, das Vertrauen in die Währung. Unsicherheit griff um sich.

Mit den Zerstörungen, Plünderungen und Besatzungen tat der Dreißigjährige Krieg sein Übriges, um so manches Land beinahe zu entvölkern und die Wirtschaft dort ganz zum Erliegen kommen zu lassen. Davon war Brandenburg aufgrund seiner geografischen Lage und militärischen Ungeschütztheit weitaus schwerer betroffen als der sächsische Nachbar. Die märkischen Stände hatten sich konsequent geweigert, umfangreiche Mittel für Truppenaushebungen zwecks Landesverteidigung zu bewilligen. Auch in Sachsen traten Verheerungen ungekannten Ausmaßes ein. Doch selbst für die Kriegszeit können begrenzte wirtschaftliche Konjunkturen nachgewiesen werden, unter anderem weil die Sachsen es verstanden, mit den Besatzungsmächten Handel zu treiben. Die Wettiner verdienten durch die Erhebung indirekter Steuern an diesem Warenaustausch – trotz aller Kriegsschäden.

Die Durchsetzung der Akzise. Mit den Ständen oder wider sie?

Um der Verschuldung Herr zu werden, ohne dabei den Staatsbildungsprozess zu gefährden, musste nach neuen Möglichkeiten der Finanzierung gesucht werden. Bis in das 16. Jahrhundert hinein trugen sich die deutschen Territorialstaaten überwiegend durch die Sonderrechte des Fürsten beim Bergbau, der Münzprägung und der Zollerhebung (Regalien) sowie mit den Erträgen des landesherrlichen Grundbesitzes (Domänen). Da dies aber schon im Mittelalter unzureichend gewesen war, hatten sich die jeweiligen Stände dazu bereit erklärt, ihren Landesherren zunächst außerordentliche Zuschüsse (Beden), später ständige Steuern zu gewähren. Dafür pochten sie beharrlich auf die Beibehaltung und Ausweitung ihrer Autonomie.

In Brandenburg waren in der Regel direkte Steuern, also Abgaben auf Grund- und Hausbesitz, zu entrichten. Doch auch indirekte Steuern auf den Binnenhandel und den Konsum von Waren hatten ihren Ursprung im Spätmittelalter. Dem brandenburgischen Kurfürsten Albrecht Achilles wurde ab 1472 mit der sogenannten Bierziese immer wieder für ein paar Jahre, ab 1513 dann dauerhaft eine Abgabe von einem Groschen für jedes in der Stadt verkaufte Fass Bier bewilligt. Die Sachsen waren den Märkern in diesem Punkt abermals mehrere Schritte voraus, indem bereits ab 1438 der dreißigste Pfennig eines jedweden Kaufvorgangs abgeführt werden sollte. Obschon dieser Steuer kein langes Bestehen beschieden war, wurde ab 1470 ein »Ungeld« von einem Zwölftel auf Bier-, Wein- und Metausschank erhoben, das beträchtlich zum allgemeinen Steueraufkommen beitrug. Auch während des Dreißigjährigen Krieges zeigten sich die indirekten Tranksteuern nicht annähernd so krisenanfällig wie die direkten Landsteuern.

Diese Erfolge regten in Anbetracht wachsender Staatsausgaben zu Überlegungen an, ob das gesamte Steuersystem auf die ergiebigen Handels- und Konsumabgaben zugeschnitten werden sollte. Sogleich entbrannte eine zuweilen etwas polemische Diskussion. Die Befürworter wollten durch eine allgemeine Akzise die bisher von der Steuer ausgenommenen Privilegierten, wie den Adel oder fremde Kaufleute, einen Teil zum Steueraufkommen beitragen lassen. Dagegen sahen die Akzise-Kritiker ausgerechnet die Armen durch Preissteigerungen infolge einer Besteuerung der Nahrungsmittel bedroht. Der Handel würde gefährdet, Güterverschlechterungen in Kauf genommen sowie mit einer aufwendigen Erhebung und der flächendeckenden Überwachung, sofern diese überhaupt garantiert werden konnte, der Bürger belästigt werden.

Dennoch überwogen für die Fürsten zumeist die Vorteile, sodass die Akzise im 17. Jahrhundert ihren Siegeszug in Brandenburg und Sachsen antrat. Die Regierungen beider Länder beschritten für dieses Unterfangen aber durchaus verschiedene Wege. Die brandenburgischen Erfahrungen aus dem Dreißigjährigen Krieg, ohne Streitmacht fremden Truppen ohnmächtig ausgeliefert zu sein, und die Beteiligung an den Nordischen Kriegen ließen für den Großen Kurfürsten Friedrich Wilhelm die Aufstellung eines schlagkräftigen stehenden Heeres (*miles perpetuus*), das im Jahr 1688 30 000 Soldaten umfassen sollte, unerlässlich erscheinen. Die Stände verschlossen sich jedoch nach wie vor einer tragbaren Heeresfinanzierung – insbesondere über dauerhaft geltende indirekte Steuern. Die städtischen Magistratsfamilien und der Landadel bangten um ihre Steuerfreiheit und fürchteten Handelseinbußen.

Nachdem der letzte Landtag von 1653 für lediglich sechs Jahre die Erhebung von Steuern gewährt hatte, ließ der Große Kurfürst einfach keine weiteren vollständigen Landtage mehr einberufen und nahm die Umgestaltung des unergiebigen Steuersystems in die eigene Hand. Unterstützt wurde er dabei von den Stadtbürgern, für die sich die herrschenden Verhältnisse wegen der steigenden Steuerlast bei gleichzeitiger Bevorteilung privilegierter Sondergruppen immer unerträglicher gestalteten. Umfassende Dimensionen nahm die Steuerreform aber erst vergleichsweise spät mit dem Landesgesetz von 1667 an, als Friedrich Wilhelm den brandenburgischen Städten empfahl, eine vorwiegend indirekte Besteuerungsgrundlage zu verwenden. Bis ein allein indirekter Steuermodus in den Städten galt, war gleichwohl ein langer Weg vonnöten. Die Einführung verlief selten ohne Widerstand, und die letzten direkten Besteuerungselemente fielen erst mit den anschließenden Akzise-Ordnungen von 1680 bis 1684.

Die Besonderheit der brandenburgisch-preußischen Gewerbestruktur bildete sich in dieser Zeit aus, weil auf dem Land weiterhin die direkten Steuern (Kontributionen) erhoben wurden. Getrennt waren Stadt und Land durch die Stadtmauer, an deren Toren Akzise-Beamte die ein- und ausgeführten Waren inspizierten. Mancherorts mussten zur effektiven Kontrolle der Warenbewegungen neue Mauern errichtet werden. Zusätzlich erließ man restriktive Gewerbeverbote für die Landbevölkerung, um den Städten keine durch die Akzise unbelastete und damit bevorteilte Konkurrenz entstehen zu lassen.

Den Ständen ihr Steuerbewilligungsrecht zu nehmen und sie damit aus der politischen Entscheidungsfindung zu drängen, genügte Friedrich Wilhelm nicht. 1682 intensivierte er seinen administrativen Zugriff auf die Städte, indem alle städtischen Akzise-Beamten der kurfürstlichen Verwaltungshierarchie unterstellt wurden. Das Steuer- und Verwaltungssystem wurde in den folgenden Jahrzehnten durch Friedrich I. und insbesondere seinen Sohn Friedrich Wilhelm I. stetig weiterentwickelt. Mit der Erholung der Wirtschaftslage und infolge eines beachtlichen Bevölkerungswachstums konnten bald stark steigende Gewinne verbucht werden. Dadurch wurde die Staatsverschuldung abgebaut und sogar ein Staatsschatz angelegt, der – in den Kellerräumen des Berliner Schlosses lagernd – im Todesjahr des Soldatenkönigs acht Millionen Taler in Gold umfasste. Die hohen Akzise-Einnahmen dienten außerdem dem weiteren Ausbau des in Kampfbereitschaft gehaltenen Heeres sowie der

Mühlentorturm der Altstadt Brandenburg, Mischtechnik,
Kopie nach dem Hofmaler Alberti, um 1790, Stadtmuseum Brandenburg an der Havel.
Der Warenverkehr wurde im 17. und 18. Jahrhundert an den Stadttoren kontrolliert,
damit die Handels- und Konsumsteuern berechnet werden konnten.

Prachtentfaltung unter Friedrich I. als Voraussetzung für eine Außenpolitik auf Augenhöhe mit den anderen Mächten.

In Kursachsen war es hingegen gar nicht nötig oder möglich, die Stände ihres Steuerbewilligungsrechts zu entledigen. Sie zeigten sich aufgrund ihres ausgebildeten Landesbewusstseins und der relativen wirtschaftlichen Prosperität Sachsens viel eher dazu bereit, Gelder zur Verfügung zu stellen. Die sächsischen Kurfürsten versäumten es ihrerseits nicht, die Stände in die Steuerverwaltung des Landes einzubinden, um ihnen die Dringlichkeit einer soliden Finanzierung vor Augen zu führen. Die lokalen Eliten wurden zusehends integriert und avancierten zu staatlichen Funktionsträgern, sodass sich das sächsische Steuersystem auffallend auf die herkömmliche Ordnung stützte. Konsequent war 1570 die Einrichtung des ständisch wie landesherrlich paritätisch besetzten Obersteuerkollegiums, das sich zu einer Behörde mit Kontrollfunktion entwickelte. In der Folgezeit wurden die indirekten Steuern mit ständischer Billigung ausgeweitet.

Indirekte Abgaben hatten in der sächsischen Steuerverfassung ohnehin eine festere Verankerung als beispielsweise in Brandenburg. Eine besondere Etappe stellte dabei die Landakzise ab 1640/41 dar. Auf den Plan Johann Georgs I., die indirekten Steuern zu einer umfassenden Akzise auszuweiten, meldeten die Ständevertreter selbstverständlich Befindlichkeiten an. Die Ritterschaft drang auf ihre althergebrachte Steuerfreiheit, und die schon die Hauptlast tragenden Städte – vorweg Leipzig – befürchteten weitere Einbrüche im für sie existenziellen Handel. Selbst der Geheime Rat des Kurfürsten äußerte gewichtige Bedenken – eine Besteuerung des gesamten Konsums würde den Außenhandel treffen. Nichtsdestotrotz erteilten die Stände 1640 auf dem Landtag zu Dresden ihre Zustimmung, um den Kurfürsten von der eigenmächtigen Steuerausschreibung abzuhalten. Die Landakzise galt als das vorläufig geringere Übel. Nach der *Accisen-Steuer-Verordnung* vom 18. Januar 1641 waren in der Regel »von einem jeden Reichsthaler dem rechten Werth nach drey Pfennige« abzuführen. Die besondere Stärke dieser Instruktion lag jedoch in einer gewissen Rücksichtnahme auf einflussreiche Sonderinteressen. Demnach sollten für in Leipzig verkaufte Waren aus den »Handels Städten« und auf den Durchgangshandel stark verminderte Steuern fällig werden. Aber auch die Ritterschaft wurde begünstigt. Zwar mussten alle Produkte von den Gütern – entgegen ihrer ursprünglichen Forderung – verakzisiert werden, »[w]as aber erwehnte von der Ritterschaft vor ihre Haußhaltung erkauffen / daran werden die Accisen [...] erlassen«.[3]

Auffällig ist, dass die Akzise wie auch die anderen indirekten Steuern in Sachsen nicht nur in der Stadt, sondern auch in den Dörfern galt. Eine flächendeckende Überwachung konnte allerdings nicht gewährleistet werden, sodass sich die Städte im Vergleich mit dem Land abermals benachteiligt sahen. Die Leipziger Kaufmannschaft und die Dresdner Handwerker zeichneten sich geraume Zeit durch ihre Renitenz aus. Zusätzlich trauerte die Ritterschaft ihrer vollständigen Steuerfreiheit nach. 1670 wurde die Landakzise unter Beifall der Stände weitestgehend abgeschafft, 1682 dann wieder eingeführt – abermals mit ständischer Zustimmung. Hier kommt wiederholt eine Tatsache zum Vorschein, die für die Steuerpolitik im Kursachsen des 16. und 17. Jahrhunderts charakteristisch ist: Strittige Fragen wurden stets im Einverständnis zwischen Fürst und Ständen zu lösen versucht, ohne dass die eine Seite sich ernsthaft über die jeweils andere hinwegsetzen konnte.

Mit den rasant steigenden Ausgaben des kursächsischen Staates zum Ende des 17. Jahrhunderts unter dem barocken Kurfürsten August dem Starken wurde dem strikten brandenburgischen Akzise-System ein besonderes Interesse zuteil. Ihrerseits war die maßgebliche brandenburgische *Revidirte General-Steuer-*

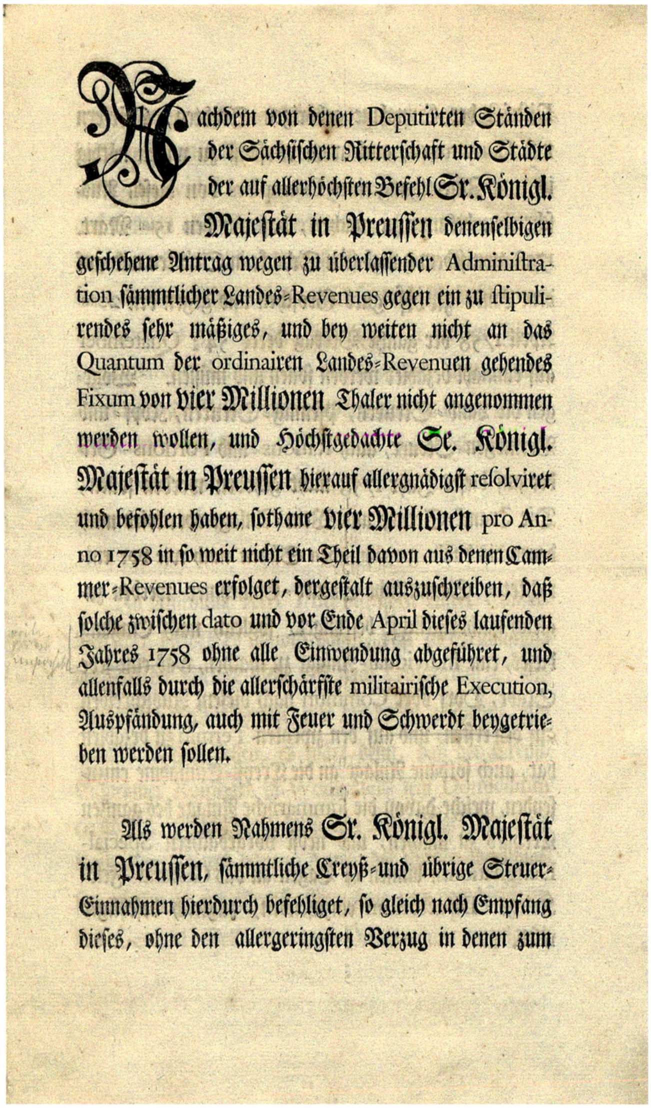

Nachdem von denen Deputirten Ständen der Sächsischen Ritterschaft und Städte der auf allerhöchsten Befehl Sr. Königl. Majestät in Preussen denenselbigen geschehene Antrag wegen zu überlassender Administration sämmtlicher Landes-Revenues gegen ein zu stipulirendes sehr mäßiges, und bey weiten nicht an das Quantum der ordinairen Landes-Revenuen gehendes Fixum von vier Millionen Thaler nicht angenommen werden wollen, und Höchstgedachte Se. Königl. Majestät in Preussen hierauf allergnädigst resolviret und befohlen haben, sothane vier Millionen pro Anno 1758 in so weit nicht ein Theil davon aus denen Cammer-Revenues erfolget, dergestalt auszuschreiben, daß solche zwischen dato und vor Ende April dieses laufenden Jahres 1758 ohne alle Einwendung abgeführet, und allenfalls durch die allerschärfste militairische Execution, Auspfändung, auch mit Feuer und Schwerdt beygetrieben werden sollen.

Als werden Nahmens Sr. Königl. Majestät in Preussen, sämmtliche Creyß- und übrige Steuer-Einnahmen hierdurch befehliget, so gleich nach Empfang dieses, ohne den allergeringsten Verzug in denen zum

Königliches Reskript vom 16. Februar 1758, Geheimes Staatsarchiv PK. Die preußische Verordnung sah die Eintreibung der sächsischen Steuern mit Feuer und Schwert vor.

und Consumptions-Ordnung von 1684 niederländisch inspiriert. Obwohl in Brandenburg bedeutend schlechtere ökonomische Voraussetzungen als in den Niederlanden vorherrschten, hatte die Akzise zu einem solchen Erfolg geführt, dass das brandenburgische Modell Nachahmung fand – so in den übrigen Teilen der Hohenzollernmonarchie, aber auch in fremden Territorien wie Schwedisch-Pommern oder eben Kursachsen.

Hier mussten eine aufwendige Hofhaltung bezahlt, die vormalige Einrichtung der drei Sekundogeniturfürstentümer kompensiert, große Summen für die Erlangung der polnischen Königskrone aufgewandt und der damit verbundene Krieg gegen Schweden finanziert werden. Bereits 1698 fand August der Starke es »an der Zeit, Erkundigungen einzuziehen, was es mit der Accise in anderen Staaten für eine Bewandniss habe«.[4] Daraufhin warb er märkische Beamte ab, um die Sinnhaftigkeit einer Akzise brandenburgischen Typus für Kursachsen ausloten zu lassen und sich damit in der Steuerfrage ebenfalls von seinen Ständen zu emanzipieren.

Jene Aufgeschlossenheit gegenüber den indirekten Steuern war unter anderem eine Reaktion auf Missstände. Die Spannungen zwischen den sich bereichernden Magistraten, die ihre Familien von der Steuer ausnahmen, und der verarmten Bürgerschaft, die immer höhere Steuern zu tragen hatte, vergifteten das städtische Klima. Die einfacheren Stadtbewohner waren der ständigen Steuerexekutionen und der Ungleichheit überdrüssig.

Freiherr Adolf Magnus von Hoym und ehemalige märkische Akzise-Beamte wurden mit der Ausarbeitung der »Interims-Accis-Ordnung nach brandenburgischen modo«[5] zunächst für die Grafschaft Mansfeld betraut, deren Einführung recht problemlos verlief. Doch trotz heftigen ständischen Protests wurden die städtischen direkten Steuern auf Wunsch der Bürgerschaften zügig in die indirekte Generalakzise umgewandelt, sodass Ende 1703 die Reformierung des Steuersystems im Sinne der Landesherrschaft für 112 kursächsische Städte vermeldet werden konnte. Zwickau hatte 1702 den Anfang gemacht. Schon 1704 übertrafen die Erträge der Generalakzise die der früheren Steuern, weshalb August der Starke sich dazu in der Lage sah, im gleichen Jahr seine Stände vor vollendete Tatsachen zu stellen und sich über jeden Einwand hinwegzusetzen. Spätestens mit dem Trauma und der finanziellen Katastrophe der schwedischen Invasion mussten sie die Publikation der *General-Consumtions-Accis-Ordnung* am 31. August 1707 hinnehmen. Ziel war es, »den Wohlstand Unserer Lande zu einiger Gleichheit nach Möglichkeit zu befördern«, und zwar nach »der benachbarten und anderer Lande Exempel«.[6] Die Anlehnung an Brandenburg wird zudem in der gleichen Unterteilung der Warenarten in acht Bereiche ersichtlich, die fast dieselbe Benennung aufweisen wie in den brandenburgischen Akzise-Ordnungen.

Im Umgang mit den Ständen bei der Steuerbewilligungsfrage waren nun also annähernd märkische Verhältnisse eingezogen. Der brandenburgische Erfolg blieb jedoch unerreicht, und Kursachsen verschuldete sich stark.

Steuern als wirtschaftspolitisches Kampfinstrument

Über die finanziellen Verhältnisse und das Funktionieren des nachbarlichen Steuersystems wollte man gut informiert sein. König Friedrich Wilhelm I. ließ sich ausführlich über die Steuerverfassung und Erhebungspraxis in Kursachsen berichten. So stellte der preußische Gesandte am sächsischen Hof, Herr von Kunheim, detaillierte Nachforschungen an, um »die differente modos contribuendi in Erfahrung zu bringen«[7], und übermittelte seine Ergebnisse im März 1718 an den Soldatenkönig. Auch Friedrich II. war umfassend über die kursächsische Steuerverfassung unterrichtet.

Das Kurfürstentum Brandenburg (ab 1701 Königreich Preußen) und Kursachsen standen in zunehmender Konkurrenzsituation zueinander – insbesondere auf ökonomischem Gebiet. Die Idee, die fremde Wirtschaft gegenüber der einheimischen zu benachteiligen, hatte einen gewissen Vorlauf. Die zollähnliche Akzise in Brandenburg war von vornherein auf dieses wirtschaftspolitische Ziel ausgerichtet gewesen, weil sie sich dazu eignete, Waren verschiedener Herkunft mit unterschiedlich hoch bemessenen Steuersätzen zu belegen.

In Brandenburg gab es kein finanzstarkes Wirtschaftsbürgertum, das aus eigener Kraft zu bedeutenden Investitionen fähig gewesen wäre, sodass der Staat mittels der Einrichtung von Manufakturen auch als Unternehmer fungierte. Im internationalen Maßstab des 18. Jahrhunderts waren die preußischen Manufakturerzeugnisse eher konkurrenzuntauglich, weswegen Friedrich Wilhelm I. die Begünstigung der heimischen Wirtschaft forcierte, indem er eine Schutzzollpolitik auf Basis der Akzise anstrengte. Die Preußen setzten Einfuhrverbote für sächsische Waren fest oder ließen sich Abgaben von bis zu vierzig Prozent zahlen. Dafür zogen die sächsischen Entscheidungsträger mit ähnlich drastischen Maßnahmen nach, und ein offener Handelskrieg entbrannte, der zu vielfältigen diplomatischen Verwicklungen Anlass gab, teilweise sogar bis in kriegerische Auseinandersetzungen zu eskalieren drohte.

Neben der Bedrohung des Messehandels in Frankfurt (Oder) und Leipzig war von solchen Bestimmungen – wie immer – die Bevölkerung besonders betroffen. Die historisch gewachsenen grenzüberschreitenden Handelsgeflechte, die in jener Zeit grundsätzlich etwas fragil waren, konnten mit der Erhebung sehr hoher Akzisesätze auf bestimmte Produkte in den Städten jenseits der Grenze erheblich gestört werden. Am 9. Juli 1709 wandten sich die Tuchmacher des brandenburgischen Grenzstädtchens Sommerfeld an ihren König und baten ihn, »uns bey Ihro Königl. Majestat v. Pohlen, mit einer Gnädigen vorsprach, zu vertreten, und ihnen aller gnädigst anzubefehlen, daß sie uns hinfort nicht mehr mit dergl. schweren Accissen plagen«.[8]

Die Zersplitterung der Territorien wirkte sich in Verbindung mit der Akzise ebenfalls negativ auf den preußischen Binnenhandel aus, weil Handelswege nicht selten über sächsisches Gebiet führten. Die Erhebung der Durchgangsakzise an der preußisch-sächsischen Grenze war somit ein stetes Politikum. 1747 wusste der Steuerrat von Brehmer aus Burg bei Magdeburg zu berichten, dass ein Berliner Händler namens Rost für seine 200 Schweine, die er auf die Mast treiben wollte, eine unzulässige Durchgangsakzise im sächsischen Dorf Ragösen zahlen musste – auf dem Rückweg ebenso. Dies ging nun mal am Sinn der Akzise vorbei, da die Tiere nur von einem preußischen Territorium in ein anderes gebracht wurden. Ragösen lag dazwischen, und das nutzten die Sachsen zur fiskalischen Abschöpfung ihrer preußischen Nachbarn seit ungefähr vier Jahren. Steuerrat Brehmer führte weiter aus, dass »übrigens auch in denen Sächsischen Dörfern mit Einhebung der Land-Accise von denen dazu bestellten so genannten Einnehmern, welche mehrentheils Schuster und Schneider seynd, sehr illegal verfahren werde, und selbige sich mehr bezahlen laßen sollen, als sie zu nehmen berechtigt sind«. Trotz einer Beschwerde beim Dresdner Ministerium musste ein halbes Jahr später vermeldet werden, »daß Chur-Sächsischer Seite hierunter keine Aenderung gemachet«.[9] Der Streit zog sich nachweislich bis mindestens 1751 hin.

Auch das Abschließen von Handelsverträgen zwischen Preußen und Sachsen war für die Kaufleute noch keine Garantie dafür, dass sie unbehelligt Waren über die Grenze bringen konnten. Zur Mitte des 18. Jahrhunderts häuften sich die Beschwerden über Vertragsbrüche durch die Nachbarn. Recht symptomatisch ist für die Verfestigung der Positionen in Handelsfragen vor Ausbruch des Siebenjährigen Krieges folgende Forderung des preußischen Generaldirektoriums an seinen König: »So ersuchen Ihro Excellenzien Wir ergebenst, solcherhalb nochmahlige repraesentationes zu thun und dem Dresdenschen Ministerio zugleich zu erkennen zu geben, daß, wann die DurchgangsAccise der convention gemäß nicht aufgehoben werden würde, man das reciprocum in dißeitigen Landen gegen die dasigen Unterthanen gleichfals einführen werde.«[10]

Schließlich darf die Rolle des Geldes während des vorgenannten Krieges nicht verschwiegen werden. Friedrich II. wird der Ausspruch zugeschrieben, Sachsen gleiche einem Mehlsack; egal, wie oft man draufschlage, es komme immer noch etwas heraus. Nach dieser Devise handelnd presste er das besetzte Kurfürstentum bis aufs Blut. Da sich die dortigen Stände den Besatzern gegenüber wenig kooperativ zeigten, nahmen sich die Preußen der Steuerangelegenheit selbst an. Das sächsische Steuersystem blieb in seinen Grundzügen zwar erhalten, für den Fall eines Zahlungsverzugs wurde aber verfügt, dass die Steuern »allenfalls durch die allerschärfste militairische Execution, Auspfändung, auch mit Feuer und Schwerdt beygetrieben werden sollen«.[11]

In besonderem Maße sollte Dresden geschröpft werden. Beispielsweise wurde zusätzlich zu den ohnehin bestehenden Steuerverpflichtungen im Jahr 1758 der Stadt eine Kontribution von einer halben Million Taler auferlegt, von der die Begüterten ungefähr die Hälfte trugen. Allein 30 000 Taler wurden diesmal vom Vermögen des kursächsischen Premierministers Graf Brühl, den mit Friedrich ja bekanntlich eine persönliche Feindschaft verband, eingezogen. Es ist bezeichnend für die Persönlichkeit des Preußenkönigs, dass er diesen Zwist auch auf fiskalischem Gebiet auslebte. Bis Kriegsende ist dem sächsischen Staat und seinen Bewohnern durch Steuern, Plünderungen und Zerstörungen ein Schaden von 250 bis 300 Millionen Talern entstanden.

Trotz einer äußerst ungünstigen Ausgangslage hatte es Brandenburg-Preußen vollbracht, dem Kurfürstentum Sachsen den Rang als mitteldeutsche Führungsmacht abzulaufen und war sogar zur europäischen Großmacht aufgestiegen. Das äußerst rigide Finanzsystem, das nicht unerheblich auf der Akzise fußte, war eine der Voraussetzungen gewesen. Gleichwohl hatten die Sachsen dafür die finanztechnischen Grundlagen gelegt, weil dort die indirekten Steuern, lange bevor das in Brandenburg der Fall gewesen war, ihren Einzug in die Staatsfinanzierung gefunden hatten.

Erst durch die volle Ausschöpfung der fiskalischen Leistungsfähigkeit hatte sich der frühmoderne Staat entwickeln können, wenn auch für den Bürger so manche Unannehmlichkeit damit verbunden war. Die Idealvorstellung aber, dass eine Steuerreform sozial verträglich, die Wirtschaft fördernd und für den Staat finanziell ergiebig zu sein habe, hat sich bis in unsere Zeiten erhalten.

Ungedruckte Quellen Geheimes Staatsarchiv Preußischer Kulturbesitz (GStA PK), I. HA Geheimer Rat, Rep. 41 Beziehungen zu Kursachsen

Gedruckte Quellen und Literatur Accis-Mandata und Verordnungen, 1698 · Blesgen / Welter 2006 · Boelcke 1972 · CCM 1755 · Engel 2013 · Friedrich II. 1912 · General-Consumtions-Accis-Ordnung, 1707 · Rachel 1911 – 1928 · Schirmer 2006 · Schwennicke 1996 · Tancré 1909 · Wuttke 1890

Anmerkungen **1** Friedrich II. 1912, S. 210. **2** GStA PK, I. HA, Rep. 41, Nr. 1130, o. Bl. **3** Accisen-Steuer-Verordnung Den 18. Jan. 1641, in: Accis-Mandata und Verordnungen, 1698, Bl. A 2 r – A 8 r. **4** Zit. nach Wuttke 1890, S. 72. **5** Zit. nach ebd., S. 74. **6** General-Consumtions-Accis-Ordnung, 1707, Bl. B r – v. **7** GStA PK, I. HA, Rep. 41, Nr. 1107, o. Bl. **8** GStA PK, I. HA, Rep. 41, Nr. 1363, o. Bl. **9** GStA PK, I. HA, Rep. 41, Nr. 1272, o. Bl. **10** GStA PK, I. HA, Rep. 41, Nr. 1351, o. Bl. **11** GStA PK, I. HA, Rep. 41, Nr. 897, o. Bl.

Abbildungen rechts:
Auflistung der vermögenden Dresdner Kontribuenten vom 8. Februar 1758, Ausschnitte, Geheimes Staatsarchiv PK.
Die von den vermögenden Personen und Innungen der Stadt Dresden geforderte Kontribution Anfang 1758 brachte 250 850 Taler ein, von denen allein der dem König Friedrich II. verhasste Premierminister Graf Brühl 30 000 Taler zu tragen hatte.

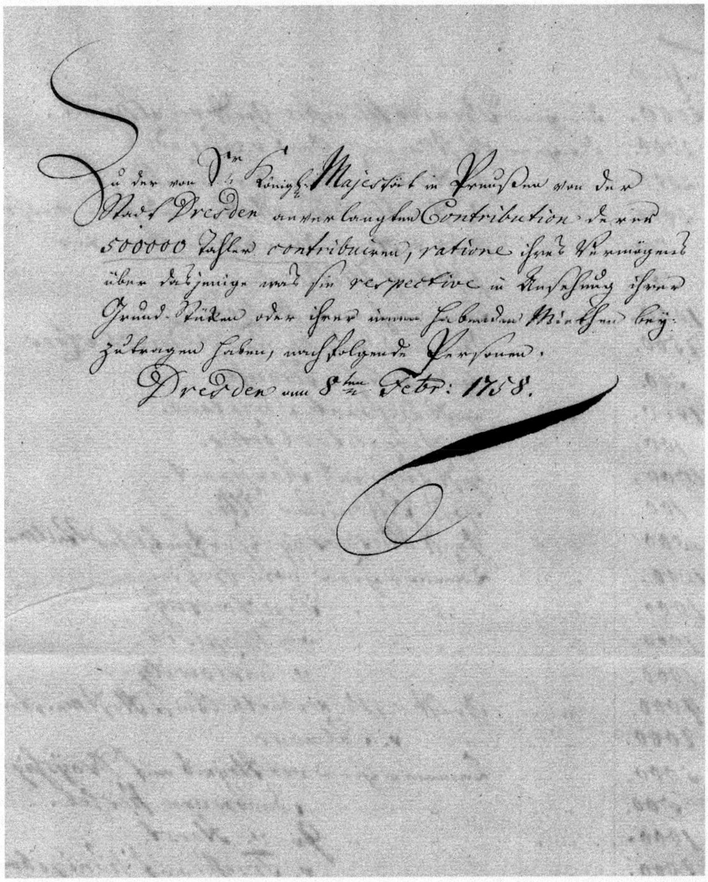
Zu der von Ihro Königl. Majestät in Preußen von der Stadt Dresden anverlangten Contribution derer 500000 Thaler contribuiren, ratione ihres Vermögens über dasjenige was sie respective in Ansehung ihrer Grund-Stücken oder ihrer innehabenden Wirthschaften beyzutragen haben, nachfolgende Personen.

Dresden am 8ten Febr: 1758.

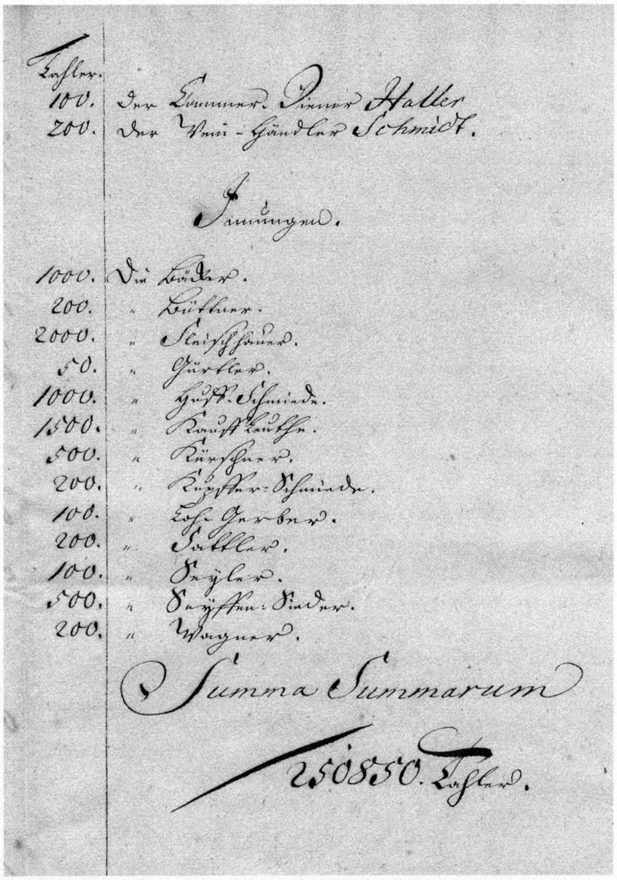
Thaler.

100. der Cammer-Diener Haller

200. der Wein-Händler Schmidt.

Innungen.

1000. Die Becker.

200. " Büttner.

2000. " Fleischhauer.

50. " Gürtler.

1000. " Huff-Schmiede.

1500. " Kauffleuthe.

500. " Kürschner.

200. " Kupffer-Schmiede.

100. " Loh-Gerber.

200. " Sattler.

100. " Seyler.

500. " Strumpff-Würcker.

200. " Wagner.

Summa Summarum

250850. Thaler.

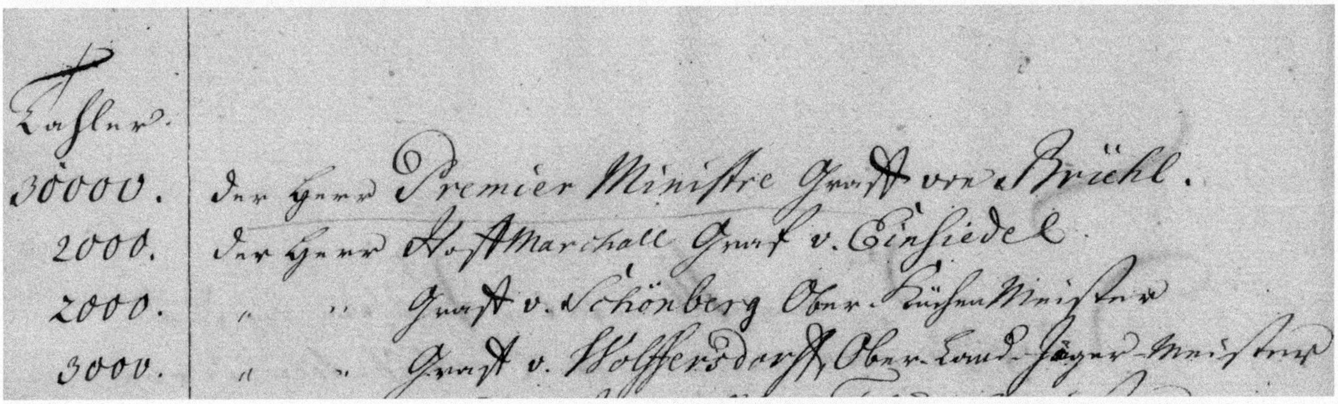
Thaler.

30000. der Herr Premier Ministre Graff von Brühl.

2000. der Herr Hoff Marschall Graf v. Einsiedel

2000. " " Graff v. Schönberg Ober-Küchen-Meister

3000. " Graff v. Wolffersdorff Ober-Land-Jäger-Meister

Symbole der Macht – Macht der Symbole. Die Auflösung des obersächsischen Kreistages im Zuge der Kriegsvorbereitungen zur Befreiung Wiens von den Türken 1683

ELLEN FRANKE

Zwischen Lilie und Halbmond – die politische und militärische Lage des Heiligen Römischen Reiches Deutscher Nation Anfang der 1680er Jahre

Der Kaiser des Heiligen Römischen Reiches Deutscher Nation, Leopold I., befand sich im Sommer des Jahres 1683 in einer seiner schwersten Krisen. Die Türken standen Mitte Juli vor Wien. Infolge der osmanischen Belagerung waren die gesamte Christenheit, das Heilige Römische Reich, das habsburgische Kaisertum sowie die österreichischen Erblande auf das Höchste bedrängt, zugleich drohte die Haupt- und Residenzstadt Wien als Symbol eines der mächtigsten Oberhäupter der damaligen Zeit in Flammen aufzugehen. Ziel der Belagerer war es, sich »den Goldenen Apfel der Deutschen«[1] zu greifen.

Doch damit nicht genug. Während der osmanische Nachbar das Alte Reich von Südosten her bedrohte, gab im Westen Frankreich, der Erzrivale der Habsburger – zu dieser Zeit in Person des Sonnenkönigs Ludwig XIV. –, keine Ruhe. Mit einer expansiv ausgerichteten Reunionspolitik am Rhein, die die widerrechtliche Annexion von Reichsgebieten einschloss, hatte sich Frankreich endgültig »zum Reichsfeind gewandelt«.[2] Zudem hoffte Versailles, die osmanische Invasion im Osten würde Leopold I. zu einer Anerkennung der Reunionen im Westen zwingen. Aus Habsburger Sicht bestand kaum ein Zweifel: Frankreichs hegemonialem Vormachtstreben konnte nur noch militärisch begegnet werden. Gleichwohl lag dem Wiener Hof viel daran, einen Zweifrontenkrieg nach aller Möglichkeit zu vermeiden.

In dieser Situation war der habsburgische Kaiser mehr denn je auf die Unterstützung der Reichsstände angewiesen. Doch unzählige Divergenzen im Reichsverband, entstanden aus heterogenen dynastischen Standes-, Territorial- und Wirtschaftsinteressen, verhinderten ein gemeinsames Vorgehen gegen die Angreifer. Sowohl multipolare Loyalitäten als auch multipolare Konkurrenzen schufen ein dauerndes Wechselbad der politischen Konjunkturen, das auch Brandenburg mitverantwortete.

Zwar hatte der Reichstag mit Blick auf die aggressive französische Reunionspolitik der »vorläufigen Reichskriegsverfassung«[3] 1681 den Weg geebnet und damit das rechtliche Instrumentarium geschaffen, um für den Kriegsfall ein bis zu 60 000 Mann starkes Reichsheer aufzustellen. Doch die neue Reichskriegsreform stieß auf kurbrandenburgische Ablehnung, da der Oberbefehl weiterhin dem Kaiser oblag und die Reichskreise – wie althergebracht – die Truppen ausheben sollten. Zeitgleich gewannen profranzösische Tendenzen in der kurbrandenburgischen Politik stärkeres Gewicht, wofür es mehrere, primär landesherrlich bedingte Ursachen gab. So fühlte sich Kurfürst Friedrich Wilhelm in der Pommernfrage vom Wiener Hof verraten. Durch den Nijmeger Friedensvertrag von 1679 war der Brandenburger gezwungen worden, das von ihm militärisch besetzte Vorpommern wieder an Schweden herauszugeben. Vertragspartner waren Frankreich, Schweden und das Reich. Brandenburg blieb außen vor. Dass dieser Frieden nicht nur vom Großen Kurfürsten, sondern auch von Leopold I. als »Schande«[4] empfunden wurde, vermochte den brandenburgischen Zorn darüber nicht zu mildern; auch nicht die Tatsache, dass – genau besehen – der auf seinem politischen Zenit agierende Ludwig XIV. für die »bitterste Niederlage«[5] Brandenburgs verantwortlich war. Gleichwohl verbündete sich Friedrich Wilhelm mit dem bourbonischen Reichsfeind und billigte dessen Reunionspolitik – alles in der Hoffnung, so zu seinem ersehn-

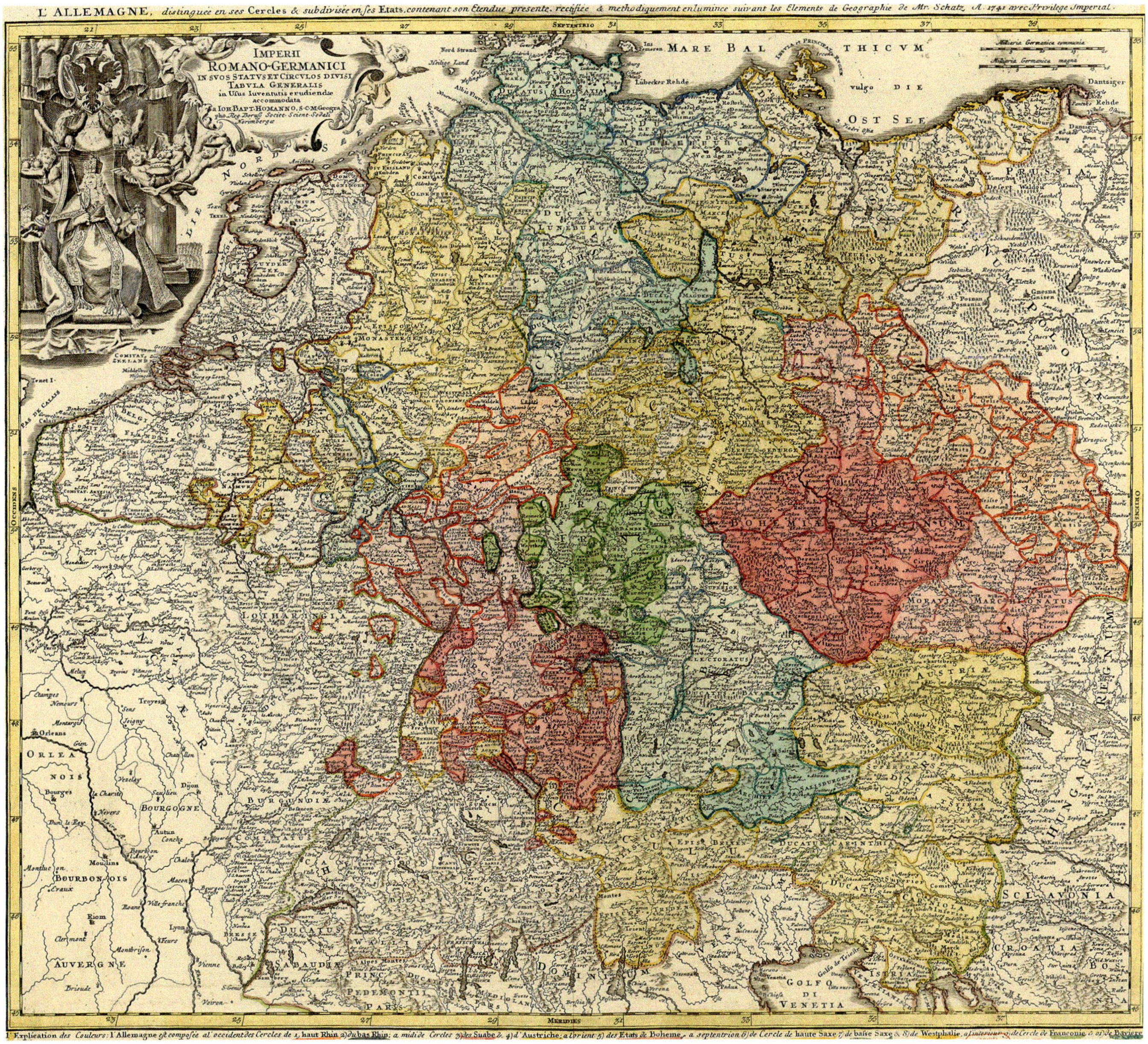

Johann Baptist Homann: Die Reichskreise des Heiligen Römischen Reiches, Nürnberg, nach 1716, Staatsbibliothek zu Berlin – PK, Kartenabteilung. Als vormoderne Verwaltungseinheiten erfüllten sie mehrere Aufgaben, unter anderem die Stellung von Truppenkontingenten für das Reichsheer im Falle eines Krieges.

ten Erbe, nämlich ganz Pommern, zu gelangen. Zusätzlich bot eine Anlehnung an Frankreich die beste Gewähr, die eigenen Territorien am Rhein vor französischen Zugriffen zu schützen.

Darüber hinaus nahm Berlin im Kurkolleg, das hartnäckig um seine Vorrangstellung und seinen politischen Einfluss kämpfte, eine Außenseiterrolle ein. Dafür waren sowohl die geringe Akzeptanz der zumeist als schwankend empfundenen Reichs- und Europapolitik Kurbrandenburgs (»Wechselfieber«[6]) als auch die ablehnende Haltung der Mitkurfürsten gegenüber den brandenburgischen Reformbestrebungen hinsichtlich des Kurvereins ausschlaggebend. Den kurbrandenburgischen Vorstoß, den Kurverein für das Reich, unabhängig vom habsburgischen Kaiser und zur Abwehr fürstlicher Aufstiegsbestrebungen, zu revitalisieren, beargwöhnten die Kurkollegen.

So spaltete sich das Reich zu Beginn der 1680er Jahre in ein prohabsburgisches und ein französisch beeinflusstes Lager – Letzteres verbündeter und / oder bedrohter Natur. Um Frankreich jedoch militärisch überhaupt begegnen zu können, war der Kaiser gezwungen, die prohabsburgischen Kräfte, die sich größtenteils in den kleineren Reichsständen fanden, auf diplomatischem Weg zu mobilisieren. Gleichzeitig musste es gelingen, größere, auf der Seite Frankreichs stehende Reichsstände

16
die Belögerüng Wien von Türggen
83

Unbekannter Künstler: Belagerung und Entsatz von Wien am 12. September 1683, vor 1689, Öl auf Leinwand, Heeresgeschichtliches Museum Wien. Prohabsburgische Reichsstände kämpften im Verbund mit dem polnischen König Johann III. Sobieski erfolgreich gegen die türkische Belagerung der Stadt.

von Ludwig XIV. zu lösen, um eine schlagkräftige Reichsarmee aufstellen zu können. Kurbayern und Kursachsen – in beiden Territorien war es 1679/80 zu einem Herrscherwechsel gekommen – ließen sich gewinnen, Brandenburg nicht. Zugleich trat Leopold einem Verbund kleinerer Reichsstände, primär bestehend aus Herrschaften des Oberrheinischen, des Fränkischen und des Schwäbischen Reichskreises, bei, der sogenannten Laxenburger Allianz. Diesem Bündnis, Mitte Juni 1682 ratifiziert, gehörten auch die sächsischen Herzogtümer an. Die kreisübergreifende Assoziation sollte nicht nur – am Reichstag vorbei – der Reichsverteidigung gegen Frankreich dienen, sondern zunächst hinter vorgehaltener Hand auch einen Reichskrieg zur Rückgewinnung der reunierten Gebiete vorbereiten, was der Kurbrandenburger angesichts der französischen Überlegenheit zu vermeiden suchte.

Während die diplomatischen Bemühungen für den Westen Erfolge versprachen, zog im Osten ein – vom Wiener Hof unterschätztes – orientalisches Kriegsgewitter herauf. Ein übermächtiges türkisches Heer marschierte auf Wien zu. Leopold musste seine militärischen Kräfte dort konzentrieren und Verbündete werben. Im Eilverfahren – von päpstlicher Diplomatie unterstützt – gelang es ihm, sich mit dem polnischen König, Johann III. Sobieski, für den Kampf gegen die Türken zu vereinen. Große Geldsummen flossen aus dem Vatikan in das bedrängte Reich, sodass auf diese Weise prohabsburgische Reichsstände, Polen sowie der Papst eine Heilige Allianz schmiedeten und den Kampf gegen die feindlichen Belagerer aufnahmen. Gleichzeitig warb der Habsburger bei den Reichskreisen um ihre personellen und finanziellen Anteile zur Verstärkung des Heeres.

Die Spezifika des Obersächsischen Reichskreises

Mitteldeutschland und den Nordosten des Alten Reiches dominierte der Obersächsische Reichskreis, zu dem als wichtigste Territorien die kursächsischen und kurbrandenburgischen Gebiete gehörten. Neben anderen zählten dazu ferner die ernestinischen Herzogtümer, die anhaltinischen und pommerschen Fürstentümer sowie die Grafen von Mansfeld, Reuß und Schönburg. Nach 1648 stieß noch der König von Schweden als Herzog von Vorpommern hinzu.

Die heterogene Zusammensetzung des Reichskreises, die Konkurrenz der beiden Kurfürstenhäuser mit ihrer je eigenen Reichs- und Territorialpolitik, die Rivalität innerhalb der beiden wettinischen Linien sowie die Verpflichtungen Brandenburgs in mehreren Reichskreisen können als mitursächlich dafür angesehen werden, dass die Wirkmächtigkeit des Obersächsischen Reichskreises im Laufe der Frühen Neuzeit zunehmend sank und 1683 auf ihren Tiefpunkt zusteuerte.

Das größte Interesse am Funktionieren des Reichskreises besaß neben dem kreisausschreibenden sächsischen Kurfürsten die Riege der mindermächtigen Potentaten. Während Kursachsen seine Vormachtstellung in Mitteldeutschland zu

Jacob Koppmayer: Kaiser Leopold I., vor 1703, Kupferstich, Münster, LWL-Museum für Kunst und Kultur, Porträtarchiv Diepenbroick.
Kaiser Leopold I., der persönlich an der Entsatzschlacht nicht teilgenommen hatte, stilisierte sich in der Folgezeit zum »Türkensieger« und »Retter der Christenheit«.

wahren und auszubauen versuchte, drangen die kleineren Reichsstände auf den Schutz gegenüber zu mächtigen Nachbarn. Außerdem bot der Kreistag Kursachsen eine Bühne, sich der Loyalität seiner ernestinischen Verwandten zu vergewissern. Folgten sie seiner Ausschreibung und votierten sie im albertinischen Sinne, galt dies als Zeichen anhaltenden Wohlwollens zwischen den wettinischen Häusern. Das Kreisausschreiberamt ermöglichte also dem sächsischen Kurfürsten, der als Kreisoberst zugleich die Exekutivgewalt und den Oberbefehl über die Kreistruppen besaß, Prestigegewinn und Entscheidungslenkung im eigenen, mitunter auch durchaus prohabsburgischen Sinne.

Dem auf Kreisebene stets nur in der zweiten Reihe agierenden Brandenburger missfiel diese kursächsische Vorrangstellung – insbesondere nach 1648, als sich Brandenburg anschickte, dank wachsender Territorialgewinne und militärischer Stärke Sachsen zu überflügeln. Zugleich widerstrebte es dem Großen Kurfürsten, Truppen für ein Reichsheer bereitzustellen, das unter fremdem Oberbefehl gegen brandenburgische Verbündete oder einen der wechselnden Subsidienzahler marschieren sollte. In der zweiten Hälfte des 17. Jahrhunderts griff Brandenburg die Kreisverfassung immer offensiver an und versuchte, die Kreistage zu blockieren.

In diese Anfang der 1680er Jahre herrschenden reichs- und europapolitischen Verhältnisse sowie in die bestehenden mittel- und norddeutschen Divergenzen im Obersächsischen Reichskreis hinein erschallte im Juli 1683 der Hilferuf des Kaisers zur Befreiung Wiens. Die Alarmglocken läuteten nicht nur in Berlin und in Dresden – und damit im Obersächsischen Reichskreis –, sondern im gesamten Reich.

Der Eklat von Leipzig – Die Macht der Symbole

Dem kaiserlichen Appell Folge leistend schrieb der sächsische Kurfürst, Johann Georg III., für den 21. August 1683 einen obersächsischen Kreistag in Leipzig aus und ließ – in Erfüllung seiner mit dem Kaiser geschlossenen Defensivallianz – ein Heer von 10 000 Mann nach Wien abmarschieren.

Friedrich Wilhelm versagte sich einer Teilnahme an dem Konvent nicht, vielmehr instruierte er seinen Geheimen Rat Otto von Schwerin folgendermaßen: Als Erstes möge Schwerin auf die »Curalien und Ceremonialien« achten. Bezüglich der »Seßel undt anderen dingen« solle Kurbrandenburg den kursächsischen Gesandten gleichgestellt sein. Falls dies nicht sorgsam gewährleistet würde und seiner kurfürstlichen Präeminenz dadurch ein Abbruch geschähe, könne er nicht umhin, seine »besendunge ein[zu]stellen«.[7]

Diese Anweisungen fügen sich in das von der Forschung gezeichnete Bild, wonach der Große Kurfürst in seinen letzten Regierungsjahren als einer der entschiedensten Verfechter der kurfürstlichen Vorrechte und damit als entschlossener Gegner der altfürstlichen Versuche, die Gleichstellung mit den Kurfürsten zu erzwingen, auftrat. Der intensive, in den 1680er Jahren noch verstärkte Kampf beinhaltete die akribische Überwachung der symbolisch-zeremoniellen Präsentation seines kurfürstlichen Vorrangs. Hierbei konnte »[b]uchstäblich alles […] symbolisch relevant werden: die Zahl der Pferde vor den Kutschen, die Zahl der herabzusteigenden Stufen oder zu überschreitenden Schwellen, Farbe, Material und Form der Kleidung, der Möbel, der Speisen oder des Geschirrs, vor allem aber die Anordnung der Personen im Raum beim Gehen, Stehen und Sitzen«.[8]

Während die ältere Forschung die im 17. Jahrhundert zur vollen Blüte gelangenden symbolisch-zeremoniellen Zeichensysteme und die ihnen innewohnenden »Wahrnehmungsmuster, Ordnungskategorien und Bedeutungszuschreibungen«[9] auf den verschiedenen politischen Bühnen – beispielsweise Friedenskongressen sowie Reichs- und Kreistagen – als bloße Etikette abtat, widmet die jüngere Frühneuzeitforschung diesem politischen Instrument stärkere Aufmerksamkeit.

Sobald in der Frühen Neuzeit Herrschaftsträger oder ihre Gesandten gleichen oder unterschiedlichen Ranges aufeinan-

Unbekannter Künstler: Ansicht der Stadt Leipzig aus dem Reisealbum des Pfalzgrafen Ottheinrich (1536/37), Universitätsbibliothek Würzburg [Delin. VI, 13]. Die bedeutende Messestadt fungierte häufig als Austragungsort des obersächsischen Kreistags.

dertrafen, entfaltete sich ein bis in kleinste Verästelungen hinein durchorganisiertes Zeichensystem, das die Rangposition bzw. die Vorranganspruche jedes einzelnen Teilnehmers für jedermann sichtbar widerspiegelte und dem eine performative Wirkung zukam. Gleichrangige Akteure hatten auf eine – »bis in feinste Details sorgfältig ausgehandelt[e] und geplant[e]«[10] – Gleichbehandlung zu bestehen. Höherrangige mussten alles daransetzen, einer Gleichsetzung mit Nachgeordneten vorzubeugen, oder sie mussten – sollte sie erfolgt sein – gegen selbige sofort auf das Schärfste protestieren. Es galt als politisch lebensnotwendig und rechtlich zwingend, den eigenen Rang als Recht sowie die Ehre als höchstes Gut zu schützen. Wiederholt wurden derartige Rangkonflikte und Präzedenzstreitigkeiten strategisch eingesetzt, um das eigene politische Kapital zu stärken und rechtliche Ansprüche zu formulieren.

Vor diesem Hintergrund wird verständlich, weshalb im August 1683 ein zeremonieller Neuerungsversuch eines fürstlichen Gesandten die Eröffnung des obersächsischen Kreistags verhinderte. Was war geschehen? Nachdem der kursächsische Gesandte von Miltitz am Morgen des 21. August 1683 wie gewohnt in einer sechsspännigen Kutsche vor dem Leipziger Rathaus vorgefahren war, musste der kurbrandenburgische Kollege von Schwerin von seinem Fenster aus vergegenwärtigen, »daß noch Jemand anders auß einer Gutsche mitt 6 Pferden vor dem Rathhause« ausstieg.[11] Es war der Gesandte des Herzogs Friedrich I. von Sachsen-Gotha-Altenburg, also lediglich ein fürstlicher Repräsentant, dem seinem Rang entsprechend nur die Fahrt in einer zweispännigen Kutsche zugestanden hätte. Was bezweckte der Herzog mit diesem Verstoß? Zwei Aspekte sollen hervorgehoben werden: erstens der Angriff auf die kurfürstliche Vorrangstellung und zweitens die Demonstration der geringen institutionellen Bedeutung, die dem obersächsischen Kreistag verblieben war.

Sachsen-Gotha-Altenburg intendierte, sein gewachsenes politisches Gewicht für jedermann sichtbar symbolisch zu inszenieren. Infolge seiner Zugehörigkeit zur Laxenburger Allianz und angesichts der aus kaiserlicher Perspektive gestiegenen Bedeutung der kleineren Reichsstände dürfte sich Friedrich I. im Aufwind gesehen haben. Ferner war er als Ernestiner Nachfahre der einstmaligen Kurlinie. Doch einer derartigen »Neuformulierung von Herrschaftsansprüchen«[12] auf der Bühne des obersächsischen Kreistags sollte kein Erfolg beschieden sein. Die kurfürstlichen Gesandten wehrten den ernestinischen Vorstoß ab. Bevor die Eröffnung des Kreistags erfolgen konnte, protestierte von Schwerin bei seinem kursächsischen Kollegen von Miltitz gegen den Angriff. Er forderte einen unverzüglichen Widerruf seitens des gotha-altenburgischen Gesandten, der jedoch ausblieb. Ebenso wich Kurbrandenburg keinen Zentimeter, denn – so reflektierte der kurbrandenburgische Gesandte – der Herzog würde auch zukünftig einen Anspruch auf gleichrangige Behandlung mit den Kurfürsten erheben. Zudem werde es Nachahmer geben, und ein Präzedenzfall müsse verhindert

Hans Wilhelm Schober (?): Kurfürst Johann Georg III. von Sachsen, Miniaturbildnis 1680–1690 auf Pergament, Rüstkammer, SKD. Johann Georg III. focht in der Entsatzschlacht zur Befreiung Wiens mit einem 10 000 Mann starken Heer für das Reich.

werden. Die Repräsentanten fanden keinen für alle Beteiligten gesichtswahrenden Ausweg aus dieser brisanten Lage. Gleichzeitig waren dem Kurbrandenburger die unter schwedischer Führung (als vorpommerscher Kreisangehöriger) laufenden fürstlichen Gespräche ein Dorn im Auge; sie drohten, die kurfürstliche Vorrangstellung unter den Kreisständen (weiter) zu unterminieren. Demzufolge drängte der kurbrandenburgische Gesandte den kursächsischen Verhandlungsführer von Miltitz zu einem schleunigen Abbruch der Versammlung. Es kam zum Leipziger Eklat – der obersächsische Kreistag löste sich unverrichteter Dinge auf.

Für die Kriegsvorbereitungen zur Befreiung Wiens hatte die Aufhebung faktisch keine Konsequenzen. Der sächsische Kurfürst, Johann Georg III., befand sich bereits mit ansehnlicher Heeresstärke auf dem Weg nach Wien. Friedrich I. von Sachsen-Gotha-Altenburg war im Rahmen der Laxenburger Allianz persönlich bereit, für den Kaiser zu fechten. Die Stellung von obersächsischen Kreistruppen hatte sich angesichts der Allianzen des Kaisers mit den Reichsständen an den Reichskreisen vorbei überlebt. Kein Anwesender rechnete mehr damit, dass eine zusätzliche obersächsische Hilfeleistung Wien noch rechtzeitig erreichen würde. Der geringe Nutzen der Zusammenkunft war offensichtlich. Der Kreistag hatte an Akzeptanz eingebüßt, was Sachsen-Gotha-Altenburg mit seinem »demonstrative[n] Ritualverstoß«[13] unterstrich. Am Ende sollte es die letzte, nicht einmal mehr offiziell eröffnete Versammlung obersächsischer Kreisstände gewesen sein.

Die Rollen Wiens, Berlins und Dresdens – eine Einordnung in den europäischen Kontext und Ausblicke

Am kaiserlichen Hof, der sich nach seiner Flucht aus Wien seit Juli 1683 in Passau und Linz aufhielt, löste der Leipziger Eklat keine unmittelbaren Reaktionen aus. Vielmehr waren die Verantwortlichen Tag und Nacht mit den Vorbereitungen zur Befreiung Wiens beschäftigt, sorgten sich um die Zurückgebliebenen und das von den Osmanen verwüstete Territorium. Zugleich erwarteten sie sehnsüchtig die unter anderem über die Donau eintreffenden Truppen. Letzteren gelang unter dem Oberbefehl des polnischen Königs, Johann III. Sobieski, in einer spektakulären Schlacht am 12. September 1683 die Befreiung Wiens. Vom Kahlenberg aus drangen die christlichen Truppen mit dem sächsischen Kurfürsten an der Spitze in das Wiener Becken vor, wo das türkische Heer seit zwei Monaten lagerte und schließlich vernichtend geschlagen werden konnte. In Panik geraten, flohen die Belagerer Hals über Kopf in Richtung Ungarn, ließen reiche Beute zurück und bescherten den christlichen Befreiern einen sensationellen Sieg. Johann III. Sobieski zog als siegreicher Feldherr in das einerseits vor Glück taumelnde, andererseits durch die Belagerung ausgezehrte Wien. Mochten er, der sächsische Kurfürst und viele andere im Feld gefochten haben, als glorreicher »Türkensieger«[14] ging Kaiser Leopold I. in die Geschichtsbücher ein. Obwohl der »unmilitärischste Herrscher seiner Epoche« die Schlacht donauaufwärts lediglich aus sicherer Ferne verfolgt hatte, schlüpfte er alsbald in die Rolle als »Retter der Christenheit«.[15] Im weiteren Verlauf des Großen Türkenkriegs (1683–1699) gelang die Rückeroberung weiter Teile der österreichischen Erblande. Die Stärkung der Krone Ungarns und die militärischen Eroberungen im Südosten Europas verlagerten die politischen Gewichte des Hauses Habsburg entlang der Donau und begründeten so den Aufstieg Österreichs zur europäischen Großmacht.

Der Große Kurfürst, der »um 1680 [...] zu sehr vom notorischen Versagen des Reiches [und] seiner Erfolglosigkeit«[16] ausgegangen war, dürfte mit einem derart spektakulären Sieg nicht gerechnet haben. Seine dem Kaiser zunächst signalisierte Bereitschaft, 12 000 Mann zur Befreiung Wiens zu entsenden, verknüpfte er mit der Forderung an Leopold I., Frieden mit Frankreich zu schließen. Sein Ziel war es, einen Zweifronten-

Rutger van Langerfeld: Kurfürst Friedrich Wilhelm hoch zu Ross o. J., Öl auf Leinwand, SPSG. Der Große Kurfürst beteiligte sich an der Befreiung Wiens nicht, wofür der politische Dissens zwischen Berlin und Wien eine der Ursachen war.

krieg und die Schädigung seiner rheinischen Territorien zu vermeiden. Darüber hinaus verband er sein Hilfsangebot mit hoch gespannten Geld- und Territorialforderungen. Zwar neigte der Kaiserhof mit Blick auf die ansehnlichen brandenburgischen Truppen dazu, dem Großen Kurfürsten entgegenzukommen, doch wollte sich Leopold weder den Ausgleichsansprüchen gänzlich beugen noch zu einem Frieden mit Frankreich drängen lassen. Infolgedessen scheiterten die Verhandlungen. Friedrich Wilhelm rief seine bereits abmarschierten Truppen zurück.

Für den von der französischen Expansionspolitik weniger unmittelbar betroffenen sächsischen Kurfürsten, Johann Georg III., scheint – angesichts der drängenden Notlage des Reiches – eine militärische Hilfe wohl ohne Alternative gewesen zu sein. Doch von altruistischen Handlungsmotiven war auch Johann Georg frei. Wie andere versäumte er es nicht, Gegenforderungen zu stellen. So forderte er unter anderem die Verpflegung der sächsischen Truppen aus des Kaisers Kassen sowie ein anschließendes Winterquartier für sein Heer. Im Gegensatz zu seinem brandenburgischen Kollegen jedoch knüpfte er seine militärische Teilnahme nicht in letzter Konsequenz an die noch nicht ausgehandelten Bedingungen, sondern zog mit 10 000 Mann persönlich vor die Tore Wiens. Wiederholt war die Dresdner Politik habsburgfreundlicher als diejenige des nördlichen Nachbarn. Dass Sachsen einen großen Anteil am Schlachtgewinn besaß, verdeutlichen zeitgenössische Flugblätter, die Johann Georg vereint mit den siegreichen Befehlshabern zeigen, sowie Druckschriften der Zeit. Die Gründe jedoch, die den sächsischen Kurfürsten veranlassten, unverzüglich – nämlich bereits am 15. September 1683 – aus Wien abzureisen und sich nicht von Leopold zu verabschieden, sind nach wie vor Forschungsdesiderate. Dass er mangels kaiserlichen Entgegenkommens hinsichtlich seiner Forderungen offenbar verbittert war, wird aber nicht ohne Bedeutung gewesen sein.

Zusammenfassend darf festgehalten werden, dass Polen, Kursachsen, Kurbayern sowie die Truppen prohabsburgisch gesinnter Reichsstände, unterstützt von ansehnlichen päpstlichen Geldsummen, Leopold I. aus der Zwangslage des Sommers 1683 halfen. Einer Unterstützung enthielten sich – aus verschiedenen Gründen – unter anderem Kurbrandenburg, die rheinischen Kurfürsten und weitgehend auch Braunschweig-Lüneburg. Den vor Wien glänzend errungenen Sieg konnte Leopold nicht nur nutzen, um seine Erblande wiederzugewinnen – was ihm Friedrich Wilhelm stets vorwarf –, sondern auch, um seine Stellung als Reichsoberhaupt zu konsolidieren und auszubauen. Als »Retter der Christenheit«[17] erlangte er beispielloses Ansehen, das er bei den Verhandlungen mit Frankreich 1684 in die Waagschale zu werfen wusste. Auch deuten die kurz skizzierten, divergierenden politischen Modelle, um die in jener Zeit gerungen wurde, an, dass 1683 ein Jahr des Umbruchs darstellte, in dem der Leipziger Eklat mit seinen zukünftigen Auswirkungen für den Obersächsischen Reichskreis ein Baustein war.

Letztendlich war es das habsburgloyalere Sachsen, das sich eine Feder des Doppeladlers an den Kurhut stecken konnte. Brandenburg hingegen wollte und konnte sich damit nicht schmücken – ein wesentlicher Unterschied, der sich wie ein roter Faden durch die Geschichte der beiden Kurhäuser im 17. Jahrhundert zieht.

Ungedruckte Quellen Geheimes Staatsarchiv Preußischer Kulturbesitz (GStA PK), I. HA Geheimer Rat, Rep. 16 Ober- und Niedersächsische Kreis- und Probationstage. · Österreichisches Staatsarchiv, Haus-, Hof- und Staatsarchiv Wien (ÖStA / HHStA), Reichskanzlei, Diplomatische Akten. · ÖStA / HHStA, Reichskanzlei, Instruktionen für die kaiserlichen Gesandten. · ÖStA / HHStA, Staatenabteilungen, Deutsche Staaten (Nationalia)

Gedruckte Quellen und Literatur Aretin 1993 · Barker 1982 · Duchhardt 2001 · Gotthard 1996 · Heinrich 1990 · Hochedlinger 1994 · Matschke 2004 · Nicklas 2002 · Press 1991 · Redlich 1961 · Stollberg-Rilinger 1997 · Stollberg-Rilinger 2004 · Stollberg-Rilinger 2013 · Urkunden und Aktenstücke, 1864 – 1930 · Wrede 2004

Anmerkungen **1** Matschke 2004, S. 367. **2** Gotthard 1996, S. 11. **3** Aretin 1993, S. 286. **4** Ebd., S. 268. **5** Ebd. **6** Duchhardt 2001, S. 104. **7** GStA PK, I. HA, Rep. 16, Nr. 105a, Fasz. 1, o. Bl. **8** Stollberg-Rilinger 2013, S. 52. **9** Stollberg-Rilinger 2004, S. 491. **10** Stollberg-Rilinger 2013, S. 136. **11** GStA PK, I. HA, Rep. 16, Nr. 105 a, Fasz. 1, o. Bl. **12** Stollberg-Rilinger 1997, S. 95 f. **13** Stollberg-Rilinger 2013, S. 217. **14** Wrede 2004, S. 160. **15** Aretin 1993, S. 196, 305. **16** Gotthard 1996, S. 32. **17** Aretin 1993, S. 305

I | 15

Partner und Rivalen

SZENE 1

LEIPZIG

Leipzig bildete das bedeutendste urbane Zentrum der reichen Städtelandschaft Sachsens und war der wirtschaftliche Mittelpunkt des Landes. Vergleichbares fand sich in Brandenburg-Preußen nicht, erst im Lauf des 18. Jahrhunderts erlangte Berlin eine ähnliche Bedeutung. Am Schnittpunkt bedeutender Handelsstraßen gelegen, gründete die Entwicklung Leipzigs zum Handelsplatz europäischen Formats auf zwei großen Privilegien, mit denen Kaiser Maximilian I. 1497 und 1507 die drei Leipziger Märkte zu Ostern, Michaelis und Neujahr unter den Schutz des Reiches gestellt hatte. Gefördert auch durch die sächsischen Landesherren, entwickelte sich die Leipziger Messe zu einem wichtigen Umschlagplatz für sächsisches Silber und Zinn, für Pelze, Textilien und seit 1710 auch für europäisches Porzellan aus Meißen. Sie war das Scharnier für den Warenaustausch zwischen West- und Osteuropa, der wesentlich von Leipziger Kaufleuten abgewickelt wurde. Handel, Manufakturwesen und ein reger Publikumsverkehr – nicht zuletzt aus dem benachbarten Brandenburg-Preußen – prägten Stadtbild und Identität am »Marktplatz Europas«.

Bereits seit 1409 war Leipzig auch Universitätsstadt. Um 1700 machte jedoch der Erfolg der Universität in Halle, die Kurfürst Friedrich III. von Brandenburg 1694 gegründet hatte, der Alma Mater Lipsiensis etliche Studenten und Professoren abspenstig. Trotzdem blieb Leipzig auch immer ein Umschlagplatz für geistige Güter, ein Zentrum des Theaters und der Musik und nicht zuletzt die Stadt des Buchhandels und der Verlage. AZ

1 | 1

George Franz Naumann

Posament »Vivat Chursaxen«

Leipzig 1691 · Webtechnik, Stickerei, Baumwollgarn, Papier, mit Siegel · 190 × 8,5 cm
Leipzig, Stadtgeschichtliches Museum
[V/2198/2007]

»Vivat Chursaxen« – Es lebe Kursachsen –, heißt es auf dem Posament. Das Stoffband wurde 1691 gefertigt, anlässlich des Regierungsantritts von Kurfürst Johann Georg IV. Der neue Landesherr wird mit den immer wiederkehrenden Motiven Krone, Monogramm »IG4« und Kurschwerter geehrt. Das angeheftete Papier gibt Aufschluss über den Fertiger des Bandes, George Franz Naumann. Er gehörte der Leipziger Posamentierer-Innung an, deren Siegel auf dem angehefteten Papier aufgedrückt sind.
Die sächsischen Kurfürsten suchten Leipzig regelmäßig auf, um der Messe beizuwohnen. AZ

1 | 2

August Christian Fleischmann

Die Leipziger Börse inmitten anderer europäischer Börsen

Nürnberg, nach 1679 · Kupferstich
32,1 × 22,9 cm
Leipzig, Stadtgeschichtliches Museum
[Mü XXI/33]

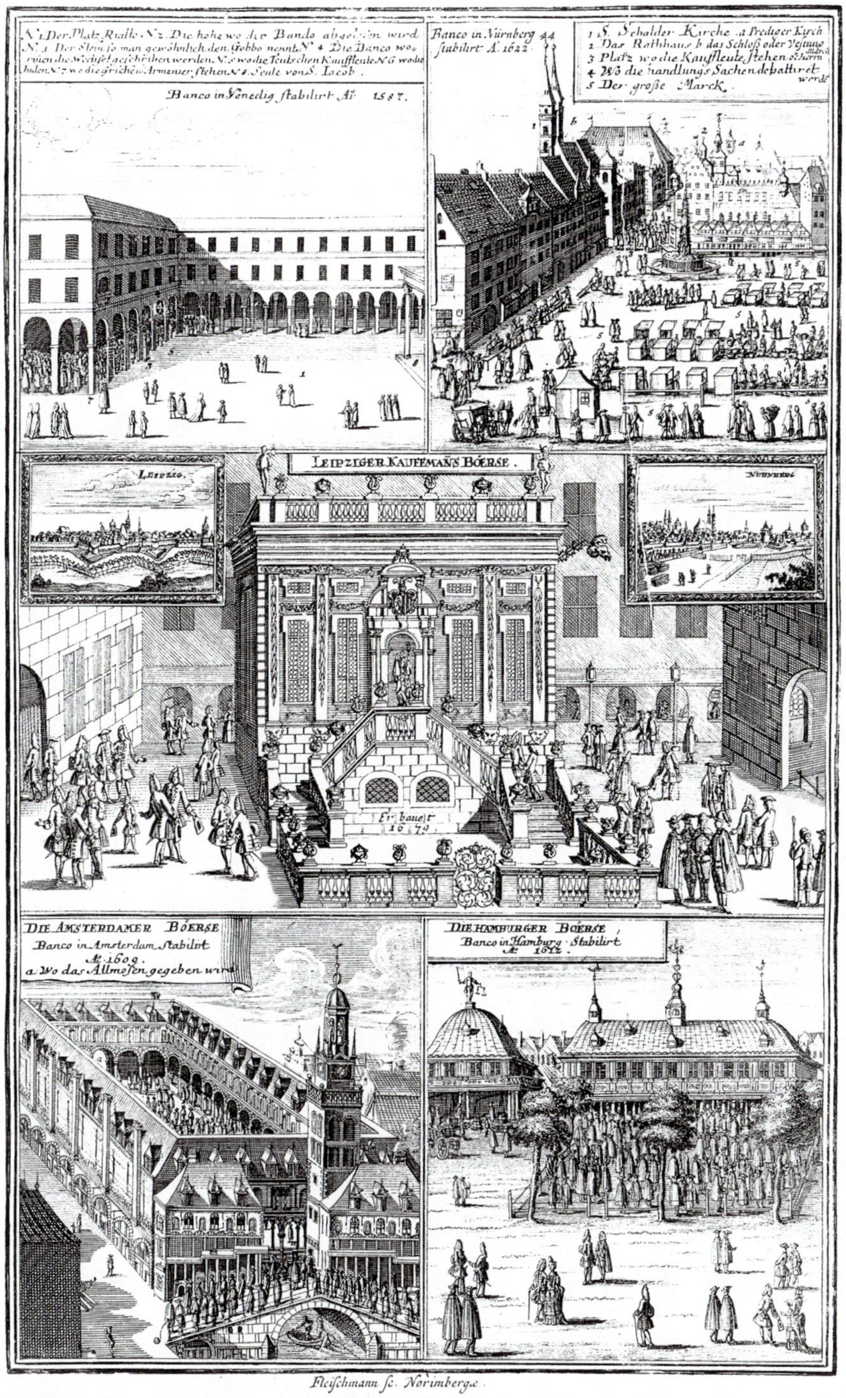

1 | 2

Nach dem Dreißigjährigen Krieg entwickelte sich Leipzig zum wichtigsten deutschen Messestandort. Ab 1678 ließ der Rat ein Versammlungsgebäude für die Kaufleute auf dem Naschmarkt, in unmittelbarer Nähe des Rathauses, errichten. Die Alte Börse, gebaut nach Entwürfen des sächsischen Oberlandbaumeisters Johann Georg Starcke, war der erste Leipziger Barockbau. Der Stich zeigt das frühbarocke Gebäude im Zentrum.
Es ist umgeben von weiteren bedeutenden europäischen Börsen der Zeit: oben links Venedig, oben rechts Nürnberg, unten links Amsterdam und unten rechts Hamburg. AZ

1 | 1

BAYRISH
MVNGEN
VNA LIRA SOTILA
1 PFVND FRON GWICHT 1719
MAGDEBVRG
1719
VNA GROSA DI VERONA

I | 3

Normalgewichtssammlung des Leipziger Rates

Aufbewahrungslade und zehn zusätzliche lose Gewichte (Bologna, Amsterdam, Lucca, Verona, Königsberg, Antwerpen / Brüssel, Berlin, Marseille, Cadix / Malaga, London)
1719 / 1722 · furniertes Holz, Metall
21,5 × 48 × 33,5 cm (Kasten)
Leipzig, Stadtgeschichtliches Museum [CN, II]

63 Gewichte in zwei Aufbewahrungsladen umfasste die Normalgewichtssammlung des Leipziger Rates, 61 dieser Gewichte sind erhalten. Ein jedes davon wiegt ein Pfund, doch keines ist 500 Gramm schwer. Die Normalgewichtssammlung bildet das Netz der Leipziger Handelsverbindungen ab, das sich von Neapel bis nach Archangelsk und von Konstantinopel bis nach Lissabon erstreckte. Die Vielfalt unterschiedlicher Maße und Gewichte erforderte kompliziertes Umrechnen. Zur Vereinfachung ließ der Leipziger Rat 1719 Duplikate von Pfundgewichten fertigen, wie sie bei den wichtigsten Handelspartnern Leipzigs gültig waren. 1722 wurde die Sammlung um weitere Gewichte ergänzt. Die Leipziger Normalgewichtssammlung ist vermutlich die bedeutendste ihrer Art vom Beginn des 18. Jahrhunderts, die in Europa erhalten ist. AZ

I | 5

I | 4

Leipziger Elle

1. Viertel 18. Jh.; Holz; L 83,5 cm
Leipzig, Stadtgeschichtliches Museum [A. XI, 1]

Ein Kaufmann musste mit einer Vielzahl von unterschiedlichen Maßen umgehen. Diese Elle setzt das in Leipzig gültige Maß von 56,5 Zentimetern in Beziehung zu anderen wichtigen Ellenmaßen. Die Abmessungen der Berliner, der Nürnberger sowie der Brabanter Elle sind ebenfalls im Holz markiert. Besonders die Brabanter Elle spielte im Stoffhandel eine wichtige Rolle. Die Leipziger Norm-Elle, die eiserne Elle, an der sich jedermann bei der Fertigung einer neuen Elle zu orientieren hatte, war im Durchgang des Rathauses angebracht. AZ

I | 4

I | 5

David Hoyer

Bildnis Andreas Dietrich Apel

1712 · Öl auf Leinwand · 57,7 × 50 cm
Leipzig, Museum der bildenden Künste, Porträtsammlung der Kramermeister Leipzig, Leihgabe der Industrie- und Handelskammer zu Leipzig [G 2051]

Fast 120 Bildnisse der Leipziger Kramermeister sind erhalten: eine zwei Jahrhunderte umspannende eindrucksvolle Reihe stolzer Kaufleute, die die Geschicke Leipzigs mitlenkten. Zu ihnen zählte auch Andreas Dietrich Apel, Kaufherr und Manufakturunternehmer. Studienreisen in verschiedene europäische Länder hatten seinen Horizont in jungen Jahren geweitet. In Leipzig ging er

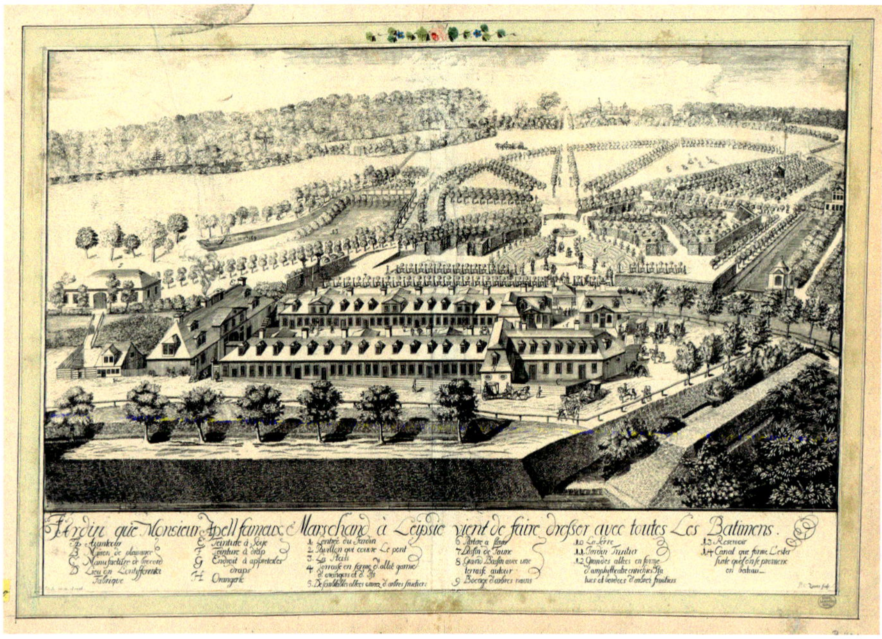

1 | 6

bei einem Seidenhändler in die Lehre, wurde Teilhaber und heiratete schließlich die Tochter des Hauses. Wie andere Leipziger Handelsherren auch stellte Apel seinen geschäftlichen Erfolg und sein Vermögen in repräsentativer Architektur und einer bedeutenden Gartenanlage zur Schau. 1705/06 ließ er von Gregor Fuchs sein stattliches Haus zu einem prachtvollen barocken Stadtpalais umbauen. Apels Haus am Leipziger Markt wurde auch Königshaus genannt, weil August II. bei seinen zahlreichen Besuchen der Leipziger Messe hier mit seinem Hof zur Miete wohnte. Herrschaftliche Bürgerhäuser wie das Apel'sche Palais prägten das barocke Stadtbild der Handelsmetropole, das sich ab 1700 herausbildete. AZ

1 | 6
Paul Christian Zincken nach David Schatz
Ansicht der Leipziger Westvorstadt mit Andreas Dietrich Apels Garten
»Jardin que Monsieur Apell fameux Marschand à Leipsic vient de faire dreßer avec toutes Les Batimens«
Leipzig 1730 · Kupferstich · 35 × 62 cm (Blatt)
Dresden, Sächsische Landesbibliothek – Staats- und Universitätsbibliothek [B 4266]

Zu den viel bewunderten Sehenswürdigkeiten der Messestadt Leipzig zählten die über 30 privaten Parks und Gärten außerhalb der Stadtmauern. Der Stich zeigt Apels Garten, einen fächerförmig angelegten Barockgarten, den der Seidenfabrikant und Handelsherr Andreas Dietrich Apel ab 1702 von David Schatz anlegen ließ. Exotische Pflanzen, Wasserspiele, Pavillons, Skulpturenschmuck – von Paul Heermann und Balthasar Permoser – sowie die Möglichkeit zu Boots- und Gondelfahrten auf der Pleiße zählten zu den herausragenden Attraktionen von Apels Garten. Unmittelbar benachbart zu der berühmten Anlage und im Vordergrund des Stiches dargestellt, befand sich die Quelle von Apels Reichtum: seine Manufaktur und die Werkstätten, in denen er verschiedene Stoffe wie Samt, Seide und Damast produzieren ließ. Einer der Vorbesitzer dieses Stiches war im Übrigen der Sprachwissenschaftler Johann Christoph Adelung. AZ

MAGDEBURG

Seit dem 16. Jahrhundert regierten evangelische Administratoren die Gebiete des mächtigen Erzstifts Magdeburg. Sie befanden sich im ständigen Konflikt mit der Stadt Magdeburg und residierten deshalb hauptsächlich in Halle. 1631 setzte das Domkapitel den bisherigen Administrator Christian Wilhelm von Brandenburg ab und ersetzte ihn durch August, einen Sohn des sächsischen Kurfürsten. Die Hoffnung Dresdens auf eine dauerhafte Anbindung des Erzstifts erfüllte sich jedoch nicht. Im Westfälischen Frieden von 1648 wurde festgelegt, dass die Magdeburger Territorien nach dem Tod Augusts in ein weltliches Herzogtum umgewandelt und in den erblichen Besitz Brandenburgs übergehen sollten. Wie Sachsen mit der Ober- und Niederlausitz ging Brandenburg-Preußen damit aus den Wirren des Dreißigjährigen Krieges mit territorialem Gewinn hervor. Die Stadt Magdeburg wurde zu einer der wichtigsten Festungen der preußischen Monarchie ausgebaut und war für Berlin von hohem strategischen und wirtschaftlichen

1 | 7

I | 8

Wert. In Halle gründete Kurfürst Friedrich III. 1694 eine Universität, die zu einer der bedeutendsten deutschen Hochschulen des 18. Jahrhunderts werden sollte. Dieser Erfolg war auch dem Wechsel Leipziger Professoren nach Halle während der Gründungszeit geschuldet. PL

I | 7

Johann Heinrich Böhme

Büste Herzog August von Sachsen-Weißenfels

um 1680 · Gipskopie · 68 × 54 × 23,5 cm
Weißenfels, Museum Weißenfels Schloss Neu-Augustusburg [V-99-K3]

Herzog August war der letzte Administrator des Erzstifts Magdeburg. Er regierte von seiner Residenz in Halle aus, da die eigentliche Hauptstadt Magdeburg sich seiner Oberhoheit widersetzte. Die Büste war Teil der Dekoration anlässlich der Trauerfeierlichkeiten für den Herzog 1680 in Halle. Als zweitem Sohn des sächsischen Kurfürsten Johann Georg I. war August 1657 ein weiterer und erblicher Herrschaftsbereich zugeteilt worden, allerdings ohne vollständige landesherrliche Rechte und in Abhängigkeit von der Dresdner Kurlinie. Die Residenz dieser Sekundogenitur war Weißenfels. Die Nachkommen Augusts regierten dort nach dessen Tod in dem von ihm errichteten prachtvollen Schloss Neu-Augustusburg. Vom Gebiet des an Brandenburg-Preußen gefallenen Erzstifts Magdeburg blieben ihnen nur die Ämter Jüterbog, Dahme, Querfurt und Burg. Mit dem Aussterben der Linie Sachsen-Weißenfels 1746 fielen auch diese Ämter (mit Ausnahme Burgs, das 1687 an Brandenburg verkauft worden war) an den sächsischen Kurfürsten. PL

I | 8

Theodoor van Thulden

Allegorie auf die Unterwerfung Magdeburgs durch Kurfürst Friedrich Wilhelm und die Geburt seines Sohnes

1666 – 1669 · Öl auf Leinwand · 80 × 115,5 cm
County Durham (England), The Bowes Museum [B.M.542]

Die Personifikation Magdeburgs überreicht – rechts im Vordergrund kniend – dem Kurfürsten von Brandenburg – im Zentrum erhöht stehend – die Schlüssel der Stadt. Mit dieser Skizze für ein weit größeres Gemälde stellte der niederländische Maler ein wichtiges Ereignis der Regierungszeit Friedrich Wilhelms dar. 1666 erzwang der Kurfürst unter Androhung militärischer Gewalt die Huldigung der Stadt Magdeburg für sich als zukünftigen sowie für den sächsischen

I | 9

Administrator August als derzeitigen Landesherrn. Letzterer hatte vergeblich versucht, sich gegenüber der Stadt durchzusetzen. Zeitgleich bezog eine brandenburgische Garnison Quartier in Magdeburg. Diese Machtdemonstration geschah, ohne dass Friedrich Wilhelm der rechtmäßige Regent war. Erst nach dem Tod Augusts sollten Stadt und Land in seine Herrschaft übergehen. Die Allegorie van Thuldens klammert den sächsischen Administrator jedoch aus. Sie verherrlicht allein den Brandenburger und seine Dynastie. Deren Blüte wird durch die Einbeziehung der Geburt des Prinzen Ludwig im Jahr der Unterwerfung Magdeburgs verdeutlicht. Das anhand der Skizze in den Folgejahren ausgeführte gewaltige Gemälde, das erst seit 1751 im Marmorsaal des Potsdamer Stadtschlosses nachweisbar ist, wurde 1945 zerstört. PL

I | 9

Gerhard Oberdieck

Münzhumpen

Magdeburg, nach 1688 · Silber, innen vergoldet
H 19,6 cm, Dm 15,2 cm (Fuß 18,8 cm)
Doorn (Niederlande), Museum Huis Doorn
[HuD 07710]

Wohl anlässlich der Taufe des am 14. August 1688 geborenen Kurprinzen Friedrich Wilhelm, des späteren zweiten preußischen Königs, schenkte die Stadt Magdeburg dem Kurfürsten Friedrich III. diesen Münzhumpen. 1680 war Magdeburg mit seinen Territorien endgültig in den Besitz Kurfürst Friedrich Wilhelms übergegangen. Nach dessen Tod 1688 folgte ihm sein Sohn Friedrich III. – wie im Westfälischen Frieden vorgesehen – auch dort als Landesherr. Der Münzhumpen rückt diese Kontinuität der Herrschaft in den Mittelpunkt. Das Gefäß des Humpens ist in vier Talerreihen gegliedert. Die erste und dritte Reihe zeigen Kurfürst Friedrich Wilhelm, die zweite und vierte Reihe Darstellungen seines Sohnes, des regierenden Kurfürsten Friedrich III. Münzen mit dem Porträt Friedrichs III. verzieren den Deckel, und Braunschweiger »Rössltaler« schmücken den Fuß des Humpens. Dies verweist auf den vermuteten Anlass des Geschenks und damit ebenfalls auf die Kontinuität der brandenburgischen Herrschaft über Magdeburg. Aus der Ehe Friedrichs III. mit Sophie Charlotte von Braunschweig-Lüneburg(-Hannover), deren Wappentier auf den »Rössltalern« zu sehen ist, ging der kommende Herr über Magdeburg, Kurprinz Friedrich Wilhelm, hervor. Aufgestellt war der Münzhumpen im Rittersaal des Berliner Schlosses, ebenso wie ein anlässlich der Huldigung der Stadt Magdeburg 1692 für Friedrich III. von Daniel Männlich gefertigter Münzhumpen. PL

I | 10

I | 10

unbekannter Maler

Bildnis Sigismund von Lichtenhain, Kommandant von Magdeburg

Ende 17. Jh. · Öl auf Leinwand · 83 × 70 cm
Magdeburg, Kulturhistorisches Museum [G251]

Seit 1666 befanden sich brandenburgische Truppen in der Stadt Magdeburg, die nach und nach zur Festung mit einer Zitadelle ausgebaut wurde. Die Soldaten unterstanden dem Befehl eines Kommandanten. Diesem vorgesetzt war ein Gouverneur, aufgrund der großen Bedeutung der Stadt ein außerordentlich prestigeträchtiger Posten. Gouverneure und Kommandanten waren der Stadtregierung übergeordnet und bestimmten die Geschicke Magdeburgs wesentlich

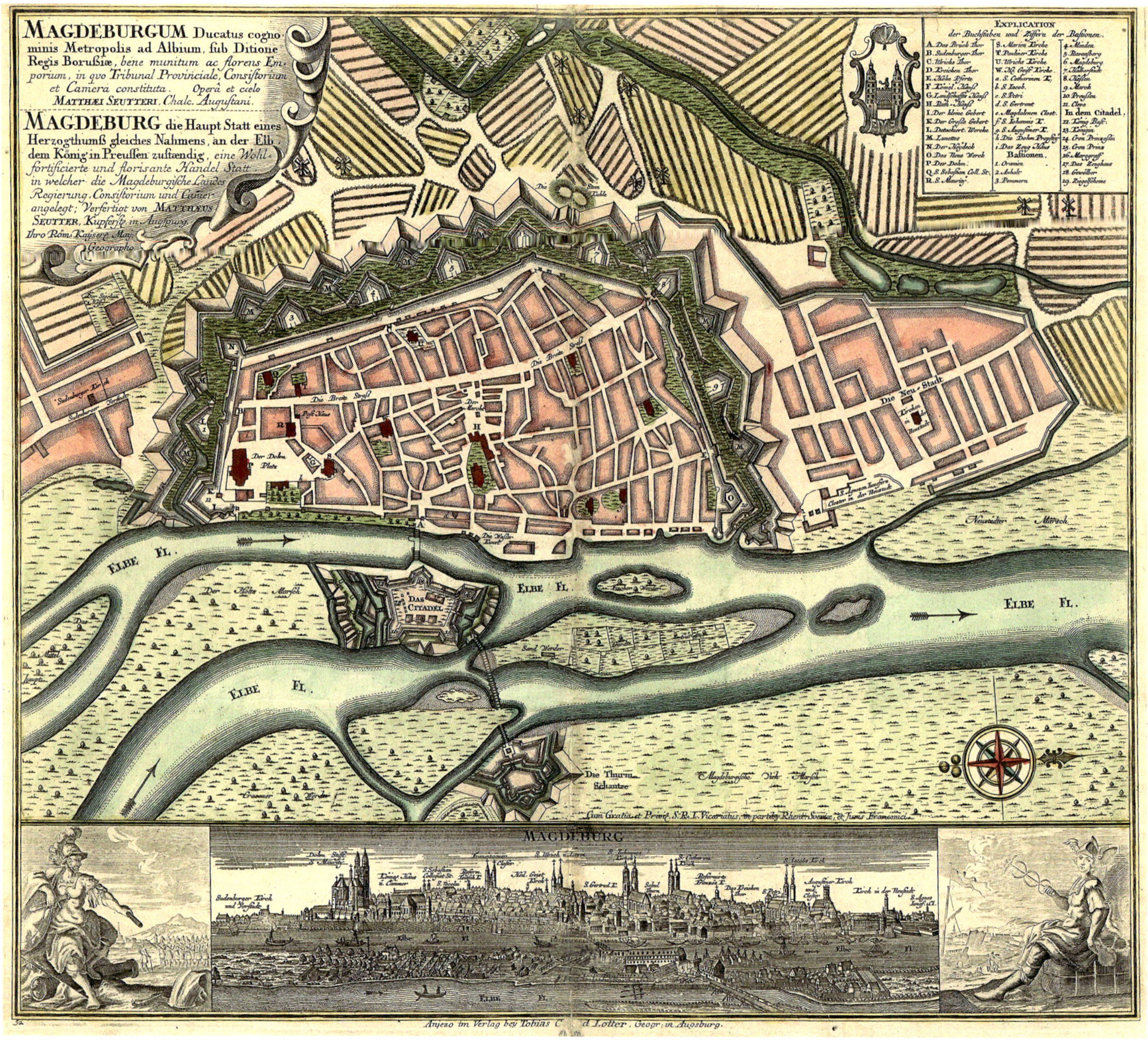

I | II

I | II

Matthäus Seutter

Karte der Stadt Magdeburg

Augsburg / Halle 1740 · Kupferstich, koloriert
52 × 63 cm (Blatt)
Magdeburg, Stadtarchiv [I / 10 (F4)]

mit. Die Stadt erhielt fortan eine starke militärische Prägung. Gleichzeitig ließ es der Berliner Hof nicht an wirtschaftsfördernden Maßnahmen fehlen. Noch unter Kurfürst Friedrich Wilhelm begann, eng mit seiner Wirtschaftspolitik verknüpft, die Ansiedlung neuer Bürger. Als Ergebnis dieser Peuplierungspolitik wurde Magdeburg neben Berlin zur zweitgrößten Niederlassung der aus Frankreich aufgenommenen Hugenotten in Brandenburg-Preußen. Ein selbstbewusstes Bürgertum wie in Leipzig konnte sich in Magdeburg jedoch nicht entwickeln. Die Magdeburger mussten sich finanziell an den Kosten der Einquartierungen und militärischen Baumaßnahmen beteiligen. Nicht selten kam es dabei zu Konflikten mit den Kommandanten. Der hier porträtierte Sigismund von Lichtenhain wurde 1682 zum Kommandanten ernannt und war damit der vierte Träger dieses Amtes seit dem Übergang der Stadt an Brandenburg-Preußen. PL

Die Karte zeigt den Zustand der zur Festung ausgebauten Stadt um 1740. Zu dieser Zeit war Leopold von Anhalt-Dessau Gouverneur von Magdeburg. Er hatte seit seinem Amtsantritt 1702 den Stadt- und Festungsausbau wesentlich mitbestimmt, sodass Magdeburg als modernste und größte Festungsstadt der

preußischen Monarchie galt, hinter deren Mauern prächtige Bürgerhäuser und Verwaltungsgebäude die Straßen zierten. Der hohe strategische Wert der Stadt zeigte sich dann im Siebenjährigen Krieg, als Magdeburg eine wichtige Rolle für die Verpflegung der preußischen Truppen zukam. Zwischen 1757 und 1763 diente die Stadt zudem dreimal als sicherer Zufluchtsort für die Königin und den preußischen Hof. PL

ZWEI KURFÜRSTEN IM ALTEN REICH

Im Westfälischen Frieden von 1648 wurde eine politische Grundordnung des Reiches festgeschrieben, an deren verfassungsmäßigem Gerüst Brandenburg und Sachsen sich bis 1806 gleichermaßen orientierten und das sie berücksichtigen mussten. Nicht zuletzt war es dieses Friedenswerk, das die machtpolitischen Ambitionen der beiden Kurfürstentümer innerhalb des Reiches stark begrenzte. Ihre Herrscher zählten zusammen mit den drei geistlichen Kurfürsten, den Erzbischöfen von Mainz, Köln und Trier, dem König von Böhmen und den Kurfürsten von Bayern und von der Pfalz – sowie seit 1692 dem Kurfürsten von Braunschweig-Lüneburg(-Hannover) – zur Fürstenelite dieses Reiches. Als Kurfürsten bestimmten sie durch ihre herausgehobene Stellung die Reichspolitik maßgeblich mit. Sie waren aber keine souveränen Herrscher, sondern unterstanden dem deutschen Kaiser, dem Reichsoberhaupt. Als Partner agierten sie mit dem gemeinsamen Interesse, ihre Position zu festigen und zu wahren, gleichzeitig aber ihre Herrschaftsbereiche von den Vorgaben und einer zu großen Einflussnahme des Reiches zu befreien. Nicht zum Reich gehörte das von den Kurfürsten von Brandenburg seit 1618 regierte Herzogtum Preußen, das bis 1657 ein Lehen des polnischen Königs war. PL

I | 12

I | 12

Glaspokal (Reichsadlerbecher)
um 1616 · H 21,3 cm, Dm 16,7 cm (Fuß 11 cm)
Altena, Museen Burg Altena [M 2067]

Die Darstellung auf dem Glaspokal versinnbildlicht das politische System des Heiligen Römischen Reiches Deutscher Nation in der Frühen Neuzeit. Der Reichsadler steht für den Staatskörper, der sich aus dem Kaiser als dem Haupt und den Reichsständen als seinen Gliedern zusammensetzt. Zusammen bilden sie eine Einheit. Nicht alle Reichsstände sind auf diesem um 1616 entstandenen Reichsadlerbecher mit ihren Wappen vertreten. An prominenter Stelle, in der ersten Wappenreihe der linken Adlerseite, finden sich jedoch die Wappen Brandenburgs und Sachsens – entsprechend ihrer vornehmen Stellung in der Hierarchie des Reiches. In der zweiten Reihe taucht das Wappen Kleves auf, Teil der Erbmasse der 1609 ausgestorbenen Herzöge von Jülich, Kleve und Berg. Neben Pfalz-Neuburg und Brandenburg-Preußen hatte auch Sachsen Anspruch auf dieses Erbe erhoben, konnte sich aber gegen die beiden Erstgenannten nicht durchsetzen. Dennoch führten auch die sächsischen Kurfürsten fortan den Titel eines Herzogs von Jülich, Kleve und Berg. PL

1 | 13

1 | 13
Kaspar Merian
Einzug des Kurfürsten Johann Georg II. von Sachsen
Frankfurt am Main 1658 · Kupferstich
58,8 × 73 cm (Blatt)
Berlin, Stiftung Deutsches Historisches Museum [Gr 96/46.8]

1 | 14
Kaspar Merian
Einzug der Wahlgesandtschaft des Brandenburger Kurfürsten
Frankfurt am Main 1658 · Kupferstich
59 × 72,7 cm (Blatt)
Berlin, Stiftung Deutsches Historisches Museum [Gr 96/46.9]

Die beiden Blätter sind Teil der *Beschreibung und Abbildung Aller Königl. und Churfürstl. Ein=Züge / Wahl und Crönungs Acta, So geschehen zu Franckfurt am Mayn / im Jahr 1658. Sampt andern darzu gehörigen und beygefügten Sachen*. Anlass für die hier gezeigten prächtigen Einzüge war die Wahl des künftigen Kaisers. Seit 1356 stand den Kurfürsten durch die sogenannte Goldene Bulle das Recht zu, das neue Reichsoberhaupt zu wählen. Es war ihr wichtigstes Vorrecht und begründete ihre herausgehobene Stellung. Im Unterschied zum sächsischen Kurfürsten erschien Friedrich Wilhelm von Brandenburg 1658 nicht selbst zur Wahl und Krönung in Frankfurt. Er ließ sich durch einen hochadligen Funktionsträger, Johann Moritz von Nassau-Siegen, vertreten. Nach über einjährigem Interregnum, während dessen auch eine Kandidatur des sächsischen und des brandenburgischen Kurfürsten im Bereich des Möglichen gestanden hatte, wurde am 18. Juli 1658 der Habsburger Leopold gewählt und am 1. August 1658 zum Kaiser gekrönt. Die Stimme des Kurfürsten von Brandenburg war ihm aufgrund seiner Vermittlerrolle gegenüber dem polnischen König sicher. Dort hatte Leopold seinen Einfluss geltend gemacht, um das Herzogtum Preußen aus dem polnischen Lehnsverband zu lösen. Seit 1657 war der Brandenburger in Preußen souveräner Herrscher. PL

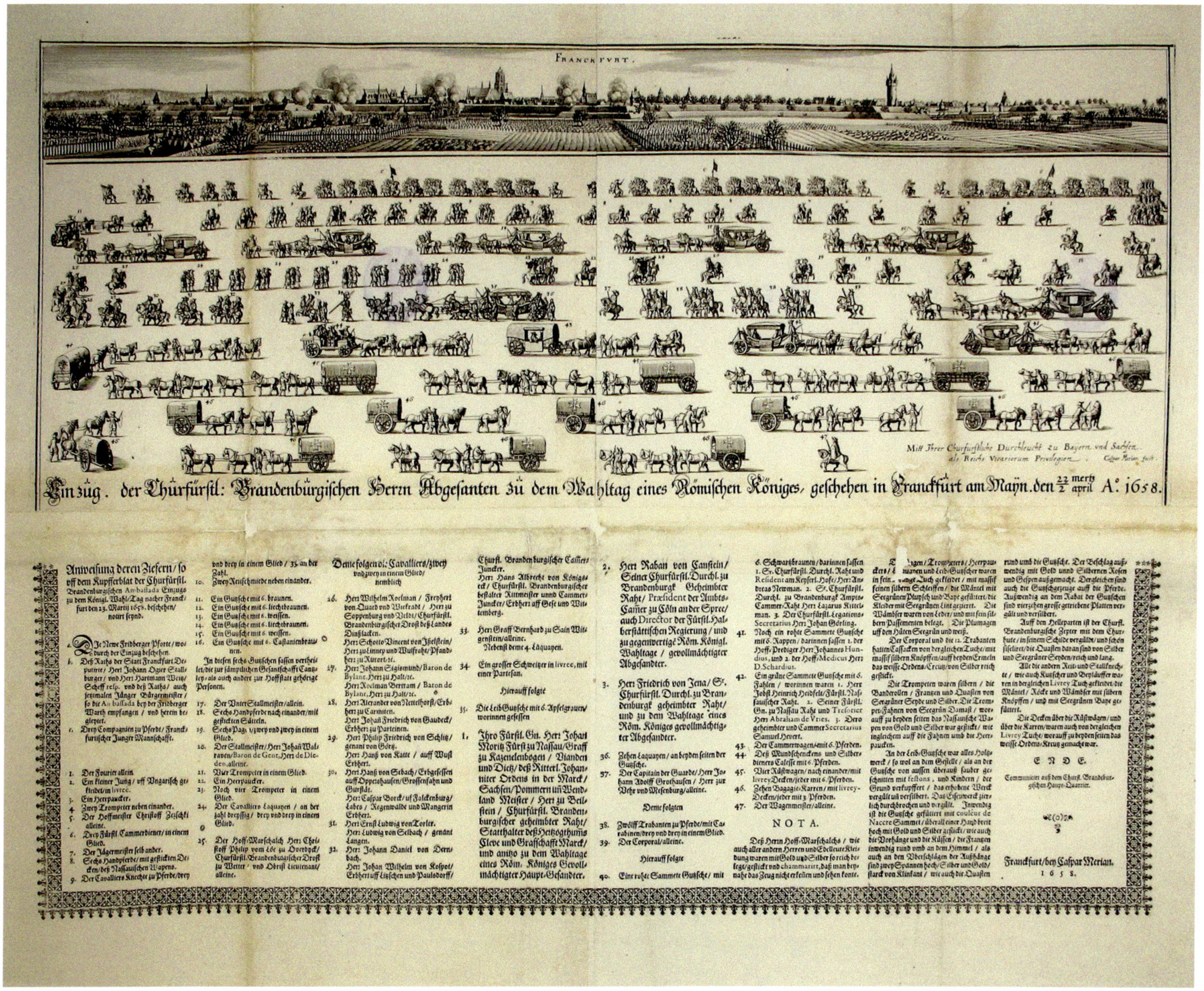

I | 14

I | 15 (Abb. S. 84)

Sächsischer Kurhut

2. Hälfte 17. Jh. · Seidensamt, Hermelin, Leder, Seide · L 27,5 cm, B 26,7 cm, H 11,5 cm, Umfang am Innenrand 58 cm
Dresden, Rüstkammer, Staatliche Kunstsammlungen Dresden [I 88]

Sichtbares Symbol der Kurwürde war unter anderem das zu besonderen Anlässen wie Reichstagen, Belehnungen und Huldigungen getragene »Kurkleid«, zu dem auch der Kurhut gehörte. Der Kurfürst von Sachsen übte – wie alle Kurfürsten – ein eigenes Reichserzamt aus, das Marschallamt. Als Reichserzmarschall führte er zwei gekreuzte Schwerter im Wappen. In der Hierarchie der Kurfürsten stand Sachsen vor Brandenburg. Seine Stimme wurde im Kurfürstenrat auf dem Reichstag vor derjenigen Brandenburgs aufgerufen. Sachsen übernahm auch das Direktorium des Corpus Evangelicorum, das zur Klärung konfessioneller (Streit-)Fragen im Reich in Erscheinung trat. Auf diese Position hatte auch Brandenburg Ambitionen gehegt. Eine besonders wichtige und prestigeträchtige Funktion besaß der sächsische Kurfürst zudem durch das Reichsvikariat, das er mit Kurpfalz, später auch mit Kurbayern teilte. In den ihm zugeteilten Gebieten vertrat der Sachse als Reichsvikar während eines Interregnums den Kaiser – auch in Kurbrandenburg. PL

I | 16

FREUNDSCHAFT

In der Kunst wurden Brandenburg-Preußen und Sachsen durch ihre Herrscher verkörpert. Die Darstellung ihrer Personen auf Gemälden, Stichen, Medaillen, Pokalen u. v. m. charakterisierte somit das Verhältnis der beiden Nachbarterritorien. Anlass für das Entstehen solcher Kunstwerke konnten Zusammenkünfte der Regenten und abgeschlossene Bündnisse sein. Familiäre Verbindungen spiegelten sich in Allianzwappen der beiden Dynastien. All dies sollte harmonische Beziehungen und enge Verbundenheit demonstrieren. Auch der Austausch kostbarer Geschenke zwischen Berlin und Dresden erfolgte vor diesem Hintergrund. Nicht immer entsprach die demonstrierte Freundschaft dabei der politischen Realität. Sie untermauerte jedoch stets den guten Willen oder beschwor die freundschaftliche Tradition von Hohenzollern und Wettinern und damit von Brandenburg-Preußen und Sachsen. PL

I | 16

Großes Adlerwappensiegel des Kurfürsten Friedrich Wilhelm von Brandenburg

um 1648 · Silber (Siegelstempel) · Dm 10,2 cm
Berlin, Geheimes Staatsarchiv PK
[VIII. HA Siegel, Wappen Genealogie IV Siegelstempel, Abt. I Nr. 38]

Das Adlerwappensiegel nutzte Kurfürst Friedrich Wilhelm von Brandenburg zwischen 1648 und etwa 1665. Der mit dem Kurhut bekrönte und mit dem Zepter im Brustschild geschmückte brandenburgische Adler verdeutlicht seine Kurwürde und das Amt des Reichserzkämmerers. Die Schwingen des Adlers sind mit den Wappen der von Friedrich Wilhelm beherrschten bzw. beanspruchten Territorien versehen. Die Legende des Siegels nennt die Titel des Kurfürsten, beginnend mit jenen, die mit der brandenburgischen Kurwürde verbunden waren. Gleich darauf folgt Magdeburg, entsprechend seiner herausgehobenen Stellung im Reich als ehemaliges Erzstift. Auch nach der Umwandlung Magdeburgs in ein weltliches Herzogtum unter brandenburgischer Herrschaft hatte es seine hochrangige Position behalten. Es war mit einer Stimme im Fürstenrat des Reichstags vertreten und wurde dort als eines der ersten Voten aufgerufen. Im Unterschied zu Sachsen verfügte der Kurfürst von Brandenburg über mehrere Stimmen in diesem Gremium des Reichstags. Dies wurde von Berlin genutzt, um das Abstimmungsverhalten der Reichsfürsten zu beeinflussen – ein nicht unwesentlicher Vorteil Brandenburgs gegenüber Sachsen. 1665 wurde das Adlerwappensiegel neu gestaltet. Die wichtigste Änderung bestand darin, dass Preußen in der Titulatur vor Magdeburg gesetzt wurde. In Preußen regierte Friedrich Wilhelm seit 1657 – seit 1660 durch den Frieden von Oliva auch international anerkannt – als souveräner Herrscher. Das neue Adlerwappensiegel, das dieser Veränderung Rechnung trug, wurde auch von Friedrich III. bis zu seiner Königskrönung in Preußen 1701 genutzt. PL

I | 17
Johann Fink / Fincke

Freundschaftsbildnis der Kurfürsten Johann Georg II. von Sachsen und Friedrich Wilhelm von Brandenburg

um 1665 · Öl auf Leinwand · 163 × 133 cm
Dresden, Rüstkammer, Staatliche Kunstsammlungen Dresden [H 201]

Mehrere Generationen sächsischer und brandenburgisch-preußischer Herrscher ließen ihre Eintracht bildlich für die Ewigkeit festhalten. Hand in Hand stehen sie ein für die freundschaftliche Verbundenheit ihrer Kurfürstentümer. Vom 16. bis 18. Jahrhundert entstanden solche Allianzgemälde. Das Freundschaftsbildnis Johann Georgs II. von Sachsen und Friedrich Wilhelms von Brandenburg ist das zweite in dieser Reihe. Brandenburg war zu Beginn der Regierung Friedrich Wilhelms erstmals seit langer Zeit in offene Konkurrenz zu Sachsen getreten: im Wettstreit um das Direktorium des Corpus Evangelicorum sowie um Magdeburg. In den 1660er Jahren näherten sich die beiden Nachbarn jedoch wieder an. Gemeinsame

Interessen im Reich bildeten die Grundlage dieses Aufeinanderzugehens.

Die Reihe der Allianzgemälde sächsischer und brandenburgisch-preußischer Herrscher beginnt mit der wohl 1582 anlässlich der Heirat ihrer Kinder Christian und Sophie entstandenen Darstellung der Kurfürsten August von Sachsen und Johann Georg von Brandenburg. Sie endet mit den Bildnissen der Kurfürsten Johann Georg IV. und Friedrich III. (vgl. Abb. S. 50) sowie der Könige August II. und Friedrich Wilhelm I. (vgl. Abb. S. 214). AZ

I | 18

Gottfried Leygebe

Karl II. von England als heiliger Georg

1662–1667 · Eisen (Eisenschnitt), Holzsockel
H 21,5 cm, mit Sockel 38 cm
Dresden, Grünes Gewölbe, Staatliche Kunstsammlungen Dresden [IX 2]

In der Gestalt des englischen Nationalheiligen Georg kämpft König Karl II. gegen einen siebenköpfigen Drachen, der das Haupt des Lordprotektors Oliver Cromwell ausscheidet. Dieses Kunstkammerstück entstand nach der Restauration der englischen Monarchie 1660. Sein politisch-allegorischer Charakter ist unverkennbar: Der Erneuerer des Königtums nach den Jahren des Lordprotektorats bezwingt das Böse und triumphiert über Aufruhr und Umsturz. 1667 erwarb Kurfürst Friedrich Wilhelm die meisterhafte Statuette und schenkte sie im selben Jahr nach Dresden. Er muss dies im Wissen um die Möglichkeit der Verleihung des englischen Hosenbandordens an Kurfürst Johann Georg II. getan haben, die 1669 tatsächlich erfolgte. Friedrich Wilhelm gehörte aufgrund seiner Unterstützung der Sache Karls II. seit 1654 selbst zu den Trägern des exklusiven Order of the Garter, der unter dem Schutz des heiligen Georg steht. Unter den zahlreichen Geschenken, die zwischen den Herrscherfamilien Brandenburg-Preußens und Sachsens ausgetauscht wurden, nimmt die Statuette damit eine besondere Stellung ein. Sie steht für eine persönliche Verbindung zwischen den beiden Nachbarn und Kurfürsten. Der Künstler, Gottfried Christian Leygebe, war seit 1668 als kurfürstlicher Münz- und Eisenschneider und Bildhauer in Berlin tätig. Eine später entstandene ähnliche Figurengruppe von Leygebes Hand, die Kurfürst Friedrich Wilhelm als heiligen Georg zeigt und ebenfalls im Kontext des Hosenbandordens zu sehen ist, zählte zu den besonders geschätzten Stücken der Berliner Kunstkammer. AZ

I | 17

I | 19

Martin Rehlein

Becken und Kanne

Nürnberg, Anfang 17. Jh. · Silber, vergoldet, Perlmutter, Email · H 29,5 cm (Kanne), Dm 62,5 cm (Becken)
Dresden, Kunstgewerbemuseum, Staatliche Kunstsammlungen Dresden, Dauerleihgabe des Evangelisch-Lutherischen Landeskirchenamtes Sachsens [Lg. 710 und 710a]

Mehrere Eheschließungen festigten die dynastischen Verbindungen zwischen Wettinern und Hohenzollern. Nur wenige davon wurden allerdings zwischen den beiden in Berlin und Dresden regierenden Linien geschlossen. 1524 heiratete Kurfürst Joachim II. von Brandenburg Magdalena von Sachsen. 1582 vermählte sich der sächsische Kurprinz Christian (I.) mit Sophie, der Tochter des Kurfürsten Johann Georg von

I | 19

Brandenburg – dies war übrigens der Grund, warum mehrere sächsische Kurfürsten des 17. Jahrhunderts den Namen Johann Georg tragen. Auf letztere Verbindung verweisen Becken und Kanne des Nürnberger Goldschmieds Martin Rehlein. Das Allianzwappen Sachsens und Brandenburgs ziert diese kunstvolle Gießgarnitur im Zentrum des Beckens bzw. unterhalb vom Ausguss der Kanne. Nach dem frühen Tod ihres Mannes 1591 behielt Sophie von Brandenburg eine einflussreiche Position in Sachsen. Als Mutter zweier Kurfürsten (Christian II. und Johann Georg I.) ist sie vor allem wegen ihres Vorgehens gegen die calvinistischen Bestrebungen am Dresdner Hof bekannt. Sie förderte auch das Zustandekommen der zweiten Ehe ihres Sohnes Johann Georg (I.) mit einer Hohenzollern: Magdalena Sybille, Tochter des letzten Herzogs von Preußen, dessen Erbe 1618 ihr Neffe Kurfürst Johann Sigismund von Brandenburg antrat. Becken und Kanne wurden vermutlich der nach Sophie von Brandenburg benannten Dresdner Sophienkirche gestiftet. AZ

I | 20

Caspar Ulich

Handstein mit Christus am Ölberg

St. Joachimsthal, 3. Viertel 16. Jh.
Silbererzstufe, Silber, vergoldet · H 16,5 cm
Dresden, Grünes Gewölbe, Staatliche Kunstsammlungen Dresden [VI 8 ff]

Handsteine sind künstlerisch gestaltete Gesteinsstufen, zugleich also ein Wunderwerk der Natur und ein Kunstwerk von Menschenhand. Ihre Bearbeitung war eine Spezialität der böhmischen Goldschmiede, die damit Kunstkammerobjekte schufen, die sich besonders im 16. Jahrhundert großer Beliebtheit erfreuten. Häufig arbeiteten sie biblische Szenen aus dem spröden Material heraus; so auch bei diesem Handstein, den Kurfürst Christian I. von Sachsen am 18. März 1587 seiner Gemahlin Sophie von Brandenburg schenkte. Sophie hinterließ bei ihrem Tod eine Vielzahl dieser begehrten Sammlungsobjekte. AZ

I | 20

Literatur Bloch 1981 · Bünz/Rudersdorf/Döring 2009 Falcke 2006 · Hahn, P. 2009/10 · Horn 2004 · Männl o. J. Müller/Steinberg 2011 · Schuster 1907 · Sponsel 1906 Vötsch 2003 · Barocke Fürstenresidenzen, Kat. 2007 Fürst Leopold von Anhalt-Dessau, Kat. 1997 · Magdeburg 1200, Kat. 2005 · Onder den Oranje Boom, Kat. 1999 · Preußen 1701, Kat. 2001 · Sehnsucht und Wirklichkeit, Kat. 2009 · Unter einer Krone, Kat. 1997 · Via regia, Kat. 2011 · Zukunft seit 1560, Kat. 2010

I | 19

Königs

1697 gelang dem Kurfürsten von Sachsen der Aufstieg zur Königswürde. Als August II. herrschte er nun über das Wahlkönigreich Polen. Nur wenige Jahre später, 1701, krönte sich der brandenburgische Kurfürst im Herzogtum Preußen zu König Friedrich I. und begründete damit ein neues Erbkönigtum. Als König von Polen und König in Preußen betraten August II. und Friedrich I. nun die Bühne der europäischen Politik. Die mit der Krone verbundenen Hauptstädte waren Warschau und Königsberg, doch blieben Dresden und Berlin Residenzstädte und wurden aufwendig ausgebaut. Der neue Rang

SZENE 2

kunst

der Herrscher sollte für jeden sichtbar sein. Als Vorbild dienten die Königshöfe in Europa, doch auch der Nachbar wurde aufmerksam beobachtet – um sich zu orientieren, um nachzueifern, aber auch, um sich abzugrenzen. Die Künste in Sachsen und Preußen profitierten vom kulturellen Wettstreit. In und um Dresden und Berlin entstanden Schloss- und Gartenanlagen, großzügige Sammlungen wurden angelegt und repräsentative Bauten wie der Dresdner Zwinger oder das Zeughaus in Berlin errichtet – der Grundstein für Elb-Florenz und Spree-Athen.

Königswege.
Friedrich I. von Brandenburg-Preußen und August II. von Polen unterwegs

INES ELSNER

Über Jahrhunderte herrschte zwischen den beiden benachbarten Kurfürstentümern im Nordosten des Heiligen Römischen Reiches, Brandenburg und Sachsen, Rivalität. In der Zeit des Barock, den vier Jahrzehnten um die Wende vom 17. zum 18. Jahrhundert, wurde dieses Ringen um die Vorherrschaft auch auf höfischem Parkett ausgetragen. Kurfürst Friedrich III. von Brandenburg, als Friedrich I. König in Preußen (1688 / 1701 – 1713), und Kurfürst Friedrich August I. von Sachsen, als August II. 1697 zum König von Polen gewählt (1694 / 97 – 1733), stritten mit visuell-propagandistischen Mitteln wie dem Feiern glanzvoller Feste oder dem Bau repräsentativer Schloss- und Gartenanlagen in und um ihre jeweilige Haupt- und Residenzstadt (Berlin bzw. Dresden) um den Vorrang. Gemeinhin wird man wohl annehmen, dass dabei der bis heute gefeierte »Dresdner Barock« den Sieg davontrug. Überträgt man die auf Friedrich III. / I. und die Berliner Residenzlandschaft bereits angewandte Itinerarmethode auf August den Starken und Kursachsen, zeigt sich allerdings ein gänzlich anderes Ergebnis als erwartet.

Die Mobilitätsanalyse des ersten Preußenkönigs hat ergeben, dass sich Friedrich III. / I. zur Hälfte seiner 25-jährigen Regierungszeit im Berliner Residenzschloss aufhielt, zu etwa zehn Prozent auf Fernreisen war und die restlichen vierzig Prozent in den landesherrlichen Schloss- und Gartenanlagen der Berliner Residenzlandschaft verbrachte.[1] Für Friedrich spielten also nicht etwa sein Kronland (das Herzogtum Preußen) oder seine Westprovinzen (Minden, Ravensberg, Kleve und Mark) die entscheidende Rolle, sondern das mit vierzig höchst verschiedenen Haupt-, Lust-, Jagd-, Satellitenschlössern und sogar baulich wenig repräsentativen Relaisstationen übersäte Berliner Umland. Dabei zeigt die Analyse der topografischen Verteilung dieser kurbrandenburgischen Itinerarorte, dass Friedrich III. / I. (ähnlich wie Ludwig XIV. um Paris) einen Residenzenfächer mit einer Spannweite von 270 Grad schuf, in dessen Epizentrum das Berliner Residenzschloss lag und der nach Norden (bzw. im Falle der Île-de-France nach Süden) orientiert war. Dabei spielten bis zum Tod seiner zweiten Ehefrau Sophie Charlotte insbesondere die Schlösser des nördlichen Schlossballungsraums (Schönhausen, Rosenthal, Malchow) eine wichtige Rolle. Nach 1705 wurde Charlottenburg, das ehemalige Lietzenburg, zur einzig echten Nebenresidenz und zum wichtigsten sommerlichen Aufenthaltsort. Natürlich erfuhren aber auch die Hauptschlösser und Traditionssitze des vom Großen Kurfürsten gesetzten Residenzendreiecks Potsdam, Oranienburg und Köpenick mit den jeweiligen Satellitenschlössern eine multifunktionale und rege Nutzung.

Das raumstrukturierende Motiv, die Geste der rationalen Beherrschung von Landschaft und Natur durch den gottgegebenen König und vor allem das Mobilitätsverhalten des französischen und brandenburg-preußischen Hofes glichen sich. Ludwig wie Friedrich zogen während der Sommermonate von Schloss zu Schloss, umkreisten nimmermüde das Epizentrum ihrer Macht, die hauptstädtische Residenz Berlin bzw. den neuen Hof- und Behördensitz Versailles. Wohl einerseits auf der Suche nach Zerstreuung, fernab der quälenden Etikette und zeremoniellen Vorrangregelungen der Residenz. Andererseits aber auch, um mit ihrer Anwesenheit im Territorium, der unsichtbaren Omnipräsenz in der Königskutsche und auf den vielen kleinen Herrschaftsstützpunkten den Allmachtsanspruch als König und Landesherr gegenüber Untertanen wie höfischen Beobachtern und Konkurrenten sichtbar und sinnfällig zu machen.

Wie verhielt es sich aber zur gleichen Zeit in Dresden – der heute wohl berühmtesten barocken Residenzstadt Deutschlands? Schuf August II. – der erst einhundert Jahre nach seinem Tod als »August der Starke« bezeichnet wurde – eine ähnlich rational strukturierte, durch Funktionsteilung und regelmäßige königliche Besuche gekennzeichnete Residenzlandschaft um

Dresden? August, der im Gegensatz zu Friedrich Frankreich und die Königsschlösser der Île-de-France aus eigener Anschauung kannte, plante auch gewiss für Dresden Großes. Als 17-Jähriger besuchte er auf einer Kavalierstour 1687 neben Spanien, Portugal und Norditalien auch den Hof Ludwigs XIV. August wusste also weitaus besser als Friedrich um die sommerliche Mobilität des französischen Hofes, das Aussehen und die variable Nutzung der dortigen Schlösser und Gärten. Auch kann ihm der Ausbau der Potsdamer Residenzlandschaft durch den Großen Kurfürsten und des Berliner Umlands durch Friedrich III. seit 1688 nicht verborgen geblieben sein.

Vergleicht man allerdings das Itinerar Augusts II. mit dem Friedrichs I., stößt man auf deutliche Unterschiede in beider Reise- und Lebensrhythmus. Aufgrund der instabilen Lage und Fragilität seiner Königswürde verbrachte August II. 53 Prozent seiner Lebenszeit ab 1697 in Polen. Der Preußenkönig dagegen war, wie eingangs erwähnt, nur zu zehn Prozent außerhalb Kurbrandenburgs. Ganze sechs Reisen, vier davon vor der Krönung 1701, führten Friedrich III. / I. nach Ostpreußen (19. März bis nach dem 19. Mai 1690, 22. März bis 20. August 1697, 23. April bis 30. Juni 1698, 30. September bis 10. Oktober 1699, Krönungsreise 29. Dezember 1700 bis 12. März 1701, 17. Oktober bis 9. November 1709). In seine Westprovinzen und die Niederlande reiste er ebenfalls regelmäßig – acht Mal zwischen 1690 und 1711. Diese Aufenthalte dauerten aber jeweils nur zwei bis vier Monate. August II. dagegen war jährlich und manchmal bis zu 3 ¾ Jahre (der längste Polenaufenthalt währte vom 18. März 1700 bis 30. Dezember 1703) nicht in Kursachsen. Insbesondere in den ersten Jahren nach seiner strittigen Wahl zum polnischen König musste er um die Anerkennung seines Titels ringen und in Polen Präsenz zeigen. Hinzu kamen die militärischen Auseinandersetzungen des Nordischen Krieges, die im ersten Jahrzehnt des 18. Jahrhunderts seine ganze Kraft und Aufmerksamkeit forderten. Warum sollte er in dieser Phase demnach kostspielige Lustschloss- und Gartenanlagen im Dresdner Umland in Auftrag geben?! Eine Veränderung bezüglich der Präsenz in Polen begann sich in den späten 1710er Jahren abzuzeichnen. Vom 6. Dezember 1717 bis zum 6. Januar 1718 weilte August II. das erste Mal für einen Monat in Fraustadt – der ersten polnischen Stadt jenseits der Grenze Schlesiens, das seinerzeit den befreundeten Habsburgern gehörte. Ab diesem Zeitpunkt fuhr August weitere fünf Mal für jeweils zwei bis vier Wochen nach Fraustadt – vermutlich, um hier wichtige Regierungsgeschäfte abzuwickeln und sich der weiten Reise in die polnische Haupt- und Residenzstadt zu entziehen. So waren Augusts Aufenthalte in Warschau während seines letzten Lebensjahrzehnts deutlich kürzer als zu Beginn seiner Regentschaft. Aufenthalte von zwei Monaten (27. Oktober 1731 bis 31. Dezember 1731) bis zu einem Jahr und sieben Monaten (4. September 1725 bis 30. April 1727) waren nun die Regel.

Folgerichtig intensivierten sich ab 1716, während der zweiten Regierungshälfte Augusts II., die Planungs- und Bauaktivitäten in Kursachsen. Dies hing nicht zuletzt mit einem gesteigerten Repräsentationsbedürfnis zusammen, das sich aus der 1716 erfolgreich ausgehandelten Hochzeit des Kurprinzen Friedrich August mit der Kaisertochter Maria Josepha ergab. Aus jenem Jahr datiert auf den 1. September ein Konzeptentwurf[2] Augusts II. mit Anweisungen zur Fertigung eines großen Ansichten- und Kartenwerks für Kursachsen, das nebenher Einblicke in sein Verständnis von der Struktur und Funktionsteilung der inneren Dresdner Residenz- und weiteren sächsischen Schlösserlandschaft gewährt. Vorbild für dieses später *Atlas Augusteus*, *Atlas Saxonicus* oder *Atlas Royal* genannte Karten- und Ansichtenwerk war nach Augusts eigenen Angaben das »exempel des savoigichen atlas«, das wohl als das erstmals 1682 in Amsterdam herausgegebene *Theatrum statuum regiae celsitudinis Sabaudiae ducis, Pedemontii principis, Cypri regis* zu identifizieren ist. 1700 wurde dieses in Den Haag durch Joan Blaeu unter dem Titel *Théâtre des états de son altesse royale le duc de Savoye, prince de Pièmont, roy de Cypre* erneut aufgelegt.

Reise- und Residenzverhalten Augusts des Starken (1697 – 1733)

Auswertung basierend auf dem Basisitinerar Augusts II. in: Unter einer Krone, Kat. 1997, S. 49 – 53.

Aufenthaltsort	Anzahl der Tagesnachweise	Aufenthaltsanteil in %
Polen / Litauen	6925	52,6
Kursächs. Residenz Dresden	4638	35,2
Ausland	667	5,1
Leipzig	492	3,7
Restliches Kursachsen / Sächsische Residenzlandschaft	450	3,4

Interessant ist, dass in Berlin Jean-Baptiste Broebes schon weitaus früher mit einem ähnlichen Ansichtenwerk beauftragt worden war. Die *Vues des Palais et Maisons de Plaisances de sa Majesté le Roy de Prusse* erschienen aber erst 1733 und konnten August II. nicht als Vorlage dienen.

Noch aufschlussreicher als jenes Vorwort mit der Referenz auf den savoyischen Atlas sind aber zwei vermutlich zeitversetzt entstandene Listen. Die erste ist überschrieben mit »Schleßer und Lustheißer / umb dresten u. auf 3. meihlen / am weihtesten«. 24 Schlösser und Lusthäuser sind von ihrer Funktion (»nahmen soh / man ihme gibet«), dem jeweils vorherrschenden Innenausstattungsmaterial (»meblirung«) bis hin zum Baumeister (»baumeßter«), der sich um die Errichtung und Ausstattung kümmern sollte, aufgeführt. Dies bedeutet wohl, dass August II. eine innere Residenzlandschaft mit 24 zeitgemäßen Schloss- und Lusthausbauten im Umkreis von drei Meilen um Dresden plante. Stellt man anheim, dass er dabei, wie beim Zürner'schen Kartenwerk, eine Grenzmeile à 9,062 Kilometer zugrunde legte, entspräche dies einem Residenzlandschaftsradius von etwa 27 Kilometern um das Dresdner Residenzschloss. Dies stimmt beachtlicherweise mit dem Radius der inneren Berliner Residenzlandschaft überein – und mit der Luftlinienentfernung vom Berliner Residenzschloss zu Orten wie Oranienburg, Potsdam oder Wusterhausen. Bei intensiverem Nachdenken verwundert diese Distanz nicht. Denn das Berliner Beispiel hat gezeigt, dass sich Schlösser in 27 Kilometer Entfernung perfekt für Tagesausflüge eigneten; die Strecke von 54 Kilometern konnte bequem per Kutsche zwischen Frühstück und Abendtafel zurückgelegt werden.

Erstaunlicherweise wurde diese für das Verständnis der augusteischen Residenzlandschaftsvisionen so wichtige Schlüsselquelle nie ediert oder umfassend wissenschaftlich erschlossen – wohl nicht zuletzt aufgrund der schwer lesbaren Handschrift Augusts II. Nur fünf der 24 Orte wurden bislang zweifelsfrei identifiziert. Der originalen Nummerierung nach sind dies 1. Pillnitz (als mit Porzellanen ausgestattete Chevallerie), 5. Moritzburg (als Tempel der Diana mit Bildern), 9. Cossebaude (als Eremitage im englischen Stil), 10. Meißen (als Fasanerie mit Lederausstattung) und 19. der Große Garten (als Merkurial). Eine in Vorbereitung befindliche Publikation und Quellenedition von Cordula Bischoff verspricht hier Aufschluss und neue wichtige Forschungsimpulse.

Die zweite, 23 Namen umfassende Liste ist überschrieben mit »Schleßer soh in stehten und entfernet / von der Residenz / gelegen und soh zu conservieren seint«. Hier hat August über ganz Kursachsen verstreut liegende Städte mit landesherrlichen Schlössern notiert. Dabei handelt es sich mit Orten wie Wittenberg, Pretzsch (der Residenz von Augusts Ehefrau Christiane Eberhardine), Torgau (mit dem Schloss Hartenfels, das Hauptsitz der Ernestiner und bis 1547 vor Dresden Residenzstadt Kursachsens gewesen war) oder Meißen (mit der Albrechtsburg) ausschließlich um ältere Burgen und Renaissanceschlösser, die als solche offenbar erhalten werden sollten. Ebenfalls aufgelistet sind Pirna (mit der Festung Sonnenstein), Königstein, Stolpen, Freiberg, die Augustusburg, Leipzig (wohl mit der Pleissenburg), Colditz (der ehemalige Witwensitz der sächsischen Kurfürstinnen, den sich August 1694 als Jagdschloss einrichten ließ), Bautzen, Rochlitz, Nossen, Frauenstein, Zabeltitz und Senftenberg, das als einzige der erwähnten Anlagen auf heutigem Brandenburger Territorium liegt.

Diese Gleichgewichtung von Alt- und Neubauten durch August II. legt den Schluss nahe, dass in Sachsen weit weniger als in Brandenburg versucht wurde, Altbauten durch atemberaubend moderne Barockbauten zu ersetzen. Symptomatisch und bestes Beispiel für diese konservative Baupolitik sind die Diskussionen um das Dresdner Residenzschloss und seine bauliche Realität zu Augusts Zeiten und bis auf den heutigen Tag. Seit 1700 liefen über Jahrzehnte Planungen für den Neubau eines zeitgemäßen drei- oder vierflügeligen Residenzschlosses. Letztlich beließ man aber die alte Hülle und modernisierte lediglich die Innenräume – dieses dann allerdings höchst prachtvoll und auf der Höhe der Zeit. Letztlich verfügte auch das Kaiserhaus mit der Wiener Hofburg über kein modernes Residenzschloss. Die Wettiner betonten so in Anlehnung an das Haus Habsburg, mit dem man seit der Hochzeit von 1719 verwandt war, die »Anciennität« ihrer Dynastie. Man war damit über alle modischen Trends erhaben. Dem Aufsteiger im vergleichsweise armen Brandenburg dagegen blieb nichts weiter übrig, als auf atemberaubende Modernität und Übernahme des französischen Modells zu setzen. Hier wurde handfest gebaut und nicht, wie in Sachsen, endlos skizziert, geplant und diskutiert. In Dresden setzte August II. statt auf dauerhaft-steinerne Repräsentationsbauten stärker auf ephemere, kurzfristig umsetzbare Kunst- und Architekturlösungen. Luxus- und Kunsthandwerk, die Goldschmiedekunst eines Johann Melchior Dinglinger (»Goldenes Coffeezeugk«) und der Zauber des hauseigenen Meißner Porzellans waren die Alleinstellungsmerkmale und Pfunde, mit denen das barocke Sachsen im Kräftemessen der europäischen Höfe wuchern konnte. Dass der Dresdner Zwinger – in heutige Kategorien übersetzt im Grunde nichts anderes als ein großer höfischer Vergnügungs- und Freizeitpark – das wirkmächtigste Dresdner Barockbauwerk wurde, spricht Bände über das Selbstverständnis und die höfische Repräsentationsstrategie Augusts II. Erlebnisräume schaffen, nachhaltig die Sinne der höfischen Adressaten und Festteilnehmer rühren, das war das Ziel des sächsischen Kurfürsten und polnischen Königs.

Mit der bereits konstatierten vermehrten Anwesenheit Augusts II. in Kursachsen verstärkte sich in den 1720er Jahren aber auch die Zahl der tatsächlich gebauten fürstlichen Schloss- und Gartenanlagen in Dresden und Umgebung.

Im Mai 1717 erwarb August II. von Jakob Heinrich von Flemming das Holländische Palais, ließ es zunächst zur Präsentation der königlichen Kunstkammer einrichten und ab 1727 zum vierflügeligen »Japanischen Palais« umbauen, in dem der Triumph

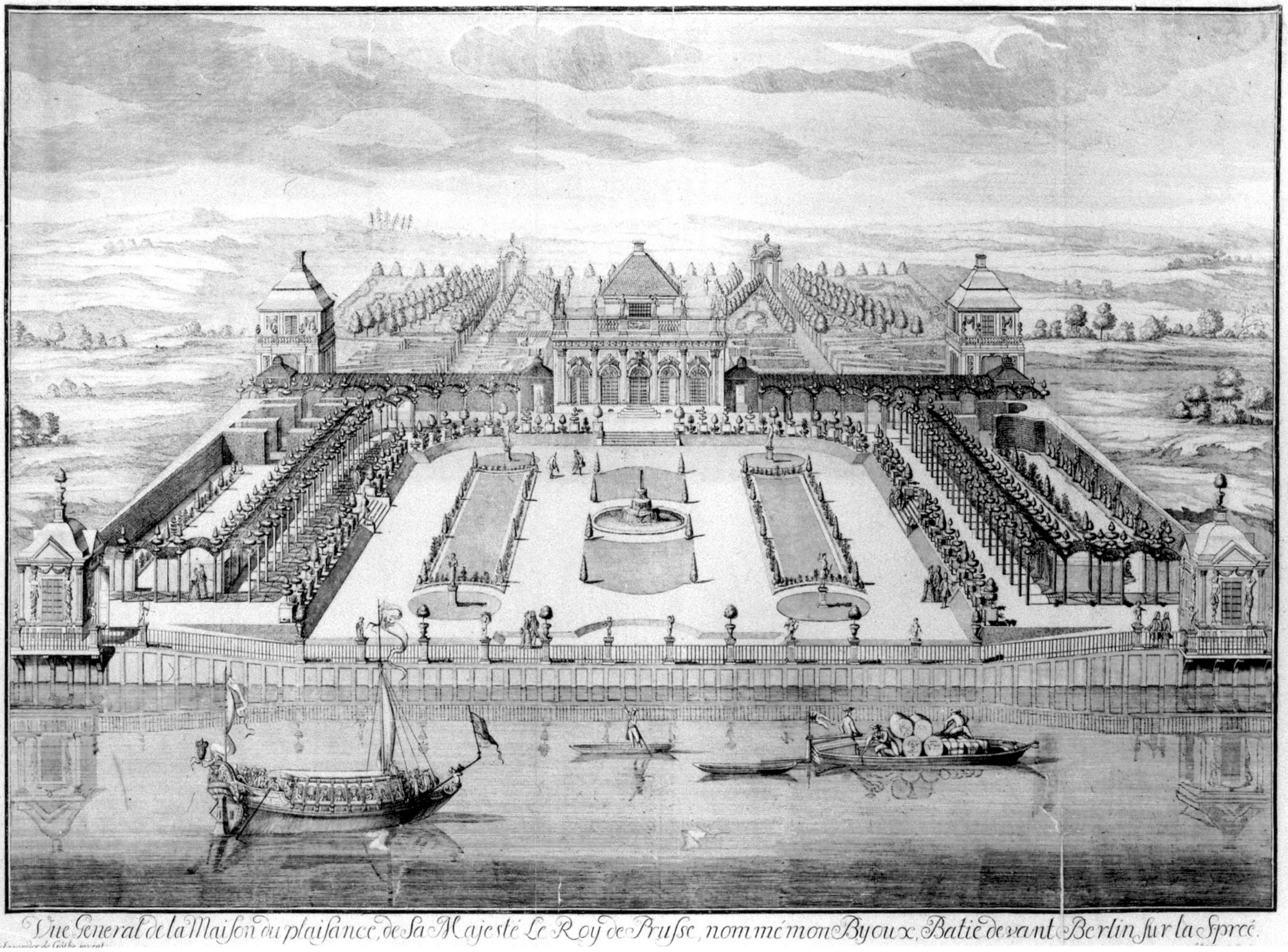

Johann Böcklin: Blick auf das Schloss Monbijou, um 1720, Kupferstich

des sächsischen über das ostasiatische Porzellan wie in einem Museumsschloss vorgeführt werden sollte.

Ab 1720 wurde die alte Renaissanceanlage in Pillnitz in mehreren Bauabschnitten umgestaltet. Das Wasserpalais (1721), eine große Treppenanlage zur Elbe (1722) und das Bergpalais (1723/24) entstanden. Das alte Renaissanceschloss aber wurde nicht wie beabsichtigt durch einen modernen Zentralbau ersetzt und fiel 1818 einem Brand zum Opfer. Ähnlich wie Friedrich I. an Köpenick hatte August II. an Pillnitz das Interesse verloren; die jeweils geplanten Zentralbauten wurden nie errichtet. Beide Bauherren wandten sich recht launenhaft immer wieder neuen Projekten zu. Anders als August II. in Pillnitz ließ Friedrich I. das Köpenicker Renaissanceschloss aber nicht stehen, sondern noch vor Start der dann nie zu Ende geführten Neubauarbeiten abreißen – ein signifikanter Unterschied, der den konsequenten Modernisierungswillen in Berlin-Brandenburg unterstreicht.

1721 schließlich begann, 70 Kilometer nordwestlich von Dresden, der Bau der für den Kurprinzen vorgesehenen Jagd- und Lustschlossanlage Hubertusburg in Wermsdorf – der einzig vollständig von August II. als offiziellem Bauherrn errichtete Schlossneubau Kursachsens. Im Übrigen glichen sich in diesem Punkt Friedrich I. und August II. stark. Beide delegierten gern Bauvorhaben an Minister und Höflinge und kauften Anlagen erst nach Fertigstellung oder Tod des Amtsträgers, um sie nach ihren Bedürfnissen um- und auszugestalten. Als Berliner Beispiele wären Monbijou, Ruhleben, Friedrichsfelde, Malchow, Schönhausen, Rosenthal oder Altlandsberg zu nennen. Komplette fürstliche Neubauten und Eigenprojekte wie Martin Grünbergs Jagdschloss in Fürstenwalde oder Johann Arnold Nerings *Maison de Plaisance* (Lustschloss) in Friedrichsthal waren auch hier in der Minderzahl und eher die Ausnahme.

Moritzburg, ebenfalls eine Renaissanceanlage aus der Mitte des 16. Jahrhunderts, wurde nach dem Vorbild Chambords und auf Grundlage einer eigenhändigen Entwurfsskizze Augusts II. zwischen 1723 und 1727 in den wohl komplexesten Teil des barocken Raumgefüges der Dresdner Residenzlandschaft

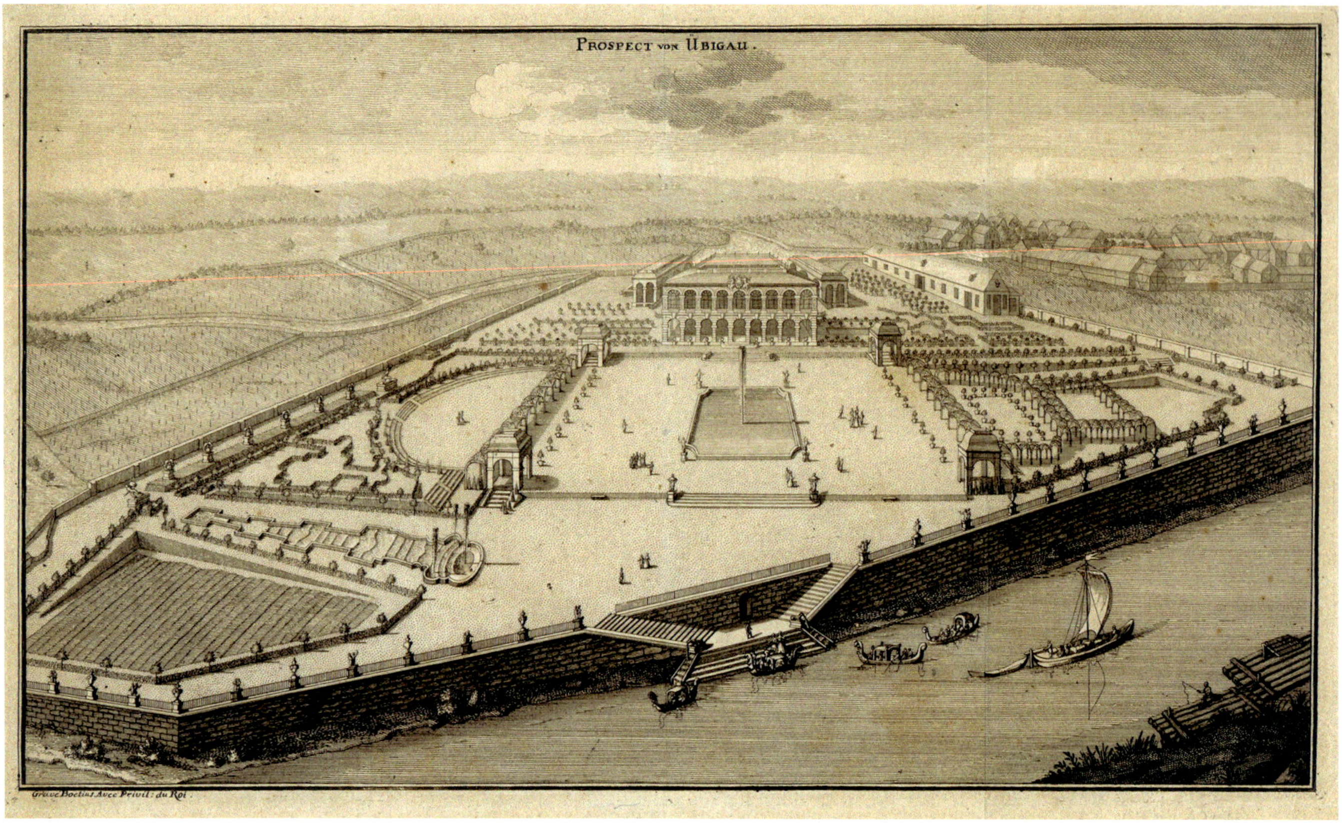

Christian Friedrich Boetius: Vogelschaubild von Schloss und Park Übigau, 1725, Kupferstich, Sächsische Landesbibliothek – Staats- und Universitätsbibliothek Dresden

verwandelt. Das umgebaute Jagdschloss auf einer künstlichen Insel avancierte zum Mittelpunkt einer durch ein achtstrahliges Schneisensystem gegliederten Jagdlandschaft. Wie in Versailles und Charlottenburg wurde sogar entlang einer zur Residenz führenden Allee eine Siedlung gegründet.

Den ab 1719 für den Leiter des Oberbauamts und Gouverneurs von Dresden, Graf Christoph August von Wackerbarth, angelegten Barockgarten in Großsedlitz erwarb August im Jahr 1723. Auch hier folgten zahlreiche Planungen, die letztlich nie realisiert wurden.

Zwischen 1724 und 1726 schließlich errichtete Johann Friedrich Eosander die Lustschloss- und Gartenanlage Übigau, die in ihrer Lage nordwestlich der Residenz, am Elbufer und auf den Fluss orientiert, stark an das fast zwanzig Jahre zuvor von ihm errichtete Monbijou erinnerte.

Überhaupt, zeichnet man die sächsischen Itinerarorte Augusts II. in eine Karte ein, wird die große Bedeutung der Elbe und des Dresdner Elbtals deutlich. Die meisten vom Kurfürsten / König frequentierten Orte lagen unmittelbar an oder nahe dem Fluss. Als Zweitresidenzen sind Leipzig als Messe- und Wirtschaftsmetropole sowie Torgau als ehemals wichtigste ernestinische Residenz von Bedeutung. Mit den Renaissanceanlagen Annaburg, Lichtenburg und dem Kurfürstinnensitz Pretzsch war hier im Norden ein eigenes Schlossballungszentrum ausgebildet. Von Bad Schandau bis Wittenberg verfügte August der Starke über ein dem Flussverlauf folgendes Stützpunktsystem, bei dem ältere Burg- und Renaissanceanlagen das Bild dominierten. Dies war bei allem Modernitätsstreben in Berlin-Brandenburg übrigens ähnlich. Auch hier wurden die alten Renaissance- und Jagdschlösser Joachims II. wie Grunewald, Rüdersdorf, Mühlenbeck oder Köpenick weiter genutzt. Abgesehen von den Relaisstationen in der Niederlausitz für die Reisen nach Polen (von Dahme über Lübben, Lieberose, Guben, Krossen bis hin nach Fraustadt) und einigen wenigen Orten im Erzgebirge, das wohl aufgrund seines weit entwickelten Hüttenwesens und Textilgewerbes als Wirtschaftsstandort aufgesucht wurde, existierten in Sachsen kaum landesherrliche Stützpunkte auf dem »platten Land«. Der Elbverlauf gab seit dem Mittelalter das Koordinatensystem vor, und die Elbhänge links und rechts des Flusstals markierten die Bauplätze, an denen weithin sichtbare und eindrucksvolle Anlagen errichtet werden konnten. Die Oberflächengestalt der Dresdner Umgebung machte die Anlage eines Residenzenfächers nach Pariser oder Berliner Vorbild schlichtweg unmöglich. Anders als in der Berliner oder Pariser Tiefebene konnten im stark reliefierten Terrain keine Blickachsen über lange Distanzen realisiert werden.

Rangliste der Itinerarorte Augusts des Starken in Kursachsen

basierend auf dem Basisitinerar Augusts II. in: Unter einer Krone, Kat. 1997, S. 49 – 53.

1697 – 1. 2. 1733 (36 Jahre + 32 Tage = 13 172 Tage)

Nr	Ort	Lage	Tagesnachweise	Administrativer Status	Funktion
1	Dresden		4638	Amt 1547	
2	Leipzig		492	Amt 1547	
3	Pillnitz		170		Lustschlossanlage »Chevallerie«
4	Torgau		102	Amt 1550	Schloss Hartenfels
5	Moritzburg		89	Amt 1551	Jagd- und Lustschloss »Tempel der Diana«
6	Lichtenburg (Prettin)		58		Renaissanceschloss
7	Meißen		34	Amt 1547	Albrechtsburg
8	Zeithain	nö Riesa	32		1730 Zeithainer Lager
9	Hubertusburg (Wermsdorf)		23		Jagdschlossanlage
10	Altranstädt	w Leipzig	23	Rittergut	Dreiflügelanlage von 1620
11	Pret(z)sch		18	Amt 1689	Burg / Renaissanceanlage Kfstin / Kgin Christiane Eberhardine
12	Königstein		18		Burg / Festung
[13]	[Oranienbaum]		16		Lustschloss des Fürsten Leopold von Anhalt-Dessau
13	Guben (Niederlausitz)		15	Stadt	
14	Lübben (Niederlausitz)		12	Stadt	
15	Düben		12	Amt 1547	
16	Forsthaus Gohrisch	bei Königstein	10		Jagdhaus
17	Annaburg		8	Amt 1548	Burg
18	Kalkreuth	20 km nö Dresden	8	Kammergut im Amt Großenhain	
19	Krossen (Niederlausitz)		7	Stadt	
20	Wildenhain	nw Großenhain oder w Torgau / ö Eilenburg	5	Rittergut oder Amtsdorf	
21	Colditz		5	Amt 1548	Burg / Witwensitz der sächs. Kurfürstinnen (bis 1753); 1694 – 1733 Jagdschloss Augusts des Starken (erworben von seiner Schwägerin, Kfstin-Witwe Eleonore Erdmuthe)

Nr	Ort	Lage	Tages-nach-weise	Administrativer Status	Funktion
22	Hoflößnitz		5	Weingut	
23	Koßdorf	OT Mühlberg (Elbe)	4	Amtsdorf	
24	Augustusburg	Ö Chemnitz	4	Amt Schellen-berg 1551	Stadt mit Schloss / Burg (1568 – 1572 / 3)
25	Coswig		4	Vorwerk / Amts-dorf Moritzburg	Weinbau
26	Dippoldiswalde		4	Amt 1569	Burg / Renaissanceanlage
27	Großenhain		4	Amt 1547	(Relais)
28	Zehista	OT Pirna	4	Rittergut	Burg von Liebenau / ab 1735 Ober-stallmstr. Johann Adolf v. Brühl
29	Gävernitz	S Großenhain	3	Vorwerk / Amts-dorf	
30	Bad Muskau (Niederlausitz)		3		
31	Olbernhau	Stadt im Erz-gebirge (an tschech. Grenze)	3	Stadt Amt Lauterstein	Zentrum der Büchsenherstellung
32	Berbisdorf	OT Radeburg	2	RittergutAmt Dresden	Wasserburg
33	Blesen (= Plösen w Taucha?)		2	Amt Leipzig	
34	Cossebaude	nw Dresden, s Elbe	2		
35	Großsedlitz		2		Barocke Schloss- und Gartenanlage
36	Hirschberg	OT Olbernhau, 5 km sö	2	Vorwerk 1647	Jagdhaus
37	Hirschstein	Elbe zwischen Meißen und Riesa	2	Burganlage an Elbhang	Schlossbesitzer: 1712 Obrist Heinrich Gottlob von Zedlitz, 1718 Georg Heinrich von Bork, 1721 Johann Adolf vom Loss
38	Kottewitz	OT Nossen	2	Rittergut	Fam. von Heynitz
39	Dahme (Niederlausitz)		2	Relais	
40	Lohsa (Oberlausitz)	Ö Wittichenau	2	Rittergut	Fam. von Schönberg
41	Lützen	10 km nw Leipzig	2	Amt 1657 – 1738 zu Sekundogenitur Sachsen-Merse-burg	Schloss der Bf v. Merseburg

Nr	Ort	Lage	Tages-nach-weise	Administrativer Status	Funktion
42	Merzkirchen	?	2		
43	Neukirchen		2	RittergutAmt Chemnitz	Wasserschloss Klaffenbach, Fam. von Taube
44	Reichenbach (Vogtland)	sw Zwickau	2	Amt Plauen (Sekundogenitur Sachsen-Zeitz)	
45	Sonnenstein	Heute OT Pirna	2	Landesfestung	Festung / Burg
46	Stolpen		2	Amt 1559	Festung / Burg (Gefängnis)
47	Taubenheim	s Meißen	2	Rittergut	
48	Günthersdorf	w Leipzig	1		
49	Hohnstein	Sächs. Schweiz	1	Amt 1547 Stadt-recht 1444	Festung / Burg, Jagd und Lachsstechen
50	Laubegast	Heute OT Dresden	1	Amt Pirna	
51	Lieberose (Niederlausitz)		1	Stadt	
52	Ostrau		1	RittergutAmt Hohnstein	Renaissanceschloss Rittergut Noschkowitz Kammerherr von Lüttichau
53	Seerhausen	sw Riesa	1	Amt Oschatz	Relais nach Leipzig
54	Steifhagen	?	1		
55	Strehla	nw Riesa, Elbe	1	Amt Oschatz	Burg (seit 10. Jhd.) Familie von Pflugk
56	Übigau	Heute OT Dres-den, w Dresden-Neustadt	1	Amt Dresden	Lustschlossanlage
57	Wölkau	n Nossen	1	Amt Meissen	
58	Wohlau	s Belgern	1	Amt Torgau	
59	Zabel(t)itz	n Großenhain	1	Amt Zabeltitz	Renaissancealt- und Lustgarten mit Neubau
60	Zschopau	sö Chemnitz Erzgebirge	1		Relais / Burg Schloss Zschopau
61	Zschorgast		1	?	Relais

16 Amtssitze, 10 Amtsdörfer / Vorwerke, 6 Rittersitze; 17 Burgen / Festungen / Renaissanceanlagen, 7 barocke Lustschlösser, 4 barocke Jagdschlossanlagen

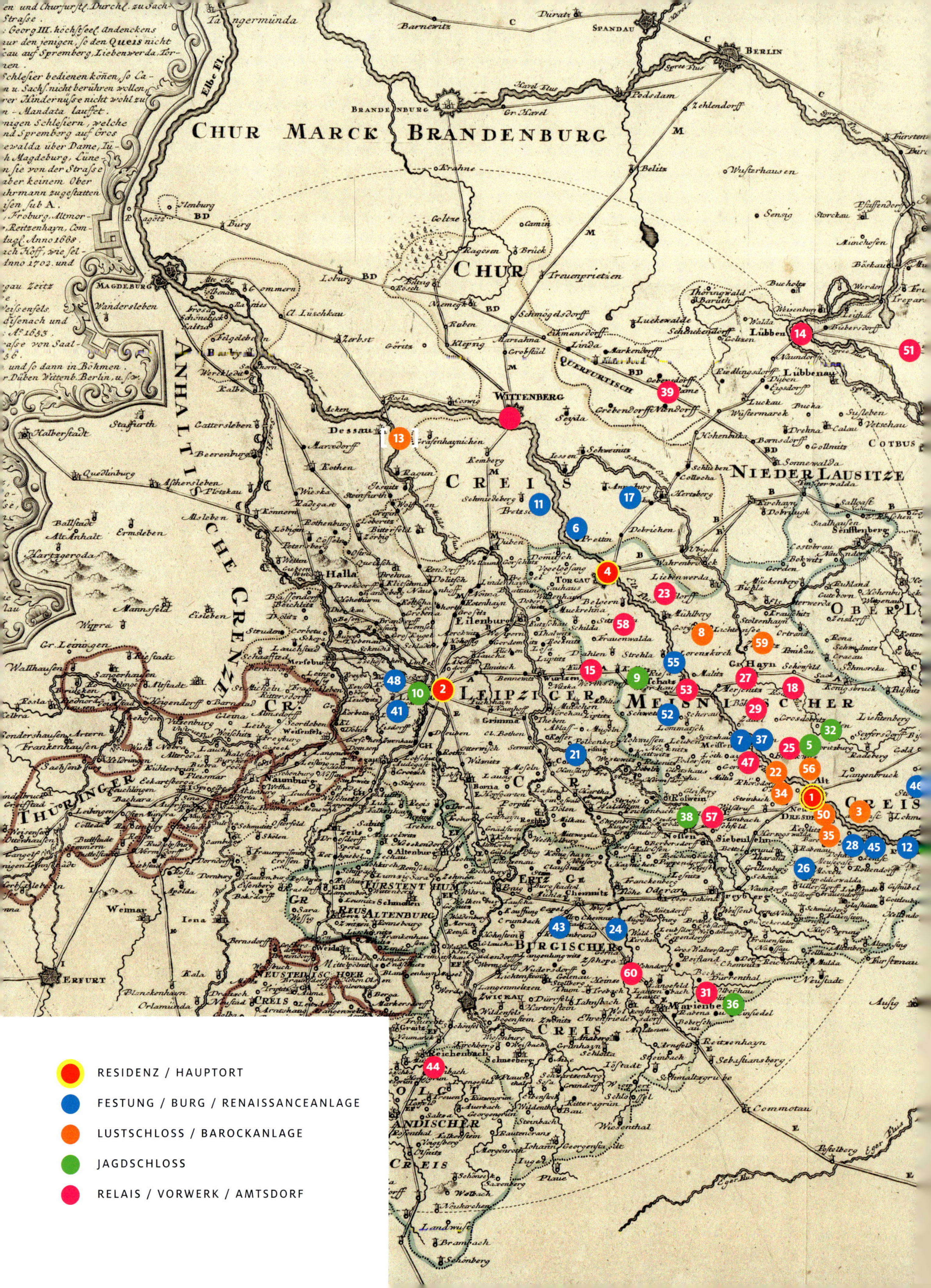

CHUR MARCK BRANDENBURG
CHUR
CREIS
NIEDER LAUSITZ
LEIPZIGER
MEISNISCHER
CREIS
ERTZGEBÜRGISCHER
CREIS
THÜRINGER
ANHALTISCHE GRENZE
MAGDEBURG
BERLIN
SPANDAU
BRANDENBURG
Potsdam
WITTENBERG
Dessau
Halla
Torgau
Meissen
Dresden
Zwickau
Erfurt
Weimar
Iena
RESIDENZ / HAUPTORT
FESTUNG / BURG / RENAISSANCEANLAGE
LUSTSCHLOSS / BAROCKANLAGE
JAGDSCHLOSS
RELAIS / VORWERK / AMTSDORF

Hohe Heer-Strasse durch das Chur Fürst. Sachsen. Wie selbige aus Polen u. Schlesien in die Lande Thüringen, Sachsen, Meissen u. so ferner gehen soll, inge. wie Sie auf unterschiede art zu Wasser und Land umfahren wird. entworfen von g. C. K. Reichenb. Varisco 1728.
POHLEN
SCHLESIEN
CUSTRIN
Franckfurth
Sternberg
Schwibussen
Züllichau
SCHIDLO
CROSSEN
Grünberg
Carolath
Frauſtadt
Sagan
Neuſtädtel
CROS GLOGAU
Sprottau
Bolkwitz
Lüben
Barchwitz
Steinau
Wolau
Leubus
Neumarck
BRESLAU
Buntzlau
Hayn
Liegnitz
Goldberg
Jauer
Naumburg
Lauban
Görlitz
Hirschberg
Landshuth
Schweidnitz
Schmideberg
Zittau
PRAGA
19
30

Unbekannter Künstler: Ansicht von Dresden, kolorierte Handzeichnung, um 1710, Sächsische Landesbibliothek – Staats- und Universitätsbibliothek Dresden

So war in Sachsen nicht das Dresdner Residenzschloss Zentrum und Fluchtpunkt eines fächerförmig-axialen Systems, sondern die Elbe bildete, dem Canale Grande in Venedig gleich, eine »triumphale Achse«[3], an der sich die kurfürstlich-königlichen Itinerarorte wie an einem Band entlanggruppierten.

Fragt man zu guter Letzt nach Austauschprozessen zwischen Berlin und Dresden und ob sich der eine Hof an dem anderen orientierte, so wird man in den zeitgenössischen Quellen weder auf sächsischer noch auf Brandenburger Seite direkte Referenzen finden. Beide Höfe schielten offiziell nach den großen europäischen Vorbildern – nach Paris, Rom, Wien oder Stockholm. Nie hätte man zugegeben, dass der ranggleiche Nachbar und Konkurrent im Kurfürstenkollegium Inspirationsquelle war. Dennoch wissen wir, dass August II. 1703 Berliner Schlossbaupläne von Andreas Schlüter anforderte und Zacharias Longuelune 1715 nach Berlin geschickt wurde, um für das geplante Reiterstandbild Augusts II. Informationen über das Reiterdenkmal des Großen Kurfürsten auf der Langen Brücke einzuholen. Auch sprechen die Fakten für sich. Die älteste Maison de Plaisance entstand in Brandenburg mit Friedrichsthal schon 1695. In Sachsen gilt dagegen das erst 1714 bis 1716 durch Matthäus Daniel Pöppelmann für den Grafen Flemming errichtete Holländische (spätere Japanische) Palais als älteste Maison de Plaisance. Dazwischen liegen zwanzig Jahre! Diese zeitliche Verzögerung des Residenzlandschaftsausbaus in Sachsen mag mit den schon erwähnten Schwierigkeiten in Polen, aber auch schlichtweg mit dem Alter Augusts II. zu erklären sein. Er war 16 Jahre jünger als Friedrich I. Unverkennbar aber ist, dass der Dresdner Hof und die baukünstlerische Entwicklung Sachsens enorm vom Thronwechsel 1713 in Brandenburg-Preußen profitierte. Viele der infolge des politisch-repräsentationsstrategischen Paradigmenwechsels in Berlin arbeitslos gewordenen Hofkünstler wurden von August II. nach Dresden verpflichtet. Der in Berlin ab etwa 1698 als »Dessinateur« und in Wesel ab 1704 als Festungsbauingenieur tätige Zacharias Longuelune kam 1715 nach Dresden. Seinem Wirken wird in der sächsischen Kunstgeschichte allgemein der Stilwandel zu einer mehr klassisch-französischen Formensprache zugeschrieben.

Sein Freund Jean de Bodt, der über den Thronwechsel hinweg als Generalmajor und ab 1722 als Kommandant der Festung Wesel in preußischen Diensten stand, fand 1728 auf Vermittlung Longuelunes eine Anstellung in Dresden. Er wurde hier als

Nachfolger des Grafen Wackerbarth »Generalintendant und Inspektor aller Militär- und Zivilbauten« und damit Chef des sächsischen Oberbauamts.

Johann Friedrich Eosander schließlich, bis 1713 »Surintendant« der brandenburgisch-preußischen *Bâtiments du Roi*, trat 1722 in kursächsische Dienste. Er brachte die Berliner Rissesammlung mit, die vermutlich 1728 beim Brand des Wackerbarthschen Palais in Dresden verbrannte, was ursächlich für unsere Unkenntnis vieler Planungsprozesse ist.

Weitere Kräfte aus Berlin, wie der Oberzeremonienmeister Johann von Besser oder der an der Ausmalung der Paradekammern des Berliner Schlosses beteiligte und als Illustrator von Bessers Krönungsgeschichte bekannte Maler Johann Friedrich Wentzel, wären zu nennen. Als Malerehepaar kamen der ehemalige Aufseher über die Bilder in den königlichen Schlössern, Christoph Joseph II. Werner, und dessen Ehefrau Anna Maria Werner 1721 nach Dresden. Anna Maria zeichnete für das Oberbauamt, Christoph Joseph wurde 1728 zum kursächsisch-königlichen Hofmaler ernannt. Selbst der wohl prägendste Architekt der ersten Phase des sächsischen Barocks, Matthäus Daniel Pöppelmann, war über den einstigen Mitarbeiter Schlüters beim Berliner Schlossbau und Verfasser des viel rezipierten Kupferstichwerks *Der fürstliche Baumeister,* Paul Decker d. Ä., nicht frei von brandenburg-preußischen Einflüssen.

Als Fazit bleibt, dass sowohl Friedrich I. als auch August II. aufgrund ihrer hohen Mobilität und ihrer weiträumig topografisch-architektonischen Umgestaltungen nachhaltigen Einfluss auf die Berliner und Dresdner Residenzlandschaft nahmen. Dennoch wird man konstatieren dürfen, dass die rationalen Erschließungspläne Friedrichs III. / I. für das Berliner Umland und die Residenz Berlin ambitionierter, großräumiger gedacht und vor allem konsequenter umgesetzt waren. Wo August fabulierte, selbst skizzierte und Plan um Plan von seinen Architekten und Dessinateurs entwerfen ließ, war das Berliner Architektenteam um Nering (bis 1695), Schlüter, de Bodt, Grünberg und Eosander schon am Bauen.

Trotz oder vielleicht gerade wegen der traditionellen Rivalität zwischen Brandenburg-Preußen und Sachsen fand immer wieder – so insbesondere in den ersten zwei Jahrzehnten des 18. Jahrhunderts – ein kultureller Austausch statt. So wetteiferten beide Höfe miteinander um die aufsehenerregendsten Feste, modernsten Schlösser, schönsten Lustgärten sowie die prächtigste Haupt- und Residenzstadt mit den dazugehörigen Funktionsbauten: Residenzschloss, Zeughaus, Marstall, Schlosskirche, Grablege, Bibliothek, Akademie, Hetzgarten etc. Für die Zeit zwischen 1688 und 1713 hatte in diesen Dingen aber eindeutig das ansonsten wirtschaftlich und strukturell ärmere Brandenburg-Preußen die Nase vorn. Erst- und einmalig in der Beziehungsgeschichte beider Länder kehrten sich die Kräfteverhältnisse um. Nun lieh der Brandenburger dem Sachsen Geld für seine kostspielige Königswahl 1697 und, anders als noch im 16. Jahrhundert, wanderten die Hofkünstler und Architekten von Berlin nach Dresden.

Ungedruckte Quellen Sächsisches Hauptstaatsarchiv Dresden (Sächs. HStA Dresden), 10026 Geheimes Kabinett

Gedruckte Quellen und Literatur Bächler / Letsch / Schlechte 1984 · Barock in Dresden, Kat. 1986 · Blaeu 1682 · Blaeu 1700 · Crell 1723 · Czok 1987 · Czok 1989 · Dresden, 1995 · Dresdener Schloss, Kat. 1989 · Elsner 2012 · Giermann 2005a · Giermann 2005b Hentschel 1969 · Hubertusburg, Kat. 2013 · Jenzen 2004 · Kuke 2002 · Kuke / Wimmer 2013 · Laudel 1987 · Laudel 1991 · Marx 1989 · Mertens, K. 1991 · Milde 1991 · Naumann 1727 · Oelsner / Prinz 1989 · Pöppelmann, Kat. 1987 · Porzellan Parforce, Kat. 2005 Putkowska 1991 · Schillinger 1997 · Schlechte, M. 1984 · Staszewski 1996 · Stenke 1991 Unter einer Krone, Kat. 1997 · Weinart 1777

Anmerkungen **1** Elsner 2012, 40 f. **2** Sächs. HStA Dresden, 10026 Geheimes Kabinett, Loc. 2097 / 50, Bl. 1r – 2r. **3** Marx 1989, S. 46

Textilien als Würdeformel. Die Ausstattung der Paraderäume im Schloss Charlottenburg und im Residenzschloss Dresden

SUSANNE EVERS

»Den 11.ten gegen 10 Uhr arrivirten König Majt. von Preußen [...] zu Charlottenbourg. Gegen 11 Uhr folgten beyde frembde Könige [...]. König. Majt. von Preußen zeigte beyden Königen sogleich dass Schloss, alle Gemächer, und was da zu sehen war [...].«[1]

So berichtete der Gothaer Gesandte am preußischen Hof, Gottfried Bartsch, über den Besuch Augusts des Starken und König Frederiks IV. von Dänemark bei ihrem Standesgenossen Friedrich I. im Schloss Charlottenburg. Das Zusammentreffen der drei Könige im Juli 1709 in Potsdam und Berlin war zustande gekommen, weil die beiden auswärtigen Monarchen den preußischen König in ihre zuvor in Dresden ausgehandelte Allianz gegen Schweden einbinden wollten. Wenn auch die politischen Verhandlungen schließlich nicht zum Erfolg führten, so sorgte doch die gleichzeitige Anwesenheit dreier Könige an einem Ort europaweit für Aufsehen. Friedrich I. musste diese einmalige Gelegenheit nutzen, einer großen Öffentlichkeit seine dynastischen Ansprüche möglichst wirkungsvoll zu präsentieren. Auch wenn er dieses Potenzial letztlich nicht ausschöpfen konnte, war der preußische König doch erfolgreich in seinen Bemühungen, den Gästen und somit ganz Europa vor Augen zu führen, wie er in den wenigen Jahren seines Königtums die Residenzlandschaft um Berlin bereits umgestaltet und modernisiert hatte. Er nutzte die Gelegenheit, die prachtvoll ausgestatteten Paraderäume in seinen Residenzen vorzuführen. In den königlichen Gemächern in Potsdam, Berlin, Charlottenburg und Oranienburg kündete das Ausstattungsprogramm vom Ruhm des preußischen Königshauses. Damit wurden die Besucher ganz unmittelbar mit Friedrichs dynastischem Selbstverständnis konfrontiert. Dies gilt in besonderem Maße für den Aufenthalt der Könige in Charlottenburg am 11. und 12. Juli 1709. Denn während in Potsdam und Oranienburg neben den Besichtigungen und Lustbarkeiten auch politische Gespräche geführt wurden, diente der Abstecher nach Charlottenburg offensichtlich nur der Präsentation der kurz zuvor neu ausgestatteten Paraderäume. Voller Stolz führte der preußische König seinen Gästen die Gemächer »sogleich« nach deren Ankunft vor, wie Bartsch berichtet.

Das für die Kurfürstin Sophie Charlotte 1695 bis 1699 erbaute Lustschloss erfuhr im Jahr der Königskrönung 1701 eine monumentale Erweiterung. Nach dem Tod der Königin 1705 steigerte sich die Bedeutung des zuvor schon vom Lusthaus zur Sommerresidenz aufgestiegenen Baus noch einmal deutlich: Friedrich I. ließ die noch nicht ganz fertiggestellten Räume im Westen als sein Paradeappartement herrichten und begann nun damit, wichtige staatspolitische Ereignisse nach Charlottenburg zu verlagern. Ihrer neuen zeremoniellen Nutzung entsprechend stiegen der dekorative Aufwand und der Reichtum der Ausstattung in der repräsentativen Raumflucht. Die Prachtentfaltung der Interieurs war vergleichbar mit den ab 1701 von Andreas Schlüter ausgestatteten Paradekammern des Berliner Schlosses.

Was zum Zeitpunkt des Dreikönigstreffens 1709 im Schloss Charlottenburg zu sehen war, ist durch spätere Umbauten, Neuausstattungen, Zerstörung und Wiederaufbau nur noch in

Samuel Theodor Gericke: August II., Friedrich I. und Frederik IV. von Dänemark, 1709, Öl auf Leinwand, SPSG

Schloss Charlottenburg, Rote Damastkammer im Paradeappartement Friedrichs I., Wandbespannung von 1763 (rekonstruiert 1965), Erstausstattung von 1709: Pilaster von Goldbrokat, Wandfelder roter Damast ohne Tressen, 2000, Fotografie von 2000

groben Zügen bekannt. Nach der Ersten Vorkammer, dicht mit Porträts auf einer weiß gefassten Holzvertäfelung ausgestattet, und der Zweiten Vorkammer, in der Wandteppiche mit chinoisen Motiven hingen, folgte die im Sinne barocker Prachtsteigerung deutlich aufwendiger dekorierte Audienzkammer mit Türrahmen, Fensterlaibungen und Sockelpaneel aus weißgrauem Marmor. Die nun folgende Rote Damastkammer zeichnet sich vor den anderen Räumen der Enfilade durch ihre Pilastergliederung aus, die ihr repräsentativen Charakter verleiht. Die im angrenzenden Arbeitszimmer ursprünglich angebrachte Tapete aus rotem Damast mit goldenen Banden gab dem Raum eine festlich-repräsentative Ausstrahlung. Auf das königliche Schlafzimmer mit gelbem Damast und silbernen Tressen folgte am Ende der Enfilade und als deren Höhepunkt das Porzellankabinett. Hier inszenierte Friedrich I. seine Sammlung von chinesischen und japanischen Porzellanen, die damals die größte im Reichsgebiet war. Die ausgedehnten Spiegelflächen setzten eine eigene Spiegelproduktion voraus, damals ebenfalls ein Zeichen von Reichtum und Leistungsfähigkeit des Landes. Zusammen mit dem ikonografischen Programm der Ausmalung, das auf den Aufstieg des jungen preußischen Königtums und auf die Tugenden des Landesherrn verweist, wirkte diese Porzellaninszenierung als starkes dynastisches Symbol. 1706 wurde dieser Raum zusammen mit der angrenzenden Kapelle anlässlich der Hochzeit des Thronfolgers eingeweiht. Die Kapelle zeigt noch einmal eine Steigerung und damit den Höhepunkt der Prachtentfaltung in den Charlottenburger Paradekammern. Der Würde des Raumes entsprechend ist das dekorative Vokabular hier mächtiger und schwerer. Überall werden neben den christlichen Aussagen die Insignien der preußischen Königswürde in Szene gesetzt.

Die sogenannte Rote Damastkammer in der Mitte der Paradewohnung war ihrer Lage hinter dem Audienzzimmer zufolge vermutlich ein Rats- oder Konferenzzimmer, das auch als Tafelgemach genutzt wurde. Über die Ausstattung zum Zeitpunkt des Dreikönigstreffens 1709 sind wir vergleichsweise gut informiert. Schon die Pilastergliederung hebt den Raum unter den Paradegemächern hervor. Für die Verkleidung der Wände lassen sich ambitionierte Ausstattungsprojekte nachweisen. Ursprünglich sollte hier nach Plänen Johann Friedrich Eosanders von 1702 das legendäre Bernsteinzimmer seinen Platz finden. Mit diesem seltenen und kostbaren Material, in kunstvoll geschnitzten Tafeln an die Wände appliziert, hätte sich eine Prachtsteigerung gegenüber dem davor gelegenen Audienzzimmer mit seinen Marmorrahmungen ergeben. Außerdem wäre für die Zeitgenossen die Anspielung auf das Ursprungsland des Bernsteins, Ostpreußen, deutlich gewesen, denn diesem Territorium verdankten die brandenburgischen Hohenzollern die Königswürde. Material-ikonografisch und architektonisch hoch ausgezeichnet, muss dieser Raum für eine zeremoniell wichtige Rolle vorgesehen gewesen sein. Die Ausführung der Bernsteintäfelung zog sich jedoch über viele Jahre hin, sodass 1709 noch immer entscheidende Teile fehlten. Warum die bereits fertiggestellten und montierten Bernsteintafeln im Jahr 1709 entfernt wurden und stattdessen eine reiche Wandbespannung angebracht wurde, ist den Dokumenten nicht zu entnehmen. Möglicherweise liegt der Grund im kurzfristig anberaumten Dreikönigstreffen: Friedrich I. wollte seinen königlichen Kollegen die modernen Charlottenburger Paraderäume nicht in unfertigem Zustand, sondern so repräsentativ wie möglich zeigen. Daher kommt der 1709 hier eingebrachten textilen Ausstattung eine besondere Bedeutung zu: Sie musste das hohe Ausstattungsniveau halten, das durch die Pilastergliederung und die geplante Bernsteinvertäfelung vorgegeben war. Ein jüngerer Aktenfund bestätigt, dass man diesem Anspruch nachgekommen war: Ein Dokument von 1710, das die Arbeiten des Vorjahres auflistet, berichtet, dass »die bernstein Camer mit Carmosin damast und güld brecatebanden beschlagen« wurde.[2] Etwas anders als heute war der Raum also zu dieser Zeit mit einer Tapete von rotem Damast mit Banden von Goldbrokat ausgeschlagen. Die heutige Ausstattung von rotem Damast mit Tressen hat ihren Ursprung in der Zeit der Wiedereinrichtung nach den Plünderungen von 1760. Vorher schmückten Bahnen von Goldbrokat die 22 Pilaster, während die Wandfelder mit rotem Damast tapeziert waren. Mit hoher Wahrscheinlichkeit wurde der Goldbrokatstoff in Frankreich gewebt, denn die preußische Seidenweberei war erst in der zweiten Hälfte des 18. Jahrhunderts in der Lage, reich broschierte Seidenstoffe herzustellen. Eine Raumdekoration mit Banden unterschiedlicher Breite, Farbe und Musterung ist seit dem späten 17. Jahrhundert allgemein üblich. In Charlottenburg wurde dieses Dekorationsmuster weiterentwickelt, indem nun die textilen Banden direkt auf die Raumarchitektur bezogen wurden. Sie dienten hier als Vorlagen für real existierende Pilaster. Somit erhielten in diesem Repräsentationsraum die als Würdeformel eingesetzten Pilaster textilen Charakter. Die traditionsreichen textilen Banden wurden zu textilen Pilastern und somit selbst zu Würdeformeln. Die Rote Damastkammer in Charlottenburg mit den vermutlich

Audienzgemach Augusts II. beim Empfang Maria Josephas im Dresdner Schloss am 2. September 1719, Kupferstich (nach Raymond Leplat), Kupferstich-Kabinett, SKD

Textiler Pilaster (oberer Abschluss) mit Lambrequin aus dem Audienzgemach Augusts II. im Dresdner Schloss, Frankreich 1709–1711, Reliefstickerei in Gold,

reich mit Gold und Silber gearbeiteten Brokatpilastern wurde während des Aufenthalts der drei Könige im Juli 1709 nicht nur besichtigt, sondern sie gehörte zu den August dem Starken zugewiesenen Gemächern: »[...] kamen sie [...] in Charlottenburg an, alwo der König August, weilen Er den Tag den Vorzug hatte, in den allerbesten, nemlich in Unseres Königes Neuen Gemächern [...] logiert ward«.[3] August hatte also ausgiebige Gelegenheit, die Charlottenburger Raumschöpfungen zu studieren. Sie dürften bei ihm auf reges Interesse gestoßen sein, denn zu dieser Zeit beschäftigte er sich intensiv mit dem Um- und Ausbau seines Residenzschlosses in Dresden.

Das Mitte des 16. Jahrhunderts erbaute Dresdner Schloss genügte den gestiegenen repräsentativen Anforderungen spätestens seit der Erlangung der polnischen Königswürde 1697 nicht mehr. Zunächst ließ August der Starke Pläne für ein neues Residenzschloss anfertigen, ab etwa 1709 traten jedoch auch Planungen zu Umbau und Erweiterung des bestehenden Renaissancebaus hinzu. Aber erst die beabsichtigte Hochzeit des Kurprinzen Friedrich August (II.) mit der Kaisertochter Maria Josepha brachte 1717 die endgültige Entscheidung für den Umbau des zweiten Obergeschosses als Parade- und Festetage. August ließ durch seine Architekten Matthäus Daniel Pöppelmann und Raymond Le Plat eine Folge von Prunkgemächern ausstatten, in denen die habsburgische Prinzessin standesgemäß empfangen werden konnte. Da auch eine Anwesenheit der Kaiserin bei den Hochzeitsfeierlichkeiten zunächst nicht ausgeschlossen wurde, war der repräsentative Aufwand enorm. Diesem hohen Anspruch folgend waren nach üblicher Ausstattungspraxis die meisten Gemächer mit textilen Wanddekorationen versehen, deren Reichtum sich von Raum zu Raum steigerte. Der Besucher durchschritt zunächst eine Folge von Sälen, bevor er die eigentliche Paradesuite erreichte. Der Tafelsaal, auch Eckparadezimmer genannt, bildete den Übergang zum eigentlichen Paradeappartement. Seine Wandverkleidung aus karmesinrotem Samt und mit goldenen Tressen besetzten Lambrequins stimmte den Besucher schon auf die folgenden Prunkgemächer ein. Diese waren ebenfalls mit rotem Samt tapeziert, allerdings nun aufgewertet mit textilen Banden bzw. Pilastern. Im Ersten Vorzimmer kamen Tapisseriestücke in Säulenform zum Einsatz, die von Jean Barraband in Berlin hergestellt und 1716 sowie 1717 nach Dresden geliefert worden waren. Sie waren eigentlich für das Holländische Palais bestimmt. Da für die Anfertigung sämtlicher reicher Textilien für das Paradeappartement im Vorfeld der Hochzeit von 1719 zu wenig Zeit zur Verfügung stand, übernahm man die vorhandenen »gedrehten Säulen« mit Girlandenschmuck sowie Krone und Monogramm AR am Kapitell. Laut Inventar von 1720 waren sie »reich mit Silber und Gold auf bunter Seide durchwirkt«.[4] Der Briefwechsel zwischen August dem Starken und seinem Generalintendanten August Christoph Graf von Wackerbarth überliefert deren intensive Diskussion um die Frage, ob die gewirkten Banden der Bedeutung dieses Raumes angemessen seien. Neben den wertvollen Materialien und der hohen künstlerischen Qualität erwiesen sich die Tapisseriestreifen vor allem durch den direkten Bezug auf die Königswürde Augusts – Monogramm und Krone im Kapitell – als der höchsten Staatszimmer würdig. Auch die Assoziation mit dem salomonischen Tempel, dessen Säulen als gedreht überliefert sind, mag eine Rolle gespielt haben. Im Zweiten Vorzimmer, dessen Ausstattung ebenfalls nur durch die Zeichnung Leplats und das Hoftapezierinventar von 1720 überliefert ist, waren die Wandfelder von rotem Samt, eingerahmt von textilen Banden mit reichem goldenen Tressenbesatz und Goldstickerei. Der oben umlaufende Kranz war ebenso dekoriert. Durch diesen massiven Einsatz von Gold erreichte man die vom Dekorum geforderte Steigerung der Ausstattung gegenüber den Tapisseriebanden des Ersten Vorzimmers. Die textilen Banden des Zweiten Vorzimmers wiesen in ihrer Gestaltung schon auf das folgende Audienzgemach hin, ihnen fehlte jedoch noch das ausgewiesene Kapitell.

Mit dem Audienzgemach erreichte die Raumfolge ihren Höhepunkt, ablesbar an der mit Abstand reichsten textilen Ausstattung des Dresdner Schlosses. Die rote Samttapete war mit insgesamt 17 goldgestickten Pilastern und Querbehängen aus Goldposamenten besetzt, die bereits 1709 bis 1711 in Paris für August den Starken hergestellt worden waren. Die außergewöhnlich hohe Gesamtsumme von 33 813 Livres wurde bis zur Lieferung 1715 in Abschlägen bezahlt. Auf der detaillierten

Schloss Versailles, Paradeschlafzimmer Ludwigs XIV. (chambre du Roi), Alkoven, moderne Nachwebung der Wandbespannung von 1730–1789. Die Ausstattung von 1705 und 1723 zeigte ebenfalls textile Pilaster, jedoch als gedrehte Säulen gestaltet.

Jean-Auguste Dominique Ingres:
Ferdinand-Philippe, Herzog von Orléans, 1842,
Öl auf Leinwand, Paris, Musée du Louvre

Rechnung wird jede Position mit dem Zusatz »tres delicatement travaillé Extraordinaire tres riche«[5] bezeichnet, was im Vergleich mit den üblichen textilen Ausstattungen der Zeit nicht übertrieben war. Da ein großer Teil dieser Ausstattung durch Auslagerung den Zerstörungen des Zweiten Weltkriegs entgangen ist, kann man sich noch heute ein Bild von dem materiellen und künstlerischen Wert der textilen Pilaster machen. Auf Goldgrund ist das Muster in Reliefstickerei mit Goldfäden in bis zu drei Schichten appliziert. Basis und Kapitell sind Teil der Stickerei. Der textile Pilaster im Dresdner Audienzgemach übernimmt zwar nicht die architektonische, wohl aber die zeichenhafte Funktion der realen Pilaster in der Innenraumgestaltung: nämlich die einer Würdeformel. Mit der Ausstattung des Audienzgemachs in Dresden hat sich ein früher Typus des textilen Pilasters erhalten. Auch wenn sie erst anlässlich der Hochzeit des Thronfolgers 1719 zum Einsatz kamen, waren die Pilaster schon 1709 bis 1711 entstanden, also nur kurz nach den in Charlottenburg archivalisch belegten Pilasterbespannungen der Roten Damastkammer.

Den Prototyp für die Lösungen in Dresden und Berlin lieferte möglicherweise der in Ausstattungsfragen europaweit vorbildliche Hof Ludwigs XIV. in Versailles. Der französische Hofstil war zwar 1709 bis 1719 nicht mehr neu und modern, blieb aber für die Ausstattung europäischer Repräsentationsräume vorbildlich. Denn Versailles führte mustergültig vor, wie sich politische Macht mit Mitteln der Kunst ausdrücken ließ.

Im zentral gelegenen wichtigsten Repräsentationsraum der Staatsräume in Versailles, der *Chambre du Roi*, also dem Schlafzimmer des Königs, ließ man 1705 im Alkoven sechs Banden von besticktem Goldbrokat als Gliederung der Wandbespannung anbringen. Laut Inventarbeschreibung bestanden diese frühen textilen Pilaster aus gedrehten Säulen mit Basis und Kapitell. Sie waren seit 1689 in Lyon gewebt und in mehreren Serien für die Paraderäume Ludwigs XIV. geliefert worden. Bei der Neuausstattung des Paradeschlafzimmers 1723 für Ludwig XV. brachte man wieder identische Säulen an die Wände, ein Zeichen für die symbolische Bedeutung dieser textilen Banden. Auf wundersame Weise hatten einige der Pilaster offensichtlich die Revolutionssäuberungen überstanden, denn das 1842 von Jean-Auguste-Dominique Ingres geschaffene Porträt des Herzogs von Orléans, Ferdinand-Philippe, zeigt im Hintergrund einen Wandausschnitt, auf dem diese gedrehten Säulen zu erkennen sind. Ganz offensichtlich fungierten sie noch immer als dynastisches Hoheitszeichen. Vermutlich können einige der in der ersten Hälfte des 18. Jahrhunderts entstandenen Raumdekorationen mit textilen Pilastern auf die *Chambre du Roi* in Versailles zurückgeführt werden, so zum Beispiel das Paradeschlafzimmer der Hofburg in Wien, heute in Schönbrunn, und das Paradeschlafzimmer des Kurfürsten Max Emanuel in Schleißheim, beide in den 1720er und 1730er Jahren entstanden.

Die erste realisierte Ausstattung der Roten Damastkammer in Charlottenburg von 1709 ist ein frühes Beispiel für die Rezeption der textilen Pilaster aus Versailles. Das Modell Versailles wurde auf vielen Wegen an die europäischen Höfe übertragen, so zum Beispiel über die Druckgrafik und durch die Mobilität der Künstler.

Letztlich gehen wohl auch die textilen Pilaster des Paradeappartements in Dresden auf Versailles zurück. Für die Hochzeit des Thronfolgers mit der habsburgischen Kaisertochter Maria Josepha wäre aber auch eine Orientierung an herausragenden Dekorationen in Wien zu erwarten gewesen. Zum fraglichen Zeitpunkt 1709 war dort gerade das Stadtpalais des Prinzen Eugen fertiggestellt worden. Der reiche textile Dekor der Wohn- und Paraderäume des Prinzen ist jedoch entschieden französisch geprägt, sodass von einer Wiener Variante nicht gesprochen werden kann. Für eine direkte Rezeption Wiener Textilausstattungen in Dresden gibt es keine Hinweise.

Direkter und unmittelbarer ist jedoch der Bezug zu den Charlottenburger Paraderäumen mit ihren Prunktextilien. August der Starke, der sich laut Ausweis der Quellen persönlich um die Auswahl und die Anordnung der Textilausstattung in Dresden kümmerte, besuchte ja gerade in der Zeit intensiver Planung für seine Staatszimmer 1709 Berlin und war dort der politischen Propaganda durch Raumausstattungen ausgesetzt. Die Paraderäume in Charlottenburg, in Oranienburg, im Potsdamer und im Berliner Schloss waren als zentrale Schauplätze dieses Dreikönigstreffens und als Orte der dynastischen Selbstdarstellung des jungen preußischen Königtums im Fokus der Aufmerksamkeit. Da sich der leitende Architekt der Umgestaltungen des Dresdner Residenzschlosses, Matthäus Daniel Pöppelmann, 1709 in Berlin im Gefolge Augusts des Starken befand, ist zu vermuten, dass er Zeichnungen der repräsentativen Paraderäume mit ihren dynastischen Hoheitszeichen angefertigt hat. Noch 18 Jahre später ließ August der Starke Zeichner nach Berlin reisen, die für sein Japanisches Palais die Charlottenburger Porzellankammer und die Kapelle detailliert zeichnen sollten, wie er sie seit seinem Aufenthalt dort im Jahr 1709 kannte. Damit ist die starke Wirkung der Charlottenburger Paradekammern auf den sächsischen Potentaten für diese beiden Räume belegt. Alles spricht dafür, dass auch die reichen Pilaster der Roten Damastkammer Augusts Planungen für die Ausstattung seines Paradeappartements beeinflusst haben. Die wahrscheinlich in Frankreich gefertigten textilen Pilaster in Charlottenburg waren kurz vor 1709 entstanden, die sicher in Paris hergestellten Dresdner Pilaster zwischen 1709 und 1711. Die textilen Pilaster im Charlottenburger Schloss könnten somit, trotz des Metavorbilds Versailles, einen direkten Weg nach Dresden gefunden haben.

Unterstützt wird diese These von neueren Forschungen zur Entwicklung von fürstlichen Kunstsammlungen im frühen 18. Jahrhundert, die nachweisen, dass Versailles auf jenem Gebiet keine entscheidenden Impulse gab. Vielmehr ist beispielsweise die Weiterentwicklung des Raumtypus »Gemäldegalerie« dem Wettstreit der Fürsten des Reiches zu verdanken. In der ersten Reihe der Streiter standen hier die Kurfürsten von Sachsen und Brandenburg, die in nur vier Jahren Abstand die Königswürde erlangten und diese nun im europäischen Machtgefüge etablieren mussten. Ihr Konkurrenzkampf wurde auf kulturellem Feld geführt und spiegelt sich augenfällig im Ausbau der Residenzen von Berlin und Dresden. Friedrich I. hat gleich nach 1701 begonnen, seine Paraderäume dem neuen Stand entsprechend auszustatten und konnte somit kurzfristig die Führung im kulturellen Wettrüsten einnehmen. August der Starke, zu Beginn des Jahrhunderts in kriegerische Auseinandersetzungen verwickelt, holte dann 1717 bis 1719 mit dem Ausbau seines Paradeappartements im Dresdner Schloss glanzvoll auf, indem er in Berlin gefundene Lösungen aufgriff und in verschiedenen Bereichen weiterentwickelte.

Glossar **Alkoven** Bettnische; kleiner, fensterloser Nebenraum des Schlafzimmers mit Bett · **Brokat** Seidenstoff mit reicher Musterung durch eingewebte (einbroschierte) Gold-, Silber- oder Seidenfäden · **Damast** meist einfarbiges Gewebe mit einem Kett- und einem Schusssystem, bei dem sich das Muster durch den Wechsel von Kett- und Schussatlas bildet. · **Dekorum** Angemessenheit, Schicklichkeit, Begriff aus der antiken Rhetorik, in der Kunsttheorie verbreitet · **Enfilade** Raumflucht; barockes Architekturmittel · **Kapitell** plastisch ausgeformter oberer Abschluss von Säulen, Pfeilern und Pilastern · **Lambrequin** quer verlaufende Draperie · **Pilaster** Wandpfeiler, die nur wenig aus der Wand heraustreten und mit Basis, Schaft und Kapitell ausgestattet sind · **Posament** textile Besatzartikel, z. B. Borten, Schnüre, Quasten, Fransen, Tressen, Litzen, Geflechte, Knoten, Knöpfe und vieles mehr · **Tapisserie** gewirkter Bild- oder Wandteppich, Gobelin · **Tresse** gewebte Borte aus Metallfäden

Ungedruckte Quellen Geheimes Staatsarchiv Preußischer Kulturbesitz (GStA PK), I. HA Geheimer Rat, Rep. 36 Hof- und Güterverwaltung Nr: 2804

Gedruckte Quellen und Literatur Czech 2008 · Evers 2014 · Gastinel-Coural 2009 Hinterkeuser 1999/2000 · Peschken 2002 · Schneider, S. 2011

Anmerkungen **1** Zit. nach Czech 2008, S. 148. **2** GStA PK, I. HA, Rep. 36, Nr. 2804, o. Bl. **3** Johann von Besser, zit. nach Czech 2008, S. 131. **4** Zit. nach Schneider, S. 2011, S. 10. **5** Zit. nach Schneider, S. 2011, S. 25

RITTERORDEN IM DIENST DER NEUEN KÖNIGSWÜRDE

Der Wettiner Friedrich August I. von Sachsen und der Hohenzoller Friedrich III. von Brandenburg – Kurfürsten des Heiligen Römischen Reiches, Nachbarn, Verwandte und Konkurrenten – standen in ihrem Streben nach höchster Macht- und Prachtentfaltung einander nicht nach. Die Erlangung der Königswürde als August II. in Polen 1697 und Friedrich I. in Preußen 1701 hob beide im Rang über die deutschen Reichsfürsten hinaus. Die Akzeptanz als Majestät seitens der europäischen Herrscherelite mussten sie sich jedoch erst erarbeiten.

Obgleich später gekrönt, ging Friedrich I. in der Gründung seines Hausordens August II. voran. Am 17. Januar 1701, dem Vortag der Krönung, rief er in Königsberg die ersten Ritter zusammen, um ihnen die Ordenskreuze zu überreichen. Zum Zeichen seines Ordens wählte er den Schwarzen Adler aus dem Wappen des Herzogtums Preußen, einst auch Zeichen des geistlichen Deutschen Ritterordens. Die Zeichen, die Devise und die Regeln des »königlich-preußischen Ordens vom Schwarzen Adler« sind in den gedruckten und bebilderten Gründungsstatuten festgehalten. Das Ordenskleid war am königlich englischen Hosenbandorden orientiert, dem Friedrich I. selbst seit 1690 angehörte. Der heute einzige erhaltene orangerote und blaue Ornat nebst Schwert des Schwarzen Adlerordens (1705) stammt aus dem Besitz des Herzogs Moritz Wilhelm von Sachsen-Zeitz. Das blau-weiß emaillierte, achtzackige Ordenskreuz in der Art des Malteserkreuzes birgt in den Zwickeln jeweils einen schwarzen Adler sowie die bekrönten Initialen »FR« [FRIDERICUS REX]. Es wurde an einem orangefarbenen Schulterband über dem Rock getragen. Der gestickte Bruststern am Ordensmantel und Galarock eines Ritters zeigt den Schwarzen Adler, der im Flug einen Lorbeerkranz sowie den Donnerkeil Jupiters mit sich führt, und die Devise: »SUUM CUIQUE« [jedem das Seine]. Die über den bodenlangen Mantel gelegte Ordenskette als Hauptstück der Ordenszeichen vereinte alle Symbole und die königlichen Initialen.

August II. griff für seinen Orden das bis in das 12. Jahrhundert zurückreichende heraldische Zeichen des Königreichs Polen auf, den Weißen Adler. Unter Inanspruchnahme von Historiografen suchte er den Orden als eine alte, ihm selbst weit vorangehende polnische Institution zu legitimieren. Die Ausgestaltung des auf das Königreich Polen bezogenen Weißen Adlerordens vollzog August II. schrittweise nach dem Maß der aktuellen Möglichkeiten, Bedürfnisse und Fortschritte der Machtsicherung im Verlauf des Nordischen Krieges. Bei der Auswahl der Ordensritter standen die Familie, Kriegsverbündete, so Zar Peter I. von Russland und dessen Feldherren, sowie die Verzahnung des sächsisch-polnischen Hofstaats und Militärs im Vordergrund. Bei der Neugründung des Ordens zu Ehren der Jungfrau Maria 1705 in Tykocyn übergab August II. laut Ordensakten den Rittern ein Abzeichen, das den Weißen Adler, die Devise »PRO FIDE / REGE / ET LEGE« [Für Glaube / König / und Gesetz] und die königlichen Initialen »AR« [AUGUSTUS REX] zeigt. Der König als Ordensoberhaupt

Ordenskreuz des Schwarzen Adlers, um 1701, SPSG

Ordenskreuz des Weißen Adlers, Vorderseite, Staatliches Museum Schwerin

Ornat des Schwarzen Adlerordens, 1705, Rüstkammer, SKD

Ordenskreuz des Weißen Adlers, Rückseite, Staatliches Museum Schwerin

führte die Devise »PRO FIDE / GREGE / ET LEGE« [Für Glaube / Volk / und Gesetz]. Aus der Anfangszeit des Ordens sind ovale Medaillons überliefert, die ab 1703 vergeben wurden (vgl. 2 | 14). Nach Wiedererlangung der 1706 bis 1709 verlustigen Königswürde führte August II. ein rot-weiß emailliertes, achteckiges bekröntes Ordenskreuz am blauen Halsband ein. An der Vorderseite war ein großer Weißer Adler aufgesetzt. An der Rückseite fanden sich die Devise sowie die Initialen AR mit einem Kreuz und den Kurschwertern. 1713 erhielt das Ordenskreuz seine endgültige Gestalt, wobei das Kreuz sowie die Kurschwerter als sächsisches Zeichen entfielen. Zugleich wurden das blaue Schulterband und der Bruststern angenommen. Im Jahr 1721 führte August II. in eigener Person die Ordenskleidung am 3. August, dem Namenstag Augustus' und zugleich Ordenstag, öffentlich vor. Sie bestand nicht in einem herkömmlichen Ornat, sondern in einem roten Jagdkleid französischer Mode mit Hirschfänger. Bordüren und Hirschfänger der Ritter waren in Silber, die des Königs in Gold gehalten. So gekleidet zogen alle anwesenden Ritter des Weißen Adlerordens, der damals insgesamt 21 deutsche und 15 polnische Ritter umfassenden Ordensgemeinschaft, im Jahr 1730 König Friedrich Wilhelm I. von Preußen nebst Kronprinz Friedrich (II.) entgegen, um ihn gemeinsam mit August II. als Gastgeber zum großen Manöverlager bei Zeithain zu empfangen.

Jutta Charlotte von Bloh

Dinglinger in Berlin – eine Annäherung an die verlorene Schatzkunst der ersten beiden Könige in Preußen

DIRK SYNDRAM

Noch bevor Johann Melchior Dinglinger am 18. Juni 1698 in Warschau durch August II. von Polen – als sächsischer Kurfürst Friedrich August I. genannt und heute besser bekannt als August der Starke – zum königlich polnischen und kurfürstlich sächsischen Hofjuwelier ernannt wurde, war der Juwelenkünstler bereits mittelbar mit dem brandenburgisch-preußischen Hof in Beziehung getreten. Denn am Tage, an dem die Ernennungsurkunde ausgefertigt wurde, wies August der Starke zugleich seinen Oberkämmerer in Dresden an, Dinglinger 4 000 Taler für eine Hutagraffe zu zahlen. Das kostbare Werk Dinglingers hatte der kurbrandenburgische Oberkämmerer Johann Kasimir Kolbe von Wartenberg im März 1698 bei Staatsverhandlungen als Geschenk Augusts des Starken erhalten. Weitere Juwelengeschenke in Höhe von 2 414 Talern waren von Dinglinger im Auftrag des Kurfürst-Königs für Damen und Herren des brandenburgischen Hofstaates angefertigt worden. Der Anlass für diese Schenkungen bot sich Ende Mai 1698 in Johannesburg (heute Pisz), wo August der Starke mit Kurfürst Friedrich III. zusammengetroffen war. Damals wurde die für August den Starken sehr lukrative Übertragung sächsischer Rechte am Reichsstift Quedlinburg besiegelt, wobei der Beitrag Kolbes daran – gemessen am Wert des diamantbesetzten Hutschmucks – ganz maßgeblich gewesen sein muss. Der sächsische Kurfürst brauchte dringend das brandenburgische Geld. Er hatte noch erhebliche Schulden wegen der Königswahl des Vorjahres zu begleichen und plante bereits zusammen mit den Herrschern von Dänemark und Russland den Großen Nordischen Krieg. Das Kriegsabenteuer, an dem sich der Kurfürst von Brandenburg klugerweise nicht beteiligte, begann im Februar 1700 mit dem Einfall polnisch-sächsischer Truppen ins schwedische Livland und endete für August den Starken – zunächst – mit der Kapitulation und Abdankung als König von Polen vor König Karl XII. am 31. Dezember 1706 in Altranstädt bei Leipzig.

Kaum hatten die schwedischen Besatzungstruppen Sachsen in Richtung Russland, dem einzigen noch nicht vollends besiegten Kombattanten des Nordischen Krieges, verlassen, da begann August der Starke im Frühjahr 1709 diplomatische Aktivitäten, die die Rückgewinnung Polen-Litauens zum Ziel hatten. Eines der dazu eingesetzten Mittel war allem Anschein nach der Ankauf eines kunstvollen »Bett von Goldte« von Johann Melchior Dinglinger.[1] August der Starke ließ dieses Schatzkunststück zusammen mit zwei Kutschen (einem »Stuben- und einem Garten-Wagen«) durch seinen Kammerherrn von Seyffertitz dem preußischen König als Geschenk überbringen. Der Hofjuwelier erhielt auf Anordnung des Kurfürsten für das Schatzkunstwerk 3 000 Taler. Der hohe Wert des heute nicht mehr nachweisbaren Kabinettstücks deutet darauf hin, dass es sich um ein eindrucksvolles Werk aus kostbaren Materialien handelte. Zugleich ist es ein Beleg dafür, dass Dinglingers Kabinettstücke damals auch vom preußischen König Friedrich I. sehr geschätzt wurden. Ob Johann Melchior Dinglinger seine in Dresden gefertigten Schmuckstücke, Galanteriewaren oder größeren Werke der Schatzkunst auch an Adelige, die nicht dem sächsischen-polnischen Hof zugehörten, verkaufte, ist nicht nachweisbar. Dass er es tat, sowohl in seiner Werkstatt in Dresden als auch auf den drei jährlich stattfindenden Leipziger Messen, ist sehr wahrscheinlich.

Johann Melchior Dinglinger: Pokal mit der Mohrin, um 1709, Rhinozeroshorn, Gold, Silber, Email, Diamanten, Barockperle, Grünes Gewölbe, SKD

Jean Louis Girardet: *Einäugiger Bettler auf einem Stelzfuß*, vor 1725, Barockperle, Gold, Email, Diamanten, Elfenbein, Reste von roter Fassung, Grünes Gewölbe, SKD

Galanteriearbeiten waren Ziergegenstände, deren Form und Funktion beständig dem modischen Wechsel, der Entwicklung des Ornaments und den Bedürfnissen des Fürsten angepasst wurden und das Lebensgefühl der höfischen Gesellschaft widerspiegelten. Die teilweise miniaturhaft kleinen Schalen und Dosen, die Riechfläschchen und Parfümflakons, die Petschafte, Etuis, Stockknöpfe, Spiegel oder kleinen Schreibutensilien wurden von Dinglinger in ihrer virtuosen Gestaltung und kostbaren Materialfülle in einer Weise übersteigert, dass sie als Teil der Schatzkunst ihren Gebrauchswert vollständig einbüßten. Berühmt aber wurde Dinglinger durch eigenständige Kunstwerke aus kostbarsten Materialien, die die Höhepunkte spätbarocker Schatzkunst bilden. Das nur in den Akten überlieferte »künstliche Bett von Goldte«, zu dem sogar eine erläuternde Beschreibung angefertigt wurde, muss ein solches Werk gewesen sein. Zum Vergleich: Die ebenso 1709 gefertigte Schale mit der Mohrin, heute noch im Grünen Gewölbe bewahrt, wurde vom Juwelenkünstler gleichfalls mit 3 000 Talern veranschlagt. Dieses aus Rhinozeroshorn, Gold und Edelsteinen geformte Meisterwerk feiert auf den an ihm angebrachten Emailmedaillons einen wichtigen politischen Akt, der August den Starken zusammen mit dem ihn in Dresden besuchenden König Frederik IV. von Dänemark vom 2. bis zum 22. Juli 1709 zunächst nach Potsdam und dann nach Berlin brachte. Der Zweck war nicht nur die Besiegelung königlicher Freundschaft, sondern auch ein neues militärisches Bündnis gegen den in Russland einfallenden schwedischen König. Bei seinem Berliner Staatsbesuch scheint August der Starke auf kostbare Geschenke verzichtet zu haben – wenigstens ist keine Rechnung Dinglingers dazu erhalten.

Die sich nach der Schlacht von Poltawa am 8. Juli 1709 eröffnende Möglichkeit, wieder glanzvoll zum König von Polen aufzusteigen, erforderte in den folgenden Jahren nicht nur die ungeteilte Aufmerksamkeit Augusts des Starken, sondern erhebliche finanzielle Mittel. Zu leiden darunter hatte auch Johann Melchior Dinglinger, dessen »Mohrinnenherme« wie auch andere gelieferte Kabinettstücke und Schatzkunstwerke einfach nicht bezahlt wurden. Den Juwelenkünstler führte dies an den Rand des Ruins.

Vielleicht liegt darin der Grund, dass Johann Melchior Dinglinger zwischen 1710 und 1713 mehrfach die brandenburgisch-preußische Residenzstadt besuchte. Dabei lassen insbesondere zwei Patenschaften, die der Juwelenkünstler damals in Berlin übernahm, fast schon auf familiäre Beziehungen schließen. Zum ersten Mal wurde er am 16. Oktober 1710 zum Paten der Tochter der Zeichnerin Anna Maria und des Miniaturmalers Christoph Joseph Werner. Ihm zur Seite stand ebenfalls als Pate der preußische Hofbaumeister Johann Friedrich Eosander von Göthe. Anna Maria war die Tochter des aus Augsburg stammenden Hofgoldschmieds Andreas Haid, der dann 1713 nach dem Ableben des Königs Friedrich I. in die Dienste Augusts des Starken trat. Tochter und Schwiegersohn siedelten 1721 ebenfalls nach Dresden über. Der Hofarchitekt Eosander, der im Jahre 1710 gerade Schloss Oranienburg beendet hatte und nun mit dem Bau von Schloss Charlottenburg befasst war, folgte dann ebenfalls 1722 nach Dresden, wo er von August dem Starken zum Chef des Ingenieurkorps ernannt wurde.

Die zweite Taufe fand am 23. Juni 1713 statt. Johann Melchior Dinglinger wurde dabei Oheim eines Kindes des am Berliner Schloss tätigen Bildhauers und Architekten Georg Weihenmeyer. Der zweite Pate Martin Heinrich Böhme war gerade erst als Nachfolger des kurz zuvor vom neuen preußischen König Friedrich Wilhelm I. entlassenen Eosanders von Göthe zum Hofbaumeister ernannt und mit dem Weiterbau des Berliner Stadtschlosses betraut worden. Dinglinger verkehrte, man kann es nicht anders sagen, damals mit der Spitze der preußischen Hofkünstler.

Jean Louis Girardet: *Soldat mit Spieß und Säbel*, wohl 1709–1725, Barockperlen, Gold, Silber, vergoldet, Diamanten, Rubine, Email, Elfenbein, Grünes Gewölbe, SKD

Von seiner freundschaftlichen Vertrautheit mit Berliner Künstlern zeugt ein Brief Peters des Großen an Graf Bruce, den der Zar im Dezember 1713 diktierte. Es geht darin um die Vermittlung eines Architekten, der sich bei dem Grafen melden sollte. Bruce wurde aufgefordert, sich sorgfältig zu erkundigen, »[...] ob er auch wirklich ein architector civilis sey und sendet deshalb Jemand ab oder schreibet nach Dresden, denn ein Goldtarbeiter bei dem ich in Dresden wohnte, hat ihn mir geschickt. Er wünscht ein Jahresgehalt von anderthalb Tausend Rsthlr. Cur. Und erfahret Ihr, dass er ein geschickter Meister sey, so schließet mit ihm einen Kontrakt auf einige Jahre.« [2] Es kann sich bei dem angekündigten »architector civilis« eigentlich nur um den Bildhauer und Architekten Andreas Schlüter handeln, der nach dem Tod Friedrichs I. von Preußen seine Anstellung bei Hofe in Berlin verloren hatte und sich 1713 über Sachsen und Polen in die Dienste des Zaren nach St. Petersburg begab. Der Zar aber hatte vom 15. bis zum 25. November 1712 in dem berühmten Hause Dinglingers gewohnt. Es war der einzige Dresdner Goldschmied, bei dem er je logierte.

Ebenfalls ein fast schon freundschaftliches Verhältnis scheint den immer wieder Berlin besuchenden Dresdner Juwelenkünstler mit dem preußischen Hofmaler Antoine Pesne verbunden zu haben. Johann Melchior, der auch als Kunsthändler auftrat, belieferte mehrfach die Bildergalerie Augusts des Starken mit Werken des seit 1710 in Berlin bestallten Franzosen. Der erste dieser Verkäufe ist für das Jahr 1714 nachweisbar. Dass es sich dabei nicht allein um eine wirtschaftliche Beziehung zu Pesne gehandelt hat, deutet sich dadurch an, dass Moritz Conrad, der älteste Sohn Johann Melchior Dinglingers, 1715 in Pesnes Werkstatt als Lehrjunge aufgenommen wurde. Antoine Pesne hat dann Johann Melchior und dessen Ehefrau auch 1721 in einem prachtvollen Porträt verewigt. Die dazu notwendigen Studien dürfte Pesne in Dresden angefertigt haben, wo sich der preußische Hofmaler 1718 mit Erlaubnis seines Dienstherren Friedrich Wilhelm I. mehrere Monate am Hofe aufhielt. Das Bildnis des Hofjuweliers zeigt auch eine detaillierte Abbildung der Dianaschale, die sich damals bereits in der königlichen Schatzkammer im Grünen Gewölbe befand. Eine lebensnahe Kreidezeichnung des Kopfes des Hofjuweliers, die dem Gemälde wohl als Bildnisstudie diente, bewahrt die Sammlung der Veste Coburg.

Trotz seiner zeitweiligen finanziellen Probleme mit August dem Starken und der Vertrautheit mit den künstlerischen Verhältnissen in Berlin in der Epoche des Übergangs von Friedrich I. zu Friedrich Wilhelm I. dürfte Johann Melchior Dinglinger wenig Veranlassung verspürt haben, in die brandenburgisch-preußische Residenzstadt überzuwechseln. Das lag nicht nur an den sich deutlich verändernden Präferenzen, die seit 1713 den königlichen Prunk und die barocke Verschwendung am preußischen Hofe in den Hintergrund rückten. Auch Friedrich Wilhelm I. wusste es, Juwelen und Schatzkunst für sich, seine Familie und seine Politik einzusetzen – wenn auch in bescheidenerem Maße. Die Berliner Goldschmiedezunft, die um 1700 die stolze Zahl von 67 Meistern, 45 Gesellen, 67 Lehrjungen umfasste, vermeldete im Jahre 1710 zudem an Goldarbeitern, Juwelieren und Steinschneidern 52 Personen aus der Französischen Kolonie. Der Markt war damit gesättigt und dazu noch sehr kompliziert strukturiert. 1713 wurde zwar, nicht zuletzt auf Druck des neuen Königs, die Vereinigung deutscher und hugenottischer Goldschmiede in einer Zunft vollzogen, aber es gab wohl weiterhin die Trennung zwischen den deutschen Goldschmieden, die Gefäße und figürliche Arbeiten aus vergoldetem Silber schufen, und den zumeist französischen Goldarbeitern, die die Bedürfnisse an Schmuck, Galanteriewaren und Schatzkunst bedienten. Dass die deutschstämmigen Goldschmiede auf ihrem Gebiet Großes zu leisten vermochten, zeigen zwei herausragende Meisterwerke. Das eine, der wohl nach einem Modell des zwischen 1698 und 1708 häufig in Berlin weilenden sächsischen Hofbildhauers Balthasar Permoser um 1707 vom Berliner Goldschmied Bernhard Quippe geschaffene Nautiluspokal mit Satyrschaft, befindet sich heute im Grünen Gewölbe. Das zweite Meisterwerk, ein Willkommpokal in Form eines liegenden Hirsches mit sagenhaftem 66-Ender-Geweih, befand sich nach 1700 im Schloss Oranienburg und wird heute in der Burg Hohenzollern verwahrt. Er wurde von Daniel Männlich d. Ä. zwischen 1697 und 1699 wohl nach einem Modell von Andreas Schlüter für den brandenburgischen Kurfürsten angefertigt.

Im Hinblick auf die hohe Qualität der in Berlin tätigen hugenottischen Goldarbeiter haben sich in Dresden ebenfalls Zeugnisse erhalten. Es sind fünf Perlfiguren: eine kleine Ente auf ihrem Nest und vier thematisch zueinander in Beziehung stehende Juwelenplastiken von Soldaten in preußischen Uniformen. Erstmals genannt werden sie 1724 durch den Hofjuwelier Johann Heinrich Köhler in dem von ihm erstellten und am 5. Januar 1725 von August dem Starken besiegelten *Inventarium derer Königl. Pretiosen, welche sich in den Königl. Grünen Gewölbe befinden*. Köhler überliefert, wo immer es ihm möglich ist, die Meister bzw. die Herkunft des beschriebenen Werkes. Bei den Perlfiguren verzeichnet er »Von Gerardet aus Berlin« bzw. nur »Von Gerardet«.[3] Dabei kann es sich nur um Jean Louis Girardet handeln, der um 1681 im burgundischen Autun geboren wurde. In der Berliner Goldschmiedeliste findet sich die Bezeichnung für ihn als »orfèvre en or et jouaillier«, also als Goldarbeiter und Juwelier, wie auch Dinglinger genannt wurde, aber nicht das Jahr des Erlangens seiner Meisterwürde. Erst danach dürfte er Jeanne Payot geheiratet haben. Im Januar 1713 wurde ihre erste Tochter geboren. Damit war er wohl bereits vor

Antoine Pesne:
Johann Melchior Dinglinger, um 1721, Öl auf Leinwand, St. Petersburg, Eremitage

1712 Goldschmiedemeister. Girardet starb im Jahre 1738. Seine in Dresden erhaltenen Werke weisen schon thematisch in die Regierungszeit des Soldatenkönigs. Zudem findet sich auf der Patronentasche des mit Säbel und Spieß heranstürmenden Infanterieoffiziers die Initiale W unter einer Königskrone. Neben der harmlosen Ente auf ihrem Nest und dem martialischen Offizier stellen die Perlfiguren einen in der typischen Kleidung der Schweizer Gardisten bekleideten »Soldate, so eine grüne und goldtene Fahne in der rechten Hand hält«, aber auch weniger das Soldatenglück darstellende Figuren wie einen in Lumpen einer Soldatenuniform bekleideten einäugigen Bettler auf einem Stelzfuß und einen sitzenden Bettler mit gelähmtem Arm dar. Die vier Soldaten Girardets ragen aus der Gesamtheit der Perlfiguren des Grünen Gewölbes durch ihre naturalistisch genaue, keinesfalls grotesk-karikierende Darstellung hervor. Seine zumeist in das preußische Blau gekleideten Soldaten und Bettler behalten auch im königlichen Juwelenkabinett ihre menschliche Würde und dies trotz der Überhöhung der Armut und Not durch die Goldschmiedekunst mit ihren kostbaren und seltenen Materialien. Besondere Wertschätzung erfährt bei ihm der jeweils individuell gestaltete Sockel, auf dem die Figur montiert wurde. So ist das Postament des Fähnrichs der Schweizer Garde »unten durchbrochen, mit allerhand Kriegs-Armaturen, auch mit etlichen Rubingen versezt«.[4]

Die Frage, welche sich angesichts dieser sehr wahrscheinlich in der eher an königlichem Prunk armen Regierungszeit Friedrich Wilhelms I. in Berlin geschaffenen Kostbarkeiten stellt, ist die nach der Bedeutung der spätbarocken Schatzkunst am brandenburgisch-preußischen Hofe. Dass es auch dort – wie in Dresden – eine große Sammlung solcher Kostbarkeiten aus purem Gold, farbigem Email, Bergkristall und seltenen Edelsteinen gearbeiteten zweckfreien Objekte gab, die allein fürstlicher Sammelleidenschaft und großem Repräsentationsbedürfnis ihre Existenz verdankten, belegt das älteste Inventar des Schlosses Oranienburg. Neben den beiden Residenzschlössern in Berlin und Potsdam hatte Friedrich III./I. das Jagdschloss seiner Vorfahren zwischen 1689 und 1710 zu einem der prächtigsten Fürstensitze seiner Zeit ausbauen lassen. In dessen 1699 angelegten Inventar finden sich auf mehr als 30 Seiten die verschiedensten Objekte der Schatzkunst verzeichnet. Sie wurden Mitte 1699 und Anfang 1700 aus dem Besitz des Kurfürsten nach Oranienburg gebracht. Als deren Herkunft wird teilweise das »pretiosen Cabinet« des brandenburgischen Kurfürsten genannt, das wohl im Berliner Stadtschloss zu verorten ist. Mit diesen zahlreichen Objekten der Schatzkunst wurden die lackierten und reich geschnitzten Tische gefüllt, die die damals neu angelegte Porzellangalerie zu einem märchenhaften Raum werden ließen. Sie war der ästhetische Höhepunkt einer Raumfolge, die vom Audienzgemach des Kurfürsten zu dessen Bettkammer führte. Zugleich Endpunkt einer Enfilade und intimster Schatzraum des Residenzschlosses, stand die Porzellangalerie vom 9. bis zum 11. Juli 1709 im Zentrum der vertrauten Verhandlungen, die der nunmehr preußisch-brandenburgische König mit dem König von Dänemark und dem damals noch abgesetzten König von Polen und Kurfürsten von Sachsen führte.

Antoine Pesne:
Johann Melchior Dinglinger, vor 1721,
Kreide gewischt auf blauem Papier,
Coburg, Veste

August der Starke besaß zu diesem Zeitpunkt noch nichts mit der Porzellangalerie von Oranienburg Vergleichbares. Erst 1723/24 ließ er im Erdgeschoss seines Dresdner Residenzschlosses die zuvor geheime Schatzkammer, das Grüne Gewölbe, zu einem spiegelreichen Präsentationsort ausbauen. Damals und mehr noch mit der erheblichen Vergrößerung und Neuinszenierung des Grünen Gewölbes von 1727 bis 1729 wurde die eigentlich intime und auf kleine Kabinette beschränkte Schatzkunst des Barock zu einem höfischen Ereignis umgewertet. Die Wirkung seiner theatralischen Inszenierung probierte August der Starke bereits im Januar 1728 an Friedrich Wilhelm I. und dessen Sohn aus, die bei einem Besuch des Dresdner Karnevals am 18. Januar nach dem Gottesdienst das im Ausbau befindliche Grüne Gewölbe besichtigten, »welches Sie sehr admiriret«.[5] Am 24. und 25. Januar kamen sie wieder, um sich »die kostbaren Raritaeten im Grünen Gewölbe« anzusehen.[6] Dem Soldatenkönig gefiel es in Dresden sehr, wie der streng calvinistische Preußenkönig in einem Brief an seinen Vertrauten von Seckendorff kurz nach seiner Ankunft schrieb: »Sonst ist die hiesige Magnificence so groß, dass ich glaube, sie habe bei Louis XIV. unmöglich größer sein können und was das liederliche Leben betrifft, so bin ich zwar nur zwei Tage hier, aber ich kann in Wahrheit sagen, dass ich dergleichen noch nicht gesehen, [...] Ich bin in Dresden und springe und tanze, ich bin mehr fatigiret, als wenn ich alle Tage zwei Hirsche tot hetze.«[7]

Beim Gegenbesuch Augusts des Starken Mitte 1728 in Berlin hatte dieser wieder einmal Werke von Dinglinger im Gepäck. Sie wurden auf königlichen Spezialbefehl von der Oberkämmerei im Jahre 1729 mit der beträchtlichen Summe von 19 425 Taler und dem Vermerk: »Hat der Jubelier Johann Melchior Dinglinger vor Jubelen, so er Ao: 1728. in Berlin geliefert bezahlt bekommen«, beglichen.[8] Es war einer der letzten großen Aufträge für Hofgeschenke, die Dinglinger für seinen König ausführen sollte. Doch auch der preußische König hat ihn sehr geschätzt. Im Nachruf auf den 1731 verstorbenen Johann Melchior Dinglinger wird so neben dem Besuch des Königs von Dänemark, des Zaren und »viel 100. Fürsten und Grafen aus allen Theilen der Welt« auch derjenige der Majestät des Königs in Preußen in Dinglingers Haus in der Großen Frauengasse verzeichnet.

Ungedruckte Quellen Sächsisches Hauptstaatsarchiv Dresden (Sächs. HStA Dresden), 10009 Kunstkammer, Sammlungen, Galerien · Sächs. HStA Dresden, 10026 Geheimes Kabinett

Gedruckte Quellen und Literatur Hoff- und Staats Calender, 1729 · Czok 1990b · Preußen 1701, Kat. 2001 · Syndram / Weinhold 2001 · Schloss Oranienburg 2001 · Syndram 2008a · Syndram 2008b · Watzdorf 1962

Anmerkungen **1** Sächs. HStA Dresden, 10026 Geheimes Kabinett, Loc. 898/08, Hoff-Casse-Sachen 1709, Bd. 10, fol. 8r, 13r. **2** Watzdorf, Bd. 1, S. 39 u. Bd. 2, S. 361, Anm. 86. **3** Sächs. HStA Dresden, 10009 Kunstkammer, Sammlungen, Galerien, Nr. 30 (Inventarium der königlichen Pretiosen, welche sich in dem Königlichen Grünen Gewölbe befinden), 1725, fol. 9v, fol. 10r. **4** Ebd., fol. 10v. **5** Hoff- und Staats-Calender. Auf das Jahr 1729, fol. 14r. **6** Ebd., fol. 14r, 16r und StA- D, 10119 (Secundogeniturherzogtum Weißenfels), Loc.11980, »Ein Convolum Wiener und Dresdner Diaria 1707–1736«. **7** Zit. nach: Czok 1990b, S. 258. **8** Sächs. HStA Dresden, 10026 (Geheimes Kabinett), Loc 899/12, »Hof- und Oberkämmereisachen«, Bd. 30, 1729, fol. 5r

KNOW-HOW-TRANSFER IM KUTSCHENBAU

»Es ging den Kutschen, in Ansehung ihrer Form wie allen Dingen, die Luxus und Bequemlichkeit erfand; sie verbesserten sich nach und nach, und wurden vollkommener.«[1] Kutschen waren Statussymbole. Im Rahmen der Geschenkdiplomatie versuchte man, sich mit Kutschen-Präsenten der Geneigtheit des Empfängers zu versichern und aus wirtschaftspolitischem Kalkül die Qualität der Erzeugnisse vorzustellen. Gesandte und Architekten wurden an fremde Höfe geschickt, um technisches Know-how und modische Neuheiten zu erkunden. Im Folgenden seien einige Beispiele des Austausches zwischen Dresden und Berlin genannt.

Der »Wurstwagen« gilt als deutsche Erfindung. Quellenberichte lassen Dresden als ersten Herstellungsort vermuten. Wie der Zeremonienmeister des brandenburgischen Kurfürsten Friedrich III. in seinen Aufzeichnungen festhielt, fuhr Kurfürstin Sophie Charlotte 1699 das allererste Mal »auf der Neuen Ahrt vom Wagen, die Wurst genannt«, mit einer großen Gesellschaft spazieren.[2] Von einer Jagd in Potsdam 1731 wird berichtet, dass die Königin, Prinzessinnen und Offiziere »zum Theil auf dem vom Könige von Pohlen [August II.] ehemals geschenkten Wurst-Wagen gesessen [haben]«.[3] Eine lange mit Samt oder Leder bezogene Bank ersetzte bei diesem Fahrzeug den Wagenkasten. Wurstwagen wurden den Chaisen zugeordnet, deren wesentliches Merkmal der offene oder nur mit einem Baldachin bedeckte Wagenkasten war. An ihnen ließ sich im Vergleich zu den großen Karossen eher an der Fahrgestellkonstruktion experimentieren. Der Berliner Wagenbau scheint sich auf diesem Gebiet in innovativer, solider Stellmacherarbeit hervorgetan zu haben. Nach Angaben des Historiografen der Kurmark Brandenburg Johann Christoph Beckmann wurden »Besondere arthen von Gutschen und Wagen« unter dem Namen »Berline« in viele Länder Europas exportiert.[4] Philipp de Chièze, der seit 1660 Beauftragter für Bausachen beim brandenburgischen Kurfürsten war, soll den später als Berline bezeichneten Wagen 1663 entworfen haben.[5] Die Wagenbauforschung vermutet das Besondere in der Konstruktion des Fahrgestells mit zwei Langbäumen, zwischen denen der Wagenkasten auf Riemen aufliegt. Nachweislich gelangten Berliner Chaisen an den französischen Königshof und an die Höfe von Hannover und Anhalt-Dessau.[6] Im Januar 1709 erhielt König August II. in Dresden vom Gesandten des preußischen Königs eine »neu erfundene Chaise« als Geschenk.[7]

Nur ein winziger Bruchteil dessen, was einst im Berliner und Dresdner Marstall an Kutschen vorhanden war, ist erhalten. Besondere Beachtung verdient deshalb die Zeichnung einer Kutsche, die als Tapetenmakulatur im Kavalierhaus des Schlosses Rheinsberg die Jahrhunderte überdauert hat.[8] Das Blatt, das sich zuletzt im Besitz des Prinzen Heinrich

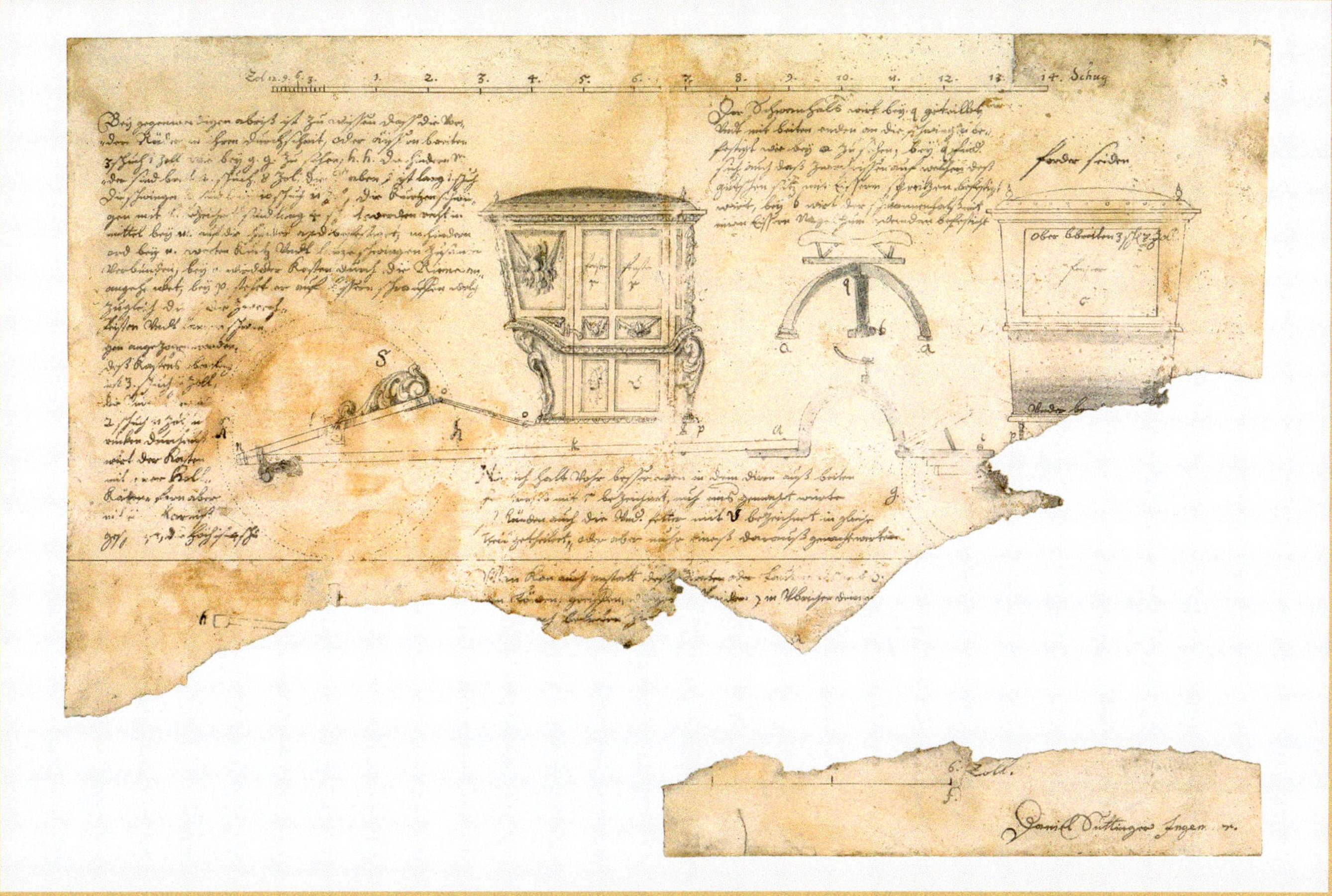

Daniel Suttinger: Karossen-Coupé mit Angaben zur Bauweise, Wien oder Dresden 1675/1690, Feder in Grau, grau laviert, Graphitstift, SPSG

befand, zeigt die Seitenansicht eines Coupés, einer Variante der verglasten Karosse mit halbem Wagenkasten. Beigefügt sind Einzelstudien zum Kasten und zum Kutschersitz. Die Autorschaft des sächsischen Ingenieurs Daniel Suttinger ist durch seine Signatur gesichert. In Penig geboren, stand Suttinger seit 1671 in Wien in städtischen Diensten, wo er Stadt- und Festungsmodelle in Holz und Planzeichnungen anfertigte. 1686 wurde er zum Oberhauptmann der kurfürstlich sächsischen Feldartillerie befördert. Inwieweit Kurfürst Johann Georg III. die Fähigkeiten seines Oberhauptmanns in Anspruch nahm, muss weiterer Forschung vorbehalten bleiben. In der Zeichnung gilt Suttingers Hauptinteresse dem Fahrgestell, das zwei als »Schwingen« bezeichnete Langbäume mit vorn angesetztem Schwanenhals und rückläufig Federschäfte zur Aufhängung des Kastens zeigt. Gewährte der Schwanenhals bereits eine gewisse Schwingung, um Fahrbahnstöße zu mildern, blieb für ein bequemeres Fahren die Abfederung des Kastens doch das entscheidende Problem. Das Kastendesign entspricht dem französischer Karossen aus dem letzten Drittel des 17. Jahrhunderts. Der erläuternde Text und die Maßangaben zur Zeichnung machen deutlich, dass es sich um Vorstellungshilfen und eine Anleitung zum Nachbau handelt. Das interessante Blatt lässt noch viele Fragen offen, so auch diejenige, wo Suttinger die Anregungen für seine Zeichnung erhalten hat und wie das Blatt in den Besitz des preußischen Königshauses gelangte. Für den frühneuzeitlichen Technologietransfer beim Wagenbau zwischen Sachsen und Berlin ist es ein einzigartiges grafisches Zeugnis.

Claudia Meckel

Literatur Bechler 1999 · Beckmann 1751 · Besser 2009 · Krünitz 1792 · Meckel 2013 · Nicolai 1769 Rohr 1980 · Vehse 1851 · Wackernagel 2002 Wolff 1914 · Onder den Oranje boom, Kat. 1999

Anmerkungen **1** Krünitz 1792, S. 276. **2** Besser 2009, S. 116 (Sächsisches Staatsarchiv, Hauptstaatsarchiv Dresden (SHStA), Zeremoniellakten von Bessers 1699, fol. 52v). **3** Wolff 1914, S. 131. **4** Beckmann 1751, Tl. 4, Sp. 1163. **5** Nicolai 1769, S. 325. – Rudolf Wackernagel weist als Vorbild auf die u. a. im Bergbau verwendeten, seit 1659 in Kupferstichen veröffentlichten französischen »berlaines« hin: Wackernagel 2002, S. 29. **6** Vehse 1851, Tl. 1, S. 270. – Rohr 1980, S. 9 f. – Bechler 1999, S. 374. **7** SHStA, Personennachlass Johann von Besser (1654–1729), Nr. 14, fol. 119r. **8** Meckel 2013, S. 39 f., Anhang II.1.1, S. 369.

2 | 9

KÖNIGSWÜRDE

Um sich Geltung als gleichwertige Akteure unter den europäischen Mächten zu verschaffen, strebten die Kurfürsten von Brandenburg und Sachsen nach der Königswürde. Möglich war ihnen dies jedoch nur außerhalb des Heiligen Römischen Reiches Deutscher Nation. Sie waren nicht die einzigen Fürsten, die diesen Weg einschlugen. Der Kurfürst von Braunschweig-Lüneburg (-Hannover) wurde König von England, die Herzöge von Pfalz-Zweibrücken, später der Landgraf von Hessen-Kassel König von Schweden. Erfolglos bei ihren Bemühungen um eine Krone blieben die Kurfürsten von der Pfalz und von Bayern. 1697 erreichte Kurfürst Friedrich August I. von Sachsen sein Ziel. Als König August II. bestieg er den polnischen Thron, musste dafür aber zur katholischen Kirche übertreten. 1701 zog Kurfürst Friedrich III. von Brandenburg nach und krönte sich zu König Friedrich I. in Preußen. Doch wesentliche Unterschiede kennzeichneten die beiden Kronen. Polen war eine Wahlmonarchie und nur über die Person des Herrschers mit Sachsen verbunden. Eine sächsische Nachfolge nach dem Tod Augusts II. war demnach nicht gesichert. Preußen jedoch gehörte bereits seit 1618 zum erblichen Besitz der Kurfürsten von Brandenburg. Schon 1657 regierten sie dort als souveräne Herrscher. Das 1701 in ein Königreich umgewandelte Preußen besaß im Gegensatz zu Polen allerdings keine königliche Tradition, und die Anerkennung des neuen Herrschertitels durch die europäischen Mächte war nicht selbstverständlich. Sehr verschieden waren auch die Größe der beiden Monarchien. Das mit dem Großherzogtum Litauen verbundene Königreich Polen reichte von der Ostsee bis weit ins heutige Weißrussland und die Ukraine. PL

Königskunst

SZENE 2

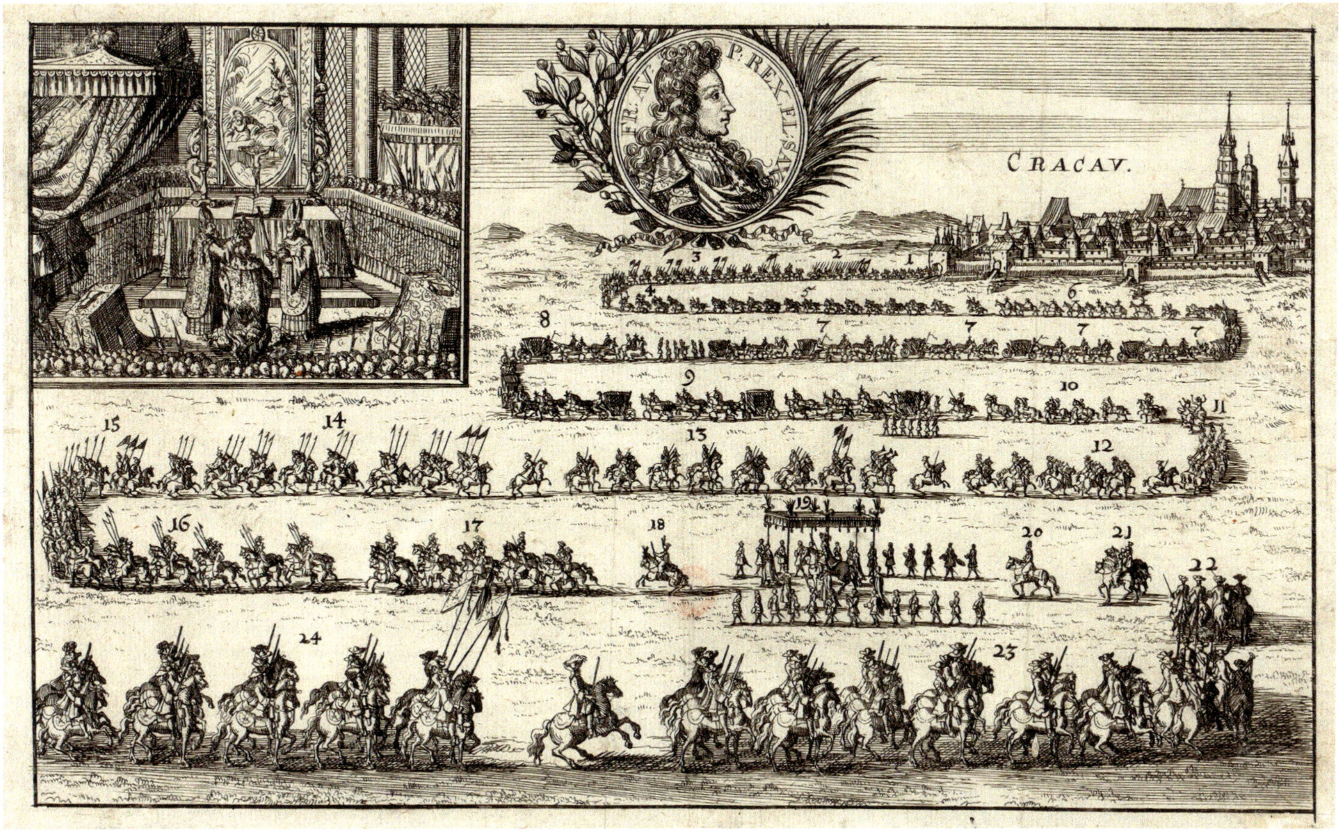

2 | 1

2 | 1
Christian Siegmund Froberg (Herausgeber)

Krönungsfeierlichkeiten für Friedrich August I. 1697 in Krakau

1697 · Flugblatt · 40,7 × 34,4 cm (Blatt)
Warschau, Muzeum Narodowe (Nationalmuseum) [Gr. Pol. 2011]

Am 27. Juni 1697 gelang es dem sächsischen Kurfürsten Friedrich August I. unter Aufwendung enormer Summen, von der polnischen Wahlversammlung bei Warschau zum König gewählt zu werden. Einen Tag zuvor hatte jedoch schon der französische Kandidat François Louis de Conti die Mehrheit der Stimmen für sich gewinnen können. In den gegnerischen Lagern herrschte Uneinigkeit, welche Auszählung zu gelten habe. Um seinen Wahlerfolg zu sichern, rückte Friedrich August in Polen ein und zog Richtung Krakau, der alten Krönungsstadt der polnischen Könige. Der Stich aus der von Froberg in Nürnberg gedruckten *Beschreibung des grossen Herzogs und Churfürsten zu Sachsen Friderici Augusti als neu erwehlten König in Polen ec. magnifiquen gehaltenen Einzug zu Cracau / samt der hierauf erfolgten Crönung den 5.* [Julianischer Kalender] *15. Septembr. 1697.* zeigt den prachtvollen Einzug Friedrich Augusts, zu Pferd unter einem Baldachin (Ziffer 19), in die Stadt sowie – am oberen Bildrand links – seine Krönung zu König August II. von Polen durch den Bischof von Kujawien im Krakauer Dom. PL

2 | 2
unbekannter Künstler

Reiterbildnis August II.

um 1700 · Kupferstich · 36,5 × 28,5 cm
Warschau, Muzeum Narodowe (Nationalmuseum) [Gr. Pol. 15387]

Seine Wahl zum polnischen König hatte August II. nicht zuletzt der Unterstützung des Kaisers und des Zaren zu verdanken, die einen Machtgewinn Frankreichs bzw. des mit Frankreich verbündeten Schweden in Polen verhindern wollten. Augusts II. Regierungsgewalt war durch die Privilegien des polnischen Adels und des höchsten Klerus jedoch stark eingeschränkt. Ihre Vertreter bildeten im sogenannten Sejm das polnische Parlament. Insbesondere das Recht jedes dort Vertretenen auf das sogenannte *liberum*

2 | 2

2 | 3

veto konnte gemeinsame Beschlüsse zwischen König und Sejm verhindern – eine Möglichkeit der Einflussnahme für ausländische Mächte, die nicht nur Brandenburg-Preußen zu nutzen wusste, um die sächsische Politik und ihre Reformversuche in Polen zu blockieren. August II. hatte die Einhaltung der polnischen Freiheiten im Zuge seiner Wahl beschworen. Der Stich zeigt August in polnischer Tracht und Mode vor Krakau und stellt ihn damit in die Traditionslinie der Könige von Polen. Diesem Zweck dient wahrscheinlich auch die Darstellung der zum Krieg rüstenden Truppen im Hintergrund. August II. führte nicht nur den Kampf seines Vorgängers, König Jan III. Sobieski, gegen die Osmanen fort, sondern verpflichtete sich bei seiner Wahl auch, schwedisch besetzte Gebiete Polens für das Land zurückzugewinnen. PL

2 | 3

Rosenkranz Augusts II.

1711 · Karneolperlen, z. T. mit Goldfiligranarbeit, anhängend Kreuz und Reichsadler · L 45,5 cm
Hannover, Museum August Kestner [1956.23]

Unabdingbare Bedingung für die polnische Königskrone war die katholische Konfession des Bewerbers. Am 1. Juni 1697 konvertierte Kurfürst Friedrich August I. in Baden bei Wien zur katholischen Kirche und schuf damit die wesentliche Voraussetzung für seine Wahl. Hoffnungen der römischen Kurie auf eine Rekatholisierung Sachsens erfüllten sich allerdings nicht. Der Kurfürst sicherte seinen Untertanen zu, den Zustand Sachsens in religiösen Belangen unangetastet zu lassen. Seine Gemahlin Christiane Eberhardine von Brandenburg-Bayreuth vollzog den Übertritt zur katholischen Kirche nicht, und auch der gemeinsame Sohn blieb vorerst lutherisch. Dennoch wurde unter August II. am Dresdner Hof ein katholischer Einfluss spürbar. Dieser beschränkte sich zunächst allerdings auf die seelsorgerische Betreuung des Königs und die Einrichtung einer Kapelle, wozu auch Aufträge für den entsprechenden Bilder- und Skulpturenschmuck sowie für die musikalische Ausgestaltung des Gottesdienstes zählten. PL

2 | 5

2 | 4 (ohne Abb.)

Glückwunschschreiben Friedrichs III.

1697 · Autograf · 34 × 22 cm
Dresden, Sächsisches Hauptstaatsarchiv
[10026 Geheimes Kabinett, Loc. 2963/3]

Die im Schreiben geäußerte Freude über die Wahl des sächsischen Kurfürsten zum polnischen König entsprang wohl nicht ganz dem »Grund meines Hertzens«, wie es Friedrich III. formulierte. Der Kurfürst von Brandenburg hatte die Wahlvorgänge von Königsberg aus nicht nur aufmerksam verfolgt, sondern – in der Person des Markgrafen von Baden-Baden – sogar einen eigenen Kandidaten für die polnische Krone ins Spiel gebracht. Wie Wien und St. Petersburg hatte Friedrich III. kein Interesse an einem Erfolg des französischen Kandidaten und – daraus resultierend – einem mit Frankreich und Schweden verbündeten Polen. Die Wahl des Sachsen war für Berlin zweifellos das kleinere Übel; uneingeschränkte Freude über die Verbindung des unmittelbaren Nachbarn und Raumkonkurrenten mit dem gewaltigen Königreich Polen wird man dort jedoch nicht empfunden haben. Der Kurfürst von Brandenburg intensivierte in der Folge seine Pläne für die eigene Königswürde. PL

2 | 5

Krönung des Kurfürsten Friedrich III. von Brandenburg zu König Friedrich I. in Preußen

aus: Johann Georg Wolffgang, Der Königlich-Preußischen Crönung Hochfeyerliche Solemnitäten [...], Blatt 6
Berlin 1712 · Kupferstich · 47 × 73 cm (Blatt)
Berlin, Staatsbibliothek zu Berlin – PK, Abt. Historische Drucke [gr. 2° Su 3100 R]

Am 18. Januar krönte sich der Kurfürst von Brandenburg zu König Friedrich I. in Preußen und realisierte damit ein spätestens seit 1692 verfolgtes Ziel. Die Gründung eines Königreichs aus dem Herzogtum Preußen bedurfte zwar theoretisch nicht der Erlaubnis anderer Mächte, um aber als zukünftiger König von diesen anerkannt zu werden, warb Friedrich auf diplomatischem Weg um Unterstützung. Im Jahr 1700 gelang es ihm nach langen Verhandlungen endlich, den Kaiser für sein Projekt zu gewinnen.

Das Blatt zeigt vier zentrale Ereignisse der Königsberger Krönungsfeierlichkeiten. In der Mitte der unteren Bildhälfte ist die am 17. Januar und am Vortag der eigentlichen Krönung erfolgte Stiftung des Schwarzen Adlerordens dargestellt. In den Kartuschen auf der linken und rechten Seite sieht man die Krönung des Königs und der Königin. Sie umrahmen die Szene der Inthronisation und der »Huldigung« der Stände. Ein markanter Unterschied zur Krönung Augusts II. wird hier ersichtlich: Während dem Sachsen ein Bischof die Krone in einer sakralen Handlung aufs Haupt setzte, krönte sich der Brandenburger selbst und außerhalb einer kirchlichen Zeremonie. Als protestantischer Landeskirchenherr lehnte er eine geistliche Vermittlerinstanz für das Gottesgnadentum seiner Krone ab. Die anschließend in der Königsberger Schlosskirche vorgenommene Salbung des Königs diente nur der Bestätigung der bereits vollzogenen Krönung. 1702 verfasste der preußische

2 | 6

Oberzeremonienmeister Johann von Besser eine detailgetreue Schilderung der Krönungsfeierlichkeiten. 1712 wurden sie durch eine zweite Auflage um die Kupferstiche von Johann Georg Wolffgang ergänzt, die er nach Zeichnungen des Hofmalers Johann Friedrich Wentzel ausführte. PL

2 | 6

Entrée des preußischen Königs Friedrich I. in Berlin am 6. Mai 1701

Amsterdam 1702 · Kupferstich
23,4 × 29,3 cm (Blatt)
Berlin, Stiftung Stadtmuseum Berlin
[GDR 64 / 11, 216]

Stein gewordener Ausdruck der erstrebten Königswürde war das Berliner Residenzschloss. Noch als Kurfürst hatte Friedrich den Palast seiner Vorfahren durch Andreas Schlüter monumental aus- und umbauen lassen. In Berlin entstand ein Schloss, das den Vergleich mit anderen europäischen Königsresidenzen nicht scheuen musste. Nicht das mit der preußischen Königswürde verbundene Königsberger Schloss, sondern Berlin sollte die Hauptresidenz Friedrichs I. werden. Der feierliche Einzug in seine Hauptstadt wurde deshalb Teil der Krönungsfeierlichkeiten und sein Schloss als Wohn- und Regierungssitz das abschließende und prachtvolle Ziel seines Zugs durch die Stadt. Die Bedeutung des Schlosses für das Königtum Friedrichs I. gibt auch Pieter Schenck in seinem Stich wieder. Der imposante Bau nimmt einen Großteil der linken Bildhälfte ein. Auf ihn bewegt sich der Zug des Königs zu, der zu Pferd gerade die rechts stehende Ehrenpforte der Stadt Cölln passiert. PL

2 | 7 (ohne Abb.)

Glückwunschschreiben des polnischen Königs August II. an Friedrich I.

Warschau, 28. Januar 1701 · Autograf,
Tinte 39 × 32 cm
Berlin, Geheimes Staatsarchiv PK
[I. HA, Rep 132 Kgl. Dignität, Band 8, Bl. 161]

Schon im Vorfeld hatte August II. dem Kurfürsten von Brandenburg seine Unterstützung für die gewünschte Rangerhöhung zugesichert. Er tat dies in der Hoffnung auf den Beistand seines Nachbarn bei der Umsetzung seiner gegen Schweden gerichteten Pläne. August II. war der erste auswärtige Potentat, der Friedrich I. gratulierte und ihn als König betitelte. Dies war in zweierlei Hinsicht von Bedeutung für den preußischen König: Neben der offiziellen Anerkennung seiner neuen Würde durch den Träger einer altehrwürdigen Krone signalisierte es zudem, dass August II. bereit war, Ansprüche auf das bis ins 17. Jahrhundert unter polnischer Lehenshoheit stehende Preußen nicht weiter zu verfolgen. Der polnische Sejm erkannte die mit Preußen verbundene Königswürde allerdings erst 1764 an. PL

2 | 8

Rolf Wünsch (Diamantschleifer)

Replik der Preußischen Königskrone von 1861

Idar-Oberstein, o. J. · Gold, getrieben, ziseliert
H 19 cm, Dm 23 cm
Idar-Oberstein, Deutsches Mineralienmuseum

Kurfürst Friedrich III. gab für seine Krönung 1701 eine Königskrone in Auftrag, deren Karkasse (Gestell) aus purem Gold bestand und reich mit Juwelen besetzt war. Sein Enkel Friedrich II. ließ die Juwelen 1741 entfernen. 1861 wurden diese Juwelen erneut verwendet, dieses Mal um eine für König Wilhelm I. neu geschaffene Krone zu schmücken. Doch auch von dieser Krone wurden die Juwelen entfernt, um dann 1889 an der für Wilhelm II. beauftragten Krone Platz zu finden. Beide Kronen des 19. Jahrhunderts hatten die Krone von 1701 zum Vorbild. Die hier gezeigte Replik der Königskrone von 1861 vermittelt daher einen plastischen Eindruck vom Erscheinungsbild der ersten preußischen Königskrone. PL

2 | 9 (Abb. S. 134)
Johann Friedrich Klemm

Krone Augusts II.

Dresden 1697 · Silber, getrieben, ziseliert und vergoldet, 97 Schmucksteine mit verschiedenen Schliffen und Kunstformen in aufgeschraubten Kastenfassungen: Rauchquarz, Bergkristall, Tripletten von Bergkristall mit farbiger Klebeschicht, am Reifrand Löcher zur Befestigung der nicht mehr original vorhandenen Kronhaube · H 25 cm, Umfang 59 cm, Dm 20 cm
Dresden, Rüstkammer, Staatliche Kunstsammlungen Dresden [P 343]

August II. wurde 1697 mit der alten polnischen Königskrone (datiert 1320) gekrönt. Die Umstände seiner Wahl und der zu befürchtende Krieg zwischen seinen Anhängern und denen des französischen Kandidaten François Louis de Conti ließen es im Vorfeld jedoch nicht sicher erscheinen, ob der sächsische Kurfürst auf die polnischen Kroninsignien würde zurückgreifen können. Vermutlich war die hier gezeigte, 1697 entstandene Krone von Johann Friedrich Klemm als möglicher Ersatz gedacht, der dann jedoch nicht zum Einsatz kam. PL

2 | 10
Johann Friedrich Wentzel d. Ä.

Dreikönigstreffen

nach 1709 · Kupferstich · 68 × 44,2 cm (Blatt)
Warschau, Muzeum Narodowe (Nationalmuseum) [80934]

Der Besuch des sächsischen Königs von Polen und des Königs von Dänemark-Norwegen im Jahr 1709 war für Friedrich I. ein wichtiges Ereignis, das er nutzen wollte, um den Makel seines jungen Königtums mit einer glanzvollen Inszenierung zu überdecken. Sowohl August II. als auch Frederik IV. hatten die preußische Königswürde anerkannt, andere Monarchen hatten dies aber bisher unterlassen, unter ihnen der französische König. August II., von den Schweden vom polnischen Thron vertrieben, und Frederik IV. kamen nach Berlin und Potsdam, um Preußen in ein gegen Schweden gerichtetes Bündnis zu ziehen. Dies bot Friedrich I. die Chance, seine Stellung als König unter seinesgleichen zum Ausdruck zu bringen. Er präsentierte seinen illustren Gästen die neu geschaffene königliche Residenzlandschaft in und um Berlin mit ihren zahlreichen Schlössern und deren kostbarer Ausstattung, den weitläufigen Gärten und reichen Sammlungen. Die Gäste verstanden es aber, zeremonielle Nuancen zu nutzen, sodass Friedrich keine echte Gleichrangigkeit demonstrieren konnte. Ein Umstand, den der preußische Hofkünstler Johann Friedrich Wentzel in seinem Stich ignoriert, der das Treffen der drei Friedriche (Friedrich I., Friedrich August I. – als August II. König von Polen – Frederik IV.) hier in Szene setzt. PL

2 | 8

AVGVSTISSIMO REGVM FRIDERICORVM TERNARIO.
Hanc Lætitiæ publicæ Effigiem et Patriæ Splendore Numinis et Majestatis eorum collustratæ, effusissimum Affectum, acu a se depictum D. D. D.

J. Fridericus Wentzel. Berolinensis. Pictor Regius.

REPRÄSENTATION

Seit jeher dienten fürstliches Bauen, Mäzenatentum und Sammeltätigkeit sowie ein glanzvoller Hof der herrscherlichen Repräsentation. Friedrich I. und August II. konnten darin auf eine lange Tradition ihrer kurfürstlichen Vorgänger aufbauen. Zur Darstellung ihrer Königswürde mussten sie allerdings neue und ihrer Rangerhöhung angemessene Wege beschreiten. Der Kaiserhof und die königlichen Höfe Europas setzten hierfür die Maßstäbe. Berlin und Dresden suchten die zeitgenössischen Erwartungen zu erfüllen und gingen dabei ähnlich vor. In dieser Zeit entstand eine Residenzlandschaft in und um die Städte an der Spree und Elbe, deren Bauten und Ausstattung ebenso wie der dazugehörige Hofstaat den Zweck hatten, Macht und Stellung der Monarchen zu verdeutlichen. Individueller agierten Friedrich I. und August II. im Detail – beispielsweise in ihrer kulturellen Ausrichtung und Orientierung bei der Auswahl der Künstler wie auch bei der Gestaltung des höfischen Alltags. Hier kamen die jeweiligen Vorlieben der Herrscher, aber auch ihre politische und konfessionelle Ausrichtung zum Tragen. So verwundert es nicht, dass die Ausprägungen des Berliner und des Dresdner Hofes bei allen Gemeinsamkeiten erhebliche Unterschiede aufwiesen. Sie spiegelten die verschiedenen Herrscherpersönlichkeiten Friedrichs I. und Augusts II. wider. PL

2 | 11

2 | 11
unbekannter Künstler
Bildnis König Friedrich I.
nach 1701 · Öl auf Leinwand · 81 × 63 cm
Eigentum des Hauses Hohenzollern,
SKH Georg Friedrich Prinz von Preußen

2 | 12
David Hoyer (wahrscheinlich)
Bildnis König August II.
um 1700 · Öl auf Leinwand · 106 × 84,5 cm
Aukrug, Dr. Habeck Kunsthandel GmbH

Berlin und Dresden sowie ihre Umgebung mit ihren Schlössern, Gärten, Museen, Sammlungen, Straßen und Plätzen verdanken vieles an ihrer heutigen Gestalt dem ambitionierten Repräsentationswillen Friedrichs I. und Augusts II. Dennoch ist bis in die Gegenwart August II. sehr viel stärker im Bewusstsein verankert und mit der Stadt Dresden verknüpft als sein königlicher Nachbar mit Berlin. Während der preußische Hof unter Friedrich I. zwar alle Voraussetzungen erfüllte, um dem Königtum eine repräsentative Bühne zu bieten, gelang es doch seinem Nachbarn in Dresden weit stärker, ein eigenes Profil zu entwickeln und dadurch aus der Hoflandschaft des Reiches, ja Europas herauszuragen. Dass schon die Zeitgenossen den Hof Augusts II. als einen der glänzendsten wahrnahmen, lag nicht zuletzt an der außergewöhnlich prachtvollen und raffinierten Festkultur, die der König – meist persönlich an den Planungen beteiligt – zur Inszenierung seiner Herrschaft und Macht zu nutzen wusste. Der

2 | 12

2 | 14

Medaillon des Ordens des Weißen Adlers

um 1705 · Gold, Email · 3,8 × 2,6 cm
Warschau, Zamek Królewski (Königsschloss) [ZKW N.6861]
(vgl. S. 122 f.)

2 | 15

Thomas Rehwendt I

Kettenflasche

Berlin, vor 1681 · Silber, gegossen, getrieben, graviert, teilvergoldet · 36,5 × 18 × 17 cm
Potsdam, Stiftung Preußische Schlösser und Gärten Berlin-Brandenburg [X 2894, KS V 214]
Erworben mit Unterstützung des Ernst von Siemens-Kunstfonds und mit Mitteln der Stiftung Deutsche Klassenlotterie Berlin

Unabdingbare Bestandteile herrschaftlicher Repräsentation waren schon seit dem Mittelalter prunkvoll ausgestattete Schaubuffets. Solche auf Tischen, Kredenzen oder konsolenartigen Wandapplikationen platzierte Arrangements setzten sich aus einer Vielzahl kostbarer Gold- und Silberschmiedearbeiten zusammen. Zum einen sollte der derart präsentierte Silberschatz von der Macht, dem Rang und Wohlstand seines Besitzers künden. Zum anderen war er im Bedarfsfall eine schnell verfügbare Geldreserve.

beachtliche Glanz des preußischen Hofes und seines ersten Königs verblasst daneben in der allgemeinen Wahrnehmung – wozu auch das harsche Urteil seines Enkels Friedrich II. beitrug, das die Sicht auf Friedrich I. lange prägte. PL

2 | 13 (Abb. S. 122)

Ordenskreuz des Schwarzen Adlers

um 1701 · Email, Stoff, Lack · 7,7 × 6,8 cm
Potsdam, Stiftung Preußische Schlösser und Gärten Berlin-Brandenburg [Sammlung Aurich I/1/1]

2 | 14

2 | 15

2 | 16

Mit dem Bau des Berliner Stadtschlosses durch Friedrich III. / I. wurde im Rittersaal, dem als Hauptfestsaal des Schlosses eine hohe staatspolitische Bedeutung zukam, das Große Silberbuffet nach Entwürfen von Andreas Schlüter eingerichtet. Mit seiner einheitlich geplanten Wanddekoration war es das bedeutendste Schaubuffet seiner Epoche und demonstrierte das durch die Königswürde gesteigerte Repräsentationsbedürfnis Friedrichs I.

Der Silberschatz des ersten Königs in Preußen, zu dem auch die ausgestellte Kettenflasche gehörte, muss eine beachtliche Größe gehabt haben, denn es existierten zwei weitere Schaubuffets im Schloss. 1715 wurde noch ein viertes verzeichnet. Selbst das kleinste davon enthielt 65 Geräte. Der Silberschatz war durch große Bestellungen bei Silberschmieden verschiedener Goldschmiedezentren, aber auch durch Geschenke und Erbschaften im Laufe der Jahre angewachsen und wurde auch schon zuvor in temporären Arrangements zur Schau gestellt. TM

2 | 16

Johann Erhard Heuglin II

Kanne aus Lavabogarnitur

Augsburg, um 1717 / 18 · Silber · H 30,8 cm
Dresden, Grünes Gewölbe, Staatliche Kunstsammlungen Dresden [IV 299]

Die Augsburger Schenkkanne aus gegossenem, ziseliertem, graviertem und vergoldetem Silber gehörte mit der entsprechenden Unterschale zu einer Partie von zwölf Lavabogarnituren. Sie wurden im Frühjahr 1719 in Vorbereitung der Vermählung des sächsischen Kurprinzen Friedrich August mit der Kaisertochter Maria Josepha von Österreich auf der Leipziger Ostermesse erworben. August II. sah anlässlich dieser für Sachsen bedeutenden Verbindung und der Feierlichkeiten die Einrichtung eines prunkvollen Silberkabinetts vor. Es war Teil der im zweiten Obergeschoss des Dresdner Residenzschlosses gelegenen Repräsentationsräume, die in Vorbereitung der Festivitäten umgebaut wurden. Das »Silberzimmer«, auf seine Funktion verweisend auch als »Buffet« bezeichnet, wurde im Turmzimmer des Hausmannsturms als Verbindungsraum zwischen Bankett- und Ballsaal eingerichtet. Vor komplett verspiegelten Wänden standen dort Hunderte von Silbergeräten auf Podesten, Wandkonsolen und Gesimsen. Diese Darbietungsform griff die bereits seit dem Ende des 17. Jahrhunderts übliche Form der Spiegelkabinette auf, in denen ostasiatische Porzellane gezeigt wurden. Erinnert sei an die Porzellankabinette im Oranienburger sowie im Charlottenburger Schloss. Für die Präsentation von Silbergerät als Schaubuffet stellte dies jedoch eine spezifisch sächsische Eigenart dar. Denn im Gegensatz zum Großen Buffet des Berliner Stadtschlosses wurden in Dresden nun die gesamten Wandflächen des Raums zur Ausstellung des Silbers genutzt. Auch bei der späteren Einbeziehung der Silbersammlung in das Grüne Gewölbe zwischen 1724 und 1728 wurde dieses System im Weißsilber- und im Silbervergoldeten Zimmer beibehalten und in einen größeren, musealen Charakter tragenden Rahmen integriert. TM

2 | 17

2 | 17

unbekannter Künstler

Marmorherme eines Priapos (Priapus Bellorii)

Italien, 2. Hälfte 16. Jh. · Marmor · H 46,5 cm
Dresden, Skulpturensammlung, Staatliche Kunstsammlungen Dresden [1810 Nr. 439]

Um 1703 ließ Friedrich I. in drei Räumen des Berliner Schlosses die erste komplexe Antikensammlung Nordeuropas einrichten. Sie galt schon früh als museale Institution, da sie systematisch geordnet Bezug auf das ikonografische Programm der Raumausstattungen nahm sowie bereits früh durch Publikationen dokumentiert und zudem von den angesehenen Gelehrten Lorenz Beger und Johann Carl Schott betreut wurde. Den Grundstock des Antikenkabinetts bildete die 1696 angekaufte Sammlung des römischen Antiquars Giovanni Bellori. Integriert wurden aber auch Antiken, die bereits Kurfürst Friedrich Wilhelm aus holländischen Sammlungen erworben hatte. Dazu zählte die 1671 angekaufte, damals als Antike geltende Marmorherme des Priap, auch »Priapus Bellorii« genannt. Sie zeigt den Gott der Fruchtbarkeit Priapos bis zu den Lenden hinab entblößt. Eigentlich zum Verdecken gedacht, betont das um die Hüften gewundene Tuch das Geschlecht besonders.

So wundert es nicht, dass sich diese schon damals hochberühmte und als »Prunkstück« bezeichnete Skulptur heute in der Dresdner Skulpturensammlung befindet. Friedrich Wilhelm I. schenkte sie mit etwa 50 weiteren Antiken, vorwiegend Porträtbüsten, Mitte der 1720er Jahre nach Dresden. August II., bekannt für sein ausschweifendes Liebesleben, könnte gerade wegen der zur Schau gestellten Obszönität an dieser Skulptur interessiert gewesen sein. Die Schenkung des Soldatenkönigs war der erste umfangreiche und zusammenhängende Bestand der Dresdner Antikensammlung und damit ihr Grundstein. TM

2 | 18

Männliche Büste (sog. Caligula)

Büste nach Antike
17. Jh. · Roter Porphyr · 46 × 28 × 23 cm
Dresden, Skulpturensammlung, Staatliche Kunstsammlungen Dresden [Hm 349]

1728 konnte August II. seine Antikensammlung durch die spektakuläre Erwerbung zweier italienischer Sammlungen erweitern. Aus den Sammlungen des Fürsten Agostini Chigi und des Kardinals Alessandro Albani kamen im Jahr darauf nach langer Reise etwa 200 Statuen und Porträtplastiken nach Dresden. Es handelte sich vorrangig um römische Kopien nach griechischen Werken der Klassik und Spätklassik. Eine repräsentative Aufstellung fand die Sammlung im Palais und in den Gebäuden des Großen Gartens. Glanz und Ruhm der Antikensammlung Augusts II. sollten durch das 1733 von Raymond Leplat herausgegebene Kupferstichwerk *Recueil des marbres antiques qui se trouvent dans la galerie du Roy des Pologne* Verbreitung finden. Auch die Porphyrkopie einer männli-

2 | 18

chen Büste, als Caligula bezeichnet, fand darin auf Tafel 147 Aufnahme.

Anders als Friedrich I., den bei der Anlage seiner Antikensammlung eher das wissenschaftliche Interesse zu leiten schien, ein Bild der antiken Kultur wiedergeben zu wollen, legte August II. mehr Wert auf ästhetische Wirkung und auf den repräsentativen Charakter seiner Sammlung. Gerade die auffällig hohe Anzahl antiker Büsten legt diese Vermutung nahe. TM

2 | 19 (ohne Abb.)
Manufaktur: Arita

Frauenfigur im Kimono mit Bambus- und Kirchblütendekor, Imari Stil

Japan, 18. Jh. · Porzellan, Unterglasurmalerei, Kobalt, Aufglasurmalerei, Imari Farben, vergoldet · H 44 cm
Potsdam, Stiftung Preußische Schlösser und Gärten Berlin-Brandenburg [XII 197]

Mit der Gründung der Ostindischen Kompanien zu Beginn des 17. Jahrhunderts wuchs der Import ostasiatischen Porzellans nach Europa. Zuvor als Kuriosität bewertet, wurde es ab der Mitte des Jahrhunderts zum geschätzten Luxus- und Modeartikel. Am Hof Ludwigs XIV. traten Ende des 17. Jahrhunderts die ersten Sammler auf, die aus künstlerischer Liebhaberei bewusst und systematisch Porzellan anzukaufen begannen. Sie begründeten eine rein höfische Mode, der dann zahlreiche Fürsten aus Repräsentationsbedürfnis folgten.

Die Porzellansammlungen am preußischen Hof zählten zu den ersten und zu ihrer Zeit bedeutendsten. Noch als Kurfürst ließ Friedrich III. zwischen 1695 und 1697 ein Porzellankabinett im Schloss Oranienburg einrichten. Königin Sophie Charlotte verfügte ab 1703 über ein eigenes Kabinett im Schloss Charlottenburg. Auf geschnitzten Holzkonsolen, Postamenten, Gesimsen und Kaminen standen vor zumeist verspiegelten Wänden sowie auch auf dem Boden zahlreiche bemalte oder weiß belassene Platten, Teller, Schüsseln, Vasen, Tassen und Figuren chinesischer und japanischer Herkunft. Gemäß der Raumfolge herrschaftlicher Appartements nahmen die Kabinette, die deren Abschluss bildeten, einen hohen Rang ein und waren besonders kostbar ausgestattet. August II. dürften diese Porzellansammlungen spätestens seit seinem Besuch am preußischen Hof 1709 bekannt gewesen sein. Friedrich Wilhelm I. schenkte die Porzellane der Kabinette in Charlottenburg und Oranienburg 1717 schließlich dem sächsischen Nachbarn. Weder für Berlin noch für Dresden sind die genauen Porzellanbestände der Frühzeit belegt. TM

2 | 20

2 | 20

Stehende Guanyin

China o. J. · Porzellan, unbemalt
47,8 × 12,1 × 9,7 cm, Sockel 11,8 × 9 cm
Dresden, Porzellansammlung, Staatliche Kunstsammlungen Dresden [PO 8639]

Viele europäische Fürsten erfasste Ende des 17. Jahrhunderts die Begeisterung für ostasiatisches Porzellan – so auch den preußischen. Doch August II. übertraf seinen Nachbarn bei Weitem, auch wenn seine Leidenschaft zeitlich etwas später einsetzte. Durch kontinuierliche Ankäufe ließ er innerhalb von 20 Jahren eine der umfangreichsten Sammlungen ostasiatischen Porzellans in Dresden zusammentragen. Selbstironisch nannte August seine Unsummen verschlingende Passion die »maladie de porcellain« – die Porzellan-Krankheit. Bei der hier gezeigten chinesischen Göttin könnte es sich um eine jener Porzellanfiguren handeln, die August II. 1709 Johann Friedrich Böttger als Vorlage zur Verfügung stellte, als er ihn mit der Herstellung von Repliken aus rotem Steinzeug beauftragte. Damit wäre die Figur eine der wenigen Porzellane, die aus der Frühzeit der Dresdner Sammlung nachweisbar sind.

Auch das Porzellan sollte August als Medium der Repräsentation und Demonstration seiner Macht dienen. Unter anderem in Anlehnung an die europaweit bekannten den Schlössern Charlottenburg und Oranienburg entwickelte August II. ab 1717 Pläne für die Einrichtung eines großen Porzellankabinetts in Dresden. Das eigens dafür erworbene Holländische Palais – umgebaut und später Japanisches Palais genannt – sollte den architektonischen Rahmen für die repräsentative Aufstellung der Sammlung bieten. Am Anfang sahen die Planungen vor, die ostasiatischen Porzellane gemeinsam mit den ab 1710 in der Meißner Porzellan-Manufaktur nach ostasiatischen Vorlagen gefertigten Arbeiten in symmetrischer Anordnung auf Konsolen und Gesimsen zu präsentieren. Erst die steigende technische und künstlerische Produktivität seiner Porzellan-Manufaktur veranlasste August II. 1727/28 dazu, die Sammlungen zu trennen. Mit der Unterbringung des Meißner Porzellans im repräsentativeren ersten Obergeschoss und einem entsprechenden Bildprogramm der Deckenbilder sollte der Triumph der heimischen Produktion über die ostasiatische kommuniziert werden. Da August III., Sohn und Nachfolger Augusts II., die Leidenschaft seines Vaters nicht teilte, blieb die Umsetzung dieser Planungen unvollendet. TM

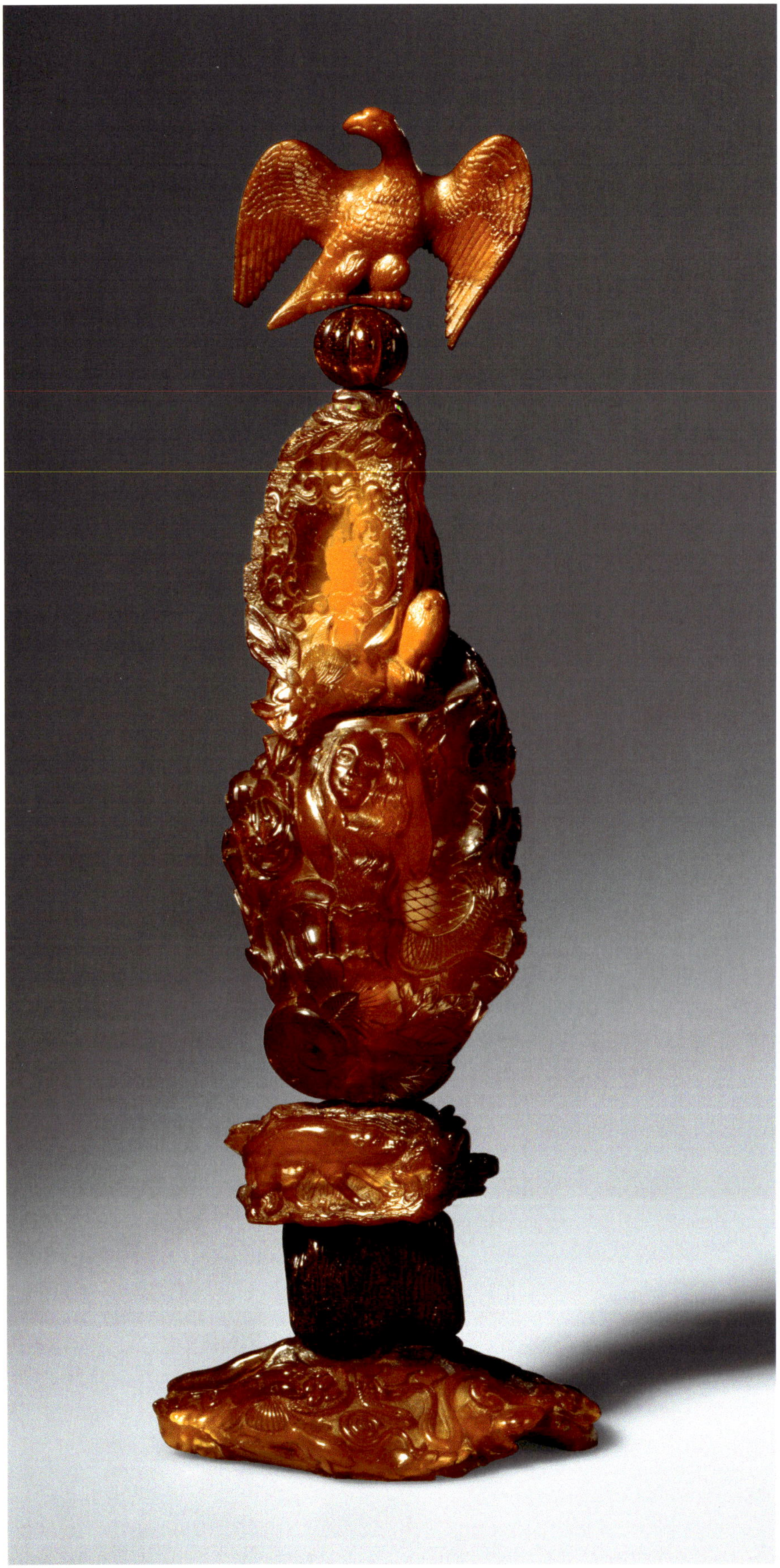

2 | 21

Aufsatz mit dem preußischen Adler

nach 1710 · Bernstein · H 33 cm,
Fußplatte 11,6 × 8,2 cm
Berlin, Stiftung Deutsches Historisches Museum [KG 2000/41]

In zweifacher Hinsicht repräsentiert der imposante Aufsatz, zu dem bis 1945 noch ein Gegenstück existierte, das noch junge Königreich Preußen und verdeutlicht den gezielten Einsatz der Schatzkunst unter Friedrich I. Zum einen erfolgt dies in Form von Herrschaftssymbolik: So bekrönt den mit feinen Meereswesen und -pflanzen beschnitzten, imposant großen Bernstein ein die Flügel ausbreitender Adler, das preußische Wappentier. Zum anderen zeigt dies das Material, aus dem der Aufsatz gefertigt wurde. Bernstein erfuhr unter Kurfürst Friedrich Wilhelm eine neue Aufwertung. Als »eines der edelsten Reichs-Güter so Ewr.

2 | 21

2 | 23

Majestät zufließen« galt er als ein Geschenk Gottes an die Landesherren von Brandenburg-Preußen und wurde als deren persönliches Eigentum angesehen. Kunstvoll bearbeiteter Bernstein wurde daraufhin als diplomatisches Mittel eingesetzt. Ein besonders prächtiges diplomatisches Geschenk dieser Art war das große zweitürige Bernsteinkabinett. Friedrich Wilhelm I. schenkte es 1728 August II. anlässlich dessen Besuchs in Berlin. TM

2 | 22

Dresdner Lücke-Werkstatt / Meister der Leipziger Goldschmiedefamilie Lauch

Salzfass mit tanzendem Zwerg

um 1716 – 1725 · Elfenbein, Bergkristall, vergoldetes Silber, Diamanten, Farbsteine · H 20,4 cm
Dresden, Grünes Gewölbe, Staatliche Kunstsammlungen Dresden [VI 180]

Nicht nur den Werken der bildenden Künste kam im absolutistischen Herrschaftssystem nach französischem Vorbild eine repräsentative Aufgabe zu. Auch und im besonderen Maße den angewandten Künsten oblag eine staatstragende Funktion. Schmückend und gleichfalls dienend spielten sie für die Selbstdarstellung des Souveräns eine herausragende Rolle. Hochwertige Materialien, künstlerische Invention sowie exzellente handwerkliche Ausführung sollten dabei die Großartigkeit und Macht des Besitzers unterstreichen. In diesem Zusammenhang kultivierte August II. auf sehr persönliche Weise eine aufwendige Festkultur, die einer entsprechenden Ausstattung bedurfte. Integraler Bestandteil davon konnten kostbare repräsentative Pretiosen der königlichen Schatzkammer sein, die vordergründig auf ihre Wirkung hin konzipiert waren, aber ihren funktionalen Charakter, wie im Falle des ausgestellten Salzschälchens, trotzdem bewahrten. Auf dem Sockel mit rundem Fuß aus vergoldetem Silber mit Edelsteinbesatz und von Delfinen getragener Plinthe steht die aus Elfenbein geschnitzte Figur eines in ausladenden Gesten tanzenden Zwerges. Darüber ist eine geschliffene und gravierte Schale aus Bergkristall mit vergoldeter und edelsteinbesetzter Silbermontierung aufgesetzt. Als artifizielle Schaustücke konnten solche Grotesken Aufstellung auf oder – als Schaubuffet arrangiert – neben einer repräsentativen Festtafel finden. TM

2 | 23

Michiel Maddersteeg

Die Ankunft der Lustjacht »Friedrich« in Berlin

1708 · Feder in Schwarz und Braun, grau laviert, rote Kreide, Grafitstift · 57,4 × 50,2 cm
Potsdam, Stiftung Preußische Schlösser und Gärten Berlin-Brandenburg [GK II (6) 111]

Kaum ein anderes höfisches Ereignis während der Regierungszeit Friedrichs I. fand eine solch bildkünstlerische Aufmerksamkeit wie die Überführung der »großen holländischen Jacht« und ihre feierliche Ankunft am 8. März 1708 in Berlin. Dieses in Amsterdam gebaute und auf den Namen »Friedrich« getaufte Schiff war von den insgesamt drei Lustjachten, die für den preußischen König in Holland gefertigt wurden, das prachtvollste. Es beeindruckte sowohl durch seine Ausstattung als auch durch seine segeltechnische Gewandtheit. Die Kosten sollen 100 000 Taler betragen haben. Mit der Ausführung des Schiffes hatte Friedrich I. den Maler und Schiffsbaumeister Michiel Maddersteeg beauftragt.

2 | 24

Die Ankunft der Lustjacht war ein vielbeachtetes, öffentlichkeitswirksames Ereignis in der Residenzstadt, das in den Hofjournalen ausführliche Würdigung fand. Auch andere Berichte geben anschaulich Auskunft über den Ablauf und die Bedeutung dieses Tages für die Selbstdarstellung des ersten preußischen Königs, der sich an Bord des Schiffes befand.

Schauplatz war die Spree am Lustgarten vor dem Berliner Schloss, das rechts im Hintergrund dargestellt ist.

Die Zeichnung kann weder als flüchtige Ideenskizze noch als akribische Vorzeichnung für die druckgrafische Reproduktion bezeichnet werden. Die Komposition, die Figuren und Requisiten sind großzügig, plastisch und überaus lebendig angelegt. Der Vordergrund gehört dem prächtigen Schiff, das sich effektvoll über die zahlreichen kleinen Beiboote erhebt. Die Wiedergabe möglichst vieler Details des Schiffes war ganz offensichtlich des Zeichners wichtigstes Anliegen. Kräftig sind die Verzierungen am Schiffsrumpf herausgearbeitet. Die zahlreichen Allegorien, Kronen, Monogramme und Wappen verbinden sich dabei zu einem wohldurchdachten ikonografischen Programm zur Verherrlichung des preußischen Königtums. CS

2 | 24
Alessandro Mauro

Modell des Lustschiffes »Bucentauro«

Dresden 1719 · Holz, Blattgold, Lackfarbe, Taft, Federn · 53 × 113 × 57 cm
Dresden, Rüstkammer, Staatliche Kunstsammlungen Dresden [P 339]

Das Modell zeigt das prachtvollste der Prunkschiffe Augusts II. Das nach der venezianischen Staatsgaleere »Bucintoro« bezeichnete Lustschiff trug eigentlich den Namen »Maria Josepha«. August II. ließ das Prunkschiff im Zuge der Vorbereitungen für die Vermählung seines Sohnes Friedrich August (II.) mit der Kaisertochter Maria Josepha 1719 erbauen. Die Braut legte auf dem Prunkschiff die letzte Etappe ihrer Reise, von Pirna nach Dresden, zurück. Neben der »Maria Josepha« bestand die Lustflotte Augusts II. aus zahlreichen weiteren, nach venezianischem Vorbild gebauten Galeeren sowie einigen Segelschiffen. Sie wurden bereits vor 1719 – in die glänzende Festkultur des Dresdner Hofes integriert, und das Wasser wurde als Kulisse genutzt. Die »Maria Josepha« fand auch bei einer der letzten gewaltigen Feierlichkeit augusteischer Inszenierung Verwendung – dem Zeithainer Lager 1730. PL

2 | 25

2 | 25
Friedrich Wilhelm Weidemann

Bildnis Sophie Luise von Mecklenburg-Schwerin, Königin von Preußen

o. J. · Öl auf Leinwand · 158,9 × 132,1 cm
Schwerin, Staatliches Museum Schwerin – Kunstsammlungen, Schlösser und Gärten
[G 228]

Am Hof übernahm die Königin eine wichtige Rolle bei der Repräsentation des Herrscherhauses. In Berlin folgte man dabei den Normen der Zeit, während der Dresdner Hof einen Sonderfall darstellte, weil die Königin sich meist nicht in der Residenz aufhielt. Durchaus üblich war das dortige Mätressenwesen, das wiederum am preußischen Hof nicht zu finden war. Zwei seiner Gemahlinnen hatte Friedrich I. bereits überlebt, als er sich entschloss, eine dritte Ehe einzugehen. Da sein Sohn und Thronfolger aus seiner Ehe bisher keinen überlebenden Sohn vorweisen konnte, vollzog er diesen Schritt in bereits fortgeschrittenem Alter vornehmlich, um den Fortbestand der Dynastie zu sichern. Seine Wahl fiel auf Sophie Luise von Mecklenburg-Schwerin. Sie war die Schwester des seit 1692 regierenden Herzogs Friedrich Wilhelm. Mit den Hohenzollern war das Haus Mecklenburg seit dem 15. Jahrhundert erbverbrüdert, und Friedrich I. konnte im Fall des Aussterbens des herzoglichen Hauses Erbansprüche geltend machen. Diese Verbindung zu stärken und gleichzeitig den Einflussbereich Preußens in Norddeutschland zu vergrößern, waren die Motive bei der Brautwahl. Am 28. November 1708 wurde die Hochzeit in Berlin gefeiert. Die mit 23 Jahren wesentlich jüngere neue preußische Königin kam mit ihrer Stellung jedoch nur schwer zurecht. Zwar nahm sie die repräsentativen Pflichten wahr – etwa beim Besuch Augusts II. und Frederiks IV. 1709 –, und auch das Eheleben schien durchaus harmonisch. Schon bald aber entfremdete sich das Königspaar, auch weil Sophie Luise als strenggläubige Lutheranerin den konfessionellen Gegensatz in ihrer Verbindung mit dem reformierten Friedrich I. nicht zu überbrücken wusste. Zunehmend isoliert und im Ruf geistiger Verwirrtheit wurde sie am Ende der Regierungszeit Friedrichs I. vom preußischen Hof entfernt und verbrachte ihr weiteres Leben in Mecklenburg. Das Porträt des preußischen Hofmalers Friedrich Wilhelm Weidemann zeigt die junge Königin vermutlich kurz nach der Eheschließung, rechts neben ihr sind bereits der königliche Hermelin und die Krone zu erkennen. PL

2 | 26
unbekannter Künstler

Bildnis Anna Constantia Reichsgräfin von Cosel

vor oder um 1710 · Öl auf Leinwand · 92 × 73 cm
Dresden, Gemäldegalerie Alte Meister, Staatliche Kunstsammlungen Dresden
[2006/02]

Schon den Zeitgenossen war der Dresdner Hof unter August II. auch aufgrund der Liebschaften des Herrschers bekannt. Als Klatschgeschichten kolportiert, von der antihöfischen, bürgerlichen Geschichtsschreibung des 19. Jahrhunderts übernommen, prägen sie die Vorstellung von August dem Starken bis heute. Unter seinen zahlreichen bekannten Mätressen – wie der Gräfin von Königsmarck oder der Fürstin von Teschen – ist die Gräfin von Cosel wohl die berühmteste. Als Ehefrau des sächsischen Politikers Adolf Magnus von Hoym kam die im Holsteinischen geborene und in Gottorf und Wolfenbüttel in Hofdiensten gestandene Anna Constantia von Brockdorff 1699 nach

2 | 26

Sachsen. Ihre unglückliche Ehe endete 1705 mit einer Scheidung. Im selben Jahr begann ihr Aufstieg als Mätresse Augusts II. In schneller Folge wurde sie zu einer der mächtigsten Persönlichkeiten am Dresdner Hof. Vom König mit einem Eheversprechen bedacht und auf sein Betreiben vom Kaiser zur Reichsgräfin von Cosel erhoben, nahm sie eine bedeutende gesellschaftliche und repräsentative Funktion ein und verfügte über erheblichen politischen Einfluss. August II. schenkte ihr Schloss Pillnitz und ließ das Taschenbergpalais in Dresden – die spätere Residenz des Kurprinzenpaares – für sie errichten. Neben den beträchtlichen finanziellen Zuwendungen an seine Mätresse schuf er damit auch den Rahmen für die angemessene Darstellung ihrer hohen Position am Hof. Da die Ehefrau Augusts II. meist nicht in Dresden lebte, sondern sich vornehmlich in Pretzsch aufhielt, und auch der Kurprinz noch unverheiratet war, übernahm die Gräfin Cosel gleichsam die Funktion einer ersten Dame Sachsens. Ihre außerordentliche Stellung erhellt ihre Rolle bei den aufwendigen Feierlichkeiten, die August II. zu Ehren des dänischen Königs 1709 in Dresden veranstaltete, bevor die beiden Monarchen nach Preußen zum Treffen mit Friedrich I. aufbrachen: Als Gastgeberin empfing sie Frederik IV. zu einem Fest in ihrem Palais, im Beisein der als Vestalin kostümierten Königin nahm sie als Göttin Diana an einem Götteraufzug teil, und beim Damen-Ringrennen fiel das Los auf den dänischen König, sie an der Hand zu führen. Das Gemälde von unbekannter Hand zeigt Anna Constantia von Cosel etwa zu dieser Zeit und auf dem Höhepunkt ihrer Laufbahn. Ihre Einflussnahme auf die Politik Augusts II. war wohl ausschlaggebend dafür, dass 1712 ihr Stern zu sinken begann. Im Folgejahr vom König auf ihre Güter verbannt, floh sie 1715 an den preußischen Hof. Friedrich Wilhelm I. lieferte die Gräfin an August II. aus, der sie 1716 auf der Burg Stolpen festsetzen ließ. Dort lebte sie bis 1765. PL

ZEREMONIELL

Das Zeremoniell regelte die Beziehungen zwischen den Mächten. Es definierte damit auch die Stellung Friedrichs I. und Augusts II. in der europäischen Monarchengesellschaft. Dabei war das Zeremoniell kein in sich starres System, sondern musste ausgehandelt und konnte angepasst werden. In seiner politischen Aussagekraft war es für die Herrscher von allerhöchster Bedeutung. Ein glanzvoller Hof oder prachtvolle Bauten konnten zwar den beanspruchten Rang zum Ausdruck bringen, aber erst die durch das Zeremoniell geregelte Interaktion zwischen dem Herrscher und seiner Umwelt vermochte diesen auch zu bestätigen. Am wichtigsten wurde das Zeremoniell deshalb für das persönliche Zusammentreffen von Herrschern, beim Empfang auswärtiger Botschafter oder der eigenen Diplomaten an fremden Höfen. Für das neu geschaffene Königreich Preußen gestaltete sich die Behauptung des beanspruchten Zeremoniells und damit die Anerkennung der neuen Würde durch die ausländischen Mächte komplizierter als für den sächsischen König von Polen. Gemeinsam war den beiden Monarchen jedoch, dass sie durch ihre Doppelfunktion als europäische Könige und Kurfürsten des Reiches in zwei ganz unterschiedliche Ranggefüge eingegliedert waren. PL

2 | 27

Christian Fritzsch nach Anna Maria Werner

Porträtkupfer des Zeremonienmeisters Johann von Besser

in: Des Herrn von Besser Schrifften […], Nebst desen Leben Und einem Vorberichte ausgefertiget von Johann Ulrich König
Leipzig 1732 · Kupferstich · 22 × 15 cm (Blatt)
Berlin, Staatsbibliothek zu Berlin – PK, Abt. Historische Drucke [Yk 29<a> R]

Mit Johann von Besser verfügte der preußische König über einen äußerst versierten Fachmann in zeremoniellen Angelegenheiten. Aus Kurland stammend, hatte Besser in Königsberg und Leipzig Philosophie, Theologie und Jura studiert, bevor er ab 1681 in Berlin eine Anstellung fand. 1690 wurde er von Kurfürst Friedrich III. geadelt und zum Zeremonienmeister ernannt; im Zuge der Königskrönung – an deren Inszenierung er maßgeblich beteiligt war und deren Verlauf er 1712 publizierte – zum Oberzeremonienmeister. Bei den Planungen für den Besuch Augusts II. und Frederiks IV. 1709 am preußischen Hof wirkte er gleichfalls wesentlich mit. Vom Nachfolger Friedrichs I. entlassen, fand er 1717 Anstellung am Dresdner Hof. Bessers Schriften wurden 1732 von seinem Mitarbeiter und Nachfolger, dem sächsischen Hofpoeten Johann Ulrich König, veröffentlicht. Aus dem ersten Teil der zweibändigen Ausgabe *Des Herrn von Besser Schrifften* stammt das hier gezeigte Porträtkupfer. Es ist der Biografie Bessers vorangestellt, und König erläutert die Komposition selbst: Zur Linken ist die Allegorie der Zeremonialwissenschaft dargestellt, auf deren Gewand der schwarze und der weiße Adler Preußens und Polens zu erkennen sind. Trauernd um den 1729 verstorbenen Johann von Besser, der für Friedrich I. und August II. als Zeremonienmeister tätig gewesen war, hält sie sein Porträt. Im Hintergrund sind die Werke Bessers versammelt, um seine Bedeutung für das Zeremonialwesen zu verdeutlichen – »indem er der erste gewesen, der diese Wissenschafft zu einer so vollkommenen Ausübung gebracht hat«. PL

2 | 28

Julius Bernhard von Rohr

Einleitung zur Ceremoniel-Wissenschafft Der großen Herren

Berlin 1733 · Buchdruck · 20 × 35 cm
Berlin, Staatsbibliothek zu Berlin – PK
[50 MA 48378]

Um die im Staatswesen immer wichtiger werdenden zeremoniellen Fragen zusammenzufassen und zu ordnen, entwickelte sich die sogenannte Zeremonialwissenschaft. Einer ihrer bedeutenden Vertreter war der in Elsterwerda geborene Julius Bernhard von Rohr. Er entstammte einer brandenburgischen Familie, die sich in Sachsen etabliert hatte. Rohr studierte in Leipzig, kurzzeitig auch in Halle, und war mit Christian Wolff bekannt. Nach einer zunächst akademischen Laufbahn wechselte er als kurfürstlich sächsischer und königlich polnischer Kammerjunker und seit 1714 als Mitglied der Merseburger Stifts- und Landesregierung in den Hof- und Staatsdienst. 1726 wurde er von Herzog Moritz Wilhelm von Sachsen-Merseburg zum Regierungsrat im Markgraftum Niederlausitz ernannt, wo er die folgenden Jahre auch lebte. Als ihn Herzog Heinrich von Sachsen-Merseburg schließlich zum Landkammerrat ernannte, verließ er die Niederlausitz und zog 1732 in die herzogliche Residenz nach Merseburg; am dortigen Domstift hatte er seit 1727 bereits eine Domherrenstelle inne. Für Julius Bernhard von Rohr boten die Kurfürsten von Sachsen und von Brandenburg und ihre Königswürde zahlreiche anschauliche Beispiele für seine *Einleitung zur Ceremoniel-Wissenschafft Der großen Herren.* Die Vorrede Rohrs zu der Berliner Ausgabe von 1733 ist datiert in Kirchhain, den 15. April 1729. PL

Einleitung
zur
Ceremoniel-
Wissenschafft
Der großen Herren,
Die in vier besondern Theilen
Die meisten Ceremoniel-Hand-
lungen / so die Europäischen Puissancen
überhaupt / und die Teutschen Landes-Für-
sten insonderheit, so wohl in ihren Häusern, in Ansehung
ihrer selbst, ihrer Familie und Bedienten, als auch
gegen ihre Mit-Regenten, und gegen ihre Unter-
thanen bey Krieges- und Friedens-Zeiten
zu beobachten pflegen,
Nebst den mancherley Arten der Diver-
tissemens vorträgt / sie so viel als möglich in
allgemeine Regeln und Lehr-Sätze einschlüßt, und hin
und wieder mit einigen historischen Anmerckungen
aus dem alten und neuen Geschichten erläutert,
ausgearbeitet von
Julio Bernhard von Rohr.
Neue Auflage.
Berlin / bey Joh. Andreas Rüdiger / 1733.

2 | 28

HINTER DEN KULISSEN

Die räumliche Nähe zwischen Preußen und Sachsen führte zu einem regen künstlerischen und wissenschaftlichen Austausch. Der etwa zeitgleiche Erwerb der Königskrone, der beide Höfe vor ähnliche repräsentative Aufgaben stellte, beförderte die Konkurrenz. Das in den beiden Residenzen und in ihrer Umgebung Entstandene oder Gedachte diente dem jeweiligen Nachbarn als Vorbild und Ansporn zugleich. Zahlreiche der in Berlin und Dresden beschäftigten internationalen Künstler und Wissenschaftler kannten einander und pflegten Kontakte; ihre Biografien und Karrieren waren mit beiden Höfen verknüpft. Dies zeigen gegenseitige Porträts, Briefwechsel und gemeinsam geschaffene Kunstwerke. Von Besuchen am benachbarten Hof blieben dort entstandene Kunstwerke, sei es im Auftrag des Königs, des Adels oder des Bürgertums. Nach dem Tod Friedrichs I. fanden viele der für ihn tätigen Künstler eine Anstellung am Dresdner Hof. Dies war jedoch nur der zahlenmäßige Höhepunkt des Künstleraustauschs zwischen den Nachbarn Preußen und Sachsen. PL

2 | 29

Johann Friedrich Wentzel d. Ä.

Bildnis Gottfried Wilhelm Leibniz

um 1700 · Öl auf Holz · 73 × 62 cm
Berlin, Berlin-Brandenburgische Akademie der Wissenschaften [VZLOBO-0031]

Der in Leipzig geborene Philosoph und Naturwissenschaftler Gottfried Wilhelm Leibniz zählte zu den größten Universalgelehrten seiner Zeit. 1700 wurde der Sachse vom brandenburgischen Kurfürsten Friedrich III., dem späteren König Friedrich I., berufen, eine Sozietät der Wissenschaften, die spätere Königlich-Preußische Akademie der Wissenschaften (heute Berlin-Brandenburgische Akademie der Wissenschaften), in Berlin zu gründen. 1704 verhandelte Leibniz über die Gründung eines sächsischen Äquivalents in Dresden. Auch der sächsische Naturforscher Ehrenfried Walther von Tschirnhaus, persönlich mit Leibniz bekannt und sein langjähriger Briefpartner, verfolgte das Ziel einer Akademiegründung, wenn auch mit anderer Ausrichtung. Während Tschirnhaus an eine rein naturwissenschaftliche Einrichtung dachte, hielt Leibniz in seinem Akademieplan fest: »Das objectum dieser Unsrer Societät der wissenschafften soll ganz unbeschrenket seyn, also verschiedene anderswo fundirter societäten oder sogenannter Academien objecta zusammenfassen«. Nach Tschirnhaus' Tod 1708 versandete das Akademieprojekt. Hinzu kam, dass August II., dem beide Wissenschaftler vorgetragen hatten, aufgrund des Nordischen Krieges und des zwischenzeitlichen Verlustes der polnischen Krone andere Prioritäten setzte. EG

2 | 30

Martin Bernigeroth

Ehrenfried Walther von Tschirnhaus

um 1708 · Kupferstich · 35 × 47 cm (Blatt)
Trier, Stadtbibliothek Weberbach / Stadtarchiv
[Port 3982 GR]

Im 16. Jahrhundert erreichte das chinesische Porzellan die europäischen Höfe. Aufgrund der immensen Preise und der großen Nachfrage wurde die Herstellung des

2 | 29

europäischen Porzellans zum Ziel zahlreicher Experimente. Doch erst im Jahr 1708 gelang es, die Rezeptur für Porzellan neu zu erfinden. Maßgeblich daran beteiligt war der kursächsische Rat und Naturwissenschaftler Ehrenfried Walther von Tschirnhaus. Ab 1702 arbeitete er im Auftrag Augusts II. an der Herstellung des Hartporzellans und erkannte, dass es nicht aus Glas, sondern aus einer Mischung verschiedener zusammen geschmolzener Erden, darunter Kaolin, bestand. Diese Idee wurde unter technischer Leitung Tschirnhaus' von Johann Friedrich Böttger, einem aus Brandenburg-Preußen geflohenen Alchemisten, weiterentwickelt und verfeinert. Im Dezember 1707 gelang es dem Team nach jahrelangen Versuchen, im Laboratorium auf der Festung Königstein die erste Töpferware (»Böttgersteinzeug«) herzustellen, die zwar noch kein feines weißes Porzellan war, doch bereits auf der richtigen Zusammensetzung von 50 Prozent Kaolin, 25 Prozent Feldspat und 25 Prozent Quarz basierte. Drei Monate später war es dann soweit: Im Januar 1708 ließ Böttger in einem Brandprotokoll vermerken, dass er nach zwölfstündigem Brand einen weißen transparenten Scherben erhalten habe. Im selben Jahr wurde Tschirnhaus von August II. zum Geheimen Rat und Direktor der zu gründenden Manufaktur ernannt. Er starb im Oktober 1708, ohne die Früchte seiner Arbeit ernten zu können. EG

2 | 30

2 | 31 (ohne Abb.)

Brief Ehrenfried Walther von Tschirnhaus' an Gottfried Wilhelm Leibniz

Dresden, nach 20. September 1701
Tinte auf Papier · 19,5 × 15,6 cm
Hannover, Gottfried Wilhelm Leibniz Bibliothek – Niedersächsische Landesbibliothek [LBr. 943, Bl. 121 – 122]

Die meisten wissenschaftlichen Errungenschaften des 18. Jahrhunderts, so auch die Neuerfindung des Porzellans in Sachsen, gründeten auf der gemeinsamen, die territorialen Grenzen überschreitenden Leistung von verschiedenen Naturforschern und Gelehrten. Die direkte Kommunikation zwischen den Beteiligten war selten möglich, und so wurde der wissenschaftliche Diskurs durch den Austausch von Tausenden von Briefen am Leben gehalten. Das Schreiben, das Ehrenfried Walther von Tschirnhaus Ende September 1701 aus Dresden an den zu dieser Zeit teils in Hannover, teils in Berlin ansässigen Gottfried Wilhelm Leibniz richtete, reflektiert nicht nur die Hilflosigkeit angesichts der Unmöglichkeit eines direkten Austausches – »man köndte bey einer conference mehr außrichten als mit vielen Briefen« – , sondern dokumentiert auch die gewaltige Anstrengung,

2 | 32

die dem Erfindungswillen zu eigen war. Tschirnhaus berichtet mit Stolz von seiner Glashütte sowie von den zwei Laboratorien in Dresden, denen er vorsteht und wo er an der Entwicklung hochwertiger Brennlinsen arbeitet. Zu dieser Zeit war Tschirnhaus mit zwei Problemen konfrontiert: zum einen mit der Zusammensetzung der Porzellanerden, zum anderen mit Schwierigkeiten technischer Natur. Die Versuche, Tonerden mithilfe von Spiegeln zum Schmelzen zu bringen, waren misslungen, die erreichten Brenntemperaturen zu niedrig. Interessanterweise ist dem Brief kein direkter Wunsch nach einem Meinungsaustausch zu entnehmen, eher handelt es sich hier um eine verschriftlichte Selbstvermarktungskampagne, die der Naturforscher ohne falsche Koketterie betrieb. EG

2 | 32

Kendiflasche mit Deckel

Meißen, um 1712 / 1715 · Böttgersteinzeug
H 18,2 cm (mit Deckel), Dm 10 cm
Dresden, Porzellansammlung, Staatliche Kunstsammlungen Dresden [PE 2345a – b]

Schon während seiner Ausbildung zum Apotheker in Berlin widmete sich Johann Friedrich Böttger der Alchemie. In dieser Zeit machte er auch die Bekanntschaft Johannes Kunckels. Nachdem es Böttger 1701 scheinbar gelungen war, einfaches Metall in Gold umzuwandeln, wollte ihn Friedrich I. an den Berliner Hof binden. Aus Angst, seine Freiheit zu verlieren, floh Böttger noch im selben Jahr ins sächsische Wittenberg. Sein Ruf war ihm allerdings vorausgeeilt, sodass er bald darauf durch sächsische Behörden arretiert wurde. Trotz des Protests des preußischen Königs ließ August II. Böttger nach Dresden bringen, wo dieser unter strenger Bewachung für ihn die Goldmacherei betreiben sollte. Ehrenfried Walther von Tschirnhaus, der bereits an der Neuerfindung des chinesischen Porzellans arbeitete, erkannte Böttgers solide naturwissenschaftliche Kenntnisse, sein Gespür für außergewöhnliche Lösungen sowie sein experimentelles Geschick. 1705 begannen sie ihre gemeinsamen Versuche zu hochdichten keramischen Erzeugnissen. Das sogenannte Böttgersteinzeug war ein Zwischenschritt auf dem 1709 mit Erfolg gekrönten Weg zur Herstellung des »echten« Porzellans. Aber nicht nur im Material, sondern auch in der formalen Gestaltung sollten die chinesischen Vorbilder nachgeahmt werden. So ist diese Kendiflasche eine fast exakte Kopie einer Kendiflasche aus chinesischem roten Steinzeug, mit flachem Blüten- und Blattdekor sowie Tierkopfausguss der Kangxi-Dynastie. TM

2 | 33

2 | 33

Schale aus Halsbacher Korallenachat

Dresden 1714 · sächsischer Korallenachat, messingvergoldete Fassung Anfang 19. Jh., H 10,7 cm
Dresden, Grünes Gewölbe, Staatliche Kunstsammlungen Dresden [V 520]

Auf dem Höhepunkt seines Erfolgs – gerade erst war die Meißner Porzellan-Manufaktur gegründet worden – wurde Böttger von August II. mit der Einrichtung einer Schleifwerkstatt betraut. Aus der 1711 neu erbauten

Dresdner Schleif- und Poliermühle für sächsische Landedelsteine im Plauenschen Grund, der Böttger vorstand, stammt diese muschelförmig geschliffene, auf einem vergoldeten Messingfuß ruhende Schale. Den verwendeten Achat bezeichnete man wegen seiner hellroten Farbe, die kennzeichnend für das in Halsbach bei Freiberg gewonnene Gestein war, sowie wegen der Ausbildung korallenähnlicher Aggregate schon zur Zeit seiner Entdeckung als Korallenachat. Die Fußschale ist ganz auf die Materialwirkung des kunstvoll bearbeiteten Steines in Muschelschnitt mit Akanthus- und Schuppenornamenten auf der Rückseite konzipiert. TM

2 | 34

2 | 34
unbekannter Maler
Bildnis Johannes Kunckel
um 1690 · Öl auf Leinwand · 22 × 17,5 cm
Berlin, Stiftung Stadtmuseum Berlin
[VII 59/135 x]

Johannes Kunckel gilt als Spiritus Rector der brandenburgischen Glasherstellung. Gleichzeitig war er auch einer der vielen sächsisch-brandenburgischen Grenzgänger seiner Zeit und von der Gunst der ihn unterhaltenden Fürsten abhängig. Aus einer holsteinischen Glasmacherfamilie stammend, erlernte er das Handwerk des Glasmachers und widmete sich dann der »Apothekerkunst«. In seiner Anstellung als »Geheimer Kammerdiener und Chymicus« am Hof des sächsischen Kurfürsten Johann Georg II. war er mit der Durcharbeitung alter alchemistischer Schriften betraut. Kunckel nutzte die dabei der Alchemie abgewonnenen Erkenntnisse für seine Experimente zur Glaserzeugung, die nach damaligem Verständnis nur mit alchemistischem Vorwissen bewerkstelligt werden konnte. In Dresden entlassen, hielt Kunckel zwischenzeitlich Vorlesungen an der Universität zu Wittenberg und trat dann ab 1678 in die Dienste Kurfürst Friedrich Wilhelms von Brandenburg, welcher ihn mit der Glasentwicklung für die brandenburgischen Glashütten betraute. Es gelang Kunckel in akribischen Experimenten, verschiedene hochwertige Glasmassen für die Luxusglaserzeugung herzustellen und diese europaweit konkurrenzfähig zu machen. So verbesserte er die Rezeptur des Kristallglases. Bedeutender war allerdings die »Nacherfindung« und gewerbliche Nutzung des seit der Antike verloren gegangenen Goldrubinglases. Das seine Erkenntnisse zusammenfassende Werk *Ars Vitraria Experimentalis, oder vollkommene Glasmacherkunst* galt bis ins 19. Jahrhundert hinein als ein Standardwerk der Glasmacherei. TM

2 | 35
Fußbecher
Potsdamer Glashütte, um 1690/1700
Goldrubinglas · H 16,6 cm
Berlin, Staatliche Museen zu Berlin, Kunstgewerbemuseum [K 1129]

Über dem umgedrehten, trichterförmigen Fuß sitzt auf einem starken Wulst die kegelförmige, nach oben hin sich leicht nach außen wölbende Kuppa auf. Die ausgesprochen dicke Wandung des Glases ist in einem tiefen, sehr dunklen, beinahe schwarz wirkenden Rubinrot eingefärbt. Erst seit Johannes Kunckel war es möglich, solche Rubingläser herzustellen. Zwar war die Technik immer wieder beschrieben worden, doch ihre Handhabung war äußerst kompliziert und nahezu unbeherrschbar. Kunckel gelang es durch seine präzisen Experimente, das Verfahren für eine gewerbliche Verwendung nutzbar zu machen. Die große Schwierigkeit bestand gerade bei solch dickwandigen Gläsern darin, eine gleichmäßige Farbverteilung zu erreichen. Auch hier ist sie nicht ganz gelungen, da der Wulst der Bechermündung einen leicht gelblichen Schimmer aufweist. Die Kunckel'schen Goldrubingläser waren als Luxusgüter begehrt. Johann Friedrich Böttger gelang es nicht zuletzt auf Grundlage der Erfindung des ihm aus seiner Berliner Zeit persönlich bekannten Kunckel, 1713 eine ähnliche Glasart, das sogenannte sächsische Überfangglas, zu entwickeln. TM

2 | 36

Bernhard Quippe nach Entwurf von Balthasar Permoser

Nautiluspokal mit Satyrschaft

Berlin, um 1707 · Nautilusgehäuse, Silber, vergoldet · H 29,6 cm, B 19 cm, Dm Fuß 13 cm
Dresden, Grünes Gewölbe, Staatliche Kunstsammlungen Dresden [III 189]

Schwer lastet die große Nautilusschale auf der geduckt hockenden Satyrgestalt, die den Schaft des Pokals bildet. Über den Schalenkörper spannen sich kunstvoll verzierte Spangen aus vergoldetem Silber. Die Montierung der Mündung schmücken Symbole in Form von Faunsmaske, Weinlaubranken und Flöte. Am höchsten Punkt des Prunkgefäßes vervollständigt der Weintrauben haltende, liegende Panther das bacchantische Motivspektrum.

Der Entwurf sowie die Gussformen für dieses von dem Berliner Goldschmied Bernhard Quippe für die Dresdner Schatzkammer gefertigte Kabinettstück stammten von dem sächsischen Hofbildhauer Balthasar Permoser. Zwischen 1698 und 1708/09 war Permoser mit der Bearbeitung der Hermenfiguren an den Balkonen der Gartenfassade des Berliner Stadtschlosses beschäftigt. Bei den hierfür erforderlichen Berlin-Aufenthalten scheinen sich Permoser und Quippe kennengelernt zu haben. Auffällig sind die großen Ähnlichkeiten zwischen den Balkon-Hermen und der Satyrgestalt des Nautiluspokals, die jeweils mit nach vorn geneigten Köpfen und emporgereckten Armen die Last zu bewältigen suchen. In beiden kündigen sich bereits die im Dresdner Zwinger ab 1711 von Permoser geschaffenen Stütz- und Tragefiguren an. TM

2 | 35

2 | 37
Louis de Silvestre
Bildnis Jean de Bodt
1729 · Öl auf Leinwand · 130 × 100 cm
Dresden, Gemäldegalerie Alte Meister,
Staatliche Kunstsammlungen Dresden [765 A]

2 | 37

Als Jean de Bodts bedeutendstes Bauwerk gilt noch heute das Berliner Zeughaus. Gleich nachdem de Bodt 1699 in die Dienste Kurfürst Friedrichs III. getreten war, bekam er die Leitung für dieses nach dem Berliner Schloss zweitwichtigste Bauvorhaben übertragen. Sein Ruf gründete darauf, dass er durch seine in Paris erworbene akademische Ausbildung mit den Grundlagen der *ars aedificandi* vertraut war und zudem über weitreichende Erfahrungen als international tätiger Baumeister verfügte. In Brandenburg-Preußen sollte er die aus der Staatsarchitektur Ludwigs XIV. stammenden Stilelemente umsetzen. Neben dem Zeughaus bestand ein weiteres großes Projekt de Bodts in Berlin in den Planungen und Entwürfen für das nicht realisierte Invalidenhaus.

Auf Vermittlung von Zacharias Longuelune, der bereits 1719 von Berlin nach Dresden gewechselt war, übernahm de Bodt 1728 das Amt des kurfürstlich sächsischen Generalintendanten der Zivil- und Militärgebäude. Den Rang des Generalleutnants bekleidend, beschränkten sich seine wesentlichen Tätigkeiten auf militärische Bauten. Aber er war auch an prestigeträchtigen Projekten beteiligt. Nach seinen Entwürfen entstand zum Beispiel der straßenseitige Mitteltrakt des Japanischen, vormals Holländischen Palais. Ebenso lieferte er Entwürfe für das Dresdner Residenzbauprojekt sowie für das Sächsische Palais in Warschau. Gemeinsam mit Longuelune verdrängte er den spätbarocken Stil Pöppelmanns und verhalf dem frühklassizistischen Stil französischer Prägung zum Durchbruch, wie er in der Folge von Johann Christoph Knöffel zur Blüte gebracht wurde. TM

2 | 38
Lorenzo Zucchi nach Antoine Pesne
Louis de Silvestre
nach 1741 · Kupferstich, Papier und Filigran
36,3 × 25,5 cm (Blatt)
Warschau, Muzeum Narodowe
(Nationalmuseum) [Gr. Pol. 23598]

Der Stich entstand nach dem Porträt des kurfürstlich sächsischen Oberhofmalers Louis de Silvestre, gemalt vom preußischen Hofmaler Antoine Pesne. Er ist ein weiteres Zeugnis für den regen künstlerischen Austausch zwischen Preußen und Sachsen. So erfreute sich der 1711 in Berlin zum Hofmaler bestellte Antoine Pesne auch in Dresden hoher Wertschätzung. Mehrmals, 1718 und 1728/29, wurde er in die sächsische Residenz eingeladen. Gemälde, die der Dresdner Hof bei Pesne in Auftrag gab, wurden zum Teil in die kurfürstlich sächsische Gemäldegalerie aufgenommen. Darüber hinaus porträtierte Pesne August II. sowie andere hochstehende Persönlichkeiten des sächsischen Hofes. Diese Freiheiten verdankte der preußische Hofmaler mit Sicherheit dem relativen Desinteresse seines Königs Friedrich Wilhelm I. an den schönen Künsten.

A. Pesne pinx. L. Zucchi sc.

Vermutlich 1718 malte Pesne seinen Landsmann und Amtskollegen Louis de Silvestre in Dresden. Zwar ist das Porträt nicht erhalten, doch ist das Bildnis zum einen durch eine Rötelzeichnung in der Albertina, zum anderen durch den von Lorenzo Zucchi gefertigten Stich überliefert. Silvestre, der seit 1719 als Oberhofmaler in Dresden lebte, kam in Sachsen die gleiche Bedeutung zu wie Pesne in Preußen. Beide waren sie maßgeblich an der Vermittlung der Malerei nach französischem Stil beteiligt. TM

2 | 39

2 | 39

Ádám Mányoki

Bildnis Georg Wenzeslaus von Knobelsdorff

1732 · Öl auf Leinwand · 41 × 43 cm
Eigentum des Hauses Hohenzollern,
SKH Georg Friedrich Prinz von Preußen

Das früheste Porträt des noch jungen preußischen Baumeisters Georg Wenzeslaus von Knobelsdorff stammt von dem ungarischen Maler Ádám Mányoki. Mányokis Biografie ist von häufigen Ortswechseln und verschiedenen Dienstherren geprägt und zeugt darüber hinaus vom regen künstlerischen Austausch zwischen dem preußischen und dem sächsischen Hof. Bereits von 1703 bis 1707 sowie 1710 war Mányoki in Berlin als Porträtist tätig. Zwischenzeitlich wieder in seine ungarische Heimat zurückgekehrt, kam er 1714 nach Dresden. In eben diesem Jahr schuf er aber auch ein Porträt des preußischen Königs Friedrich Wilhelm I. In Dresden erhielt er 1717 seine Bestallung zum Hofmaler. Ab 1723 wieder in Ungarn ansässig, arbeitete er dort als Porträtist für hochrangige Adlige. Acht Jahre später kehrte er nach Sachsen zurück, ab 1737 endgültig nach Dresden, wo er bis zu seinem Tod den Rang eines Hofmalers Augusts III. bekleidete. Schon 1732 porträtierte Mányoki den 33-jährigen Knobelsdorff, der damals noch am Beginn seiner Baumeisterkarriere stand. In diesem Jahr weilte Knobelsdorff für einige Monate in der sächsischen Residenzstadt. Er machte sich dort mit neuen Strömungen in der Baukunst vertraut, die zu dieser Zeit im Wandel begriffen war: weg von der schwerfälligen Barockbaukunst eines Pöppelmann hin zur französisch geprägten frühklassizistischen Stilrichtung Zacharias Longuelunes. Diese fand ihren Höhepunkt im Wirken Johann Christoph Knöffels, an dem sich Knobelsdorff in seinem späteren Schaffen für König Friedrich II. von Preußen orientieren sollte. Möglicherweise erfolgte die Reise Knobelsdorffs auf direkten Wunsch des damaligen Kronprinzen Friedrich. Denn nach seiner Rückkehr zählte Knobelsdorff zu dessen engsten Vertrauten. TM

2 | 40

Peter Schenk d. Ä. nach Andreas Schlüter

Das Modell des Berliner Schlosses von Andreas Schlüter

Amsterdam 1702 · Kupferstich
24,3 × 29,8 cm (Blatt)
Berlin, Stiftung Stadtmuseum Berlin [XI 6145]

Parallel zu den Bestrebungen Kurfürst Friedrichs III., die Krone zu erlangen, begannen die Arbeiten am Berliner Stadtschloss, der Residenz des zukünftigen Königs. Die Bauleitung für dieses wichtige Vorhaben bekam 1698 der in Berlin vom Bildhauer zum Baumeister avancierte Andreas Schlüter

◄ 2 | 38

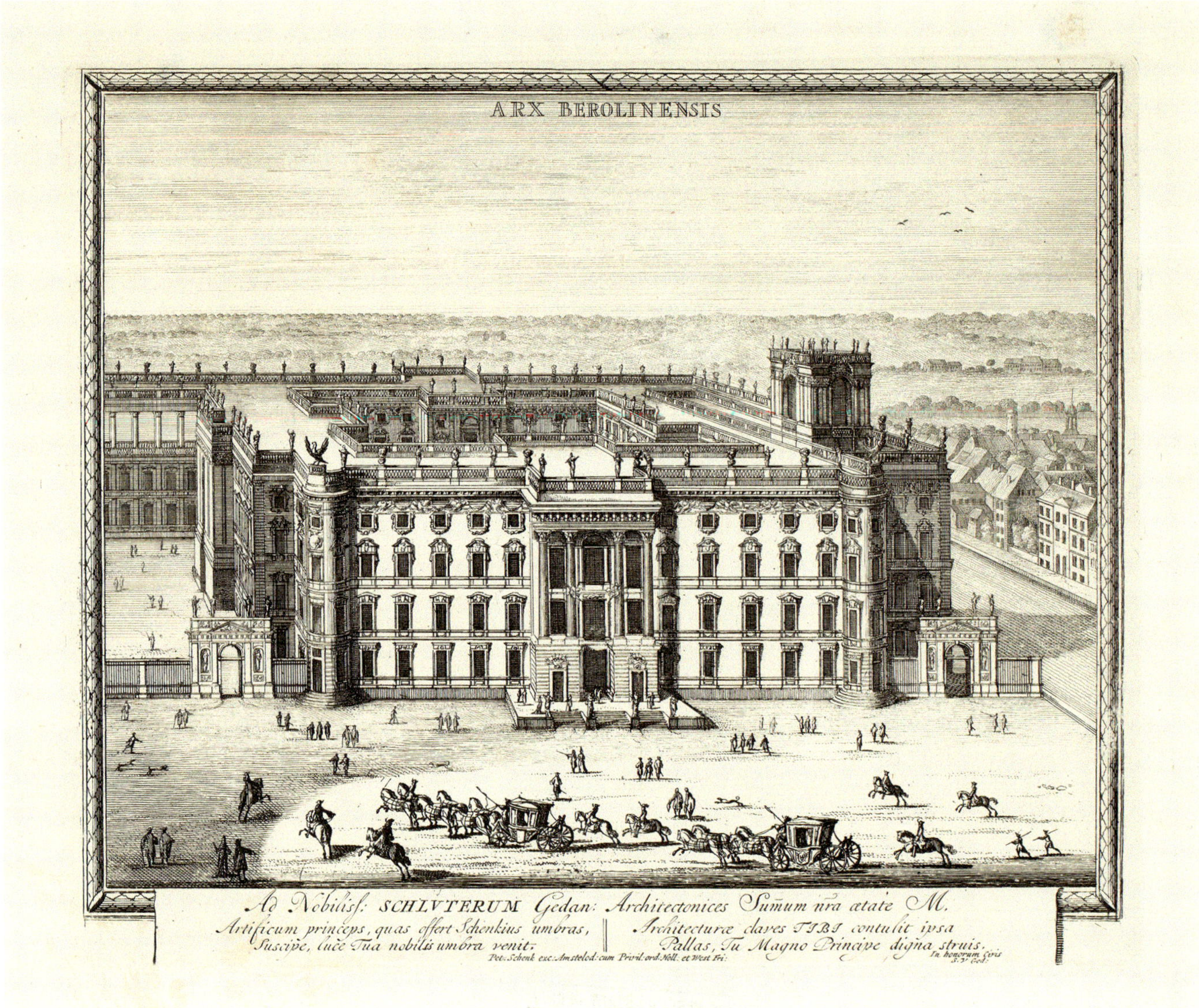

2 | 40

übertragen. Schlüter stand, bevor er 1694 nach Berlin kam, als Bildhauer in Diensten des polnischen Königs Jan III. Sobieski und war an wichtigen Bauten der polnischen Krone beteiligt. Aufgrund dieser Erfahrungen empfahl sich Schlüter für die Mitarbeit an prestigeträchtigen Projekten in Berlin, wie der Langen Brücke oder dem Zeughaus. Bei Letzterem vollzog sich auch sein Wandel zum Architekten. In seinen 1698 präsentierten Plänen und dem Modell für den Umbau des existierenden Renaissanceschlosses entwickelte Schlüter eine einheitliche, den gesamten Bauorganismus umfassende Generalplanung, die das etablierte hochbarocke Konzept einer repräsentativen, geschlossenen Vierflügelanlage vorsah. Bereits wenige Jahre nach der Fertigstellung wurde das Berliner Stadtschloss jedoch grundlegend verändert und das Prinzip des kompakten Kubus, das seine architektonische Wirkung bestimmte, durch die Verlängerung der Fassaden und die Verdopplung der Innenhöfe aufgegeben.

In zweierlei Hinsicht steht das Berliner Stadtschloss in Beziehung zu dem von August II. angestrengten, jedoch nie realisierten Dresdner Residenzschlossprojekt. Zum einen sind die in Dresden zu verzeichnenden Änderungen in der Grundkonzeption vermutlich auf das Berliner Modell zurückzuführen. Zum anderen wirkte der Bildhauer Balthasar Permoser bereits am Berliner Stadtschloss mit. Permoser zeichnete später für den Skulpturenschmuck des Dresdner Zwingers verantwortlich, dem einzig umgesetzten Teil des ambitionierten Vorhabens Augusts II. TM

2 | 41

Matthäus Daniel Pöppelmann

Entwurf für die Erweiterung des Dresdner Residenzschlosses in der Vogelschau

um 1710 · koloriere Zeichnung
30,8 × 59,8 cm (Blatt)
Dresden, Sächsische Landesbibliothek – Staats- und Universitätsbibliothek
[Mscr. Dresd. L 4, Bl. 10]

Die Voraussetzungen für den Um- und Ausbau der Residenzschlösser in Berlin und Dresden waren sehr unterschiedlich. In Berlin sollte der Schlossbau als Sinnbild für die bereits real erreichte machtpolitische Bedeutung Brandenburg-Preußens dienen, dessen Herrscher kurz davor stand, die Königswürde zu erlangen. August II., bereits König von Polen und in Warschau über eine königliche Residenz verfügend, versuchte dagegen, durch einen repräsentativen Schlossbau die Position des von dem Königstitel unabhängigen Kurfürstentums Sachsen in der öffentlichen Wahrnehmung zu erhöhen. Dafür begannen 1700 groß angelegte, sich über Jahrzehnte hinziehende Planungen, an denen beinahe alle bedeutenden Baumeister des augusteischen Sachsen beteiligt waren. Anders als in Berlin wurde die in unzähligen Grundplänen, Aufrisszeichnungen und flüchtigen Skizzen dokumentierte Idee einer großzügigen räumlichen Anlage im Zentrum der Residenzstadt niemals umgesetzt. Vermutlich griff August II. für die Ausarbeitung der architektonischen Grundidee die Konzeption des Berliner Schlosses auf. Nachweislich ließ er sich 1703 die Pläne des Berliner Schlosses vorlegen, worauf eine Änderung in der Dresdner Grundkonzeption erfolgte.

Die hier gezeigte Zeichnung gibt eine um 1710 von Matthäus Daniel Pöppelmann entworfene Erweiterungsplanung der Residenz wieder. Zum einen zitiert Pöppelmann mit der lang gestreckten, von Risaliten betonten Fassade Elemente der französischen Staatsarchitektur, wie sie in Europa zum Standard geworden waren. Zum anderen verdeutlicht das Festhalten an dem viereckigen Innenhof mit den charakteristischen Treppentürmen ein Geschichtsbewusstsein Augusts II., wollte er diese doch als »Symbolform traditioneller Macht des kursächsischen Staates« in die neue Anlage mit einbezogen sehen.
TM

2 | 42

Balthasar Permoser

Herkules mit Schlange, Kopffragment

1706/1708 · Marmor · H 20,2 cm
Potsdam, Stiftung Preußische Schlösser und Gärten Berlin-Brandenburg [GK III 4006]

Der im süddeutschen Kammer (heute Traunstein) geborene und in Salzburg zum Bildhauer ausgebildete Balthasar Permoser zählt zu den bedeutendsten Bildhauern des Barock. Auf seinen weiteren Stationen in Rom, Venedig und vor allem Florenz entwickelte er seine süddeutsch und italienisch geprägte Formensprache und Bildauffassung. Diese veranlasste bereits 1689 den sächsischen Kurfürsten Johann Georg III., Permoser als Hofbildhauer nach Dresden zu holen. In August II. fand Permoser schließlich seinen wichtigsten Anreger und Förderer. In dieser Zeit entstanden eine Vielzahl herausragender Großskulpturen sowie kostbarste Kabinettstücke. Untrennbar ist Permosers Name mit dem Skulpturenschmuck des Dresdner Zwingers verbunden. In kaum einem Bauwerk kam es zu einer vergleichbaren Verbindung und Steigerung von Bau- und

2 | 41

2 | 42

Bildhauerkunst. Aber auch für andere Auftraggeber war Permoser während seiner Dresdner Jahre tätig. Zwischen 1698 und 1708/09 weilte er des Öfteren in Berlin, wo er mit der Fertigung der Hermen an den Balkonen der Gartenfassade des Berliner Stadtschlosses beschäftigt war.

Der Kopf der Marmorskulptur *Herkules mit Schlange* ist die einzige, wenn auch nur als Fragment erhaltene Großplastik Balthasar Permosers, die von seinen plastischen Arbeiten des Berliner Zwischenspiels erhalten blieb. Sie stellte Herkules als Knaben dar, wie er aus seiner Wiege heraussteigt, sie zur Seite stößt und mit den Händen eine Schlange zerdrückt. Die Figur wurde im Park von Schloss Charlottenburg aufgestellt, wo sie bis zu ihrer Zerstörung 1945 blieb. Einzig der beschädigte Kopf ist erhalten. TM

2 | 43
Christian Friedrich Blesendorff

Grabmal des Raimund Faltz

1710 · Kupferstich und Radierung · 25 × 15 cm
Berlin, Staatliche Museen zu Berlin, Kupferstichkabinett [Mappe O Gal 7/25, Nr. 236–1885]

2 | 43

Ebenfalls in die Berliner Zeit Balthasar Permosers fällt sein Epitaph für den Medailleur Raimund Faltz. Genau lässt sich diese Arbeit nicht datieren, doch muss sie zwischen 1703, dem Todesjahr Faltz', und 1708 entstanden sein. Aufstellung fand das Epitaph in der Berliner Petrikirche, wo es bereits 1730 beim Brand der Kirche zerstört wurde. Allerdings überliefern zwei Stiche sein Aussehen. Der eine stammt von G. P. Busch, der andere, hier ausgestellte, von Christian Friedrich Blesendorff. Zusammen mit der Nachzeichnung einer der dargestellten Figuren und den Erwähnungen in zeitgenössischen Reiseberichten und Kunstführern künden sie von der hohen Wertschätzung für Permosers Arbeit. Als Medailleur des Königs genoss auch Raimund Faltz hohes Ansehen. Mit seiner »histoire métallique« begleitete und verewigte er die Taten des kunstsinnigen und kunstliebenden Friedrich I. In seinen Medaillen entwickelte er für Friedrich I. einen Porträttyp, der in der Folge immer wieder verwendet wurde. Faltz prägte damit maßgeblich das öffentliche Bildnis seines Landesherrn. TM

Gedruckte Quellen und Literatur Asche 1978 · Bäumel 1995 · Baumgart 2001 · Boller 2006 · Czech 2008 · Czok 1990 a · Czok 2005 · Elsner 2001 · Elsner 2012 · Geyer 2010 · Gierowski 2005 · Göse 2003 b · Göse 2012 · Gröschel 2009 · Haag 2006 · Hahn, P. 2001 · Heckmann 1998 · Heres 2006 · Hinterkeuser 2003 · Holzhausen 1940 · Kadatz 1998 · Keisch 1997 · Keller 2005 · Kerssenbrock-Krosigk 2001 a . Kerssenbrock-Krosigk 2001 b Kuke 2002 · Lange 2005 · Laudel 1991 · Lileyko 1997 Marx 1979 · Marx 2006 · Pietsch 2010 · Schmidt, A. 2006 Schmidt, R. 2014 · Schmidt 2006 · Seidel 1902 · Staszewski 2005 · Steguweit 2004 · Stollberg-Rilinger 2012 Syndram 1999 · Syndram 2009 · Voigt 1917 · Vötsch 2003 Vötsch 2014 · Weber, K. 1871 · Windt 1999 · Wittwer 2007 Wollgast 1996 · Zaunick 2001 · Balthasar Permoser, Kat. 2001 · Deutsche Steinschneidekunst, Kat. 1998 · Johann Friedrich Böttger, Kat. 1982 · Preußen 1701, Kat. 2001 Rubinglas des 17. und 18. Jahrhunderts, Kat. 2001 · Sehnsucht und Wirklichkeit, Kat. 2009 · Silber und Gold, Kat. 1994 · Triumph der blauen Schwerter, Kat. 2010 Unter einer Krone, Kat. 1997 · Wenzeslaus von Knobelsdorff, Kat. 1999

Glaubens

Sachsen ist das Mutterland der Reformation. Dies begründete den sächsischen Anspruch, vornehmster evangelischer Reichsstand zu sein. Zugleich verpflichtete es zum Eintreten für die evangelische Sache. Im Corpus Evangelicorum, der Vertretung der evangelischen Reichsstände auf dem Reichstag, führte Sachsen den prestigeträchtigen Vorsitz. Doch Brandenburg-Preußen machte Sachsen diese Führungsrolle streitig. Neue Nahrung erhielt die Konkurrenz, als der sächsische Kurfürst 1697 Katholik wurde, um die Krone Polens zu erlangen. Auch wenn der Vorsitz im Corpus Evangelicorum de facto bei Sachsen verblieb, wuchs damit die Bedeutung des ehrgeizigen

SZENE 3

sache

preußischen Nachbarn, dessen Herrscher im Übrigen schon seit Anfang des 17. Jahrhunderts zu den Reformierten zählten. Im Siebenjährigen Krieg (1756 – 1763) stilisierte sich sogar der religiös indifferente Friedrich II. von Preußen zum Schutzherrn der Protestanten wider die Allianz der katholischen Dynastien in Österreich, Frankreich und Sachsen. Am Ende des 18. Jahrhunderts schließlich galt Preußen als Haupt des protestantischen Deutschlands. Und die preußisch-sächsischen Gemeinsamkeiten? Auch wenn in Brandenburg-Preußen wie in Sachsen die Herrscher den Glauben wechselten – ihre Untertanen blieben lutherisch.

Kampf ums Direktorium. Preußen, Sachsen und die Führung des Corpus Evangelicorum

JÜRGEN LUH

Eine Feststellung muss bei diesem Thema am Anfang stehen: Das Corpus Evangelicorum hat es tatsächlich gegeben. Es ist keine Erfindung protestantischer Reichsstaatsrechtslehrer, wie man nach dem Studium der jüngeren Kommunikationsforschung zum Reichstag des Heiligen Römischen Reiches fast annehmen könnte. Und, auch das muss man vorausschicken, es ist für dieses Thema unerheblich, ob das Corpus Evangelicorum »Bestandteil der Reichsverfassung war oder jemals wurde«.[1] Wichtig zu wissen ist einzig: »In den Jahren seit dem Westfälischen Frieden formierte sich auf den Reichstagen und später in Regensburg eine evangelische Ständepartei in Form eines so genannten Corpus, die sich zunehmend als Organ des Reichs verstehen wollte.«[2]

Diese Entwicklung verlief nicht kontinuierlich. Es waren immer wieder einzelne Ereignisse, die Organisation und Verfahren des Corpus Evangelicorum ausprägten und erweiterten. Erst seit den 1690er Jahren trafen sich die Vertreter der evangelischen Stände auf dem Immerwährenden Reichstag regelmäßiger. Das hing mit den Religionsbeschwerden evangelischer Untertanen in katholischen Territorien zusammen, die sich am Ende des Jahrhunderts häuften und dadurch deutlich an Bedeutung gewannen. Für deren »Abstellung« zu sorgen, machte einen wichtigen Teil des Selbstverständnisses des Corpus Evangelicorum aus. Seit dem Jahr 1700 berichten die Quellen dann von einer regelmäßigen samstäglichen »ordinari Konferenz« der evangelischen Reichstagsgesandten.

In dieser Zeit förderten die Friedensverhandlungen von Ryswick und der Streit um dessen Religionsklausel in Artikel IV Organisation und Bedeutung des Corpus Evangelicorum. Streitpunkt war die Einführung der katholischen Religion in den von Frankreich während des Krieges besetzten Gebieten. Diese Religionsveränderung sollte laut Artikel IV erhalten bleiben – was die protestantischen Stände ablehnten.

Es handelte sich, wie man sieht, bei dem Engagement des Corpus Evangelicorum vorderhand um Fragen der evangelischen Konfession. Darüber hinaus aber ging es bei nahezu allen Themen, mit denen sich das Corpus Evangelicorum bis 1806 beschäftigte, um Politik, besser: um den Einfluss, den man auf die Politik im Rahmen der Reichsverhältnisse ausüben konnte. Die Ryswicker Religionsklausel beispielsweise wurde immer wieder politisch instrumentalisiert – 1698, als es um die Verbesserung der Reichsarmatur, das heißt um die Verteidigungsfähigkeit des Heiligen Römischen Reiches ging, oder 1709, als die Friedensverhandlungen des Spanischen Erbfolgekriegs begannen, ab 1719 während des großen Religionsstreits im Reich oder nach dem Tod Augusts des Starken 1733, als der Reichskriegserklärung gegen Frankreich zugestimmt werden sollte.

Konferenzen des Corpus Evangelicorum waren nach dem Westfälischen Frieden bis zum Ende des Reiches die einzige Gelegenheit, auf bald alle protestantischen Stände einzuwirken, abgesehen von den Reichsstädten, die im Corpus keine große Rolle spielten. Diese politische Einflussmöglichkeit sowie der Rang bzw. die Bedeutung der eigenen Person und des eigenen Landes waren es, die das Direktorium des Corpus Evangelicorum zu einer erstrebenswerten Position machten. Die wichtigsten Aufgaben und Rechte des Direktoriums waren: die »Annahme der einlaufenden Schreiben«, deren Mitteilung an die anderen Stände »durch mündliche Kommunikation oder formelle Diktatur«[3], Konferenzen anzusetzen und deren Themen,

Frontispiz und Titel von Christian Gottfried Hoffmanns: Gründliche Vorstellung Derer In dem Heil. Röm. Reiche Teutscher Nation Obschwebenden Religions-Beschwerden, Leipzig 1722

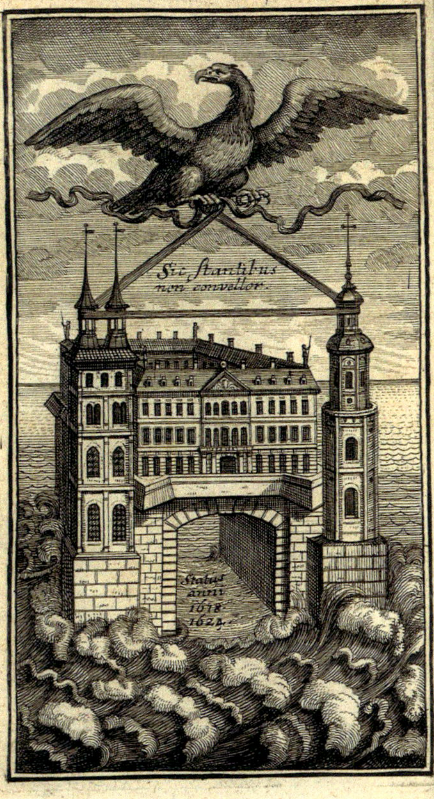

D. Christian Gottfried Hoffmanns,
P. P. in Acad. Lipsiensi

Gründliche Vorstellung

Derer
In dem Heil. Röm. Reiche Teutscher Nation
Obschwebenden

RELIGIONS-
Beschwerden,

In zwey Abtheilungen gefasset,
Davon die **Erste**
Nebst der Grund-Veste derer dreyen Religionen im Heiligen Römischen Reiche die vornehmsten principia derer streitigen Puncte in dem jure reformandi, exercitio Religionis simultaneo, obligatione & sensu Art. IV. Pacis Ryswicensis, jure retorsionis, eundi in partes &c. aus denen Actis Publicis und Historia P. W. ohnpartheyisch vorstellet:
Die **Andere**
Eine kurtze Erzehlung derer auf gegenwärtigem Reichstag bißhero von beyderseits Religions-Verwandten erregten Gravaminum in sich hält, wie dieselben aus gedruckten und ungedruckten Nachrichten gezogen worden.

Leipzig, 1722.
Bey Joh. Friedrich Gleditschens sel. Sohn.

3) Zu der Königlich-Schwedischen Fürstl. Vor-Pommerischen Gesandtschaft, welche im Hauß und Garten gesucht, aber nicht gefunden, sondern gemeldet wurde, daß sie ausgegangen seye, worauf dann die Einladung zur Conferenz dem Bedienten aufgegeben, so, es auszurichten, versprochen.

4) Zu denen sämmtlich übrigen Hochfürstlichen Gesandtschaften und Reichs-Städtischen Deputirten, wovon die erstere allesamt, letztere aber gröstentheils zu erscheinen, positive sich anerklärten; welches also in gegenwärtige Registratur zu bringen, und, der Wahrheit gemäß, zu bescheinigen, ohnermangeln sollen.

Kruckenberg.

XVIII.

Schluß des Corporis Evangelicorum vom 5ten August 1761. alle acht Tage eine evangelische Conferenz zu halten.

Dictirt zu Regensburg, den 5ten Aug. 1761. *privatim per* Chur-Brandenburg.

Nachdem man aus vorgekommenen, bewegenden Ursachen von Corporis wegen verabredet, und beschlossen, wegen dermaliger ausserordentlicher Wichtigkeit derer Evangelischen Religions-Angelegenheiten, künftighin,

hin, und bis zu anderweiter gemeinschaftlicher Verabredung, alle Mitwochen, es seye dann daß solcher ein Evangelischer Fest- und Feyertag seyn sollte, ohne Erwartung weiterer Einladung an diesem Ort zu Berathschlag-Behandlung und Beschliessung derer Evangelischen Religions-Angelegenheiten, zusammen zu kommen, bis daß man, nach eingehohlter Instruction von allerseits höchst und hohen Principalen, die weitere diensame Maaßfassungen zur Hand zu nehmen, sich im Stande befinde: als hätte man solches in vim Conclusi Corporis Evangelicorum hiermit verabreden und vest setzen wollen.

XIX.

Weiteres Conclusum Corporis Evangelicorum vom 5ten Aug. 1761. bey denen, zu den Chur- und Fürstlichen Protocollen gebrachten Verwahrungen, und gemeinschaftlichen Votis, vest zu beharren.

Dictatum Ratisbonæ eodem die privatim per Chur-Brandenburg.

Gleichwie aus denen letztern, auf Veranlassen und mit Unterlegung derer vorgehenden respective Chur-Trierischen und Fürstl. Salzburgischen auch verschiedener Catholischer suffragiorum entworffenen, und am

die Propositionen, vorzugeben sowie Umfragen durchzuführen. Auch durfte das Direktorium den Beschluss, in der Sprache der Zeit das *Conclusum*, abfassen, die Schreiben siegeln und verschicken, Vorstellungsschreiben an den Kaiser überreichen und anderes mehr. Was auf den ersten Blick so einfach und unbedeutend anmutet, eröffnete beachtlichen politischen Handlungsspielraum. Man konnte anstehende politische Angelegenheiten beeinflussen, sie präjudizieren, indem man sie etwa beschleunigte, zurückhielt oder sie verkürzt bzw. besonders pointiert darstellte usw., und auf diese Weise die Dinge in die Richtung lenken, die vor allem auch für den eigenen Standpunkt vorteilhaft war. Das hatte die brandenburgische Politik schon während der Osnabrücker Verhandlungen des Westfälischen Friedens erkannt; nicht so die sächsische.

Als am 8./18. April 1646 – evangelischer und katholischer Kalender differierten im Heiligen Reich bis zur Angleichung 1699 um zehn Tage – die sächsischen Gesandten Ernst von Pistorius und Dr. Johann Leuber von anderen fürstlichen Vertretern aufgefordert wurden, das Direktorium der evangelischen Stände zu übernehmen, damit es nicht an Brandenburg falle, lehnte Kurfürst Johann Georg I. dies ab. Das aber »brachte die kursächsische Gesandtschaft in eine schwierige Lage, zumal damit der Verzicht auf die Teilnahme an den evangelischen Konferenzen verbunden war. [...] Die Übernahme des Direktoriums hätte aus Sicht Johann Georgs I. für Kursachsen die Anlehnung an Schweden und die Verbindung mit den verhassten Calvinisten erfordert, mithin den Bruch mit dem Kaiser und eine Aufgabe der bisherigen Politik bedeutet.«[4] Für den Moment war dies vielleicht eine vertretbare Entscheidung. So wie sich die Verhandlungen in Osnabrück aber entwickelten, mit Schweden als dominierender Macht und Brandenburg in seinem Gefolge, vor allem aber über den Friedensschluss hinaus langfristig gedacht, war dies keine weitsichtige Politik. Die Möglichkeiten, die ein aktives, bestimmendes Direktorium des Corpus Evangelicorum bot, um das ambitionierte Brandenburg politisch einzuhegen und auch weiterhin hinter sich zu lassen, hatte man sächsischerseits offensichtlich nicht bedacht. Dass Sachsen schließlich doch, gedrängtermaßen, während des Regensburger Reichstags 1653/54 im Juli 1653 die Führung des Corpus Evangelicorum übernahm, war nicht der Einsicht in dessen politischen Handlungsspielraum zu verdanken, sondern seinem Rang als erstem evangelischen Stand geschuldet, dem man glaubte verpflichtet zu sein und den man behaupten wollte. Diese wenig machtbewusste Einstellung Dresdens wurde schnell bemerkt und kritisiert. »Wegen der an Chur=Sachsen verspührten kaltsinnigen Führung des Directorii« und »Aufenthalt der vorzutragenden Sachen«[5] zog man einen Wechsel des Direktors in Betracht, konnte sich dazu aber, ebenso wie 1655/56 auf dem Frankfurter Deputationstag, auf dem Kursachsen zu viel Rücksichtnahme auf die Interessen der Katholiken vorgeworfen wurde, nicht entschließen, weil – noch – eine Alternative fehlte. Diese Alternative wollte Brandenburg werden.

Die Brandenburger Politik sah sofort die Chancen, die das Corpus-Direktorium bot, und wollte sie nutzen. Anders als Johann Georg I. bemühte sich Kurfürst Friedrich Wilhelm deshalb durch seine Gesandten bei den Verhandlungen in Osnabrück sogleich um die Corpus-Führung. Doch blieben alle Anstrengungen der Brandenburger vergeblich, da Friedrich Wilhelm »der Reformirten Religion zugethan seye«[6], wie damals der Vorwurf lautete, und die lutherischen Reichsstände ihn als Direktor nicht wollten.

Die Begründung der Zurückweisung macht deutlich, warum Kurbrandenburg sich an die Spitze der protestantischen Ständevertretung zu setzen trachtete: Es ging dem regierenden Haus und seinen politischen Vertretern als Angehörige einer konfessionellen Minderheit im Reich – und selbst im eigenen Land, denn achtzig Prozent der Bevölkerung gehörten der lutherischen Kirche an – auf der politischen Langzeitagenda zunächst um die Gleichberechtigung der Reformierten und das Ansehen der reformierten Stände, deren größter Stand ja Brandenburg war. Denn das Misstrauen der Lutheraner im Reich ihnen gegenüber war sehr groß. Dass »die Calvinischen [...] Unrath und Zerrüttung im Reich [...] gestiftet, sonderlich aber mit Abschaffung Unserer wahren christlichen Religion, in der Pfalz, Fürstenthum Hessen=Cassel, Anhalt und andern Orten vorgegangen«[7], wie Johann Georg I. schon 1647 schrieb, blieb keine Einzelmeinung eines Lutheraners; man konnte solche so oder ähnlich bis in die zweite Hälfte des 18. Jahrhunderts hören. Dieses Misstrauen galt es zu zerstreuen, das politische Gewicht dadurch zu erhöhen.

Allein von den Bemühungen um das Direktorium des Corpus Evangelicorum versprachen sich die Kurfürsten von Brandenburg und Könige in Preußen deshalb Akzeptanz und einen Prestigegewinn. Akzeptanz und Prestige waren nötig, um eine Mehrheit der evangelischen Stände hinter sich und die eigenen Positionen zu bringen. Berlin suchte daher in dieser Frage immer wieder den Gegensatz zu Dresden und freute sich über jede Gelegenheit, die es von dort erhielt, mit Sachsen in Konkurrenz zu treten. Auf diese Weise konnte man sich unter den evangelischen Ständen profilieren mit dem Ziel, wenn nicht durch die Erringung des Direktoriums selbst, so doch durch das energische Eintreten für die protestantischen Belange zum »Haupt des Protestantismus«[8] im Reich zu werden.

In Berlin hatte man, als Sachsen das Direktorium des Corpus Evangelicorum angetragen worden war, sehr genau registriert, dass dafür vor allem das unbeugsame Einstehen der sächsischen Kurfürsten für die evangelische Sache ausschlaggebend

Zwei Conclusa des Corpus Evangelicorum, privat diktiert auf dem Regensburger Reichstag durch Kurbrandenburg, in: Anton Faber, Neue europäische Staats-Cantzley, Tl. 6, 1762, S. 214–215

gewesen war: der Beistand, den erst Friedrich der Weise, dann sein Bruder Johann dem Reformator Martin Luther gewährt hatten, sowie der Kampf Johann Friedrichs gegen Kaiser und katholische Mächte im Schmalkaldischen Krieg. Dass Sachsen das Ursprungsland der Reformation gewesen war, war seinen Herrschern Verpflichtung. Davon zehrte Sachsen.

Um Reputation unter den protestantischen Ständen und damit verbunden Anerkennung sowie politischen Handlungsspielraum zu gewinnen, unterstützten und förderten die Kurfürsten von Brandenburg und Könige in Preußen seit dem Westfälischen Frieden im Reich deshalb soweit und wann immer möglich die Sache des Protestantismus. Das Betätigungsfeld für eine solche Politik war groß. Gelegenheiten, sich für die protestantische Sache zu engagieren, boten zuallererst die sich nach 1648 mehrenden Religionsgravamina, aber auch die Wahlkapitulationen der Kaiser oder Staatsverträge.

Kurfürst Friedrich Wilhelm beispielsweise nutzte 1651 die Unterdrückung der Protestanten in Jülich durch den katholischen Pfalzgrafen Wolfgang Wilhelm, um sich reichsweit als gut evangelisch zu präsentieren. Er ließ seine Soldaten ins Nachbarland einmarschieren – mit der Begründung, die Religionsbeschwerden dort abstellen zu wollen. Gleichzeitig suchte er seine territorialen Ansprüche durchzusetzen, wenigstens aber zu verbessern. Im Jahr 1700, als die Pfälzer Religionsbeschwerden den evangelischen Reichsteil beunruhigten, wartete Kurfürst Friedrich III., bald König Friedrich I. in Preußen, das weitere Vorgehen der evangelischen Ständevertretung gar nicht erst ab. Er ergriff selbst die Initiative und verhängte eigenmächtig Sanktionen: Ein Verzeichnis der katholischen Kirchengüter in Kleve, Magdeburg, Minden und Halberstadt wurde angelegt, was den dortigen Klerus sich beunruhigt nach Wien wenden ließ. Ferner wurden der katholische Gottesdienst in Berlin verboten und weitere restriktive Maßnahmen angekündigt – dies ausdrücklich gegen die Empfehlungen des Corpus-Direktoriums und trotz des Krontraktats mit dem katholischen Kaiser. Schließlich wurden die angedrohten Maßnahmen – Kirchenschließung, Einführung des Simultaneums, Beschneidung der Einkünfte katholischer Klöster – auch umgesetzt. Friedrich Wilhelm I. nutzte die verschiedenen Religionsbeschwerden in ebendieser Weise. Um Sachsens Vertreter am Reichstag keine Gelegenheit zu Direktorialhandlungen zu geben, rechtfertigte der preußische König die von den evangelischen Ständen allgemein angeordneten Repressalien vor dem Kaiser. Dieses Schreiben wurde sofort in Berlin gedruckt und, noch ehe man es der Wiener Hofburg zustellte, im Reich publiziert.

Die Verhandlungen der kaiserlichen Wahlkapitulationen, 1689 und 1711 etwa, nahm die preußische Politik zum Anlass, sich »der evangelischen Ständ en particulier«[9] anzunehmen und darauf zu dringen, dass unter anderem die evangelischen Religionsbeschwerden im Reich abgestellt und Protestanten in die Frankfurter Bücherkommission, die oberste Zensurbehörde des Reiches, aufgenommen würden, der Reichshofrat, das oberste Reichsgericht in Wien, paritätisch besetzt und den protestantischen Hofräten freie Religionsausübung gestattet würde. 1711 war natürlich die bedingungslose Rücknahme der Ryswicker Religionsklausel ein Hauptanliegen der brandenburgisch-preußischen Politik.

Auch in verschiedenen bilateralen Staatsverträgen mit evangelischen Mächten, etwa mit Schweden, achtete man in Berlin darauf, den Ständen des Reiches »Religions- und Gewissensfreiheit, profane und religiöse Sicherheit«[10] zu garantieren, wie es in dem schon angeführten brandenburgisch-schwedischen Defensiv-Bündnis von 1686 hieß. Die zitierten Ausführungen standen zwar in einem Geheimartikel, doch wurde der gesamte, auf zehn Jahre abgeschlossene Vertrag mit Genehmigung Friedrichs III. – zu Ehren seines Vaters – 1695 von Samuel Pufendorf in seiner Friedrich-Wilhelm-Biografie publiziert. Johann Christian Lünig druckte die Bündnisvereinbarung dann 1712 in sein *Teutsches Reichs-Archiv*, Jacques Dumont nahm den Vertrag 1728 in sein *Corps universel* auf. So konnte sich das evangelische Reich von Brandenburg-Preußens Einsatz für die gemeinsame Sache überzeugen.

Dermaßen vorbereitet und abgesichert, nutzte die brandenburgisch-preußische Politik in Konkurrenz mit Kursachsen um das Direktorium des Corpus Evangelicorum nun jede sich bietende Gelegenheit, um die eigene Position unter den evangelischen Reichsständen zu verbessern. Chancen dazu ergaben sich immer dann, wenn die sächsischen Vertreter vom Reichstag abwesend waren, die evangelische Ständeversammlung demzufolge nicht dirigieren konnten. 1674 und 1687 versuchten die brandenburgischen Gesandten von Jena und von Schmettau, sich solche Situation zunutze zu machen. Sie ließen Konferenzen ansagen und schlugen für diese die Tagesordnung vor. Doch waren sie damit – gemessen am Ziel – nur teilweise erfolgreich. Einige Stände fanden sich ein: calvinistische Konfessionsverwandte – die Masse der lutherischen Stände jedoch blieb den Konferenzen fern. Noch immer wirkte der reformierte Glaube des Brandenburger Kurfürsten als Makel.

Doch schon ein paar Jahre später sah die Sache ganz anders aus. 1697, als es um den Frieden von Ryswick ging, leitete Brandenburgs Vertreter die Sitzungen des Corpus Evangelicorum. Gelegenheit und Grund hatte der Übertritt Kurfürst Augusts des Starken zur katholischen Kirche im selben Jahr gegeben, denn in der Unruhe und Unsicherheit, die aufgrund der Konversion unter den Evangelischen herrschte, »konnte es nicht dem geringsten Zweifel unterliegen, dass der Kurfürst von Sachsen das Directorium des Corpus Evangelicorum nicht einen Augenblick länger führen dürfe. [...] Unter dem Einflusse der ersten Erregung wurden sehr bald Stimmen laut, welche auf Kurbrandenburg als den geeignetsten Nachfolger Kursachsens im Directorium hinwiesen, ein Vorschlag, der von Vielen mit offener Begeisterung, von Einigen jedoch mit kühler Reservation aufgenommen wurde.«[11] Dennoch verhielt man sich vorsichtig in Berlin. Die mühsam gewonnene Anerkennung sollte nicht aufs

Spiel gesetzt werden. »Wir [sind] der erste Evangelische Stand des gantzen Reichs und haben unter denselben das Directorium«[12], verlautbarte Friedrich III. zwar ein ums andere Mal, gleich als ob er diese Errungenschaft festschreiben wollte. Er unternahm aber nichts Offizielles in diese Richtung, sondern ließ lediglich signalisieren, sollte es tatsächlich notwendig sein, wegen der Konversion des sächsischen Kurfürsten einen neuen Direktor zu wählen, sei Brandenburg bereit, diese Aufgabe zu übernehmen.

Am Ende verblieb die Corpus-Führung bei Sachsen, in einer Konstruktion, die nun den Herzog von Sachsen-Weißenfels zum Direktor machte. Damit konnte man in Berlin gut leben, denn die Schwerfälligkeit der Konstruktion schwächte Sachsens Position als ersten evangelischen Stand. Brandenburg dagegen gewann an Einfluss.

Als 1717 im Reich der Übertritt des sächsischen Kronprinzen zur katholischen Kirche bekannt wurde, stellte man erneut die Frage, ob Kursachsen das Direktorium des evangelischen Reichsteils behalten könne. Diesmal hatte Preußen ernsthafte Ambitionen, die Führung des Corpus Evangelicorum zu übernehmen. Erstmals hieß es in einem Reskript König Friedrich Wilhelms I., dass, wenn man in Sachsen Religionsveränderungen vornehmen würde, es »das Directorium ferner nicht stat haben sollte«.[13] Allerdings änderte sich diese Einstellung im Laufe der bis 1720 währenden Auseinandersetzung um das Direktorium. Zu dieser Änderung wurde die preußische Politik »in erster Linie durch die inzwischen von England geltend gemachten Ansprüche [auf das Direktorium des Corpus Evangelicorum] veranlasst, dem es auf keinen Fall nachstehen wollte«.[14] Mit England / Hannover, seit 1698 Mitglied im Kurfürstenrat, war Preußen ein ernsthafter Mitbewerber um die Position des ersten evangelischen Standes erwachsen – noch dazu ein lutherischer. Da man in London und Hannover darauf drang, dass Sachsen die Corpus-Führung abgeben müsse, lenkte man in Berlin ein und unterstützte Sachsen; auch weil sich gezeigt hatte, dass mehr Stände nach wie vor Sachsen als Direktor behalten und nur wenige Preußen haben wollten. Dieser Schwenk war von doppeltem Vorteil: Zum einen konnte Preußen auf diese Weise die lutherischen Stände, die in der Auseinandersetzung Sachsen stützten und Hannover misstrauten, für sich gewinnen. Zum anderen bot jener Schachzug die Möglichkeit, in den evangelischen Konferenzen auf Sachsen einzuwirken, es, wenn man so will, zu bevormunden. Mit England / Hannover einigte Brandenburg sich schließlich in einem Vertrag, das Direktorium des Corpus Evangelicorum alternierend zu führen, wenn die anderen evangelischen Stände dies wollten. Die »voraussichtliche Unmöglichkeit, momentan etwas durchsetzen zu können, hatte man [dabei] sehr wohl im Auge«.[15] Sachsen behielt das Direktorium weiterhin, war aber immer wieder von Preußen abhängig.

Stück für Stück also hat Brandenburg-Preußen von seiner protestantischen Politik profitieren können – in der Auseinandersetzung um das Direktorium des Corpus Evangelicorum sehr auf Kosten Kursachsens, das die Führung desselben wenig politisch vorausschauend handhabte, das traditionell kaisernah und seit den Konversionen seiner Regenten auch einen Hauch katholisch war. Brandenburg-Preußen konnte den Makel des reformierten Standes nach und nach abstreifen, zum Teil, weil es sich in den Konflikten mit dem katholischen Reichsteil mehr als Sachsen für die gemeinevangelische Sache einsetzte, vollständig, als Friedrich der Große König wurde, der die katholische Kirche kritisierte, selbst religiös indifferent war und dies nach außen kehrte. Als es 1760 um die Desideria ging, »welche bey denen für die bevorstehenden Friedens-Handlungen [in Augsburg] Kayserl. Majestät vom Reich allergehorsamst anzuempfehlen«[16] wären und sich stark gegen Preußen als Kriegsgegner richteten, verhinderte der kurbrandenburgische Comitialgesandte Erich Christoph von Plotho nicht nur einen Schluss des gesamten Reiches, da es ihm gelungen war, de facto das Direktorium des Corpus Evangelicorum zu übernehmen und auszuüben. Weil Sachsen sich in diesem Fall eindeutig auf die Seite der katholischen Reichsstände gestellt hatte, war ihm darüber hinaus von den protestantischen Ständen stillschweigend die Berechtigung, das Corpus in seiner Gesamtheit vertreten zu dürfen, entzogen worden. Offiziell blieb Sachsen zwar weiterhin das Haupt des Corpus, doch zeigte sich nun, dass die Ereignisse an ihm vorbeiliefen. Religionsbeschwerden evangelischer Untertanen katholischer Territorialherren wurden in den folgenden Jahren bis zum Ende des Reiches direkt nach Berlin gesandt. Preußen war nun tatsächlich an die Stelle Sachsens getreten und, wie es gewollt hatte, zum »Haupt des Protestantismus« geworden.

Gedruckte Quellen und Literatur Brachwitz 2011 · Faber 1762 · Frantz 1880 · Luh 1995 Moerner 1867 · Moser 1743 · Siemsen 1909 · Vötsch 2003

Anmerkungen **1** Brachwitz 2011, S. 97. **2** Ebd., S. 98. **3** Vötsch 2003, S. 57. **4** Ebd., S. 50. **5** Moser 1743, S. 66. **6** Ebd., S. 59. **7** Zit. nach Vötsch 2003, S. 50. **8** Luh 1995, S. 65. **9** Zit. nach Siemsen 1909, S. 13. **10** Moerner 1867, S. 480. **11** Frantz 1880, S. 10 f. **12** Zit. nach ebd., S. 12. **13** Zit. nach ebd., S. 71. **14** Ebd., S. 72. **15** Ebd., S. 142. **16** Faber 1762, S. 141

Der Hofjude Berend Lehmann (1661 – 1730). Ein Leben mit Grenzen

JUTTA DICK

»›Wehe über diese Schönheit, die verschlungen ist im Staube‹ (am Tag) 1,24. Tammus 490[1] Hier ist geborgen ein bedeutender Mann, es ist der Vorsteher und Leiter, ›ein Namhafter‹, ein großer Fürst, der Weitbekannte, Patriarch der Leviten, Issachar, ein glänzender Mann, ›der den Osten erleuchtete‹, der geehrte Herr Issachar Berman, Sohn des Lima SeGaL [Berend Lehmann]. Die Wohltat(en), die er erwies, lassen sich auf dem Grabmal nicht einmeißeln, ›(doch) es gibt Lohn für sein Wirken‹, (denn) ›doppelt groß ist seine Tat‹, ›er wirbelte mit einem Rohr im Meer des Talmuds‹, Geld ließ er fließen aus seinem Beutel, um ihn zu drucken, den großen Talmud, ›er entblößte seinen Arm, das ward Licht‹ im Lehrhaus und in der Synagoge, ›(in) der hochgebauten Burg‹, der sich alle zuwenden, (und) die er dort errichtet hatte, um zu bewahren ›den Baum des Lebens für die, die daran festhalten‹, die umzäunte er und schrieb Israel vor, sich mit ihr (der Lehre) zu befassen; zum Verdienst dessen sei seine Seele eingebunden in das Bündel des Lebens und ›schauen möge er die Anmut des Ewigen‹«[2]

Berend Lehmann ist auf dem Friedhof Am Roten Strumpf, dem ältesten der drei jüdischen Friedhöfe in Halberstadt, bestattet. Sein Grab befindet sich in der zweiten Reihe vor dem alten Zollhaus, um welches herum der Friedhof angelegt ist. Der jüdischen Bestattungstradition folgend erhielt Berend Lehmann kein Ehrengrab. Sein Grabstein aus Granit ist jedoch der prächtigste auf dem Friedhof. Ihn schmücken die Krone, die auf die Gesetzestreue des Verstorbenen verweist, die Levitenkanne als Bezug auf seinen hebräischen Namen haLevy sowie zwei sehr schöne, plastisch herausgearbeitete Braunbären. Die Gestaltung der Krone folgt traditionellen Mustern als Verweis auf die Frömmigkeit des Verstorbenen. Doch die Ausgestaltung aller anderen Motive stellt eine Überschreitung der religiösen Tradition dar. So erhält die Levitenkanne ein Attribut, ein Lamm, das aus der Kanne trinkt. Damit erfolgt eine Individualisierung und Personifizierung des auf eine Gruppe verweisenden Symbols. Das Lamm deutet auf den hebräischen Namen des Verstorbenen, Issachar, hin. Issachar war einer der zwölf Söhne Jakobs, dessen Charakter als der eines Menschen beschrieben wird, der gewohnt sei, zwischen Schafhürden zu leben.[3] Zudem ist Berend Lehmann nach dem jüdischen Kalender im Monat Nissan geboren, dessen Symbol der Widder ist. Die Hinzufügung eines Attributs zu dem traditionellen Symbol der Levitenkanne ist unüblich. Das gilt auch für die beiden Braunbären, die das Medaillon mit der Kanne und dem Lamm umrahmen. Sie haben gar keinen Bezug zur jüdischen Grabsymbolik. Benjamin Hirsch Auerbach stellt in seiner 1866 erschienenen *Geschichte der israelitischen Gemeinde Halberstadt* den Bezug her zu einem Konflikt zwischen Berend Lehmann und dem Halberstädter Garnisonskommandanten von der Marwitz, aus dem Berend Lehmann als Sieger hervorgegangen sei. Von der Marwitz habe es Vergnügen bereitet, die Bevölkerung zu tyrannisieren. So habe er einen Braunbären, dem nur die Vordertatzen gebunden waren, frei in der Stadt herumlaufen lassen. Eingaben der Halberstädter gegen diesen »Spaß« hätten keinen Erfolg gehabt. Als schließlich durch diesen Bären ein Kind zu Tode gekommen sei, habe Berend Lehmann auf seine eigene Verantwortung hin das Tier erschießen lassen. Den Prozess, den von der Marwitz daraufhin anstrengte, habe Berend Lehmann gewonnen. Von da an habe er sich Be(ä)r Lehmann genannt und ein »Wappen« geführt, das dem Schmuck des Grabsteins entspricht.

Die Gestaltung des Grabsteins lässt Berend Lehmann als einen Menschen erscheinen, der Grenzen überschreitet, eben auch die Grenzen des durch die jüdische Tradition Gesetzten. Dem Muster folgt die Grabsteininschrift, indem sie ihn – was nicht ungewöhnlich ist – als Wohltäter der jüdischen Gemeinschaft preist, ihn jedoch durch die Formulierung »er wirbelte mit einem Rohr im Meer des Talmuds« auf eine Ebene mit Moses stellt.

Diese überhöhende Selbstwahrnehmung findet sich für das gesamte Handeln Berend Lehmanns, wie es umfangreiche Quellen belegen, von der Selbstdarstellung eben hin bis zur

Grabsteingestaltung. Der Bestattungsort, Halberstadt in Brandenburg-Preußen, deutet die Grenzen seiner Handlungsmöglichkeiten an und wirft diverse Fragen auf. Doch zuvor gilt es, sich dieser Persönlichkeit biografisch anzunähern: Wer war Berend Lehmann überhaupt?

Berend Lehmann wurde am 23. April 1661 in Essen geboren. Sein Vater Juda (Lima) ben Elija hatte für das Stift Essen einen Schutzbrief, und darin wird als Sohn mit aufgeführt Issachar ben Jehuda haLevi, also Berend Lehmann. In den Judenlisten des Stiftes Essen war er bis 1680 verzeichnet. Ab 1687 findet sich Berend Lehmann in den Listen der Leipziger Messegäste als aus Halberstadt angereister Jude, er wird in dem Schutzbrief seines Schwiegervaters Joel Alexander in Halberstadt genannt, und ab 1690 besaß er einen eigenen Schutzbrief für diese Stadt.

Mit jenem Schutzbrief verbunden wurde Berend Lehmann ein Bauplatz für ein eigenes Haus in Halberstadt zugewiesen. »Klein-Venedig«, wie das Gebäude auch heute noch genannt wird, befindet sich direkt unterhalb der Peterstreppe, die die Unterstadt mit dem Domplatz verband oder trennte, je nach Perspektive.

1689 war Berend Lehmann 27 Jahre alt und hatte die Jahre zuvor vermutlich als eine Art Lehrzeit bei dem Hofagenten Leffmann Behrens in Hannover zugebracht. Dort hatte er die Geschäftsfelder der Hoffaktoren, die Dienste für die Herrscher leisteten, kennengelernt: Finanzierungen, Handel mit Luxusgütern, Münzgeschäfte und das Geschäft der Politik. Lehmann hatte die Zeit genutzt, um Verbindungen zu knüpfen und sich in das europaweite Netzwerk der Hofjuden einzubinden. In dieser Zeit erkannte Lehmann auch, dass die erste Reihe der Hofjuden an Höfen wie denen von Hannover, Brandenburg-Preußen oder Braunschweig-Wolfenbüttel schon besetzt war und er kaum eine Chance haben würde, dort Fuß zu fassen. Deshalb beschränkte er sich nicht auf einen einzigen Hof, sondern war von Halberstadt aus, das mit dem Westfälischen Frieden 1648 seine Eigenständigkeit und somit seinen Hof verloren hatte, für die Herrscher der oben genannten Territorien tätig. Es scheint, dass Lehmann so gut in das Netzwerk der europäischen Hofjuden eingebunden war, dass er trotz seiner – geografischen – Außenseiterposition nicht in Konkurrenz zu den anderen geriet, sondern vielmehr Synergieeffekte herstellen konnte, die vielen nutzten und natürlich nicht zuletzt ihm selbst. Diese Gabe ließ ihn im Laufe seiner Karriere zu einem der drei bedeutendsten Hofjuden in Europa aufsteigen.

Über das gut gehende »Tagesgeschäft« hinausheben sollte ihn die Beziehung zum Kurfürsten von Sachsen, Friedrich August I., dessen Vorgänger, Johann Georg IV., Berend Lehmann schon zu Diensten gestanden hatte. Berend Lehmann beschaffte Luxusgüter für die barocke Prachtentfaltung des Dresdner Hofes, machte unmögliche Finanzierungen möglich und konnte aufgrund seines Informationsnetzwerks und seines politischen Gespürs Ratschläge geben. Deshalb vertraute Friedrich August I. 1697, als er die polnische Königskrone anstrebte und dafür zahlungsfähig sein musste, Berend Lehmann so diffizile Aufträge an wie die Verkäufe bzw. Verpfändungen von sächsischen Landesteilen an benachbarte Staaten. Es handelte sich um die Abtretung des Anspruchs Kursachsens auf das Herzogtum Sachsen-Lauenburg an die Welfen für 1 100 000 Taler, des Amtes Born an den Herzog von Sachsen-Gotha und -Altenburg für 300 000 Taler und der Schutzvogtei über die Abtei und die Stadt Quedlinburg an Brandenburg für 300 000 Taler. Die letztere Transaktion ist gut überliefert durch Maria Aurora von Königsmarck, die ehemalige Mätresse des sächsischen Kurfürsten. Sie hatte er mit dem Stift Quedlinburg abgefunden, und sie ließ nun in Briefen an ihre Schwester ihrer Empörung über den drohenden Verkauf freien Lauf und machte zudem ihrem Ärger Luft, dass mit den Verhandlungen ausgerechnet dieser Jude aus Halberstadt betraut sei.

Grabstein von Behrend Lehmann in Halberstadt

Praesentatum in Altenburg den 12 den Maij 16

Die Halberstädtischen Juden haben in Ao: 1690. an Schutzgeldern entrichtet

- Alexander Marcus.
- Moses Salomon,
- Alexander Noa.
- Hertz Caspar.
- Isaack Wolff
- Moses Noa.
- Berend Lehman
- Bendix Lazarus.
- Joachim Philipp
- Lazarus Gumpert
- Isack Moses Levi.
- Jonas Philip
- David Wolff.
- Bendix Meijer
- Samuel Meijer
- Levin Joel
- Henoch Jacob
- Lazarus Jacob
- Gotschalck Joel
- Lazarus Abraham
- Aaron Moses
- Jacob Levin.
- Berend Wolff
- Wolff Jacob Canter
- Joseph Levin
- Joseph Abrahamb
- Levin Meijer.
- Seeligman Joseph.
- Abraham Jacob.
- Samuel Michel Isack
- Hirsch Jeremias.
- Philip Jost.
- Moses Hirsch.
- Lazarus Israell
- Isack Jost.
- Hertz Jacob
- Abraham Herz
- Magnus Israel
- Isac Simson.
- Liebmann Heilbrun
- Michel Isaack
- David Widmundt
- David Samuel
- Natan Moses
- Isack Joel
- Jacob Michell
- Hertz Moses.
- Levin Jost.
- Bendix Joseph
- Simson Salomon.

50 Personen ad 8 Thlr: fac: 400 Thlr

Berend Lehmann konnte die für die Königswahl in Polen benötigten finanziellen Mittel beschaffen, und Friedrich August I. sandte ihn mit dem Grafen Flemming, seinem Kabinettsminister, nach Polen zur Sondierung der Lage. Flemming war für die Aufgabe prädestiniert, weil er mit der Tochter eines polnischen Adligen verheiratet war und aufgrund der daraus resultierenden verwandtschaftlichen und freundschaftlichen Beziehungen unauffällig agieren konnte.

Die politische Situation in Polen war recht verworren. Nach der polnischen Verfassung stand an der Spitze der Adelsrepublik ein Wahlkönig, der keinerlei Handlungsspielraum hatte, da er von einer einflussreichen Adelsgesellschaft beherrscht wurde, die auch die Kontrolle über das Heer ausübte und durch ihr *liberum veto* jeden Beschluss des Reichstags zum Scheitern bringen konnte. Diese Konstitution ließ Polen zum Spielball im europäischen Mächtesystem werden, da sie dem zur Wahl berechtigten polnischen Adel die Möglichkeit eröffnete, die Stimme dem Meistbietenden zu geben. Als der Kurfürst von Sachsen als Bewerber auftrat, wurden ihm keine großen Chancen eingeräumt. Der Favorit Ludwigs XIV., Prince de Conti, galt als aussichtsreichster Kandidat. Um seine Wahl sicherzustellen, war Kardinal Polignac Botschafter Frankreichs in Polen.

Als Termin für die polnische Königswahl wurde der 25. Juli 1697 festgesetzt. Einige Wochen zuvor, am 15. Juni, konstituierte sich bei Warschau die Wahlversammlung. Graf Flemming war mit Berend Lehmann angereist, der 30 000 Taler sowie zahlreiche Wechsel mit sich führte. Friedrich August I. hatte an der polnischen Grenze Truppen zusammengezogen, um seinen Anspruch notfalls mit Waffengewalt durchzusetzen. Zu der Wahlversammlung hatten sich rund 20 000 Männer zusammengefunden. Es wurden Wahlreden für die Kandidaten gehalten. Flemming verteilte die von Berend Lehmann herangeschafften Mittel an den niederen Adel und machte den Magnaten Versprechungen. Flemming konnte vermutlich gezielt die Verteilung der baren und geldwerten Mittel vornehmen, da, wie die Historikerin Selma Stern annimmt, Berend Lehmann durch seine in Polen lebenden Glaubensbrüder beste Informationen über die finanziellen Verhältnisse des Adels gewonnen hatte. Als Steuerpächter oder Gutsverwalter hatten sie häufig tieferen Einblick in Besitzverhältnisse, Wünsche und Ziele als offiziell dem Adel Nahestehende. Der Überlieferung zufolge soll Berend Lehmann in der Nacht vor der Wahl in Weinfässern noch einmal 40 000 Taler auf das Wahlfeld geschafft haben. Die nach Wein duftenden Taler habe dann Flemming in der Nacht lose an die potenziellen Wähler verteilt. Die Stimmung war aufgeputscht. Am darauffolgenden Morgen wurde offenbar, dass Flemmings Werbefeldzug Erfolg hatte und Polignacs Strategie zusammengebrochen war. Polignacs stärkster Parteigänger, der Großfeldherr Sapieha, wechselte zur sächsischen Partei, und Jakob Sobieski, der älteste Sohn des verstorbenen Königs, erklärte seine Sympathie für den Kandidaten aus Sachsen. Das bedeutendste Instrument des polnischen Adels, das Heer, war somit für den sächsischen Kurfürsten gewonnen. Friedrich August wurde auf dem Wahlfeld vom Bischof von Kujawien und von den Kongressfeldherren zum König ausgerufen. Ein volkstümlicher Vers kommentiert die Wahl: »Nach des Geldes Klang und Zahl dreht man seine Stimm zur Wahl.«[4]

August II. ernannte am 9. August Berend Lehmann zum »Königlich Polnischen Residenten im Niedersächsischen Kreise«. Berend Lehmann behauptete, dass »keiner Ihrer Königl. Maj. soviel auf Papier Creditirt, als ich gethan habe u. noch hoffentlich thun kan u. werde«.[5]

Im September desselben Jahres erhielt Berend Lehmann vom brandenburgischen Kurfürsten Friedrich III. die Erlaubnis, das Schacht'sche Haus in Halberstadt zu kaufen, und 1698 die Genehmigung, in eben diesem Haus eine Talmud-Tora-Schule zu gründen. Der brandenburgische Kurfürst gestattete Lehmann ebenfalls im gleichen Zeitraum den ersten Druck des Babylonischen Talmud im deutschen Raum, der in Frankfurt (Oder) ausgeführt wurde und 1699 abgeschlossen war.

Trotz der Leistungen, die Berend Lehmann insbesondere bei der Erlangung der polnischen Königskrone für den Herrscher erbracht hatte, blieb er in Halberstadt. Es war August II. nicht gelungen, ein Generalgeleit für seinen erfolgreichen Hofjuden durchzusetzen. Aus der Regierungszeit seines Bruders, des Kurfürsten Johann Georg IV., bestand ein Verbot hinsichtlich der dauerhaften Niederlassung von Juden in Sachsen. Noch 1693 hatte Johann Georg IV. eine Verordnung erlassen, die sich gegen die Religionsausübung der Juden wandte. Sie waren als Messegäste in Leipzig geduldet, durften während dieser Zeiten Gewölbe für ihre Waren halten und einen temporären Haushalt führen – mehr nicht. Die kursächsischen Stände und Geheimen Räte hielten an dieser Politik fest, und der sächsische Kurfürst konnte sich dagegen nicht durchsetzen. Die Abhängigkeiten waren zu groß. Auch im Rahmen der festgeschriebenen Konditionen war der Handlungsspielraum von August eingeschränkt. Das zeigen die Reskripte vom 12. Februar 1696 und 8. Mai 1708 an den Rat von Leipzig. 1696: »Nachdem wir aus erheblichen Betrachtungen den Juden Berend Lehmann aus Halberstadt zu unserem Hofjuden gnädigst auf- und angenommen, als befehlen wir hiermit gnädigst, ihr wollet sowohl ihm als dem hannoverschen Hofjuden Leffmann Behrens nebst dieses letzten beiden Söhnen verstatten, daß sie in denen gewöhnlichen Messezeiten freie offene Gewölbe haben mögen[,] und selbige von ihrer Waare nicht mehr (Steuern) abzustatten anhalten, als was andere Kaufleute geben.«[6] 1708, zwölf Jahre später: »Nachdem wir bereits anno 1696 den 12. Februar aus unserem Geheimrat

Erster Eintrag von Berend Lehmann als Inhaber eines eigenen brandenburgischen Schutzbriefes, 1690, Geheimes Staatsarchiv PK

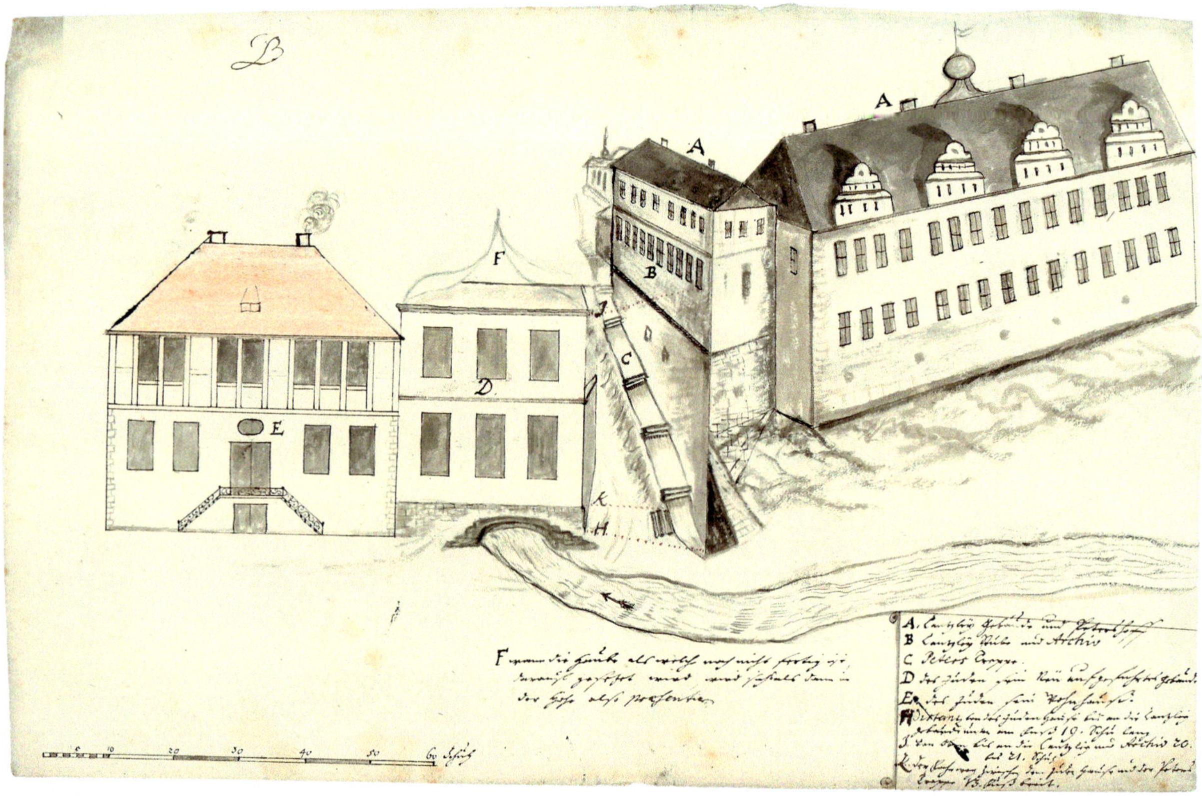

Beilage eines Berichts der Halberstädtischen Regierung an König Friedrich I., Dezember 1707, Geheimes Staatsarchiv PK

an euch nach der Beilage Verordnung [haben] ergehen lassen, dieser aber unter dem Vorwande, daß ihr besagtes Reskript nicht erhalten, nicht nachgelebt [nachgekommen] worden, als befehlen wir hiermit gnädigst, ihr wollet dem, was wir des Residenten Lehmanns wie auch des hannoverschen Hofjuden und seiner Söhne halber anbefohlen, hinfüro ohne Exception gehorsamst nachkommen.«[7]

Nur unter diesen beschränkten Konditionen, die der Rat von Leipzig noch weiter zu beschneiden versuchte, konnte Berend Lehmann in Dresden agieren. Natürlich hatte er andere Vorstellungen von seiner Existenz in der Stadt. Er residierte in der Alten Post, hatte Warenlager und führte offenkundig auch außerhalb der Messezeiten einen Haushalt. Nicht möglich war es, jüdischen Gottesdienst zu halten, eine Gemeinde zu gründen, eine Synagoge zu bauen oder einen Friedhof anzulegen. Doch schon die beschränkte Situation rief den Protest der Kaufmannschaft, der Räte hervor. Es wurde über zu niedrige Preise, zu hochwertige Waren geklagt, die die Geschäfte der ansässigen Kaufleute verdürben. Um alldem Nachdruck zu verleihen, wurden gegen Berend Lehmann Ritualmordvorwürfe erhoben. Ein Handwerker wollte aus der Alten Post blutiges Wasser fließen gesehen haben. Die Vorwürfe konnten umgehend entkräftet werden, aber sie verdeutlichen die Dramatik der Situation.

Trotzdem unternahm August II. im Jahre 1708 einen erneuten Versuch, gegen den Willen seiner Räte, Berend Lehmann, seiner Familie und dem Gesinde einen Schutzbrief auszustellen. Er schrieb darin die Erlaubnis fest, ein Haus und einen Garten zu erwerben, sicherte Schutz auf Lebenszeit zu, machte darauf aufmerksam, dass Schutzjuden an anderen Orten geduldet würden und erinnerte an die Verdienste Berend Lehmanns.

Aber es gelang nicht, in Dresden eine Situation herzustellen, die ein »normales« gesetzestreues jüdisches Leben ermöglicht hätte. Die Ordres des Kurfürsten wurden konterkariert, indem von den Räten und Ständen Einschränkungen durchgesetzt wurden, die ein Leben nach dem jüdischen Religionsgesetz, der Halacha, unmöglich machten. Es blieb verboten, eine Synagoge zu bauen, ja überhaupt jüdischen Gottesdienst zu halten, einen Friedhof anzulegen, Beschneidungen durchzuführen. Es wurde sogar christlichen Hebammen verboten, bei Geburten in jüdischen Familien zu helfen.

Barocksynagoge Halberstadt, Blick auf den Toraschrein, 1920er Jahre

Halberstadt hingegen war der Ort, an dem Berend Lehmanns Existenz gesichert war. Hier galt die relativ tolerante Judenpolitik, die der Große Kurfürst betrieben hatte, um die ökonomische Situation des Landes zu verbessern. Zudem hatte Lehmann hier einen Schutzbrief, der ihm eine legale Existenz sicherte. Durch seine Aktivitäten wuchs die jüdische Gemeinde Halberstadts stetig; Anfang des 18. Jahrhunderts lebten etwa 1 100 Juden in der Stadt, das entsprach circa 11 Prozent der Gesamtbevölkerung.

Aber auch in Halberstadt waren es die Landstände und der Klerus, die eine Stärkung der jüdischen Gemeinschaft zu verhindern suchten. Ein konkreter Streitpunkt war ein Anwesen, das Schacht'sche Haus im Grauen Hof, dessen Ankauf Berend Lehmann 1697 von Friedrich III. gestattet worden war, ebenso wie dessen Nutzung als Lehrhaus. Dies alles wurde in Frage gestellt: Lehmann sollte das Anwesen an die Hugenotten abgeben. Konnte sich August II. in Dresden für seinen Hofjuden nicht durchsetzen, so versuchte er nun, beim brandenburgischen Kurfürsten Friedrich III. zugunsten von Berend Lehmann zu intervenieren.

August II. ersuchte Friedrich III. »freundbrüderlich« um die Revision der Beschlagnahme. Sein Resident, dem als solchem weitgehende »freyheiten und praerogativen« – also Vorrechte – zustünden, werde stattdessen wie ein gewöhnlicher »privat Jude« behandelt. Jedoch konnten sich in diesem Fall auch in Brandenburg die Landstände behaupten, und Friedrich III. beantwortete drei Wochen später das Ansinnen Augusts II. abschlägig: »Was die von ihm [Berend Lehmann] erkaufften Häuser gelanget, da haben Wir ihm dieselben wohl gönnen wollen. Es haben aber unsere Halberstädtischen Landstände dawieder [...] erhebliche Vorstellung bey Uns gethan«, also Einwände erhoben.[8] Vor allem der Hugenottenprediger brachte unter anderem vor, dass das geplante Zentrum zu nah an der Stadtmauer sein würde, sodass Spionage und Schmuggel, die den Juden zuzutrauen seien, Tür und Tor geöffnet wären.

Trotz der Widerstände, die die Hugenotten dem Entstehen eines Zentrums für die Halberstädter Juden entgegenbrachten, gelang es Berend Lehmann mit Hartnäckigkeit und Verhandlungsgeschick, die Errichtung des Lehrhauses Klaussynagoge im Rosenwinkel 18 und den Bau der Gemeindesynagoge zu

Klaussynagoge in Halberstadt, Rosenwinkel 18

realisieren. Die Gemeindesynagoge galt als eine der prächtigsten Barocksynagogen im deutschen Raum (Abb. 4). Bis zu ihrer Zerstörung 1938/39 stand sie verborgen hinter den Häusern der Baken- und der Judenstraße.

Trotzdem verließ Berend Lehmann auf der Basis des 1708 von August II. erlassenen Generalprivilegs Halberstadt. Nur Monate später verlegte er jedoch seinen Lebensschwerpunkt wieder zurück in jene Stadt. Dabei erscheint aber der Zeitpunkt unpassend, denn Lehmann war wesentlich daran beteiligt, dass August II. im Jahre 1709 durch die Niederlage des schwedischen Heeres bei Poltawa die polnische Königskrone wiedererlangen konnte, der er 1706 durch den diktierten Frieden von Altranstädt verlustig gegangen war. Gemeinsam mit seinen ebenfalls in Dresden tätigen Schwägern Jonas Meyer und Israel Herschel sowie seinem Bruder Herz Lehmann in Wien war er für die Verproviantierung des Heeres, die Beschaffung von Waffen und Munition sowie den Sold der Soldaten zuständig, das bedeutete letztendlich: für die gesamte Organisation der Heeresmaschinerie. Es sind zahlreiche Briefe Berend Lehmanns an eine zum engeren Umfeld von August II. gehörende Person erhalten, die vermuten lassen, dass Lehmann, wohl über einen sächsischen Kriegsrat als Mittelsperson, beratende Funktion in Hofkreisen hatte und als Schatzmeister der Krone agierte.

Die Briefe, die aus Halberstadt, Leipzig, Halle, Warschau, Riga, Posen, Gnesen, Litauen, Kurland, Wien und Mittau, dem königlichen Hauptquartier, abgesandt wurden, spiegeln die Transaktionen auf unterschiedlichen Ebenen und das Netzwerk der Familie Lehmann. Deutlich werden die immensen Schwierigkeiten der Mittelbeschaffung, vor die Lehmann gestellt wurde, und ebenso die Bedenken- und Gedankenlosigkeit derer, die sie einforderten.

Die zwischen den Orten oszillierende Lebenssituation Berend Lehmanns scheint in einem Brief auf, den er an die jüdische Gemeinde in Halberstadt richtete, als es zu Unstimmigkeiten bezüglich der Zweckbestimmung der Klaussynagoge gekommen war. Lehmann drohte den Halberstädter Juden, seine

Unterstützung, die letztlich die gesamte Finanzierung der Gemeinde bedeutete, zurückzuziehen, wenn nicht seinen Vorstellungen entsprechend verfahren werde: »Das Lehrhaus, das ich mit Erlaubniß des Kurfürsten und mit Eurer Zustimmung zum Thorastudium der Gelehrten errichtet, wurde nur zu diesem Zweck erbaut und habe ich große Summen darauf verwendet. Da haben sich Eiferer dagegen erhoben und eine landesherrliche Anordnung dahin zu erwirken gesucht, daß es nur für den Jugendunterricht und für die Kinderlehrer bestimmt sein soll. Ihr wißt aber, daß ich nie meinen Erwerb oder Geschäftsgewinn in Eurer Gemeinde suchte oder hatte, daß ich vielmehr genöthigt bin, meinen Erwerb von fernher zu beschaffen. Trotzdem, und obwohl ich in meiner Vaterstadt nur zeitweilig und als Gast lebe, trage ich ein Drittel der Gemeindelasten. Ich kann mich überall niederlassen, da ich jedoch das gute Werk in Eurer Gemeinde begonnen, so ersuche ich Euch, es bei der ursprünglichen Tendenz für Studien der Gelehrten in Betreff des Studierhauses und seines Anbaues zu belassen. Dann bleibt alles in Bezug auf die Schenkung und sonst beim Alten. Erfüllt Ihr aber meinen Wunsch nicht, so ziehe ich mit meiner Familie wo anders hin und zahle Eurer Gemeinde nur noch 4 Thlr. jährlich.«[9]

Trotz der in diesem Schreiben formulierten Distanz zu Halberstadt und der dort ansässigen jüdischen Gemeinde konnte Berend Lehmann sich nur dort, in Brandenburg-Preußen, als Stifter in der jüdischen Gemeinschaft verwirklichen und sich damit Denkmale setzen. Die Klaussynagoge, das Lehrhaus im Rosenwinkel, wirkte in seinem Sinn als Stiftung bis 1938. Das Gebäude überdauerte die Zeit des Nationalsozialismus und fungiert heute mit der 1996 gegründeten und seit 1998 in dem historischen Gebäude ansässigen Stiftung Moses Mendelssohn Akademie wieder als Lehrhaus – wenn auch mit einer spezifizierten thematischen Zielsetzung, die sich nicht zuletzt an ein nicht-jüdisches Publikum wendet.

Der Ort der zerstörten Barocksynagoge erinnert mit dem Kunstprojekt *Und der Lebende nehme sich das zu Herzen* … des Landart-Künstlers Olaf Wegewitz an die »hochgebaute Burg, der sich alle zuwenden«, wie es die Grabsteininschrift Lehmanns formuliert. Das seit 2001 in dem ehemaligen Mikwenhaus beheimatete Berend Lehmann Museum für jüdische Geschichte und Kultur erzählt unter anderem die Geschichte Berend Lehmanns. Umfangreiches Aktenmaterial dokumentiert sein Wirken, und von ihm selbst formulierte Schreiben vermitteln einen Eindruck von seiner Persönlichkeit. Es existieren jedoch weder ein Porträt noch ein einziges Objekt aus seinem Besitz. So sind die baulichen Zeugnisse und sein Grabstein in Halberstadt die alleinigen konkreten Spuren der Existenz Berend Lehmanns.

Ungedruckte Quellen Geheimes Staatsarchiv Preußischer Kulturbesitz (GStA PK) I. HA Geheimer Rat, Rep. 33 Fürstentum Halberstadt

Gedruckte Quellen und Literatur Auerbach 1866 · Cramer 1836 · Freudenthal 1928 Grabsteininschrift Lehmann, 1730 · Lehmann, E. 1909 · Mann 2008 · Meisl 1924 · Saville 1970 · Stern 1950 · Strobach 2011

Anmerkungen **1** Sonntag, den 9. Juli 1730 gestorben. **2** Grabsteininschrift Lehmann, 1730. **3** 1. Mose 49, Vers 14. **4** Zit. nach Meisl 1924, S. 227. **5** Zit. nach ebd., S. 232. **6** Zit. nach Lehmann, E. 1909, S. 95. **7** Zit. nach ebd. **8** Zit. nach Strobach 2011, Bd. 1, S. 42. **9** Zit. nach Lehmann, E. 1909, S. 109

Carl Heinrich von Peistel und die Soldaten-Brüder

RÜDIGER KRÖGER

Unter den Erscheinungen, die Preußen und Sachsen um 1740 miteinander in Beziehung brachten, stechen Religion und Militär in besonderer Weise hervor. In beiden Staaten waren kirchliche Fragen auch politische. In Preußen regierte der reformiert erzogene Friedrich Wilhelm I. als König, die Bevölkerung war zumeist lutherisch. In Sachsen saßen mit August II. und III. katholische Kurfürsten auf dem Thron, die gleichzeitig Könige von Polen waren, während der überwiegende Teil der Untertanen der lutherischen Konfession zugetan blieb. Mit Spener, Francke, Zinzendorf und anderen verbreitete sich in beiden Territorien und durch ihre Netzwerke auch weit darüber hinausgreifend beinahe schon global pietistisches Gedankengut in verschiedener Ausprägung. Eine besondere Liebe hegte Friedrich Wilhelm I., der »Soldatenkönig«, für das Militär, doch vermied er bis auf eine Ausnahme dessen kriegerischen Einsatz. Erst mit Friedrich II. sollte sich 1740 das Blatt wenden. Preußische Soldaten zogen dann in den Schlesischen Kriegen auch durch Sachsen und kämpften gegen sächsische Truppen. Es mag deshalb im Rahmen der Ersten Brandenburgischen Landesausstellung durchaus gerechtfertigt sein, sich mit einer kleinen Gruppe von Personen zu beschäftigen, in deren Leben sich dieses Thema abbildet: den sogenannten Soldaten-Brüdern. Maßgebliche Beachtung haben sie bisher in der Forschung – ungeachtet der reichhaltigen Quellen im Unitätsarchiv in Herrnhut – anscheinend nicht gefunden.

Unter der Bezeichnung »Soldaten-Brüder« wird eine Anzahl von einigen Dutzend vor allem preußischer Militärangehöriger – sowohl Gemeinen wie Offizieren – verstanden, die sich um ihr Seelenheil bekümmerte, nach Gleichgesinnten Ausschau hielt und sie schließlich in den Herrnhutern fand. Die Herrnhuter Brüdergemeine oder Evangelische Brüder-Unität war zu dieser Zeit noch eine christliche Bewegung, die je nach Standpunkt zu den Pietisten zu rechnen ist oder sich deutlich von ihr absetzt. Entstanden war sie in der 1722 von Exulanten aus Mähren gegründeten Ansiedlung Herrnhut unter Förderung und Leitung des pietistisch erzogenen Grafen Nikolaus Ludwig von Zinzendorf. Das schnell gewachsene Netzwerk von Gemeinden, Freundeskreisen, Einzelpersonen und Missionsposten in Übersee wurde durch intensiven Austausch von Informationen und persönliche Besuche gepflegt.

»Fromme« oder »erweckte« Soldaten wird es zu jeder Zeit an vielen Orten gegeben haben. Aus der Literatur bekannt sind beispielsweise ein Soldatenkonventikel in Potsdam oder eine Gruppe von miteinander und der Brüdergemeine verbundenen württembergischen Soldaten; ihr Schicksal kann hier nicht betrachtet werden. Von den nun zu behandelnden preußischen Soldaten-Brüdern ist ein Teil aus Briefen und Tagebüchern namentlich bekannt. Von einigen liegen sogar knappe Autobiografien vor, in denen das Hauptaugenmerk auf der religiösen Entwicklung und göttlichen Führung der Autoren liegt.

Die Mehrzahl der Soldaten-Brüder war gegen ihren Willen nur aufgrund ihrer Leibesgröße unter Zwang zum Militär gekommen. So wurde etwa Christian Wieneke aus Gardelegen im Alter von 20 Jahren wegen seiner Größe ins Dessauische Regiment gezwungen, nahm mit diesem gleich im Nordischen Krieg an der Belagerung von Stralsund teil und kam dann ins Standquartier nach Halle. Georg Mühlhof aus Mülheim an der Ruhr berichtet, wie ihm wegen seiner Größe oft von Werbern nachgestellt wurde, bis es diesen 1725 gelang, ihn über die Grenze zu locken und in ein Kavallerieregiment zu stecken. Auch der aus Sachsen stammende junge Edelmann Carl Heinrich von Peistel, der sich als Offizier 1726 freiwillig in den Dienst des Dessauischen Regiments gestellt hatte, berichtet von der erfolgreichen Erledigung seiner Werbungsaufträge.

Was die Soldaten-Brüder aus der Masse der unbekannt bleibenden unfreiwilligen Soldatenschar heraushebt, ist, dass sie intensive religiöse Erfahrungen gemacht und Aufzeichnungen darüber angefertigt haben. Sie gewähren Einblick in das Seelenleben eines entindividualisierten Standes. Die individuellen Skrupel und Glaubenszweifel als Triebkräfte für die Suche nach einem gottgefälligen Leben blieben den Soldaten-Brüdern selbst unklar und unbeschreibbar, da sie von der unabwendbaren

Elias Gottlob Hausmann: Nikolaus Ludwig von Zinzendorf als Hof- und Justizrat, um 1725, Öl auf Leinwand, Herrnhut, Unitätsarchiv der Evangelischen Brüder-Unität

Notlage, im »Zustand als ein Sclave der Sünde und des Satans auf ewig […] verloren [zu] gehen«[1], nur in allgemeinen Termini berichten. Sie sind wohl weniger vom Pazifismus berührt, sondern grundsätzlicher von der Entfremdung vom gebotenen göttlichen Willen seelisch gepeinigt. Einige beziehen sich auf eine Erweckung durch fromme Pastoren. In unterschiedlicher Weise stellt diese zunächst nur einen Meilenstein, nicht aber den Abschluss einer lang andauernden und von Ängsten und Vergewisserungen begleiteten Entwicklung dar. Häufig beschreiben die Soldaten-Brüder eine Phase der sichtbaren Heiligung ihres Lebens. Von Wieneke heißt es zum Beispiel: »Unter andern behalf er sich eine lange Weile mit Waßer und Brod, um so viel von seinem Sold zu ersparen, daß er das in seiner vorigen Lebens Art gestohlene wieder bezahlen könte, welches er dann auch würklich gethan, und den Leuten, denen ers gestohlen, seine Sünde selber bekannte.«[2]

Die in derartigem Verhalten von den Herrnhutern missbilligte Gesetzlichkeit und Selbstgerechtigkeit und das Selbstwirken entsprechen der von August Hermann Francke und seinen Nachfolgern vertretenen pietistischen Haltung. Dem setzten Zinzendorf und die Herrnhuter die »freie Gnade« entgegen – überzeugt von der Tatsache, dass gegenüber Gott in der Menschwerdung und mit dem Kreuzestod Christi alle Schuld der Menschen gesühnt sei und daher ein wahres Kind Gottes die Freiheit habe, nicht mehr zu sündigen. Es könne und dürfe sich aber als dennoch Versündigender ausschließlich der Liebe und Gnade Christi unterwerfen, um vor Gott Gerechtigkeit zu erlangen und selig zu werden. Johann Caspar Jacobi brachte es so zum Ausdruck: »[N]ach dem ich mich beynahe 4 Jahre unter dem Gesetz gequälet, zu einem wircklichen armen Sünder gemacht, mich von meiner groben eigenen Gerechtigkeit und Stolz befreyet, und mir Gnade in seinem Blute wiederfahren laßen. Nun wurde mir mein Hertz dermahlen in Brandt gesteckt, daß ich nicht anders konte, als ich mußte von der Gnade zeugen, und wo ich zeugete, da griff es in die Hertzen, und das war der Anfang zu unserer Gemeinschafft hier in Halle.«[3]

Eine Erweckung unter den Soldaten des Dessauischen Regiments hatte es bereits vor 1731 in Halle gegeben. Einer davon war Wieneke, dessen Unterschrift man neben 16 anderen in einem Brief an die Brüdergemeine in Herrnhut findet. Nach 1733 aber »wurden die meisten […] Soldaten […] Separatisten und schlieffen grösten Theils wieder ein«.[4]

1735 machte Peistel die das Leben verändernde Erfahrung: »Die Sünde und alle Last fiel auf einmal von meinem Herzen, und ich erblickte meine Gnadenwahl in Jesu heil'gen Wunden.« Um seine »Grillen zu vertreiben«, entsandte ihn der Regimentschef, Fürst Leopold von Anhalt-Dessau, erneut auf Werbung.[5] Unverrichteter Dinge kehrte er ein halbes Jahr später nach Halle zurück. Wenige Jahre danach erzählte Zinzendorf eine Anekdote davon, was Peistel seinen potenziellen Opfern vorhatte zu sagen: »[I]ch verspreche euch 50 [Reichstaler], 6 [Reichstaler] gebe ich euch drauf, die übrigen werdet ihr nicht kriegen. Man sagt, es gäbe bey uns gute Gage, es ist wahr, aber es wird vor Puder und dergleichen viel abgezogen. Wie lange ihr bleiben werdet, kann ich auch nicht sagen. Ich kann euch eine capitulation auf 2 Jahr schreiben, oder auf 10 Jahr, aber es ist alles eins, es wird doch nicht gehalten. Ihr kommt nicht wieder los. Wenn sie sich das gefallen lassen, so nähme er sie.«[6]

Die Gefahren des Separatismus, die sich aus der Abkehr von der Amtskirche ergaben, waren nicht nur dieser ein Dorn im Auge, sondern auch Zinzendorf. Sein erklärtes Ziel war es, dem nach Möglichkeit entgegenzuwirken. Die Bestrebungen wurden aber unterschiedlich aufgefasst. Was jener als Seelenpflege und Gemeinschaftsbildung oder gar Rückführung in kirchliche Strukturen verstand, wurde von seinen Gegnern als Abwerbung und Zersetzung verurteilt. Charakteristisch für die Haltung Zinzendorfs ist der Bericht Peistels über sein erstes Zusammentreffen mit ihm auf dessen Reise ins Baltikum 1736 in Halle:

»Er fragte mich sehr ernst: ob ich den Herrn Jesum liebte? Ja, war meine Antwort, aber ich liebe Ihn noch lange nicht so sehr, als ich Ihn gern lieben möchte. – An wem liegt die Schuld, versetze er, an dem Herrn Jesus oder an Ihnen? Den Herrn Jesum kenne ich, der hat keine Schuld. – Ferner fragte der Graf: Haben

Johann Valentin Haidt zugeschrieben: Carl Heinrich von Peistel, um 1745, Öl auf Leinwand, Herrnhut, Unitätsarchiv der Evangelischen Brüder-Unität

Johann Valentin Haidt zugeschrieben: Elisabeth von Peistel, geb. Hofer, um 1745, Öl auf Leinwand, Herrnhut, Unitätsarchiv der Evangelischen Brüder-Unität

Sie Gemeinschaft? hier stehen zwei gemeine Soldaten – Kraft und Rauch – die auch den Herrn Jesum lieb haben; besuchen sie einander? Ja, war meine Antwort, wir sehen einander fast täglich und reden vom Heiland. – Das ist Gemeinschaft erwiederte [sic!] der Graf; ich statuiere kein Christenthum ohne Gemeinschaft.«[7]

Immer mehr wurde sich Peistel darüber bewusst, sein Heil im Abschied vom Soldatenstand zu suchen. Er mag dabei vielleicht nicht ganz so weit gegangen sein, wie Zinzendorf es darstellte: »In der Lehre vom Kriege (sagte der Herr Graff) bin ich gantz Mennistisch, und statuire, daß kein Kind Gottes könne Krieg führen, weil es die höchste Unbilligkeit ist. Es ist auch natürlicher Weise nicht recht einen Menschen tod schiessen und dem Teufel in die Hände liefern. [...] Am besten ists, wenn mans macht wie Peistel, der gedacht hat, ich bleibe da, damit ich keine Unruhe mache, ich diene aber nicht als Soldat, ich ziehe auch nicht in den Krieg, Schiesse auch nicht tod.«[8]

Nun nahm sich Peistel vor, keinen Soldaten mehr zu schlagen oder schlagen zu lassen, weil er das als barbarische Behandlung ablehnte. Er hoffte dabei durchaus, einen Grund für seine Entlassung zu geben, worüber er offen mit dem Prinzen Moritz von Anhalt-Dessau sprach. Auf dessen erregte Frage, ob er »kein braver Offizier mehr sei«, antwortete Peistel: »[I]ch bleibe meiner Erkenntiß treu, und wie Sie, gnädigster Herr, es verstehen, bin ich es nicht mehr; denn ich halte Geld, Ehre und Lust für niederträchtige Dinge, folglich bin ich untüchtig zum Dienst des Königs und zum Soldatenleben, und nach Dero Grundsätzen sollte ich cassirt und nach Spandau gebracht werden.«[9]

Zu dieser Zeit um 1738 trat nun J. C. Jacobi mit einem Zeugengeist in Erscheinung. Innerhalb kurzer Zeit entstand eine Erweckung, von der etwa 40 Soldaten erfasst wurden, die sich enger zusammenschlossen. Peistel mietete Räumlichkeiten an, in denen Rauch und Jacobi öffentliche Versammlungen hielten. Doch schon bald ergaben sich Probleme, unter anderem aus der persönlichen Entwicklung der Protagonisten, wie sie etwa Jacobi bei sich selbst beschrieb: »[A]nstatt daß ich dem Bilde Christi an Beugung, Liebe und Sanfftmuth immer hätte sollen ähnlicher werden, ich auf ein separatistisches hartes Wesen gerieth, und mich das, was ich an mir erfahren und was durch mich geschehen, nur schwülstig und aufgeblasen machte.«[10]

Die unterschiedliche Haltung gegenüber den Herrnhutern führte zu Jahresbeginn 1739 zu einer partiellen bzw. temporären Trennung. Dazu kam, dass vonseiten der Pfarrer in Halle ungern herrnhutische Aktivitäten gesehenen wurden. Es blieb Peistel etwas »Besonderes«, denn »solang ich ein Separatist und hoher Heiliger gewesen, und alles verworffen, haben mir alle Pfarrer stehen laßen, nun ich einen allgemeinen Heyland glaube und ein armer Sünder geworden, ist die gantze Hölle wieder [sic!] mich«.[11] Es wurden boshafte Gerüchte über die Herrnhuter in Umlauf gesetzt, zwei Prediger schwärzten die Soldaten-Brüder sogar bei ihrem Vizekommandeur an:

Johann Christian Gottfried Fritzsch: Moritz von Anhalt-Dessau, 1756, Kupferstich / Radierung, Anhaltische Gemäldegalerie Dessau-Roßlau

»[I]hr Amt werde dadurch verächtlich gemacht, wenn gemeine Soldaten öffentlich lehrten. Der Herr Graf [Dohna], als ein sehr weiser Herr, versprach, solches dem Fürsten zu melden, sobald er nach Halle kommen würde, uns aber verbot er die Versammlungen nicht. Da er solches dem Fürsten sagte, war dessen erste Frage: wo kommen diese Leute zusammen? Beim ›Lieutenant von Peistel‹. Wie verhalten sie sich im Dienst? – Der Herr Graf konnte nicht anders, als den erweckten Soldaten ein gutes Zeugniß geben. Darauf sagte der Fürst: ›laßt die Leute ungeschoren; auf die Letzt müssen wir selber so werden.‹«[12]

Trotz allen Zwistes und aller Hinderungen wuchs die Gemeinschaft, und die Einrichtungen wurden immer mehr gemäß der Brüdergemeine getroffen. Neben den Versammlungen traf man sich in kleinen erbaulichen Zirkeln. Es gab einen Leitungskreis, Gemeintage und förmliche Aufnahmen. Gemeinsam wurde das Abendmahl beim Feldprediger besucht, der den Soldaten-Brüdern recht gewogen war, ja sie schließlich gar »das heilige Volck« nennt und offen auffordert, »es solten doch ja alle Seelen sich mit uns bekant machen, und in unsere Stunden und Versammlungen gehen, da ihnen der gerade Weg zur Seeligkeit gezeiget und das Blut der Versöhnung mit Krafft verkündiget würde«.[13] Im April 1740 wurde schließlich eine Reihe von Ämtern auf Soldaten und Handwerker verteilt; Peistel erhielt als Ältester die Leitung.

Zu dieser Zeit machte er sich allerdings schon Hoffnungen darauf, bald seinen Abschied nehmen zu können, denn Friedrich Wilhelm I. lag im Sterben. Auf die Gewährung seines Entlassungsgesuchs musste Peistel noch einige Monate warten. Als er sich seiner endlich erreichten Freiheit erfreuen durfte, reiste er in die Brüdergemeine Herrnhaag. Dort wurde er überraschend schnell als Mitglied aufgenommen und in eine leitende verantwortliche Position für die weltlichen Angelegenheiten der Gemeine berufen; zudem wurde er auch ein Jahr darauf mit der erst 18-jährigen Erbtochter eines angesehenen Kaufmanns, Elisabeth Hofer-Imhof (1723 – 1801), verheiratet.

Der neue König, Friedrich II., verteilte die »Langen Kerls« des königlichen Leibregiments auf alle Regimenter, wofür diese wiederum »Minderwüchsige« abzugeben hatten. Davon betroffen war auch J. C. Jacobi, der nach Potsdam versetzt wurde. Deprimiert stellte Jacobi fest: »Zu meiner leiblichen Befreyung sehe [ich] gar keine Hoffnung, wenn mir der Herr nicht hilfft, denn der König läßt noch zur Zeit keinen loß, es ist fast schlimmer als bey dem verstorbenen, der nahm nur die großen, dieser nimmt große und kleine zusammen.«[14] Schon nach wenigen Tagen hatte er sich mit den Erweckten in Potsdam bekannt gemacht und die beiden Hofprediger Christian Johannes Cochius sowie Heinrich Schubert aufgesucht. Während sich zu Ersterem schnell ein vertrauliches Verhältnis entwickelte – Jacobi besorgte ihm Schriften Zinzendorfs und Cochius empfahl Jacobi einige Personen zur Seelsorge –, stieß er bei Schubert auf konsequente Ablehnung. In wenigen Wochen war es Jacobi in Potsdam allerdings geglückt, »die redlichsten Seelen hier, welche sehr von Herrnhuth praeoccupirt gewesen«[15], vom Gegenteil zu überzeugen.

»Dem äußern nach geht es hier sehr scharff zu, wir müßen brav exerciren, feuren und puzen, Schläge giebts auch genug, als ich beym Deßauischen Regiment nicht gesehen habe«[16], teilte Jacobi einem Bruder in Halle mit. Und es wurde bald klar, dass der Militärdienst unter dem neuen König sich nicht im Exerzieren erschöpfen würde: »Die Zeit ist da, daß die Flugscharen sollen zu Schwertern gemacht werden«[17], schrieb Jacobi, als der Marsch in den Ersten Schlesischen Krieg bevorstand. Wenig später setzte sich auch das Dessauische Regiment von Halle aus in Bewegung. Rauch hatte erst 1739 unter äußerem wie innerlichem Druck seinen Dienstvertrag verlängert, »weil er geglaubt, es dürfe sich sonst keiner mehr unter der Brandenburgischen Armee zum Heiland bekehren, und er würde eine harte Strafe ausstehen müßen, wenn er nicht ein Soldat bleibe«.[18] Nun bekam er Skrupel und fragte nach, als es ernst wurde: »[S]oll ich meinen Abschied praetentiren oder suchen zu bekommen? oder soll ich meine Zeit unter der Seelen Gefahr aushalten«[19], denn – so Zinzendorf – »wer ein Soldat bleiben will, der muß es in allem seyn, und auch in den Krieg gehen. Wenn man nicht los kann, so kann man sagen, daß man nicht mehr im Krieg schlagen könne, als denn bleibt man und dienet, so lange sie einen so haben wollen.«[20]

Im Lager angelangt, wurden im Dessauischen Regiment für die 15 Soldaten-Brüder sogleich die vertrauten Strukturen wiederhergestellt. Rauch besuchte sie und organisierte das Zusammenkommen. Schon nach wenigen Tagen trennte sich die Spreu vom Weizen: »Fincke, der sonst recht wohl gestanden und bey des Bruder Peistels Zeitten mit zum Arbeitter genommen worden, hat hier mit Domas die Welt lieb gewonnen; ich habe ihn herzlich zugeredet, auch bey allen Gelegenheiten ihn zu gefalle gegangen: es [hat] aber nichts geholffen«. Andere, die in Halle als Mitläufer galten, machten deutlich, »sie sehen es lieber, daß mann sie nicht besuchte«.[21]

Auch einen Blessierten gab es früh zu beklagen. Bereits beim ersten Gefecht, am 10. April bei Mollwitz, traf es den einzigen Bruder mit Kriegserfahrung. Als Wieneke »beym Anfang der Schlacht seine Seele dem lieben Heiland empfahl, es ihm nicht anders war, als wenn der Heiland selbst zu ihm sagte: Wieneke, heut wirst du eins deiner Glieder verlieren, du sollst aber die Wahl haben, welches du am liebsten verlieren willst. Dabey wäre ihm sein linker Arm eingefallen und wie er gedacht, so sey es auch geschehen.«[22] Wieneke wurde invalidisiert und erhielt die Erlaubnis, nach Herrnhut zu gehen, wo er seinen Unterhalt durch Botengänge kärglich bestreiten konnte.

In einem späteren Brief drückt sich beispielhaft die Ohnmacht im selbst mitverschuldeten barbarischen Gemetzel explizit aus: »Wie schrecklich aber der Anblick war, auf dem Schlachtfelde die Menge der Menschen so jämmerlich zerfleischt und

zerhackt daliegen zu sehen, das kann ich nicht beschreiben. Es schnitt mir durchs Herz.«[23] Der schockierte Autor, über dessen weiteren Verbleib nichts bekannt ist, rettete sich dann schnell in ein Gotteslob für den – unter ständigem Gebet – erflehten Sieg.

Das Dessauische Regiment bezog sein Winterquartier in Berlin. Hier pflegten die Soldaten untereinander und mit erweckten Bürgern Gemeinschaft, bevor sie nach der zweiten Kampagne 1742 nach Halle zurückkehrten und dort die Versammlungen fortgeführt wurden. Auch Jacobi setzte seine gemeinschaftsbildende Tätigkeit in Potsdam erfolgreich fort und legte den Grundstein für die später gegründete Brüder-Sozietät.

Während des Zweiten Schlesischen Krieges verstarben einige der Soldaten-Brüder, darunter der Protagonist Jacobi und wahrscheinlich auch Rauch. Andere wurden nach und nach invalidisiert und zogen in eine der Brüdergemeinen. Im Siebenjährigen Krieg waren dann auch die Niederlassungen der Herrnhuter, insbesondere in der Oberlausitz und Schlesien, von Truppendurchzügen und Kampfhandlungen (Zerstörung von Neusalz) direkt betroffen. So ergab es sich, dass Peistel den Prinzen Heinrich von Preußen durch Herrnhut führen und den verwundeten Prinzen Moritz von Anhalt-Dessau, in dessen Andenken er und Wieneke geblieben waren, 1758 in Bautzen besuchen konnte.

Antoine Pesne: Prinz Heinrich von Preußen, um 1745, Öl auf Leinwand, SPSG

Ungedruckte Quellen Unitätsarchiv Herrnhut (UAH), GN Gemeinnachrichten. · UAH, NB Neue Brüdergeschichte. · UAH, R.2 Synoden. · UAH, R.6 Einzelne Gemeinden Sachsen. · UAH, R.7 Einzelne Gemeinden Preußen. · UAH, R.19 Diaspora-Arbeit. · UAH, R.22 Lebenslaufsammlung

Gedruckte Quellen und Literatur Lehmann, H. 1993 · Lehmann, H. 1997 · Lehmann, H. 2004 · Meyer 2010 · Peistel 1837 · Rackwitz 2006 · Römer 1866 · Schwencker 1937

Anmerkungen **1** UAH, R.22.30.28: Lebenslauf Daniel Weiß. **2** UAH, R.22.01.c.72: Lebenslauf Christian Wieneke. **3** UAH, R.19.B.f.3.1.3: J. C. Jacobi an Brüdergemeine Marienborn, Halle, 29. April 1740. **4** UAH, R.2.A.23.a, Bd. 2: Synode Herrnhaag (1747), S. 589 f. **5** Peistel 1837, S. 828. **6** UAH, R.2.A.3.A.1: Synode Gotha (1740), S. 34. **7** Peistel 1837, S. 828 f. **8** UAH, R.2.A.3.A.1: Synode Gotha (1740), S. 33 f. **9** Peistel 1837, S. 830. **10** UAH, R.19.B.f.3.1.3: J. C. Jacobi an Gemeine Marienborn, Halle, 29. April 1740. **11** UAH, R.19.B.f.2.b.19: C. H. v. Peistel an Martin Dober, Halle, 21. Januar 1739. **12** Peistel 1837, S. 832. **13** UAH, R.19.B.f.3.3.56: J. E. Rauch et alii an Brüdergemeine, Halle, 6. November 1740. **14** UAH, R.19.B.f.3.1.6: J. C. Jacobi an Brüdergemeine Marienborn, Potsdam, 16. August 1740. **15** UAH, R.19.B.f.3.1.10: J. C. Jacobi an Gottschalk, Potsdam, 10. März 1741. **16** Ebd. **17** Ebd. **18** UAH, R.2.A.3.A.1: Synode Gotha (1740), S. 34. **19** UAH, R.19.B.f.3.2.25.[b]: J. E. Rauch an Brüdergemeine Marienborn, Halle, 27. Dezember 1740. **20** UAH, R.2.A.3.A.1: Synode Gotha (1740), S. 34. **21** UAH, R.19.B.f.3.2.29: J. E. Rauch an Brüdergemeine, Im Lager bei Gettin, 31. Mai 1741. **22** UAH, R.22.01.c.72: Lebenslauf Christian Wieneke. **23** F. Wangermann an Bruder in Potsdam, in Böhmen, 11. Juni 1745; zit. nach Römer 1866, S. 76

3 | 1

LUTHERANER

3 | 1
unbekannter Künstler
Austeilung des Abendmahls in Gegenwart der protestantischen Fürsten
Bekenntnisgemälde aus Luckau
1689 · Öl auf Holz · 111 × 133 × 10 cm
(mit Rahmen)
Luckau, Evangelische Kirchengemeinde
St. Nikolai

Glaubens-sache

SZENE 3

Bekenntnisgemälde stellen das Selbstverständnis des Luthertums dar. Sie sind ein gemaltes Glaubensbekenntnis. Ihre Hochzeit erlebte diese Bildtradition im konfessionellen Zeitalter, befördert durch Reformationsjubiläen wie 1617 und 1630. Im Zentrum des Luckauer Bekenntnisbildes von 1689 befinden sich das Kreuz Christi und ein Altar, an dem die Reformatoren Luther und Melanchthon das Abendmahl in beiderlei Gestalt austeilen. Seitlich des Altars stehen die mit Namen und Wappen bezeichneten Reichsstände, die Kaiser Karl V. 1530 die Confessio Augustana überreichten: links die Fürsten, rechts die Vertreter der Städte. Deutlich hervorgehoben durch Kurfürstenornat und Schwert ist der wichtigste unter ihnen: Johann I. von Sachsen. An seiner Seite steht Markgraf Johann Georg von Brandenburg als zweiter Garant des lutherischen Bekenntnisses, vermutlich eine Verschmelzung des »Bekennerfürsten« Markgraf Georg von Brandenburg-Ansbach und des Kurfürsten Johann Georg von Brandenburg, der 1580 das Konkordienbuch unterzeichnete. Der Hintergrund gibt den Blick frei in einen fiktiven Kirchenraum, in dem unter anderem Predigt, Taufe, Katechismusexamen und Trauung als die Sakramente und Amtshandlungen der lutherischen Kirche zu sehen sind.

Bekenntnisgemälde stammen vornehmlich aus dem fränkischen und sächsischen Raum. Dieses Bild stiftete der Luckauer Johann Stegemann zu seinem Gedächtnis. Es war Teil der barocken Neuausstattung der Luckauer Nikolaikirche nach einem verheerenden Stadtbrand 1644. Die Stadt in der Niederlausitz befand sich seit 1635 unter sächsischer Herrschaft und kam 1815 zu Preußen. AZ

REFORMIERTE

3 | 2
Johann Jacob Thurneysen
nach Georg Brandmüller

Die Aufnahme der Hugenotten durch Kurfürst Friedrich Wilhelm

1689 · Radierung · 89,5 × 62,5 cm (Blatt)
Berlin, Stiftung Stadtmuseum Berlin
[VII 63/1449w]

Dankbar sinken die glücklich geretteten Hugenotten auf die Knie und huldigen Kurfürst Friedrich Wilhelm von Brandenburg. 1685 widerrief Ludwig XIV. das Edikt von Nantes, das den französischen Reformierten, den Hugenotten, die eingeschränkte Religionsfreiheit in Frankreich garantiert hatte. Nur wenige Tage später erließ Kurfürst Friedrich Wilhelm das Edikt von Potsdam, mit dem er die Verfolgten nach Brandenburg einlud. Neben der Religionsfreiheit versprach er seinen Glaubensbrüdern darin umfassende

3 | 2

Privilegien wie die Gewährung von Steuerfreijahren, die Befreiung vom Zunftzwang und die weitgehende Selbstverwaltung. Glaubenssolidarität, Konfessionspolitik wie auch ökonomische Interessen standen hinter dem Edikt von Potsdam, das zum Fundament der preußischen Toleranzpolitik wurde. Von den rund 200 000 Hugenotten, die Frankreich verließen, siedelten sich etwa 20 000 in Brandenburg-Preußen an. Sie gaben Wirtschaft, Wissenschaft und Künsten wichtige Impulse. Ihre Ansiedlung stieß aber auch auf Widerstände in der einheimischen Bevölkerung. Ungleich stärker waren Ablehnung und Einschränkungen in Sachsen, wo sich nur wenige Hugenotten niederließen. Brandenburg-Preußen setzte sich bei seinem Nachbarn durchaus für die Reformierten ein. Als aber August II. 1713 aus wirtschaftlichen Interessen erwog, weitere reformierte Kaufleute nach Sachsen zu holen, protestierte man in Berlin dagegen aus Furcht, eigene Untertanen durch Abwanderung zu verlieren. AZ

3 | 3

3 | 3

Kaspar Friedrich Wilpert

Kelch aus dem Abendmahlsgerät der Gemeinde Neuholland

Berlin, um 1710 · Silber, vergoldet
H 24,5 cm, Dm 13 cm
Löwenberger Land, Evangelische Kirchengemeinde Neuholland

Zur Einweihung ihrer Kirche am 27. April 1710 schenkte der preußische König Friedrich I. der Gemeinde Neuholland ein dreiteiliges Abendmahlsgerät, zu dem neben dem Kelch auch eine Weinflasche und ein Teller gehörten. Das bekrönte »FR« (Fridericus Rex) an zentraler Stelle hebt den hohen Stifter hervor, der ebenso wie die Neuholländer zu den Reformierten zählte. Auch Gravuren an der Unterseite belegen den königlichen Schenkungsakt. Das Abendmahlsgerät sollte das Gemeindevermögen stärken, war aber auch zur Nutzung bestimmt. Noch heute sind Kelch, Kanne und Teller im Gebrauch. Auch andere Gemeinden bedachte Friedrich mit Schenkungen, nicht selten gefertigt von bedeutenden Berliner Goldschmieden.

Neuholland, im Havelbruch bei Liebenwalde gelegen, wurde ab 1659 von klevisch-niederländischen Siedlern errichtet. Die Kolonisten sollten die Urbarmachung des Havelbruchs unterstützen. Ihre Ansiedlung war Teil der landesherrlichen Peuplierungspolitik nach dem Dreißigjährigen Krieg. AZ

3 | 4

3 | 4

unbekannter Modelltischler nach Jean de Bodt

Architekturmodell des Turmes der Parochialkirche

1713 · Holz · 115,5 × 50 × 27 cm (Maßstab 1:50)
Berlin, Evangelische Kirchengemeinde St. Petri-St. Marien

Die Parochialkirche, in der Berliner Altstadt gelegen, war der wichtigste Kirchenbau in der Regierungszeit Friedrichs I. In ihm spiegeln sich gleichermaßen städtebauliche Vorstellungen, Religionspolitik und die eigene Konfession des ersten preußischen Königs. Die Parochialkirche war ausschließlich für die deutsche reformierte Gemeinde bestimmt. Der Entwurf stammte von Arnold Nering. 1695 legte Friedrich nach einem sorgsam durchdachten Zeremoniell, das Eingang in Julius Bernhard von Rohrs *Ceremoniel-Wissenschafft der Großen Herren* fand (vgl. 2 | 28), den Grundstein für das Gotteshaus. Die Entwürfe zum Turm, der das Glockenspiel des eingestürzten Schlüter'schen Münzturms aufnehmen sollte, lieferte Jean de Bodt, doch der Thronwechsel 1713 führte zu einer Umplanung. Friedrich Wilhelm I. entschied sich für einen schlichteren und damit preiswerteren Entwurf. Dieser Entwurf, ebenfalls von der Hand de Bodts, ist im Modell zu sehen und wurde schließlich unter Leitung von Johann Philipp Gerlach verwirklicht. Jean de Bodt war mittlerweile nach Dresden gegangen, wo er seine Karriere im Dienst von August II. fortsetzte. Das Modell vermittelt allerdings nur einen Eindruck von der Form, nicht jedoch von der Farbigkeit und Materialität der Parochialkirche. Die Turmgeschosse bestanden aus Holz, das mit Ölfarbe gestrichen wurde, um ihm den Anschein von Sandstein zu verleihen. AZ

3 | 5

KATHOLIKEN

3 | 5
Bernardo Bellotto, gen. Canaletto

Dresden vom rechten Elbufer unterhalb der Augustbrücke (Die Elbbrücke)

1748 · Radierung · 53,2 × 83 cm (Blatt)
Dresden, Städtische Galerie [1983 / k20]

Die Silhouetten von katholischer Hofkirche und lutherischer Frauenkirche prägen die Ansicht Dresdens vom rechten Elbufer, wie sie Bellotto in der Mitte des 18. Jahrhunderts abgebildet hat. Das Nebeneinander der beiden Konfessionen gestaltete sich jedoch alles andere als harmonisch. Der Übertritt Kurfürst Friedrich Augusts I. zur katholischen Kirche hatte in Sachsen, dem Mutterland der Reformation, wie im Reich für großen Aufruhr unter den Lutheranern gesorgt. Als 1717, im Jahr des 200-jährigen Reformationsjubiläums, die Konversion seines Sohnes Friedrich August (II.) bekannt wurde, geschah dies zu einem Zeitpunkt, an dem die konfessionellen Konflikte im gesamten Reich an Schärfe gewonnen hatten. Das Herrscherhaus war deshalb lange Zeit bemüht, die Landstände zu beschwichtigen, die gegenreformatorische Maßnahmen befürchteten. In mehreren Reversalien wurde garantiert, die lutherische Struktur Sachsens unangetastet zu lassen. Dennoch kam es wiederholt zu Konflikten. Erst 1737 wurde daher mit dem Bau der städtebaulich so markanten Hofkirche begonnen. Vorher hatte man einen solch repräsentativen Kirchenneubau vermieden, um die lutherischen Untertanen nicht zu verstimmen. PL

3 | 6

Springbrunnenkasel

18. Jh. · Gobelinstoff, Silbergrund, gestickt · 107 × 77 cm
Bautzen, Domschatzkammer St. Petri

Die Kasel ist Teil der sogenannten Springbrunnenkapelle, einer vollständigen Paramentenausstattung, die die sächsische Kurprinzessin Maria Josepha möglicherweise aus einer ihrer Hochzeitsroben fertigen ließ. Mehrere solcher Art entstandene liturgische Gewänder sind überliefert. 1719 hatte Kurprinz Friedrich August (II.) die Kaisertochter geheiratet. Die tief religiöse Maria Josepha trug dazu bei, die Ausprägungen katholischer Frömmigkeit am Dresdner Hof erheblich zu verstärken. PL

JUDEN

3 | 7

Zweiflüglige Eingangstür des »Palais Berend Lehmann« in Halberstadt

Halberstadt, 1. Hälfte 18. Jh. · Eichenholz
H 233 cm, linker Türflügel B 73 cm,
rechter Türflügel B 64 cm
Halberstadt, Städtisches Museum [MT/001]

Die Tür ist der Überlieferung nach die Eingangstür zum Halberstädter Palais des sächsischen Hofjuden Berend Lehmann, das 1986 abgerissen wurde (heute Judenstraße 16). Juden war die Ansiedlung in Sachsen verboten. Erst August II. ließ gegen den Widerstand der Stände sowie städtischer Behörden Ausnahmen zu und gewährte seinen Hofjuden Berend Lehmann (1708) und Jonas Meyer (1713) Schutzbriefe. Berend Lehmann war maßgeblich daran beteiligt gewesen, die gewaltigen Summen aufzubringen, die der sächsische Kurfürst für den Erwerb der polnischen Krone 1697 benötigte. Hierfür wickelte er unter anderem den Verkauf von Rechten und Gebieten an Brandenburg-Preußen ab. Später finanzierte Lehmann die Dresdner Hofhaltung und Sammelleidenschaften. Ansässig war er allerdings in Brandenburg-Preußen, im nahe der sächsischen Grenze gelegenen Halberstadt, wo es eine geschützte jüdische Gemeinde gab. Kurfürst Friedrich Wilhelm hatte 1671 die Ansiedlung von Juden in Brandenburg-Preußen wieder zugelassen. Die große Halberstädter Gemeinde erfuhr durch Berend Lehmann erhebliche Unterstützung. Er stiftete die Klaussynagoge als Wohn- und Studierhaus für jüdische Gelehrte sowie eine prächtige Gemeindesynagoge. Zudem beförderte er den ersten Talmuddruck in Deutschland. AZ

◄ 3 | 6

HERRNHUTER

3 | 8
Johann Daniel de Montalègre

Ansicht von Herrnhut vom Hutberg

1732 · Kupferstich · 20 × 17 cm (Blatt)
Herrnhut, Heimatmuseum [196]

Seit 1620 verließen die böhmischen Protestanten in mehreren Auswanderungswellen ihre Heimat. Tausende von ihnen ließen sich in Sachsen nieder. Grund für die Zwangsmigration war die harte Rekatholisierungspolitik der habsburgischen Landesherren. Zu den Glaubensflüchtlingen zählten auch die Böhmischen Brüder, die sich auf den Reformator Johannes Hus beriefen, der 1415 als Ketzer verbrannt worden war. Sie fanden Aufnahme in der Oberlausitz, auf den Gütern des pietistisch geprägten Nikolaus Ludwig Graf von Zinzendorf. 1727 gründete sich dort die Herrnhuter Brüdergemeine, eine Arbeits- und Lebensgemeinschaft, die intensive innere und äußere Mission betrieb. Der Stich gibt den Blick auf die junge Ansiedlung Herrnhut wieder. Deutlich zu erkennen sind die Gemeinschaftsgebäude sowie im Vordergrund der Gottesacker. Die Ausstrahlung der Brüdergemeine, verstärkt noch durch die charismatische Persönlichkeit Zinzendorfs, erreichte bald auch Preußen, wo Friedrich Wilhelm I. ebenfalls böhmische Exulanten aufnahm. Auch in anderen europäischen Ländern existierten bald Tochtergemeinen, und noch im 18. Jahrhundert missionierten die Herrnhuter in Übersee. AZ

3 | 9 (Abb. S. 186)
Johann Valentin Haidt zugeschrieben

Bildnis Carl Heinrich von Peistel

um 1745 · Öl auf Leinwand · 77,5 × 62 cm
Herrnhut, Unitätsarchiv der Evangelischen Brüder-Unität [GS 102]

Carl Heinrich von Peistel wurde am 25. März 1704 in Nedlitz geboren. Nach dem Besuch des Gymnasiums in Altenburg und der Universitäten in Halle und Leipzig diente er von 1726 bis 1740 als Offizier im Regiment Anhalt zu Fuß (Dessauisches Regiment), welches in Halle stationiert war. Seit 1738 hielten Soldaten in einem von ihm bereitgestellten Quartier Erbauungsversammlungen ab, die auf den Widerstand der örtlichen Geistlichkeit stießen. Auch nach seiner Entlassung aus dem Militärdienst wurden, sofern das Regiment in Halle lag, die Versammlungen fortgesetzt. Peistel zog 1740 in die Herrnhuter Siedlung Herrnhaag, wo er schnell Leitungsfunktionen wahrnahm. Eine Zeit lang führte er die Wirtschaft auf dem Rittergut Berthelsdorf, zu welchem die Siedlung Herrnhut gehörte, später übernahm er wichtige Aufgaben für die Brüdergemeinen Herrnhut, Niesky und Neuwied. Seinen Ruhestand verbrachte er in Herrnhut, wo er am 24. Mai 1782 verstarb.

Peistel wird in schlichtem braunen Rock, schwarzer Weste und weißem Hemd mit natürlichem Haar dargestellt. Mit seiner rechten Hand weist er auf etwas außerhalb des Bildes hin, während die linke auf sein Herz deutet. Die Religiosität der Herrnhuter ist vor allem eine Herzensangelegenheit und keine Vernunftsache. RK

3 | 10 (Abb. S. 187)
Johann Valentin Haidt zugeschrieben

Bildnis Elisabeth von Peistel, geb. Hofer

um 1745 · Öl auf Leinwand · 75,5 × 60,5 cm
Herrnhut, Unitätsarchiv der Evangelischen Brüder-Unität [GS 103]

Elisabeth von Peistel wurde in Mühlhausen/Schweiz als Tochter eines wohlhabenden, angesehenen Kaufmanns, Peter Hofer, Sohn eines Bürgermeisters, geboren. Die Eltern schlossen sich in Elisabeths jungen Jahren einem pietistischen Kreis an; seit 1739 hatten sie Kontakt zur Brüdergemeine. 1740 zog die Familie nach Herrnhaag, wo Elisabeth am 3. Dezember Carl Heinrich von Peistel heiratete. Aus der Ehe gingen sieben Kinder hervor. Sie starb in Herrnhut am 5. Oktober 1801.

Die Dargestellte trägt die Kirchentracht der Herrnhuterinnen, bestehend aus weißer Bluse und weißem Rock, einer braunen Weste sowie einer eng anliegenden,

3 | 7

sogenannten Schwesternhaube. Die blaue Schleife, die die Haube zusammenhält, weist auf ihren Status als Ehefrau hin. Das – hier blumengeschmückte – Lamm ist als Opferlamm Sinnbild für Jesus Christus, um dessen bedingungslose Nachfolge das Streben der Herrnhuter kreist. RK

3 | 11
Johann Valentin Haidt

Der Jungfernbund

1751 · Öl auf Leinwand · 129 × 112 cm
Herrnhut, Unitätsarchiv der Evangelischen Brüder-Unität [GS 416]

Das Gemälde entstand für das Jahresfest der ledigen Schwestern in Herrnhut am 4. Mai 1751, welches an die erste Verbindung von 18 Jungfern im Jahr 1730 erinnerte. Das Bild zeigt die Kreuzabnahme Jesu, bei der die biblischen Figuren durch Herrnhuterinnen und den Grafen Nikolaus Ludwig von Zinzendorf repräsentiert werden. Anna Nitschmann, der »Mutter der Gemeine«, ist – wie der Gottesmutter Maria – der Leichnam Jesu in den Schoß gelegt. Zinzendorf, der sich bei den Delaware in Nordamerika auch des Namens Jochanan bediente und zeitweise als der »Jünger« bezeichnet wurde, nimmt die Position des Lieblingsjüngers Johannes ein. Er weist auf den Gekreuzigten, der mit seinem Tod Gott den Vater und die Menschen versöhnt hat. Während Zinzendorf im schlichten Rock abgebildet wird, tragen die Schwestern ihre weiße Abendmahls- und Festtracht mit der charakteristischen Schwesternhaube und einem rosafarbenen Haubenband, welches sie als unverheiratet kennzeichnet. RK

Literatur Asche 2006 · Brückner 2007 · Gill 2002 · Metasch 2011 · Nelson 2012 · Peucker 2003 · Peucker 2005 Schäbitz 2006 · Schunka 2006 · Vötsch 2003 · Die Hugenotten, Kat. 2005 · Preußen 1701, Kat. 2001 · Unter einer Krone, Kat. 1997

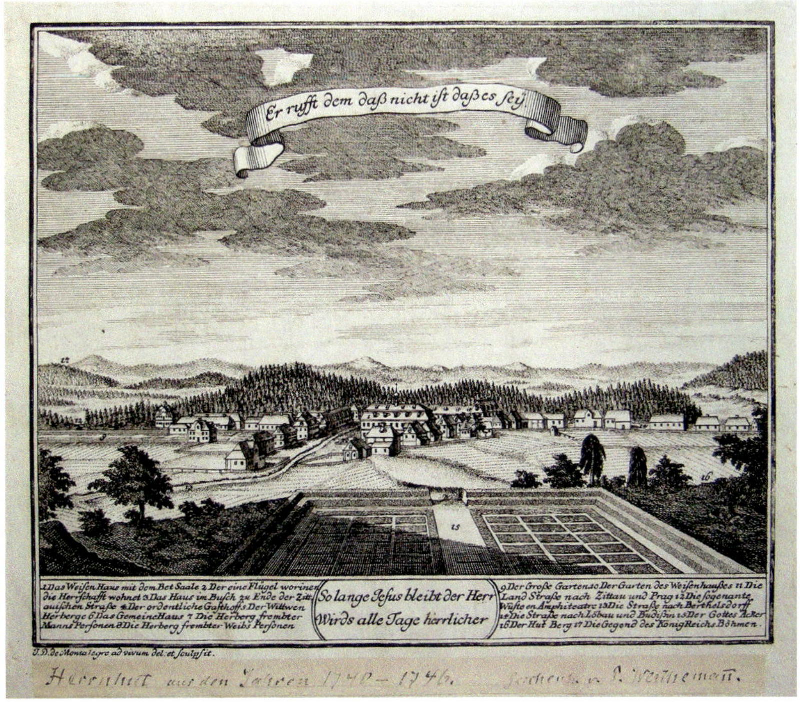

3 | 8

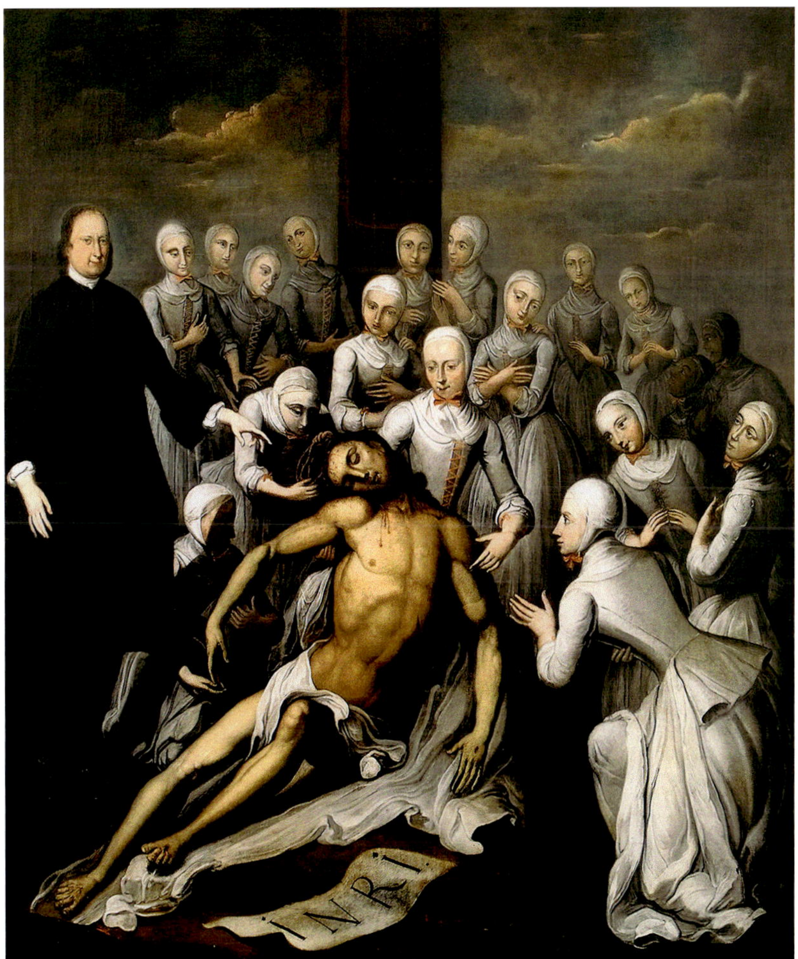

3 | 11

Von Glanz

Die preußischen ebenso wie die sächsischen Herrscher benötigten als machtpolitisches Instrument Soldaten. Ihre Königswürde allein war nicht genug, um von den gekrönten Häuptern Europas als gleichwertig wahrgenommen zu werden. Preußen schlug unter Friedrich Wilhelm I. – dem Soldatenkönig – aus heutiger Sicht den Weg ein zu einer Militärmonarchie par excellence. Dagegen verblasst in der Wahrnehmung die bedeutende Rolle, die das Militär auch in Sachsen spielte. Denn August II. unterhielt eine moderne Armee von beachtlicher Größe und ließ umfassende Heeresreformen in Sachsen und Polen durchführen. Wichtige militärtheoretische Schriften ent-

SZENE 4

und Gloria

standen in Sachsen, und Sachsen waren auch zahlreiche berühmte Feldherren des 18. Jahrhunderts. Auf den preußischen wie auf den sächsischen Adel strahlten die königlichen Höfe und Armeen eine besondere Anziehungskraft aus. Für den Adel spielte die Grenze zwischen den beiden Ländern – wie territoriale Grenzen überhaupt – kaum eine Rolle. Adelskultur in Preußen und Sachsen war, wie andernorts auch, überregional ausgerichtet. Das zeigen der (Militär-)Dienst am jeweiligen Nachbarhof ebenso wie die Heiratsverbindungen des Adels oder das Mäzenatentum, das vor Landesgrenzen nicht haltmachte.

Testamente und politische Vermächtnisse der Hohenzollern und Wettiner im 18. Jahrhundert

JOCHEN VÖTSCH

»Nachdem der Tod der Fürstlichen Palläste so wenig verschonet als der Bauerhütten, so pflegen Christliche und weise Fürsten und Fürstinnen ihr Hoch=Fürstliches Hauß bey Zeiten zu bestellen, und in allen Stücken zu verordnen, wie es wohl bey ihrem Ende als auch nach ihrem Tode in einem und dem andern gehalten werden soll« – so beginnt Julius Bernhard von Rohr 1733 seine detaillierten Ausführungen zum fürstlichen Sterbezeremoniell.[1] Mit Blick auf das eigene Lebensende das »Haus« bestellen – die Quellengruppe der formaljuristischen Testamente gehört ebenso wie die Quellengruppe der immateriellen Vermächtnisse, die sogenannten. Politischen Testamente, ganz selbstverständlich zum Bild des deutschen Fürstenstaats des 18. Jahrhunderts. Die in beiden Quellengruppen überlieferten Selbstzeugnisse gewähren somit trotz ihrer grundsätzlichen – formalen und inhaltlichen – Unterschiede einen unmittelbaren Zugang zu Persönlichkeit und Reflexionsstand der preußischen und sächsischen Herrscher im Zeitalter des »Aufgeklärten Absolutismus«.

Zunächst einige Vorbemerkungen zum Forschungsstand: Während für Brandenburg-Preußen seit Beginn des 20. Jahrhunderts sämtliche einschlägigen Quellen durch vorbildliche Editionen zugänglich gemacht worden sind, ist die Forschungslage für Sachsen sehr viel ungünstiger, da bis heute lediglich zwei Wettiner-Dokumente im Druck vorliegen. Für das 18. Jahrhundert heißt das in Zahlen: Den insgesamt 14 testamentarischen Verfügungen und zwölf politischen Vermächtnissen von vier preußischen Königen stehen – soweit feststellbar – jeweils vier Dokumente von drei sächsischen Kurfürsten gegenüber. Dieser rein statistische Befund ist freilich relativ: Zum einen sind bei den Hohenzollern-Testamenten auch mehrere separate Schenkungen und eine Vormundschaftsordnung erfasst, zum anderen bestand bei den Wettinern keine derart ausgeprägte Tradition zur Abfassung von politischen Denkschriften im Sinne eines Politischen Testaments; Preußens großer König Friedrich II. erweist sich auch in diesem Kontext mit insgesamt sechs eigenständigen Denkschriften als überaus produktiver Staatsphilosoph. Angesichts der geschilderten Forschungs- und Quellenlage kann es in dieser Skizze nur um einen summarischen Überblick und um einige wenige punktuelle Vergleiche zwischen den beiden benachbarten Großdynastien des Alten Reiches gehen. Vor dem Hintergrund der jeweils feststehenden Primogeniturerbfolge sollen dabei vor allem Aussagen und Reflexionen zu den Themen Konfession, Dynastie und Außenpolitik näher betrachtet werden.

Die Fürstentestamente einschließlich ihrer späteren Zusätze (Codicille) dokumentieren die letztwilligen Verfügungen der Erblasser; ihre rechtlich zentrale Funktion ist die Erbeinsetzung. Die fürstliche Testierfreiheit war freilich nicht unbeschränkt: Reichs- und Lehnsrecht, Erbfolgeordnungen, Hausgesetze, Eheverträge oder auch das sogenannte Herkommen setzten den Intentionen des Erblassers bestimmte Grenzen. Nur am Rande erwähnt sei, dass letztwillige Verfügungen keineswegs immer vollständig umgesetzt wurden, sondern die Erben später oft eigene Erbvergleiche – meist zu Versorgungsfragen – miteinander aushandelten.

Die Testamente von Hohenzollern und Wettinern im 18. Jahrhundert sind in Urkundenform abgefasst, eigenhändig unterschrieben und gesiegelt. Ein Blick auf die Formalitäten der vorliegenden Testamente zeigt jedoch gravierende Unterschiede: So gaben die Könige Friedrich I. im Jahr 1705 und Friedrich Wilhelm I. im Jahr 1733 ihre Testamente jeweils Kronprinz und Ministern als Zeugen bekannt, während die sächsischen

Antoine Pesne: König Friedrich I. auf dem Thron, um 1712, Öl auf Leinwand, SPSG

Unbekannter Künstler: Hirschhetze mit Friedrich Wilhelm I. bei Königs Wusterhausen, o. J., SPSG

Kurfürsten sie verschlossen im Archiv deponierten. Anders als in Sachsen wurden in den Hohenzollern-Testamenten keine auswärtigen Testamentsvollstrecker benannt oder gar die Einholung einer kaiserlichen Bestätigung angekündigt – Friedrich Wilhelm I. etwa testierte selbstbewusst und kraft eigenen Rechts »als ein souverainer König und Churfürst«.[2]

Traditionell nach Aufbau und Inhalt, steht das Testament Friedrichs I. von 1705 – von wenigen individuellen Besonderheiten abgesehen – beispielhaft für ein Fürstentestament des frühen 18. Jahrhunderts. Den Anfang bildet ein gewissermaßen persönlicher Teil, der Betrachtungen zur menschlichen Vergänglichkeit, das Bekenntnis zum christlichen Glauben und zur eigenen Konfession sowie Anordnungen zur Beisetzung umfasst. Es folgen die Erbeinsetzung des ältesten Sohnes und seiner Nachkommen, die Unterhaltsdeputate für Kinder und Witwen sowie eventuell erforderliche Vormundschaftsregelungen für den Kronprinzen als Haupterben. Keine Religionsveränderungen, wohltätige Stiftungen, Empfehlung treuer Diener, Vermächtnisse in Geld und Andenken sind die weiteren Stichpunkte. Das Testament schließt mit den üblichen Rechtsvorbehalten wie der Möglichkeit des jederzeitigen Widerrufs oder der Ergänzung durch spätere Zusätze. An individuellen Besonderheiten sind vor allem die Unionspläne zur Vereinigung der lutherischen und reformierten Kirche hervorzuheben, ein Lieblingsprojekt Friedrichs I., eingebettet in die aus Gründen der Staatsräson praktizierte traditionelle religiöse Toleranzpolitik der brandenburgischen Hohenzollern.

In seinem ähnlich aufgebauten letzten Testament setzt König Friedrich Wilhelm I. im Jahr 1733 einige kräftige individuelle Akzente, die sowohl seine Herrschaftsziele als auch seine ausgeprägten Persönlichkeitsmerkmale klar erkennen lassen. So wird der Nachfolger dringend, ja sogar unter der alttestamen-

tarisch anmutenden Androhung des väterlichen Fluchs auf den Erhalt der Armee verpflichtet, aber auch eindringlich ermahnt, die Vettern der brandenburgischen Nebenlinien »in gehöriger Subordination zu halten«.[3] Aufschlussreich sind ferner die vermögensrechtlichen Bestimmungen: Die erworbenen väterlichen Güter werden zwar als unveräußerliche Geschenke unter den Söhnen verteilt, sollen aber bei deren erbenlosem Tod als Fideikommiss der Krone zufallen. Die Herrschaft Königs Wusterhausen, für Friedrich Wilhelm bekanntlich von höchstem ideellen Wert, soll dem zweiten Sohn August Wilhelm (1722–1758) zukommen.

Das knappe, schlichte und sehr »private« Testament Friedrichs II. von 1769 steht für einen ganz anderen Stil letztwilliger Verfügungen, bringt aber die Persönlichkeit des Erblassers ebenfalls sehr prägnant zum Ausdruck. Einleitend betont Friedrich seine Überzeugung, dass für den Herrscher das Wohl der Untertanen und des Staates im Mittelpunkt seines Handelns zu stehen habe. Abgesehen von der bekannten Anordnung zur formlosen Beisetzung in Schloss Sanssouci besteht das Testament ansonsten fast ausschließlich aus einer Aufzählung von Vermächtnissen in Form von Geld und Andenken für Familie und Freunde. In Konsequenz seiner Politischen Testamente – so viel sei bereits vorweggenommen – unterschied Friedrich II. also auch in der erbrechtlichen Praxis sehr sorgfältig zwischen Staats- und fürstlichem Privatvermögen.

1697 war der sächsische Kurfürst Friedrich August I., besser bekannt als August der Starke, nach seinem formellen Übertritt zur katholischen Kirche zum König von Polen gewählt worden; diese Personalunion der beiden Länder sollte unter seinem einzigen Sohn Friedrich August II. noch bis 1763 bestehen. Die so eingetretene Konfessionsverschiedenheit zwischen Dynastie und Territorium bestimmte wesentlich die sächsische Außen-

und Innenpolitik des 18. Jahrhunderts und blockierte letztlich eine tiefer greifende territorialstaatliche Modernisierung. Ein später widerrufenes Testament des Kurfürsten-Königs von 1711 erweist sich in diesem Zusammenhang als ausgesprochen eigenwillige Mischung aus politischem Manifest mit Vermächtnischarakter und erbrechtlicher Disposition, gerichtet an den unmündigen Kurprinzen sowie den katholischen Kaiser als Testamentsvollstrecker und potenziellen Obervormund gleichermaßen. August dokumentierte zunächst seine prokatholische Politik im evangelischen Kurfürstentum Sachsen und verpflichtete dann den evangelisch erzogenen Kurprinzen zur Annahme der katholischen Konfession als Grundvoraussetzung aller väterlichen Planspiele wie die erhoffte Nachfolge in Polen, eine Eheverbindung mit dem Kaiserhaus, ja das habsburgische Erbe selbst. Einen beträchtlichen Teil des Testaments nahmen jedoch die erbrechtlich frei disponiblen Bestimmungen zur Versorgung seiner Mätressen und zahlreichen außerehelichen Kinder ein – übrigens eine erhebliche finanzielle Belastung für den Kurerben und dessen Nachfolger.

Um einen ganz speziellen Fall letztwilliger Verfügungen handelt es sich bei der Definition von dynastischem, zeitlich unbegrenzt gebundenen Sondereigentum in Form eines Haus- oder Familienfideikommisses. Gegenstand derartiger Bestimmungen konnten einzelne Kunst- und Schmuckstücke oder sonstige Objekte von hohem dynastischen Memorial- oder Symbolwert, aber auch ganze museale Sammlungen oder Immobilienbesitz sein. In derartigen Dispositionen wurden sämtliche erbrechtlichen Eventualitäten in allen erdenklichen Konstellationen durchgespielt und geregelt. Nach mehreren Anläufen im 17. Jahrhundert definierte das Statut Friedrichs I. im Jahr 1710 die wesentlichen Bestandteile des Hausfideikommisses der Berliner Hohenzollern: Die von Friedrich erworbenen Immobilien, die spezifizierten Juwelen als Kronjuwelen nach dem Vorbild anderer königlicher Häuser, das Inventar der landesherrlichen Schlösser, Zeughäuser und Festungen – all dies sollte exklusiv dem jeweiligen Kronerben zufallen. Mit Blick auf die späteren sächsischen Regelungen aufschlussreich ist vor allem eine an das Hausfideikommiss geknüpfte konfessionelle Bedingung: Sollte nämlich einer der lutherischen Eventualerben aus der fränkischen Linie der Hohenzollern nicht zur Ausstellung von Religionsreversalien zum Schutz der reformierten Kirche in Preußen bereit sein, fiel das definierte Sondereigentum an die reformierten weiblichen Nachkommen des Stifters.

In Sachsen wiederum verordnete Kurfürst Friedrich August II. 1737 einen – 1747 ergänzten und präzisierten – Haus- oder Familienfideikommiss in Form einer einseitigen letztwilligen Verfügung. Im Sinne seines Vaters und in Ergänzung der ohnehin feststehenden Primogeniturerbfolge wurden sämtliche Pretiosen des Schatzkammermuseums Grünes Gewölbe, Schmuck, Juwelen, Porzellane und Gemälde als Fideikommiss in der Hand des regierenden Kurfürsten zusammengefasst. Bei Aussterben der Kurlinie sollte das Fideikommiss automatisch aufgelöst und gleichmäßig auf die weibliche Nachkommenschaft des Stifters verteilt werden. Eine konfessionelle Sonderklausel zeigte jedoch einem möglicherweise evangelischen Kurnachfolger einen komplizierten, generationsübergreifenden Sonderweg auf: Seine eventuellen Töchter müssten katholisch erzogen werden. Ausgenommen von einer möglichen Auflösung des Hausfideikommisses waren lediglich einige zur Kur gehörige symbolträchtige Hauskleinodien wie das Kurschwert, die vier goldenen Münzbecher für die Söhne Kurfürst Johann Georgs I., die Familienporträts, aber auch der Kunstkammer- und Zeughausbestand mit Stichjahr 1654. Im Vergleich beider Stiftungen scheint bei den Hohenzollern letztlich eher die rechtliche Bindung großer Vermögenswerte, bei den Wettinern stärker die eigene Kunst- und Sammelleidenschaft im Vordergrund gestanden zu haben.

Nun zu der zweiten angesprochenen Quellengruppe, den politischen Vermächtnissen oder Politischen Testamenten: Es handelt sich dabei in der Regel um formlose, oft sehr umfangreiche, eigenhändig niedergeschriebene politische Denkschriften für den Regierungsnachfolger. In diesen vertraulichen Ausarbeitungen legten die Herrscher zugleich Rechenschaft ab über ihre bisherige Regierungszeit und äußerten sich oft sehr konkret zu außenpolitischen Fragen und denkbaren Expansionsmöglichkeiten. Diese im 16. Jahrhundert entstandene literarische Quellengattung erreichte mit den bekannten Politischen Testamenten Friedrichs II. qualitativ eine neue Ebene und in gewisser Weise ihren Höhepunkt. »Preußen und Sachsen. Szenen einer Nachbarschaft« – unter diesem Blickwinkel stehen im Folgenden die jeweiligen Aussagen über das beiderseitige Verhältnis im Mittelpunkt.

Anfang April 1722 berichtete der sächsische Geschäftsträger in Berlin, Ulrich Friedrich von Suhm, von einem Staatsakt in Potsdam in Gegenwart des jungen Kronprinzen und der engsten Vertrauten des Königs. Friedrich Wilhelm I. habe den Anwesenden ein Testament und ein selbstverfasstes Buch mit seinen Herrschaftsgrundsätzen vorgezeigt, worauf die Papiere verpackt, gesiegelt und dem Kabinettssekretär zur geheimen Archivverwahrung übergeben worden seien. In diesem Buch, dem die Forschung den Titel »Instruktion« gegeben hat, legte der König sein persönliches Glaubensbekenntnis ab, beschrieb die innere Lage seines Staates, die Verhältnisse in den verschiedenen Provinzen und bekräftigte die bewährte religiöse Toleranzpolitik, warnte aber vor der Einmischung der Geistlichen in weltliche Angelegenheiten. Ausführlich behandelt wurden

Louis de Silvestre:
Kurfürst Friedrich August I. von Sachsen als König von Polen August II., 1718,
Öl auf Leinwand, Gemäldegalerie Alte Meister, SKD

Abraham Schwedler d. J.: Münzbecher der vier Söhne des Kurfürsten Johann Georg I. von Sachsen, Dresden 1635, Gold, Grünes Gewölbe, SKD

Armee, Finanzen und die merkantilistisch geprägte Wirtschaftspolitik – Bereiche, um die sich ein Regent vorrangig selber kümmern müsse. Außenpolitisch riet er zur Vorsicht beim Abschluss von Bündnissen; dem kaisertreuen Nachbarn Sachsen brachte er größtes Misstrauen entgegen, denn die Sachsen »sein fals [falsch] wie der deuffell«.[4]

Im Gegensatz zum pragmatischen Absolutismus seiner Vorgänger konstituierte Friedrich II. in seinen Politischen Testamenten von 1752 und 1768 den Staat als abstrakte, über der Person des Herrschers stehende Kategorie. In diesen umfangreichen Texten ging es dem König somit um die Darlegung seiner Staatsphilosophie und um die unverbindliche Weitergabe von Herrschaftserfahrungen, nicht aber um konkrete Handlungsanweisungen für den Nachfolger – ein für das Quellenverständnis ganz entscheidender Unterschied. Systematisch wurden jeweils die vier Hauptpfeiler der unerlässlichen Selbstregierung eines Herrschers abgehandelt: Rechtspflege, Finanz- und Wirtschaftspolitik, Armee und Außenpolitik, Innenpolitik einschließlich der Erziehung des Thronfolgers. In ihren Grundzügen zeigte sich die Finanz- und Wirtschaftspolitik nur wenig verändert, die Armee, die »Lebensversicherung« Preußens, nahm einen mindestens ebenso hohen Stellenwert ein wie bei Friedrich Wilhelm I.; das religiöse Toleranzdenken Friedrichs bedarf keiner weiteren Erläuterung. In beiden Politischen Testamenten analysierte Friedrich II. eingehend das europäische Mächtesystem und wies dabei Preußen letztlich einen Mittelrang zu. Ausgangspunkt aller seiner Überlegungen war jedoch stets die in jedem militärischen Konflikt extrem gefährliche Lage des zerrissenen hohenzollerschen Staatenkomplexes. Geprägt von den Erfahrungen der Schlesischen Kriege und der Sorge vor einem weiteren Krieg gegen die europäische Großmacht Österreich, beschäftigte sich der König in den brisanten Abschnitten »Politische Träumereien« (1752) bzw. »Träume und chimärische Projekte« (1768) mit territorialen Arrondierungen, die in günstigen politisch-militärischen Gesamtkonstellationen realisiert werden könnten. Priorität hätte unter diesen Voraussetzungen das geostrategisch enorm wichtige Sachsen, vor allem aufgrund seiner Grenzlage zum habsburgischen Böhmen und seiner wichtigen finanziellen und militärischen Ressourcen. Genau diese Passagen sind es, die sächsischerseits gerne als Beleg für die unumstößliche Absicht der Hohenzollern zur staatlichen Vernichtung Sachsens angeführt werden. Die von Friedrich II. vorgesehene Entschädigung des Hauses Wettin mit dem Königreich Böhmen wird dabei freilich ebenso regelmäßig verschwiegen wie die sächsischen Projekte aus der Mitte des 18. Jahrhunderts, die sich mit der Annexion preußischer Provinzen wie etwa des Herzogtums Magdeburg oder mit einer Landverbindung Sachsen-Polen auf Kosten Preußens beschäftigten. In der von Ländertausch und Herrschaftswechsel geprägten Epoche der großen europäischen Erbfolge- und Expansionskriege entsprachen diese schriftlich formulierten »Träumereien« freilich nur den historischen Realitäten. Es ist auch kein Zufall, dass Sachsen in Friedrichs späteren politischen Denkschriften in ganz anderem Licht erschien; seit 1763 hatte sich die sächsische Außenpolitik schrittweise dem einstigen Kriegsgegner Preußen angenähert. Mit Blick auf die sächsischen Kaiservorstellungen wichtig ist ferner der bereits 1752 gegebene Rat Friedrichs, der Nachfolger solle die Kaiserwürde nicht anstreben, da sie nur noch ein leerer Titel sei.

Wie bereits erwähnt, haben auch die sächsischen Kurfürsten des 18. Jahrhunderts Politische Testamente hinterlassen. So hat sich August der Starke mehrfach mit Ratschlägen und Weisungen an seinen einzigen Sohn Friedrich August II. gewandt. In seinem ersten Entwurf zu einem Politischen Testament, um 1705 datiert, analysierte der Wettiner recht ausführlich die außenpolitischen Beziehungen, warnte vor den Ambitionen der großen Nachbarn und verwies auf die wünschenswerte Arrondierung des Kurstaates mit den thüringischen Territorien der ernestinischen Vettern. Ähnlich wie es 1722 der Preußenkönig Friedrich Wilhelm I. formulieren sollte, seien der einheimische Adel durch den Militärdienst zu »domestizieren« und der Einfluss der Kleriker – unabhängig von der Konfession – klar zu begrenzen.

1787 verfasste Augusts Urenkel, Kurfürst Friedrich August III., ein umfangreiches, allerdings nicht ganz vollständig überliefertes Politisches Testament für seinen Bruder und Universalerben Anton. Inhaltlich ist der Textverlust gravierend, da vor allem die Reflexionen zu der praktizierten Neutralität zwischen den beiden deutschen Großmächten sowie dem allgemeinen Verhältnis zu Preußen verloren sind. Der Großteil dieser Denkschrift beschäftigte sich mit dem erfolgreich verlaufenen inneren Reformprozess in den Bereichen Finanzen, Verwaltung und Wirtschaft, forciert seit dem Ende des Siebenjährigen Krieges 1763. Aber auch dynastische und machtpolitische Optionen der Wettiner wurden erörtert. In den Ausführungen zur Frage einer möglichen Annahme der Kaiserkrone zeigte sich einmal mehr die traditionelle Reichstreue der Wettiner: Pflichtgefühl und Reichspatriotismus verlangten die Annahme der angebotenen Kaiserkrone, der Vorteil des Hauses bestünde dagegen lediglich in gesteigertem dynastischen Prestige. Auch nach der ersten Polnischen Teilung von 1772 offenbarte der Gedanke an eine sächsische Sekundogenitur in Polen die durchaus vorhandenen Visionen Friedrich Augusts III.: Das dynastische Prestige der Wettiner könnte erneuert, die wirtschaftlichen und politischen Ressourcen für das Stammland nutzbar gemacht werden. Ganz im Gegensatz zu einem zunehmend von Aufklärung und Toleranz geprägten Umfeld hatte die Konfessionsfrage für den streng katholischen Kurfürsten fundamentale Bedeutung. Zum Besten des Seelenheils der lutherischen Bevölkerung habe, so der Auftakt des Politischen Testaments von 1787, der Nachfolger »alles anzuwenden, was zur Ausbreitung der wahren« – gemeint ist die katholische – »Religion dienlich seyn kan, und der Weg zu deren Wiedereinführung und zu Vertilgung der Ketzerey seyn könnte.« [5] Für dieses Ziel wurde ein bizarr anmutendes Programm einer »stillen« Gegenreformation entworfen, das Elemente wie die bevorzugte Annahme katholischer Hofchargen oder die gezielte Förderung gemischter Adelsehen umfasste. Greifbar wird vor allem die ambivalente Persönlichkeit des Wettiners: Auf der einen Seite stehen seine durchaus rationalistischen Ausführungen zu landesherrlicher Verwaltung oder dynastischen Perspektiven, auf der anderen Seite die völlig unzeitgemäßen Konfessionsvorstellungen.

»Preußen und Sachsen. Szenen einer Nachbarschaft« – der historische Streifzug durch die Fülle der fürstlichen Testamente und politischen Vermächtnisse hat trotz der für Sachsen ungünstigen Forschungslage bemerkenswerte Gemeinsamkeiten und Unterschiede aufgezeigt, vor allem aber ist der besondere Aussagewert der beiden vorgestellten Quellengruppen deutlich geworden. Wichtig ist, dass eben auch die stark formalisierten letztwilligen Verfügungen oder Testamente weiterführende Inhalte überliefern: Sie fungieren als dynastisch-familiäre und konfessionell-religiöse Traditions- und Werteträger, sie spiegeln individuell-biografische Erfahrungshorizonte, sie können aber auch durchaus konkrete politische Handlungsanweisungen für den Haupterben und Regierungsnachfolger übermitteln. Wie die Politischen Testamente auch, belegen die Fürstentestamente eine sich im 18. Jahrhundert schrittweise verändernde Herrschaftsauffassung, die letztlich zu einem neuen Verständnis von Dynastie und Staat, von Fürsten- und Staatseigentum führen sollte. Für Sachsen zeigen sich die Auswirkungen des Konfessionswechsels von 1697 sehr deutlich; das konfessionelle Moment behielt für die Nachfahren Augusts des Starken größte Bedeutung. Der Aufstieg Preußens zur zweiten deutschen Großmacht, der allgemeine Bedeutungsverlust Sachsens – all das spiegelt sich anschaulich in der subjektiven Wahrnehmung der Hohenzollernherrscher wider; der Bogen lässt sich hier von der potenziellen Konkurrenz bei einer anvisierten Erwerbung Schlesiens zur Zeit des Großen Kurfürsten Friedrich Wilhelm bis hin zu Sachsen als chimärischem Eroberungsobjekt in den Politischen Testamenten Friedrichs II. schlagen. Als fürstliche Selbstzeugnisse nehmen Testamente und politische Vermächtnisse in jedem Fall eine Schlüsselrolle für das Verständnis der regierenden Hohenzollern und Wettiner im 18. Jahrhundert ein.

Gedruckte Quellen und Literatur Caemmerer 1915 · Die politischen Testamente, 1986 Duchhardt 1987 · Haake 1901 · Richter 2009 · Rohr 1733 · Vötsch 2000 · Vötsch 2002 Vötsch 2009 · Weber, K. 1872

Anmerkungen **1** Rohr 1733, S. 272. **2** Caemmerer 1915, S. 384. **3** Ebd. S. 384. **4** Die politischen Testamente, 1986, S. 240. **5** Vötsch 2002, S. 80.

KUNSTKÖNIG UND SOLDATENKÖNIG?

Offiziell als gegenseitige Geschenke zweier Herrscher deklariert, überquerten im Jahr 1717 600 Dragoner und ungefähr 151 Porzellane in einem Tauschhandel die Grenze zwischen Preußen und Sachsen. Soldaten gegen Porzellan, Dragonervasen gegen Porzellandragoner: Nichts scheint die Unterschiede zwischen dem Sachsen August II. und dem Preußen Friedrich Wilhelm I. besser auf den Punkt zu bringen, bietet dieser Handel doch ein einprägsames Bild von höfischem Luxus und Sammelleidenschaft auf der einen sowie spartanischer Strenge und Soldatenliebe auf der anderen Seite. Doch August II. war kein Herrscher, der an allem Militärischen desinteressiert gewesen wäre. Bereits als Kurprinz, dann als Kurfürst hatte er an mehreren Feldzügen teilgenommen und Kriege geführt. Unglücklich verlief dabei zunächst sein Kampf im Bund mit Dänemark-Norwegen und Russland gegen das Schweden Karls XII. 1706 verlor er im Verlauf des Nordischen Krieges sogar die polnische Königskrone. 1717 hatte sich das Blatt jedoch wieder gewendet, sodass August II. seine für den Krieg aufgestockten Truppen vorerst reduzieren konnte. In diesem Zusammenhang bot er dem preußischen König Soldaten an und ließ durchblicken, dass er im Gegenzug insbesondere über Porzellan erfreut wäre. Doch schon zwei Jahre später begann August II. umfassende Heeresreformen, die die sächsische Armee am Ende seiner Regierungszeit mit etwa 30 000 Mann auch zahlenmäßig auf einen Höhepunkt brachten.

August II. teilte das Interesse am Militär bekanntermaßen mit dem preußischen König. Nach der politischen Annäherung der beiden Herrscher 1727 / 28 folgte ein reger Austausch zwischen Dresden und Berlin: Friedrich Wilhelm I. ließ August, der sich sehr für den Festungsbau interessierte, die Pläne der preußischen Festung Magdeburg überbringen. Gemeinsam diskutierten die Herrscher militärtheoretische Überlegungen, und nachdem Friedrich Wilhelm Kritik an im Zuge der sächsischen Heeresreform entworfenen neuen Flinten- und Säbeltypen geäußert hatte, reagierte August darauf mit Änderungen an den Modellen. Seinen natürlichen Sohn Friedrich August von Rutowski ließ August II. für ein Jahr im preußischen Heer dienen. Allerdings bedeutet das nicht, dass man in Dresden das preußische Militär als ein Ideal verstanden hätte, dem grundsätzlich nachzueifern wäre. Friedrich Wilhelm I. wiederum schätzte das sächsische Militär als ernstzunehmenden

Dragonervasen, fünfteiliger Aufsatz, Porzellan, bemalt in Unterglasurblau, um 1700, Porzellansammlung, SKD

Machtfaktor ein. Während seines Besuchs in Dresden im Karneval 1728 übermittelte er einige Eindrücke vom dort Gesehenen an seinen Vertrauten, den preußischen Generalfeldmarschall Leopold von Anhalt-Dessau. Während er die beiden Regimenter Kronprinz und Weißenfels als gut bzw. sehr gut einschätzte, hielt er das Pflug'sche Regiment für sehr schlecht. Kavallerie und Offiziere bewertete er positiv, und auch das Dresdner Zeughaus war in den Augen des preußischen Königs gut ausgestattet, auch wenn er das seine in Berlin für besser erachtete. Doch nicht nur Militärisches und Bemerkungen über die ihm präsentierten Truppen hielt Friedrich Wilhelm I. in seinem Schreiben fest. Die Pracht des Dresdner Hofes beeindruckte ihn sehr und er urteilte im Vergleich zum Hof seines Vorgängers Friedrich I.: »was die Ma[g]nificen[ce] anbelanget ist bey mein vatter Lapallie gewehsen«.[1] Die Gebäude und ihre Ausstattung befand er gar als »extra Ma[g]nificke«[2], und dies betraf nicht nur die königlichen Paläste und Sammlungen, sondern auch die Adelspalais der Stadt. Friedrich Wilhelm I. erkannte, dass die Adelspalais das Ansehen einer königlichen Residenz steigerten. Diese Wahrnehmung sollte den preußischen König dazu veranlassen, in Berlin ein neues Adelsquartier zu schaffen. Allein die Silbersammlung seines Nachbarn hielt er für kleiner als die eigene – ohne sich hier allerdings vollkommen sicher zu sein. Die Unsicherheit entsprang jedoch keineswegs einem diesbezüglichen Desinteresse des Preußen. Friedrich Wilhelm I. konnte hier als Fachmann urteilen, war er unter den Hohenzollern doch der bedeutendste Sammler von Silber – auch wegen der Möglichkeit, Silber schnell in bare Münze umwandeln zu können. Dennoch: Auch Friedrich Wilhelm I. legte großen Wert auf die Repräsentation seiner königlichen Würde, und seine Silbersammlung diente diesem Zweck.

Antoine Pesne:
Empfang August II. im Berliner Schloss durch Friedrich Wilhelm I., Öl auf Leinwand, um 1728, Eigentum des Hauses Hohenzollern, SKH Georg Friedrich Prinz von Preußen

Möglicherweise war es der Eindruck, der preußische Hof sei unter seinem Vater im kulturellen Wettstreit doch nur eine Lappalie geblieben, der Friedrich Wilhelm I. bei seinem Regierungsantritt 1713 dazu bewog, ein eigenständiges Profil innerhalb der europäischen Hoflandschaft zu entwickeln. Doch war er darin weniger radikal als allgemein angenommen. Weder fiel sein Hofstaat im Vergleich zu anderen Höfen aus der Reihe, noch verzichtete der preußische König gänzlich auf den Einsatz höfischen Prunks. Dies zeigte sich zum Beispiel an den Feierlichkeiten 1728 anlässlich des Gegenbesuchs Augusts II. in Berlin, nur wenige Monate nach dem Aufenthalt des preußischen Königs in Dresden. Nicht nur der Weiße Saal des Berliner Schlosses und die Gemächer für August II. wurden aufwendig hergerichtet. Friedrich Wilhelm I. bezog auch die Schlösser seines Vaters in den Reigen der Festveranstaltungen mit ein, die selbst seine ansonsten so kritische Tochter Wilhelmine als »höchst prachtvoll« bezeichnete.[3] Teil des Programms waren übrigens auch Truppenvorführungen – so wie bei Friedrich Wilhelms Besuch in Dresden.

Peter Langen

Literatur Göse 2011 · Göse 2013 · Haake 1900 Krauske 1905 · Memoiren einer preußischen Königstochter, 2007 · Mertens, M. 2003 · Neugebauer 2001 · Wittwer 2007

Anmerkungen **1** Friedrich Wilhelm I. an Leopold von Anhalt-Dessau, Potsdam 13. Februar 1728, in: Krauske 1905, S. 390 f. **2** Ebd., S. 391 **3** Memoiren einer preußischen Königstochter, 2007, S. 72.

Louis de Silvestre:
Allianzporträt von König August II. von Polen und dem preußischen König Friedrich Wilhelm I., Öl auf Leinwand, 1729, Gemäldegalerie Alte Meister, SKD

ZWEY ADLER SAHEN WIR IN UNSERER WASSER LUST – DAS WASSERSTECHEN IN BERLIN

Über Jahrhunderte hinweg waren die Stadt Halle und das Kurfürstentum Sachsen durch den Salzhandel verknüpft. Während »Weißes Gold« der halleschen Saline Absatz in sächsischen Landen fand, gelangte seit Ende des 16. Jahrhunderts von dort das für den Betrieb der Siedepfannen notwendige Holz in die Salzstadt. Die ab Mitte des 18. Jahrhunderts in Kursachsen entstehenden Salinen setzten diesem Handel ein Ende.

Nachdem 1680 das Herzogtum Magdeburg mit Halle an Brandenburg gefallen war, huldigten die in einer Brüderschaft zusammengeschlossenen Salzwirker, die Halloren, den Kurfürsten von Brandenburg und den späteren preußischen Königen als ihren Landesherren. Auf besondere Weise dokumentiert ein Silberbecher aus dem »Silberschatz der Halloren« diplomatische Verbindungen zwischen Brandenburg-Preußen und Sachsen.

Nach dem Besuch des preußischen Königs Friedrich Wilhelm I. in Sachsen im Januar 1728 stattete der sächsische Hof vom 26. Mai bis 12. Juni in Berlin einen Gegenbesuch ab. Neben prunkvollen Festen und Theateraufführungen, Maskeraden und Illuminationen gehörten auch Wasserspiele bei solchen Anlässen zum Zeitvertreib.

Die halleschen Salzwirker waren für ihre »Wasserkünste« bekannt. Das bei Festen und fürstlichen Besuchen auch in Halle oft aufgeführte Wasserstechen bot ihnen Gelegenheit, ihre Geschicklichkeit als Wasserspringer, Stecher und Kahnfahrer zur Schau zu stellen. Das veranlasste den preußischen König Friedrich Wilhelm I., die Salzwirker-Brüderschaft zur Darbietung ihres Könnens nach Berlin kommen zu lassen.

Becher 15 aus dem Silberschatz der Halloren, Halloren- und Salinemuseum Halle (Saale)

Festlich ausstaffiert präsentierten sich die Halloren am 6. Juni auf dem Paradeplatz vor dem Königlichen Schloss in Berlin. Die Brüderschaft wurde von einem Kesselpauker, vier Schalmeien- und einem Fagottspieler angeführt. Und wie bei anderen festlichen Gelegenheiten gehörten Vorsteher und Hauptmann der Brüderschaft ebenso zum Zug wie Jungfrauen und Weiber sowie die Wasserstecher und Kahnfahrer als Akteure. Der Fähnrich trug eine neue, von Friedrich Wilhelm I. gestiftete seidene Fahne, während die Schwertträger Bidenhänder und der Schildträger die Rundtartsche mitführten.

Als Augenzeuge berichtete der sächsische »Vice-Hoff-Secretär«: »[…] sahen nach der Taffel dem Fischer-Stechen und Waßer-Tauchen derer Hallorum zu, welche mit Musique […] auf die Schloß-Brücken zogen, und ihre Exercitia ein paar Stunden lang machten, So

Abwicklung des Bechers 15 aus dem Silberschatz der Halloren, Halloren- und Salinemuseum Halle (Saale)

Anmerkungen **1** Sächsisches Hauptstaatsarchiv Dresden (HStADD), 10006 Oberhofmarschallamt, J. 30, Bl. 119 v. **2** Rüdinger 1728, n. pag. **3** Archiv SWB, Ms. Karl Rabe: Ausführliche Beschreibung von Ursprunge und Erbauung der Salzwerke und der Stadt Halle, 1852, S. 45.; HStADD, 10006 Oberhofmarschallamt, J. 30, Bl. 119 v. **4** Archiv SWB, Ms. Karl Rabe, S. 45.

darin bestand, daß Sie theils von einer in dem Mittel der Brücken gemachten Erhöhung sich auf verschiedene Art in das Waßer warffen, theils auch unten auf dem Waßer, einander mit langen hölzernen Lanzen, woran vorne Bälle, aus denen Kähnen in das Waßer schmießen.«[1] Wie in einer Hallorenchronik vermerkt ist, nahmen die Gäste aus Halle zwei Tage später in Charlottenburg an einem Fest teil, wobei sie wohl das Feuerwerk besonders beeindruckte. Ein von den Vorstehern der Brüderschaft überreichtes Festgedicht preist beide Landesherren in barocker Manier.[2] Während der preußische König 14 Taler Belohnung für ihren Auftritt stiftete, sind in der Präsentliste des sächsischen Landesherrn 100 Taler für die »Hallorum« vermerkt.[3]

Zum Gedächtnis ließ die Brüderschaft einen großen Becher für 55 Thaler anfertigen,[4] der zu den schönsten Stücken im Silberschatz der Halloren zählt. Eine umlaufende, reliefartige Darstellung zeigt den sächsischen Kurfürsten Friedrich August I., den »Starken« (König August II. von Polen), und den preußischen König Friedrich Wilhelm I., die sich die Hände reichen; neben ihnen befinden sich als Insignien der Macht schwebende Adler mit Königskrone, Reichsapfel und Zepter. Während der sächsische Landesherr auf eine neben ihm liegende Krone mit Zepter weist, steht ein Spangenhelm für den Soldatenkönig. Unter dem vergoldeten profilierten Lippenrand verläuft eine dem Festgedicht entlehnte Inschrift:

AMABILI FOEDERE. ZWEY ADLER SAHEN WIR IN UNSERER WASSER LUST; WO *FRIEDRICH WILHELM* WAR UND *FRIEDERICH AUGUST*. HIER SCHAUEN WIR DAS BILD. JA JA DER HIMMEL GEBE, DAS *FRIEDRICH WILHELM* NOCH UND *FRIEDRICH AUGUST* LEBE: DEN 6. Juny 1728

Christine und Rüdiger Just

Frühneuzeitlicher Transfer: Adel zwischen Sachsen und Brandenburg

MARTINA SCHATTKOWSKY

Als nach dem Tod Damian von Sebottendorfs 1585 das Amt des Reichspfennigmeisters für den Ober- und Niedersächsischen Kreis neu zu besetzen war, schlugen die mächtigsten Dynasten dieses Kreises, die Kurfürsten von Sachsen und Brandenburg, in einem Schreiben an Kaiser Rudolf II. vom 14. Dezember 1585 den sächsischen Adligen Christoph von Loß d. Ä. auf Pillnitz als Nachfolger vor.[1] Mit diesem sächsisch-brandenburgischen Engagement in Sachen Reichspersonalpolitik nahmen die grenzüberschreitenden Adelsbeziehungen, um die es hier gehen soll, reichspolitische Dimensionen an: Dass nämlich beide Fürsten bei der Kandidatenkür für dieses hohe Reichsamt zur Erhebung der sogenannten Türkenhilfe gemeinsam tätig wurden, hängt eng mit der Politik des Obersächsischen Reichskreises zusammen, wo beide Territorien eine gewichtige Rolle spielten. Dies lässt sich vor allem seit der Mitte des 16. Jahrhunderts beobachten, als sich die Reichskreise einem wachsenden Finanzdruck ausgesetzt sahen, um die äußere Bedrohung des Reiches infolge der vordringenden osmanischen Heere materiell abzusichern. Diese Situation musste insbesondere Kursachsen und Brandenburg auf den Plan rufen, die aufgrund ihrer geografischen Lage eine unmittelbare Gefährdung durch den Einbruch eines türkischen Heeres über Böhmen und Mähren durchaus für möglich hielten. Hier nun war eine enge Abstimmung geboten: zwischen dem sächsischen Kurfürsten, der zugleich Kreisdirektor des Obersächsischen Reichskreises war, und dem Kurfürsten von Brandenburg, der als Nach- und Zugeordneter fungierte. Wichtig war ihnen vor allem, einen Kandidaten zu finden, der ihnen vertrauenswürdig und geeignet erschien, um die Bürden dieses Amtes zu übernehmen und die Interessen beider Dynastien im Auge zu behalten. Blickt man auf die Auswahlkriterien für die Reichspfennigmeister, wird offenkundig: adlig mussten sie sein und zudem fest verwurzelt in der adligen Führungsschicht ihrer Territorien sowie weltläufig und möglichst auch überregional agierend.

Bereits zuvor, bei der Auswahl des ersten sächsischen Reichspfennigmeisters, hatten sich die beiden Kurfürsten offenbar eng miteinander abgestimmt. So legte 1557 der sächsische Kurfürst August dem brandenburgischen Kurfürsten Joachim II. nahe, gemeinsam regionale »Musterherren« (Pfennigmeister) zu ernennen, und schlug dafür den beiden Seiten wohl vertrauten brandenburgischen Geheimen Rat, Hofmarschall sowie Hauptmann zu Zehdenick Adam von Trott vor. Für von Trott sprach außerdem die Tatsache, dass er 1557 als kaiserlicher Feldmarschall im Türkenkrieg in Ungarn tätig gewesen war und die Situation vor Ort bestens kannte. Nachdem sich allerdings herausstellte, dass es mit der Gesundheit dieses brandenburgisch-sächsischen Kandidaten nicht zum Besten bestellt war, einigten sich beide Kurfürsten schließlich auf den eingangs genannten Sebottendorf. Auch dieser war in der Landes- und Außenpolitik erfahren: Neben seiner Funktion als Geheimer Rat war er Gesandter, Beisitzer am Oberhofgericht und nicht zuletzt Einnehmer der Tranksteuer sowie Mitglied des Obersteuerkollegiums, was ihn offensichtlich für das Pfennigmeisteramt prädestinierte.

Ebenso wenig Zufall war es sicher auch, dass sich die benachbarten Kurfürsten auf der Suche nach Sebottendorfs Nachfolger auf Christoph von Loß d. Ä. festlegten. Schließlich verfügte dieser schon seit frühester Jugend über Hoferfahrung in beiden Fürstentümern. So war er, wie rückblickend festgehalten wurde, »etzl. 40. Jahr des Hauses Sachsen und Brandenburg Diener gewesen«.[2] Bereits als Vierzehnjähriger trat er in den Dienst des brandenburgischen Markgrafen Johann Georg und ging 1563 für ein Jahr nach Berlin an den Hof des Kurfürsten Joachim II. Seit 1564 war er am Dresdner Hof tätig, zunächst unter Kurfürst August, der ihn 1584 zum Hofrat ernannte, später unter den Kurfürsten Christian I. und Christian II. Seine brandenburgischen Hoferfahrungen kamen Loß in der Folgezeit auch im Sächsischen zugute: So übte er in Dresden für die Kurfürstin Sophie,

Witwe des Kurfürsten Christian I. und Tochter des Markgrafen Johann Georg von Brandenburg, das Amt des Hofmarschalls aus.

So wie Christoph von Loß in die Dienste fremder Herrscher zu treten, war für viele Adelsgeschlechter – nicht nur in Brandenburg und Kursachsen – nahezu Normalität. Insofern war die hier geschilderte grenzüberschreitende Hofkarriere kein Einzelfall und sie berührte keineswegs nur die Besetzung des Reichspfennigmeisteramts. Territorien übergreifende Mobilität des brandenburgischen und sächsischen Adels gab es allenthalben: in der Politik und Kultur ebenso wie beim Erwerb von Besitz, bei Heiratsverbindungen oder bei Kreditgeschäften mit der Landesherrschaft.

Auf diese Weise profitierte nicht nur der Adel von auswärtigen Diensten, sondern auch für die Fürsten erwies sich die Anwesenheit ausländischer Adliger geradezu als Gradmesser für die Attraktivität des eigenen Hofes. Davon abgesehen konnte für sie ein dichtes Kommunikationsnetz ihrer Eliten in vieler Hinsicht von Vorteil sein. Adliges Vermittlungstalent über die Grenzen hinweg war beispielsweise in den unruhigen Zeiten des Schmalkaldischen Krieges von 1546/47 gefragt. So waren Eustachius von Schlieben sowie Adam von Trott mehrfach im Auftrag Joachims II. in diplomatischer Mission unterwegs, um zwischen den beiden verfeindeten wettinischen Fürsten zu vermitteln und einen drohenden bewaffneten Konflikt doch noch zu verhindern. Von Schliebens Verhandlungspartner auf sächsischer Seite war der einflussreiche Rat Georg von Carlowitz (1471–1550). Gegen Ende des 16. Jahrhunderts war es neben Vertretern der Familien von Arnim und von Thümen namentlich Georg von Blankenburg, dessen Dienste nicht nur beim eigenen Landesherrn, sondern auch beim sächsischen Kurfürsten hoch geschätzt waren. Um Letzteren schien es gar ein regelrechtes fürstliches Gerangel gegeben zu haben: Als ihn Kurfürst August von Sachsen etwa als Unterhändler beim Kauf des Klosters Sittichenbach gewinnen wollte und deswegen seinen brandenburgischen Amtskollegen bat, von Blankenburg an den Dresdner Hof zu schicken, hat Joachim II. diese Bitte 1566 abschlägig beschieden, da er den gefragten Adligen nun seinerseits als Landeshauptmann der Prignitz einzusetzen gedachte.

Wie sehr im ausgehenden 16. Jahrhundert die Kommunikation zwischen beiden Territorien über ihre adligen Amtsträger vernetzt war und wie gut über diese Netzwerke der gegenseitige Informationsaustausch auch in innenpolitischen Fragen funktionierte, zeigt sich etwa in der Ständepolitik. So wie man in Dresden anscheinend bestens über brandenburgische Landtagsdebatten Bescheid wusste, gelangten umgekehrt Informationen aus Dresden direkt zum Nachbarn, und zwar aus erster Hand; darauf verweist etwa ein Protokollvermerk zur Zusammenkunft der sächsischen Stände von 1593, wo festgehalten wird, dass die Tagesordnung des nächsten Landtags in Anwesenheit zweier kurbrandenburgischer Räte, eines von Winterfeld und Bernhards von Arnim, besprochen worden war. Dabei waren die beiden Nachbarterritorien durchaus willens, voneinander zu lernen: Während im 16. Jahrhundert die Brandenburger aufgrund struktureller Defizite im Staatsbildungsprozess an sächsischem Erfahrungswissen für eine effizienter arbeitende Verwaltung überaus interessiert waren, hatte es Sachsen im 17. Jahrhundert umgekehrt auf die fortgeschritteneren militärischen Fähigkeiten und Kenntnisse des Nachbarn abgesehen. Nicht von ungefähr wurden die brandenburgischen Obristen von Bornstedt und von Venediger mit der Aufstellung und Umstrukturierung sächsischer Regimenter beauftragt. Fest steht: Die Fürstenhöfe von Dresden und Berlin zogen den Adel an. Hier lag das Zentrum der Macht, hier boten sich zugleich eine Bühne adliger Repräsentation sowie ein Podium für die Kommunikation der politischen Elite – sei es, um dort als Page erste Hoferfahrungen zu sammeln und informelle Kontakte zu knüpfen, Karriere im Militärdienst zu machen, als Emissär für den eigenen Landesherrn tätig zu werden oder auswärts im fürstlichen Auftrag schwierige diplomatische Verhandlungen zu führen. Fürstendienst – noch dazu an auswärtigen Höfen – konnte die eigene Reputation steigern und oft auch mit finanziellen Zuwendungen und Geschenken verbunden sein.

Wappen der Herren von Bünau am Portal von Schloss Weesenstein, Staatliche Schlösser, Burgen und Gärten Sachsen gGmbH

Ähnlich wie der genannte Christoph von Loß fand eine ganze Reihe sächsischer Adliger Zugang zum Berliner Hof, so etwa Georg von Carlowitz, der zunächst in jungen Jahren kurfürstlicher Truchsess am kursächsischen Hof war, dann als Kammerjunker in erzstiftisch-magdeburgischen Diensten stand und schließlich nach Kurbrandenburg kam, wo er als Kriegsrat und »Hauptmann zu Peitz« amtierte.[3] Andere sächsische Adelsfamilien wie die von Friesen oder von Wolffersdorf schickten am Ende des 17. Jahrhunderts ihre Söhne als Pagen an den kurbrandenburgischen Hof oder sie traten – wie vor allem die wohlhabenden Geschlechter Pflugk, von Bünau oder von Carlowitz – in Kreditgeschäften als Gläubiger oder Bürgen der brandenburgischen Kurfürsten hervor. Wie ein Blick in die Gläubigerverzeichnisse des brandenburgischen Ständischen Kreditwerkes zeigt, stellten Adlige aus Sachsen den höchsten Anteil der dort erfassten auswärtigen Kreditoren.

Dennoch ist festzuhalten: Seit dem 16. Jahrhundert zog es weitaus weniger kursächsische Adlige an die Hohenzollernresidenz als umgekehrt Brandenburgs Adel nach Dresden. Zweifellos entfaltete der damals politisch und kulturell bedeutsame Dresdner Hof als Mittelpunkt eines der führenden Territorien im Alten Reich für den Adel eine ungleich größere Attraktivität. Entsprechend hoch war die Anziehungskraft des Wettiner Hofes auch für die brandenburgische Ritterschaft. Dies betraf in erster Linie die in den Grenzregionen ansässigen Adelsfamilien wie zum Beispiel von Arnim oder von Rohr, die bestrebt waren, ihre Angehörigen an den Hof der sächsischen Kurfürsten zu entsenden. Auffällig ist, dass es sich dabei zugleich um führende brandenburgische Adelsfamilien handelte, die einerseits über nötige finanzielle Ressourcen verfügten, um ihrem Nachwuchs eine Karrieremöglichkeit fern der Heimat zu ermöglichen, und die andererseits darin eine Chance sahen, durch auswärtigen Fürstendienst eigenes Prestige und Ansehen innerhalb ihrer regionalen Adelsgesellschaft zu untermauern. Beispiele dafür gibt es viele. So bat etwa 1580 der brandenburgische Kammersekretär Pachel von Thümen seinen Landesherrn, beim sächsischen Kurfürsten ein gutes Wort für seinen Sohn einzulegen. Tatsächlich erging von höchster Stelle ein Schreiben an Kurfürst August, er möge den jungen Thümen »als ein[en] junge[n] gesell[en] sich ethwas an frembde örtter und sonderlich, wo es geschehen könne, an E. L. Hoffe zuversuchen und vor einen Schreiber gebrauchen zu lassen«.[4] Auch als Pagen findet man Sprösslinge der Familie von Thümen an der kursächsischen Residenz, Gleiches gilt für die Geschlechter von Bredow und von Rochow.

Besonders begehrt waren bei Brandenburgs Adel offenbar Einladungen aus Sachsen zu Reiterspielen und Jagdvergnügen. Mitunter berichten die Quellen ausführlicher von solchen Festlichkeiten. So heißt es etwa in Berichten über die Reiterspiele von 1561 aus Anlass der Vermählung Wilhelms I. von

Unbekannter Künstler, Schloss Boitzenburg, Deckfarben, o. J., SMB, Kupferstichkabinett. Schloss Boitzenburg war der Stammsitz der Familie von Arnim.

Daniel Bretschneider: Aufzug der Zeit und der Sieben Planeten zum Ringrennen anlässlich der Taufe des Kurprinzen Johann Georg (II.) von Sachsen am 27. Juni 1613 im Großen Schlosshof zu Dresden, 1613, Öl auf Leinwand, Rüstkammer, SKD

Oranien-Nassau mit Anna, der Tochter Kurfürst Moritz' von Sachsen, dass Curt von Arnim während des Turniers durch Wolf von Schönberg »aus dem Sattel auf die Schranken gerannt« worden wäre.[5] Über Angehörige aus den Reihen derer von der Schulenburg oder von Holtzendorff wiederum wissen wir, dass sie häufig zu Jagdvergnügen des Dresdner Hofes geladen waren.

Die Sogwirkung der kursächsischen Residenz, die mit dem Erwerb der polnischen Krone im Jahr 1697 zweifellos eine beträchtliche Aufwertung erfuhr, ließ bei der brandenburgischen Ritterschaft auch im sogenannten absolutistischen Zeitalter nicht nach. Selbst nach dem Aufstieg des eigenen Territoriums seit der Mitte des 17. Jahrhunderts änderte sich dies keineswegs schlagartig. Wie sich aufgrund von Vasallentabellen aus den frühen 1720er Jahren ermitteln ließ, standen von den hier genannten 44 Adligen aus nahezu allen kur- und neumärkischen Kreisen immerhin 22 in kursächsisch-polnischen Diensten.[6] Damals gehörte es offenbar bei den ambitionierten Adelsgeschlechtern des Landes bereits über Generationen zur guten Tradition, in die Dienste der Nachbardynastie zu treten. Chancen boten sich reichlich. Gerade seit Ende des 17. Jahrhunderts verfolgten nämlich die sächsischen Landesfürsten eine eigenwillige Personalpolitik: Um den Einfluss des mächtigen einheimischen Adels zurückzudrängen, brachten sie eine größere Zahl an Ausländern in leitende Hofämter oder in die sächsische Armee. Davon profitierten auch brandenburgische Adlige, sei es auf einem der vielen Posten am bedeutenden Wettiner Hof selbst oder – wie die von Klintzings, von Knochs oder von Burgsdorffs – zwischen 1657 und 1746 im Verwaltungsdienst bei den wettinischen Sekundogeniturfürsten zu Weißenfels, Halle bzw. Merseburg. Fürstendienst an diesen Höfen galt als wichtiges Karrieresprungbrett.

Zeichnete sich bereits im 16. Jahrhundert eine gewisse Konkurrenz beider Landesfürsten bei der Inanspruchnahme der Dienste bestimmter Amtsträger ab, so verstärkte die preußische Krone dann im 18. Jahrhundert ihre Bemühungen ganz offiziell, »ihren Adel« im Lande zu halten. Besonders unter dem »Soldatenkönig« Friedrich Wilhelm I. sowie unter König Friedrich II. ergingen mehrere Gesetze und Verordnungen, um auswärtige Dienste des eigenen Adels einzudämmen bzw. zu verhindern. Doch stellte sich der Erfolg erst ganz allmählich ein – hieß es doch, frühzeitig anzusetzen, und zwar bereits bei den Söhnen der Rittergutsbesitzer, um die Entscheidung für Militär- oder Hofkarrieren außerhalb des Landes möglichst schon im jungen Lebensalter zu beeinflussen. Anders als in Kursachsen, wo die starken Ständevertretungen bereits unter Kurfürst Johann Georg III. ähnliche Ambitionen der Landesherrschaft verhindern konnten, hat Friedrich Wilhelm I. seinen Vasallen schließlich 1739 bei Strafe gänzlich untersagt, ihre Kinder in die Dienste fremder Monarchen treten zu lassen. Dies sollte sich für die Krone auszahlen. Noch in der friderizianischen Zeit verminderte sich die Zahl der in ausländischen Diensten stehenden brandenburgischen Adligen. Die Quellen sprechen hier eine deutliche Sprache: Bis 1769 sank zum Beispiel der Anteil der auswärts dienenden kurmärkischen Rittergutsbesitzer auf ganze neun Personen, und auch die Statistiken über Offiziere in fremden Armeen verzeichneten bis zu diesem Zeitraum einen deutlichen Rückgang.[7] Vor allem im Kontext der Schlesischen

Unbekannter Künstler, Wolf von Schönberg, o. J.,
Freiberg, von Schönberg'sche Stiftung

Kriege 1740 bis 1763 und mit der Vergrößerung des preußischen Heeres boten sich nun dem einheimischen Adel eher lukrative Aufstiegschancen im eigenen Land.

Die genannten Schlesischen Kriege und besonders natürlich die verheerenden Auswirkungen der preußischen Besetzung Sachsens ab 1756 wirkten sich noch in anderer Hinsicht auf die grenzübergreifenden Adelsbeziehungen aus. Auch wenn nun die beiden regionalen Adelsgesellschaften nicht grundsätzlich auf Distanz zueinander gingen, hinterließ doch die spürbare Verschlechterung der preußisch-sächsischen Beziehungen ihre Spuren. Beim sächsischen Adel jedenfalls lassen sich seither tief sitzende Vorbehalte gegen eine preußische Übermächtigung nicht übersehen. Ebenso wenig zu übersehen ist der Druck der monarchischen Zentralisierung, dem der brandenburgische genauso wie der sächsische Adel – und hier wiederum besonders die hohen politischen Amtsträger und Offiziersränge – seit der zweiten Hälfte des 17. und stärker noch zu Beginn des 18. Jahrhunderts ausgesetzt waren. Die brandenburgische Ritterschaft, die ohnehin schon am Ende des Dreißigjährigen Krieges ökonomisch angeschlagen war, traf es besonders arg: Der wachsende Zugriff der Krone zeigte sich für sie in einer immer stärkeren Einbindung in die Armee und in steigenden Belastungen infolge des sich etablierenden und vor allem den militärischen Erfordernissen dienenden Steuersystems. Gewinner und Verlierer dieses Prozesses sind schnell auszumachen: In der Tendenz zeichnete sich in Brandenburg ein dramatischer Einflussverlust ehemals führender Adelsgeschlechter zugunsten einer »neuen Elite« ab, während die Landesherrschaft hier einen gewaltigen Autoritätsgewinn zu verzeichnen hatte. Kursachsen hingegen ist ein gutes Beispiel dafür, dass für den Adel mit der Einbeziehung in den Hof- und Staatsdienst nicht automatisch ein politischer Bedeutungsverlust einhergehen musste. Finanziell oft besser gestellt als brandenburgische Rittergutsbesitzer, gelang es alteingesessenen sächsischen Adelsfamilien, ihre Stellung als politische Führungsgruppe bis zum Ende der Frühen Neuzeit oder sogar darüber hinaus zu bewahren.

Auch sonst verlief die Entwicklung der Adelslandschaften beider Territorien in höchst unterschiedlichen Bahnen. Juristen des frühen 19. Jahrhunderts haben dies auf den Punkt gebracht. Als nämlich Sachsen im Zuge des Wiener Kongresses 1815 zwei Drittel seiner Fläche sowie ein Drittel seiner Bevölkerung an Preußen verlor, entspann sich unter den Juristen eine Verfassungsdebatte zu den nun als »Herzogtum Sachsen« bezeichneten, vormals königlich sächsischen Territorien. Dabei ging es unter anderem um die höchst unterschiedlichen verfassungsmäßigen Rechte der kursächsischen und brandenburgisch-preußischen Ritterschaft. »In Preußen«, so wurde konstatiert, »ist jetzt nur noch ein Nominal-Erbadel ohne Steuerfreiheit, ohne alte Landtagsrechte, ohne Unterthanen, ohne Lehne, ohne adlige Staatsämter, ohne adligen Bänke in den Gerichten, in Sachsen ist von Allem das Gegentheil.«[8] Ob dieser Differenzen konnte nach Ansicht der Juristen eine erfolgreiche territoriale Verschmelzung nur stattfinden, »wenn beide Theile etwas nachlassen, die Sachsen etwas von der preußischen Schwung-, die Preußen etwas von der sächsischen Schwerkraft erhalten. Dies wird die neue preußische Verfassungsurkunde bestimmen.«[9]

Ungedruckte Quellen Sächsische Landesbibliothek – Staats- und Universitätsbibliothek Dresden, Zacharias, Ferdinand Ludwig, Sammlung historisch-topographisch u. genealogischer Nachrichten über das Königl. Sächs. Cammerguth und Lust Schloß Pillnitz, 1826. · Sächsisches Staatsarchiv – Hauptstaatsarchiv Dresden, Geheimer Rat (Geheimes Archiv) (10024), Loc. 7880

Gedruckte Quellen und Literatur Anonym 1815 · Carlowitz 1875 · Göse 1996 · Göse 1998 Göse 2005 · Hahn, P. 1979 · Keller/Matzerath 1997 · Schattkowsky 2007 · Schattkowsky 2013 · Weber, K. 1866

Anmerkungen **1** Vgl. Sächsisches Staatsarchiv – Hauptstaatsarchiv Dresden, Geheimer Rat (Geheimes Archiv) (10024), Loc. 7880. **2** Sächsische Landesbibliothek – Staats- und Universitätsbibliothek Dresden, Zacharias, Ferdinand Ludwig, Sammlung historisch-topographisch u. genealogischer Nachrichten über das Königl. Sächs. Cammerguth und Lust Schloß Pillnitz, 1826, fol. 35. **3** Carlowitz 1875, S. 25. **4** Zit. nach Göse 1996, S. 69. **5** Zit. nach Weber, K. 1866, S. 363. **6** Vgl. Göse 2005, S. 237. **7** Vgl. ebd., S. 240 f. **8** Anonym 1815, S. 34. **9** Ebd.

EINE ARMEE FÜR DEN KÖNIG IN PREUSSEN. DAS ZEITHAINER LAGER 1730

Ungefähr 40 Kilometer von Doberlug-Kirchhain entfernt fand zwischen Mühlberg, Großenhain und Zeithain im Juni 1730 die wohl berühmteste Manöververanstaltung aller Zeiten statt. Den Auftrag dazu erteilte der sächsische Kurfürst und polnische König August II., der mit großem persönlichen Interesse und der Hilfe seines Generalfeldmarschalls – August Christoph von Wackerbarth – seit 1728 die Vorbereitungen für diese bis ins kleinste Detail geplante riesige Militär- und Festveranstaltung treffen ließ. Das sogenannte Zeithainer Lager wurde der krönende Abschluss der Heeresreformen. Die gesamte sächsische Armee, bestehend aus knapp 30 000 Soldaten einschließlich der Wachmannschaften und den Fourage- und Proviantleuten, sowie eine Vielzahl an Besuchern nahmen an dem gewaltigen Spektakel teil.

Besondere Bedeutung hatte für August II. die Anwesenheit des preußischen Königs. Schon im Januar 1729 war bekannt, dass er »dem König von Preussen gern eine schöne Armée zeugen«[1] wolle. Es galt, den Nachbarn zu beeindrucken, dem man zwar seit 1728 – auch persönlich – freundschaftlich verbunden war, dessen außenpolitische Ziele aber so gar nicht mit denen Sachsens in Einklang standen. Neben den zahllosen anwesenden Gesandten und Gästen aus dem Reich und Europa lag deshalb das Hauptaugenmerk Augusts II. auf dem Besuch Friedrich Wilhelms I. Der Nachbar kam mit einem Gefolge von knapp 150 Personen und wurde am 31. Mai von August II. königlich empfangen. Alle anwesenden Mitglieder des Weißen Adlerordens zogen in prächtigen purpurnen und goldbestickten Ordensgewändern und mit einem Tross von Kutschen, Reitpferden und Maultieren den Gästen aus Berlin bis Gorisch entgegen, wo August II. den preußischen König und Kronprinzen persönlich begrüßte. Mit einer großen Militär-Revue begann am 1. Juni dann die Flut an Paraden und Manövern, Jagden und Feuerwerken, Opern- und Theateraufführungen, die in und um Zeithain vier Wochen lang aufeinander folgten,[2] um der Welt die Erfolge der augusteischen Aufrüstungspolitik, die Ergebnisse der sächsischen Heeresreformen sowie Macht, Reichtum und Glanz des Kurfürsten von Sachsen und Königs von Polen zu demonstrieren.

Ein zweiter wichtiger Adressat der Truppenschau war allerdings gar nicht dabei und die Anwesenheit des Preußenkönigs der Grund dafür. Wie der kaiserliche Gesandte am Berliner Hof aus Zeithain süffisant nach Wien berichtete, sei der französische Gesandte am Dresdner Hof vor der Ankunft Friedrich Wilhelms I. abgereist, weil er »nicht einer zweyten Pro-

Johann Alexander Thiele:
Das Zeithainer Lager, Öl auf Leinwand, um 1730/31,
Gemäldegalerie Alte Meister, SKD

stitution gewärttig seyn« wollte, »als Ihm in Dreßden bey seiner ersten Visité vom König in Preußen widerfahren« sei.[3] August II. liebäugelte mit einem französischen Bündnis, um seinem Haus die dauerhafte Thronfolge in Polen zu sichern und um seinem mit einer Habsburgerin verheirateten Sohn zur Nachfolge in den habsburgischen Erblanden zu verhelfen. Friedrich Wilhelm I. jedoch gab sich kaisertreu und spielte die reichspatriotische Klaviatur, was offenbar zu dem Zusammenstoß mit dem französischen Gesandten bei einem seiner Besuche in Dresden geführt hatte. Er versuchte auch während des Zeithainer Lagers, August II. in sein Bündnis mit dem Kaiser zu ziehen, zumal er als preußischer König kein Interesse an dem erheblichen Machtzuwachs Sachsens hatte, der aus einer dauerhaften Verbindung mit Polen oder gar durch den Gewinn der habsburgischen Erblande resultieren würde. August II. wiederum versuchte Friedrich Wilhelm I. aus dem kaiserlichen Lager zu lösen. Keiner der beiden hatte Erfolg. Dennoch: Beeindruckt vom Können der sächsischen Armee und der glanzvollen Veranstaltung zeigte sich Friedrich Wilhelm I. allemal, als er das Zeithainer Lager verließ. Zumindest in dieser Hinsicht konnte August II. zufrieden sein.

Peter Langen

Gedruckte Quellen und Literatur Beschorner 1906 · Beschorner 1907 · Philipp 1908

Anmerkungen **1** Gottfried Ernst von Wutginau (Wuttgenau) an Ernst August von Sachsen-Weimar, Dresden 14. Januar 1729, Thüringisches Hauptstaatsarchiv Weimar, Militär B 37811, Bl. 167r–168v, Zitat Bl. 168v. **2** Vgl. dazu das Diarium des Zeithainer Lagers in: Sächsisches Hauptstaatsarchiv Dresden, 10006 Oberhofmarschallamt Lit. G 30 A, Bl. 2r–29r. **3** Friedrich Heinrich von Seckendorff an Eugen von Savoyen, Zeithain 1. Juni 1730, Österreichisches Staatsarchiv, Haus-, Hof- und Staatsarchiv Wien, Große Korrespondenz 112a, Bl. 183r–184r, hier 183v.

Brandenburgisch-preußisch in Sachsen. Die Exklave Cottbus im 18. Jahrhundert

MARIO KAUN

Die brandenburgisch-preußische Exklave Cottbus mit den Städten Cottbus und Peitz sowie 134 Dörfern und Vorwerken lag in der Niederlausitz und war vollständig von Sachsen umschlossen. Der Cottbuser Kreis gehörte dabei zu den größten Exklaven Brandenburg-Preußens. Die exponierte Lage war den Bewohnern durchaus bewusst, und es schien geradezu unmöglich, keinen Umgang mit seinen sächsischen Nachbarn zu pflegen. Auf vielfältige Weise begegneten die Einwohner der Herrschaft Cottbus den Sachsen. Zu welchen konkreten Berührungspunkten und Wechselwirkungen es dabei kam, soll hier ausschnittweise dargestellt werden. Erfolgen wird dies unter anderem über die Vorstellung topografischer, herrschaftlicher und wirtschaftlicher Aspekte, die letztlich in ihrem Zusammenspiel einen historisch-aktuellen Einblick in den Alltag der Einwohner der Exklave Cottbus und die Beziehung zu ihren sächsischen Nachbarn im 18. Jahrhundert gewähren. Zugleich soll die Grenze zu Sachsen in ihrer Bedeutung für die Zeitgenossen thematisiert werden und das insbesondere vor dem Hintergrund der Rivalität zwischen Brandenburg-Preußen und Sachsen; eine Rivalität, die vermuten lässt, dass wohl eher kein gutnachbarschaftliches Verhältnis bestanden hatte.

Die Entstehung und somit die Ursachen für die Lage der Exklave Cottbus sind auf das Jahr 1462 zurückzuführen, als mit dem Frieden von Guben in der Niederlausitz ein brandenburgisches Territorium geschaffen wurde – die Herrschaft Cottbus. Am 5. Juni 1462 belehnte der böhmische König den Markgrafen Friedrich II. von Brandenburg unter anderem mit dem Cottbuser Kreis. Auch wenn sich schon einige Jahre zuvor die Herren von Cottbus unter brandenburgischen Schutz begeben hatten, separierte der Frieden von Guben die etwas mehr als 500 km² endgültig von Sachsen. Die ausschließliche Beschäftigung mit der Topografie jener Exklave bereitete und bereitet Schwierigkeiten. Es steht fest, dass der Kreis Cottbus komplett von Sachsen umgeben war, dann jedoch gehen die Forschungspositionen auseinander. Den originalen Karten aus der Zeit um 1750 kann eindeutig der Kreis Cottbus unter brandenburgisch-preußischer Herrschaft entnommen werden, aber keine Karte zeigt die tatsächlichen Ausmaße. So sind zum Teil Dörfer als nicht zur Exklave gehörig dargestellt, die zweifelsfrei dazu zählten, wie beispielsweise Groß Breesen und Germersdorf (beide bei Guben) oder Tornow (bei Calau). Umgekehrt hierzu wurden Dörfer, die sächsischer Herrschaft unterstanden, der Exklave zugeschrieben, wie Suschow und Gulben, wobei letztgenannter Ort sogar in ihrem Kerngebiet lag. Selbst Rudolf Lehmann hat in seinen wertvollen Recherchen bei der Erstellung einer Karte des Cottbuser Kreises kleinere Ungenauigkeiten zugelassen und zum Beispiel den Ort Kasel vernachlässigt oder Grunewald bei Guben zur Exklave geschlagen.

Der Cottbuser Kreis setzte sich aus den Städten Cottbus und Peitz zusammen, wobei Cottbus nicht nur für die Exklave, sondern für die gesamte Niederlausitz als Oberzentrum fungierte. Peitz nahm als Festungsstadt einen eher defensiven Charakter ein. Neben diesen beiden Städten existierten 86 Kreisdörfer, 14 Amtsdörfer des Amtes Cottbus, 3 Amtsdörfer des Amtes Sielow und 31 Amtsdörfer des Amtes Peitz. Die Mehrheit der Exklavenbewohner hielt sich in den Dörfern auf. Für den Cottbuser Kreis kann die Tendenz, dass es die Menschen mehr und mehr in die Städte zog, für den betrachteten Zeitraum nicht nachgewiesen werden. So lebten im 18. Jahrhundert, im Gegensatz zum Kernland Brandenburg-Preußens, in dem laut Klaus Gerteis mehr als 40 Prozent der Menschen Städter waren, lediglich circa 20 Prozent der Exklavenbewohner in den Städten. Insgesamt wies der Cottbuser Kreis zum ausgehenden 18. Jahrhundert rund 4 700 Feuerstellen und so etwa 32 800 Einwohner auf, davon waren rund 6 300 in den beiden Städten und rund 26 500 auf dem platten Land heimisch. Die Tatsache, dass über 70 Prozent der Bevölkerung im Kreis einer Erwerbstätigkeit im agrarischen Bereich nachgingen, führt ebenso deutlich vor Augen, dass das Leben in der Exklave primär auf die Landwirtschaft ausgerichtet war.

Die damaligen Umstände lassen annehmen, dass der Alltag in erster Linie vom stetigen Überlebenskampf geprägt war. Immer wieder liest man von Unwettern, Fluten, schlechter Witterung, was in der Region oft zu Missernten führte. Dass Historiker den Cottbuser Kreis als Versorgungsland für die Hauptstadt Berlin in Betracht ziehen, gibt daher Anlass zum Zweifeln. Dies untermauern auch die Akten: Es sind die »Forsten hiesigen Creises [...] so beschaffen, daß sie kaum den eigenen Bedarf befriedigen können. Bey Versorgung der Provintz mit Holz ist also auf hiesigen Creiß gar nicht zu rechnen.«[1] Holz wurde aus Sachsen zugeführt. Ähnlich verhält es sich mit dem Getreide: »Die Stadt Cottbus wird mit Getreyde von denen Dominius versorgt, und das Getreyde, was die Bauern nach dieser Stadt fahren, sind diejenigen, welche die Adelichen Dominia in Pacht besizen, auch schleichet sich viel Sächsisches Getreyde daselbst ein, so daß diese Stadt niemalen Mangel leydet.«[2]

Jene Aussagen verdeutlichen, dass zum Überleben die regelmäßige Hilfe des Nachbarn in Anspruch genommen werden musste. Wenngleich auf der Makroebene – der herrschaftlichen Ebene – zwischen den Nachbarländern Konkurrenzdenken und Missgunst vorherrschten, da namentlich Friedrich II. Sachsen als einen seiner ärgsten Gegner betrachtete, so kann konstatiert werden, dass auf der Mikroebene – der Ebene von Mensch zu Mensch – diese Probleme nicht bestanden. Eben weil die Menschen immer wieder gegenseitig auf die Hilfe der Nachbarn angewiesen waren, wären Missgunst und Konkurrenz fehl am Platz gewesen. So bezogen die Exklaveneinwohner in schlechten Zeiten Holz, Getreide und andere notwendige Güter aus dem Sächsischen. Komplementär dazu halfen auch die Bewohner des Cottbuser Kreises den Sachsen, immerhin dort, wo dies möglich war. In der Regel ist jedoch mehrheitlich sächsische Hilfe für die Exklave nachgewiesen. Durch die exponierte Lage des Kreises war ein ständiger Kontakt mit einheimischen und fremden Soldaten gegeben, die den ansässigen Menschen zusätzlichen Verzicht abverlangten. Hier wurden immer wieder Getreide und Vieh aus Sachsen angekauft, um die Soldaten zu verköstigen. Das führte oft zu großen Entbehrungen und Engpässen in der Versorgung der eigenen Bevölkerung.

Schon die ersten Ausführungen zeigen also auf, dass im Bereich der gegenseitigen Hilfe bei Notlagen ein Miteinander zwischen Sachsen und Brandenburg-Preußen, zumindest auf der Mikroebene, existieren musste. Fernerhin gab es weitere Schnittpunkte, an denen sich die Nachbarn begegneten. Es ist permanent zu beobachten, dass sich sächsische Bewohner im Cottbuser Kreis bewegten. Wie beschrieben, kam es zu notwendigen Zusammenkünften, um zum Beispiel Versorgungsengpässe zu kompensieren; gleichwohl hielten sich Sachsen auch aus anderen Gründen in der Exklave auf. Erwähnung finden muss, dass bisweilen einzelne Dörfer zu einem Teil sächsischer und zum anderen Teil brandenburgischer Herrschaft unterstanden, wie beispielsweise Groß Gaglow oder Siewisch. Da im Dorf aber nur eine Kirche stand, gingen entweder die Brandenburger in den sächsischen Teil zum Gottesdienst oder eben umgekehrt die Sachsen in die Kirche, die sich auf dem brandenburgischen Teil des Dorfes befand. Hier gab es ohne Zweifel einen regen Kontakt. Fungierte die Kirche als Kommunikationsort einerseits, so übernahm das Wirtshaus eine ähnliche Kommunikationsfunktion andererseits: Kontakte wurden geknüpft, Beziehungen und Liebschaften entwickelten sich. An Markttagen kauften sächsische Nachbarn in Cottbus ein. Man feierte, feilschte und stritt miteinander. Dass dies gelegentlich unschöne Aspekte in sich barg, zeigt eine Anekdote aus der handschriftlichen Stadtchronik eines unbekannten Verfassers: Ein preußischer Leutnant französischer Herkunft sowie ein sächsischer Unteroffizier von Keveritz gerieten über ihr Pasch-Würfel-Spiel in Streit, und um diesen zu beenden, »gehen beyde in die Vorstadt Ostrow Land Knechts Gäßchen sich zu hauen, der alte Frantzmann stieß den v. Keveritz in den Leib und ins Hertz, daß der selbe gleich gestorben« ist.[3] Den Leutnant richtete man zwei Monate später in Ostrow mit dem Schwert, und beide fanden ihre letzte Ruhestätte neben dem Kirchhof. Dieses negative Beispiel ist nicht repräsentativ für den nachbarschaftlichen Umgang miteinander, denn es gab auch Liebschaften und ernsthafte Beziehungen zwischen Sachsen und Cottbusern. So ist den Kirchenbüchern nicht selten zu entnehmen, dass uneheliche Kinder geboren wurden, wobei die Kindsmutter angab, der Vater sei aus dem Sächsischen. Auch das verdeutlicht, wie regelmäßig und tatsächlich »normal« es war, dass sich die sächsischen Nachbarn im Kreis aufhielten. Neben den unehelichen Beziehungen wurden jedoch auch Ehen geschlossen. Im Dezember 1765 heiratete der sächsische Generalmajor Carl Wilhelm von Bomsdorf die Kolkwitzerin Eva Catharina von Schoenfeldt. Es ist davon auszugehen, dass sowohl den unehelichen Beziehungen als auch der Hochzeit zwischen den benachbarten Einwohnern eine mal längere, mal kürzere Phase des Kennenlernens vorausging, sodass wiederum herausgestellt wird, welch reger Kontakt durchaus vorhanden war.

Bei den eben beschriebenen regen Kontakten und der offensichtlich hohen Anzahl von sich im Cottbuser Kreis aufhaltenden Sachsen drängt sich die Frage auf, inwiefern die Grenze, die die Exklave von Sachsen trennte, überhaupt die Funktion einer solchen einnahm. Was bedeutete »Grenze« im 18. Jahrhundert im Allgemeinen und was galt sie im zu betrachtenden Fall der Herrschaft Cottbus im Besonderen? Wie wurde die Grenze von den Menschen in Sachsen und Brandenburg wahrgenommen?

Etymologisch leitet sich das Wort Grenze vom slawischen »granica«, dem Rand oder Ende einer Sache, ab. Allgemein werden Grenzen heutzutage als Trennlinien zwischen unterschiedlichen Kulturen, Sprachräumen, politischen Systemen und Glaubensgemeinschaften verstanden. Der Vorstellung von klaren Linien, die die Herrschaftsgebiete gegeneinander abtrennen, wird die Frühe Neuzeit – zumindest zu ihren Anfängen – nicht gerecht. Scheinbar erst im späten 18. Jahrhundert ist dahingehend ein Wandel zu verzeichnen. Umfassende Studien

Karte der brandenburgisch-preußischen Exklave Cottbus, um 1750, Stadtarchiv Forst (Lausitz)

zu Grenzvorstellungen in der Frühen Neuzeit rücken derzeit nach und nach in den Fokus der historischen Forschung und lassen Interessantes erwarten. In der Frühen Neuzeit wurden in erster Linie topografische Merkmale wie beispielsweise Berge, Flüsse oder Seen in die Grenzziehung integriert, sodass insbesondere bis in das späte 17. Jahrhundert hinein die Idee der natürlichen Grenze dominierte. Im 18. Jahrhundert präzisierte sich die Vorstellung hin zur Linearität, indem mehr und mehr »mit der Hand-Arbeit gemachte Marck-Steine«[4] zusätzlich zu den natürlichen Begebenheiten aufgestellt wurden. Unter »Hand-Arbeit« wurden Steine, Absperrungen, Säulen, Zäune oder auch Mauern verstanden, die primär eine visuelle Funktion innehatten. Gleichgültig, ob nun die Grenze durch natürliche Gegebenheiten oder von Menschenhand entstand, bleibt festzuhalten, dass Menschen sich in der Regel dessen bewusst waren, wenn sie eine Grenze überschritten. Da sie zwei Herrschaftsgebiete voneinander abgrenzte, kam ihr eine bedeutende politische Funktion zu, indem sie die Menschen in ihren Gebieten an das Recht des jeweiligen Territoriums band. Dieser Aspekt ist im Hinblick auf die Exklave Cottbus besonders spannend, wenn er unter den Gesichtspunkten Arbeit und Militär betrachtet wird: Das Verständnis der Menschen bezüglich der Grenze kann sehr gut an diesen beiden Perspektiven verdeutlicht werden. Oben wurde dargelegt, dass beispielsweise beim

Kirchen-, Wirtshaus- oder auch Marktbesuch die Grenze kein Hindernis darstellte, dass sie, bezüglich der eigenen Bedürfnisse, nicht als eine solche im Sinne der eigentlichen Definition wahrgenommen worden ist. Die exponierte Lage der Herrschaft Cottbus als Vorposten in Sachsen führte dazu, dass dem Kreis eine besondere militärische Bedeutung zufiel. Vieles deutet darauf hin, dass die preußische Armee ihre geworbenen Rekruten hier sammelte und, wenn eine bestimmte Anzahl von ihnen zusammengekommen war, selbige in das Kernland abtransportierte. Der Kreis Cottbus fungierte für die einheimische Armee als Rekrutensammelbecken, was von den Bewohnern zumeist mit Argwohn betrachtet wurde. Unter anderem vor diesem Hintergrund nimmt die Stadt Cottbus eine Sonderstellung in der brandenburgisch-preußischen Historie ein, da sie nach bisherigem Forschungsstand die einzige Stadt ist, die darum bat, nicht mehr mit einer Garnison belegt zu werden. Auch in der Exklave fanden Rekrutenwerbungen statt, und sehr oft versuchten die jungen Männer, sich jenen temporär oder auch langfristig zu entziehen. Dazu übertraten sie ganz bewusst die Grenze nach Sachsen. Das Militär konnte ihrer dann nur noch schwer oder gar nicht habhaft werden und setzte die Eltern jener Flüchtlinge unter Druck, drohte mit Repressionen wie dem Einziehen ihres Vermögens oder der Behinderung des Briefverkehrs. Die Eltern wussten in der Regel wohl, wo sich ihre Söhne aufhielten, nämlich zumeist im benachbarten Sachsen. Den Aufenthaltsort gaben sie jedoch trotz der angedrohten oder auch durchgeführten Repressionen – so ist es der Überlieferung zu entnehmen – nicht preis.

Ein ähnliches Bild lässt sich für einen weiteren Bereich des Alltags aufzeigen. Entzogen sich junge Männer der Rekrutenwerbung auf der einen Seite, verließen ganze Familien unliebsame Dienstherren auf der anderen. Jene Familien waren bestrebt, unter besseren Bedingungen zu leben und zu arbeiten. Es kann nachgewiesen werden, dass regelmäßig sächsische Untertanen, zum Beispiel aus Lübben, in das brandenburgische Territorium nach Cottbus flüchteten. Auch dieser Familien konnte der ehemalige Dienstherr nicht mehr habhaft werden. Beschwerdebriefe seinerseits blieben durch die preußischen Behörden nicht selten unbeantwortet: Im Gegenteil waren diese Zuzüge aus Kursachsen der Obrigkeit des Cottbuser Kreises im Hinblick auf die Rivalität zu Sachsen, aber noch viel mehr bezüglich der Peuplierungspolitik Friedrichs II. zuträglich. Der Wunsch der planmäßigen Besiedlung verwaister bzw. dünn besiedelter Flächen führte bisweilen sogar zu Vergünstigungen für den Hinzuziehenden, wie es das Beispiel des sächsischen Bäckermeisters Schlegel, der in der Stadt Cottbus ansässig werden wollte, verdeutlicht. Die Anzahl der dortigen Bäckermeister reichte zur Versorgung nicht aus, was Schlegel wohl auf den Gedanken brachte, sich in Cottbus mit seinem Gewerk niederzulassen. Er handelte zuvor eine Befreiung vom Militärdienst für sich und sogar für seine Söhne sowie eine Kolonistenunterstützung aus, die im Zuge der Peuplierung gezahlt werden konnte. Beides wurde ihm zugebilligt. Der Bäcker Schlegel konnte so zwei widrige Umstände umgehen: Einerseits entkam er der durch die Kriegsereignisse in Mitleidenschaft gezogenen Niederlausitz, und andererseits konnte er sich und seine Söhne vom ungeliebten Militärdienst befreien. Generell litt im Vergleich zur Oberlausitz die ärmliche Niederlausitz deutlich stärker unter den Kriegen und den damit verbundenen Werbungen und Einquartierungen, sodass viele Menschen unter anderem nach Brandenburg-Preußen gingen. Dort kompensierten sie zum Teil den Arbeitskräftemangel, der dafür aber in der sächsischen Niederlausitz eintrat.

Die eingangs formulierte Vermutung von der Konkurrenz unter den Nachbarn lässt sich auf der Mikroebene – der Ebene von Mensch zu Mensch – nicht nachweisen. Vielmehr handelten und feierten Sachsen und die Einwohner der Exklave Cottbus miteinander, sie halfen, stritten oder liebten sich; eben so, wie es sich für eine nachbarschaftliche Beziehung gehört. Auch die damalige Bevölkerung versuchte, Mängel abzustellen, feierte ihre Feste und verließ unliebsame Arbeitgeber: Sie nutzte die ihr gegebenen Rahmenbedingungen, um den persönlichen Vorteil zu erreichen. Die oben dargestellten Beispiele verdeutlichen nur zu sehr, dass sich die Grenze im 18. Jahrhundert zu einem Konstrukt wandelte, das bis heute überwiegend die Vorstellung von Grenze prägt. Es kehrten Menschen aus unterschiedlichen Bedürfnissen, jedoch fast immer in einer Zwangslage befindlich, ihrem Stammterritorium den Rücken. Der Grenzübertritt erfolgte klar in dem Bewusstsein, dass man sich dem Recht eines neuen Gebietes unterwarf, zugleich aber sich dem Recht des Stammterritoriums und somit dem Zugriff der ursprünglichen Herrschaft, und wenn auch nur temporär gewollt, entzog. Daher muss von einer ambivalenten Nutzung, einem ambivalenten Verständnis von Grenze in der Frühen Neuzeit – zumindest für den Bereich der Herrschaft Cottbus – ausgegangen werden.

Ungedruckte Quellen Brandenburgisches Landeshauptarchiv Potsdam (BLHA), Rep. 3 Neumärkische Kriegs- und Domänenkammer. · Stadtarchiv Cottbus (StACB), A I 14.3: Stadtchronik, o. Bl.

Gedruckte Quellen und Literatur Bayerl 2011 · Christl 1994 · Gerteis 1986 · Lehmann, R. 1963 · Roll / Pohle / Myrczek 2010 · Schmale / Stauber 1998 · Zedler 1735

Anmerkungen **1** BLHA, Rep. 3, Nr. 11870, Bl. 8. **2** Ebd., Bl. 49. **3** StACB, A I 14.3: Stadtchronik, o. Bl. **4** Zedler 1735, Bd. 11, Sp. 831 – 843, hier Sp. 832

4 | I

MILITÄR

Friedrich Wilhelm I. vergrößerte nach seinem Regierungsantritt 1713 die preußische Armee beträchtlich. Sie wurde zahlenmäßig zu einer der größten Streitmächte Europas. Diese Stärke erreichte das sächsische Heer zwar nicht, dennoch verfügte Sachsen unter August II. über eine beachtliche militärische Macht, die erst unter seinen Nachfolgern schwand. Zu Augusts Lebzeiten jedoch war die sächsische Armee respekteinflößend – auch in den Augen des preußischen Königs. Trotz des zahlenmäßigen Unterschieds hatte sie ausreichendes Bedrohungspotenzial, vor allem wegen der Qualität und Kriegserfahrung, die man ihr in Berlin zusprach.

Während der Preußenkönig seine Armee weitgehend schonte, betrieb August II. eine aggressivere Außenpolitik unter Einsatz des Militärs. Diese führte sogar zum zeitweiligen Verlust seiner polnischen Königswürde im Nordischen Krieg (1700 – 1721), an dem sich erst zum Schluss auch Preußen beteiligte – auf sächsischer Seite.

Rekrutierungssystem, Herkunft und Zusammensetzung der Truppen unterschieden sich zwar in einigen Details, gemeinsam war der preußischen und der sächsischen Armee aber die Funktion für ihre Herrscher. Ihre Armeen verschafften August II. und Friedrich Wilhelm I. Einfluss in der europäischen Politik, sie dienten zur Durchsetzung von (Gebiets-)Ansprüchen und erhöhten die Attraktivität Preußens wie Sachsens als Bündnispartner. PL

Von Glanz und Gloria

SZENE 4

4 | I
Jean-Etienne Liotard (Werkstatt)
Bildnis Moritz Graf von Sachsen, Marschall von Frankreich
um 1750 · Öl auf Leinwand · 64 × 55,5 cm
Straßburg, Historisches Museum [MH 2314]

Moritz Graf von Sachsen ist heute eher unter dem Namen Maurice de Saxe und vor allem in Frankreich ein Begriff: als einer der berühmtesten Heerführer des 18. Jahrhunderts, Homme à Femmes, schillernde Gestalt des galanten Zeitalters und nicht zuletzt auch als

Urgroßvater der Schriftstellerin George Sand.

Moritz war der älteste, doch illegitime Sohn Kurfürst Friedrich Augusts I. von Sachsen und entstammte dessen Verbindung mit Aurora von Königsmarck. Er zeigte früh Interesse und Begabung für die Militärlaufbahn und nahm seit 1709 an verschiedenen Feldzügen teil, unter anderem unter dem Kommando des Prinzen Eugen. Seit 1720 war Moritz in Frankreich ansässig, auch aufgrund von Streitigkeiten mit seinem Vater. Im Polnischen (1733 – 1738) und im Österreichischen Erbfolgekrieg (1740 – 1748) führte Moritz die Truppen Ludwigs XV. über die Kriegsschauplätze Europas. Höhepunkt in der Karriere des bedeutenden Strategen war sein Sieg bei Fontenoy (1745) über die Armee der Briten, Niederländer, Österreicher und Hannoveraner. Seitdem galt der hochgeehrte Maréchal de Saxe als Kriegsheld; er besaß beträchtlichen Einfluss bei Hof – wozu auch seine Freundschaft mit Madame de Pompadour beitrug –, ein gewaltiges Vermögen und mit Schloss Chambord einen majestätischen Wohnsitz.

Moritz unternahm immer wieder Reisen nach Dresden – 1730 auch zum Zeithainer Lager –, berichtete seinem Stiefbruder als *gazetier* von den Gerüchten und Vorkommnissen am französischen Hof und vermittelte 1747 die Ehe zwischen seiner Nichte Maria Josepha und dem Dauphin.

Von Moritz ist eine Vielzahl von Porträts überliefert. Jean-Etienne Liotard zeigt ihn konventionell als Militär, mit dem lilienbesetzten Marschallstab in der Hand, während Quentin de La Tour in seinen Porträts stärker auf die Persönlichkeit des Maréchal de Saxe setzt. AZ

4 | 2

4 | 2
Adam Friedrich Zürner
nach Matthäus Seutter (Herausgeber)

Karte des Amtes Großenhain mit dem Zeithainer Lager

nach 1730 · Kupferstich · 55 × 33 cm
Dresden, Sächsische Landesbibliothek – Staats- und Universitätsbibliothek [A 14150]

Im Sommer 1730 fand die sächsische Heeresreform ihren Abschluss mit einer großartig angelegten Manöverschau – dem sogenannten Zeithainer Lager. Zahlreiche Gäste aus dem In- und Ausland reisten zu diesem einmonatigen Ereignis, unter ihnen der preußische König Friedrich Wilhelm I. und Kronprinz Friedrich (II.). Seit dem 17. Jahrhundert waren Manöververanstaltungen in Sachsen üblich, das Zeithainer Lager sprengte aber jeden bekannten Rahmen. Die Paraden, Aufmärsche, Exerzierübungen und Schlachtensimulationen waren eingebettet in ein großartiges Festprogramm mit Opern- und Theateraufführungen, Feuerwerken und anderen Lustbarkeiten. August II. vereinte dabei gekonnt königliche Repräsentation mit der Demonstration der militärischen Macht und des materiellen Wohlstandes Sachsens. In der Karte des Amtes Großenhain werden die Größe des Terrains sowie die prachtvollen Quartier- und Versorgungsanlagen für die Gäste und teilnehmenden Akteure deutlich. Das grün hinterlegte Rechteck markiert die gewaltige Fläche des Feldes, das für den Aufmarsch des gesamten sächsischen Heeres vorgesehen war. Darin verzeichnet finden sich die Namen der jeweiligen Regimenter. PL

4 | 3

Gussform für Löffel und Löffelrohling vom Zeithainer Lager

1729 / 1730 · Messing, Rohling: Zinn · L 21,4 cm, Löffel 19,7 cm
Dresden, Kunstgewerbemuseum, Staatliche Kunstsammlungen Dresden [30750]

Die Gussform für die Löffel sowie ein Löffelrohling sind Zeugnis des hohen logistischen Aufwands, der für das Zeithainer Lager betrieben werden musste. Unter anderem war das auf etwa 30 000 Mann aufgestockte sächsische Heer dort für über einen Monat zu verpflegen. Zu diesem Zweck wurden auch Löffel produziert. PL

4 | 3

4 | 4
Christian Wolffgang

»Eigentliche Abbildung der Königl. Preußischen Gens d'Armes Revue in Berlin«

um 1730 · Kupferstich · 29 × 39,8 cm (Blatt)
Berlin, Staatliche Museen zu Berlin, Kunstbibliothek [Lipp. Kasten 77, 18]

Einmal im Jahr fand eine Revue (Parade) des preußischen Gardekürassierregiments Gens d'armes in der Hasenheide nahe Berlin statt. Es war ein besonderes Ereignis unter den Revuen in und um die Residenzstadt, die von den in Brandenburg stationierten Regimentern jährlich abgehalten wurden, denn die Gens d'armes galten innerhalb der preußischen Armee als Elitetruppe. Auch in anderen Provinzen wurden solche Revuen veranstaltet, beispielsweise in Magdeburg. Ebenso wie in Sachsen dienten die Revuen sowohl der Besichtigung des Zustands der jeweiligen Truppen als auch der Demonstration militärischer Stärke nach außen. Deshalb wurden nicht selten Diplomaten oder (hoch-)adlige Gäste zu den Veranstaltungen geladen. 1728, während seines Besuchs in Berlin, war aus eben diesem Grund auch August II. bei mehreren solcher Revuen anwesend. Der Stich zeigt eine der Revuen der Folgejahre. Vor den Augen des preußischen Königs und des Kronprinzen – beide rechts zu Pferd (1 und 2) – präsentiert der Regimentschef Generalfeldmarschall Dubislav Gneomar von Natzmer (3) die königlichen Gens d'armes. PL

4 | 4

4 | 5

4 | 5

Hercvles Saxonvm, Das ist: Merckwürdiges Leben und gloriöse Thaten Des [. . .] Johann Adolphs [. . .]

Leipzig / Frankfurt 1744 · Buchdruck
17,4 × 10,8 cm
Dresden, Sächsische Landesbibliothek – Staats- und Universitätsbibliothek
[Hist. Sax.C.1599]

Als Herkules der Sachsen wurde Johann Adolph II. von Sachsen-Weißenfels in seiner bereits zu Lebzeiten erschienenen Biografie eines unbekannten Autors bezeichnet – in auffallender Ähnlichkeit zu der seit dem 16. Jahrhundert etablierten und besonders unter August II. inszenierten Darstellung des jeweiligen sächsischen Kurfürsten als Hercules Saxonicus – Sächsischer Herkules.

Seine militärische Laufbahn begann der nachgeborene Sohn der sächsischen Sekundogenitur Sachsen-Weißenfels im

4 | 6

Spanischen Erbfolgekrieg als Kapitän der Truppen Hessen-Kassels. 1711 trat er in die Dienste seines nahen Verwandten August II. und beteiligte sich bis 1719 sowohl am Nordischen Krieg als auch als Anführer eines sächsischen Korps am Krieg des Kaisers gegen die Osmanen. 1723 wurde er von August II. zum General der Kavallerie ernannt und nahm in dieser Funktion 1730 am Zeithainer Lager teil. Unter August III. kämpfte er im Polnischen Thronfolgekrieg (1733–1738) und wurde dafür 1735 mit dem Oberbefehl über die sächsischen Truppen als General en chef und Generalfeldmarschall ausgezeichnet. Seit 1734 bekleidete Johann Adolph zudem das Amt eines Reichsgeneralfeldzeugmeisters. Im Österreichischen Erbfolgekrieg (1740–1748) übernahm er erneut das Oberkommando über die sächsische Armee, wurde aber Ende 1745 durch Friedrich August von Rutowski ersetzt. Der preußische König Friedrich Wilhelm I. war mit Johann Adolph gut bekannt, bezeichnete ihn gar als Freund und äußerte sich lobend über dessen militärische Fähigkeiten. Glaubt man den Memoiren seiner Tochter Wilhelmine von Bayreuth, gab es 1728 sogar Überlegungen zu einem Heiratsprojekt zwischen ihr und dem Weißenfelser. Johann Adolph war zu diesem Zeitpunkt noch ein apanagierter Prinz und residierte in Dahme, wo ihn der preußische König auch besuchte. Erst nach dem Tod seines Bruders Christian 1736 wurde er Herzog von Sachsen-Weißenfels und bezog das dortige Residenzschloss. Er starb – zweimal verheiratet – 1746 ohne männlichen Nachkommen, und seine Lande fielen zurück an die Dresdner Kurlinie. PL

4 | 8

4 | 6

Johann Friedrich von Flemming

Der Vollkommene Teutsche Soldat

Leipzig 1726 · Buchdruck · 35 × 22 cm
Berlin, Staatsbibliothek zu Berlin – PK,
Abt. Historische Drucke [Hv 19360 <a> R; 2°]

Der im sächsischen Hof- und Militärdienst stehende Johann Friedrich von Flemming fasste mit *Der Vollkommene Teutsche Soldat* erstmals in einer Art Nachschlagewerk alle wesentlichen Aspekte des Militärwesens der ersten Hälfte des 18. Jahrhunderts zusammen. Mit zahlreichen anschaulichen Stichen versehen sind darin Exerzierregeln, Kriegshandlungen, Belagerungen, Fouragewesen, Werbungen, Strafen sowie die medizinische Versorgung unter theoretischen und praktischen Gesichtspunkten abgehandelt. PL

Die Kriegskunst des Grafen von Sachsen, obersten Feldmarschalls Sr. Allerchristlichsten Majestät u. s. w. aus dem Französischen übersetzt und mit einer Vorrede herausgegeben von Carl August Struensee, der Weltweisheit und Mathematik Lehrer auf der Königlich-Preußischen Ritterakademie in Liegnitz.

Leipzig und Liegnitz, verlegts David Siegert, Buchhändler. 1767.

4 | 7

4 | 7

Moritz von Sachsen

Die Kriegskunst des Grafen von Sachsen, obersten Feldmarschall Sr. Allerchristlichsten Majestät u. s. w.

aus dem Französischen übersetzt,
herausgegeben von Carl August Struensee
Leipzig / Liegnitz 1767 · Buchdruck
Oktav-Format
Berlin, Staatsbibliothek zu Berlin – PK
[Hu 6630 <a>]

Rêveries – Träumereien – betitelte Moritz Graf von Sachsen sein Werk. Die *Rêveries* sind jedoch keine theoretische Abhandlung über die Kriegskunst, sondern vielmehr das praktische Handbuch eines erfahrenen Militärs. Moritz erläutert darin seine Vorstellungen von der idealen Armee und beschreibt ihren Aufbau, ihre Struktur, Ausrüstung und Stärke. Dabei orientiert er sich am Heerwesen der römischen Antike, wie es vor allem Polybios überliefert hat. So ist es kein Zufall, dass Moritz' »Traumarmee« in Legionen, diese wiederum in Zenturien,

4 | 9

untergliedert ist und nicht als geschlossener Block, sondern mit Lücken zwischen den Infanterieeinheiten auf dem Schlachtfeld aufmarschiert. Auch soll das Heer nicht aus Söldnern, sondern – wie zur Zeit der römischen Republik – aus Wehrpflichtigen bestehen. Des Weiteren äußert er sich über den militärischen Nutzen von Festungen, den er im Gegensatz zu seinen Zeitgenossen als eher gering erachtet. Die Erstversion der *Rêveries* verfasste Moritz 1732 als Denkschrift für seinen Vater, August II.

Ruhm und Einfluss erlangte der älteste, doch illegitime Sohn Augusts unter dem Namen Maurice de Saxe. Wie auch seine Halbbrüder Friedrich August von Rutowski und Johann Georg »Chevalier de Saxe« wurde er früh auf die militärische Laufbahn vorbereitet. Maurice de Saxe reüssierte in Frankreich, wo er zum Maréchal de France aufstieg. Er gilt als einer der erfolgreichsten Heerführer des 18. Jahrhunderts. Friedrich II. von Preußen, den Moritz 1748 in Sanssouci aufsuchte, nannte ihn den »Lehrmeister aller europäischen Generäle«. Die *Rêveries* wurden erst nach Moritz' Tod 1756 in Amsterdam gedruckt. Weitere Auflagen folgten. Die hier gezeigte deutsche Übersetzung wurde von Carl August Struensee, Lehrer an der preußischen Ritterakademie in Liegnitz, 1767 herausgegeben. AZ

4 | 8

August II. als Türkensieger und König von Polen

1697 · Eisenguss · 69 × 122,5 cm
Jüterbog, Museum im Mönchenkloster Jüterbog
[Bauplastik V-9836-K4]

Die Darstellung des Herrschers als Feldherr war im 18. Jahrhundert üblich und spiegelte das Selbstverständnis des Fürsten und eine seiner vornehmsten Aufgaben wider – durch die nicht zuletzt Ruhm und Ehre erworben werden konnten. Die Kaminplatte hatte ihren Platz im Fürstenzimmer des Jüterboger Rathauses; vergleichbare Darstellungen Augusts II. fanden sich in ganz Sachsen. Auch wenn andere Herrscher, wie etwa Max II. Emanuel von Bayern oder Ludwig Wilhelm von Baden-Baden, in ganz ähnlicher Art als Türkensieger abgebildet wurden, ist es doch gut möglich, dass für August II. nicht nur die Verherrlichung ruhmreicher Feldherrentaten von Bedeutung war. Sein Übertritt zur katholischen Kirche wurde von den sächsischen Untertanen durchaus kritisch betrachtet. Auf einem auch religionspolitisch besetzten Feld konnte nun gezeigt werden, dass August II. als König von Polen, ganz in der Tradition der Kurfürsten von Sachsen, Kriege gegen die Osmanen führte und somit auch das Reich vor der Bedrohung durch die Hohe Pforte schützte. PL

4 | 9

Grenadiermütze, Infanterie-Regiment No. 6

(Königsregiment, ab 1740 Grenadier-Garde-Bataillon), Preußen
1725/1806 · Messing, Pappe, Tuch · H 30 cm
Berlin, Stiftung Deutsches Historisches Museum [U 483]

Das Königsregiment ist vor allem unter der Bezeichnung der sogenannten Langen Kerls berühmt und wie kein zweites bis heute eng mit der Wahrnehmung Friedrich Wilhelms I. als Soldatenkönig verknüpft. Die Vorliebe des preußischen Königs für hochgewachsene Soldaten entsprang militärtheoretischen Überlegungen. Anfang des 18. Jahrhunderts ging man davon aus, dass diese Männer besonders gut für den Einsatz bei der Infanterie geeignet wären, weil sie aufgrund ihrer Größe besser mit den langen Vorderladern hantieren konnten. Hinzu kam – und auch hier spielte die Körpergröße eine Rolle –, dass das Königsregiment ein Grenadierregiment war und die Soldaten hier ausgebildet wurden, Handgranaten zu werfen. Der hohe Wert, den der König den »Langen Kerls« beimaß, denen er in eigener Person als Regimentschef vorstand, lässt sich daran erkennen, mit welchem Aufwand die Soldaten im Reich und in Europa angeworben wurden. Die Ausgaben für das Königsregiment waren beträchtlich. Im Feld eingesetzt wurde das Regiment allerdings unter dem Soldatenkönig nicht, es diente Friedrich Wilhelm I. als Wachmannschaft und ist deshalb auch als »Potsdamer Riesengarde« bzw. »Grenadiergarde« bekannt geworden. Allein mit militärtheoretischen Erwägungen lässt sich die Bedeutung der »Langen Kerls« für den König deshalb nicht erklären. Die exklusive Truppe diente vor allem auch der königlichen Repräsentation und unterschied sich darin nicht von beispielsweise auch in Sachsen zu diesem Zweck aufgestellten »Prachttruppen«, für die besonders groß gewachsene Männer gesucht wurden. Als ein beispielhaftes Regiment der preußischen Armee Friedrich Wilhelms I. besaß das Königsregiment Vorzeigefunktion. Sein exaktes Exerzieren und vorbildhaftes Funktionieren konnte von Besuchern des preußischen Hofes schließlich aus nächster Nähe betrachtet werden.

Das Blech der Grenadiermütze zeigt die Initialen Friedrich Wilhelms I., unter der Königskrone befindet sich der Stern des Schwarzen Adlerordens mit dem Motto »Suum cuique« und dem bekrönten preußischen Adler. PL

4 | 10 (Abb. S. 214)

Pokal mit Darstellung von Friedrich Wilhelm I. von Preußen und August II. von Sachsen

1728 · Silber, Zargenarbeit, ziseliert, montiert, teilweise vergoldet, graviert · H 27,9 cm, Dm 10,5 cm (oben), 12,1 cm (Fuß)
Halle (Saale), Technisches Halloren- und Salinemuseum [Becher Nr. 15 aus dem Silberschatz der Halloren]
(vgl. S. 214 f.)

KLISCHEE

4 | 11 (Abb. S. 211)

Monumentaldeckelvase (»Dragonervase«)

Jingdezhen (China), Qing-Zeit (1644–1911), Ära Kangxi (1662–1722) · Porzellan, bemalt in Unterglasur-Kobaltblau · H 104,3 cm (mit Deckel), Dm 27,5cm
Dresden, Porzellansammlung, Staatliche Kunstsammlungen Dresden [P.O. 1129]
(vgl. S. 210 f.)

4 | 12

Carl Ludwig von Pöllnitz (Herausgeber))

La Saxe Galante (Das galante Sachsen)

Amsterdam 1734 · Buchdruck · 16 × 9 cm
Berlin, Staatsbibliothek zu Berlin – PK, Abt. Historische Drucke [Sq 4164 R]

Niemals seien in Deutschland eine derartige »Magnifizenz« und eine solche »Galanterie« zu finden gewesen wie in Sachsen unter Johann Georg IV. und Friedrich August I. Letzterer sei galant, gut aussehend und ständig verliebt. Schon mit diesen einleitenden Worten zu dem 1734 in Amsterdam auf Französisch erschienenen Werk *La Saxe Galante* bereitete der Autor Carl Ludwig von Pöllnitz seine Leser auf den Inhalt seiner Ausführungen vor: die ausführliche Beschreibung der amourösen Verwicklungen des sächsischen Kurfürsten und polnischen Königs Augusts II. Pöllnitz war der Klatschkolumnist des Alten Reiches. Seine publizierten Geschichten mit Wahrem und Unwahrem über

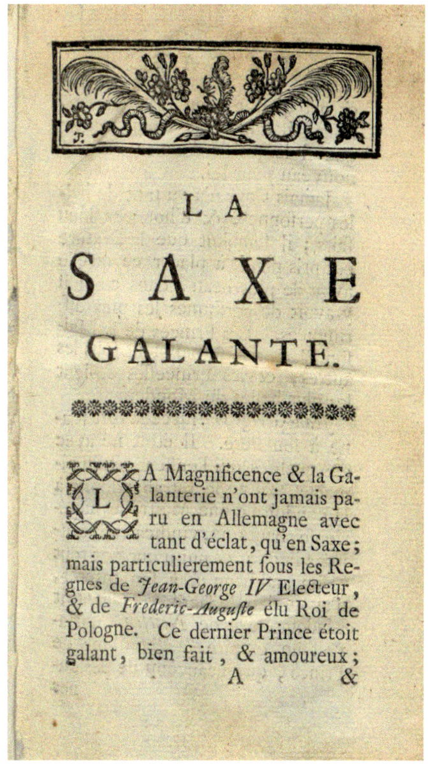

LA SAXE GALANTE.

LA Magnificence & la Galanterie n'ont jamais paru en Allemagne avec tant d'éclat, qu'en Saxe; mais particulierement ſous les Regnes de *Jean-George IV* Electeur, & de *Frederic-Auguſte* élu Roi de Pologne. Ce dernier Prince étoit galant, bien fait, & amoureux; A &

4 | 12

die größeren und kleineren Höfe Deutschlands erfreuten sich großer Beliebtheit.

Bereits 1732 hatte er eine Skandalgeschichte über den Hof in Hannover veröffentlicht, bis 1737 erschienen seine in Briefform verfassten Berichte über Reisen durch das Reich und Europa. Vor allem durch die Rezeption seiner Werke in Eduard Vehses *Geschichte der deutschen Höfe seit der Reformation* aus dem 19. Jahrhundert prägte Pöllnitz maßgeblich die populärwissenschaftliche Sicht auf die Person und den Hof Augusts II. – mit einer den bürgerlichen Moralvorstellungen des 19. Jahrhunderts entsprechenden negativen Konnotation: Das augusteische Zeitalter wurde der Inbegriff höfischer Dekadenz und sein Herrscher galt als moralisch fragwürdig. PL

ADEL

Der Adel wies in der ersten Hälfte des 18. Jahrhunderts nicht nur zwischen den beiden Nachbarn Preußen und Sachsen, sondern auch innerhalb der jeweiligen Territorien erhebliche Unterschiede auf. Der einheimische, landsässige Adel in Sachsen – oft sehr viel wohlhabender als sein märkisches Pendant – konnte unter August II. seine einflussreiche politische Stellung behaupten. Um diese Position nicht noch weiter zu stärken, zog August II. auswärtige Adlige an seinen Hof, darunter auch preußische. Überhaupt besaß der Dresdner Hof große Anziehungskraft für den preußischen Adel. Beachtliche Karrieren gelangen dort etwa Jacob Heinrich von Flemming und dessen Brüdern oder Ernst Christoph von Manteuffel. Weniger attraktiv war umgekehrt der Berliner Hof für den sächsischen Adel. Mit Johann August Marschall von Bieberstein, unter Friedrich I. zum preußischen Oberheroldsmeister ernannt und unter Friedrich Wilhelm I. als Diplomat tätig, gibt es allerdings auch ein bekanntes Gegenbeispiel. Obwohl Friedrich Wilhelm I. am Ende seiner Regierung ein Verbot für seine adligen Landeskinder erließ, in auswärtige Dienste zu treten, bestand eine hohe Durchlässigkeit für den Dienst – vornehmlich im Militär – zwischen den Höfen in Berlin und Dresden, zumal viele Familien über Besitz in beiden Gebieten verfügten. Zahlreiche Eheschließungen zeugen auch von den engen verwandtschaftlichen Bindungen zwischen dem preußischen und sächsischen Adel, etwa der Solms-Sonnewalde mit den Arnim-Boitzenburgs. PL

4 | 13

4 | 13
Ádám Mányoki

Bildnis Leopold I. Fürst von Anhalt-Dessau

um 1714 · Öl auf Leinwand · 76 × 61 cm
Dessau, Anhaltische Gemäldegalerie [146]

Die Königshöfe in Berlin / Potsdam und Dresden besaßen auch für den deutschen Hochadel Anziehungskraft. Unter August II. und Friedrich Wilhelm I. standen Prinzen und Fürsten des Reiches in sächsischen und preußischen Diensten – mit Ausnahme des sächsischen Statthalters Fürst Anton Egon von Fürstenberg-Heiligenberg vornehmlich in den Armeen. Neben Vertretern der Ernestiner in Weimar und Gotha sowie der Albertiner in Weißenfels, der Häuser Brandenburg-Bayreuth, Brandenburg-Ansbach, Braunschweig-Bevern bzw. -Wolfenbüttel, Württemberg und Holstein waren es vor allem Mitglieder des anhaltinischen Fürstenhauses, die allerdings zunächst ausschließlich im preußischen Militär dienten. Der Bekannteste unter ihnen war Fürst Leopold von Anhalt-Dessau, Vertrauter des preußischen Königs, anerkannter Militär und Gouverneur von Magdeburg. PL

4 | 14
Antoine Pesne

Bildnis Generalfeldmarschall Dubislav Gneomar von Natzmer

um 1733 · Öl auf Leinwand · 142 × 112 cm
Greifswald, Pommersches Landesmuseum
[B 1250 / 41928]

Aufgrund seiner militärischen Laufbahn ab 1676 und seiner Erfahrung zählte Dubislav Gneomar von Natzmer zu den angesehensten Persönlichkeiten in der preußischen Armee unter Friedrich Wilhelm I. 1728 wurde er zum Generalfeldmarschall ernannt. Verheiratet war Natzmer seit 1704 mit einer sächsischen Adligen, der Witwe des kursächsischen Geheimen Rats und Konferenzministers Graf Georg Ludwig von Zinzendorf, Charlotte Justine von Gersdorf. Über seine Gemahlin kam er mit dem

4 | 14 ▶

4 | 15

Halleschen Pietismus in Berührung. Als Anhänger Franckes zählte das in Berlin lebende Ehepaar zu den einflussreichen Förderern des Pietismus am preußischen Hof. Im Sinne seiner pietistisch geprägten moralisch-religiösen Überzeugungen setzte sich Natzmer beispielsweise für das Leben preußischer Deserteure ein. Berühmt geworden ist sein Einsatz für Kronprinz Friedrich (II.) nach dessen Fluchtversuch 1730. Der von seinem Stiefsohn Nikolaus Ludwig von Zinzendorf begründeten Herrnhuter Brüdergemeine stand er – wie auch Charlotte Justine – allerdings ablehnend gegenüber. PL

4 | 15
unbekannter Künstler

Joachim Friedrich von Flemming

1718 · Öl auf Leinwand · 129 × 100 cm
Dresden · Militärhistorisches Museum
[BAAO 7389]

Joachim Friedrich von Flemming entstammte einer in Hinterpommern begüterten Familie. Die Biografien ihrer weitverzweigten Mitglieder spiegeln besonders eindrücklich adlige Karrieren am preußischen wie auch am sächsischen Hof wider. Als Sohn eines brandenburgisch-preußischen Beamten begann Joachim Friedrich ebenso wie seine jüngeren Brüder Jacob Heinrich und Bogislaus Bodo eine militärische Laufbahn. Nach dem Wechsel Jakob Heinrich von Flemmings in sächsische Dienste und seinem damit einhergehenden Aufstieg am Dresdner Hof verließ auch Joachim Friedrich die preußische Armee. Von seinem Bruder protegiert, heiratete er 1696 Christiane Charlotte von Watzdorff, verwitwete Vitzthum von Eckstädt. Sie war eine sächsische Adlige und Schwester Christoph Heinrich von Watzdorffs, des späteren Generalakzisedirektors und Kabinettsministers Augusts II. Parallel zur Karriere seines Bruders, der – maßgeblich an der erfolgreichen Wahl des sächsischen Kurfürsten zum polnischen König beteiligt – zum einflussreichsten Minister Augusts II. wurde, gelangte auch Joachim Friedrich zu ansehnlichen Ämtern und Würden. Er starb 1740 als Gouverneur von Leipzig. Das 1718 datierte Gemälde zeigt ihn als sächsischen General. Sein jüngster Bruder Bogislaus Bodo von Flemming brachte es in sächsischen Diensten zum Generalleutnant. Beider Töchter heirateten in die angesehenen sächsischen Familien von Gersdorff, von Einsiedel, zu Lynar und von Werthern. PL

4 | 16
Antoine Pesne

Bildnis Moritz Carl Graf zu Lynar

1737 · Öl auf Leinwand · 157 × 107 cm
Lübbenau, Gräflich zu Lynarsche Kunstsammlung

Die Familiengeschichte der ursprünglich aus Italien stammenden zu Lynars ist eng mit Brandenburg und Sachsen verbunden. Als (Festungs-)Baumeister errichtete Rochus zu Lynar im 16. Jahrhundert unter anderem die sächsische Festung Senftenberg und die brandenburgische Festung Spandau. Seit 1621 waren die Lynars im Besitz der Standesherrschaft Lübbenau im Markgraftum Niederlausitz, das 1635 an Sachsen gelangte. Moritz Carl zu Lynar war der Sohn des kursächsischen Kammerherrn Friedrich Casimir zu Lynar. Seine beiden Onkel Wilhelm August und Christian Ludwig standen

4 | 16

als Kammerherren in preußischen und in sächsischen Diensten. Moritz Carl zu Lynar studierte in Wittenberg und an der Ritterakademie in Brandenburg und Berlin. 1728 heiratete er eine Tochter Joachim Friedrich von Flemmings, Christiane Friederike Henriette. 1730 wurde er als Gesandter an den preußischen Hof geschickt, an dem er auch in den folgenden Jahren immer wieder diplomatische Aufgaben übernahm. Zwischen 1733 und 1738 sowie 1741 war er als sächsischer Gesandter am russischen Hof tätig. Nach 1741 war er Oberamtspräsident des Markgraftums Niederlausitz. Das Gemälde ist eines von insgesamt drei Porträts, die der sächsische Diplomat vom preußischen Hofmaler Antoine Pesne fertigen ließ. Es entstand 1737 in Berlin. Gleichzeitig porträtierte der Künstler auch den in dänische Dienste getretenen jüngeren Bruder und Nachfolger des erbenlosen Grafen mit seiner Gemahlin, Rochus Friedrich zu Lynar und Sophie Marie Helene von Reuß-Köstritz. PL

4 | 17

Antoine Pesne

Bildnis Christophera Erna Lukretia von Kalckstein, geb. Brandt von Lindau

1722 · Öl auf Leinwand · ca. 110 × 90 cm
Ballenstedt, Privatbesitz

Christophera Erna Lukretia war die Tochter des sächsischen Kammerherrn und Hauptmanns des Stifts Quedlinburg Jobst Christoph Brandt von Lindau und seiner aus dem alten märkischen Geschlecht der Gans von Putlitz stammenden Ehefrau Elisabeth Helene. Die Familie Brandt von Lindau besaß mit Wiesenburg eine der wertvollsten Adelsherrschaften im Kurfürstentum Sachsen. Jobst Christoph Brandt von Lindau war als nachgeborener Sohn in Belzig – nahe der Grenze zu Brandenburg-Preußen – begütert. 1713 heiratete seine Tochter Christoph Wilhelm von Kalckstein. Der preußische Offizier wurde 1718 zu einem der Erzieher des Kronprinzen Friedrich (II.) ernannt. Kurz nach dem Tod seiner Ehefrau wechselte er im März 1729 die Stellung und übernahm als Oberst das für ein Jahr von Friedrich August von Rutowski, einem Sohn Augusts II., geführte preußische Regiment Thiele. Das Porträt der Frau von Kalckstein ist 1722 entstanden und von Pesne signiert. Im selben Jahr fertigte der preußische Hofmaler ein Porträt ihrer ein Jahr zuvor verstorbenen Mutter. PL

4 | 18

Aufschwörungstafel des Johann Ludwig von Schöning

[1696] · Pergament, Deckfarben, Wachssiegel
70 × 75 cm (mit Siegel)
Berlin, Geheimes Staatsarchiv PK
[X HA Brandenburg, Rep., 9, Nr. 63]

Seit dem 16. Jahrhundert existierte mit der Ballei Brandenburg ein protestantischer Zweig des Johanniterordens, der unter der Schutzherrschaft des Kurfürsten von Brandenburg stand. Von der Wahl Carl Philipps, eines Sohns des Kurfürsten Friedrich Wilhelm, 1693 bis zur Auflösung der Ballei 1811 bestand ein ausschließlich hohenzollernsches Herrenmeistertum. Um als Ritter in

4 | 18

den Johanniterorden aufgenommen zu werden und in den Genuss einer Pfründe zu gelangen, musste eine Ahnentafel vorgelegt werden, die die adlige Herkunft des Bewerbers bis in die vierte Generation nachwies. Beschworen und bezeugt wurde die hier gezeigte und 1702 vorgelegte Adelsprobe Johann Ludwig von Schönings von drei Adligen. Von den bereits 1696 unter Albrecht Friedrich, dem Nachfolger Carl Philipps und Bruder Kurfürst Friedrichs III., neu in den Johanniterorden aufgenommenen Rittern standen neben Johann Ludwig von Schöning sieben weitere in sächsischen Diensten oder waren Sachsen (Christian von Sachsen-Weißenfels, Christoph Dietrich von Bose, August Ferdinand von Pflug, Hans Sigismund von Pflug, Gottlob August von Reybold, Cuno Christoph von Bürckholz). Johann Ludwig von Schöning war der Sohn des aus brandenburgischen in sächsische Dienste gewechselten Militärs Hans Adam von Schöning und wurde kursächsischer Kammerherr. Sein älterer Bruder begann seine Laufbahn ebenfalls am Dresdner Hof, starb aber bereits 1693, weshalb Johann Ludwig Erbe der väterlichen Güter in Tamsel bei Küstrin wurde. Seine Schwestern gingen Ehen mit preußischen und sächsischen Adligen ein. Er selbst heiratete mit Juliane Charlotte von Dönhoff eine preußische Offizierstochter. Aus dieser Ehe ging als Erbin Louise Eleonore von Schöning hervor. Sie kehrte auf den Familienbesitz bei Küstrin zurück und heiratete 1723 den Preußen Adam Friedrich von Wreech. Während seines Aufenthalts in Küstrin schätzte der preußische Kronprinz Friedrich (II.) ihre Gesellschaft. PL

Gedruckte Quellen und Literatur Beschorner 1906 · Beschorner 1907 · Göse 2003 · Göse 2003a · Göse 2013 Krauske 1905 · Krell 1911 · Matzke 2011 · Müller, R. 1984 Schöning 1838 · Treffer 2005 · Vötsch 2005 · Die Franckeschen Stiftungen und Preußen, Kat. 2001 Kriegsgericht in Köpenick, Kat. 2011 · Legendäre »lange Kerls«, 2003 Memoiren einer preußischen Königstochter, 2007 Unter einer Krone, Kat. 1997

Um die

Mitte des 18. Jahrhunderts wuchs die Konkurrenz zwischen den Höfen in Berlin und Dresden. Die Schlüsselfiguren dieser Zeit waren der preußische König Friedrich II. und sein Gegenspieler Heinrich Graf von Brühl, der als Premierminister Augusts III. die sächsische Politik leitete. Trotz der angespannten Lage war das augusteische Sachsen für Friedrich II. kulturell Vorbild und oft unerreicht. Der Siebenjährige Krieg (1756 – 1763) bildete den Höhepunkt der Konflikte. Dieser erste globale Krieg wurde im Reich durch

SZENE 5

Vormacht

den Überfall des preußischen Königs auf Sachsen ausgelöst. Zur Kapitulation gezwungen, blieb Sachsen dennoch Kriegsschauplatz. Heftig umkämpft, diente es den kriegsbeteiligten Armeen zur Versorgung. Gezielt ließ Friedrich II. das Land wirtschaftlich ausbluten. Die Schlösser seines Rivalen Brühl wurden auf Friedrichs Befehl zerstört, und das barocke Dresden ging in Flammen auf. Preußische Kanonen beendeten das augusteische Zeitalter. Für Sachsen ist Friedrich deshalb bis heute nicht »der Große«.

Allianzen ohne Aussicht. Die polnisch-sächsische Union und die Hohenzollernmonarchie (1697–1763)

AGNIESZKA PUFELSKA

Am 17. Juni 1696 starb der polnische König Johann III. Sobieski, der als »Türkenbezwinger« und Retter Wiens großes Ansehen gewonnen hatte. Noch in seinen letzten Lebensjahren hatten die geheimen Verhandlungen über die Wahl seines Nachfolgers begonnen; jetzt entwickelten sie sich zu einer leidenschaftlichen Wahlkampagne, welche vom österreichisch-französischen Antagonismus und den innenpolitischen Streitigkeiten bestimmt wurde. Während die Parteien im Lande keinen eigenen Kandidaten aufstellten, setzten die europäischen Höfe Intrigen und Bestechungen ein, um sich des polnischen Thrones zu bemächtigen. So begünstigte Frankreich den Prinzen von Conti, Österreich den ältesten Sohn von Sobieski, Jakub, und Brandenburg den Markgrafen Ludwig Wilhelm von Baden-Baden.

Für Brandenburg-Preußen war der Ausgang einer Königswahl in Polen-Litauen von höchster Bedeutung, nicht umsonst sagte Kurfürst Friedrich III.: »Es ist die wichtigste und grösste Angelegenheit, die uns Zeit unserer Regierung aufgestossen.«[1] Für ihn waren zwei Punkte maßgebend: Er wünschte keinen König, der Polen zur Zweigniederlassung eines Weltreichs machte, sei es bourbonisch oder habsburgisch; des Weiteren sollte ihm der neue König ein Bundesgenosse sein bei der endgültigen Regelung der Ostseefrage. Alsbald musste Friedrich III. jedoch erkennen, dass sein Versuch, einen eigenen Thronanwärter im Alleingang und ohne jegliche Unterstützung durch andere auswärtige Mächte durchsetzen zu wollen, keine Aussicht auf Erfolg hatte.

Nach einem über ein Jahr andauernden Interregnum gab es Ende Juni 1697 eine Doppelwahl. Ein Teil des polnischen Adels entschied sich für den französischen Kandidaten Conti, ein anderer für den jungen und ambitionierten Kurfürsten Friedrich August I. von Sachsen, der sich nach seiner schnell vollzogenen Konversion zum Katholizismus letztendlich, als König nunmehr August II. bzw. »der Starke«, durchsetzte. Dass der Wettiner den polnischen Thron überhaupt besteigen konnte, verdankte er zum guten Teil der Rückendeckung durch die Kaiserhöfe. Kaiser Leopold I. und Zar Peter I. unterstützten den Kurfürsten, weil sie ihn brauchten, um das französische Konzept einer *Barrière de l'Est* – ein Bündnis von Frankreich, Schweden und dem Osmanischen Reich – abzuwehren. August II. begriff die polnisch-sächsische Union als Chance nicht nur für sein Haus und sein Erbland, sondern auch für Polen-Litauen. Schon in den von ihm verfassten Bedingungen, an die er die Annahme der Kandidatur knüpfen wollte, zeichneten sich zwei dominierende Tendenzen seiner Politik ab, die darauf gerichtet war, eine Landbrücke zwischen Sachsen und Polen herzustellen und die königlichen Befugnisse mit Hilfe von weitreichenden Staats- und Wirtschaftsreformen zu stärken. Die zentralistischen Bestrebungen Augusts stießen beim polnischen Adel (allen voran bei den reichen Magnaten), der seit Jahrzehnten seine Vormachtstellung in Polen behaupten konnte, auf breiten Widerstand. Um seine inneren Widersacher für sich zu gewinnen und mehr faktische Macht durch siegreiche Kriege und Landgewinn zu erreichen, musste der Sachsen-König von Polen unermessliche Geldmittel einsetzen. Diese suchte er unter anderem bei Friedrich III. zu erhalten, wofür der brandenburgische Nachbar durch Gebietsabtretung entschädigt werden sollte. So erlaubte der neue König dem Hohenzollernhaus, die Stadt Elbing (Elbląg) zu besetzen, auf dessen Pfandbesitz es den Anspruch hatte und dessen Ausübung Polen bis dahin zu verhindern wusste. Die Besitznahme Elbings durch brandenburgische Truppen brachte den polnischen Adel auf. Dass Friedrich III. bei dem Konflikt einlenkte und die Stadt räumen ließ, war allerdings weniger in seiner Friedfertigkeit begründet, sondern vielmehr in seinem Bestreben, die Zustimmung Polens zu seiner Königserhebung zu gewinnen. August II. zeigte sich alsbald mit dem Kronprojekt Friedrichs einverstanden, weil er sich Brandenburgs Unterstüt-

Unbekannter Künstler: Die Wahlversammlung des Sejms, 1697, Öl auf Leinwand, Warschau, Zamek Królewski w Warszawie

zung gegen Schweden sichern wollte. Schwieriger dagegen gestalteten sich die Unterhandlungen mit den wichtigen Repräsentanten von Polen-Litauen. Trotz des großen Aufwands an Zeit, Geld und Überredungskunst ist es Friedrich III. nicht gelungen, die Bewilligung des polnischen Reichstags für die Umwandlung des preußischen Herzogtums in ein Königreich zu erreichen. Die Verbindung zwischen sächsischem und brandenburgischem Kurfürst gegen den mächtigen polnischen Adel dauerte aber nicht lange. Bereits im Frühjahr 1699 schmiedete August II. den Plan, das Herzogtum Preußen anzugreifen. Er wollte die antibrandenburgische Stimmung in Polen nach der Besetzung Elbings ausnutzen und Preußen in ein wettinisches Erbland umwandeln.

Die territorialen Gelüste des einstigen Verbündeten hatte Friedrich III. schnell erkannt und begann bereits als König in Preußen eine Politik zu betreiben, deren Ziel die Lähmung der polnisch-sächsischen Union war. Aus dem Grund entschloss er sich, die antikönigliche Opposition in Polen zu stärken. Diese entwickelte sich zu einer bedeutenden Kraft, als August II. die Mehrheitsstimmung im Land ignorierte und das durch jahrelange Kämpfe gegen die Osmanen geschwächte Polen-Litauen in den Nordischen Krieg verstrickte. Ohne größere Schwierigkeiten eroberte das schwedische Heer 1702 Polen. Da der Schwedenkönig Karl XII. auf der Abdankung Augusts II. bestand, kam es zudem zu einer politischen Spaltung in Polen: Während die auch von Preußen unterstützten Gegner des Wettiners das Interregnum ausriefen und den von Schweden favorisierten Posener Woiwoden Stanisław Leszczyński 1704 zum König wählten, vollzog die prosächsische Anhängerschaft den förmlichen Kriegseintritt von Polen-Litauen gegen Schweden und schloss ein Bündnis mit Russland.

Der preußische König nutzte die desolate Lage des polnisch-litauischen Staatsverbands und leitete mit Karl XII. Gespräche über die Teilung Polens ein. Der Gedanke, Polen zu teilen, wurde nach Jacek Staszewski »zu einer Art Versteigerung, mit deren Hilfe Friedrich I. verschiedene politische Ziele anstrebte«.[2] Schweden lehnte die preußischen Teilungspläne jedoch entschieden ab. Lediglich der neugewählte König Stanisław Leszczyński zeigte sich bereit, auf den Vorschlag Friedrichs einzugehen, weil er hoffte, seine wacklige Königswürde durch

Johann Samuel Mock: Der Einzug König Augusts III. in Warschau, 1734, Öl auf Leinwand, Gemäldegalerie Alte Meister, SKD

Berlin sichern zu können. Gleichzeitig suchte auch der abgesetzte August II. reumütig Hilfe beim preußischen König. Ein Schulterschluss mit Preußen erschien ihm umso dringlicher, als 1706 Schweden in Sachsen einrückte und die Position des Kurfürsten auch in seinem Erbland bedrohte. Friedrich I. knüpfte seine Unterstützung für Sachsen immer wieder an Augusts II. Bereitschaft, Polen zu teilen oder zumindest Gebiete des polnischen Territoriums an Preußen abzutreten. Über den Preis der preußisch-sächsischen Verbindung gegen Schweden wurde zusammen mit dem dänischen König 1709 in Potsdam verhandelt. Das glanz- und prunkvolle Dreikönigstreffen brachte allerdings keine großen Veränderungen hervor. Erst die andauernden Siege des russischen Zaren Peter I. über die schwedischen Truppen änderten die eingefahrene Situation. Mit Hilfe Russlands und nicht Preußens ist es August dem Starken letztendlich gelungen, seine innerpolnische Anhängerschaft gegen Leszczyński zu mobilisieren und 1709 auf den polnischen Thron zurückzukehren.

Der militärische Triumph über Schweden verschaffte Russland die Vorrangstellung im Ostseeraum. Dadurch änderte sich das politische Gefüge des Nordostens und Ostmitteleuropas: Polen, Preußen und Österreich gerieten in Russlands Interessensphäre. Über die Zukunft der polnisch-sächsischen Union oder über ihre Relation zu Preußen wurde von nun an nicht in Dresden, Warschau oder Berlin, sondern in Sankt Petersburg entschieden. Der neue preußische König Friedrich Wilhelm I. erkannte die Machtveränderungen. Preußen und Russland verständigten sich im Potsdamer Abkommen von 1720 zu gemeinsamer Politik gegenüber Polen-Litauen. Preußen fügte sich hier dem russischen Konzept, Polen ungeteilt zu lassen und durch die Bewahrung der adligen Freiheiten und der freien Königswahl seine Lenkung von außen sicherzustellen. Die Beherrschung Polens durch Verfassungskontrolle zielte auf die Aufrechterhaltung des Grundsatzes der Einstimmigkeit *(liberum veto)* und die Bestechung von Reichstagsabgeordneten, um so

Französischer Maler: Stanisław Leszczyński, nach 1757, Öl auf Leinwand, Warschau, Muzeum Narodowe w Warszawie

im Interesse Russlands und Preußens jedes mögliche Reformprojekt im polnischen Reichstag zu torpedieren.

Der außenpolitischen Abhängigkeit der polnisch-sächsischen Union von den Nachbarmächten versuchte August II. immer wieder zu entrinnen, was stets neue Konflikte nach sich zog. Zum preußischen König waren die Beziehungen aber besonders gespannt und nahmen die Form eines Wirtschaftskrieges an. Ausgelöst wurde der Konflikt durch die preußische Zollpolitik auf dem Friedrich-Wilhelm-Kanal und erreichte im Jahr 1721 seinen Höhepunkt. Das sogenannte »Thorner Blutgericht« verschlechterte weiter das inzwischen schwer angeschlagene Verhältnis. Als es 1724 in der überwiegend deutschsprachigen Stadt Thorn im Königlichen Preußen (Polnisch-Preußen) zu einem religiösen Tumult zwischen Protestanten und Katholiken kam, war der preußische König zeitweilig zu einem bewaffneten Eingreifen entschlossen, sobald er auf russische Unterstützung zählen konnte. Der Tod Peters I. und die herrschende Kriegsmüdigkeit in Europa verhinderten letztlich den »protestantischen Kreuzzug« gegen Polen.

Der berühmt-berüchtigte Besuch von Friedrich Wilhelm I. beim polnischen König in Dresden 1728 brachte eine merkliche Entspannung in die konfliktreiche Beziehung. Am meisten scheint aber der Kronprinz Friedrich von dieser erlebnisreichen Visite profitiert zu haben, denn ausgerechnet am Dresdner Hof soll der künftige Friedrich der Große mit der Gräfin Orzelska sein erstes Liebeserlebnis gehabt haben. Das erotische Initiationserlebnis des Kronprinzen hatte aber keine Auswirkung auf die negative Einstellung Friedrich Wilhelms zu Sachsen-Polen. Die sächsisch-französische Annäherung und die Entstehung eines Bündnisses bestätigten ihn in der Überzeugung, dass Sachsen und Polen im Fall des Todes Augusts II. wieder getrennt werden sollten.

Gegen die Verlängerung der polnisch-sächsischen Union hatte sich ebenso die Mehrheit des polnischen Adels ausgesprochen und wählte 1733 erneut Leszczyński zum Nachfolger des Wettiners. Da aber der wieder inthronisierte König durch die Heirat seiner Tochter mit Ludwig XV. unter französischem Schutz stand, ließen sich Russland und Österreich auf die Durchsetzung einer Gegenwahl zugunsten des Sohns Augusts II. gegen den französischen Kandidaten ein. Dieser Thronfolgekrieg endete 1736 mit der Abdankung Leszczyńskis und der Inthronisierung des Wettiners August III., was den preußischen Interessen komplett widersprach. Hinzu kam, dass der neue König eine Annäherung der polnisch-sächsischen Union an Sankt Petersburg anstrebte und damit die Bedeutung Preußens für Russland wesentlich schwächte. »[E]s blieb offen«, konstatiert Michael Müller, »ob eben Sachsen oder Preußen sich als der letztlich gewichtigere Verbündete des russischen Kaiserreichs in bezug auf die Kontrolle des westlichen ›Vorfelds‹ des Imperiums würde qualifizieren«.[3]

Noch größer wurde die Kluft zwischen den beiden Nachbarstaaten, als Preußen 1740 das bis dahin habsburgische Schlesien annektierte und damit einen mehr als 20-jährigen Konflikt in Ostmitteleuropa auslöste. Durch die territorialen Gewinne Preußens konnte die längst geplante und angestrebte Landbrücke zwischen Sachsen und Polen nur noch auf Kosten Berlins erworben werden. Der ehrgeizige König Friedrich II. wiederum betrachtete die Schwächung der polnisch-sächsischen Union als Voraussetzung für den Großmachtstatus der Hohenzollernmonarchie. Auch gegen Polen-Litauen entwickelte »der Philosoph auf dem Thron« Angriffsprojekte. Ein unvereinbarer Gegensatz stellte sich zwischen Sachsen-Polen und Preußen ein, der dann 1756 in einem preußischen Angriff auf Sachsen mündete. Bekanntlich hatte Friedrich II. im Politischen Testament von 1752 vermerkt: »Von allen Provinzen in Europa gibt es keine, die besser zu unserem Staat paßten als Sachsen, Polnisch-Preußen und Schwedisch-Pommern, weil alle drei ihn abrunden.«[4] In der Folge der preußischen Besatzung wurde Sachsen so rücksichtslosen finanziellen und wirtschaftlichen Restriktionen ausgesetzt, dass es nach dem Frieden von Hubertusburg und dem Ende der fünfjährigen preußischen Okkupation fast aller Möglichkeiten beraubt war, noch irgendeine politische Rolle spielen zu können.

Die restriktive und schädigende Ausrichtung der preußischen Politik richtete sich auch gegen den polnisch-litauischen Staatsverband. Seit dem Ausbruch des Siebenjährigen Krieges (an dem Polen formal nicht teilnahm) verübte Preußen systematisch kriegerische Gewaltakte im Grenzgebiet, warb widerrechtlich Soldaten an (durch Rekrutenfang) und requirierte zwangsweise polnische landwirtschaftliche Erzeugnisse für das preußische Heer. Die schädlichste aller Konspirationen Friedrichs II. zum Nachteil von Polen-Litauen war allerdings die durchgeführte Falschmünzerei. Von 1756 an benutzte er gefälschte oder auch in Sachsen gefundene polnische Münzstempel, um große Mengen minderwertiger polnischer Münzen zu schlagen, die in polnisch-litauischen Gebieten in Umlauf gebracht wurden. Mittels der Fälschungen wurde das vorhandene »gute Geld« fast komplett aufgekauft. Auf diese Weise finanzierte Polen nolens volens die preußischen Kosten des Siebenjährigen Krieges mit.

Friedrichs II. Vorgehen gegen Sachsen ließ allerdings den antirussisch eingestellten Adel in Polen-Litauen hoffen, dass Preußen seine Interessen unterstützen und gegen jegliche, die Adelsrechte einschränkende und von August III. angestrebte Verfassungsänderung auftreten werde. Preußens Schulterschluss mit Paris in den ersten beiden Schlesischen Kriegen bestätigte diese verbreitete Zuversicht. Folgerichtig bildeten die oppositionellen Adligen unter der Führung des Großhetmans Józef Potocki im Laufe der 1740er Jahre ein regelrechtes propreußisches Lager, das seine Vorliebe für die adligen Freiheiten und seine antirussische Einstellung mit einer Annäherung an Preußen verband. Diese mächtigen Kreise, zu denen neben der Familie Potocki auch andere Fürstenfamilien wie die Jabłonowski oder die Radziwiłł gehörten, wurden von

Marcello Bacciarelli: Stanisław Poniatowski im Krönungsornat, 1767/71, Öl auf Leinwand, Warschau, Muzeum Narodowe w Warszawie

Enthusiasmus für Friedrich II. erfasst; selbst gegen seinen Willen offerierten sie ihm aufdringlich ihre Dienste. Tatsächlich ordnete Friedrich II. Zurückhaltung an und änderte kaum seine reservierte Haltung, obwohl sich die Bündnisangebote polnischer Magnatengruppen aus dem oppositionellen Lager Ende der vierziger Jahre häuften, bis hin zur Ermunterung zu einer Kandidatur für den polnischen Thron. Gekonnt wusste der Preußenkönig den politischen Eifer seiner polnischen Anhänger zum eigenen Vorteil zu nutzen, ohne ihre Ansprüche zu berücksichtigen oder seine Popularität unter ihnen, auch nach dem Überfall auf Sachsen, wesentlich einzubüßen. Erst die preußisch-russischen Friedensverhandlungen von 1762, die das stark angeschlagene Preußen vor dem endgültigen Untergang retteten und den ausgebliebenen Sieg kompensierten, dämpften die propreußische Stimmung in Polen.

Angesichts der ungünstigen politisch-strategischen Konstellation, in der sich Preußen während des Siebenjährigen Krieges zumeist befunden hatte, musste Friedrich II. erkennen, dass er auf ein Bündnis mit Russland unter allen Umständen angewiesen war und dass er den notwendigen Waffenstillstand mit Österreich nur mit russischem Beistand erreichen konnte. Bis zu seinem Tod blieb er dieser Erkenntnis treu und richtete die preußische Außenpolitik danach aus. Gleichsam zum politischen Kitt dieser russisch-preußischen Verbindung wurde die »polnische Frage«: Der preußische König erkaufte die Allianz mit der bedingungslosen Anerkennung der russischen Vorherrschaft in Polen-Litauen. Der erste diplomatische Schritt in diese Richtung bestand in der Einigung der beiden Bündnispartner, eine nochmalige wettinische Thronfolge in Polen zu verhindern und einen von Russland eingesetzten König zu unterstützen. Die 1762 zur Kaiserin von Russland gekrönte Sophia von Anhalt-Zerbst, genannt Katharina II., hatte gleich nach ihrer Machtübernahme und noch vor dem Ableben des gesundheitlich mittlerweile angeschlagenen Sachsen August III. im Geheimen darauf hingearbeitet, ihrem ehemaligen Günstling Stanisław August Poniatowski die polnische Krone zu verschaffen. Umgehend erklärte Friedrich II. der Zarin sein Einverständnis mit der Bestimmung ihres Kandidaten zum König von Polen. Die zusammen mit Österreich vollzogene Teilung Polen-Litauens 1772 sicherte schließlich dem gewichtigen Bündnis den nötigen Rückhalt und schuf eine weitere Grundlage zur Verfolgung beiderseitiger Interessen.

Mit der 1764 vorgenommenen Wahl von Poniatowski zum König ging die 67-jährige Geschichte der polnisch-sächsischen Personalunion zu Ende. Während der Herrschaft der Wettiner war eine grundlegende Veränderung der Kräfteverhältnisse in Ostmitteleuropa erfolgt. Vor allem Preußen hatte dazu beigetragen, dass Sachsen aus der bisherigen Mächtekonstellation völlig eliminiert wurde und aus dem Siebenjährigen Krieg als ökonomischer und politischer Verlierer hervorging. Diese negative Erfahrung blieb nicht ohne Folgen für das Verhältnis des Dresdner Hofes zum polnisch-litauischen Staatsverband. Eine erneute Fortsetzung der Bemühungen um die polnische Krone entsprach nun nicht mehr seinem politischen Kalkül. In Polen dagegen wurden immer wieder Initiativen ergriffen, um die polnisch-sächsische Union zu reaktivieren. Interessant ist dabei, dass die erstrebte Erneuerung der Union mit Sachsen wiederholt als Vorwand benutzt wurde, um eine polnisch-preußische Verbindung gegen Russland herzustellen. Während des Großen Reichstags (1788–1792) avancierte die Wiederbegründung der Union mit preußischer Unterstützung sogar zum programmatischen Hauptelement der staatlichen Reformpolitik Polens. Doch Preußen ließ sich auf das polnische Angebot nicht ein und kehrte nach dem kurzen Zwist willfährig zu seinem Bündnispartner Russland zurück. Die erneute Teilung Polens von 1793 und schließlich die Auflösung des polnischen Staates von 1795 konsolidierten die wiederhergestellte Allianz. Erst Napoleon I. konnte sich nach der Zerstörung der vorhandenen Mächtekonstellation in Europa eine Neubildung der Union nach eigenen Vorstellungen erlauben. Die im Tilsiter Frieden (Juli 1807) festgesetzte Bildung des Herzogtums Warschau aus dem größten Teil des preußischen Erwerbs der drei polnischen Teilungen und mit einem Wettiner an der Spitze schwächte erneut die Position Preußens in Europa. Aber auch dieser polnisch-sächsischen Union von Napoleons Gnaden war keine lange Dauer beschieden. Bereits sechs Jahre später wurde der Kaiser aus Korsika besiegt und das alte russisch-preußische Bündnis wiederhergestellt. Von nun an gingen das sächsische Kurfürstentum und das aufgeteilte Polen getrennte Wege. Während sich Sachsen zusammen mit Preußen am Aufbau eines protestantischen Kaiserreichs beteiligte, versuchte Polen, seine Unabhängigkeit von diesem zu erkämpfen. Als »frei« konnten sich die beiden Staaten erst seit 1918 bezeichnen, wenn auch unter völlig anderen Umständen.

Gedruckte Quellen und Literatur Die politischen Testamente, 1986 · Hanke 2006 Müller, M. 1998 · Rexheuser 2005 · Schulte 1892 · Staszewski 1981 · Um die polnische Krone, 1962 · Zernack 1994

Anmerkungen **1** Zit. nach Schulte 1892, Bd. 1, S. 477. **2** Staszewski 1981, S. 31. **3** Müller, M. 1998, S. 51. **4** Die politischen Testamente, 1986, S. 369

Marcello Bacciarelli:
Dem Herzogtum Warschau wird durch Napoleon die Verfassung verliehen, 1811,
Öl auf Leinwand,
Warschau, Muzeum Narodowe w Warszawie

Eine öffentliche Feindschaft. König Friedrich II. von Preußen und Heinrich Graf von Brühl in zeitgenössischen Publikationen

UTE CHRISTINA KOCH

Die Liste der Feinde und Widersacher Friedrichs II. von Preußen enthält verschiedene prominente Persönlichkeiten, wie zum Beispiel Maria Theresia von Österreich oder Elisabeth von Russland. Angeführt wird sie jedoch nicht von Königen oder Fürsten, sondern von dem sächsischen Premierminister Heinrich Graf von Brühl. Friedrich schädigte Brühl auf jede erdenkliche Art und Weise, in Wort und in Tat: Zahlreiche Schriften gegen den Grafen sind auf ihn zurückzuführen, ebenso wie die Zerstörungen der Brühl'schen Schlösser während des Siebenjährigen Krieges. Bei den publizistischen Angriffen betätigte sich nicht nur Friedrich als Autor, es erschienen auch Werke Anderer, vermutlich mit der Unterstützung des Preußenkönigs. Mit Hilfe dieser Zeitzeugnisse kann ein sehr deutliches Bild der Feindschaft zwischen Friedrich und Brühl gezeichnet werden. Zudem weisen sie auf die Gründe hin, die jenseits der gegensätzlichen politischen Interessen liegen, wie Unterschiede in Herrschaftsauffassung und Selbstverständnis. Jedoch wird in den diversen Quellen auch eine sehr persönliche Note seitens Friedrichs deutlich, die bislang nur unbefriedigend erklärt werden konnte.

Friedrich und Brühl lernten sich spätestens 1730 während des Zeithainer Lagers – einer Truppenschau der sächsischen Armee – kennen, bei der der junge Kronprinz mit seinem Vater Ehrengast war. Brühl, noch Kammerjunker, war die Aufgabe übertragen worden, hier die Ausstattung sowie die Lustbarkeiten und Vergnügungen zu organisieren. König Friedrich Wilhelm I. zeichnete ihn noch vor Ort mit der Aufnahme in den preußischen Orden des schwarzen Adlers aus. Nach dem Lager beschleunigte sich die Karriere Brühls: Innerhalb kürzester Zeit erhielt er zahlreiche Auszeichnungen und Ämter. So wurde er 1731 zum Obersteuereinnehmer, zum Geheimrat und zum Direktor des Departements Inneres ernannt. Auch nach dem Tod Augusts II. blieb seine Position unangetastet; er konnte sogar noch weiter aufsteigen. Dreißig Jahre war er der enge Vertraute Augusts III. von Polen, bis beide recht bald nach dem Siebenjährigen Krieg 1763 verstarben. Brühl bestimmte maßgeblich die Innen- und Außenpolitik der sächsisch-polnischen Personalunion, deren erklärtes Ziel war, die polnische Königskrone für die Wettiner zu erhalten. So kam es zwangsläufig zu Interessenkonflikten mit Friedrich II., der eigene Pläne in Polen verfolgte.

Bereits 1746 äußerte sich Friedrich in *Histoire de mon temps* abschätzig über den ehemaligen Pagenstand des Grafen – er war zunächst knapp acht Jahre Page am Dresdner Hof gewesen, bevor er 1727 zum Kammerjunker ernannt wurde. Weiter führte Friedrich aus, dass Brühl furchtsam und geschmeidig, hinterhältig und geschickt sei und zudem weder genug Klugheit noch Erinnerungsvermögen besäße, um seine Lügen zu verstecken. Er verwies auch ausdrücklich auf die hohe Zahl der Porzellane, Uhren, Kleider und Stiefel, die sich im Besitz des Grafen befanden. Ein Blick in das Brühl'sche Nachlassverzeichnis zeigt übrigens, dass Friedrich mit dieser Anschuldigung vermutlich gar nicht so sehr unrecht hatte.

Antoine Pesne: König Friedrich II. von Preußen, 1745
Öl auf Leinwand, SPSG

Des Weiteren widmete Friedrich Brühl ein Spottgedicht, welches er 1752 in seinen *Oeuvres du Philosophe de Sans Souci* abdrucken ließ. Bereits in den ersten Zeilen begründet Friedrich einen Topos, auf den spätere Autoren immer wieder zurückgriffen:

»Esclave malheureux de ta haute fortune / D'un roi trop indolent souverain absolu, / Surchargé des travaux dont le soin t'importune / Bruhl, quitte des grandeurs l'embaras superflu«.[1] Brühl sei also vor allem der uneingeschränkte Beherrscher eines zu schwachen Königs. Friedrich ergeht sich weiter in wüsten Beschimpfungen und Drohungen, vor allem, wenn Brühl es nicht unterließe, weiter Unruhe zu stiften, da sonst ein Krieg unausweichlich sein würde.

Mitten im Siebenjährigen Krieg erschien eine der wichtigsten und umfangreichsten Publikationen gegen den Grafen Brühl, die anonym veröffentlichte Schmähschrift *Leben und Charakter des Königlich Polnischen und Churfürstlich Sächsischen Premierministers Grafen von Brühl*. Als Autor wird der Kameralist, Jurist und Naturforscher Johann Heinrich Gottlob von Justi vermutet, als Auftraggeber hingegen Friedrich II. Dieses Pamphlet war weniger eine Biografie im klassischen Sinn, sondern eher eine am Beispiel Brühls konkretisierte Anklage despotischer Herrschaftsformen. Trotz des Verbots bzw. der Verbrennung, beispielsweise 1761 in Dresden und auch in Hamburg, wurde das Werk in drei Teilen gedruckt sowie ins Französische und Englische übersetzt. Brühl wird in dem Werk als höchst intriganter und fauler Höfling beschrieben, der nur auf seinen eigenen Vorteil bedacht sei und Sachsen in den Ruin treibe. Damit greift Justi Anschuldigungen auf, die in ähnlicher Form auch Friedrich II. schon vorgebracht hatte. Die verschiedenen Stationen von Brühls Leben werden, gespickt mit amüsanten Anekdoten und sächsischem Hofklatsch, ausführlich behandelt und mit Kommentaren versehen. An einigen Stellen wird Friedrich II. von Preußen als »der weiseste, der gütigste Monarch, der wahre Menschen-Freund« bzw. als »der Weltweise von Sans-Souci« erwähnt.[2] Dies könnte man als zusätzlichen Hinweis werten, aus welcher Richtung die Angriffe gegen Brühl kamen. Entsprechend seinem »pro-preußischen« Standpunkt verband Justi die schlechte Situation Sachsens mit der bestimmenden Rolle und dem großen Einfluss Brühls auf die sächsische Politik.

Als Schlüssel zum Erfolg des Grafen sieht Justi dessen schönes Äußeres, aber vor allem seine Fähigkeit, sich bei jedem, ob höher stehend oder Untergebener, beliebt zu machen: »Ohngeachtet seine Leibes-Länge noch weit unter dem mittelmäßigen ist; so ist er doch überaus wohl gebildet [...]. Seine Höflichkeit auch gegen Personen, die sehr weit unter ihm sind, kennet gar keine Grenzen; sie gehet bis zur Ausschweifung.«[3] Wie Friedrich II. betonte Justi die angeblich übertriebene Höflichkeit des Grafen und ging auch noch auf seine oberflächliche Bildung ein: »Setzen Sie dessen angenehme Bildung, dessen äusserliche geschickte Stellungen und die Munterkeit seines Geistes hinzu, so bedarf es gar keiner Historietten, um begreiflich zu machen, wie er sich die Gunst eines Monarchen hat erwerben können, der zu tiefsinnigen Betrachtungen, um den Grund der menschlichen Gemüther zu erforschen, eben nicht sehr aufgelegt war.«[4] Brühl besaß demnach Geist und auch ein gewisses Maß an Wissen, verfügte jedoch nicht über eine fundierte Ausbildung in Staatswissenschaften. Anders als Friedrich II. setzte er sich nicht mit Geschichte auseinander und las keine antiken Autoren, sondern interessierte sich höchstens für französische Unterhaltungsliteratur.

Mit einem weiteren Vorwurf schließt sich Justi abermals Friedrich II. an. Der polnische König und sächsische Kurfürst sei seinem Minister praktisch hörig, und Brühl würde verhindern, dass er über die Lage Sachsens oder seine eigene aufgeklärt werde: »Damit auch die Welt um so weniger daran zweifeln möge, daß ihm Sachsen zu dieser Absicht [d. i. Bereicherung] dienet, und daß er es ist, welcher darinnen das Ruder führet, und seinem Herrn nur den eitlen Namen übrig gelassen hat; so hat er sich öffentlich zum Premier-Minister declariren, und sich diesen Titel förmlich beylegen lassen.«[5] Zudem sei Brühl nur auf seinen eigenen Vorteil bedacht gewesen und habe zusammen mit seiner finanziellen Unerfahrenheit das Land nachhaltig geschädigt.

In dem Werk zeichnet sich ein Konflikt ab, welcher im Zusammenhang mit dem höfischen Aufwand am sächsischen und am preußischen Hof zu sehen ist. Die Belastungen des Hoflebens spielten in der Kameralwissenschaft des 18. Jahrhunderts eine wichtige Rolle. Justi, als einer ihrer prominentesten Vertreter, prangerte den sächsischen Premierminister als Sinnbild des ministeriellen Despotismus an. In Justis Augen war die Regierung Brühls das Gegenteil einer effektiven Verwaltung, welche nach den Prinzipien von geteilter Verantwortung und begrenzten Verantwortlichkeiten gestaltet sein sollte. Geschützt durch seine hohe Anzahl an Titeln und Ämtern, habe Brühl die ursprüngliche monarchische Verfasstheit Sachsens zersetzt und stattdessen ein tyrannisches Regime installiert.

Während des Siebenjährigen Krieges erschienen weitere Berichte, die sich vor allem auf konkrete Ereignisse dieser Auseinandersetzung bezogen und die den jeweiligen Feind bewusst herabsetzen sollten. In dem Werk *Beytrage zu des Herrn Grafen von Brühls Leben* bewertet der anonyme Autor negativ, ähnlich wie Friedrich II. und Justi, dass Brühl offensichtlich keine höhere Ausbildung genossen habe und vom Pagen zum Premierminister aufgestiegen sei. Es wird sogar der Tagesablauf des Grafen vorgestellt, welcher hier in genauem Gegensatz zu jenem von Friedrich II. steht. Die Tage des preußischen Königs wurden

Louis de Silvestre :
Heinrich Graf von Brühl, 1740 / 1760,
Öl auf Leinwand, Nürnberg, Germanisches Nationalmuseum

ebenfalls in verschiedenen zeitgenössischen Publikationen besprochen; dabei wies man immer wieder auf die frühe Stunde seines Arbeitsbeginns und die vielfältige Beschäftigung mit schöngeistigen Dingen hin.

Eine ganz andere Seite zeigte sich in den Schriften, die im Zusammenhang mit den Zerstörungen auf den Brühl'schen Gütern publiziert wurden. Preußische Truppen plünderten und brandschatzten die Schlösser in Pförten, Nischwitz, Grochwitz und Dresden. Der Bericht *Schreiben Eines aus Teutschland zurückkommenden Russischen Reisenden* gibt ein besonders lebendiges Bild der Geschehnisse: »Keine Colonne der Preuß. Armée habe sich mehr in Excessen hervorgethan, als diejenige, so von dem König selbst über Wittenberg und längst der Elbe hinauf geführet worden.«[6] Es werden die verschiedenen Plünderungen der königlichen Schlösser aufgeführt, um später das Treiben auf dem Brühl'schen Schloss Grochwitz zu beschreiben: »Ein Haußbedienter, der nur eine kostbare Uhr retten wolte, wurde von ihm [Friedrich] selbst auf der Treppe mit dem Stocke zurückgewiesen; und nichts, was fortgebracht werden konte, blieb vor den begierigen Händen derer Soldaten verschonet. Als noch bloß die weissen Wände übrig waren, wurde billig gefunden, daß ein preißgegebenes Hauß auch seiner Fenster beraubet

Bernardo Bellotto, gen. Canaletto:
Dresden vom rechten Elbufer unterhalb der Augustusbrücke, um 1751/53,
Öl auf Leinwand, Gemäldegalerie Alte Meister, SKD

würde. Den Augenblick erhub sich auf sein schöpferisches Geheiß ein greßlicher Steinhagel, und alle Glaßscheiben wurden, als eben soviel mächtige Feinde, von selbigem zu Boden geworffen.«[7] Diese Schilderung geht wohl auf den Grochwitzer Bettmeister zurück, welcher in einem ausführlichen Bericht an den Grafen die Geschehnisse darstellte. Vermutlich wurde sie dann auf Betreiben Brühls sowohl in dem vorgestellten Werk als auch in dem Periodikum *Teutsche Kriegs-Canzley* für das Jahr 1758 praktisch wortgleich verwendet.

Auch in Pförten hinterließen preußische Soldaten schwere Verwüstungen, über die ebenfalls berichtet wurde, unter anderem in dem anonym erschienenen *Lettre d'un voiageur à Milord H.* Zudem wurden anscheinend Teile des Schlosses, wie Fenstergitter und auch Natursteine, von preußischen Soldaten abtransportiert und beim Bau des Ephraim-Palais in Berlin verwendet. Der Bauherr Nathan Veitel Heine Ephraim kam durch das Pachten des Leipziger und Dresdner Münzregals während des Siebenjährigen Krieges zu großem Reichtum – freilich auf Kosten der dortigen Wirtschaft. Die Verwendung von Teilen des Brühl'schen Schlosses beim Bau dieses Palais war ein Affront gegen den Grafen: Sie wurden wie Spolien durch den Sieger ausgestellt. Der Wiederaufbau Pförtens zog sich bis in das 20. Jahrhundert, allerdings litt das Schloss stark bei dem Durchzug der Roten Armee zum Ende des Zweiten Weltkriegs und ist bis heute in einem ruinösen Zustand.

In einem Brief an den Grafen Flemming in Wien berichtete Brühl am 20. September 1758 von Warschau aus von diesen Verwüstungen. So habe Friedrich II. seine Wut auf besondere Art und Weise an seinen Schlössern ausgelassen: Brühls Landschlösser seien zerstört; in Dresden habe Friedrich II. zudem hunderte Kranke in seinem Palais einquartiert, und was den Pavillon anginge, er meinte hier das Belvedere, so fürchte er ebenfalls Schlimmes.

Bezüglich des Belvederes auf der »Brühlschen Terrasse«, welches von preußischen Truppen bombardiert worden war, ergriff Brühl offenbar Maßnahmen, die jenseits der üblichen publizistischen Gefechte lagen. So wird er als Auftraggeber für eine Stichfolge, die die Schönheiten des Belvederes darstellen sollte, vermutet. Sowohl der Stecher und Herausgeber der Folge, Michael Keyl, als auch der Verfasser des Widmungsverses, Emerich de Vattel, waren von Brühl geschätzte Persönlichkeiten. Die Stiche zeigen in verschiedenen Grund- und Aufrissen das Belvedere. Auf dem Deckblatt waren die Verse Vattels zu lesen, welche die Zerstörung des Belvederes scharf verurteilten. Sicherlich meinte er Friedrich, als er von einem Menschenfeind schrieb, der unter anderem Kunstmonumente vernichten lasse. Mit dem Stichwerk richtete sich Brühl vor allem an die höfische Gesellschaft und eine gebildete Oberschicht. Die Widmung führte dabei diesem Publikum in besonderer Weise die andere Seite des preußischen Königs vor, welcher zur gleichen Zeit ja auch als »Menschen-Freund« bezeichnet wurde.[8] Mit dem Stichwerk war also ein adäquates Mittel gefunden worden, um

Christian Ambrosius Encke und Michael Keyl:
Facade du côté de L'Elbe et des Vignes, Dresden 1761, Dresden, SLUB

auf die Verheerung durch Friedrich II. hinzuweisen. Brühl hatte nach der Zerstörung des Belvederes stets auf einen Wiederaufbau gedrungen, entschied sich jedoch aus Kostengründen gegen das Bauvorhaben.

Das Interesse Friedrichs II. an dem Grafen ging noch über dessen Tod hinaus. Brühl überlebte König August III. nur um wenige Wochen. Unmittelbar nach seinem Ableben erfolgte in der Nacht vom 28. auf den 29. Oktober 1763 die Versiegelung sämtlicher gräflicher Güter in Kursachsen. Eine am 8. Februar 1764 eingerichtete Kommission hatte zu untersuchen, ob die desolate Situation Sachsens der persönlichen Bereicherung Brühls geschuldet war. 1768 wurde überraschend die Anklage zugunsten eines Vergleichs fallengelassen, der die Brühl'schen Erben über 600 000 Taler kostete. Zur Zahlung der Schulden wurde der Verkauf aller Sammlungen, Preziosen sowie des gesamten Dresdner Besitzes in die Wege geleitet. Friedrich war vermutlich sowohl durch seine Diplomaten als auch durch seinen Galerieinspektor Matthias Oesterreich, welcher enge Beziehungen nach Dresden pflegte, sehr gut über diese Geschehnisse und somit auch über den Verkauf unterrichtet. Offenbar war er unter anderem an einem Erwerb der Skulpturensammlung interessiert, die gegen entsprechende Bezahlung »ohne weitere Umstände von Sr. K. M. von Preußen verlangt wird«.[9] In dieser Sammlung befanden sich herausragende Stücke, wie zum Beispiel wertvolle Vasen aus Porphyr. Der sächsische Administrator Prinz Xaver überlegte ebenfalls, sie für die kurfürstlichen Sammlungen anzukaufen. Sie sollte die Schäden ersetzen, die durch die preußischen Truppen entstanden waren, unter anderen an den im Großen Garten aufgestellten Skulpturen. Somit war die Vorstellung, diese Werke nach Preußen ziehen zu lassen, besonders demütigend. Der Hinweis auf den preußischen König war sicherlich nicht ausschlaggebend, aber doch ankaufsfördernd, und so ist die Brühl'sche Skulpturensammlung noch heute in Dresden. Einen weiteren Hinweis auf entsprechende Ankaufsaktivitäten seitens Friedrichs II. gibt Heinrich Ludwig Manger, der in seiner Baugeschichte von Potsdam berichtet, dass Spiegel vom König erworben worden seien, mit denen er das Neue Palais in Potsdam ausstatten ließ.

Die möglichen Ursachen der Zerstörungswut und des Hasses des preußischen Königs auf den Grafen Brühl sind höchst vielfältig. Abgesehen von der politischen Gegnerschaft zwischen Preußen und Sachsen ist zu bedenken, dass Heinrich von Brühl ein typischer Vertreter der höfischen Kultur war. In den erwähnten Beschreibungen werden immer wieder sein angenehmes Äußeres, seine zuvorkommenden Manieren oder seine gefällige, oberflächliche Bildung erwähnt. Er ließ umfangreiche repräsentative Sammlungen anlegen, die zum Teil sogar in aufwendigen Publikationen verbreitet wurden, wie den Katalogen seiner Bibliothek oder auch seiner Gemäldesammlung. Mit der öffentlichen Zurschaustellung dieser Sammlungen, mit seinen kostbar ausgestatteten Palästen, mit aufwendigen Festen, die in den Zeitungen seiner Zeit Erwähnung fanden, entsprach er dem höfischen Ideal auf vollkommene Weise. Brühl war noch ganz Vertreter des Alten Europas, des Glanzes vergangener Zeiten, wie beispielsweise am Hofe von Versailles. Friedrich hingegen gerierte sich in seinen Briefen und Schriften als aufgeklärter *roi philosophe*, welcher mit Dichtern und Philosophen in ganz Europa auf vertrautem Fuße stand. Somit musste das glänzende Treiben in Dresden, also die berühmten Kunstsammlungen und Festivitäten, seinen Unmut erregen bzw. konnte Friedrich sich mit seinem Spott als das Gegenstück in Szene setzen.

Immer wurden auch ganz persönliche Gründe für den Hass des preußischen Königs auf Heinrich Graf von Brühl vermutet, so die Ablehnung Brühls, in preußische Dienste zu treten. Wahrscheinlicher mag jedoch eine Annahme sein, die kürzlich geäußert wurde: Brühl könnte während des Zeithainer Lagers einen frühen Fluchtversuch Friedrichs, damals noch Kurprinz, dessen Vater, König Friedrich Wilhelm I., verraten haben. Die Aufnahme in den preußischen Orden des Schwarzen Adlers wäre dann als eine Belohnung für diesen Dienst zu verstehen, und auch die persönliche Note der Anfeindungen und Zerstörungen Friedrichs würden plausibler erscheinen. Allerdings darf nicht vergessen werden, dass beide sehr gegensätzliche politische Ziele verfolgten sowie jeweils einem völlig andersgearteten höfischen Gefüge entstammten. Dies ließe sich auch mit den Schlagworten »Höfling« gegen »Philosoph« oder »Alt« gegen »Neu« zusammenfassen.

Ungedruckte Quellen Sächsisches Hauptstaatsarchiv Dresden(Sächs. HStA Dresden), 11126 Kunstakademie Dresden

Gedruckte Quellen und Literatur Brühls Leben, 1763 · Friedrich II. 1752 · Friedrich II. 1913 · Friedrich der Große und Graf Brühl, 2012 · Justi 1760 · Lettre d'un voiageur à Milord H., 1758 · Luh 2013 · Schreiben eines Reisenden, 1758

Anmerkungen **1** Friedrich II. 1752, Bd. 1, S. 48. Die Übersetzung lautet: »Unglücklicher Sklave deines hohen Schicksals, unumschränkter Beherrscher eines zu bequemen Königs, der du mit Arbeiten überhäuft bist, von denen die Sorge dich drückt; Brühl, verlass die überflüssigen Beschwerlichkeiten der Größe«. **2** Justi 1760, S. 2. **3** Ebd., S. 46. **4** Ebd. **5** Ebd., S. 85. **6** Schreiben eines Reisenden, 1758, Bl. A4r. **7** Ebd., Bl. B r–v. **8** Justi 1760, S. 2. **9** Sächs. HStA Dresden, 11126 Kunstakademie Dresden, Nr. 005, o. Bl.: Bericht des Heinrich von Hagedorn am 25. Mai 1768 an Franz Xaver

Deckelvase, vor 1726, ägyptischer Porphyr, Skulpturensammlung, SKD

»DIE VERGOLDETEN BLACKERS VON BLEY« SIND »RUINIERET UND ABGERISSEN«[1]

Verwüstungen bei Kriegshandlungen waren immer beklagenswert. Im Siebenjährigen Krieg zählten dazu sogar Schlösser: einige wenige in der Nähe Berlins, sehr viele in Sachsen. Diese ließ König Friedrich II. entgegen allen Konventionen der Zeit nicht nur ausrauben, er selbst befahl deren Demolierung – Aktionen, die eines Fürsten, der sich als Philosoph, Kunstfreund und -kenner inszenierte, vollkommen unwürdig, jedoch charakteristisch für die preußischen Kriegshandlungen in Sachsen waren.[2] In seinen Schriften stellte er dieses unstandesgemäße Verhalten als Racheakte aufgrund von Taten der alliierten Truppen dar. Die Ironie der Geschichte wollte es, dass seine Darstellungen von der Nachwelt – eingeschlossen die sächsischen Landeshistoriker[3] – als wahr angesehen wurden, während die Realität in Vergessenheit geriet.

Die Zerstörung von Dresden, einer der prächtigsten Städte des alten Europa, von acht Schlössern und Gütern des Premierministers Heinrich Graf von Brühl und des kurfürstlich-königlichen Schlosses Hubertusburg waren von der Rachsucht Friedrichs mit dem Ziel der völligen Demütigung Brühls und Sachsens geprägt. Billigend in Kauf nahm er dabei, dass einzigartige Kunstwerke aller Art der Nachwelt verloren gingen. Letzteres betraf beide Seiten. Auch bei der 1760 erfolgten Besetzung Berlins und der Verwüstung der Schlösser Friedrichsfelde, Schönhausen und Charlottenburg durch die Alliierten waren die Schäden immens. Mit der ihm genau bekannten Legende, dass sich unter den Plünderern auch sächsische Dragoner aus dem Regiment Brühl befunden haben sollen, begründete Friedrich die systematische Ausraubung von Schloss Hubertusburg 1761.[4]

Die Zerstörungen im Schloss Charlottenburg vom 9. Oktober 1760 sind exakt dokumentiert.[5] Über 60 Räume, die Orangerie und der Küchengarten mit Ananaszucht waren betroffen. Ein Zeitgenosse formulierte das folgendermaßen: »Ihre Wut, Raubbegierde und Muthwillen haben sie bloß in den Zimmern geäußert, davon der Fußboden von den zerschlagenen Spiegeln, Tremaux [sic!], Cronleuchtern, Porcellanen, zerschlagenen Tischen, Stühlen, Federn aus den zerrissenen Betten und Madratzen, zerfetzten Portraits und dergl. noch bedeckt liegt.«[6]

Beute waren Objekte mit hohem Materialwert wie alle kostbaren Textilien, Gemälde, Möbel, Porzellane, Kron- und Wandleuchter und silberne Türgriffe. Schwer zu transportierende Statusobjekte wurden beschädigt oder zerstört, dazu zählten fast alle wertvollen Spiegel, alle Kronleuchter, sehr viele antike Skulpturen, viele Porzellane, Möbel, Wandleuchter sowie einige Gemälde. Darunter befanden sich aus der Roten Damastkammer[7]

Blaker (Wandleuchter) mit zwei Kerzentüllen, Berlin 1709 (Entwerfer und Werkstatt unbekannt), Blei, vergoldet, gefertigt für Berlin, Schloss Charlottenburg, Rote Damastkammer (R. 100), SPSG

22 vergoldete Blaker (Wandleuchter) aus fast reinem Blei,[8] einem sehr schweren, aber sich leicht verformenden Material. Sie waren wohl 1709 aus Anlass des Dreikönigstreffens noch in großer Eile für den Raum gefertigt worden, in dem August II. Quartier bezog. Ihre Wandschilder zeigen das Wappen des Königspaares Friedrich I. und Sophie Charlotte mit preußischem Adler und hannoverschem Pferd. Zwei Wilde Männer, die die Königskrone halten, bilden den Rahmen. Alle diese Leuchter wurden zerschlagen. 17 Stück »reparirete« 1762 der Bildhauer Gottlieb Heymüller, fünf Stück fertigte er neu an – wieder aus Blei.[9] Die Materialeigenschaften ließen die Wunden von 1760 jedoch bald wieder aufbrechen. Die Kosten für die Reparaturen im Schloss betrugen über 220 000 Taler. Den größten Anteil daran hatten die Textilien. Zeitgenossen betonten schon 1760, dass eine Wiederanschaffung »die Spiegelfabrique und Seidenhändler, Maler und Bildhauer, künftig bereichern werde«.[10]

Die Charlottenburger Zerstörungen können im Vergleich zu den in Sachsen der Vergeltung Friedrichs II. anheim gefallenen Schlössern als geringfügig angesehen werden. In Hubertusburg ließ Friedrich das Inventar schätzen, um es zum Rückkauf anzubieten. Diese Schätzpreise übersteigen bei Weitem die Wiederbeschaffungspreise. Beim teuersten Einzelstück, einem Kronleuchter aus französischem Porzellan, übertraf der Schätzwert von 25 000 Talern den durchschnittlichen Preis für Kronleuchter um das Sechsfache.[11]

Noch sind viele Fragen offen: Hat Friedrich II. tatsächlich kein Kunstwerk als Trophäe beansprucht? Was hat es mit den 480 Spiegelscheiben auf sich, die er für das Neue Palais »aus den ausgeleerten Gütern des Grafen von Brühl«, die auf seinen Befehl zerstört wurden, »zum Schein auf Spekulation von Jemandem« [12] hatte »kaufen« lassen? Was ist Wahrheit und wo beginnen die Legenden des Preußenkönigs? Trotz aller Beschönigungen Friedrichs blieben in der sächsischen Bevölkerung seine maßlosen Zerstörungen bis in die jüngste Zeit im Gedächtnis.

Käthe Klappenbach

Ungedruckte Quellen Rechnungen und Belege für Bauten und Reparaturen am Schloss Charlottenburg. Abrechnungen Bürings, Bd. 1

Gedruckte Quellen und Literatur Fischbacher 2011 · Freitag 1993 · Knobelsdorf 2012 · Liebsch 2007 · Luh 2012 · Manger 1789 · Granier 1898

Anmerkungen **1** SPSG, Hist. Akten, Ak 129: Acta das Schloss Charlottenburg im allgemeinen, enthält u. a. Bericht des Kastellans Daun über die Schäden durch die Österreichischen Truppen. Königl. Hof-Marschall-Amt Berlin, Nr. 10 Schloss Charlottenburg vol. 1, S. 9. **2** Vgl. dazu ausführlich Fischbacher 2011 **3** Luh 2012, S. 13 **4** Granier 1898, S. 129 **5** SPSG, Hist. Akten, Ak 129, vol. 1, S. 1–17. **6** Granier 1898, S. 135. **7** Zur Bedeutung der Roten Damastkammer vgl. **S. 114 ff.** **8** Freitag 1993, S. 18–21 und Anlage I, S. 1–3. **9** Geheimes Staatsarchiv PK, I. HA GR, Rep. 36 Hof- und Güterverwaltung Nr. 2954 / 3, Fol. 212. **10** Granier 1898, S. 135. **11** Zit. aus Liebsch 2007, S. 49. **12** Manger 1789, Bd. 2, S. 330

Francesco Algarotti. Ein venezianischer Kunstagent zwischen Preußen und Sachsen

KRISTIN BAHRE

Der Name Francesco Algarotti (1712–1764) ist heute weitestgehend in Vergessenheit geraten. Im 18. Jahrhundert jedoch war der Venezianer als philosophischer Hofmann in ganz Europa berühmt. Er verkehrte mit den gekrönten Häuptern und den großen Gelehrten seiner Zeit. Er war ein langjähriger Freund Friedrichs des Großen. Ihm diente er als Berater in künstlerischen Belangen und erwarb Kunstwerke für die Sammlungen des preußischen Königs. Auch im Auftrag Augusts III. war Algarotti in Kunstdingen unterwegs. Zahlreiche italienische Gemälde gelangten durch seine Vermittlertätigkeit in den Bestand der Dresdner Galerie. Im Spannungsfeld allerdings der politisch wie kulturell wetteifernden Höfe Sachsens und Preußens sollte es dem karrierebewussten Venezianer kaum gelingen, auf Dauer eine zufriedenstellende Position einzunehmen.

Francesco Algarotti kam als Spross einer vermögenden venezianischen Kaufmanns- und Bankiersfamilie schon in jungen Jahren in den Genuss einer hervorragenden humanistischen Bildung. Zunächst erlernte er bei dem seinerzeit berühmten Architekturtheoretiker Carlo Lodoli die griechische Sprache und bekam umfangreiches Wissen über bildende Kunst, Architektur und das klassische Altertum vermittelt. Anschließend absolvierte er in Bologna ein Studium der Naturwissenschaften und der Mathematik. Doch der sichtlich über alle Maßen begabte junge Mann wandte sich gleichzeitig mit ebenso großer Wissbegierde auch allen geisteswissenschaftlich orientierten Disziplinen zu. Am Ende seines Lebens sollte er unzählige Schriften zu einem ungemein breiten Themenspektrum verfasst haben – über Kunst und Architektur, Theater und Musik, Sprache und Literatur, Astronomie, Physik, Mathematik, Philosophie, Geschichte und Altertumskunde wie über Fragen der Landeskunde, der Ökonomie, des Staatswesens und des Militärs.

Nach Abschluss der akademischen Ausbildung unternahm Algarotti ausgedehnte Reisen durch ganz Europa: Von Padua, Florenz und Rom ging es über Paris nach London und St. Petersburg. Aufgrund seines wachen Geistes, der sich mit einer eleganten Art der Konversation verband, war er in Salons, wissenschaftlichen Zirkeln und höfischen Kreisen ein gern gesehener Gast. Wo immer er sich aufhielt, machte er die Bekanntschaft der bedeutendsten Gelehrten und stand fortan mit ihnen in reger Korrespondenz. Der Weltweise Voltaire, auf den er in Frankreich traf, zeigte sich von dem jungen Venezianer nachhaltig beeindruckt.

Mit seiner Schrift *Il Newtonianismo per le Dame* erlangte Algarotti 1737 schließlich europaweiten Ruhm. Darin vermittelt er auf anschauliche Weise die anspruchsvollen Lehren Newtons einem breiten Laienpublikum. Das Buch erschien in mehreren italienischen Ausgaben und wurde in viele Sprachen, sogar ins Russische, übersetzt.

Sachsens Glanz und Preußens Gloria

1739 kam Algarotti das erste Mal nach Deutschland. Der Rückweg einer Russlandreise führte ihn durch Sachsen und Preußen. Dresden, Potsdam und Rheinsberg zählten zu seinen Stationen. Während der Reise hielt Algarotti seine Eindrücke in einem Tagebuch fest, das noch heute in der British Library aufbewahrt wird. Viele Jahre später – 1759/60 – überarbeitete er seine Aufzeichnungen und wandelte sie in eine Folge fiktiver Briefe um. 1764 – in seinem Todesjahr – wurde diese Version unter dem Titel *Viaggi di Russia* als fünfter Band seines Gesamtwerkes veröffentlicht. In seinen Reiseaufzeichnungen zeigt sich Algarotti beeindruckt vom Wohlstand Sachsens: »Von Dresden begaben wir uns nach Leipzig und durchquerten dabei das schönste

Jean-Étienne Liotard: Francesco Algarotti, 1745, Pastell auf Pergament, Rijksmuseum Amsterdam

Land der Welt. Sachsen ist, so kann man sagen, nur eine Handvoll Erde, aber das bestkultivierte, das man sehen kann, voll von Menschen und Industrie. Bei jeder deutschen Viertelmeile [...] erhebt sich an der Straße eine Meilensäule. Mir schien es, als reiste ich in einer Miniatur des römischen Reiches.«[1] Er schwärmt vom Glanz des Dresdner Hofes, während er Potsdam als ein *chiostro militare* (»militärische[s] Kloster«[2]) bezeichnet. Der Gegensatz hätte in der Wahrnehmung des Italieners größer nicht sein können. Zwar lobt er in seinen Aufzeichnungen das Wirken des Soldatenkönigs für sein Land, doch gilt seine eigentliche Bewunderung bereits dem gleichaltrigen preußischen Kronprinzen Friedrich, den er – mit einem Empfehlungsschreiben Voltaires ausgestattet – in Rheinsberg besuchen sollte.

Rheinsberg und Berlin

Im September 1739 traf er dort ein, um acht Tage im Kreis der heiteren Gesellschaft des Musenhofes zu verbringen. Die Begegnung mit Friedrich war grundlegend für den weiteren Lebensweg Algarottis und Grundstein einer über 25 Jahre währenden engen Verbindung. Aus zahlreichen erhaltenen Briefen beider wissen wir von der grenzenlosen Begeisterung, mit der sich der kunstliebende Kronprinz und der erfahrene Weltmann begegneten. Sie fanden ausgiebig Zeit, sich geistreichen Konversationen über Philosophie, Wissenschaft und Kunst hinzugeben. Friedrich schätzte dabei die Gesellschaft des mit guten Umgangsformen glänzenden, weltgewandten, allseits gebildeten und vielgereisten Venezianers. Nach dessen Aufenthalt in Rheinsberg schrieb er ihm nach London: »Ich werde nie die acht Tage vergessen, die Sie bei mir verbracht haben. Viele Fremde sind Ihnen gefolgt, aber niemand kam Ihnen gleich, und niemand wird Ihnen jemals gleichkommen.«[3] Algarotti erwiderte die Begeisterung. Der nach Amt und Würden Strebende hegte die Erwartung, der künftige König Preußens würde nach seiner Thronbesteigung bedeutende Männer von Geist um sich versammeln, und verband damit große Hoffnungen für seine eigene Person. Und tatsächlich blieb der Kontakt auch nach Algarottis Abreise nach London bestehen: Die ausführliche Korrespondenz mit dem durch ganz Europa gefahrenen Venezianer war für den preußischen Thronfolger, der nicht in ähnlicher Weise reisen konnte, ein unerlässlicher Informationsquell. Nachdem er einige Monate später den Thron bestiegen hatte, vergingen keine vier Tage, und er bat seinen »lieben Schwan von Padua«[4], wie er Algarotti zukünftig nannte, er möge von den Ufern der Themse aufbrechen und zu ihm an den Hof kommen.

Algarotti folgte dem Ruf und traf schon Ende Juni 1740 in Berlin ein. Er wurde zum engen Vertrauten Friedrichs. Seinen großen Einfluss auf den jungen König beobachtete man nicht nur in Berlin aufmerksam, die Kunde vom »berühmten Algarotti« trug sich auch bis an den Dresdner Hof. So berichtete im September 1740 der frühere sächsische Kabinettsminister Graf Manteuffel aus Berlin an Brühl: »Ich habe schon öfter den berühmten Algarotti erwähnt. Ich muß heute hervorheben, wie er täglich mehr und mehr an Credit und Ansehen bei S. Majestät gewinnt, welche ihn kaum einen Schritt von sich läßt. Ich hatte noch nicht Gelegenheit, ihn kennen zu lernen, doch wird er von Allen, die ihn kennen, als ein gefährlicher Mensch geschildert, der sehr viel weiß und vorzüglich spricht, aber frei ist in seinen Anschauungen auch in Bezug auf Religion und Moral.«[5] Einige Wochen später berichtete Manteuffel, er habe nunmehr die Bekanntschaft Algarottis gemacht. Dieser sei tatsächlich ein sehr liebenswürdiger Mensch von durchdringendstem Verstand, allerdings äußerst unzufrieden, weil sich seine Hoffnungen auf eine feste Anstellung oder die Gewährung einer Pension gegenwärtig nicht zu erfüllen schienen.

Betender Knabe, um 300 v. Chr., Bronze, SMB, Antikensammlung

Immerhin aber wurde Algarotti vom preußischen König noch im selben Jahr in den erblichen Grafenstand erhoben und gleichzeitig mit einem politischen Auftrag betraut – der erste und letzte dieser Art. Vor dem Hintergrund des Ersten Schlesischen Krieges suchte Friedrich nach Verbündeten gegen Österreich. Er schickte Algarotti nach Turin, um am Hof König Karl Emanuels III. inoffiziell zu sondieren, wie es um die Möglichkeit eines Bündnisses mit dem Königreich Sardinien stünde. Er versah seinen Agenten mit genauen Instruktionen, die die Verpflichtung zur absoluten Geheimhaltung beinhalteten. Ohne direkte diplomatische Beziehungen und ohne offiziellen Charakter seines Besuches aber schaffte es Algarotti nicht, an entsprechende Informationen zu gelangen. Friedrich rief ihn im März 1741 zurück.

Von nun an wurde Algarotti nur noch seinen wahren Interessen entsprechend mit künstlerischen, literarischen und musikalischen Aufgaben betraut. Mithilfe eines weit verzweigten Netzwerkes trat er in der Folge als Vermittler italienischer Kultur und als Kunstagent in Erscheinung. Besonders wichtig waren dabei immer wieder die Kontakte zu seinem in Venedig lebenden Bruder Bonomo und dem venezianischen Kunsthändler Antonio Maria Zanetti. Mit deren Unterstützung vermittelte er bereits während dieser ersten Phase seines Aufenthalts am preußischen Hof italienische Gemälde und Literatur. Doch schien er noch immer unzufrieden mit seiner Situation.

In sächsischen Diensten

Zu Beginn des Jahres 1742 verließ Algarotti Preußen, um in Dresden am kursächsischen Hof unterzukommen. Die Beweggründe und der Hergang dieses Wechsels lassen sich nicht mehr im Detail nachvollziehen. Möglicherweise begleitete Algarotti den preußischen König bei dessen Besuch am sächsischen Hof im Januar 1742. Dresden als glanzvolle Residenz und als ein Zentrum des kulturellen Lebens in Deutschland mit seinen berühmten Kunstschätzen übte sicher eine große Anziehung auf den Kunstkenner Algarotti aus. Wahrscheinlich erhoffte er sich hier bessere Aufstiegschancen als in Preußen. In Dresden versammelten sich zahlreiche bedeutende italienische Intellektuelle – Bildhauer, Architekten, Dichter, Musiker – und verdankten der prächtigen Hofhaltung Augusts III. eine ansehnliche Stellung. Schnell gelang es Algarotti, in der italienischen Gemeinde Fuß zu fassen. Auch an der Tafel des Kurprinzen Friedrich Christian war er Gast und pflegte vertrauten Umgang mit exzellenten Gästen des Hofes. Begeistert schrieb er Anfang März seinem Bruder Bonomo, Dresden sei das »Paris Deutschlands«.[6]

Derweil war Friedrich über den Fortgang seines »leichtfertigen Schwans«[7] verstimmt und versuchte, ihn mit dem Angebot einer »guten Pension und viel Freiheit«[8] zur Rückkehr zu bewegen. Als dieser dankbar ablehnte, brach der Kontakt vorerst ab.

Als einen seiner ersten Aufträge in Dresden richtete der musikbegeisterte Algarotti die Aufführung einer Metastasio-Oper für August III. aus. Sein bedeutendstes Projekt aber bahnte sich an, als er dem sächsischen Kurfürsten und König von Polen am 28. Oktober 1742 auf Schloss Hubertusburg eine Denkschrift über die Neuordnung und Erweiterung der königlichen Kunstsammlungen überreichte. Darin entwickelte er ein Programm für die Errichtung eines öffentlichen Museums, wie man es sich damals aktueller und wegweisender kaum denken konnte. Mit enzyklopädischem Ansatz schlug er vor, die in der umfangreichen Sammlung dennoch vorhandenen Lücken durch gezielte Neuerwerbungen zu schließen. Im Ergebnis sollte eine vollständige Kompilation der großen Meister der Kunstgeschichte in einem eigens zu diesem Zweck errichteten Museumsbau der breiten Öffentlichkeit zugänglich gemacht werden, was von großem Nutzen für die Allgemeinheit sei und der Ausbildung des guten Geschmacks diene. Die Präsentation dieser exemplarischen Sammlung sollte nach Schulen geordnet erfolgen, damit der Verlauf der Kunstgeschichte daran ablesbar sei und der Besucher lerne, Epochen und Stile voneinander zu unterscheiden. Was für den heutigen Museumsbesucher eine Selbstverständlichkeit scheint, war für die Zeit Algarottis ein Novum. Traditionell folgte die Präsentation von Kunstwerken in fürstlichen Sammlungen anderen Gesichtspunkten: In dekorativen Arrangements wurden Schulen und Epochen gemischt, oft mehrstöckig übereinander, wandfüllend gehängt, wobei inhaltlich-programmatische Aussagen, etwa über die dynastische Herkunft oder herrschaftliche Tugenden des fürstlichen Sammlers, getroffen wurden oder das vergleichende Sehen des Betrachters und eine sich daraus zum Vergnügen ergebende geistreiche Konversation befördert werden sollten. Zugänglich waren die fürstlichen Schätze oft nur einem eingeschränkten Kreis. Die neuen von Algarotti in seiner Denkschrift vorgebrachten museologischen Ideen scheinen ihren Ursprung in der Gelehrtensammlung seines venezianischen Lehrers Lodoli zu haben, der diese schon zu Beginn des 18. Jahrhunderts nach strikt kunsthistorischen Gesichtspunkten geordnet präsentierte. Die Vorschläge Algarottis für das neue königliche Museum waren weitreichend und berührten nicht nur die Gemäldesammlung, die für ihn die Krönung darstellte, sondern auch die Sammlungen der Handzeichnungen und Kupferstiche, der Münzen und Gemmen sowie der Antiken. Für jede Abteilung schlug er außerdem die Schaffung einer Spezialbibliothek vor und vergaß überdies nicht die Einbeziehung zeitgenössischer Malerei in sein umfassendes Museumskonzept. Auch was die architektonische Gestalt des neu zu errichtenden Museumsbaus betraf, legte er seine Vorstellungen dar.

Mit seiner Denkschrift hat Algarotti sich selbst erfolgreich bei Hofe als Kunstexperte empfohlen. Schon bald darauf verhandelte er mit Premierminister Graf Brühl über einen bedeutenden königlichen Auftrag. Er sollte nach Italien reisen, um dort neue Gemälde für Dresden zu erwerben. Auf Algarottis eigenes Betreiben wurden die Konditionen genauestens festgelegt. Er erstellte eine Liste mit den Namen der infrage kommenden Künstler. Die Gemälde sollten authentisch sein und ihre Herkunft genau geprüft werden. Im Zweifelsfall wären angesehene Maler als Gutachter heranzuziehen. Für alle Erwerbungen war zuvor das Einverständnis des Königs einzuholen. Am 16. Februar 1743 erging die königliche Instruktion an Algarotti. Es wurden ihm Kreditbriefe auf italienische Bankhäuser ausgestellt und eine Summe von 1 000 Dukaten mitgegeben. Ende Februar trat er seine erste Reise nach Italien an.

Kaum einen Monat später schrieb er aus Wien nach Dresden. Bereits hier tätigte er Ankäufe und bot – von seinem Auftrag abweichend – August III. eine damals *Antinous* genannte antike Bronze an, die aus der Sammlung des verstorbenen Prinzen Eugen stammte. Der König lehnte jedoch ab. Bei dieser Bronzefigur handelte es sich um den berühmten *Betenden Knaben*, der dann 1748 durch die Vermittlung Algarottis für eine Summe von 10 000 Talern in den Besitz Friedrichs des Großen gelangte.

Auf seiner Reise hatte Algarotti mit zwei ernsten Hindernissen zu kämpfen: Zum einen machten Truppenbewegungen im Zuge des Österreichischen Erbfolgekrieges bestimmte Wege unpassierbar, zum anderen grassierte die Pest. Beinah den ganzen April hindurch musste er sich daher in einem Lazarett in Verona aufhalten. Er stand unter Quarantäne.

Endlich in seiner Heimatstadt angelangt, konnte er mit den Erwerbungen beginnen. Venedig war damals eine einzige große Kunsthandlung. Viele Familien veräußerten ihren wertvollen Kunstbesitz. Und Algarotti verfügte über Kontakte, die ihm den Zugang zu diesen Familien, zu Verkäufern, Mittelsmännern und Künstlern erleichterten. In den folgenden vier Jahren reiste er insgesamt dreimal zwischen Dresden und Venedig hin und her, um Kunstschätze im Dienst Augusts III. zu erwerben. Insgesamt kaufte er 34 Gemälde – darunter Werke von Bassano, Giovanni Bellini, Carpaccio, Palma Vecchio, Ricci, Strozzi, Tintoretto, Tizian, Veronese. Einige dieser Zuschreibungen konnten in späterer Zeit nicht aufrechterhalten werden. Algarottis Kunstkennerschaft wird dadurch allerdings in keiner Weise geschmälert. Als einen der Höhepunkte seiner Erwerbungen sah er die sogenannte *Madonna des Basler Bürgermeisters Jakob Meyer* von Hans Holbein an, wofür er die beachtliche Summe von 1 000 Zechinen aufbrachte. Dieses Gemälde galt über einhundert Jahre als eines der Hauptwerke Holbeins und war lange Zeit eines der Schmuckstücke der Dresdner Galerie. Erst im 19. Jahrhundert wurde es nach Bekanntwerden des Darmstädter Originals als eine sehr qualitätvolle Kopie des 17. Jahrhunderts erkannt. Für gerade einmal 120 Zechinen erwarb Algarotti dagegen das Pastell des *Schokoladenmädchens* von Liotard, das bis heute zu den berühmtesten Bildern Dresdens gehört.

Aus den Aufzeichnungen Algarottis über seine Erwerbungstätigkeit, seinem Ausgabenbuch und der umfangreichen Korrespondenz mit Brühl sind wir, besonders was die erste Reise betrifft, bestens über den Hergang und Umfang der Erwerbungen und den Transport der Gemälde nach Dresden unterrichtet. Die erste Lieferung traf dort im April 1744 ein und wurde ebenso wie Algarotti mit Begeisterung in Empfang genommen. Doch zu seiner Enttäuschung wurde ihm zur Belohnung lediglich der Titel eines »Geheimen Kriegsrats« verliehen. Erhofft hatte er sich den Titel eines »Oberintendanten der königlichen Sammlungen«. Noch Jahre später beklagte er sich bitter über die mangelnde Wertschätzung seiner Dienste.

Jean-Étienne Liotard:
Das Schokoladenmädchen, um 1744/45, Pastell auf Pergament,
Gemäldegalerie Alte Meister, SKD

Bartholomäus Sarburgh zugeschrieben, Kopie nach Hans Holbein d. J.:
Die Madonna des Basler Bürgermeisters Jakob Meyer zum Hasen, um 1635/1637,
Öl auf Eichenholz, Gemäldegalerie Alte Meister, SKD

Kurze Zeit darauf war Algarotti erneut in Venedig und fuhr mit seinen Erwerbungen fort. Die Verstimmung aber mit Dresden blieb bestehen und wurde durch weitere Intrigen verstärkt, denen er sich jetzt sogar in der Lagunenstadt ausgesetzt sah. Algarotti war in der Vergangenheit nicht zurückhaltend gewesen, wenn es darum ging, dem König über die Korrespondenz mit dessen Premierminister Brühl seine ambitionierten Vorstellungen im Hinblick auf eine Stellung bei Hofe mitzuteilen. Das von ihm erstrebte Amt eines »Surintendant des Bâtiments et Cabinets du Roi« und seine fordernde Art hatten ganz sicher dafür gesorgt, Brühl gegen sich einzunehmen. Der sächsische Premierminister hegte ohnehin Misstrauen gegen den Freund des preußischen Königs. Er verdächtigte ihn sogar der Spionage. Und die unentwegten Bemühungen des Venezianers, sich eine bedeutende Stellung bei Hof zu sichern, machten ihn zum direkten Konkurrenten – und zwar sowohl für Brühl als auch für dessen Sekretär Heineken. Graf Heinrich von Brühl hatte die Aufsicht über die königlichen Sammlungen inne. Da er dieser Aufgabe allerdings wegen seiner vielen anderen Ämter und Verpflichtungen in Staatsgeschäften nicht in vollem Umfang nachkommen konnte, übernahm – wenn auch inoffiziell – sein Berater und Privatsekretär Carl Heinrich von Heineken die Oberleitung der königlichen Sammlungen. Das machte den ehrgeizigen und angesehenen Algarotti zum gefährlichen Gegenspieler. Brühl und Heineken aber waren in der Position, die Geschicke von Dresden aus zu lenken. Algarotti bekam nun seinerseits in Venedig Konkurrenz. Er fühlte sich verfolgt und musste feststellen, dass mehrfach kurz vor Abschluss stehende Verhandlungen von einem Unbekannten vereitelt worden waren. Dieser Unbekannte agierte im Verborgenen, trat maskiert auf und durchkreuzte Algarottis Pläne, indem er ihn überbot. Wie Algarotti später herausfinden sollte, steckte hinter diesem Unbekannten der ebenfalls in sächsischen Diensten stehende Hofmaler und Kunstagent Ventura Rossi. Empört schrieb Algarotti daraufhin nach Dresden und bat Brühl, seinem Auftrag endlich hochoffiziellen Charakter zu verleihen und im Übrigen Rossi abzuziehen. Entgegen anders lautender Beteuerungen unternahm Brühl jedoch nichts dergleichen. Im Gegenteil: Rossi, der besonders die Gunst Heinekens zu genießen schien, wurde mit dem Ankauf der hundert besten Gemälde der damals sehr berühmten Galerie des Herzogs Francesco III. in Modena beauftragt. Dieser Ankauf en masse stellte die Erwerbungen Algarottis natürlich in den Schatten. Als er im März 1746 von der dritten und letzten Reise im Auftrag des Dresdner Hofes zurückkehrte, war er tief gekränkt. Er fühlte sich ins Abseits gespielt und seine Reputation beschädigt. Dass die glanzvollen Schätze aus Modena ohne sein Zutun, schlimmer noch, durch seinen ärgsten Feind erworben worden waren, konnte er nie verwinden. In einem ausführlichen Schreiben an Brühl unternahm er einen letzten Versuch der Ehrenrettung, legte Rechenschaft über seine Tätigkeit für August III. ab, bat um Verleihung der Kammerherrenwürde und um Gewährung einer Jahrespension. Dabei verwies er auf die großen Summen, die er der königlichen Kasse erspart habe, indem er uneigennützig gehandelt und die Gemälde weit unter ihrem eigentlichen Wert erstanden habe. Er erhielt eine abschlägige Antwort und wandte sich verbittert von Dresden ab.

Zurück in Preußen

Im März 1747 war Algarotti wieder in Berlin. Friedrich der Große empfing ihn mit offenen Armen. Diesmal bewies der preußische König seine Gunst in großzügiger Weise: Er verlieh Algarotti die lang ersehnte Kammerherrenwürde, zeichnete ihn mit dem Orden »Pour le Mérite« aus und gewährte ihm eine gut dotierte Pension, was den Venezianer in die Lage versetzte, den ungeliebten sächsischen Titel eines »Geheimen Kriegsrates« zurückzugeben – ein Triumph für Algarotti. In den folgenden sechs Jahren wurde er zu einem der wichtigsten Berater Friedrichs in künstlerischen Dingen – er schrieb Libretti für die Opern des Königs, versorgte ihn mit Stichvorlagen und neuesten Publikationen zur Architektur für dessen umfangreiche Bauvorhaben in Berlin und Potsdam, vermittelte italienische Maler und Bildhauer nach Preußen und betätigte sich als Kunstagent. 1753 musste der Lungenkranke allerdings Preußen auf Anraten der Ärzte schon wieder verlassen und zog sich in die milderen Gefilde Italiens zurück.

Sein Einfluss aber auf den Kunstgeschmack des preußischen Königs wies selbst über die Zeit seiner persönlichen Anwesenheit bei Hof hinaus. Friedrich fasste spätestens 1754 den Entschluss zum Bau einer Bildergalerie und bemühte sich in diesem Zusammenhang verstärkt um den Erwerb Alter Meister. Während er in jungen Jahren beinah ausschließlich Werke der französischen Malerei des 18. Jahrhunderts, namentlich Watteaus und seiner Schüler, sammelte, hatte sich sein Geschmack nun gewandelt. Er beauftragte ein europaweit agierendes Netzwerk aus Kunstagenten und Händlern, für seine Sammlung Gemälde von Van Dyck, Jordaens, Rubens, Tizian, Veronese, Giorgione und Correggio zusammenzutragen. Friedrich Nicolai führte den Geschmackswandel direkt auf das Vorbild Dresdens zurück. Doch sollte auch der Einfluss nicht unterschätzt werden, den der persönliche Umgang des preußischen Königs mit gelehrten Freunden und Vertrauten wie Voltaire, dem Marquis d'Argens und Algarotti hatte. Ihnen allen war die Auffassung gemein, die von Friedrich bevorzugten *Fêtes galantes* seien einer königlichen Sammlung nicht würdig. Watteau könne nichts Großes, Ernsthaftes hervorbringen, das der Bewunderung eines echten Kunstkenners wert sei. Angemessen seien allein dem klassischen Kanon entsprechende Gemälde – großformatige Historien. Während Voltaire und d'Argens das königliche Interesse vorrangig auf die französische und flämische Malerei zu lenken suchten, war es Algarotti, der besonders die italienische Malerei rühmte und damit die Ankäufe italieni-

Antonio Visentini:
Pisa. Grabmal des Francesco Algarotti im Camposanto, um 1780, Öl auf Leinwand, SPSG

scher Meister beförderte. Ihre Kunst hatte bis dahin einen nur geringen Stellenwert innerhalb der friderizianischen Sammlung eingenommen.

In seiner programmatischen Schrift *Versuch über die Malerei*, die 1756 in Venedig verlegt wurde, begründete Algarotti seine Kunstauffassung theoretisch. Sehr wahrscheinlich arbeitete er bereits während seines Aufenthalts am preußischen Hof daran und teilte seine Ansichten mit Friedrich und den anderen Konviven der Tafelrunde. Etwa zur gleichen Zeit, 1750 nämlich, verfasste auch der Marquis d'Argens sein kunsttheoretisches Traktat *Réflexions critiques sur les différentes écoles de peinture*. Sowohl d'Argens als auch Algarotti berührten in ihren kunsttheoretischen Abhandlungen jener Zeit die Frage nach dem Primat der italienischen Malerei in der Kunstgeschichte. Während d'Argens dieses bestritt und sich zum Fürsprecher der französischen Malerei machte, verteidigte Algarotti die kulturellen Errungenschaften Italiens leidenschaftlich. Es liegt also nur zu nahe, von einem lebhaften Diskurs im unmittelbaren Umfeld Friedrichs auszugehen – einem Diskurs über die Bedeutung der Malerei der Alten Meister an sich, über ihre Stellung in Relation zur Malerei der Modernen, das heißt der zeitgenössischen Künstler, und über die Bedeutung der verschiedenen Schulen innerhalb der Kunstgeschichte.

Dieser Diskurs dürfte Einfluss sowohl auf die Sammeltätigkeit Friedrichs als auch auf den spätestens seit 1754 forcierten Neubau einer Bildergalerie in Sanssouci gehabt haben. Algarotti hatte mit seinen Ideen wesentlichen Anteil daran. In seiner Denkschrift für August III. hatte er seine zukunftsweisenden Vorstellungen von einem autonomen Museum mit einer öffentlichen Sammlung entwickelt, deren nach Schulen geordnete Präsentation die Kunstgeschichte für den Besucher sichtbar machen sollte. In Dresden hatte sein visionäres Projekt keine direkte Umsetzung gefunden. Stattdessen war die königliche Sammlung im umgebauten oberen Geschoss des sogenannten Stallgebäudes in der Dresdner Innenstadt untergebracht worden. In Potsdam hingegen ließ Friedrich mit der Bildergalerie tatsächlich eines der frühesten eigenständigen Museumsgebäude errichten, das einer im Sinne des 18. Jahrhunderts öffentlichen Nutzung zugänglich gemacht werden sollte und dessen Bestand an Gemälden nach Schulen getrennt präsentiert wurde.

Als der preußische König an Algarotti nach Abschluss der durch den Siebenjährigen Krieg hinausgezögerten Bautätigkeiten und der Einrichtung der Bildergalerie endlich stolz schrieb, dass er ihm – wenn er nur nach Preußen zurückkäme – nun eine Gemäldesammlung mit Werken seiner italienischen Landsleute präsentieren könne, erreichte der Brief den Freund nicht mehr. Algarotti war kurz zuvor, am 3. Mai 1764, in Pisa verstorben.

Gedruckte Quellen und Literatur Algarotti 1769 · Algarotti 1792 · Algarotti 1991 · Algarotti 2000 · Algarotti 2011 · Cellauro 2012 · Heyn 1913 · Posse 1931 · Roettgen 1996 Schumacher / Wehinger 2009 · Unfer Lukoschik 2008 · Unfer Lukoschik 2009 · Bildergalerie Friedrichs des Großen, Kat. 2013 · Friedrichs des Zweiten Briefwechsel, 1837 Œuvres de Frédéric le Grand, 1846 – 1856

Anmerkungen **1** Algarotti 2011, S. 74. **2** Ebd., S. 76. **3** Œuvres de Frédéric le Grand, 1846 – 1856, Bd. 18, S. 5; v. d. Verfasserin ins Deutsche übertragen. **4** Ebd., bspw. S. 17, 28, 31, 42. **5** Zit. nach Heyn 1913, S. 278. **6** Brief Algarottis an seinen Bruder Bonomo, Dresden, 5. März 1742, Biblioteca Comunale Treviso, MS 1265 A; zit. nach Unfer Lukoschik 2009, S. 27. **7** Œuvres de Frédéric le Grand, 1846 – 1856, Bd. 18, S. 34. **8** Ebd., S. 61

Die Hofoper Friedrichs II. von Preußen und der Dualismus im Reich

CHRISTOPH HENZEL

»Nichts gibt einer Regierung mehr Glanz als die Künste, die unter ihrem Schutz florieren.«[1] Diese These im 1740 publizierten *Anti-Machiavel* flankierte nach der Regierungsübernahme Friedrichs II. die kulturpolitische Wende in Preußen, welche auf der Förderung der Wissenschaften und der schönen Künste beruhte. Gleichzeitig definierte sich der König damit in Abgrenzung vom Vater als Musenfürst – ein Image, das zum festen Bestandteil der Friedrich-Rezeption wurde. Obwohl weder Musik noch Schauspiel in dem betreffenden Text eigens erwähnt werden, war die Große Oper das für die gewünschte Außenwirkung am besten geeignete Medium. Sie war die einzige repräsentative musikalische Gattung, die international ausgerichtet war. Sie wurde an allen großen und auch einigen kleinen Höfen Europas gepflegt. Abgesehen von Paris, wo die von Jean-Baptiste Lully und Philippe Quinault geschaffene *Tragédie en musique* heimisch war, bestimmte europaweit das italienische *Dramma per musica* das Bild.

Traditionell war die Oper in die *Repraesentatio maiestatis*, die Selbstdarstellung der Herrscher, im Rahmen eines regional übergreifenden kulturellen Wettstreits eingebunden. Ablesbar war dies an der Exklusivität der Aufführungen, am Prunk der Ausstattungen, an den spektakulären Bühneneffekten, an den kostspieligen Kastraten, Primadonnen, Tänzerinnen und Tänzern. Freilich vollzog sich dabei ein Wandel: Analogien bei den Rollen und Handlungen zur Person des Herrschers oder zur Dynastie spielten 1740 kaum noch eine Rolle. Dasselbe gilt für Adressierungen in anlassgebundenen Prologen und *Licenze*. Nur zu drei sehr bedeutenden dynastischen bzw. politischen Anlässen griff man auf diese veraltete Form der Festgestaltung zurück. Unter Friedrich II. geschah dies in den Jahren 1742, 1744 und 1776. Obwohl der zeremonielle Charakter der Opernaufführungen bestehen blieb, rückte das ästhetische Erlebnis in den Vordergrund. Seine Qualität war an die Teilhabe am »guten« Geschmack, dem Ausweis von Bildung und Kultur, gebunden. Definiert war dieser auf der Ebene der Musik durch den melodiebetonten, auf Verlangsamung des harmonischen Rhythmus und kleingliedriger Formung beruhenden Stil, der als natürliche Ausdrucksform angesehen wurde und ab etwa 1730 das kontrapunktische Komponieren ablöste. Auch in Bezug auf die Dramaturgie der Opern waren die Ideale der Naturnähe, Wahrscheinlichkeit und Vernünftigkeit bestimmend. Dass Friedrich II. auf dieser Grundlage der preußischen Hofoper ein eigenständiges Profil geben würde, war in Anbetracht der Konkurrenz der Höfe und des sich 1740 schlagartig artikulierenden politischen Selbstbewusstseins Preußens zu erwarten. Im Zusammenhang damit steht allerdings auch ein neues Verständnis vom gesellschaftlichen Ort der Oper: die Hofoper wurde zur Staatsoper.

Da Berlin kein Opernhaus hatte, bot sich dem neuen Herrscher 1740 die Chance, etwas Eigenständiges jenseits der Konventionen zu entwickeln. Er nutzte sie, indem er den Neubau einerseits als Kunsttempel und andererseits als freistehenden Teil eines monumentalen öffentlichen Residenzplatzes, des sogenannten Forum Fridericianum, konzipierte. Damit war die traditionelle Anbindung des Opernhauses an die Schlossanlage, das heißt an den höfischen Lebensraum, gelöst. Allerdings diente das Berliner Stadtschloss dem König ohnehin nur für wenige Wochen im Jahr als Residenz, vor allem zum Karneval, der Hauptspielzeit der Hofoper. Die Oper wurde jedenfalls in einen öffentlichen Raum gestellt. Dass Einheimische und Fremde freien Eintritt bei allen Aufführungen und Bällen hatten, entsprach völlig diesem Konzept. Und doch war das 1744 fertiggestellte Gebäude Unter den Linden das Opernhaus des Königs. Der Stifter wurde in der Widmungsinschrift namentlich genannt: »Fridericus Rex Apollini et Musis«. Seinen Eintritt (bzw. den seiner Mutter) markierte ein Tusch der Militärmusik, woran sich unmittelbar die Opernouvertüre anschloss. Indem Friedrich II. seinen Platz zusammen mit den Prinzen und weiteren Offizieren im Parkett einnahm, wertete er das Militär demonstrativ zur Stütze des Staates auf. Der weibliche Teil der Dynastie wohnte den Aufführungen dagegen in der Mittelloge im Ersten Rang bei, die sich kaum von den übrigen Logen unterschied.

Georg Wenzeslaus von Knobelsdorff: Fassade des Berliner Opernhauses, 1742, Feder in Braun, grau laviert, SPSG

Gegenüber herkömmlichen Hoftheatern bedeutete dies eine Zurücksetzung der Dynastie. Dass der König direkt hinter dem dirigierenden Kapellmeister saß, wurde als Ausdruck der überwachenden Rolle des königlichen Patrons interpretiert. So schrieb der Engländer Charles Burney nach seinem Besuch Berlins und Potsdams 1771: »Der König steht fast beständig hinter dem Kapellmeister, welcher die Partitur vor sich hat; er sieht fleißig hinein und ist wirklich ein ebenso guter Generaldirektor hier als Generalissimus im Felde.«[2]

Die Berliner Hofoper schloss sich zunächst dem herrschenden Geschmack in der italienischen Operndramatik an: Anfangs dominierten Dramen des kaiserlichen Hofpoeten Pietro Metastasio im Spielplan *(La Clemenza di Tito, Artaserse, Catone in Utica, Alessandro e Poro, Adriano in Siria, Demofoonte)*; auch zwei Libretti seines Vorgängers Apostolo Zeno fanden Verwendung *(Lucio Papirio, Caio Fabricio)*. Ab 1747 bestimmten jedoch Adaptionen französischer Opernlibretti von Joseph-François Duché de Vancy *(Le feste galanti)*, Antoine Houdar de La Motte *(L'Europa galante)*, Philippe Quinault (Fetonte, Armida) und Michel du Boullay *(L'Orfeo)* sowie Bearbeitungen französischer Tragödien von Jean Racine *(Ifigenia in Aulide, Il Mithridate, Britannico, Il fratelli nemici)* und Pierre Corneille *(Silla)*, später auch von Voltaire *(Semiramide, Merope)* das Bild. Damit einher ging aber nur ausnahmsweise die Übernahme von Merkmalen der großen französischen Oper, die der König nicht mochte. Bezeichnend ist, dass kaum einmal das Ballett wie in Frankreich üblich in die Handlung integriert wurde. Es trat wie bisher fast ausschließlich in den Zwischenakten und nach dem Schluss der Oper auf.

[1743]

5

Einrichtung,
Wie es auf allergnädigst Königlichem Befehl
bey denen vorstehenden
OPERN und REDOUTen
soll gehalten werden.

I.

Die Opera fängt sich um 5. Uhr an, der Eingang ist beym grossen Portal.

II. Das Parterre ist vor Officiers und die zum Militair gehören, bestimmet.

III. Der Erste Rang der Logen gleich dem Parterre ist vor dem Bürgerlichen Stande.
Der Zweite vor die Dames und Cavalliers, so am Hoffe erscheinen.
Der Dritte für die Ministers, übrige Dames und Cavalliers, auch Geheimbde Krieges- Hoff- und andere Räthe, und derselben Famillen.
Der Vierdte für Bediente vom Hofe und übrigen Collegiis, eingeräumet.

IV. Niemanden wird verstattet Bediente, ausser Pagen, mit sich in die Logen zu nehmen.

V. Wer sich unterstehet über den Unterscheid der Logen zu steigen, hat sich eines übelen Tractaments von der Wache zu versehen.

VI. Ein jeder wird angemahnet sich auf dem Corridor hinter denen Logen stille zu halten: Wer aber so gar mit Unfug an denen Thüren der Logen pochet und dahin einzudringen meinet, hat zu gewärtigen, daß er von der Wache zum Opern-Hause heraus geführet werden wird.

VII. Kein Bedienter muß sich mit den Fackeln dem Opern-Hause gar zu sehr nähern, noch seine Fackeln daran abklopffen: Am allerwenigsten sich dann auch bey nachdrücklich harter Straffe Niemand unterstehen, die im Opern-Hause angestochene Lichter zu beschädigen oder gar wegzunehmen.

VIII. Zum Ein- und Ausgange der Opern werden die 7. Pforten des Hauses eröffnet: Und zwar, zu der hintersten Thüre hinter dem Theatro gehen die Acteurs und Arbeiters heraus.
Vor denen übrigen 6. Pforten halten die Kutschen in Reyhen, welche nicht ehender vorfahren bis sie von ihren Herrschafften geruffen werden: Diese aber bestellen ihre Equipages vor derselben Thüre zu welcher sie heraus gehen wollen.

IX. Ein jeder wird recommendirt sich währenden Opern stille zu halten.

X. Aufm Theatro muß niemand als die Acteurs und Arbeiter kommen.

XI. Bey denen Redouten, welche um 6 Uhr angehen ist der Eingang beym grossen Portal.
Zu Beobachtung dieser Puncte seynd Wachten und Patroullen bestellet, welche auf alles sehr genau attendiren werden, wannenhero ein jeder, daß er nicht in Ungelegenheit komme, sich zu hüten.

v. Knobelsdorff.
General-Intendant der Königl. Gebäude.

In Abgrenzung vom Dramma per musica jedoch konzentrierten sich die Dramen der Berliner Hofoper auf einen Hauptstrang in der Handlung (anstelle des üblichen Geflechts von Haupt- und Nebenhandlungen). Zur prägnanteren szenisch-musikalischen Vergegenwärtigung des Geschehens wurden Chöre, Chor-Solo-Nummern und Ensembles in größerer Anzahl verwendet. Sie modifizierten die stereotype Abfolge von Rezitativen und Arien. Generell schrumpfte der Rezitativanteil, außerdem fielen die Arien durch ihre Integration in den dialogischen Zusammenhang zunehmend kürzer aus. Ab 1754 trat die übliche Da-capo-Form gegenüber kleineren zwei- und dreiteiligen Formen in den Hintergrund. Auffällig ist im Rahmen der Gattungskonventionen schließlich die Häufigkeit des tragischen Endes in der friderizianischen Oper. Einen unverändert hohen Stellenwert behielt die Reflexion von Herrschertugenden innerhalb der Opern, was sich zum Beispiel in der Herausstellung politischer Sentenzen in Arien oder Ensembles zeigt. Dahinter stand die Überzeugung, dass die Oper nicht nur ein die Sinne erfreuendes Spektakel sei, sondern dass sie auch die Vernunft ansprechen und somit zur Verbesserung der Sitten beitragen könne. Dies war das Fundament für das Konzept der »Staatsoper« und gleichzeitig die Rechtfertigung für die hohen finanziellen Aufwendungen.

Für die künstlerische Umsetzung seiner Pläne baute der König eine Hofmusik von Rang auf: Er engagierte im internationalen Vergleich erstklassige italienische Sängerinnen und Sänger und stellte eine 16-köpfige Tanztruppe mit hochkarätigen französischen Ballettmeistern zusammen. Nach Dresdner Vorbild erweiterte er die Rheinsberger Kapelle auf etwa 35 Instrumentalisten. Beträchtliche Mittel wurden auch für die Dekorationen und Garderoben aufgewendet, wohl wissend, dass in Bezug auf die Wirkung der Opern die Schauseite der Aufführungen genauso wichtig ist wie die Qualität des Gesangs.

Die erheblichen, im Gesamtetat des Staates aber doch marginalen, dem Rang einer mittleren Macht entsprechenden Ausgaben für die Oper, die persönliche Kontrolle über den Produktionsapparat und die Beteiligung des Königs an einzelnen Produktionen in Form des Beisteuerns von Libretti – all dies kann nicht alleine als Ausdruck der persönlichen Musik- und Opernleidenschaft Friedrichs II. gewertet werden. Vielmehr ist der kommunikative Kontext, in dem die Hofoper als Institution stand, zu berücksichtigen, um die Vorlieben und Entscheidungen des Königs würdigen zu können. Wen also wollte Friedrich II. mit der Oper ansprechen? Parallel zum höfischen Zeremoniell lassen sich die Mitregenten in Europa, der Hof bzw. die Familie, zu der nicht nur die Geschwister, sondern auch die brandenburgischen Markgrafen zählten, die über eigene Hofhaltungen und Kapellen verfügten, als Adressaten benennen. Schließlich richtete sie sich an das nicht zum Hof gehörende adlige und bürgerliche Publikum, bestehend aus Einheimischen und Fremden (wie zum Beispiel Gesandten und Durchreisenden). Den europäischen Regenten gegenüber demonstrierte die friderizianische Oper dem *Anti-Machiavel* entsprechend ökonomischen Reichtum und kulturelle Bildung in Preußen; darüber hinaus diente sie als Mittel der politisch-dynastischen Grenzziehung, indem sie den von Friedrich II. gesetzten Dualismus im Heiligen Römischen Reich Deutscher Nation zum Ausdruck brachte.

Mit der Gegnerschaft zu den Habsburgern in Wien, die, beginnend mit der Besetzung Schlesiens 1740, eine Konstante der Regierungszeit Friedrichs II. bildete, war ab 1744 auch die Abgrenzung von den Wettinern in Dresden bzw. Warschau verbunden, da diese sich vom Zweiten Schlesischen Krieg an auf die Seite der Habsburger stellten. Grundlage dafür war die dynastische Verbindung zwischen den Höfen, die 1719 durch die Hochzeit des sächsischen Kurprinzen Friedrich August mit der österreichischen Prinzessin Maria Josepha zustande gekommen war. Das Paar regierte seit 1733 in Dresden, außerdem ab 1734 in Warschau. Gemeinsam waren beiden Höfen darüber hinaus der katholische Glaube (der sich im lutherisch geprägten Sachsen allerdings auf den Hof beschränkte) und die kulturelle Orientierung an Italien. Zur Letzteren gehörte auch die Pflege der großen italienischen Oper in der von Pietro Metastasio geprägten Form. Nachdem die Wiener Oper nach dem Tod Kaiser Karls VI. 1740 aufgelöst worden war und Aufführungen großer Opern in der Folge nur noch zu besonderen dynastischen Festen zu erleben waren, wurde die Hofoper in Dresden zum Zentrum des metastasianischen Dramma per musica in Deutschland. Die Werke ihres künstlerischen Leiters, des Oberkapellmeisters Johann Adolf Hasse, wurden in ganz Europa gespielt.

Friedrich II. orientierte sich an Dresden, hatte er hier doch 1728 die Bekanntschaft mit der italienischen Oper in Gestalt von Giovanni Alberto Ristoris *Calandro* gemacht und seinen Flötenlehrer Johann Joachim Quantz kennengelernt. Als er nach seinem Regierungsantritt die preußische Hofkapelle installierte, diente ihm die sächsische Kapelle in Bezug auf die Besetzung und Aufführungspraxis als Vorbild. Kaum zufällig stammten die führenden preußischen Hofmusiker aus dem Nachbarland: Carl Heinrich Graun, seit 1740 Hofkapellmeister in Berlin, sein Bruder Johann Gottlieb, der die Stelle des Konzertmeisters erhielt, Quantz, der die Leitung der Kammermusiken des Königs auf den Schlössern übernahm, der Erste Violinist Franz Benda und andere. Sie alle waren Mitglieder der Kapellen in Dresden und Warschau gewesen oder wenigstens mit ihren Gepflogenheiten vertraut. Doch war Dresden auch Konkurrent: So warb der König den berühmten Kastraten Giovanni Carestini 1750 aus Sachsen ab, indem er ihm ein Spitzengehalt in Höhe von 4750 Talern bezahlte. (Umgekehrt wechselte Felice Salimbeni von Berlin

Die Hausordnung der Königlichen Hofoper, 1743, Geheimes Staatsarchiv PK

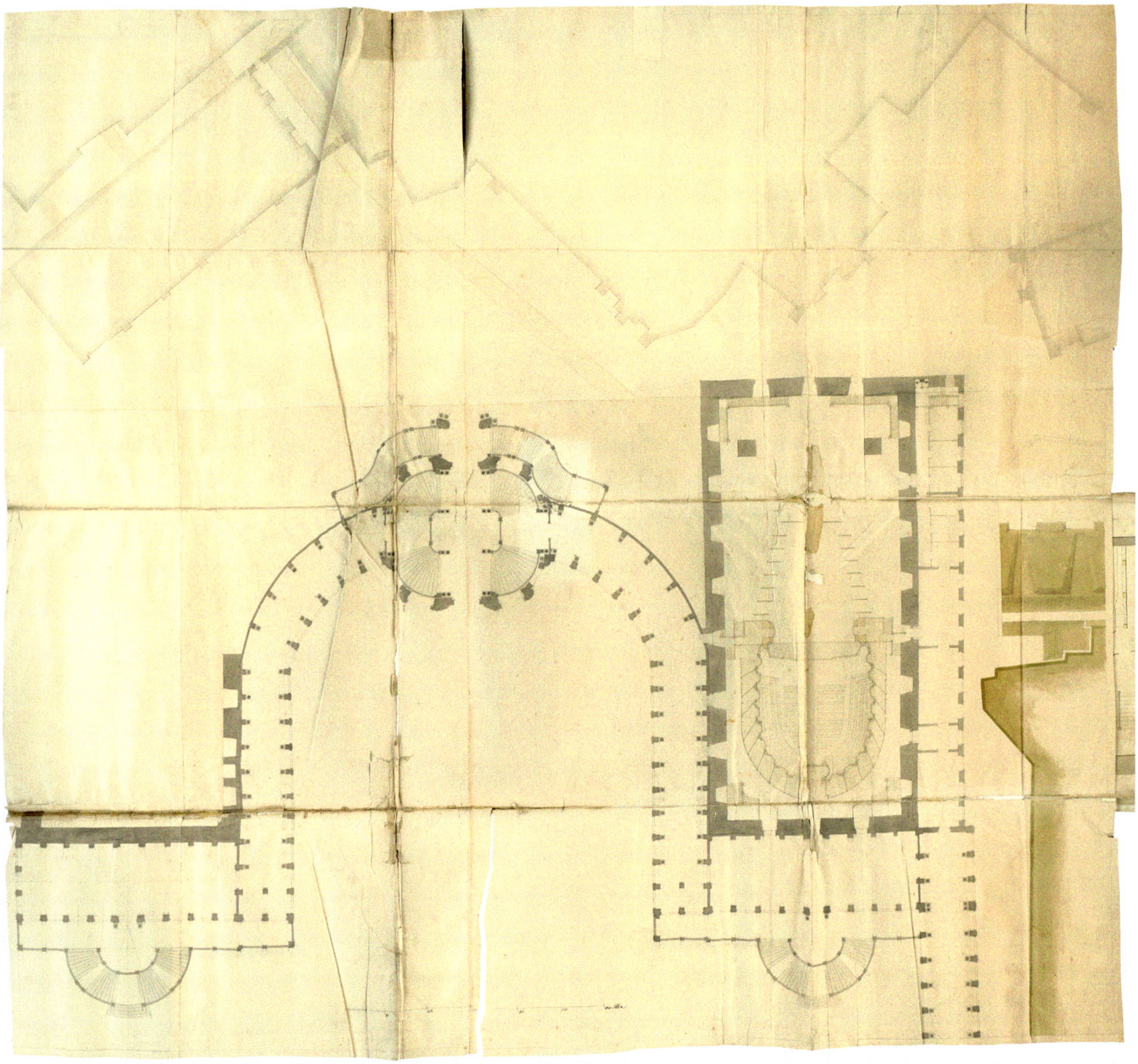

Bernardo Bellotto, gen. Canaletto: Der Zwingerhof in Dresden, 1751/52, Öl auf Leinwand, Gemäldegalerie Alte Meister, SKD

nach Dresden.) Drei Jahre später zog Friedrich II. den nicht minder bekannten, bis dahin in sächsischen Diensten stehenden Theaterarchitekten und Dekorateur Giuseppe Galli Bibiena für 2 400 Taler Jahresgehalt nach Berlin. Ob er auch gerne Hasse in seinen Dienst genommen hätte, ist mehr als zweifelhaft. Zwar schätzte er ihn als Komponisten und brachte ihm dies auch verschiedentlich zum Ausdruck, so anlässlich seines Aufenthalts in Dresden 1742, später im Frühjahr 1753, als Hasse sich besuchsweise in Potsdam aufhielt, und schließlich im Winter 1756/57, als Hasse dem König nach der Besetzung Dresdens in seinem Winterquartier aufwartete. (Niemand erwartete von Hasse, dass er sich als sächsischer Patriot gebärden würde. Auch ein berühmter Kapellmeister war am Hof ein Diener.) Aber der sächsische Oberkapellmeister war Katholik, der sich zudem durchaus für Kirchenmusik interessierte. Außerdem besaß er in Dresden Privilegien, für die ein Äquivalent in Berlin nicht denkbar war: So stand es ihm zu, immer wieder, nämlich wenn sich der Kurfürst als König von Polen in Warschau aufhielt, ausgedehnte Reisen zu unternehmen, um seine Werke auf den Bühnen vor allem Italiens präsent zu halten. Außerdem erhielt er zusammen mit seiner Frau Faustina Bordoni ein Jahresgehalt in Höhe von 6 000 Talern, das auch nach dem Ende der aktiven Karriere der berühmten Primadonna 1751 gezahlt wurde.

Über den Wettbewerb um die besten Köpfe hinaus erstreckte sich das Konkurrenzverhältnis der Höfe auf die dramaturgische Profilierung des Dramma per musica. So setzte der König, wie gezeigt, dem metastasianischen Operntypus einen eigenen, modifizierten Typus entgegen, der auf der Verbindung der emotionalen Wirkungsmacht der französischen Sprechtheatertragödie mit der Belcanto-Oper italienischer Provenienz beruhte. Damit verbunden war der Anspruch, eine vernünftigere und dem Vorbild der antiken Tragödie besser entsprechende Form des in Musik gekleideten Dramas zu verwirklichen. Erschließen lässt sich dies allerdings nur indirekt aus sporadischen Bemerkungen des Königs. Programmatische Äußerungen zu Musik und Oper sucht man in seinem reichen literarischen Schaffen sowie in seiner umfangreichen Korrespondenz vergeblich. Doch mokierte er sich etwa 1755 über den Aufwand der Inszenierung des Triumphzugs beim Dresdner *Ezio*, an dem mehr als 600 Komparsen und etliche exotische Tiere beteiligt waren: »Diese Leute wollen, dass man zu ihren Augen spricht und nicht zu ihren Herzen. Ein einziges berührendes Wort ist den Bizarrerien ihrer Triumphzüge vorzuziehen. Welch ein Unglück, wenn man niemals das Vergnügen erlebt hat, Tränen zu

Johann Christoph Knöffel: Opernhaus am Dresdner Zwinger. Grundriss und Lageplan, 1701/1800

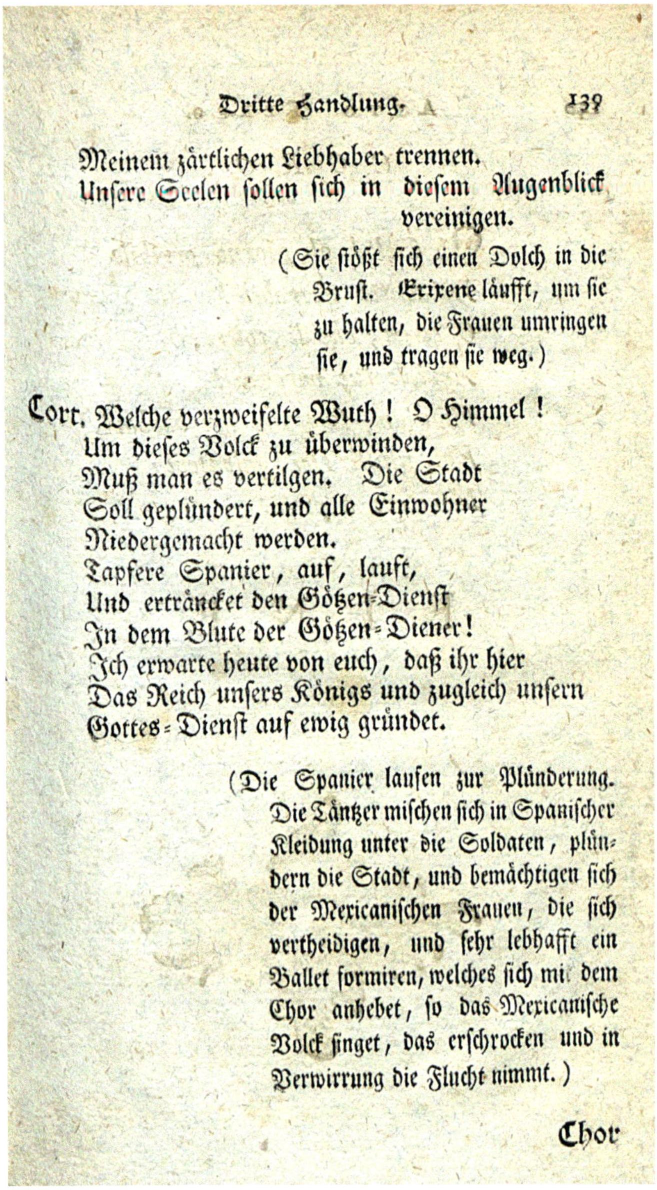
Dritte Handlung. 139

Meinem zärtlichen Liebhaber trennen.
Unsere Seelen sollen sich in diesem Augenblick vereinigen.

(Sie stößt sich einen Dolch in die Brust. Erixene läufft, um sie zu halten, die Frauen umringen sie, und tragen sie weg.)

Cort. Welche verzweifelte Wuth! O Himmel!
Um dieses Volck zu überwinden,
Muß man es vertilgen. Die Stadt
Soll geplündert, und alle Einwohner
Niedergemacht werden.
Tapfere Spanier, auf, lauft,
Und erträncket den Götzen-Dienst
In dem Blute der Götzen-Diener!
Ich erwarte heute von euch, daß ihr hier
Das Reich unsers Königs und zugleich unsern
Gottes-Dienst auf ewig gründet.

(Die Spanier laufen zur Plünderung. Die Täntzer mischen sich in Spanischer Kleidung unter die Soldaten, plündern die Stadt, und bemächtigen sich der Mexicanischen Frauen, die sich vertheidigen, und sehr lebhafft ein Ballet formiren, welches sich mit dem Chor anhebet, so das Mexicanische Volck singet, das erschrocken und in Verwirrung die Flucht nimmt.)

Chor

Carl Heinrich Graun: Das Finale von Montezuma, 1755, Staatsbibliothek zu Berlin - PK

vergießen.«[3] Man kann daraus auf die Überzeugung des Königs schließen, dass die Einrichtung des Dramas, die Struktur der Musik und auch der szenische Aufwand auf die Rührung des Publikums zielten, ja nur darin ihre Berechtigung fanden. Die Konzentration der Handlung, die engere Verknüpfung von Handlung und Musik und auch die Aufwertung der Musik als Mittel des dramatischen Ausdrucks in der friderizianischen Oper waren dadurch motiviert.

Vor diesem Hintergrund ist es nicht abwegig, den Berliner *Ezio* in der Vertonung von Graun, der auf demselben Libretto wie die Dresdner Oper Hasses beruhte und gut drei Monate später (am 1. April 1755) Premiere hatte, als bewussten Gegenentwurf zu verstehen. Die durch deutliche Kürzungen an den Rezitativ- und Arientexten herbeigeführte Konzentration des Ablaufs, der Verzicht auf Da-capo-Arien, die Zusammenführung der letzten beiden Arien des Primarierpaars zu einem Duett am Ende des ersten Akts und die Einfügung eines handlungsbezogenen Chors der Verschwörer bei der dramatischen Zuspitzung kurz vor Ende der Oper sind die wesentlichen Abweichungen, die aus der Sicht des Königs das quasi verbesserte Dramma per musica ausmachten.

Dass sich die Abgrenzung von den Habsburgern und ihren Verbündeten in Dresden über die Stoffwahl und die Dramaturgie hinaus im Libretto niederschlug, lässt sich nur bei *Montezuma* (Uraufführung am 6. Januar 1755) belegen. Das von Friedrich II. verfasste Textbuch enthielt mit den »Raketen wider die Barbarei der kath. Religion«[4] eine Spitze gegen Maria Theresia von Österreich in Wien. In der Person des spanischen Eroberers Cortez tritt dem Opernpublikum hier ein Heerführer gegenüber, der die Intoleranz verkörpert, indem er im Namen des christlichen Glaubens Grausamkeiten an den Mexikanern verübt. Immerhin war die Kaiserin für die Ausweisung der Protestanten aus Österreich nach Siebenbürgen verantwortlich. Leider ist unbekannt, wie das Werk in Dresden und Wien aufgenommen wurde.

Generell ist zu sagen, dass Rezeptionszeugnisse zu den Aufführungen bei den auswärtigen Adressaten rar sind. Bekannt geworden ist bisher nur das ablehnende Urteil des österreichischen Botschafters Gottfried van Swieten aus dem Jahr 1771 über die preußische Hofoper. Dem Staatskanzler Fürst Wenzel von Kaunitz-Rietberg gegenüber bezeichnete er die Produktionen als veraltet und künstlerisch mittelmäßig. Man kann dies als späten Reflex des von Friedrich II. geschaffenen ästhetischen Grabens zwischen den Ländern in Bezug auf die Oper interpretieren. Tatsächlich nämlich wurden die Berliner Opern nur bei den politisch mit Preußen verbundenen Höfen in Braunschweig und Stuttgart aufgeführt. In Schwerin und Darmstadt, die keine italienische Hofoper unterhielten, spielten nachweislich immerhin Auszüge aus den Opern in den Hofkonzerten eine Rolle. Dokumentiert ist auch die breite Übereinstimmung Friedrichs II. im ästhetisch-dramaturgischen Konzept der Oper mit seiner Schwester Wilhelmine, über die der König einen stärkeren politischen Einfluss in der Markgrafschaft Bayreuth auszuüben versuchte. Sie bestätigte ihrem Bruder, dass die preußischen Opernlibretti einem verbesserten Geschmack folgten, indem sie nach Erhalt des Textbuchs zu *Silla* schrieb: »›Sulla‹ wird künftig als vorbildliche Dichtung für die Opernbühne dienen können. Ich hoffe sogar, er wird Metastasio und die übrigen

Francesco Ponte: Sängerin Faustina Hasse als Attilia, vor 1750, Feder in Braun, Kupferstich-Kabinett, SKD

italienischen Textdichter veranlassen, viele Plattheiten aus ihren Werken auszumerzen und sie durch etwas Vornehmeres zu ersetzen.«[5]

Die Konkurrenz zwischen den Hofopern Berlins und Dresdens endete, als Sachsen, ökonomisch ruiniert durch den Siebenjährigen Krieg, nach dem Tod des Kurfürsten Friedrich Christian im Dezember 1763 die große italienische Oper aufgab. Braunschweig und Stuttgart folgten, sodass es in den 1780er Jahren in Deutschland nur noch in Berlin, Kassel und München eine vollsubventionierte italienische Hofoper gab. Dass der preußische König dem Trend nicht folgte, obwohl der Etat der Hofoper nach dem Ende des Krieges zunehmend zum Objekt seiner Sparsamkeit wurde, hängt zum einen vielleicht mit der Idee der Staatsoper zusammen, die als öffentliche Institution von den Launen des Regenten unabhängig sein sollte. Zum andern konnte Friedrich II. mit ihrer Hilfe das Festhalten am guten Geschmack in der Musik demonstrieren. So verzichtete der König nach dem Tod des Hofkomponisten Johann Friedrich Agricola, der als Nachfolger des 1759 verstorbenen Hofkapellmeisters Carl Heinrich Graun nach dem Siebenjährigen Krieg noch Beiträge zum friderizianischen Operntypus geliefert hatte, ab 1774 gänzlich auf die Aufführung von Neukompositionen. Stattdessen wurden – was im 18. Jahrhundert völlig ungewöhnlich war – nur noch ältere Opern von Graun und Hasse zur Aufführung gebracht, und zwar als Exemplare eines klassischen Stils, den Friedrich II. von einer degenerierten Gegenwart bedroht sah. So schrieb er am 8. Januar 1777 an die verwitwete Kurfürstin Maria Antonia Walpurgis in Sachsen anlässlich der Wiederaufnahme von Hasses *Cleofide* 46 Jahre (!) nach ihrer Erstaufführung in Dresden: »Das Publikum erfreut sich hier an der Oper ›Cleofide‹ von Hasse, die man auf dem Theater gibt. Die guten Dinge bleiben immer so, wie sie sind, und obwohl man sie früher schon gehört hat, mag man sie immer wieder aufs Neue hören; im Übrigen ist die neue Musik zu einer Katzenmusik entartet, die die Ohren beleidigt anstatt ihnen zu schmeicheln, und der edle Gesang ist den Zeitgenossen nicht mehr bekannt. Um ihn wiederzufinden, muss man auf Vinci, Hasse und Graun zurückgreifen.«[6]

Auch wenn im Spielplan bei den nach dem Siebenjährigen Krieg beginnenden Wiederaufnahmen die Werke Grauns dominierten, war Hasse mit elf Opern *(Leucippo, Lucio Papirio, Caio Fabricio, Didone abbandonata, Il rè pastore, L'eroe cinese, Arminio, Partenope, Attilio Regolo, Cleofide und Artemisia)* prominent vertreten. Bis auf *Partenope*, die 1767 in Wien, seinem Lebensmittelpunkt nach seiner Entlassung aus dem sächsischen Dienst, uraufgeführt worden war, handelte es sich ausschließlich um in Dresden entstandene Werke. Auf diese Weise beerbte der preußische König symbolisch die Tradition der Dresdner Hofoper und bekräftigte in einer Zeit, in der der Stern Hasses als europäischer Opernkomponist andernorts rapide sank, seinen Ruhm. Graun und Hasse wurden ausgehend von der preußischen Hofoper zur Signatur eines goldenen Zeitalters der Musik erklärt, das man gerne den aus Wien und Italien kommenden stilistischen und ästhetischen Neuerungen entgegensetzte. Dieser Dualismus prägte noch über den Tod Friedrichs II. hinaus das Denken und Handeln vieler Musiker, Musiksammler und Musikschriftsteller im nord- und mitteldeutschen Raum. Gattungsgeschichtliche Experimente wie etwa die Wiener Reformopern Christoph Willibald Glucks in den 1760er Jahren, die einige Gemeinsamkeiten mit den Bestrebungen der friderizianischen Oper aufweisen, blieben im Norden unverstanden. Erst Wolfgang Amadeus Mozarts Opern und Joseph Haydns Symphonien führten am Ende des 18. Jahrhunderts zu einer Auflösung des Gegensatzes.

Gedruckte Quellen und Literatur Burney 1772 · Busch 1998 · Calella 2002 · Friedrich II. 2007 · Henze-Döhring 2000 · Henze-Döhring 2012 · Henzel 1997 · Henzel 2009 · Oschmann 1991 · Terne 2009

Anmerkungen **1** Friedrich II. 2007, S. 213. **2** Burney 1772, S. 379. **3** Friedrich II. an seine Schwester Wilhelmine v. 29. 1. 1755, zit. nach Henze-Döhring 2012, S. 93. **4** So Friedrich II. im Oktober 1753 an Francesco Algarotti, zit. nach Henze-Döhring 2012, S. 85. **5** Wilhelmine an Friedrich II. v. 26. 3. 1753, zit. nach Calella 2002, S. 115. **6** Zit. nach Henzel 2009, S. 369 (Übersetzung des Autors)

Balthasar Denner:
Johann Adolf Hasse, 1740,
Öl auf Leinwand,
Historisches Archiv der Staatsoper Dresden

Das Münzwesen als Waffe. Die preußischen Münzfälschungen in Sachsen während des Siebenjährigen Krieges

FRANK METASCH

In der deutschen Geldgeschichte stehen die preußischen Münzfälschungen des Siebenjährigen Krieges beispiellos da. Vor allem dem ohnehin schon schwierigen preußisch-sächsischen Nachbarschaftsverhältnis haben diese Fälschungen in der historischen Wahrnehmung nachhaltig einen negativen Stempel aufgedrückt. Bis heute dient das preußische Kriegsgeld geradezu als Spiegel für die skrupellose Machtpolitik Friedrichs II., der für seine eigenen Erfolge ohne Rücksicht fremde Territorien ausbeutete. Wohl in kaum einer Publikation über Friedrich II. oder den Siebenjährigen Krieg fehlt der Hinweis auf das millionenfach gefälschte Geld. Nähere Erläuterungen oder sogar Würdigungen des preußischen Königs als Münzpolitiker und -reformer sucht man indes selbst in der Friedrich-Forschung zumeist vergeblich, womit jedoch ein wichtiger Aspekt in Friedrichs politischem Wirken ausgeblendet bleibt. Denn wie kein anderer Monarch seiner Zeit hat sich Friedrich II. mit dem Münzwesen, das damals noch den Kernbereich der Finanzpolitik bildete, beschäftigt. In seinem Politischen Testament von 1752 verstand er sich sogar selbst als derjenige, der überhaupt erst ein preußisches Münzwesen errichtet hätte. Völlig unrecht hatte er damit nicht. In der preußischen Geldgeschichte wird seine Regierungszeit als eine eigenständige Epoche gewertet, deren umstrittenster Teil auch im Folgenden im Mittelpunkt stehen soll: das während des Siebenjährigen Krieges geprägte Kriegsgeld.

Das preußische Modell der Kriegsfinanzierung

Mehr noch als die militärische Durchhaltekraft des kleinen Preußen war den Kriegsgegnern dessen finanzielle Leistungsfähigkeit ein Rätsel. Während sich gerade die Großmächte im Siebenjährigen Krieg mit dem modernen Mittel der Staatsanleihe bis hin zum finanziellen und politischen Zusammenbruch verschuldeten, gelang es allein Friedrich II., sein Land schuldenfrei aus dem Krieg zu führen. Aufgrund der undurchsichtigen preußischen Buchführung fällt es allerdings noch immer schwer, genaue Zahlen zu liefern, wie er dies erreichte. Friedrich selbst hat seine Kriegskosten mit 125 Millionen Reichstalern beziffert, späteren Berechnungen zufolge ist jedoch eher von 140 Millionen auszugehen. Diese hohe Summe, die deutlich mehr als dem Zehnfachen der jährlichen Staatseinnahmen Preußens entsprach, kompensierte Friedrich II. weitestgehend auf Kosten anderer. So presste er beispielsweise aus dem okkupierten Sachsen Kontributionen in Höhe von rund 48 Millionen Reichstalern heraus. Wenn man ferner bedenkt, dass auch von den ca. 45 Millionen Reichstalern, die Preußen als Gewinn aus seinem Kriegsgeld zog, ein großer Teil von Sachsen getragen wurde, dann hat allein das benachbarte Kurfürstentum beinahe Friedrichs halben Krieg bezahlt. Die preußischen Münzmanipulationen erlangten dabei für Friedrich II. als Finanzierungsquelle letztendlich sogar eine so kriegsentscheidende Bedeutung, dass in seinen Händen selbst das Geld zur Waffe geworden war.

Die Graumann'sche Münzreform von 1750

Dass die preußischen Münzstätten einmal in der Lage sein würden, Millionengewinne abzuwerfen, war beim Regierungsantritt Friedrichs II. im Jahre 1740 nicht annähernd zu erahnen. Die Berliner Münze besaß damals nur eine jährliche Kapazität von 40 000 Reichstalern. Von seinem Vater hatte Friedrich zwar auf der einen Seite einen gut gefüllten Staatsschatz geerbt, mit dem er seine beiden ersten Schlesienkriege fast komplett bestreiten konnte, auf der anderen Seite aber hatte ausgerechnet der für seine umfangreichen Reformen und sein ökonomisches Gewinndenken bekannte Friedrich Wilhelm I. seinem Sohn ein desolates Münzwesen hinterlassen.

Als Friedrich II. auf den Thron gelangte, besaß sein Land praktisch keine eigene Währung mehr. Die erhielt es erst wieder 1750 durch Johann Philipp Graumann. Bis zu dessen Münz-

Preußischer Reichstaler, 1750, Silber, SMB, Münzkabinett

reform wäre es für Preußen ein Verlustgeschäft gewesen, sein Geld nach der gültigen Reichsmünzordnung zu prägen. Aufgrund der gestiegenen Silberpreise hätte der Metallwert der Münzen höher gelegen als ihr Nominalwert. Friedrich II. ließ daher beinahe nur noch die für seine Soldzahlungen notwendigen kleineren Sorten prägen. Obwohl Friedrich den Silbergehalt des Kleingeldes bereits reduziert hatte, brachte die Münzprägung nicht den erhofften Gewinn. Das preußische Geld war trotz Reduktion immer noch so werthaltig, dass es das Schicksal allen guten Geldes teilte: Es verschwand fast zwangsläufig aus dem Umlauf, weil es ins Ausland abfloss, wo es gewinnbringend eingeschmolzen wurde. Abhilfe sollte nun 1750 Johann Philipp Graumann schaffen, der in den Münzen ebenso wie Friedrich II. eine ganz normale Fabrikware sah. Bei deren Herstellung kam es dem merkantilistisch denkenden König vor allem darauf an, dass unter dem Strich ein möglichst hohes Plus stand. Kaum in preußische Dienste getreten, revolutionierte Graumann innerhalb kürzester Zeit das preußische Münzwesen und stellte es auf eine moderne geldpolitische Grundlage. Friedrich II. bot ihm dabei nicht etwa nur die notwendige politische Rückendeckung, er griff auch selbst überaus aktiv ein. Seiner persönlichen Vorliebe für das Gold ist es beispielsweise geschuldet, dass Preußen bei keiner reinen Silberwährung blieb, sondern zu einer gemeinsam auf Gold und Silber beruhenden Doppelwährung überging. Zur tragenden Säule des Reformwerks wurde dennoch der neue silberne Reichstaler zu 24 Groschen, den Preußen im bislang leichtesten Münzfuß im ganzen Reich prägte, dem Graumann'schen 14-Talerfuß. Diese Münzfüße waren die Grundlage jeder Münzordnung, was hier bedeutete, dass aus einer Kölner Gewichtsmark zu rund 234 Gramm Silber 14 solcher Taler geschlagen wurden. Da der Prägeaufwand und damit die Prägekosten aber stiegen, je kleiner die Nominale wurden, durften diese geringfügig vom eigentlichen Münzfuß abweichen. Solange die Münzen den zeitgenössischen Geldvorstellungen entsprechend noch ihren Wert als Edelmetall in sich trugen, galten sie als vollwertiges, sogenanntes Kurantgeld. In Preußen waren das alle Nominale ab dem Doppelgroschen (Zwölfteltaler). Unterhalb des Kurantgeldes lagen die Scheidemünzen, die nur noch geringe Mengen bzw. gar kein Silber mehr enthielten. Sie waren daher lediglich noch eine Form des Kreditgeldes, das eigentlich nur im eigenen Land oder wie in Preußen sogar nur in der jeweiligen Provinz gültig war. Für den alltäglichen Zahlungsverkehr waren die Scheidemünzen unverzichtbar, weshalb sie in entsprechend hoher Zahl benötigt wurden.

Dass Preußen ab 1750 den bislang schlechtesten deutschen Taler prägte, hatte ein ganz bestimmtes Ziel: Friedrich II. wollte endlich den Spieß umdrehen. Das gute Geld sollte nicht mehr aus seinem Land abfließen, sondern der neue leichte Taler sollte die fremden Münzen verdrängen und sich als die neue deutsche, wenn nicht sogar europäische Handelsmünze durchsetzen. Friedrich trat damit offen in Konkurrenz zu Österreich, dessen ebenfalls reformierter Münzfuß – der sogenannte Konventionsfuß – einen immer größeren Einfluss im nichtpreußischen Reichsgebiet erlangte. Der preußisch-österreichische Dualismus um die Vorherrschaft im Reich zeichnete sich also auch beim Geld ab. Aber Graumann hatte sich verspekuliert. Seine modernisierten und verstaatlichten Münzstätten ruinierten mit ihrem hohen Metallbedarf und mit ihrem hohen Ausstoß an geringhaltigen Scheidemünzen die Silberpreise. Als der Münzbetrieb immer unrentabler wurde, entzog Friedrich II. 1755 Graumann die Leitung des Münzwesens.

Preußisches Kriegsgeld

Nach der Amtsenthebung Graumanns verpachtete Friedrich II. Ende 1755 die gerade erst verstaatlichten Münzstätten an eine besonders privilegierte Gruppe jüdischer Hoffaktoren: die Münzentrepreneurs. Für ihn verband sich mit den jährlich ausgehandelten Pachtverträgen erst einmal der Vorteil, zukünftig eine feste Summe in seinen Haushalt einplanen zu können. Die jüdischen Pächter wiederum, die untereinander zudem noch in Konkurrenz standen, waren gezwungen, irgendwie die vereinbarten Gelder sowie einen eigenen Gewinn zu erwirtschaften. Sie durften sich dabei zwar eigentlich nur im vorgegebenen Rahmen bewegen, letztendlich zeichnete das Pachtsystem aber bereits die kommenden Münzmanipulationen vor.

Auch nach dem Ausbruch des Siebenjährigen Krieges im August 1756 kam es erst einmal zu keinen auffälligen Veränderungen am Geld. Noch Anfang 1757 lehnte Friedrich ausdrücklich jegliche Verschlechterung an den preußischen Münzen ab. Im militärisch besetzten Sachsen wiederum verfolgte er eine völlig andere Strategie. Gemäß seinem politischen Grundsatz, dass alles, was dem Nachbarn schadete, ihm nur nutzen konnte, wollte er auch auf das eroberte Sachsen so weit wie möglich seine Kriegslasten abwälzen. Diesem politischen Leitgedanken entsprechend hatte Friedrich II. zeit seines Lebens nie ein Problem damit, fremde Münzen nachzuahmen, wenn sich ihm dadurch nur irgendwie ein Vorteil eröffnete. Auch Sachsen bzw. das mit der regierenden Dynastie der Wettiner seit 1697 in Personalunion verbundene Polen hatte er so bereits in Friedenszeiten geschädigt. Die innenpolitisch stark zerrüttete polnische Adelsrepublik hatte schon seit 1685 kein eigenes Geld mehr geprägt und war so zum »Spielball auswärtiger Interessen«[1] geworden. Wohl nirgendwo ließ sich schlechtes Geld so leicht und mit so viel Gewinn absetzen wie in Polen, was auch Friedrich II. weidlich für sich ausnutzte. Der sächsische Kurfürst Friedrich August II. wiederum, der sich als polnischer König August III. nannte, hatte sich seit 1753 zu einer unliebsamen Konkurrenz entwickelt, und das, obwohl er in seiner Wahlkapitulation zum polnischen König eigentlich auf sein Münzrecht verzichtet hatte. Auf dem lukrativen polnischen Markt waren jedenfalls die sächsisch-polnischen Münzen mit dem eigenen Monarchen und dem eigenen Wappen bald viel beliebter als die preußischen.

Im entfachten Konkurrenzkampf begnügte sich Friedrich II. anfänglich damit, nur das sächsische Münzbild nachzuahmen. Sein polnisches Geld trug zwar immer noch eine preußische Titulatur, ähnelte aber ansonsten zum Verwechseln der sächsischen Vorlage. Das Ganze blieb wohl ohne den gewünschten Erfolg, denn ab November 1755 ließ Friedrich die sächsischen Münzen nun doch komplett fälschen und ganz offiziell als Leipziger Prägungen vermarkten. Mit dem Fälschen sächsischer Münzen betrat Friedrich II. somit bereits gewohntes Terrain, als ihm bei seinem völkerrechtswidrigen Angriff im Herbst 1756 auch die beiden sächsischen Münzstätten in Leipzig und Dresden in die Hände fielen. Noch im November 1756 übertrug Friedrich die Leipziger Münze an seinen jüdischen Pächter Nathan Veitel Heine Ephraim. Dieser hatte zuvor als sogenannten Schlagschatz eine 20-prozentige Gewinnabführung aus der Münzprägung angeboten, wenn er in Leipzig das sächsische Geld statt im gültigen 12- nur noch im 18-Talerfuß ausbringen dürfte. Dies entsprach einer Münzverschlechterung von 50 Prozent, die mit den offiziellen sächsischen Stempeln erfolgen sollte. Damit das minderwertige sächsische Geld Preußen nicht schädigte, wurde seine Einfuhr verboten. Bis hierher trug alles Friedrichs Zustimmung. Sein Münzpächter fügte jedoch eigenmächtig noch ein weiteres, letztlich aber stillschweigend geduldetes Element hinzu. Um seine Manipulationen zu verschleiern, datierte Ephraim seine Münzen in die Friedenszeit zurück. Als später die preußischen Fälschungen doch bekannt wurden, stand er ihnen als Ephraimiten mit seinem Namen Pate. »Von außen schön, von innen schlimm, von außen Friedrich, von innen Ephraim«, sollen schon die Zeitgenossen über sein Geld gespottet haben.[2]

Im Gegensatz zu Leipzig arbeitete die Dresdner Münzstätte anfänglich im regulären sächsischen Münzfuß weiter. Für Furore sorgte es nur, als 1757 kurzzeitig sächsische Münzen mit dem Monogramm Friedrichs II. auftauchten. Wenige Monate später, im Juni 1757, leiteten dann aber die militärischen Ereignisse auch eine neue Phase des preußischen Kriegsgeldes ein. Bislang war Sachsen nur ein vergleichsweise geringer ökonomischer Schaden entstanden – sicherlich weil Friedrich II. davon ausging, den südlichen Nachbarn analog zu Schlesien dauerhaft seinem Staat einzuverleiben. Mit Friedrichs erster Niederlage im Siebenjährigen Krieg in der Schlacht von Kolin änderte sich jedoch die Situation. Nun war offensichtlich, dass er sein Ziel einer schnellen Eroberung Böhmens nicht erreichen würde. Er konnte also nicht wie geplant mit böhmischen Kontributionen seinen Krieg finanzieren, sondern musste sich neue Geldquellen erschließen. Noch im Juni 1757 erhielt Ephraim daher die Erlaubnis, Dresden in die Münzverschlechterungen einzubeziehen. Als dann im April 1758 Friedrichs Kriegskasse endgültig aufgebraucht war, konnte er im Wesentlichen nur noch auf drei Finanzierungsmittel zurückgreifen: die englischen Subsidien, die sächsischen Kontributionen und den Schlagschatz seiner jüdischen Pächter. Die englischen Subsidien wusste Friedrich II. sogar noch dadurch zu verdoppeln, dass er dieses Gold und Silber in sein immer schlechter werdendes Geld ummünzen ließ. So »konvertierte« er, wie er sich selbst ausdrückte, 13 Millionen Reichstaler in über 27 Millionen.

Ab 1758 musste Ephraim in Sachsen wohl auch die kriegsbedingten Ausfälle der preußischen Münzstätten kompensieren. Vermutlich hat er von nun an in Dresden – unter kurzzeitiger Konkurrenz des ebenfalls jüdischen Münzkonsortiums Gompertz und Co. – die gesamten größeren preußischen Silbernominale hergestellt, bevorzugt in Gestalt der Dritteltaler (8 Groschen). Als er dabei den 14-Talerfuß auf unter 19 Taler verringerte, trat das ein, was Friedrich II. bislang vermeiden wollte: Ab 1758 wurde auch das preußische Geld zur Kriegsfinanzierung herangezogen. Ende 1758 musste der preußische König ganz offiziell sein Geld auf einen 19 ¾-Talerfuß herabsetzen. Ephraim wiederum konnte seine Geschäfte sogar noch bedeutend ausdehnen. Vermutlich bereits im Dezember 1758 gründete er unter seiner Führung ein neues jüdisches Konsortium und übernahm

Preußischer Achtzehnkreuzer (Tympf) für Polen, 1755, Silber, SMB, Münzkabinett

Ephraimit, 1757 – 1762, Silber, SMB, Münzkabinett. Die Münze ist eine preußische Fälschung eines auf das Jahr 1753 rückdatierten sächsischen Dritteltalers (Achtgroschen) für Polen.

Dresdner Dukat mit dem Monogramm Friedrichs II., 1757, Gold, SMB, Münzkabinett

Ephraim-Palais am Molkenmarkt in Berlin; errichtet 1762 bis 1766, abgebrochen 1935, mit den erhaltenen Spolien 1985 bis 1987 wiederaufgebaut

mit diesem auch die preußischen Münzstätten. Die Vermutungen häufen sich hier, weil die Pachtverträge dieser Zeit wohl nicht ohne Grund nicht mehr erhalten sind.

Die Verringerung des preußischen Münzfußes, die König und Pächter Millionengewinne verschaffte, bedeutete für die Untertanen eine schlagartige Entwertung ihres Geldes um 41 Prozent. Damit aber Ephraim mit fortgesetztem Kriegsverlauf überhaupt noch gewinnbringend arbeiten konnte, musste Friedrich II. ihm beständig neue Privilegien zubilligen, was zumeist auf eine weitere Reduktion des Münzfußes hinauslief. 1760 erhielt Ephraim eine regelrechte Generalvollmacht. Zukünftig durfte er in allen sächsischen wie preußischen Münzstätten jegliches ausländisches Geld in einem 30-Talerfuß fälschen. Ausgeschlossen waren nur die preußischen Münzen, die Ephraim daraufhin nicht mehr herstellte. Zudem musste Friedrich II. nun sogar die schlechten sächsischen Münzen ganz offiziell im preußischen Geldverkehr zulassen. Damit endete auch die bisherige Praxis der Rückdatierungen, ab 1761 trug das sächsische Geld wieder korrekte Jahreszahlen. Im selben Jahr erreichte die Geldverschlechterung ihren Tiefpunkt. Bei einzelnen sächsischen und polnischen Münzen wurde zuletzt der 40-Talerfuß unterschritten.

Ephraim hingegen erhielt 1762 vom König für seine Leistungen ein ganz besonderes Privileg, er wurde den christlichen Kaufleuten in Rechten und Freiheiten gleichgestellt. Da er ab jetzt auch Grundbesitz erwerben durfte, investierte er einen Teil seiner hohen Gewinne in den Bau eines Berliner Palais. Bei seinen immer wertloser werdenden Münzen ist es erstaunlich, dass er sie zu diesem Zeitpunkt noch immer in so hohem Umfang abzusetzen vermochte. Letztendlich aber war der Geldbedarf im Siebenjährigen Krieg so unvorstellbar hoch, dass sich auch für die minderwertigste Münze immer noch ein Abnehmer fand. Selbst das gegnerische Frankreich und Österreich mussten für ihre Soldzahlungen auf das preußische Geld zurückgreifen und begannen es sogar zu fälschen. Überhaupt folgten mindestens 20 Staaten dem fragwürdigen preußischen Vorbild und prägten minderwertiges Kriegsgeld bzw. betätigten sich als Münzfälscher.

Die Wiederherstellung der alten Ordnung in Preußen

Ende 1762 rückte mit den Verhandlungen in Paris und Hubertusburg der lang ersehnte Frieden in greifbare Nähe. Umgehend begann auch Friedrich II. mit der Konsolidierung seiner Währung. Als Interimslösung wurde auf den 19 ¾-Talerfuß von 1758 zurückgegriffen. Noch weit von den Vorkriegsverhältnissen entfernt, konnten so zumindest die gröbsten Missstände abgestellt werden. Ab Mai 1763 waren nur noch Zahlungen in diesem Übergangsgeld erlaubt. Alle anderen preußischen Sorten sowie das seit 1760 offiziell gültige sächsische Geld wurden entsprechend umgerechnet. Am 1. Juni 1764 kehrte Preußen endgültig zu den Vorkriegsverhältnissen zurück. Von nun an wurde wieder im alten Graumann'schen 14-Talerfuß geprägt. Die Münzstätten wurden wieder verstaatlicht und ihre Anzahl wurde aufgrund der kriegsbedingten Überkapazitäten reduziert. Als größtes Problem stellte sich die geordnete Einziehung des so zahlreich geprägten Kriegsgeldes heraus. Auch auf das gewinnbringende Nachprägen fremder Münzen wollte der König zukünftig nicht verzichten, sondern praktizierte es im Geheimen weiter. Insbesondere Polen sollte hierunter noch zu leiden haben. Größere Reformen am Münzsystem waren nach 1764 unter Friedrich II. nicht mehr nötig, besaß doch sein Land laut Bernd Kluge jetzt sowieso schon die beste deutsche Währung.

Die schnelle preußische Konsolidierungspolitik hatte allerdings nicht nur positive Folgen. Die große Gefahr aller Geldstabilisierungen – die Deflation – traf mit ungeheurer Wucht auch Preußen. Friedrichs Reformen lösten eine der größten deutschen Deflationskrisen aus. Für mindestens ein Jahrzehnt litt das Land unter einer einschneidenden Kreditverknappung mit unzähligen Banken- und Firmenzusammenbrüchen sowie einer weitverbreiteten Arbeitslosigkeit.

Die sächsische Währungsreform

Das Kurfürstentum Sachsen stand bei der Stabilisierung seines durch den preußischen Nachbarn zerrütteten Geldwesens noch vor weitaus größeren Herausforderungen. Trotz aller finanzpolitischen Bemühungen des sächsischen Premierministers Heinrich Graf von Brühl hatte bereits vor Kriegsausbruch der Staatsbankrott gedroht. Die preußische Besatzungszeit hatte die Situation noch verschärft und das Land »in die bedrohliche Nähe eines politischen und finanziellen Zusammenbruchs geführt«.[3] Grundlage für den wirtschaftlichen wie politischen Wiederaufbau konnte auch nach Auffassung der sächsischen Reformkräfte nur die Stabilisierung der Währung sein. Noch vor der Berufung einer allgemeinen Restaurationskommission wurde daher bereits im Kriegsjahr 1762 zuallererst eine Münzkommission ins Leben gerufen. Im Gegensatz zu Preußen konnte jedoch hier nicht einfach zu den Vorkriegsverhältnissen zurückgekehrt werden.

Auch Sachsen hatte zwar bereits 1750 erste kleinere Veränderungen an seiner Münze vorgenommen, wirkliche Reformen verhinderte dann aber nicht zuletzt der Krieg. Bei der Frage, ob man sich nach Friedensschluss dem preußisch oder dem österreichisch dominierten Währungsgebiet anschließen sollte, fiel die Entscheidung für Österreich. Und so prägte ab März 1763 auch Sachsen wie fast alle anderen deutschen Länder im süddeutschen Konventionsfuß, der als 13⅓-Talerfuß knapp 5 Prozent höherwertig war als der preußische 14-Talerfuß. Die größten Schwierigkeiten bereitete wiederum die Einziehung des Kriegsgeldes, wobei den Schaden in der Regel wie überall der letzte Besitzer zu tragen hatte. Wer beispielsweise zuletzt noch zu acht Groschen einen Ephraimiten angenommen hatte, der konnte diesen bis Januar 1764 noch mit zwei Dritteln Verlust als Dreigroschenstück einsetzen. Danach besaß er lediglich den reinen Materialwert. Allein in den Freiberger Schmelztiegeln landeten so über 250 Tonnen minderwertiges Geld.

Insgesamt benötigte Sachsen knapp anderthalb Jahre, bis im Oktober 1764 die Währungsreform als erfolgreich abgeschlossen galt. Dies wiederum bildete eine wichtige Voraussetzung für den Erfolg des sogenannten Rétablissements, das dem Land für mindestens zwei Jahrzehnte zu einem bislang unbekannten und weit über die einfache Beseitigung der Kriegsschäden hinausreichendem Wirtschaftswachstum verhalf. Währungspolitisch konnte sich Sachsen dem Aufstieg Preußens zur deutschen Führungsmacht trotzdem nicht auf Dauer verschließen. Nach dem Beitritt zum Deutschen Zollverein 1834 übernahm vier Jahre später auch das nunmehrige Königreich Sachsen den immer noch auf den Reformen Friedrichs II. beruhenden preußischen Münzfuß.

Gedruckte Quellen und Literatur Blastenbrei 1996 · Buck 1981 · Haupt 1974 · Hoensch 1973 · Kluge 2012 · Kluge/Bannicke 2012 · Klüßendorf 2009 · Schlechte, H. 1958 Schrötter 1904–1913

Anmerkungen 1 Kluge 2012, S. 37. 2 Der Ursprung dieses häufig zitierten Spottverses ist nicht bekannt; vgl. ebd., S. 33. 3 Schlechte, H. 1958, S. 115

SOLDATENBRIEFE

Soldatenbriefe sind für die historische Forschung eine wichtige Quelle. Besonders aus dem 20. Jahrhundert sind unzählige Briefe von der Front an die Heimat – und umgekehrt – überliefert. Für das 18. Jahrhundert sieht die Lage etwas anders aus. Es existiert nur eine Handvoll Briefe aus der Feder von einfachen Soldaten. Oft weiß man so gut wie nichts über die Schreiber und Empfänger. Etwas besser sieht die Lage für die Offiziere aus, aber auch hier sind für das preußische Beispiel nur wenige Tagebücher oder Briefe überliefert. Die rund 20 Briefe von Christian Friedrich und Johann Diederich Zander, die sie in den 1740er und 1750er Jahren an die Familie im brandenburgischen Nitzahn geschrieben haben, sind daher ein wahrer Glücksfall für die Forschung. Sie erlauben nicht nur einen tiefenscharfen Einblick in den Soldatenalltag in Friedens- wie auch in Kriegszeiten, sondern beleuchten auch die Thematik der Heeresergänzung in Brandenburg-Preußen, die bekanntlich auf dem Kantonwesen basierte. Dabei wurde jedem Regiment ein bestimmter Kanton zugewiesen, aus dem es seinen Rekrutenbedarf schöpfen konnte. Auch die beiden Zanders waren derartige Kantonisten, die für wenige Monate im Jahr ihr Heimatdorf verlassen mussten, um in dem rund 100 Kilometer entfernten Berlin den Soldatendienst zu versehen.

Die Familie Zander hatte in dem havelländischen Dorf Nitzahn eine besondere Stellung inne. Es handelte sich um eine alteingesessene, relativ wohlhabende Bauernfamilie, die nicht gutsuntertänig war. Zudem stellten die Zanders den Lehns- und Gerichtsschulzen und damit das Oberhaupt des Ortes. Aus diesem Umstand erklärt sich wohl auch, dass die beiden Zander-Sprösslinge sehr gewandte und gute Schreiber waren. Viele einfache Soldaten, die wie die Zanders aus dem Bauernstand kamen, konnten kaum schreiben und lesen. Auch dies ist ein Grund dafür, warum es kaum Selbstzeugnisse von gemeinen Soldaten dieser Zeit gibt.

Besonders spannend ist der Einblick, den die Briefe in die Anfangszeit des Siebenjährigen Krieges (1756–1763) erlauben. Es wird nicht nur der Einmarsch der preußischen Armee nach Sachsen im Sommer 1756 thematisiert, sondern auch die Verlegung von Truppenteilen oder die verstärkten Truppenaushebungen auf sächsischer und preußischer Seite.

Christian Friedrich berichtet in seinen Briefen von der Einquartierung seines Regiments in Dresden und ist sichtlich angetan von der sächsischen Residenzstadt. Johann Diederich,

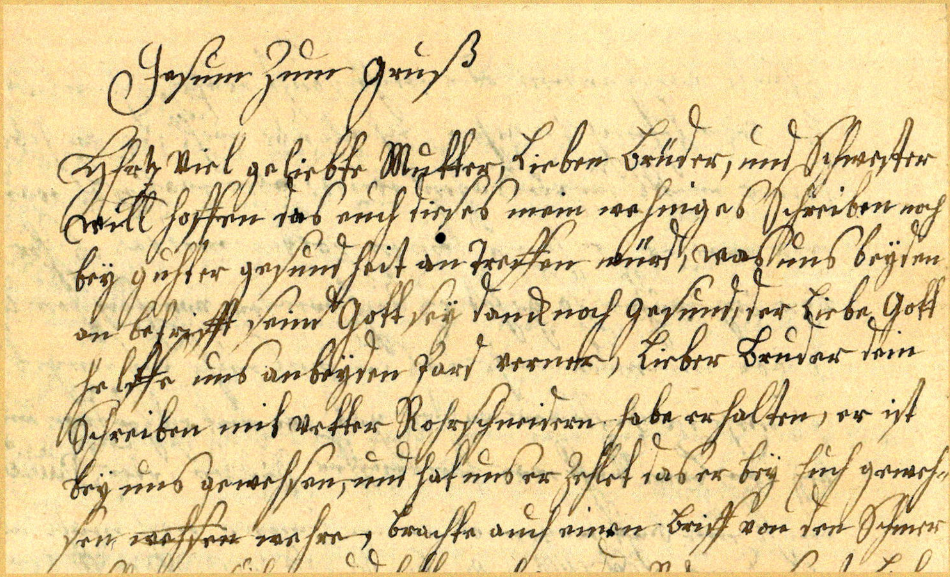

Schreiben des Johann Diederich Zander, Dresden, 14. Dezember 1756

der ebenfalls zeitweise in Dresden im Quartier lag, berichtet zudem von »Daumenschrauben«, mit denen angeblich der Kriegsgegner zum katholischen Glauben gezwungen werden sollte. Überhaupt spielen Gerüchte und die Schilderung von Propaganda-Nachrichten eine große Rolle in den Briefen und werden von beiden Schreibern ausführlich wiedergegeben.

Breiten Raum nimmt die Beschreibung von militärischen Scharmützeln an der böhmischen Grenze durch sogenannte Panduren sowie von kleineren Angriffen der Österreicher gegen die preußischen Truppen in Böhmen ein. Der preußische Rückzug nach der missglückten Belagerung von Prag wird genauso thematisiert wie die schwere Niederlage Friedrichs II. gegen ein österreichisches Heer in der Schlacht von Kolin 1757.

Auch über den strapaziösen Soldatenalltag berichten die Briefe. Die mangelhafte und eintönige Versorgung, der Mangel an warmer und ausreichender Bekleidung sowie die endlosen Märsche zeichnen ein ganz anderes Bild vom Siebenjährigen Krieg, als es die klassischen Schlachtenbeschreibungen oder die Aufzählung von militärischen Siegen und Niederlagen vermögen.

Christian Friedrich schildert eindringlich die katastrophale Lage für die verwundeten und kranken Soldaten, die in den großen Städten wie Prag oder Dresden nicht mehr aufgenommen werden konnten und so gut wie keine Pflege erhielten. Er selbst hatte einige Wochen »mit hitzigen Fieber« in Prag im Lazarett verbracht und nur mit viel Glück überlebt. Die Verwundetenversorgung war zu dieser Zeit bei fast allen Armeen äußerst mangelhaft. Es starben generell mehr Soldaten an Epidemien, die sich durch die mangelhaften hygienischen Zustände schnell verbreiteten, als an Schussverletzungen. Christian Friedrich berichtet auch von den vielen Deserteuren; auch das war ein generelles Problem der Armeen dieser Zeit. Insbesondere die »Ausländer« in den Armeen desertierten während des Krieges in großer Zahl. Unter ihnen auch der wohl bekannteste Deserteur der preußischen Armee, der Schweizer Ulrich Bräker, dem wir eines der wenigen Selbstzeugnisse eines einfachen Soldaten dieser Zeit verdanken.

Literatur Füssel / Petersen, 2012 · Bleckwenn 1912

Carmen Winkel

Die Peripherie des ersten »Weltkriegs«. Der westsächsische Raum als Wirkungsfeld militärischer Gewalt während des Siebenjährigen Krieges (1756–1763)

MARCUS VON SALISCH

»Mars tobet immer noch mit Morden, Zwang und Brand, Drei Heere haben uns fast täglich aufgerieben, und Österreich und Reich hat Preußen nicht vertrieben. Acht Millionen zahlt das arme Sachsenland bei Lieferung und mancherlei Beschwerden«[1] – so schilderte ein Chemnitzer Kirchendiener die Kriegslasten im Jahr 1758, dem dritten Jahr des Siebenjährigen Krieges.

Die »Szenen« der preußisch-sächsischen Nachbarschaft spielten sich auch auf militärischem Gebiet ab, war doch das Militär im 18. Jahrhundert ein wichtiges Instrument der Außenpolitik und eine wesentliche Komponente herrschaftlicher Inszenierung. Das nach der Kapitulation der kursächsischen Armee 1756 militärisch wehrlose Sachsen diente in diesem Konflikt vor allem als Durch- und Aufmarschgebiet sowie als Ort wichtiger Gefechte. Mit seinen beachtlichen Ressourcen nährte es den Krieg in besonderem Maße. Das Eigentum und die Arbeitskraft der Zivilbevölkerung spielten im Kriegsalltag eine ganz erhebliche Rolle, wodurch der Krieg zu einem integralen Bestandteil des frühneuzeitlichen Alltags der Zivilbevölkerung wurde. Im Mittelpunkt dieses Beitrags steht folglich die Frage nach dem zivil-militärischen Verhältnis in Kriegszeiten. Die in der Ratsschulbibliothek Zwickau erhaltenen gedruckten Quellen aus dem Bereich vor allem der lokalen Historiografie geben einen Einblick in die Kriegsereignisse und -lasten im westsächsischen Raum, welcher mit der Konzentration der traditionellen operationsgeschichtlichen Darstellungen auf »große Schlachten« bis heute meist in den Hintergrund tritt. Insbesondere der »kleine Krieg«, weniger bekannte Gefechte und Scharmützel prägten hier den Kriegsalltag.

Der Kontakt mit Fremden. Einquartierungen, Kriegsgefangene und Verwundete

Bereits Anfang September 1756 zogen die ersten preußischen Truppen durch sächsische Städte. So ist aus der (damals reichsunmittelbaren) Herrschaft Schönburg-Waldenburg bekannt, dass dort am 3. September rund 6 000 Preußen einrückten und während ihres Marsches in Richtung Dresden Quartier für eine Nacht nahmen. Dies führte dazu, dass nicht nur die Wohnhäuser, sondern auch Schul- und Pfarrgebäude sowie die »Spritzenhäuser« mit bis zu vierzig Mann belegt wurden. Da die Stadt Waldenburg die Versorgung dieser Truppen allein nicht aufbringen konnte, wurden auch die umliegenden Ortschaften »unter Bedrohung von Feuer und Schwert«[2] mit entsprechenden Forderungen belegt: Die Städte Glauchau, Meerane und Hohenstein sollten Bier, Brot, Branntwein, Fleisch, Hirse, Graupen, Mehl und Erbsen herbeischaffen; die zur Herrschaft gehörenden Dörfer waren für die Lieferung von Stroh, Hafer, Heu und Brot verantwortlich. Teils mussten die Vorräte auch durch die Einwohner über weite Strecken transportiert werden. Aus Furcht, die Transportpferde könnten den umherstreifenden Patrouillen in die Hände fallen, verwendete man dafür Schubkarren, was die Beförderung umso beschwerlicher machte. Hinzu kamen Plünderungen durch die preußischen Soldaten in Waldenburg selbst. Auch wenn der Bedarf der Truppe an Getreide gedeckt war, wurden dennoch die Vorräte weggenommen – schlichtweg um sie nach Abzug nicht dem Gegner in die Hände fallen zu lassen.

Adam Friedrich Zürner: Karte der Schönburgischen Herrschaften und Ämter Glauchau, Waldenburg, Lichtenstein, um 1760, Kupferstich, Sächsische Landesbibliothek – Staats- und Universitätsbibliothek Dresden

Große Befürchtungen entstanden indessen unter der Waldenburger Bevölkerung, als sich Kampfhandlungen in der unmittelbaren Umgebung, etwa in Form eines Überfalls auf die einquartierten Truppen, ankündigten: Zum Beispiel drohte im August 1758 der preußische General Asseburg, im Fall eines Angriffs durch die bei Zwickau lagernden Österreicher die Stadt in Brand schießen zu lassen. Die Einwohner brachten ihre Wertgegenstände in Sicherheit und wachten in den Nächten. Obwohl es nicht zu einem Gefecht kam, entstanden trotzdem erhebliche Schäden: Wälder wurden abgeholzt, Früchte – teils halbreif – geerntet, Holzlauben abgerissen und verbrannt sowie die Brücken über die Zwickauer Mulde stark beschädigt, um dem Gegner den Übergang zu erschweren.

Im Jahr 1761 betrug die dem Erzgebirgischen Kreis durch die in Torgau installierte preußische Kriegsverwaltung auferlegte Kontribution rund 1,5 Millionen Taler, wovon das Amt Waldenburg 3 000 Taler beizutragen hatte. Um eine möglichst gerechte Verteilung bei der Erbringung dieser hohen Summe vorzunehmen, teilte die Herrschaft Waldenburg ihre Bürger dem Vermögen entsprechend in sechs Steuerklassen auf. Als im Folgejahr eine ähnlich hohe Summe abverlangt wurde, kam es in Altstadt-Waldenburg zu Verweigerungen. Dieser Widerstand konnte erst durch ein preußisches »Exekutionskommando« überwunden werden, welches für Ordnung zu sorgen hatte. Vor diesen Belastungen konnte auch ein durch Prinz Heinrich – offenbar auf Initiative des Grafen von Schönburg – ausgestellter Schutzbrief

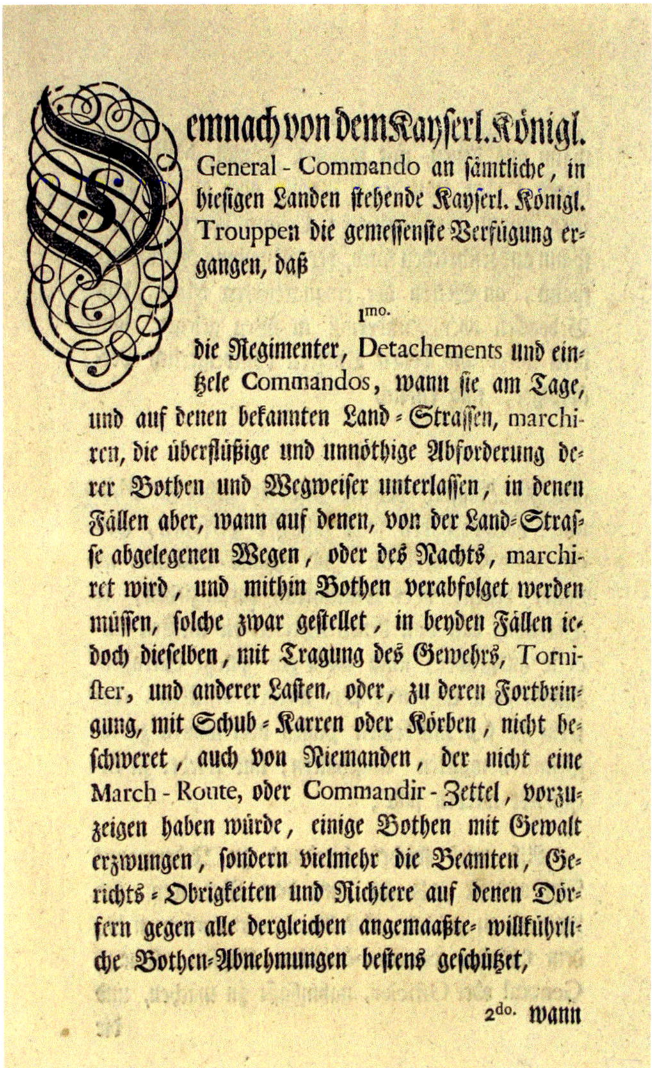

Demnach von dem Kayserl. Königl. General-Commando an sämtliche, in hiesigen Landen stehende Kayserl. Königl. Trouppen die gemessenste Verfügung ergangen, daß

1mo.

die Regimenter, Detachements und einzele Commandos, wann sie am Tage, und auf denen bekannten Land-Strassen, marchiren, die überflüßige und unnöthige Abforderung derer Bothen und Wegweiser unterlassen, in denen Fällen aber, wann auf denen, von der Land-Strasse abgelegenen Wegen, oder des Nachts, marchiret wird, und mithin Bothen verabfolget werden müssen, solche zwar gestellet, in beyden Fällen iedoch dieselben, mit Tragung des Gewehrs, Tornister, und anderer Lasten, oder, zu deren Fortbringung, mit Schub-Karren oder Körben, nicht beschweret, auch von Niemanden, der nicht eine March-Route, oder Commandir-Zettel, vorzuzeigen haben würde, einige Bothen mit Gewalt erzwungen, sondern vielmehr die Beamten, Gerichts-Obrigkeiten und Richtere auf denen Dörfern gegen alle dergleichen angemaaßte willkührliche Bothen-Abnehmungen bestens geschützet,

2do. wann

Bekanntmachung des sächsischen Kreiskommissariats betreffend den geordneten Durchzug von österreichischen Regimentern auf Landstraßen und Wegen, 1760, Stiftung Deutsches Historisches Museum

die Herrschaft nicht bewahren; Durchmärsche und Einquartierungen gingen dessen ungeachtet weiter – vielleicht auch ein Indiz für eine zunehmende »Verselbstständigung« des Kriegsgeschehens mit zunehmender Dauer des Konflikts.

Eine weitere Belastung stellten die Einwohner von Zwickau dar, welche aufgrund der hohen Kriegslasten gegen Ende des Krieges vermehrt aus dieser bedeutenden Stadt flohen und sich in der Umgebung niederließen. Zwickau war – wie etwa auch Chemnitz oder Freiberg – in Bezug auf die Kriegführung im westlichen Sachsen von großer strategischer Bedeutung für alle Kriegsparteien und beherbergte entsprechende Magazine. Innerhalb der Stadt wurden Lazarette eingerichtet, wozu Betten bereitgestellt werden mussten. Als nach der Schlacht bei Prag 1757 zahlreiche verwundete und gefangene österreichische Soldaten nach Chemnitz gebracht wurden, musste Zwickau Ärzte und »Krankenwärter« dorthin entsenden. Die aufgenommenen Soldaten brachten nicht nur ihre Kriegsverwundungen mit, sondern auch Krankheiten, die sich zuweilen auf die Einwohnerschaft übertrugen. Zu den Aufgaben der Geistlichkeit gehörte die Vorbereitung Schwerverwundeter auf den letzten Augenblick. Verstorbene Soldaten wurden zumeist durch ihre Kameraden auf dem örtlichen Friedhof beigesetzt, wie 1758, als der Soldat Rebholz »mit Marodeurs und kranken Soldaten von der österreichischen Reichshilfe mit einem Regimentsfeldscher, der sich in der Pfarre einquartierte, nach Culitzsch gekommen« war, dort jedoch »an einem hitzigen Fieber« verstarb und »auf dem hiesigen Gottesacker von denen Soldaten in aller Stille begraben« wurde.[3]

Aufgrund der Entwicklung des Kriegsgeschehens kamen 1758 auch österreichische Soldaten in die Region. Hierzu ist anzumerken, dass der Kontakt mit den einquartierten Soldaten für viele Einheimische sicher nicht nur die erste längerfristige Begegnung mit dem Militär überhaupt, sondern auch – gerade im Hinblick auf die ethnische und religiöse Herkunft der habsburgischen »Vielvölker-Armee« – ein Zusammentreffen mit unbekannten und exotischen Fremden darstellte. Dies wird durch die gesonderte Erwähnung von zwei »Türcken«[4] unter den nach bzw. durch Lichtentanne geführten Kriegsgefangenen unterstrichen. Für die Einquartierten mussten Verpflegung (oder die dafür nötigen Gelder), für die Verwundeten und Kranken im eingerichteten preußischen Lazarett Betten und Fuhrwerke bereitgestellt werden – allein aus Waldenburg wurden dazu 108 Wagen angefordert und für jeden fehlenden Wagen eine Strafe von 100 Talern angedroht. Die Gelage der österreichischen Offiziere im örtlichen Wirtshaus gingen zulasten der öffentlichen Gelder; Soldaten, die an Krankheit oder Verwundung starben, waren auf Gemeindekosten zu bestatten. Die »Soldaten-Weiber«, welche die Soldaten begleiteten, wurden im »Gemeinde-Haus« untergebracht. Es wird in diesem Zusammenhang von der Geburt mehrerer »Soldaten-Kinder« berichtet. Im Jahr 1760 forderten die Preußen die Stadt Zwickau sogar auf, 16 »Weibspersonen«[5] für die preußischen Soldaten herbeizuschaffen – vermutlich wird ein Geistlicher bei dann anstehenden Taufen vermerkt haben: »Der Vater war sehr wahrscheinlich vermeldeter Herr Hauptmann«.[6]

Verteidigung der Städte, Spanndienste, Schanzarbeiten und Abgaben

Das Einrichten von Besatzungstruppen für einen längeren Aufenthalt an strategisch wichtigen Orten bedeutete, dass die Verteidigungsbereitschaft der Ortschaften selbst erhöht oder ihnen zumindest das Material für andernorts zu errichtende Schanzen und Befestigungen abgefordert wurde. Aus Lichtentanne ist überliefert, dass hierzu »Höltzer in denen Spanischen reuthern bey der Stabs Wache« verlangt wurden.[7] Um die Einsatzbereitschaft der Kavallerie zu gewährleisten, wurde das örtliche

Handwerk in erster Linie für das Beschlagen der Pferde und für die Instandsetzung von Wagen herangezogen.

Durch die ständigen Bewegungen der Heere waren die Verkehrswege mit zunehmender Kriegsdauer stark in Mitleidenschaft gezogen. Daher musste beispielsweise die Waldenburger Einwohner- und Bauernschaft im April 1758 auf Befehl Prinz Heinrichs von Preußen die Straßen und Wege in und um die Stadt in Eigenleistung neu befestigen und ausbessern – und dies sonntags und »unter der Predigt«.[8] Um im Fall eines gegnerischen Angriffs die Muldebrücken rasch abbrechen zu können, standen in der Nacht vom 9. August 1758 auf preußischen Befehl dreißig Bürger an der Waldenburger Brücke in Bereitschaft. 1762 wurden Einwohner nach Chemnitz befohlen, um die Reichsarmee bei der Errichtung von Schanzen zu unterstützen.

Auch die Zwickauer Bevölkerung wurde von Kriegsbeginn an zu Schanzarbeiten herangezogen: So mussten der Stadtgraben gefüllt, die Tore der Stadt verstärkt und eine Befestigungsanlage auf dem Brückenberg errichtet werden – wobei die Stadt den Preußen das dafür nötige Holz abzukaufen hatte.

Zwangsrekrutierungen und Teuerung

Kursachsen war vor allem während des Siebenjährigen Krieges ein bedeutendes Rekrutierungsgebiet für die preußische Armee, die versuchte, ihre Verluste im Feld durch Anwerbungen und gewaltsame Rekrutierungen bestmöglich zu kompensieren. Der Bevölkerungsverlust von mehr als 100 000 Menschen, den Kursachsen in diesem Krieg erlitt, ist vor allem auch darauf zurückzuführen.

In Zwickau rekrutierte bereits Ende September 1756, also unmittelbar nach Kriegsausbruch, ein acht Mann starkes Kommando die ersten Mannschaften für das von dem preußischen Major von Kalben errichtete Freibataillon. In Schneeberg, wo während des Winters 1756/57 etwa 160 preußische Husaren einquartiert waren, erstellte man Listen aller ledigen Männer. Diese wurden am 30. November 1756 nachts mit Gewalt aus den Betten geholt und rekrutiert. In Zwickau wurden zur gleichen Zeit die Stadttore geschlossen und diensttaugliche Männer ins Militär gepresst. Groß gewachsene Männer hielten sich daher zunehmend vor den fremden Truppen verborgen, um nicht entführt und ins Militär gesteckt zu werden. So wagte es etwa Johann Georg Döhler aus Niedercrinitz »wegen seiner ausnehmenden Länge aus Furcht vor denen Soldaten« nicht, den Weg zur Zwickauer Superintendentur anzutreten, sondern blieb der Stadt fern.[9] Viele Gemeinden und Städte waren bemüht und wandten größere Geldsummen auf, um Freiwillige für den Kriegsdienst zu finden, damit die eigene Bevölkerung zu entlasten und das Zwangsrekrutieren zu vermeiden.

Durch die von Friedrich II. forcierte Falschmünzerei und den kriegsbedingten Niedergang von Landwirtschaft und Handel kam es im Laufe der Kriegsjahre zur Teuerung und zum Weggang zahlreicher Handwerker, die nicht nur den Rekrutierungen entgehen, sondern auch ihre Arbeit nicht länger in »schlechtem« Geld entlohnt haben wollten. Kostete beispielsweise eine Kanne Butter im Jahr 1761 im Raum Waldenburg noch 21 Groschen, wird der Preis für das letzte Kriegsjahr mit 1 Taler und 12 Groschen angegeben. Der Scheffel Korn kostete Ende 1756 6 Taler 20 Groschen, 1762 13 Taler und zum Ende des Krieges gar 26 Taler. Angesichts der sich von Jahr zu Jahr steigernden Summen der an die sächsischen Kreise ausgeschriebenen Kontributionsgelder (1759: 6 Mill., 1760: 12,5 Mill., 1762: 19,5 Mill.) war die Münzverschlechterung eine enorme Belastung für die sächsischen Landesökonomie. Zur »ordentlichen« Abführung der Kontributionen kamen obendrein noch spontane Kassenplünderungen in den Städten und Dörfern.

Lokale Obrigkeiten

Während des Siebenjährigen Krieges lag die Administration Kursachsens in den Händen des Feldkriegskommissariats. Ihm oblag die Aufgabe, auf die personellen und vor allem materiellen Ressourcen des besetzten Landes so zuzugreifen, dass die preußische Kriegführung sichergestellt werden konnte. Für das Kriegsjahr 1758 forderte der preußische König beispielsweise 6 000 Rekruten, 600 Artillerieknechte, 1 200 Pferde und erhebliche Gelder zur Verpflegung seiner Truppen. Die Umsetzung solcher Anordnungen brachte die lokalen Obrigkeiten wie Bürgermeister und Stadträte in eine wirtschaftliche und moralische Zwangslage: Ihnen wurde durch preußische Besatzungstruppen nicht nur der Huldigungseid auf den preußischen König abgezwungen, sondern im Fall der Nichterfüllung der Forderungen nach Rekruten und Naturalien auch mit persönlichen Konsequenzen gedroht, etwa mit Plünderung des Privatvermögens oder Verschleppung. So zwangen die preußischen Besatzungstruppen den Stadtrat von Waldenburg 1759 aufgrund der Flucht eines zwangsrekrutierten und in Waldenburg arretierten Einwohners, eine Entschädigung zu zahlen.

Als es in Waldenburg 1762 zu Weigerungen gegen die Entrichtung der Kriegssteuern und daraufhin zu Einquartierungen preußischer Truppen kam, wurden aus der Bevölkerung Geiseln genommen. Diese wurden nach Penig und Chemnitz transportiert und erst nach Entrichtung der Kontribution wieder freigelassen. Ähnliches geschah in Zwickau, wo Bürgermeister, Ratsherren, Amtmänner oder angesehene Bürger mehrfach durch preußische Kommandos arretiert, verschleppt und ihres Vermögens beraubt wurden, da die für die Verlegung eines Futtermagazins bereitgestellten Transportmittel nicht ausreichend oder die auferlegten Abgaben nicht verfügbar waren.

Mit zunehmender Kriegsdauer ging die Verzweiflung der Amtsträger mancherorts so weit, dass sie angesichts der Unklarheit und Bedrohlichkeit der Lage und der herrschenden Ungewissheiten ihre Ämter niederlegten: Beispielsweise traten im Jahr 1759 die beiden Schneeberger Bürgermeister von ihren Posten zurück, da sie sich nicht mehr in der Lage sahen, »den

Anforderungen von Freund und Feind zu entsprechen und den Bitten und Tränen der Bürger und Einwohner gleichfalls nachzugeben«.[10]

Psychische Krisenbewältigung. Friedensfeiern im Jahr 1763

Die Friedensschlüsse von Paris und Hubertusburg beendeten den Siebenjährigen Krieg 1763 endgültig. Die Nachricht vom Ende des Krieges löste unter der Bevölkerung Sachsens große Erleichterung aus. Die Art und Weise, in welcher dem Frieden flächendeckend »mit Rührung und Thränen« gedacht und gedankt wurde[11], zeigt die Anteilnahme der Bevölkerung in Stadt und Land. Unser bereits zitierter Chemnitzer Kirchendiener fügte seinem Gedicht anlässlich der Ereignisse von 1763 noch folgenden Vers hinzu:

> »Doch da die Not aufs höchste kommen war,
> Riß uns die Friedenspost aus Angst, Not und Gefahr.
> Wir fingen insgesamt von neuem an zu leben,
> Das holde Friedensfest konnt Mut und Kräfte geben.«[12]

Da der Frieden für den 21. März 1763 »als eines der größten Feste zu feyern anbefohlen« wurde[13], sind zahlreiche Details zu Friedens- und Dankesfeiern überliefert. Aus der Stadt Crimmitschau etwa ist der Ablauf des Friedensfestes näher bekannt: Bereits um fünf Uhr früh begannen die Festlichkeiten mit dem Singen von Kirchenliedern vor dem Rathaus, später versammelten sich Rat, Bürgerschaft sowie die Einwohner der zugehörigen Dörfer in schwarzer Kleidung zum feierlichen Kirchenzug, wobei das Lied *Nun danket all und bringet Ehr'* angestimmt wurde. Nach dem Dankgottesdienst sangen Schulkinder vor dem Rathaus weitere kirchliche Lieder, und am Nachmittag folgte ein weiterer Kirchgang.

In kirchlichen Räumen wurde die Friedensbotschaft unter anderem in Gestalt von Engeln oder in Glockeninschriften für die volkstümliche Erinnerung festgehalten: So überbringt etwa in der Kirche von Mittelbach ein geschnitzter Friedensengel mit einer Schriftrolle die Kunde vom Ende des Krieges. Neben dem Datum des Friedenschlusses sind der Text der Festpredigt sowie der Name des Stifters dort festgehalten. Die Einleitung »Siehe, ich verkündige euch große Freude [...]« unterstreicht indes nochmals den Stellenwert des Endes von Leid und Zerstörung – dem Kriegserleben wird im kollektiven Gedächtnis eine geradezu biblisch-historische Bedeutung beigemessen.

Zusammenfassung

Die Darstellungen zeigen, dass die Zivilbevölkerung sowohl als militärischer Faktor wie auch als aktiver Teilnehmer am frühneuzeitlichen Kriegsgeschehen gelten kann. Dreh- und Angelpunkt ihrer meist erzwungenen Einbindung sind Fragen der Heereslogistik, vor allem der Versorgung von Mensch und Tier mit Nahrung, des Transports und Personalersatzes und der Finanzierung des Krieges. Gerade für letztere Problematik war die frühzeitige Durchdringung der lokalen Verwaltung durch den Eroberer notwendig, um ein Mindestmaß an Effizienz und Übersicht zu erreichen. Abschließend lässt sich festhalten, dass gerade die regionale Perspektive geeignet erscheint, die Alltagsszenen der schwierigen preußisch-sächsischen Nachbarschaft zu erforschen. Aus dieser Perspektive heraus ergibt sich auch die Ganzheitlichkeit einer modernen Militärgeschichte, welche die militärisch-strategische Führungsebene ebenso selbstverständlich wie das Agieren des einfachen Soldaten und die Rolle der Zivilbevölkerung in den Blick nimmt. Da Krieg zu keiner Zeit in einem menschenleeren Raum stattfindet, spielt gerade die Bevölkerung eine kaum zu unterschätzende Rolle für das Vorankommen der militärischen Operationen.

Gedruckte Quellen und Literatur Birk/Loch/Popp 2012 · Die Friedensfeier, 1922 Förster 1896 · Franke 1903 · Görler 1908 · Göse 2013 · Kriegslasten eines Dorfes, 1935 Lichtentanne im Siebenjährigen Krieg, 1935 · Luh 2001 · Resch 1935 · Seidel 1929 Seyffarth 2002 · Thomas 1895

Anmerkungen **1** Franke 1903, zit. nach Seyffarth 2002, S. 49. **2** Thomas 1895, S. 205. **3** Seidel 1929, S. 4. **4** Lichtentanne im Siebenjährigen Krieg, 1935. **5** Seidel 1929, S. 5 **6** Förster 1896, S. 21 f. **7** Lichtentanne im Siebenjährigen Krieg, 1935. **8** Thomas 1895, S. 210. **9** Seidel 1929, S. 4. **10** Ebd., S. 5. **11** Zeitgenössischer Bericht (Anonym), zit. nach Lichtentanne im Siebenjährigen Krieg, 1935. **12** Franke 1903, zit. nach Seyffarth 2002, S. 51. **13** Die Friedensfeier, 1922

Berndt (Familie): Aufgerichtetes Denk- und Danckmahl, bey dem zu Hubertusburg in Meissen, erwünscht abgeschlossnen Frieden den 15. Febru. A. 1763, Nürnberg 1763, Kupferstich, Sächsische Landesbibliothek – Staats- und Universitätsbibliothek Dresden

No. 46.

Berndt fecit et excu. Norimb.

Germanien! die Vorsicht wacht
Die alles Schicksal weislich lenket,
Und auf der Völker Heil bedacht,
Den theuern Frieden wieder schenket!
Nun stellt sich dir mit diesem Jahr
Die Hofnung beßrer Zeiten dar.

Erheitere nun deinen Blik,
Den manche Thränen durchgefeuchtet;
Die Morgenröthe von dem Glük,
So deine Gegenden beleuchtet,
Zeigt dir die Friedenssonne an,
Die alles neu beleben kan.

Des Höchsten Auge sieht auf dich,
Sieh du nur auch auf GOttes Fügen:
Dann Seine Hülfe zeiget sich
Dir durch das Ende von den Kriegen;
Da das Schwerd in die Scheide fährt
Und sich die Ruhe zu dir kehrt.

Schlos Rom den Janustempel zu:
So öfne du den Andachtstempel,
Und danke GOtt für diese Ruh,
Und bringe andern zum Exempel
Lob, Preis und Ehre, Dank und Ruhm
Zum Pflichtabtrag ins Heiligthum.

Hat Er die Gnad an dir gethan,
Daß Fried und Treu einander küssen:
So zünde dem Dankopfer an,
Und sey vom Herzen drauf beflissen,
Daß dieser Reichthum Seiner Treu
Der Inhalt deines Loblieds sey.

Erhebe auch mit frohem Sinn
Die edle Neigung zu dem Frieden
Der Grosmuthsvollen Kayserin,
Durch die dir GOtt das Glück beschieden,
Das deiner Zukunft Heil verheist,
Und Ihre Fürsorg dir erweist.

Komm, trette nur vor Ihrem Thron,
Der Oelzweig, der den Scepter zieret,
Giebt die Versich.rung davon,
Daß Sie den Frieden eingeführet,
Der zur Befreyung von Gefahr
Der Wunsch so vieler Herzen war.

Ihr allertheurester Gemahl,
Das Oberhaupt, so für dich wachet,
Und durch der Mittel beste Wahl
Dein Wohl allzeit gegründet machet,
Nahm schon vor diesem Friedensplan
Sich deiner wie ein Vatter an.

Er schenkte deinem Volk die Ruh,
Die ihm der Krieg bisher entzogen;
Er theilte die Entlassung zu,
Und war in Gnaden dir gewogen,
Da Er die Bitte nicht verschmäht,
Die Ihn um Rettung angefleht.

Erbitte von des Höchsten Huld
Für Seinen Stamm dafür den Segen.
Und laß den Abtrag deiner Schuld
Dich jederzeit dahin bewegen,
Daß deine pflichtgemäse Treu
Ein Zeugnus der Befolgung sey.

Erflehe auch von GOttes Gnad
Für Reichs-Churfürsten, Fürsten, Stände,
Die weise Führung nach dem Rath,
Der alles stets zum Besten wende,
Und den gesamten Teutschen Reich
Die Früchte von dem Frieden zeig.

So wird dasselbe glücklich seyn,
Und unter segnendem Gedeyen
Sich in demselben Gros und Klein
Der neugeschenkten Ruh erfreuen,
Die Hubertsburg dem Reich gebracht,
Wo GOttes Gnade Fried gemacht.

So wird dies Jahr ein Jahr des Heils
Dem gantzen Teutschen Vatterlande,
Und die Noth, welche unsers Theils
Sich auch gemeinschaftlich einfande,
Wird durch die Hülfe nun geendt,
Die GOtt uns aus der Höhe sendt.

So steiget Handlung, Kunst und Fleiß,
Die insgesamt der Fried ernähret,
Der zu der Menschen Müh und Schweiß
Den Segen aus der Höhe kehret,
Der um so reichlicher erspriest,
Wann man ihn ungestört geniest.

Wie vieles wird durch Krieg und Streit
Von diesem Segen abgekehret,
Und bis zu der Unbrauchbarkeit
Zerrüttet oder gar verheeret?
Daß auch beym Segensüberfluß
Es vielen dannoch mangeln muß.

Nun kan die Pflugschaar ungekränkt
Die Furchen durch die Felder ziehen;
Nun wird der Segen, den GOtt schenkt,
In Sicherheit und Ruhe blühen;
Nun führet man die Garben ein,
Die keiner Feinde Beute seyn.

Nun sieht man mit Zufriedenheit
Den Feigenbaum und Weinstok grünen,
Die von der edlen Friedenszeit
Uns in der Schrift zum Bilde dienen;
Und jedermann rühmt von der Gnad,
Die uns der HErr erzeiget hat.

Der GOtt des Friedens lasse nun
Die Hülfe, die er uns erwiesen,
Auf dauerhaften Gründen ruhn,
Und viele Jahre in sich schliesen:
So rühmt die Dankergebenheit
Ihn in der Zeit und Ewigkeit.

AHLSDORFER BILDTAPETEN – EINE KULTURHISTORISCHE RARITÄT DES 18. JAHRHUNDERTS

»Gestern war ich in Ahlsdorf und brachte außer vielen Grüßen für Dich noch eine recht merkwürdige Geschichte zurück. Im oberen Zimmer sind viele Landschaften, Scenen u. dgl. In Öl auf eine Tapete gemalt, manche höchst seltsame Erfindungen, besonders Seegegenden mit Wohnungen in Felsen, Seeschlachten, auch Lokalscherze, z. B. wie einem protestierenden Advokaten die Perücke abfliegt. Diese höchst seltsame Tapete ist das Werk eines preußischen Unteroffiziers, welcher sich als Deserteur dort längere Zeit aufgehalten hatte und endlich seine Arbeit unterbrechen musste, weil er als Lord Macdonald im prächtigsten Wagen abgeholt wurde. Wegen eines Duells hatte er fliehen müssen aus England, aus Not hatte er preußische Dienste genommen, die Seinen hatten ihn nur mit Mühe aufgefunden, weil er desertiert war, er hatte unterdessen Verzeihung erhalten. Die Bilder zeigen deutlich, daß er auch Besseres hätte malen können, für solche Wandbilder sind sie übermäßig sauber ausgeführt.«

Ost- und Südwand des Gesellschaftszimmers im Schloss Ahlsdorf, um 1770 / 1775, Fotografie von 1909

rechte Seite:
Zentrales Fragment der Bildtapete von der Westwand des Gesellschaftszimmers, um 1770 / 1775, Fotografie von 2014 (Zustand nach der Restaurierung). Bildmotive der Westwand sind vor allem den zeitgenössischen Modetorheiten gewidmet.

Nord- und Ostwand des Gesellschaftszimmers mit 17 in Rocaille-Kartuschen eingefassten Bildmotiven, darunter mehreren Jagd- und Schlachtszenen, um 1770/1775, Fotografie von 1909

Die angeführten Zeilen stammen aus einem am 1. September 1825 von Achim von Arnim an seine Ehefrau Bettina gerichteten Schreiben und betreffen die bis heute in situ erhaltene Raumausstattung des Gesellschaftszimmers in Schloss Ahlsdorf im Süden Brandenburgs. Arnim bittet in seinem Brief um Diskretion, denn es sei »damit vielleicht noch Geld zu verdienen«, ließe sich die Geschichte um den Lord in eine literarische Form umsetzen. Wie eng sich die Schilderung Arnims an die Realität hielt, kann heute nicht mehr belegt werden. Die rätselhafte Identität des Schöpfers der Bildtapeten bleibt unbekannt, und die kaum erschlossene Quellenlage lässt nur Vermutungen zu.

Stilistische Merkmale des Barock und Rokoko, wie zum Beispiel die Rocaille-Kartuschen, in denen die Bildmotive der ursprünglich an allen vier Wänden des Gesellschaftszimmers angebrachten Leinwandtapeten gefasst sind, erlauben eine Datierung um 1770/1775. Zu dieser Zeit gehörte das Schloss der Familie von Seyffertitz und lag in Sachsen. Der Schlossherr, Hans Gottlob von Seyffertitz, diente bei der Infanterie als königlich polnischer und kurfürstlich sächsischer Leutnant, später als kurfürstlich sächsischer Kammerherr. Durch den seit Generationen gepflegten Militärdienst der Familie und die Besonderheit seiner geografischen Grenzlage bot sich das Herrenhaus an als ein angemessener Ort für Einquartierungen von Offizieren – und auch als mögliche Zufluchtsstätte für preußische Deserteure. Dass mit dieser Tradition nicht unmittelbar mit dem beim Wiener Kongress besiegelten Übergang des Territoriums an Preußen gebrochen wurde, belegen Schilderungen von Arnims aus dem Jahr 1815, in denen er von preußischen Offiziersbällen im Ahlsdorfer Gesellschaftssaal berichtet. Als Ort zum geselligen Verweilen am Abend bei Kerzenlicht eignete sich das repräsentative Zimmer mit seinen farbig gestalteten Wänden ausgezeichnet. Der unbekannte Maler schuf ein äußerst differenziertes Bildprogramm, das mit seiner brillanten Farbpalette und zahlreichen Motiven immer noch lebhafte Eindrücke vermittelt und Gesprächsstoff liefert. Allein die großflächige Nordwand besteht aus 17 Einzelmotiven, die in asymmetrischen Rocaille-Rahmen eingefasst sind. Bestimmen die Landschaftsszenen im Stil Claude Lorrains und Jan van Goyens die Mitte der Nordwand, ordnen sich eine

Detailaufnahme der Westwand, hier u. a. Lausen einer Perücke, um 1770 / 1775, Fotografie von 2014 (Zustand nach der Restaurierung)

dramatische Seeschlacht und ein effektvoll dargestelltes Gefecht der Artillerie den Seiten zu. Eine Vielzahl der Motive an der Westwand widmet sich den Torheiten der zeitgenössischen Mode. Sie belegen die stilistische Versiertheit und die Vertrautheit des Schöpfers mit moralisierend-satirischen Darstellungen der Zeit. Vor allem wird hier der Gebrauch von Perücken karikiert. Zum Koloss aufgetürmt und ungeheuerlich dekoriert, verlangsamt der Kopfputz die Schritte, verrückt das Gleichgewicht der betroffenen Herrschaften und wird somit zum Symbolbild für das steife höfische Leben. Der Topos der Maske wird an der Südwand weitergesponnen. Mehrere Motive zeigen Theaterszenen und Figuren aus der Commedia dell'arte. Kulturhistorisch besonders interessant erscheinen die drei kleineren Bilder, in denen der Maler den Prozess der Anbringung der Tapete darstellt. Im Zuge des Einbaus einer Falttür um 1900 wurde die Leinwand der Ostwand abgenommen und ist heute nicht mehr erhalten.

Die erhaltenen Bildtapeten wurden 2014 einer umfangreichen Restaurierung unterzogen. Damit erhält das »sächsische Brandenburg« ein weiteres Glanzstück zurück.

Ewa Gossart

Literatur
Alvers / Kunz 2002
Kaupisch 2006
Vordtriede 1988

5 | 24

Um die Vormacht

SZENE 5

VORBILD UND NACHAHMUNG

Unter der Regierung Augusts II. und Augusts III. entwickelte sich Dresden zu einem europaweit bewunderten Zentrum von Kunst und Kultur. Für Friedrich II. von Preußen war das augusteische Sachsen in vielem Vorbild. Bereits als Kronprinz hatte er seine Kapelle nach Dresdner Muster eingerichtet und mit sächsischen Musikern besetzt. Auch die Hofkapelle, die er nach seinem Regierungsantritt 1740 etablierte, folgte dem sächsischen Beispiel. Der preußische König war ein großer Verehrer des am Dresdner Hof wirkenden Komponisten Hasse, dessen Werke auch in Berlin regelmäßig auf dem Spielplan standen. Die berühmte Dresdner Gemäldegalerie beeinflusste Friedrichs Bildergalerie in Sanssouci, und Friedrich liebte und sammelte Meißner Porzellan. Für die von ihm begründete Königliche Porzellan-Manufaktur (KPM) war Meißen ein Vorbild. Wie in Dresden diente Kulturpolitik jedoch auch in Berlin vornehmlich der Repräsentation des Herrschers. Deshalb war der Hof Augusts III. dem preußischen König zwar nachahmenswertes Vorbild, eine bloße Kopie der Dresdner Verhältnisse strebte Friedrich II. allerdings nicht an. Das friderizianische Preußen trat auch auf kulturellem Gebiet in Konkurrenz zum augusteischen Sachsen. PL

5 | 1
Antoine Pesne

Carl Heinrich Graun und seine Gattin Anna Dorothea

um 1735 · Öl auf Leinwand · 140 × 110 cm
Potsdam, Stiftung Preußische Schlösser und Gärten Berlin-Brandenburg [GK I 10607]

Graun, geboren im sächsischen Wahrenbrück, erhielt seine musikalische Ausbildung in Dresden. 1724 wurde er an den Wolfenbütteler Hof berufen, wo er als Hofsänger seine ersten Opern komponierte, unter anderem *Lo Specchio della Fedelta* für die Hochzeit des preußischen Kronprinzen Friedrich mit Elisabeth Christine 1733. Friedrich fand großen Gefallen an Grauns Opern und warb ihn von Wolfenbüttel ab. So fungierte Graun zunächst als Komponist, Dirigent und Sänger in der Rheinsberger Kapelle, wenig später als Vizekapellmeister in Berlin. Hier kamen seine Konzertkantaten zur Aufführung. Nach seinem Regierungsantritt 1740 ernannte ihn Friedrich zum Hofkapellmeister für die neu gegründete Königliche Hofoper. Mit Grauns *Cesare e Cleopatra* wurde das neue Opernhaus in Berlin 1742 feierlich eröffnet, in der weiteren erfolgreichen Spielzeit standen noch 27 seiner Opern auf dem Programm. Neben Carl Heinrich Graun und seinem Bruder Johann Gottlieb holte Friedrich II. weitere in Sachsen ausgebildete bzw. dort wirkende Musiker und Komponisten an seinen Hof – unter ihnen Johann Joachim Quantz, Johann Friedrich Agricola und Carl Philipp Emanuel Bach. MH

5 | 2 (ohne Abb.)
Pietro Metastasio

Libretto der Oper *L'eroe cinese* von Johann Adolf Hasse

gewidmet August III.
Dresden 1753 · Buchdruck · 20,5 × 17,5 cm
Halle (Saale), Martin-Luther-Universität Halle-Wittenberg, Universitäts- und Landesbibliothek Sachsen-Anhalt [PON IId 1700 (4,1/3)]

Hasse, geboren in Bergedorf bei Hamburg, begab sich der musikalischen Karriere wegen 1722 nach Italien und avancierte dort zum berühmten Opernkomponisten. Nach einem erfolgreichen Gastspiel 1731 an der Dresdner Hofoper verlieh August II. ihm den Titel eines »Königlich Polnischen und Kurfürstlich Sächsischen Kapellmeisters«. Diesen Dienst trat er jedoch erst nach Augusts Tod 1733 unter dessen Sohn Kurfürst Friedrich August II. an, der als König August III. auch in Polen regierte. Unter Hasses Einfluss erfuhr das musikalische Leben am Dresdner Hof eine Hochblüte. Die Oper *L'eroe cinese* wurde zum Geburtstag Augusts III. 1753 im Opernhaus von Schloss Hubertusburg uraufgeführt – neben der Residenzstadt Dresden die zweite wichtige Aufführungsstätte des sächsischen Hofes. Eine zweite Version präsentierte Hasse dem preußischen König 1773 im Neuen Palais in Potsdam. MH

5 | 3 (ohne Abb.)

Spielwalze mit Melodie der Oper »Arminio« von Johann Adolf Hasse

aus einer Bodenstanduhr mit Flötenspielwerk
Potsdam / Berlin 1763/64, 1769 · Holz, Messingstifte und -brücken, Stahl
Walze Dm 15 cm, L 30 cm
Potsdam, Stiftung Preußische Schlösser und Gärten Berlin-Brandenburg [SPSG V 1]

Als Komponist war Hasse ein Idol seiner Zeit. Auch Friedrich II. verehrte mit seiner Vorliebe für die italienische Oper den Dresdner Hofkapellmeister und erwies ihm seine Reverenz. Insgesamt ließ er zwölf Opern Hasses in Berlin erstaufführen, darunter *Arminio* im Jahr 1747. Der König kannte die Oper, die am 7. Oktober 1745 in Dresden uraufgeführt worden war: Er hatte *Arminio*, die im Ruf stand, Spitzen gegen den preußischen König zu enthalten, im Dezember 1745 in Dresden spielen lassen, das er im Zuge des Österreichischen Erbfolgekriegs damals erstmals besetzt hielt. In Dresden musizierte er zudem an mehreren Abenden gemeinsam mit dem Ehepaar Hasse – was er während seiner zweiten Besetzung Dresdens 1756 im Siebenjährigen Krieg wiederholte. 1753 folgte Hasse einer Einladung des Königs nach Berlin, wo er einer Aufführung der von Friedrich II. entworfenen und von Graun vertonten Oper *Sylla* beiwohnte. Zweimal empfing der preußische König Hasse nach dem Siebenjährigen Krieg im Neuen Palais in Potsdam: Zur Einweihung 1768 wurden zwei Hasse-Oratorien gespielt und zum höfischen Jahresfest 1773 die Oper *L'eroe cinese*. Die Standuhr, zu der diese Spielwalze gehört, stand einst im Vorzimmer der Wohnung Friedrichs im Neuen Palais. MH

5 | 4
Bernardo Bellotto, gen. Canaletto

Ansicht des Neumarktes zu Dresden vom Jüdenhofe aus

1774 · Kupferstich · 33 × 52 cm (Blatt)
Dresden, Sächsische Landesbibliothek – Staats- und Universitätsbibliothek [KS B1804]

Sowohl August II. als auch sein Sohn August III. nutzten die Dresdner Kunstsammlungen, um ihre erst kürzlich mit der polnischen Königswürde erworbene europäische Großmachtstellung zu demonstrieren. Einer der wichtigsten Bestandteile der Kunstsammlungen war die Gemäldegalerie. Bereits August II. begann mit der Anlage einer solchen repräsentativen Sammlung. Aber erst mit August III. erlangte sie in Qualität wie auch Quantität europäischen Rang.
Die Verantwortung für den Ausbau der Sammlung lag beim sächsischen Premierminister Heinrich von Brühl und bei dessen persönlichem Sekretär sowie Direktor des königlichen Kupferstichkabinetts Carl Heinrich von Heineken. Mithilfe ihres über ganz Europa gespannten Netzes von Diplomaten, Künstlern und Agenten tätigten sie die Erwerbungen.

5 | 4

Anfang der 1740er Jahre war die königliche Gemäldegalerie so angewachsen, dass sie einen größeren, dem Rang der Sammlung entsprechenden Präsentationsraum benötigte. 1745/46 baute der sächsische Oberlandbaumeister Johann Christoph Knöffel das ehemalige Stallgebäude am Jüdenhof dafür um. Wie auf der Ansicht Bellottos auf der linken Bildseite gezeigt, entstand in exponierter Lage ein eigenständiger Galeriebau mit repräsentativer, der Stadt zugewandter Hauptfassade und vorgelagerter Treppenanlage. Die innere Einteilung des Gebäudes griff das bereits 1742 von Knöffel für Brühls Gemäldegalerie entwickelte Raumkonzept des lang gestreckten Rechtecks mit durchlaufender Bilderwand und gegenüberliegender Fensterreihe wieder auf.

Mit ihrer Vielzahl von Werken bedeutender Künstler, ihrer symmetrisch in Abteilungen geordneten Hängung nach Schulen sortiert und ihres einer herrschaftlichen Sammlung würdigen Gebäudes war die Dresdner Gemäldegalerie über die Landesgrenzen Sachsens hinweg bekannt, berühmt und gelobt. TM

5 | 5

Bernardo Bellotto, gen. Canaletto

Dresden vom rechten Elbufer oberhalb der Augustusbrücke

Radierung · 54 × 84 cm (Blatt)

Dresden, Städtische Galerie [1977/k 486]

Die Ansicht Bellottos verweist auf eine zweite bedeutende, der königlichen kaum nachstehende Kunstsammlung in Dresden – auf die des sächsischen Premierministers Heinrich von Brühl. Brühls Sammeltätigkeit war eng verknüpft mit der seines Landesherrn. Über das gleiche Netzwerk und mit tatkräftiger Unterstützung Carl Heinrich von Heinekens bezog er auch für seine private Sammlung hoch bedeutende Kunstwerke. Für einen Teil seiner herausragenden, mehr

5 | 5

als 1 000 Bilder umfassenden Gemäldesammlung ließ Brühl ab 1742 von Johann Christoph Knöffel in seinem Garten auf dem Wall, der heutigen »Brühlschen Terrasse« , das erste freistehende und nur diesem Zweck dienende Galeriegebäude errichten. Es entstand ein weithin sichtbares orangerieähnliches, lang gestrecktes, eingeschossiges, an den Ecken von kleinen Kabinetten abgeschlossenes Bauwerk. Auf der zur Elbe gelegenen Seite gewährleisteten 19 rundbogige, bis zum Boden reichende Fenster die Beleuchtung des großen Raumes. An der den Fenstern gegenüberliegenden geschlossenen Wand hingen in achssymmetrischer Anordnung die Gemälde vorrangig flämischer und holländischer sowie einiger italienischer, französischer und deutschsprachiger Künstler. Auf Tischen und Konsolen aufgestellte Skulpturen ergänzten die Präsentation. Brühl war sich des bedeutenden Anteils, den Heineken am Aufbau seiner Sammlung hatte, bewusst. In einem Brief an diesen schrieb er: »die Galerie ist ihr Werk, und ich habe davon nur die Ehre, sie jedoch den Ruhm«. Dass die russische Zarin Katharina II. nach dem Tod Brühls von dessen Erben etwa 600 Gemälde kaufte, zeugt von der hohen Wertschätzung für die Sammlung.

TM

5 | 6

Augustin de Saint-Aubin

Carl Heinrich von Heineken

nach 1756 · Kupferstich · 20,3 × 14,6 cm (Platte)
Dresden, Kupferstich-Kabinett, Staatliche Kunstsammlungen Dresden [A 1874-39]

Carl Heinrich von Heineken kam 1730 nach Dresden und wurde Hofmeister des Grafen Sulkowski. 1739 trat er in die Dienste des sächsischen Premierministers Heinrich von Brühl. Brühl vertraute ihm rückhaltlos die Verwaltung all seiner Kassen, Güter, Manufakturen und Sammlungen an. August III. ernannte Heineken 1746 zum Direktor des königlichen Kupferstichkabinetts. Ohne Heineken hätte das augusteische Dresden nicht seine herausragenden Kunstsammlungen und damit den bis heute währenden kulturellen Ruhm erlangt. Es war seinem unermüdlichen Fleiß, seinem Organisationsgeschick und seiner großen Kenner-

5 | 6

5 | 7

schaft zu verdanken, dass die Bestände der Brühl'schen und der königlichen Gemäldesammlungen sowie der Kupferstichkabinette bedeutend erweitert wurden. Allein die königliche Grafiksammlung wuchs in seiner 17-jährigen Tätigkeit als deren Direktor um 80 000 Werke. Auf eigenes finanzielles Risiko gab Heineken das *Recueil* heraus, zwei prachtvolle Kupferstichwerke mit den berühmtesten Bildern der königlichen sowie der Brühl'schen Gemäldegalerie, die der Welt von deren Glorie und Bedeutsamkeit künden sollten.

Für die Ankäufe hatte er ein europaweites Netzwerk aus Künstlern, Diplomaten und Agenten gespannt. Dazu zählte unter anderen der für den preußischen König tätige Kaufmann und Bankier Johann Ernst Gotzkowsky. Ab 1748 erwarb Heineken über Gotzkowsky einige Preziosen für Brühl. Aber auch Gemälde für die Bildersammlung des Preußenkönigs gehörten zu den gehandelten Objekten. Von Friedrich beauftragt, »eine Quantität kostbarer Gemälde, die zu der neuen Galerie [...] bestimmt waren« zu beschaffen, erwarb Gotzkowsky über Heineken »aussortierte« Werke der Dresdner Gemäldegalerie – ein Handel, der wegen seiner politischen Brisanz im Geheimen ablaufen musste und erst später ans Licht kam. TM

5 | 7

Georg Christoph Kilian
nach Georg Caspar von Prenner

Matthias Oesterreich

1747 · Radierung · 15 × 11 cm (Blatt)
Potsdam, Potsdam Museum –
Forum für Kunst und Geschichte [86 / 1669 K2]

Der Maler Matthias Oesterreich kam 1742 nach Dresden. Er war der Vetter Carl Heinrich von Heinekens. Heineken scheint sich bei Graf von Brühl für Oesterreich eingesetzt zu haben, der ihn wiederum bei August III. empfahl. Dieser gewährte Oesterreich mehrere Studienreisen nach Italien, machte ihn 1751 zum Inspektor der Kupferstichsammlung und 1753 zum Unterinspektor der königlichen Gemäldegalerie. Protegiert durch Heineken arbeitete Oesterreich an fast allen von diesem initiierten Publikationsprojekten zu den Brühl'schen und königlichen Kunstsammlungen mit. Allerdings waren seine künstlerischen Leistungen nicht zufriedenstellend. Nur drei von 20 Zeichnungen nach Originalen, die er für das *Recueil* Augusts III. im Auftrag Heinekens anfertigte, wurden als Kupferstiche umgesetzt.

Während des Siebenjährigen Krieges führte Oesterreich den preußischen König bei dessen Dresden-Aufenthalt 1756 / 57 mehrmals durch die königliche Gemäldegalerie. Er konnte diesen dabei so von sich überzeugen, dass er, zum großen Missfallen seiner Mentoren Heineken und Brühl, 1757 nach Potsdam abgeworben wurde und dort das Amt des Inspektors der Gemäldesammlung erhielt.

In Berlin wurde deutlich, wie sehr Oesterreich in Dresden von der Fachkenntnis, Unterstützung und Kontrolle Heinekens profitiert hatte. Auf sich allein gestellt, beging er bei den Publikationen zur königlich preußischen Gemäldesammlung grundlegende Fehler, die ihm einen schlechten Ruf unter Fachkollegen einbrachten. Johann Joachim Winckelmann urteilte bereits 1763 negativ über Oesterreich und nannte ihn »einen groben Esel und Erzbetrüger, der dem Dreck, worauf er tritt, Schande macht«. TM

5 | 8

Carl Christian Glaßbach
nach Matthias Oesterreich

Arangement Des Tableaux De la Grande Gallerie Royalle à Sans Souci, MDCCLXIII

1763 · Radierung · 47 × 64,3 cm
Potsdam, Stiftung Preußische Schlösser und Gärten Berlin-Brandenburg [GK II (1) 520]

Als wertvolle zeitgenössische Quellen sind die ab 1763 zahlreich erschienenen Hängepläne, Verzeichnisse und Kataloge zur königlich preußischen Gemäldegalerie zu bewerten. Sie erlauben es, die Zusammenstellung der Gemälde und die Art ihrer Präsentation zu rekonstruieren.

Den ersten Hangeplan, das *Arangement des Tableaux De la Grande Gallerie-Royalle à Sans-Souci*, gab der Galerieinspektor Matthias Oesterreich bereits 1763 heraus. Er zeigt die schematische Anordnung der Bilder an der Wand und benennt neben dem Titel auch den jeweiligen ausführenden Künstler. Vermutlich auf seine eigene Initiative hin veröffentlichte Oesterreich 1764 anlässlich der Fertigstellung des Galeriegebäudes einen ersten ausführlichen Gesamtkatalog der Sammlung in deutscher sowie französischer Sprache. Bis 1773 folgten noch drei weitere, veränderte Ausgaben.

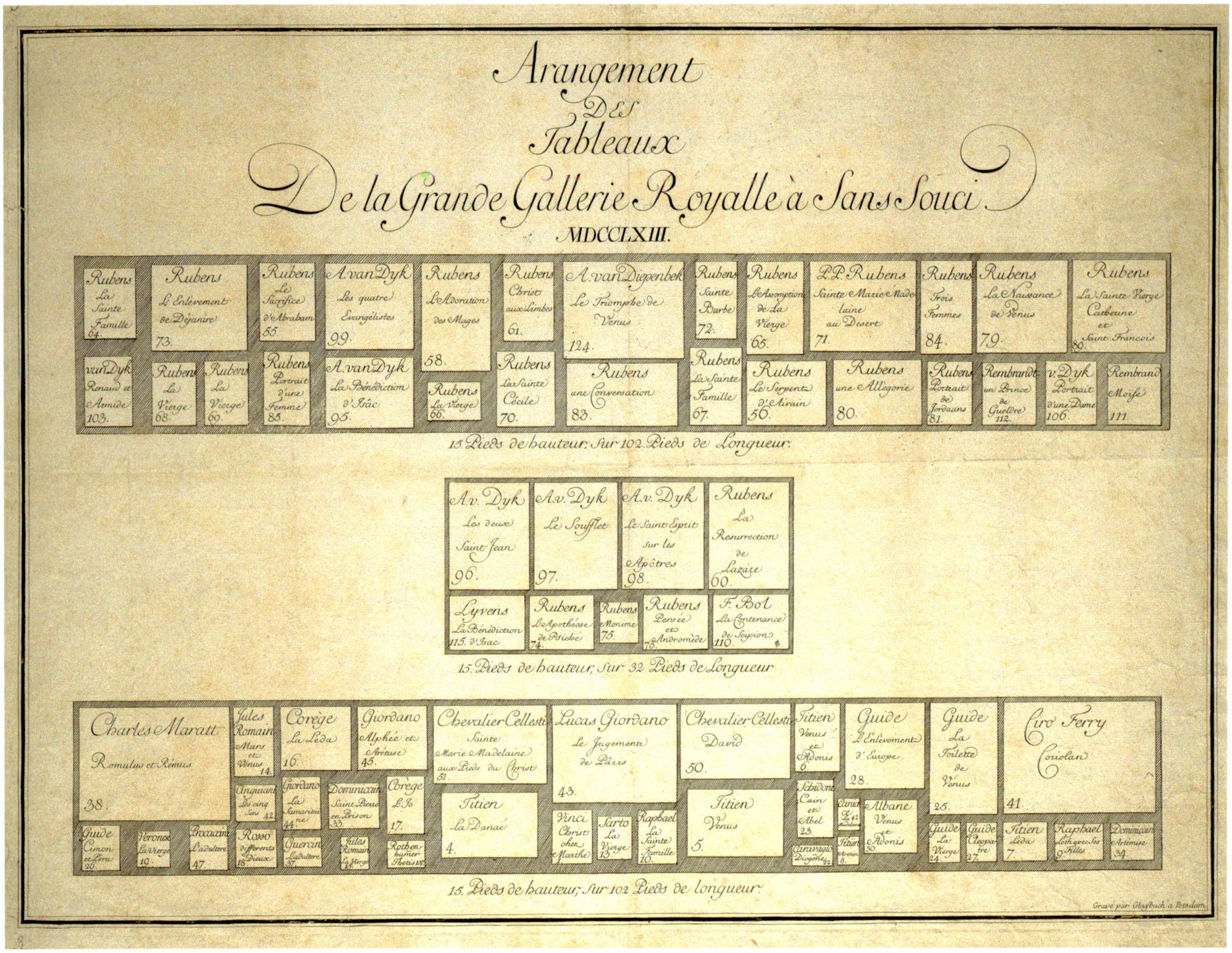

5 | 8

Nach Künstlern und Schulen geordnet, verfasste Oesterreich zu jedem Gemälde eine stark subjektiv wertende, sich auf die künstlerische Qualität der Darstellung beziehende Beschreibung. Dies und die ungeprüfte Übernahme der durch die Händler erfolgten Künstlerzuschreibungen brachte Oesterreich große Kritik ein. Eine Vielzahl der Zuschreibungen an bedeutende Künstler hielt einer späteren kritischen Begutachtung der Bilder nicht stand. Die Qualitätsnachteile der Potsdamer Sammlungen lagen in der Ungeduld Friedrichs begründet, mit der er an den Bildererwerb heranging, sowie in der mangelnden Beratung. Auch war der Preußenkönig nicht bereit, große Summen auszugeben, wie dies August III. tat. So war es ihm auch nicht vergönnt, den Ruhm seiner Sammlung in einem prachtvollen Kupferstichwerk in der Art des *Recueil* der Dresdner Bildersammlung verbreitet zu sehen. TM

5 | 9
Johann David Schleuen d. Ä.
Die Bildergalerie im Park Sanssouci
um 1768 · Radierung · 25,1 × 38,8 cm
Potsdam, Stiftung Preußische Schlösser und Gärten Berlin-Brandenburg [GK II (1) 477]

Erst spät begann Friedrich II., eine repräsentative Gemäldesammlung aufzubauen, der er auch ein eigenes Gebäude widmete. Zuvor wählte der König die für die Ausstattung seiner Schlösser vorgesehenen Gemälde nach seinem persönlichen Geschmack aus. 1755 änderte sich dies. Mit Unterstützung seiner Berater und Agenten wurde bis 1770 eine dem Zeitgeschmack und den akademischen Ansprüchen angemessene höfisch-repräsentative Bildersammlung zusammengestellt.

5 | 9

Als die wichtigsten Unterstützer des Königs sind dabei der Marquis d'Argens, Francesco Algarotti und Johann Ernst Gotzkowsky zu nennen. Bei der Auswahl der Bilder scheint sich der König auch am sächsischen Hof orientiert zu haben, wie der Verleger Friedrich Nicolai 1764 berichtet: »Unter uns, er hat aus Dresden den Geschmack an Correggio und Rubens mitgebracht.«

Gleichzeitig begannen 1755 die Bauarbeiten für das Galeriegebäude. Die Pläne dafür lieferte Johann Gottfried Büring. Bis 1764 entstand der lang gestreckte, eingeschossige Bau mit bodentiefen Bogenfenstern und konvex ausschwingendem Mittelrisalit sowie zwei die Fassade einrahmenden Eckrisaliten. Obwohl das Bauwerk wesentlich aufwendiger gestaltet war, wies es eine große Ähnlichkeit mit dem 1742 errichteten Galeriegebäude des Grafen von Brühl in Dresden auf. Nicht nur die Wahl und Anlage des Baukörpers legt die Vermutung einer Vorbildwirkung nahe. Auch die innere Einteilung und die Art der Präsentation und Kombination der Kunstwerke zeigten Parallelen. Hier wie dort fassten kleine Kabinette den lang gestreckten Galerieraum ein. An der den bodentiefen Fenstern gegenüberliegenden Wand hingen die Gemälde in ähnlicher Anordnung. Zwischen den Fenstern fanden Skulpturen auf Tischen Aufstellung. Spätestens im Winter 1756/57 muss Friedrich II. die Brühl'sche Galerie kennengelernt haben, als er im Palais des Grafen Quartier bezog. TM

5 | 10
Johann Friedrich Eberlein

Dessertteller / Obstteller mit durchbrochenem Rand aus dem Service mit dem »Brühlschen Allerlei«

Meißen, um 1746 · Porzellan, Bemalung in Aufglasurfarben und Gold
H 4 cm, Dm 24,2 cm
Dresden, Porzellansammlung, Staatliche Kunstsammlungen Dresden, Leihgabe der Grafen von Brühl [PE 1315 a]

Das sogenannte Brühlsche Allerlei zählt neben dem ebenfalls für den Grafen von Brühl angefertigten Schwanenservice zu den umfangreichsten Tafelservicen der Meißner Porzellan-Manufaktur. Gerade erst waren die letzten Teile des Schwanenservice ausgeliefert, da begannen 1742 die Arbeiten an dem neuen, über 2 200 Einzelteile umfassenden Speise-, Kaffee-, Tee- und Dessertservice. Zwei gestalterische Merkmale

5 | 11

zeichnen das von Johann Friedrich Eberlein geschaffene Ensemble aus: Das eine ist der dem Service den Namen verleihende, auf allen Teilen aufgebrachte plastische Dekor. Er zeigt im flachen Relief ein schmales Band aus sechs abgeteilten Feldern. Jedes Feld hat ein anderes, »auf allerley Arth« geflochtenes Muster. Abwechselnd in jedem zweiten Feld sind entweder bewegte Muschel-Ornamente oder stilisierte Blütenzweige über das Flechtwerk gelegt. Das zweite gestalterische, alle Teile umfassende Merkmal ist die vielfarbige Bemalung in Form von exotischen oder einheimischen Früchten und Gemüsen sowie frei arrangierten Blumenbuketts. Als Handhaben der Terrinen sowie der kleineren Dosen und Gefäße waren vollplastisch ausgeformte Gemüse / Früchte angebracht.

Die Dessertteller zeichnet darüber hinaus eine weitere Eigenart aus. Hier wurde nämlich das Flechtwerk der geschwungenen Fahne ausgeschnitten, sodass ein durchbrochener Tellerrand aus dreierlei Gitternetzen, Muschel-Ornamenten und Blütenzweigen entstand. Diese Art der Gestaltung, wurde in Meißen zwar schon früher angewandt, hier aber erstmals bei einem umfangreichen Tafelservices verwendet, was in der Folge vorbildhaft war. TM

5 | 11

Friedrich Elias Meyer

Zwei Dessertteller aus dem Service Friedrichs II. mit »preußisch-musikalischem Dessin«

Meißen 1761 · Porzellan, Aufglasurmalerei, vergoldet · Dm 25 cm

Potsdam, Stiftung Preußische Schlösser und Gärten Berlin-Brandenburg [XII 8279, XII 8280]

Die Besetzung Sachsens im Siebenjährigen Krieg nutzte Friedrich II., um eigene Bestellungen mit genauen Vorgaben bei der Meißner Porzellan-Manufaktur aufzugeben. Dazu zählt auch das 1761 georderte Service mit dem »preußisch-musikalischen Dessin«. Neben einem neuen aufwendigen Reliefzierat mit astronomischen und musikalischen Instrumenten sowie militärischen Trophäen soll Friedrich für die formale Gestaltung auf den direkten Bezug bestanden haben zum für den Grafen von Brühl gefertigten »Brühlschen Allerlei«. Die 1762 zum Service nachbestellten Dessertteller waren eine direkte Wiedergabe der Dessertteller dieses Service. Aber auch zum Schwanenservice bestanden direkte gestalterische Parallelen in Form des üppigen vollplastischen Figurenschmucks der Terrinen und Tafelaufsätze. Für die farbliche Gestaltung wünschte Friedrich II. eine Komposition aus stilisierten Chrysanthemen in indianischer Manier. Farblich sollte sie in Eisenrot ausgeführt werden, »von der Couleur, welche des Königs von Pohlen Maj. vorzüglich lieben«.

Womöglich sind die deutlichen Bezüge zu den Porzellanen Augusts III. und Friedrichs persönlichem Feind, Heinrich von Brühl, als klare Aussage des preußischen Königs zu verstehen, mit der er sich als Triumphator über seine politischen und militärischen Gegner darstellen und sich als Herr der Meißner Porzellan-Manufaktur gerieren wollte.

Eine weitere Genugtuung muss es Friedrich in diesem Wettstreit bereitet haben, dass die an dem Service vermutlich maßgeblich beteiligten Künstler, der Modelleur Friedrich Elias Meyer und der Maler Carl Jakob Christian Klipfel, ab 1763 die Geschicke seiner eigenen, der Königlichen Porzellan-Manufaktur (KPM) in Berlin lenkten und für deren künstlerischen Erfolg mitverantwortlich waren. TM

5 | 12
Friedrich Elias Meyer
Grieninger im Kreise seiner Familie
Berlin: KPM 1766 · Porzellan, glasiert
29,5 × 26 cm
Potsdam, Stiftung Preußische Schlösser
und Gärten Berlin-Brandenburg
[B 85 / 38 Porzellansammlung des Landes Berlin]

5 | 13

Seit 1751 unterstützte Friedrich II. die Gründung und Etablierung eines Porzellanunternehmens in Preußen. Erst mit Johann Ernst Gotzkowsky gelang es, dieses Vorhaben ab 1761 zum Erfolg zu bringen und schließlich ab 1763 in der Königlichen Porzellan-Manufaktur (KPM) aufgehen zu lassen. Gotzkowsky war allerdings nicht allein für den Erfolg verantwortlich. Bezeichnenderweise waren es gerade zwei zunächst in sächsischen Diensten stehende, von Gotzkowsky für das Unternehmen gewonnene Persönlichkeiten, die maßgeblich zum Gelingen in wirtschaftlicher wie in künstlerischer Weise beitrugen. Der eine war der im Porzellanrelief im Kreise seine Familie Dargestellte, der sächsische Kommissionsrat Johann Georg Grieninger. Grieninger verbrachte seit dem Beginn des Siebenjährigen Krieges »seine Zeit ohne öffentliche Beschäftigung« in Berlin. So ging er gern auf das Angebot Gotzkowskys ein, die kaufmännische Leitung der Manufaktur als Direktor zu übernehmen. Diesen Posten in der KPM sollte er auch bis zu seinem Tod behalten.

Der andere ist der Schöpfer der Plakette, der Bildhauer und Modelleur Friedrich Elias Meyer. Gotzkowsky gelang es 1761, Meyer von der Meißner Porzellan-Manufaktur, wo er vermutlich auch den Entwurf für das »preußisch-musikalische Dessin« schuf, abzuwerben. Schwer scheint Meyer der Wechsel nicht gefallen zu sein, da er die schlechte Bezahlung und das despotische Verhalten seines Vorgesetzten, Johann Joachim Kändler, als Gründe für den Fortgang angab. Mit ihm war eine wichtige Persönlichkeit gewonnen, deren Entwürfe für Figuren und Tafelgeschirre den frühen künstlerischen Ruhm der KPM sicherten und sie über die Landesgrenzen hinaus bekannt machten. TM

5 | 12

5 | 13
Terrine aus dem Service für General Heinrich August Baron de la Motte Fouqué
Berlin: KPM 1766 · Porzellan · 19 × 21,2 × 14,7 cm
Berlin, Stiftung Stadtmuseum Berlin [VI 18247]

Einer der wichtigsten und bedeutendsten Entwürfe Friedrich Elias Meyers für die Gotzkowsky'sche Porzellan-Manufaktur war der sogenannte Reliefzierat, den er 1762 für Kaffee- und Teeservice entwickelte. In der KPM wurde dieser dann zu einem kompletten Tafelservice ausgeweitet, und Friedrich II. bestellte 1765 davon eine Partie mit in Gold gehöhtem Relief und Blumenmalerei für sein Neues Palais in Potsdam, das sogenannte 1. Potsdamsche Service. Mit der Leichtigkeit des geschwungenen, filigranen, die Flächen überziehenden Lineaments benutzte Meyer die gleiche Formensprache, wie sie auch in den Schlossräumen von den Stuckateuren geschaffen wurde.

Aber nicht nur für sich selbst, sondern auch als diplomatische und persönliche Geschenke bestellte Friedrich II. Tafelservice vom Modell »Reliefzierat«. Im Dezember 1766 erhielt einer seiner engsten und langjährigen Freunde, Heinrich August Baron de la Motte Fouqué, eine Variante dieses Service. Hier wurde das Relief weiß belassen und nur vereinzelt mit Gold angespitzt. Die freien Flächen schmückten in flottem Duktus aufgetragene Berliner Manierblumen. Mit dem Geschenk wollte Friedrich aber nicht nur seine Verbundenheit zu Fouqué zeigen. Gleichzeitig war es auch ein Beleg für die qualitative Höchstleistung, zu der seine Porzellan-Manufaktur bereits fähig war. Schon 1764 begleitete er ein Porzellangeschenk an Fouqué mit den Worten »Meine Porzellanfabrik ist viel besser als die in Meißen. Man macht jetzt schon viel schönere Sachen, als man sie in Meißen je ersonnen hat.« TM

5 | 14

5 | 14
Friedrich Elias Meyer (Modelleur)
Büste Friedrich II.
Berlin: KPM 1777 · Biskuitporzellan,
H 33 cm, B ca. 30 cm, T ca. 15 cm
Potsdam, Stiftung Preußische Schlösser
und Gärten Berlin-Brandenburg
[Skulpturensammlung 3693]

1763 erwarb Friedrich II. die Gotzkowsky'sche Porzellan-Manufaktur. Das Unternehmen entwickelte sich als Königliche Porzellan-Manufaktur (KPM) zur Konkurrenz für die Meißner Manufaktur. Dies war das erklärte Ziel des preußischen Königs, der selbst tatkräftig die KPM förderte. So wurden Porzellane der Berliner Manufaktur von Friedrich II. nicht nur in seinen Schlössern genutzt und aufgestellt sowie verschenkt, sondern er verbot seinen Untertanen 1765 gar die Einfuhr von Meißner Porzellan. Dies bedeutete jedoch nicht, dass der preußische König es Friedrich Elias Meyer, dem für den Erfolg der KPM so wichtigen Modelleur, gestattet hätte, seine Gesichtszüge in seiner Gegenwart auszuarbeiten. Friedrich II. ließ ihm ausrichten, er möge dafür einen Affen nehmen. Das hier gezeigte Stück ist die zweite Büste, die Friedrich Elias Meyer vom König fertigte. 1774 hatte er bereits eine wesentlich kleinere Büste geschaffen. PL

FAMILIE UND POLITIK

Machtpolitik im 18. Jahrhundert war immer auch dynastische Politik. Ein Vergleich der familiären Verbindungen der Herrscherdynastien Preußens und Sachsens vor Ausbruch des Siebenjährigen Krieges (1756 – 1763) zeigt dabei wesentliche Unterschiede. Die polnische Königskrone und die katholische Konfession waren der Grund dafür, dass den Wettinern eine Reihe äußerst prestigeträchtiger Eheschließungen gelang. Den Anfang machte 1719 die Heirat des sächsischen Kurprinzen und späteren polnischen Königs August III. mit der Kaisertochter Maria Josepha. Fünf der zahlreichen Kinder aus dieser Verbindung heirateten ein in die großen katholischen Herrscherdynastien in Frankreich, Neapel-Sizilien (später Spanien), Österreich und Bayern (zweimal). Ähnliche Verbindungen von europäischem Rang blieben den Hohenzollern in dieser Zeit versagt. Friedrich II. hatte keine Nachkommen. Schon unter der Herrschaft seines Vaters wurden seine Geschwister vornehmlich mit Reichsfürstenhäusern vermählt – eine Politik, die Friedrich fortsetzte. Eine Ausnahme stellte aber die 1744 geschlossene Ehe seiner Schwester Luise Ulrike mit dem schwedischen Thronfolger dar. Dies war die einzige königliche Verbindung der Hohenzollern vor 1756. PL

5 | 15
Johann Friedrich Eberlein
Die gekrönten Grazien
Meißen, um 1747 · Porzellan mit
Aufglasurbemalung · H 23,5 cm
Basel, Historisches Museum Basel, Depositum
Paul-Eisenbeiss-Stiftung [1975.1112]

Drei Grazien drehen sich im Tanz. Sie sind die Personifikationen von Sachsen – zu erkennen am Kurhut –, Polen-Litauen sowie Frankreich, das die goldenen Lilien auf blauem Tuch trägt. Die Porzellanskulptur, Teil eines Tafelaufsatzes, entstand 1747 anlässlich der Hochzeit der sächsischen Prinzessin Maria Josepha mit dem französischen Thronfolger. Die Wettiner knüpften Mitte

des 18. Jahrhunderts Heiratsverbindungen mit den mächtigsten Dynastien Europas. Die französische Heirat war der glanzvolle Höhepunkt im dynastischen Wettstreit. Der Dauphin und Maria Josepha starben früh. Doch drei ihrer Söhne wurden Könige von Frankreich. AZ

5 | 16
Christopher Sergell (Broderie)
Krönungsschuhe von Lovisa Ulrika
Stockholm 1751 · Silberstoff mit Goldbroderie
je 12 × 24 × 8 cm
Stockholm, Livrustkammaren och Skoklosters slott med Stiftelsen Hallwylska museet
[LRK 27521, LRK 27522]

In diesen Schuhen bestieg Lovisa Ulrika (Luise Ulrike), jüngere Schwester Friedrichs II., 1751 den schwedischen Thron. Seit 1744 war sie mit dem schwedischen Thronfolger Adolf Friedrich von Holstein-Gottorp verheiratet. Auch wenn Schweden nicht mehr den Großmachtstatus früherer Zeiten besaß, war es die prestigeträchtigste Eheverbindung der Hohenzollern im 18. Jahrhundert. Königin Lovisa Ulrika führte einen glanzvollen Hof und machte Schloss Drottningholm zu einem Zentrum der Künste und der Gelehrsamkeit. Zwei ihrer Söhne wurden Könige von Schweden. AZ

DER SIEBENJÄHRIGE KRIEG

Der Siebenjährige Krieg (1756 – 1763) gilt als der erste globale Konflikt der Neuzeit. Er wurde nicht nur in Europa, sondern auch in Nordamerika, Indien, in der Karibik, auf den Philippinen und sogar in einigen Küstengebieten Afrikas ausgetragen. Eigentlicher Auslöser waren Auseinandersetzungen zwischen englischen und französischen Siedlern in Nordamerika, die 1754 / 55 zum offenen Krieg führten und auch die Mutterländer mit einbezogen. Damit aber drohte der Krieg sich nach Europa zu verlagern, denn sowohl England als auch Frankreich ersuchten ihre alten Bündnispartner aus dem Österreichischen Erbfolgekrieg (1740 – 1748) um Hilfe.

Doch die alten Allianzen zwischen England und Österreich einerseits, Frankreich und Preußen andererseits zerbrachen an gegensätzlichen Interessen. Im Januar 1756 besiegelten daher Preußen und England in der Konvention von Westminster einen neuen Bündnisvertrag, während Frankreich, Österreich und Russland – Letzteres sollte ursprünglich mit englischen Subsidien gegen Preußen Krieg führen – im Mai 1756 eine gegen die Hohenzollernmonarchie gerichtete Defensivallianz schlossen. In dieser Situation und in Verkennung der politischen Lage befahl Friedrich II. von Preußen am 29. August 1756 den Einmarsch in Sachsen und eröffnete damit den Krieg in Europa.

Die Besetzung Sachsens spielte in Friedrichs strategischem Denken eine zentrale Rolle. So sollte das an Ressourcen reiche

5 | 16

Land zum einen seine Armeen unterhalten, zum anderen den Krieg von Preußen fernhalten. Schließlich konnte es auch als Faustpfand in späteren Verhandlungen dienen.

Tatsächlich ging Friedrichs Strategie auf: Ohne den Besitz Sachsens, welches zu einem großen Teil die preußischen Kriegslasten trug, hätte Preußen den Krieg an allen Fronten nie überstanden. Folgerichtig war Sachsen bis 1763 wiederholt Schauplatz blutiger Kämpfe, da alle Seiten um die strategisch-wirtschaftliche Bedeutung des Landes wussten. Betroffen war vor allem die Zivilbevölkerung, die sieben Jahre lang den Durchzug verschiedener Heere und die damit verbundenen Folgen zu ertragen hatte. SG

5 | 17

Johann Heinrich Christoph Franke

Bildnis Friedrich II.

1764 · Öl auf Leinwand · 143 × 110 cm
Berlin, Stiftung Deutsches Historisches Museum [1987/68]

5 | 18

Kopie nach Marcello Bacciarelli

Bildnis Heinrich Graf von Brühl

um 1750 · Öl auf Leinwand · 140 × 105 cm
Dresden, Gemäldegalerie Alte Meister, Staatliche Kunstsammlungen Dresden [Mo 679]

Im Ringen der beiden Nachbarn um den Status einer Großmacht standen sich zwischen 1740 und 1763 mit König Friedrich II. von Preußen und Heinrich von Brühl zwei markante Persönlichkeiten als politische Gegner gegenüber. Heinrich von Brühl – hier auf dem Höhepunkt seiner politischen Laufbahn porträtiert – bestimmte als Premierminister maßgeblich die sächsische Politik unter August III. Wesentliches Ziel des außenpolitischen Handelns war es, eine dauerhafte territoriale Verbindung zwischen Sachsen und Polen zu erlangen; das Kurfürstentum und das Königreich waren seit 1697 in Personalunion verbunden. Insbesondere Preußen wurde durch die Politik seines Königs Friedrich II. zum gefährlichsten Rivalen für die sächsischen Ambitionen. Sein Angriff auf Schlesien 1740 überraschte nicht nur Dresden, sondern auch die übrigen europäischen Staaten. In der Hoffnung auf Gebietsgewinne unterstützte Sachsen im Österreichischen Erbfolgekrieg zunächst Preußen, änderte diesen Kurs aber, als ersichtlich wurde, dass ein preußisches Schlesien die gewünschte Landverbindung zwischen Sachsen und Polen dauerhaft blockieren würde. Brühl verfolgte darum von nun an eine gezielte Bündnispolitik gegen den preußischen König. Ab 1744 an der Seite Österreichs, kam es zur ersten bewaffneten Auseinandersetzung mit dem Nachbarn, die mit einer schweren Niederlage Sachsens endete. Im Dresdner Frieden von 1745 musste das Kurfürstentum die Zahlung hoher Kriegsentschädigungen an Preußen akzeptieren. In den folgenden Jahren bemühte sich Brühl um die Bildung einer mächtigen antipreußischen Koalition. Schon früh hatte er dazu eine französisch-österreichische Allianz projektiert. Als sich 1756 tatsächlich das europäische Bündnissystem umkehrte und Österreich eine Allianz mit Frankreich schloss, war Sachsen daran schon nicht mehr aktiv beteiligt. Aus Furcht vor einer erneuten militärischen Auseinandersetzung mit Friedrich II. vermied Brühl, das auch wirtschaftlich angeschlagene Sachsen in konkrete Bündnisse einzubinden. Als Friedrich II. 1756 das Land überfiel, war es außenpolitisch im Grunde isoliert und – da mittlerweile ohne schlagkräftige Armee – den Preußen faktisch wehrlos ausgeliefert. Im Auftrag des preußischen Königs gemalt, zeigt das Porträt Friedrich II. kurz nach dem Ende des Siebenjährigen Krieges. PL

5 | 19

Gottfried August Gründler

Lageplan der bei Pirna eingeschlossenen sächsischen Armee

Halle 1756 · Radierung, handkoloriert
34,5 × 42,5 cm
Berlin, Stiftung Deutsches Historisches Museum [Do 55/241]

Am 29. August 1756 überschritt Friedrich II. mit etwa 65 000 Mann die sächsische Grenze und eröffnete damit in Europa den Siebenjährigen Krieg. Die nur 19 000 Mann starke Armee Sachsens, den Preußen hoffnungslos unterlegen, zog sich in ein befestigtes, auf einem Hochplateau zwischen Pirna und Königstein gelegenes Lager zurück. Bedingt durch seine Lage war es praktisch unangreifbar, denn es war zum einen durch die Elbe, zum anderen durch steile Höhenzüge gedeckt, die es einem Angreifer erschwerten, das Lager zu stürmen.

Doch der Plan des sächsischen Befehlshabers, Friedrich August von Rutowski, sich hier zu verschanzen, um preußische Kräfte zu binden und die Ankunft eines österreichischen Entsatzheeres abzuwarten, hatte eine entscheidende Schwachstelle: Der Proviant des sächsischen Heeres reichte nur für zwei bis drei Wochen. In dieser Zeit war es den Verbündeten kaum möglich, auf Pirna vorzustoßen. SG

5 | 19

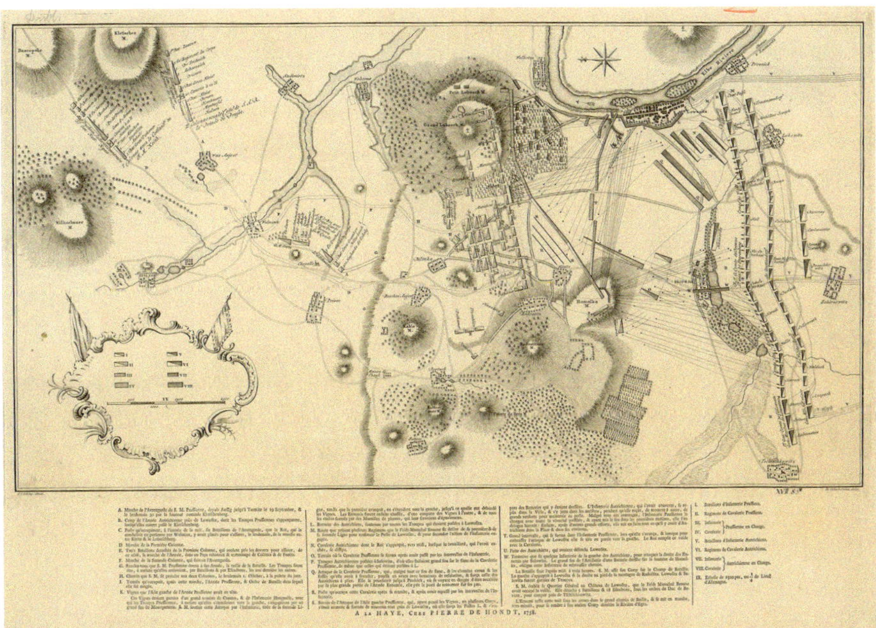

5 | 20

5 | 20

L. W. von Oebschelwitz

nach Jacobus van der Schley

Karte der Schlacht bei Lobositz

Den Haag: Pierre de Hondt 1758

Kupferstich · 47 × 67,5 cm (Blatt)

Berlin, Staatsbibliothek zu Berlin – PK, Kartenabteilung [Kart. V 17270 <a>]

Noch im September 1756 begann der österreichische Entsatzvorstoß in Richtung Pirna. Mit 35 000 Mann marschierte Feldmarschall Browne am Westufer der Eger entlang nach Norden, um die verbündeten Sachsen zu befreien. Doch am 1. Oktober 1756 traf Browne bei Lobositz auf das 28 500 Mann starke preußische Heer, das Friedrich II. selbst zur Abwehr gegnerischer Entsatzvorstöße kommandierte. Der Zusammenstoß erfolgte für beide Seiten überraschend. In den Weinbergen rund um das Dorf entspannen sich schwere Kämpfe, bei denen sich die sogenannten Panduren (leichte Infanterie) der Österreicher den preußischen Linientruppen überlegen zeigten und diesen hohe Verluste zufügten. Vor allem aber forderte ein unüberlegter Kavallerieangriff der Preußen auf die gegnerischen Stellungen einen hohen Blutzoll. Dennoch war es Browne, der – obwohl er das Gros seiner Armee noch gar nicht eingesetzt hatte – den Kampf abbrach und sich zurückzog. Beide Seiten verloren je etwa 2 800 Mann.

Die Karte zeigt die Aufstellung beider Armeen – rechts die Österreicher, links die Preußen. Deutlich zu erkennen sind die das Schlachtfeld beherrschenden Weinberge.

Wenige Tage später wagte Browne einen zweiten Entsatzangriff, diesmal am Ostufer der Eger. Am 13. Oktober erreichten seine Truppen den preußischen Belagerungsring. Doch sie kamen zu spät, denn den Sachsen fehlte die Kraft zum Durchbrechen der feindlichen Linien. Drei Tage später kapitulierten die sächsischen Truppen. SG

5 | 22

5 | 21 (ohne Abb.)

Capitulation der Chur-Sächsischen Armée

Anno 1756. Nebst anderen dazu dienenden Schriften
1756 · Buchdruck · 22 × 13,5 cm
Halle (Saale), Martin-Luther-Universität Halle-Wittenberg, Universitäts- und Landesbibliothek Sachsen-Anhalt [Pon Vd 2480]

Am 10. September 1756 begann die Belagerung Pirnas, wo sich die sächsische Armee verschanzt hatte, durch preußische Truppen. Schon bald machte sich im Lager die Lebensmittelknappheit bemerkbar. »Wenigen blieb andere Speise übrig als Wurzeln längst verzehrter Früchte; gekochter Puder mit Pulver versalzen war eine Labung und Holz das Futter der Pferde«, schrieb ein Augenzeuge später. Auch müssen die hygienischen Zustände bei den auf engstem Raum zusammengedrängten 18 000 Sachsen unerträglich gewesen sein.

Als es den Österreichern schließlich doch noch gelang, am 13. Oktober bis zum preußischen Belagerungsring vorzustoßen, fehlte den Sachsen die Kraft zum Durchbruch. Am Tag darauf bot ihr Oberbefehlshaber Graf Rutowski die Kapitulation an, am 16. Oktober begab sich die Armee in Gefangenschaft. »Es war ein großes rührendes Schauspiel«, berichtete ein Augenzeuge später, »14 000 [sic!] Krieger streckten die Waffen und flehten um Brot. Der Hunger und die Verzweiflung bei Hohen und Niedrigen erzeugten in dem Jammerthale bei Lilienstein auffallende Szenen, die [König] August vom Gipfel seiner Felsenburg [der Festung Königstein, wohin er geflohen war] mit eigenen Augen sehen konnte«. SG

5 | 22
G. Z. nach Pietro Antonio Novelli

Die sächsische Armee gibt sich Friedrich II. bei Pirna gefangen

spätes 18. Jh. · Kupferstich · 35,3 × 46,6 cm
Chemnitz, Schloßbergmuseum [I/C/h/1]

Die Kapitulationsbedingungen Friedrichs II. sahen vor, die sächsischen Offiziere auf freien Fuß zu setzen und ihnen den Übertritt in preußische Dienste freizustellen. Ganz anders jedoch waren die Bestimmungen für die einfachen Soldaten: Mit diesen sollte »nach Belieben« verfahren werden, was hieß, dass der König die Gefangenen für seine Armee zwangsrekrutierte – in dieser Größenordnung ein bis dahin einzigartiges Vorgehen.

5 | 23

In einer mehrtägigen Prozedur mussten die rund 18 500 Sachsen dem persönlich anwesenden Monarchen den Treueid leisten.

Allerdings beging der König einen schweren Fehler: Anstatt die Sachsen in bestehende preußische Regimenter einzugliedern und sie somit der Kontrolle durch die preußischen Soldaten zu unterwerfen, bildete er zehn neue Regimenter, die nur aus Sachsen bestanden, geführt allerdings von preußischen Offizieren. Bereits im kommenden Winter desertierten die Zwangsrekrutierten scharenweise. Der nach Warschau emigrierte sächsische Hof organisierte Anlaufplätze, um die geflohenen Soldaten zu sammeln und nach Ungarn zu geleiten, wo aus ihnen mit österreichischer Hilfe eine neue Truppe gebildet wurde. Die Arbeit dieser als »Sammlungswerk« bezeichneten Organisation war überaus erfolgreich und setzte sich bis Kriegsende fort. Gesammelt wurden nicht nur sächsische Deserteure, sondern auch junge Freiwillige, die gegen Preußen kämpfen wollten. 1758 übernahm Prinz Franz Xaver, ein jüngerer Sohn Augusts III., das Kommando über das aus 10 000 Mann bestehende Korps. Vorwiegend aus finanziellen Gründen – Wien konnte sich den Unterhalt des sächsischen Korps nicht leisten – wurde Franz Xavers Einheit nach Westen verlegt und der französischen Armee unterstellt, an deren Seite die Sachsen bis Kriegsende fochten. SG

5 | 23
unbekannter Künstler
Schlacht von Kolin am 18. Juni 1757
nach 1757 · Öl auf Leinwand · 45 × 76 cm
Berlin, Stiftung Deutsches Historisches Museum [1990/35]

Die Eroberung Sachsens im Jahr 1756 versetzte Friedrich II. in eine strategisch günstige Ausgangslage, konnte er doch nun den Krieg in habsburgisches Territorium – namentlich Böhmen – tragen. Die sächsischen Ressourcen wurden genutzt, um das preußische Heer zu versorgen und den Krieg zu finanzieren.

Am 6. Mai 1757 schlug Friedrich bei Prag ein österreichisches Heer und schloss dieses in der Stadt ein. Einem Entsatzheer unter Feldmarschall Daun, das sich von Osten näherte, marschierte der König mit dem Hauptteil seiner Armee unter Zurücklassung schwacher Belagerungskräfte selbst entgegen. Am 18. Juni 1757 trafen Friedrichs 35 000 Preußen bei Kolin auf Dauns 52 000 Österreicher, zu denen auch sächsische Reiterverbände zählten.

Daun hatte sich zur Defensive entschlossen und einen gut zu verteidigenden Höhenzug besetzt. Den taktischen Nachteil und die eigene zahlenmaßige Unterlegenheit ignorierend, entschloss sich Friedrich zum Angriff. Doch sein geplanter Umgehungsversuch scheiterte an der fehlerhaften Koordination der preußischen Truppenteile, der Sturmangriff auf die feindlichen Stellungen blieb unter furchtbaren Verlusten im österreichischen Abwehrfeuer liegen. Schließlich ging Daun zum Gegenangriff über, bei dem sich vor allem die sächsischen Reiterkontingente hervortaten und maßgeblich zur Entscheidung beitrugen.

Am Abend hatte Friedrich die Schlacht und etwa 14 000 Mann sowie 45 Geschütze

5 | 25

verloren. Die österreichischen Verluste betrugen etwa 9 000 Mann. Als Folge der Niederlage musste Friedrich die Belagerung Prags abbrechen und sich nach Sachsen zurückziehen. SG

5 | 24 (Abb. S. 298)
Johann Christoph Jünger

Der Altmarkt während der Beschießung der Stadt durch die preußischen Truppen am 19. Juli 1760

1765 · Öl auf Leinwand · 55,5 × 84 cm
Dresden, Städtische Galerie [1978 / k 452]

Der Besitz Dresdens war für Friedrich II. nicht nur wirtschaftlich von großer Bedeutung, sondern auch machtpolitisch: Wer die Elbmetropole kontrollierte, dem gehörte Sachsen. Und Sachsen sollte dem Preußenkönig nicht nur zur wirtschaftlichen Ausbeutung, sondern auch als Faustpfand in möglichen Friedensverhandlungen dienen. Folgerichtig spielte Dresden in den Feldzügen der ersten Kriegsjahre eine nicht unerhebliche Rolle.

Im September 1759 konnte Friedrich die Einnahme Dresdens durch die Reichsarmee nicht verhindern. Erst im Sommer 1760 bot sich die Möglichkeit, die Stadt zurückzuerobern, als der österreichische Feldmarschall Daun Friedrich nach Schlesien folgte und Sachsen unverteidigt ließ.

In einem Gewaltmarsch führte Friedrich seine Armee zurück nach Sachsen und begann am 14. Juli 1760 mit dem mehrtägigen Beschuss Dresdens. Da ihm die Zeit – und vermutlich auch die Geduld – für eine langwierige Belagerung fehlte, sollte die Besatzung der Stadt durch das Bombardement zermürbt und zur Kapitulation gezwungen werden. Doch der Plan schlug fehl, denn die Garnison hielt stand – im Vertrauen auf die Ankunft einer österreichischen Entsatzarmee. Für Dresden selbst und seine Einwohner war der Beschuss katastrophal: Der

Turm der Kreuzkirche, der als möglicher Beobachtungsposten der Österreicher absichtlich ins Visier genommen wurde, stürzte ein und setzte die umliegenden Häuser in Brand. Auch die übrigen Geschosse richteten schlimme Verwüstungen in der Innenstadt an. Insgesamt wurden sechs Kirchen und über 400 Häuser zerstört. Die Zahl der zivilen Opfer ist nicht bekannt.

Am 21. Juli erschien Daun mit seiner Armee. Friedrichs Coup war gescheitert. Ende Juli beendete der König sein Vorhaben und zog sich zurück.

Friedrichs Beschießung der Stadt Dresden schockierte schon seine Zeitgenossen und wurde später von Historikern heftig kritisiert. Doch war der Einsatz von Artillerie gegen verteidigte Städte im Siebenjährigen Krieg nicht unüblich: Schon im Juli 1757 legten österreichische Geschütze die Stadt Zittau, im April 1762 preußisch-englische Truppen das von den Franzosen gehaltene Arnsberg durch Beschuss in Schutt und Asche. SG

5 | 25

Accurate Vorstellung der blutigen Bataille in Saxen bey Torgau den 3. Nov. 1760

nach 1760 · Kupferstich · 26,7 × 41,2 cm (Blatt)
Berlin, Staatsbibliothek zu Berlin – PK, Handschriftenabteilung [YB 8568 m.]

Im Spätsommer und Herbst 1760 verschlechterte sich Friedrichs militärische Situation dramatisch: In Sachsen und Schlesien waren die Österreicher, östlich der Oder die Russen auf dem Vormarsch. Im August siegte der König zwar bei Liegnitz, erlitt aber schwere Verluste, im Oktober besetzten russisch-österreichische Truppen kurzzeitig Berlin, Feldmarschall Dauns Streitmacht den größten Teil Sachsens.

In dieser Situation suchte Friedrich die Entscheidungsschlacht: Am 3. November 1760 griff er mit 48 500 Mann und 246 Geschützen Dauns bei Torgau lagernde Streitmacht von 53 000 Mann und 275 Geschützen an. Torgau selbst war als Elbübergang von strategischer Bedeutung, daneben erhoffte sich der Preußenkönig von einem Sieg die Rückgewinnung Sachsens. Friedrich hatte seine Armee in zwei Korps geteilt, um die auf einem Höhenkamm stehenden Österreicher auf der einen Seite abzulenken, auf der anderen zu umgehen. Doch der Plan schlug fehl, denn Daun bemerkte Friedrichs Flankenmarsch und gruppierte seine Bataillone um. Dennoch ließ der Preußenkönig seine Soldaten immer wieder angreifen. Selbst der österreichische Oberbefehlshaber war entsetzt über das Massaker: »Mein Gott, warum opfert der Preußenkönig so viele seiner Krieger?« Der Kupferstich zeigt den Höhepunkt der Schlacht aus österreichischer Sicht, zum Zeitpunkt der Verwundung Dauns. Auch Friedrich wurde leicht durch eine Gewehrkugel verletzt.

Torgau gehörte zu den blutigsten Schlachten der friderizianischen Zeit und endete mit einem Pyrrhussieg der Preußen. So verlor der König über 20 000 Mann durch Tod oder Verwundung. Seinem Adjutanten Berenhorst drohte Friedrich, es koste ihn den Kopf, »wenn je die Zahl ruchbar« würde. Dauns Verluste beliefen sich auf etwa 15 000 Mann. Der blutig erkaufte Sieg blieb ohne Folgen: Zwar zogen sich die Österreicher von Torgau zurück, aber die preußische Armee war nicht mehr in der Lage, ihnen zu folgen und sie aus Sachsen zu vertreiben. SG

KRIEGSSCHAUPLÄTZE

Während des Siebenjährigen Krieges (1756 – 1763) blieb Sachsen überwiegend von preußischen Truppen besetzt. König August III. und sein Premierminister Heinrich von Brühl waren nach Warschau geflohen. In der Strategie Friedrichs II. kam dem wohlhabenden Land eine wichtige Rolle zu. Es diente nicht nur als Aufmarschgebiet seiner Truppen, sondern auch zu deren Versorgung und zur Finanzierung der preußischen Kriegsführung. Darüber hinaus wurden sächsische Soldaten in die preußische Armee zwangseingegliedert und sächsische Untertanen zwangsrekrutiert. Doch die sächsischen Soldaten liefen zu weiten Teilen zu Preußens Feinden über. Um diesen Landespatriotismus zu dämpfen, bediente sich Friedrich II. auch konfessioneller Propaganda, die die lutherischen Sachsen gegen ihr katholisches Herrscherhaus einnehmen sollte. Überhaupt wurde der Siebenjährige Krieg auch als Kampf um die öffentliche Meinung ausgefochten, etwa durch sächsische und preußische Flugschriften, in denen sich beide Seiten gegenseitig anklagten. Persönlicherer Natur waren die Plünderungen und Zerstörungen der Brühl'schen Schlösser auf Befehl Friedrichs. Auch die preußische Bevölkerung litt unter den Folgen des Krieges, wenn auch nicht unter sächsischen Übergriffen. Sowohl Preußen als auch Sachsen waren Kriegsschauplatz und wurden durch die Truppendurchzüge und die Schlachten der beteiligten Kriegsparteien stark in Mitleidenschaft gezogen. PL

5 | 26 (Abb. S. 287)

Schreiben der preußischen Soldaten Johann Diederich und Christian Friedrich Zander

Dresden, 14. Dezember 1756 / o. O., 21. Juli 1758
Autografe · je 20,5 × 17,5 cm
Sölden, Christian F. Zander
(vgl. S. 286 f.)

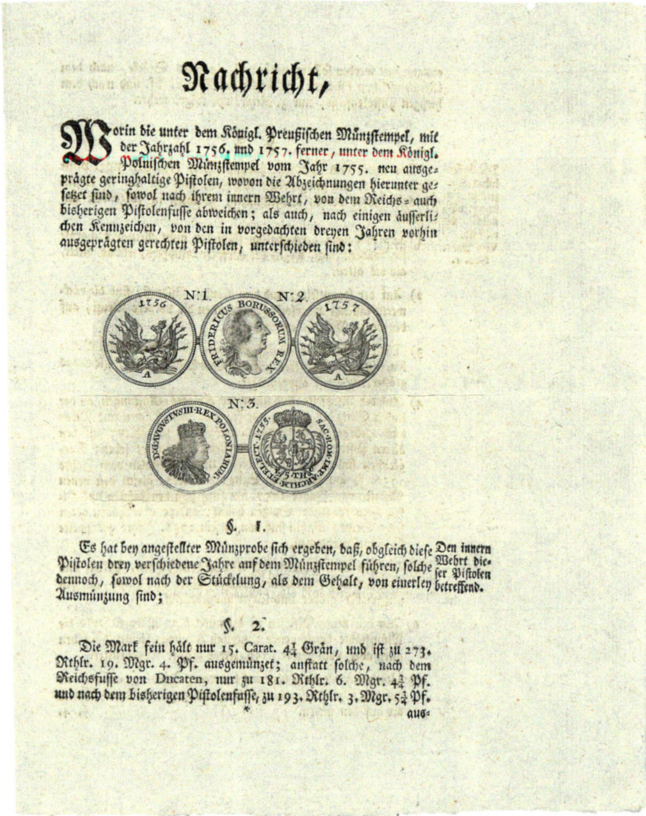

Nachricht,

Worin die unter dem Königl. Preußischen Münzstempel, mit der Jahrzahl 1756. und 1757. ferner, unter dem Königl. Polnischen Münzstempel vom Jahr 1755. neu ausgeprägte geringhaltige Pistolen, wovon die Abzeichnungen hierunter gesetzet sind, sowol nach ihrem innern Wehrt, von dem Reichs- auch bisherigen Pistolenfusse abweichen; als auch, nach einigen äusserlichen Kennzeichen, von den in vorgedachten dreyen Jahren vorhin ausgeprägten gerechten Pistolen, unterschieden sind:

§. 1.

Es hat bey angestellter Münzprobe sich ergeben, daß, obgleich diese Pistolen drey verschiedene Jahre auf dem Münzstempel führen, solche dennoch, sowol nach der Stückelung, als dem Gehalt, von einerley Ausmünzung sind; Den innern Wehrt dieser Pistolen betreffend.

§. 2.

Die Mark fein hält nur 15. Carat. 4¼ Grän, und ist zu 273. Rthlr. 19. Mgr. 4. Pf. ausgemünzet; anstatt solche, nach dem Reichsfusse von Ducaten, nur zu 181. Rthlr. 6. Mgr. 4¾ Pf. und nach dem bisherigen Pistolenfusse, zu 193. Rthlr. 3. Mgr. 5¾ Pf.

aus-

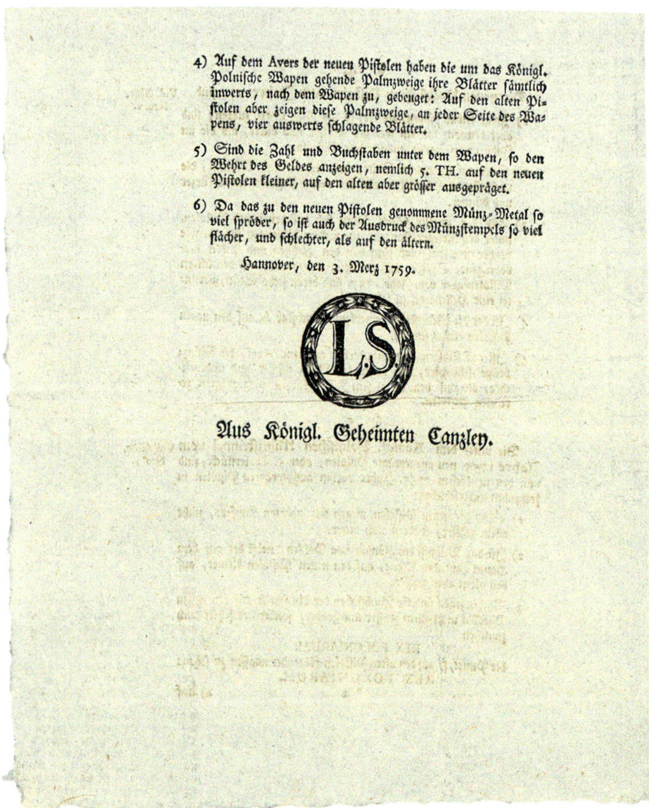

4) Auf dem Avers der neuen Pistolen haben die um das Königl. Polnische Wapen gehende Palmzweige ihre Blätter sämtlich inwerts, nach dem Wapen zu, gebeuget: Auf den alten Pistolen aber zeigen diese Palmzweige, an jeder Seite des Wapens, vier auswerts schlagende Blätter.

5) Sind die Zahl und Buchstaben unter dem Wapen, so den Wehrt des Geldes anzeigen, nemlich 5. TH. auf den neuen Pistolen kleiner, auf den alten aber grösser ausgepräget.

6) Da das zu den neuen Pistolen genommene Münz-Metal so viel spröder, so ist auch der Ausdruck des Münzstempels so viel flächer, und schlechter, als auf den ältern.

Hannover, den 3. Merz 1759.

Aus Königl. Geheimten Canzley.

5 | 27

Steckbrief preußischer und sächsischer Münzen

Hannover 1759 · Druck · 22 × 18,5 cm
Berlin, Geheimes Staatsarchiv PK
[VI HA FA v. Borcke Nr. 51]

Der auf den 3. März 1759 in Hannover datierte Druck warnt die Leser vor der geringen Qualität der Münzen, die – das wird allerdings nicht explizit erwähnt – Friedrich II. prägen und rückdatieren ließ. Der durch die Münzmanipulationen entstandene Gewinn diente dem preußischen König zur Finanzierung seiner Kriegsführung. PL

5 | 28

Frauenhorster Münzschatz

1512 / 1525 – 1754 · 267 Münzen, 2 Medaillen
Zossen, Brandenburgisches Landesamt für Denkmalpflege und Archäologisches Landesmuseum [1994:960]

Dieser Münzschatz wurde 1996 in Frauenhorst (heute OT Herzberg / Lkr. Elbe-Elster) geborgen. Er besteht aus 267 Silbermünzen und zwei Medaillen aus unterschiedlichen Jahrhunderten und Ländern. Die neueste Münze stammt aus dem Jahr 1754. Es kann davon ausgegangen werden, dass der Schatz seinem Besitzer als wertvolle Kapitalanlage diente, die wohl von mehreren Generationen angespart worden war. Die insgesamt 104 sächsischen Münzen des Fundes zeugen von dem hohen Standard sächsischer Münzprägung vom Anfang des 16. Jahrhunderts bis kurz vor Ausbruch des Siebenjährigen Krieges. Ob das Verbergen der Münzen in Zusammenhang mit dem Beginn des Siebenjährigen Krieges 1756 steht, ist – wie die Frage nach dem möglichen Besitzer – spekulativ. PL

5 | 28

5 | 29

Michael Keyl nach Christian Ambrosius Encke

Belvedere, que S. E. Monseigneur le Premier Ministre Comte de Bruhl fit bâtir l'an 1751

Dresden 1761 · Kupferstich (Titelblatt)
30,9 × 25,2 cm
Potsdam, Stiftung Preußische Schlösser und Gärten Berlin-Brandenburg
[GK II (1) Mappe Dresden]

Heinrich von Brühl übernahm für den Dresdner Hof auch eine bedeutende repräsentative Funktion. Um den Rang seines Königs angemessen zu demonstrieren, ließ er – von August III. darin unterstützt – zahlreiche repräsentative Bauten errichten. Glanzvolles Zentrum in Dresden bildete der Komplex seines mehrfach erweiterten Palais nahe des Residenzschlosses mit der von diesem aus zugänglichen sogenannten Brühlschen Terrasse, dem Festungswall zwischen Schlossplatz und Jungfernbastei (vgl. Abb. S. 256). Zwischen 1739 und 1751 entstanden dort Gartenanlagen, Lusthäuser, ein Theaterbau sowie die Bibliothek und die Gemäldegalerie des Grafen. Baulicher Höhepunkt der Anlage war das zwischen 1749 und 1751 von Brühls bevorzugtem Architekten, Johann Christoph Knöffel, errichtete Belvedere. 1759 wurde es auf Befehl Friedrichs II. zerstört. Vermutlich im Auftrag von Brühl ließ eine Stichfolge Michael Keyls das Bauwerk wieder auferstehen. Das Werk kann als scharfe Anklage gegen die Barbarei Friedrichs II. interpretiert werden. PL

5 | 29

5 | 30 (Abb. S. 261)

Wandleuchter aus dem Schloss Charlottenburg (Blaker)

Anfang 18. Jh. · Blei, Stahl, vergoldet
75 × 42 × 10 cm, Arm 15 × 10 × 37 cm
Potsdam, Stiftung Preußische Schlösser und Gärten Berlin-Brandenburg [VIII 796]
(vgl. S. 260 f.)

5 | 31 (Abb. S. 295)

Leinwandtapete (Ausschnitt) mit Malereien eines preußischen Deserteurs

1770/75 · Tempera auf Leinwand
H 230 cm (zentrales Motiv), B 237 – 239 cm
Ahlsdorf, Familie Meuschel-Wehner
(vgl. S. 294 ff.)

FRIEDEN

Der Friede von Hubertusburg beendete 1763 den Siebenjährigen Krieg. Friedrich II. war es gelungen, den Besitz Schlesiens zu behaupten, und Preußen konnte sich in der Folge als eine der europäischen Großmächte etablieren. Spätestens von nun an bestimmte der preußisch-österreichische Dualismus den Lauf der Geschichte des Alten Reiches. Sachsen ging finanziell und wirtschaftlich ruiniert aus dem Krieg hervor. Bereits kurz nach ihrer Rückkehr aus Warschau starben August III. und Heinrich von Brühl. Mit dem Tod Augusts III. endete auch die sächsisch-polnische Personalunion. Die Herrscher Sachsens verloren damit die Königswürde und fielen auf den Rang von Kurfürsten zurück. Dennoch bedeutete das Ende des augusteischen Zeitalters auch einen Neubeginn. Das sogenannte Rétablissement leitete eine Zeit der Reformen und des Wiederaufbaus ein. Als potenzielle Großmacht schied Sachsen allerdings aus. Es blieb jedoch kulturell und wirtschaftlich ein bedeutendes Zentrum des Alten Reiches. PL

5 | 32 (ohne Abb.)

Kursächsische Ratifikation des mit Preußen am 15. Febr. 1763 in Hubertusburg geschlossenen Friedensvertrages

(Friede von Hubertusburg)
Hubertusburg, 15. Februar 1763 · Papierlibell, gebunden (8 Blatt), Tinte · 37,5 × 24 cm
Berlin, Geheimes Staatsarchiv PK
[Geheimer Rat Rep. 11 STV, Nr. 776]

Nach dem Tod der Zarin Elisabeth im Januar 1762 begann infolge allgemeiner Kriegsmüdigkeit und finanzieller Erschöpfung das Auseinanderbrechen der antipreußischen Allianz. Im Mai 1762 wurde in St. Petersburg ein Separatfrieden zwischen Preußen und Russland geschlossen, dem sich auch Schweden anschloss.

Frankreich hatte einen Großteil seiner überseeischen Besitzungen in Nordamerika und Indien eingebüßt und daher schon im März 1761 die Verständigung mit London gesucht. Ab September 1762 folgten offene Friedensverhandlungen, die am 10. Februar 1763 mit dem Frieden von Paris zwischen England, Frankreich und Spanien endeten.

Damit standen sich nur noch Preußen und Österreich gegenüber. Doch ohne die finanzielle Unterstützung ihrer beiden Alliierten England – das Friedrich II. seit Anfang 1762 keine Subsidien mehr zahlte – und Frankreich war an eine Fortsetzung des Krieges nicht mehr zu denken.

Die eigentliche Friedensinitiative ging jedoch von Sachsen aus: Im November 1762 erbot sich der Geheime Rat Thomas Freiherr von Fritsch als Vermittler zwischen Potsdam und Wien, im Dezember begannen in der von preußischen Truppen demolierten sächsischen Jagdresidenz Hubertusburg die Friedensgespräche. Verhandlungspartner waren Preußen, Österreich und Sachsen, jeweils vertreten durch Diplomaten.

Am 15. Februar 1763 wurden separate Friedensverträge zwischen Preußen und Österreich einerseits, Preußen und Sachsen andererseits unterzeichnet und wenige Tage später von den Herrschern ratifiziert. Preußen hatte sich als europäische Großmacht etabliert, für Sachsen begann eine Zeit der politischen und wirtschaftlichen Neuausrichtung. SG

5 | 33

Erinnerungstuch Hubertusburger Friede

1763 · Leinen, Seide, Damast · 105 × 93 cm
Berlin, Stiftung Deutsches Historisches Museum [Kte 74 / 40]

Das Ende des Siebenjährigen Krieges wurde mit Freude und Erleichterung aufgenommen. Ausdruck fand die Friedenseuphorie in zahlreichen Memorabilien zum Friedensschluss von Hubertusburg, darunter Tabaksdosen, Medaillen sowie sogenannte Erinnerungstücher. Dieses mit Kriegsdekor, preußischen Adlern sowie den Konterfeis von sechs Monarchen versehene Erinnerungstuch würdigt das Kriegsende aus preußischer Sicht: »Zwey Kaiser und drey Könige / sind nun des Krieges müde. / Drum machen sie auf Gottes Winck / mit Preußen Friedrich steten Friede«, lautet der zentrale Sinnspruch. Einziger Bezug zum Hubertusburger Friedensschluss ist das Datum des 15. Februar 1763. Hubertusburg wird somit zum Synonym für das Kriegsende, obwohl dort nur Preußen mit Österreich und Sachsen Frieden schloss. Die auf dem Erinnerungstuch benannten Herrscher von Russland, Schweden und Frankreich waren aus dem Konflikt schon vorher ausgeschieden. SG

5 | 33 ▶

Ao. 1763 den 15. Feb.
Käyser und drey Könige
sind nun des krieges müde
Drum machen sie auf Gottes Winck

5 | 34

5 | 34
François Guérin

Bildnis Prinz Franz Xaver von Sachsen

nach 1761 · Öl auf Leinwand · 84 × 69,5 cm
Dresden, Gemäldegalerie Alte Meister, Staatliche Kunstsammlungen Dresden [99/55]

Noch 1763, kurz nach dem Friedensschluss von Hubertusburg, verstarben August III. und sein Premierminister Heinrich von Brühl, bald darauf auch der neue sächsische Kurfürst Friedrich Christian. Für den minderjährigen Friedrich August führte Prinz Franz Xaver, ein jüngerer Bruder Friedrich Christians, zusammen mit seiner Schwägerin Maria Antonia Walburga die Regentschaft. Zuvor hatte Franz Xaver das sächsische Korps in der französischen Armee kommandiert. Als Administrator widmete sich Franz Xaver dem Wiederaufbau Sachsens nach dem Siebenjährigen Krieg, dem Rétablissement. Die Leitlinien für diese überaus erfolgreiche Aufbauleistung hatte eine Restaurationskommission unter Leitung von Thomas von Fritsch bereits während der letzten Kriegsjahre entworfen. Zu den Maßnahmen zählten die Beseitigung von Kriegsschäden, Verwaltungsreformen, die Förderung von Handel und Manufakturwesen sowie die Gründung der Bergakademie Freiberg. Das Rétablissement war der Grundstein für die weitere Entwicklung Sachsens zu einem Vorreiter der Industriellen Revolution im 19. Jahrhundert. 1768 legte Franz Xaver die Regentschaft nieder und zog nach Frankreich, wo er bis zum Ausbruch der Revolution als Comte de Lusace (Graf von der Lausitz) lebte. Seine letzten Lebensjahre verbrachte er wieder in Sachsen, auf seinem Alterssitz Schloss Zabeltitz. SG

5 | 35

Holzsäule »Jägereiche« aus der Kirche in Sitzenroda

Sitzenroda 1763 · Holz 165 × 25 × 40 cm
Evangelisches Kirchspiel Schildau

Im Herbst 1763 fand die letzte Hofjagd im kurfürstlichen Jagdgebiet in der Dahlener Heide statt. Noch im selben Jahr verstarben August III., sein Nachfolger Kurfürst Friedrich Christian sowie der mittlerweile von seinem Amt als Premierminister zurückgetretene Heinrich Graf von Brühl. Das augusteische Zeitalter, eine der glanzvollsten Epochen in der sächsischen Geschichte, war zu Ende. Zur Erinnerung an jene letzte Hofjagd wurden das kursächsische Wappen sowie die Namen der Jagdteilnehmer in den Stamm einer Eiche geschnitzt, die als »Jeger Eychen« eine zentrale Wegkreuzung markierte, an der man sich zum Abschluss der Jagd traf. Ein Blitzschlag zerstörte jedoch den Baum. Erhalten blieb nur dieses Reststück mit dem originalen Wappenschnitzwerk. AZ

Literatur Baer 1986 · Bode 1992 · Dittrich 2010 · Duffy 2001 · Feldkamp 2013 · Fürstenau 1862 · Füssel 2010 Hanke 2006 · Hochmuth 2013 · Hüneke 1997/98 · Knöfel 2009 · Koch, U. 2010 · Koch, U. 2012 · Koch, U. 2014 Köllmann/Jarchow 1987 · Kunisch 2009 · Lessmann 2000 · Locker 2006 · Luh 2001 · Metasch 2013 · Miltschus 2004 · Müller, W. 2001 · Müller, W. 2012 · Müller, W. 2013 · Nabrdalik 1998 · Reiners 1986 · Reinheckel 1989 · Rohrmüller 2009 · Schmidt, O. 1921 · Schneider, L. 1852 · Schönpflug 2012 · Schauer 1997 · Sommer 1996 Terne 2012 · Völkel 2012 · Salisch 2009 · Weddingen 2009 · Berliner Porzellan, Kat. 2006 · Bildergalerie Friedrichs des Großen, Kat. 2013 · Prinz Xaver von Sachsen, Kat. 2009

5 | 35

Im

Intensive Verbindungen zwischen Literaten, Künstlern und Wissenschaftlern prägten die Beziehungen zwischen Preußen und Sachsen in der zweiten Hälfte des 18. Jahrhunderts, der Hochzeit der Aufklärung. Dieses Netzwerk der Kommunikation existierte weitgehend unbeeinflusst von den politischen Machtverhältnissen. Es reichte über die räumlichen Grenzen beider Länder hinaus und vereinte alle, die aufgeklärte Ideen veröffentlichten und sich darüber austauschten. Die gegenseitige Befruchtung durch publizistische Tätigkeiten und gesellige Zusammenkünfte der »Gelehrten« in Preußen und Sachsen ermöglichte erst richtungsweisende Entwicklungen der Aufklä-

SZENE 6

Dialog

rung – gerade wegen der Nähe und Konkurrenz der Nachbarländer. Hochschulen, Akademien, gelehrte Gesellschaften, Bücher und Zeitschriften, aber auch private Briefwechsel waren die Orte dieses Dialogs, der flächendeckend von den Zentren wie Leipzig, Halle, Berlin und Dresden bis in die Provinz geführt wurde. Die Themen reichten von der Verbreitung aufgeklärter Ideen durch Literaten über die bildhafte Vermittlung der Aufklärung durch Künstler bis hin zu einem vielfältigen Wissenstransfer durch Forscher. Nicht selten wurden dabei gebürtige Sachsen in Preußen aktiv und umgekehrt: ein wechselseitiger Austausch auf allen Ebenen!

Aufklärungstransfer zwischen Sachsen und Preußen

IWAN-MICHELANGELO D'APRILE

Die Bedeutung des sächsisch-preußischen Transfers und Austausches für die Entwicklung der deutschen Aufklärung insgesamt lässt sich nicht hoch genug einschätzen. Dieser Transfer betrifft alle entscheidenden Institutionen und Medien, die mit der Aufklärung verbunden sind – Universitäten, Gelehrte Gesellschaften, Theater, Zeitschriften oder Akademien. In einem kurzen Durchgang durch die unterschiedlichen Phasen des Aufklärungszeitalters vom späten 17. bis zum Ende des 18. Jahrhunderts sollen hier lediglich einige der bedeutendsten Beispiele, sozusagen die »Highlights«, für solche Transferprozesse jeweils anhand von bekannten Akteuren und den zugehörigen Aufklärungsinstitutionen skizziert werden: 1. Christian Thomasius und die Aufklärungsuniversitäten, 2. Johann Christoph Gottsched und die deutsche Gelehrtenrepublik, 3. Gotthold Ephraim Lessing und der kritische Aufklärungsjournalismus und 4. Friedrich Anton von Heynitz und die Kunstakademien der Aufklärung.

Der Begriff des »Aufklärungstransfers«, der hier in Anlehnung an das Kulturtransfer-Konzept zur Beschreibung der genannten Phänomene vorgeschlagen wird, ist erläuterungsbedürftig. Er erscheint angesichts der relativen kulturellen Homogenität der beiden großen protestantischen Führungsmächte im Alten Reich fragwürdig, zumal die fließenden Übergänge zwischen Protestantismus und Aufklärung bekannt sind. Hinzu kommt die generelle Tatsache, dass der Kommunikationsraum der Aufklärung weder an den Landesgrenzen noch an den europäischen Sprachgrenzen haltgemacht hat. Dennoch soll im Folgenden auf der Basis der inzwischen zahlreich vorliegenden Forschungen zu den regionalen Ausprägungen sowohl der sächsischen wie auch der brandenburgisch-preußischen Aufklärung versuchsweise jene These vertreten werden: Gerade das Zusammenfallen von relativer Homogenität, räumlicher Nachbarschaft und großer Durchlässigkeit des gemeinsamen Kultur- und Öffentlichkeitsraums einerseits und der politischen Mächtekonkurrenz andererseits ermöglichte erst maßgebliche Entwicklungen der deutschen Aufklärung. So war es häufig der Landeswechsel, durch den bestimmte Restriktionen in einem der beiden Fürstentümer – etwa die starke theologische Zensur in den Bildungsinstitutionen in Sachsen oder die militärisch dominierte Ordnung in Preußen – umgangen werden konnten. Die mit der Grenzüberschreitung verbundene politische Distanznahme und relative Unabhängigkeit erlaubte eine kritische Reflexion der jeweiligen Verhältnisse, die ohne die politische Doppelkonstellation nicht in gleicher Weise möglich gewesen wäre. Verbunden mit diesem ganz handfesten Transfer von Akteuren sind es darüber hinaus aber auch die unterschiedlichen regionenspezifischen Ausprägungen der Aufklärung, etwa ein städtisch-republikanischer Typus in einer großen Handelsstadt wie Leipzig oder eine höfisch-absolutistische Aufklärung in einer Residenzstadt wie Potsdam, die in ein spannungsreiches Verhältnis treten, das auch in den Debatten der Zeit immer wieder thematisiert wird.

Es versteht sich von selbst, dass die hier skizzierte Höhenkammwanderung zusammen mit den in diesem Band versammelten vertieften sozial- und strukturgeschichtlichen Untersuchungen, mit der politischen Konfliktgeschichte und mit den vielen Fällen gescheiterten Transfers und Austausches gelesen werden muss.

Thomasius und die Aufklärungsuniversitäten

Als eines der wichtigen Gründungsdaten der deutschen Aufklärung gilt die erste Universitätsvorlesung in deutscher Sprache, die Christian Thomasius im Sommersemester 1687 an der Universität Leipzig gehalten hat. Bis dahin wurde ausschließlich auf Latein gelehrt. Thomasius, geboren 1655 in Leipzig, hatte seine Ausbildung an der juristischen Fakultät in Frankfurt (Oder) erfahren, die seinerzeit ein Zentrum des aus Holland kommenden frühaufklärerischen Naturrechtsdiskurses war, der mit Namen wie Friedrich Wilhelm Stosch und denen anderer radikaler Frühaufklärer verbunden ist. Nach seinem Ruf an die Leipziger Universität sorgte Thomasius mit der Ankündigung seiner deutschsprachigen Vorlesung für einen handfesten Skandal, der insbesondere den Widerstand der theologischen

Fakultät hervorrief. Neben dem bloßen Faktum der Wissensvermittlung in der Sprache der Bevölkerung entwickelte Thomasius in dieser Vorlesung in nuce bereits sein ganzes späteres Aufklärungsprogramm, in dem er eine Synthese von höfisch-politischer Sphäre und aufklärerischen Bildungsidealen und damit eine Popularisierung aufgeklärten Wissens anstrebte. »Der Studierenden Jugend zu Leipzig« empfahl er in der Vorlesung unter dem Titel »Collegium über des Gratians Grund-Reguln, Vernünfftig, klug und artig zu leben«[1], dass sie nicht bloß zu Gelehrten, sondern zu kultivierten, weltläufigen und zivilisierten Intellektuellen werden sollen (»beaux esprits, hommes de bon gout & galands«[2]). An die Stelle der damals vorherrschenden scholastischen Gelehrsamkeit und abstrakten Metaphysik, die Thomasius als »Pedanterey« und »Schulfüchserey« bezeichnet, sollten politische Klugheit, Empirie und praktische Nützlichkeit treten, um so das Wissen aus dem akademischen Elfenbeinturm in die wirkliche Welt zu überführen. Dass Thomasius seine Vorlesung in der Landessprache hielt, war Teil dieser angestrebten Transformation der Wissenskategorien.

In zahlreichen Lehrbüchern, deren hohe Auflage für eine weite Verbreitung spricht, und in seinen weiteren Werken hat Thomasius dieses Programm einer weltzugewandten und breitenwirksamen Aufklärung weiter ausformuliert. Hier wandte er sich sowohl an Mitglieder aller Stände als auch an beide Geschlechter, denn er wusste: »Weibes-Personen sind der Gelahrtheit so wohl fähig als Manns-Personen.«[3] Daneben gründete Thomasius mit den *Monatsgesprächen* (1688–1690) die erste deutschsprachige Monatszeitung, in der wissenschaftliche Erkenntnisse aus unterschiedlichen Fächern in unterhaltsamer Form dargeboten und so einem breiteren Publikum zugänglich gemacht wurden.

Thematisch deckte Thomasius alle Bereiche aufklärerischer Kritik an den herrschenden Zuständen ab: Er schrieb Abhandlungen gegen die damals immer noch üblichen Hexenprozesse, trat gegen die Folter ein und argumentierte gegen die Vorstellung des Gottesgnadentums als ausreichender Begründung von Herrschaft. All das führte zu ununterbrochenen Prozessen gegen ihn vonseiten geistlicher und weltlicher Würdenträger. Als Thomasius schließlich im Jahr 1690 in Leipzig mit Vorlesungs- und Publikationsverbot belegt wurde, fand er auf Einladung des brandenburgischen Kurfürsten Friedrich III. Aufnahme in Halle. Hier war er maßgeblich an der Gründung der Universität beteiligt, deren Direktor und Dekan der juristischen Fakultät er später wurde.

Bereits in der unmittelbaren Rezeptionsgeschichte wurde Thomasius zu einem der Gründungshelden der Aufklärung stilisiert. So führt der preußische König Friedrich II. in seiner Schrift *De la littérature allemande*, in der er bekanntlich nicht viel Positives über deutsche Autoren zu sagen hat, Thomasius als eines der wenigen Gegenbeispiele an. Und in der *Histoire de mon temps* erklärte Friedrich ihn neben Leibniz zum einzigen Wissenschaftler, der aus der Mittelmäßigkeit deutscher Univer-

Johann Christian Heinrich Sporleder: Christian Thomasius, 1754, Öl auf Leinwand, Halle (Saale), Martin-Luther-Universität Halle-Wittenberg, Zentrale Kustodie

sitäten herausragte: »An den Universitäten saßen zwar gelehrte, aber pedantische und schulmeisterliche Professoren; kein Mensch konnte mit diesen ungehobelten Leuten verkehren. Nur zwei Männer ragten durch ihr Genie hervor und machten der Nation Ehre: der große Leibniz und der gelehrte Thomasius.«[4] Weniger aus der Perspektive der großen Genies, dafür aber im Hinblick auf die Bildungsgeschichte der Nation würdigte der Pädagoge Friedrich Gedike 1794 – am Ende des Aufklärungszeitalters – im Zentralorgan der preußischen Aufklärung, der *Berlinischen Monatsschrift*, Thomasius' Reformbestrebungen als die »zweite höchst nötige und äußerst glückliche Reformation« nach Luther. So wie dieser den Glauben aus der institutionellen Bindung an die katholische Kirche gelöst habe, so habe Thomasius den kritischen Geist der Aufklärung in Deutschland eingeführt: »Wir alle verdanken ihm einen großen Teil unsrer intellektuellen und moralischen Glückseligkeit; verdanken ihm Errettung aus den schmählichen Ketten der Vorurteile und des Aberglaubens. Sein kritischer Sinn weckte alle guten Köpfe und so wirkt er noch ununterbrochen bei allen denkenden und freien Deutschen.«[5] Ungeachtet aller Idealisierungen solcher Bezugnahmen verweisen sie auf Thomasius' Bedeutung für die Transformation der Institution Universität in eine Bildungseinrichtung der Aufklärung.

Johann Christoph Gottsched und die deutsche Gelehrtenrepublik

Gottsched steht beispielhaft dafür, dass der sächsisch-preußische Kulturtransfer nicht allein in eine Richtung verlief, das heißt von Sachsen nach Preußen. Er gibt ebenso ein einschlägiges Exempel dafür ab, dass Brandenburg-Preußen nicht nur Träger der Aufklärung war, sondern oft genug auch deren Verhinderer. Wäre es nämlich nach dem preußischen König Friedrich Wilhelm I. gegangen, wäre Gottsched nie zum wichtigsten deutschen Aufklärer der 1730er bis 1750er Jahre geworden. Der Soldatenkönig schätzte an seinem Königsberger Untertan einzig dessen Gardemaß von über 1,90 Meter, und Gottsched konnte sich der Zwangsrekrutierung in die preußische Armee nur durch seine Flucht nach Sachsen im Jahr 1724 entziehen. Hier begann seine steile Karriere als Professor für Poetik, später als Professor der Logik und Metaphysik und schließlich als langjähriger Dekan der philosophischen Fakultät der Universität Leipzig. Schon zu seiner Zeit galt Gottsched als wichtigster Vertreter der Aufklärungsliteratur und der Wolff'schen Philosophie in Deutschland. Während er in der Literaturgeschichtsschreibung des 19. und 20. Jahrhunderts lange eher vernachlässigt wurde, hat die jüngere Forschung seine entscheidende Bedeutung für die Herausbildung einer deutschen Gelehrtenrepublik, also zivilgesellschaftlicher Formen der Aufklärung, und vor allem einer deutschen Nationalliteratur wieder hervorgehoben.

Neben seinen weitverbreiteten Werken, wie dem *Versuch einer Critischen Dichtkunst* oder dem Lehrbuch *Erste Gründe der gesamten Weltweisheit*, hat Gottsched mit der Gründung der Deutschen Gesellschaft 1727, mit seinen moralischen Wochenschriften, wie den *Vernünftigen Tadlerinnen* (1725/26) und dem *Biedermann* (1727–1729), und mit seiner Theaterreform alle wichtigen Institutionen und Medien einer aufklärerischen Gelehrtenrepublik im deutschsprachigen Raum begründet. Daneben konnte er mit seinen unermüdlichen Übersetzungen und Adaptionen der Werke von Bayle und Addison bis zu Voltaire den westeuropäischen Aufklärungsdiskurs in Deutschland heimisch machen.

Ludwig Stockinger hat gezeigt, inwiefern Gottsched das Programm einer Gelehrtenrepublik in seinen beiden Bestandteilen – also in Bezug sowohl auf die Gelehrsamkeit wie auf die Republik – auch politisch vertreten hat. Dessen nichthöfisches Aufklärungsmodell ist nur zu verstehen vor dem Hintergrund seines Entstehungsortes einer großen Handelsmetropole wie Leipzig, in der die Träger der Aufklärung wesentlich zivilgesellschaftliche und stadtbürgerliche Akteure sind. Dieses republikanische Aufklärungsverständnis lässt sich in allen Werken Gottscheds erkennen. So forderte Gottsched in seiner 1729 gehaltenen Rede mit dem bezeichnenden Titel »Die Schauspiele und besonders die Tragödien sind aus einer wohlbestellten Republik nicht zu verbannen« die Öffnung einer Bildungsinstitution wie des Theaters für alle städtischen Schichten über die Stände des Hofes und des Adels hinaus, wie er in einer ganzen

Ludwig Schorer: Johann Christoph Gottsched, 1744, Öl auf Leinwand, Universität Leipzig, Kustodie

Reihe rhetorischer Fragen formuliert: »Sind denn nicht die meisten Begebenheiten und Zufälle dieses Lebens allen Menschen gemein? Sind wir nicht zu einerlei Tugend und Laster fähig und geneigt? Kann nicht ein Edler und Bürger eben das im Kleinen ausüben, was Fürsten und Helden im Großen getan?«[6] Dass Gottsched in seinen eigenen Tragödien vor allem die hohe politische Welt zum Gegenstand macht – etwa in Form aufgeklärter Herrscher wie Heinrich IV. –, begründet er dementsprechend nicht als sozialen Ausschluss, sondern mit Wahrscheinlichkeitserwägungen, das heißt dem Realismusgebot. Dagegen macht er seine Komödien, die später sogenannten Sächsischen Typenkomödien, zum Spiegel der ganzen Gesellschaft. Hier bringt er das gesamte bürgerliche Personal und städtische Milieu vom Kaufmann über den Professor bis zum Studenten auf die Bühne, und hier wird die bürgerliche Familie zum Schauplatz der gesellschaftlichen Auseinandersetzungen.

Dass Gottscheds städtisch-republikanisches Aufklärungsverständnis mit dem höfisch-absolutistischen Aufklärungsverständnis Friedrichs II. nicht kompatibel gewesen ist, wird in den Passagen zur Politik in Gottscheds *Ersten Gründen der Weltweisheit* deutlich. Hier heißt es in kritischer Auseinandersetzung mit den Verhältnissen in Sachsen, aber zugleich in augenfälliger Abgrenzung zum Selbstverständnis des preußischen Monarchen: »Es ist unmöglich, daß ein Regent alles allein [...]

Barbara Rosina Lisiewska zugeschrieben: Gotthold Ephraim Lessing, 1767/68, Öl auf Leinwand, Halberstadt, Gleimhaus

Anton Graff: Moses Mendelssohn, 1771, Öl auf Leinwand, Universität Leipzig, Kustodie

einsehen kann, was zur Wohlfahrt und Ruhe des gemeinen Wesens nützlich und nöthig ist. [...] Diesen Mangel abzuhelfen, muß der sich des Raths verständiger und erfahrener Männer bedienen. Er muß die Kaufleute im Handel, die Künstler in ihren Gewerben, die Landleute im Ackerbaue, die Gelehrten in Einrichtung hoher und niedriger Schulen, die Rechtslehrer in Verwaltung der Gerechtigkeit, die Staatskündigen in Abfassung neuer Gesetze, die Gottesgelehrten in Religionssachen zu Hülfe nehmen: damit nicht irgendwo, aus Unwissenheit und Übereilung, ein Fehler begangen werde, daraus dem gemeinen Wesen ein Schaden erwachsen kann.«[7]

Gotthold Ephraim Lessing und der kritische Aufklärungsjournalismus

Während Gottsched bei allem zivilgesellschaftlichen Engagement noch den Typus des aufgeklärten Universitätsprofessors repräsentiert, steht Gotthold Ephraim Lessing wie kein anderer für einen neuen Typus des kritischen Intellektuellen, freien Schriftstellers und unabhängigen Journalisten innerhalb der deutschen Aufklärung. Der Kamenzer Lessing kam im Jahr 1748 als 19-Jähriger nach einem abgebrochenen Theologiestudium aus Leipzig nach Berlin, weil er dort wie viele andere Intellektuelle ein neues kulturelles Zentrum unter einem jungen aufgeklärten Regenten zu finden hoffte. Lessing folgte dabei seinem Schwager, dem Verleger und Zeitschriftenherausgeber Christlob Mylius, dem durch den unmittelbar nach Friedrichs Regierungsantritt an die Akademie der Wissenschaften berufenen Leonhard Euler in Berlin eine Stellung als Redakteur der *Berlinischen Privilegierten Zeitung* vermittelt worden war. Zusammen mit Mylius sowie den etwa gleichaltrigen Friedrich Nicolai und Moses Mendelssohn begründete Lessing den Berliner Zeitschriftenmarkt der Aufklärung. Er leitete die Rezensionsteile der beiden großen Berliner Zeitungen, der *Haude-Spenerschen* und der *Vossischen Zeitung*, gründete zusammen mit Nicolai und Mendelssohn die *Briefe, die neueste Literatur betreffend* und war entscheidend an dem großen preußisch-sächsischen Kooperationsprojekt, der *Bibliothek der schönen Wissenschaften und freien Künste*, beteiligt. Letztere wurde von Nicolai und Mendelssohn zusammen mit Lessings Leipziger Studienfreund Christian Felix Weiße ab 1759 herausgegeben und erschien ab 1765 bis zum Ende des Jahrhunderts unter dem Titel *Neue Bibliothek der schönen Wissenschaften und freien Künste* bei Weiße in Leipzig. Alle genannten Zeitschriften gehören zu den Gründungsdokumenten der sich in diesen Jahren konstituierenden Berliner Aufklärung.

Zahlreich sind die zeitgenössischen Zeugnisse dafür, dass Lessing bereits in seiner Zeit als ein Vertreter eines neuartigen

Anton Graff: *Johann Jacob Engel*, 1773, Öl auf Leinwand, SPSG

kritischen Journalismus wahrgenommen wurde. Sein Stil wird als unangepasst, allgemeinverständlich und polemisch beschrieben und ausdrücklich dem Stil der Gelehrsamkeit entgegengesetzt. In einer Debatte der Berliner Mittwochsgesellschaft über die Reformnotwendigkeit von Universitäten im Jahr 1780 erinnert sich der Propst Abraham Teller, dass die unkonventionelle Laufbahn der drei herausragenden Intellektuellen Berlins um 1750 – gemeint sind neben Lessing noch Nicolai und Mendelssohn – dazu führte, dass der Sinn der Institution Universität gänzlich infrage gestellt wurde. Mit »dem Entstehen der Berlinischen Bibliothek und der Literaturbriefe«, berichtet Teller, habe man zuerst »einen ordentlichen Groll gegen die Universitäten« gefasst. Denn mit Lessing, Mendelssohn und Nicolai traten herausragende Schriftsteller hervor, die alle damaligen Gelehrten übertrafen, obwohl sie nicht auf Universitäten unterrichtet worden waren: »[...] da hieß es nun gleich: was brauchen wir weiter Universitäten! Diese alle sind ohne dieselben geworden, was sie sind – ja es würde ihnen auf Universitäten weit eher der Geist abgestumpft und die Feder gelähmt worden seyn«.[8]

Zum Habitus eines solchen kritischen Intellektuellen und aufstrebenden Schriftstellers im Alter von knapp über zwanzig Jahren gehörte es, sich erst einmal gehörig vom seinerzeit regierenden Literaturpapst Gottsched abzugrenzen – Lessings schneidende Kritik an Gottsched in den *Literaturbriefen* ist dann direkt in die Literaturgeschichtsschreibung übernommen worden. Tatsache ist aber, dass Lessings sämtliche dramatischen Frühwerke (*Der junge Gelehrte*, 1748; *Die alte Jungfer*, 1749; *Der Freigeist*, 1749) noch im Stil der Sächsischen Typenkomödie geschrieben sind. Und auch die Anlage des großen Zeitschriftenprojekts der *Bibliothek der schönen Wissenschaften und freien Künste* geht bis hin zum Titel direkt auf Gottscheds Zeitschrift *Neuer Büchersaal der schönen Wissenschaften und freyen Künste* zurück.

In einem besonderen Spannungsverhältnis stand Lessings kritische Publizistik zum preußischen Staat und zu dessen Regenten Friedrich II. Von Anfang an propagierte Lessing in seinen Rezensionen mit Autoren wie Rousseau oder Diderot Aufklärer, die wegen ihrer Radikalität außerhalb von Friedrichs Aufklärungsverständnis lagen. Im Streit zwischen Friedrich und Voltaire um den Akademiepräsidenten Maupertuis bezog er Position für Voltaire: Mylius übersetzte Voltaires *Akakia*-Satire, die Friedrich öffentlich verbrennen ließ, ins Deutsche; Lessing bewarb die Publikation in seinen Zeitschriften. Die Polemiken in Mylius' Zeitschrift *Der Wahrsager* wurden dann sogar zum Auslöser für die Wiedereinführung der Zensur in Preußen. Alle Gesuche von Akademikern wie Johann Georg Sulzer, Lessing in die Akademie der Wissenschaften aufzunehmen, wurden von Friedrich abschlägig beschieden. Später durfte auch Lessings großes Theaterstück über den Siebenjährigen Krieg *Minna von Barnhelm* in Preußen nicht gespielt werden – der preußische Gesandte verhinderte sogar noch die Aufführung in Hamburg. All diese Erfahrungen kulminierten schließlich in Lessings berühmtem Brief an Nicolai vom 25. August 1769, in dem sogar dem katholischen Kaiserhof in Wien ein größeres Maß an Aufklärung zugesprochen wird als Berlin und in dem er Preußen als »das sklavischste Land von Europa« bezeichnet: »Sonst sagen Sie mir von Ihrer Berlinischen Freiheit zu denken und zu schreiben ja nichts. Sie reduziert sich einzig und allein auf die Freiheit, gegen die Religion so viel Sotissen zu Markte zu bringen, als man will. [...] Lassen Sie aber doch einmal einen in Berlin versuchen, über andere Dinge so frei zu schreiben, als Sonnenfels in Wien geschrieben hat; lassen Sie ihn versuchen, dem vornehmen Hofpöbel so die Meinung zu sagen, als dieser sie ihm gesagt hat; lassen Sie einen in Berlin auftreten, der für die Rechte der Untertanen, der gegen Aussaugung und Despotismus seine Stimme erheben wollte, wie es itzt sogar in Frankreich und Dänemark geschieht: und Sie werden bald die Erfahrung haben, welches Land bis auf den heutigen Tag das sklavischste Land von Europa ist.«[9]

Spätestens mit dem Siebenjährigen Krieg wird die Distanz des Sachsen Lessing zu einem Aufklärungsverständnis à la Preußen immer deutlicher. Hierzu zählt etwa die Kritik am preußischen Militarismus und Polizeispitzelwesen in der *Minna von Barnhelm*, in der Lessing laut Goethe die »Überwindung der Preußen durch die Sächsinnen« dramatisch gestaltet hat.[10] Sichtbar wird diese Distanz aber auch in den Auseinandersetzungen um die mit dem Siebenjährigen Krieg aufwallende Preußenglorifizierung von Dichterkollegen wie Gleim, an den Lessing schreibt, dass ihm dessen soldatischer Patriotismus vor Entsetzen die Haare zu Berge stehen lasse: »Allein soll ich es für nichts, als für eine Wirkung seiner frappanten Art zu malen halten, wenn mir bei verschiedenen Stellen vor Entsetzen die Haare zu Berge gestanden haben? [...] Der Patriot überschreiet den Dichter zu sehr, und noch dazu so ein soldatischer Patriot, der sich auf Beschuldigungen stützet, die nichts weniger als erwiesen sind! Vielleicht zwar ist auch der Patriot bei mir nicht ganz erstickt, obgleich das Lob eines eifrigen Patrioten, nach meiner Denkungsart, das allerletzte ist, wonach ich geizen würde; des Patrioten nämlich, der mich vergessen lehrt, daß ich ein Weltbürger sein sollte.«[11]

Nachdem Gleim sich rechtfertigt, dass »nicht sowohl der König, als vielmehr die preußische Nation [nur] den allgerechtesten Verteidigungskriege« führe, und seinerseits umgekehrt Lessing »Sächsische[n] Patriotismus« vorwirft,[12] macht Lessing darauf aufmerksam, dass für ihn König und Nation nicht identisch seien und dass daher die Kategorie des Patriotismus insgesamt fehl am Platze sei. Am 14. Februar 1759 schreibt er an Gleim: »Ich habe überhaupt von der Liebe des Vaterlandes (es tut mir leid, daß ich Ihnen vielleicht meine Schande gestehen muß) keinen Begriff, und sie scheinet mir aufs höchste eine heroische Schwachheit, die ich recht gern entbehre.«[13] In dieser »sächsischen« oder eher kosmopolitischen Distanz unterscheidet sich Lessing von vielen anderen preußischen Aufklärern seiner Zeit, und es war nicht zuletzt diese Distanz, die seine spezifische Sonderstellung als kritischster Intellektueller der deutschen Aufklärung insgesamt mitbegründete.

Friedrich Anton von Heynitz und die Kunstakademien der Aufklärung

Anhand eines letzten Beispiels lässt sich der Institutionentransfer zwischen Sachsen und Preußen auf den Gebieten der Kultur- und Wirtschaftsförderung im Kontext von Reformdruck und Reformkonkurrenz nach dem Siebenjährigen Krieg studieren. Friedrich Anton von Heynitz, im Jahr 1725 bei Torgau geboren, war als Mitglied der sächsischen Restaurierungskommission, oberster Leiter des Berg-, Hütten- und Forstwesens, Gründer der Freiberger Bergakademie und Direktor des Salinenwesens an maßgeblicher Stelle am sächsischen Wiederaufbau nach dem Siebenjährigen Krieg beteiligt. Zusammen mit Christian von Hagedorn verfasste er in diesen Funktionen auch die Programmschriften für die in diesem Zusammenhang gegründeten Kunstakademien in Dresden und Leipzig. Hier wird als Ziel der Akademien geradezu ein regelrechtes Wirtschafts- und Industrieförderungsprogramm formuliert: Durch die Kunstakademie solle nicht nur »mehr Geld zur Circulation gebracht, Fremde herbeigezogen und das Ansehen [des] Staats vermehret« werden, »sondern auch ferner die Producte der inländischen Fabricen und Manufacturen durch Verbesserung des Geschmacks angenehmer gemacht und ein größerer Debit derselben zu Wege gebracht« werden.[14]

Im Jahr 1777 trat Heinitz in den preußischen Staatsdienst in Berlin ein, wo er vergleichbare Ämter wie zuvor in Sachsen übernahm: Er wurde Leiter des Bergwerks- und Hüttendepartements und der Bergakademie, Direktor des Akzise- und Fabrikenwesens und Leiter des Salzdepartements. Zudem avancierte er 1786 zum Kurator der Berliner Akademie der Künste und mechanischen Wissenschaften und war im Jahr 1798 Mitbegründer der Berliner Bauakademie. Heynitz' wichtigster kulturpolitischer Berater bei der Reform der Berliner Kunstakademie wurde Karl Philipp Moritz, der heute vor allem als Verfasser des Romans Anton Reiser bekannt ist und zu seiner Zeit den Ruf eines genialischen Sonderlings aus ärmsten Bevölkerungsschichten hatte. Moritz wurde nach der Rückkehr von seiner Italienreise im Februar 1789 von Friedrich Wilhelm II. zum »Professor für Theorie der schönen Künste und dahin gehörigen Wißenschaften, als Mathematic, Perspective, Architectur« ernannt und hat für Heynitz ein umfassendes Programm der Ästhetisierung der

Anton Graff: Friedrich Anton von Heynitz, 1772, Öl auf Leinwand

Johann Alexander Thiele:
Leipzig von Lindenau aus gesehen, 1730, Öl auf Leinwand,
Leipzig, Museum der bildenden Künste

städtischen Lebenswelt entwickelt, das vom Design von Möbeln, Porzellanen und Kleidungsaccessoires bis hin zur systematischen Ausbildung von Handwerkern und bildenden Künstlern reichte. Seine öffentlichen Vorlesungen über »Einige der vorzüglichsten Kunstwerke der Königlichen Gemäldegalerie« oder über die »Theorie der schönen Künste« waren gesellschaftliche Ereignisse, an denen nicht nur die Intellektuellenszene, sondern auch zahlreiche Minister und der Hofadel teilnahmen. Nach dem Zeugnis von Alexander von Humboldt war das »Kollegium« sogar »gewiß das glänzenste was in Deutschland gelesen wird«.[15]

Vor allem aber kann man im Textvergleich erkennen, dass das von Moritz 1790 im Auftrag von Heynitz verfasste neue Reglement der Berliner Akademie der Künste beinahe wortgleich dem Hagedorn'schen Reglement der Leipziger Kunstakademie von 1763 folgt. Hier wie dort diente das Anliegen, »überall guten und reinen Geschmack zu befördern«, »keinem anderen Zweck und keinem anderen Wunsch, als die National-Industrie zu erhöhen«.[16] Es ist dabei nicht ohne Ironie, dass ausgerechnet das sächsische Retablissement, das seinerseits eine Reaktion auf die schmerzlich erfahrene Überlegenheit des preußischen Nachbarn war, nach der Regierungszeit Friedrichs II. zum Modell für die Kulturpolitik seines Nachfolgers Friedrich Wilhelm II. wurde. Neben Moritz begannen bei Heynitz auch der junge Alexander von Humboldt und der Freiherr vom Stein ihre Karrieren – beide erhielten ihre ersten Posten in der Bergakademie. Der Aufklärungstransfer zwischen Sachsen und Preußen hatte so seine Folgewirkungen auch noch in die preußische Wissenschaftslandschaft und die politischen Reformen des frühen 19. Jahrhunderts hinein.

Mit Thomasius, Gottsched, Lessing und Heynitz sind nur die prominentesten Beispiele genannt, an denen die Bedeutung der preußisch-sächsischen Beziehungen für die Aufklärung sofort deutlich wird. Die hier vorgenommene Höhenkammwanderung ließe sich mühelos aber auch um Akteure aus der zweiten Reihe ergänzen, die oft für die Institutionalisierung der Aufklärung nicht weniger bedeutend waren. Man kann einen vergleichbaren Aufklärungstransfer etwa in Bezug auf das Berliner Oberkonsistorium aufzeigen, dessen Einfluss auf Kirche und Schulwesen in Preußen keineswegs zu vernachlässigen ist

Johann Georg Rosenberg:
Berlin von den Rollbergen am Cottbusser Tor aus gesehen, nach 1785,
Öl auf Pappe, SMB, Gemäldegalerie

und für das Friedrich bevorzugt rationale Theologen aus dem »Ausland«, nicht zuletzt aus Sachsen, berief – zu nennen ist hier etwa Wilhelm Abraham Teller, der 1767 nach Berlin kam und dort als Oberkonsistorialrat und Mitglied der Mittwochsgesellschaft einer der wichtigsten Netzwerker der Berliner Aufklärung wurde. Gleiches gilt auch für das Berliner Nationaltheater und dessen in Leipzig geschulten Leiter Johann Jakob Engel, der nach seiner 1776 erfolgten Übersiedlung nach Berlin in weiteren Institutionen wie dem Joachimsthaler Gymnasium und in beiden Akademien (Künste und Wissenschaften) tätig war.

Im Unterschied zur kleindeutsch-borussischen Nationalgeschichtsschreibung des 19. Jahrhunderts, nach der der machtpolitische Niedergang des einen Staates und der Aufstieg des anderen am geringeren oder höheren Grad an Aufgeklärtheit gelegen habe, wäre es die Aufgabe einer sächsisch-preußischen Beziehungsgeschichte der Aufklärung, diese vielfältigen Wechselwirkungen unterschiedlicher Reformbewegungen und ihre Grenzen zum Gegenstand vertiefter Forschungen zu machen und diese vor allem in ihrem gesamteuropäischen Bezugsrahmen vergleichend einzuordnen.

Gedruckte Quellen und Literatur D'Aprile 2006 · D'Aprile 2012 · Johann Christoph Gottsched, Kat. 2000 · Friedrich II. 1913 · Gedike 1794 · Goldenbaum/Košenina 1999–2013 · Gottsched 1968–1987. · Gottsched 1972 · Klingenberg 1996 · Klingenberg/Middell/Stockinger 2001 · Klingenberg 2009 · Klingenberg u. a. 2001 · Lessing 1985–2003 · Stockinger 2001 · Stölzel 1889 · Thomasius 1691 · Thomasius 1994 · Weber, P. 2006 · Wiessner 1864

Anmerkungen **1** Thomasius 1994, S. 1. **2** Ebd., S. 50. **3** Thomasius 1691, S. 87. **4** Friedrich II. 1913, S. 46. **5** Gedike 1794, S. 252. **6** Gottsched 1972, S. 8. **7** Gottsched 1968–1987, Bd. 5/2, S. 287 f. **8** Zit. nach Stölzel 1889, S. 209. **9** Lessing 1985–2003, Bd. 11/1, S. 622 f.: Lessing an Nicolai v. 25. 8. 1769. **10** Zit. nach Weber, P. 2006, S. 104. **11** Lessing an Gleim v. 16. 12. 1758; zit. nach ebd., S. 94 f. **12** Gleim an Ramler v. 6. 1. 1759; zit. nach ebd., S. 95. **13** Lessing an Gleim v. 14. 2. 1759; zit. nach ebd., S. 96. **14** Zit. nach Wiessner 1864, S. 28. **15** Zit. nach Klingenberg 2009, S. 66. **16** Zit. nach Klingenberg 1996, S. 142

Bildnismalerei in Brandenburg und Sachsen im 17. und 18. Jahrhundert

HELMUT BÖRSCH-SUPAN

Die Entwicklung der Porträtmalerei in Brandenburg und in Sachsen im 17. und 18. Jahrhundert kann ohne einen Rückblick auf das 16. Jahrhundert kaum verstanden werden. Sachsen war das Land der Reformation, die von Wittenberg, Universitätsstadt seit 1502 und Residenz des Kurfürsten Friedrich III., des Weisen, ausging. Die massenhaft verbreiteten Bildnisse der Reformatoren, besonders die Luthers und Melanchthons, waren Mittel der Propaganda für die neue Lehre, und der seit 1505 in Wittenberg tätige Lucas Cranach d. Ä. war durch sein herausragendes Talent als Maler und Organisator einer großen Werkstatt ein kräftiger Motor dieser Bewegung. In großer Zahl wurden auch Bildnisse Friedrichs III. und seiner beiden Nachfolger produziert. Das Porträt, das gemalte und mehr noch das durch die Druckgrafik vervielfältigte, diente wie nie zuvor der Breitenwirkung fürstlicher Macht.

Als mit dem Sieg des kaiserlichen Heeres über die im Schmalkaldischen Bund zusammengeschlossenen protestantischen Fürsten 1547 die sächsische Kurwürde an die albertinische Linie der Wettiner überging, begann der Aufstieg Dresdens zu einer glanzvollen modernen Residenz, für die Lucas Cranach d. J. bis gegen Ende des 16. Jahrhunderts tonangebend blieb. Dresden belieferte auch den Berliner Hof, der sich erst 1539 zögernd der Reformation anschloss und auch in anderer Hinsicht Sachsen nachahmte, so 1506 mit der Gründung einer Universität in Frankfurt (Oder). Dresden, näher als Berlin an Prag gelegen, profitierte von der raffinierten Hofkunst Kaiser Rudolfs II. bis zu dessen Tod 1612 und warb in stärkerem Maß als Berlin italienische Fachkräfte an. Für Brandenburg folgenreich war der 1613 erfolgte Übertritt des Kurfürsten Johann Sigismund zum in den Niederlanden erfolgreichen Calvinismus, was zu Spannungen zwischen dem Hof und der lutherischen Bevölkerung führte, aber das Land nach Westen hin öffnete. Die Erwerbung von Kleve, Mark und Ravensberg 1624 und die des Herzogtums Preußen 1618 stellte Brandenburg vor die schwierige Aufgabe, diesen weit gestreuten Besitz zusammenzuhalten.

Ein wesentlicher Unterschied zwischen den beiden Territorien bestand darin, dass Sachsen mit der Handels-, Messe- und Universitätsstadt Leipzig ein bürgerliches, auf Austausch mit anderen Regionen bedachtes Zentrum mit einer eigenen Porträtkultur besaß. Mit 10 000 Einwohnern zählte Leipzig um 1500 etwa doppelt so viele wie Dresden. Frankfurt (Oder), die zweitgrößte Stadt in Brandenburg und im 16. Jahrhundert mit ungefähr ebenso vielen Einwohnern wie Leipzig, verlor im 17. Jahrhundert stark an Bedeutung. Lediglich ein Porträtmaler lässt sich hier 1693 nachweisen. Auch in den anderen Städten der Mark, sogar in Potsdam, das sich als zweite Residenz im 18. Jahrhundert glanzvoll entfaltete, gab es nur vereinzelt Maler, die auch Porträts schufen. In Sachsen dagegen hatten Städte wie Bautzen, Görlitz oder Zittau, die seit 1635 zu Kursachsen gehörten, Freiberg – vor 1700 –, die Universitätsstadt Wittenberg, Naumburg oder Zwickau eine eher eigenständige, wenn auch bescheidene Porträtkultur. Das gilt ebenfalls für die Residenzen der 1657 mit dem »Freundbrüderlichen Hauptvergleich« gebildeten und 1746, 1738 und 1718 wieder erloschenen Sekundogenituren in Weißenfels, Merseburg und Zeitz. Die von 1689 bis 1788 in Schwedt regierenden Markgrafen von Brandenburg-Schwedt dagegen beschäftigten nur Berliner Porträtmaler.

Der mit barbarischer Grausamkeit geführte Dreißigjährige Krieg warf ganz Deutschland, auch in der Malerei, die in den Niederlanden, Frankreich, Italien und Spanien in Blüte stand, weit zurück, Brandenburg noch mehr als Sachsen. Da Dresdens Befestigungen dem Ansturm der feindlichen Truppen standhielten, konnte hier unter dem von 1611 bis 1656 regierenden Kurfürsten Johann Georg I. auch auf dem Feld des Porträts eine höfische Kultur fortbestehen. Berlin dagegen wurde mehrmals besetzt und Kurfürst Georg Wilhelm floh 1638 nach Königsberg, doch gab es in der weitgehend entvölkerten Stadt auch in der Kriegszeit noch einige wenige Porträtmaler wie Martin Schulz und Joachim Siwert.

Pieter Nason: Der Große Kurfürst und seine Gemahlin Luise Henriette, 1666, Öl auf Leinwand, SPSG

Samuel Bottschild: Johann Berthold, 1695, Öl auf Holz, Leipzig, Museum der bildenden Künste, Porträtsammlung der Kramermeister Leipzig

Mit dem seit 1640 regierenden Kurfürsten Friedrich Wilhelm, der an der Universität Leiden studiert und die blühende Kultur der Niederlande einschließlich der Kunst kennengelernt hatte, erhielt Brandenburg einen überragenden Staatslenker, der sich in den schwierigen europäischen Machtverhältnissen zu behaupten verstand. Die Hochzeit mit Luise Henriette von Oranien-Nassau 1646 festigte die Verbindung zu den Niederlanden, und so konnte er für den Aufbau der verwüsteten Mark Fachkräfte vor allem von dort anwerben, darunter auch Architekten und Maler. Allerdings kamen nicht die besten. Der bevorzugte Porträtmaler war Willem van Honthorst, der einen nüchtern-knappen Stil pflegte. Von den deutschen Porträtmalern war Michael Conrad Hirt der beste. Seit den 1660er Jahren werden die Bildnisse deutlich repräsentativer, ja absolutistischer – in Parallele zum Anspruch der Schlossbauten, so dem 1662 bis 1669 erbauten Potsdamer Stadtschloss. Die imposanten Bildnisse, die Brandenburgs Rolle in der europäischen Politik betonen sollten, lieferten aus Den Haag 1666 Jan Mijtens mit einem Familienporträt und Pieter Nason mit einem Doppelbildnis des Kurfürsten mit seiner Gemahlin. 1672 wurde der niederländisch-französische Maler Jacques Vaillant, der einen gröberen Stil pflegte, an den Berliner Hof berufen. Allgemein auffällig ist eine Vorliebe für das raumbeherrschende lebensgroße Reiterporträt. Von den etwa zwölf dokumentarisch nachweisbaren ist nur noch eines erhalten. Die Ausrichtung nach Frankreich verstärkte sich mit den Glaubensflüchtlingen von dort, die seit 1685 in Brandenburg aufgenommen wurden. So kamen mit Abraham und Gedeon Romandon zwei hervorragende, in der französischen Hofkunst versierte Porträtisten nach Berlin.

Bis zum Frieden von Nijmegen 1679 war der Kurfürst genötigt, Kriege zu führen, und nur das letzte Lebensjahrzehnt erlaubte es ihm, sich verstärkt der Pflege der Künste und der Erweiterung der Residenz zu widmen. Die Einwohnerzahl Berlins, die nach dem Aderlass im Dreißigjährigen Krieg zunächst kaum gestiegen war und 1661 nur etwa 6 000 bis 7 000 betrug, verdreifachte sich bis zum Tod des Kurfürsten 1688, stieg weiter an und überholte 1697 mit 31 000 Einwohnern Dresden, das 1699 etwas mehr als 21 000 Einwohner zählte.

Das rasche Wachstum Berlins setzte sich unter Kurfürst Friedrich III., seit 1701 als Friedrich I. König in Preußen, fort. Vor dem Brandenburger hatte bereits 1697 August der Starke die Rangerhöhung zum König von Polen bewirken können. Er wurde katholisch, um dieses Ziel zu erreichen. Die neue Würde führte zu einem enormen Ansteigen der Ausgaben für höfische Repräsentation. Obwohl prachtvolle barocke Großbauten mit dem Palais im Großen Garten in Dresden erst seit 1678 entstanden, zeigte sich im Porträt schon früher die Tendenz zu barocker Großartigkeit. Die Entwicklung unterscheidet sich von der in

Gedeon Romandon: Maria Amalie von Sachsen-Zeitz, um 1700, Öl auf Leinwand, SPSG

Antoine Pesne: Barbara Campanini, gen. Barbarina, als Bacchantin, 1745, Öl auf Leinwand, SPSG

Berlin durch ihre Kontinuität, weil die führenden Porträtisten wie Christian Schiebling, Centurio Wiebel, Johann Fink, Samuel Bottschild oder Heinrich Christoph Fehling Landeskinder waren. Der Zustrom fremder Maler war relativ gering.

Das Porträtschaffen in seiner ganzen Breite ist wegen der kaum zu ermessenden Verluste an Gemälden nur dann einigermaßen zuverlässig zu beurteilen, wenn die Reproduktionen von Gemälden in Stichen herangezogen werden. Allerdings gaben die Stecher nur sporadisch, später häufiger als am Beginn des 17. Jahrhunderts, die Namen derer an, die die Vorlagen geschaffen hatten. Viele sächsische Porträts wurden in Augsburg und Nürnberg, den Zentren des Bildnisstiches, reproduziert, doch blühte seit der Mitte des 17. Jahrhunderts dieser Kunstzweig auch in Sachsen auf, in Leipzig kräftiger als in Dresden, weil das Bürgertum, vor allem Geistliche, ein stärkeres Interesse an Porträtstichen hatte als die höfische Gesellschaft. Das Niveau des Bildnisstiches lag in Sachsen, auch im 18. Jahrhundert, über dem in Berlin. Martin Bernigeroth und sein Sohn Johann Martin sollen in Leipzig über 1700, oft brillante Stiche geschaffen haben. Mit Georg Friedrich Schmidt besaß Berlin zwar auch einen ausgezeichneten, in Paris geschulten Radierer, aber die Nachfrage nach seinen Arbeiten war nicht sehr groß.

War im 17. Jahrhundert das Verhältnis zwischen Sachsen und Brandenburg im Ganzen freundschaftlich, was sich auch in vier »Verbrüderungsbildern« der jeweiligen Kurfürsten niedergeschlagen hat, so war das folgende Jahrhundert mehr durch Konflikte bis hin zu kriegerischen Auseinandersetzungen gekennzeichnet. Das letzte der »Verbrüderungsbilder« war das 1728 von Louis de Silvestre geschaffene von August dem Starken und König Friedrich Wilhelm I. – Persönlichkeiten, die kaum gegensätzlicher sein konnten und dazu durch ihre Konfession getrennt waren. Gemeinsam war den beiden Höfen in der Zeit um 1700 ein forciertes Streben nach imponierendem Glanz, auch im Porträt und vor allem im Herrscherporträt, das sich stärker als früher am Vorbild ausländischer Höfe orientierte. In Berlin schaute man nicht nur nach Frankreich, sondern auch nach England, wo Gottfried Kneller, ein Lübecker, der tonangebende Hofporträtist war. Friedrich Wilhelm Weidemann, einer der fruchtbarsten Porträtisten bis zur Jahrhundertmitte, und sein Vetter Carl Aemil Weidemann wurden seine Schüler. Samuel Theodor Gericke, ein guter Porträtmaler, war Schüler von Gedeon Romandon und schulte sich auf einer Reise nach Italien. Der Besuch dieses Landes wurde in Berlin weit mehr als früher fördernd für die Karriere eines Malers.

Die aufstrebende Residenz mit ihrem Hang zum Luxus lockte viele Künstler von außen an, die jedoch nur kurze Zeit hier wirkten. Entscheidend für die Zukunft der Bildnismalerei in Berlin wurde die Berufung des Franzosen Antoine Pesne 1710, der 46 Jahre lang auf diesem Feld den Ton angab, zahlreiche Schüler ausbildete und weit über Berlin hinaus wirkte. Er hinterließ ein gewaltiges Œuvre. In seinem Stil orientierte er sich an Watteau, Rembrandt, Rubens und den Venezianern und war in seinen Porträts bestrebt, Sympathie beim Betrachter zu erwecken. Das gelang ihm durch eine leichte Pinselführung und ein ansprechendes Kolorit. In seinen Frauenporträts ist der Würde der Erscheinung oft die Anmut hinzugefügt. Besonders in seiner späten Schaffensphase unter dem frankophilen Friedrich dem Großen kamen diese Vorzüge zur Geltung. Während der Regierungszeit Friedrich Wilhelms I. von 1713 bis 1740, in der Pesne mehr Anerkennung und Beschäftigung bei der Königin als beim König fand, führte er auch zweimal, 1718 und 1728, in Dresden umfangreiche Aufträge für August den Starken aus.

Auf die innere Festigung des Staates bedacht und jeglichem Luxus abhold, hat sich der tief religiöse und strenge Friedrich Wilhelm gegen die Konventionen in anderen europäischen Fürstenhäusern gestellt. Viele Künstler verließen das Land. Im Porträt machte sich dieser Kulturbruch deutlich bemerkbar. Vorbildlich war für Friedrich Wilhelm im Rückgriff auf die Ausrichtung seines Großvaters das bürgerliche Holland. Die Funktion der Porträts, die in großer Zahl gemalt wurden, beschränkte sich darauf, die Person als solche möglichst einfach zu vergegenwärtigen. Das gilt besonders für die Soldatenbildnisse, die der König in großer Zahl in Auftrag gab. Bei den »Langen Kerls« begnügte er sich mit einer bis zur Lächerlichkeit gehenden Grobheit der Ausführung. Militärisches drang in das ge-

Louis de Silvestre: Gräfin Bielinska, Gemahlin des Kastellans Malagocza, als Vestalin, 1726, Öl auf Leinwand, Gemäldegalerie Alte Meister, SKD

Stefano Torelli: Die Prinzen Friedrich August und Karl Maximilian, 1758/59, Öl auf Leinwand, Gemäldegalerie Alte Meister, SKD

samte Kulturleben ein und gab ihm einen freudlosen Anstrich. Während seiner 27-jährigen Regierungszeit sind in Berlin über längere oder kürzere Zeit etwa 30 Maler nachzuweisen, die Bildnisse geschaffen haben.

Wie Pesne in Berlin, so war in Dresden der 1716 aus Paris berufene Louis de Silvestre – ein Schüler Charles Le Bruns und damit ganz von der Hofkunst des Sonnenkönigs geprägt – die absolut führende Künstlerpersönlichkeit nicht nur im Porträt, sondern auch in der dekorativen Figurenmalerei. Der in Paris mit Hyacinthe Rigaud seinen Gipfel erreichende Porträtstil, der durch Inszenierung die Person zu einem fast übernatürlichen Wesen erhöhte, suchte jedoch durch zeichnerische Präzision vor allem in der Physiognomie Illusion in die Realität zurückzuholen. Neben Rigaud vertrat Nicolas de Largillière einen blutvolleren und eher malerischen Stil. Ein blendendes Kolorit war beiden Künstlern eigen. 1715 hatte sich der Kronprinz, der spätere König August III., in Paris ganzfigurig von Rigaud malen lassen. Ein Bildnis Augusts des Starken hat Largillière geschaffen. In diese Richtung sollte Silvestre zielen. Bezeichnend für die streng auf Rangordnung bedachte brillante, aber kühle Malerei Silvestres ist das Fehlen menschlichen Mitfühlens. Es gibt keine Bildnisse von seiner Familie, von Künstlerkollegen oder von bürgerlichen Personen. Auch Selbstbildnisse, in denen er etwas von sich preisgibt, fehlen. Kinder werden zu kleinen Erwachsenen stilisiert, die später Macht ausüben.

Ein anderes, ein feuriges Temperament besaß der Ungar Adám Mányoki, der von 1713 bis 1723 und von 1738 bis zu seinem Tod 1756 in Dresden nur als Porträtist wirkte. Das Helldunkel seines erstaunlich anpassungsfähigen Stils spiegelt eher die Lebenswirklichkeit mit Höhen und Tiefen. Er hat auch bürgerliche Personen porträtiert. Seine Kunst belegt, ebenso wie schon früher die von Jan Kupezky, dass nicht nur der Westen, sondern auch der Südosten Europas eine formende Kraft auf die Mitte ausübte. Die Zahl der sonst noch in Dresden wirkenden Porträtisten im Vergleichszeitraum von 1713 bis 1740 ist etwa ein Drittel niedriger als in Berlin. Für Sachsen ist jedoch zu bedenken, dass in Leipzig etwa ebenso viele Maler wie in Dresden den großen Bedarf an Bildnissen deckten. Hier war Elias Gottlob Hausmann von 1720 bis zu seinem Tod 1774 der bei Weitem fruchtbarste – wenn auch mittelmäßige – Porträtist. Mehr als der brandenburgische Landadel war der sächsische darauf bedacht, sich im Bildnis zu verewigen, und er bedurfte dafür der Porträtisten in den großen Zentren.

Der Regierungswechsel nach dem Tod Augusts des Starken brachte hinsichtlich der Kunstpflege keine einschneidende Veränderung, nur dass der Sohn August III. noch mehr als der Vater das Wachstum der Gemäldegalerie betrieb und eine besondere Vorliebe für die italienischen Künstler hegte. Als Silvestre 1748 Dresden verließ, kam als Nachfolger der liebenswerte Conte Pietro Antonio Rotari aus Verona, der bei Weitem nicht so produktiv war wie Silvestre. Es gab keine Werkstatt mehr, die Bildnisse der Mächtigen massenhaft vervielfältigte. Man gab sich nun natürlicher und heiterer. Der Bolognese Stefano Torelli wirkte schon seit 1740 in Dresden auch als Porträtmaler. Der hochbegabte, frühreife Anton Raphael Mengs wäre in der Lage gewesen, der dominierende Hofmaler in Dresden zu werden, aber er zog es vor, internationalen Ruhm in Rom und Madrid zu ernten.

Als 1756 der Siebenjährige Krieg ausbrach, verließen mit dem nach Warschau ausweichenden Hof auch die ausländischen Künstler Dresden. Die Stadt erlitt durch preußischen Beschuss schwere Zerstörungen. Die Krone Polens ging nach dem Tod Augusts III. (1763) verloren. Aber das Unglück des Landes mobilisierte nach 1763 Kräfte, auch im Bereich der Kunst. Die Kunstakademie wurde neu belebt und sorgte durch jährliche Ausstellungen für die Teilnahme einer breiteren Öffentlichkeit am Schaffen der Künstler und spornte diese durch den Wettbewerb an. In Leipzig entstand ein Ableger der Akademie, deren Direktor 1764 Adam Friedrich Oeser, ein Freund Winckelmanns, wurde. Nach seinem Tod 1799 folgte ihm mit Johann Friedrich August Tischbein einer der besten Porträtmaler Deutschlands im Amt.

Johann Eleazar Zeisig, gen. Schenau: Das Kunstgespräch, 1777, Öl auf Leinwand, Gemäldegalerie Alte Meister, SKD

Dem Direktor der Dresdner Kunstakademie und der Gemäldegalerie Christian Ludwig Hagedorn ist es zu verdanken, dass 1766 mit der Berufung des Schweizers Anton Graff ein souverän denkender, produktiver und dabei hochbegabter Künstler als führender Porträtmaler gewonnen werden konnte. Mit ihm löste man sich von nicht mehr tragfähigen Traditionen und trat für das neue Menschenbild der Aufklärung ein. Die Formeln der imponierenden Gebärdensprache samt ihren Accessoires und ihrer Umgebung, die den Rang der Dargestellten innerhalb der Gesellschaft anzeigen sollten, wurden ersetzt durch die der Vielfalt der Individuen entsprechende Natürlichkeit der Bewegungen. Es sollte ein Dialog zwischen dem Dargestellten und dem Betrachter entstehen. Die geistige Elite trat nun selbstbewusst neben die sich auf Herkunft berufende Autorität, waren es doch zu einem guten Teil diese geistigen Kräfte gewesen, die nach der Niederlage Reformen in Gang gebracht hatten. Dennoch darf nicht übersehen werden, dass die meisten der von Graff porträtierten Persönlichkeiten dem Adel angehörten.

1771 heiratete Graff die Tochter seines Landsmanns Johann Georg Sulzer, der in Berlin als Philosoph die ästhetische Erziehung der Menschen durch die Künste forderte. So entstand nach den Wunden, die der Siebenjährige Krieg geschlagen hatte, eine neue Brücke zwischen Preußen und Sachsen. Wenn auch Graff die weitaus meisten seiner Porträts – im Ganzen knapp 1000 ohne die Wiederholungen – in Dresden schuf, so sind bei zwölf Besuchen in Berlin zwischen 1771 und 1801 immerhin etwa 135 Porträts entstanden. Man versuchte hier sogar, ihn als Lehrer für die Akademie zu gewinnen, die 1786 nach dem Muster Dresdens wiederbelebt worden war. Bei 15 Aufenthalten in Leipzig malte Graff ungefähr 175 Porträts.

Graff wirkte nicht nur durch seine eigenen Arbeiten, sondern auch durch die seiner Schüler – Ekhart Berckenhagen zählt deren 33 –, von denen einige die Bilder des Meisters kopierten. Von den Dresdner Porträtisten, die nicht in seinen Kreis gezogen wurden, sind besonders der Italiener Giovanni Battista Casanova, der Pastellmaler Johann Heinrich Schmidt und der in Paris geschulte Eleazar Zeisig gen. Schenau zu erwähnen, ein zum Sentimentalen und Niedlichen tendierender Maler. Dessen Schüler war Christian Leberecht Vogel, der großen Erfolg mit Bildnissen kleiner Kinder hatte. 1800 endlich kam der Wiener Joseph Grassi, dessen elegante Damenporträts sich großer Beliebtheit erfreuten.

In Berlin hatte Antoine Pesne über seinen im zweiten Jahr des Siebenjährigen Krieges erfolgten Tod hinaus ebenfalls durch seine Schüler die Bildnismalerei geprägt. Joachim Martin Falbe, Johann Gottlieb Glume, Frédéric Reclam und Christian Bernhard Rode waren die tüchtigsten. Rode, hauptsächlich Historienmaler, hat die lockere Malweise seines Lehrers bis zur Flüchtigkeit weitergetrieben. Er wurde 1786 Direktor der

Anton Graff: Elisabeth Christine von Preußen als Witwe, 1789, Eigentum des Hauses Hohenzollern, SKH Georg Friedrich Prinz von Preußen

wiederbelebten Akademie. Friedrich der Große – in der Meinung, gute Maler könnten nur aus Frankreich kommen – berief 1748 aus Paris Charles Amédée Philippe Van Loo und Blaise Nicolas Le Sueur. Letzterer hat bis zu seinem Tod 1782 nur wenige Spuren hinterlassen. Fleißiger, auch als Porträtmaler mit einer Vorliebe für mythologische Einkleidung, war Van Loo. Seine Bilder sind oberflächlich und dekorativ.

Ein eigenartiges Phänomen ist die Künstlerfamilie Lisiewsky – drei Malerinnen und ein Maler –, die sich dem Einfluss Pesnes weitgehend entzog. Das bekannteste Mitglied ist Anna Dorothea Therbusch mit einer Neigung zu theaterhafter Inszenierung. Ihre ältere Schwester Barbara Rosina, verehelichte Matthieu und de Gasc, ist zurückhaltender. Sie wirkte seit 1764 in Braunschweig. Zweifellos das bedeutendste Mitglied der Familie, das allerdings zwischen zwei Schaffensperioden als Hofmaler in Dessau und Ludwigslust nur von 1772 bis 1779 in Berlin arbeitete, war Christoph Friedrich Reinhold Lisiewsky. In einem gewissenhaften, langsamen Arbeitsprozess fern jeder Schmeichelei verstand er es, den Porträtierten eine restlos überzeugende, manchmal geradezu beklemmende Präsenz zu verleihen. Seine Tochter Friederike leistete Tüchtiges, solange der Einfluss des Vaters anhielt. Die Porträtauffassung Graffs wurde in Berlin vor allem durch den Braunschweiger Friedrich Georg Weitsch gepflegt.

Am Ende des 18. Jahrhunderts hatte Berlin mit etwa 150 000 Einwohnern fast dreimal so viele wie Dresden. Es fand ein künstlerischer Austausch zwischen beiden Städten statt, wobei die Überlegenheit, die Dresden noch im 17. Jahrhundert behaupten konnte, allmählich einem qualitativen Gleichgewicht wich. Berlin, Dresden und Leipzig standen sich nun als deutlich ausgeprägte Stadtcharaktere gegenüber.

Literatur Berckenhagen 1958 · Berckenhagen 1964 · Berckenhagen 1967 · Biermann 1914 · Höfische Bildnisse, Kat. 1966 · Börsch-Supan 1980 · Holzhausen 1940 · Kurzwelly 1912 · Marx 1975 · Marx 1985 · Sehnsucht und Wirklichkeit, Kat. 2009 · Nicolai 1786 Roettgen 1999 · Sponsel 1906 · Leipziger Bildnismalerei, Kat. 1912 · Friedrich II., Kat. 1985 · Der Große Kurfürst, Kat. 1989 · Friedrich Wilhelm I., Kat. 1990 · Marksteine, Kat. 2001 · Cranach, Kat. 2009· Anton Graff, Kat. 2013

6 | 1

Im Dialog

SZENE 6

6 | 1

Johann Christoph Frisch

Nathan und der Tempelherr

1798 · Öl auf Leinwand · 63,5 × 49 cm
Kamenz, Lessing-Museum Kamenz
[LM 2491 II G]

Nathans Gespräch mit dem jungen Tempelherrn ist eine Schlüsselszene des Dramas *Nathan der Weise* von Gotthold Ephraim Lessing. Das Werk betonte klar die humanistischen Werte der Aufklärung und rief zu gegenseitiger Toleranz auf. In der hier dargestellten Szene aus dem 2. Aufzug des Stücks verdeutlicht Nathan dem Tempelherrn, dass sie alle – trotz religiöser oder anderer Unterschiede – nur Menschen sind. Der Maler Johann Christoph Frisch, Hofmaler Friedrichs II. und späterer Direktor der Berliner Akademie der Künste, beschäftigte sich mehrfach mit diesem Thema.

6 | 2

Friedrich Gottlieb Klopstock

Die Deutsche Gelehrtenrepublik. Ihre Einrichtung. Ihre Geseze.

Hamburg 1774 · Buchdruck · 18,8 × 10,8 cm
Berlin, Staatsbibliothek zu Berlin – Preußischer Kulturbesitz, Abt. Historische Drucke
[19 ZZ 5675]

Klopstock entwickelte in der Gelehrtenrepublik das Ideal eines Staates, in dem die geistige Elite die Macht innehat. Seine Schrift offenbarte ein neues Selbstbewusstsein der Intellektuellen in der Aufklärung und war ein wichtiger Beitrag in der Diskussion über die gesellschaftliche Anerkennung von Schriftstellern und Künstlern. Der Begriff der Gelehrtenrepublik (lat. res publica literaria) stand in der Frühen Neuzeit für den geistigen Zusammenschluss von Wissenschaftlern, Literaten und Künstlern. Im Gegensatz zur aristokratisch geprägten Realität gab es in der Gelehrtenrepublik keine Standesunterschiede oder Privilegien. Klopstock bezog dieses Ideal auf seine Gegenwart.

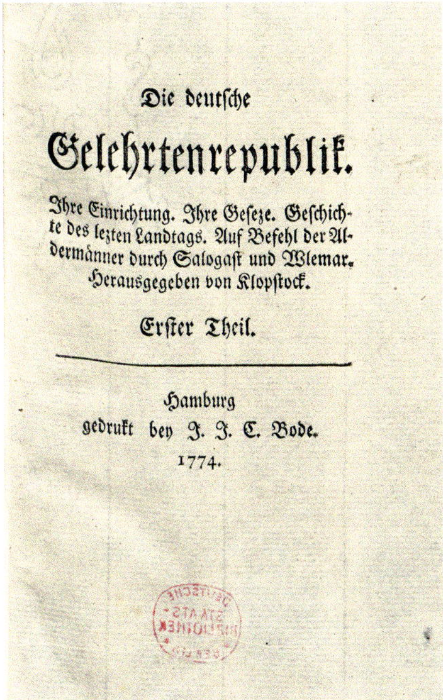

Die deutsche

Gelehrtenrepublik.

Ihre Einrichtung. Ihre Geseze. Geschichte des lezten Landtags. Auf Befehl der Aldermänner durch Salogast und Wlemar. Herausgegeben von Klopstock.

Erster Theil.

Hamburg
gedrukt bey J. J. C. Bode.
1774.

6 | 2

PREUSSISCH-SÄCHSISCHE DICHTER- UND GELEHRTEN-GALERIE

Die folgenden Personen bilden nur einen kleinen Teil eines Kreises von Intellektuellen – unter anderem Schriftsteller, Buchhändler, Professoren – in Preußen und Sachsen, der über die politischen Grenzen hinweg einen offenen aufgeklärten geistigen Austausch praktizierte. Es herrschte in der zweiten Hälfte des 18. Jahrhunderts in Deutschland einerseits eine Spannung zwischen Landespatriotismus und Kosmopolitismus, andererseits existierte eine enge Verzahnung überregionaler persönlicher und gesellschaftlicher Netzwerke. Beides beeinflusste auch die geistigen Strömungen und die wissenschaftlichen und literarischen Dispute.

1. SPRACHWISSENSCHAFTLICHE DEBATTEN

Zahlreiche Diskussionen zur deutschen Sprache fanden im 18. Jahrhundert statt. Hauptsächlich ging es Gelehrten wie Johann Christoph Gottsched um die Definition einer allgemein gültigen deutschen Schriftnorm bzw. um die Festlegung des Hochdeutschen (vgl. S. 364 ff.). Sie debattierten außerdem über die wissenschaftliche und gesellschaftliche Anerkennung sprachlicher Minderheiten. So machten sich beispielsweise in der Lausitz der Görlitzer Sprachforscher Karl Gottlob von Anton und der sorbische Pfarrer Adam Gottlob Schirach mit ihren Publikationen um die Erforschung und Erhaltung der sorbischen Sprache verdient.

6 | 3
Johann Christian Benjamin Gottschick
nach Johann Frank

Karl Gottlob von Anton

(Lauban 1751 – 1818 Görlitz)
Jurist, Historiker und Sprachforscher
um 1820 · Kupferstich · ca. 48,5 × 32,5 cm (Blatt)
Görlitz, Kulturhistorisches Museum
[HK 390]

6 | 3

6 | 4 (ohne Abb.)
Carl Gottfried Nestler

Adam Gottlob Schirach, sorb. Hadam Bohuchwal Serach

(Kleinbautzen 1724 – 1773 Kleinbautzen)
Theologe, Übersetzer und Bienenzüchter
1767 · Stich · 18 × 11 cm (Blatt)
Bautzen, Sorbisches Kulturarchiv des Sorbischen Instituts
(nicht ausgestellt)

2. THEATERREFORMEN

Viele Neuerungen des Theaters gingen vom sächsischen Leipzig aus. Der Literaturkritiker und Dramaturg Johann Christoph Gottsched forderte beispielsweise einheitliche Regeln zu Ort, Zeit und Handlung von Theaterstücken. Auch Gottscheds Frau Luise lieferte wichtige Beiträge zur Erneuerung des Theaters, so schrieb sie einige erfolgreiche Stücke der sogenannten sächsischen Typenkomödie. Johann Adam Hiller vertonte eine Reihe von Singspielen, alle nach Libretti des Leipziger Dichters Christian Felix Weiße (vgl. S. 356), die als Vorstufe der deutschen Spieloper gelten.

6 | 5
Johann Martin Bernigeroth

Johann Christoph Gottsched

(Juditten 1700 – 1766 Leipzig)
Schriftsteller, Professor und Dramaturg
1739 · Kupferstich · 17 × 10 cm (Blatt)
Berlin, Staatsbibliothek zu Berlin – Preußischer Kulturbesitz, Handschriftenabteilung
[Slg. Hansen / Nachtrag / Bd. 4 / Nr. 31]

6 | 6
Johann Martin Beringeroth

Luise Adelgunde Victorie Gottsched

(Danzig 1713 – 1762 Leipzig)
Dichterin und Schriftstellerin
1757 · Kupferstich und Radierung
20,3 × 11,8 cm (Blatt)
Leipzig, Sondersammlungen der Universitätsbibliothek Leipzig [18 / 161]

6 | 5

6 | 6

6 | 7 (ohne Abb.)
Christian Gottlieb Geyser
Johann Adam Hiller
(Wendisch-Ossig, bei Görlitz 1728 – 1804 Leipzig) Komponist, Musikschriftsteller und Kapellmeister
1775 · Radierung · 21,5 × 13,1 cm (Blatt)
Leipzig, Sondersammlungen der Universitätsbibliothek Leipzig [22 / 127]

3. EMPFINDSAMKEIT

Die Empfindsamkeit war eine geistige Strömung der zweiten Hälfte des 18. Jahrhunderts, und wichtige Vertreter wirkten in Preußen und Sachsen. Sie ergänzte die vernunftorientierte Aufklärung und war geprägt von Gefühlsbetontheit, Freundschaft und Naturnähe. Friedrich Gottlieb Klopstocks Werk *Der Messias* bildete den Höhepunkt der empfindsamen Dichtung. Aber auch Christian Fürchtegott Gellert mit seinen moralphilosophischen Schriften und Dichtungen, Elisa von der Recke mit ihren Reisetagebüchern, Briefen und Gedichten oder der Komponist Carl Philipp Emanuel Bach mit seinen Werken trugen zur Verbreitung des Stils bei.

6 | 8
Johann Heinrich Lips
Carl Philipp Emanuel Bach
(Weimar 1714 – 1788 Hamburg)
Komponist und Kirchenmusiker
1776 · Kupferstich · 15 × 9,5 cm (Blatt)
Berlin, Staatsbibliothek zu Berlin – Preußischer Kulturbesitz, Handschriftenabteilung
[Slg. Wadzeck / Bd. 31,2 / Nr. 305]

6 | 9 (ohne Abb.)
Johann Martin Bernigeroth
Friedrich Gottlieb Klopstock
(Quedlinburg 1724 – 1803 Hamburg)
Dichter
1757 · Kupferstich · 21,2 × 13,6 cm (Blatt)
Berlin, Staatsbibliothek zu Berlin – Preußischer Kulturbesitz, Handschriftenabteilung
[Lit. gzgr/Klopstock, Friedrich Gottlieb, Nr. 12]

6 | 8

6 | 10
Johann Elias Haid
Christian Fürchtegott Gellert
(Hainichen 1715 – 1769 Leipzig)
Professor für Philosophie, Schriftsteller und Pädagoge
1775 · Schabkunst und Radierung
22 × 13,8 cm (Blatt)
Berlin, Staatsbibliothek zu Berlin – Preußischer Kulturbesitz, Handschriftenabteilung
[Lit. gr/Gellert, Christian Fürchtegott, Nr. 11]

6 | 11 (ohne Abb.)
Christoph Wilhelm Bock
Elisa von der Recke
(Schönburg, Kurland 1754 – 1833 Dresden)
Dichterin und Schriftstellerin
1783 / 1800 · Radierung und Grabstichel
15,1 × 10,7 cm (Blatt)
Leipzig, Sondersammlungen der Universitätsbibliothek Leipzig [41 / 124]

6 | 10

4. FREUNDSCHAFTSKULT

Persönliche Bekanntschaft war nicht zwingend notwendig für eine Freundschaft im 18. Jahrhundert. Gemeinsame Anschauungen waren es, welche die zumeist räumlich getrennten Mitglieder der Gelehrtenrepublik verbanden. Der wichtigste Vertreter des Freundschaftskultes, der Dichter Johann Wilhelm Ludwig Gleim in Halberstadt, pflegte mit einem großen Korrespondenznetzwerk Beziehungen in ganz Deutschland und darüber hinaus. Zu seinen engsten Freunden gehörten der Literaturkritiker Karl Wilhelm Ramler und die Dichterin Anna Luisa Karsch in Berlin sowie der früh verstorbene preußische Offizier und Dichter Ewald Christian von Kleist. (zu Gleim und Kleist vgl. Der preußische Patriot und der Weltbürger aus Sachsen?, S. 353)

6 | 12 (ohne Abb.)
Johann Friedrich Bause
Karl Wilhelm Ramler
(Kolberg 1725 – 1798 Berlin)
Schriftsteller und Literaturkritiker
1774 · Kupferstich · 27,6 × 20,6 cm (Blatt)
Berlin, Staatsbibliothek zu Berlin – Preußischer Kulturbesitz, Handschriftenabteilung
[Lit. m/Ramler, Karl Wilhelm, Nr. 7]

6 | 13
Johann David Schleuen d. Ä.
Anna Louisa Karsch
(Hammer, bei Schwiebus 1722 – 1791 Berlin)
Dichterin
1774 · Radierung · 17,2 × 10,8 cm (Blatt)
Berlin, Staatsbibliothek zu Berlin – Preußischer Kulturbesitz, Handschriftenabteilung
[Lit. m / Karschin, Anna Louisa, Nr. 5]

6 | 14
Friedrich Johann Kauke
Ewald Christian von Kleist
(Zeblin 1715 – 1759 Frankfurt / Oder)
Dichter und preußischer Offizier
1759 · Kupferstich · 19,8 × 14,7 cm (Blatt)
Berlin, Staatsbibliothek zu Berlin – Preußischer Kulturbesitz, Handschriftenabteilung
[Slg. Hansen / Philos., Dichter / Bd. 11 / Nr. 15]

6 | 13

6 | 14

5. LITERARISCHE DEBATTEN IN ZEITSCHRIFTEN

Viele Debatten der Aufklärung wurden in periodisch veröffentlichten Zeitschriften geführt. Zahlreiche davon erschienen in Sachsen und Preußen und wurden von dort wirkenden Literaten herausgegeben wie zum Beispiel zeitweise die *Neuen Beyträge zum Vergnügen des Verstandes und Witzes* von Karl Christian Gärtner und Gottlob Wilhelm Rabener in Leipzig, die *Berlinische Monatsschrift* von Friedrich Gedike und Johann Erich Biester oder die *Allgemeine Deutsche Bibliothek* von Friedrich Nicolai in Berlin; ebenso die *Deutsche Bibliothek der schönen Wissenschaften* von Christian Adolf Klotz in Halle oder das *Journal von und für Deutschland* von Leopold Friedrich Günther Goeckingk in Ellrich im Harz.

6 | 15
Johann Friedrich Bause
Karl Christian Gärtner
(Freiberg 1712 – 1791 Braunschweig)
Schriftsteller und Übersetzer
1770 · Radierung · 18,2 × 10,9 cm (Blatt)
Berlin, Staatsbibliothek zu Berlin – Preußischer Kulturbesitz, Handschriftenabteilung
[Lit. kl/Gaertner, Karl Christian, Nr. 1]

6 | 16
Johann Friedrich Bause
Gottlob Wilhelm Rabener
(Wachau 1714 – 1771 Dresden)
Schriftsteller und Steuereinnehmer
1761 / 1814 · Kupferstich · 17 × 10,3 cm (Blatt)
Berlin, Staatsbibliothek zu Berlin – Preußischer Kulturbesitz, Handschriftenabteilung
[Lit. gr/Rebener, Gottlieb Wilhelm, Nr. 19]

6 | 17 (ohne Abb.)
Johann Michael Stock
Christian Adolf Klotz
(Bischofswerda 1738 – 1771 Halle)
Professor für Philosophie und Beredsamkeit
1771 · Kupferstich · 18,9 × 12 cm (Blatt)
Berlin, Staatsbibliothek zu Berlin – Preußischer Kulturbesitz, Handschriftenabteilung
[Philol. kl/Klotz, Christian Adolph, Nr. 2]

6 | 15

6 | 16

6 | 18 (ohne Abb.)
Eberhard Siegfried Henne
Leopold Friedrich Günther (von) Goeckingk
(Gröningen 1748 – 1828 Groß Wartenberg, bei Breslau)
Jurist, Pädagoge, Dichter
1786 · Radierung · 15,6 × 9,3 cm (Blatt)
Leipzig, Sondersammlungen der Universitätsbibliothek Leipzig [IIAIV, 605 Bl. 45]

6. PÄDAGOGISCHE REFORMEN: PHILANTHROPISMUS

Die sogenannten Philanthropen befürworteten eine neue Form der Kindererziehung, die nach dem Ideal der Aufklärung nützliche Individuen für die Gesellschaft hervorbringen sollte. 1771 wurde im Auftrag des Fürsten Leopold III. von Anhalt in Dessau das an den Reformen ausgerichtete Philanthropinum gegründet. Johann Bernhard Basedow und Johann Heinrich Campe waren die berühmtesten Vertreter dieser »Pflanzschule der Menschheit«, in der Kinder unterschiedlicher Herkunft erzogen wurden.

6 | 19
Daniel Nikolaus Chodowiecki
Johann Bernhard Basedow
(Hamburg 1724 – 1790 Magdeburg)
Pädagoge, Theologe und Schriftsteller
1774 · Radierung · 17,2 × 10,8 cm (Blatt)
Berlin, Staatsbibliothek zu Berlin – Preußischer Kulturbesitz, Handschriftenabteilung
[3, b008952]

6 | 20
Johann Conrad Krüger
Johann Heinrich Campe
(Deensen 1746 – 1818 Braunschweig)
Schriftsteller, Pädagoge und Verleger
um 1790 · Kupferstich und Radierung
16,6 × 10,6 cm (Blatt)
Berlin, Staatsbibliothek zu Berlin – Preußischer Kulturbesitz, Handschriftenabteilung
[Lit. m/Campe, Johann Heinrich, Nr. 2]

7. POPULARPHILOSOPHISCHE ANSICHTEN

Die Philosophie der deutschen Aufklärung hatte mit Mendelssohn, Engel und Sulzer in Berlin sowie Platner, Clodius und Garve in Leipzig wichtige Zentren in Preußen und

6 | 19

Sachsen. Die Popularphilosophen bemühten sich um eine einfache Darstellungsweise und um die öffentliche Wirksamkeit philosophischer Argumentation. Sie benutzten dabei eingängige literarische Formen wie den Dialog oder den Brief, um ihre Ideen zu verbreiten.

6 | 20

6 | 21
Johann Friedrich Bause
Moses Mendelssohn
(Dessau 1729 – 1786 Berlin)
Philosoph und Kaufmann
1772 · Kupferstich · 27,6 × 20,3 cm (Blatt)
Berlin, Staatsbibliothek zu Berlin – Preußischer Kulturbesitz, Handschriftenabteilung
[Philos. gr/Mendelssohn Moses, Nr. 23]

6 | 22 (ohne Abb.)
Eberhard Siegfried Henne
Christian Garve
(Breslau 1742 – 1798 Breslau)
Philosoph, Professor, Buchhändler
1791 · Radierung · 20 × 12,6 cm (Blatt)
Berlin, Staatsbibliothek zu Berlin – Preußischer Kulturbesitz, Handschriftenabteilung
[Lit. gr/Garve, Christian, Nr. 9]

6 | 23 (ohne Abb.)
Christian Gottlieb Geyser
Christian August Clodius
(Annaberg 1738 – 1784 Leipzig)
Dichter, Philosoph und Professor
um 1790 · Radierung · 17,7 × 12,7 cm (Blatt)
Berlin, Staatsbibliothek zu Berlin – Preußischer Kulturbesitz, Handschriftenabteilung
[Philos. kl/Clodius, Christian August, Nr. 1]

6 | 24 (ohne Abb.)
Daniel Nikolaus Chodowiecki
Johann Jakob Engel
(Parchim 1741 – 1802 Parchim)
Schriftsteller, Philosoph, Professor
1779 · Radierung · 16,4 × 10,4 cm (Blatt)
Leipzig, Sondersammlungen der Universitätsbibliothek Leipzig
[IIAIV, 429b Bl. 15]

6 | 25
Daniel Berger
Johann Georg Sulzer
(Winterthur 1720 – 1779 Berlin)
Philosoph, Professor und Ästhetiker
1779 · Radierung · 17,5 × 13 cm (Blatt)
Berlin, Staatsbibliothek zu Berlin – Preußischer Kulturbesitz, Handschriftenabteilung
[Math. gzgr/Sulzer, Johann Georg, Nr. 3]

6 | 21

6 | 25

6 | 26 (ohne Abb.)
Johann Friedrich Bause
Ernst Platner
(Leipzig 1744 – 1818 Leipzig)
Mediziner, Philosoph und Anthropologe
1790 · Kupferstich und Radierung · 28,8 × 21 cm (Blatt)
Leipzig, Sondersammlungen der Universitätsbibliothek Leipzig [40/21]

8. NATURWISSENSCHAFTLICHE FORSCHUNGEN

Die Naturwissenschaften etablierten sich erst am Ende des 18. Jahrhunderts als eigenständiges universitäres Fach. Naturwissenschaftliche Gelehrte waren daher oft offiziell Professoren der philosophischen Fakultät, die eine große Zahl ganz verschiedenartiger Disziplinen – von der Mineralogie bis zur Geschichte – unter sich vereinigte. Naturwissenschaftliche Forschungen fanden in Preußen und Sachsen vor allem in Privatgesellschaften und Akademien wie den Bergakademien in Berlin und Freiberg statt (vgl. Das Sächsische – die wahre hochdeutsche Sprache?, S. 364 ff. und Die Bergakademien in Sachsen und Preußen, S. 367 ff.).

6 | 27 (ohne Abb.)
Johann David Schleuen d. Ä.

Abraham Gotthelf Kästner

(Leipzig 1719 – 1800 Göttingen)
Naturwissenschaftler, Mathematiker und Dichter
1772 · Radierung · 15,5 × 9,1 cm (Blatt)
Berlin, Staatsbibliothek zu Berlin – Preußischer Kulturbesitz, Handschriftenabteilung
[Slg. Hansen / Philos., Dichter / Bd. 11 / Nr. 1]

6 | 28 (ohne Abb.)
Eberhard Siegfried Henne zugeschrieben

Johann August Ephraim Goeze

(Aschersleben 1731 – 1793 Quedlinburg)
Theologe und Naturwissenschaftler
1791 · Radierung und Kupferstich
19,2 × 12,3 cm (Blatt)
Berlin, Staatsbibliothek zu Berlin – Preußischer Kulturbesitz, Handschriftenabteilung [Theolog. kl/Goeze, Johann August Ephraim, Nr. 3]

6 | 29
Johann Friedrich Mayr

Johann Reinhold Forster

(Dirschau 1729 – 1798 Halle)
Naturwissenschaftler
1776 / 1800 · Kupferstich und Radierung
13,1 × 8,6 cm (Blatt)
Leipzig, Sondersammlungen der Universitätsbibliothek Leipzig [15 / 100] 7

6 | 29

6 | 30

6 | 30
unbekannter Künstler

Nathanel Gottfried Leske,
sorb. Nathanael Bohumer Leska

(Muskau 1751 – 1786 Marburg)
Naturwissenschaftler und Geologe
um 1790 · Radierung · 21,6 × 16 cm (Blatt)
Leipzig, Sondersammlungen der Universitätsbibliothek Leipzig [29 / 89]

6 | 31 (ohne Abb.)
Daniel Berger

Johann Georg Krünitz

(Berlin 1728 – 1796 Berlin)
Naturwissenschaftler, Mediziner und Enzyklopädist
1778 · Kupferstich · 18 × 12,7 cm (Blatt)
Berlin, Staatsbibliothek zu Berlin – Preußischer Kulturbesitz, Handschriftenabteilung
[Med. gr/Kruenitz, Johann Georg, Nr. 4]

9. ERNEUERUNG DER THEOLOGIE

Aufklärerische Theorien wurden ebenso von Theologen rezipiert, und so entstanden auch auf diesem Gebiet bedeutsame Strömungen – gerade in Sachsen und Preußen. Zahlreiche Debatten drehten sich beispielsweise um die Neologie (lat. neue Lehre), eine evangelische Variante der Aufklärungstheologie, die sich um eine historisch-kritische Betrachtungsweise der Bibel bemühte. Einer der wichtigsten Vertreter war der Universitätsprofessor Ernesti in Leipzig. Teller wiederum, der das bedeutsame aufklärerische *Lehrbuch des christlichen Glaubens* veröffentlichte, oder Johann Joachim Spalding wirkten hauptsächlich in Berlin, während ihre Kollegen Schroeckh und Sack in Wittenberg und Magdeburg tätig waren.

6 | 32
Johann Friedrich Bause

Johann August Ernesti

(Tennstedt 1707 – 1781 Leipzig)
Theologe, Philologe, Professor
1768 · Kupferstich · 15,5 × 9,8 cm (Blatt)
Berlin, Staatsbibliothek zu Berlin – Preußischer Kulturbesitz, Handschriftenabteilung
[Philol. m/Ernesti, Johann August, Nr. 8]

6 | 32

6 | 36

6 | 33 (ohne Abb.)
Johann Friedrich Bause

Johann Joachim Spalding

(Tribsees, Pommern 1714 – 1804 Berlin)
Theologe, Philosoph und Dichter
1778 · Kupferstich · 34,2 × 23,8 cm (Blatt)
Berlin, Staatsbibliothek zu Berlin – Preußischer Kulturbesitz, Handschriftenabteilung
[Theol. m/Spalding, Johann Joachim, Nr. 5]

6 | 34 (ohne Abb.)
Johann Heinrich Lips

August Friedrich Wilhelm Sack

(Harzgerode 1703 – 1786 Berlin)
Theologe, Philosoph und Schriftsteller
1796 · Kupferstich · 18,9 × 12,3 cm (Blatt)
Leipzig, Sondersammlungen der Universitätsbibliothek Leipzig [44 / 10]

6 | 35 (ohne Abb.)
Eberhard Siegfried Henne

Johann Matthias Schroeckh

(Wien 1733 – 1808 Wittenberg)
Professor, Kirchenhistoriker, Dichter
1780 · Radierung · 14 × 8,8 cm (Blatt)
Leipzig, Universitätsbibliothek Leipzig, Porträtstichsammlung [ICI, 304a Bl. 3]

6 | 36
Daniel Nikolaus Chodowiecki

Wilhelm Abraham Teller

(Leipzig 1734 – 1804 Berlin)
Theologe und Professor
1775 · Radierung · 19,5 × 11,3 cm (Blatt)
Berlin, Staatsbibliothek zu Berlin – Preußischer Kulturbesitz, Handschriftenabteilung
[Theol. m/Teller, Wilhelm Abraham, Nr. 2]

10. AUFGEKLÄRTE BILDERWELT

In Zeichnungen und Gemälden wurden aufklärerische Ideen verbildlicht, und Porträts galten als Symbol der wechselseitigen geistigen Verbundenheit. Die Zeitgenossen waren sich einig: In einem guten Bildnis offenbare sich die Seele des Porträtierten, und Illustrationen vervollkommneten erst die aufklärerischen Schriften. Wichtige Impulse gingen dabei von Preußen und Sachsen aus: Werke des Malers Anton Graff in Dresden oder der Berliner Künstler Daniel Nikolaus Chodowiecki, Johann Friedrich Bause und Christian Bernhard Rode waren stilbildend für eine ganze Epoche.

6 | 37

6 | 38

6 | 37
Daniel Berger

Anton Graff

(Winterthur 1736 – 1813 Dresden)
Maler
1782 · Radierung · 21,5 × 14 cm (Blatt)
Leipzig, Universitätsbibliothek Leipzig, Porträtstichsammlung [46 / 125]

6 | 38
Christian Gottlieb Geyser nach Adrian Zingg

Daniel Nikolaus Chodowiecki

(Danzig 1726 – 1801 Berlin)
Kupferstecher, Maler und Zeichner
vor 1780 · Radierung und Kupferstich
16,1 × 9,8 cm (Blatt)
Berlin, Staatsbibliothek zu Berlin – Preußischer Kulturbesitz, Handschriftenabteilung
[Künstl. gr/Chodowiecki, Daniel Nikolaus, Nr. 7]

6 | 43

6 | 39 (ohne Abb.)
Daniel Berger nach Daniel Nikolaus Chodowiecki
Christian Bernhard Rode
(Berlin 1725 – 1797 Berlin)
Maler und Zeichner
1772 / 1824 · Radierung · 16,4 × 12 cm (Blatt)
Berlin, Staatsbibliothek zu Berlin – Preußischer Kulturbesitz, Handschriftenabteilung
[Künstl. kl/Rode, Bernhard, Nr. 1]

6 | 40 (ohne Abb.)
Friedrich Grogöry
Johann Friedrich Bause
(Halle 1738 – 1814 Weimar)
Kupferstecher und Zeichner
vor 1788 · Kupferstich · 18,9 × 10,7 cm (Blatt)
Berlin, Staatsbibliothek zu Berlin – Preußischer Kulturbesitz, Handschriftenabteilung
[Künstl. gr/Bause, Johann Friedrich, Nr. 2]

6 | 45

11. ANTIKENBEGEISTERUNG

In der zweiten Hälfte des 18. Jahrhunderts wurde die griechische und römische Antike wiederentdeckt. Der aus Stendal stammende Archäologe Johann Joachim Winckelmann trug mit seiner *Geschichte der Kunst des Alterthums* erheblich zur Begeisterung seiner Zeitgenossen für die Antike bei, die bald alle Kunst- und Stilrichtungen ergriff. Aber auch sächsische Gelehrte wie der Maler und Professor Adam Friedrich Oeser, bei dem Winckelmann zeitweise wohnte, oder der Schriftsteller Michael Huber, der das Werk Winckelmanns ins Französische übersetzte, waren bedeutende Vertreter des Vorklassizismus. Die Dresdner Kunstkenner Christian Ludwig von Hagedorn und Philipp Daniel Lippert trugen mit ihren Publikationen und Werken zur Verbreitung des Wissens über Kunst bei.

6 | 41 (ohne Abb.)
Christian Gottlieb Geyser
Michael Huber
(Frontenhausen, Bayern 1727 – 1804 Leipzig)
Übersetzer, Schriftsteller, Kunstkritiker
1776 · Stich · 14,8 × 8,4 cm (Blatt)
Berlin, Staatsbibliothek zu Berlin – Preußischer Kulturbesitz, Handschriftenabteilung
[Lit. kl/Huber, Michael, Nr. 1]

6 | 42 (ohne Abb.)
Johann Friedrich Bause
Christian Ludwig von Hagedorn
(Hamburg 1712 – 1780 Dresden)
Diplomat, Kunstkritiker und Kunsttheoretiker
1774 · Kupferstich und Radierung
36,5 × 26,5 cm (Blatt)
Berlin, Staatsbibliothek zu Berlin – Preußischer Kulturbesitz, Handschriftenabteilung [Künstl. m/Hagedorn, Christian Ludwig von, Nr. 4]

6 | 43
Johann Heinrich Lips
Johann Joachim Winckelmann
(Stendal 1717 – 1768 Triest)
Archäologe und Kunsttheoretiker
1773 / 1817 · Kupferstich · 22 × 14,4 cm (Blatt)
Berlin, Staatsbibliothek zu Berlin – Preußischer Kulturbesitz, Handschriftenabteilung
[Kunsthist. gzgr/Winckelmann, Johann Joachim, Nr. 9]

6 | 44 (ohne Abb.)
Christian Gottlieb Geyser
Philipp Daniel Lippert
(Meißen 1702 – 1785 Dresden)
Archäologe und Zeichner
1773 · Kupferstich · 18,4 × 11,7 cm (Blatt)
Berlin, Staatsbibliothek zu Berlin – Preußischer Kulturbesitz, Handschriftenabteilung
[Künstl. kl / Lippert, Philipp Daniel, Nr. 1]

6 | 45
Christian Friedrich Schulze nach Anton Graff
Adam Friedrich Oeser
(Pressburg 1717 – 1799 Leipzig)
Maler und Radierer
vor 1800 · Radierung · 20,2 × 13,5 cm (Blatt)
Leipzig, Sondersammlungen der Universitätsbibliothek Leipzig [37 / 46]

6 | 46

6 | 47

DER PREUSSISCHE PATRIOT UND DER WELTBÜRGER AUS SACHSEN?

Dem Dichter Johann Wilhelm Ludwig Gleim gelang im Jahr 1758 mit dem Sammelband seiner *Preußischen Kriegslieder* ein nationaler Bestseller. Ein Soldat, ein preußischer Grenadier, schildert darin die Schlachten und Siege des Siebenjährigen Krieges in volkstümlichen Versen. Die Lieder trugen mit ihrer politischen Aktualität und Nähe zum Kriegsgeschehen erheblich zur Friedrich-Begeisterung der Zeitgenossen bei. Der Herausgeber und Verfasser der Vorrede dieses Werkes – Gotthold Ephraim Lessing – aber war nicht Preuße, sondern gebürtiger Sachse. Er gilt heute als einer der bekanntesten Kritiker der Kriege des 18. Jahrhunderts.

6 | 46
Johann Heinrich Tischbein d. Ä.
Bildnis Johann Wilhelm Ludwig Gleim
1771 · Öl auf Leinwand · 47 × 35,5 cm
Halberstadt, Gleimhaus [A 003, ID 38]

Gleim war ein einflussreicher Autor der mittleren Aufklärung, insbesondere seine *Scherzhaften Lieder* und die *Preußischen Kriegslieder* prägten seine literarische Generation. Als Mentor und Mäzen vieler junger Autoren gehörte er zu den wichtigsten Literaturvermittlern des 18. Jahrhunderts.

6 | 47
Kopie nach Barbara Rosina de Gasc
Bildnis Gotthold Ephraim Lessing
Anf. 19. Jh. · Öl auf Leinwand · 63,5 × 51 cm
Aukrug, Dr. Thomas Habeck

Lessing war einer der bekanntesten Dramatiker seiner Zeit und ein brillanter Literaturkritiker. Der Gelehrte und Schriftsteller gilt wie kein zweiter als Zentralgestalt der deutschen Aufklärung und schuf richtungsweisende Werke wie *Nathan der Weise* oder *Emilia Galotti*.

6 | 48
Johann Wilhelm Ludwig Gleim
Preussische Kriegslieder in den Feldzügen 1756 und 1757 von einem Grenadier
Berlin 1758 · Druck · 13 × 8,9 cm
Halberstadt, Gleimhaus [Gleimbibliothek G 143]

Die Lieder erschienen erst anonym als Einzeldrucke, 1758 dann in einem Band mit Noten und verbreiteten sich in Windeseile. In den Liedern idealisierte Gleim weniger

6 | 48

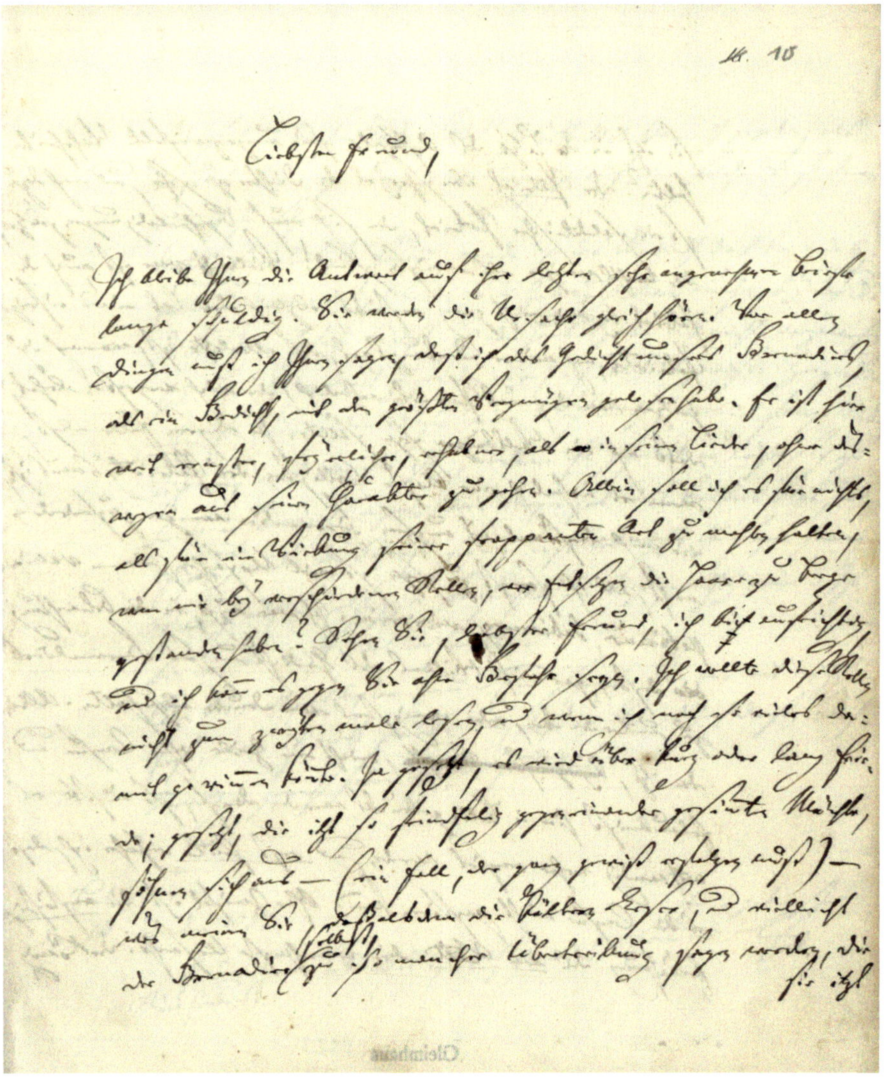

6 | 49

den Krieg als vielmehr seinen Helden, den preußischen König Friedrich II. Die Lieder wurden häufig gesungen und viele Leser und Hörer glaubten, der Verfasser wäre bei den Schlachten dabei gewesen.

6 | 49
Gotthold Ephraim Lessing

Brief an Johann Wilhelm Ludwig Gleim

16. Dezember 1758 · Handschrift · 19 × 23 cm
Halberstadt, Gleimhaus [Hs. A 2623]

In der Entstehungszeit der Kriegslieder schickte Gleim seine Entwürfe an Lessing zur Korrektur. Über das Gedicht *Sieg bei Zorndorf* kam es jedoch zu einer Meinungsverschiedenheit. Gleim griff in der ursprünglichen Fassung einen sächsischen Fürsten und die russische Zarin an. Lessing kritisierte, dieses Lied erschwere eine Versöhnung nach dem Krieg: »Der Patriot überschreyet den Dichter zu sehr«, meinte er, »und noch dazu so ein soldatischer Patriot, der sich auf Beschuldigungen stützet, die nichts weniger als erwiesen sind! Vielleicht zwar ist auch der Patriot bei mir nicht ganz erstickt, obgleich das Lob eines eifrigen Patrioten, nach meiner Denkungsart, das allerletzte ist, wonach ich geizen würde; des Patrioten nemlich, der mich vergessen lehrt, daß ich ein Weltbürger sein sollte.« In der Folge wurde Lessing oft verallgemeinernd als Weltbürger dem Patrioten Gleim gegenübergestellt. Er hinterfragte jedoch bei diesem Disput nicht die *Kriegslieder* an sich, die er anregte und deren Veröffentlichung er beförderte. Die durchaus widersprüchliche Haltung Lessings gegenüber Patriotismus und Heldentum wird auch in seinen eigenen, den Krieg entlarvenden Werken wie *Philotas* oder *Minna von Barnhelm* nicht vollständig aufgelöst.

6 | 50
Adam Friedrich Oeser

Arkadische Landschaft mit Monument auf Ewald Christian von Kleist

1769 · Öl auf Leinwand · 34 × 43,5 cm
Halberstadt, Gleimhaus [AN 147-31 / 161]

Dieses Gedenkbild aus Gleims Besitz gilt dem preußischen Offizier Ewald Christian von Kleist (1715 – 1759), einem engen Freund Gleims und Lessings. Von ihm erhielt Gleim sein Hintergrundwissen zu den Schlachtereignissen des Siebenjährigen Krieges. 1759 jedoch starb Kleist an Verletzungen, die er in der Schlacht bei Kunersdorf erlitten hatte. Gleim und Lessing kamen nur schwer über den Tod des Freundes hinweg. Gleim betrieb in der Folge einen ausgeprägten Memorialkult. So entstand nicht nur dieses Gedenkbild Adam Friedrich Oesers nach seiner Idee, er gab außerdem bei Christian Bernhard Rode in Berlin ein großformatiges Bild und kleinere Zeichnungen zur Erinnerung an Kleist in Auftrag.

6 | 50

6 | 51

Daniel Nikolaus Chodowiecki

12 Blätter zu Lessings *Minna von Barnhelm*

1769 · Radierung · 20 × 31,3 cm

Berlin, Stiftung Stadtmuseum [GDR 65 / 7,15]

1769 erschienen im *Genealogischen Kalender* Chodowieckis populäre Illustrationen zur *Minna von Barnhelm*. In dieser Komödie schuf Lessing seinem Freund Kleist ein Andenken in der Figur des Major von Tellheim. Der Preuße Tellheim erwirbt sich bei der sächsischen Bevölkerung große Anerkennung für sein menschliches Verhalten während des Siebenjährigen Krieges. Zunächst von der preußischen Zensur verboten, wurde *Minna von Barnhelm* das erfolgreichste Stück Lessings zu Lebzeiten. Die Illustrationen zeigen Schlüsselszenen des Werkes.

6 | 51

6 | 52

6 | 52

Anton Graff

Bildnis Friedrich Nicolai

um 1783 · Öl auf Leinwand · 62,5 × 53,5 cm
Berlin, Stiftung Deutsches Historisches Museum [Gm 2001/67]

Der Literat und Verleger Friedrich Nicolai war eine Schlüsselfigur der Berliner Aufklärung. Er veröffentlichte erfolgreich sowohl eigene Werke als auch die anderer bedeutender Autoren. Zudem besaß er ausgezeichnete gesellschaftliche Verbindungen als Gründer und Mitglied unterschiedlicher Vereinigungen wie zum Beispiel der berühmten Berliner Mittwochsgesellschaft.

6 | 53

Anton Graff

Bildnis Christian Felix Weiße

um 1769 · Öl auf Leinwand · 64 × 52 cm
Halberstadt, Gleimhaus [M 16/2002 DLG]

Der Autor und Herausgeber Christian Felix Weiße war ein wichtiges Mitglied des Literaturbetriebes in Leipzig. Seine Theaterstücke wurden in ganz Deutschland aufgeführt, seine pädagogischen Kinderbücher gehörten in jedes lesende Haus. Als Vermittler von Literatur und Kultur war er bis über die Grenzen Sachsens hinaus bekannt.

6 | 54

Anton Graff

Bildnis Philipp Erasmus Reich

1774 · Öl auf Leinwand · 62 × 51 cm
Leipzig, Kunstsammlung der Universität Leipzig
(nicht ausgestellt)

Philipp Erasmus Reich war einer der führenden Verleger in Deutschland. Er leitete – später auch als Mitinhaber – die Weidmannsche Buchhandlung in Leipzig und verlegte unter anderem das lyrische Werk seines Freundes Weiße. Reich engagierte sich stark für Reformen des deutschen Buchhandels und im Kampf gegen den Büchernachdruck.

GESCHÄFTLICHE KOOPERATIONEN

Die sächsische Messestadt Leipzig und das aufstrebende preußische Berlin konkurrierten in der zweiten Hälfte des 18. Jahrhunderts auf dem stetig wachsenden Buchmarkt zunehmend miteinander. Dieser Wettbewerb hielt seine Protagonisten jedoch keineswegs von gemeinsamen Projekten ab, wie das Beispiel des bekannten Berliner Literaten und Verlegers Friedrich Nicolai zeigt. Eng arbeitete er mit dem seinerzeit erfolgreichsten sächsischen Buchhändler Philipp Erasmus Reich zusammen. Gemeinsam wurden sie aktiv gegen ihre ärgste Konkurrenz, die Raubdrucker. Nicolai übergab zudem dem Leipziger Schriftsteller Christian Felix Weiße die Herausgabe seiner *Bibliothek der schönen Wissenschaften und freyen Künste*, eine der wichtigsten Zeitschriften der Aufklärung.

6 | 55
Friedrich Nicolai

Brief an Philipp Erasmus Reich

12. Dezember 1775 · Autograf · 22,6 × 18,7 cm
Berlin, Staatsbibliothek zu Berlin – Preußischer Kulturbesitz, Handschriftenabteilung
[Autogr. I, 1590-18)

Dieser Brief Nicolais an Reich mit Literaturbestellungen steht stellvertretend für die lange geschäftliche und freundschaftliche Beziehung der beiden Verleger, in der Bücher und der Buchhandel eine zentrale Rolle spielten. Der sächsische Freund und Kollege vertrat die Interessen des Berliners in Leipzig bis 1780. Reich kümmerte sich um die Anmie-

6 | 53

6 | 54

6 | 55 ▼

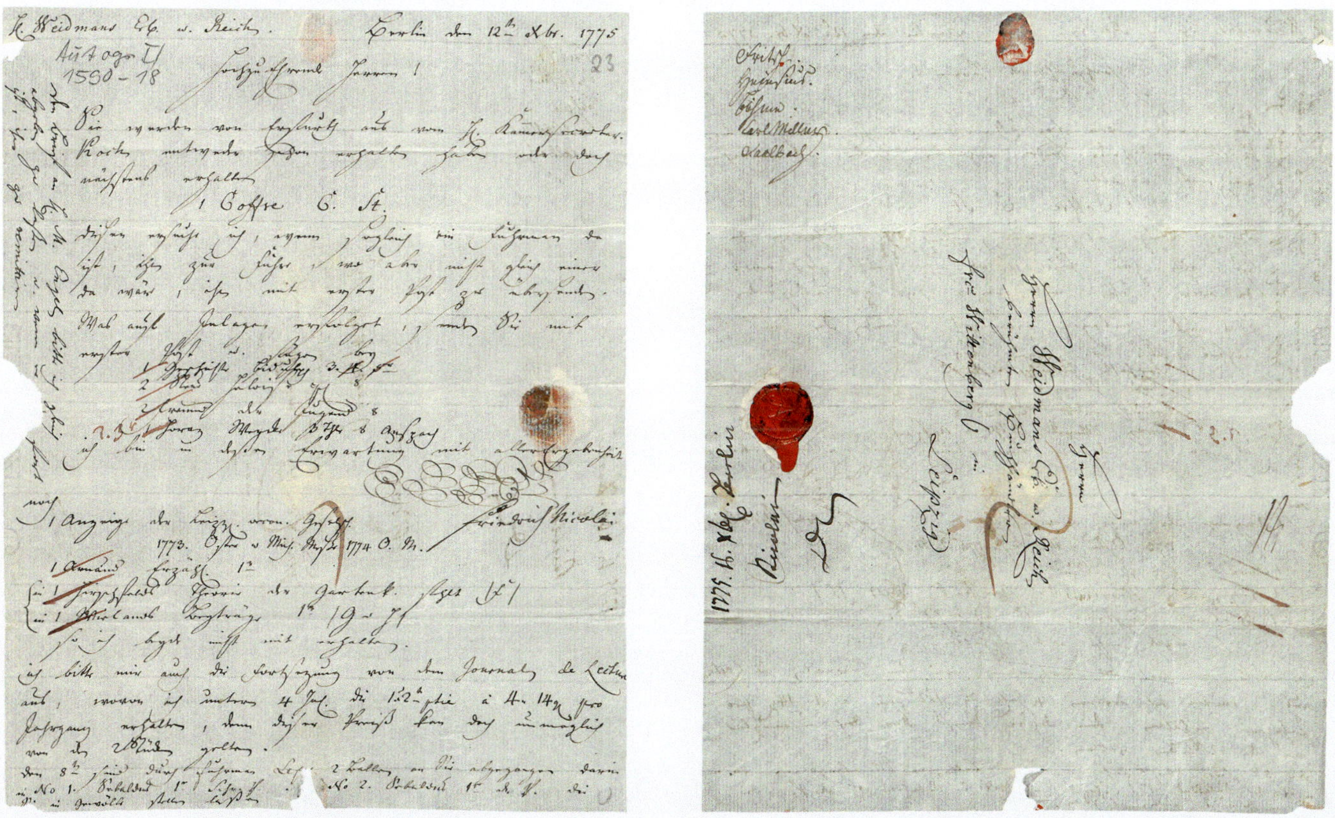
Berlin den 12. Xbr. 1775
Autogr. I
1590 – 18
1 Coffre 6. St.
Friedrich Nicolai
Leipzig

6 | 56

tung von Wohn- und Geschäftsräumen für Nicolai während der Messe, schaltete Anzeigen in lokalen Zeitungen, nahm Pakete und Briefe an oder verkaufte Bücher zwischen den Messen. Umgekehrt vermittelte Nicolai dem Freund wertvolle Kontakte zu Autoren und Kupferstechern in Preußen, zum Beispiel übernahm er finanzielle Verhandlungen mit Daniel Nikolaus Chodowiecki.

6 | 56
Johann Jakob Wagner
Richters Caffée Haus in Leipzig
um 1800 · Kupferstich · 28 × 31 cm (Blatt)
Leipzig, Stadtgeschichtliches Museum
[2270 u 2270d]

In Leipzig, dem Zentralort des Buchhandels, existierte eine blühende Geselligkeits- und Kaffeehauskultur, wie diese seltene Innenraumdarstellung des Kaffeehauses des Weinhändlers Georg Wilhelm Richter zeigt. Mindestens vier Wochen im Jahr weilte der Berliner Verlagsbuchhändler Nicolai zur Messe in Leipzig, einmal im Frühling, einmal im Herbst. Er traf sich in Restaurants und Kaffeehäusern oder in privaten Gesellschaften mit Kollegen, aber auch mit Gelehrten, Musikern und Schriftstellern. Einer alten Beschriftung zufolge sind auf dem Stich links der Kaffeewirt Richter, in der Bildmitte der jüdische Arzt Salomon Burgheim und – mit Hut – Friedrich Schiller zu sehen.

6 | 57

6 | 57
Christian Felix Weiße
Bibliothek der schönen Wissenschaften und der freyen Künste
Band 5
Leipzig 1759 · Druck · 12,3 × 15,1 cm
Berlin, Staatsbibliothek zu Berlin – Preußischer Kulturbesitz, Abt. Historische Drucke
[Zsn 42488 R]

1757 gründeten die Berliner Friedrich Nicolai und Moses Mendelssohn mit der Unterstützung des Sachsen Gotthold Ephraim Lessing die *Bibliothek der schönen Wissenschaften und der freyen Künste*. Die Zeitschrift berichtete ihren Lesern in Rezensionen und Bekanntmachungen von den aktuellen Entwicklungen in Literatur und Kunst, wollte Geschmack bilden und Kennerschaft in Literatur und Kunst der Antike und Moderne vermitteln. Ab dem 5. Band übernahm Christian Felix Weiße in Leipzig die Redaktion, da Nicolai mit seiner Berliner Verlagsbuchhandlung ausgelastet war. Lessing und der Berliner Kreis blieben wichtige Beiträger. Weiße nutzte als Herausgeber die internationalen Beziehungen der Messestadt. Unter seiner Leitung wurde die *Bibliothek* zu einer weit verbreiteten Zeitschrift, die neben deutschen Werken vor allem englische, französische und italienische Literatur und Kunst besprach und somit wirkungsvoll moderne Ansichten und Ideen aus ganz Europa bekannt machte.

6 | 58
Daniel Nikolaus Chodowiecki
Wercke der Finsternis. oder Beytrag zur Geschichte des Buchhandels in Deutschland. Allegorisch vorgestellt zum besten, auch zur Warnung aller ehrliebenden Buchhaendler
1781 · Radierung · 26,3 × 35,8 cm (Blatt)
Berlin, Stiftung Stadtmuseum [GDR 65/7,27 u]

Der Nachdruck von Büchern wurde im 18. Jahrhundert zwar bereits als ein moralisch unerlaubter Eingriff in die Rechte des Autors und seines Verlegers angesehen, ein gesetzlicher Schutz der Urheberrechte existierte jedoch nicht. Größtenteils süddeutsche Verleger versuchten, durch unrechtmäßige Drucke am Markt beteiligt zu sein – sehr zum Ärger von Reich und Nicolai, die sich gerichtlich und öffentlich gegen die Raubdrucker zur Wehr setzten. Als Beitrag zur Debatte um das geistige Eigentum schuf Chodowiecki diese Karikatur, in der eine Gruppe von Nachdruckern den rechtmäßigen Verlegern (wohl unter anderem Reich und Nicolai) das sprichwörtlich letzte Hemd raubt, während die auf der Erde liegende Gerechtigkeit ihr Haupt abwendet.

WISSENSCHAFTLICHE KONTAKTE

Zwischen preußischen und sächsischen Wissenschaftlern fand während der Aufklärung ein reger Dialog statt. In einer Zeit, in der sich die moderne wissenschaftliche Forschung erst herausbildete, spielten private Sammlungen und Gesellschaften eine große Rolle; Universitäten waren in der Frühen Neuzeit eher Orte der Lehre, weniger der Forschung. Die Gelehrten tauschten untereinander Kenntnisse und wissenschaftliche Objekte aus, sie besuchten sich gegenseitig und schrieben einander Briefe. Insbesondere die

6 | 58

6 | 59

gelehrten Privatgesellschaften waren wichtige Stätten der Kommunikation. Hier wurden wissenschaftliche Ergebnisse vorgestellt, diskutiert und Experimente vorgeführt. Neben den prominenten Gesellschaften in den Zentren der Aufklärung Berlin und Leipzig bildeten sich in ganz Sachsen und Preußen zahlreiche miteinander in Verbindung stehende gelehrte Vereinigungen.

6 | 59
Johann Christian Benjamin Gottschick
nach Anton Graff

Adolf Traugott von Gersdorf

um 1805 · Stich · 48,5 × 32,5 cm (Blatt)
Görlitz, Kulturhistorisches Museum [HK 256]

Der vielseitige Gelehrte Adolf Traugott von Gersdorf war einer der Mitbegründer der Oberlausitzischen Gesellschaft der Wissenschaften in Görlitz und hinterließ ihr seine umfangreichen Sammlungen, die zum Grundstock der Gesellschaft wurden. Er unterhielt ein großes Korrespondenznetzwerk mit zahlreichen Gelehrten seiner Zeit.

6 | 60
Eberhard Siegfried Henne

Martin Heinrich Klaproth

um 1790 · Kupferstich · 23,6 × 16,8 cm (Blatt)
Berlin, Museum für Naturkunde [GNF PM X a]

Der Berliner Chemiker und Pharmazeut Martin Heinrich Klaproth ist bekannt für die Entdeckung einiger chemischer Elemente und als Herausgeber des ersten preußischen Arzneibuches. Klaproth gehörte zu den Gründungsmitgliedern der bedeutenden Gesellschaft Naturforschender Freunde und lehrte an verschiedenen Berliner Institutionen wie der Bergakademie.

6 | 61

Exlibris der Gesellschaft der Naturforschenden Freunde Berlin

um 1780 · Druck · 12,8 × 14,9 cm (Blatt)
Berlin, Museum für Naturkunde [GNF, B IX / 74]

Das Exlibris der seit 1773 in Berlin existierenden Gesellschaft Naturforschender Freunde drückt das gemeinsame Interesse ihrer Mitglieder an der Naturgeschichte und ihren Objekten aus. Nicht nur die fachliche Eignung, auch eine freundschaftliche Gesinnung anderen, auch auswärtigen, Gelehrten gegenüber ist für die Gesellschaft von Bedeutung – so steht es in ihren Statuten. Der Name »Naturforschende Freunde« verweist auf die Bedeutung des gemeinsamen wissenschaftlichen Austauschs. Die Gesellschaft hat von Beginn an auch in Sachsen, anderen Nachbarländern und europaweit Mitglieder.

6 | 60

6 | 61

6 | 62

Siegelstempel der Oberlausitzischen Gesellschaft der Wissenschaften

um 1800 · Messing, Holz · H 8,8 cm
Knauf Dm 3,2 cm · Siegelfläche 3,3 × 3,1 cm
Görlitz, Oberlausitzische Bibliothek der Wissenschaften [OLB / 7,2]

Die Görlitzer Gelehrtenvereinigung wurde 1779 nach dem Vorbild der Berliner Gesellschaft Naturforschender Freunde gegründet, jedoch mit enzyklopädischen, über die Erforschung der Natur hinausgehenden Zielen. Der sich im Siegel widerspiegelnde Leitgedanke »in Uno« (»in Einem«) drückt den Anspruch der Gesellschaft aus, sowohl naturwissenschaftliche als auch geisteswissenschaftliche Wissensgebiete sowie Theorie und Praxis miteinander zu verbinden.

6 | 62

6 | 63

Mappe aus: Herbarium vivum societat[is] litter[ae] Lusatiae contines plantas in Lusatia super[ioris] et infer[ioris] sponte nascent[es]

um 1800 · Papier, Pflanzenpräparate
42,5 × 26,5 cm
Görlitz, Kulturhistorisches Museum
[Herbarium vivum CCIV-CCXVI]

Das Herbarium aus dem Besitz der Görlitzer Gesellschaft dokumentiert gesammelte Pflanzen aus der Nieder- und der Oberlausitz. Zu den Mitgliedern der Gesellschaft gehörten Wissenschaftler aus beiden Teilen der Lausitz, und diese überregionale Vernetzung spiegelt sich nicht zuletzt in den erhaltenen Sammlungsobjekten.

6 | 63

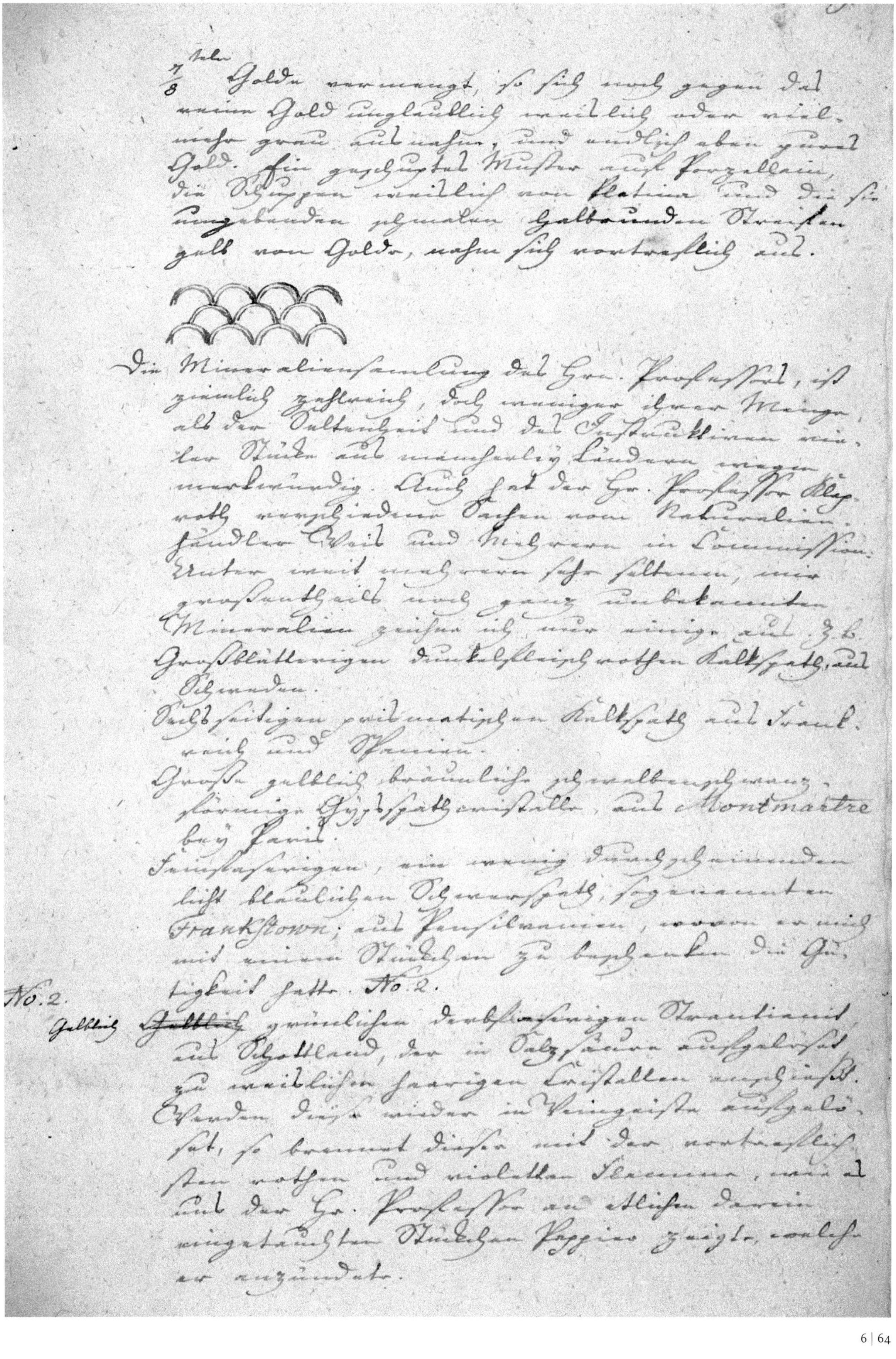

7/8 tele Golde vermengt, so sich noch gegen das reine Gold unglaublich weißlich oder viel-mehr grau ausnahm, und endlich aber ganz Gold. Ein geschuptes Muster auf Porzellain, die Schuppen weißlich von Platina und die sie umgebenden schmalen halbrunden Streifen gelb von Golde, nahm sich vortreflich aus.

Die Mineraliensamlung des Hrn. Professors, ist ziemlich zahlreich, doch weniger ihrer Menge als der Seltenheit und des Instructiven ein-zelner Stücke aus manchen Ländern wegen merkwürdig. Auch hat der Hr. Professor Ge-rath verschiedene Sachen vom Naturalien-händler Weiß und Mehreren in Commission. Unter weit mehreren sehr seltenen, mir großentheils noch ganz unbekannten Mineralien zeichne ich nur einige aus z. B.

Großblättrigen dunkelfleischrothen Kalkspath aus Schweden.

Sechsseitigen prismatischen Kalkspath aus Frankreich und Spanien.

Große gelblich bräunliche schwalbenschwanzförmige Gypsspathcristalle, aus Montmartre bey Paris.

Feinfaserigen, ein wenig durchscheinenden licht bläulichen Schwerspath, sogenannten Frankstown, aus Pensilvanien, wovon er mich mit einem Stückchen zu beschenken die Gütigkeit hatte. No. 2.

No. 2. gelblich ~~Stellich~~ grünlichen dickfaserigen Strontianit aus Schottland, der in Salzsäure aufgelöset zu weißlichen haarigen Cristallen anschießt. Werden diese wieder in Weingeiste aufgelöset, so brennt dieser mit der vortreflichsten rothen und violetten Flamme, wie es auch der Hr. Professor an etlichen darein eingetauchten Stückchen Papier zeigte, welche er anzündete.

6 | 64

6 | 65

6 | 66

6 | 64

Adolf Traugott von Gersdorf

Bemerkungen auf einer Reise nach Berlin

1793 · Handschrift · 36 × 26 cm
Görlitz, Oberlausitzische Bibliothek der Wissenschaften [ATvG 82]

1793 unternahm Gersdorf eine Reise nach Berlin, deren Ereignisse er in diesem Reisetagebuch festhielt. Im Jahr zuvor war er zum auswärtigen Mitglied der Gesellschaft Naturforschender Freunde in Berlin gewählt worden und besuchte nun deren Sitzungen und die privaten Gesellschaften der Mitglieder. Anschaulich hielt er während seines Aufenthalts vom 27. Januar bis zum 6. Februar 1793 den Ablauf der Treffen und die wissenschaftlichen Gespräche fest und verzeichnete – wie in diesem Eintrag zu seinem Besuch bei dem Chemiker Martin Heinrich Klaproth – die Sammlungsobjekte der Gelehrten.

6 | 65

Obsidian, Vulkan Hekla auf Island

aus der Sammlung
Adolf Traugott von Gersdorf
Mineral · Schachtel: 9 × 18 × 18 cm,
Etikett: 6 × 10,4 cm
Görlitz, Kulturhistorisches Museum
[3829-2009]

Der heute in den Görlitzer Sammlungen befindliche Obsidian stammte ursprünglich aus der privaten Mineralienkollektion Martin Heinrich Klaproths. Er schenkte den Stein Gersdorf bei dessen Aufenthalt in Berlin 1793. Dieser hielt in seinem Reisetagebuch fest, dass »die ziemlich zahlreiche« Sammlung Klaproths »wegen der Seltenheit und des Instruktiven vieler Stücke aus mancherlei Ländern« sehr beachtenswert sei. Die gesamte wissenschaftliche Vernetzung war durch einen umfangreichen Austausch von Objekten begleitet, sodass sich sowohl in Gersdorfs als auch in Klaproths Fundus zahlreiche Stücke aus anderen Gegenden und Sammlungen finden.

6 | 66

Lithiophorit, Rengersdorf

aus der Sammlung Martin Heinrich Klaproth
Mineral · 6 × 5,5 × 3,5 cm,
Schachtel 7,8 × 6 × 2 cm, Etikett: 6 × 4,5 cm
Berlin, Museum für Naturkunde
[Sammlung Mineralogie, 1997-4204]

Umgekehrt schickte auch Gersdorf Objekte nach Berlin, wie dieses Stück aus Rengersdorf, seinem Geburtsort. In einem wissenschaftlichen Artikel benannte Klaproth den sächsischen Gelehrten als den Mineraliengeber dieses Lithiophorits. Das entsprach den Statuten der Gesellschaft Naturforschender Freunde, die von ihren Mitgliedern zum Zwecke des gelehrten Austauschs Literatur- und Naturaliengaben einforderte.

6 | 67

DAS SÄCHSISCHE – DIE WAHRE HOCHDEUTSCHE SPRACHE?

Sachsen galt bis in die Mitte des 18. Jahrhunderts als eines der kulturell führenden Territorien im Heiligen Römischen Reich Deutscher Nation. Die Zeitgenossen sahen daher die Schriftsprache der obersächsischen Gebildeten lange als mustergültiges Deutsch und Vorbild für eine einheitliche deutsche Sprache. Spätestens mit dem Machtverlust Sachsens nach dem Siebenjährigen Krieg änderte sich diese Ansicht. Sprachkundler und Literaten – nicht nur in Sachsen und Preußen – führten eine heftige Debatte in Zeitschriften, Briefen und Büchern, ob das Hochdeutsche nicht vielmehr aus dem Besten aller Dialekte zusammengesetzt sein müsste.

6 | 67
Ferdinand Collmann
Bildnis Johann Erich Biester
1795 · Öl auf Leinwand · 48 × 42 cm
Halberstadt, Gleimhaus [A 066]

Biester war ein wichtiger Popularphilosoph der Aufklärung. Zunächst Staatsekretär in preußischen Diensten, wurde er 1784 Bibliothekar der Königlichen Bibliothek. Er wirkte zudem als Sekretär der Berliner Mittwochsgesellschaft und Mitherausgeber der *Berlinischen Monatsschrift* – dem Sprachrohr der preußischen Aufklärung.

6 | 68
Anton Graff
Bildnis Johann Christoph Adelung
1802 · Öl auf Leinwand · 73 × 58 cm
Dresden, Sächsische Landesbibliothek – Staats- und Universitätsbibliothek

Der bedeutendste Sprachforscher seiner Zeit veröffentlichte Wörterbücher und grammatische Schriften, aber auch Publikationen zu anderen Themen (unter anderem zur preußischen Geschichte). Er arbeitete erst als Bibliothekar in Gotha und Leipzig und wurde schließlich Oberbibliothekar der Kurfürstlichen Bibliothek in Dresden.

6 | 69
Johann Christoph Adelung
Magazin für die Deutsche Sprache
Band 1 / 1
Leipzig 1783 · Buchdruck · 10 × 16,5 cm
Dresden, Sächsische Landesbibliothek – Staats- und Universitätsbibliothek
[Ling.Germ.rec.365-2.1783/84]

In dem Aufsatz »Gesammelte Zeugnisse für die Hochdeutsche Mundart« und in anderen Schriften hob Adelung die sächsische Mundart als stilbildend hervor. Mit der Sprache des »südlichen Chur-Sachsens«, der durch »Geschmack« und »Wohlstand« kultiviertesten Provinz, verfüge man über ein Deutsch, das seit der Reformation und Martin Luthers Bibelübersetzung vorbildhaft sei. Luther hatte sich allerdings bereits an der das mundartliche Sächsische überwindenden wettinisch-meißnischen Kanzleisprache orientiert.

6 | 70
Friedrich Gedike und Johann Erich Biester
Berlinische Monatsschrift
Band 1
Berlin 1783 · Druck · 16 × 9,5 cm
Potsdam, Universitätsbibliothek [RRZm 135]

In seinem viel beachteten Aufsatz »Ist Kursachsen das Tribunal der Sprache und Litteratur für die übrigen Provinzen Deutschlands?« in der *Berlinischen Monatsschrift* wies

6 | 68

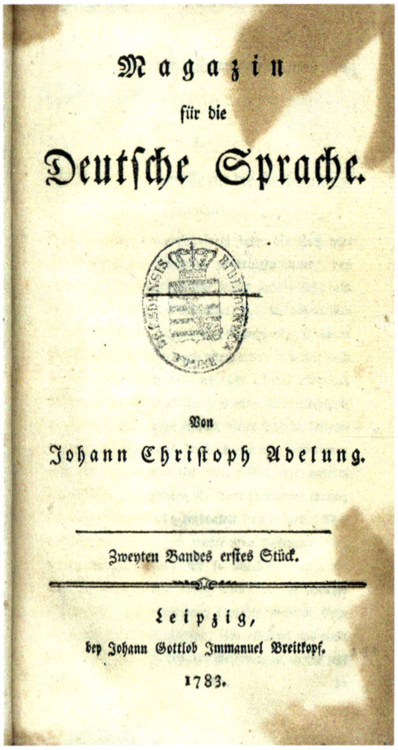
Magazin
für die
Deutsche Sprache.

Von
Johann Christoph Adelung.

Zweyten Bandes erstes Stück.

Leipzig,
bey Johann Gottlob Immanuel Breitkopf.
1783.

6 | 69

Berlinische
Monatsschrift.

Herausgegeben
von
F. Gedike und J. E. Biester.

Erster Band.
Januar bis Junius.

Berlin, 1783.
Bei Johann Friedrich Unger.

6 | 70

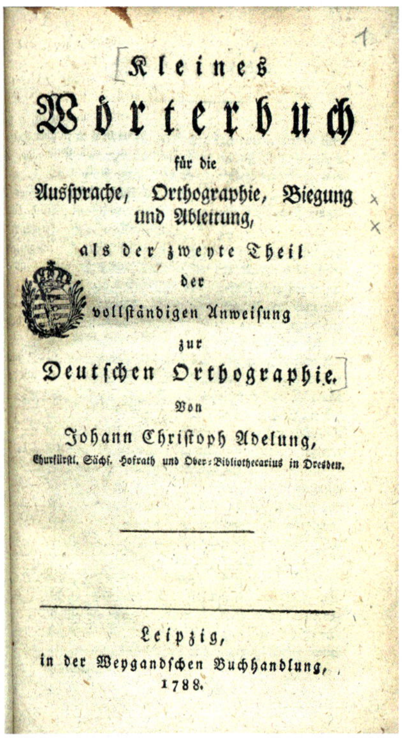
Kleines
Wörterbuch
für die
Aussprache, Orthographie, Biegung
und Ableitung,
als der zweyte Theil
der
vollständigen Anweisung
zur
Deutschen Orthographie.
Von
Johann Christoph Adelung,
Churfürstl. Sächs. Hofrath und Ober-Bibliothecarius in Dresden.

Leipzig,
in der Weygandschen Buchhandlung,
1788.

6 | 71

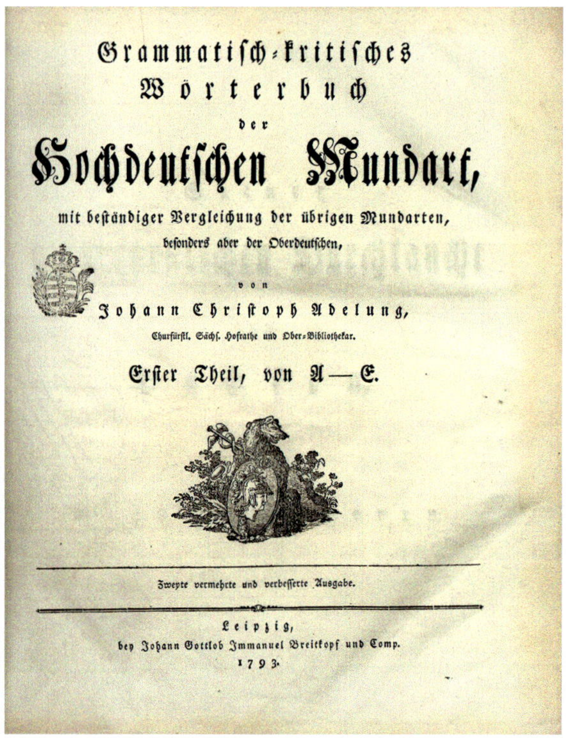
Grammatisch-kritisches
Wörterbuch
der
Hochdeutschen Mundart,
mit beständiger Vergleichung der übrigen Mundarten,
besonders aber der Oberdeutschen,
von
Johann Christoph Adelung,
Churfürstl. Sächs. Hofrathe und Ober-Bibliothekar.
Erster Theil, von A — E.

Zweyte vermehrte und verbesserte Ausgabe.

Leipzig,
bey Johann Gottlob Immanuel Breitkopf und Comp.
1793.

6 | 72

Biester Adelungs Bevorzugung des Obersächsischen zurück. Das Sächsische hätte seine Verdienste in der Sprachentwicklung gehabt, wäre aber jetzt nicht mehr richtungsweisend. Er begründete dies mit der übertriebenen (französisierenden) Verfeinerung der sächsischen Kultur. Bestimmend für das Hochdeutsche, so betonten er und zahlreiche andere Literaten wie Christoph Martin Wieland, wären vielmehr die Schriften der besten Autoren der Nation.

6 | 71
Johann Christoph Adelung
Vollständige Anweisung zur Deutschen Orthographie, nebst einem kleinen Wörterbuche für die Aussprache …
Leipzig 1788 · Buchdruck · 11 × 18 cm
Dresden, Sächsische Landesbibliothek – Staats- und Universitätsbibliothek [Ling.Germ.rec.364-2]

Die richtige Aussprache der Wörter war Adelung wichtig. Bis Ende der 1780er Jahre vertrat er die Auffassung, das gesprochene und das geschriebene Deutsch des sächsischen Sprachraums wären tonangebend. So erhielt das »Oberdeutsche« eigene Wörterbucheinträge, zum Beispiel »tumm« für »dumm«. Biester hingegen führte in der *Berlinischen Monatsschrift* an, dass »die höchstseltsame Verwechslung des b und p, des d und t sehr gewöhnlich« seien.

6 | 72
Johann Christoph Adelung
Grammatisch-kritisches Wörterbuch
Leipzig 1793 · Buchdruck · 23,5 × 28,5 cm
Dresden, Sächsische Landesbibliothek – Staats- und Universitätsbibliothek [Ling.Germ.rec.53-1]

Das Werk ist das für seine Zeit maßgebliche wissenschaftliche Lexikon zur deutschen Sprache. Die Wörter werden grammatikalisch erläutert und in Bedeutung und Funktion beschrieben. Adelung dokumentierte darin nach eigenem Bekunden die aktuell gebräuchliche Schriftsprache – unter Zuhilfenahme sächsischer Beispiele.

In der zweiten Auflage folgte Adelung jedoch den Ergebnissen der Sprachdebatten und revidierte seine Meinung, die obersächsische Mundart sei das beste Vorbild für eine einheitliche deutsche Schriftsprache. In der Vorrede stellte Adelung fest, wichtig sei, dass anerkannte zeitgenössische Schriftsteller die Maßstäbe für das Hochdeutsche vorgäben, die regionale Herkunft hingegen sei weniger bedeutsam: »Erst neulich machte mir jemand den Vorwurf, ich hätte meine meisten Beyspiele aus Obersächsischen Schriftstellern gewählt. Das ist völlig ungegründet, wie schon der flüchtigste Augenschein lehret. Aus Hochdeutschen Schriftstellern mußte ich sie nehmen, das lag in der Natur der Sache; übrigens war mir jede Nation gleich, und ich habe gewiß eben so viele Beyspiele aus einem Geßner, Rammler, Dusch, Opitz u. s. f. als aus Gellert, Weiße und andern Obersachsen angeführet.«

DIE BERGAKADEMIEN IN SACHSEN UND PREUSSEN

Das Berg-, Hütten- und Salinenwesen hatte in der Mitte des 18. Jahrhunderts epochale Bedeutung aufgrund der großen Nachfrage nach Rohstoffen und Edelmetall. Sachsen besaß mit der Freiberger Bergakademie eine erfolgreiche Ausbildungsstätte für Bergleute. Diese war 1765 nach den Plänen des Sächsischen Generalbergbaukommissars Friedrich Anton von Heynitz gegründet worden, nicht zuletzt um mit dem Bergbau die Reparationszahlungen nach dem Siebenjährigen Krieg leisten zu können. Nach dem erfolgreichen sächsischen Vorbild sollte auch die 1770 gegründete Bergakademie in Preußen umgestaltet werden. Friedrich II. holte sich 1777 keinen Geringeren als Heynitz zur Umsetzung seiner Reformpläne nach Berlin.

Das sogenannte Montanwesen entwickelt sich am Ende des 18. Jahrhunderts zu einem entscheidenden Sektor im Modernisierungsprozess des Gesamtstaates Preußen und darüber hinaus. Viele Schüler der Bergakademien in Berlin und Freiberg wurden bedeutende Wissenschaftler oder übernahmen wichtige Verwaltungsposten in unterschiedlichen europäischen Staaten.

6 | 73

6 | 73
Christian Friedrich Heinrich Sigismund Bettkober
Büste Friedrich Anton Freiherr von Heynitz
Berlin 1785 · Gips · 62,5 × 33,5 cm
Berlin, Akademie der Künste [84/56/228]

Heynitz reformierte als Bergbaukommissar und Mitbegründer der Freiberger Bergakademie das sächsische Berg- und Hüttenwesen. Ab 1777 setzte er als Staatsminister des Bergwerk- und Hüttendepartements und Kurator der Akademie der Künste seine Kenntnisse und Erfahrungen ebenso erfolgreich in Preußen ein.

6 | 74

Friedrich Georg Weitsch

Bildnis Carl Abraham Gerhard

1801 · Öl auf Leinwand · 75 × 57 cm

Bremen, Nils Viebahn

Der bedeutende Mineraloge gründete 1770 auf Veranlassung Friedrichs II. die Berliner Bergakademie. Zuvor fuhr er nach Freiberg, um den dortigen Lehrbetrieb unter Abraham Gottlob Werner zu studieren und für Berlin zu übernehmen. Er wurde erster Direktor, Lehrer und Aufseher der Sammlungen der Berliner Bergakademie.

6 | 75

Johann Daniel Schöne zugeschrieben

Büste Abraham Gottlob Werner

Meißen 1817 · Porzellan · 26 × 21 × 15 cm

Freiberg, Technische Universität Bergakademie Freiberg [78/511]

Werner gehörte zu den international anerkanntesten Geologen und Mineralogen und war an der Bergakademie Freiberg Inspektor und Lehrer für Mineralogie. Dank seiner Leistungen als Forscher und Leiter des Verwaltungsapparates wurde die Akademie zu einer der führenden geologischen Lehranstalten der Zeit.

6 | 75

Bericht vom Bergbau.

RERVM METALLICARVM SVBSIDIVM.

ACADEMIA
FREIBERGENSIS
D. XIII NOV MDCCLXV. FVNDATA.

Im Verlage
der Churfürstl. Sächs. Bergakademie zu Freyberg.
1769.

6 | 76

6 | 76

Johann Gottlieb Kern

Bericht vom Bergbau

Freiberg 1769 · Druck · 22,5 × 18 cm

Freiberg, Technische Universität Bergakademie Freiberg Universitätsbibliothek »Georgius Agricola« [VIII 312]

Das Titelkupfer des ersten Lehrbuches der Bergakademie Freiberg zeigt den Blick vom Hörsaal der Akademie auf das Stufenkabinett mit geowissenschaftlichen Objekten und auf die Bibliothek. Die innovative Lehranstalt hatte nicht nur für die Wissenschaft Vorbildcharakter. Schon bei ihrer Gründung zielte Heynitz in seinen Plänen auf die Ausbildung fähiger Staatsbeamter, die zur Verwaltung der sächsischen Bergwerke eingesetzt werden könnten. Die modernen Strukturen übertrugen er und die von ihm geförderten Freiberger Studenten, darunter der Freiherr Karl vom und zum Stein oder Georg Philipp Friedrich Freiherr von Hardenberg, später nicht nur auf das sächsische, sondern vor allem auf das preußische Staatswesen.

6 | 77

6 | 77
Alexander von Humboldt
Tragbare Grubenlampe / Lichterhalter
Bayreuth 1796 · Eisenblech · Standfläche Dm 34 cm, H max. 35 cm, B max. 40 cm (inkl. Brenner)
Freiberg, Technische Universität Bergakademie Freiberg [Kanne: T IX D 1b, Brenner: T IX D 1c8]

Alexander von Humboldt entwickelte als Beamter in preußischen Diensten für den Bergbau diese tragbare Grubenlampe (Lichterhalter), die auch bei schlechtem Wetter funktionierte. Der ehemalige Student der Freiberger Bergakademie schickte diese zur Begutachtung an das dortige Oberbergamt. Die Lampe wurde aufgrund besserer Alternativen selten eingesetzt. Humboldt besuchte Freiberg zu Forschungszwecken mehrfach und stand in einem brieflichen Austausch mit seinem ehemaligen Lehrer Werner und anderen Wissenschaftlern der Bergakademie.

6 | 79

6 | 80

6 | 78
Calcit, Grube Samson, St. Andreasberg
aus der Sammlung C. A. Gerhard
Mineral · 6,5 × 6 × 6,5 cm,
Schachtel 8 × 6 × 1,7 cm, Etikett 5,5 × 3,8 cm
Berlin, Museum für Naturkunde [199_0307]

Das Stück stammt aus dem privaten Besitz des ersten Direktors und Gründers der Berliner Bergakademie Carl Abraham Gerhard. In der Anfangszeit musste der Professor für Mineralogie für seine Vorlesungen auf seine eigenen Sammlungen zurückgreifen, die zugleich den Grundstock des Bestandes der Berliner Bergakademie bildeten.

6 | 79
Baryt, Grube Krieg und Frieden, Freiberg
aus der Sammlung Alexander von Humboldt
Mineral · 5,5 × 5 × 6,5 cm,
Schachtel 8 × 6 × 1,7 cm, Etikett 5 × 4,7 cm
Berlin, Museum für Naturkunde [2006_17766]

6 | 80
Fluorit Grube Neues Methusalem, Freiberg
aus der Sammlung D. L. G. Karsten (erh. von Treba)
Mineral · 10 × 6 × 3 cm, Schachtel 12 × 8 × 2 cm, Etikett 8,5 × 4,7 cm
Berlin, Museum für Naturkunde [2006_13820]

6 | 78

Im 18. Jahrhundert war der Austausch von Sammlungsobjekten ein wesentlicher Bestandteil des wissenschaftlichen Betriebes. Den Baryt aus Freiberg brachte Alexander von Humboldt in die Sammlungen der Berliner Bergakademie ein. Den Flussspat übergab der sächsische Oberberghauptmann, Friedrich Wilhelm Heinrich von Trebra, an den Professor für Mineralogie der Berliner Bergakademie Dietrich Ludwig Gustav Karsten. Trebra war zunächst am Oberbergamt Freiberg beschäftigt und leitete später den gesamten Bergbau im Kurfürstentum Sachsen. Der ebenfalls in Freiberg ausgebildete Karsten wurde der dritte Direktor der Berliner Bergakademie und Betreuer der dortigen Mineraliensammlung.

DIANA STÖRT

Literatur Bosse 1997 · Falk 2012 · Hoppe 1989 · Lee 2011 Rohrwasser 1997 · Scharloth 2005 · Selwyn 2000 · Siebenhaar 2011 · Erleuchtung der Welt, Kat. 2009 · Klasse, Ordnung, Art, Kat. 2010 · Kunst und Wissenschaft, 2011

Heute Sachse,

1806 schlossen Preußen und Sachsen ein Bündnis gegen das napoleonische Frankreich. Doch mit der verheerenden Niederlage bei Jena und Auerstedt endete ihre Allianz. Das friderizianische Preußen brach zusammen und wurde von Napoleon auf einen Rumpfstaat reduziert. In dieser Existenzkrise erwuchs in Preußen die Bereitschaft zu Veränderungen. Die Stein-Hardenbergschen Reformen modernisierten Staatswesen, Wirtschaft, Militär und Gesellschaft. Das Kurfürstentum Sachsen dagegen wurde von Napoleon zum Königreich erhoben und in das französische Bündnissystem, den Rheinbund, integriert. Als Napoleons Stern nach 1812 sank, standen Preußen und Sachsen

SZENE 7

morgen Preuße

auf verschiedenen Seiten. Während der sächsische König noch taktierte und Sachsen in den Befreiungskriegen zum Schlachtfeld wurde, meldete Preußen bereits Ansprüche auf das sächsische Territorium an. Als schließlich der Wiener Kongress 1814 / 15 Europa neu ordnete, war eines der Kernthemen die sächsisch-polnische Frage: Preußen wollte Sachsen komplett annektieren; dem widersetzten sich vor allem Österreich, Großbritannien und Frankreich. Schließlich wurde Sachsen geteilt. Der nördliche Teil – nahezu zwei Drittel des Landes, darunter die Niederlausitz und etwa die Hälfte der Oberlausitz – wurde preußisch.

Preußen, Sachsen und das Ende des Heiligen Römischen Reiches Deutscher Nation (1791 – 1806)

WINFRIED MÜLLER

Unabhängig von den konkreten Gesprächen und Ergebnissen bilden alleine schon der Ort und die rahmenden Arrangements politischer Konferenzen Konstellationen und Hierarchien innerhalb von Mächtesystemen ab. Wenn sich beispielsweise Großmächte außerhalb ihrer eigenen Grenzen in einem dritten Staat treffen, so darf daraus mit einiger Zuverlässigkeit auf einen neutralen oder mindermächtigen Status des Gastgeberlandes geschlossen werden. So war dies auch 1791, als vom 25. bis 28. August Kaiser Leopold II. und der preußische König Friedrich Wilhelm II. in Schloss Pillnitz bei Dresden konferierten, um ihre Politik gegenüber dem revolutionären Frankreich abzustimmen. Der sächsische Kurfürst Friedrich August III. sorgte für die festliche Rahmung der Konferenz. Erfahren hatte er von der – ihrerseits eine preußische Initiative aufgreifenden – kaiserlichen Absicht, sich gewissermaßen informell auf sächsischem Boden mit dem preußischen König zu treffen, in einem Schreiben vom 11. Juni 1791. Mit ihm reagierte Leopold II. auf die sächsische Mitteilung, vom polnischen Angebot einer erblichen Thronfolge des Hauses Wettin Abstand zu nehmen. Großmachtambitionen, wie sie seine Vorfahren mit der sächsisch-polnischen Personalunion (1697 – 1763) verfolgt hatten, schienen ihm nicht opportun, da Konflikte mit Russland, Österreich und Preußen, die sich 1772 auf die erste polnische Teilung verständigt hatten, unausweichlich gewesen wären. Die Zurückhaltung folgte zugleich einer nach dem Siebenjährigen Krieg verfolgten Politik der wirtschaftlichen Konsolidierung und innerer Reformen (Sächsisches Rétablissement) – um nicht zuletzt die desaströsen Folgen der preußischen Besatzung der Jahre 1756 bis 1763 zu beheben. Zugleich war die polnische Verfassung vom 3. Mai 1791, die ein konstitutionell eingehegtes Königtum vorsah, aus Sicht des sächsischen Kurfürsten gewiss zu aufgeklärt und modern.

Vor diesem Hintergrund einer zurückhaltenden Außenpolitik galt denn für das Pillnitzer Fürstentreffen: »Obwohl Gastgeber, hat Sachsen bei den Verhandlungen keine Hauptrolle gespielt«.[1] Diese war vielmehr mit dem Kaiser, dessen Schwester Marie Antoinette als Königin von Frankreich ganz unmittelbar von der Revolution betroffen war, und dem preußischen König besetzt. Als weitere Mitspieler traten in Pillnitz die französischen Emigranten in Erscheinung, deren Repräsentant Charles de Bourbon, Graf von Artois, mit Verve versuchte, Österreich und Preußen auf einen gegenrevolutionären Kurs einzuschwören. Zwar stieß er dabei auf Zurückhaltung, aber die Interessenbekundung an einer Wiederherstellung der vorrevolutionären Zustände in Frankreich und dass auf Drängen der Emigranten eine Mobilisierung österreichischer und preußischer Truppen in Aussicht gestellt wurde, genügte, dass die »Drohgebärde«[2] der Pillnitzer Deklaration den furor gallicus auslöste. Für die französische Kriegspartei, die von innenpolitischen Problemen ablenken und die Revolution auch in andere Länder tragen wollte, war sie ein Impuls für die Kriegserklärung an Österreich vom 20. April 1792. Sie leitete mit dem 1. Koalitionskrieg jene Serie von Kriegen ein, die den militärischen Ruhm und den politischen Aufstieg Napoleons zunächst zum Ersten Konsul, dann zum Kaiser der Franzosen begründete. Darauf bezieht sich der – zumindest gut erfundene – angebliche Ausspruch Napoleons während eines Besuches in Pillnitz: »Hier bin ich geboren worden.«[3]

Neben der antirevolutionären Tendenz war die Pillnitzer Deklaration vom 27. August 1791 vor allem aber auch ein Zeichen der Annäherung Österreichs, Preußens und ebenso Sachsens. Das war nach dem Siebenjährigen Krieg, der die für das Haus Habsburg schmerzhafte Übertragung Schlesiens an Preußen zementiert und der Sachsen an den Rand des Ruins getrieben

Johann Heinrich Schmidt: Treffen Kaiser Leopolds II. und des preußischen Königs Friedrich Wilhelm II. in Pillnitz bei Dresden im August 1791, Öl auf Leinwand, Gemäldegalerie Alte Meister, SKD

hatte, keineswegs selbstverständlich, zumal der österreichisch-preußische Dualismus zunächst selbst in revolutionären Zeiten virulent geblieben war: Als 1789 in dem zum Reich gehörenden Fürstbistum Lüttich ein von den Ereignissen in Frankreich befeuerter Aufstand ausbrach, wurden die Gegenmaßnahmen des Reiches von Preußen eher konterkariert denn unterstützt, weil man glaubte, Österreich auf diese Weise schwächen zu können. 1790 wurde dann freilich mit der Konvention von Reichenbach eine 1791 mit der Pillnitzer Erklärung fortgeschriebene Politik der Annäherung und Vertrauensbildung eingeleitet, die zweifelsohne auch durch eine massive »Ansteckungsvorstellung«[4] gefördert worden war. In Berlin grassierte jedenfalls unverkennbar die Revolutionsfurcht, und was Sachsen betraf, so hatte hier erst 1790 der kursächsische Bauernaufstand am Hof und beim Adel antirevolutionäre Ressentiments beflügelt. Unter Zurückstellung des Misstrauens gegen Preußen war die Pillnitzer Deklaration somit auch aus sächsischer Perspektive zu begrüßen: Auf der einen Seite war die Beilegung des preußisch-österreichischen Gegensatzes ein Beitrag zur Stabilisierung des Reiches, andererseits schien diese Allianz ein ausreichendes Gegengewicht zu Frankreich zu sein.

Letztere Annahme war freilich eine grandiose Fehlkalkulation, sowohl was das militärische Potenzial Frankreichs und des Reichs als auch die Verlässlichkeit Preußens und Österreichs betraf. Zunächst mussten sich die beiden deutschen Hauptmächte im 1. Koalitionskrieg von der Vorstellung einer raschen Niederringung des Gegners verabschieden. Vielmehr führte die französische Gegenoffensive zur Besetzung der österreichischen Niederlande und des linksrheinischen Deutschland. Sachsen war dabei indirekt und direkt tangiert – indirekt, weil ein Mitglied des Hauses Wettin, Bischof und Kurfürst Clemens Wenzeslaus von Sachsen, 1794 seinen Trierer Kurstaat auf Dauer verlassen musste; direkt, weil die Koalition 1793 unter anderem durch den Beitritt des Heiligen Römischen Reiches Deutscher Nation erweitert wurde und Kursachsen sich mithin am Reichskrieg gegen Frankreich zu beteiligen hatte. Der durchschlagende Erfolg blieb freilich auch jetzt aus, vielmehr wurde das linksrheinische Deutschland 1794 dauerhaft von Frankreich besetzt, das damit seiner idée fixe vom Rhein als der natürlichen Grenze zu Deutschland näherkam.

Diese Idee der durch Flüsse oder Bergzüge vorgegebenen natürlichen Grenzen, innerhalb derer ein vereinheitlichtes

Charles Meynier: Einzug Napoleons in Berlin am 27. Oktober 1806, 1810, Öl auf Leinwand, Versailles, Châteaux de Versailles et de Trianon

Staatsgebiet verwaltet wurde, war keineswegs nur eine französische Spezialität. Vielmehr war sie in der Umbruchphase vom 18. zum 19. Jahrhundert, als durch die Koalitionskriege, Säkularisation und Mediatisierung territoriale Einheiten aufgelöst und umgeschichtet, überkommene lehensrechtliche Bindungen aufgelöst und neue Staatsgebilde homogenisiert werden mussten, ein attraktives Gestaltungsprinzip. Die Forschung spricht nicht zu Unrecht von einer »Geographisierung des Politischen«.[5] Eine die Region und das Thema der Ersten Brandenburgischen Landesausstellung berührende Fußnote hierzu ist das bereits 1792 von Österreich an Preußen unterbreitete Angebot, die preußische Präsenz im Süden des Reiches durch einen Tausch der fränkischen Markgrafentümer gegen eine Anwartschaft in den Lausitzen zu beenden. Preußen wies dieses Ansinnen zunächst empört zurück, um dann doch die Lausitzen in ihrer Gesamtheit für die fränkischen Fürstentümer zu fordern. Eine nur teilweise Erwerbung, wie sie von Österreich angeboten worden war, würde nur das »ancien système de jalousie« perpetuieren, während ein ganzer Tausch eine konsequente geografische Entflechtung auf der Basis einer »frontière naturelle« erbringe.[6]

Bei Zeitpunkt und Inhalt dieser Überlegungen überrascht die Chuzpe, mit der hier über eine Anwartschaft auf die seit 1635 Kursachsen übertragenen Lausitzen gesprochen wurde; am Dresdner Hof wäre man bei Kenntnis dieses österreichisch-preußischen Gedankenspiels wohl schwer ins Grübeln geraten. Weniger überraschend ist indes die Rede vom »système de jalousie«, das auch nach Pillnitz keineswegs aufgehoben war, vielmehr im Zuge der militärischen Misserfolge neu belebt wurde. Habsburg-Österreich lastete diese nur allzu gerne dem preußischen Verbündeten an, unterschwellig immer mit dem Generalverdacht, dieser wolle den Erfolg des Reiches und damit auch des habsburgischen Kaiserhauses nicht wirklich. Umgekehrt vermutete man in Preußen nicht ganz zu Unrecht in Österreich eine seit den Tagen der Schlesischen Kriege lodernde Rachsucht und Rivalität. Je mehr sich die Niederringung Frankreichs als Illusion erwies, desto stärker trat vor diesem Hintergrund die angesprochene Geografisierung der Politik in Form eines Nord-Süd-Denkens in der Reichspolitik in den Vordergrund. Konkret ging es Preußen im Bewusstsein seiner unzulänglichen militärischen und nicht zuletzt auch finanziellen Ressourcen darum, Frankreich bzw. den Geist der Französischen Revolution, aber auch Habsburg-Österreich vom Norden des Reiches fernzuhalten und dort eine auch die Dominanz über Sachsen einschließende hegemoniale Stellung aufzubauen. Das war der tiefere Sinn der Verständigung mit Frankreich im Frieden von Basel, mit dem Preußen 1795 aus der Koalition ausscherte und zustimmte, dass die linksrheinischen Besitzungen Preußens bis zu einem endgültigen Friedensschluss in den Händen Frankreichs bleiben sollten. Für den Fall des definitiven Verlustes wurden in einem Geheimabkommen Entschädigungen im rechtsrheinischen Deutschland in Aussicht genommen. Das war, wie es die süddeutschen Rheinbundstaaten 1806 bei ihrem Austritt aus dem Reich in legitimatorischer Absicht formulierten, die »im Jahre 1795 im Reiche selbst sich hervorgethane Trennung [. . .] die eine Absonderung des nördlichen und südlichen Deutschlands zur Folge hatte«.[7] Wenn in diesem Kontext gerne vom Verrat Preußens am Reich die Rede ist, so ist freilich anzumerken, dass sich die zweite deutsche Hauptmacht nicht anders verhielt: Aufgrund des Kriegsverlaufs war auch Österreich bald zur Verständigung mit Frankreich genötigt und trat mit dem Frieden von Campo Formio vom 17. Oktober 1797 unter anderem die österreichischen Niederlande an Frankreich ab. Reichspolitisch bedeutsamer war es freilich, dass Kaiser Franz II. in einem geheimen Artikel den Rhein als Ostgrenze Frankreichs anerkannte und mit dieser Abtretung des linken Rheinufers gleichfalls die Entschädigungsdebatte rechts des Rheins in Gang brachte, die dann im Reichsdeputationshauptschluss von 1803 vor allem zu Lasten der geistlichen Fürstentümer beendet wurde.

Sachsen war damit von beiden deutschen Hauptmächten düpiert worden, wobei angesichts der traditionellen Kaiser- und Reichstreue in Dresden die Enttäuschung über die habsburgische Politik überwogen haben mag. In der Folge tendierte die kursächsische Außenpolitik jedenfalls eindeutig zu einer Anlehnung an Berlin und einer Integration in das nördlich des Mains gelegene Deutschland. Die preußische Neutralitäts- und Schutzpolitik schien eine friedenssichernde Option, die zugleich zu bedeuten schien, dass wenigstens im nördlichen Deutschland das Reich intakt blieb. Dass Preußen dabei auch eigene Interessen verfolgte, »konnte (oder wollte) Friedrich August nicht als unmittelbare Bedrohung wahrnehmen«.[8] Das überrascht angesichts der historischen Belastung des Verhältnisses durch den Siebenjährigen Krieg immer wieder, wobei man dem sächsischen Kurfürsten zugutehalten mag, dass er das volle Ausmaß der preußischen Annexionsgelüste gegenüber Sachsen nicht kennen konnte. Die politischen Fantasien, wie sie Friedrich II. 1752 in seinem Politischen Testament geäußert hatte – »Sachsen wäre jedoch am nützlichsten«[9] –, waren zeitgenössisch jedenfalls nicht bekannt und wurden von Preußen auch lange, bis in die Bismarck-Ära, unter Verschluss gehalten. Und ob sie unter Friedrich Wilhelm III., der 1797 die Regierung angetreten hatte, gewissermaßen eine hidden agenda der preußischen Politik waren, wie das dann durch die auf dem Wiener Kongress vorgetragenen Ansprüche auf ganz Sachsen nahegelegt wird, das wissen wir nicht. Gleichwohl: Die Politik Friedrich Augusts von Sachsen scheint im Hinblick auf die preußische Politik reichlich vertrauensselig und folgte ansonsten der für mindermächtige Reichsstände typischen Generallinie, das Reich und seine Verfassung intakt zu halten, da dieser institutionelle Rahmen als Voraussetzung für die Überlebensfähigkeit des Landes angesehen wurde. Vor diesem Hintergrund konnte Friedrich August auch den Entschädigungsplänen und den die Reichsverfassung aushebelnden Säkularisationen und Mediatisierungen des Jahres 1803 nichts abgewinnen. Diese Position kann man auch damit erklären, dass Sachsen keine linksrheinischen Gebietsverluste als Grundlage für Entschädigungen im rechtsrheinischen Deutschland zu beklagen, also nichts zu gewinnen hatte. Fakt ist gleichwohl, dass Sachsen das »mittelstaatliche Phantasma der Neutralität als Selbstbehauptung in würdevoller Ruhe«[10] pflegte und sich an die Chimäre von der Würde des Reiches klammerte, während sich die süddeutschen Staaten in Paris um möglichst günstige Bestimmungen im Reichsdeputationshauptschluss bemühten und Preußen nicht nur die nordwestdeutschen Fürstbistümer für sich reklamierte, sondern sich mit der Einverleibung der kurmainzischen Besitzungen in Thüringen sowie der Reichsstädte Nordhausen und Mühlhausen in unmittelbarer Nähe wie eine »Spinne im thüringischen Kleinstaatennetz«[11] ausbreitete.

Dass sich Sachsen ungeachtet dieses Eindringens in den thüringischen Raum seinen Glauben an Preußen als Garanten stabiler Verhältnisse wenigstens im nördlichen Deutschland bewahrte, hing natürlich damit zusammen, dass im Laufe des kontinuierlich fortschreitenden Erosionsprozesses des Reiches das Vertrauen in die Leitmacht Habsburg endgültig verloren ging. Nach der das habsburgische Desinteresse am Reich

James Gillray: Napoleon als Gestalter der europäischen Herrschaftsverhältnisse, 1807, kolorierter Kupferstich, Sächsische Landesbibliothek – Staats- und Universitätsbibliothek Dresden

Robert Bowyer: Einzug der alliierten Monarchen auf dem Leipziger Marktplatz am 19. Oktober 1813, 1815, Aquatinta, koloriert, Sächsische Landesbibliothek – Staats- und Universitätsbibliothek Dresden

spiegelnden Begründung eines österreichischen Kaisertums durch Franz II. im August 1804 setzte man in Dresden jedenfalls weiter auf die preußische Karte, selbst dann noch, als Preußen durch seinen Minister Haugwitz im Vertrag von Schönbrunn im Dezember 1805 nolens volens ein vorübergehendes Bündnis mit Frankreich eingegangen war und sich dieses – so viel zur Stabilität des nördlichen Deutschland – durch die Anwartschaft auf Hannover hatte honorieren lassen. Vollends anachronistisch wurde diese sächsische Politik, nachdem Kaiser Franz II. 1806 die deutsche Kaiserkrone niedergelegt und das Band zwischen Kaiser und Reich gelöst hatte. In Dresden erblickte man in den preußischen Plänen eines »Nördlichen Bundes« bzw. »Norddeutschen Reichsbundes« die Chance auf eine wenigstens minimale Bewahrung der Reichstradition, wohingegen die Alternativen hierzu aus Sicht des Dresdner Hofes ausschieden: Ein Anschluss an Österreich verbot sich, weil das Haus Habsburg zu geschwächt war und diese Verbindung für Sachsen zuletzt nie von Vorteil gewesen war. Eine Hinwendung zu dem im Juli 1806 gegründeten süddeutschen Rheinbund war mit der reichsrechtlichen Grundsatztreue Sachsens nicht zu vereinbaren, hätte überdies den preußischen Nachbarn verprellt und eine zu große Abhängigkeit von Frankreich nach sich gezogen.

So wurden denn Denkschriften und Konstitutionsentwürfe für einen künftigen Nordbund zwischen Berlin und Dresden ausgetauscht, wobei von sächsischer Seite versucht wurde, den von Berlin gegenüber den kleineren Fürstenhäusern des mitteldeutschen Raumes reichlich unverhüllt vermittelten Führungsanspruch Preußens auszubremsen und Gleichrangigkeit anzustreben. So gesehen trat man auf der Stelle, während die Welt nicht stillstand und parallel dazu mit der Bildung einer vierten antifranzösischen Koalition die Kriegsgefahr wuchs. Anstelle der politischen Konföderation trat demnach der Aspekt einer sächsisch-preußischen Militärkonvention für den immer wahrscheinlicheren militärischen Ernstfall in den Vordergrund, der dann im Oktober 1806 in dem Desaster von Jena und Auerstedt endete.

Nach der Niederlage stellte sich in Dresden die dringliche Frage, wie denn nun die Sicherheit des Landes gewährleistet werden könne. Hier wurde von Napoleon bekanntlich eine goldene Brücke gebaut, indem er sich in einem Aufruf an die »Völker Sachsens«[12] als Befreier von der preußischen Unterdrückung und als Garant der sächsischen Unabhängigkeit empfahl. Zugleich war der Eintritt in den Rheinbund nicht mehr zu vermeiden. Mit dem Frieden von Posen (11. Dezember 1806) wurde

Der Wiener Kongress, 1814, kolorierter Stich, Sächsische Landesbibliothek – Staats- und Universitätsbibliothek Dresden

auch Sachsen zum »Napoleoniden« – vergleichsweise schonend behandelt, weil es sich zur Neutralität bekannte und weil es mit Blick auf die Westorientierung der russischen Außenpolitik und die bevorstehende Ostexpansion der französischen Armee für Napoleon von geostrategischer Bedeutung war. Das war der Hintergrund der Rangerhöhung Sachsens zum Königreich, die von Kurfürst Friedrich August III. offiziell zwar ohne großen Enthusiasmus umgesetzt wurde – Krönungsinsignien wurden nicht angefertigt und auch eine feierliche Krönung fand nicht statt –, die am Dresdner Hof allerdings »durchaus willkommen«[13] gewesen zu sein scheint. Jedenfalls war man bereit, im Rheinbund eine Art Nachfolgeinstitution des untergegangenen Reiches zu sehen, die eine neue Legitimitätsbasis geschaffen hatte. Anders gesagt: Solange die Reichsverfassung noch intakt war, hatte sich Friedrich August gegen den mit Säkularisation und Mediatisierung ausgelösten Territorienschacher gesperrt. Nun, da neue rechtliche Verhältnisse geschaffen waren, glaubte er, legitime Forderungen nach einer Arrondierung des sächsischen Staatsgebiets stellen zu dürfen, die auch auf Anteile aus preußischer Verfügungsmasse abzielten. Die sächsische Diplomatie trug jedenfalls unverhohlen ihre Ambitionen unter anderem auf Erfurt, das Herzogtum Magdeburg und den Cottbuser Kreis vor. Letzterer wurde dann 1807 in der Tat Sachsen zugeschlagen, vor allem aber erlangte Sachsen im Juli 1807 mit dem Frieden von Tilsit die Herrschaft über das Herzogtum Warschau, das Napoleon aus den im Zuge der ersten und zweiten polnischen Teilung an Preußen gefallenen Gebieten als Pufferstaat gegen Preußen, Österreich und Russland errichtet hatte. Dass sich Sachsen auf diese Weise im Bunde mit Frankreich an der Demütigung Preußens beteiligte, wurde in Berlin eindeutig als eine Fortsetzung dessen begriffen, was Friedrich II. als die üblichen sächsischen Niederträchtigkeiten bezeichnet hätte. Und auch wenn König Friedrich August I. später betonte, er habe den Besitz des Herzogtums Warschau niemals angestrebt – dagegen sprachen allerdings die dort von Sachsen eingeleiteten administrativen und wirtschaftlichen Maßnahmen sowie beträchtliche finanzielle Transferleistungen –, so war dieses neuerliche polnische Engagement Sachsens eine das Verhältnis zu Preußen belastende Hypothek. So gesehen hatte auch die sächsische Politik durchaus ihren Anteil daran, dass sich Preußen nach der Leipziger Völkerschlacht und auf dem Wiener Kongress als unerbittlicher Gegner erwies.

Der Preis für die Einbindung ins napoleonische System war von Sachsen zuvor freilich auch auf anderer Ebene zu

Ehrenpforte für den Einzug König Friedrich Augusts I. in Dresden am 7. Juni 1815, 1815, kolorierte Lithografie, Sächsische Landesbibliothek – Staats- und Universitätsbibliothek Dresden

entrichten: Politische Entscheidungen mussten nun mit Rücksicht auf den Kaiser der Franzosen getroffen werden, und natürlich bestand nun auch die Verpflichtung zur Stellung von Truppenkontingenten; über 21 000 Sachsen wurden 1812 für den Feldzug gegen Russland mobil gemacht, nur wenige kehrten zurück. Zudem standen französische Truppen bis zum Sturz des Imperators im Lande. Das war natürlich ein zentraler Grund dafür, warum der sächsische König im Ruche stand, aus falsch verstandener Bündnistreue zu lange an der Seite Napoleons ausgeharrt und keinen Beitrag zur Befreiung des Vaterlandes geleistet zu haben. Abgesehen davon, dass Friedrich August I. aufgrund der französischen Präsenz im Königreich Sachsen wenig Handlungsspielraum gehabt hatte, um sich aus der Zwangsumarmung Napoleons zu lösen, darf in diesem Zusammenhang nicht übersehen werden, dass er im Rahmen seiner Pragreise im April 1813 durchaus ernsthafte Absetzbewegungen unternommen und die Annäherung an Österreich gesucht hatte. Allerdings war er aus preußischer und russischer Sicht im Kreise jener, die bei der Abschüttelung des napoleonischen Jochs mitwirken sollten, vermutlich gar nicht so recht willkommen. Preußen spekulierte nämlich – und diese Rechnung konnte nur aufgehen, wenn Sachsen als unerschütterlicher Kombattant Napoleons diskreditiert war – zu diesem Zeitpunkt bereits auf die Totalannexion Sachsens und der Lausitzen, um im Gegenzug seine polnischen Gebietsanteile an Russland abzutreten. Bereits in den zum russisch-preußischen Vertrag von Kalisch (28. Februar 1813) führenden Gesprächen hatte Russland gegen Gebietszugewinne in Polen Sachsen angeboten. Auf preußischer Seite zierte man sich zwar anfangs ein wenig, aber in einem Brief vom 21. Februar 1813 ließ Staatskanzler Hardenberg den preußischen Gesandten beim russischen Zaren, Karl Friedrich von Knesebeck, wissen: »Sachsen wäre unzweifelhaft eine für Preußen sehr wichtige und günstige Erwerbung. Verwerfen darf man diese Idee nicht, die durch die Wechselfälle des Krieges und das servile Betragen des Königs von Sachsen gegen Frankreich verwirklicht werden kann«.[14] Vor diesem Hintergrund versteht man dann die Reaktion des preußischen und des russischen Monarchen, als die preußischen Generäle Blücher und Wittgenstein im März 1813 Sachsen aufforderten, sich dem antinapoleonischen Bündnis anzuschließen: »[S]owohl der Kaiser Alexander als der König von Preußen« seien darüber »aufs Äußerste erzürnt« gewesen, lesen wir in einem für Metternich verfassten Bericht.[15]

Exakt dieses zuletzt angedeutete Szenario wurde dann von Preußen und Russland auf dem Wiener Kongress durchgespielt. So gesehen half es nach der Leipziger Völkerschlacht Sachsen und seinem König nichts, dass während des Kampfgeschehens sächsische Truppenteile ins Lager der antinapoleonischen Alliierten wechselten. Vor dem Hintergrund einer offenkundig von langer Hand geplanten Abwicklung Sachsens sollte er als Verräter an der »heiligen Sache« vorgeführt werden. Bereits am Nachmittag des 20. Oktober 1813 machte in Leipzig die Nachricht die Runde, Friedrich August I. sei, »da er im Moment der ersten Vereinigung der Monarchen nach Eroberung der Stadt auf dem Markte sich nicht zu ihnen gesellete […] kriegsgefangen erklärt«;[16] seine Absicht, die in Leipzig versammelten Monarchen in ihren Quartieren zu besuchen, sei abgelehnt worden. Dieser unter Standesgenossen durchaus unübliche Vorgang, dem die Verbringung des sächsischen Königs nach Berlin bzw. Ende Juli 1814 nach Friedrichsfelde folgte, war ebenso wie die Einrichtung eines zunächst russischen, dann preußischen Generalgouvernements in Sachsen das Vorspiel zu den auf dem Wiener Kongress von Preußen und Russland offensiv verfolgten Tausch- und Annexionsplänen. Die sächsische Frage – oder vor dem Hintergrund der preußischen und russischen Vorabsprachen besser gesagt: die sächsisch-polnische Frage – war dabei keineswegs ein nachgeordneter Verhandlungspunkt, vielmehr brachen an ihm offen die Gegensätze der vormaligen Koalitionäre aus. Aus österreichischer Sicht war die Annexion Sachsens durch Preußen natürlich keine wünschenswerte Option, da Letzteres dann an der böhmischen Grenze unmittelbarer Nachbar der Habsburger geworden wäre. Zugleich missfiel es Großbritannien, dass Russland mit der Festigung seiner Position in Polen auf dem Sprung zur mitteleuropäischen Hegemonialmacht gewesen wäre. Dies war nun die Situation, in der sich die französische Diplomatie unter Führung ihres Außenministers Talleyrand verstärkt einbrachte und als uneigennütziger Vertreter der Mindermächte und als Wahrer des europäischen Gleichgewichts profilierte. Ausgerechnet der Vertreter Frankreichs, das in den zurückliegenden zwei Jahrzehnten die Grundfesten der europäischen Staatenordnung erschüttert und Herrschaftswechsel in Serie produziert hatte, entdeckte nun den Charme des Legitimitätsprinzips. Um Preußens und Russlands Pläne zu vereiteln, gab Talleyrand die Devise aus, selbst ein Souverän, dessen Land erobert worden sei, bleibe Herrscher über sein Land, solange er nicht offiziell auf seine Rechte verzichtet habe; dies gelte auch für Friedrich August I. Großbritannien und Österreich griffen diese gegen die preußisch-russischen Pläne gerichtete Argumentation mit Blick auf die gesamteuropäische Mächtekonstellation ebenso bereitwillig auf wie die auf Stabilität und territoriale Integrität angewiesenen deutschen Mittelmächte. Das sächsisch-polnische Problem wurde auf diese Weise zu einem Hauptkonflikt des Wiener Kongresses. Talleyrand profilierte sich in diesem Konflikt als Stimme Sachsens und verschaffte Frankreich damit wieder das Entree zum Konzert der Großmächte. Mitte Dezember 1814 suchte jedenfalls der österreichische Staatskanzler Metternich den Kontakt zu Talleyrand, der sich bei der Kompromissfindung geschmeidig zeigte, indem er nicht mehr auf der vollen Integrität Sachsens beharrte, sondern – notfalls gegen den Willen Friedrich Augusts I. – zur Billigung einer Teilannexion bereit war; dahinter stand das Wissen, dass es Österreich und Großbritannien weniger um Sachsen als um den Erhalt des polnischen Riegels gegen Russland ging. Zum Jahreswechsel 1814/15 kulminierte der Streit, als Preußen offen mit Krieg drohte, falls seiner Forderung auf ganz Sachsen nicht entsprochen werden sollte. Großbritannien schloss darauf am 3. Januar 1815 ein Geheimbündnis mit Österreich und – dem damit enorm aufgewerteten – Frankreich, in dem man sich wechselseitigen militärischen Beistand zusicherte, sofern man wegen der gemeinsamen Position in der sächsisch-polnischen Frage angegriffen würde. Zugleich musste in dieser verfahrenen Situation natürlich ein Kompromiss gefunden werden, der sich in einer Vereinbarung der Großmächte vom 7. Januar 1815 abzeichnete, die eine Teilung Sachsens vorsah. Konkretisiert wurde diese Absicht nach längerem Feilschen dann Ende Februar, rechtsgültig wurde sie erst mit der Unterzeichnung des Pressburger Vertrags vom 18. Mai 1815 durch Friedrich August I., dessen Interventionen und Sträuben wirkungslos geblieben waren, sodass er sich letztlich dem ultimativen Druck der Großmächte beugen musste. Zwei Drittel des sächsischen Territoriums – unter anderem die Niederlausitz und ein Teil der Oberlausitz mit Görlitz – fielen damit an Preußen und circa 50 Prozent der sächsisch-lausitzischen Bevölkerung gingen in den preußischen Untertanenverband über.

Am 7. Juni 1815 kehrte dann Friedrich August I., der weiterhin den Königstitel führen durfte, nach Sachsen zurück – von der Bevölkerung trotz seiner unglücklichen Rolle in der internationalen Politik und trotz des Verlustes weiter Teile des Landes mit mehr als nur formaler Ehrerbietung empfangen. Vollends zeigte sich 1818, als Friedrich August I. sein 50-jähriges Regierungsjubiläum beging[17] und als sächsische Königseiche apostrophiert wurde, deren Wurzelwerk das geschrumpfte Sachsen zusammenhielt, wie sehr auf ihn die Erleichterung über den Erhalt sächsischer Eigenstaatlichkeit und Identität projiziert wurde.

Gedruckte Quellen und Literatur Aretin 1997 ·Bringmann 2001 · Erbe 2004 · Eschert 2008 · Hahn, H. 2001 · Hehl 2008 · Hundt 1996 · Jenak 2005 · Kittstein 2003 · Körner 2008 · Marcowitz 1997 · Mergen 2005 · Müller, W. 2010 · Müller, W. 2012 · Niedersen 2013 · Oncken 1876 · Opitz 1985 · Petschel 2000 · Rochlitz 1988 · Roll/Schnettger 2008 · Schirmer 1996 · Simms 1997 · Wiegand 2008 · Zeumer 1913

Anmerkungen **1** Hehl 2008, S. 35. **2** Erbe 2004, S. 296. **3** Müller, W. 2010, S. 72 f. **4** Kittstein 2003, S. 33. **5** Ebd., S. 79. **6** Ebd., S. 85. **7** Zeumer 1913, S. 537. **8** Körner 2008, S. 73. **9** Müller, W. 2012, S. 4–16. **10** Kittstein 2003, S. 331. **11** Hahn, H. 2001, S. 47–76. **12** Zit. nach Petschel 2000, S. 291. **13** Wiegand 2008, S. 88. **14** Oncken 1876, S. 246. **15** Ebd., S. 333. **16** Rochlitz 1988, S. 72. **17** Vgl. Mergen 2005, S. 59 ff.

Legitimität oder Länderschacher? Zur Arbeit der Statistischen Kommission auf dem Wiener Kongress 1814/15

REINHARD STAUBER

Bei allen Verhandlungen, die im Lauf des politisch brisanten Sommers 1814 in Paris, London und in Wien geführt wurden, war ein zentrales Thema offen geblieben: die Zukunft des napoleonischen Herzogtums Warschau, 1807–1809 auf Kosten Preußens und Österreichs errichtet und in Personalunion vom Herrscher Sachsens regiert, der auf dieser Basis den Königstitel angenommen hatte. Zar Alexander hatte sich früh festgelegt, das von seinen Truppen seit Frühjahr 1813 besetzte Gebiet in seinem Besitz zu behalten, zu einem eigenständigen Königreich zu erheben und es, nach dem Modell Finnlands, in Personalunion zu regieren. Preußen sollte für seine Verluste um Posen herum eine bescheidene territoriale Kompensation erhalten. Diese Ansprüche trug Alexander persönlich, gleich am Tag nach seiner Ankunft auf dem Wiener Kongress (26. September 1814), dem britischen Außenminister Castlereagh vor und stürzte damit das diplomatische Geschäft in Wien in eine tiefe Krise, lange bevor die Verhandlungen überhaupt eröffnet waren. Preußens Vertreter verlangten angesichts des absehbaren Verlusts der in der zweiten und dritten Teilung Polens erworbenen Gebiete einen Ausgleich und nahmen dabei das Königreich Sachsen mit seinen circa zwei Millionen Einwohnern in den Blick, das sie zur Gänze der preußischen Monarchie zuzuschlagen wünschten. Die sich hieraus entwickelnde »polnisch-sächsische Frage« sorgte nicht nur für eine mehrfache Verschiebung der Kongresseröffnung, sondern blockierte über Wochen alle politischen Gespräche, sodass der Kongress bis Mitte Dezember vor seinem Scheitern stand und sogar die Gefahr militärischer Auseinandersetzungen heraufbeschworen wurde. Sowohl der österreichische Staatskanzler Metternich, der zumindest »einen Kern« Sachsens konserviert sehen wollte, als auch Castlereagh skizzierten Teilungsvorschläge, die dem Wettiner etwa vier bzw. drei Fünftel seiner Bevölkerung und seine Residenzstadt Dresden erhalten hätten, doch Hardenberg, Humboldt und Stein wiesen alle Vorschläge zurück und beharrten auf der »total incorporation of Saxony«.[1]

Die Vermittlung Castlereaghs und die Idee für eine technische Kommission

Der britische Außenminister wurde Mitte Dezember sowohl von Metternich als auch von Hardenberg um seine formelle Vermittlung (»intervention«) angegangen, um einen Weg zur Lösung der Differenzen zwischen Wien und Berlin in der sächsischen Frage aufzuzeigen. Er akzeptierte unter der Bedingung, dass Preußen vorher einem »suitable arrangement« für den König von Sachsen zustimme. Dazu gehörten ein Verbleib des Königs in seinem Stammland und in seiner Hauptstadt Dresden (die aktuellen preußischen Entschädigungsprojekte sahen eine Versetzung des Wettiners auf das linke Rheinufer vor), freilich auch eine Verkleinerung des sächsischen Landes auf die Hälfte. »This would place Saxony in Germany […] a little below what Hanover and Wirtemberg will now be«, und eine solche Redimensionierung schien dem Briten absolut vertretbar.[2] Auf dieser Basis führte Castlereagh am 19. und 20. Dezember Gespräche mit Fürst Czartoryski, der für Zar Alexander die Agenden Polens vertrat, mit dem preußischen Staatskanzler Hardenberg, auch mit Humboldt und mit Stein, und versuchte, die Preußen von ihren Versetzungsplänen und von der angestrebten Totalannexion abzubringen. Er qualifizierte diese Pläne als »harsh«, »strong« und »unpopular« und als unvereinbar mit den Interessen der wichtigsten Mächte Europas. Als realistisch scheinenden Zugewinn für Preußen gab er an: »a considerable proportion of the Northern parts of Saxony« mit den Festungsplätzen Wittenberg und Torgau und mit den beiden Lausitzen; dazu komme eine Entschädigung für die nicht zurückgegebenen polnischen Gebiete »in Germany«.

Um die angestrebte Mäßigung der preußischen Position zu befördern, vor allem aber, um alle Parteien im Gespräch zu halten und anstehende Lösungen in den multilateralen Rahmen des europäischen Systems einzupassen, griff Castlereagh zu einem Verfahrenstrick und brachte eine technische Kommis-

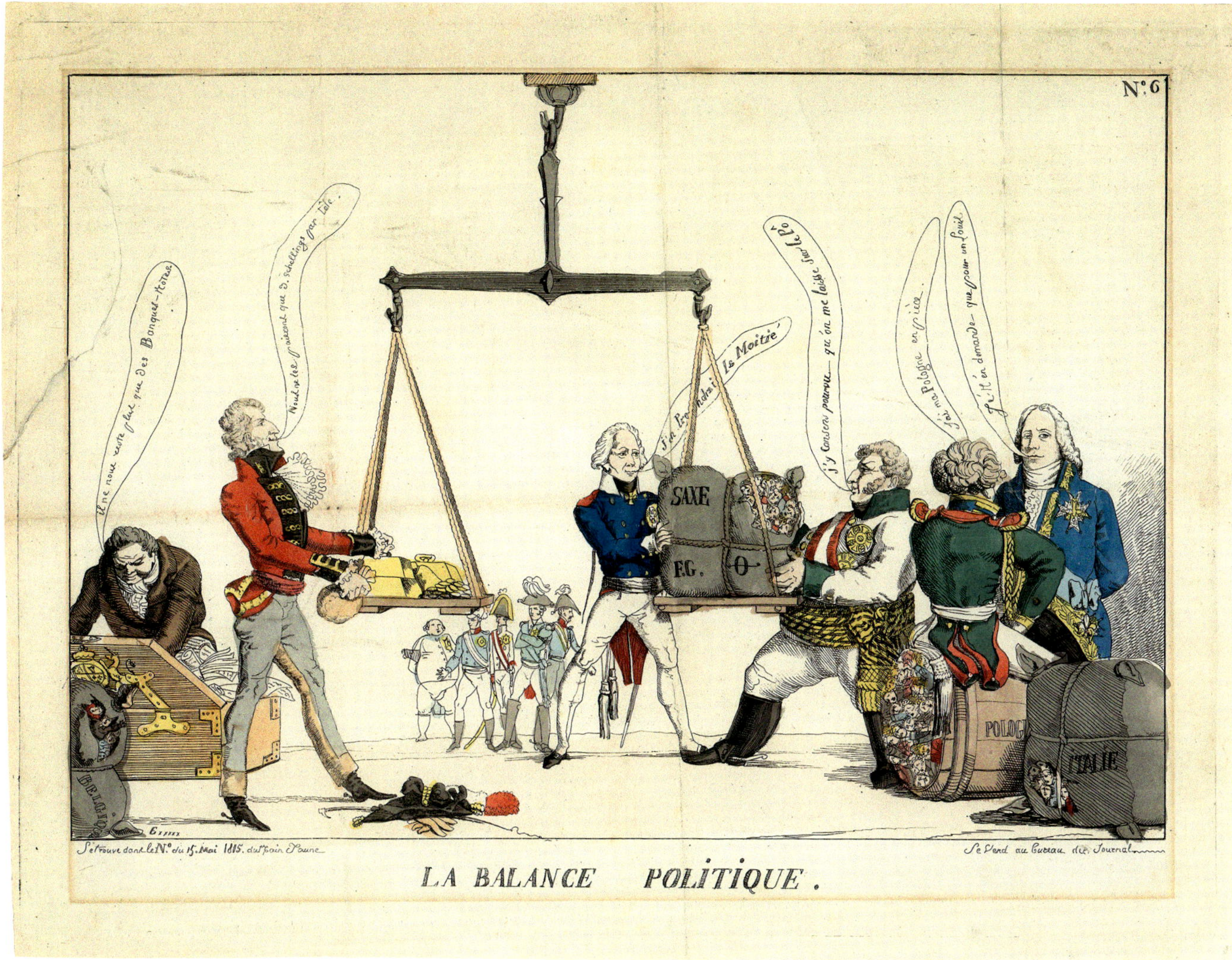

La Balance politique (Das politische Gleichgewicht),
Karikatur nach Eugène Delacroix aus dem Satireblatt »Le Nain jaune«, Paris, 15. Mai 1815,
kolorierter Kupferstich, Dresden, Sächsische Landesbibliothek –
Staats- und Universitätsbibliothek

sion mit einem strikt sachbezogenen Arbeitsauftrag in Vorschlag, die eigentlich von niemandem abgelehnt werden konnte. Diese Kommission sollte die unter den Kabinetten bisher umstrittenen Flächen- und Bevölkerungszahlen (»statistical calculations«) jener Gebiete, die zur Neuvergabe zur Disposition standen, überprüfen und auf eine allgemein akzeptierte Basis bringen. Auf dieser Basis sollte dann ein präziser Plan für die flächenmäßige Rekonstruktion der preußischen Monarchie erarbeitet werden, und ein solcher wiederum werde dann – so Castlereaghs Kalkül – einen Teilverzicht Preußens auf Sachsen ermöglichen.[3]

Die Vorstellung des Briten war, dass die Kommission zum einen eine Übersicht über die verschiedenen Ansprüche und deren Rechtsnatur aufstellen sollte, und zum anderen eine Liste der »disposeable territories«, um Hinweise auf den möglichen Abgleich beider Kategorien zu gewinnen. Den Arbeitsauftrag der Kommission sah er nicht auf Preußen begrenzt, sondern nannte daneben Österreich, Hannover, Bayern, Württemberg und die Niederlande, in der Folge auch die kleineren deutschen Staaten. Eine Teilnahme Frankreichs hatte er offen gelassen, die Möglichkeit aber ausdrücklich erwähnt, und da der französische Außenminister Talleyrand ganz dezidiert (bis hin zur Drohung eines Abzugs der französischen Delegation) auf der Entsendung eines Vertreters beharrte und dafür auch die Unterstützung Metternichs hatte, wurde eine Fünfer-Kommission ins Leben gerufen.[4]

Der Grund für Castlereaghs Vorschlag am 20. Dezember wird ein doppelter gewesen sein: Zum einen war er im Unterschied zu seinen Kollegen mit den kontinentalen und den deutschen Territorialverhältnissen wenig vertraut und an einem objektiven Überblick tatsächlich interessiert. Zum anderen sah er angesichts des immer größeren Misstrauens, mit dem Metternich und Hardenberg alle Forderungen und Begründungen der jeweiligen Gegenseite zurückwiesen, in der Erarbeitung einer konsolidierten Faktenbasis wohl die einzige Möglichkeit, die Kontrahenten überhaupt im Gespräch zu halten, seiner Vermittlerrolle gerecht zu werden und für seinen Plan einer Teilung Sachsens Zustimmung zu finden. Die Einbeziehung der vormals unter direkter französischer Herrschaft stehenden Gebiete links und rechts des Rheins, von Briten und Franzosen gegen Preußen betrieben, erhöhte die Chance auf die Lösung, Sachsen teilweise zu erhalten, indem man Berlin am Rhein zusätzlich entschädigte.

Castlereaghs Prognose sollte sich bewahrheiten; die Chancen für ein »amicable arrangement« verbesserten sich innerhalb weniger Wochen deutlich.[5] Außerdem vollzog sich durch die Einrichtung der Kommission eine weitere wichtige Etappe der Rückkehr Frankreichs als Verhandlungspartner auf europäischer Ebene, nachdem seit November schon Vertreter des Bourbonen-Königs in den Ausschüssen zu Genua und zu den Schweizer Angelegenheiten mitarbeiteten. Ab dem 29. Dezember wurden die Gespräche unter den vier Mächten neu aufgenommen, Konsens über die Zuziehung Frankreichs erzielt und das neue Fünf-Mächte-Kollegium am 12. Januar 1815 etabliert. Hier gelang es, bis Mitte Februar einen Kompromiss in der sächsischen Frage zu erarbeiten, dann alle weiteren Gebietsfragen zu behandeln und so letztlich ein Scheitern der Kongressverhandlungen abzuwenden.

Metternichs Instruktion für die Statistische Kommission

In bemerkenswertem Tempo wurde Castlereaghs Vorschlag vom 20. Dezember umgesetzt, und nur vier Tage später, am Heiligen Abend 1814, trat die »Statistische Grundlagenkommission« (»Commission chargée de poser des bases statistiques pour servir aux travaux des puissances réunies à Vienne«) zu ihrer ersten Arbeitssitzung zusammen. Nach der von Metternich verfassten Instruktion hatte sie anhand der jeweils besten zur Verfügung stehenden Quellen alle von den Alliierten 1813/14 zurückeroberten Gebiete des vormaligen napoleonischen Empire aufzulisten und mit möglichst genauen Abschätzungen der Bevölkerungszahl zu versehen. Wichtig war die Verpflichtung der Großmächte, das herzustellende Zahlenwerk als verbindlich für die Weiterarbeit und die zu treffenden territorialen Entscheidungen anzuerkennen, doch sollte – worauf Preußen größten Wert legte – der Kommission keinerlei sachbezogenes Vorentscheidungsrecht zukommen.[6]

Die Anregung Talleyrands, es dürfe bei der Erhebung der Zahlen nicht nur um Bevölkerungsquantitäten (»quotité«) gehen, sondern es seien auch die regionalen Lebens- und Wirtschaftsumstände (»espèce«) in Betracht zu ziehen, fand zwar Eingang in Metternichs Instruktion und wurde auch von Castlereagh unterstützt, doch für eine Umsetzung in die Praxis, noch dazu unter Zeitdruck, fehlten den Statistikern Bewertungsstandards und Materialien. So blieben mögliche Gewichtungsfaktoren wie Reichtum der Bevölkerung oder Bodenqualität der betroffenen Gebiete ausgeklammert, und erhoben wurden reine Bevölkerungszahlen, die als Indikator für zu erwartende Staatseinnahmen qua Steuerleistung galten.[7]

Militärische Überlegungen, wie sie etwa bei der Abgrenzung des neuen Königreichs der Niederlande gegenüber dem Gebiet des Deutschen Bundes an der Maas eine wichtige Rolle spielten, sind nirgends erwähnt. An der Maas ging es um einen schmalen Gebietssaum (»lisière«) rechts des Flusses auf den knapp 100 Kilometern zwischen Nijmegen und Roermond, der den Niederlanden zugeschlagen wurde, 1000 rheinische Ruten, also etwa 3,7 Kilometer tief und bis heute Verlauf der deutsch-niederländischen Grenze ist.[8] Derlei galt, wie etwa der lange Streit um die Schlüsselstellung Mainz zeigt, als Domäne der hohen Politik und durfte nicht auf Expertenebene behandelt werden. Die statistische Unterfütterung lieferte hier nur eine Art »rationales Alibi« für Entscheidungen, die aus anderen Gründen getroffen wurden.[9] Dagegen dürfen wir annehmen, dass die Prinzipien der Freiwilligkeit, der Ertragskraft und der Kontiguität, d. h. der Schaffung zusammenhängender Territorialkomplexe, wie sie etwa (vor allen Spezifizierungen) zwischen Bayern und Österreich im Vertrag von Ried (8. Oktober 1813) festgelegt worden waren, auch auf dem Kongress eine wichtige Rolle spielten – einen Gebietstausch also ohne Zwang dergestalt durchzuführen, dass bevölkerungs- und ertragsmäßig gleichwertige Besitzungen getauscht oder verrechnet wurden, die überdies räumlichen Anschluss an den Stammbesitz aufweisen sollten.[10]

Zusammensetzung und Arbeit der Kommission

Beschickt wurde die Statistische Kommission von Österreich mit dem zweiten Chefdelegierten Johann Philipp Freiherrn von Wessenberg, dem Nikolaus von Wacken und Paul Handel assistierten, von Frankreich mit Emmerich Joseph Herzog von Dalberg, von Großbritannien mit Richard Trench, Earl of Clancarty, dem britischen Botschafter in den Niederlanden und Castlereaghs wichtigstem Vertrauten in der britischen Delegation, und mit Ernst Friedrich Graf von Münster (der eigentlich Hannover auf dem Kongress vertrat), von Seiten Russlands schließlich, ab dem 28. Dezember, mit dem erfahrenen Diplomaten Johann von Anstett.

Bevölkerungszahlen für Sachsen (darunter für die Herrschaft Dobrilugk) aus dem Bericht der Statistischen Kommission vom 19. Januar 1815, Staatsbibliothek zu Berlin PK

Report			1 463 722
i. Chapitre de Naumbourg-Zeitz			34 487
k. Partie de la Saxe électorale de Henneberg			24 740

l. Principauté de Querfurt.

1. Bailliage de Interbock.	7117	12 998	
2. — de Dahmen.	5881		
3. — de Querfurt.	8084	11 538	
4. — d'Heldrungen.	3454		
Total pour Querfurt.			24 536

m. Partie saxonne du comté de Mannsfeld.

1. Cantons wesphaliens d'Eisleben. . . .	6036	21 840	
— — d'Hettstadt . . .	4299		
— — d'Eudorf.	5665		
— — de Wippra. . . .	5849		
2. Bailliages d'Artern, Volkstedt et Bornstedt . . .		6 220	
Total pour le Mannsfeld saxon. . . .			28 060

n. Comtés de Barby et Gommern, savoir :

Barby.	4466		10 309
Gommern	4802		
Walternienbourg.	1041		
Total pour la Saxe ancienne.			1 585 854

B. Lusace.

a. La Lusace supérieure avec les enclaves de Bohême cédés par l'Autriche, et s'élevant à.	321 465	500 057
b. La Lusace inférieure.	133 948	
c. La seigneurie de Dobrilugk.	9 973	
d. Le cercle de Cottbus.	34 671	
Total de la Saxe en général.		2 085 911

TABLEAU SPÉCIAL N° 3.

Population du ci-devant royaume de Westphalie.

A. Anciens États prussiens.

1. Vieille Marche.	110 000
2. Magdebourg, à l'ouest de l'Elbe.	208 000
3. Mannsfeld, partie prussienne.	27 000
4. Halberstadt et Quedlinbourg.	113 000
5. Hohenstein prussien ou Lora et Klettenbourg. .	26 662
6. Eichsfeld avec Treffurt, Nordhausen et Mühlhausen	108 000
A reporter.	592 662

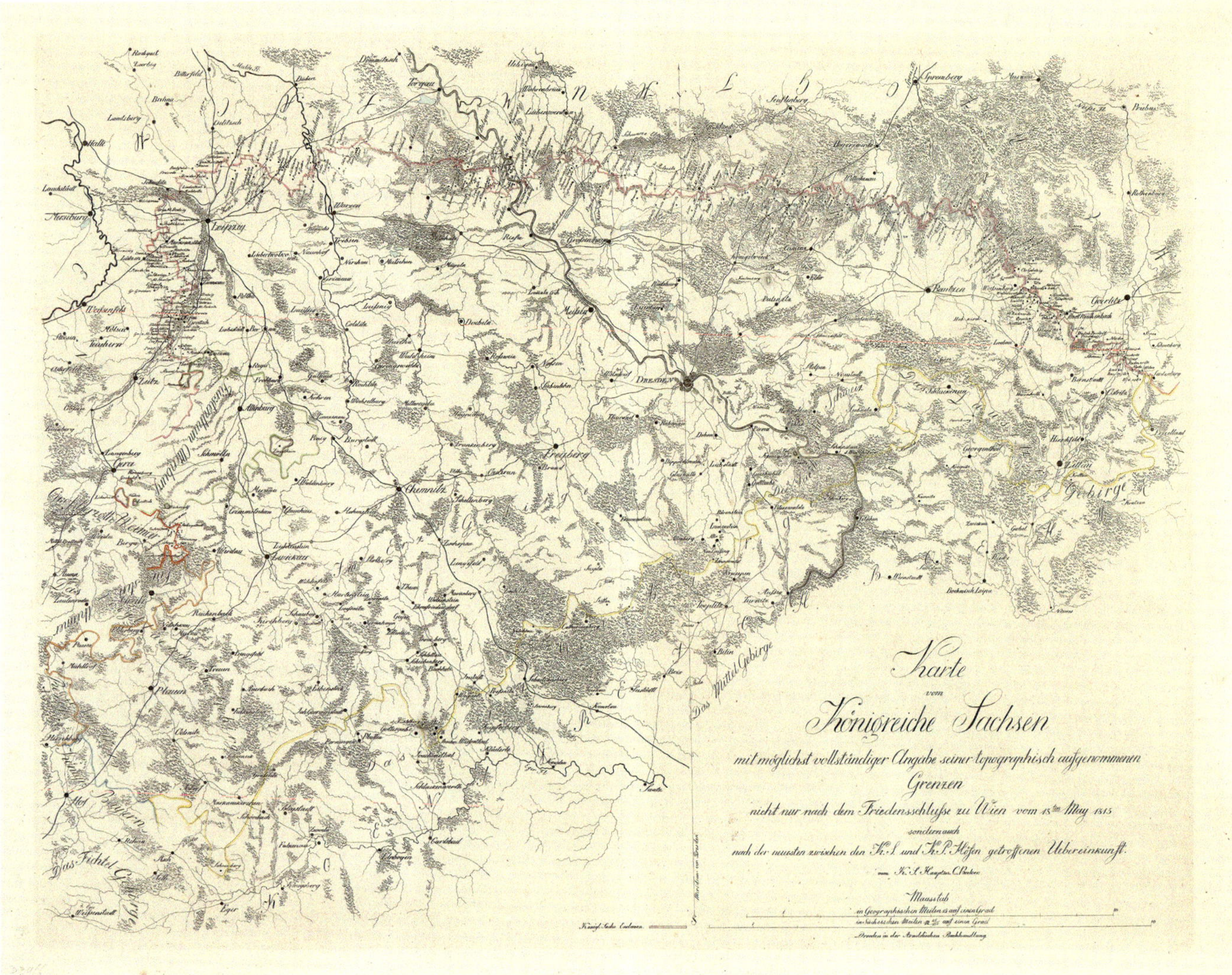

C. Becker: Karte des Königreichs Sachsens mit der Grenzziehung von 1815

Die Preußen entsandten aus ihrer großen Delegation zwei ausgesprochene Fachleute: den Juristen Johann Ludwig Jordan, seit 1799 im preußischen Außenministerium tätig, seit 1814 Sektionschef mit dem Titel eines Geheimen Legationsrats, in den Entscheidungsjahren 1813/14 oft im Gefolge Hardenbergs unterwegs und guter Kenner der wirtschaftlichen Verhältnisse. Im Rang unter ihm stand jener Mann, der in der Arbeit den zentralen Platz einnehmen sollte: Johann Gottfried Hoffmann, in Halle, Leipzig und Königsberg ausgebildeter Jurist, Ökonom und Statistiker, seit 1803 in der preußischen Innenverwaltung tätig, 1807 auf den Lehrstuhl für Staatswissenschaften an der Universität Königsberg, 1810 auf jenen an der neuen Berliner Universität berufen. Dazwischen war er außerdem als Staatsrat an die gewerbepolizeiliche Sektion des Innenministeriums verpflichtet und 1810 zum Direktor des neu organisierten Statistischen Büros des preußischen Staates, das Staatskanzler Hardenberg direkt unterstand, bestellt worden.[11]

Als Sekretär sowie Verfasser der Protokolle und Berichte der Kommission fungierte Georg Friedrich von Martens, 1783–1808 Professor für Natur- und Völkerrecht an der Universität Göttingen, der zur Vertretung Hannovers auf dem Kongress gehörte und sowohl durch sein 1785 erstmals erschienenes Lehrbuch als auch durch seine ab 1791 publizierte große Quellensammlung, den *Recueil des principaux traités*, als Mitbegründer der Wissenschaft vom Völkerrecht ausgewiesen war. 1808 war er in die politische Praxis gewechselt und in den Staatsrat des Königreichs Westfalen eingetreten, war dort 1810 Präsident der Finanzsektion und 1814 in den Staatsdienst Hannovers übernommen worden.[12]

Sogar an den Weihnachtstagen wurde in Wien gearbeitet: Zu ihrer ersten Sitzung kam die Statistische Kommission am

24./25. Dezember 1814 zusammen und legte zunächst einmal, von Ost nach West fortschreitend, die Liste der zu bearbeitenden Gebiete fest, die von Polen bis an den Rhein reichten, große Teile Italiens umfassten und auch die Ionischen Inseln, Ragusa/Dubrovnik, das Fürstentum Neuenburg in der Schweiz und das schwedische Vorpommern einschlossen. Der eigentliche Kern des Auftrags der Kommission war es, im territorial erweiterten Dispositionsrahmen die arithmetische Basis für die Neukonstituierung Preußens herzustellen, über die ab Januar im Kreis der Fünf verhandelt werden sollte. Die meisten Zahlen waren rasch erhoben; Neuschöpfungen der napoleonischen Zeit wie das Herzogtum Warschau, Westfalen oder Berg wurden nach den Anteilen ihrer ursprünglichen Besitzer aufgegliedert. Auch für Sachsen sollten – ein deutlicher Fingerzeig für geplante Veränderungen – die Bevölkerungszahlen auf dem Stand des Jahres 1812, nach Kreisen getrennt, bis auf die Ämterebene hinab erfasst werden. Schließlich waren auch die vier hanseatischen Departements mit den wichtigen Flussmündungen von Ems, Weser und Elbe, die Napoleon Anfang 1811 direkt für das französische Kaiserreich annektiert hatte, in die Untersuchung einbezogen.

Mit der Ermittlung der Zahlen konkret betraut wurde Johann Gottfried Hoffmann, der seinen Kommissionskollegen am 28. Dezember 1814 und am 7. Januar 1815 über seine Resultate berichtete. Er stützte sich hauptsächlich auf die Bevölkerungsverzeichnisse, die Johann Georg Heinrich Hassel, vormaliger Direktor des Statistischen Büros des Königreichs Westfalen, seit 1805 vorgelegt hatte, daneben auf das Jahrbuch (»Annuaire«) des Pariser »Bureau des Longitudes«.[13] Wo aktuelle Zahlenangaben der provisorischen Landesverwaltungen zur Verfügung standen, wurden diese übernommen; bei deutlichen Abweichungen vom gedruckten Material wurde mit Mittelwerten weitergerechnet, oder (wie im Falle der preußischen Fürstentümer Ansbach und Bayreuth in Franken) die komplizierte territoriale Entwicklung der napoleonischen Zeit nachvollzogen, um abweichende Summen zu erklären. Bemerkenswert ist der Fall der »Illyrischen Provinzen« an der oberen Adria, wo man keine bessere Zahlenbasis zur Verfügung hatte als Wessenbergs mündliche Angaben zum Jahr 1810, als die entsprechenden Gebiete von Österreich an Frankreich abgetreten worden waren.

Am 28. Dezember 1814 erstattete Hoffmann seinen ersten Bericht über Warschau, Sachsen und Berg. Angesichts der komplizierten Verhältnisse im territorial mehrfach umgestalteten ehemaligen Königreich Westfalen mit seinen rund zwei Millionen Einwohnern wurde der Grundsatzbeschluss gefasst, als Basis der »décomposition«, also der Zerlegung in territoriale Subeinheiten, hier nicht die Departements der französischen Zeit, sondern die Verwaltungseinheiten des Ancien Régime heranzuziehen. Martens als Kommissionssekretär bekam den Auftrag, Hoffmann bei diesen Arbeiten zu unterstützen. Die Sitzung der Kommission am 17. Januar legte die endgültigen Zahlen für Warschau, Sachsen, Berg und Westfalen fest, wandte sich erstmals dem Großherzogtum Frankfurt und den vormals französischen Departements rechts des Rheins (an der Nordseeküste) zu und legte die Zahlen für Schwedisch-Vorpommern, Erfurt und die Niedergrafschaft Katzenelnbogen fest. Bereits jetzt wurde Martens damit beauftragt, einen ersten Entwurf für den Kommissionsbericht zu erarbeiten.[14]

In der Zwischenzeit war es Castlereagh und Metternich gelungen, auf Ebene des Leitungsgremiums die formale Zuziehung Talleyrands als Vertreter Frankreichs durchzusetzen. Am 12. Januar 1815 traten die Fünf Mächte erstmals zusammen; Thema dieser Sitzung war die territoriale Rekonstruktion der preußischen Monarchie. Zur Bewertung der Vorlage Hardenbergs forderten die Großmächte bei der Kommission noch weitere statistische Bestandsaufnahmen an, die zum Großteil mit den bayerisch-österreichischen Gebietsdifferenzen zusammenhingen, für Ansbach und Bayreuth, Würzburg, Tirol und Vorarlberg, für die Gebiete an Inn und Salzach, außerdem noch für den 1807 von Preußen an Russland abgetretenen Bezirk von Białystok.[15]

Nach zwei weiteren Sitzungen am 17. und am 19. Januar redigierte Martens als Ergebnis der Kommissionsarbeit zwei Berichte. Sie wurden zusammen mit zehn statistischen Tafeln unter dem Datum des 19. Januar 1815 dem Gremium der Großmächte vorgelegt und enthielten summarische Bevölkerungsangaben zu insgesamt 23 territorialen Einheiten. Genauere Untergliederungen wurden dabei für das Herzogtum Warschau (nach Departements), für Westfalen, Berg, Frankfurt und die vier 1810/11 eingerichteten rechtsrheinischen Departements Frankreichs (nach den Vorbesitzern im Ancien Régime) sowie, besonders eingehend bis hinab auf die Ebene der Ämter, für Sachsen (»la Saxe royale«) gelistet; übrigens findet sich auch die »seigneurie de Dobrilugk« mit ihren 9 973 Einwohnern darunter.[16]

Die bevölkerungsreichsten Gebiete, die zur Disposition standen, waren das Herzogtum Warschau mit 3,9 Millionen, das Königreich Sachsen mit 2,1 Millionen, das Königreich Westfalen mit 1,9 Millionen und die Illyrischen Provinzen an der oberen Adria mit 1,7 Millionen Einwohnern. Die Liste reichte hinab bis zur Grafschaft Isenburg mit 43 000, zur Niedergrafschaft Katzenelnbogen mit 18 000 und zum Fürstentum von der Leyen (Hohengeroldseck) im heutigen Baden mit 4 500 Einwohnern. Einbezogen wurden auch das Königreich Italien mit 6,7 Millionen Menschen sowie jene Gebiete, die auf beiden Seiten des Rheins und in Italien direkte Bestandteile des Kaiserreichs Frankreich gebildet hatten und nun unter vorläufiger Kontrolle der Großmächte standen, veranschlagt auf insgesamt 13,7 Millionen Einwohner.

et Conventions futures la langue dont elle s'est servie jusqu'ici dans ses relations diplomatiques, sans que le Traité actuel puisse être cité comme Exemple contraire aux usages établis.

Article 121.

Le présent traité sera ratifié, et les ratifications seront échangées dans l'espace de six mois, par la Cour de Portugal dans un an, ou plus tôt si faire se peut.

Il sera déposé à Vienne aux archives de Cour et d'Etat de Sa Majesté Impériale et Royale Apostolique, un Exemplaire de ce Traité général pour servir dans le cas où l'une ou l'autre des Cours de l'Europe pourrait juger convenable de consulter le texte original de cette pièce.

En foi de quoi les Plénipotentiaires respectifs ont signé cet acte et y ont apposé le cachet de leurs armes.

Fait

Fait à Vienne le Neuf Juin de l'an de Grâce de Mil-huit-cent-quinze.

(Suivent les Signatures dans l'ordre alphabétique des Cours :)

Le Prince de Metternich.

Le Bⁿ de Wessenberg

Le prince de Talleyrand

Le Duc de Dalberg

Le Cᵗᵉ Alexis de Noailles

Clancarty

Cathcart

Stewart Lᵗ G

Le Comte de Palmella

Antonio de Saldanha da Gama

D. Joaquim Lobo da Silveira

Le Prince de Hardenberg

Le Baron de Humboldt

Le Prince de Rasoumoffsky

Le Comte de Stackelberg

Le Comte de Nesselrode

Le Comte Charles Axel de Löwenhielm, sauf la réservation faite aux articles 101, 102 et 104 du Traité

69

Fazit

Dieses Zahlenwerk, das über 30 Millionen Europäer umfasste, lieferte die allseits anerkannte Grundlage für den Neuzuschnitt der Landkarte Mitteleuropas durch den Wiener Kongress, wie sie von den Fünf Mächten in 45 Sitzungen bis Anfang Juni 1815 festgelegt wurde. In der praktischen Arbeit der Kommission ging es schließlich nur noch um Bevölkerungszahlen und die Praxis ihrer Verrechnung nach der überkommenen Form des »Länderschacher[s]« in den Friedensschlüssen des 18. Jahrhunderts und der napoleonischen Zeit.[17] Dies wurde bereits von Beobachtern in Wien beklagt, etwa von Erzherzog Johann: »Es ist ein jämmerlicher Handel mit Ländern und Menschen! Napoleon haben wir und seinem System geflucht, und mit Recht; er hat die Menschheit herabgewürdigt, und eben jene Fürsten die dagegen kämpften, treten in seine Fußstapfen. Also kämpfte man bloß gegen seine Person und sein System«.[18]

Doch welche Alternativen hätte es gegeben? Es war die Tradition der mechanistischen Lehre von der Staatsökonomie, der »Populationistik« des 18. Jahrhunderts, die hier weiterwirkte und die in der Bevölkerungszahl (und in den daraus resultierenden Steuereinnahmen) die entscheidende Kenngröße zur Beurteilung der Macht eines Fürsten und eines Staats sah und die in Wien einen »Triumph der Quantifikation« feierte.[19] Immerhin: Die Wiener Statistische Kommission war ein Novum auf den interstaatlichen Kongressen der Neuzeit, und wenn der Kongress maßstabsetzend und »stilbildend« auf die Diplomatie des 19. Jahrhunderts gewirkt hat,[20] dann war ihre Arbeit daran entscheidend beteiligt.

Unbekannter Künstler, Erzherzog Johann von Österreich, 1809, Öl auf Leinwand, St. Leonhard in Passeier, MuseumPasseier

Ungedruckte Quellen Österreichisches Staatsarchiv, Haus-, Hof- und Staatsarchiv Wien (ÖStA/HHStA), Staatskanzlei Kongressakten Kart. 5 (Fasz. 9)

Gedruckte Quellen und Literatur Angeberg 1863/64 · Annuaire 1812 · Boeckh 1863 Fahrmeir 2010 · Freksa 1917 · Hassel 1805 · Hassel 1809 · Hassel 1813 · Klüber 1833 · Klueting 1986 · Lentz 2013 · Mayr 1939 · Müller, K. 1986 · Pallain 1881 · Pyta 2011 · Treichel 2000 · Webster 1919

Anmerkungen **1** Müller, K. 1986, S. 218, Nr. 35 (Metternich 22. 10. 1815), S. 274, Nr. 52 (Castlereagh 24. 12. 1814). **2** Ebd., S. 267 f., Nr. 50 (Castlereagh 18. 12. 1814). **3** Vgl. ebd., S. 273 ff., Nr. 52 (Castlereagh 24. 12. 1814); das kurze Memorandum mit dem eigentlichen Einrichtungsvorschlag bei Webster 1919, S. 165 f. **4** Pallain 1881, S. 197–202, Nr. XXXIV (Talleyrand 28. 12. 1814). **5** Müller, K. 1986, S. 275, Nr. 52 (Castlereagh 24. 12. 1814). **6** Vgl. Angeberg 1863/64, S. 561 f., 576. **7** Vgl. Pallain 1881, S. 201, Nr. XX–XIV (Talleyrand 28. 12. 1814); Müller, K. 1986, S. 275, Nr. 52 (Castlereagh 24. 12. 1814). Vgl. Webster 1919, S. 91. **8** Vgl. Angeberg 1863/64, S. 1415 (Art. 66 der Wiener Schlussakte). **9** Vgl. Lentz 2013, S. 102. **10** Vgl. Treichel 2000, S. 46, Nr. 7 (»proportions géographiques, statistiques et financières«; »contigu complet«). **11** Vgl. Boeckh 1863, S. 31–41. **12** Die Originale der Protokolle im ÖStA/HHStA, Staatskanzlei Kongressakten Kart. 5 (Fasz. 9). Drucke: Angeberg 1863/64, S. 561–569, 573–585, 594–597, 638–660; Klüber 1833, S. 8–120. Vgl. Mayr 1939, S. 104 ff. **13** Vgl. Hassel 1805; Hassel 1809; Hassel 1813; Annuaire 1812. **14** Vgl. Angeberg 1863/64, S. 568, 573–578, 594–597. **15** Vgl. ebd. S. 1883 f. **16** ebd. S. 644–660, »Dobrilugk« hier S. 651. **17** Fahrmeir 2010, S. 132. **18** Zit. nach Freksa 1917, S. 214. **19** Klueting 1986, S. 289. **20** Pyta 2011, Sp. 1090

Schlussakte des Wiener Kongresses mit den Siegeln und Unterschriften der Bevollmächtigten, 9. Juni 1815, Österreichisches Staatsarchiv, Haus-, Hof- und Staatsarchiv Wien

EIN DOBERLUGER ZWISCHEN SACHSEN UND PREUSSEN: CARL GOTTLIEB SAMUEL HEUN

Wohl keine andere Persönlichkeit, an die unter dem Generalthema »Preußen und Sachsen. Szenen einer Nachbarschaft« erinnert wird, dürfte enger mit dem Präsentationsort der Ersten Brandenburgischen Landesausstellung, dem Schloss Doberlug, verbunden sein als Carl Heun. Denn er wurde hier geboren und verlebte inner- und außerhalb seiner Mauern eine glückliche Kindheit. Auch sein späteres aktives Wirken ist eng mit den prägenden Ereignissen der preußisch-sächsischen Beziehungen – den Befreiungskriegen, dem Wiener Kongress und der Durchsetzung der territorialen Neuordnung Sachsens zugunsten Preußens – verknüpft.

Heuns Vater, sächsischer Justiz- und Domänenamtmann, empfing in seinem Doberluger Dienst- und Wohnsitz häufig Gäste, zu denen neben prominenten Persönlichkeiten wie dem Wettiner-Spross Herzog Carl von Kurland oder Staatsminister Graf von Einsiedel vor allem gebildete junge Adlige und Bürger aus Dresden, Leipzig und Berlin gehörten. Diese Besuche öffneten dem am 20. März 1771 geborenen Sohn den Blick nicht nur über die engen räumlichen, sondern auch kulturellen und gesellschaftlichen Grenzen. Gleichzeitig boten sie den willkommenen Anlass zu musikalischen Unterhaltungen und dramatischen Aufführungen, wodurch das Schloss zeitweise als ländlicher Musentempel in einem ausgezeichneten Ruf stand. Schon als Kind bewies Carl hier seine vielfältigen künstlerischen Talente. So konzertierte er als zehnjähriger Geigenspieler unter Leitung des herzoglichen Musikdirektors Campagnoli und inszenierte zum Vergnügen des illustren Publikums als Prinzipal selbst verfasste Theaterstücke, in denen er an der Seite seiner Geschwister und Altersgenossen auch selbst als Schauspieler brillierte.

Dieser unbeschwerten Zeit folgte nach dem Besuch des Gymnasiums Gera ein Studium der Rechte in Leipzig und Göttingen, das er mit einer Dissertation über ein juristisch-kameralistisches Thema abschloss. Schon hier begann er sich intensiv schriftstellerisch zu betätigen, wobei er fortan für sein literarisches Schaffen das Anagramm H. Clauren als Pseudonym nutzte.

Nach reichlich einem Jahrzehnt finanziell unsicherer beruflicher Existenz trat er 1810 als Hofrat bei Karl August von Hardenberg in den preußischen Staatsdienst. Mit Beginn der Befreiungskriege übertrug man ihm die leitende Redaktion der *Preußischen Feldzeitung*, die wie sein berühmtes, jedoch die historischen Tatsachen umkehrendes Gedicht *Der König rief und alle, alle kamen* als erfolgreiches propagandistisches Mittel diente. 1814 erreichte er mit dem preußischen Hauptquartier Paris und erhielt hier am Tag des Friedensschlusses das Eiserne Kreuz.

H. Clauren (Carl Gottlieb Samuel Heun), aus: Weimarisches dramatisches Taschenbuch für größere und kleinere Bühnen, hg. von Theodor Hell, Weimar 1823

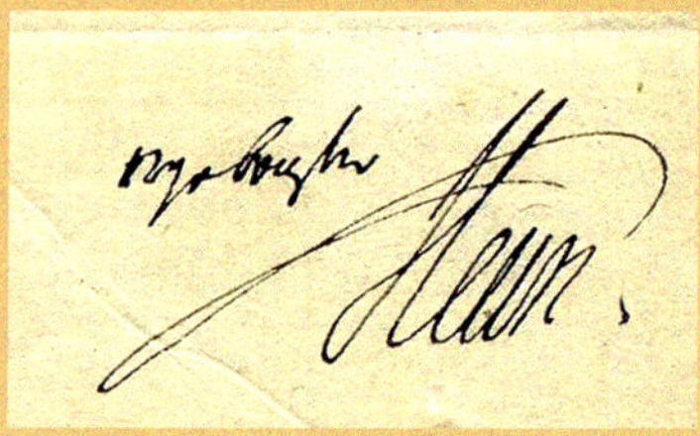

Signatur von Carl Gottlieb Samuel Heun aus einem Brief vom 13. Dezember 1819, Sänger- und Kaufmannsmuseum Finsterwalde

Illustration zu Claurens Lustspiel Das Gasthaus zur Goldenen Sonne, *aus: Weimarisches dramatisches Taschenbuch für größere und kleinere Bühnen, hg. von Theodor Hell, Weimar 1823*

Danach finden wir Heun im Tross der preußischen Delegation beim Wiener Kongress, wobei allerdings Hardenberg die von seinem Beamten dort verfolgte geheime Nachrichtengewinnung bei »Schauspielern und der sogenannten schöngeisterischen Welt« als »für den Dienst des Königs unbrauchbar« rügte. Derlei Informationen taugten in den Augen des Staatskanzlers lediglich als Materialsammlung für »Romane, Reisebeschreibungen oder Komödien«.[1] Kurzerhand schickte er Heun nach Dresden, wo er im preußischen Gouvernement des Königreichs Sachsen, danach in der Administration des kurzzeitig bestehenden Herzogtums Sachsen in Merseburg und schließlich bis 1819 in der Preußischen Gesandtschaft in Dresden verantwortlich mitwirkte. Ob Heun, der dem »lieben Gott« wegen der Schöpfung der brandenburgischen »Sandbüchsen« angesichts lieblicher sächsischer Landschaften »gräppsch«[2] war, während dieser Tätigkeit in inneren Widerspruch mit seinen sächsischen Wurzeln geriet, dürfte ein lohnender Forschungsgegenstand sein. 1821 übernahm er kurzzeitig die Leitung des Literarischen Büros in Berlin, das nachrichtendienstlich Informationen für die preußische Regierung zusammenstellte, avancierte zum Geheimen Hofrat und führte bis 1823 die Redaktion der *Preußischen Staatszeitung*. Ab 1824 erhielt er einen (Versorgungs-)Posten beim Generalpostamt. Er starb am 2. August 1854 in Berlin.

Heun zählte bis etwa 1835 zu den meistgelesenen und meistaufgeführten deutschen Schriftstellern. Trotz seiner beruflichen Staatsnähe geriet er selbst ins Visier der Zensurbehörden, beispielsweise 1822 bei der Aufführung des Lustspiels *Der Bräutigam von Mexiko* am Berliner Schauspielhaus – wegen der Darstellung eines gänzlich lächerlichen Legations-Sekretärs.

Ein durch Wilhelm Hauff begründetes, in seiner Absolutheit jedoch undifferenziertes Verdikt über Heun / Clauren als Dichterling der Unmoral, der seichten Unterhaltung und des Kitsches prägte zunehmend und bis heute seine literaturgeschichtliche Wertung, die auch Thomas Mann in seinem Roman *Die Buddenbrooks* übernahm: »Eines Tages überraschte der Konsul sie [Toni – R. E.] mit Verdruß dabei, daß sie gemeinsam mit Mamsell Jungmann Claurens ›Mimili‹ las; er blätterte in dem Bändchen, schwieg und verschloß es auf immer.«

Vielleicht sollte dies aber doch nicht das letzte Wort über Carl Gottlieb Samuel Heun gewesen sein.

Rainer Ernst

Anmerkungen **1** Zit. nach: Fournier 1913, S. 422. **2** Berliner Brief Heuns an seinen Schwager, den Verleger Joachim Göschen, vom 10. Oktober 1798. Sänger- und Kaufmannsmuseum Finsterwalde.

Von »Musspreußen« zu treuen Staatsbürgern? Die Eingliederung der ehemals sächsischen Gebiete in den preußischen Staat nach 1815

VINZENZ CZECH

Am 21. September 1815 informierte das Generalgouvernement für die jetzt ehemals sächsischen Gebiete den preußischen Staatskanzler Hardenberg in einem Schreiben ausführlich über die nur wenige Tage zuvor erfolgte Anschlagung der preußischen Wappenadler an den Merseburger Stadttoren. »In wahrhaft rührender Weise«, heißt es dort überaus patriotisch, und im »Vorgefühl einer besseren Zukunft« hätte sich dabei der Geist derjenigen Gesinnungen offenbart, »welche Preußens Glück und Größe schufen [...] und die das schöne Band sind, wodurch wir unsere neuen Brüder an uns fesseln«.[1]

Mit großem Aufwand und im Beisein der städtischen Honoratioren war wie überall in den ehemaligen sächsischen Territorien in dieser Zeit an den Stadttoren feierlich das preußische Herrschaftszeichen angebracht worden. Unter Mitwirkung der örtlichen Schützengilden hatte man sich dazu vor den Toren versammelt, die preußische Monarchie gewürdigt, mehrere Lebehochs auf den neuen Landesvater ausgebracht und den Tag mit abendlichen Feierlichkeiten in der Stadt beendet. Bereits im Monat zuvor, am 3. August, waren in jeder an Preußen abgetretenen sächsischen Stadt die Huldigungsfeierlichkeiten für das neue monarchische Oberhaupt abgehalten worden, auch hier natürlich eingebettet in die üblichen Festlichkeiten. Zum wiederholten Mal bekamen damit die sächsischen Neu-Preußen im alltäglichen Leben ihre veränderte politische Zugehörigkeit demonstrativ vor Augen geführt. Vor allem in den Städten achteten die neuen Obrigkeiten bei jeder dieser Feierlichkeiten peinlich genau darauf, dass auch sämtliche Bewohner teilnahmen, teils unter Androhung von Geldstrafen für das Fernbleiben. Jedermann wurde ausdrücklich zu einem »ruhigen und sittlichen Betragen« ermahnt.[2] Nichts sollte an diesen Tagen das Bild eines festlich-freudvollen Übergangs der Sachsen unter die

Nach dieser Abzeichnung, ist der Königl. Preussische Wappen-Adler, auf die zu verfertigenden ~~und anzuheftenden~~ Tafeln, zu malen, und zwar mit dauerhaften Oelfarben.

Die Tafeln, auf welche der Adler gemalt wird, werden mit weißer Farbe angestrichen;

Der Körper des Adlers wird schwarz gemalt, und zwar in einer Größe, von 18 Sächs. Zollen Höhe, und in einer, nach dem beygefügten Maaßstabe zu bestimmenden, verhältnißmäßigen Breite;

Kronen, Zepter, Reichsapfel und Namenszug, werden vergoldet.

Preußischer Adler als Vorlage für die neuen preußischen Wappenschilder, 1815, Druck, Geheimes Staatsarchiv PK

Wappenstein mit Preußenadler und den Initialen Friedrich Wilhelms III. von einem öffentlichen Gebäude (Stadttor oder Rathaus) in Merseburg, nach 1815, Sandstein, Kulturhistorisches Museum Schloss Merseburg

Obhut des preußischen Königs trüben. Die überlieferten Berichte über diese Ereignisse an die neue preußische Verwaltung sind dann auch erkennbar bestimmt von einer preußenfreundlichen, geradezu hoffnungsvoll auf eine glückliche Zukunft gerichteten Stimmung. Ob sich in diesen offiziellen Rapporten die tatsächliche Stimmung weiter Teile der Bevölkerung widerspiegelt, darf jedoch mit gutem Grund bezweifelt werden.

Der Austausch der Hoheitszeichen gehörte zu den ersten Maßnahmen der neuen preußischen Machthaber nach dem sächsisch-preußischen Friedensschluss am 18. Mai 1815. Noch im Juni erging dazu eine Verordnung an alle Verwaltungsbehörden in den sächsischen, dann preußischen Gebieten. Sämtliche mit dem Friedensvertrag den Sachsen abgezwungenen Landesteile wurden vom Mai 1815 bis zum März 1816 zunächst vorübergehend als Herzogtum Sachsen zusammengefasst und durch das Generalgouvernement verwaltet, welches seinen Sitz von Dresden nach Merseburg verlegt hatte.

Die Einbindung der neuen Territorien gehörte in den Jahren nach 1815 ohne Zweifel zu den zentralen Aufgaben des preußischen Staates. Nach dem Willen der preußischen Regierung sollte deren Eingliederung zugleich mit einer völligen Neuordnung der gesamten preußischen Verwaltungsgliederung einhergehen. Bereits am 30. April 1815 war dazu die *Verordnung wegen verbesserter Einrichtung der Provinzial-Behörden* erlassen worden. Im Zuge der Neuorganisation der Verwaltung wurden die sächsischen Gebiete in der Folge auf drei der neu eingerichteten preußischen Provinzen aufgeteilt.

Mit dem Markgrafentum Niederlausitz, Teilen des Kurkreises (Amt Belzig) und des Meißnischen Kreises (Ämter Finsterwalde und Senftenberg), den Ämtern Jüterbog und Dahme sowie der Herrschaft Baruth wurden ausgedehnte, aber dünn besiedelte Landstriche der neuen preußischen Provinz Brandenburg zugeschlagen. Weitere kursächsische und thüringische Gebiete wurden mit der brandenburgischen Altmark in einer preußischen Provinz Sachsen vereinigt. Der östliche Teil des nunmehr geteilten Markgrafentums Oberlausitz hingegen fiel an die Provinz Schlesien.

Die Neustrukturierung der Provinzen ging einher mit einer ebenfalls neugestalteten Einteilung in Regierungsbezirke sowie Landkreise, die vor Ort als weitere gravierende Veränderungen wahrgenommen wurden, wobei auch diese Maßnahmen im Kontext der Neuformierung sämtlicher preußischer Provinzen insgesamt gesehen werden müssen. Diese neue Einteilung betraf die altpreußischen Gebiete ebenso deutlich wie die neu dazugewonnenen. Sie war ohne Zweifel auch ein Versuch der Zerschlagung von Strukturen der alten Ständegesellschaft. Nicht selten ohne Rücksicht auf historisch gewachsene Bindungen hoffte die Bürokratie, mit dieser Lösung Einfluss auf die alten Eliten und ihre regionalen Netzwerke zu gewinnen. Mit den neuen administrativen Strukturen sollten das personale Gefüge dieser Eliten und ihre traditionelle politische Orientierung allmählich getilgt werden.

Der Aufbau der neuen Verwaltungsstrukturen hatte sofort zu beginnen. Was jedoch fehlte, waren verlässliche Informationen über die neu gewonnenen sächsischen Landesteile. So heißt es bezeichnend in einem Brief des Generalgouverneurs von Bülow vom August 1815 an den neuen Regierungspräsidenten Wissmann in Frankfurt (Oder): »Zu einer sorgfältigen topographischen und statistischen Vorbereitung zum Behuf des Organisations-Geschäftes für die neuen Regierungs-Bezirke, ermangelt es schlechterdings an einer genauen und völlig zuverläßigen Statistik.«[3] Wissmann hatte in Merseburg um sämtliche vorhandenen statistischen Daten über die ehemals sächsischen Gebiete in seinem Regierungsbezirk gebeten. In einer Anlage an das Antwortschreiben übermittelte man ihm daraufhin einige Zahlen zur Fläche, der Einwohnerzahl sowie den ständischen Besonderheiten der Niederlausitz. Viel konnte man ihm allerdings nicht mitteilen. Zusätzlich gab man ihm aber den durchaus ernst gemeinten Ratschlag, er möge doch zwecks Informationen die dritte Ausgabe von Friedrich Gottlob Leonhardis statistisch-topografischer *Erdbeschreibung der Churfürstlich- und Herzoglich-Sächsischen Lande* von 1806 zu Hilfe nehmen. Dort fände er viele verlässliche Daten. Und zum geografischen Überblick wäre eine seit 1815 in der Ritter'schen Kunsthandlung zu Dresden erhältliche Karte von Sachsen in zwei Blättern zu empfehlen.

In recht deutlich formulierten Schreiben der preußischen Verwaltung wurden in der Folge die örtlichen Amtsträger aufgefordert, die jetzt erforderlichen Informationen nach Merseburg bzw. an die neu einzurichtenden Kreise und Regierungen zu übermitteln. Viele von ihnen waren notwendigerweise aus ehemals sächsischen in nunmehr preußische Dienste übernommen worden. »Schleunigst«, so hieß es, habe man statistische Daten über Ortschaften, Einwohnerzahl, Verfassung, Personal, Einnahmen und Ausgaben, Geistlichkeit, Schul- und Medicinal-Anstalten etc. einzusenden.[4] Eine ganze Reihe von gedruckten Fragebögen und Verordnungen wurde diesbezüglich an die damit beauftragten Amtsträger geschickt.[5] Die Umstellung auf nunmehr preußische Gesetze erfolgte jedoch nicht auf allen Gebieten sofort, sondern ist als ein längerer Übergangsprozess zu verstehen. Um die Aufrechterhaltung der Verwaltungsgeschäfte in den neuen Gebieten überhaupt gewährleisten zu können, hatte man notgedrungen nicht nur auf die vorhandenen Amtsträger zurückgreifen müssen, sondern orientierte sich in einigen Bereichen zunächst auch an den lokalen Traditionen und Gegebenheiten. Einzelne preußische Reformgesetze, etwa die Gewerbe- oder Städteordnung, wurden in den ehemals sächsischen Gebieten auch erst viel später eingeführt.

Ab Mai 1816, einen Monat nach Auflösung des Generalgouvernements, forderten die Regierungspräsidenten von den neuen Landräten »Monatliche Policey- und Zeitungsberichte« ein. So erhoffte man sich, eine Rückmeldung über die Stimmung in der Bevölkerung zu erlangen. In zunächst zehn Rubriken sollte die Verwaltung des jeweiligen Regierungsbezirks

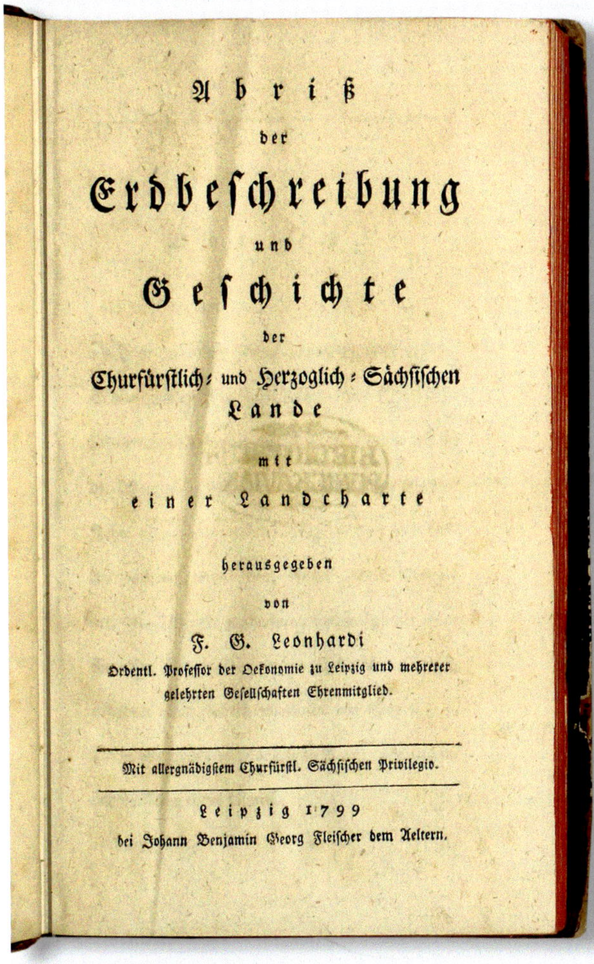

Abriß
der
Erdbeschreibung
und
Geschichte
der
Churfürstlich- und Herzoglich-Sächsischen
Lande
mit
einer Landcharte
herausgegeben
von
F. G. Leonhardi
Ordentl. Professor der Oekonomie zu Leipzig und mehrerer
gelehrten Gesellschaften Ehrenmitglied.

Mit allergnädigstem Churfürstl. Sächsischen Privilegio.

Leipzig 1799
bei Johann Benjamin Georg Fleischer dem Aeltern.

Friedrich Gottlob Leonhardis statistisch-topografische Erdbeschreibung der Churfürstlich- und Herzoglich-Sächsischen Lande, *1799, Halle (Saale), Universitäts- und Landesbibliothek Sachsen-Anhalt*

Monat für Monat über die Ereignisse vor Ort informiert werden. Die dafür notwendigen Auskünfte hatten die Landräte in ihren Kreisen von den Magistraten, Rentämtern oder Herrschaftsverwaltungen selbst zu besorgen. Die zehn einheitlich von jedem zu erfassenden Rubriken beinhalteten Informationen zur Witterung (1), zu den Preisen des Getreides und der notwendigsten Lebensmittel (2), zu Mortalität, Krankheiten, Viehseuchen (3), zu Unglücksfällen (4), der Entstehung oder dem Ende bedeutender Policeyinstitute wie Armen- oder Krankenanstalten, Gefängnisse (5), Handel (6), Industrie (7), dem Kommunalwesen, sprich der Erweiterung der Städte und Dörfer etc. (8) sowie dem sittlichen Zustand der Bevölkerung (9) und dem Einfluss der Gesetzgebung auf den Zustand und die Stimmung des Volkes (10).

In diesen monatlichen Zeitungsberichten finden sich immer wieder Bemerkungen, die Hinweise auf grundlegende Probleme und die Einstellung der Bevölkerung zu den neuen Verhältnissen geben. Gerade die beiden letzten Punkte bieten einen interessanten Einblick in den zeitgenössischen Alltag in den Städten und Dörfern. Durchaus verständlich beginnen die Meldungen – wie im Bericht des Stadtrats Jüterbog an den Landrat des Kreises vom Oktober 1816 – nicht selten mit den Worten: »Nie hört mann eine Klage, daß wir Königlich Preußische Unterthanen geworden.« Danach allerdings folgt mitunter ein deutliches »Aber«. Und so heißt es in dem Bericht weiter: »[…] allein es beklagt sich fast ein jeder Profeßionist über wenigen Absatz und geringe Nahrung, insonderheit bei den immer höher steigenden Lebensbedürfnissen«.[6]

In diesen wenigen Zeilen klingt bereits an, was die Menschen in jenen Jahren am meisten bewegte. Es waren in erster Linie eine erhöhte Abgabenlast, die daraus resultierenden hohen Lebenskosten sowie die wenigen Anreize für Handel und Gewerbe, die sich als durchgängige Kritikpunkte in diesen Berichten finden, und das über Jahre hinweg. Daneben spielten vor allem der Verlust von Privilegien und die Umstellung auf die neuen preußischen Vorschriften eine weitere wichtige Rolle.

In der Ober- und Niederlausitz wurde die preußische Regierung darüber hinaus mit einem weiteren Problem konfrontiert. In gewisser Weise war dieses aus dem jahrhundertelangen Besitz der Herrschaft Cottbus bereits bekannt, es hatte sich jetzt nur erheblich vergrößert: die sorbisch-wendische Bevölkerung, die in bestimmten Kreisen gut drei Viertel der Bewohner ausmachen konnte. Die Vielzahl der von der preußischen Verwaltung verschickten Amtsblätter und Verordnungen seit 1815 erreichte diese nämlich kaum, weil »der Landmann nur der wendischen Sprache mächtig, hat zwar in [der] Schule deutsch lesen gelernt, betrachtet aber die Amtsblätter und Gesetzessammlungen als eine lästige neue Abgabe, lässt sie ungelesen«.[7]

Der Übergang an Preußen stellte für die Menschen in den betroffenen Gebieten ohne Zweifel einen grundlegenden Wandel dar. Allerdings sind die Fragen, wie gravierend sich dieser auf den Alltag der Menschen ausgewirkt hat, wie er wahrgenommen worden ist und zu welchen Reaktionen er geführt hat, auch eine Sache der Perspektive. Hier muss zwischen den Bevölkerungsgruppen innerhalb einer noch altständisch geprägten Gesellschaft deutlich differenziert werden. Zu verschieden waren die einzelnen Lebenswelten in Dorf und Stadt, in Adel, Bürgertum und ländlicher Bevölkerung, und bei Weitem nicht alle Umbrüche betrafen alle Bevölkerungsgruppen in gleichem Maße. Zudem müssen auch regionale Unterschiede beachtet werden. In Görlitz, im thüringischen Suhl oder in Torgau ging man mit dem erzwungenen Anschluss an Preußen sicher anders um als in den alten sächsisch-preußischen Grenzräumen, etwa im Fläming oder Teilen der Niederlausitz.

Es kann daher nicht verwundern, dass die erkennbarsten Widerstände gegen eine Angliederung an Preußen aus den Gruppen und den Gebieten kamen, die einen Verlust von Privilegien und eine weitgehende Aufhebung von Mitbestimmungs- und Selbstverwaltungsrechten befürchten mussten,

Selbstbildnis Wilhelm von Kügelgen, 1836

beispielhaft sei nur die Nieder- und Oberlausitz genannt. Die hier organisiert auftretenden Stände stritten leidenschaftlich um eine Beibehaltung der herrschenden Verhältnisse, bis hin zur Sendung einer eigenen Abordnung nach Wien an den dort tagenden Kongress. In einer dazu verfassten Denkschrift beschwor man die Einigkeit mit den sächsischen Landen, gleiche Sitten und sogar einen Nationalcharakter. Der in diesen Aktivitäten zum Ausdruck kommende sächsische Patriotismus in den Lausitzen war natürlich erkennbar der Situation geschuldet. Hatte man sich wenige Jahre zuvor doch noch mit genau dem gegenteiligen Argument, man wäre eben nicht historisch sächsisch, den Vereinigungsbestrebungen innerhalb Sachsens um 1810 widersetzt. Auch mag der Glaube, Gehör im Konzert der Großmächte zu finden, recht hilflos und realitätsfremd anmuten. Doch stand den meisten klar vor Augen, dass eine Trennung von Sachsen wohl gleichbedeutend mit gravierenden Veränderungen sein würde. Der Niederlausitzer Landeshauptmann von Uffel hatte die bislang bestehenden Zustände 1813 griffig auf den Punkt gebracht. Man fühle vor allem in der Niederlausitz die Wohltaten, die von der Nähe einer großen Königsstadt (Berlin) ausfließen, ohne jedoch durch die »Despotie« eines mächtigeren Staates bedrängt zu werden.[8]

Alle Bemühungen hatten bekanntlich keinen Erfolg. Auch der letzte Versuch, die jetzt ehemals sächsischen Gebiete als einheitlich zusammengefassten Verwaltungsbezirk weiter bestehen zu lassen, ließ sich nicht durchsetzen. Die Stände, nicht nur in den Lausitzen, verloren in der Folge viele ihrer durchaus erheblichen Privilegien. Besonders schmerzhaft dürfte gewesen sein, dass etwa die neuen Landräte in den einzelnen Kreisen fortan nicht mehr selbst gewählt werden konnten. Zwar traten in den Provinzen in den 1820er Jahren erstmals die neuen Provinzialstände zusammen. Mit den einst politisch einflussreichen kursächsischen oder lausitzischen Landständen hatten sie allerdings nicht mehr viel gemein.

Schaut man sich die Reaktionen im Adel an, dessen Eliten die Initiativen zur Bewahrung einer Selbstständigkeit nicht selten anführten, so ist vor dem Hintergrund des Verlustes eine Anhänglichkeit an den alten Herrscher und die mit dem Land verbundene Dynastie klar erkennbar. Die aus Sicht Vieler demütigende Bestrafung und Aufteilung Sachsens auf Drängen Preußens ist in weiten Teilen einer von adlig-dynastischen Grundsätzen geprägten Lebenswelt durchaus als illegitim empfunden worden. Sicher pflegten einige Familien eine Abneigung gegen die neuen Verhältnisse und ihre innere Verbundenheit mit Sachsen weiter – adlige Traditionen ließen sich nicht so einfach abschaffen. Andere dagegen hatten schon länger in Kontakt mit Preußen gestanden und viele arrangierten sich recht schnell mit der neuen Zugehörigkeit. Mehrere Familienverbände hatten bereits vor 1815 beiderseits der Grenze Besitzungen oder waren sowohl in die Dienste der Wettiner als auch der Hohenzollern am Hof und im Militär getreten. Darüber hinaus waren die Veränderungen der herrschaftlichen Besitzverhältnisse auf dem Land das Thema, welches die adlig-ländlichen Lebenswelten in den Jahren nach 1815 am meisten beschäftigen sollte. Die Ablösung der Erbuntertänigkeit, Veränderungen in der Landnutzung, Gemeinschaftsteilung und Separation sollten sich jedoch nur sehr langsam durchsetzen.

Widerstand gegen den Anschluss an Preußen und gegen die neuen Verhältnisse regte sich auf dem Land hier und da. Die Menschen waren sich ihrer jeweiligen politischen Zugehörigkeit sehr wohl bewusst gewesen. Transportiert wurde dieser Unwille nicht selten durch die Geistlichkeit, die natürlich ebenfalls von den Umbrüchen betroffen war. Einige Pfarrer zogen es sogar vor, gänzlich nach Sachsen zu gehen.

In den Städten gestaltete sich die Situation ähnlich. Hier machte sich der Widerwille gegen die Preußen anfangs mancherorts noch deutlicher Luft. Man pochte auf die alten Bestimmungen und Privilegien und beklagte vor allem fehlende wirtschaftliche Möglichkeiten in Handel und Gewerbe sowie erhöhte Abgaben. Bekanntlich wurden die preußische Städteordnung oder die Verordnungen zur Gewerbefreiheit in den neuen Gebieten nicht eingeführt. Manche Erwartung wurde damit gewiss enttäuscht. Die vom preußischen König im Patent anlässlich der Besitzergreifung in Aussicht gestellten »reicheren Quellen« für

Handel und Gewerbe durch den Anschluss an Preußen stellten sich auf Jahre nicht ein.[9] Damit hatte Friedrich Wilhelm III. selbst einen recht weit gespannten Erwartungshorizont in der Bevölkerung abgesteckt, der sehr bald mit der konkreten preußischen Politik vor Ort konfrontiert wurde, wobei die Kluft zwischen Verheißung und Realität vielerorts deutlich zutage trat. Der bekannte Maler Wilhelm von Kügelgen beschreibt die Stimmung innerhalb der alten sächsischen Eliten um 1815 in seinen Lebenserinnerungen recht drastisch. Ein Teil »hasste die Preußen wie den Tod – dasselbe Preußen, das vor kurzem als Vorkämpfer deutscher Freiheit so bewundert, so ehrenwert und groß gewesen, nun aber seinen Lohn dahin zu nehmen schien«.[10]

Beim Blick auf die Umbrüche nach 1815 ist deutlich der Versuch des Staates erkennbar, seinen Einfluss auf möglichst viele Lebensbereiche auszudehnen, die in der Vergangenheit eine Durchsetzung von Herrschaft behindert hatten. Dass dabei bewusst Rücksicht genommen wurde auf alte Zusammenhänge, Traditionen und Einrichtungen, um seine neu gewonnenen Untertanen rasch und entschieden für sich einzunehmen, ist sicher nur bedingt der Fall gewesen. Die Interessen des preußischen Staates, seine Staatsraison, wie man sie in Berlin verstand, waren der entscheidende Maßstab bei der Organisation der neuen Gebiete und bei ihrer Verschmelzung mit den alten Kernlanden der Monarchie.

Dabei gilt es aber zu bedenken, wie der Strukturwandel – mit der Auflösung gewachsener traditioneller Gefüge durch die Bürokratie – von der betroffenen Bevölkerung wahrgenommen worden ist. Das extreme zeitgenössische Macht- und Handlungsgefälle zwischen Staat und Gesellschaft bewirkte eine ganz unterschiedliche Einschätzung von Wert und Legitimität der Reformen, denen man nur ausgeliefert sein konnte, wenn man sie nicht als Teil der Administration gestaltete. Fraglich ist, ob mit diesen Veränderungen, im Übrigen nicht nur in den ehemals sächsischen Gebieten, auch eine Herrschaftsbindung der neuen Untertanen erreicht worden ist. Das Beharren auf traditionelle, regionale Lösungsansätze war stärker ausgeprägt, als gemeinhin beim Blick auf preußische Verwaltungsverordnungen und Gesetzessammlungen angenommen werden kann. Die mentalen und emotionalen Bindungen an Sachsen blieben vielerorts auch in der Folge bestehen, mancherorts stärker, andernorts wurden sie zunehmend überlagert vom Lebensalltag und gerieten mitunter auch in Vergessenheit.

Ungedruckte Quellen Brandenburgisches Landeshauptarchiv (BLHA), Rep. 6B Jüterbog-Luckenwalde. · BLHA, Rep. 3B I St. · Geheimes Staatsarchiv Preußischer Kulturbesitz (GStA PK), I. HA Geheimer Rat, Rep. 172 Alliiertes und Preußisches Gouvernement für das Königreich bzw. Herzogtum Sachsen

Gedruckte Quellen und Literatur Dietrich 1983 · Czech 2009 · Kügelgen 1870 · Lippert 1916

Anmerkungen **1** GStA PK, I. HA, Rep. 172, Nr. 247, Bl. 26r. **2** BLHA Pr.Br.Rep. 7 Finsterwalde Nr. 8, o. Bl. **3** BLHA Pr.Br.Rep. 3B I Präs Nr. 1762, o. Bl. **4** BLHA Pr.Br.Rep. 7 Finsterwalde Nr. 7, o. Bl. **5** Ein derartiger Fragebogen ist abgedruckt in: Czech 2009, S. 170 f. **6** BLHA, Rep. 6 B Jüterbog-Luckenwalde, Nr. 5, o. Bl. **7** BLHA, Rep. 3 B I St, Nr. 56, o. Bl. **8** Lippert 1916, S. 63. **9** Das Patent ist abgedruckt in: Czech 2009, S. 168 f. **10** Kügelgen 1870, S. 235

Alte Wege – neue Grenzen.
Rechtliche und alltagspraktische Probleme im preußisch-sächsischen Grenzraum nach 1815

LUTZ VOGEL

»Nun sind wir wirklich preußisch«, schrieb der Görlitzer Buchhändler Christian Gotthelf Anton am 1. Juni 1815 in sein Tagebuch.[1] Was sich im Zuge der Verhandlungen auf dem Wiener Kongress bereits seit Februar 1815 angedeutet hatte, wurde für ihn an diesem Tag zur Gewissheit: Insgesamt mehr als die Hälfte Sachsens und damit gut 40 Prozent seiner Bevölkerung wurden preußisch, somit auch Görlitz und der nördliche Teil der Oberlausitz. Die Siegermächte der Napoleonischen Kriege hatten lange um eine Lösung für das geschlagene Königreich gerungen. Dass es letztlich nicht vollständig von Preußen annektiert wurde, lag vor allem am hartnäckigen Widerstand des österreichischen Außenministers Metternich, der Sachsen als »Puffer« zwischen der Habsburgermonarchie und dem militärisch omnipotenten Preußen erhalten wollte. Diesen mittlerweile von der Forschung umfassend beschriebenen politischen Geschehnissen auf dem Wiener Kongress soll hier ein Blick auf die Folgen der Grenzziehung vor Ort, ganz konkret in dem nun neu entstandenen Grenzgebiet zwischen Sachsen und Preußen, zur Seite gestellt werden. Welche Folgen hatte die Grenzsetzung in den betroffenen Gebieten im Alltag der Bevölkerung? Gab es Widerstände gegen die Grenzziehung? Und welche Auswirkung hatte die sich zu Beginn des 19. Jahrhunderts etablierende Staatsangehörigkeit auf die Menschen im Grenzgebiet? Der Fokus der Ausführungen liegt dabei auf dem Gebiet der Oberlausitz. Insbesondere auf folgende Aspekte wird eingegangen: die unmittelbar mit der Grenzziehung in Zusammenhang stehenden Probleme, die Folgen für die Kirchenorganisation, die wirtschaftlichen Auswirkungen und die langfristigen Folgen der Teilung im Hinblick auf staatsrechtliche Fragen sowie insbesondere auf die Migrationsverhältnisse in der nun geteilten Region.

Blick über den Grenzfluss Wittig auf den preußischen Teil von Nieda

Grenzziehung und Widerstände

Die Errichtung der neuen Grenze folgte vor allem militärischen Überlegungen und nahm keine Rücksicht auf bestehende landschaftliche, gesellschaftliche bzw. politische Strukturen. Zeitgenossen wie der Autor der *Geheimen Geschichte der Teilung Sachsens* beschrieben die Folgen dieser Festlegungen durchaus drastisch: »Und wie ist diese Theilung ausgeführt worden? Nicht Berge, nicht Flüsse, nicht alte seit grauen Zeiten vorhandene Abtheilungen von Aemtern und Städten bilden die Grenzen, sondern nach Laune und Eigensinn hat man auf der Landcharte eine Linie gezogen und gesagt: ›dies sey die Grenzscheide!‹ Diese läuft durch Gehöfte und Dörfer, über Wiesen und Felder, trennt das Dorf von der Schule, die Kirche von der Kirchfahrt, die Mühle von der Gemeinde, die Wiesen von den Feldern, die Scheune von den Ställen, die Wohnung von den Gärten, die Mutterkirche von der Tochter; diese unselige Grenze

Karte vom Königreich Sachsen und denen davon an Preußen abgetretenen Ländern,
Dresden 1815, Stadtgeschichtliches Museum Leipzig

scheidet den Vater von dem Sohne, den Bruder von dem Bruder, den Anverwandten von dem Freunde, und zerreißt ein Volk, das Jahrhunderte einerlei Schicksale gehabt hat und von einerlei Gesinnung und Denkart beseelt ist, und das sich durch seinen häuslichen Sinn, seinen friedlichen Geist von jedem Andern unterscheidet.«[2] Die neue Grenze zerriss bestehende Lebenszusammenhänge, sie spaltete Dörfer, trennte Kirchgemeinden von ihrem Pfarrer, löste zum Teil sehr lang existierende Amts- und Verwaltungsgrenzen auf.

Die auf diese Art errichtete Staatsgrenze schnitt allein in der Oberlausitz in elf Fällen Pfarrkirchen von eingepfarrten Dörfern und sieben Mal den Sitz von Grundherrschaften von ihren Untertanen ab.[3] Diese Willkür bei der Ziehung der neuen Staatsgrenze lässt sich am besten mit Blick auf ein betroffenes Dorf nachvollziehen: Der kleine Ort Nieda, etwas mehr als zehn Kilometer südöstlich von Görlitz gelegen, wurde entlang der mitten durch die Gemeinde fließenden Wittig geteilt. Dies hatte zur Folge, dass die wesentliche Infrastruktur des Dorfes nun auf preußischer Seite lag: die Kirche, der Friedhof, der Kretscham, die Schule, der Bäcker, die Schmiede und alles in allem 45 Einwohner. Wenngleich die neue Grenze kein undurchlässiges Gebilde war und die »alten Wege« weiterhin benutzt werden konnten, ergaben sich damit jedoch einige neuartige Erfahrungen für die Bevölkerung. Die Kinder des Dorfes wurden beispielsweise fortan im preußischen Teil unterrichtet und für den Einkauf oder den Kirchgang war ein Grenzübertritt nötig.

Entlang des Flusses Wittig wurde die Grenze auch bei dem Evangelischen Fräuleinstift Joachimstein zu Radmeritz gezogen, was zur Folge hatte, dass das Stift unmittelbar vor der Auflösung stand. Das Schloss nebst einem Besitz im Umfang von circa 30 Hektar westlich der Wittig verblieb zwar auf sächsischer Seite, aber sämtliche weiteren Ländereien im Größenumfang von circa 1 800 Hektar fielen an Preußen.[4] Der sächsische König Friedrich August I. sicherte dem Stift persönlich seinen Fortbestand zu, ein für diesen Zweck im Jahr 1828 zwischen Preußen und Sachsen geschlossener Vertrag[5] festigte

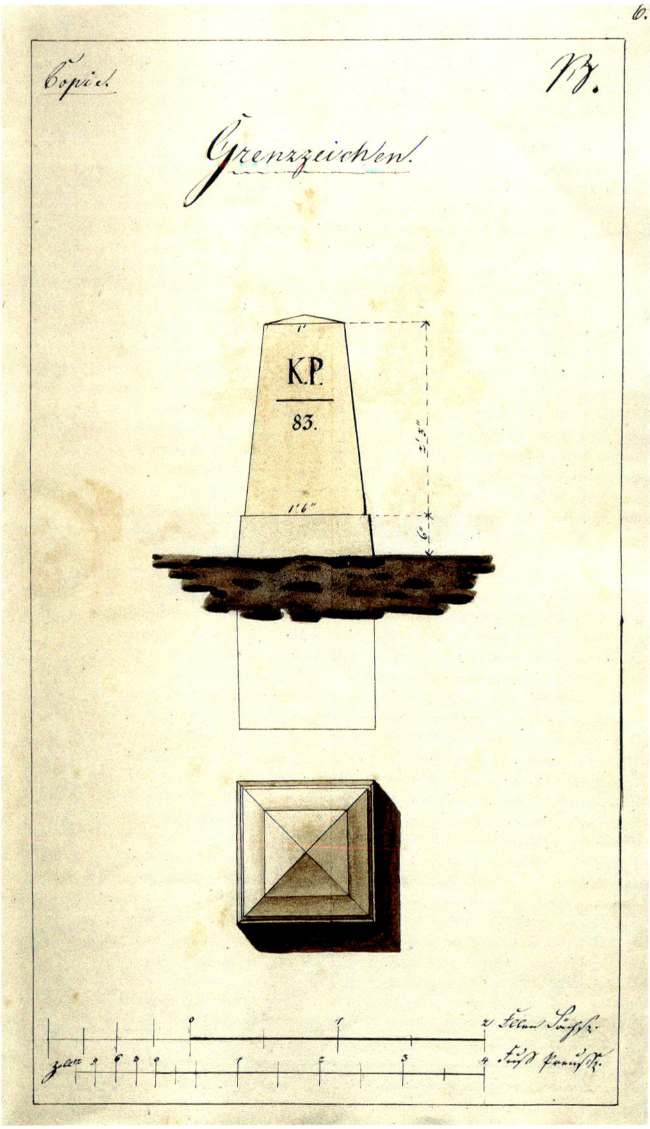

Entwurf eines preußischen Grenzzeichens, 1820er Jahre, Staatsfilialarchiv Bautzen

dann die Ergebnisse der Grenzziehung: Sachsen behielt die Hoheit über das Stift, das Gebiet östlich des Grenzflusses mit allen einst zum Stift gehörenden Dörfern blieb aber preußisch. Die Verwaltung der Stiftung wurde fortan gemeinschaftlich durch die Stände der sächsischen und preußischen Oberlausitz geregelt. Erst durch Ankäufe der Stiftsgüter Preititz-Cannewitz sowie Küpper in der zweiten Hälfte des 19. Jahrhunderts besaß Joachimstein wieder größere Ländereien in Sachsen.

Derartige Konstellationen, die später in kleinteiligen Grenzberichtigungen teilweise noch etwas verändert wurden, zogen sich durch das gesamte neu entstandene Grenzgebiet. Bis zu mehreren Jahren dauerten die Auseinandersetzungen um einzelne Dörfer entlang der Grenze, stets zwischen preußischem Eroberungswillen und sächsischem Beharrungsvermögen hin und her pendelnd. Beispielsweise schrieb die sächsische Friedenskommission an den Gerichtsherrn des Dorfes Thräna, bei dem die territoriale Zuordnung im Jahr 1817 noch unklar war und auf welches das preußische Landratsamt Rothenburg Ansprüche erhob, »daß [...] der diesseitige Besitzstand zur Zeit und bis zu erfolgter endlicher Grenzbestimmung keineswegs aufzugeben, vielmehr fortwährend zu behaupten sey«.[6] Gerade in diesem Ort hatte die preußische Seite bereits im Sommer 1815 eine handstreichartige Aneignung der Dorfbevölkerung versucht, indem die 17- bis 40-jährigen Männer die Aufforderung erhielten, sich in Hoyerswerda zur Musterung für die preußische Armee zu stellen. Ähnliches ist aus dem Dorf Schöps überliefert, wo die Liegnitzer Bezirksregierung 1816 preußische Ortsschilder aufstellen lassen wollte, wenngleich auch hier die endgültige territoriale Zuordnung noch unklar war. Schließlich fielen aber beide Dörfer an Preußen.

Die Grenzziehung erregte – wenn es auch sonst kaum zu größeren Protesten der »neupreußischen« Bevölkerung gegen die Eingliederung in das Königreich Preußen kam – bisweilen Widerstand subtiler Art. Die Errichtung der Grenze geschah nicht von einem Tag auf den anderen, sondern es dauerte etwa zwei Jahre, ehe sie zunächst mit Holzpfählen markiert worden war. Diese Pfähle wurden allerdings in den folgenden Jahren mehrfach beschädigt bzw. herausgerissen – und das offenbar systematisch. Der Landesälteste der sächsischen Oberlausitz, Friedrich August Adolph von Gersdorf, berichtete im Dezember 1821 davon, »daß die häufigen Beschädigungen und Hinwegreißungen [...] beinahe ausschließlich die Königlich Preußischen Grenzpfähle betroffen haben, die Königlich Sächsischen hingegen, wie man dies auf Reisen zu bemerken Gelegenheit findet, bis vielleicht auf wenige Ausnahmen davon befreit geblieben sind«.[7] Bisweilen sollen die Grenzpfähle sogar als Feuerholz verwendet worden sein.[8] Von Gersdorf gab darüber hinaus auch an, was zu diesen Taten geführt haben könnte: »Was auch immer die Ursache dieser einseitigen Ungebührniße seyn mag, so ist doch zu befürchten, daß der durch Setzung neuer steinerner Grenzzeichen wiederholt gereitzte Muthwille so lange seine Neckereyen fortsetzen werde, bis die längere

Grenzzeichen zwischen Wiednitz und Großgrabe

Gewohnheit [...] den frühern Eindruck ihrer Entstehung überwindet.«[9] Er sprach damit etwas an, was sich in Teilen noch heute entlang der ehemaligen Grenze zwischen Sachsen und Preußen findet: Grenzmarkierungen aus Stein, die in regelmäßigen Abständen gesetzt wurden und die die Teilung abermals – nun aber etwas stabiler – vor Augen führten. Preußen drängte ab 1822 auf den Einsatz der steinernen Grenzzeichen; die sächsische Seite wollte dies zunächst nur dort veranlassen, wo sächsische Grenzpfähle beschädigt worden waren, setzte ab Ende der 1820er Jahre aber dann durchgängig steinerne Markierungen, die zum Teil bis heute erhalten sind.

Teilung und Kirchenorganisation

Die Trennung von Pfarrkirchen von ihren Filialkirchen zeitigte einschneidende und bisweilen nachgerade skurrile Folgen. Der Großenhainer Pfarrer Carl Wilhelm Hering schrieb 1843 im Rückblick: »Unmöglich kann sich das jetzige jüngere Geschlecht eine völlig entsprechende Vorstellung von der Größe und Allgemeinheit der Entrüstung und des Schmerzes machen, womit damals und noch Jahre hindurch diese Teilung betrachtet wurde. Nirgends konnten wohl solche Gefühle lebhafter sein und immer neue Nahrung finden, als in unserm Kreise, da diese mitten durch denselben gezogene Scheidewand mehrfach auch eine schmerzliche Trennung oder doch Störung des kirchlichen

Verbandes herbeiführen musste. Die immer neu blutenden Wunden vernarbten erst, als mit dem Jahre 1834 durch den deutschen Zollverband die lästigsten Schranken mit dem Nachbarlande fielen.«[10] Derartige Trennungen von Filialkirchen vom Sitz ihrer Kirchgemeinde und damit ihres Pfarrers zogen unter Umständen auch politische Loyalitätskonflikte nach sich. So fragte der Pfarrer der sächsischen Gemeinde Großgrabe, Johann Wilhelm Christian Neubert, am 20. Juli 1815 beim Bautzener Oberamt an, ob er einen Huldigungsgottesdienst für den preußischen König halten dürfe.[11] Eine entsprechende Anfrage hatte ihn aus dem seiner Gemeinde eingepfarrten Ort Wiednitz erreicht, der nach der Teilung preußisch geworden war und ein entsprechendes Huldigungsfest mit Gottesdienst durchführen musste. Und wenn er einen derartigen Gottesdienst halten dürfe, so fragte er weiter, wo dürfe er dies: in der Hauptkirche auf sächsischem Boden oder in der eingepfarrten Gemeinde auf neupreußischem Gebiet? Wie in vielen derartigen Fragen entschied die Oberbehörde pragmatisch: Wenn die Gemeinde Wiednitz einen Huldigungsgottesdienst durchführen müsse, dann dürfe der Pfarrer ihn halten, allerdings nur auf preußischem Boden. Ähnliches ereignete sich in Weigersdorf im Juli 1816. Der Pfarrer Friedrich Nathanael Klien wurde von der dortigen Gemeinde, die nach Baruth im sächsischen Teil der Oberlausitz eingepfarrt gewesen war, gefragt, ob er aus Anlass eines preußischen Feiertages einen Gottesdienst halten dürfe. Auch Klien fragte diesbezüglich beim Bautzener Oberamt nach und durfte den Gottesdienst schließlich durchführen. Dass diese grenzüberschreitenden Loyalitätskonflikte nicht sofort durch eine schnelle Eingliederung in Kirchgemeinden auf preußischem Gebiet beseitigt wurden, zeigt gerade das Weigersdorfer Beispiel: Erst 14 Jahre nach der Teilung wurde der Ort in das ebenfalls neupreußische Groß Radisch eingepfarrt. Bis dahin war der Grenzübertritt für den Pfarrer oder die Gemeinde beim Gottesdienstbesuch Normalität.

Wirtschaftliche Folgen

Durch die Teilung verschob sich die wirtschaftliche Struktur der Region enorm. Jenseits der großen Verluste an Territorium und Bevölkerung ging gerade in der sächsischen Oberlausitz mit der Grenzziehung auch die landwirtschaftliche Grundlage der Region verloren. Der südliche, seit jeher gewerblich geprägte Teil der Oberlausitz war für die Sicherstellung der Ernährungslage stets vom agrarisch geprägten Norden abhängig. Zwischen beiden Gebieten lag nun – zumindest bis zur Gründung des deutschen Zollvereins 1834 – eine Zollgrenze. Nahrungsmittel und andere Güter mussten fortan kostenintensiv importiert werden. In einem Schreiben vom 13. Juli 1815 beklagte daher der bereits genannte Großgraber Pfarrer Neubert, dass »durch den Verlust des Amts Hoyerswerda und anderer benachbarter adeliger Güter und Dörfer [...] die ganze schöne holzreiche Gegend verloren [sei], woher [...] die ganze obere Gegend namentlich: Bautzen, Kloster Marienstern, Kamenz und Elstra bis jetzt ihren Holzbedarf« gedeckt hätte.[12] Für viele derartige Probleme mussten Regelungen gefunden werden. Parallel dazu entstanden aber in den Grenzgemeinden nach und nach Zollhäuser, womit die Teilung auch in wirtschaftlicher Hinsicht gefestigt wurde, wenngleich die Gründung des Zollvereins derartige Kontrollstellen bereits nach zwei Jahrzehnten wieder überflüssig machte.

Alte Wege – neue Grenzen: Das galt auch mit Blick auf Handwerk und Handel. Wirtschaftsbeziehungen zwischen der nun preußischen und der sächsischen Oberlausitz blieben erhalten, wurden aber durch die neu entstandene Grenze erschwert. Direkt nach der Teilung herrschte zudem bei vielen Entscheidungsträgern Unsicherheit darüber, in welchem Umfang die staatsrechtlich fixierte Trennung der Gebiete auch »gelebt« werden bzw. welche Beschränkungen es in Handel und Gewerbe geben sollte. So fragte der Bautzener Stadtrat beim dortigen Oberamt im Januar 1816 an, ob Muskauer Töpfer an einem in der Stadt abgehaltenen Jahrmarkt teilnehmen dürften. Der Rat befand sich im Zwiespalt: Einerseits benötigte »das hiesige und umliegende Publicum der Mußkauer Töpferwaaren noch sehr [...], weil durch den Krieg und die bis Jetzt fortgedauerten Durchmärsche alle desfallsigen Vorräthe mehrfach verloren gegangen«[13] waren. Andererseits wusste man, dass den Bautzener Tuchmachern zuvor der Zutritt zum Görlitzer Jahrmarkt verwehrt worden war. Auch hier entschied die Oberbehörde pragmatisch: Die »neupreußischen« Töpfer durften am Jahrmarkt teilnehmen, gleichzeitig sollte sich der Rat aber darum bemühen, dass die Bautzener Händler und Handwerker auch auf preußischen Märkten ihre Ware anbieten durften.

Teilung und Zugehörigkeit

Mit der Teilung einher ging auch die staatsrechtliche Eingliederung der neupreußischen Bevölkerung in das Königreich Preußen. Zwar blieben die Migrationsrouten – beispielsweise die der wandernden Handwerksgesellen oder der Saisonarbeiter – erhalten, sie wurden aber bürokratisiert und damit auch erschwert. Den Görlitzer Bäcker, der sich in Bautzen ansässig machte, gab es weiterhin – ebenso den umgekehrten Fall.[14] Insbesondere Handwerker in Massengewerken (z. B. Bäcker, Fleischer, Schneider, Schuhmacher) wanderten über die preußisch-sächsische Grenze mit der gleichen Selbstverständlichkeit, wie sie die sächsisch-böhmische Grenze überschritten. Auch bei Landarbeitern ist dieser rege Austausch zwischen den nun getrennten Gebieten nachweisbar. Betrachtet man die Herkunftsorte der in die sächsische Oberlausitz in der Zeit von 1821 bis 1871 dauerhaft eingewanderten Personen, so sticht die überwiegende Herkunft aus der preußischen Oberlausitz deutlich ins Auge.[15]

Eine amtliche Regelung der Staatsangehörigkeit der neupreußischen Bevölkerung erfolgte erst im Zuge der Verhandlungen über die Details der Teilung. Mit der Unterzeichnung des Friedensvertrages zwischen Sachsen und Preußen im Mai 1815 fielen die abgetretenen Gebiete Sachsens mit sofortiger Wirkung an Preußen. Regelungen darüber, wie mit Personen umgegangen werden sollte, die sich danach wieder nach Sachsen begeben wollten, wurden jedoch erst 1817 bzw. 1819 getroffen.[16] Schließlich wurde eine Stichtagsregel eingeführt, nach der alle »Neupreußen«, die vor dem 2. Juni 1817 Preußen verlassen und sich ab dieser Zeit ununterbrochen in Sachsen aufgehalten hatten, ohne behördliche Zustimmung (Wieder-)Aufnahme in Sachsen erhalten sollten. Doch auch wenn diese Regelung, die überdies vorsah, dass von den Auswanderern kein Abzugsgeld verlangt werden durfte, recht liberal erscheint, zeigte sich doch hier, was sich im Verlauf des 19. Jahrhunderts immer mehr herausbilden sollte: Aus der physisch greifbaren Abhängigkeit des Untertanen vom Gutsherrn wurde eine abstrakte Staatsangehörigkeit, die auch dann von Bedeutung sein konnte, wenn eine Person nur von einem Dorf in das nächste ziehen wollte – wenn dazwischen eine Staatsgrenze lag. Der aus dem neupreußischen Wiednitz stammende Maurer Johann Traugott Jurisch durchlief beispielsweise 1853 die den damals geltenden Gesetzen entsprechende vollständige Überprüfung seiner Person durch die Behörden, weil er sich im benachbarten sächsischen Ort Großgrabe niederlassen wollte, um nach dem Tod seines Bruders das Haus seiner Schwägerin zu übernehmen. Die direkte Bekanntschaft zwischen Herrschaft und Untertan, die es im System der Gutsherrschaft bis dahin gegeben hatte, wurde durch diese abstraktere Abhängigkeitsbeziehung abgelöst.

In die Zeit der Teilung fallen auch Einzelschicksale, an denen sich das von Klaus J. Bade für die historische Migrationsforschung formulierte Diktum, wonach eben nicht nur Menschen über Grenzen, sondern auch Grenzen über Menschen gehen, zeigen lässt: Die Witwe Sophie Charlotte Apel wollte zurück in ihre Heimat, nach Bautzen. In einem Gesuch an das sächsische Innenministerium berichtete sie 1836, dass sie in Kamenz geboren worden und später mit ihrem Vater nach Bautzen gezogen war, da dieser den dortigen Ratsweinkeller gepachtet hatte. Sie heiratete später den Bautzener Färbermeister Karl Christian Apel und lebte mit ihm bis 1805 in der Stadt. In diesem Jahr aber erwarb er das – damals zu Sachsen gehörende – Rittergut Kodersdorf. Die Teilung von 1815 machte beide zu preußischen Staatsangehörigen. Als nach dem Tod des Ehegatten 1825 die Überschuldung des Rittergutes ans Licht kam, war die Zwangsversteigerung des Anwesens unausweichlich. Der neue Besitzer bezog das Gut 1829, Apel musste Kodersdorf daraufhin verlassen. Sie hielt sich zunächst kurze Zeit bei einer Tochter in Merseburg auf, ehe sie 1833 nach Bautzen zurückkehrte. Ab dieser Zeit lebte sie mit einer sogenannten Logiskarte, das heißt nur geduldet, in der Stadt, da sie keine sächsische Staatsangehörige mehr war. Sie wünschte die Wiederaufnahme in Bautzen und damit auch die Erlangung der sächsischen Staatsangehörigkeit, da sie, wie sie angab, »durch eigenen Fleiß mir die Mittel meiner Subsistenz zu erschwingen« im Stande sei, indem sie sich »durch wirkliche Handarbeiten« ernähren könne.[17] Zudem habe sie in Bautzen Verwandte, die sie unterstützen würden. Im Falle einer Ausweisung müsste sie aber in Kodersdorf von »öffentlichen Almosen« leben, da sie dort »ohne Aussicht auf eigenen Verdienst und von allen Unterstützungen entblößt« wäre. Ihr Bitten war jedoch erfolglos. Sie wurde nicht wieder in der Stadt und damit auch nicht in die sächsische Staatsangehörigkeit aufgenommen. Was aus ihr geworden ist, lässt sich anhand der überlieferten Akten nicht rekonstruieren, doch zeigt dieser Fall, welch großen Einfluss die 1815 neu errichtete Grenze zwischen Sachsen und Preußen auf die betroffenen Menschen entfalten konnte.

Ungedruckte Quellen Säschsisches Hauptstaatsarchiv Dresden (Sächs. HStA Dresden), 10736 Ministerium des Innern, Nr. 897 a. · Staatsfilialarchiv Bautzen (StFilA Bautzen), 50009 Oberamt Budissin, Nr. 3214. · StFilA Bautzen, 50009 Oberamt Budissin, Nr. 3215. · StFilA Bautzen, 50009 Oberamt Budissin, Nr. 3217

Gedruckte Quellen und Literatur Belzyt/Rautenberg 2001 · Bergk 1818 · Blaschke 1999 Convention, 1829 · Geheime Geschichte, 1818 · Großer 2012 · Haupt-Konvention, 1819 · Hering 1849 · Kartel-Konvention, 1817 · Lehnert/Vogel 2011 · Müller, W. 2011 · Steinmann 2007 · Vogel 2011 · Vogel 2014

Anmerkungen **1** Zit. nach Blaschke 1999, S. 265. **2** Geheime Geschichte, 1818, S. XII. **3** Vgl. Blaschke 1999, S. 271 f. **4** Vgl. Großer 2012, S. 43, 50. **5** Vgl. Convention, 1829, S. 280–287. **6** Vgl. StFilA Bautzen, 50009 Oberamt Budissin, Nr. 3215, fol. 111. **7** Ebd. Nr. 3217, fol. 119 f. **8** Vgl. Steinmann 2007, S. 25. **9** StFilA Bautzen, 50009 Oberamt Budissin, Nr. 3217, fol. 120. **10** Hering 1849, S. 40. **11** Vgl. StFilA Bautzen, 50009 Oberamt Budissin, Nr. 3214, fol. 60–62. **12** Ebd., fol. 19. **13** Ebd., fol. 251. **14** Vgl. Lehnert/Vogel 2011, S. 212–219. **15** Vgl. Vogel 2011, S. 53–57. **16** Vgl. Kartel-Konvention, 1817, S. 130 f. sowie Haupt-Konvention, 1819, S. 1–38. **17** Sächs. HStA Dresden, 10736 Ministerium des Innern, Nr. 897a, fol. 98b

Wittenberg – ein Erinnerungsort wechselt die Seiten

WOLFGANG FLÜGEL

Im Januar 1814 attestierte Pfarrer Karl Immanuel Nitzsch seiner Heimatstadt Wittenberg ein »Sühneopfer für Sachsen«.[1] Damit meinte er zwar, dass die Stadt die »Früchte der Leipziger Schlacht« sehr viel später als andere sächsische Orte genießen konnte, weil die französische Besatzung erst am 14. Januar 1814 durch preußische Truppen beendet worden war.[2] Allerdings besaß seine Aussage einen prophetischen Zug, der darauf verwies, dass der Kurkreis mit Wittenberg im Jahr 1815 zu jenen 57 Prozent des sächsischen Territoriums gehören sollte, die im Ergebnis des Wiener Kongresses dem Königreich Preußen zugeteilt wurden. Diese Landesteilung bildete eine Zäsur für beide Staaten. Sachsen hatte den Konkurrenzkampf mit seinem nördlichen Nachbarn endgültig verloren und sank auf den Status einer nachrangigen Macht. Preußen hatte zwar sein Ziel nicht erreicht, sich das sächsische Territorium zur Gänze anzueignen, dennoch stieg es aufgrund erheblicher Territorialgewinne neben Österreich zur führenden Macht in Deutschland auf. Diese Veränderungen erforderten von den Beteiligten bedeutende Anpassungsleistungen. Der Sieger stand vor der Aufgabe, sein vergrößertes Staatsgebiet zu konsolidieren und seine neuen Bewohner in den preußischen Untertanenverband zu integrieren. Der Verlierer hingegen musste sein Negativimage als Königreich von Napoleons Gnaden abstreifen sowie seinen territorialen Verlust bewältigen. Dieser wog umso schwerer, als eben auch Wittenberg verloren ging, das als Ursprungsort der Reformation symbolisch aufgeladen war und damit eine Säule der sächsischen Identität bildete. Hieraus erwuchs natürlich auch für Preußen ein potenzielles Problem bei der Integration des Kurkreises. Diese Konstellation führt vor dem Hintergrund, dass Grenzziehungen immer auch Einfluss auf Identitätsbildungen haben, zur Frage nach den Anpassungsstrategien, mit der beide Seiten auf die territoriale Verschiebung reagierten: Wie wurde diese Situation erklärt, welche Argumente hierfür genutzt und welche neuen Identitäten generiert? Einerseits interessiert mit Blick auf den Sieger zum Beispiel, ob und wie dieser bei der Integration seiner neuen Bürger die Symbolizität Wittenbergs nutzen konnte. Folgt man andererseits der Erkenntnis, dass Besiegte, nachdem Niederlagen alte Gewissheiten ad absurdum geführt haben, ihre Geschichte umschreiben, um neue Zukunftsperspektiven zu entwickeln, so ist nach entsprechenden Umdeutungen auf sächsischer Seite zu fragen.

Ähnlich wie Nitzsch deutete auch dessen Amtsbruder Heinrich Leonhard Heubner – zumindest anfänglich – die Folgen der preußischen Besatzung positiv. Eben noch »umgeben von Fremdlingen, die die Masken unserer Freunde und Beschützer trugen«, tatsächlich aber »unsere Feinde und Peiniger« waren, durften sich nun die Wittenberger als »Deutsche Brüder, als Freie« verstehen.[3] Hiervon ausgehend benannte Heubner in der Fürbitte am Ende seiner Predigt die Fixpunkte einer bipolaren nationalen Zukunft aus sächsischer Sicht: »Beschütze unser Sächsisches Vaterland [...] Verherrliche dich ferner an unserm Deutschen Vaterland, und schütze seine Freiheit: beschirme die Fürsten, durch die du uns dieses Kleinod gerettet hast [...] laß ewig diese Brüder des Deutschen Vaterlandes verbunden werden.«[4] Dieses Konstrukt fügt sich nahtlos ein in den Prozess einer Nationalisierung, der nicht zuletzt unter dem Druck der napoleonischen Fremdherrschaft eingesetzt hatte. Allerdings kam es in Sachsen zu einem Wandel, nachdem man sich dort bewusst wurde, dass der territoriale Fortbestand des Landes akut gefährdet war: Auf dem Wiener Kongress geriet das Königreich in den Brennpunkt machtpolitischer Interessengegensätze von Frankreich, Russland, Preußen und Österreich. Ein sichtbares Symbol für den drohenden Verlust der Eigenstaatlichkeit war, dass die preußische Verwaltung Sachsens andauerte, während sich sein König Friedrich August I., dem Kollaboration mit Napoleon vorgeworfen wurde, als einziger deutscher Souverän in Kriegsgefangenschaft befand. Diese Konstellation zeitigte eine bis zum Vollzug der sächsischen Teilung anhaltende Diskussion um die Angliederung des Landes an Preußen, die in zahlreichen anonymen Flugschriften mit militärischen, rechtlichen und moralischen Argumenten geführt wurde.

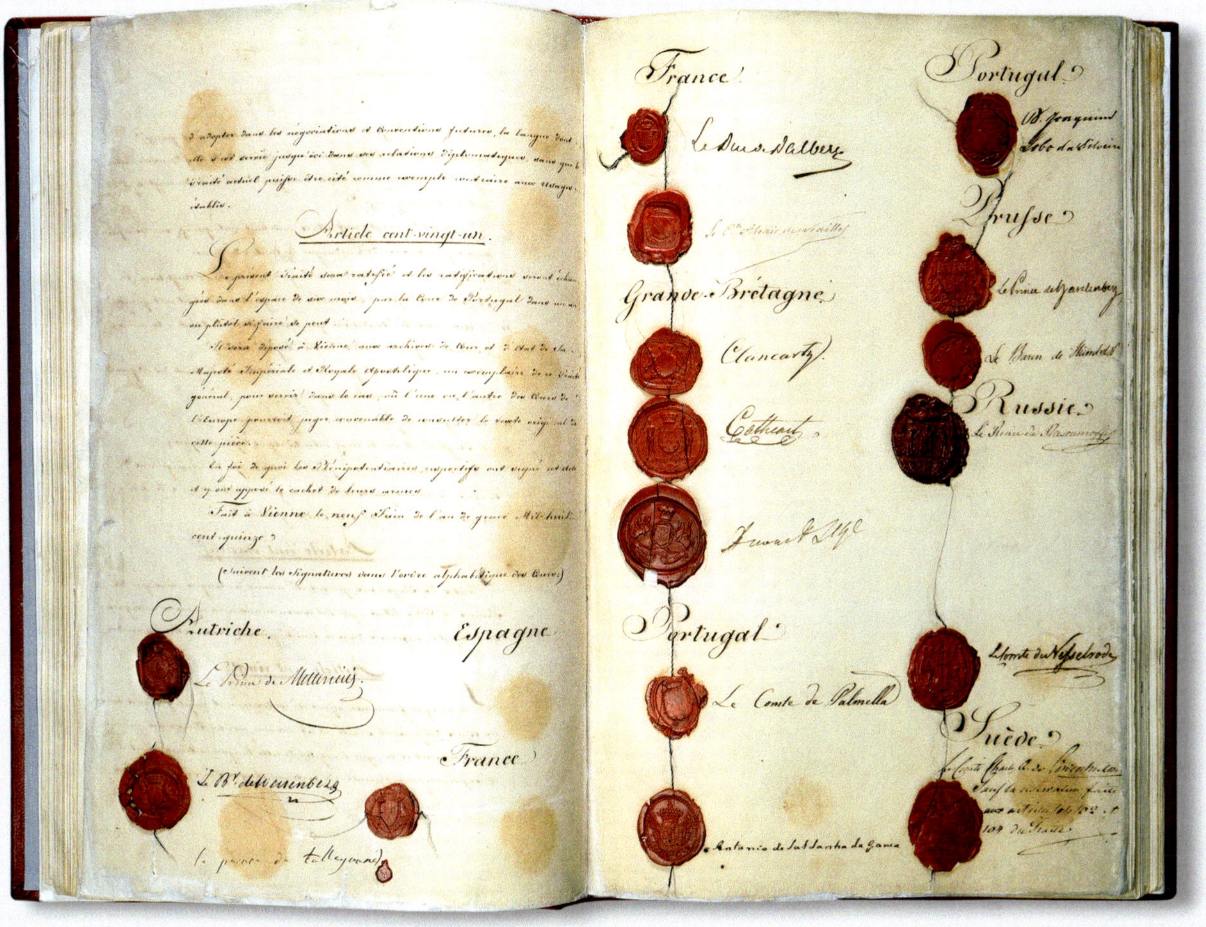

Schlussakte des Wiener Kongresses, 1815,
Geheimes Staatsarchiv PK

Einen Ausgangspunkt für die Selbstvergewisserungsstrategie, welche die prosächsischen Flugschriftautoren entwickelten, bildete der Widerspruch zwischen einerseits der Behauptung der Alliierten, ihr Kriegsziel bestünde ausschließlich in der Befreiung vom napoleonischen Joch und andererseits dem drohenden Finis Saxoniae. Mit dem Hinweis auf diese Konstellation spielten die Autoren auf das Legitimitätsprinzip an, mit dem der französische Außenminister Charles de Talleyrand auf dem Wiener Kongress letztendlich das Recht des Siegers auf Annexion bestritten hatte und auf dessen Grundlage das napoleonische Staatensystem zu Gunsten der alten Dynastien liquidiert wurde. Allerdings war für Sachsen die Berufung auf dieses Prinzip problematisch, weil sich Friedrich August I. mit Napoleons Unterstützung zum Beispiel den Cottbuser Kreis und das Herzogtum Warschau angeeignet hatte. Wohl deshalb argumentierten die prosächsischen Autoren, dass diese Gewinne seinerzeit von allen Fürsten legitimiert worden waren. Ergänzend verwiesen sie darauf, dass Friedrich August als Monarch keinem menschlichen Richter unterworfen sei, folglich in personam nicht verurteilt werden könne.

Einweihung des Obelisken auf dem Augustusberge zum Andenken der fünfzigjährigen Regierung des Königs, am 18. Sept. 1818, kolorierte Radierung, Wien, Österreichische Nationalbibliothek

Bauten derartige Argumentationsketten auf rechtlichen Konstrukten auf, so bestand eine zweite, ergänzende Vergewisserungsstrategie, die bereits im Eingangszitat anklang, in einer Selbststilisierung zum Opfer. Unter diesem Blickwinkel erklärten die Autoren das sächsische Verhalten während der gesamten napoleonischen Ära. Alle Entscheidungsoptionen ausblendend, behaupteten sie in entschuldigender Absicht, dass äußere, nicht beeinflussbare Faktoren das Schicksal des Landes diktiert hätten: Nur aufgrund seiner geringen Größe sei Sachsen ein Spielball Napoleons geworden; nur aufgrund der Verkettung, dass die Völkerschlacht in Sachsen stattfand und Friedrich August I. in Gefangenschaft geriet, habe der Monarch im Gegensatz zu anderen deutschen Souveränen seine Bündnispolitik nicht mehr korrigieren können. Ergänzend zu dieser Selbststilisierung trat hinzu, dass viele Sachsen begannen, höchste Sympathie mit ihrem gefangenen König zu zeigen. Die Flugschriftautoren thematisierten ihre Verbundenheit mit dem aus ihrer Sicht ungerechtfertigt inhaftierten Friedrich August I. und stilisierten ihn zum treu und liebevoll agierenden Landesvater. Dies unterfütterten sie beispielsweise mit Hinweisen auf dessen Rolle beim Wiederaufbau des Landes nach dem Siebenjährigen Krieg oder mit der Behauptung, auch während der napoleonischen Ära habe das Landeswohl den Handlungsmaßstab des Monarchen gebildet. Deshalb, so die Schlussfolgerung, verdiene weder der Monarch noch dessen Dynastie, dass man ihnen das »Erbe« entreiße.[5] Inwieweit diese Haltung in der Bevölkerung verbreitet war, illustriert pars pro toto eine Festlichkeit mit Illumination und Konzert, die ein Dresdner Gastwirt am 3. August 1814, dem Namenstag des Königs, trotz eines behördlichen Verbotes veranstaltete. Die zahlreichen Gäste quittierten diese Veranstaltung als Ausdruck eines sächsischen Patriotismus. Die angerückte Polizei griff nicht ein, vielleicht auch deshalb, weil sich höhere Militärs im Publikum befanden. Vor dem Hintergrund, dass Sachsen zu diesem Zeitpunkt unter preußischer Verwaltung stand, offenbart dieser Vorfall zumindest subkutan jene sächsisch-preußischen Spannungen, die eine im zeitlichen Umfeld des Anniversariums der Völkerschlacht 1814 publizierte Broschüre offen formulierte: Sachsen und Preußen können ebenso wenig freundschaftlich verbunden sein wie »Schlächter« und »Schlachtopfer«.[6]

Waren die von sächsischer Seite vorgebrachten Argumente und Uminterpretationen deutlich von einer auf Entschuldigung und Verdrängung abzielenden Verliererperspektive geprägt, so kommentierten die propreußisch eingestellten Autoren die Kriegsergebnisse aus der Sicht des Siegers. Dabei wird bereits in Ansätzen der von der borussischen Historiografie verbreitete Mythos vom Befreiungskampf unter preußischer Führung spürbar. Vor dem Hintergrund des Legitimitätsprinzips und der in Friedensverträgen traditionell unterstellten Amnestieklauseln, aus denen sich ein Verzicht auf alle Schadensersatzforderungen ableiten ließ, bauten die propreußischen Autoren ihre Argumentation weniger auf dem Thema der Kriegsentschädigung als

Schützenscheibe zum Regierungsjubiläum 1818 (Detail), Chemnitz, Schlossbergmuseum

vielmehr auf der 1814 vorherrschenden deutsch-nationalen Stimmung auf. Geschickt verwiesen sie darauf, dass in der Zersplitterung Deutschlands der zentrale Grund für Napoleons Herrschaft in Deutschland gelegen habe. Daraus folgerten sie, dass allgemein die kleineren Staaten an Preußen anzugliedern seien. Speziell gelte das für Sachsen: Die Kriegsereignisse hätten gezeigt, dass das Land weder zur Selbstverteidigung fähig sei noch eine Schutzfunktion für das deutsche Vaterland wahrnehmen könne. Dies läge aber nicht nur an der geografischen Lage des Königreichs – womit die propreußischen Autoren die Argumente der prosächsischen Seite aufgriffen –, sondern auch am Verhalten des sächsischen Monarchen. Dieser habe, so die Schuldzuweisung, gleich nach der ersten verlorenen Schlacht von Jena und Auerstedt 1806 seinen preußischen Verbündeten endgültig im Stich gelassen und sei mit abgöttischer Hingabe dem »Weltzertrümmerer« Napoleon gefolgt.[7] Ausschließlich als Folge dieses »Widerstrebens gegen die heiligste Sache der Welt« sei sein Land erobert worden.[8] Während Preußen, das »Licht im Norden«, für das deutsche Volk die größten Opfer gebracht habe, hätte Sachsen unter allen deutschen Ländern den geringsten Anteil am Sieg in der Völkerschlacht und sei »in den Augen der Edlen im teutschen Volk gesunken«.[9] Vor allem die Dynastie der Wettiner erschien also nicht nur militärisch, sondern auch im nationalen Kontext moralisch delegitimiert. Dementsprechend lautete die Schlussfolgerung: Die Sachsen könnten sich glücklich schätzen, wenn der preußische König Friedrich Wilhelm III. auch den Titel des Königs von Sachsen annähme und damit ein großes deutsches Volk einem kleineren deutschen Volk militärischen Schutz und moralisches Ansehen gewähre. Diese Option läge im Sinne aller Sachsen, die in ihrer Mehrzahl nicht vom Fortbestand eines eigenständigen Königreichs Sachsen profitieren würden. Zudem versuchten die Autoren, den Sachsen eine preußische Zukunft schmackhaft zu machen: Wie das Beispiel Schlesien zeige, befördere Preußen sowohl die vollständige Gleichstellung der Bewohner eroberter Territorien als auch deren wirtschaftlichen Wohlstand.

Am 18. Mai 1815 wurde die Aufteilung Sachsens besiegelt. Im Versuch, die sächsische Einheit wenigstens auf einer mentalen Ebene aufrechtzuerhalten, beschworen die jetzt in preußische und sächsische Untertanen getrennten Sachsen gegenseitig die Existenz eines »Bandes der Bruderliebe«, nachdem ein »unverschuldetes Schicksal« das »Band der bürgerlichen Verhältnisse« getrennt hatte.[10] Zudem appellierte die Bevölkerung der preußischen Provinz Sachsen an die Einwohner des Königreichs, Friedrich August I. nun doppelt zu lieben. Der preußische König Friedrich Wilhelm III. nutzte hingegen die sächsische Identität als Aufhänger, um die neuen Untertanen auf Preußen einzuschwören. In seinem Aufruf an die ehemaligen Sachsen vom 22. Mai 1815 hieß es, der Schmerz, mit dem sich diese von der Treue lösten, die sie seit Jahrhunderten den Wettinern entgegengebracht hatten, gelte ihm als Bürgschaft für deren künftige Treue zu Preußen. Dabei leitete der Hohenzoller die sächsische Teilung aus den behaupteten preußischen Verdiensten für die Unabhängigkeit Deutschlands und der daraus resultierenden Sorge um das Gemeinwohl ab. Damit konnte er, das manifeste preußische Interesse an Sachsen verschleiernd, behaupten: »Nur Deutschland hat gewonnen, was Preußen erworben.«[11]

In den zitierten Statements deuten sich die Stabilisierungsstrategien an, mit denen Verlierer und Sieger die 1815 eingetretenen Veränderungen mental verarbeiteten. Vor dem Hintergrund der von der Forschung betonten identitätsstiftenden Funktion der Festkultur interessiert im Folgenden, wie das in beiden Königreichen inszenierte Reformationsjubiläum 1817 sowie in Sachsen die Feiern anlässlich der Rückkehr König Friedrich Augusts I. aus der Gefangenschaft 1815, dessen 50-jähriges Regierungsjubiläum 1818 und dessen Goldene Hochzeit 1819 als »mehrjähriges Festprogramm« zur Formierung neuer Leitideen genutzt wurden.[12] In Hinblick auf die sächsische Selbstvergewisserung ist es dabei aufschlussreich, dass nicht der Landesherr die Kompensationsstrategie initiierte, sondern die Bevölkerung. Dies lässt sich allgemein mit der Verbürgerlichung der Festkultur erklären, verweist im Speziellen jedoch auf die demonstrative Verbundenheit der Bevölkerung mit Land und Monarchie. Ihren bildlichen Ausdruck fand diese Demonstration zum Beispiel in den Festdekorationen der genannten Feiern. Auf Spruchbändern wurde Friedrich August zum Garanten künftigen Glücks stilisiert und die traditionell grün-weißen Girlanden, die während der zwischen 1815 und 1819 veranstalteten Feierlichkeiten viele Gebäude schmückten, deuteten nunmehr auf die neuen Landesfarben. Diesem Bekenntnis zur Dynastie stellten die Sachsen ein Verlierergedächtnis zur Seite, wobei sie – ohne die Niederlage 1813 und die Teilung 1815 unmittelbar zu benennen – die Argumentation der prosächsischen Druckschriften weiterentwickelten: So beschwor ein Festredner das »wiederkehrende Glücke einer, von allen Zeitumständen ohne Schuld gebeugten Nation«.[13] Es manifestiere sich in »der neuen Würdigung und Huldigung der großen Verdienste eines Friedrich August, wie sie selten ein Herrscher der alten und neuern Zeit um sein Volk hat, gegen den der unauslöschliche Dank für eine lange, heilverbreitende Zeit [...] in hellen Flammen auf den späten Altären des Vaterlandes, und so lange noch, wenn alles in Trümmer zerfällt, ein Sächsischer Hausvater den stolzen Namen, Sachse, führt auflodern wird.«[14]

Die Behauptung, der König besäße Verdienste, stellte ein Deutungsangebot dar. Es entstand im Ergebnis einer Geschichtsumschreibung, in der die Festredner aus kompensatorischen Gründen negative Entscheidungen des Monarchen neu interpretierten. Dessen Festhalten am Bündnis mit Napoleon galt nun nicht mehr als gravierende Fehlleistung, sondern als Beweis besonderer Treue. Diese avancierte vollends zu einer königlichen Eigenschaft, als die Bevölkerung ihrem König den in die sächsische Historiografie eingegangenen Beinamen »der Gerechte« verlieh.[15] Damit erhielt auch dessen Haft einen neuen Sinn: Mit ihr brachte der Wettiner dem »Weltfrieden und der Versöhnung ein Opfer [...], das außer ihm kein Fürst gebracht, und das ihm die allgemeine dankbare Verehrung Deutschlands erwerben muß«.[16] Damit war der Monarch rehabilitiert und seine »Gerechtigkeit« wurde übertragen auf eine gegenseitige Treue im Bündnis von Volk und König, die ihrerseits als Bestandteil der göttlichen Ordnung verortet wurde.

Zwei Jahre später, anlässlich des Reformationsjubiläums 1817, kontrastierten die Festredner den Gebiets- und Bedeutungsverlust mit Sachsens Rolle als Mutterland der Reformation, um so dessen besondere Wertigkeit gegenüber anderen Territorien zu behaupten: »Das edle Volk der Sachsen [...] aus seinem Schooße war ja das so lange verdunkelte Licht des Evangeliums mit neuer Klarheit hervorgegangen; ihm gehört der Unvergeßliche an, den Gott erwählt hatte [...]. So verschieden mithin auch die äußeren Verhältnisse des Sächsischen Volkes seyn mögen: der Glanz dieses denkwürdigen Ereignisses und die Folgen, die es für den Flor der Wissenschaften und die Kultur der Nationen gehabt hat und noch künftig haben wird, sind ein Gesammteigenthum Aller, die den ehrwürdigen Nahmen Sachsen tragen«, einschließlich der Bewohner der neuen preußischen Provinz Sachsen.[17] In Einzelfällen stellten sächsische Pfarrer sogar die geistige Befreiung der Reformation mit der nationalen Befreiung von der napoleonischen Fremdherrschaft in einen Kausalzusammenhang. Sie verwiesen darauf, dass die Ambivalenz von geistiger und weltlicher Freiheit mit der Verbrennung der Bannandrohungsbulle durch Luther am 10. Dezember 1520 vorgeprägt war.

Angesichts der vielschichtigen Sinnaufladungen der Reformation bezeichnete der Leipziger Historiker Karl Heinrich Pölitz das Reformationsjubiläum »mit gerechtem Stolz als ein sächsisches Nationalfest«, das damit dem »Nationalfest« anlässlich der Rückkehr des Monarchen 1815 nachfolgte.[18] Zugleich leitete er aus den Verdiensten der Vergangenheit eine Mission für die Zukunft sowie einen künftigen geistigen und kulturellen

Carl Christian Vogel von Vogelstein: König Friedrich August von Sachsen, Öl auf Karton auf Leinwand, 1831, Galerie Neue Meister, SKD

Lutherdenkmal in Wittenberg, Lithografie, o. J., Museum Schloss Moritzburg Zeitz

Führungsanspruch ab, den Sachsen als Mutterland jeglicher höheren Kultur gegenüber Preußen habe. Damit verkehrte sich die Niederlage von 1813 endgültig in einen Sieg: Es gelte »fortan auf sächsischem Boden überhaupt der heilige Entschluß: durch die unserem Volke einwohnende moralische Kraft den politischen Rang desselben in der Reihe der übrigen Staaten Teutschlands und Europens von neuem zu begründen und so lange zu behaupten, als – mit dem teutschen Namen unzertrennlich verbunden – der seit achtzehnhundert Jahren unentweihte und fleckenlose Name der Sachsen in den Annalen der Geschichte genannt wird!«[19] Ganz in diesem identitätsstiftenden Sinne förderten denn auch die späteren sächsischen Könige Friedrich August II. und Johann die historische Bildung, etwa im »Königlich Sächsischen Verein zur Erforschung und Erhaltung vaterländischer Altertümer«, dessen Vorsitz beide in ihrer Kronprinzenzeit innehatten. Kulturelle Leistungen als Generator sächsischer Größe und das Bekenntnis zur Monarchie bildeten die beiden Grundlagen, mit denen nach Meinung der Festredner Sachsen einen geachteten Platz in der deutschen Völkerfamilie erwerben konnte. Mit dieser Konstellation war das neue sächsische Selbstverständnis konstituiert, das in den Feiern 1818 und 1819 perpetuiert wurde. Anzumerken bleibt, dass dieses auf einem Vergangenheitsrückgriff aufbauende Selbstverständnis mit der politischen Situation Sachsens korrespondierte: Dort waren die Jahre nach 1813 kein Zeitalter der Reform, sondern der gesellschaftlichen Stagnation. Insofern hatte ein preußischer Autor mit seiner Einschätzung recht, wonach Sachsen »an den Grenzsteinen der alten Zeit« stehe und seine Helden keine Patrioten der Gegenwart, sondern sächsische Figuren der Vergangenheit seien: Wittekind, Otto, Friedrich der Streitbare, Moritz, Johann der Beständige und Luther.[20]

Ähnlich wie in Sachsen wurde auch im nunmehr preußischen Wittenberg das Reformationsjubiläum 1817 aufwendig inszeniert und fand wie das sächsische Pendant bei der Bevölkerung großen Zuspruch. Der entscheidende Unterschied bestand jedoch darin, dass Friedrich Wilhelm III. anders als Friedrich August I. die Säkularfeier aktiv als Instrument einer Konsolidierungsstrategie nutzte. Demonstrativ nahmen der Monarch und Teile seiner Familie an der Säkularfeier in Wittenberg teil. Dies war ein Novum: Niemals zuvor war ein Landesherr anlässlich eines Reformationsjubiläums am Ursprungsort der Reformation gewesen. Die integrative Wirkung dieses Verhaltens spiegelt sich in den Festschriften wider: »mit Wittenbergs evangelisch-christlicher Urgemeinde feiert unser König dies seltene Fest«.[21] Dadurch erlebten viele Wittenberger »zum ersten Mal die echte Religiosität der Königsfamilie, sahen wie beglückend und erfreulich die Nähe der Königsfamilie auf die Gemüther wirkte«.[22] Offenkundig diente hier die Religion als verbindende Klammer zwischen Monarch und Bevölkerung. Für die Wittenberger, die seit der Konversion der albertinischen Kurfürsten zum katholischen Bekenntnis an der Wende vom 17. zum 18. Jahrhundert erstmals wieder einen protestantischen Landesherrn besaßen, war dies eine neue, positive Erfahrung.

Die Teilnahme Friedrich Wilhelms III. an der Wittenberger Feier war Bestandteil der Strategie der Hohenzollern, symbolträchtige Erinnerungsorte zu besetzen, um die auf diese Orte ausgerichteten regionalen Identitäten einzufangen und auf eine brandenburgisch-preußische umzulenken – was freilich nicht zwangsläufig heißt, dass wirklich ein Identitätswandel stattgefunden hat. Diese Strategie materialisierte sich im Verlaufe eines Jahrhunderts in der Genese verschiedener preußisch konnotierter Erinnerungsorte. Wittenberg ist hierfür ein prominentes Beispiel: Am Anfang stand das Engagement Friedrich Wilhelms III. für das Luther-Denkmal, dessen Grundstein während des Reformationsjubiläums vor dem Rathaus gelegt wurde. Den Endpunkt stellt die Neugestaltung der Schlosskirche mit der Thesentür (1858) und ihrer an eine Kaiserkrone gemahnenden Turmhaube (1892) dar. Dass diese Strategie jedoch keineswegs nur auf das protestantische Wittenberg zielte, verdeutlicht ein Blick auf den Kölner Dom, dessen Vollendung bekanntlich ebenfalls von den Hohenzollern forciert wurde.

Die Okkupation von Erinnerungsorten war jedoch nur ein Bestandteil einer weitgespannten Politik, mit der Friedrich Wilhelm III. die Religion zur innerpreußischen Integration nutzte. In diesem Zusammenhang ist zunächst auf gesamtstaatlicher Ebene auf die vom Monarchen betriebene preußische Kirchenunion der beiden protestantischen Bekenntnisse zu verweisen, wobei die Teilnahme des Königs am Reformationsjubiläum 1817 natürlich auch in diesem Kontext zu verorten ist. Insgesamt stieß die Kirchenpolitik bei den Wittenberger Pfarrern auf positive Resonanz. So lobten Probst Johann Friedrich Schleusner diese Annäherung und Einheit der beiden protestantischen Kirchen in Preußen und der bereits zitierte Nitzsch die von Friedrich Wilhelm III. initiierte Synodalverfassung, wobei Letzterer explizit auf den Nutzen abhob, den die Wahl der Kirchenältesten durch die jeweiligen Gemeinden bedeutete. Versteht man die Pastorenschaft als Sprachrohr und Multiplikator der öffentlichen Meinung, dann musste deren Wertschätzung der preußischen Kirchenpolitik eine wertvolle Hilfe bei der Integration der Bevölkerung des Kurkreises in den preußischen Untertanenverband darstellen.

Auf Wittenberger Ebene flankierten weitere Maßnahmen die symbolische königliche Teilnahme am Reformationsjubiläum. Der Spannbogen reichte von Bezuschussungen der Armenkasse über die finanzielle Unterstützung der Reparatur der Kirchen und Steuererleichterungen bis hin zur Einrichtung des Predigerseminars. Letzteres diente gleichsam als Kompensation für die endgültige Schließung der Universität, deren Weiterführung angesichts der geringen Distanz zur preußischen Universität Halle als nicht sinnvoll erschien. Den Universitätsprofessoren wurde ein Wechsel an die Hallenser Alma Mater, an andere Universitäten oder ins Predigerseminar angeboten, um so eine mit ihrem Schicksal halbwegs zufriedene Beamtenschaft zu generieren.

Die positiven Folgen dieser Aufbaupolitik spürte die Festgemeinde unmittelbar. Probst Schleusner kommentierte voller Dankbarkeit, anlässlich des Reformationsjubiläums könne erstmals seit langer Zeit die Kirche wieder genutzt werden, da sie nun durch die »edle Vorsorge und väterliche Milde unseres besten Königs« wieder hergestellt worden war.[23] Hiervon ausgehend heißt es an anderer Stelle: »Mit inniger Rührung werden wir auf ihn sehen bei unserer Jubelfeier, die seine persönliche Teilnahme verherrlichen wird. Liegt uns das Wohl der Kirche, das einst in so reichem Maße von unserer Stadt ausging, liegt uns die Ehre Luthers am Herzen, so muß auch Er, der königliche Beförderer von beiden, unsern Herzen immer näher kommen und sich ihnen tiefer einprägen.«[24] Diese Aussage belegt – neben der Verbindung der Pastoren zum König – zwei Dinge: Erstens kompensierte die auf das reformatorische Ursprungsgeschehen abzielende Wittenberger Lokalidentität die sächsische Identität; dazu passt es, dass aus gutem Grund die ehemalige Zugehörigkeit zu Sachsen nicht erwähnt, der Verlust der Universität als Wirkungsort Luthers – und nebenbei als wichtige »Nahrungsquelle« der Stadt – allerdings beklagt wurde.[25] Zweitens banden die Pastoren in ihrer Reformationsvergegenwärtigung den preußischen König unmittelbar an die wettinischen Schutzfürsten der Reformation an, als deren legitimer Nachfolger Friedrich Wilhelm so erscheint. Schließlich wurde auch im Reformationsjubiläum begonnen, Wittenberg und die Reformation mit einer nationalen Komponente antifranzösischer Stoßrichtung aufzuladen. Im Schriftgut der Säkularfeier fanden sich auch unmittelbare Verweise auf die Befreiungskriege: Danach wurde in der Wittenberger Gegend Deutschland nach 1632 zum zweiten Mal vor der französischen Herrschaft errettet. Und die Wittenberger verwiesen darauf, dass während der Säkularfeier das »tapfere Collbergsche Regiment«, das 1813/14 vor Wittenberg gekämpft hatte, in der Stadt weilte.[26] Eine Rückbindung zum Dreiklang Preußen – Reformation – deutsche Nation erfolgte schließlich in der Aussage: Es war der »König, der neue Herrscher, der mit dem Blut vieler Getreuen dieses Fest erkaufte«.[27]

Gedruckte Quellen und Literatur Beherzigungen, 1814 · Beschreibung, 1815 · Blicke, 1814 · Briefe, 1815 · Carl 2004 · Dörffurt 1817 · Düding 1988 · Flügel 2005 · Friedrich Wilhelm III. 1815 · Gärtner 1817 · Graf 2000 · Grahmann 1815 · Heubner 1815 · Keyser 1817 · Koselleck 1989a · Koselleck 2000 · Langewiesche 2004 · Laube 2003 · Lebewohl 1815 · Marcowitz 1997 · Mergen 2005 · Nitzsch, I. 1815 · Nitzsch, I. 1817 · Pölitz 1816 Reichelt 2013 Schadow 1987 · Schleusner 1817

Anmerkungen **1** Nitzsch, I. 1815, S. 183f. **2** Ebd. **3** Heubner 1815, S. 270f., S. 288. **4** Ebd., S. 289. **5** Beherzigungen, 1814, S. 7. **6** Briefe, 1815, S. 59. **7** Sendschreiben, 1814, S. 1. **8** Ebd. **9** Ebd., S. 5f. **10** Lebewohl 1815, S. 15. **11** Friedrich Wilhelm III. 1815, n. pag. **12** Mergen 2005, S. 60. **13** Beschreibung, 1815, S. 9. **14** Ebd., S. 10. **15** Grahmann 1815. **16** Lebewohl 1815, S. 5. **17** Gärtner 1817, S. 3f. **18** Keyser 1817, S. 124; Grahmann 1815, S. 6. **19** Pölitz 1816, S. 45. **20** Blicke 1814, S. 8. **21** Dörffurt 1817, S. 16. **22** Ebd., S. 49. **23** Schleusner 1817, S. 5f. **24** Nitzsch, I. 1817, S. 78. **25** Dörffurt 1817, S. 5. **26** Ebd., S. 26. **27** Ebd., S. 47

Ein Sachse im preußischen Staatsrat. Karl Gottlieb Behrnauer. Eine Geschichte zwischen Sachsen und Preußen

UWE KOCH

»[D]er Mann gehört zu denen, die Sachsens Interessen erkennen und in unserem Sinne agiren«,[1] lässt Friedrich Lubojatzky in seinem historischen Roman *König Friedrich August III. von Sachsen und seine Zeit* den Fürsten Nikolai Grigorjewitsch Repnin über den sächsischen Finanzrat Behrnauer sagen. Er sei »ein sehr thätiges Werkzeug« und habe sich die volle Gunst Fürst Repnins, der vom Oktober 1813 bis November 1814 als russischer Generalgouverneur das besiegte Sachsen verwaltete, erworben.[2] Der so qualifizierte Behrnauer wird von Lubojatzky als »stattlicher, wohlbeleibter Mann, der […] jener Partei angehörte, die Alles aufbot, um Sachsen preußisch werden zu sehen«,[3] beschrieben und somit zu einem Verräter Sachsens gestempelt.

Der 1852 in Grimma erschienene historische Roman des damals populären Autors zeugt noch fast vierzig Jahre nach dem Ende der napoleonischen Fremdherrschaft und der Kriege von der schwierigen und emotional belasteten Verarbeitung dieser historischen Vorgänge, die für Sachsen einem Erdbeben gleichkamen. Sachsen, das bis zum bitteren Ende an der Seite Napoleons gegen die verbündeten Russen, Österreicher und Preußen gekämpft hatte und mit ihm untergegangen war, stand vor einem Desaster. Der Krieg hatte das Land verwüstet, die Staatskasse war leer, König Friedrich August I. von Sachsen war in der Hand der Preußen, die Verwaltung lag am Boden und das Volk litt unter alldem.

Nach dem Sieg der Verbündeten in der Völkerschlacht bei Leipzig (16.–19. Oktober 1813) wurde Sachsen einem neugebildeten »General-Gouvernement der Hohen Verbündeten Mächte« unter Oberhoheit des preußischen Freiherrn Karl vom und zum Stein unterstellt, und Fürst Repnin wurde Gouverneur.

Als oberster Verwaltungschef und Gouverneur waren Stein und Repnin auf die Gewinnung und Mitwirkung von kompetenten und engagierten sächsischen Fachleuten angewiesen. Bei der Rekrutierung griff Stein insbesondere auf Persönlichkeiten zurück, die sich bereits bis 1812 als fähig erwiesen und die überdies der napoleonfreundlichen Politik kritisch gegenübergestanden hatten.

Zu jener überschaubaren Gruppe sächsischer Beamter, die bemüht waren, die verkrusteten sächsischen Verwaltungsstrukturen zu reformieren und Anfang 1813 dafür plädierten, das Bündnis mit Russland und Preußen zu suchen, gehörten insbesondere Julius Wilhelm von Oppel, Moritz Haubold von Schönberg, Leopold von Loeben, Joseph Friedrich von Zezschwitz, aber auch der Oberst Carl Adolf von Carlowitz.

Von Oppel war 1812 wegen seiner napoleonkritischen Position bei der Ernennung eines neuen Direktors des Ersten Departements des Finanzkollegiums dem konservativen Freiherrn Georg August Ernst von Manteuffel unterlegen. Ende 1813 jedoch stellte Stein von Oppel an die Spitze der Finanzverwaltung. Jene Gruppe um von Oppel und andere war vor 1815 darum bemüht, reformbereite und fähige Verwaltungsexperten nach Dresden und hier in entsprechende Positionen zu bringen. Von den Anstrengungen zeugen die *Mittheilungen aus den Papieren eines sächsischen Staatsmannes* von Joseph von Zezschwitz, der als Mitglied des Geheimen Finanzkollegiums beauftragt war, Karl Gottlieb Behrnauer in dieses Gremium zu holen. Gegenüber Innenminister von Senfft charakterisierte von Zezschwitz jenen mit folgenden Worten:

»Unter Allen, die mir bekannt geworden, würde keiner so geeignet sein, als der Vice-Kanzler Behrnauer aus Bautzen. Dieser Mann ist in seinen besten Jahren, vermögend, guter Jurist, jedoch mit entschiedener Vorneigung zu Kameral- und Finanz-Geschäften. […] Seit zwei Jahren ist er Mitglied des Ober-Amtes als Vice-Kanzler und genießt allgemeine Achtung und Vertrauen. […] Gerade ein Mann wie er, von klarer Ansicht, ruhiger Ueberlegung, ausdauernder Arbeitsamkeit und reifer Erfahrung, paßt für die Geschäfte des zweiten Departements. […]

Zeiten wie die jetzigen [...] erfordern dringend, daß der König sich mit Männern umgebe, die einmüthig und ganz in seinem Sinne handeln, die Geist, Kraft, regen Eifer und Thätigkeit besitzen, die nicht eigensinnig an veralteten Formen hängen; die den Schwierigkeiten, welche Maßregeln, die der König gewählt hat, entgegen stehen, kräftig vorbeugen, nicht aber sie aufsuchen zum vermeintlichen Beweise, daß dasjenige unausführbar sei, was zum Besten des Ganzen beschlossen worden ist.«[4] Soweit die Würdigung Behrnauers von 1812, die zu seiner Berufung als Geheimer Finanzrat nach Dresden führte.

Zwischen der eingangs zitierten Charakterisierung Behrnauers und der letzteren liegt eine offensichtliche Gegensätzlichkeit, die eine Persönlichkeit suggeriert, welche sich innerhalb von nur zwei bis drei Jahren vom Hoffnungsträger sächsischer Staatsverwaltung zum Preußen-Freund und Staatsverräter gewandelt haben muss. Das wirft freilich Fragen auf: Welche Persönlichkeit steckte hinter diesen abweichenden Einschätzungen? Woher kam Behrnauer? Wohin ging er?

Karl Gottlieb Behrnauer war am 15. September 1765 in Görlitz geboren worden. Sein Vater Gottlieb Jeremias Behrnauer gehörte als Advokat und Amtssekretär zu den hohen Verwaltungsbeamten der Regierung der Markgrafschaft Oberlausitz, seit 1635 ein Teil Sachsens. Seine Mutter, Johanna Friederika Wilhelmine Baumeister, war die Tochter des bedeutenden Rektors des Görlitzer Gymnasiums, Friedrich Christian Baumeister. Sowohl die väterliche als auch die mütterliche Linie hat unter ihren Ahnen den Humanisten und Universalgelehrten Caspar Peucer und dessen Schwiegervater, den Reformator und Gelehrten Philipp Melanchthon. Diese Abstammung spielte im Selbstbild und in der gesellschaftlichen Verortung als Teil der Bildungselite der Oberlausitz eine nicht zu unterschätzende Rolle.

Mit Karl Gottlieb Behrnauer stellte die Familie bereits in der vierten Generation hohe Verwaltungsbeamte und Juristen. Sein Vater, der sich auch als Autor mit der Gerichts- und Rechtsverfassung der Oberlausitz befasst hatte, zählte 1779 zu den ersten Mitgliedern der Oberlausitzischen Gesellschaft der Wissenschaften, die von Karl Gottlob Anton und Adolf Traugott von Gersdorf als Gelehrtengesellschaft gegründet worden war. Dieser in Görlitz ansässigen Vereinigung, die im Laufe der Jahre bedeutsame Sammlungen und die berühmte Oberlausitzische Bibliothek der Wissenschaften anlegte, trat Karl Gottlieb Behrnauer 1790 bei und blieb ihr zeitlebens verbunden. Noch testamentarisch vermachte er ihr 1831 eine umfangreiche Kollektion an astronomischen Büchern.

Behrnauer hatte zwar von 1784 bis 1788 Jura in Leipzig studiert, jedoch verfolgte er bis an sein Lebensende auch naturwissenschaftliche Interessen. Insbesondere Geografie und Astronomie faszinierten ihn. Das 1807 in Dresden von Johann Gottlieb Geisler veröffentlichte Werk *Technische Geschichte des reflektierenden oder Spiegel-Teleskops* wurde Behrnauer gewidmet, was für seine Wertschätzung in Fachkreisen sowie seine Unterstützung wissenschaftlicher Forschungsleistungen stehen dürfte.

Christoph Gottlob Glymann: Jeremias Behrnauer, Bürgermeister von Bautzen, 1712 / 27, Öl auf Kupfer, Stadtmuseum Bautzen.
Die Oberlausitzer Bürgerfamilie Behrnauer übte über mehrere Jahrhunderte wichtige Ämter in der Region aus.

Während seiner Lebensphase in Zittau, wohin er nach seiner Zeit als Syndikus der Oberlausitz 1804 als Bürgermeister wechselte, ließ er sich auf einem Gartenhaus ein Observatorium errichten. Als sorgfältiger und kenntnisreicher Beobachter und Forscher machte er sich einen Namen. 1805 bestimmte er die geografischen Koordinaten von Zittau auf der Grundlage von Messungen von Pulversignalen auf der Lausche, die er im Zusammenwirken mit dem Bergrat Seyffert vorbereitet und durchgeführt hatte.

Ein Briefwechsel mit Adolf Traugott von Gersdorf belegt Behrnauers Kenntnisreichtum und Wissenseifer. Wahrscheinlich schon in jener Zeit stand er auch im Austausch mit Mitgliedern der Gesellschaft Naturforschender Freunde zu Berlin, der er später beitrat. Die bereits 1773 gegründete naturkundliche Gesellschaft zählte solch prominente Gelehrte wie Adelbert von Chamisso oder Alexander von Humboldt zu ihren Mitgliedern.

Geprägt durch das Zeitalter der Aufklärung nahm Behrnauer regen Anteil an den geistigen Entwicklungen seiner Zeit. Diese Aufgeschlossenheit zeigte er auch in seinem beruflichen Wirkungsfeld.

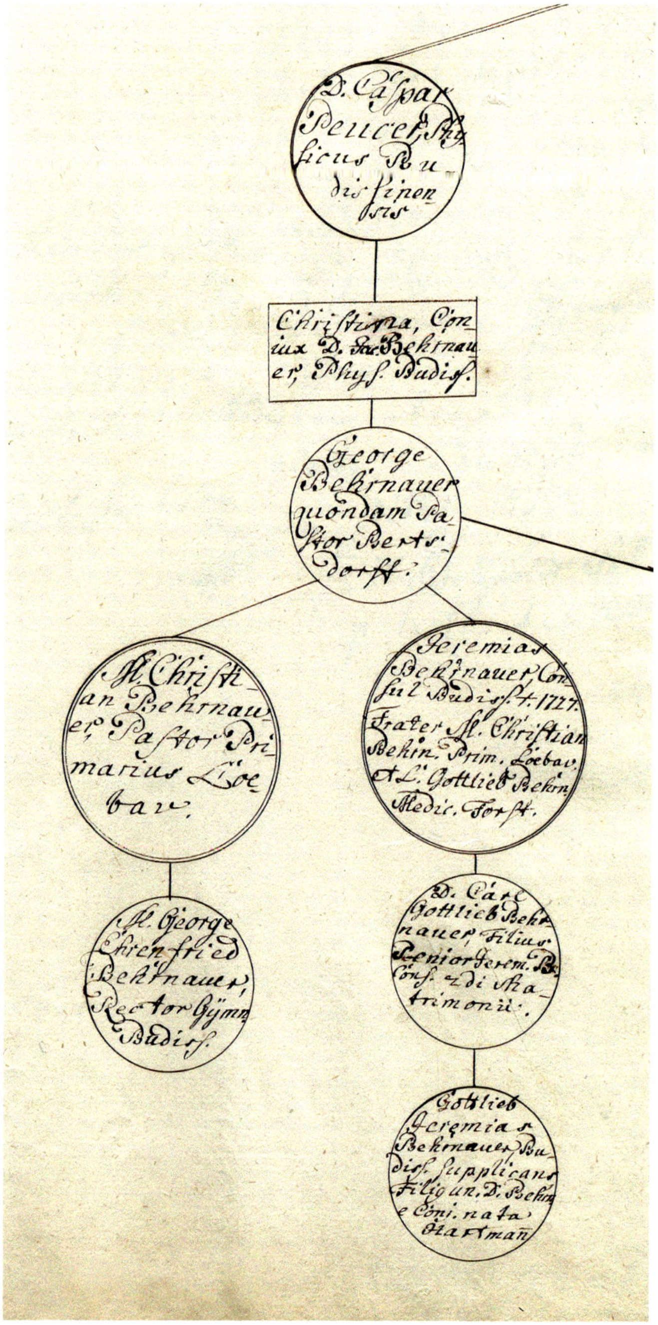

Stammbaum Peucer / Behrnauer (Detail), um 1750, Stadtarchiv Bautzen.
Die Abstammung der Behrnauers vom humanistischen Gelehrten Caspar Peucer und Schwiegersohn Melanchthons prägte die familiäre Identität der Behrnauers bis ins 20. Jahrhundert.

Behrnauer habe sich schon als Landsyndikus »um das gemeine Beste große Verdienste erworben«[5], heißt es. Als Beleg für Behrnauers Beliebtheit und die ihm in der Oberlausitz entgegengebrachte Wertschätzung sei aus einem Gedicht zitiert, das 1796 bei seinem Abschied aus dem Amt des Oberlausitzer Landssyndikus erschien. Dort heißt es: »Zwar ruft Dich, Freund, das Vaterland, zwar winkt die Ehre Dir; doch uns, die Dich als Freund gekannt, eilst Du zu früh von hier.«[6]

Als tüchtiger Bürgermeister wird ihm die Sanierung der zerrütteten Zittauer Stadtfinanzen bzw. die Rettung des städtischen Vermögens nach 1804 bescheinigt. 1808 ließ er durch den Ingenieur Buschbeck auf eigene Kosten einen neuen Stadtplan Zittaus zeichnen und der Bibliothek übergeben. Doch beschränkte sich sein Handeln keineswegs auf Gelehrsamkeit und Verwaltung. Für Behrnauers soziales Engagement steht die Tatsache, dass er 1805 in Zittau mit privaten Mitteln – er war mit der Tochter des Görlitzer Großkaufmanns Uhse verheiratet und wohlhabend – eine Armenküche, die sogenannte Rumford'sche Suppenanstalt, im Kloster einrichtete, um in jenen schweren Zeiten die Not zu lindern. Einen weiteren Aspekt seines wachen Geistes und seiner aufgeklärten Weltsicht bescheinigt seine Beschäftigung mit dem Kulturgut der Sorben in seiner Lausitzer Heimat. In einem Schreiben an Karl Gottlob von Anton vom 9. März 1789 bezeugt Behrnauer Interesse an der Weiterentwicklung der sorbischen Sprache, die er für »noch so ganz ungebildet« hält.[7]

Es kann kaum verwundern, dass sich Behrnauer ebenso aufmerksam mit den großen politischen Entwicklungen befasste. Nach der Katastrophe der verlorenen Schlacht von Jena und Auerstedt vom 14. Oktober 1806, die Sachsen und Preußen noch vereint im Kampf gegen Napoleon erlitten hatten, begann auch in Sachsen eine Zeit der Hoffnung und der politischen Reformbestrebungen nach französischem und preußischem Vorbild. In Preußen war die Reformbewegung mit dem sogenannten Oktoberedikt von 1807 für das Agrarsystem durch den Freiherrn vom und zum Stein eingeleitet worden.

Die Rigaer Denkschrift (1807) Karl August von Hardenbergs und einiger Mitstreiter setzte Impulse, insbesondere für eine Bildungsreform. Während viele Reformansätze in Preußen unter Stein und Hardenberg zu politischem Handeln und Aufbruch führten, blieben vergleichbare Ansätze in Sachsen stecken und scheiterten am Beharrungsvermögen konservativer Minister und des Königs. Da mag es nicht überraschen, dass Reformen gegenüber aufgeschlossene bürgerliche und adlige Kreise aufmerksam und neidvoll nach Preußen schauten.

Karl Gottlieb Behrnauer, bis 1810 Bürgermeister in Zittau und anschließend zum Vizekanzler der Oberlausitz berufen, gehörte zweifellos zu jenem Umfeld. Schon seit dem Jahr 1808 richtete sich seine ganze Aufmerksamkeit auf die preußische Gesetzgebung der neueren Zeit. »Er war vielleicht der einzige sächsische Beamte, der mit Preußens Verfassung, Gesetzgebung und Verwaltung sich vertraut gemacht hatte, ehe sich noch eine Theilung der sächsischen Lande ahnen ließ«, heißt es in einem Nachruf auf Behrnauer im *Neuen Lausitzischen Magazin* von 1831.[8]

Behrnauer dürfte den reformorientierten Kreisen der sächsischen Politik und Verwaltung daher längst ein Begriff gewesen sein. Somit war seine Berufung zum Geheimen Finanzrat am 18. Juni 1812 wohl nur folgerichtig. Er war im Finanzkollegium zeitweilig für die Bereiche der Ober- und Niederlausitzer Verfassungsangelegenheiten, Fragen des Bergrechts und der Privilegien des Bergbaus, Angelegenheiten der Landschulen, Altschulden und Depositensachen sowie für die erzgebirgischen und thüringischen Kreissachen und die Oberlausitzer Domänensachen zuständig. Schließlich sollte er das Armenwesen in Dresden neu organisieren. Im Juni 1814 erhielt er noch die Leitung der Kommission zur Einführung eines vollständigen Maß- und Gewichtssystems in Sachsen übertragen. Diese Fülle an Aufgaben wird Behrnauer zweifellos gefordert haben. Als jüngster Finanzrat wurden hohe Erwartungen in ihn gesetzt. Letztlich verlangte aber auch die schwierige Lage Sachsens rasche Reformen und entschlossenes Handeln von den durch die Besatzer eingesetzten Verwaltungen.

Die Bevölkerung war den siegreichen Preußen und Russen zunächst durchaus freundlich gesinnt. Preußen vermochte es, zeitweilig auch in Sachsen eine gewisse patriotische Stimmungslage zu erzeugen, die in der Überwindung kleinstaatlicher Egoismen und Enge sowie der Weckung nationaler Gefühle die wirkungsvollste Kraft zur Überwindung der napoleonischen Besatzung sah. Führende Repräsentanten Preußens trugen zu einer Verbreitung dieser Positionen durch Äußerungen wie Steins Bekenntnis: »[...] ich habe nur ein Vaterland, das heißt Deutschland«[9] bei. In Görlitz waren der russische Zar und der preußische König im Mai 1813 von der Bevölkerung mit vielen Sympathien empfangen worden.

Nach der Leipziger Völkerschlacht zeichnete sich eine Eingliederung Sachsens in Preußen ab. Zumindest Hardenberg war vom Recht des Eroberers überzeugt und begrüßte seinen Monarchen bereits als »König von Sachsen«. Ende 1814, als das Generalgouvernement aufgelöst wurde und die Preußen von der Recke und Gaudi die Regierungsgeschäfte übernahmen, schienen die Weichen der Einverleibung endgültig gestellt zu sein. Mit nationalem Pathos »der von Preußens deutscher Mission überzeugten Patrioten, welche die für dieselbe notwendige Stärkung der preußischen Position nur in der Totalannexion« Sachsens sahen, wurde dafür agitiert.[10]

Die Stimmung in der sächsischen Öffentlichkeit begann sich zu drehen. Dazu trug nicht zuletzt auch das Verhalten der preußischen Besatzungstruppen bei, und manch negative Assoziation zum Siebenjährigen Krieg wurde wach. Zunehmend zeigte sich in der öffentlichen Meinung ein wachsender Rückhalt für den gefangenen sächsischen König und die Eigenständigkeit Sachsens; die kleiner werdende propreußische Fraktion verlor zusehends an Unterstützung.

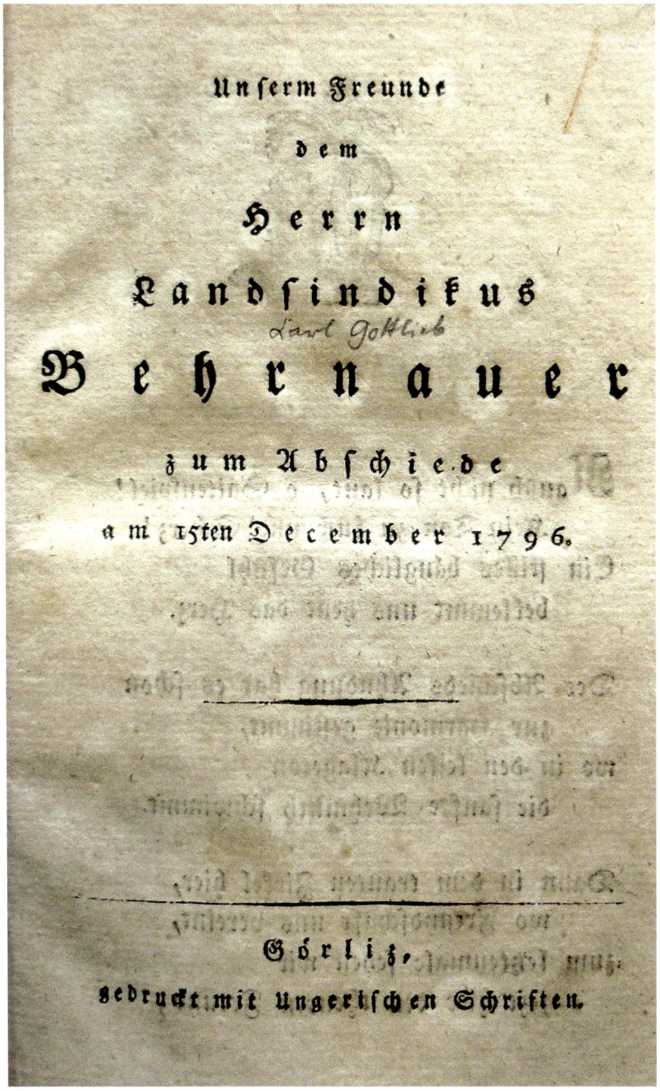
Unserm Freunde
dem
Herrn
Landsindikus
Carl Gottlieb
Behrnauer
zum Abschiede
am 15ten December 1796.
Görlitz,
gedruckt mit Ungerischen Schriften.

Dankgedicht für Karl Gottlieb Behrnauer, Görlitz 1796, Görlitz, Oberlausitzische Bibliothek der Wissenschaften. Behrnauer war von 1792 bis 1796 Amtsvizesekretär und ab 1796 Syndikus der Oberlausitzer Landstände.

Während die große Mehrheit der Bevölkerung den Entscheidungen des Wiener Kongresses skeptisch bis ablehnend gegenüberstand, sahen einige sächsische Beamte in einem Wechsel nach Preußen ihre einzige Chance auf eine angemessene berufliche Zukunft und die Erfüllung eigener gestalterischer und reformorientierter Ziele. Hohe Beamte, wie Behrnauer, die sich schon frühzeitig positioniert hatten, waren längst bereit, diesen Schritt zu wagen.

Als die Beschlüsse von Wien am 27. Mai 1815 in Dresden bekannt wurden, fand eine überlieferte Begegnung Behrnauers mit Wilhelm Heinrich Sohr, Sohn des Görlitzer Bürgermeisters Samuel August Sohr, in Dresden statt. Sohr berichtete, dass Behrnauer zu diesem Zeitpunkt zu einem Wechsel nach Preußen

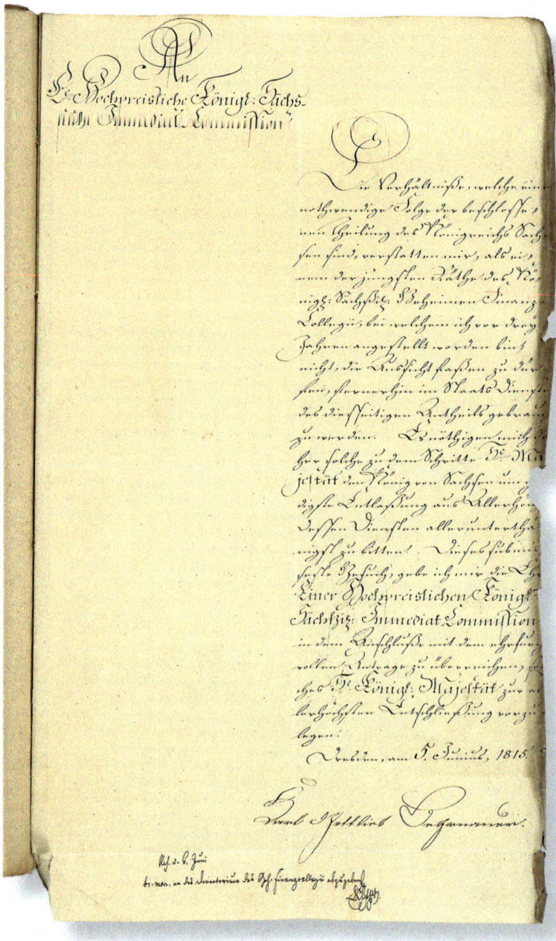

Demissionsschreiben
Karl Gottlieb Behrnauers als sächsischer Finanzrat vom 5. Juni 1815,
Sächsisches Hauptstaatsarchiv Dresden

entschlossen gewesen sei und auch ihn dazu ermuntert habe. Für Behrnauer wie für Sohr schien ein solcher Übertritt schlüssig. Sohr ging diesen Schritt daher ebenfalls und sollte später preußischer Oberregierungsrat in Breslau werden.

In Behrnauers schriftlichem Gesuch um Entlassung aus dem sächsischen Staatsdienst begründet er seinen Entschluss wie folgt: »[…] nicht die Aussicht faßen zu dürfen, fernerhin im Staatsdienste des diesseitigen Antheils gebraucht zu werden«.[11] Nach einer Woche, am 13. Juni 1815, stimmte der König dem Ersuchen zu. Die Anstellung in Preußen erfolgte zügig, zunächst im neuen Generalgouvernement in Merseburg, am 14. Dezember 1815 schon als Geheimer Regierungsrat im Berliner Innenministerium. Am 31. Dezember 1818 wurde Karl Gottlieb Behrnauer dann in den preußischen Staatsrat berufen. Der preußische Staatsrat war 1817 – nach langen Diskussionen um seine Aufgaben und seine Zusammensetzung – auf Betreiben des Staatskanzlers von Hardenberg vom König gebildet worden, ging aber auf die Initiativen Steins zur Reform der Staatsverwaltung von 1808 zurück. Der Staatsrat war als beratendes Gremium des Königs angedacht, und zu seinen Zuständigkeiten zählten folgende Aufgaben: »die Entscheidung über ›diejenigen Gegenstände, bei welchen ein gemeinschaftliches Interesse verschiedener Ministerien, aber keine Vereinigung derselben stattfindet‹, ferner ›Beratungen über den Wirkungskreis aller Verwaltungsbehörden und über Streitigkeiten unter ihnen‹.«[12] Der Staatskanzler von Hardenberg saß dem Staatsrat als Präsident vor. Behrnauer war also in ein unmittelbares Produkt der preußischen Reformen nach 1808, in eine zentrale staatliche Institution berufen worden. Ein zügiger Aufstieg zu einer exponierten Stellung: Ein Sachse saß im preußischen Staatsrat!

Der preußische Kultusminister Karl von Stein zum Altenstein, übrigens ein gebürtiger Franke, hatte schon 1807 betont, wie unverzichtbar es sei, profilierte und kraftvolle Staatsbeamte heranzuziehen. Getreu dieser Leitlinie suchte man sich auch sächsische Fachleute, um selbst höchste Gremien mit ihnen zu besetzen. Karl Gottlieb Behrnauer, dem man neben »anspruchsloser Bescheidenheit, Uneigennützigkeit, hilfreicher Theilnahme an fremder Not« auch hohe Bildung, Kompetenz und Engagement attestierte, schien genau den Anforderungen gerecht zu werden.[13] So erfolgte seine Übernahme in preußische Staatsdienste durch König Friedrich Wilhelm III. ausdrücklich »wegen seiner uns angerühmten Kenntnisse, guten Eigenschaften, bisher geleisteten treuen Dienste«.[14]

Behrnauer scheint dieses Vertrauen nie enttäuscht zu haben, da er jene Würdigung bei seiner Pensionierung 1831 erneut bestätigt bekam. Schließlich folgt der Zusatz, dass der König »höchst selbst solches mehrfach […] anzuerkennen geruht haben«, nicht zuletzt hat er dies durch die Auszeichnung Behrnauers mit dem Roten Adlerorden dritter Klasse bestätigt.[15]

Behrnauer war in der ersten Abteilung des preußischen Innenministeriums durchweg mit vertrauens- und anspruchsvollen Aufgaben konfrontiert, so mit staatsrechtlichen Fragen, der ständischen Verfassung, Provinzial- und kommunalen Schulden, dem Kassen- und Rechnungswesen sowie Fragen der Armen- und Witwenversorgung. Dem auf Initiative des Staatskanzlers Hardenberg am 18. Oktober 1819 gebildeten Oberzensurkollegium wurde Behrnauer als Vertreter des Innenministeriums beigegeben. Neben Behrnauer gehörte dem Gremium noch ein zweiter Sachse an: Christian Gottfried Körner, 1756 in Leipzig geboren, Freund Friedrich Schillers und Vater des 1813 in den Befreiungskriegen gefallenen Patrioten Theodor Körner, war ebenfalls 1815 in preußische Dienste getreten und im Kultusministerium tätig.

Der Vorsitzende dieses elfköpfigen Oberzensurkollegiums war Karl Georg von Raumer. Dessen Neffe, der Historiker Friedrich von Raumer, der ab 1822 frustriert den Sitzungen des Gremiums fernblieb, berichtete rückblickend: »Bei der Gründung desselben hatte der Kanzler […] die löblichsten Absichten. Unabhängige wissenschaftlich gebildete Männer sollten nach sehr

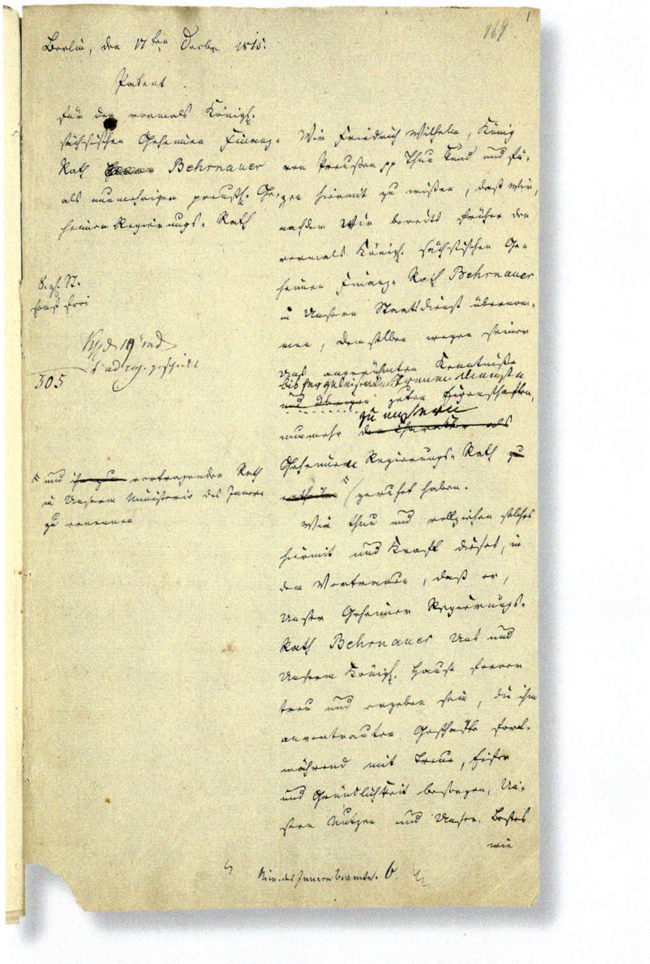

Patent für Karl Gottlieb Behrnauer als Geheimer Regierungsrat im preußischen Innenministerium vom 17. Dezember 1815, Geheimes Staatsarchiv PK

freisinnigen Grundsätzen in letzter Stelle entscheiden.«[16] Als oberste Instanz hatte das Kollegium über Beschwerden gegen Zensururteile der entsprechenden Zensurinstitutionen auf der Ebene der Regierungspräsidien zu befinden. »Mehrere Gründe trafen aber zusammen, eine ganz entgegengesetzte Richtung allmählich zur Herrschaft zu bringen«, urteilte Raumer höchst kritisch und führte diese Entwicklung auf die »tyrannische[n] Absichten«, die eigenmächtige Einmischung der Polizeibehörden sowie die Ängstlichkeit und Charakterschwäche einiger Mitglieder zurück.[17]

»Die Arbeit des Oberzensurkollegiums nahm von Jahr zu Jahr zu, ohne daß seine Befugnisse erweitert wurden. In konsequenter Fortbildung des Gesetzes von 1819 zog Preußen die Zensurschraube immer stärker an«.[18]

Welche Rolle Behrnauer hier spielte, mag eine Einschätzung Karl August Varnhagen von Enses andeuten, indem er in seinen postum publizierten *Blättern aus der preußischen Geschichte* schrieb: »[...] da gaben die schwächeren Mitglieder, die mit der Feder noch etwas Muth gehabt hatten, dem persönlichen Ansehen gegenüber sogleich nach; Behrnauer ganz«.[19] Da Behrnauer von Varnhagen von Ense in dessen Aufzeichnungen erwähnt wird, müssen sich beide gut gekannt haben. Auch Behrnauers letzter Wohnort in Berlin, Jägerstraße 52, sowie seine Mitgliedschaft im exklusiven Berliner Montagsklub lassen zahlreiche Begegnungen in der Berliner Gesellschaft sicher erscheinen. Im Nachbarhaus in der Jägerstraße 51 empfingen die Mendelssohns illustre Kreise aus Kunst, Wissenschaft und Wirtschaft, zu denen neben den Varnhagen von Enses auch Alexander von Humboldt und andere Persönlichkeiten zählten. Wie nah man sich war, bleibt unklar, jedoch dürfte Behrnauers hohe Position in der in Intellektuellenkreisen zunehmend ungeliebten preußischen Administration die Distanz befördert haben.

Nur wenige Monate nach seiner vom König gebilligten Pensionierung starb Behrnauer kinderlos am 11. Dezember 1831 in Berlin. Behrnauers Biografie steht exemplarisch für diejenigen Vertreter der sächsischen Verwaltungselite, die um 1815 ihrer preußischen Loyalität bedenkenlos folgten, weil sie in Preußen keine Bedrohung, sondern Aufbruch und Hoffnung sahen. In Berlin etabliert und zu den gut situierten Kreisen gehörend, hat Behrnauer in den Zeiten der Restauration manch einen ursprünglich gehegten Reformansatz und eigenes kritisches Denken dieser Loyalität und dem eigenen Fortkommen untergeordnet. Dass er sich hierzu als in Preußen zu hohen Ämtern aufgestiegener Sachse – verschiedene Quellen bestätigen, dass Auswärtige in der Berliner Gesellschaft und preußischen Ministerialbürokratie lange dem besonderen Argwohn ausgesetzt waren – besonders verpflichtet sah, mag unterstellt werden.

Ungedruckte Quellen Archiv der Oberlausitzischen Landesbibliothek (OLB) Görlitz. · Geheimes Staatsarchiv Preußischer Kulturbesitz (GStA PK), I. HA Geheimer Rat, Rep. 77 Ministerium des Inneren. · GStA PK, I. HA Geheimer Rat, Rep. 89 Geheimes Zivilkabinett, jüngere Periode. · Sächsisches Hauptstaatsarchiv Dresden (Sächs. HStA Dresden), 10036 Finanzarchiv

Gedruckte Quellen und Literatur Behrnauer 1806 · Behrnauer, 1831 · Clark 2007 · Dietrich 1984 · Geisler 1807 · Hasse 1804 · Houben 1990 · Kneschke 1811 · Lackmann 2005 Lubojatzky 1852 · Pescheck 1834 – 1837 · Raumer 1861 · Schneider, H. 1952 · Sohr, 1862 Töppel 2004 · Töppel 2008 · Unserm Freunde, 1796 · Varnhagen von Ense 1868 – 1869 Zezschwitz 1864

Anmerkungen **1** Lubojatzky 1852, Bd. 3, S. 128. **2** Ebd., S. 130. **3** Ebd., S. 8. **4** Zezschwitz 1864, S. 155 f. **5** Hasse 1804, S. 84. **6** Unserm Freunde, 1796, o. S. **7** Archiv der OLB Görlitz, Anton-Nachlass, Korrespondenzbd. I, o. Bl.: Brief Karl Gottlieb Behrnauers an Karl Gottlob Anton, Budissin 9. März 1789. **8** Behrnauer, 1831, S. 1044. **9** Zit. nach Clark 2007, S. 446. **10** Dietrich 1984, S. 257. **11** Sächs. HStA Dresden, 10036 Finanzarchiv, Loc. 32714, Gen. 785e, o. Bl.: Brief Karl Gottlieb Behrnauers an die Königlich Sächsische Immediat Commission, Dresden 5. Juni 1815. **12** Zit. nach Schneider, H. 1952, S. 36 f. **13** GStA PK, I. HA, Rep. 77, Tit. 183c, Nr. 1, Bd. 1, Bl. 169: Patent für den vormals Königl. Sächsischen Geheimen Finanzrat Behrnauer und Berufung Behrnauers zum Geheimen Regierungsrat im Ministerium des Innern durch König Friedrich Wilhelm III., Berlin 14. Dezember 1815. **14** Ebd. **15** GStA PK, I. HA, Rep. 89, Nr. 6302, Bl. 1: Bericht des Innenministers von Schuckmann über Karl Gottlieb Behrnauer an den König anlässlich seines Antrags auf Dienstentlassung, Berlin 5. Februar 1831. **16** Raumer 1861, Tl. 2, S. 112. **17** Ebd. **18** Houben 1990, S. 347. **19** Varnhagen von Ense 1868 – 1869, Bd. 5, S. 261 f.

»der wahren, hohen Bestimmung ihrer Ständischen Existenz«. Ständewesen und Regionalismus im Markgraftum Niederlausitz in sächsischer Zeit (1635 – 1815)

KLAUS NEITMANN

Anfang Dezember 1816 protestierten sämtliche Stände des Markgraftums Niederlausitz in einem Schreiben an die Preußische Regierung zu Frankfurt (Oder) erregt dagegen, dass ihnen das Ministerium des Innern die Ausschreibung ihres gewöhnlichen Johannis-Landtages abgelehnt habe. Dessen Verordnung habe sie tief erschüttert – »Das hatten wir nicht erwartet! – Das haben wir nicht verdient!« –, sie verstoße gegen das Besitzergreifungspatent König Friedrich Wilhelms III. vom 22. Mai 1815, in dem er dem Markgraftum nach dessen Übergang von Sachsen an Preußen den Erhalt der ständischen Verfassung und ihre notwendige Änderung in Beratungen »mit eingebornen, der Landesverfassung kundigen, patriotisch gesinnten Männern« zugesichert habe. Stattdessen seien aber durch neue Abgaben und Gesetze die Rechte der Stände einseitig ohne deren Hinzuziehung verletzt worden, und jetzt wolle man vollenden, ihnen »durch Versagung ihrer gewöhnlichen Versammlungen und ihres verfassungsmäßigen Einflusses auf die Verwaltung und Gesetzgebung des Landes das schönste und wichtigste ihrer Vorrechte zu entziehen [. . .] und sie dadurch der wahren, hohen Bestimmung ihrer Ständischen Existenz zu entsetzen: als Repraesentanten der Nation deren Rechte zu vertreten, die Stimme der Wahrheit selbst vor dem Throne geltend zu machen und des Regenten treuste Rathgeber wie seine kräftigste Stütze zu sein«.[1]

Die niederlausitzischen Stände wären, wie sie in ihren Stellungnahmen zu den Verhandlungen des Wiener Kongresses über die politische Neuordnung Deutschlands und Europas 1814 / 15 bekundet hatten, lieber unter der Herrschaft Sachsens verblieben, dem sie seit 1623 / 35 zugehört hatten, aber sie mussten sich den Beschlüssen der europäischen Großmächte beugen: Die Niederlausitz wurde dem Königreich Preußen bzw. dessen Provinz Brandenburg angeschlossen und in den Regierungsbezirk Frankfurt (Oder) eingefügt. Die ersten Maßnahmen der neuen Herren schienen alle Befürchtungen der Stände vor dem absolutistischen Preußen zu bestätigen, denn die veraltete Verwaltungs- und Justizorganisation des Markgraftums wurde aufgehoben, und dadurch war zugleich ihre überkommene Einflussnahme auf die landesherrlichen Institutionen beseitigt. Sie waren in sächsischer Zeit, wie ihr zitiertes Schreiben zu erkennen gibt, an der Regierung, der Verwaltung und der Justiz der Niederlausitz stärkstens beteiligt, geradezu deren Teilhaber gewesen, indem sie als im Lande geborene, dort ansässige und mit seiner Verfassung vertraute politische Personen bzw. Institutionen seine Belange gegenüber dem in Dresden residierenden Landesherrn und dessen Beamten verfochten hatten und ihnen von diesen weitgehende Mitwirkungsrechte an der Gestaltung der territorialen politischen und sozialen Ordnung eingeräumt worden waren. Die Stände »waren« das Land, sie standen aufgrund jahrhundertealter Rechte und Gewohnheiten ihres eigenständigen Territoriums ihrem Landesfürsten aus eigener Kraft und mit eigenem korporativen und regionalen Selbstbewusstsein gegenüber. Sie fühlten sich ihm gegenüber zu Rat und Hilfe verpflichtet, aber gleichermaßen dazu berechtigt, von ihm zur

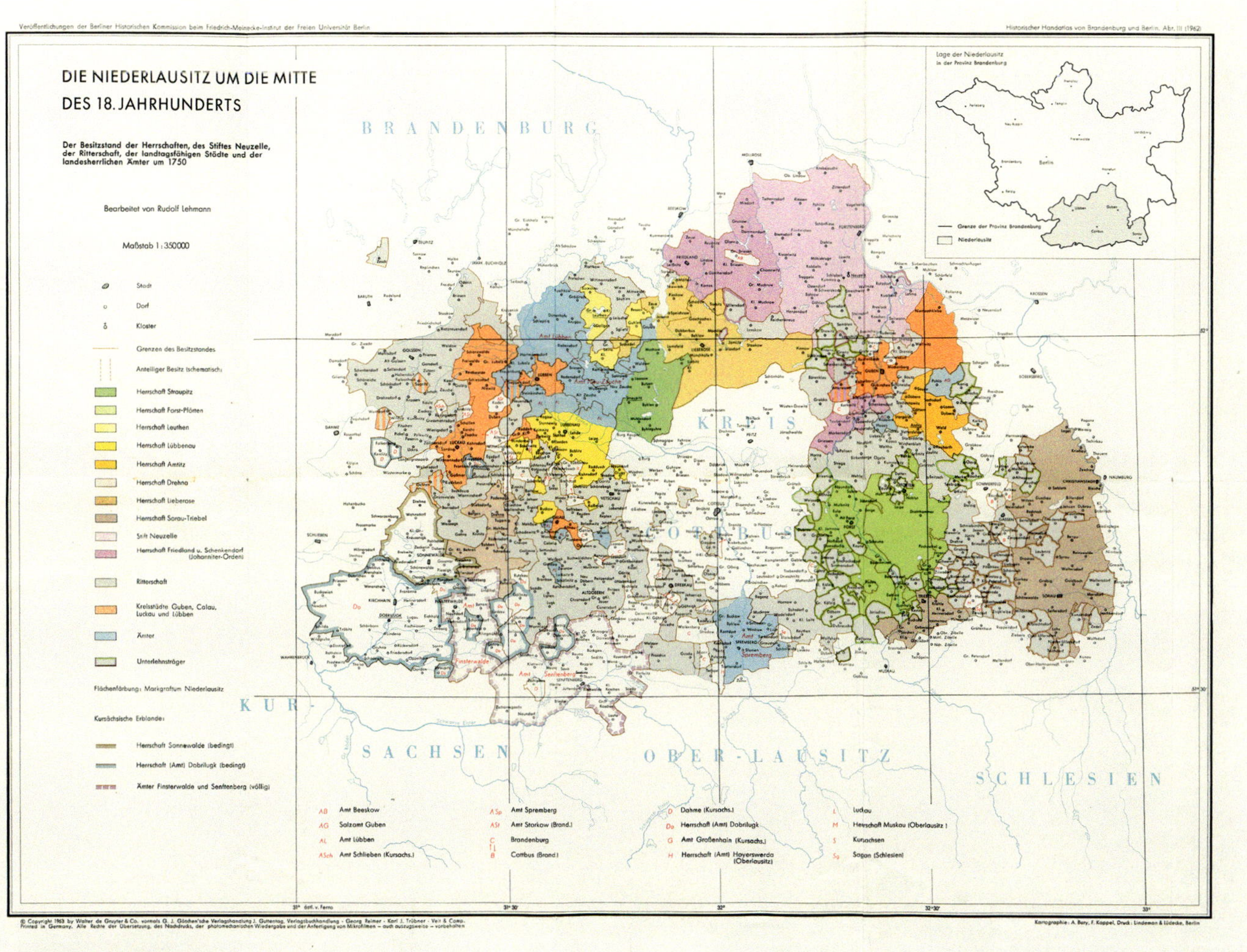

Die Besitzstände im Markgraftum Niederlausitz um die Mitte des 18. Jahrhunderts (aus: Rudolf Lehmann, Geschichte der Niederlausitz, Berlin 1963)

Beratung über das Wohl des Landes hinzugezogen zu werden, damit in gemeinsamer Verantwortung und zweiseitiger Verhandlung die maßgeblichen Beschlüsse gefasst wurden. Vor dem Hintergrund einer solchen Erfahrung verwundert es nicht, dass die niederlausitzischen Stände gegenüber den Preußen mit ihrer vom König und seiner Bürokratie dominierten Staatsverfassung in einer politischen Rhetorik, die ihren Durchbruch der Französischen Revolution und deren Folgen verdankte, aber zugleich unter Berufung auf die ihnen von ihren früheren Landesherren gewährten Privilegien darauf beharrten, als »Repräsentanten der Nation« wirken und als solche über Gesetzgebung und Verwaltung mitbestimmen zu dürfen. Ihr Protest legt durch das Pathos seiner Sprache ein eindrucksvolles Zeugnis ab von dem mittelalterlichen und frühneuzeitlichen gemeineuropäischen Phänomen des ständischen Regionalismus, von dem Verantwortungsgefühl einer ständischen Korporation für eine mit ihr verwachsene Landschaft. Wer aber waren überhaupt die »Stände« des Markgraftums Niederlausitz? Wer erschien auf den angesprochenen Landtagen, die zweimal jährlich, am Tag der Heiligen Drei Könige (6. Januar) und am Tag Johannes des Täufers (24. Juni), zusammentraten?

Nachdem der König von Böhmen 1370 das Markgraftum Niederlausitz der »Krone Böhmen« als untrennbaren Bestandteil einverleibt (»inkorporiert«) hatte, gliederten sich seine dortigen, anfänglich summarisch angesprochenen »Landleute (terrigene)« seit dem frühen 15. Jahrhundert deutlich in vier Gruppen bzw. in vier »Stände«, wie sie seit der Wende vom 15. zum 16. Jahrhundert regelmäßig bezeichnet wurden: in die Prälaten, die Herren, die Mannen (oder die Ritter [und Knechte]) und die Städte. Die Zugehörigkeit zu einem dieser Stände setzte voraus, dass die jeweilige Person oder Institution einerseits Herrschaft über Land und Leute ausübte, sie also von ihren Untertanen auf ihrem Grundbesitz Dienste und Abgaben forderte und die niedere Gerichtsbarkeit über sie innehatte, und dass sie andererseits unmittelbar dem Landesherrn unterstand und kein anderer Schutzherr im hierarchischen Aufbau der Rechts- und

Von GOTTES gnaden WIR Christian Herzog zu Sachssen Julich Cleve und Bergk Postulirter Administrator des Stiffts Merseburgk, Landtgraf in Thüringen, Marggraf zu Meißen auch Ober- und Nieder Laußiz, Graf zu der Marck und Ravensbergk, Herr zum Ravenstein, Thuen kundt und zuwißen, Daß welcher gestalt bey denen üblichen Landtägen Unsers Marggraffthumbs Nieder Laußiz ziembliche unordnung auch bey dem jenigen, so darauff berathschlaget und geschloßen zu werden pfleget allerhand excesse und mißbräuche, worauß theils denen deliberationibus viel hinderniß verursachet, theils aber und vornehmblich dem ohne das durch voriges Kriegswesen im äußersten verderb darauß es sich noch dato nicht gänzlich sezen noch sich völlig erholen können gesezten [illegible] und darneben mit [illegible] schulden und anderen beschwerungen beladenen Lande noch größere last [illegible] beschwerungen eingerißen, nicht allein Wir selbsten mit besonderen mißfallen war genommen, sondern auch Uns von Unsern gehorsamen Ständen Unsers Marggrafthumbs Nieder Laußiz Praelaten und Herren denen von der Ritterschafft und Städten solches unterthänigst gleichmäßig zuerkennen gegeben und umb remedirung gehorsambst gebeten worden.

Wann dann Unser tragende Landesfürstl. und Väterliche sorgfalt hierauff ein genaues Auge zu wenden und nicht nur die unordnungen bey haltung der Landtage abzuschaffen und dargegen alles in gute richtigkeit und ordnung zu sezen, sondern auch denen übrigen beschwerungen und oneribus dadurch vorberührter maßen das arme Land nicht wenig gedrucket und ie länger ie mehr exhaurirt werden wollen, so viel möglich abzuhelffen erfordert hat, und Wir dafür gehalten, daß dieser Zweck am gewißesten und beständigsten vermittelst einer richtigen wohlgefaßeten Landtags Ordnung und deren künfftiger genauer beobachtung zu erlangen sein werde. So haben Wir auch hergepflogener vernehmung mit obgemeldeten Unsern getreuen Ständen des Marggrafthumbs Nieder Laußiz auch dero mit denen [illegible] gehaltene berathschlagung gegenwertige Landtags Ordnung begreiffen laßen.

CAPUT I.

Zu welcher Zeit und auff was weise Unsere Stände auff die willkührliche Landtage erscheinen und wie sie sich bezeigen sollen.

Wann von denen Ober Ambts Praesidenten und Räthen ein willkührlicher Landtag alß Johannis und Trium Regum, auf der Stände anhalten und vorhergegangener unterth-

Sozialverfassung zwischen ihr und ihm eingeschaltet war. Beide Bedingungen waren zu erfüllen, wenn man auf den seit dem späteren 15. Jahrhundert sporadisch, seit dem 16. Jahrhundert regelmäßig einberufenen Landtagen politische Mitspracherechte in den Debatten mit den Vertretern des Königs wahrnehmen wollte. Demzufolge zählten zu den Prälaten die Äbte bzw. Äbtissinnen der drei Klöster mit einer Grundherrschaft über ihre Dörfer und ihre dort lebenden Hintersassen: die beiden Zisterzienserklöster zu Dobrilugk und Neuzelle sowie das Benediktinerinnenkloster vor Guben, nicht aber die einer solchen Grundherrschaft entbehrenden Bettelordensklöster wie jene der Franziskaner zu Sorau oder der Dominikaner zu Luckau. Der Adel zerfiel in zwei Gruppen: in die Herren (später Standesherren genannt), die die größten Grundherrschaften mit von ihnen abhängigen ritterlichen Lehnsmannen, Dörfern und Städten besaßen, und die Mannschaft bzw. Ritterschaft, die sich aus den Inhabern der kleineren Rittergüter mit abhängigen Bauerndörfern und -höfen zusammensetzte. Zu den Städten wurden die vier Orte Calau, Guben, Luckau und Lübben gerechnet, denn nur sie waren unmittelbar dem König als »Immediatstädte« unterstellt, während die anderen Städte unter der Schutzherrschaft von Adligen als deren »Mediatstädte« standen. Nachdem in der Mitte des 16. Jahrhunderts die Klöster zu Dobrilugk und Guben infolge der Reformation aufgelöst worden waren und allein das katholisch gebliebene Kloster zu Neuzelle seine Existenz hatte behaupten können, schloss sich der Abt von Neuzelle auf den Landtagen dem Herrenstand an, sodass fortan zwar weiterhin vier Stände unterschieden wurden, diese aber auf den Landtagen nur zu drei Kurien (bzw. Tafeln) zusammentraten, wobei die erste Kurie den einzig verbliebenen Prälaten, eben den Abt von Neuzelle, und die Herren umfasste. Die Landtagsordnung von 1669 brachte die althergebrachte Gewohnheit in eine schriftliche Form, indem sie die 13 Mitglieder des Prälaten- und Herrenstandes abschließend aufzählte: die Inhaber der Herrschaften Neuzelle, Dobrilugk, Friedland-Schenkendorf, Forst-Pförten, Sorau, Spremberg, Leuthen, Sonnewalde, Drehna, Straupitz, Lieberose, Lübbenau und Amtitz. Da die Bauern überall in einem Abhängigkeitsverhältnis zum Landesherrn, zu einem Adligen oder einer Stadt standen, galten sie nicht als eigener Stand. Weil auf den Landtagen nach Kurien abgestimmt wurde, besaß der Adel gegenüber den Städten das eindeutige Übergewicht, und die Politik der Stände war demgemäß vornehmlich von den adligen Interessen bestimmt.

Landtagsordnung für das Markgraftum Niederlausitz, erlassen von Herzog Christian I. von Sachsen-Merseburg am 14. September 1669, Brandenburgisches Landeshauptarchiv

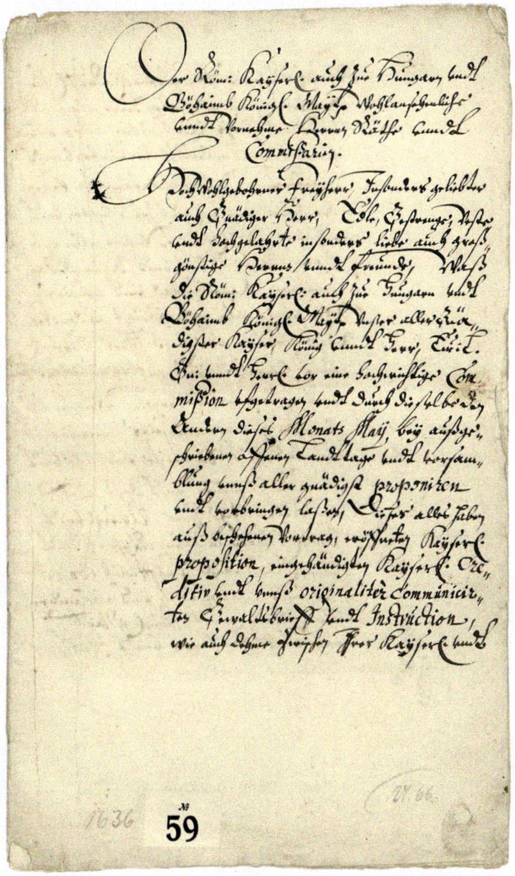

Erklärung der Niederlausitzer Stände, 6. Mai 1636, Brandenburgisches Landeshauptarchiv. Die vier Stände des Markgraftums Niederlausitz erklären den Kommissaren Kaiser Ferdinands II. ihre Bereitschaft, nach ihrer Entlassung aus ihrem dem Kaiser einst geleisteten Treueid den sächsischen Kurfürsten Johann Georg I. als ihren neuen Landesherrn anzunehmen.

Die politischen Konstellationen des Dreißigjährigen Krieges führten dazu, dass Kaiser Ferdinand II. als König von Böhmen das Markgraftum Niederlausitz in mehreren Schritten Kurfürst Johann Georg I. von Sachsen wegen der Hilfe, die er von ihm gegen seine Gegner erhalten hatte, erblich und unwiderruflich abtrat. Dabei sicherten die beiden Herrscher in dem von ihnen vereinbarten sogenannten Traditionsrezess vom 30. Mai 1635 in Anknüpfung an frühere Zusagen den niederlausitzischen Ständen zu, ihre Privilegien zu beachten. Es kennzeichnet deren verfassungsrechtliche Stellung, dass sie selbst mit eigenständigen Rechtsakten den Herrschaftswechsel vollzogen und dass sie dabei die Freiheit ihrer Handlung wie deren Voraussetzungen betonten. Ebenso wie sie sich einst der Krone Böhmen frei verbunden und sich dem König von Böhmen freiwillig als ihrem Markgrafen unterworfen hätten, erklärten sie am 6. Mai 1636 auf dem Gubener Landtag, würden sie jetzt, wenn der Kaiser sie der ihm geschuldeten Treue entbinde, den Kurfürsten von Sachsen als ihren Herrn frei annehmen, ihm als ihrem von Gott vorgesetzten Haupt und Obrigkeit Gehorsam erweisen und ihm die Lehns- und Erbpflicht gemäß dem Herkommen leisten, wenn dieser auf der Grundlage eines abgestimmten Reverses ihre Privilegien, Freiheiten, Rechte, Satzungen und Gewohnheiten bestätige. Sie beharrten darauf, dass sie selbst aus eigener Entscheidung dem staatsrechtlichen Übergang der Niederlausitz von Böhmen an Sachsen zustimmten, sofern ihr bisheriger Landesherr sie aus ihrer ihm persönlich geleisteten Eidespflicht entlasse und ihr künftiger Landesherr ausdrücklich ihre bestehenden Rechte und Gewohnheiten bekräftige, sodass sie ihm auf dieser Grundlage huldigen könnten. Der neue Herr wurde von ihnen erst verbindlich durch die beiden aufeinander bezogenen Verfassungsakte der ständischen Erbhuldigung und der landesherrlichen Privilegienbestätigung anerkannt. Die Stände versprachen auf dem Landtag zu Sorau im Oktober 1637 dem Kurfürsten, nachdem er ihnen in einem – förmlich betrachtet minderrangigen – Papierdokument den Schutz ihrer Privilegien zugesichert hatte, in ihrer Huldigung Treue und Gehorsam. Im Gegenzug erneuerte Johann Georg I. ihnen in seiner – förmlich betrachtet höherrangigen – Pergamenturkunde vom 11. Oktober »alle ihre [all]gemeine und dann der Weichbilder eines jeden Kreyses insonderheit und etzlicher zugleich miteinander habende Privilegia, alte Briefe, Begnadungen, Freyheiten, Majestetbrief wegen der Religion, Gericht, Gerechtigkeiten, alte gute Gewohnheiten und Handfesten, auch Landgerichtsordnung«, die sie von ihren früheren Herrschern über ihre Rechte, Freiheiten und Güter erworben und hergebracht hätten. Bewusst zählt die Urkunde (fast) alle 14 böhmischen Könige seit dem 14. Jahrhundert, seitdem das Markgraftum an Böhmen gefallen war, auf, um zu verdeutlichen, dass sie alle in ungebrochener Kontinuität die Stände der Niederlausitz in ihrer Gesamtheit wie diejenigen in den einzelnen Kreisen privilegiert haben. Hervorgehoben werden der Majestätsbrief König Matthias' von 1611, mit dem er ihnen die freie, ungehinderte Ausübung der lutherischen Konfession zugestand, und die Landgerichtsordnung Kaiser Ferdinands I. von 1538, mit der er die eigenständige Gerichtsorganisation des Markgraftums unter maßgeblicher Beteiligung ständischer Angehöriger in den Justizorganen festlegte.[2] Im Ergebnis bedeutete der Herrschaftswechsel von 1635 aus Sicht der Stände, dass zwar an die Stelle des habsburgischen Königs von Böhmen der wettinische Kurfürst von Sachsen als Landesherr rückte, aber ihre verfassungsrechtliche Position im Lande, wie sie gerade von den Königen des 16. und frühen 17. Jahrhunderts zu ihren Gunsten bedeutend erweitert worden war, unverändert bewahrt blieb. Und der neue Herrscher akzeptierte geradezu selbstverständlich die vorgefundene innere Ordnung des übernommenen Landes, ohne zu versuchen, dessen Individualität in der größeren, höheren Einheit seiner »Länderunion« zu verwischen und darin aufgehen zu lassen.

Johann Dürr: Christian I., Herzog von Sachsen-Merseburg, o. J., Kupferstich, Kupferstich-Kabinett, SKD

Die skizzierten Verfassungsakte der Herrschaftsbegründung und des Herrschaftsantritts wiederholten sich in denselben oder in ähnlichen Formen unter allen nachfolgenden Markgrafen der Niederlausitz – ob sie der kurfürstlichen Hauptlinie der albertinischen Wettiner oder deren herzoglich sachsen-merseburgischer Nebenlinie entstammten. Jeder neue Landesherr bestätigte die Privilegien, Rechte und Gewohnheiten der Stände, diese wiederum leisteten ihm dafür die Erbhuldigung. Der letzte derartige Vorgang, der 1769 nach der Volljährigkeitserklärung und dem Regierungsantritt des Kurfürsten Friedrich August III. stattfand, unterschied sich in seinem verfassungsrechtlichen Kern nicht von dem Verfahren Johann Georgs I. im Jahr 1637. Auf seinem Huldigungsumzug durch seine verschiedenen Lande erreichte Friedrich August III. am 10. April 1769 Lübben, den Hauptort der Niederlausitz und Sitz ihrer Oberbehörden. Am frühen Morgen des folgenden Tages übergab ein kurfürstlicher Mitarbeiter ständischen Vertretern die beiden in prachtvollen Pergamentlibellen enthaltenen kurfürstlichen Urkunden über die Erneuerung ihrer Landesprivilegien und ihrer Religionsfreiheit.[3] Anschließend nahm Friedrich August im Huldigungssaal des Lübbener Schlosses die Huldigung der versammelten Stände entgegen. Sein Konferenzminister Freiherr von Fritsch betonte in seiner Ansprache, der Kurfürst wolle alle Untertanen bei ihren Freiheiten und Privilegien belassen, erwarte dafür aber »aufrichtige Liebe und Treue, zuversichtliches Vertrauen und willigen Gehorsam«. Der Graf zu Lynar als Vertreter der Stände verwies in seiner Gegenrede auf die »große Wahrheit [...], daß die Glückseeligkeit des Fürsten mit der Glückseeligkeit seines Volkes unzertrennbar verbunden sey«.[4] Der Abt des Klosters Neuzelle kniete auf der untersten der drei Stufen, sprach mit den auf die linke Brust gelegten drei Fingern der rechten Hand den ihm in lateinischer Sprache vorgelesenen Treueid nach und küsste die rechte Hand des Kurfürsten. Ihm taten es die anwesenden adligen und bürgerlichen Vasallen des Herren- und Ritterstandes sowie die Deputierten der vier Kreisstädte gleich: Sie sprachen jeweils zu gleicher Zeit den vorgesprochenen Eid mit erhobenen Fingern nach und leisteten dem Kurfürsten ihr Handgelöbnis. Huldigung und Privilegienbestätigung waren insofern erstarrt, als sie den vorhandenen Bestand an Rechtsordnungen wiederholten, ohne dass er – im Gegensatz zum 16. Jahrhundert – seit dem vorangegangenen Regierungswechsel durch neue Privilegiengewährungen fortentwickelt worden wäre. Der Landesherr hatte sein Gewicht mittlerweile so ausgeprägt, dass die Stände ihm keine nennenswerten weiteren Zugeständnisse abringen konnten. Aber indem unter diesen Umständen die alten Formen mit denselben Texten bei jedem Regierungsantritt erneuert wurden, wurde jedes Mal die überkommene landständische Autonomie des Markgraftums Niederlausitz in ihren Grundzügen bestätigt. An merklichem Umsturz dieser autonomen Lebenskreise dachte der Kurfürst auch gar nicht, denn Landesherr und Stände waren weiterhin in ihrem Mit- und Gegeneinander aufeinander verwiesen, ohne dass eine Seite die andere bei allem hartnäckigen Ringen um einzelne Vorteile vollständig hätte ausschalten wollen.

Dass die Stände mit dem bestehenden Zustand insgesamt zufrieden waren, lag darin begründet, dass ihnen von den letzten beiden jagiellonischen und den vier habsburgischen Königen von Böhmen zwischen 1507 und 1611 wesentliche Verfassungsrechte eingeräumt worden waren. Ihr ausgeprägtes Selbstbewusstsein speiste sich aus der so errungenen Stellung, wie ihre 1611 auf dem Prager Generallandtag abgegebene Erklärung offenbart: »dass die niederlausizische Stende mit absonderlichen königlichen Privilegien, Gerichtsstellen, Landvogtei, Landgerichten, absonderlichen Landeshaubtleuten, Officialambt und andern Freiheiten im Lande, Gott lob, also privilegiret, derer sich manch ansehenlich Fürstentumb nit zu rühmen«.[5] Wie diese Aussage anzeigt, beruhte ihr Gewicht in der Landesverwaltung darauf, dass sie auf die Auswahl und die Bestellung des Leitungspersonals in den landesherrlichen Behörden und Gerichten maßgeblichen Einfluss auszuüben vermochten. Mehrere königliche Privilegien des 16. Jahrhunderts hatten ihnen für das Landgericht, die Landeshauptmannschaft und die Landvogtei sowohl das Indigenats- als auch das Präsentationsrecht zugestanden. Die fraglichen Ämter waren demnach mit einer im Markgraftum geborenen, belehnten und ansässigen Person zu besetzen, sollten mithin aus dessen Adel und Bürgertum – also nicht aus den Reihen von Landfremden – hervorgehen. Und die Stände waren befugt, dem König geeignete Kandidaten in gewisser Anzahl vorzuschlagen (zu »präsentieren«), aus denen er seine Wahl zu treffen hatte. Dem Landesherrn war dadurch das entscheidende Werkzeug zur Lenkung der Landesverwaltung nach seinem Willen aus der Hand geschlagen. Zum Landvogt, seinem obersten Vertreter in der Niederlausitz, oder zum Landeshauptmann, der vor allem über die landesherrlichen Regalien und Finanzen wachte, durfte er nicht mehr Landfremde bestellen, die von seiner Gunst und seinem Willen abhängig und nicht aufgrund gemeinsamer Herkunft mit den niederlausitzischen Ständen eng verbunden waren. Ein »Eingeborner (indigena)« entstammte hingegen einem adligen oder dem bürgerlichen Stand der Niederlausitz, war im Land aufgewachsen und mit seinen Gewohnheiten vertraut, so dass er sich sozial und mental als Glied der niederlausitzischen Stände empfand und viel weniger als ein Landfremder sich zu deren Widersacher nach Wunsch des Landesherrn zu entwickeln geneigt war. Die Beisitzer des Landgerichts waren größtenteils ebenfalls vom König aus dem ihm von den Ständen vorgeschlagenen Personenkreis auszuwählen und damit seiner freien, uneingeschränkten Verfügungsgewalt entzogen. Indem die landesherrlichen Amtsträger gewissermaßen sozial regionalisiert wurden, wirkten sie in ihrer Tätigkeit wie ein Bollwerk ihrer Region gegen Forderungen nach Angleichung oder Unterordnung unter eine höhere politische Einheit.

Als Herzog Christian I. (1657 – 1691), der erste Herrscher aus der wettinischen Nebenlinie Sachsen-Merseburg, in der zweiten Hälfte der 1660er Jahre die Verwaltungsorganisation des Markgraftums erheblich umbaute, hatte er infolge der bestehenden Verfassungslage die Zustimmung der Stände zu seinen Plänen einzuholen. Die Grundzüge der von ihm neu geschaffenen Oberamtsregierung, einer obersten Kollegialbehörde für Verwaltungs- und Justizangelegenheiten, die an die Stelle der aufgelösten Landvogtei trat, beschrieb er bezeichnenderweise in einem von ihm am 8. März 1666 für die Stände ausgestellten Privileg. Die Justiz im Markgraftum Niederlausitz solle künftig von einem aus fünf qualifizierten, eingeborenen oder im Lande ansässigen Personen bestehenden Regierungskollegium – einem Oberamtspräsidenten und vier Oberamtsräten, zwei aus dem Herren- oder Ritterstande und zwei Doktoren oder gelehrten Leuten bürgerlichen Standes, alle der evangelischen Augsburgischen Konfession zugewandt – nach der herzoglichen Instruktion verwaltet werden. Sei eine Präsidenten- oder Ratsstelle offen, sollten die Landesältesten und der Ausschuss der Stände zu ihrer Wiederbesetzung mindestens vier Personen vorschlagen. Bevorzugt würden eingeborene, d. h. im Lande

treulich und ohngefährlich.

Zu Urkund dieses Briefs besiegelt mit Unserm Churfürstlichen anhangenden größeren Insiegel, der geben ist zu Dresden, den 10.ten Aprilis, nach Christi Unsers lieben Herrn und Seligmachers Geburt im Eintausend Siebenhundert Neun und Sechzigsten Jahre.

Friedrich August.

Christian Graf von Loß.

Confirmation derer Nieder-Lausitzischen Landes-Privilegien.

Landvoigteyl. Sitz

Siegel Kurfürst Friedrich Augusts III. von Sachsen an seiner niederlausitzischen Privilegienbestätigung, 10. April 1769, Brandenburgisches Landeshauptarchiv

ansässige Personen des Herren- und Ritterstandes. Die Präsidentenstelle könne nur von einer Person des Herrenstandes mit wenigstens 20 000 Reichstaler Vermögen oder des Ritterstandes mit Dorf und Rittersitz besetzt werden. Wenn ein Präsident aus dem Ritterstand gewählt werde, solle eine offene Ratsstelle mit einer Person aus dem Herrenstand besetzt werden.[6] Sorgfältig wurde in der Zusammensetzung des fünfköpfigen Leitungsgremiums auf die ständische Ausgewogenheit, auf die möglichst gleichmäßige Beteiligung von Angehörigen des Herren-, des Ritter- und des bürgerlichen Standes aus der Niederlausitz geachtet, wobei der Adel das deutliche Übergewicht innehatte. Der Herzog war im Falle einer Stellenbesetzung an die von den Ständen aufgestellte Vorschlagsliste gebunden. Und die von ihm bestellten Landesbeamten waren nicht nur ihm zum Gehorsam, sondern auch zur Einhaltung der ständischen Gerechtigkeiten verpflichtet. Die Urkunde, die sie nach Amtsantritt für die Stände [!] ausstellten, beinhaltete zum größten Teil ihre zwingende Rücksichtnahme auf die ständischen Positionen. Deren Religion und Privilegien hatten die Oberamtspräsidenten zu schützen und zu bewahren, alle den ständischen Rechten nachteiligen Maßnahmen abzuwenden und den ständischen Privilegien zuwiderlaufende Schreiben fremder Herrscher und Privatpersonen den Ständen zu offenbaren. Überhaupt habe das ganze Kollegium der Oberamtsregierung in allgemeinen Landesangelegenheiten mit Rat und Willen des ständischen Ausschusses und keinesfalls entgegen den althergebrachten Freiheiten und Gewohnheiten der Stände zu handeln.[7]

Indigenats- und Präsentationsrecht sorgten in der Summe dafür, dass die landesherrlichen Behörden von Standesgenossen aus dem eigenen Land geleitet wurden, und sie waren vorrangig auf die uneingeschränkte Beachtung der ständischen Rechte und Anliegen eingeschworen, so dass sie eigentlich mehr als ständische denn als landesherrliche Vertrauensleute eingestuft werden können. Gerade die Durchdringung des landesherrlichen Behördenapparates mit einheimischen ständischen Mitgliedern und deren Interessenidentität mit der landständischen Verfassung des Markgraftums trugen dazu bei, dass dessen individuelle politische und soziale Ordnung gegenüber den kursächsischen Erblanden der Wettiner gewahrt blieb.

Die Eigenart des Markgraftums mit all ihren Kräften zu behaupten, daran war den Ständen vor allem auf dem Gebiet der Finanzverfassung gelegen. Auf diesem Felde wurden im späteren 17. und in den ersten Jahrzehnten des 18. Jahrhunderts von ihnen die heftigsten Auseinandersetzungen mit den Kurfürsten als Oberhaupt der sächsischen »Länderunion« ausgetragen. Seit dem späten Mittelalter waren die Landesherren verpflichtet, ihre Ausgaben, die sie nicht allein aus ihrem eigenen Domanialbesitz zu bestreiten vermochten, durch die Erhebung von Steuern von ihren Untertanen zu decken, und dazu bedurften sie des Einverständnisses der Stände, die sich ihre finanziellen Zusagen gegen Gewährung anderer Rechte geradezu abkaufen ließen. Die regelmäßigen landesherrlichen Steuerforderungen beförderten mithin maßgeblich die Vergrößerung der ständischen Mitbestimmungsrechte.

Der Landesherr verlangte die Steuern von den Ständen insgesamt, und die Stände – entscheidend für ihre Stellung im Lande – legten die geforderte Steuersumme auf das Land bzw. die Landesbewohner nach einer seit 1543 eingeführten »Schatzung«, d. h. nach einer Vermögenseinschätzung, um und sammelten sie ein. Aus dem ständischen Steuerbewilligungsrecht folgte in der Praxis das ständische Recht der Steuererhebung und Steuerverwaltung, die seit dem Anfang des 17. Jahrhunderts von den Ständen mit dem von ihnen bestellten Personal deutlich ausgebaut wurde. In der gesamten sächsischen Zeit legten sie größten Wert darauf, ihre Befugnisse zur Steuerbewilligung und -erhebung gegen landesherrliche Angriffe zu bewahren, und trotz mancher Einbuße behaupteten sie im Kern ihre Position. Die Konflikte entsprangen vornehmlich dem kurfürstlichen Verlangen nach Erhöhung bestehender und Einführung und Vermehrung neuer Steuern zu militärischen Zwecken, zur Finanzierung des stehenden Heeres. Vor allem Kurfürst August der Starke suchte ohne Bewilligung der Stände und unabhängig von ihnen neue Abgaben einzuführen und auf Dauer einzuziehen. Die Stände beriefen sich auf ihre bestehenden Rechte und Gewohnheiten: »Der neue modus läuft wider die Landesprivilegien und bisherige Observanz, ja es würde dadurch die ganze

Garantie der Privilegien und Freiheiten der niederlausitzischen Stände durch Kurfürst Friedrich August III., 10. April 1769, Brandenburgisches Landeshauptarchiv

Landesverfassung vernichtet werden«. Der Kurfürst hielt dagegen, er sei zur Erhebung berechtigt, da ihm das ius belli et pacis im Markgraftum zustehe.[8] Er drang mit seinen Vorstellungen weitgehend durch, ohne das ständische Steuerbewilligungsrecht dadurch gänzlich auszuhebeln. Für die Folgezeit blieb bestimmend, dass der eine Teil der verschiedenen Steuern über die Landeshauptmannschaft direkt in die landesherrlichen Kassen floss, der andere Teil hingegen in die ständischen Kassen einging, von dort fast zur Hälfte als alljährlich bewilligtes Kontingent an den Landesherrn abgeführt und ansonsten von den Ständen für die von ihnen selbst bestimmten Landeszwecke verwandt wurde. Denn dass die Stände selbst die Steuern erhoben, in Teilen für sich behielten und nicht bloß an den Landesherrn weiterreichten, versetzte sie in die Lage, für die Landeswohlfahrt der Niederlausitz nach eigenen Vorstellungen tätig zu werden. Allein oder gemeinsam mit dem Landesherrn und dessen Behörden bemühten sie sich um das gesteigerte Wohlergehen ihres Markgraftums und entfalteten vor allem in dessen innerer Verwaltung etwa durch die Einrichtung eigener Wohlfahrtsinstitute ihre umfassende Wirksamkeit, die hier nur mit wenigen Hinweisen angedeutet werden kann. Sie kümmerten sich um das Gesundheits- und Fürsorgewesen, stellten Landphysici in den Kreisen zur Beaufsichtigung der Apotheken an, trafen Vorkehrungen gegen die Ausbreitung von Seuchen, setzten sich für das Hebammenwesen und die Pockenschutzimpfung ein. 1793 wurde ein Hebammeninstitut geschaffen und fortan von einer ständischen Deputation geleitet. Ihre Fürsorge galt dem Armen- und Bettelwesen ebenso wie den »Irren«. Ein Zucht- und Armenhaus wurde 1747 in Luckau eröffnet, dem 1776 eine Waisenanstalt und 1784 ein Vagabundeninstitut angeschlossen wurde. 1812 wurde eine Irrenanstalt in Sorau in Betrieb genommen. Im 18. Jahrhundert wurden zunächst eine Brandkasse und später eine Brandversicherung eingerichtet. Kirche und Schule lagen ebenfalls in ihrem Blickfeld. Im frühen 18. Jahrhundert wurden auf ihre Anregung hin zur Förderung des Christentums sogenannte Katechismusexamina eingeführt, 1792 wurde durch Einsatz ihrer Mittel ein neues Gesangbuch herausgegeben. Verschiedene Schulprojekte wurden mehr oder weniger erfolgreich verfolgt, so die Einrichtung von Stipendien und Stiftungen für den vermehrten Schulbesuch oder die Bereitstellung von geeigneten Lehrern durch deren Ausbildung in einer Seminaranstalt. Manche Bestrebungen der Stände gediehen wegen unzureichender eigener Mittel oder wegen unzulänglicher landesherrlicher Unterstützung nicht in gewünschtem Ausmaß, aber es ist nicht zu übersehen, dass sie in sächsischer Zeit und zunehmend seit der Mitte des 18. Jahrhundert auch unter dem Einfluss der Aufklärung durch ihre Tätigkeit die allgemeine Lage des Landes und seiner Bevölkerung zu befördern trachteten.

Es bleibt für unseren Gedankengang bestimmend, dass es die Stände waren, die ebenso wie vormals in der spätmittelalterlichen Krone Böhmen, so auch später in der frühneuzeitlichen sächsischen Länderunion die Eigenart und Eigenständigkeit des Markgraftums Niederlausitz, eines kleinen Territoriums mit eigener Geschichte und eigenem Gepräge, politisch gegenüber den Ansprüchen ihres Landesherrn im kursächsischen Dresden durch ihr Beharren auf ihrer eigenen »Gerechtigkeit« und »Observanz«, also auf ihre eigenen Privilegien und Gewohnheiten, nachdrücklich behaupteten. Dass die geistlichen, adligen und städtischen Herrschaftsinhaber sich im 15. und 16. Jahrhundert gegenüber dem Landesherrn zu einer ständischen Korporation zusammengeschlossen hatten, befähigte sie dazu, die gewachsene politische und soziale Individualität ihrer Landschaft gegenüber allen zentralisierenden Bestrebungen erfolgreich zu verteidigen. Insbesondere wehrten sie sich

Anton Graff: Kurfürst Friedrich August III. von Sachsen, 1795, Öl auf Leinwand, Gemäldegalerie Alte Meister, SKD

dagegen, wie die kursächsischen Erblande behandelt und so auf Dauer in diese integriert zu werden. Ihre Abwehr richtete sich zwar dabei vor allem gegen die Lasten, die der Kurfürst seinen Erblanden auferlegt hatte und die sie nicht stillschweigend für sich übernehmen wollten. Aber historisch bleibt entscheidend, dass sie sich in der gesamten sächsischen Zeit immer wieder in konkreten wie in grundsätzlichen Fragen mit der Herausstreichung ihrer regionalen Eigenständigkeit und ihrer eigenen Landesverfassung durchsetzten. Als die erbländischen Stände nach dem Ende des Dreißigjährigen Krieges ihre Steuerbewilligungen auch in der Niederlausitz für gültig erklären wollten, widersprachen ihnen die dortigen Stände unter kurfürstlicher Zustimmung mit dem Hinweis, das Markgraftum sei als eine von den alten Erblanden ganz getrennte Provinz nicht zur Übernahme jener Lasten verpflichtet. Am Anfang des 18. Jahrhunderts suchten die Stände kurfürstliche Steuerforderungen mit dem Argument zu bestreiten, die in den kurfürstlichen Landen gültige Landesordnung gehe die Niederlausitz als separate und der Krone Böhmen noch inkorporierte Provinz nichts an, zumal sie eine eigene Landesordnung habe. Als ein Jahrhundert später, 1811, in dem nach dem Ende des Alten Reiches 1806 souverän gewordenen Königreich Sachsen der Plan zur Vereinigung sämtlicher sächsischer Lande zu einem Ganzen diskutiert wurde, hielten die niederlausitzischen Stände unter den geänderten verfassungsrechtlichen Bedingungen, die ihnen eine bloße Berufung auf die landesherrliche Privilegienbestätigung bezeichnenderweise schon unzureichend erschienen ließen, nichtsdestoweniger an ihrer Eigenständigkeit fest: »Möge also unsere nähere Vereinigung immer statthaben, wenn wir nur, soviel immer möglich, unsere Verfassung beibehalten, die sich Jahrhunderte hindurch so wohltätig gezeigt hat«.[9]

Damals hatten bereits die Französische Revolution und Napoleon die europäische Staatenwelt in einem zuvor noch nie erlebten Ausmaß durcheinandergewirbelt und alle europäischen Staaten, wenn sie überleben wollten, vor die Frage gestellt, ob sie nicht auf die Herausforderungen der neuen Zeit mit einer völligen Umgestaltung ihrer äußeren und inneren Verfassung unter Zurückdrängung oder Beseitigung regionaler und ständischer Besonderheiten reagieren müssten. Die sächsische Diskussion von 1811 belegt, auch wenn sie noch zu keinen Beschlüssen führte, dass die Welt des ständischen Regionalismus auf den Prüfstand gestellt und seine Begründung in althergebrachten Privilegien und Gewohnheiten nicht mehr für ausreichend erachtet wurde. So erstaunt es nicht, dass die neuen preußischen Herren des Markgraftums Niederlausitz in gewisser Weise nach 1815 das vollzogen, was die sächsische Debatte 1811 vorgedacht hatte. Auf die eingangs zitierte Eingabe der niederlausitzischen Stände antwortete Staatskanzler Hardenberg Ende Dezember 1816, »die unbedingte Aufrechterhaltung der bisherigen ständischen Verfassung« entspreche weder den »Bedürfnisse[n] der Zeit«, noch lasse »die Verbindung, in welche die Niederlausitz mit den übrigen Theilen der preußischen Monarchie getreten ist«, sie zu.[10] Die Zusammenfassung des 1815 aus ganz verschiedenartigen Bestandteilen neu zusammengefügten Königreichs Preußen machte es geradezu zur gebieterischen Notwendigkeit, über regionale Eigenheiten hinwegzugehen und regionale Einheiten in den neuen Staat und seine Provinzen nach neuen allgemeinverbindlichen Grundsätzen zu integrieren. Der frühneuzeitlichen Verfassung des Markgraftums Niederlausitz war unter solchen Bedingungen im 19. Jahrhundert keine Zukunft mehr beschieden. Aber bis zu den revolutionären Umwälzungen um 1800 liefert sie ein besonders eindrucksvolles Beispiel dafür, »daß Landschaftsbewußtsein und ständische Ordnung konstitutive Elemente des alten Europa gewesen sind«.[11]

Ungedruckte Quellen Brandenburgisches Landeshauptarchiv (BLHA), Rep. 23 C, U 66, U 70, U 166, U 167

Gedruckte Quellen und Literatur Clausnitzer 1898 · Gerhard 1956 · Große 1879 · Lehmann, R. 1934 · Lehmann, R. 1953 · Lehmann, R. 1956 · Lehmann, R. 1963 · Lippert 1909 · Neitmann/Schröder/Weirauch 2006

Anmerkungen **1** Neitmann/Schröder/Weirauch 2006, S. 74–79, Zitate S. 74 ff. **2** BLHA, Rep. 23 C, U 66 (ständische Erklärung vom 6. 5. 1636) bzw. U 70 (landesherrliche Privilegienbestätigung vom 11. 10. 1637). **3** Ebd., Rep. 23 C, U 166, 167. **4** Lippert 1909, S. 20, Anm. 31, S. 21, Anm. 32. **5** Lehmann, R. 1956, S. 309. **6** Edition des Privilegs bei Neitmann/Schröder/Weirauch 2006, S. 61 ff. **7** Vgl. die Edition der Verpflichtungsurkunde des Oberamtspräsidenten Willibald von Houwald bei ebd., S. 64 ff. **8** Lehmann, R. 1963, S. 329, 335. **9** Zur Denkschrift der Stände vom 30. 5. 1811 vgl. ebd. S. 440 ff., Zitat S. 441. **10** Neitmann/Schröder/Weirauch 2006, S. 79 f. **11** Gerhard 1956, S. 364

Landsleute oder Fremde? Die Sorben in Sachsen und Brandenburg-Preußen von 1680 bis 1830

EDMUND PECH

Zur Zeit ihrer Einwanderung, so vermuten Sprachwissenschaftler, bildeten die Sorben (Wenden) eine ethnische Gemeinschaft, dokumentiert durch die Eigenbezeichnungen »Sorb / Serb« bzw. »Sarb«. Ins Deutsche übertragen bedeutet dies so viel wie »Menschen, die verwandt sind« bzw. »Verbündete«. Erst später entstanden die einzelnen Stammesnamen auf der Grundlage von regionalen Landschaftsbezeichnungen wie Milzane und Besunzane für die slawischen Stämme der Oberlausitz oder wie bei dem für die Niederlausitz Namen gebenden Stamm der Lunsizi oder Lusizer, was mit Bewohner des Sumpflandes zu übersetzen ist. Neben der Eigenbezeichnung existierte ab dem Hoch- und Spätmittelalter eine deutsche Fremdbezeichnung. Im Deutschen wurden alle slawischen Stämme, die sich im nachmaligen Mitteldeutschland angesiedelt hatten, als Wenden bezeichnet. Dies führte dazu, dass bis in die jüngste Vergangenheit, zum Teil bis in die Gegenwart, die Begriffe Sorben und Wenden als Synonyme benutzt werden.

Ursprünglich besiedelten die Vorfahren der Sorben nicht nur die Ober- und Niederlausitz, sondern ihr Siedlungsgebiet reichte von Neiße und Oder über die Elbe hinaus bis an die Saale. Die sorbische Bevölkerung hat viel zur Ausprägung der mitteldeutschen Kulturlandschaft beigetragen, denn die meisten Orte, die heute noch bestehen, gehen auf slawische Siedlungen zurück. Die Begegnung mit dem deutschen Herrschaftsbereich ab dem 10. Jahrhundert und die daraus entstehende mittelalterliche deutsche Ostsiedlung bildeten einen entscheidenden Wendepunkt der historischen Entwicklung, in deren Folge die Sorben ins deutsche Reich integriert wurden. Assimilation, aber auch Sprachbeschränkungen bedingten, dass das sorbische Siedlungsgebiet im Hoch- und Spätmittelalter allmählich schrumpfte.

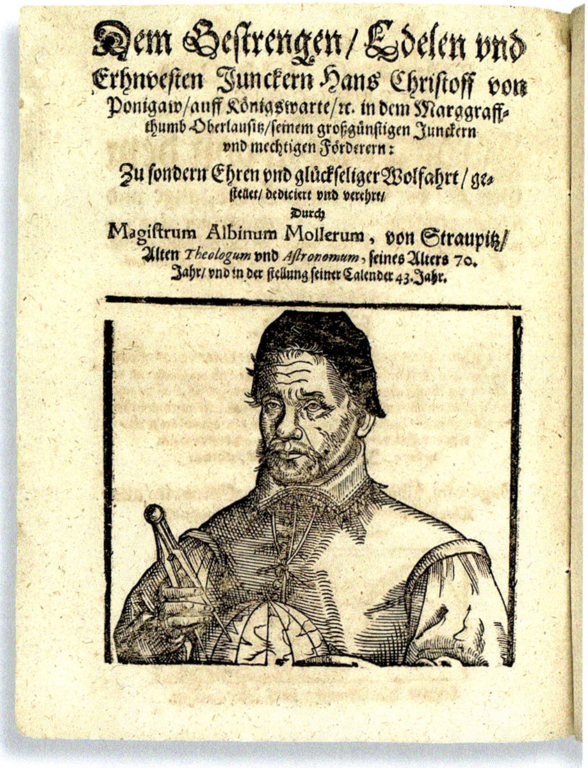
Dem Geſtrengen / Edelen vnd Erhnveſten Junckern Hans Chriſtoff von Ponigaw / auff Königswarte / ꝛc. in dem Marggraffthumb Oberlauſitz / ſeinem großgünſtigen Junckern vnd mechtigen Förderern:
Zu ſondern Ehren vnd glückſeliger Wolfahrt / geſtellet / dediciert vnd verehret /
Durch
Magiſtrum Albinum Mollerum, von Straupitz / Alten *Theologum* vnd *Aſtronomum*, ſeines Alters 70. Jahr / vnd in der ſtellung ſeiner Calender 43. Jahr.

Albin Moller, Pfarrer in Straupitz, Niederlausitz, aus: Die grosse Practica Astrologica, *Leipzig 1611, Wolfenbüttel, Herzog August Bibliothek*

Reformation und sorbisches Schrifttum

Im Jahrhundert der Reformation erstreckte sich das sorbische Siedlungsgebiet über ein Territorium von reichlich 16 000 Quadratkilometern, in dem rund 195 000 Menschen – davon etwa 160 000 Sorben – lebten. Besonders im Westen hatte sich im Vergleich zum Hochmittelalter die Sprachgrenze erheblich in östliche Richtung verschoben. Nur noch vereinzelt existierten um Wittenberg, Eilenburg und Meißen sorbische Sprachinseln. Mit der Verkleinerung des Gebiets traten in zunehmendem Maße die beiden Lausitzen in den Mittelpunkt der sorbischen Geschichte. Das Siedlungsgebiet reichte jedoch in westlicher, östlicher und nördlicher Richtung noch weit über diese Region hinaus. In westlicher Richtung erstreckte es sich bis Mühlberg an der Elbe, in nördlicher Richtung bis Zossen, Beeskow und Crossen sowie im Osten in einer verlängerten Linie über Rothenburg und Sorau. Die Sorben lebten unter verschiedenen Herrschaftsbereichen. Die beiden Markgraftümer Ober- und Niederlausitz waren Nebenländer der Krone Böhmen. Teile des westlichen sorbischen Siedlungsgebiets gehörten einerseits zum Kurfürstentum Sachsen, andererseits zum Herzogtum Sachsen. Den brandenburgischen Hohenzollern unterstanden die Herrschaft Cottbus sowie nördlich davon die Herrschaften Bärwalde, Zossen, Teupitz, Crossen, Sommerfeld und Beeskow.

Für die Sorben bedeutete die Reformation neben dem religiösen Umbruch auch eine sprachgeschichtliche Zäsur. Die Luther-Bibel, die Übersetzung der Heiligen Schrift ins Deutsche – 1522 zunächst des Neuen, 1534 auch des Alten Testaments – trug maßgeblich dazu bei, dass sich die neue Konfession festigte und im protestantischen Deutschland in der Muttersprache weitergegeben wurde. Das galt auch für das sorbische Siedlungsgebiet. In kurzer Zeit entstanden Übersetzungen lutherischer Schriften ins Sorbische, wobei sich mehrere Varianten der Schriftsprache herausbildeten. 1548 vollendete Pfarrer Mikławš Jakubica eine niedersorbische Übersetzung des Neuen Testaments. Diese älteste sorbische Übersetzung der Heiligen Schrift blieb ungedruckt. Der erste sorbische Druck erschien 1574, wobei es sich um ein Gesangbuch mit Katechismus in niedersorbischer Sprache handelte. Die Vorlage des Buches lieferte Pfarrer Albin Moller, der auch mit seinen botanischen und astrologischen Arbeiten weit über seinen Wirkungsort Straupitz Anerkennung fand. Der erste obersorbische Druck stammt von 1595. Es war ein Katechismus Luthers, den der Pfarrer zu Göda, Wjacław Warichius, herausgab.

Mit der Reformation formierte sich durch das Theologiestudium, vor allem an den Universitäten in Frankfurt (Oder), Leipzig, Wittenberg und später Halle, eine sorbische evangelische Bildungsschicht. Noch zu Luthers Lebzeiten wurden allein an der Wittenberger Universität nicht weniger als 40 junge Sorben aufgenommen. Von Luthers Tod 1546 bis zum Ende des 16. Jahrhunderts wurden dort weitere 147 sorbische evangelische Pfarrer ausgebildet. Die in Wittenberg studierenden Sorben waren ehemalige Glöckner, Küster, Schreiber, Handwerker und in einigen Fällen auch Bauern, die sich durch Bibelkenntnis hervorgetan hatten. An der brandenburgischen Landesuniversität, der Frankfurter Viadrina, die seit 1539 mit Wittenberg hinsichtlich der Ausbildung sorbischer Geistlicher in den Wettbewerb trat, wurden sogenannte »exercitationes linguae Vandalicae« – sorbische Sprachübungen – abgehalten. Ähnliche Lektionen veranstalteten später auch die in Wittenberg studierenden Sorben.

Auch unterhalb der Universitätsebene löste die Reformation im sorbischen Siedlungsgebiet einen Bildungsschub aus. Neben städtischen Lateinschulen entstanden in einigen Kirchorten erste »einfache« Schulen, die von den Kindern der eingepfarrten Orte besucht werden konnten. Aufgabe des Schulmeisters war es, den Schülern Katechismusunterricht zu erteilen und mit ihnen Kirchenlieder, Gebete und Bibelsprüche einzuüben. Im sorbischen Sprachgebiet wurde meist die Muttersprache angewendet. Talentierten sorbischen Knaben stand ein höherer Bildungsweg offen.

In der Oberlausitz bewahrten etwa zehn Prozent der Sorben die katholische Konfession. Auch in diesem Teil der Oberlausitz gab es einige Bemühungen zur Förderung der sorbischen Sprache und Kultur. Sie erreichten eine neue Qualität, als im Jahr 1724 für die Ausbildung der sorbischen katholischen Priester in Prag das Collegium Pragense (Wendisches Seminar) gegründet wurde.

Ungleiche Sorbenpolitik der Herrscherhäuser

Unterschiedliche außenpolitische, militärische, wirtschaftliche, kultur- und kirchenpolitische Zielsetzungen der beiden Herrscherhäuser Wettin und Hohenzollern bedingten eine differenzierte Einstellung gegenüber dem Sorbischen, die zwischen Unterdrückung, Duldung und Förderung schwankte. Insbesondere mit der Herausbildung des Absolutismus nahmen ab dem letzten Drittel des 17. Jahrhunderts in einigen Regionen die Bestrebungen zu, die Sorben stärker in das existierende Staatsgefüge einzugliedern.

Diese Absicht zeigte sich besonders in den Teilen der Niederlausitz, die von 1657 bis 1738 den Herzögen von Sachsen-Merseburg, einer Sekundogenitur der albertinischen Wettiner, unterstanden. Auf Geheiß Herzog Christians I., eines Bruders des sächsischen Kurfürsten, erarbeitete das Lübbener Konsistorium einen Plan zur Zurückdrängung des Sorbischen, der das gesamte 18. Jahrhundert hindurch verfolgt wurde. Zunächst wurden sämtliche sorbischen Bücher und Manuskripte eingezogen. Im Weiteren sollte durch Schulunterricht und Gottesdienst das Deutsche vor allem unter der Jugend gefördert werden. Dabei war es dem Lübbener Konsistorium klar, dass die Einschränkung des Sorbischen in einem Territorium, in dem sich bisher nur eine verschwindende Minderheit der deutschen Sprache bediente, nur auf sehr lange Sicht durchzusetzen war.

Obersorbische Lutherbibel von 1728, Bautzen,
Sorbisches Institut / Sorbisches Kulturarchiv

Noch rigoroser verfuhren die Behörden im Wendischen Distrikt der Kurmark Brandenburg, also in jenen südlich von Berlin gelegenen Gegenden um Beeskow, Storkow, Teupitz und Zossen. So begründete das Dezemberreskript des brandenburgischen Kurfürsten Friedrich Wilhelm vom Jahr 1667 dort die sofortige Vernichtung jeglichen sorbischen Schrifttums und die Abschaffung sorbischer Gottesdienste. Das führte dazu, dass in diesem Gebiet, das Mitte des 17. Jahrhunderts noch Zentrum der sorbischen Kulturbestrebungen gewesen war, das sorbische Bewusstsein mehr und mehr zurückging. Ende des 18. Jahrhunderts war hier das Sorbische erloschen.

Wesentlich nachsichtiger gestaltete sich die Sprachenpolitik im brandenburgischen Kreis Cottbus, obwohl auch dort die Sorbenpolitik während der unterschiedlichen Regentschaften zwischen Zwang und Beistand wechselte. Unter König Friedrich I. etwa wurde das ländliche Schulwesen auf der Basis der sorbischen Muttersprache begründet. Eine solche Politik förderte die sorbische Kultur. Gänzlich anders stand der »Soldatenkönig« Friedrich Wilhelm I. zur sorbischen Problematik. Er erließ zwischen 1717 und 1735 mehrere Verordnungen gegen das Sorbische. Vor allem in Kirche und Schule sollte die Verwendung der sorbischen Sprache eingeschränkt werden. Doch zeitigten diese Anweisungen kaum praktische Folgen. Friedrich II. kehrte wieder zur toleranten Sorbenpolitik seines Großvaters zurück.

Besonders in der Oberlausitz verfolgten die Landstände eine gemäßigte Politik. Hier konnten sich Sprache und Kultur der Sorben verhältnismäßig ungestört entfalten. Neben der Wirkung von Aufklärung und Pietismus ist ein weiterer Grund dafür in der Konkurrenzsituation zwischen evangelischer und katholischer Kirche zu sehen. Die mancherorts vorhandene »Gefahr« der Rekatholisierung der sorbischen Bevölkerung bewog die protestantischen Stände zur toleranten Haltung gegenüber dem Sorbischen und zur Herausgabe sorbischer Druckerzeugnisse. Gefördert wurde das Schrifttum der evangelischen Sorben besonders durch pietistisch gesinnte Adelshäuser der Oberlausitz, namentlich jenem der Gersdorfs.

In den beiden zuletzt genannten Territorien konnten sich sorbische Sprache und Kultur langfristig erneuern und entfalten. Neben der deutschen Aufklärung wurden die gebildeten

Sorben vor allem vom Pietismus geprägt. Die Bewegung des Pietismus, abgeleitet vom Lateinischen »pietas« (Frömmigkeit), formierte sich im 17. Jahrhundert als eine wichtige Reformbewegung innerhalb der evangelischen Kirche. Die Gleichberechtigung des Sorbischen als Kirchensprache war innerhalb der Bewegung anerkannt und wurde religiös so begründet: Gott überließ den Völkern verschiedene Sprachen, damit sie in diesen Gott dienten. Diese Einstellung rief eine umfangreiche Übersetzertätigkeit von Pastoren hervor. Neben sorbischen Büchern für die Schul- und Volksbildung entstanden vor allem religiöse Publikationen wie Gesangbücher, Katechismen, Erbauungsschriften und Sammlungen von Predigten und Gebeten. Mit Unterstützung der oberlausitzischen Stände wurde 1689 sogar eine Kommission zur Herausgabe sorbischer Schriften gegründet, die die Drucklegung koordinierte. Besondere Verdienste bei der Alphabetisierung der Bevölkerung und der Entwicklung des Obersorbischen erwarb sich der Großpostwitzer Pfarrer Michał Frencel. Im Jahr 1706 erschien seine Übersetzung des Neuen Testaments. Einen Schlusspunkt dieser Entwicklung bildete 1728 die Drucklegung der gesamten Luther-Bibel in obersorbischer Sprache.

Im niederlausitzischen Kreis Cottbus schuf der Pfarrer Jan Bogumił Fabricius mit finanzieller Unterstützung Friedrichs I. und des vom Pietismus beeinflussten Kahrener Gutsherrn von Pannwitz mit der 1709 erfolgten Edition des Neuen Testaments die niedersorbische Schriftsprache, nachdem er bereits 1706 Luthers Katechismus ins Niedersorbische übersetzt und herausgegeben hatte. Knapp 90 Jahre später erfolgte durch den Kolkwitzer Pfarrer Jan Bjedrich Fryco die Übersetzung des Alten Testaments, die fünf Jahre später, 1796, im Druck erschien. Damit lag erstmals die gesamte Bibel in niedersorbischer Sprache vor.

Auch im kleinen sorbisch-katholischen Teil der Oberlausitz gab es einige Bemühungen zur Förderung der sorbischen Sprache und Kultur. Die erste sorbische Sprachlehre, die im Druck erschien, war das 1679 in Prag veröffentlichte Büchlein des Wittichenauer Jesuiten Jakub Xaver Ticin mit dem Titel *Principia linguae Wendicae*. Zwischen 1688 und 1707 verfasste der Priester Jurij Hawštyn Swětlik eine sorbische Übersetzung der katholischen Gesamtbibel. Er schuf damit die katholische Variante der obersorbischen Schriftsprache. Diese Bibel blieb jedoch ungedruckt.

Aufgrund der unterschiedlichen Sorbenpolitik verlagerte sich der Schwerpunkt der sorbischen nationalen Entwicklung ab dem 18. Jahrhundert endgültig in jene Regionen, in denen eine aufgeklärte Kultur- und Sprachpolitik betrieben wurde. Das waren sowohl der brandenburgische Kreis Cottbus als auch ganz besonders die sorbischen Altlandschaften des Markgraftums Oberlausitz.

Wappen der Leipziger »Wendischen Predigergesellschaft«

Bürgerliches und nationales Bewusstsein

Von den Universitätsstädten Halle, Leipzig, Wittenberg und – seit der 1811 erfolgten Gründung einer evangelisch-theologischen Fakultät – Breslau als den wichtigsten Bildungsstätten der evangelischen Intelligenz sind den Sorben viele Anregungen vermittelt worden. Die Leipziger Universität war ein Zentrum der Aufklärung und die dort 1716 gegründete Wendische Predigergesellschaft wurde zum Wegbereiter der neuen Geistesrichtung unter den Sorben. Auch an der Universität Wittenberg schlossen sich die sorbischen Theologiestudenten 1749 zu einer Predigergesellschaft zusammen. Die sorbischen katholischen Gymnasiasten und Studenten wiederum konzentrierten sich in Prag im dortigen Wendischen Seminar. Im letzten Drittel des 18. Jahrhunderts entwickelte sich die Stadt zu einem bedeutsamen Zentrum der Aufklärung. Mit dem Wendischen Seminar fühlten sich erstrangige Vertreter der tschechischen Aufklärung wie Josef Dobrovský verbunden. In seinen Vorlesungen über slawische Sprachen und Kulturen bot er auch dem Sorbischen breiten Raum. Die sorbischen Studenten unterrichtete er in deren Muttersprache und brachte ihnen die Möglichkeiten der slawischen Wechselseitigkeit – eine kulturelle Annäherung der slawischen Völker bei gleichzeitiger Wahrung ihrer Eigenständigkeit – nahe. Ferner gab er den Studierenden wichtige Anregungen zur wissenschaftlichen Erforschung der sorbischen Sprache, Geschichte und Kultur. Zu den sogenannten sorbischen Josephinern und Anhängern von Dobrovský zählten Jakub Žur, Mikławš Fulk und Franc Jurij Lok. Der einflussreichste von ihnen wurde Franc Jurij Lok, der 1796 zum Dekan des Bautzener Domstifts und 1801 zum Bischof ernannt wurde. Lok widmete sich mit besonderem Eifer der Hebung der Volksbildung, insbesondere der Gründung neuer Schulen. Außerdem

Das sorbische Sprachgebiet 1815, aus: Jan Šołta / Hartmut Zwahr: Geschichte der Sorben, Bd. 2, Anlage, Bautzen 1974

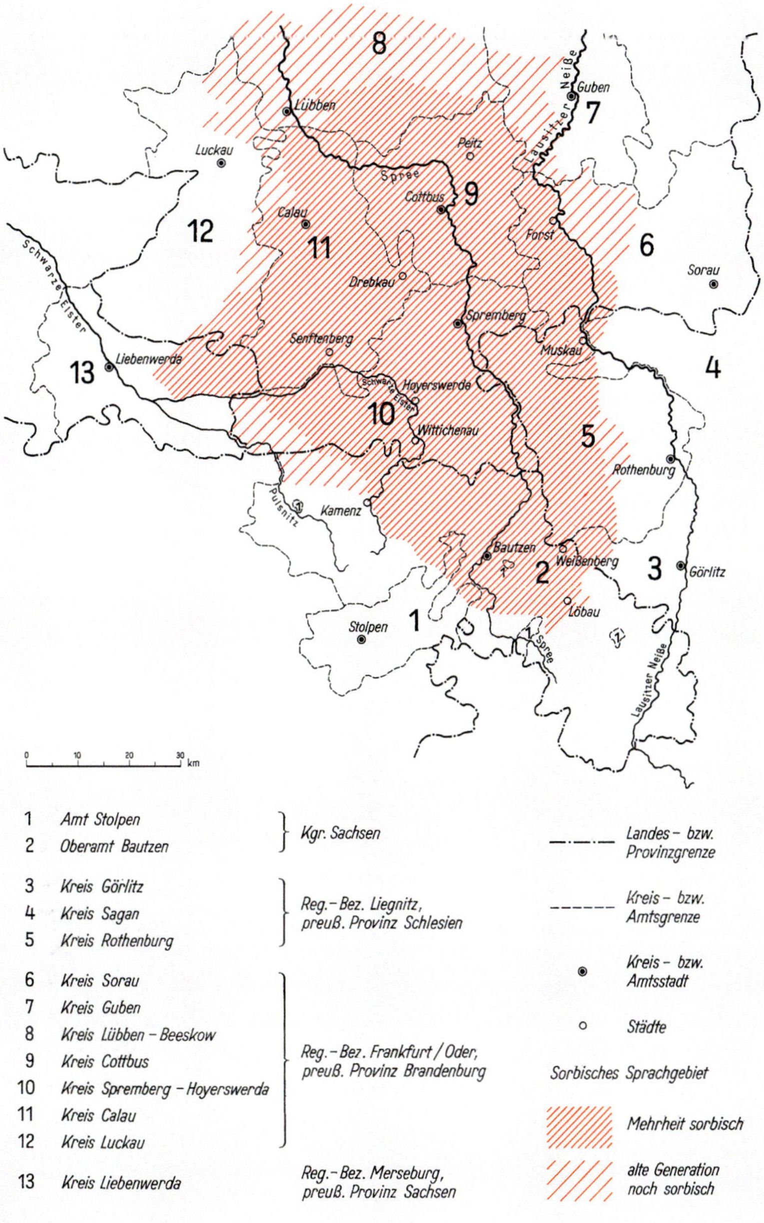

war er darauf bedacht, die Erkenntnisse der Universitäten rasch für die breite Schulbildung nutzbar zu machen. Es entsprach seiner aufgeklärten Geisteshaltung, dass er sich für die katholischen und protestantischen Schulen, für Sorben und Deutsche in gleicher Weise einsetzte. So ermöglichte er es auch dem jungen Handrij Zejler, dem Sohn eines protestantischen Sorben, ein Studium an der Leipziger Universität aufzunehmen. Lok unterhielt enge Kontakte zur Oberlausitzischen Gesellschaft der Wissenschaften. In der wissenschaftlichen Arbeit des Sekretärs der Gesellschaft Karl Gottlob von Anton, eines engen Freundes Franc Jurij Loks, nahm die Slawistik einen breiten Raum ein. Bereits in den Jahren 1783 und 1789 erschien in Leipzig dessen slawistisches Hauptwerk *Erste Linien eines Versuches über der alten Slawen Ursprung, Sitten, Gebräuche, Meinungen und Kenntnisse* – ein Meilenstein für die Entwicklung der Slawistik in Deutschland. Im Jahr 1797 veröffentlichte Anton außerdem eine Abhandlung über die sorbische Sprache der Oberlausitz und wenig später ein niedersorbisches Wörterbuch.

Unbekannter Künstler: Bischof Franz Georg Lock (obersorbisch Franc Jurij Lok), Öl auf Leinwand, o. J., Bautzen, Domschatzkammer St. Petri

Für die Niederlausitz erarbeitete der Pfarrer in Mulkwitz bei Forst Krystof Gabriel Fabricius ein sorbisches Schulbüchlein für den Katechismusunterricht, das zweimal – 1711 und 1718 – gedruckt wurde. 1760 erhielten die Sorben des Kreises Cottbus ein Kirchengesangbuch, zusammengestellt von Pfarrer Johann Ludwig Wille aus Briesen bei Cottbus. Auch in dieser Region förderten deutsche Aufklärer die sorbischen Kulturbestrebungen, wie etwa der Lübbenauer Oberpfarrer Johann Gottlieb Hauptmann, Herausgeber des oben erwähnten Gesangbuchs und der ersten, 1761 gedruckten niedersorbischen Grammatik. Die kulturellen Aktivitäten der Niedersorben konzentrierten sich ab dem 18. Jahrhundert auf den Kreis Cottbus; hier erschienen zwischen 1706 und 1806 insgesamt 45 niedersorbische Bücher.

Mit der Nationsbildung wuchs auch das Bewusstsein für die ethnischen Unterschiede. Ein eigenes nationales Bekenntnis zeigte sich verstärkt ab dem letzten Drittel des 18. Jahrhunderts, wobei vor allem die Französische Revolution und die Befreiungskriege diesen Prozess beschleunigten. Einer, der sich offen zu seiner sorbischen Nationalität bekannte, war der sorbische Aufklärer Jan Hórčanski, der 1782 sein Werk *Gedancken eines Ober-Lausitzer-Wenden über das Schicksaal seiner Nazion* herausgab. Darin bekannte Hórčanski: »Ich gestehe es: Ich bin ein Wende und ich schäme mich meiner Herkunft nicht.«[1] Auch der bekannte Ökonomieprofessor Johann Christian Schmohl betonte 1781 seine sorbische Herkunft: »Sorben, Sorben! […] Ich schwärme? Sie wissen nicht, dass mein Großvater von väterlicher und mütterlicher Seite noch wendisch sprachen, dass ich noch Sorbenblut in mir habe!«[2] Die Nationalisierung schritt in den folgenden Jahrzehnten weiter voran. Im Jahr 1841 formulierte Jan Arnošt Smoler in seinen *Wendisch-deutschen Gesprächen* folgendes nationale Bekenntnis: »Ja, das ist wahr: Wer seine Nationalität in Ehren hält, hierbei aber den Fremden nicht missachtet, der ist sich selbst zur größten Ehre. Ein rechter Wende und ein richtiger Deutscher sind ihrer Nationalität nach beide in gleichem Maße ehrenwert.«[3]

Übergang der Sorben in die Moderne

Ende des 18. Jahrhunderts war das geschlossene sorbische Siedlungsgebiet im Vergleich zum 16. Jahrhundert auf weniger als die Hälfte geschrumpft. Die Zahl sorbischer Dörfer betrug circa 1000, davon befanden sich 500 in der Oberlausitz, 300 in der Niederlausitz und weitere 200 in den angrenzenden Territorien. Für die seit 1635 unter sächsischer Herrschaft lebenden Sorben der Markgraftümer Ober- und Niederlausitz bedeutete die nach dem Ende der napoleonischen Herrschaft erfolgende Neugestaltung des europäischen Staatensystems eine tief greifende Zäsur. In deren Folge kam es zu einer territorialen Neugliederung des sorbischen Siedlungsgebiets, die sich äußerst ungünstig auf die kulturelle Entwicklung der Sorben auswirken sollte. Sachsen verlor mehr als die Hälfte seines Territoriums. Die gesamte Niederlausitz einschließlich des Kreises Cottbus sowie die nördliche und östliche Oberlausitz um Hoyerswerda und Görlitz fielen an Preußen. Nur die südliche Oberlausitz verblieb beim Königreich Sachsen. Fast 200 000 Sorben wurden preußische Untertanen, lediglich 50 000 Sorben verblieben bei Sachsen. Eine künstlich gezogene Grenze quer durch die Oberlausitz trennte die preußisch gewordenen Städte Görlitz und Lauban sowie Hoyerswerda, Muskau und Rothenburg von den sächsischen »Vierstädten« Kamenz, Bautzen, Löbau und Zittau. Auf historisch gewachsene Zusammenhänge wurde keine Rücksicht genommen. In elf Fällen lief die Grenze mitten durch ein Kirchspiel, so dass einige eingepfarrte Dörfer nicht mehr zum selben Staat gehörten wie die Pfarrkirche. Auch der Austausch unter der sorbischen Intelligenz über die Landesgrenzen hinweg und die Verbreitung sorbischer Literatur wurden erschwert. Bis dahin funktionierende Verbindungen des Kirchen- und Schulwesens waren durchtrennt. Die territoriale Aufsplitterung verhinderte, dass sich die Sorben zu einem festen Ganzen zusammenschließen und ein gemeinsames Kulturzentrum bilden konnten. Alles das führte dazu, dass der für das frühe 19. Jahrhundert charakteristische Prozess der Nationsbildung bei den Sorben behindert wurde.

Zahlreiche Länder Europas wurden im Übergang vom 18. zum 19. Jahrhundert von der Epochenströmung der Romantik erfasst. Ein Hauptcharakteristikum der romantischen Bewegung war es, dass sich die Völker mit ihrer eigenen Geschichte beschäftigten. Die sorbische nationale Wiedergeburt stand unter dem Einfluss der deutschen Aufklärung, empfing aber gleichzeitig starke Impulse von der slawischen Romantik nach 1815, insbesondere aus dem benachbarten Böhmen. Die Bewegung erreichte zunächst ausschließlich die akademisch gebildeten Sorben. Die wichtigsten Aktivitäten gingen von den protestantischen Vertretern aus. An der Universität Leipzig reaktivierten sorbische Studenten 1814 die Tätigkeit der Wendischen Predigergesellschaft, die während der Napoleonischen Kriege zum Erliegen gekommen war. Die Studenten sammelten sorbische Volkslieder, Sagen, Märchen und Sprichwörter. Durch gemeinsame Übungen vervollkommneten sie sich in der Muttersprache. Eine Blütezeit erlebte die sorbische Studentenverbindung, als Handrij Zejler zum Studium der Theologie nach Leipzig kam. Zejler, der als Begründer der modernen sorbischen Literatur gilt, verfasste in seiner Studienzeit von 1825 bis 1828 zahlreiche Dichtungen. 1827 schuf er mit seinem Gedicht *Rjana Łužica* (Schöne Lausitz) einen Text, der nach der Vertonung zur Nationalhymne der Sorben wurde. Zejler betrieb auch Sprachwissenschaft, verbesserte die Orthografie des Sorbischen und arbeitete an einer Grammatik, die er schließlich 1830 herausgab.

Ein bedeutsames Ereignis in der sorbischen Kulturgeschichte waren die ersten Zeitungsgründungen. Studenten in Leipzig hatten bereits 1766 eine handschriftliche sorbische Zeitung verfasst. Im August 1790 gaben die jungen Theologen Jan Awgust Janka und Korla Bohuchwał Šěrach die erste Nummer

Sorbisches Bauerngehöft in der Mittellausitz, gebaut um 1850

ihres *Měsačne pismo k rozwučenju a k wokřewjenju* (Monatsschrift zur Belehrung und Unterhaltung) heraus. Allerdings wurde die Zeitung in den Wirren der napoleonischen Zeit verboten. Kaum mehr Erfolg war dem Bautzener Zimmermann Jan Bohuchwal Dejka beschieden. Er gab ab 1809 seinen *Serbow Kurěr a Powědar* heraus und vermochte dieses Unternehmen bis 1812 fortzuführen, dann wurde seine Zeitung verboten.

Die verstärkt um sich greifende Zweisprachigkeit und der beginnende deutsche Nationalismus drohten die überkommene sorbische Identität auszulöschen. Die sorbische Nationalbewegung hat versucht, den Wert ihrer Sprache und Kultur unter der eigenen Bevölkerung bewusst zu machen. In diesem Zusammenhang war es ihr großes Verdienst, dass die muttersprachliche Kommunikation über den kirchlichen Bereich in die bürgerliche Gesellschaft hinauswachsen konnte. Ein weiteres Ziel bestand darin, die verschiedenen ober- und niedersorbischen Schriftsprachen möglichst zu vereinheitlichen, die konfessionellen Gegensätze aufzuheben, den Wortschatz zu erweitern und ihn der Gegenwart anzupassen. In den überkonfessionellen Gründungen begann sich das Neue in der Sprache langsam durchzusetzen. Es kam zu eigenständigen Neubildungen, aber auch zu Entlehnungen aus anderen slawischen Sprachen. War die Sprachentwicklung seit der Reformation vorzugsweise im religiösen Kontext erfolgt, so fanden nun profane Bereiche – Politik, Wirtschaft und Kultur – Eingang in die sorbische Sprachpraxis.

Die Bedingungen für die Anwendung der sorbischen Sprache gestalteten sich nach der Teilung der Lausitzen sehr unterschiedlich. Zu den entschiedensten Einschränkungen der sorbischen Sprache kam es nach 1815 in den preußischen Landesteilen. Sorbische Pfarrer und Lehrer wurden in deutsche Parochien berufen, während bei den Sorben Deutsche amtierten. Sprachregelungen grenzten die Verwendung der sorbischen Sprache im Unterricht zusätzlich ein. In der sächsischen Oberlausitz befanden sich die Sorben in einer günstigeren Lage. Die Oberlausitzer Stände gestatteten weiterhin in bewährter Weise die Anwendung der sorbischen Sprache in Schule und Kirche. So erlaubten die Behörden sorbischen Lese- und Religionsunterricht und verankerten ihn im sächsischen Volksschulgesetz des Jahres 1835.

Das Zusammenleben von Deutschen und Sorben war nicht nur von Repression der Staatsnation gegen die autochthone Bevölkerung, sondern auch von Akzeptanz geprägt. Durch den Einfluss der Aufklärung sowie die gelehrte Beschäftigung mit dem Volkstum wuchs auf beiden Seiten das Bewusstsein für die ethnischen Unterschiede – für das Eigene und für das Fremde. Karl Gottlob von Anton bezeichnete 1789 die Sorben als seine Landsleute, indem er neben den Unterschieden auch das Gemeinsame betonte. Doch der nachfolgende Aufschwung des deutschen Nationalismus verhinderte eine umfassende Tolerierung des Sorbischen in der Gesellschaft. Ein entscheidender Umschwung im Denken vollzog sich ab den 1840er Jahren und führte dazu, dass die Vorurteile gegenüber den westslawischen Sorben zunahmen. Die sorbische Bewegung wurde ersten Angriffen von deutscher Seite ausgesetzt. Der Leipziger Historiker Heinrich Wuttke regte noch 1840 seinen damaligen sorbischen Studenten Mosak-Kłosopolski dazu an, Šafáriks Hauptwerk *Slawische Altertümer* zu übersetzen und lobte in seinem Vorwort zur deutschen Ausgabe die hervorragende wissenschaftliche Leistung des slowakischen Gelehrten. Aber sieben Jahre später hatte sich sein Blickwinkel verändert, als er in einer Diskussionsrunde zum Thema «Deutsche und Slawen« auf die Überlegenheit der deutschen Kultur und die Minderwertigkeit der Slawen verwies. Dies entsprach der allgemeinen Entwicklung in Deutschland. So gab es auf der einen Seite den überzogenen Vorwurf des »Panslawismus«, auf der anderen Seite verhöhnte man etwa in der deutschen Presse »die geringere Kultur« der Wenden. Die ehemals als Landsleute bezeichneten Sorben wurden nun als Fremde gesehen, die die angestrebte Einheit des deutschen Vaterlands gefährdeten. Freilich hielt dies die Sorben in Preußen und in Sachsen nicht davon ab, die nationale Selbstfindung fortzusetzen.

Gedruckte Quellen und Literatur Brankačk/Mětšk 1977 · Brězan 1993 · Dannenberg/Scholze 2009 ·Hórčanski 1782 · Kunze P. 2000 · Kunze P. 2008 · Lorenc 1981 · Lorenc 2004 · Müller/Dannenberg/Pech/Steinberg 2011 · Pech/Scholze 2003 · Pollack 2012 · Schmohl 1781 · Scholze 2003 · Smoler 1841 · Zeil 1996 · Zwahr 1990 · Zwahr 1997/98

Anmerkungen **1** Vgl. Hórčanski 1782, zit. nach Brězan 1993, S. 5–77. **2** Schmohl 1781, S. 224. **3** Smoler 1841, zit. nach Lorenc 1981, S. 205

Kommunalverfassung und Ordnungsformation in Sachsen und Preußen 1789 – 1832

RALF PRÖVE

Die in vielen Teilen Europas zu beobachtende Revolution von 1830, die im Juli in Frankreich ihren Anfang nahm, fiel in Preußen und Sachsen jeweils sehr unterschiedlich aus. Während es in den preußischen Territorien nicht zu größeren Unruhen kam, überschlugen sich in Sachsen die Ereignisse, an deren Ende die Verabschiedung einer Verfassung stand. Natürlich lassen sich viele mögliche Sachverhalte herleiten, die die differierende Entwicklung in den beiden Ländern begründen könnten: Person des Monarchen, Adelsstruktur, Wirtschafts- und Infrastruktur, Städtelandschaft, politische Traditionen, Entwicklungsstand einer bürgerlichen Öffentlichkeit und vieles mehr.

Eine ganz andere Vermutung hingegen ist, dass gerade die Kombination von Städteordnung und kommunalisierten Ordnungsformationen eine besondere Brisanz zeitigte und hier eine bisher zu wenig beachtete mögliche Ursache für die Unterschiede vorliegt. Deshalb werden zunächst die Situation der Städteordnungen beleuchtet und schließlich die Ordnungsformationen, also kommunale Sicherungseinrichtungen wie Bürgerwehr, aber auch Schützenverein, vorgestellt.

Zu den großen Reformwerken zu Beginn des 19. Jahrhunderts zählte auch die Neuordnung der kommunalen Verfassungen. Im 17. und 18. Jahrhundert waren die Städte in Sachsen und in den mittleren und östlichen Provinzen Preußens, so auch in der Mark Brandenburg, einem starken Druck der Landesherren ausgesetzt gewesen, der zu einer deutlichen Einschränkung der ursprünglich genossenschaftlichen Selbstverwaltung geführt hatte. Im Zuge einer grundlegenden Staatsreform galt es demnach, den Dörfern und Städten eine spezifische Ordnung zu geben.

Während jedoch in Sachsen zunächst keine entsprechenden Regelungen für die Kommunen getroffen wurden, erhielt Preußen im Jahre 1808 eine Städteordnung, die bei den Zeitgenossen große Aufmerksamkeit erlangte. Mit dieser am 19. November 1808 erlassenen Ordnung verband sich der Wunsch nach einer intensiveren Beteiligung der Bürger an den öffentlichen Angelegenheiten ihrer Stadt; Gemeingeist und Bürgersinn sollten geweckt werden. Es wurden eine umfassende Selbstverwaltung initiiert und die Stadt als eigenständige, autonome Korporation mit unumschränktem Wirkungskreis gefasst. Die stimmberechtigten Bürger wählten die Stadtverordneten, die ihrerseits wiederum den Magistrat bestimmten, wobei Letzterer ein lediglich ausführendes Organ der Stadtverwaltung blieb (§§ 69 – 164). Zur Beaufsichtigung und Leitung laufender Geschäfte wurden spezielle, aus Mitgliedern des Magistrats und der Stadtverordnetenversammlung sowie aus Bürgervertretern bestehende Deputationen ins Leben gerufen. Die Stadtverordnetenwahlen wurden nicht mehr etwa nach korporativem Schema in Zünften, sondern nunmehr nach räumlich-administrativen Kriterien in Bezirken organisiert.

Innerhalb eines Vierteljahres hatten in der Provinz Brandenburg, also in jenem Teil des preußischen Staates, auf den wir uns im Folgenden vor allem konzentrieren wollen, sämtliche großen Städte und etwa zwei Drittel aller kleinen und mittleren Städte bereits Stadtverordnetenwahlen abgehalten. Die Bürger waren sich ihrer neuen Möglichkeiten rasch bewusst geworden und hatten ein stetig wachsendes Selbstwertgefühl entwickelt, das die staatlichen Behörden sehr bald zu spüren bekamen. Insbesondere die direkt vorgesetzten Dienststellen registrierten beizeiten »eine verminderte Folgsamkeit gegen erlassene obrigkeitliche Anordnungen« und einen »sonst nicht gewohnten auffallenden Geist der Anmaßung« und der Renitenz.[1] Dieses für die autoritäre Staatsbürokratie ungewohnte stadtbürgerliche Selbstbewusstsein und der Widerstand gegen missliebige Gesetze belegen eine Kontinuität stadtbürgerlicher Politisierung und Selbstbehauptung über die Epochenschwelle 1789 hinweg. Die Ordnung von 1808 hat aber insofern ihre Bedeutung, indem

Julius Schnorr von Carolsfeld:
Karl Freiherr vom und zum Stein, Feder in Braun, 1821, Hamburger Kunsthalle.
Stein leitete als Staatsminister 1807 / 1808 die Reorganisation der preußischen Verwaltung in die Wege und reformierte u. a. die Städteordnung.

ROM
1821
Baron Stein.

sie als eine Art »Wiederbelebungsspritze« vergessen geglaubter stadtbürgerlicher Freiheiten fungierte. Die Reformer hatten damit die unterschwellig vorhandenen Erinnerungen an den früheren politisch-administrativen Spielraum ebenso unterschätzt wie den aktuellen, durch die Niederlage des preußischen Staates und die Konfrontation mit napoleonischen Truppen ausgelösten modernen Politisierungsschub. Diese Politisierung wurde nach 1815 (Wiener Kongress) und 1819 (Karlsbader Beschlüsse) noch verstärkt, als Verfassung und weitere Reformen ausblieben und der städtische Republikanismus als Ersatz für den fehlenden staatlichen Republikanismus genommen wurde.

Die preußische Regierung zögerte nach diesen ersten Erfahrungen vor einer schrankenlosen geografischen Ausdehnung dieser als zu rigoros empfundenen Ordnung zurück. Im Jahre 1808 war ja bekanntlich nur ein kleiner Teil der Monarchie, die noch verbliebenen Kernprovinzen, mit der Städteordnung in Berührung gekommen. Als 1814 die Provinzen Posen, Sachsen, Westfalen und das Rheinland dem Staat Preußen zugeschlagen wurden, enthielt man den Kommunen die mittlerweile für reformbedürftig deklarierte Städteordnung vor. Als dann am 17. März 1831 die revidierte Städteordnung erlassen wurde, beinhaltete sie nicht nur notwendige technische Verbesserungen und einige administrative Vorzüge, sondern auch – parallel zum Erstarken reaktionärer Kräfte und zum restaurativen Klima – erhebliche politische Einschränkungen gegenüber den 1808 gewährten Selbstverwaltungsrechten.

Gerade vor dem Hintergrund der nach 1815 einsetzenden intensiven Restaurationsphase der Überwachung, Zensur und Repression, die eine politische Betätigung Einzelner oder überhaupt publizistische Debatten über staatliche Angelegenheiten stark einschränkte, wenn nicht gar unmöglich machte, blieben die Stadtverordnetenversammlungen der legale Ort der politischen Diskussion in Preußen. Hier konnten nicht nur die parlamentarischen und demokratischen Spielregeln eingeübt werden, hier bildete sich auch der Kern der bürgerlichen Verfassungsbewegung. Dies wurden die kommunalen Verordnetenversammlungen umso mehr, als kein anderes parlamentarisches Organ mangels Verfassung im Lande vorhanden war und die in den 1820er Jahren eingeführten, von Junkern dominierten Provinziallandtage nur ungenügend den liberalen Bedürfnissen Rechnung trugen.

In Sachsen kam es demgegenüber erst im Gefolge der politischen Umwälzungen von 1830 zu einer allgemeinen Städteordnung (2. Februar 1832) und zu einer Landgemeindeordnung (7. November 1838).

Friedrich August Calau:
Die erste Tagung der Berliner Stadtverordnetenversammlung am 6. Juli 1809 in der Nicolaikirche, 1809,
Aquarell, Stiftung Stadtmuseum Berlin

Wie schon angedeutet, barg die Kombination von Städteordnung und Ordnungsformation eine besondere Brisanz. Vorauszuschicken sind dazu zwei langfristige Trends. Erstens gab es mindestens bis zur Mitte des 19. Jahrhunderts keine wirkliche Entsprechung für die heute selbstverständliche Sicherheitspolizei. Alltägliche Konflikte wurden fast immer einvernehmlich dezentral von den Beteiligten selbst geregelt, meist genossenschaftlich. Allenfalls größere Städte hatten für polizeiliche Maßnahmen einen eigens dafür tätigen Polizeidiener angestellt. Gelang keine Einigung oder überstieg der Konflikt das Maß alltäglicher Routine, wurde landesherrliches Militär eingesetzt. Zweitens hielten sich die Konflikte gerade aufgrund ihrer flexiblen Regelungen in Grenzen; über Interaktionsketten und ritualisierte Formen der Konflikteinhegung blieb eben auch vieles unterhalb einer bestimmten Schwelle. Dies änderte sich langsam, mitunter aber auch sprunghaft. Bereits im Zuge des fast 25-jährigen Krieges mit Frankreich und Napoleon, angesichts der Millionenheere, die durch Europa zogen, sowie der radikalen Eingriffe in die Ordnungen und staatlichen Grenzverläufe stieg die Anzahl der Flüchtigen und Entwurzelten stark an. Hinzu kamen dann die Verlierer der freien Marktwirtschaft (etwa der Aufhebung des Zunftzwangs), sodass schon bald in den ersten Jahrzehnten des 19. Jahrhunderts ein stetig größer werdendes Problem der Eigentumssicherung eintrat und sich Besitzende zunehmend den Forderungen besitzloser Schichten gegenübersahen.

Parallel zu dieser sich bildenden Schere zwischen geringen Polizei- und Ordnungskräften einerseits und den ansteigenden sozialen Problemen andererseits wurde die Frage der Militärverfassung diskutiert. Unter dem Schlagwort von der Volksbewaffnung wurden bereits in den letzten Dekaden des 18. Jahrhunderts Alternativen zum Stehenden Heer der Fürsten gefordert. Je nach Gesellschaftskonzeption und »Volks«-Verständnis, aber auch je nach Staatsnähe und staatskritischer Einstellung variierten die Vorstellungen erheblich. Militärreformer, die das Militär effektiver gestalten wollten und zunächst ein Aushebungssystem nach französischem Vorbild befürworteten, favorisierten Formen der Volksbewaffnung wie Landwehr oder Landsturm. Aufklärer und Frühliberale verstanden unter Volksbewaffnung ein politisches Instrumentarium, mit dem das Stehende Heer zurückgedrängt, wenn nicht gar überflüssig gemacht werden sollte. Einigen radikaldemokratischen Autoren schwebte sogar eine Volksbewaffnung aus Tagelöhnern und Arbeitern vor.

Es ging um den Grundsatz, dass auch der politisch mitbestimmen dürfe, der mit einer Waffe für die Sicherheit des Landes, seiner Stadt, der allgemeinen Ordnung eintritt, der sich also mit seiner Gesundheit und seinem Leben dafür einsetzt. Damit war ein Vehikel, ein argumentatives Einfalltor geschaffen für weitere Forderungen. Nicht zufällig zählt deshalb der Ruf nach Volksbewaffnung zu einem der zentralen liberalen Anliegen im Vormärz.

Schon bald nach der Französischen Revolution 1789 fand der Aufbau milizähnlicher Verbände statt – zunächst in Frankreich, dann in anderen Ländern, ebenso in Sachsen und Preußen. Diese zumeist als Nationalgarde, aber auch als Bürgergarde oder Bürgerkompanien bezeichneten Ordnungsformationen fungierten, je nach Konzeption, für die Obrigkeit als militärische Hilfstruppe oder für die entschiedenen Reformer als sinnlich fassbare Garanten der Verfassung und politischer Mitsprache.

Kennzeichen dieser ersten Formationen bis etwa 1820 war deren Nichtkommunalität; es gab zwar eine nach administrativen Kriterien festgelegte regionale Gliederung, die auch einzelne Dörfer oder Stadtkreise berücksichtigte, jedoch keine, die speziell in der autonomen Verantwortung der Kommunen gestanden hätte. Mit dieser Ausrichtung konnte im Großen und Ganzen eine weitere Politisierung verhindert werden, da sich die landesweit aufgestellten und damit zugleich unter militärischer Oberhoheit stehenden Formationen nur bedingt als revolutionäre Basis eigneten.

In Sachsen unterblieben in diesen Jahren sowohl eine Kommunalordnung als auch eine städtisch angebundene autarke Sicherheitsformation. Als einziges Zugeständnis aus der napoleonischen Zeit verfügte das Land über die Nationalgarde von 1812, die zwar durchaus in den Städten wirksam werden sollte, die aber, ohne die Flankierung einer entsprechenden Städteordnung, sehr rasch zu einer Hilfsgendarmerie nach frühneuzeitlichem Vorbild verkam, in der wie im althergebrachten »Reihendienst« jeder mal »an der Reihe war«, jederzeit aber ein Stellvertreter geschickt werden konnte. So verwundert es nicht, dass diese doch eher milizartige Korporation alsbald nach 1815 einschlief.

In Brandenburg wurde zunächst nach der Besetzung durch napoleonische Truppen 1806 ebenfalls eine Nationalgarde ins Leben gerufen, die dann bald von Bürgergarden und Bürgerwachtkompanien abgelöst wurde. Nach 1814, als die französische Gefahr endgültig gebannt war und keine Zugeständnisse gegenüber den Reformkräften mehr notwendig zu sein schienen, wurden die Ordnungsformationen nachhaltig entpolitisiert und in das Landesdefensivkonzept als Landwehr und Landsturm eingebunden.

Große Bedeutung musste vor diesem Hintergrund die Regelung der Ordnungswahrung in der Städteordnung von 1808 haben. Nicht ohne Ursache hatte die Obrigkeit davor zurückgeschreckt, angesichts derartig vieler Zugeständnisse bei den Selbstverwaltungsrechten den Städten dezidiert autarke Ordnungsformationen einzuräumen. Eine Bürgerwehr oder eine Bürgergarde wird in dem Paragrafenwerk eben nicht erwähnt. Allerdings wurden laut § 28 in bestimmtem Rahmen kommunal autarke Sicherheitskräfte zugelassen. Man wollte, und hier drückt sich wiederum das Dilemma der Obrigkeit aus, zwar Formationen als Plattformen für politische Forderungen vermeiden, zugleich jedoch auch in den Städten für Ruhe und Ordnung sorgen. So wurden Schützengilden, als »zu den nothwendigen Anstalten bei jeder Stadt« zählend, explizit erwähnt.[2] Freilich gab es Schützengilden in preußischen Städten seit Jahrhunderten, doch verfügte zum einen längst nicht jede Stadt über eine solche Formation. Zum anderen waren diese Korporationen nicht zuletzt durch die Konkurrenz der Garnisonssoldaten ihrer Funktion beraubt worden und führten, so sie im 18. Jahrhundert nicht sogar aufgelöst worden waren, eher ein Schattendasein. Insofern stellte der § 28 eine gravierende Neuerung dar, wurde doch die Schützengilde nicht nur in ihrer Bedeutung drastisch erhöht, sondern entwickelte sich zugleich – durch ihre Verknüpfung mit der Städteordnung und den entsprechenden Be-

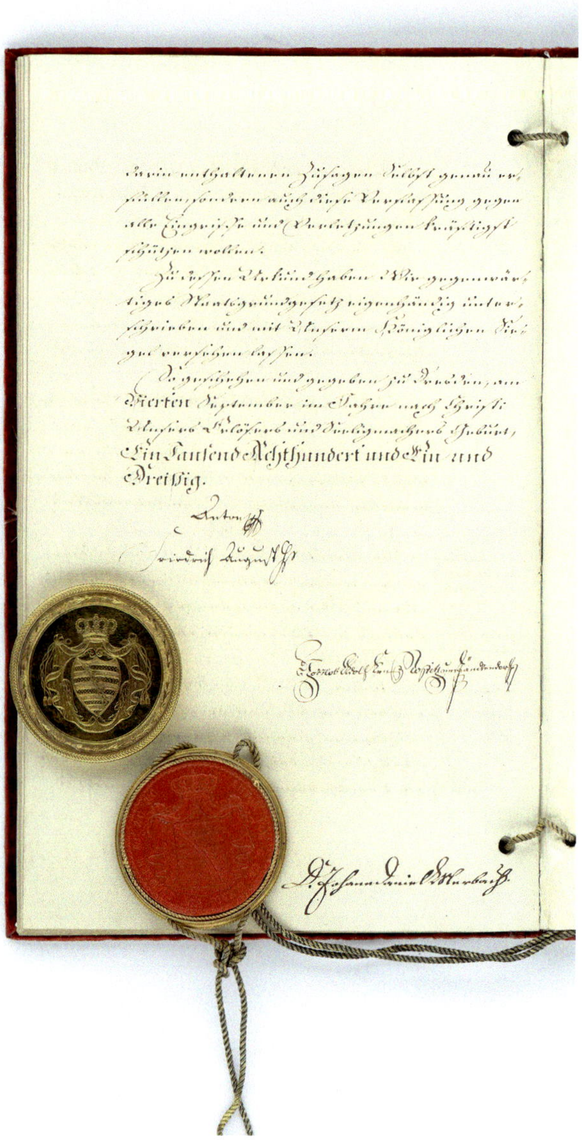

Die Verfassungsurkunde des Königreichs Sachsen vom 4. September 1831, Sächsisches Staatsarchiv, Hauptstaatsarchiv Dresden

kenntnissen der Reformer – zu einem Politikum, zu einer Angelegenheit aller Stadtbürger.

Es ist bezeichnend, dass genau dieser Passus in der überarbeiteten preußischen Städteordnung von 1831 nicht mehr aufgenommen wurde. Da half es auch nichts, dass die Polizeiaufsicht in den Städten, die zuvor allein in den Händen des Magistrats lag, der Kommune entzogen und verstaatlicht wurde. In den größeren Städten richtete man Polizeidirektionen ein, in den mittleren und kleineren Orten wurde die Aufsicht über die Ortspolizei zwar an den Magistrat delegiert, konnte jedoch jederzeit vom Staat wieder übernommen werden.

Zu Beginn der Revolution 1830 in Sachsen prägte das Fehlen von Städteordnung und dementsprechend daran geknüpften Ordnungsformationen sogleich das Straßenbild. Spontan wurden Kommunalgarden ins Leben gerufen, die Nationalgarde von den Bürgern als veraltet abgetan. Zudem galt nun die Verabschiedung einer Kommunalverfassung als zentrales Thema.

Es sei ein erstes Resümee versucht: Der auffällige Unterschied in Brandenburg und Sachsen im Jahre 1830 kann auf die verschiedenartige Ausgestaltung von Städteordnung und Volksbewaffnung, also konkret auf die kommunalen Ordnungsformationen zurückgeführt werden. Seit 1808 hatten die Stadtbewohner in Brandenburg eine weitgehende politische Verfassung sowie – als Ausdruck ziviler Unabhängigkeit und Machtmittel – die Möglichkeit, eigene bewaffnete Formationen aufzustellen. In Sachsen unterblieb dieser strukturelle Modernisierungsvorgang. Jene Differenz aber nun zuzuspitzen und auf die Formel zu bringen: hier politisch zufriedene Brandenburger, dort politisch unzufriedene Sachsen, griffe jedoch zu kurz.

Denn die Erfahrung mit ihrer Städteordnung und der Organisation ihrer Ordnungsformationen hatten die brandenburgischen Stadtbewohner noch etwas anderes gelehrt, nämlich wie weitreichend die konkreten Umsetzungsprobleme ausfallen konnten. Es lassen sich drei grundsätzliche Schwierigkeiten benennen: erstens die Frage der sozialen Zusammensetzung der Ordnungsformationen, zweitens der Aufgabenbereich und drittens die Anbindung an die Obrigkeit.

Die Zusammensetzung der Formationen spiegelt die unmittelbaren Gesellschaftsvorstellungen wider. Sollen lediglich Besitzbürger aufgenommen werden oder auch Bürger, die nur zur Miete wohnen? Was ist mit Handwerksgesellen oder Tagelöhnern? Welche Rolle spielt das Stadtbürgerrecht? Derartige Fragen nach dem Anforderungsprofil zwangen die Beteiligten, sich den sozialen und politischen Problemen ihrer Zeit zu stellen und dabei genau abzuschätzen, ob nichtbürgerliche Männer auszuschließen oder partiell aufzunehmen waren. Die Tür zu neuen Konflikten stand weit offen, allerdings auch die Möglichkeit, bisher aufgrund ihres Standes ausgeschlossene Männer zu integrieren und so zu einer offeneren Stadtbürgergesellschaft zu kommen.

Der Aufgabenbereich ist entsprechend den Anforderungen weit gefasst; er bewegt sich innerhalb der beiden konträren Pole von Verfassungswacht und Hilfspolizei. Damit waren also einerseits aufwendige, wenig geliebte Tätigkeiten verbunden wie zum Beispiel nächtliche Patrouillengänge oder Kontrollen am Stadttor, aber eben andererseits auch politische Kundgebungen oder demonstrative, begehrte Aktivitäten (etwa das Ehrenspalier), die zudem zur persönlichen Imagepflege genutzt werden konnten. Angesichts dieses Zugewinns an sozialem und kulturellem Kapital schmeckten demgegenüber die 24-stündigen Wachdienste besonders sauer. Das dritte Problem umfasst die Anbindung an die Obrigkeit und damit zusammenhängend das Initiativrecht zur Einberufung der Ordnungsformation. Wer soll, darf die Formationen alarmieren, einberufen? Auch hier schwankten die Extreme zwischen der ungeliebten Funktion als Hilfsgendarmerie, die nach Belieben von der staatlichen Polizeidirektion in deren Ermessen zusammenbefohlen werden konnte, und der attraktiven Funktion als autarke, sich selbst aktivierende Verfassungswacht.

Diese alltäglichen Erfahrungen in den Jahren nach 1808 ließen die Stadtbewohner in der Provinz Brandenburg auf der einen Seite genügsam sein. Sie hatten ja aufgrund jener Ordnung viele politische Forderungen erfüllt bekommen, wenn auch nicht auf gesamtstaatlicher, so doch auf kommunaler Ebene. Dennoch war nunmehr allen Stadtbürgern sehr deutlich bewusst, dass das Instrument der kommunalen Ordnungsformation mit Vorsicht zu genießen war, dadurch auch ganz andere Probleme sichtbar werden konnten und man ganz persönlich mit erheblichen Schwierigkeiten zu kämpfen hatte.

Erfahrungen, die man in Sachsen erst machen musste.

Gedruckte Quellen und Literatur Hammer 1997 · Koselleck 1989 · Meier 1993 · Meier/Schultz 1994 · Pahlmann 1997 · Pröve 2000 · Quellen zum modernen Gemeindeverfassungsrecht, 1975 · Reinhardt 1916 · Ruhland 1996 · Schirmer 1996 · Ulbricht 1996

Anmerkungen **1** Klage des Berliner Polizeipräsidenten Paul Ludwig Le Coq aus dem Jahre 1814; zit. nach Koselleck 1989b, S. 570. **2** Quellen zum modernen Gemeindeverfassungsrecht, 1975, S. 108

7 | 33

Heute Sachse, morgen Preuße

SZENE 7

GEMEINSAMER UNTERGANG

Die Französische Revolution und der Aufstieg Napoleons brachten die alte Ordnung in Europa ins Wanken. Nach der Gründung des Rheinbunds und der Auflösung des Heiligen Römischen Reiches Deutscher Nation im Sommer 1806 hatte der Kaiser der Franzosen auf dem Reichsgebiet nur noch zwei Gegner: Preußen und Sachsen. Preußen verbuchte zwar beträchtliche Gebietsgewinne aus der Konkursmasse des Alten Reiches, geriet aber mit Frankreich über die Behandlung des Königreichs Hannover erneut in Konflikt. Sachsen war noch am stärksten der alten Reichsidee verbunden und schloss sich Preußen an.

Am 14. Oktober wurde die preußisch-sächsische Armee in zwei zeitgleichen Schlachten bei Jena und Auerstedt vernichtend geschlagen. Als Ursache für die Niederlage gilt – neben Fehlern der militärischen Führung – die hoffnungslose Unterlegenheit veralteter militärischer Strukturen gegenüber der hoch motivierten und kriegserfahrenen französischen Armee. Schon wenige Tage später marschierte Napoleon in Berlin ein, der preußische Hof floh nach Königsberg.

Im Frieden von Tilsit 1807 musste Preußen einschneidende und schmachvolle Bedingungen akzeptieren, die das Land an den Rand der Auflösung zu bringen schienen. Sachsen hingegen schloss unter Zwang im Dezember 1806 Frieden mit Napoleon. Das Land trat dem Rheinbund bei und wurde dadurch Bündnispartner Napoleons. Im Gegenzug erhielt der regierende sächsische Kurfürst Friedrich August III. – der Gerechte – die Königswürde: Sachsen wurde Königreich. BU

7 | 1a

7 | 1b

7 | 1 a/b

Karl Wilhelm Hoeckner II

Medaille auf die Pillnitzer Konvention 1791

Dresden, 1791 · Silber, geprägt · Dm 5,2 cm
Dresden, Münzkabinett, Staatliche Kunstsammlungen Dresden [BGB427]
Potsdam, Stiftung Preußische Schlösser und Gärten Berlin-Brandenburg

Zwischen dem 25. und 27. August 1791 trafen sich Kaiser Leopold II. und König Friedrich Wilhelm II. von Preußen auf Schloss Pillnitz bei Dresden, um über ihr künftiges Verhalten gegenüber dem revolutionären Frankreich zu beraten. An den Unterredungen nahmen auch französische Emigranten, darunter der Prinz von Artois, und deutsche Adlige teil. Der sächsische Kurfürst Friedrich August III. – Hausherr auf Schloss Pillnitz – trat lediglich in der Rolle des neutralen Gastgebers auf.

In der abschließend formulierten Pillnitzer Konvention erklärten beide Monarchen ihre Entschlossenheit, dem französischen König Ludwig XVI. zur Seite zu stehen und das monarchische Herrschaftsprinzip in ganz Europa gegen revolutionäre Angriffe zu verteidigen. Konkrete Gegenmaßnahmen wurden zwar nicht genannt, doch hielt man sich auch die Anwendung militärischer Mittel offen. Im revolutionären Paris wurde die Pillnitzer Konvention denn auch als militärische Drohung aufgefasst.

Kurfürst Friedrich August III. sorgte als Gastgeber des Monarchen-Treffens für einen prachtvollen Rahmen, etwa durch die Illumination der gesamten Schlossanlage und ein spektakuläres Feuerwerk. BU

7 | 2

Giacomo Spalla

Schlacht bei Jena

Modell eines Flachreliefs für den Königspalast von Turin
1807 – 1809 · Terrakotta · 59 × 74 × 10,5 cm
Turin, Galleria Civica d'Arte Moderna e Contemporanea [S/42]

Napoleons Feldzug von 1806 gegen die preußisch-sächsische Koalition zeichnete sich vor allem durch mangelhafte Aufklärung beider Seiten aus. So wussten weder Preußen noch Franzosen, wo genau sich die gegnerischen Hauptstreitkräfte befanden. Als Napoleon am 14. Oktober frühmorgens bei Jena mit 95 000 Mann den Angriff auf preußische Truppen westlich der Saale begann, glaubte er, die preußisch-sächsische Hauptarmee unter dem Herzog von Braunschweig vor sich zu haben. Tatsächlich handelte es sich jedoch nur um die aus insgesamt 38 000 Mann (darunter 20 000 Sachsen) bestehende Nachhut des Fürsten Hohenlohe. Das preußische Hauptheer war nach Norden abmarschiert und mit seinen 53 000 Mann bei dem Dorf Hassenhausen nahe des Städtchens Auerstedt auf das aus 27 000 Mann bestehende, von Napoleon zu einem Flankenmarsch abkommandierte Korps des Marschall Davout gestoßen.

Während Napoleons zahlenmäßige Übermacht Hohenlohes Truppen bei Jena erdrückte – ein preußisches Korps von 15 000 Mann erreichte zu spät das Schlachtfeld, um noch etwas zu retten –, musste sich umgekehrt Davout schwerster preußischer Angriffe erwehren, die jedoch alle aufgrund mangelhafter Koordination bei den Preußen, vor allem aber an Davouts taktischem Geschick scheiterten. Die tödliche Verwundung des Herzogs von Braunschweig brachte schließlich die Entscheidung. Trotz – oder vielleicht sogar wegen – der Anwesenheit König Friedrich Wilhelms III. löste sich die Kommandostruktur und damit der Zusammenhalt der preußischen Armee auf. Am Ende des Tages hatten die Franzosen den Verlust von fast 15 000 Mann, Preußen und Sachsen von über 33 000 Mann zu beklagen.

Die Doppelschlacht bei Jena und Auerstedt war die bislang schwerste Niederlage

7 | 2

in der preußischen Geschichte. Der Schock über den Zusammenbruch des Heeres saß so tief, dass die meisten Festungen kampflos kapitulierten. Zehn Tage nach der Schlacht zog Napoleon im Triumph in Berlin ein. Die Königsfamilie allerdings war nach Ostpreußen geflohen, um dort mit den Resten preußischer Truppen an der Seite der verbündeten Russen den Krieg fortzusetzen.

Aus naheliegenden Gründen war die Niederlage bei Jena und Auerstedt kein künstlerisches Sujet in Preußen. Anders jedoch aufseiten des Siegers: 1807 bekam der Canova-Schüler Giacomo Spalla den Auftrag, vier Reliefs für die Galleria del Beaumont im Palazzo Imperiale in Turin zu schaffen. Spalla, schon länger im Dienst der napoleonischen Staatskunst, schlug als Motive die siegreichen Schlachten von Marengo, Austerlitz und Jena sowie die Kaiserkrönung vor. Weitere Reliefs zur Verherrlichung der Siege Napoleons sollten folgen. Das Modell für die Schlacht bei Jena zeigt den Kaiser (rechts mit Zweispitz), der inmitten des Kampfgeschehens Meldungen entgegennimmt. Gleich einem Historiografen wollte Spalla Ereignisse schildern. Orientierungshilfe waren ihm dabei vermutlich französische Druckgrafiken. SG

GETRENNTE WEGE – PREUSSEN

Das militärische Debakel von Jena und Auerstedt und der Friedensschluss von Tilsit zwangen Preußen zum Handeln. Das Land litt unter dem französischen Besatzungsregime und stand wirtschaftlich am Abgrund. Es war die Stunde der Reformer, allen voran Reichsfreiherr vom und zum Stein und Karl August von Hardenberg. Ziel war die umfassende Modernisierung von Staatswesen und Gesellschaft, um die Voraussetzungen für Preußens Rückkehr in die Reihe der Großmächte zu schaffen.

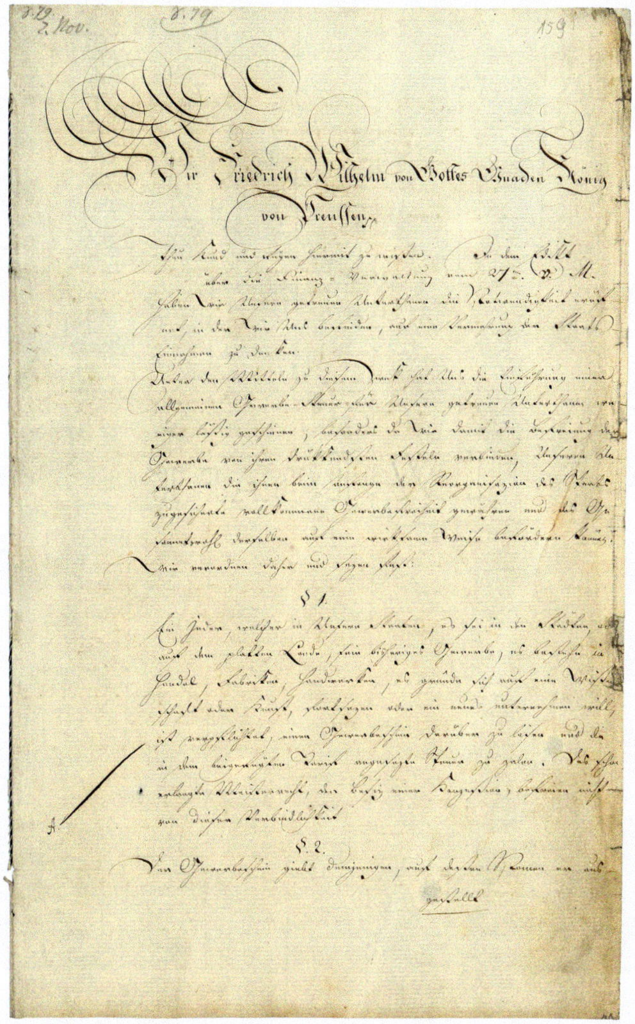
Wir Friedrich Wilhelm von Gottes Gnaden König von Preussen

§ 1.

§ 2.

7 | 8

Judenemanzipation (rechtliche Gleichstellung 1812). Die Verwirklichung seiner Verfassungspläne gelang ihm nicht.

Außenpolitisch wandelte Hardenberg sich im Verlauf des Jahres 1813 vom kurzzeitigen Bündnispartner zum entschiedenen Gegner Napoleons. Auf dem Wiener Kongress erreichte Hardenberg für Preußen größere Gebietserweiterungen (etwa Teile von Sachsen, Westfalen, Provinz Posen). BU

7 | 8

Preußisches Edikt zur Gewerbefreiheit

Berlin, 2. November 1810 · Urkunde
34 × 22 cm
Berlin, Geheimes Staatsarchiv PK
[I. HA Rep. 131, Archivkabinett
4 D Nr. 6, Bl. 159 – 163, 170]

Mit dem Edikt zur Einführung einer allgemeinen Gewerbesteuer vom 28. Oktober 1810 und dem Gewerbepolizeiedikt vom 7. September 1811 wurden in Preußen die Grundlagen für die allgemeine Gewerbefreiheit geschaffen. Für die allermeisten Gewerbe entfiel der bislang bestehende Zunftzwang. Faktisch jedermann war fortan berechtigt, nach Kauf eines Gewerbescheins ein bestimmtes Gewerbe – sei es »in Handel, Fabriken, Handwerken, es gründe sich auf eine Wissenschaft oder Kunst« – auszuüben. Beschränkungen, etwa in Form eines Befähigungsnachweises, galten weiterhin für rund drei Dutzend Berufe, darunter für Ärzte, Apotheker und Gastwirte.

Ziel der Gewerbefreiheit war die Entfesselung aller ökonomischen Kräfte zur Mehrung des individuellen wie staatlichen Wohlstands. Wer immer eine Geschäftsidee hatte, über handwerkliches oder unternehmerisches Geschick verfügte, sollte seine Befähigungen möglichst frei entfalten können. Tatsächlich entwickelte die preußische Wirtschaft im Gefolge der Gewerbefreiheit eine rasante Dynamik. BU

7 | 9 (ohne Abb.)

Preußisches Emanzipationsedikt

Berlin, 11. März 1812 · Urkunde · 36 × 22 cm
Berlin, Geheimes Staatsarchiv PK
[I. HA Rep. 131 Archivkabinett,
4 D Nr. 8, Bl. 8 – 11]

Das Emanzipationsedikt vom 11. März 1812 verschaffte den in Preußen lebenden Juden die weitgehende rechtliche Gleichstellung mit anderen Bevölkerungsgruppen. Sie wurden nunmehr ausdrücklich als »Einländer und Preußische Staatsbürger« anerkannt und verfügten damit fast über dieselben Rechte, Freiheiten und Pflichten wie christliche Untertanen der preußischen Krone. Jahrhundertelange Diskriminierung und Verfolgung waren dadurch im Geiste der Aufklärung, aber auch aufgrund staatsrechtlicher und ökonomischer Überlegungen beendet. Allerdings gab es Einschränkungen. So war den rund 120 000 preußischen Juden weiterhin der Zugang zu zivilen Staatsämtern verwehrt. Zudem galt das Emanzipationsedikt lange Zeit nicht für die 1813/15 von Preußen zurück- bzw. neugewonnenen Gebiete. Gleichwohl stellte das

Emanzipationsedikt von 1812 einen großen Fortschritt in der gesellschaftlichen Gleichstellung der Juden dar, mit dem Preußen – im Anschluss an das revolutionäre Frankreich – eine gewisse Vorreiterrolle unter den zentraleuropäischen Staaten übernahm. BU

GETRENNTE WEGE – SACHSEN

Die Niederlage gegen Napoleon hatte für Sachsen zunächst ähnliche Folgen wie für Preußen. Das Land musste horrende Kriegskontributionen an Frankreich zahlen, war von französischen Truppen besetzt und wurde zu Hilfslieferungen an die französische Armee gezwungen. Mit dem Frieden von Posen vom 11. Dezember 1806 änderte sich das. Das neue Königreich Sachsen wurde von den Zahlungen befreit, und die Franzosen beendeten die Besatzung. Allerdings verpflichtete sich Sachsen als Mitglied des Rheinbundes im Gegenzug, der napoleonischen Armee ein eigenes Korps zur Verfügung zu stellen.

Die wichtigste politische Veränderung bildete die von Frankreich aufgezwungene Gleichberechtigung der Konfessionen. Begünstigt durch Napoleons Kontinentalsperre gegen England florierte Sachsens Wirtschaft.

Sachsen blieb bis zur militärischen Niederlage ein treuer Bündnispartner Napoleons, hatte allerdings auch kaum Handlungsspielraum. Es zahlte dafür einen hohen Preis: Zahlreiche sächsische Soldaten fielen 1812 im Russlandfeldzug, ein großer Teil der Kämpfe 1813 fand auf sächsischem Boden statt, und auf dem Wiener Kongress stand die Existenz des Landes zur Disposition. BU

7 | 10

7 | 10

Friedensvertrag von Posen

»Friedens- und Akzessionsvertrag betreffend Friedensschluß und Beitritt Sr. kurfürstlichen Durchlaucht Friedrich August von Sachsen zum Rheinbund«
11. Dezember 1806 · Urkunde · 39 × 27 cm
Dresden, Sächsisches Hauptstaatsarchiv
[Neuere Urkunden, Kasten 625, Nr. 2, Bl. 1v – 2r]

Nachdem Sachsen an der Seite des Königreichs Preußen in der Schlacht bei Jena und Auerstedt am 14. Oktober 1806 gegen Napoleon eine Niederlage erlitten hatte, schlossen Frankreich und Sachsen am 11. Dezember 1806 einen Separatfrieden. Napoleon gewährte relativ milde Friedensbedingungen und erreichte dadurch einen strategischen Bündniswechsel Sachsens. Das Land trat dem von Frankreich abhängigen Rheinbund bei, dem es umgehend 6 000 Soldaten zur Verfügung stellte. Darüber hinaus verpflichtete sich Sachsen, die künftigen Feldzüge Napoleons mit Hilfstruppen in einer Stärke von 20 000 Mann zu unterstützen.

Als Gegenleistung erhob Kaiser Napoleon das Kurfürstentum Sachsen zum Königreich, dessen Herrscher sich fortan König Friedrich August I. nannte. 1807 erhielt Sachsen als Ausgleich für Gebiete in Thüringen, die an das Königreich Westphalen fielen, den bislang zu Preußen gehörenden Cottbuser Kreis. BU

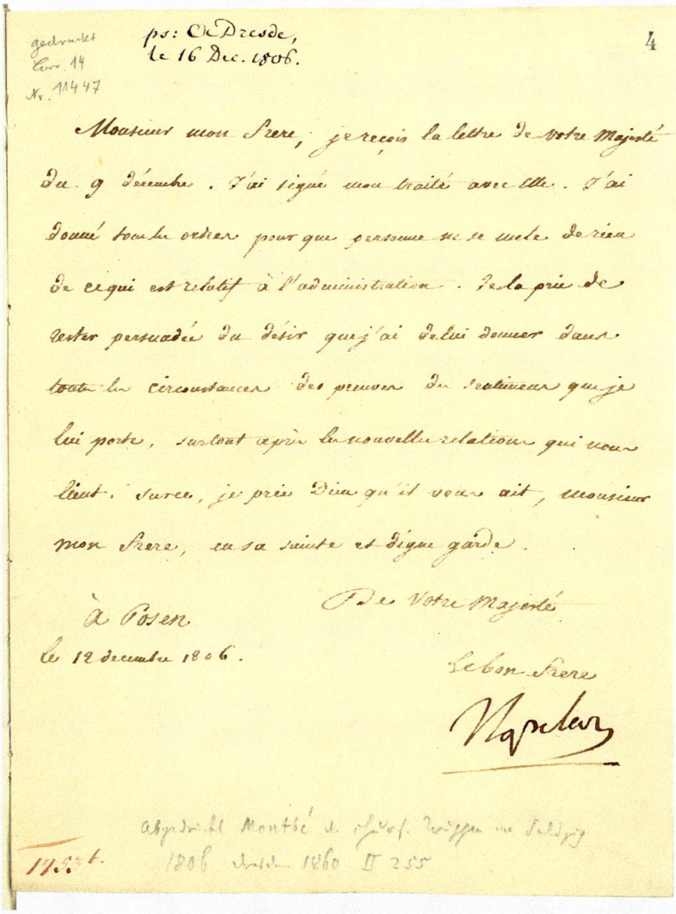
ps: à Dresde, le 16 Dec. 1806.

4

Monsieur mon Frère, je reçois la lettre de Votre Majesté du 9 décembre. J'ai signé mon traité avec elle. J'ai donné toutes ordres pour que personne ne se mêle de rien de ce qui est relatif à l'administration. Je la prie de rester persuadée du désir que j'ai de lui donner dans toutes les circonstances des preuves du sentiment que je lui porte, surtout après les nouvelles relations qui nous lient. Sur ce, je prie Dieu qu'il vous ait, Monsieur mon Frère, en sa sainte et digne garde.

À Posen le 12 décembre 1806.

De Votre Majesté le bon Frère

Napoleon

7 | 11

7 | 11

Kaiser Napoleon I.

Schreiben an Kurfürst Friedrich August III. von Sachsen über den Abschluss des Posener Friedens

Posen, 12. Dezember 1806 · Autograf, Tinte
25 × 21 cm (Akte)
Dresden, Sächsisches Hauptstaatsarchiv
[10026 Geheimes Kabinett, Locat 2760, Band 11.]

Das Schreiben verfasste Napoleon einen Tag nach der Unterzeichnung des Friedensvertrages von Posen zwischen Frankreich und Sachsen. Mit den von Napoleon erwähnten »jüngsten Ereignissen« sind dieser Vertrag und der damit verbundene Bündniswechsel Sachsens an die Seite Frankreichs gemeint.

Drei Tage zuvor hatte Kurfürst Friedrich August III. von Sachsen einen Brief an den Kaiser geschickt, in dem er diesen seiner künftigen Gefolgschaft versicherte und sich erleichtert über die günstigen Friedensbedingungen zeigte, die der französische Herrscher dem einstigen Kriegsgegner Sachsen gewährte. BU

7 | 12

Königsproklamation

Dresden, 20. Dezember 1806 · Druck · 31 × 19 cm
Dresden, Sächsisches Hauptstaatsarchiv
[10036 Finanzarchiv, Loc. 33035, Bl. 5]
(nicht ausgestellt)

Für den Bündniswechsel an die Seite Frankreichs wurde das Kurfürstentum Sachsen von Napoleon unter anderem mit der Erhebung zum Königreich belohnt. Kurfürst Friedrich August III. nannte sich als sächsischer König nunmehr Friedrich August I. Der sehr konservativ eingestellte sächsische Herrscher – bedacht vor allem auf den Erhalt der alten Ordnung sowohl im Reich als auch in seinem Territorium, hatte die Königskrone nicht angestrebt. Angesichts des scheinbar unaufhaltsamen Vordringens der französischen Truppen hielt er es aber für richtig, sich in die strategischen Überlegungen Napoleons zu fügen. Dieser verfolgte mit der Verleihung der Königswürde an Friedrich August das Ziel, Sachsen im weiteren Kampf gegen Preußen, Österreich und Russland möglichst eng an Frankreich zu binden. BU

B. 5.

Proclamation.

Nachdem durch die allweise Vorsehung Gottes es dahin gediehen ist, daß die bisherigen Churfürstlichen Lande zu einem Königreiche erhoben worden sind, so wird der Allerdurchlauchtigste und Großmächtigste Fürst und Herr, Herr **Friedrich August**, als **König von Sachsen**, hiermit feyerlich ausgerufen, und dieses Seinem getreuen Volk kund und zu wissen gethan.

„Lange und glücklich lebe und regiere „**Friedrich August**, unser allergnädigster „König!“

„Lange und glücklich lebe **Amalia** „**Augusta**, unsere allergnädigste Königin!“

So geschehen und verkündet in der Königlichen Haupt- und Residenz-Stadt Dresden, am 20. Dec. 1806.

7 | 13

7 | 13
unbekannter Künstler

Verkündung der Königsproklamation in Dresden durch einen Herold

Dresden, 20. Dezember 1806 · Kupferstich
20,9 × 21,8 cm
Dresden, Stadtmuseum [1981 / k 2558 / SII 26 b]

Wichtige Ereignisse wie etwa die Proklamation von Kurfürst Friedrich August zum König von Sachsen wurden der Bevölkerung auf verschiedene Weise bekannt gemacht: vor allem durch öffentliche Plakatanschläge oder auch – wie hier zu sehen – durch Herolde, die auf zentral gelegenen Plätzen die Nachricht ausriefen. Von dort verbreitete sie sich rasch von Mund zu Mund.

Ebenso unverhofft wie die Proklamation zum König von Sachsen im Dezember 1806 kam für Friedrich August im darauffolgenden Jahr ein weiteres »Geschenk« Napoleons: die Herrschaft über das neugegründete Herzogtum Warschau. Bei dessen Eingliederung in seinen Herrschaftsbereich ging der sächsische König eher zurückhaltend vor. So wurden leitende Ämter nur mit Polen besetzt, und die Finanzverwaltungen beider Territorien blieben strikt getrennt. BU

7 | 14

7 | 14
Bertrand Jean Andrieu /
Dominique-Vivant Denon

Medaille auf die französisch-sächsische Allianz

Paris 1806 · Silber · Dm 4,2 cm
Dresden, Münzkabinett, Staatliche Kunstsammlungen Dresden
[BGB7568, BGB7577]

Die Vorderseite der Medaille zeigt Karl den Großen neben Kaiser Napoleon, auf der Rückseite sind der legendenumwobene Sachsenfürst Widukind und König Friedrich August I. von Sachsen abgebildet. Mit der Darstellung der mittelalterlichen Herrschergestalten Karl der Große und Widukind wurde dem französisch-sächsischen Bündnis eine weit zurückreichende historische Dimension gegeben. Widukind hatte einst den Widerstand der Sachsen gegen die gewaltsame Christianisierung durch Karl den Großen angeführt. Nach mehreren Niederlagen gab er im Jahr 785 die Gegenwehr auf und ließ sich taufen.

Im Unterschied zum historischen Sieg Karls des Großen und der darauf folgenden Christianisierung der Sachsen hatte das 1806 geschlossene Bündnis zwischen Napoleon und Friedrich August I. von Sachsen nur kurze Zeit Bestand. Es endete im Herbst 1813 mit der Niederlage Napoleons in der Völkerschlacht bei Leipzig, die auch für Sachsen eine militärische und politische Katastrophe bedeutete.Im Frühjahr zuvor hatte König Friedrich August I. noch vergeblich versucht, sich aus dem Zwangsbündnis mit Frankreich zu lösen. BU

7 | 15

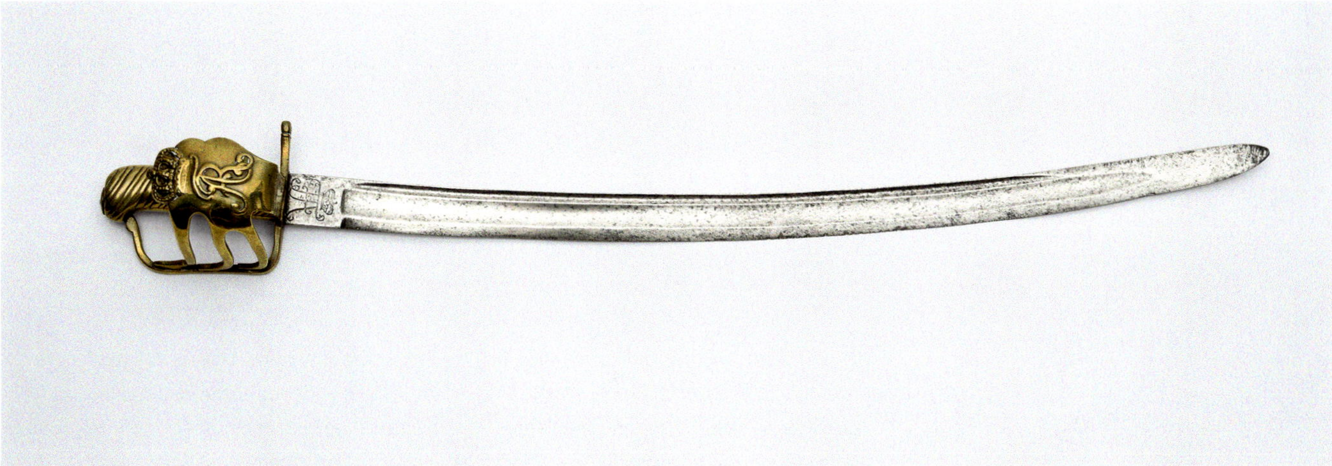

7 | 16

7 | 15
unbekannter Künstler
Ehrenpforte auf dem Schlossplatz zu Dresden zur Begrüßung Napoleons am 17./18. Juli 1807
Dresden, Juli 1807 · Radierung, koloriert, Bleistift · 49 × 67 cm (Blatt)
Dresden, Sächsisches Hauptstaatsarchiv [10008 Zeremonienmeister, IV B 1, Nr. 10, Bl. 73]

Im Juli 1807 besuchte Napoleon erstmals die Hauptstadt des verbündeten Sachsen. Zu seiner Begrüßung wurde auf dem Dresdner Schlossplatz eine Ehrenpforte errichtet. Sie war Teil eines prunkvollen Empfangs, den der sächsische Hof dem französischen Herrscher bereitete, der sich seinerzeit auf der Höhe seines Ruhmes befand.

Tatsächlich empfand auch ein nicht geringer Teil des sächsischen Adels und der Bevölkerung Sympathien und Bewunderung für den charismatischen Franzosenherrscher, wiewohl das Bündnis beider Länder faktisch von Frankreich erzwungen worden war. Man nahm Napoleon als Befreier Sachsens von preußischer Vorherrschaft wahr. Doch diese Sympathien erkalteten allmählich, vor allem im Verlauf der erzwungenen Teilnahme sächsischer Truppen an den weiteren Feldzügen Napoleons. BU

7 | 16
Säbel der Leibgrenadiergarde
1806 · Eisen, Messing · L 85 cm
Dresden, Stadtmuseum [1981/364]

Der Säbel besteht aus mehreren Einzelteilen, die zu unterschiedlicher Zeit hergestellt wurden. An den Details der Waffe lassen sich darum zentrale Einschnitte in der sächsischen Geschichte während der napoleonischen Epoche ablesen.

Die Klingenauflage des Säbels trägt noch das Monogramm »FA« (Friedrich August) unter einem Kurhut. Der offenbar später gefertigte Gefäßkorb ist hingegen mit den Königsinitialen und der Königskrone versehen. Bis zum Ende des Alten Reiches 1806 hatte Sachsen den Status eines Kurfürstentums. Nach der Niederlage an der Seite Preußens bei Jena und Auerstedt am 14. Oktober 1806 erhob der siegreiche Napoleon Sachsen im Frieden von Posen (11. Dezember 1806) zum Königreich. Im Gegenzug ging König Friedrich August I. von Sachsen – nicht ganz freiwillig – ein Bündnis mit dem seinerzeit von Sieg zu Sieg eilenden Herrscher der Franzosen ein. BU

7 | 17
Alexandre Brachard nach Modell von Antoine-Denis Chaudet
Büste Napoléon
Sèvres 1808 · Biskuitporzellan · 51 × 24,2 cm, Sockel 26 × 23 cm
Dresden, Porzellansammlung, Staatliche Kunstsammlungen Dresden [PE 4673]

Die Büste Kaiser Napoleons I. wurde in der kaiserlichen Porzellanmanufaktur Sèvres angefertigt. Nach Dresden gelangte sie im Jahr 1810 als Teil eines umfangreichen Geschenks des französischen Herrschers an König Friedrich August I. von Sachsen.
Im November 1809 war der König auf Einladung Napoleons nach Paris gereist. Im Rahmen dieses Besuchs besichtigte er zusammen mit seinem Gastgeber auch die berühmte Porzellanmanufaktur Sèvres bei Paris. Anschließend verfügte Napoleon, eine größere Auswahl an Porzellanstücken als Geschenk an Friedrich August zusammenzustellen. Die später als Napoleonische Schenkung bezeichnete Auswahl umfasst einen repräsentativen Querschnitt durch die Produktion von Sèvres. Dazu gehören prachtvoll verzierte Teeservice ebenso wie kunstvoll bemalte Assiettes und Vasen sowie zahlreiche Figuren und Büsten aus wertvollem Biskuitporzellan. Die dargestellten Motive beziehen sich größtenteils auf die französische Geschichte und Kultur. BU

NAPOLÉON

7 | 18

Liste der Totenscheine

»Verzeichniß der in den Archiven der vormahligen beiden Schützen=Regimenter bey der Macul.ao.46 · aufgefundenen Todten=Scheine ais 12–15 […]«
1807–1813 · Handschrift · 36 × 23 cm
Dresden, Sächsisches Hauptstaatsarchiv [11243 Totenlisten Nr. 4, Blatt-Nr. 217–288, Kauz bis Stoy]

Durch das im Dezember 1806 geschlossene Bündnis mit Frankreich verpflichtete sich das Königreich Sachsen zur militärischen Unterstützung Napoleons. Zehntausende sächsische Untertanen kämpften in den folgenden Jahren in Teilverbänden der französischen Streitmacht. Auch am Feldzug gegen das Russische Reich im Jahr 1812/13 nahmen rund 21 000 sächsische Soldaten teil.

In den Weiten Russlands endete der Angriff für die napoleonische Armee in einer militärischen Katastrophe. Die meisten Angehörigen der einst über 500 000 Mann starken Grande Armée gingen auf dem ungeordneten Rückzug im eisigen russischen Winter elend zugrunde, darunter auch mehr als die Hälfte der sächsischen Soldaten. Die verbliebenen sächsischen Verbände hatten schon fast sächsisches Gebiet erreicht, als sie im Februar 1813 von russischen Truppen fast vollständig aufgerieben wurden. Nur rund 4 000 Männer erreichten lebend die Heimat. BU

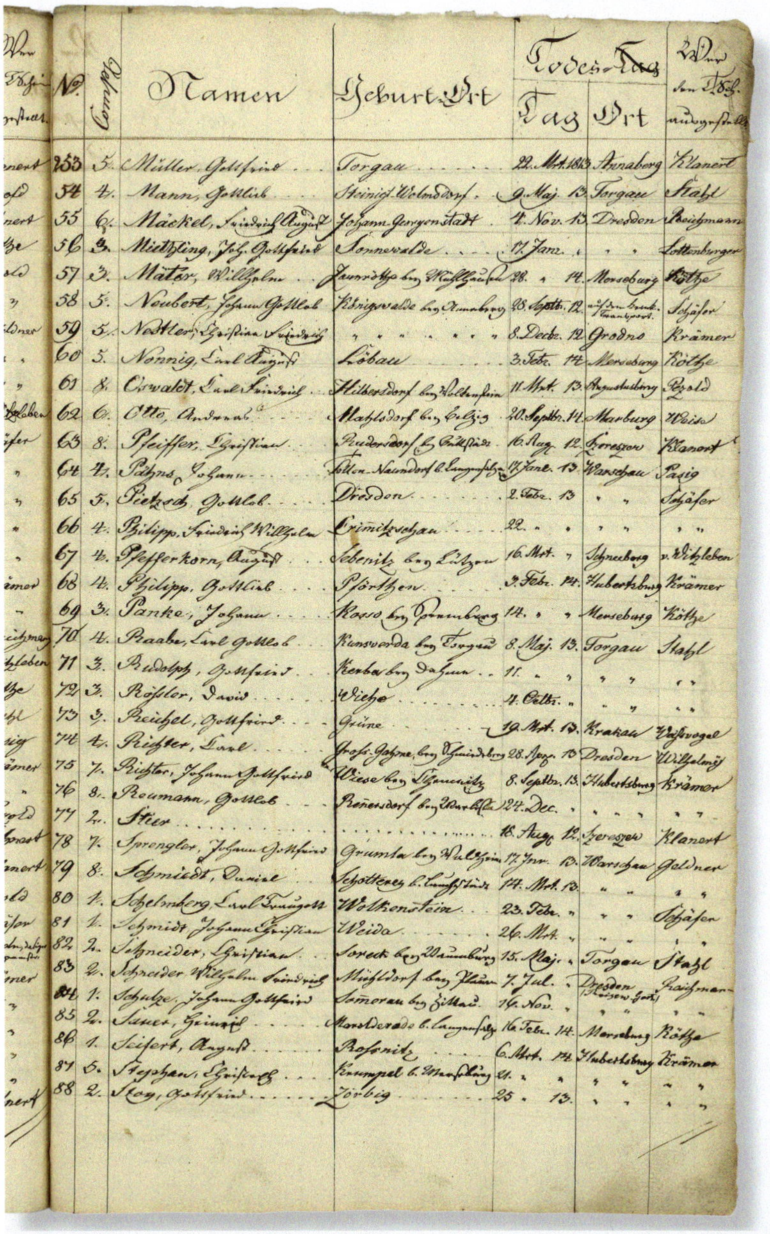

7 | 18

7 | 19
Anton Graff

Bildnis Carl Wilhelm Ferdinand von Funck

1804 · Öl auf Leinwand · 77,5 × 61 cm
Dresden, Gemäldegalerie Alte Meister, Staatliche Kunstsammlungen Dresden [2175 A]

Der Major (später Generalleutnant) der Kavallerie Ferdinand von Funck wurde nach Abschluss des Bündnisses zwischen Sachsen und Frankreich im Dezember 1806 zu einem der wichtigsten Berater König Friedrich Augusts I. Im Rang eines königlichen Generaladjutanten kümmerte er sich insbesondere um die Verbindungen zwischen der sächsischen Krone und Napoleon.

Das besondere Vertrauen Friedrich Augusts hatte der damalige Major von Funck im Oktober 1806 gewonnen, als er nach der preußisch-sächsischen Niederlage bei Jena und Auerstedt dem sächsischen Herrscher

das Angebot des siegreichen Napoleon überbrachte, Sachsen nicht als Feindstaat zu behandeln, wenn es zur Kooperation mit Frankreich bereit sei. In der Folgezeit wurde von Funck zu einem Garanten des französisch-sächsischen Bündnisses und nahm im Jahr 1812 als Kommandeur einer Kavalleriedivision an Napoleons Feldzug gegen Russland teil. Die Niederlage Sachsens an der Seite Napoleons führte 1813 zu Funcks Entlassung.

In der Folgezeit widmete sich der auch wissenschaftlich stark interessierte Funck wieder historischen Studien. Er schrieb unter anderem seine Erinnerungen an die Napoleonischen Kriege und verfasste eine mehrbändige Darstellung der Kreuzzüge. BU

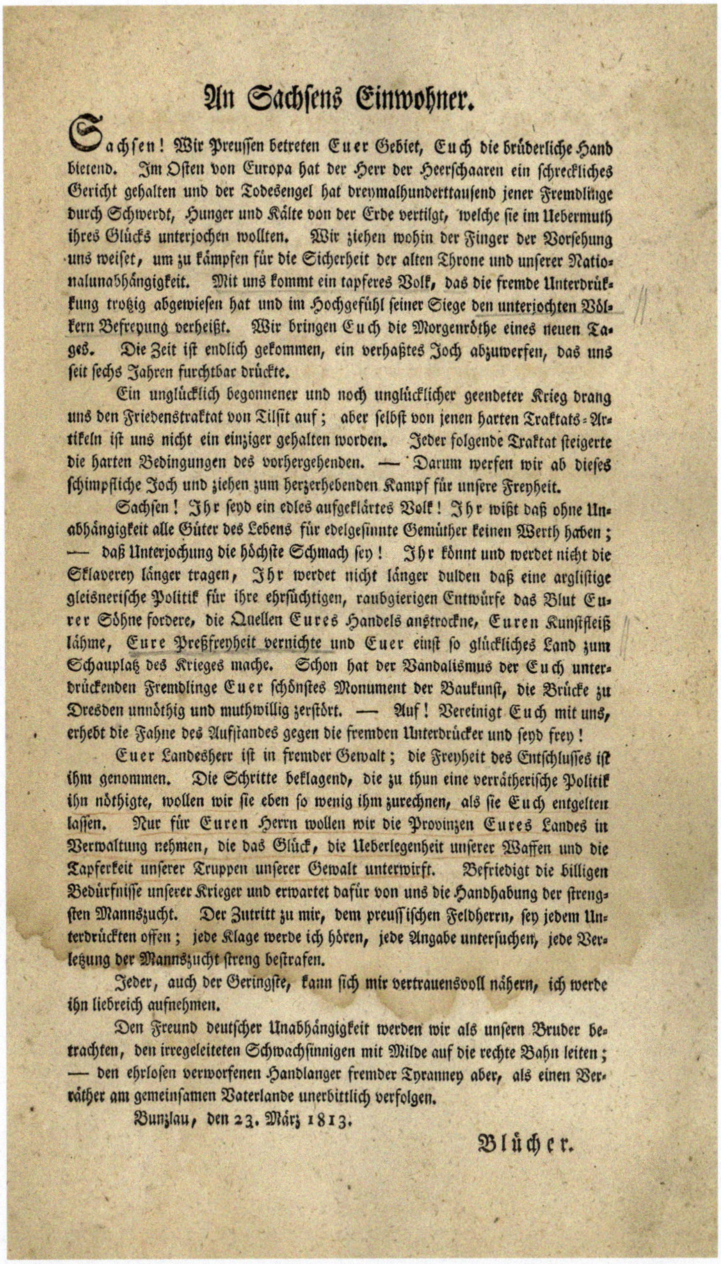

An Sachsens Einwohner.

Sachsen! Wir Preussen betreten Euer Gebiet, Euch die brüderliche Hand bietend. Im Osten von Europa hat der Herr der Heerschaaren ein schreckliches Gericht gehalten und der Todesengel hat dreymalhunderttausend jener Fremdlinge durch Schwerdt, Hunger und Kälte von der Erde vertilgt, welche sie im Uebermuth ihres Glücks unterjochen wollten. Wir ziehen wohin der Finger der Vorsehung uns weiset, um zu kämpfen für die Sicherheit der alten Throne und unserer Nationalunabhängigkeit. Mit uns kommt ein tapferes Volk, das die fremde Unterdrückung trotzig abgewiesen hat und im Hochgefühl seiner Siege den unterjochten Völkern Befreyung verheißt. Wir bringen Euch die Morgenröthe eines neuen Tages. Die Zeit ist endlich gekommen, ein verhaßtes Joch abzuwerfen, das uns seit sechs Jahren furchtbar drückte.

Ein unglücklich begonnener und noch unglücklicher geendeter Krieg drang uns den Friedenstraktat von Tilsit auf; aber selbst von jenen harten Traktats-Artikeln ist uns nicht ein einziger gehalten worden. Jeder folgende Traktat steigerte die harten Bedingungen des vorhergehenden. — Darum werfen wir ab dieses schimpfliche Joch und ziehen zum herzerhebenden Kampf für unsere Freyheit.

Sachsen! Ihr seyd ein edles aufgeklärtes Volk! Ihr wißt daß ohne Unabhängigkeit alle Güter des Lebens für edelgesinnte Gemüther keinen Werth haben; — daß Unterjochung die höchste Schmach sey! Ihr könnt und werdet nicht die Sklaverey länger tragen, Ihr werdet nicht länger dulden daß eine arglistige gleisnerische Politik für ihre ehrsüchtigen, raubgierigen Entwürfe das Blut Eurer Söhne fordere, die Quellen Eures Handels anstrockne, Euren Kunstfleiß lähme, Eure Preßfreyheit vernichte und Euer einst so glückliches Land zum Schauplatz des Krieges mache. Schon hat der Vandalismus der Euch unterdrückenden Fremdlinge Euer schönstes Monument der Baukunst, die Brücke zu Dresden unnöthig und muthwillig zerstört. — Auf! Vereinigt Euch mit uns, erhebt die Fahne des Aufstandes gegen die fremden Unterdrücker und seyd frey!

Euer Landesherr ist in fremder Gewalt; die Freyheit des Entschlusses ist ihm genommen. Die Schritte beklagend, die zu thun eine verrätherische Politik ihn nöthigte, wollen wir sie eben so wenig ihm zurechnen, als sie Euch entgelten lassen. Nur für Euren Herrn wollen wir die Provinzen Eures Landes in Verwaltung nehmen, die das Glück, die Ueberlegenheit unserer Waffen und die Tapferkeit unserer Truppen unserer Gewalt unterwirft. Befriedigt die billigen Bedürfnisse unserer Krieger und erwartet dafür von uns die Handhabung der strengsten Mannszucht. Der Zutritt zu mir, dem preussischen Feldherrn, sey jedem Unterdrückten offen; jede Klage werde ich hören, jede Angabe untersuchen, jede Verletzung der Mannszucht streng bestrafen.

Jeder, auch der Geringste, kann sich mir vertrauensvoll nähern, ich werde ihn liebreich aufnehmen.

Den Freund deutscher Unabhängigkeit werden wir als unsern Bruder betrachten, den irregeleiteten Schwachsinnigen mit Milde auf die rechte Bahn leiten; — den ehrlosen verworfenen Handlanger fremder Tyranney aber, als einen Verräther am gemeinsamen Vaterlande unerbittlich verfolgen.

Bunzlau, den 23. März 1813.

Blücher.

7 | 21

BEFREIUNGSKRIEGE

Nach Napoleons Niederlage im Russlandfeldzug von 1812 und dem von Graf Yorck in der Konvention von Tauroggen eigenmächtig geschlossenen Waffenstillstandsabkommen zwischen preußischen und russischen Truppen zerfiel das französische Bündnissystem. Nach wechselhaft verlaufenden Schlachten besiegte die neue Koalition von Preußen, Russland, Österreich und Schweden im Oktober 1813 die Grande Armée in der Völkerschlacht bei Leipzig, der bis dahin größten Schlacht der Weltgeschichte. Napoleon musste sich hinter den Rhein zurückziehen, sein Bündnissystem – der Rheinbund – fiel auseinander.

Begleitet wurde diese Wendung von einer rauschartigen antinapoleonischen und nationalistischen Publizistik. Der Krieg wurde nicht mehr als ein dynastischer Krieg, sondern als Volkskrieg, als eine Erhebung der gesamten deutschen Nation gedeutet. Teile der Bevölkerung machten sich selbst militärisch mobil. Es bildeten sich Freiwilligeneinheiten und Freikorps. Doch die sächsische Bevölkerung schwankte in ihrer Einstellung. Offiziell war das Königreich immer noch Verbündeter Napoleons; vor allem aber: Die Loyalität gegenüber Friedrich August I. bestand weiterhin und schlug mitunter in grenzenlose Verehrung um.

Der preußische König Friedrich Wilhelm III. reagierte verhalten auf die nationale Bewegung. In dem Aufruf *An mein Volk* vom 20. März 1813 rechtfertigte zwar erstmals ein preußischer König seine Politik gegenüber den Untertanen, doch stellte er sich nicht an die Spitze der Volksbewegung.

Ende März 1814 marschierten die alliierten Truppen in Paris ein. Napoleon musste abdanken, und Frankreich erhielt einen milden Frieden in den Grenzen von 1792. Ein Kongress sollte die Leitlinien einer neuen europäischen Friedensordnung festlegen. Napoleons kurzzeitige Rückkehr und die Schlacht bei Waterloo am 18. Juni 1815 waren nicht mehr als ein Zwischenspiel – allerdings ein überaus blutiges. BU

7 | 22

7 | 20 (ohne Abb.)
Gebhard Leberecht von Blücher

Befehl an seine Armee zur Unterlassung von Gewalt gegenüber der Bevölkerung Sachsens

Bunzlau, 23. März 1813 · Druck · 37,4 × 22 cm
Berlin, Stiftung Deutsches Historisches Museum [Do 64/361]

7 | 21
Gebhard Leberecht von Blücher

Aufruf an Sachsens Einwohner zur Unterstützung der preußischen Armee

Bunzlau, 23. März 1813 · Druck
22,4 × 18,9 cm
Berlin, Stiftung Deutsches Historisches Museum [1989/46.1]

Der preußische Kavallerie-General Gebhard Leberecht von Blücher – aufgrund seiner zumeist ungestümen Offensivtaktik auch Marschall Vorwärts genannt – wurde rasch zum ebenso volkstümlichen wie militärisch erfolgreichen Truppenführer in den Befreiungskriegen. Insbesondere der von ihm verantwortete Sieg in der Schlacht an der Katzbach (26. August 1813) sowie das legendäre, eben noch rechtzeitige Eintreffen seiner Regimenter auf dem Schlachtfeld von Waterloo (18. Juni 1815) machten ihn bis weit ins 20. Jahrhundert hinein zum populären Heerführer der preußisch-deutschen Militärgeschichte.

Sofort nach der Kriegserklärung Preußens an Frankreich vom 16. März 1813 und dem tags darauf erfolgenden Aufruf *An mein Volk* durch den preußischen König setzte sich die von Blücher geführte Schlesische Armee nach Sachsen in Bewegung.

In den am 23. März erlassenen Befehlen an seine Soldaten und den Aufrufen an die sächsische Bevölkerung stand Blüchers Bemühen im Vordergrund, die Sachsen nicht als Feinde wahrzunehmen und sie für den nationalen Befreiungskampf gegen Napoleon zu gewinnen. BU

7 | 23

7 | 22
Theodor Körner
Kriegstagebuch
1813 · Handschrift · Papier, Tinte, Einband: Rips mit aufgestickter Lyra · 14,8 × 10,4 cm
Dresden, Stadtmuseum [SD 1980/1897]

Als Sohn des Dresdner Oberappellationsgerichtsrates Christian Gottfried Körner wuchs der später bekannteste Dichter der »Freiheitskriege« in einer kunst- und literaturinteressierten Familie und Umgebung auf. Schon 1812 erhielt der frühbegabte Körner eine Anstellung als Hoftheaterdichter am Wiener Burgtheater. Von dort aus meldete er sich im März 1813 freiwillig zum Königlich Preußischen Lützower Freikorps, avancierte schnell zum Adjutanten des Kommandeurs, des preußischen Majors Ludwig Adolf Wilhelm von Lützow, und begann Aufrufe, vor allem aber Lieder und Gedichte zu verfassen. Bereits im Jahr nach seinem Kriegstod am 26. August 1813 wurden – initiiert durch den Vater – seine bald zum nationalen Fundus gehörenden Gedichte unter dem Titel *Leyer und Schwerdt* herausgegeben. Insbesondere die Vertonungen einiger Gedichte – namentlich *Lützows wilde verwegene Jagd*, *Reiterlied* oder *Bundeslied vor der Schlacht* – durch Carl Maria von Weber und Franz Schubert trugen zur Popularität Körners bei.

Zwischen dem 15. März und 22. August 1813 führte Körner ein Kriegstagebuch, das sich erhalten hat. Hier vermerkte er seine häufig wechselnden Aufenthaltsorte ebenso wie etwa seine Beförderung zum Leutnant am 24. April 1813. BU

7 | 23
Friedrich Trocholdt
Napoleon und Friedrich August I. im Ostragehege bei Dresden 1813
o. J. · Öl auf Papier auf Hartfaserplatte
40 × 51,7 cm
Dresden, Städtische Galerie Dresden – Kunstsammlung, Museen der Stadt Dresden [1977/k 463]

Die Niederlage Napoleons in Russland und der verlustreiche Rückzug der Grande Armée – darunter auch knapp 4000 Soldaten und Offiziere des einst 21 000 Mann umfassenden sächsischen Kontingents – veränderten die militärische Lage in entscheidender Weise. Auch das Königreich Sachsen, namentlich Dresden, dessen Umgebung sowie seine Bevölkerung gerieten zwischen März und Oktober 1813 in den Mittelpunkt des Geschehens und zu Leidtragenden wechselnder Besatzungsregimes und Schlachten.

Nach dem Sieg französischer Truppen bei Großgörschen nahe Leipzig (2. Mai 1813) hielt Napoleon fünf Tage später neuerlich seinen festlichen Einzug in Dresden. Am 12. Mai folgte ihm der sächsische König, der sich in Prag aufgehalten hatte. Friedrich August I. war zwischenzeitlich in seiner Bündnistreue schwankend geworden, aber der französische Sieg bei Großgörschen und die Drohung des Kaisers, ihn abzusetzen und Sachsen als Feindesland zu betrachten, führten ihn erneut an die Seite Napoleons.

In Dresden reorganisierte und ergänzte Napoleon seine Truppen, zu denen bald auch wieder teils zwangsrekrutierte sächsische Männer zwischen 18 und 32 Jahren gehörten. Die dafür notwendige Zeit erbrachte ein über zweimonatiger Waffenstillstand ab dem 4. Juni 1813. Er war nach der für Frankreich zwar siegreichen, aber beide Seiten erschöpfenden Schlacht bei Bautzen (20./21. Mai) vereinbart worden.

Manöver und Truppenbesichtigungen ließ Napoleon zumeist im Ostragehege, nahe der Dresdner Friedrichstadt, abhalten. Mitunter begleitete ihn dabei der sächsische König, wie auf dem kleinen Ölbild von Friedrich Trocholdt zu sehen, das die beiden Herrscher darstellt, offensichtlich nach der Besichtigung einer Artillerieeinheit. Hier fand am 10. August 1813 auch die große Truppenschau anlässlich des um fünf Tage vorgezogenen 44. Geburtstags Napoleons statt. »Das sogenannte Ostragehege war so schön für diesen militärischen Zeitvertreib gelegen und so umfassend«, wie der in Napoleons Diensten stehende königlich sächsische Oberst Otto Ernst von Odeleben in seinen Erinnerungen schrieb, »daß bei der großen Parade am 10. August vielleicht 15–18 000 Mann dort auftraten.« BU

7 | 24
Julius Ferdinand Wilhelm Sattler
Schlacht bei Dresden 1813
nach 1813 · Öl auf Leinwand
136 × 166 cm (Rahmen)
Dresden, Militärhistorisches Museum der Bundeswehr [Kg 59/23] (Dauerleihgabe Stiftung Deutsches Historisches Museum)

Mitte August 1813 endete der sechs Wochen zuvor geschlossene Waffenstillstand zwischen Frankreich und der antinapoleonischen Koalition, zu der nun auch Österreich und Schweden zählten. Sofort stieß Napoleon von Dresden aus gegen Blüchers preußisch-russische Armee in Schlesien vor. Doch Blücher zog sich zurück. Stattdessen ergriff die etwa 160 000 Mann starke Hauptarmee der Alliierten, bestehend aus Österreichern, Preußen und Russen, unter dem Befehl des Fürsten Schwarzenberg die Initiative und marschierte von Böhmen aus in Sachsen ein, um das von 30 000 Franzosen verteidigte Dresden einzunehmen. Am 24. August war die Stadt eingeschlossen. Doch nun zögerte Schwarzenberg mit dem Angriff und verschob ihn um zwei Tage, was sich als verhängnisvoll erweisen sollte. Napoleon, der drohenden Gefahr in seinem Rücken gewahr geworden, hatte seine Armee von rund 90 000 Mann in Eilmärschen aus Schlesien herangeführt und erreichte rechtzeitig Dresden, um den Angriff Schwarzenbergs abzuwehren. Tags darauf gingen die Franzosen zum Gegenangriff über. Schwarzenbergs Armee wurde schwer geschlagen und zum Rückzug gezwungen. Die Verluste auf beiden Seiten waren hoch, Napoleon verlor rund 10 000 Mann durch Tod oder Verwundung, Schwarzenberg etwa 40 000, fast die Hälfte davon als Kriegsgefangene. Napoleons letzter großer Sieg auf deutschem Boden brachte ihm jedoch strategisch keinen Vorteil. Zwei Monate später unterlag er bei Leipzig. SG

7 | 24

7 | 25

7 | 25

Siegelstempel Banner der freiwilligen Sachsen

1813 · Holzgriff, Siegel: Messing · mit Griff
4,5 × 4,1 × 8,8 cm, Siegelstempel 4,5 × 4,1 cm
Dresden, Stadtmuseum [1978/443.3]

Der russische General und Diplomat Fürst Nikolai Repnin-Wolkonski wurde nach der Völkerschlacht bei Leipzig zum Generalgouverneur und damit zum Vertreter der obersten Gewalt in Sachsen ernannt. Er residierte seit dem 23. Oktober 1813 in Leipzig, da Dresden – bis zum 11. November – nach wie vor von französischen Truppen besetzt, mithin der Kampf gegen Napoleon noch lange nicht beendet war. Am 31. Oktober rief Repnin-Wolkonski daher generations- und schichtenübergreifend alle Sachsen in seinem Herrschaftsbereich dazu auf, am antinapoleonischen Krieg teilzunehmen. Die eigens dafür gegründete Freiwilligenformation erhielt die Bezeichnung »Banner der freiwilligen Sachsen«. BU

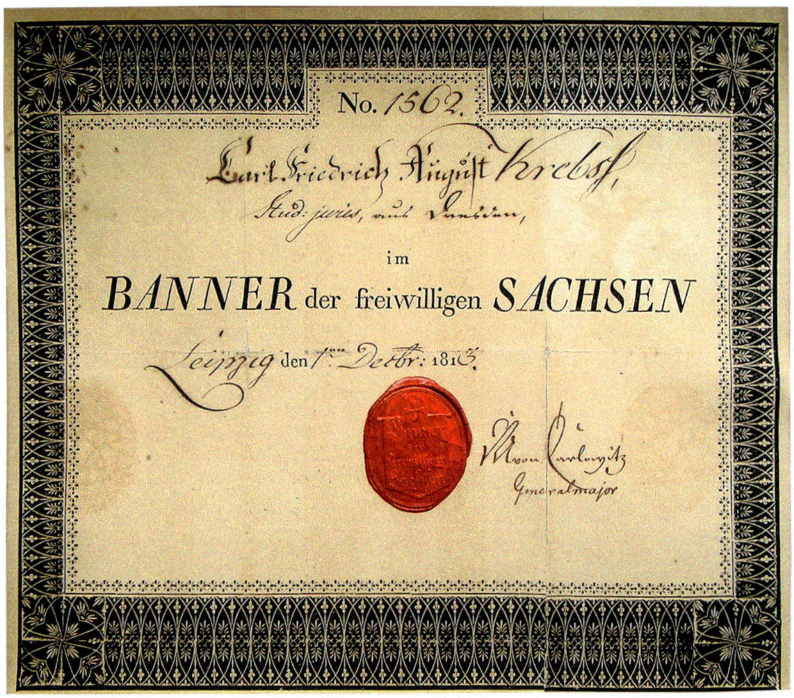
No. 1562.

Carl Friedrich August Krebß,

im

BANNER der freiwilligen SACHSEN

Leipzig den 1ten Decbr: 1813.

Generalmajor

7 | 26

7 | 26

Einschreibedokument des Carl Friedrich August Krebß beim Banner der freiwilligen Sachsen

Dezember 1813 · Druck, Tinte · 23 × 28 cm
Freital, Städtische Sammlungen Freital auf Schloss Burgk

Eine Grundvoraussetzung für die Meldung zum »Banner« bestand in der eigenverantwortlichen Selbstausrüstung mit kampfgerechter Kleidung, Waffen und Pferden. Dies mag mit ein Grund dafür gewesen sein, dass sich der Zulauf Freiwilliger in Grenzen hielt. Die schließlich erreichte Zahl von etwa 2000 Männern wurde indessen auch schon zeitgenössisch als Treuebeweis der Mehrheit der Sachsen für ihren mittlerweile in preußischer Gefangenschaft befindlichen König gedeutet. Außer ihrer nach Tagen zählenden Teilnahme an der Belagerung von Mainz (Januar bis Anfang Mai 1814) blieb die Einheit militärisch bedeutungslos. Kurz darauf erfolgte ihre Auflösung. BU

7 | 27 ▶

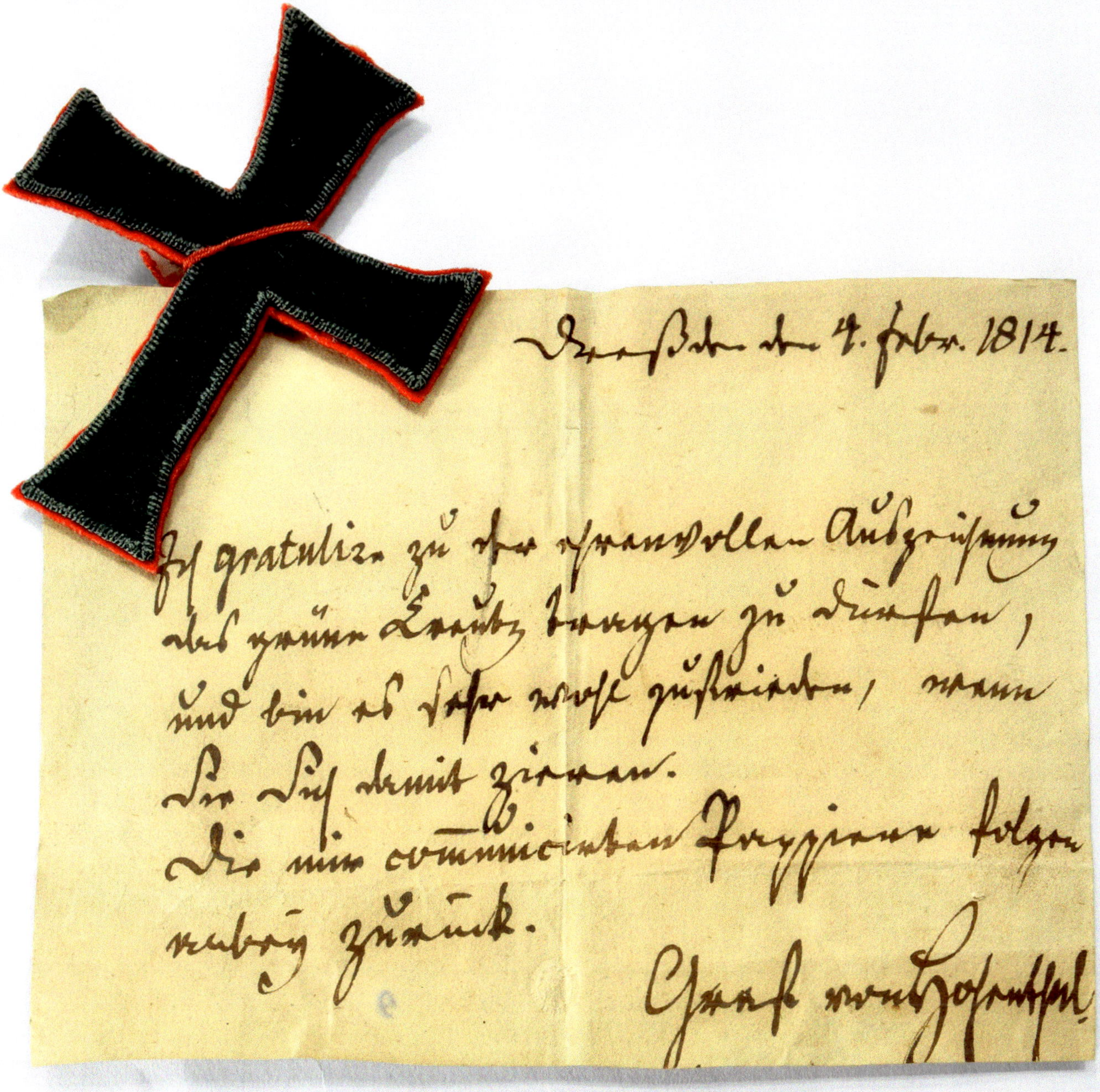
Dresden den 4. Febr. 1814.

Ich gratulire zu der ehrenvollen Auszeichnung das grüne Kreutz tragen zu dürfen, und bin es sehr wohl zufrieden, wenn Sie Sich damit zieren.
Die mir communicirten Papiere folgen anbey zurück.

Graf von Hohenthal

7 | 27

Landwehrkreuz mit zugehörigem Handschreiben des sächsischen Ministers Graf von Hohenthal

1814 · Tuch, Handschrift auf Papier · 9 × 7,2 cm (Kreuz), 13,4 × 17 cm (Schriftstück)
Leipzig, Stadtgeschichtliches Museum [MI/3/2010]

Nachdem der Aufruf zum Eintritt in die Formation Banner der freiwilligen Sachsen nicht den erhofften Zustrom an Freiwilligen ausgelöst hatte, ging man auch in Sachsen dazu über, wie in Preußen eine Landwehr aufzustellen. In kürzester Zeit wurde sie nach der Völkerschlacht bei Leipzig mithilfe des russischen Generalgouvernements zwangsrekrutiert und bestand schließlich aus über 20 000 Männern zwischen 17 und 40 Jahren. Die gemeinhin schlecht ausgerüstete Landwehr erhielt, ebenfalls wie in Preußen, zur Unterscheidung von normalen Linienregimentern das sogenannte Landwehrkreuz (Material: Stoff oder Blech). Es findet sich in grüner, aber auch in schwarzer, gelber oder weißer Farbe und konnte an der Kopfbedeckung oder an der Uniform angebracht werden. Das gezeigte grüne Stoffkreuz der sächsischen Landwehr war für das Aufnähen auf Uniformteile vorgesehen. BU

7 | 28 (ohne Abb.)

Carl Gottlieb Samuel Heun

»Der König rief und alle, alle kamen«

in: Liederbuch der Freiwilligen von 1813, 1814 und 1815 und ihrer fortdauernden Kameradschaft, hg. von Johann Friedrich Geltch und Bernhard Klein
Köln am Rhein 1839 · Buchdruck · 24,5 × 18,5 cm (Blatt)
Frankfurt am Main, Universitätsbibliothek Johann Christian Senckenberg, Zentralbibliothek [S 25/2151]
(vgl. S. 390 f.)

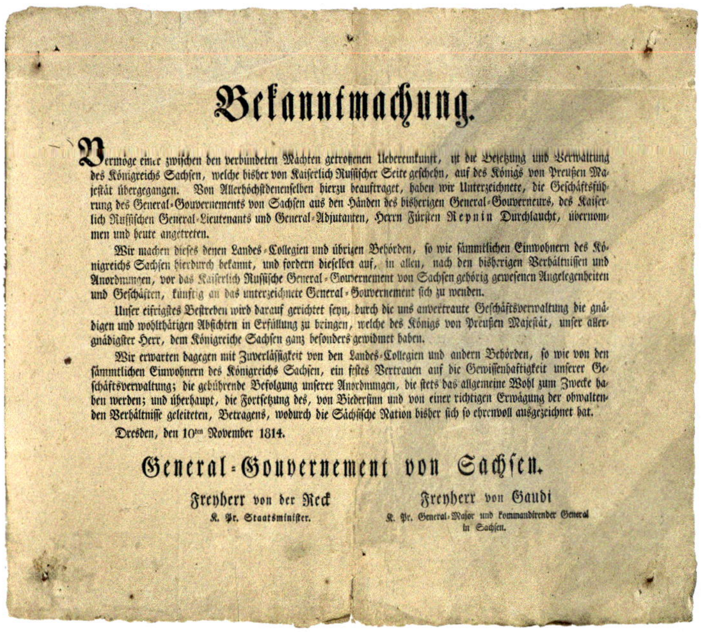

Bekanntmachung.

Vermöge einer zwischen den verbündeten Mächten getroffenen Uebereinkunft, ist die Besetzung und Verwaltung des Königreichs Sachsen, welche bisher von Kaiserlich Russischer Seite geschehn, auf des Königs von Preußen Majestät übergegangen. Von Allerhöchstdenenselben hierzu beauftraget, haben wir Unterzeichnete, die Geschäftsführung des General-Gouvernements von Sachsen aus den Händen des bisherigen General-Gouverneurs, des Kaiserlich Russischen General-Lieutenants und General-Adjutanten, Herrn Fürsten Repnin Durchlaucht, übernommen und heute angetreten.

Wir machen dieses denen Landes-Collegien und übrigen Behörden, so wie sämmtlichen Einwohnern des Königreichs Sachsen hierdurch bekannt, und fordern dieselben auf, in allen, nach den bisherigen Verhältnissen und Anordnungen, vor das Kaiserlich Russische General-Gouvernement von Sachsen gehörig gewesenen Angelegenheiten und Geschäften, künftig an das unterzeichnete General-Gouvernement sich zu wenden.

Unser eifrigstes Bestreben wird darauf gerichtet seyn, durch die uns anvertraute Geschäftsverwaltung die gnädigen und wohlthätigen Absichten in Erfüllung zu bringen, welche des Königs von Preußen Majestät, unser allergnädigster Herr, dem Königreiche Sachsen ganz besonders gewidmet haben.

Wir erwarten dagegen mit Zuverlässigkeit von den Landes-Collegien und andern Behörden, so wie von den sämmtlichen Einwohnern des Königreichs Sachsen, ein festes Vertrauen auf die Gewissenhaftigkeit unserer Geschäftsverwaltung; die gebührende Befolgung unserer Anordnungen, die stets das allgemeine Wohl zum Zwecke haben werden; und überhaupt, die Fortsetzung des, von Biedersinn und von einer richtigen Erwägung der obwaltenden Verhältnisse geleiteten, Betragens, wodurch die Sächsische Nation bisher sich so ehrenvoll ausgezeichnet hat.

Dresden, den 10ten November 1814.

General-Gouvernement von Sachsen.

Freyherr von der Reck
K. Pr. Staatsminister.

Freyherr von Gaudi
K. Pr. General-Major und kommandirender General in Sachsen.

7 | 29

7 | 29

Friedrich Wilhelm Leopold von Gaudi

Bekanntmachung der Übernahme der Verwaltung Sachsens durch Preußen

10. November 1814 · Hochdruck, Papier
36,5 × 42,5 cm
Dresden, Stadtmuseum [1979/1645]

Ende Oktober 1814 verdüsterten sich unübersehbar die Aussichten, Sachsen als eigenständigen Staat mit Friedrich August I. als seinem Regenten zu erhalten. Schon die Niederlage Napoleons in der Völkerschlacht bei Leipzig knapp ein Jahr zuvor (16. – 19. Oktober 1813) und die kurz darauf erfolgende Gefangennahme des sächsischen Königs – am 23. Oktober wurde er, ins Schloss Friedrichsfelde bei Berlin verbracht – schienen das Schicksal des Königreichs besiegelt zu haben. Nach dem vorläufigen Sturz des französischen Imperators geriet Sachsen endgültig zum Spielball der Siegermächte – nicht zuletzt auch deshalb, weil der König von Sachsen und Herzog von Warschau dem Kaiser noch die Bündnistreue hielt, nachdem sämtliche anderen deutschen Fürsten sich von ihm losgesagt hatten.

Während man auf dem Wiener Kongress um eine Lösung der sächsisch-polnischen Frage rang, versuchten Russland und Preußen, vollendete Tatsachen zu schaffen. Am 8. November unterzeichnet, erfolgte die *Bekanntmachung der königlich-preußischen provisorischen Besitznehmung des Königreichs Sachsen* zwei Tage später: Statt des bisherigen russischen Generalgouverneurs, Fürst Nikolai Repnin-Wolkonski, führten nun der preußische Staatsminister Freiherr von der Reck (eigentlich: von der Recke) und der Generalmajor Freiherr von Gaudi die Geschäfte in Sachsen. Bereits am 27. Oktober 1814 war dieser Schritt angekündigt worden, unterstützt durch eine Erklärung Repnin-Wolkonskis, in der er die Eingliederung des Königreichs Sachsen nach Preußen quasi als vollzogen darstellte. Friedrich August I. legte am 4. November 1814 seinen offiziellen Protest in Form einer *Rechtsverwahrung des Königs von Sachsen, gegen die königlich-preußisch-provisorische Besitznehmung seiner Staaten, und gegen jede Verfügung über dieselben* ein. Doch es blieb dabei: Die Entscheidung, ob und in welcher Form das Königreich Sachsen weiter existierte, fiel in Wien. BU

DER WIENER KONGRESS

In den Jahren 1814/15 verhandelten die europäischen Monarchen und Staatsmänner auf dem Wiener Kongress über eine Neuordnung Europas nach dem Sturz Napoleons. Als Leitprinzipien galten Legitimität, die Wiederherstellung legitimer Ordnungen im Inneren wie im Äußeren, und das Gleichgewicht der fünf europäischen Großmächte.

Als Ganzes tagte der Kongress nur zur Unterzeichnung der Schlussakte, ansonsten wurden erstmals Kommissionen eingesetzt, in denen man strittige Fragen einzeln und im kleinen Kreis behandelte, darunter auch die Statistische Kommission. Sie hatte möglichst exakte Bevölkerungsangaben zu den Gebieten des zerbrochenen napoleonischen Empire zusammenzutragen, die dann die Grundlage für zu fällende territoriale Entscheidungen bilden sollten. Der Wiener Kongress war darüber hinaus auch ein glänzendes Gesellschaftsereignis, geprägt von Empfängen, Bällen und Jagden, und eine Sternstunde der Machtpolitiker alter Schule. Die sogenannte Kongressdiplomatie – mithin die angestrebte Konfliktlösung mittels Verhandlungen zwischen den Großmächten – prägte das europäische Staatensystem bis zum Ausbruch des Ersten Weltkriegs.

Preußen sicherte sich einen erheblichen Gebietszuwachs im Westen und Osten. Besonders strittig war die »sächsisch-polnische Frage«, das heißt Preußens Wunsch einer Annexion Sachsens, die von nahezu allen Großmächten abgelehnt wurde, sowie die Absicht des Zaren, das von seinen Truppen seit Frühjahr 1813 besetzte Herzogtum Warschau als Königreich zu etablieren und es in Personalunion zu regieren. Ein Plan, der zunächst ebenfalls mit den Interessen der übrigen Mächte kollidierte.

Schließlich erhielt Preußen fast zwei Drittel des sächsischen Staatsgebiets, woraus später vor allem die preußische Provinz Sachsen gebildet wurde. Andere ehemals sächsische Gebiete gingen in den Provinzen Brandenburg und Schlesien auf. Polen durchlebte die vierte Teilung im Zeitraum von 50 Jahren und stand fortan als Königreich (Kongresspolen) unter zaristischer Herrschaft.

Auf dem Wiener Kongress gelang es, die in den Befreiungskriegen entstandene nationale Bewegung noch einmal zurückzudrängen. Stattdessen wurde die Gründung des Deutschen Bundes beschlossen, eines losen Staatenbundes, dem auch nichtdeutsche Monarchien angehörten. BU

7 | 30

7 | 31

7 | 30

Jean Godefroy nach Jean-Baptiste Isabey

Die Delegierten des Wiener Kongresses

1819 · Linien- und Punktierstich · 77 × 100 cm
Berlin, Astrid Gräfin von Hardenberg

Jean-Baptiste Isabey, ein Schüler des bekannten Historienmalers Jacques-Louis David, gehörte zu den Hofmalern Napoleons. Auf Geheiß des alle Zeitläufte überstehenden französischen Diplomaten Charles-Maurice de Talleyrand-Périgord, der nach dem Sturz Napoleons dem Bourbonenkönig Ludwig XVIII. als Außenminister diente, reiste er als Mitglied der französischen Delegation zum Wiener Kongress. Isabey porträtierte 23 Kongressteilnehmer in einer Grafik. Nach diesem Werk fertigte der französische Maler und Kupferstecher Jean Godefroy seine Radierung, die ab 1819 Verbreitung fand.

Der österreichische Staatskanzler Fürst Metternich steht auf der linken Hälfte beherrschend im Vordergrund und zeigt auf den entspannt sitzenden englischen Außenminister Viscount Robert Castlereagh. Auf der linken Seite, Castlereagh gegenüber, ist der ebenfalls sitzende preußische Staatskanzler Karl August von Hardenberg im Halbprofil zu sehen, hinter ihm der Sieger von Waterloo, Arthur Wellesley, 1. Duke of Wellington (Herzog von Wellington). Als Zweiten von rechts (stehend) erkennt man Hardenbergs Berater auf dem Wiener Kongress, den preußischen Gelehrten, Diplomaten und Begründer der Berliner Universität, Wilhelm von Humboldt. Besonders auffällig aber wird Talleyrand in Szene gesetzt: Er sitzt, obgleich Vertreter des besiegten Frankreich, auf der rechten Seite, quasi gleichberechtigt und im Vordergrund am Verhandlungstisch, auf den er seinen rechten Unterarm gelegt hat.

Die erstaunliche Aufwertung Frankreichs im Konzert der Mächte verdankte sich nicht zuletzt der sächsisch-polnischen Frage. In dem Maße, in dem sich die Konflikte darüber zwischen Russland und Preußen einerseits, Österreich und Großbritannien andererseits verschärften, wuchs die Bedeutung des nachnapoleonischen Frankreich. BU

7 | 31

Der große Wiener Friedens-Congress zur Wiederherstellung von Freiheit und Recht in Europa

1814 · Kupferstich, koloriert · 23 × 32 cm (Blatt)
Dresden, Sächsische Landesbibliothek – Staats- und Universitätsbibliothek [Tall. Graf. II., 3, 13]

Nachdem Napoleons Ambitionen, ein kontinentales Großreich in Europa zu etablieren, gescheitert waren, wurde auf dem Wiener Kongress versucht, das Gleichgewicht der Mächte wiederherzustellen. Die Hauptakteure waren die damaligen fünf Großmächte: Großbritannien, Österreich, Russland, Preußen und das zwar unter Napoleon zweimal besiegte (1814 und 1815, nach der Rückkehr Napoleons von der Insel Elba), aber im Friedensvertrag vom Mai 1814 in seinen Grenzen von 1792 als Großmacht bestätigte Frankreich. Sie strebten untereinander gleichermaßen ein System der Friedenssicherung und der Vermeidung von nationalen Revolutionen oder revolutionären Bestrebungen an. Zwar war Napoleon von den alten Monarchien nur mithilfe der nationalen Volksbewegungen besiegt worden – der Frieden aber sollte mit den Mitteln tradierter Politik und Diplomatie hergestellt und gesichert werden.

Der kolorierte Stich zeigt die europäischen Herrscher und ihre Bevollmächtigten bei einer fiktiven Sitzung um einen Tisch gruppiert, auf dem ein Globus und eine Karte von Europa sowie einige geodätische Werkzeuge wie Zirkel, Winkelmesser und Lineal für die neuen Grenzziehungen liegen. Im Hintergrund wacht in einer Nische Justitia, die römische Göttin der Gerechtigkeit und des Rechtswesens, über die Verhandlungen. BU

7 | 32 (Abb. S.383)
nach Eugène Delacroix

La Balance Politique (Das politische Gleichgewicht)

Karikatur aus dem Satireblatt *Le Nain jaune*
Paris, 15. Mai 1815 · Kupferstich, koloriert
27 × 41,5 cm (Blatt)
Dresden, Sächsische Landesbibliothek – Staats- und Universitätsbibliothek
[Tall. Graf. I,5,5]

Das weit verbreitete Blatt karikiert das Geschachere um Länder und Kronen auf dem Wiener Kongress. Gerade wird Sachsen – und seine aus den geschnürten Paketen herausschauende Bevölkerung – vom preußischen König und dem beleibten Karl Philipp Fürst zu Schwarzenberg, Oberbefehlshaber der verbündeten Truppen in der Völkerschlacht bei Leipzig, in die Waagschale geworfen, deren Pendant auf der anderen Seite von Wellington mit Goldbarren und Geldmünzen gefüllt wird. Rechts warten noch das italienische Paket und das polnische Fass (auf dem der Zar sitzt und sich mit Talleyrand unterhält) darauf, aufgemacht zu werden bzw. auf die Waage zu kommen. BU

7 | 33 (Abb. S.442)

Le Congrès

1815 · Kupferstich, koloriert · 18 × 27 cm
Dresden, Sächsische Landesbibliothek – Staats- und Universitätsbibliothek
[Tall. Graf. II., 4,4]

Der Wiener Kongress erschien bereits den Zeitgenossen kaum wie eine seriös wirkende Staatenkonferenz. Tatsächlich wurden die Diskussionen und Entscheidungen in privaten Runden der Großen Vier (Österreich, Russland, Preußen und Großbritannien) und schließlich unter Hinzuziehung Frankreichs geführt und getroffen. Feste und Bälle spielten als Orte der Kommunikation und Absprachen eine ebenso wichtige Rolle wie das Netzwerk von Spionage und Überwachung, das vor allem Fürst Metternich zuarbeitete. Dem Kongressteilnehmer und österreichischen Diplomaten und Schriftsteller Charles Joseph Fürst de Ligne wird das Bonmot zugeschrieben: »Le congrès danse beaucoup, mais il ne marche pas« (Der Kongress tanzt viel, aber er bewegt sich nicht).

Darauf spielt auch das Motiv des französischen, 1815 erstmals veröffentlichten, satirischen Stichs an. Derweil der französische Außenminister Talleyrand und sein englischer Amtskollege Castlereagh auf der linken Seite abwarten oder nur zaghafte Tanzschritte wagen, vollführen der österreichische Kaiser, der russische Zar und der preußische König einen wilden Tanz, während sie Europa neu aufteilen. Der sächsische König tanzt gezwungenermaßen mit, krampfhaft bemüht, seine Krone festzuhalten. Rechts muss die allegorische Darstellung der Republik Genua indessen dem Befehl des Königs von Sardinien gehorchen, dessen Königreich sie auf dem Kongress zugeschlagen worden war. BU

7 | 34 (vgl. Abb. S. 388)

Schlussakte des Wiener Kongresses

Österreichisches Exemplar, Replik
Wien, 9. Juni 1815 · Urkunde
Wien, Österreichisches Staatsarchiv

Die Unterzeichnung der 121 Artikel umfassenden Wiener Kongressakte am 9. Juni 1815 bildete den Schlusspunkt des Wiener Kongresses (vgl. Abb. S. 405). Im Grundsatz bestätigte die Vereinbarung das Gleichgewicht der europäischen Mächte und die Festigung des monarchischen Herrschaftsprinzips. Auch das unterlegene Frankreich konnte letztlich seinen Rang als europäische Großmacht wahren.

Preußen erhielt fast zwei Drittel des Königreichs Sachsen, das als einstiger Verbündeter Napoleons auf der Verliererseite stand. Hinzu kamen unter anderem die polnischen Provinzen Posen und Thorn, vor allem aber die Rheinprovinzen und Westfalen, wodurch sich das wirtschaftliche und politische Schwergewicht Preußens nach Westen verlagerte. Auch Russland, Österreich und Großbritannien verzeichneten in unterschiedlichem Ausmaß territoriale Zugewinne.

Integraler Bestandteil der Kongressakte wurde die einen Tag zuvor unterzeichnete Bundesakte. Sie bildete die Verfassung des Deutschen Bundes, jenes lockeren Bundes

7 | 35

»souveräner Fürsten und freier Städte« (Präambel), auf den sich mehr als 40 deutsche Fürstentümer und Königreiche anstelle eines nationalen Bundesstaates verständigt hatten. BU

7 | 35

Tisch aus dem Château de Valençay

o. J. · Holz (rund) · H 77 cm, Dm 178,6 cm
Valençay (Frankreich), Château de Valençay

Einer mündlichen Überlieferung nach wurde auf diesem Tisch die Schlussakte des Wiener Kongresses unterzeichnet. Der Wiener Kongress tagte im Palais am Ballhausplatz, dem Wohn- und Amtssitz des österreichischen Staatskanzlers Metternich (heute Bundeskanzleramt). Seine Arbeit spielte sich jedoch in zahlreichen Fachkommissionen ab. Den einen Tisch, an dem die Staatsmänner Europas über das Schicksal von Völkern verhandelten und am 9. Juni 1815 die Wiener Schlussakte unterzeichneten, hat es nie gegeben. Der ausgestellte Tisch ist seit Mitte des 19. Jahrhunderts im großen Salon des Château de Valençay (Département Indre / Frankreich) nachweisbar. Seit 1803 befand sich Valençay mit seinen ausgedehnten Ländereien im Besitz von Charles-Maurice de Talleyrand-Périgord, der dort zunächst als französischer Außenminister repräsentierte, sich dann nach Valençay zurückzog, als er bei Napoleon in Ungnade gefallen war, und schließlich das Schloss nach 1816 als seinen Alterssitz nutzte. Der Überlieferung nach soll der geschickte Diplomat Talleyrand, der in Wien den Großmachtstatus des besiegten Frankreich bewahrte und sich dabei in Verfolgung französischer Interessen für den staatlichen Fortbestand Sachsens einsetzte, den Transport dieses Tisches von der Stätte seines diplomatischen Triumphes nach Valençay veranlasst haben.

Noch ein weiteres Kunstwerk in Valençay ist mit Sachsen verknüpft: ein Porträt des sächsischen Königs von François Gérard, das Friedrich August I. – laut einer Inschrift am Rahmen – Talleyrand schenkte. Es ist jedoch ungewiss, ob diese Gabe ein Zeichen des Dankes für Talleyrands Fürsprache auf dem Wiener Kongress war oder ob Friedrich August damit seiner Anerkennung dafür Ausdruck verleihen wollte, dass sich Talleyrand einige Jahre zuvor gegenüber Napoleon dagegen ausgesprochen hatte, die Bestände der Dresdner Gemäldegalerie ganz oder in Teilen nach Paris zu verlegen. AZ

NACH DER TEILUNG – SACHSEN

Auf dem Wiener Kongress war Sachsen nicht unmittelbar vertreten. Zwar konnte die Auflösung des Königreichs Sachsen verhindert werden, und die Königswürde blieb unangetastet, doch die politische Bedeutung des Landes für Deutschland und Europa war geschwunden. Sachsen war nur noch eine »Mindermacht« und verlor fast zwei Drittel seiner Fläche und über ein Drittel seiner Bevölkerung, vor allem an Preußen. Das Land litt unter der Besatzung durch preußische und russische Truppen, während König Friedrich August I. im Schloss Friedrichsfelde bei Berlin unter Arrest stand.

Als der König am 7. Juni 1815 nach Sachsen zurückkehren durfte, wurde er begeistert empfangen. Während sich das Land nach 1815 wirtschaftlich und auch kulturell rasch erholte, fehlten dem König der Wille und die Gestaltungskraft, die nötige politische Neugestaltung in Angriff zu nehmen. Das unter der napoleonischen Herrschaft begonnene Reformwerk blieb unvollendet. Doch genoss Friedrich August I. bis zu seinem Tod im Jahr 1827 die ungeteilte Sympathie des Volkes, das in ihm vor allem eine Symbolfigur für den sächsischen Überlebenswillen gegen die preußische Übermacht sah. BU

7 | 36

7 | 36
Walther

Die Erschießung von sächsischen Grenadieren bei Lüttich

»Erinnerung an den 6. Mai 1815 wo mein Nebenmann Born II (Kanitz. Uhde. Noacknick) bei den Dörfern Bierzet und Loncent ohneweit Lüttich erschossen wurde«
o. J. · aquarellierte Zeichnung · 53 × 65 cm
Leipzig, Stadtgeschichtliches Museum [C 78]

Die Zeichnung gibt sehr detailliert ein Ereignis wieder, das die preußisch-sächsischen Beziehungen belastete: die Erschießung von sieben sächsischen Grenadieren auf Befehl des preußischen Feldmarschalls Blücher am 6. Mai 1815 bei Lüttich. Seit Anfang 1815 war klar, dass Sachsen geteilt werden würde. Unklar hingegen blieb, wann die Teilung der sächsischen Armee erfolgen sollte – bereits während des Feldzugs gegen den am 1. März von Elba zurückgekehrten Napoleon oder aber erst nach Kriegsende. Am 22. April verfügte König Friedrich Wilhelm III. die Teilung der sächsischen Truppen, die bereits in die preußische Rheinarmee eingegliedert waren. Männer, deren Geburtsort in einem künftig preußischen Gebiet lag, sollten demnach den preußischen Verbänden zugeordnet werden. Diese Maßnahme, die der eigentlichen Landesteilung voranging, führte Anfang Mai zu hitzigen Protesten unter den Sachsen. Eine aufgebrachte Menge versammelte sich vor Blüchers Hauptquartier in Lüttich. Hochrufe auf den sächsischen König wurden ausgebracht, es entwickelte sich ein Handgemenge, und die Fenster wurden eingeworfen. Blücher flüchtete durch die Hintertür. Der Vorfall hatte ein bitteres Nachspiel: Am 6. Mai befahl Blücher Massenerschießungen, sollten die Anführer des Aufruhrs nicht angezeigt werden. Sieben Mann meldeten sich, sie wurden erschossen, die Regimentsfahne verbrannt, die Truppen geteilt. Zu den Erschossenen zählte auch Johann Gottlieb Born vom 2. Grenadierbataillon, 21 Jahre alt, der aus »Begern bei Herzberge« (vermutlich Belgern) stammte. Seinem Andenken hat sein »Nebenmann«, also der Soldat, der im Glied neben ihm stand, die Zeichnung gewidmet. AZ

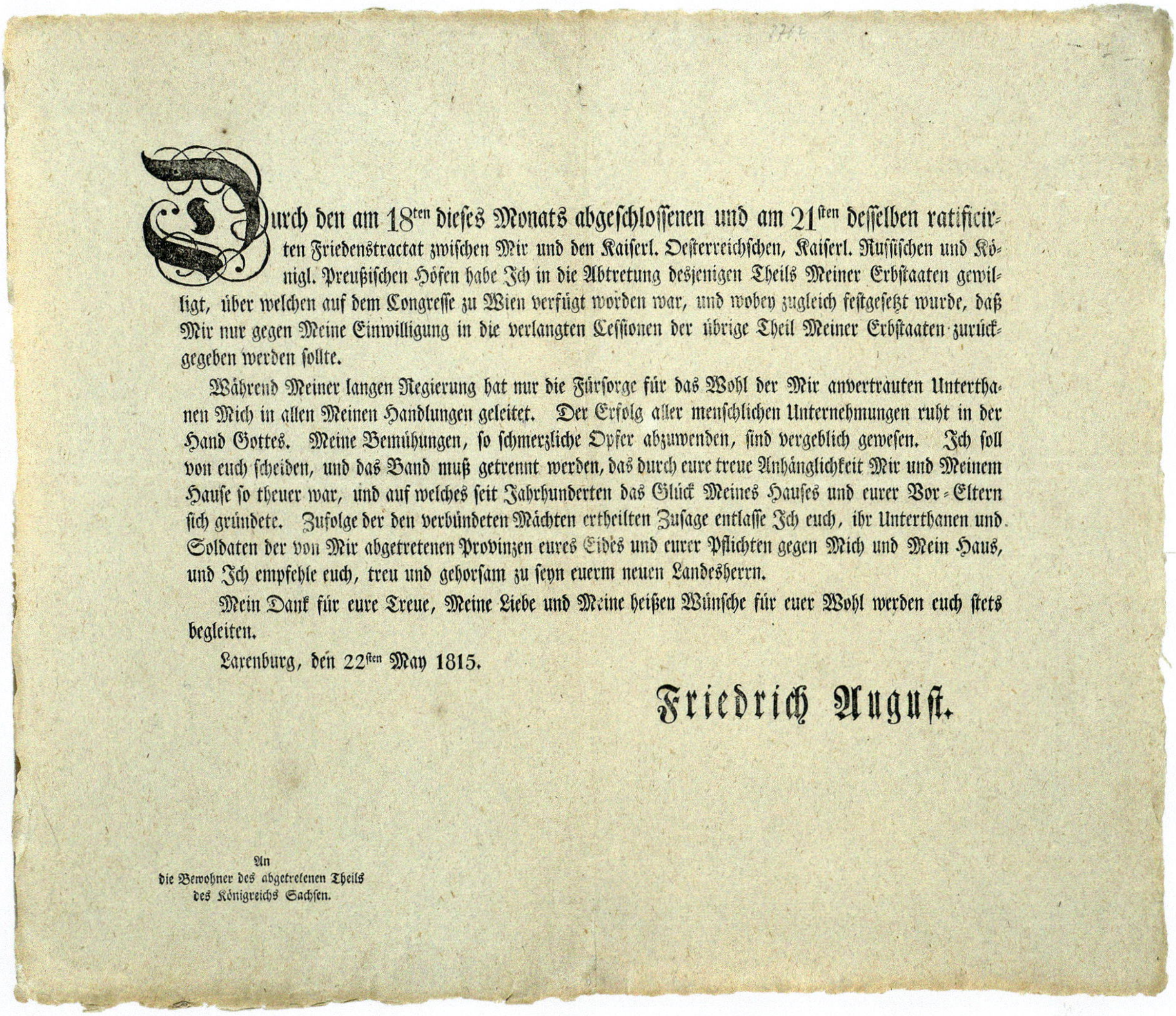

Durch den am 18ten dieses Monats abgeschlossenen und am 21sten desselben ratificirten Friedenstractat zwischen Mir und den Kaiserl. Oesterreichschen, Kaiserl. Russischen und Königl. Preußischen Höfen habe Ich in die Abtretung desjenigen Theils Meiner Erbstaaten gewilligt, über welchen auf dem Congresse zu Wien verfügt worden war, und wobey zugleich festgesetzt wurde, daß Mir nur gegen Meine Einwilligung in die verlangten Cessionen der übrige Theil Meiner Erbstaaten zurückgegeben werden sollte.

Während Meiner langen Regierung hat nur die Fürsorge für das Wohl der Mir anvertrauten Unterthanen Mich in allen Meinen Handlungen geleitet. Der Erfolg aller menschlichen Unternehmungen ruht in der Hand Gottes. Meine Bemühungen, so schmerzliche Opfer abzuwenden, sind vergeblich gewesen. Ich soll von euch scheiden, und das Band muß getrennt werden, das durch eure treue Anhänglichkeit Mir und Meinem Hause so theuer war, und auf welches seit Jahrhunderten das Glück Meines Hauses und eurer Vor-Eltern sich gründete. Zufolge der den verbündeten Mächten ertheilten Zusage entlasse Ich euch, ihr Unterthanen und Soldaten der von Mir abgetretenen Provinzen eures Eides und eurer Pflichten gegen Mich und Mein Haus, und Ich empfehle euch, treu und gehorsam zu seyn euerm neuen Landesherrn.

Mein Dank für eure Treue, Meine Liebe und Meine heißen Wünsche für euer Wohl werden euch stets begleiten.

Laxenburg, den 22sten May 1815.

Friedrich August.

An
die Bewohner des abgetretenen Theils
des Königreichs Sachsen.

7 | 37

7 | 37
Friedrich August I. von Sachsen

Bekanntgabe an die Bewohner des abgetrennten Teils des Königreichs Sachsen

Laxenburg, 22. Mai 1815 · Druck · 35,5 × 42,5 cm
Dresden, Stadtmuseum [1982/292]

Zwar war es schließlich auf dem Wiener Kongress gelungen, der Annexion des Königreichs Sachsen durch das Königreich Preußen einen Riegel vorzuschieben. Aber die Teilung konnte trotz andauernden Feilschens und Taktierens aller Beteiligten nicht verhindert werden. König Friedrich August I., der immerhin seine Krone zu retten vermochte, musste sich am Ende dem Druck der Großmächte beugen – und auf fast zwei Drittel seines Territoriums und über ein Drittel der sächsischen Bevölkerung verzichten. Die erzwungene Teilung erlangte nach zähen Verhandlungen mit der Unterzeichnung des Vertrags von Pressburg (heute: Bratislava, damals zu Österreich gehörend) zwischen Preußen und Sachsen vom 18. Mai 1815 und dessen Ratifizierung durch den sächsischen König drei Tage später ihre Rechtsgültigkeit. Am 22. Mai 1815 entließ Friedrich August I. die Bewohner der abgetretenen Gebiete aus ihrem Eid und ihren Pflichten. BU

SALVE
PATER PATRIAE

7 | 38

7 | 38

Die Jubelpforte »SALVE PATER PATRIAE« für König Friedrich August I. zur Rückkehr aus der Gefangenschaft

nach 1815 · Öl auf Leinwand · 31,5 × 44 cm
Berlin, Stiftung Deutsches Historisches Museum [Gm 97/20]

Am 7. Juni 1815 durften Friedrich August I. und seine Familie nach Sachsen zurückkehren. Der König war mittlerweile – vor allem in den Monaten seiner Gefangenschaft – zu einer Identifikationsfigur für große Teile der sächsischen Bevölkerung geworden. Vorbereitet durch öffentliche Diskussionen, zumeist in Form von allenthalben publizierten Flugschriften, wurde Friedrich August I. in der Wahrnehmung der Sachsen zum treu sorgenden, selbst in der napoleonischen Zeit allein um das Landeswohl besorgten Landesvater, dem weder das Bündnis mit Napoleon noch die Teilung des Landes anzulasten waren.

Mit seiner Rückkehr begann in Sachsen eine Folge von Festen und Feiern. Sie setzten am Tag des königlichen Einzugs in Dresden ein, zu dessen Anlass ihm eine Jubelpforte errichtet worden war, von der herab er als »Vater des Vaterlandes« begrüßt wurde (»Salve Pater Patriae«). Solche Veranstaltungen sollten sich in den kommenden Jahren wiederholen – so zum Fest der 300. Wiederkehr der Reformation (1817), zum 50-jährigen Regierungsjubiläum Friedrich Augusts I. (1818) oder anlässlich seiner Goldenen Hochzeit (1819). BU

7 | 39

7 | 39

Franz Andreas Weger

Büste Friedrich August I.

Meißen 1818 – 1823 · Biskuitporzellan
35,5 × 27 × 15 cm
Dresden, Porzellansammlung, Staatliche Kunstsammlungen Dresden [PE 474]

Nach den leidvollen Jahren des Krieges und der bitter empfundenen Teilung bildeten die mit der Rückkehr des Königs aus der Gefangenschaft im Juni 1815 beginnenden Festveranstaltungen eine willkommene Gelegenheit, den Neuanfang und den Wiederaufbau des geteilten Landes zu beschwören. Friedrich August I. und seine mittlerweile Jahrzehnte andauernde Regierung als Kurfürst und König boten dabei einen weiteren, symbolisch aufgeladenen Bezugspunkt.

Die vermutlich nach einem Porträt des Königs und anlässlich seines 50. Regierungsjubiläums gefertigte Büste zeigt den Monarchen mit dem Großherzoglich Sachsen-Weimarischen Hausorden der Wachsamkeit. Er befindet sich auf der linken Brustseite seines Rockes und trägt die Inschrift »Providentiae Memor« (Gedenke der Vorsehung). Auf dem vermutlich nachträglich hinzugefügten Sockel findet sich die Inschrift: »Secundis Temporibus Dubiisque Rectus Anno Regni L. MDCCCXVIII«. Es handelt sich um ein Zitat aus einer Ode des Horaz, das sich übersetzen lässt mit den Worten: Aufrecht in günstigen und zweifelhaften Zeiten. Im fünfzigsten Jahr der Regentschaft, 1818. BU

NACH DER TEILUNG – PREUSSEN

Nach 1815 vermochte Preußen sein Staatsgebiet im Vergleich zu den Regelungen im Vertrag von Tilsit von 1807 zu verdoppeln. Sechs Millionen neue Einwohner wurden zu preußischen Staatsbürgern. Von Sachsen erhielt Preußen die Niederlausitz, die Hälfte der Oberlausitz, Teile des ehemaligen Kurkreises mit Wittenberg sowie die Territorien um Weißenfels, Merseburg und Zeitz. Die wichtigsten Gewinne lagen allerdings mit dem Rheinland und mit Westfalen im Westen. Der Aufstieg Preußens zu einer europäischen Großmacht wurde durch den Wiener Kongress zementiert.

Allerdings barg die enorme Expansion auch gewaltige Herausforderungen. Preußen bestand aus zwei räumlich voneinander getrennten Gebieten. Das Staatsgebiet musste neu strukturiert werden und wurde in zehn Provinzen untergliedert, darunter auch die Provinz Sachsen, wobei ehemals sächsische Gebietsteile auch an die Provinzen Brandenburg und Schlesien fielen. Die neu erworbenen Provinzen unterschieden sich politisch, ökonomisch, sozial und konfessionell zum Teil beträchtlich vom altpreußischen Gemeinwesen. Der Begriff »Musspreuße« wurde zum geflügelten Wort.

Während die umfassenden Reformen der Ära Stein-Hardenberg vor allem wirtschaftlich rasch Früchte trugen, stagnierte die politische Entwicklung in Preußen. König Friedrich Wilhelm III. löste sein Versprechen nicht ein: Eine Verfassung wurde nicht eingeführt, und alle demokratischen Bestrebungen wurden unterdrückt. BU

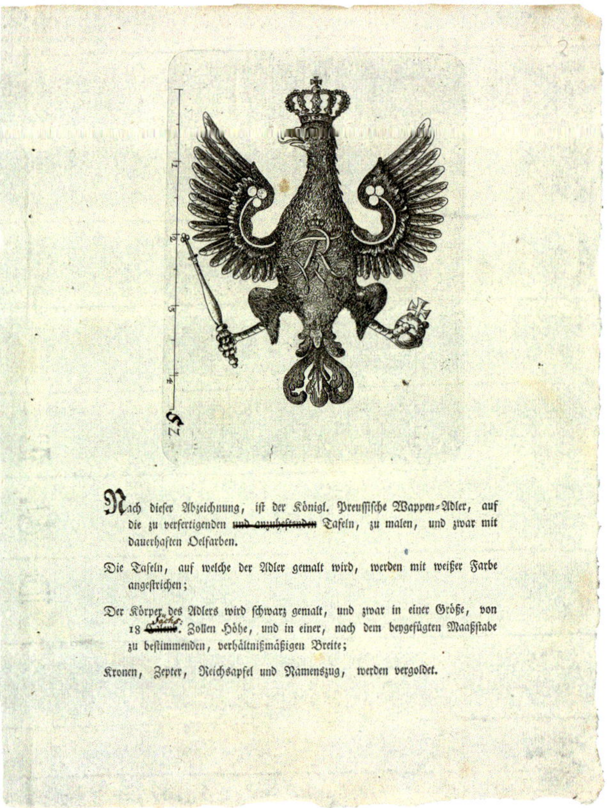

Nach dieser Abzeichnung, ist der Königl. Preussische Wappen-Adler, auf die zu verfertigenden ~~und anzuheftenden~~ Tafeln, zu malen, und zwar mit dauerhaften Oelfarben.

Die Tafeln, auf welche der Adler gemalt wird, werden mit weißer Farbe angestrichen;

Der Körper des Adlers wird schwarz gemalt, und zwar in einer Größe, von 18 Sächs. Zollen Höhe, und in einer, nach dem beygefügten Maaßstabe zu bestimmenden, verhältnißmäßigen Breite;

Kronen, Zepter, Reichsapfel und Namenszug, werden vergoldet.

7 | 42

7 | 40 (ohne Abb.)
Christoph Heinrich Fischer nach dem Modell von Christian Daniel Rauch

Büste Friedrich Wilhelm III.

1826 (Modell), 1849 (Guss) · Bronze · H 53 cm, Sockel H 13 cm
Berlin, Stiftung Stadtmuseum Berlin [L 52, 4]

Auf den Tag genau zehn Monate vor dem bejubelten Einzug des sächsischen Königs in Dresden war am 7. August 1814 der preußische König Friedrich Wilhelm III. an der Spitze seiner Gardetruppen in Berlin eingeritten. Die offizielle Siegesfeier galt der endgültigen Niederwerfung Napoleons. Gegen die prächtige Ausschmückung der Feiern setzte sich Friedrich Wilhelm zwar zur Wehr – in der Vermittlung des erwünschten Selbstbildes der Nüchternheit und Bescheidenheit dem sächsischen König nicht unähnlich. Doch nahm er schließlich an den Feierlichkeiten teil.

Friedrich Wilhelm III., dessen konservative Einstellung nach Ende des Krieges wieder deutlicher hervortrat, sah sich vor allem mit der Herausforderung konfrontiert, die neu hinzugewonnenen Territorien in sein Königreich zu integrieren. Die dafür notwendigen Verwaltungsakte und Neugliederungen wurden zwar relativ zügig umgesetzt, nicht zuletzt auch in den einstigen sächsischen Gebieten, aber sie verliefen nicht ohne Widerstände und Friktionen. Das Verfassungsversprechen des Königs wurde hingegen gebrochen, und die zunächst von der Autorität des Königs gedeckten Reformen wurden in den Jahren nach dem Wiener Kongress nicht oder nur eingeschränkt umgesetzt. BU

7 | 41 (ohne Abb.)
Friedrich Wilhelm III. von Preußen

Allerhöchster Zuruf an die Einwohner des Preußischen Sachsen

Wien, 22. Mai 1815 · Druck · 37 × 21 cm
Potsdam, Brandenburgisches Landeshauptarchiv [Rep. 7 Amt Friedland Nr. 3]

Vom selben Tag, an dem Friedrich August I. seine nun preußisch gewordenen Sachsen aus dem Eid entließ, datieren das *Patent wegen Besitzergreifung des mit der Preußischen Monarchie vereinigten Antheils von Sachsen* sowie der *Allerhöchste Zuruf* Friedrich Wilhelms III. an seine neuen Untertanen. Im *Besitzergreifungspatent* wurde der neue Grenzverlauf zwischen Preußen und Sachsen publiziert. Im *Zuruf* versicherte Friedrich Wilhelm den »brave[n] Sachsen« im Ton der nationalistischen Publizistik der Befreiungskriege: »Nur Deutschland hat gewonnen, was Preußen erworben.« AZ

7 | 42

Preußischer Adler als Vorlage für die neuen preußischen Grenzschilder

o. J. · Druck · 36 × 22 cm
Berlin, Geheimes Staatsarchiv PK
[I HA, Rep. 172, Alliiertes u Preuß. Gouverm. für Sachsen, Nr. 247]

Zu den ersten Maßnahmen im Hinblick auf die nach dem sächsisch-preußischen Frieden von Pressburg an Preußen fallenden sächsischen Gebiete gehörte das Errichten von Hoheitszeichen an den neu gezogenen Grenzen. Bereits im Verlauf des Juni 1815 erreichten die Verwaltungen die entsprechenden Anordnungen. Die zunächst hölzernen Grenzzeichen wurden nach 1818 durch Grenzsteine ersetzt. Vor der endgültigen Eingliederung der von Sachsen abzutretenden Territorien wurden diese unter der offiziellen Bezeichnung »Herzogtum Sachsen« zwischen Mai 1815 und März 1816 von einem preußischen Generalgouvernement verwaltet, das in Merseburg residierte. BU

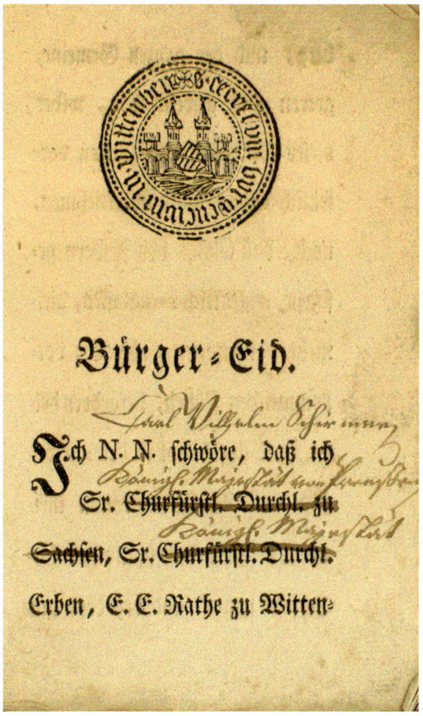

Bürger-Eid.

Ich N. N. schwöre, daß ich Sr. ~~Churfürstl. Durchl. zu Sachsen~~, Sr. Churfürstl. Durchl. Erben, E. E. Rathe zu Witten-

7 | 43

7 | 43

Bürgerbuch für Carl Wilhelm Schirmer

1829 · Buchdruck, Tinte · 17 × 10 cm
Wittenberg, Städtische Sammlungen Lutherstadt Wittenberg [V/Sa/4105]

Der Kurkreis, 1807 umbenannt in Wittenberger Kreis, gehörte mit der Stadt Wittenberg zu jenen sächsischen Territorien, die nach der Teilung an Preußen fielen. Das Bürgerbuch aus Wittenberg verzeichnet deshalb auch, dass im für die Erlangung der Bürgerrechte notwendigen Bürgereid nach 1815 »Sr. Königl. Majestät von Preußen« die Treue geschworen werden musste. Die Lutherstadt Wittenberg war überdies als Ursprungsort der Reformation von zentraler Bedeutung für das über Jahrhunderte hinweg gewachsene Selbstverständnis Sachsens als Hüter des protestantischen Glaubens. Als oberster Bischof der evangelischen Landeskirche nutzte König Friedrich Wilhelm III. die darin liegende integrative Kraft für die Verankerung der neu gewonnenen sächsischen Gebiete in seinem Staat. So nahm er anlässlich des 300. Reformationsjubiläums im Jahr 1817 als neuer und als erster Landesherr überhaupt an den Feierlichkeiten in Wittenberg teil. Einer Tendenz der Zeit folgend und in dem Bestreben, den innerpreußischen, religiösen Zusammenhalt zu befördern, verkündete der König aus diesem Anlass zudem die Union von Lutheranern und Reformierten (Calvinisten), mithin den Zusammenschluss der bislang getrennten protestantischen Glaubensrichtungen. BU

7 | 44

Wappenschild mit einer preußischen und einer kursächsischen Seite

wohl Türschild einer Postkutsche
wohl 2. Hälfte 18. Jh. / Umarbeitung 1815 · Blech, beidseitig farbig gefasst · 28,5 × 22,5 cm
Eilenburg, Stadtmuseum

Ob es sich bei diesem Objekt tatsächlich um ein Grenzschild handelt oder – so die Überlieferung – ob es ursprünglich an der Tür einer Postkutsche befestigt war, ist nicht mehr zu klären. In der Ausstellung symbolisiert es, in einer ständigen Drehung begriffen, die je nach Standpunkt wechselnden Wahrnehmungen und Deutungen der Szenen einer Nachbarschaft. BU

Gedruckte Quellen und Literatur Blank 2013 · Boime 1990 · Chandler 1990 · Czech 2009 · Delderfield 2001 · Duchhardt 2013 · Erbe 2004 · Fahrmeir 2010 · Jenak 2010 · Koch, H. 1998 · Kroll 2013 · Kunze, G. 2004 · Loesch 1992 · Marcowitz 1997 · Mergen 2005 · Müller, W. 2010 · Müller, W. 2011 · Niedersen 2013 · Opitz 1985 · Steinmann 2007 · Thieme 2012 · Töppel 2008 · Tulard 1982 · Wehler 1987 · Willms 2008 · Zamoyski 2012 · 200 Jahre Königreich Sachsen, 2008 · Blutige Romantik, Kat. 2013 · Helden nach Maß, Kat. 2013 · Napoleon und Europa, Kat. 2010 · Öffentliche Festkultur, 1988 · Verlorener Sieg Dresden, Kat. 1813, 2013

7 | 44

Epilog

Eine Landesteilung wird verarbeitet. Das Jahr 1815 in der älteren sächsischen Geschichtsschreibung[1]

ANDRÉ THIEME

Mit den Beschlüssen des Wiener Kongresses verlor Sachsen 1815 knapp zwei Drittel seines Landes und reichlich ein Drittel seiner Einwohner an Preußen. Damit hatte das alte Sachsen auf einen Schlag aufgehört zu existieren. Das »Restsachsen« war ein neues, ein anderes Sachsen – ein traumatisiertes Land auf der Suche nach Identität. Die Spuren der widersprüchlichen Selbst(er)findung haben sich in der Geschichtsschreibung des 19. und frühen 20. Jahrhunderts eingebrannt. Der Erinnerungsort »1815« erscheint dort als ein Markstein, an dem sich mentale Codes in ihrem Wandel ablesen lassen. Denn die großen politischen Zäsuren des folgenden Jahrhunderts – 1848, 1871 und 1918 – spiegeln sich in veränderten Sichtweisen und Bewertungen von »1815« und werfen Schlaglichter auf eine im Strom der Zeit gefangene, immer wieder neu konstruierte historische Identität Sachsens.

Der Erinnerungsort »1815« umfasst freilich die gesamte napoleonische Ära in Mitteldeutschland, angefangen von der gemeinsamen sächsisch-preußischen Niederlage 1806 in der Doppelschlacht von Jena und Auerstedt über die Katastrophe des napoleonischen Russlandfeldzuges, die sogenannten Befreiungskriege und die entsetzliche Völkerschlacht von Leipzig 1813 bis hin zu den Beschlüssen des Wiener Kongresses und der Rückkehr von König Friedrich August I. im Juli 1815 nach Sachsen. Alle Erklärungen, Deutungen und Wertungen der einschneidenden Landesteilung beziehen sich auf diesen gedrängten, ereignisreichen Gesamtabschnitt sächsischer, deutscher und europäischer Geschichte und bieten einen reichen Stoff, der hier nur in einer ersten mentalen Spurensuche vorsichtig sondiert werden kann.

1815 – 1870: Eine neue Messlatte für die sächsische Geschichte – Preußen

Das Jahr 1815 erscheint auch für die sächsische Geschichtsschreibung selbst als grundlegende Zäsur. Vor 1815 ruhte eine selbstgewisse und selbstsichere vaterländische Geschichtsschreibung in Sachsen noch ganz oder doch weitgehend in sich und spiegelte vor allem Aufstieg, Erfolg und Bedeutung des mächtigen Kursachsen und seiner über Jahrhunderte herrschenden Dynastie, der Wettiner. Einer äußeren Referenz als Angel- und Messpunkt kursächsischer Landesgeschichte bedurfte es nicht. Für Adam Friedrich Glafey etwa, der 1721 seine später noch mehrfach neu aufgelegte und beim Publikum erfolgreiche *Geschichte des Hohen Chur- und Fürstlichen Hauses zu Sachsen* in Druck brachte, spielte der Nachbar Brandenburg-Preußen faktisch überhaupt keine Rolle.

Mit dem Siebenjährigen Krieg drang Preußen zwangsläufig stärker in die sächsische Geschichtsschreibung ein: Preußen hatte nicht nur als Kriegsgegner eine Schneise der Verwüstung, Demütigung und Repression durch Sachsen geschlagen, sondern ging aus dem von ihm leichtfertig ausgelösten Krieg als neue protestantische Führungsmacht des Reichs hervor und löste hierin das alte Kursachsen endgültig ab. Damit musste der nördliche Nachbar für die eigene vaterländisch-sächsische Geschichtsschreibung neu gewichtet werden – auch wenn der Wechsel im Mächtesystem des Reichs von den zeitgenössischen Historikern längst nicht so drastisch verstanden wurde. Christoph Gottlob Heinrich, damals Professor an der Universität Leipzig, kam in seiner 1780/82 erschienenen Sächsischen Geschichte an ausführlicheren, leidlich nüchternen Schilderungen des großen Krieges nicht vorbei. Preußen ist ihm für diesen Zeitabschnitt sehr gegenwärtig, ohne die historische Gesamtdarstellung nachhaltig zu dominieren oder zu belasten.

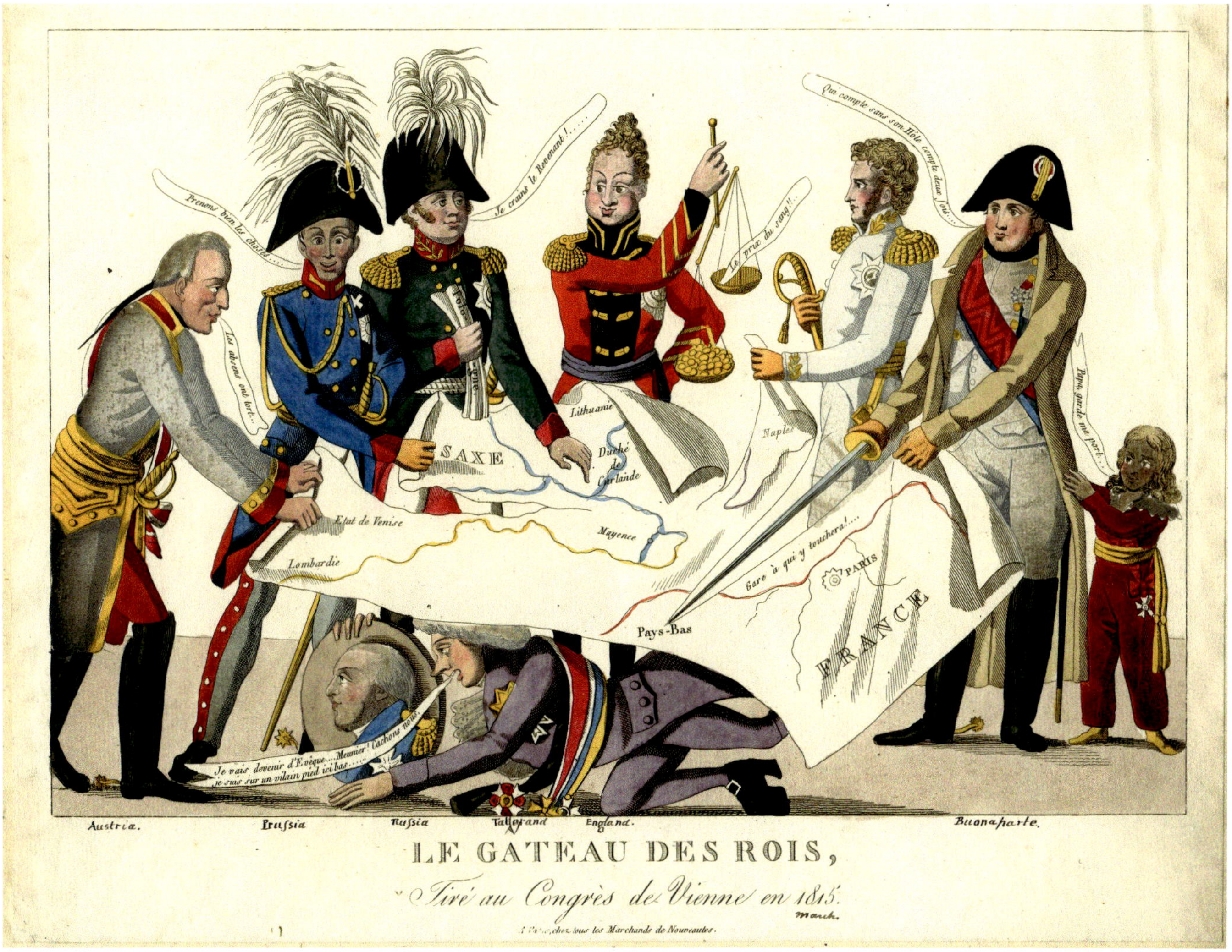

»Le gâteau des rois« (Königskuchen), Karikatur zum Wiener Kongress, 1815, kolorierter Stich, London, The British Museum

Dieser Trend zeigte sich auch in der vom Oberlausitzer Juristen Benjamin Gottfried Weinart zum Jahr 1791 vorlegten Bibliografie zur sächsischen Geschichte. Weinart beklagte sich in seiner Vorrede, dass sächsischer Patriotismus längst nicht mehr in jener Blüte stünde wie in den 50er Jahren des 18. Jahrhunderts und verwies damit indirekt auf die erste Erschütterung der kursächsischen Identität durch den Siebenjährigen Krieg. Für diesen verzeichnete Weinart dann immerhin auf 16 Seiten historisches Schrifttum, gerade 28 Jahre nach dem Hubertusburger Frieden also schon halb soviel wie für den weiter zurückliegenden Dreißigjährigen Krieg – bislang Haupterinnerungsort sächsischer Geschichtsschreibung. Dennoch blieb der Schatten Preußens auf diesen kurzen historischen Zeitabschnitt der Mitte des 18. Jahrhunderts begrenzt. Vom interpretatorischen Muster eines sächsisch-preußischen Dualismus, gar von einer historischen Mission Preußens für Deutschland findet sich in den sächsischen Geschichtsdarstellungen der Zeit noch keine Spur – so wie auch die neue dominante Stellung Preußens im Reich und gegenüber Sachsen noch kaum verstanden oder aufgenommen wurde.

So knüpfte Karl Heinrich Ludwig Pölitz, Professor zu Wittenberg und Leipzig, 1809 mit seiner *Geschichte und Statistik des Königreiches Sachsen* unbefangen an die ältere bedeutende Stellung Sachsens im Reich und in Europa wieder an und streifte dabei die leidige preußische Episode ab – kein Wunder, stand doch Sachsen 1809 auf dem Höhepunkt seiner erfolgreichen Allianz mit Napoleon: Kurfürst Friedrich August war nolens volens zum König von Sachsen erhoben worden und hatte das Herzogtum Warschau erhalten. Es war dies Grund genug für die letzte Rückkehr zu einer selbstreferenziellen sächsischen Historiografie, die sich im eigenen Erfolg spiegelte und die sächsische Identität und Mentalität noch ganz unbefangen feierte: Für Pölitz war Sachsen selbstverständlich »eines der gebildetesten Länder des teutschen Nordens«, die Sachsen ausgezeichnet durch die »Treue gegen ihre Fürsten« und gelobt wegen »ihrer Anhänglichkeit an weise und humane Gesetze, wegen der Kraft

Pietro Benvenuti: Der Treueeid der Sachsen, 1812, Öl auf Leinwand, Florenz, Galleria Palatina (Palazzo Pitti).
Nach dem Sieg Napoleons in der Schlacht von Jena schließt Sachsen im Frieden von Posen 1806 ein Bündnis mit Frankreich.

und Entschlossenheit ihres Charakters, wegen ihrer Industrie, wegen ihres Sinnes für alle Theile menschlicher Bildung und Kultur, und wegen ihrer entschiedenen Verdienste um diese Kultur«.[2]

All dies war 1815 vorbei. Fortan kreiste die sächsische Historiografie immer enger um den übermächtig gewordenen Gegner und Nachbarn, um Preußen. Den Paradigmenwechsel leitete vielleicht nicht zufällig Karl Wilhelm Böttiger ein, der gerade aus Sachsen auf einen Lehrstuhl der Universität Erlangen gewechselt war und der sich als »Ausländer« jetzt freimütiger und kritischer äußern zu können glaubte. Böttigers 1830/31 in zwei Bänden erschienene *Geschichte des Kurstaates und Königreiches Sachsen* missbilligte nun deutlich die Konversion Augusts des Starken zum Katholizismus als das Grundübel der jüngeren sächsischen Geschichte. Folgerichtig sei die Führungsrolle in der für Böttiger wichtigen »protestantisch-norddeutschen« Politik spätestens nach 1763 an den Konkurrenten Preußen übergegangen. Für Böttiger war Friedrich II. von Preußen denn auch »einer der größten [...] und ehrwürdigsten Fürsten auf dem Throne«.[3] Mochte Sachsen vor den Schlesischen Kriegen noch eigenes Gewicht, eigene herrschaftliche Intentionen und ein eigenes Schicksal gehabt haben, blieb ihm seither nur die Rolle als Juniorpartner; bestenfalls an der Seite von Preußen.

Gleichwohl blieb Böttiger sächsischer Patriot. Für »Sachsens unglückliche Zwischenlage« und die seines höchstens unglücklichen Königs Friedrich August I. im Frühjahr und Sommer 1813 und damit das letztliche Festhalten an Napoleon fand er gute Gründe und Verständnis. Die »blutige Zerreissung« Sachsens von 1815 empfand er als tiefe Demütigung und großes Unglück und konnte es gleichwohl nicht verargen, dass einige, »und es waren nicht eben schlechte Männer die damals so dachten, eine Vereinigung des ganzen Sachsens mit Preußen vorgezogen hätten«.[4] Damit offenbarte Böttiger auch seinen Zwiespalt zwischen »Vaterlandsliebe« und historisch-politischer Einsicht, zumal er die folgenden stagnierenden Entwicklungen in Sachsen kaum noch verhohlen kritisierte. In knapp anderthalb Seiten Konjunktiv beschrieb Böttiger, welche dringenden und umfassenden Reformen Sachsen nach 1815 nötig gehabt hätte – und

Francois Gérard (nach): Kaiser Napoleon I. im Krönungsornat, um 1810, Gobelin, Rahmen mit aufgesetzter Adlerfigur, Rüstkammer, SKD

entwarf damit ein liberales Modernisierungsprogramm, das ganz unter dem Eindruck der preußischen Reformen stand. Preußen jedenfalls war zur Elle geworden, an der nun auch die sächsische Historiografie maß.

Und das galt fortan für alle weiteren Werke dieser Jahre, auch wenn sie der preußenfreundlichen Sichtweise Böttigers kaum folgten: Hermann Meynert veröffentlichte 1835 eine *Geschichte des sächsischen Volkes*, die deutlich distanzierter gegen Preußen blieb: So könnten etwa »die blutigen Bedrückungen und Erpressungen [des Siebenjährigen Krieges], welche sich die Preußen in dem unglücklichen Sachsen gestatteten, nicht leicht übertrieben werden«.[5] Klarer als Böttiger stellte Meynert die sächsische Opferrolle von 1815 heraus. Nicht die unglückliche Haltung des sächsischen Königs, sondern das auf- und abwogende Spiel der neuen Großmächte habe den Ausschlag für Preußens Annexion gegeben.[6] Und schärfer noch als Böttiger urteilte Meynert über jenen Fall von 1815, der künftig zu einem Topos preußenkritischer Geschichtsschreibung in Sachsen werden sollte: die Erschießung sächsischer Soldaten bei Lüttich. Dort hatten sich die preußischen und sächsischen Truppen gesammelt, um gegen den aus Elba zurückgekehrten Napoleon zu marschieren. Noch bevor die Abtretung der sächsischen Gebiete an Preußen endgültig besiegelt war, befahl der preußische General Blücher, dass die aus diesen Landesteilen stammenden Soldaten in die preußischen Kontingente eingereiht werden sollten. Dagegen hatte sich Aufruhr unter den Sachsen erhoben, auf den Blücher mit der Hinrichtung der Anführer reagierte – für Meynert eine ebenso widerrechtliche wie sinnlose Maßnahme.[7]

Mit einer mehr oder weniger kräftigen Portion Preußen-Schelte kultivierte die sächsische Geschichtsschreibung fortan bis in die zweite Hälfte des 19. Jahrhunderts die unglückliche und bedauernswerte Opferrolle Sachsens von 1815, die edle Haltung des gerechten Königs Friedrich August I. und die weißgrüne Wiedergeburt des neuen Sachsen. Damit lag man ganz im Trend einer stärker auf Österreich und gegen Preußen orientierten sächsischen Außenpolitik und entsprach der verbreiteten Stimmung im Lande, wo die Erbitterung über die Jahre 1813 bis 1815 und nicht zuletzt die brutale Niederschlagung des Maiaufstandes von 1849 durch die vom sächsischen Königshaus herbeigerufenen preußischen Truppen alle »deutschnationalen Hoffnungen« noch überdeckte.

Friedrich August Schneider: Napoleon I. während der Schlacht bei Dresden auf der Anhöhe bei Strehlen am 27. August 1813

Über politische und religiöse Differenzen hinweg etablierte sich eine spezifische sächsisch-vaterländische Sicht auf die jüngere Geschichte mit klaren Topoi. So folgte der katholische Chemnitzer Pfarrer Eduard Machatschek 1862 in seiner ebenso katholischen wie deutsch-nationalen, heftig antiliberalen, antirevolutionären und wettintreuen historischen Kampfschrift in entscheidenden Punkten den Argumentationen des liberalen, fortschrittlichen Meynert und schaffte dabei den Spagat zwischen Franzosenfresserei und Sachsentreue: Natürlich sei es die Schicksalshaftigkeit von Napoleons Siegen bei Großgörschen und Dresden gewesen, die 1813 den Übertritt von König Friedrich August zu den Alliierten verhindert habe. Mit »schwerem Herzen« hätte Friedrich August Prag verlassen, um Napoleons Ultimatum Folge zu leisten, und die erzwungene Abtretungsurkunde unterschrieb der König dann am 21. Mai 1815 »mit Hingebung in die Fürsehung Gottes«.[8] Dafür wurde die Rückkehr Friedrich Augusts für das Land zu einem »hohen Festtag«. »Seine Reise von der böhmischen Grenze bis nach Dresden glich einem Triumphzuge«.[9] Der unglückliche, aber persönlich ehrenhafte König avancierte einmal mehr zum tragischen Helden, über den Machatschek urteilt: »Wenn nun auch die gewissenhafte Strenge, womit er jeder Obliegenheit gegen Napoleon nachkam, die unglücklichen Ereignisse des Jahres 1813 herbeiführte, so bleibt dabei die Handlungsweise Friedrich Augusts dennoch tadellos, da selbst der klügste Politiker den Erfolg der deutschen Freiheitskämpfe nicht voraussehen konnte.«[10]

Friedrich August I., König von Sachsen, 1816 / 1827,
Öl auf Leinwand, Berlin, Stiftung Deutsches Historisches Museum

Und auch die in Intention und Interpretation ganz anders angelegte »akademische« Sachsengeschichte des Leipziger Staatsrechtlers Friedrich Bülau greift diese Topoi in erstaunlich ähnlicher Weise auf: Aus Verantwortung für sein Land sei König Friedrich August nach der Schlacht bei Dresden 1813 an Napoleons Seite geblieben. Der König »handelte in der Ueberzeugung, daß ein Unterlassen seiner Rückkehr [aus Böhmen] unübersehbare Drangsale über sein Volk herbeiziehen würde, und daß er deshalb aus seinem sichern Asyle, in die Mitte seines Volkes zurückkehrte, verdient, trotz des ungünstigen Ausganges seines Schrittes, die volle Dankbarkeit seines Volkes.«[11] Dagegen steht der »Opfergang« von 1815: »Die Abtrennung der Landestheile ging, unter tiefem Schmerze der Scheidenden, aber mit Ruhe und Anstand vor sich.«[12] Und wie schon Hermann Meynert macht auch Friedrich Bülau die ausführlich hervorgekehrten Ereignisse von Lüttich und die Erschießung sächsischer Soldaten durch Blücher zum Lehrstück über preußische Willkür, auf die man in Sachsen mit Erbitterung und desto heftigerem Festhalten am Vaterlande reagiert habe.

Gegen die preußische Brutalität stellt Bülau das »wohlthuende Bilde der Rückkehr des Königs« und damit die sächsische Wiedergeburt. »Die Freude des Volkes war unbeschreiblich und die Festlichkeiten jener Tage erhielten durch die Reinheit, Lauterkeit und Stärke der Gefühle und durch die gerührten Stimmungen, zu denen die Verhältnisse anregten, eine wahrhaft heiligende Weihe. [...] Die Erwartungen der Scheelsüchtigen, welche gemeint hatten, das sächsische Volk werde dem Könige das erlittene Unglück und Unrecht zur Last legen, wurden gänzlich getäuscht«.[13]

Der historiografische Konsens in der durchaus vielschichtigen sächsischen Geschichtsschreibung am Vorabend der Reichseinigung ist jedenfalls erstaunlich und bestätigt eine sich wieder verfestigende, neu konturierte sächsische Identität, für die der Erinnerungsort 1815 in der Spannweite von Opfer und Neuanfang in das Zentrum historischer Erinnerung rückt und die sich im mentalen Rückgriff auf die wettinische Dynastie als ihrem Identitätskern stabilisiert. Preußen nimmt hierbei jetzt einen festen Raum ein: Die sächsische Geschichtsschreibung der Zeit hat Preußen als Fixpunkt sächsischer Geschichte erkannt; die sächsische Identität konturiert sich mehr oder weniger in einer Ablehnung alles Preußischen. Aber auch als schwarzes Loch schlägt dieses Preußen Sachsen nun in seinen Bann. Mit all seiner negativen Materie steht Preußen als neuer Pfeiler sächsischer Selbstfindung und Selbstdeutung und hat das vordem so selbstsichere Sachsen auch in eine mentale Abhängigkeit gezwungen.

1871 – 1914: Vom preußischen Schatten zum deutschen Leitstern

Der gerade gefundene historiografische Konsens sächsischer Geschichtsschreibung war mit dem Deutsch-Französischen Krieg und der erfolgreichen »preußisch-deutschen Reichseinigung« 1871 ebenso zügig wie grundlegend infrage gestellt. Nicht ein Königreich Sachsen, sondern Reich und Nation wurden zum neuen Ziel und Ende deutscher Geschichtsschreibung auserkoren und der verlorene Sachse Heinrich Treitschke zu ihrem Berliner Propheten. Am Beitrag für Einheit und Größe der deutschen Nation mussten sich nun auch die älteren Landesgeschichten messen lassen, was das recht konsequent immer wieder von diesem »nationalen« Weg abgekommene Sachsen vor eine Reihe leidlicher historiografischer Probleme stellte, unter denen die Jahre 1813 bis 1815 besonders gravierend erschienen, denn ausgerechnet die Befreiungskriege mauserten sich zum mythischen Grundstein der deutschen Nationaleinigung im 19. Jahrhundert.

Unter diesen politischen und mentalen Hammerschlägen fiel die historiografisch kultivierte sächsische Opferrolle von 1815 in sich zusammen und wich einem fast schon manischen Hang zur Selbstkritik, der gelegentlich Züge von Selbsthass annahm. Die neue sächsische Geschichtsschreibung suchte den Schulterschluss mit der »deutschen Mission Brandenburg-Preußens« in einer immer gnadenloseren Abrechnung mit der eigenen Geschichte, die keineswegs auf die politischen Akteure beschränkt blieb, sondern die sächsische Gesellschaft im Ganzen in Geiselhaft nahm: »Dem Gottesgericht in Rußland war Yorcks Convention zu Tauroggen, die begeisterte Erhebung des preußischen Volkes, die Reise des Königs von Potsdam nach Breslau gefolgt.«[14] In Sachsen dagegen fehlten »der männliche Wille und selbst die Einsicht«, um die vorhandenen Schwierigkeiten für einen Kampf gegen Napoleon zu überwinden. In Sachsen herrschte »Furcht vor Preußen, Furcht sowohl vor den Tendenzen der preußischen Politik, wie vor dem im preußischen Volke sich regenden Geiste« – so urteilte der sächsische Gymnasialprofessor Theodor Flathe über das Jahr 1813 und die vorgeblich verpasste Chance Sachsens, sich dem heroischen Befreiungskrieg anzudienen. Mit Blick auf die Nation als heilige Richtschnur allen Handelns konnte Flathe auch kein Verständnis für die Zwangslage des sächsischen Königs mehr aufbringen. Am gängigen Topos des tragischen, aber »gerechten« Friedrich August I. wagte er deshalb erstaunlich offene und heftige Kritik: Der sächsische König habe »mit dem Bedürfnis nach Anlehnung an eine höhere Auctorität […] das Haupt willig unter das französische Protectorat« gebeugt, bei ihm sei »Pflichttreue zur Pedanterie« geworden.[15] Und für die bislang so schmerzlich empfundene Landesteilung von 1815 fand Flathe vor dem Hintergrund der nun erfolgten territorialen Integration des Königreichs Sachsen im preußisch-deutschen Kaiserreich ganz neue Töne: »Was die Erhaltung Sachsens unter seiner alten Dynastie durchsetzte, war […] die Feindschaft gegen Deutschland und die Eifersucht gegen Preußen«.[16] Letztlich aber seien – so schloss Flathe nach einer ebenso ausführlichen wie irritierenden geopolitischen Erörterung – die Erhaltung sowohl als die Teilung Sachsens »ein großes Glück für Deutschland«[17] gewesen: welch ein Perspektivwechsel!

Zwar sah sich Theodor Flathe, Lehrer an der renommierten Meißner Fürstenschule St. Afra, für seine heftige Polemik gegen die traditionelle sächsische Politik und damit auch gegen das sächsische Königshaus durch das sächsische Kultusministerium gemaßregelt, seine an Treitschke angelehnte kritische Umdeutung sächsischer Geschichte jedoch wurde zur neuen Lehrmeinung und ging adaptiert oder sogar verschärft in die nachfolgenden sächsischen Landesgeschichten ein, mit denen die historiografische Integration Sachsens in das Deutsche Kaiserreich weiter vorangetrieben wurde.

Alle auf 1815 zielenden Elemente dieser neuen sächsischen Historiografie unter preußisch-deutschem Vorzeichen wiederholte schon 1899 Otto Kaemmel in seiner zwar kurzen, aber prägnanten sächsischen Geschichte mustergültig. Kaemmel, wie Flathe als Rektor der Leipziger Nikolaischule einer der renommierten sächsischen Lehrer seiner Zeit, sah die Verantwortung für die Bündnistreue Sachsens zu Napoleon im verhängnisvollen Jahr 1813 ganz beim sächsischen König: »so wagte der König, unerschüttert im Glauben an den ›Stern‹ seines ›großen Alliierten‹ und mißtrauisch gegen die Absichten der verbündeten Ostmächte Preußen und Rußland wie gegen ihre Kräfte, nicht, sich ihnen anzuschließen, sondern wich einer Entscheidung durch die Abreise nach Plauen aus«.[18] Und als Napoleon sich nach Leipzig zurückziehen musste, folgte ihm dahin auch König Friedrich August, »indem er somit freiwillig sein Schicksal bis zuletzt an das des Kaisers knüpfte«.[19]

Die von den sächsischen Historikern noch in der Mitte des 19. Jahrhunderts als Beleg preußischer Grausamkeit ausführlich geschilderte Erschießung sächsischer Soldaten bei Lüttich durch Blücher schlägt bei Kaemmel eine erstaunliche Volte: Die sächsischen Truppen, »die schon in Belgien bei Blüchers Heer standen, gingen durch die verhängnisvolle Meuterei in Lüttich der Ehre verlustig, an dem ruhmvollen Sieg bei Belle-Alliance (Waterloo) am 18. Juni 1815 teilzunehmen«.[20] Aus dieser heute kaum erträglichen Passage führt Kaemmel schließlich direkt zum neuen Topos des in Sachsen nach der Landesteilung 1815 fruchtlos fortwährenden Preußenhasses: Nun »schloß sich das verkleinerte Königreich Sachsen aufs engste in sich und um die ehrwürdige Persönlichkeit des greisen Königs unter dem neuen geschichtslosen weiß-grünen Banner zusammen. Aber diese verstärkte Vaterlandsliebe des schwer getroffenen Volkes, das an dem nationalen Befreiungskampf keinen Anteil gewonnen hatte, sondern sein Opfer geworden war, äußerte sich auch in einem tiefen Haß gegen Preußen und erzeugte einen unnatürlichen Bonapartismus«.[21] Mit dem negativen Höhepunkt der Jahre 1813 bis 1815 hatten Flathe und Kaemmel die anderthalb

Zusammentreffen von Fürst Blücher und Herzog Wellington nach der siegreichen Schlacht bei Belle-Alliance am 18. Juni 1815, kolorierter Stich, Sächsische Landesbibliothek – Staats- und Universitätsbibliothek Dresden

Jahrhunderte sächsischer Geschichte vor der Reichseinigung nunmehr als »Schwarze Legende« völlig neu konstruiert und dem im neuen Reich dominierenden preußisch-deutschen Geschichtsbild angepasst. Damit war die sächsische Landesgeschichte dem nationalen historiografischen Homogenisierungsdruck erlegen und hatte ihre interpretatorische Eigenständigkeit weithin verloren.

Einen populären Meilenstein dieser von den sächsischen Eliten und der sächsischen Bevölkerung zunächst zögerlich aufgenommenen Umdeutung setzte an der Wende zum 20. Jahrhundert Konrad Sturmhöfel mit seiner *Illustrierten Geschichte der Sächsischen Lande und ihrer Herrscher*. Er folgte ganz dem von Treitschke in Berlin und Flathe / Kaemmel in Sachsen vorgezeichneten Pfad einer vernichtenden Kritik an der vermeintlich partikularistischen, selbstsüchtigen sächsischen Geschichte. Als schon nicht mehr heimlicher »Held« erschien stattdessen Preußen in seiner nationalen Mission. Für oder wider Preußen – daran allein wurden Wohl und Wehe sächsischer Geschichte gemessen. Fast schon boshaft ist Sturmhöfels Kritik am »sächsischen Wesen«, wenn er über die Verhältnisse in Sachsen nach 1815 urteilt: »War auf diese Weise im übrigen Deutschland jede gehobene und nationale Gesinnung auf Jahre hinaus niedergedrückt, so mußte das in noch viel höherem Grade in dem gegen Preußen in trotziger Verbitterung abgeschlossenen und in den mittelalterlichen Formen der Verfassung sich auch fernerhin bewegenden Sachsen der Fall sein. Klein und nichtig waren die literarischen Interessen, die in Dresden in den ästhetischen Kränzchen, den Dichtertees und dem Liederkreis [...] standen«.[22]

Am Vorabend des Ersten Weltkriegs hatte das historiografische Sachsen-Bashing im wettinischen Stammland selbst eine feste Kontur entwickelt. Als Stationen des sächsischen Niedergangs traten hervor: die sächsisch-polnische Union und der Übertritt der Albertiner zum Katholizismus unter August dem Starken, die Vernachlässigung des Militärs unter König August III., die Politik Brühls vor und im Siebenjährigen Krieg, das sächsische »Versagen« im deutschen Befreiungskrieg von 1812 / 13, das politische Festhalten König Friedrich Augusts I. an Napoleon, die Preußenfeindlichkeit nach 1815, die Anlehnung an Österreich und Beusts Politik bis zur Niederlage bei Königgrätz 1866. Dramaturgischer Höhepunkt dieses Abstiegs waren zweifellos die Jahre 1813 bis 1815 und vor allem die Teilung Sachsens von 1815.

Allerdings konnten die »glorreichen Siege« sächsischer Truppen und des sächsischen Kronprinzen Albert im Deutsch-Französischen Krieg von 1870 hierzu jetzt einen lichten Gegenpol setzen. Dieser (vorläufig) glückliche Schluss der sächsischen und deutschen Geschichte rückte in der historiografischen Neuinterpretation des späten 19. und beginnenden 20. Jahrhunderts zügig an die erste Stelle sächsischer Selbstvergewisserung, überstrahlte alles Gewesene und trug damit zu einer immer stärkeren Nivellierung der Zäsur von 1815 bei. Anlässlich der Einweihung des Leipziger Völkerschlachtdenkmals 1913, das man als deutsches Mahnmal für den Behauptungswillen gegen den französischen Erbfeind errichtet hatte, schlich sich Sachsen in einer bemerkenswerten historischen Verdrängungsleistung endlich auf die Seite der Sieger von 1813. Doch sollte auch dieser kalte Übertritt in die preußisch-deutsche Geschichtstradition nur historische Momentaufnahme bleiben, denn aus dem Feuer von Weltkrieg und Revolution trat August der Starke als neuer sächsischer Held hervor, als nun wieder ebenso antipreußische wie selbstbewusste Inkarnation sächsischer Mentalität. In der Fixierung auf den legendenumwobenen König – und auch angesichts der so einschneidenden politischen Gegenwart – wurde die Demütigung von 1815 nun, nach 1918, endgültig verarbeitet, rückte in den Hintergrund historischen Interesses. So sehr freilich August der Starke die napoleonische Ära und die Landesteilung von 1815 in der populären Geschichtsidentität überblenden sollte, auch dieser Volksheld August gewann sein historisches Profil erst im Kontrast zum preußischen Heros Friedrich II. – die sächsische Geschichtsidentität blieb im Spiegel Preußens gefangen.

Gedruckte Quellen und Literatur Böttiger 1831 · Bülau 1853 · Donath 2011 · Eigenwill 2005 · Glafey 1721 · Flathe 1873 · Kaemmel 1899 · Lippert 1900 · Machatschek 1862 Meynert 1835 · Pölitz 1809 · Poser 1994 · Sturmhöfel 1908 · Thieme 2010 · Thieme 2012 Weinart 1791

Anmerkungen **1** Der vorliegende Beitrag basiert auf Thieme 2012. **2** Pölitz 1809, S. V. **3** Böttiger 1831, S. 398. **4** Ebd., S. 569. **5** Meynert 1835, S. 432. **6** Ebd., S. 551. **7** Ebd., S. 552 ff. **8** Machatschek 1862, S. 473. **9** Ebd., S. 474. **10** Ebd., S. 477. **11** Bülau 1853, S. 462. **12** Ebd., S. 587. **13** Ebd., S. 607. **14** Flathe 1873, S. 104. **15** Ebd., S. 4. **16** Ebd., S. 315. **17** Ebd., S. 316. **18** Kaemmel 1899, S. 107. **19** Ebd., S. 108. **20** Ebd., S. 108 f. **21** Ebd., S. 109. **22** Sturmhöfel 1908, S. 12 f.

SACHSENS GLANZ UND PREUSSENS GLORIA

Arno Wyzniewski als König Friedrich II. von Preußen

Der sechsteilige Fernsehfilm *Sachsens Glanz und Preußens Gloria*, basierend auf Motiven des Romanzyklus *Aus der Sachsenzeit* des polnischen Schriftstellers Józef Ignacy Kraszewski, war die bis dahin teuerste und aufwendigste Produktion des Fernsehens der DDR. Dabei stießen die in Zusammenarbeit mit der DEFA produzierten und erstmals 1985 bzw. 1987 ausgestrahlten Teile dieses Historiendramas nicht nur bei Kritik sowie Zuschauerpublikum in der DDR auf große Resonanz, sondern fanden auch in der Bundesrepublik erhebliche Beachtung. Bis heute übt *Sachsens Glanz und Preußens Gloria* einen beträchtlichen Einfluss auf unsere Sichtweise preußisch-sächsischer Beziehungen des 18. Jahrhunderts aus. So bringt es Rolf Hoppe als August III. im sechsten Teil der Serie haarscharf auf den Punkt, wenn er beiläufig erwähnt: »Brühl, weißt du was? So muss es in die Annalen eingehen. Die Preußen: Soldatenkönige, die Sachsen: Kunstkönige.«

In diesem Sinne lassen sich im Handlungsverlauf der Serie zweifellos all jene liebgewonnenen sächsisch-preußischen Klischees wiederfinden, die sich bis heute so hartnäckig halten: die sächsischen Herrscher als Genussmenschen, als prunk- und verschwendungssüchtige Gesellen, die rauschende Feste feiern und sich vornehmlich an Wein, Weib und Gesang ergötzen. Im Gegensatz dazu die »armen hilfsbedürftigen Nachbarn im Norden«, denen in ihrer puritanischen Lebensweise diese sittenwidrige »Lotterwirtschaft« zutiefst suspekt ist. Stattdessen sublimieren sie ihre amourösen Triebe ins Militärische, bauen sich letztlich mit viel Fleiß, Sparsamkeit und Disziplin eine »wohlgedrillte Armee« auf, mit welcher sie dann blitzkriegartig über die wehrlosen Sachsen herfallen.

Doch nicht nur das vordergründige Zelebrieren von Klischees – welche ja bekanntlich immer auch ein Körnchen Wahrheit enthalten – macht den Reiz von *Sachsens Glanz und Preußens Gloria* aus. Sucht man nach dem tieferen Geheimnis des Erfolges dieser Serie, so kommt man nicht umhin festzustellen, dass hier auf geschickte Weise Bildungs- und Unterhaltungsfernsehen miteinander verwoben wurden. Regisseur Hans-Joachim Kasprzik verknüpfte in einer Art dichten Beschreibung die Ebenen europäischer Politik mit den Schicksalen von Einzelpersonen zu einem anschaulichen und facettenreichen Zeitgemälde. Dabei wurde viel Wert auf die Ausstattung gelegt und man ließ es sich nicht nehmen, zahlreiche Szenen an Originalschauplätzen zu drehen, wie etwa dem Dresdner Zwinger, Schloss Sanssouci, der Festung Königstein oder der Burg Stolpen, um nur einige zu nennen.

Natürlich können Schlacht- und Kampfszenen dieser Fernsehproduktion nicht mehr mit den Standards mithalten, die heutzutage etwa durch das Hollywood-Kino gesetzt werden,

Barocke Tafelrunde
am sächsischen Hof in Dresden

das tut der Serie jedoch keinen Abbruch. Die ästhetischen Sehgewohnheiten – vor allem des jüngeren Publikums – mögen sich im Laufe der Zeit geändert haben, dennoch kann *Sachsens Glanz und Preußens Gloria* auch heute noch überzeugen. Das ist nicht zuletzt dem schauspielerischen Vermögen von Marzena Trybała, Dietrich Körner, Rolf Hoppe, Ezard Haußmann oder Arno Wyzniewski zu verdanken, die in Ihren Rollen den Reigen aus Liebe, Politik, Intrigen und Machtspielen glänzend darstellen.

Die rund sechs Jahrzehnte umfassende Geschichte gliedert sich in drei Kapitel (»Gräfin Cosel«, »Brühl« sowie »Aus dem Siebenjährigen Krieg«), welche jeweils in zwei zusammenhängenden Filmen gezeigt werden. Beginnend mit der Krönung Friedrich Augusts I. von Sachsen zum König von Polen im Jahr 1697 schildern die Teile 1 und 2 zunächst das ausschweifende Leben am Dresdner Hof und den Auf- und Abstieg der Mätresse Augusts, der Reichsgräfin von Cosel. Sodann zeichnen Teil 3 und 4 der Serie die Karriere Heinrichs Graf von Brühl nach, der sich nach dem Tod Augusts und der Regierungsübernahme durch dessen phlegmatischen Sohn erfolgreich im Machtkampf mit dem Grafen Sulkowski behaupten kann und in der Folge zum mächtigsten Mann Sachsens und eigentlichen Strippenzieher am Dresdner Hof avanciert. Schließlich veranschaulichen Teil 5 und 6 die Ereignisse ab dem Jahr 1756, ausgehend vom Einmarsch preußischer Truppen unter Friedrich II. in sächsisches Hoheitsgebiet und dem Beginn des Siebenjährigen Krieges, welcher letztlich Sachsen wirtschaftlich ruiniert und die politische Führung des Landes zur Flucht zwingt.

Nur scheinbar steht Preußen am Ende des sechsten Teils als Sieger der Geschichte da, weiß doch der Zuschauer, dass Preußen seit dem alliierten Kontrollratsbeschluss von 1947 nicht mehr existierte. Und auch Sachsen gab es zum Zeitpunkt der Erstausstrahlung der Filme nicht mehr, war es doch 1952 mit der Überführung der Länder in Bezirke faktisch ausgelöscht worden und sollte erst 1990 wiedergegründet werden. So gesehen beschwor die Filmserie den Mythos vom vermeintlichen »Glanz« und »Gloria« einer vergangenen Epoche, die bis heute fasziniert und immer wieder aufs Neue als Projektionsfläche und Fluchtpunkt für unsere Wünsche und Sehnsüchte dient.

Stephan Gutschmidt

Literatur
Brook 2013
Fischer 2012
Jungmann 2012
Jungnickel 1997

a

b

Grenzsteinpaar Nr. 2
a) preußisch, b) sächsisch

nach 1818 · Granit · H 150 cm, B 42–50 cm, T 40 cm
Zgorzelec, Muzeum Łużyckie
(Lausitzer Museum)

Der 1815 in Wien festgelegte neue Grenzverlauf zwischen Preußen und Sachsen enthielt noch zahlreiche Unschärfen, zu deren Klärung Grenzkommissionen eingesetzt wurden. Ein 1818 geschlossener Vertrag präzisierte die Bestimmungen, und die preußisch-sächsische Grenze wurde nun mit paarweise aufgestellten, hölzernen Pfählen markiert. Am 22. März 1825 stellte die Preußische Provinzialregierung in Merseburg in einem Schreiben an die sächsische Landesregierung fest: »Es ist uns wiederholt zur Sprache gekommen, daß die, die Landesgrenze bezeichnenden Grenzpfähle und Wappentafeln nicht selten ein Gegenstand des Muthwillens und noch öfter unvorsätzlichen Beschädigungen ausgesetzt sind. Wir beabsichtigen daher künftig, und je nachdem die bisherigen hölzernen Grenzpfähle schadhaft werden, an deren Stelle steinerne Grenzzeichen errichten zu lassen [...] Ein in pyramidalischer Form zugehauener Stein von 2 Ellen Höhe, auf einer Seite mit den Buchstaben K. P. oder dem Wappenadler, auf der anderen Seite mit den Buchstaben K. S. oder dem Rautenkranz bezeichnet, scheint uns dem beabsichtigten Zweck vollständiger zu entsprechen.« In der Folge wurden die Grenzpfähle allmählich durch Grenzsteine ersetzt. Mit dem Beitritt Sachsens zum Norddeutschen Bund 1867 und spätestens mit der Reichsgründung 1871 verlor die preußisch-sächsische Grenze an Bedeutung und wurde zu einer innerdeutschen Landesgrenze.

Die preußisch-sächsische Grenze teilte 1815 auch die Oberlausitz. Die Grenze begann in Seidenberg (Zawidów), folgte dem Flüsschen Wittig (Witka) bis zu seiner Mündung in die Neiße und setzte sich dann quer durch die Oberlausitz fort. Seit 1962 ist die Witka aufgestaut. 2010 zerstörte ein Hochwasser den Staudamm, der See lief leer, und Zeugen der Vergangenheit tauchten aus seinem Schlamm auf. Hobby-Grenzsteinforscher machten sich mit den Karten und Protokollen der Grenzkommissionen von 1818 auf den Weg und lokalisierten die Grenzsteinpaare Nr. 2 und Nr. 3. Das Grenzsteinpaar Nr. 2 fanden sie am Fahrweg vom ehemals preußischen Wilka zum sächsischen Wanscha (heute Spytkow), an der Witka-Brücke. Die Pilare wurden geborgen und befinden sich heute im Museum in Zgorzelec. AZ

Epilog

PREUSSE ODER SACHSE? SIEBEN BIOGRAFISCHE FILMSTATIONEN

Konzeption und Beratung:
Stephan Gutschmidt, Peter Langen, Anne-Katrin Ziesak

Umsetzung: Hochschule für Film und Fernsehen »Konrad Wolf« in Potsdam-Babelsberg
Projektbetreuung:
Professor Peter Badel / Professor Jens Becker

Regie: Jonas Ludwig Walter
Kamera: Timon Schäppi
Produktionsleitung: Elsa Katharina Wagener
Herstellungsleitung: Katrin Dröse
Postproduction Supervisor: Uli Kunz
Maskenbild: Grete Pfleger
Kostümbild: Anna Hostert
Szenenbild: Stephanie Kolbe
Casting: Karen Wendland Casting

| 1
Christian Samuel Wilhelmi (1730–1816)
Schauspieler: Markus von Lingen
Autor: Dmitry Vachedin

| 2
Walburga (fiktiv)
Schauspielerin: Teresa Schergaut
Autor: Kim Fiedler

| 3
Lucie Fürstin von Pückler-Muskau, geb. Gräfin von Hardenberg-Reventlow (1776–1884)
Schauspielerin: Tatjana Alexander
Autor: Dmitry Vachedin

| 4
Johann Friedrich Trauscholdt (1773–1842)
Schauspieler: Ecco Mylla
Autor: Max Hegewald

| 5
Marie Sophie von Clausewitz, geb. Gräfin von Brühl (1779–1836)
Schauspielerin: Elisabeth Degen
Autor: André Leroux

| 6
Johann Paul von Falkenstein (1801–1882)
Schauspieler: Arne Fuhrmann
Autor: Leonie Baeßler

| 7
Carl Gottlieb Samuel Heun (1771–1854)
Schauspieler: Uwe Poppe
Autor: Dominik Grittner

ANHANG

Brandenburg-Preußen und Sachsen 1648

Die Kurfürstentümer Brandenburg und Sachsen sind Teil des Heiligen Römischen Reiches Deutscher Nation. Brandenburgs Herrscher regieren über weit verstreute Territorien, die sich vom Niederrhein bis nach Preußen erstrecken. Sachsen hingegen ist ein relativ kompaktes Territorium. 1635 erhält Sachsen die Ober- und die Niederlausitz. Damit bekommen Brandenburg-Preußen und Sachsen eine lange gemeinsame Grenze.

Brandenburg-Preußen

Sachsen

Oberlausitz und Niederlausitz – 1635 zu Sachsen

Heiliges Römisches Reich Deutscher Nation

Kopenhagen
Königsberg
Berlin
agdeburg
Warschau
Doberlug
Leipzig
Dresden

Preußen und Sachsen-Polen 1701

Ein Aufstieg zur Königswürde ist nur außerhalb des Heiligen Römischen Reiches Deutscher Nation möglich. Der sächsische Kurfürst wird 1697 zum König von Polen gewählt, der brandenburgische Kurfürst krönt sich 1701 in Königsberg zum König in Preußen. Sehr verschieden ist die Größe der beiden Monarchien. Das mit dem Großherzogtum Litauen verbundene Königreich Polen reicht von der Ostsee bis weit ins heutige Weißrussland und die Ukraine.

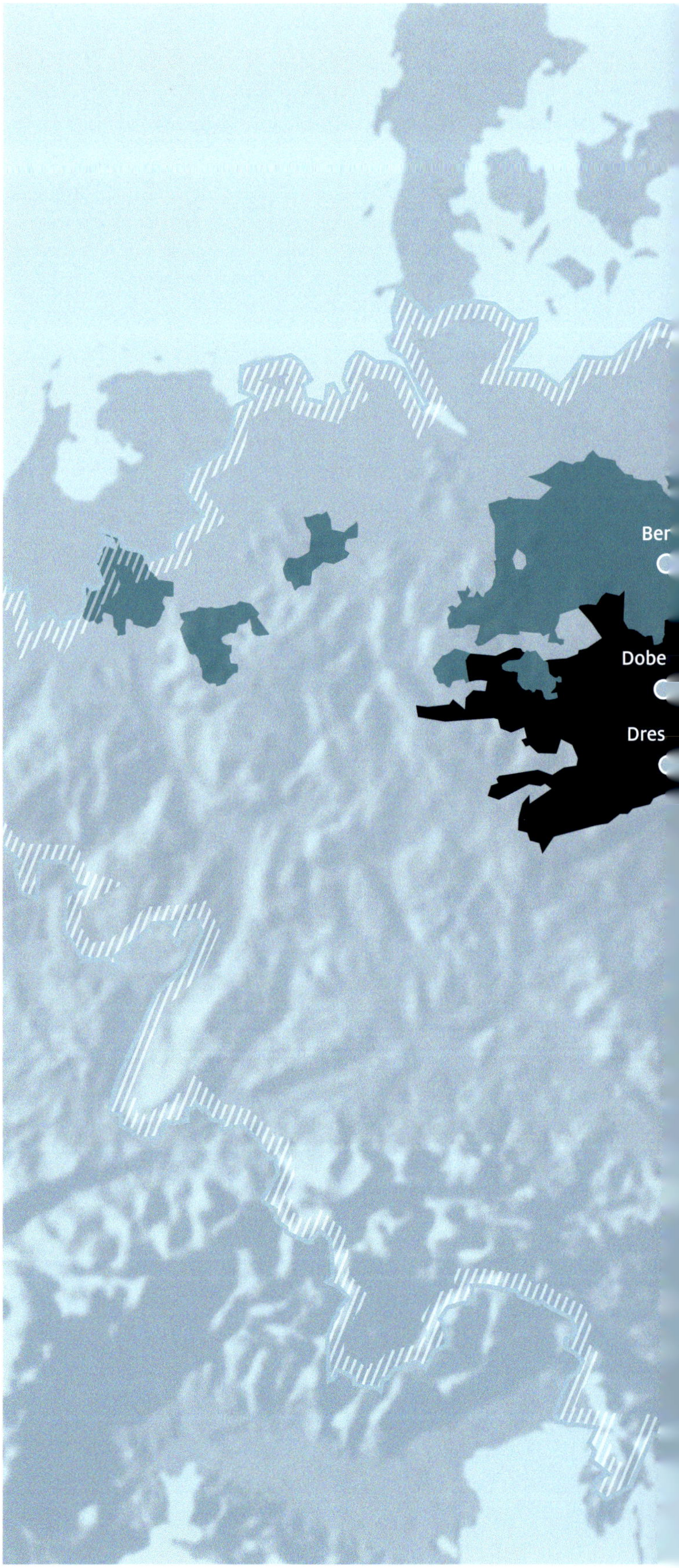

Königreich Preußen

Kurfürstentum Sachsen (in Personalunion mit Polen und Litauen)

Königreich Polen und Großherzogtum Litauen

Heiliges Römisches Reich Deutscher Nation

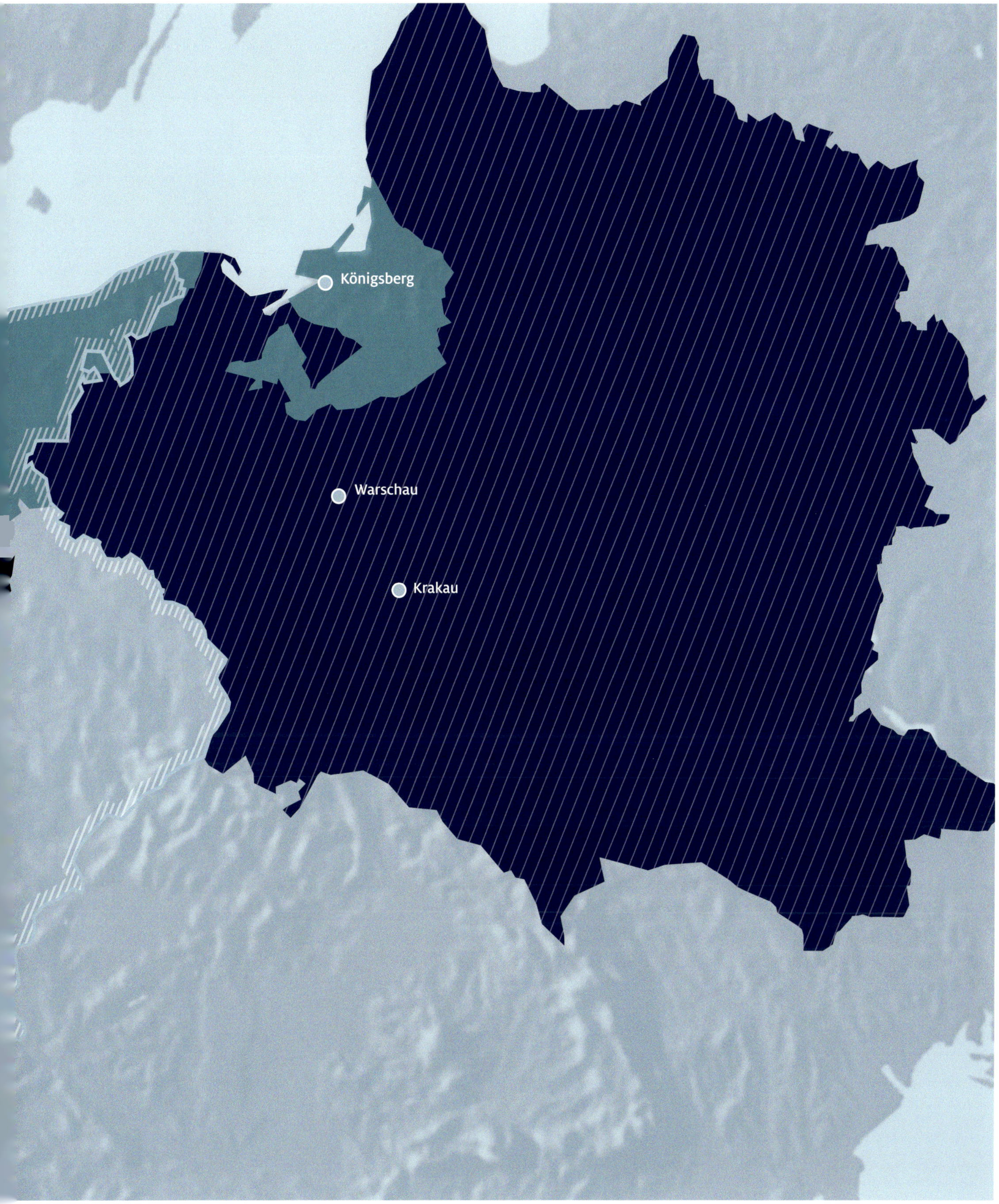
Königsberg
Warschau
Krakau

Preußen und Sachsen 1756 im Europäischen Bündnissystem

1740 besetzt Friedrich II. von Preußen das zur Habsburgermonarchie gehörende Schlesien. Damit schiebt sich ein preußischer Landriegel zwischen Sachsen und Polen, die 1697–1763 von August II. und August III. in Personalunion regiert werden. Dem sächsischen Ziel, eine Landverbindung zu Polen zu gewinnen, steht Preußen nun im Weg.

1756 beginnt der Siebenjährige Krieg, der erste globale Krieg der Neuzeit. Auf dem europäischen Kriegsschauplatz stehen sich auf der einen Seite Großbritannien und Preußen, auf der anderen Österreich, Frankreich, Russland und ihre Verbündeten gegenüber, darunter Sachsen.

- Preußen
- Großbritannien (in Personalunion mit Hannover)
- Sachsen (in Personalunion mit Polen und Litauen)
- Polen und Litauen
- Habsburgermonarchie
- Russland
- Frankreich
- Spanien
- Schweden

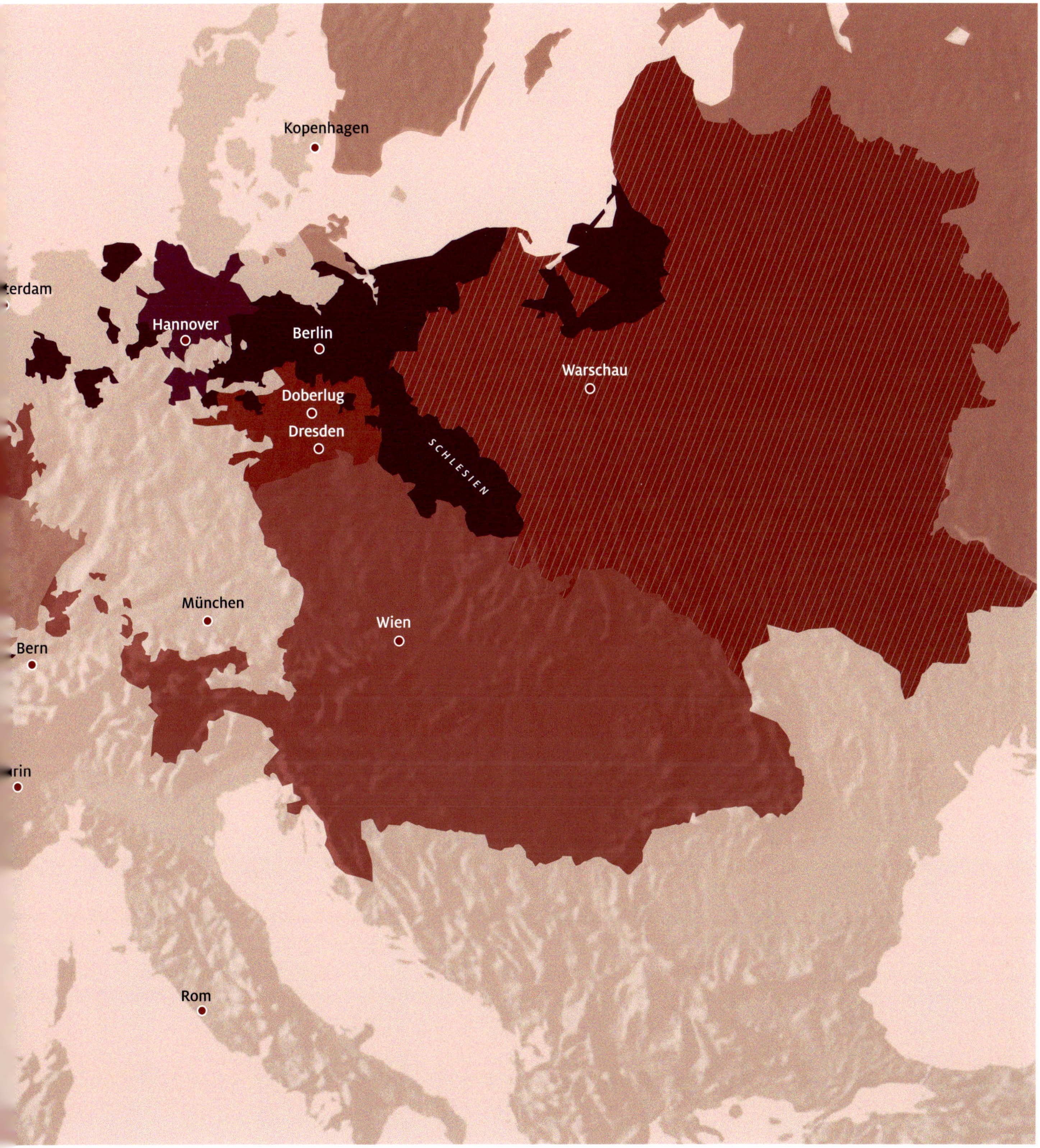
Kopenhagen
terdam
Hannover
Berlin
Warschau
Doberlug
Dresden
SCHLESIEN
München
Wien
Bern
rin
Rom

Preußen und Sachsen 1809

Bei Jena und Auerstedt 1806 unterliegen die Verbündeten Preußen und Sachsen der Grande Armée Napoleons. Sachsen wird im Frieden von Posen (1806) zum Königreich erhoben und tritt dem Rheinbund bei, dem napoleonischen Bündnissystem. Der sächsische König wird zugleich Herzog von Warschau (1807).
Preußen muss im Frieden von Tilsit (1807) große Gebiete abtreten.

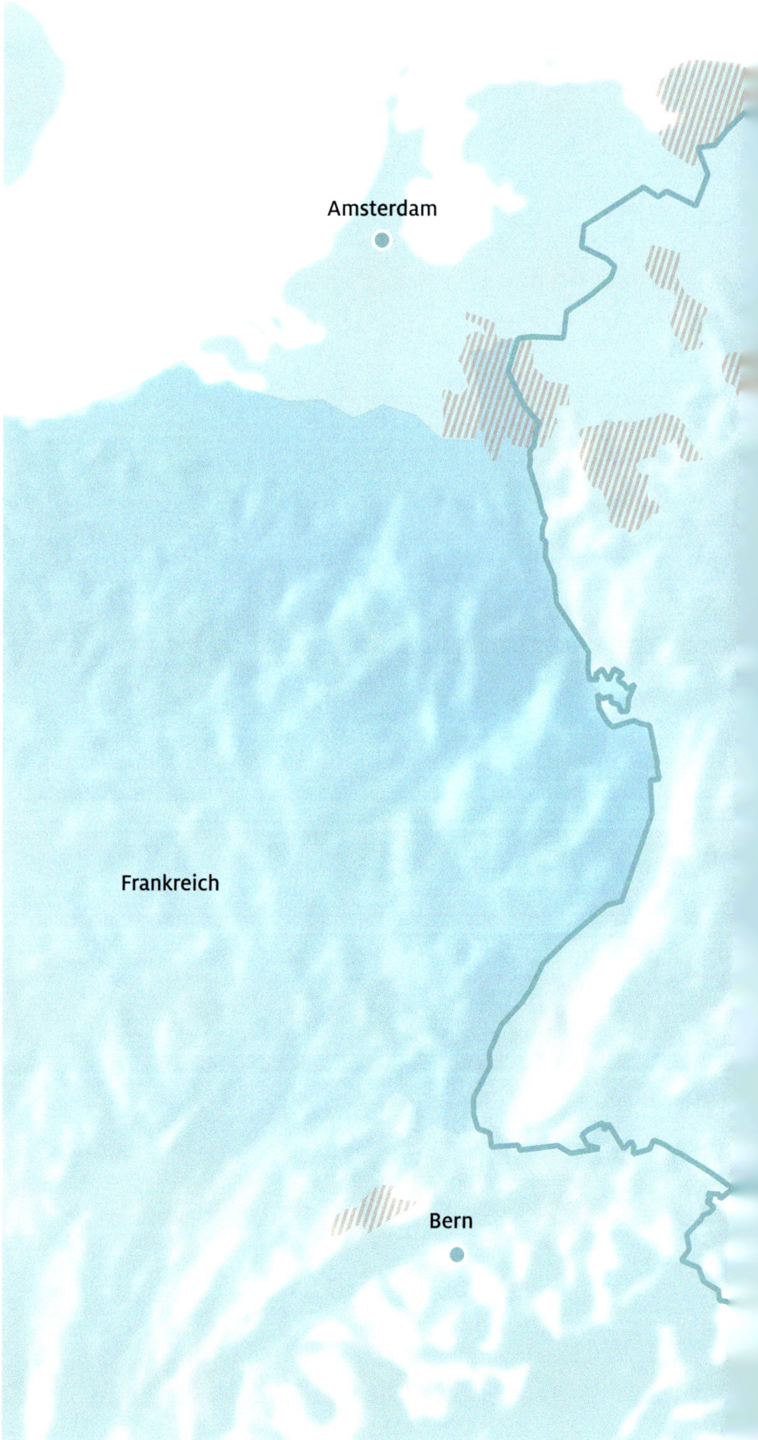

Preußen

Territoriale Verluste Preußens

Königreich Sachsen (in Personalunion mit dem Herzogtum Warschau)

Territorialer Gewinn Sachsens auf Kosten Preußens

Herzogtum Warschau

Rheinbund

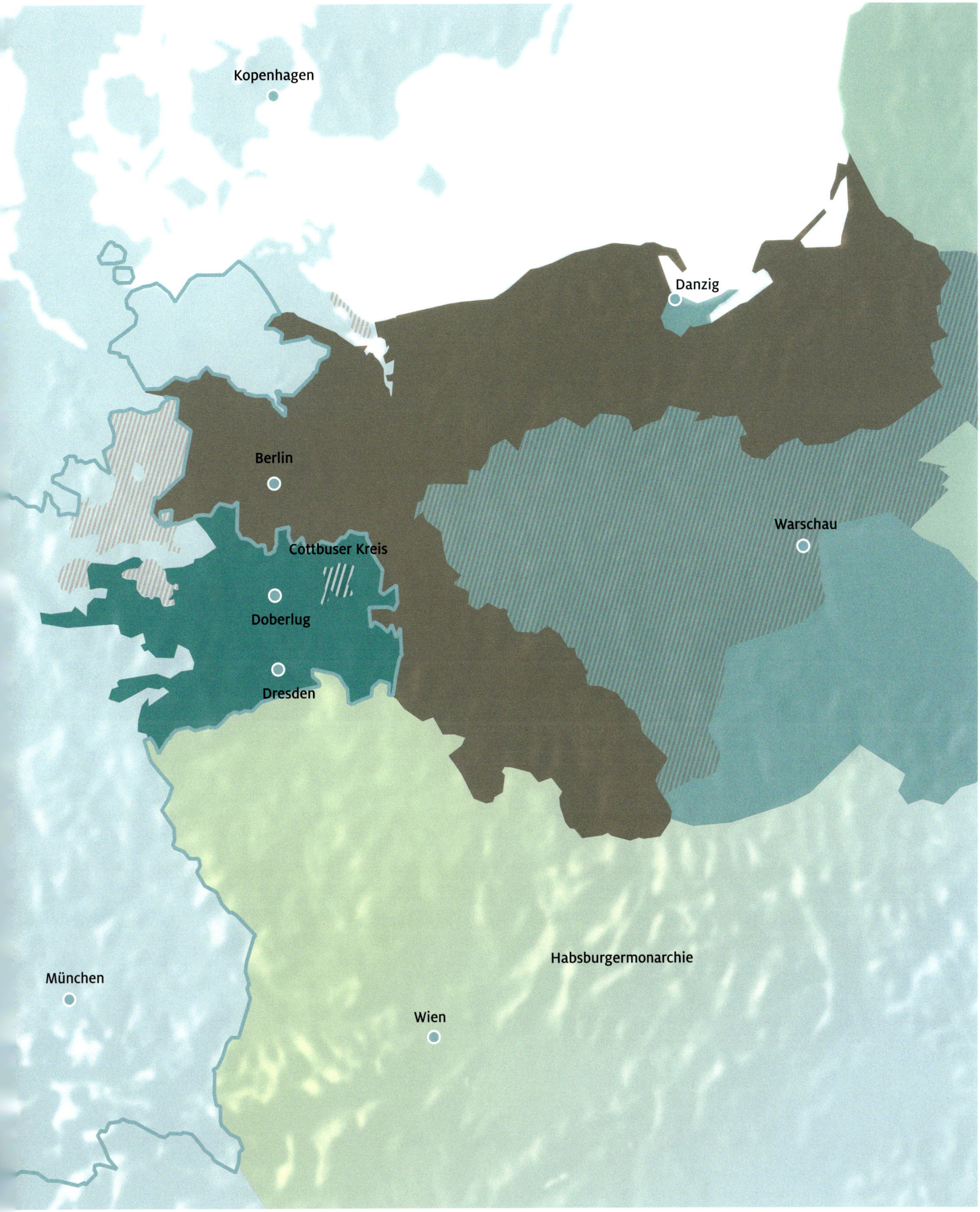
Kopenhagen
Danzig
Berlin
Warschau
Cottbuser Kreis
Doberlug
Dresden
Habsburgermonarchie
München
Wien

Preußen und Sachsen 1820

Durch die Beschlüsse des Wiener Kongresses 1814/15 muss Sachsen große Teile seines Territoriums an Preußen abtreten, darunter die Niederlausitz und die Hälfte der Oberlausitz. Die preußisch-sächsische Grenze verschiebt sich weit nach Süden. Auch Doberlug wird preußisch.

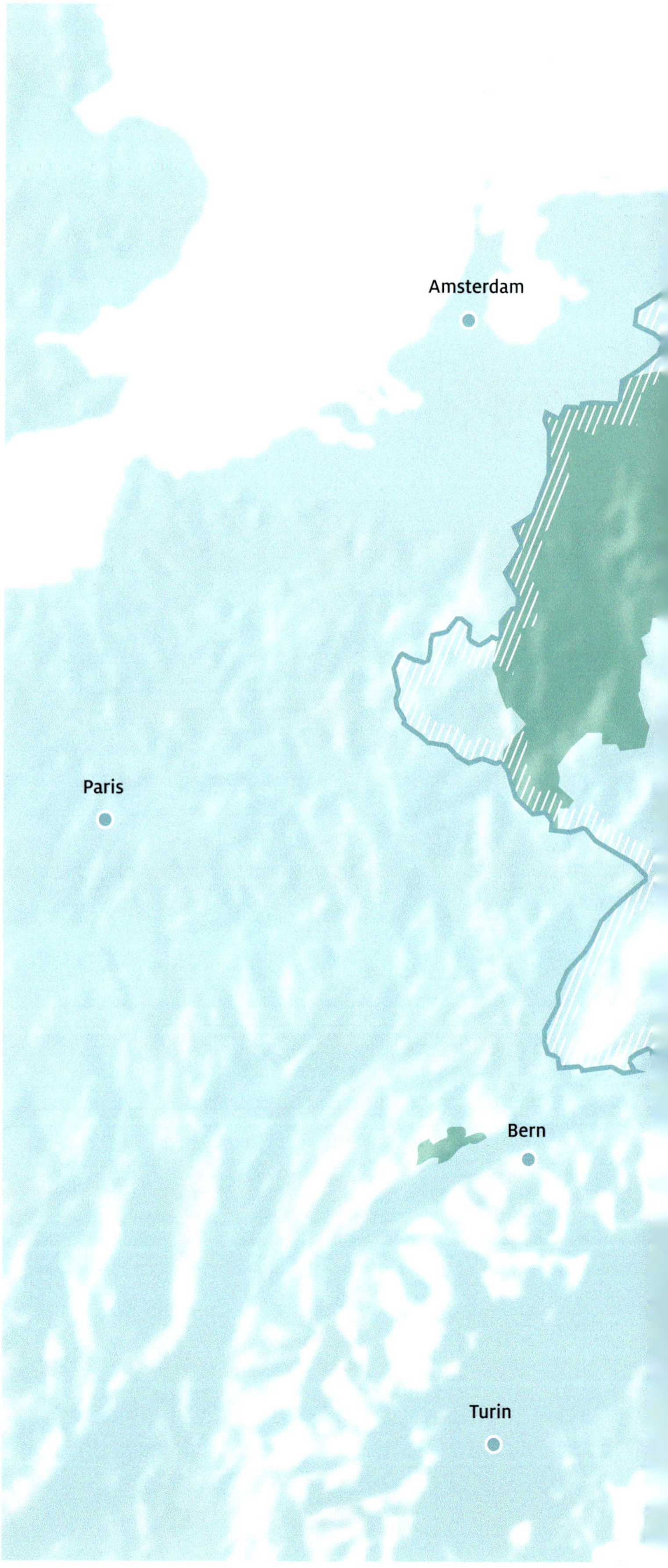

Preußen

Territorialer Gewinn Preußens auf Kosten Sachsens

Sachsen

Deutscher Bund

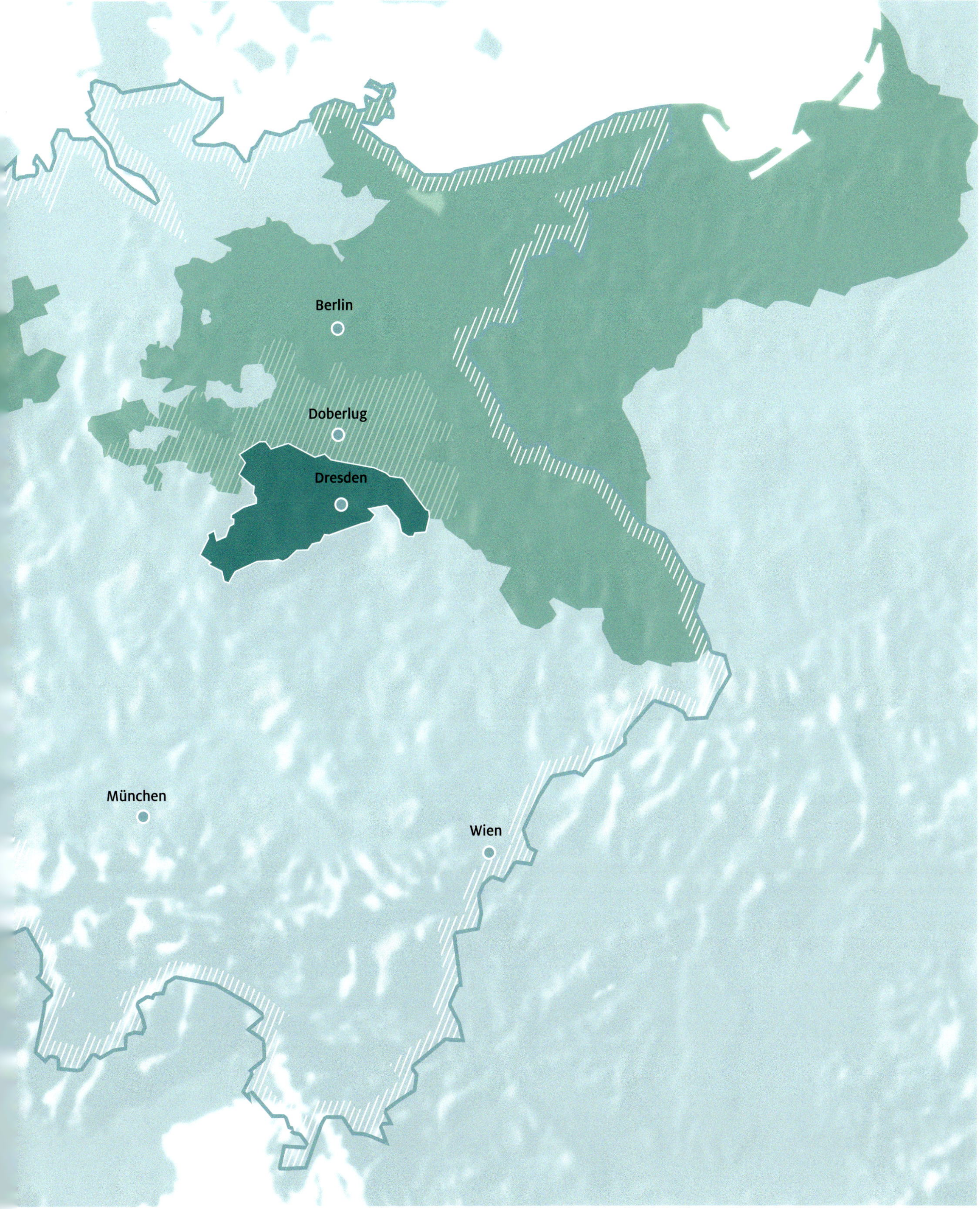

Berlin
Doberlug
Dresden
München
Wien

Quellen und Literatur

Accis-Mandata und Verordnungen, 1698
Sr. Königl. Majest. in Pohlen und Churfl. Durchl. Zu Sachsen / in dero Chur-Fürstentum Sachsen publizirten Accis-Mandata und Verordnungen / Uber die Landt- und Handwercks Accis-Steuer, [ca. 1698].

Algarotti 1769
Francesco Algarotti, Versuche über die Architectur, die Mahlerey und musicalische Opera, aus dem Italiänischen des Grafen Algarotti, übers. v. Rudolf Erich Raspe, Kassel 1769.

Algarotti 1792
Francesco Algarotti, Progetto per ridurre a compimento il Regio Museo di Dresda, in: Ders., Opere del conte Algarotti, Bd. 8, Venedig 1792, S. 351 – 374.

Algarotti 1991
Francesco Algarotti, Viaggi di Russia, hg. v. William Spaggiari, Parma 1991.

Algarotti 2000
Francesco Algarotti, Saggio sopra la pittura, hg. v. William Spaggiari (= Pagine d'Archivio 6), Rom 2000.

Algarotti 2011
Francesco Algarotti, Russische Reise (= Werke – Welten – Wissen 3), hg., übers. u. komm. v. Hans W. Schumacher, Hannover 2011, abrufbar im Internet: http://www.projektgrafik.de/wordpress/wp-content/uploads/2011/02/Algarotti_russ.-Reise.pdf, Stand: 22. 11. 2013.

Alvers / Kunz 2002
Annett Alvers / Tobias Kunz, Ahlsdorf (= Schlösser und Gärten der Mark 50), Berlin 2002.

Angeberg 1863 / 64
Comte d'Angeberg [Leonard Jakób Borejko Chodźko], Le Congrès de Vienne et les traités de 1815. Précédé et suivi des actes diplomatiques qui s'y rattachent, Avec une introduction historique par M. Capefigue, Paris 1863 / 64.

Annuaire, 1812
Annuaire présenté à Son Excellence le Ministre de l'intérieur par le Bureau des Longitudes pour l'an 1813, Paris 1812.

Anonym 1815
[Anonym], Des Herzogthums Sachsen Verbindung mit Preußen, in: Freimüthige Blätter für Deutsche 3 (1815), S. 1 – 35.

Anton Graff, Kat. 2013
Anton Graff. Gesichter einer Epoche, Ausstellung Winterthur, Museum Oskar Reinhart / Berlin, Alte Nationalgalerie, hg. v. Marc Fehlmann u. Birgit Verwiebe, München 2013.

Aretin 1993
Karl Otmar von Aretin, Das Alte Reich 1648 – 1806, Bd. 1: Föderalistische oder hierarchische Ordnung (1648 – 1684), Stuttgart 1993.

Aretin 1997
Karl Otmar von Aretin, Das Alte Reich 1648 – 1806, Bd. 3: Das Reich und der österreichisch-preußische Dualismus (1745 – 1806), Stuttgart 1997.

Arthus 1612
Gotthard Arthus, Electio et Coronatio Sereniss. potentiss. et invictiss. Principis et Dn. Dn. Matthiae I. electi Rom. Imperat. semper Avgvsti etc. Eivsq. Sereniss. Conivgis Annae Austriacae etc. tabulis aeneis advmbrata = Wahl vndt Krönung Des aller durchleuchtigsten, großmechtigsten vndt vnvberwindlichsten Fursten vndt herren, herrn Matthiae I. erwehlten Römischen Kaysers etc. vndt Jhrer Kay. May. Gemahlin etc. in schönen kupferstuken abgebildet [. . .], [Frankfurt am Main 1612].

Asche, M. 2006
Matthias Asche, Neusiedler im verheerten Land. Kriegsfolgenbewältigung, Migrationssteuerung und Konfessionspolitik im Zeichen des Landeswiederaufbaus, Die Mark Brandenburg nach den Kriegen des 17. Jahrhunderts, Münster 2006.

Asche, S. 1978
Siegfried Asche, Balthasar Permoser. Leben und Werk, Berlin 1978.

Auerbach 1866
Benjamin Hirsch Auerbach, Geschichte der israelitischen Gemeinde Halberstadt, Halberstadt 1866.

Bächler / Letsch / Schlechte 1984
Hagen Bächler / Herbert Letsch / Monika Schlechte, Erbe und komplexe ästhetische Umweltgestaltung, in: Wissenschaftliche Zeitschrift der Technischen Universität Dresden 33 (1984), 1, S. 71 – 75.

Baer 1986
Winfried Baer, Von Gotzkowsky zur KPM. Aus der Frühzeit des friderizianischen Rokoko, Berlin 1986.

Balthasar Permoser, Kat. 2001
Balthasar Permoser hats gemacht. Der Hofbildhauer in Sachsen, Ausstellung Dresden, Albertinum, bearb. v. Karin Perßen / Jutta Bäumel u. Jutta Charlotte von Bloh, Dresden 2001.

Barker 1982
Thomas M. Barker, Doppeladler und Halbmond. Entscheidungsjahr 1683, übers. u. bearb. v. Peter Broucek u. Gertraud Broucek, Graz / Wien / Köln 1982.

Barocke Fürstenresidenzen, Kat. 2007
Barocke Fürstenresidenzen an Saale, Unstrut und Elster, Ausstellung Moritzburg, Schloss Moritzburg, bearb. v. Joachim Säckl u. Karin Heise, Petersberg 2007.

Barock in Dresden, Kat. 1986
Barock in Dresden. Kunst und Kunstsammlungen unter der Regierung des Kurfürsten Friedrich August I. von Sachsen und Königs August II. von Polen genannt August der Starke 1694–1733 und des Kurfürsten Friedrich August II. von Sachsen und Königs August III. von Polen 1733–1763, Ausstellung Essen, Villa Hügel, hg. v. Ulli Arnold u. Werner Schmidt, Leipzig 1986.

Bäumel 1995
Jutta Bäumel, Insula fortunata – Fürstliche Jagden und Feste in Moritzburg, in: Dresdner Hefte 42 (1995), S. 42–54.

Baumgart 2001
Peter Baumgart, Ein neuer König in Europa. Interne Planung, diplomatische Vorbereitung und internationale Anerkennung der Standeserhöhung des brandenburgischen Kurfürsten, in: Preußen 1701. Eine europäische Geschichte, Bd. 2: Essays, Ausstellung Berlin, Große Orangerie des Schlosses Charlottenburg, hg. v. Franziska Windt, Berlin 2001, S. 165–176.

Bayerl 2011
Günter Bayerl, Peripherie als Schicksal und Chance. Studien zur neueren Geschichte der Niederlausitz (= Die Niederlausitz am Anfang des 21. Jahrhunderts. Geschichte und Gegenwart 1), Münster 2011.

Bechler 1999
Katharina Bechler, Henriette Catharina von Anhalt-Dessau und das Schloß Oranienbaum, in: Onder den Oranje Boom. Niederländische Kunst und Kultur im 17. und 18. Jahrhundert an deutschen Fürstenhöfen, Textbd., Ausstellung Krefeld, Kaiser-Wilhelm-Museum / Oranienburg, Schloss Oranienburg, hg. v. Markus Schacht u. Jörg Meiner, München 1999, S. 361–381.

Beckmann 1751
Johann Christoph Beckmann, Historische Beschreibung der Chur und Mark Brandenburg [...], Bd. 1, Berlin 1751.

Beherzigungen, 1814
Beherzigungen. Gedruckt im Anfang des Monats September 1814, o. O. 1814.

Behrnauer 1806
Karl Gottlieb Behrnauer, Bestimmung von Zittau, in: Monatliche Correspondenz zur Beförderung der Erd- und Himmelskunde 13 (1806), 1, S. 514–515.

Behrnauer, 1831
Karl Gottlieb Behrnauer, in: Neuer Nekrolog der Deutschen 9 (1831), S. 1043–1045.

Belzyt / Rautenberg 2001
Leszek Belzyt / Hans-Werner Rautenberg, Die Oberlausitz vom Wiener Kongreß bis zum Ende des Ersten Weltkrieges (1815–1918), in: Joachim Bahlcke (Hg.), Geschichte der Oberlausitz. Herrschaft, Gesellschaft und Kultur vom Mittelalter bis zum Ende des 20. Jahrhunderts, Leipzig 2001, S. 181–220.

Berckenhagen 1958
Ekhart Berckenhagen, Pierre du Colombier, Margarete Kühn, Georg Poensgen, Antoine Pesne, Berlin 1958.

Berckenhagen 1964
Ekhart Berckenhagen, Die Malerei in Berlin vom 13. bis zum ausgehenden 18. Jahrhundert, Berlin 1964.

Berckenhagen 1967
Ekhart Berckenhagen, Anton Graff. Leben und Werk, Berlin 1967.

Bergk 1818
Johann Adam Bergk, Geheime Geschichte der Theilung Sachsens, mitgetheilt vorzüglich in Actenstücken, Treuenfels 1818.

Berliner Porzellan, Kat. 2006
Berliner Porzellan 1763–1850. Glanz und Eleganz von Tischen und Tafeln, Ausstellung Münster, Westfälisches Landesmuseum für Kunst und Kulturgeschichte, bearb. v. Angelika Lorenz, Münster 2006.

Berndt 2014
Iris Berndt, Sächsisches Brandenburg. Eine Spurensuche, hg. v. Peter Langen u. Anne-Katrin Ziesak f. d. Haus der Brandenburgisch-Preußischen Geschichte, Dresden 2014

Beschorner 1906
Hans Beschorner, Beschreibungen und bildliche Darstellungen des Zeithainer Lagers, in: Neues Archiv für Sächsische Geschichte und Altertumskunde 27 (1906), S. 103–151.

Beschorner 1907
Hans Beschorner, Das Zeithainer Lager von 1730, in: Neues Archiv für Sächsische Geschichte und Altertumskunde 28 (1907), S. 50–113 u. 200–252.

Beschreibung, 1815
Beschreibung der großen Feier bei der Rückkehr Sr. Königl. Majestät Friedrich August des Gerechten mit Allerhöchster Familie in Ihre Residenz Dresden. Am 7 Juny 1815, Dresden 1815.

Besser 2009
Johann von Besser, Schriften, Bd. 3: Ceremonial-Acta, hg. v. Peter-Michael Hahn, bearb. v. Vinzenz Czech u. Holger Kürbis, Heidelberg 2009.

Biermann 1914
Georg Biermann (Hg.), Deutsches Barock und Rokoko. Herausgegeben im Anschluss an die Jahrhundert-Ausstellung deutscher Kunst 1650–1800, Darmstadt 1914, 2. Bde., Leipzig 1914.

Bildergalerie Friedrichs des Großen, Kat. 2013
Die Schönste der Welt. Eine Wiederbegegnung mit der Bildergalerie Friedrichs des Großen, Ausstellung Potsdam, Bildergalerie im Park Sanssouci, hg. v. d. Stiftung Preußische Schlösser und Gärten Berlin-Brandenburg, Berlin / München 2013.

Birk / Loch / Popp 2012
Eberhard Birk / Thorsten Loch / Peter Andreas Popp (Hg.), Wie Friedrich »der Große« wurde. Eine kleine Geschichte des Siebenjährigen Krieges 1756–1763, Freiburg im Breisgau 2012.

Blaeu 1682
Joan Blaeu, Theatrum statuum regiae celsitudinis Sabaudiae ducis, Pedemontii principis, Cypri regis, 2 Bde., Amsterdam 1682.

Blaeu 1700
Joan Blaeu, Theatre des etats de son altesse royale le duc de Savoye, prince de Pièmont, roy de Cypre, 2 Bde., Den Haag 1700.

Blank 2013
Isabella Blank, Der bestrafte König? Die Sächsische Frage 1813–1815, Dissertation, Universität Heidelberg 2013, abrufbar im Internet: http://archiv.ub.uni-heidelberg.de/volltextserver/15630/1/Der%20bestrafte%20K%C3%B6nig_Dissertation%20Blank.pdf, Stand: 17. 04. 2014.

Blaschke 1999
Karlheinz Blaschke, Bewahrte Einheit. Die Oberlausitz in den 130 Jahren erzwungener Teilung 1815–1945, in: Sammeln – Erforschen – Bewahren. Zur Geschichte und Kultur der Oberlausitz. Ernst-Heinz Lemper zum 75. Geburtstag, hg. v. der Oberlausitzischen Gesellschaft der Wissenschaften zu Görlitz, Hoyerswerda / Görlitz 1999, S. 264–292.

Blastenbrei 1996
Peter Blastenbrei, Der König und das Geld. Studien zur Finanzpolitik Friedrichs II. von Preußen, in: Forschungen zur Brandenburg-Preußischen Geschichte, N. F. 6 (1996), S. 55–82.

Bleckwenn 1912
Hans Bleckwenn (Hg.), Preußische Soldatenbriefe, Berlin 1912 [ND Osnabrück 1982].

Blesgen / Welter 2006
Detlef J. Blesgen / Ralf P. Welter, Einleitung, in: Dies. (Hg.), Der Akzisen-Streit. Schriften zur finanztheoretischen Kontroverse deutscher Frühkameralisten (= Historia Scientiarum. Fachgebiet Wirtschaftswissenschaften), Hildesheim / Zürich / New York 2006, S. 1–30.

Blicke, 1814
Heitere Blicke auf Sachsens Zukunft, im August 1814. Sendschreiben eines Sachsen an seine Landsleute im September 1814, o. O. [1814].

Bloch 1981
Peter Bloch, Die Brandenburgisch-Preußische Kunstkammer. Eine Auswahl aus den alten Beständen, Berlin 1981.

Blutige Romantik, Kat. 2013
Blutige Romantik. 200 Jahre Befreiungskriege, Bd. 1: Katalog; Bd. 2: Essays, Ausstellung Dresden, Militärhistorisches Museum der Bundeswehr, hg. v. Gerhard Bauer / Gorch Pieken u. Matthias Rogg, Dresden 2013.

Bode 1992
Dietmar Bode, Dresden und seine Umgebung in den Schlesischen Kriegen (= Kursächsische Wanderungen 2), Dresden 1992.

Boeckh 1863
Richard Boeckh, Die geschichtliche Entwickelung der amtlichen Statistik des Preussischen Staates, Berlin 1863.

Boelcke 1972
Willi Alfred Boelcke, »Die sanftmütige Accise«. Zur Bedeutung und Problematik der »indirekten Verbrauchsbesteuerung« in der Finanzwirtschaft der deutschen Territorialstaaten während der frühen Neuzeit, in: Jahrbuch für die Geschichte Mittel- und Ostdeutschlands 21 (1972), S. 93 – 139.

Boime 1990
Albert Boime, Art in an Age of Bonapartism 1800 – 1815 (= A Social History of Modern Art 2), Chicago / London 1990.

Boller 2006
Hildegard Gabriele Boller, Die Dresdner Antikensammlung, in: Bénédicte Savoy (Hg.), Tempel der Kunst. Die Entstehung des öffentlichen Museums in Deutschland 1701 – 1815, Mainz 2006, S. 117 – 144.

Boor 1997
Friedrich de Boor, Die ersten Vorschläge von Christian Thomasius »wegen auffrichtung einer Neuen Academie zu Halle« aus dem Jahre 1690, in: Erich Donnert (Hg.), Europa in der Frühen Neuzeit. Festschrift für Günter Mühlpfordt, Bd. 4: Deutsche Aufklärung, Weimar / Köln / Wien 1997, S. 57 – 84.

Börner 2007
Albrecht Börner, Sachsens Glanz und Preußens Gloria, Jena / Quedlinburg 2007.

Börsch-Supan 1980
Helmut Börsch-Supan, Die Kunst in Brandenburg-Preußen, Berlin 1980.

Bosse 1997
Heinrich Bosse, Die gelehrte Republik, in: Hans-Wolf Jäger (Hg.), »Öffentlichkeit« im 18. Jahrhundert (= Das achtzehnte Jahrhundert, Supplementa 4), Göttingen 1997, S. 51 – 76.

Böttiger 1831
Karl Wilhelm Böttiger, Geschichte des Kurstaates und Königreiches Sachsen, Bd. 2, Hamburg 1831.

Brachwitz 2011
Peter Brachwitz, Die Autorität des Sichtbaren. Religionsgravamina im Reich des 18. Jahrhunderts (= Pluralisierung und Autorität 23), Berlin / New York 2011.

Brankačk / Mětšk 1977
Jan Brankačk / Frido Mětšk, Geschichte der Sorben, Bd. 1: Von den Anfängen bis 1789, Bautzen 1977.

Brězan 1993
Simon Brězan, Deutsche Aufklärung und sorbische nationale Wiedergeburt. Eine literaturgeschichtliche Studie zur deutsch-sorbischen Wechselseitigkeit, Bautzen 1993.

Briefe, 1815
Briefe aus Sachsens unglücklicher Periode. Ein freyer Beytrag zur wahren Geschichte dieses Zeitraumes, Zum Besten der Waisen im Erzgebirge, o. O. 1815.

Bringmann 2001
Wilhelm Bringmann, Preußen unter Friedrich Wilhelm II. (1786 – 1797), Frankfurt am Main 2001.

Brook 2013
Madeleine Brook, Popular History and Fiction. The Myth of August the Strong in German Literature, Art and Media. Oxford 2013.

Brückner 2007
Wolfgang Brückner, Lutherische Bekenntnisgemälde des 16. bis 18. Jahrhunderts. Die illustrierte Confessio Augustana, Regensburg 2007.

Brühls Leben, 1763
Beytrage zu des Herrn Grafen von Brühls Leben, [Köln] 1763.

Buck 1981
Lienhard Buck, Die Münzen des Kurfürstentums Sachsen 1763 bis 1806, Berlin 1981.

Bülau 1853
Friedrich Bülau, Geschichte des Sächsischen Volkes und Staates. Fortsetzung der Bände von C. C. C. Gretschel, Bd. 3: 1733 bis 1831, Leipzig 1853.

Bünz / Rudersdorf / Döring 2009
Enno Bünz / Manfred Rudersdorf / Detlef Döring, Geschichte der Universität Leipzig 1409 – 2009, Bd. 1: Spätes Mittelalter und Frühe Neuzeit 1409 – 1830 / 31, Leipzig 2009.

Burney 1772
Charles Burney, Tagebuch einer musikalischen Reise durch Frankreich und Italien, durch Flandern, die Niederlande und am Rhein bis Wien, durch Böhmen, Sachsen, Brandenburg, Hamburg und Holland 1770 – 1772, Hamburg 1772 [ND hg. v. Eberhard Klemm, 2. Aufl., Wilhelmshaven 1985].

Busch 1998
Gudrun Busch, Der österreichische Botschafter Gottfried van Swieten, das Berliner Musikleben 1771 – 1777 und die Musik C. P. E. Bachs, in: Hans-Günter Ottenberg (Hg.), Carl Philipp Emanuel Bach. Musik für Europa, Bericht über das internationale Symposium vom 8. März bis 12. März 1994 im Rahmen der 29. Frankfurter Festtage der Musik an der Konzerthalle »Carl Philipp Emanuel Bach« in Frankfurt (Oder) (= Carl-Philipp-Emanuel-Bach-Konzepte, SonderBd. 2), Frankfurt an der Oder 1998, S. 108 – 162.

Caemmerer 1915
Hermann von Caemmerer (Hg.), Die Testamente der Kurfürsten von Brandenburg und der beiden ersten Könige von Preußen, München / Leipzig 1915.

Calella 2002
Michele Calella, Metastasios Dramenkonzeption und die Ästhetik der friderizianischen Oper, in: Laurenz Lütteken / Gerhard Splitt (Hg.), Metastasio im Deutschland der Aufklärung. Bericht über das Symposium Potsdam 1999 (= Wolfenbütteler Studien zur Aufklärung 28; Schriftenreihe der Stiftung Franz Xaver Schnyder von Wartensee 61), Tübingen 2002, S. 103 – 123.

Carl 2004
Horst Carl, »Strafe Gottes« – Krise und Beharrung religiöser Deutungsmuster in der Niederlage gegen die Französische Revolution, in: Ders. / Hans-Henning Kortüm / Dieter Langewiesche / Friedrich Lenger (Hg.), Kriegsniederlagen. Erfahrungen und Erinnerungen, Berlin 2004, S. 279 – 295.

Carlowitz 1875
Oswald Rudolph von Carlowitz (Hg.), Aus dem Archive der Familie von Carlowitz, Dresden 1875.

CCM, 1755
Corpus constitutionum Marchicarum, oder Königl. Preußis. und Churfürstl. Brandenburgische in der Chur- und Marck Brandenburg, auch incorporirten Landen publicirte und ergangene Ordnungen, Edicta, Mandata, Rescripta u. von Zeiten Friedrichs I., Churfürstens zu Brandenburg u. biß ietzo unter der Regierung Friderich Wilhelms, Königs in Preussen u. ad annum 1736 inclusive, hg. v. Christian Otto Mylius, Berlin / Halle 1737 – 1755.

Cellauro 2012
Louis Cellauro, Venice and the origins of the art-historical tradition of display of the modern museum, in: Konsthistorisk tidskrift / Journal of Art History 81 (2012), 2, S. 94 – 122.

Cernitius 1626
Johannes Cernitius, Decem è Familiâ Burggraviorum Nurnbergensium Electorum Brandenburgicorum Eicones ad vivum expressae, eorumque Res Gestae, una cum Genealogiis fide optima Collectae, Berlin 1626.

Chandler 1990
David Chandler, The Campaigns of Napoleon, 11. Aufl., London 1990.

Christl 1994
Andreas Christl, Geschichte der Stadt Cottbus, Cottbus 1994.

Clark 2007
Christopher Clark, Preußen. Aufstieg und Niedergang 1600 – 1947, München 2007.

Clausnitzer 1898
Eduard Clausnitzer, Versammlungen der Niederlausitzer Stände während der Habsburger Herrschaft 1526 – 1635, in: Niederlausitzer Mitteilungen 5 (1898), S. 169 – 263.

Convention, 1829
Convention über die Regulirung der Verhältnisse beider Landestheile des Markgrafthums Oberlausitz, in Betreff des weltadeligen Fräuleinstifts Joachimstein bei Radmeritz vom 2. Juni 1828, in: Amts-Blatt der Preußischen Regierung zu Liegnitz (1829), S. 280 – 287.

Cramer 1836
Friedrich Cramer, Denkwürdigkeiten der Gräfin Maria Aurora Königsmark und der Königsmark'schen Familie. Nach bisher unbekannten Quellen, 2 Bde., Leipzig 1836.

Cranach, Kat. 2009
Cranach und die Kunst der Renaissance unter den Hohenzollern. Kirche, Hof und Stadtkultur, Ausstellung Berlin, Schloss Charlottenburg / München St. Marienkirche, hg. v. d. Stiftung Preußische Schlösser und Gärten Berlin-Brandenburg u. d. Evangelischen Kirchengemeinde St. Petri–St. Marien, Berlin / München 2009.

Crell 1723
Johann Christian Crell, Das Auf dem höchsten Gipfel seiner Vollkommenheit und Glückseligkeit prangende Königliche Dreßden in Meissen, Oder Iccanders Kurtze Doch deutliche und nervoese Beschreibung, Derer In dieser Welt-bekannten Wittekindischen Residentz berühmten Gebäude, Merckwürdigkeiten und Gewohnheiten, Leipzig 1723.

Czech 2008
Vinzenz Czech, Das Potsdamer Dreikönigstreffen 1709. Möglichkeiten und Grenzen höfisch-dynastischer Selbstdarstellung in Brandenburg-Preußen, Göttingen 2008.

Czech 2009
Vinzenz Czech, Von Sachsen nach Preußen. Die Niederlausitz um 1815, in: Lorenz Friedrich Beck / Frank Göse (Hg.), Brandenburg und seine Landschaften. Zentrum und Region vom Spätmittelalter bis 1800 (= Schriften der Landesgeschichtlichen Vereinigung für die Mark Brandenburg, N. F. 1), Berlin 2009, S. 157 – 190.

Czok 1987
Karl Czok, August der Starke und Kursachsen, Leipzig 1987.

Czok 1989
Karl Czok, Am Hofe Augusts des Starken, Leipzig 1989.

Czok 1990a
Karl Czok, Am Hofe Augusts des Starken, Stuttgart 1990.

Czok 1990b
Karl Czok, August der Starke und Kursachsen, 3. Aufl., Leipzig 1990.

Czok 2005
Karl Czok, Ein Herrscher – Zwei Staaten. Die sächsisch-polnische Personalunion als Problem des Monarchen aus sächsischer Sicht, in: Rex Rexheuser (Hg.), Die Personalunionen von Sachsen-Polen 1697 – 1763 und Hannover-England 1714 – 1837. Ein Vergleich (= Deutsches Historisches Institut Warschau, Quellen und Studien 18), Wiesbaden 2005, S. 103 – 119.

Dannenberg / Scholze 2009
Lars-Arne Dannenberg / Dietrich Scholze (Hg.), Stätten und Stationen religiösen Wirkens. Studien zur Kirchengeschichte der zweisprachigen Oberlausitz (= Schriften des Sorbischen Instituts 48), Bautzen 2009.

D'Aprile 2006
Iwan-Michelangelo D'Aprile, Die schöne Republik. Ästhetische Moderne in Berlin im ausgehenden 18. Jahrhundert (= Studien zur deutschen Literatur 181), Tübingen 2006.

D'Aprile 2012
Iwan-Michelangelo D'Aprile, Friedrich und die Aufklärer (= Edition Brandenburg), Berlin 2012.

Delderfield 2001
Ronald Frederick Delderfield, Imperial Sunset. The Fall of Napoleon 1813 / 14, New York 2001.

Der Große Kurfürst, Kat. 1989
Der Große Kurfürst. Sammler, Bauherr, Mäzen, 1620 – 1688, Ausstellung Potsdam, Neues Palais, hg. v. d. Generaldirektion der Staatlichen Schlösser und Gärten Potsdam-Sanssouci, Potsdam 1989.

Deutsche Steinschneidekunst, Kat. 1998
Deutsche Steinschneidekunst aus dem Grünen Gewölbe zu Dresden, Ausstellung Idar-Oberstein, Deutsches Edelsteinmuseum / Berlin, Kunstgewerbemuseum der Staatlichen Museen zu Berlin / Dresden, Georgenbau des Dresdener Schlosses, hg. v. Jutta Kappel, Dresden 1998.

Die Franckeschen Stiftungen und Preußen, Kat. 2001
Gott zur Ehr und zu des Landes Besten. Die Franckeschen Stiftungen und Preußen, Aspekte einer alten Allianz, Ausstellung Halle, Franckesche Stiftungen, hg. v. Thomas Müller-Bahlke, Halle 2001.

Die Friedensfeier, 1922
Die Friedensfeier des Siebenjährigen Krieges in Crimmitschau, in: Heimat-Blätter. Zwanglose Blätter für Heimatkunde und Volkstum, Beilage zum Crimmitschauer Anzeiger und Tageblatt 1 (1922), S. 2 – 3.

Die Hugenotten, Kat. 2005
Zuwanderungsland Deutschland. Die Hugenotten, Ausstellung Berlin, Deutsches Historisches Museum, hg. v. Sabine Beneke u. Hans Ottomeyer, Berlin / Wolfratshausen 2005.

Die politischen Testamente, 1986
Die politischen Testamente der Hohenzollern (= Veröffentlichungen aus den Archiven Preußischer Kulturbesitz 20), bearb. v. Richard Dietrich, Köln / Wien 1986.

Dietrich 1984
Richard Dietrich, Die Eingliederung der ehemals sächsischen Gebiete in den preußischen Staat nach 1815, in: Peter Baumgart (Hg.), Expansion und Integration. Zur Eingliederung neugewonnener Gebiete in den preußischen Staat (= Neue Forschungen zur brandenburg-preußischen Geschichte 5), Köln / Wien 1984, S. 255 – 297.

Dittrich 2010
Christian Dittrich, Johann Heinrich von Heucher und Carl Heinrich von Heineken. Beiträge zur Geschichte des Dresdner Kupferstichkabinetts im 18. Jahrhundert, hg. v. Martin Schuster u. Thomas Ketelsen, Dresden 2010.

Donath 2011
Matthias Donath, August der Starke, in: Ders. / André Thieme (Hg.), Sächsische Mythen. Menschen, Orte, Personen, Leipzig 2011, S. 137 – 147.

Dörffurt 1817
A. F. L. Dörffurt, Die Jubelfeier der Reformation zu Wittenberg im Jahre 1817. Beschreibung nebst Predigten, die dabei gehalten worden sind, Wittenberg 1817.

Johann Christoph Gottsched, Kat. 2000
Johann Christoph Gottsched in Leipzig, Ausstellung Leipzig, Universitätsbibliothek, hg. v. Detlef Döring, Stuttgart / Leipzig 2000.

Dresden, 1995
Dresden in historischen Stadtplänen. Die Entwicklung der Stadt seit dem 16. Jahrhundert, mit einem Kommentar von Dieter Zumpe, Berlin 1995.

Dresdener Schloss, Kat. 1989
Das Dresdener Schloss. Monument sächsischer Geschichte und Kultur, Ausstellung Dresden, Grünes Gewölbe im Dresdener Schloss, hg. v. Peter Albert u. Joachim Menzhausen, Dresden 1989.

Droege 1966
Gerd Droege, Die finanziellen Grundlagen des Territorialstaates in West- und Ostdeutschland an der Wende vom Mittelalter zur Neuzeit, in: Vierteljahresschrift für Sozial- und Wirtschaftsgeschichte 53 (1966), S. 145 – 161.

Duchhardt 1987
Heinz Duchhardt (Hg.), Politische Testamente und andere Quellen zum Fürstenethos der frühen Neuzeit, Darmstadt 1987.

Duchhardt 2001
Heinz Duchhardt, Friedrich Wilhelm, der Große Kurfürst (1640 – 1688), in: Frank-Lothar Kroll (Hg.), Preußens Herrscher. Von den ersten Hohenzollern bis Wilhelm II., 2. Aufl., München 2001, S. 95 – 112.

Duchhardt 2013
Heinz Duchhardt, Der Wiener Kongress. Die Neugestaltung Europas 1814 / 15, München 2013.

Düding 1988
Dieter Düding, Das deutsche Nationalfest von 1814. Matrix der deutschen Nationalfeste im 19. Jahrhundert, in: Ders. / Peter Friedemann / Paul Münch (Hg.), Öffentliche Festkultur. Politische Feste in Deutschland von der Aufklärung bis zum Ersten Weltkrieg, Reinbek bei Hamburg 1988, S. 67 – 88.

Düding / Friedemann / Münch 1988
Dieter Düding / Peter Friedemann / Paul Münch (Hg.), Öffentliche Festkultur. Politische Feste in Deutschland von der Aufklärung bis zum Ersten Weltkrieg, Reinbek bei Hamburg 1988.

Duffy 2001
Christopher Duffy, Friedrich der Große, Düsseldorf 2001.

Eigenwill 2005
Reinhardt Eigenwill, Kaemmel, Karl Heinrich Otto, in: Sächsische Biografie, hg. v. Institut für Sächsische Geschichte und Volkskunde e. V., bearb. v. Martina Schattkowsky, 27. 06. 2005, http://saebi.isgv.de/biografie/Otto_Kaemmel_(1843 – 1917), Stand: 22. 11. 2013.

Elsner 2001
Ines Elsner, Friedrich und die Frauen. Von drei Ehefrauen und einer Mätresse, die keine war, in: Preußen 1701. Eine europäische Geschichte, Bd. 2: Essays, Ausstellung Berlin, Große Orangerie des Schlosses Charlottenburg, hg. v. Franziska Windt, Berlin 2001, S. 79 – 89.

Elsner 2012
Ines Elsner, Friedrich III. / I. von Brandenburg-Preußen (1688 – 1713) und die Berliner Residenzlandschaft. Studien zu einem frühneuzeitlichen Hof auf Reisen, Ein Residenzhandbuch, Berlin 2012.

Engel 2013
Felix Engel, Die Akzise. Eine ‚frühneuzeitliche Mehrwertsteuer' in Stadt und Land Brandenburg, in: Historischer Verein Brandenburg (Havel) e. V. Jahresbericht 22 (2013), S. 135 – 166.

Erbe 2004
Michael Erbe, Revolutionäre Erschütterung und erneuertes Gleichgewicht. Internationale Beziehungen 1785 – 1830, Paderborn 2004.

Erleuchtung der Welt, Kat. 2009
Erleuchtung der Welt. Sachsen und der Beginn der modernen Wissenschaft, Bd. 1: Essays; Bd. 2: Katalog, Ausstellung Leipzig, Altes Rathaus, hg. v. Detlef Döring u. Cecilie Hollberg, Dresden 2009.

Eschebach / Reichert 2013
Erika Eschebach / Friedrich Reichert (Hg.), Verlorener Sieg Dresden 1813, Dresden 2013.

Eschert 2008
Jens Eschert, »Mit der Zeit gescheitert«. Friedrich August I. von Sachsen und die Völkerschlacht, in: Sabine Graul / Marian Nebelin (Hg.), Verlierer der Geschichte. Von der Antike bis zur Moderne, Berlin 2008, S. 289 – 308.

Evers 2014
Susanne Evers, Seiden in den preußischen Schlössern. Ausstattungstextilien und Posamente unter Friedrich II. (1740 – 1786), Berlin 2014.

Faber 1762
Anton Faber, Neue europäische Staats-Canzley, Tl. 6, Ulm / Frankfurt / Leipzig 1762.

Fahrmeir 2010
Andreas Fahrmeir, Revolutionen und Reformen. Europa 1789 – 1850, München 2010.

Falcke 2006
Jeanette Falcke, Studien zum diplomatischen Geschenkwesen am brandenburgisch-preußischen Hof im 17. und 18. Jahrhundert (= Quellen und Forschungen zur brandenburgischen und preußischen Geschichte 31), Berlin 2006.

Falk 2012
Rainer Falk, »Sie hören nicht auf, sich um unsre Litteratur, und ihre Freunde, verdient zu machen!« – Friedrich Nicolai (1733 – 1811), Halle 2012.

Feldkamp 2013
Jörg Feldkamp, Wie Phönix aus der Asche. Die neuen Wissenschaften und der Beginn der industriellen Revolution in Sachsen, in: Dresdner Hefte 114 (2013), S. 54 – 63.

Fischbacher 2011
Thomas Fischbacher, Die Residenz im Krieg Graf Heinrich von Brühl, Friedrich II. von Preußen und König August III. von Polen und die symbolische Zerstörung von Schlössern im Siebenjährigen Krieg, Vortrag gehalten auf der Tagung des Rudolstädter Arbeitskreises zur Residenzkultur, 11. – 13. 03. 2011 in Rudolstadt, unveröffentlichtes Manuskript, Rudolstadt 2011.

Fischer 2012
Jörg Uwe Fischer, »Sachsens Glanz und Preußens Gloria«. Spannender Geschichtsunterricht im DDR-Fernsehen, in: Dresdner Hefte 111 (2012), S. 72 – 80.

Flathe 1873
Theodor Flathe, Geschichte des Kurstaates und Königreiches Sachsen, Bd. 3: Neuere Geschichte Sachsens von 1806 – 1866, Gotha 1873.

Flügel 2005
Wolfgang Flügel, Konfession und Jubiläum. Zur Institutionalisierung der lutherischen Gedenkkultur in Sachsen 1617 – 1830, Leipzig 2005.

Förster 1896
D. Förster, Mitteilungen eines sächsischen Feldpredigers aus dem siebenjährigen Kriege, in: Beiträge zur sächsischen Kirchengeschichte 11 (1896), S. 20 – 26.

Fournier 1913
Fournier, August, Die Geheimpolizei auf dem Wiener Kongreß. Eine Auswahl aus ihren Papieren, Wien / Leipzig 1913.

France 1925
Anatole France, Die Insel der Pinguine, 3. Aufl., München 1925.

Franke 1903
R. Franke, Chronikalische Reimereien alter Kirchendiener von Chemnitz, in: Mitteilungen des Vereins für Chemnitzer Geschichte, Jahrbuch 12 (1903), S. 38 – 65.

Frantz 1880
Adolph Frantz, Das katholische Directorium des Corpus Evangelicorum. Nach handschriftlichen Quellen dargestellt, Marburg 1880.

Freitag 1993
Jörg Freitag, Konservierung von Denkmälern aus Blei, Zink und Zinn. Jahresbericht 1993 der Stiftung Schlösser und Gärten Potsdam-Sanssouci, Potsdam 1993

Freksa 1917
Friedrich Freksa (Hg.), Der Wiener Kongreß. Nach Aufzeichnungen von Teilnehmern und Mitarbeitern, 2. Aufl., Stuttgart 1917.

Friedrich II. 1752
Friedrich II., Oeuvres du Philosophe de Sans Souci, Berlin 1752.

Friedrich II. 1912
Friedrich II., Abriß der preußischen Regierung und der Grundsätze, auf denen sie beruht, nebst einigen politischen Betrachtungen (1776), in: Ders., Die Werke Friedrichs des Großen in deutscher Übersetzung, Bd. 7, hg. v. Gustav Berthold Volz, Berlin 1912, S. 210–216.

Friedrich II. 1913
Friedrich II., Geschichte meiner Zeit (1775), in: Ders., Die Werke Friedrichs des Großen in deutscher Übersetzung, Bd. 2, hg. v. Gustav Berthold Volz, Berlin 1913, S. 9–270.

Friedrich II., Kat. 1985
Friedrich II. und die Kunst. Ausstellung Potsdam, Neues Palais, hg. v. d. Generaldirektion der Staatlichen Schlösser und Gärten Potsdam-Sanssouci, Potsdam 1986.

Friedrich II. 2007
Friedrich II., Friedrich der Große – Potsdamer Ausgabe, Bd. 6: Philosophische Schriften, hg. v. Anne Baillot / Brunhilde Wehinger, Berlin 2007.

Friedrich der Große und Graf Brühl, 2012
Friedrich der Große und Graf Brühl. Geschichte einer Feindschaft, hg. v. d. Stiftung Fürst-Pückler-Museum Park und Schloss Branitz, Cottbus 2012.

Friedrichs des Zweiten Briefwechsel, 1837
Friedrichs des Zweiten, Königes von Preussen Briefwechsel mit dem Grafen Algarotti. Ein Nachtrag zu Friedrichs des Großen hinterlassenen Werken, Aus dem Französischen und Italienischen übersetzt von Friedrich Christoph Förster, Berlin 1837.

Friedrich Wilhelm I., Kat. 1990
Friedrich Wilhelm I. Der Soldatenkönig als Maler, Ausstellung Potsdam, Turmgalerie der Orangerie in Sansscouci, hg. v. d. Generaldirektion der Staatlichen Schlösser und Gärten Potsdam-Sanssouci, Potsdam 1990.

Friedrich Wilhelm III. 1815
[Friedrich Wilhelm III.], An die Einwohner des preußischen Sachsen, 22. Mai 1815, o. O. 1815.

Freudenthal 1928
Max Freudenthal, Leipziger Messgäste. Die jüdischen Besucher der Leipziger Messen in den Jahren 1675 bis 1764 (= Schriften der Gesellschaft zur Förderung der Wissenschaft des Judentums 29), Frankfurt am Main 1928.

Fürstenau 1862
Moritz Fürstenau, Zur Geschichte der Musik und des Theaters am Hofe der Kurfürsten von Sachsen und Könige von Polen Friedrich August I. (August II.) und Friedrich August II. (August III.), Dresden 1862.

Fürst Leopold von Anhalt-Dessau, Kat. 1997
Fürst Leopold I. von Anhalt-Dessau 1676–1747. »Der Alte Dessauer«, Ausstellung Dessau, Museum für Naturkunde und Vorgeschichte / Museum für Stadtgeschichte / Schloss Mosigkau, hg. v. Museum für Naturkunde und Vorgeschichte Dessau, Dessau 1997.

Füssel 2010
Marian Füssel, Der Siebenjährige Krieg. Ein Weltkrieg im 18. Jahrhundert, München 2010.

Füssel / Petersen 2012
Marian Füssel / Sven Petersen (Hg.), Johann Heinrich Ludewig Grotehenn. Briefe aus dem Siebenjährigen Krieg, Lebensbeschreibung und Tagebuch, Potsdam 2012.

Gärtner 1817
Gottlieb Carl Gärtner, Darstellung der bei dem dritten Reformations-Jubelfeste 1817 in Dresden stattgefundenen Feierlichkeiten. Aus authentischen Quellen gesammelt, Dresden 1817.

Gastinel-Coural 2009
Chantal Gastinel-Coural, Quelques remarques sur le décor textile du Versailles de Louis XIV., in: Anna Jolly (Hg.), Furnishing textiles. Studies on Seventeenth- and Eighteenth-Century interior decoration (= Riggisberger Berichte 17), Riggisberg 2009, S. 9–20.

Gedike 1794
Friedrich Gedike, Christian Thomasius, in: Berlinische Monatsschrift März (1794), S. 216–254.

Geheime Geschichte, 1818
Geheime Geschichte der Theilung Sachsens, mitgetheilt, vorzüglich in Actenstücken, Treuenfels 1818.

Geisler 1807
Johann Gottlieb Geisler, Technische Geschichte des reflektierenden oder Spiegel-Teleskops, nebst vollständiger Beschreibung desselben sowohl als aller derjenigen Instrumente, welche sich auf Reflexion gründen, und der Art ihrer Aufstellung, Dresden 1807.

General-Consumtions-Accis-Ordnung, 1707
Sr. Königl. Majest. Und Churfürstl. Durchlaucht. zu Sachsen General-Consumtions-Accis-Ordnung, Leipzig 1707.

Gerhard 1956
Dietrich Gerhard, Regionalismus und ständisches Wesen als ein Grundthema europäischer Geschichte, in: Hellmut Kämpf (Hg.), Herrschaft und Staat im Mittelalter, Darmstadt 1956, S. 332–364.

Gerteis 1986
Klaus Gerteis, Die deutschen Städte in der frühen Neuzeit. Zur Vorgeschichte der »bürgerlichen Welt«, Darmstadt 1986.

Geyer 2010
Albert Geyer, Die Geschichte des Schlosses zu Berlin, Bd. 2: Vom Königsschloß zum Schloß des Kaisers (1698–1918), Sonderausgabe, Berlin 2010.

Giermann 2005a
Ralf Giermann, Ungleich wie ihre Bauherren, grundverschieden im Schicksal. Die königlichen Jagdschlösser Hubertusburg und Moritzburg, in: Porzellan Parforce. Jagdliches Meißner Porzellan des 18. Jahrhunderts, Ausstellung Moritzburg, Schloss Moritzburg / Düsseldorf, Schloss Benrath / Iphofen, Knauf-Museum, hg. v. Ulrich Pietsch u. Jutta Charlotte von Bloh, München 2005, S. 23–29.

Giermann 2005b
Ralf Giermann, Moritzburger Festkultur im augusteischen Zeitalter. Die Sorgen an den Nagel hängen, hg. v. Museum Schloss Moritzburg, Dresden 2005.

Gierowski 2005
Józef Andrzej Gierowski, Ein Herrscher – Zwei Staaten: Die sächsisch-polnische Personalunion als Problem des Monarchen aus polnischer Sicht, in: Rex Rexheuser (Hg.), Die Personalunionen von Sachsen-Polen 1697–1763 und Hannover-England 1714–1837. Ein Vergleich (= Deutsches Historisches Institut Warschau, Quellen und Studien 18), Wiesbaden 2005, S. 121–152.

Gill 2002
Theodor Gill, Hoheit und Torheit. Zinzendorfs Titel, in: Unitas Fratrum 49 / 50 (2002), S. 1–12.

Glafey 1721
Adam Friedrich Glafey, Kern der Geschichte des Hohen Chur- und Fürstlichen Hauses zu Sachsen. Mit Urkunden und Zeugnissen bewährter Scribenten belegt, Frankfurt / Leipzig 1721.

Goldenbaum / Košenina 1999–2013
Ursula Goldenbaum / Alexander Košenina (Hg.), Berliner Aufklärung, 5 Bde. (= Kulturwissenschaftliche Studien 1–5), Hannover 1999–2013.

Görler 1908
Carl Görler, Studien zur Bedeutung des siebenjährigen Krieges für Sachsen, in: Neues Archiv für sächsische Geschichte 29 (1908), S. 118–149.

Göse 1996
Frank Göse, Der Blick über die Grenzen. Brandenburgische und sächsische Adlige im 16. und 17. Jahrhundert, in: Sächsische Heimatblätter 2 (1996), S. 68–76.

Göse 1998
Frank Göse, Adlige Führungsgruppen in nordostdeutschen Territorialstaaten des 16. Jahrhunderts, in: Peter-Michael Hahn / Hellmut Lorenz (Hg.), Formen der Visualisierung von Herrschaft. Studien zu Adel, Fürst und Schloßbau vom 16. bis zum 18. Jahrhundert, Potsdam 1998, S. 139 – 210.

Göse 2003a
Frank Göse, Nachbarn, Partner und Rivalen. Die kursächsische Sicht auf Preußen im ausgehenden 17. und 18. Jahrhundert, in: Jürgen Luh / Vinzenz Czech / Bert Becker (Red.), Preußen, Deutschland und Europa 1701 – 2001, Groningen 2003, S. 45 – 78.

Göse 2003b
Frank Göse, Vom Aufstieg und Fall einer Favoritin. Die Gräfin Cosel, in: Michael Kaiser / Andreas Pečar (Hg.), Der zweite Mann im Staat. Oberste Amtsträger und Favoriten im Umkreis der Reichsfürsten in der Frühen Neuzeit (= Zeitschrift für Historische Forschung, Beiheft 32), Berlin 2003, S. 101 – 120.

Göse 2005
Frank Göse, Rittergut – Garnison – Residenz. Studien zur Sozialstruktur und politischen Wirksamkeit des brandenburgischen Adels 1648 – 1763, Berlin 2005.

Göse 2011
Frank Göse, »Die Preußen hätten keine Lust zu beißen . . .«. Wahrnehmungsmuster im brandenburgisch-kursächsischen Verhältnis in der zweiten Hälfte des 17. Jahrhunderts und im 18. Jahrhundert, in: Cornelia Klettke / Ralf Pröve (Hg.), Brennpunkte kultureller Begegnungen auf dem Weg zu einem modernen Europa. Identitäten und Alteritäten eines Kontinents (= Schriften des Frühneuzeitzentrums Potsdam 1), Göttingen 2011, S. 153 – 182.

Göse 2012
Frank Göse, Friedrich I. (1657 – 1713). Ein König in Preußen, Regensburg 2012.

Göse 2013
Frank Göse, Ressentimentgeladenheit und Rezeptionsbereitschaft. Bemerkungen zum kursächsisch-preußischen Verhältnis auf dem Gebiet der Militärgeschichte von der Mitte des 17. bis zur Mitte des 18. Jahrhunderts, in: Christian T. Müller / Matthias Rogg (Hg.), Das ist Militärgeschichte! Probleme – Projekte – Perspektiven, Paderborn 2013, S. 383 – 398.

Gotthard 1996
Axel Gotthard, Der »Große Kurfürst« und das Kurkolleg, in: Forschungen zur brandenburgischen und preußischen Geschichte, N. F. 6 (1996), S. 1 – 54.

Gottsched 1968 – 1987
Johann Christoph Gottsched, Ausgewählte Werke, 12 Bde. (= Ausgaben deutscher Literatur des XV. bis XVIII. Jahrhunderts), hg. v. Philipp M. Mitchell, Berlin 1968 – 1987.

Gottsched 1972
Johann Christoph Gottsched, Schriften zur Literatur (= Reclams Universal-Bibliothek 9361 / 9365), hg. v. Horst Steinmetz, Stuttgart 1972.

Grabsteininschrift Lehmann, 1730
Grabsteininschrift Berend Lehmann (1730), in: Digitale Edition – Jüdischer Friedhof Halberstadt, Im Roten Strumpf, hbs-1 (= epidat – epigraphische Datenbank), ed. u. übers. v. Dan Bondy, 11 102013, http://www.steinheim-institut.de/cgi-bin/epidat?id=hbs-1, Stand: 08. 01. 2014.

Graf 2000
Friedrich Wilhelm Graf, Die Nation – von Gott »erfunden«? Kritische Randnotizen zum Theologiebedarf der historischen Nationalismusforschung, in: Gerd Krumeich / Hartmut Lehmann (Hg.), »Gott mit uns«. Nation, Religion und Gewalt im 19. und frühen 20. Jahrhundert, Göttingen 2000, S. 285 – 317.

Grahmann 1815
Karl Gottfried Grahmann, Die Feier der Rückkehr Ihro Majestät des Königs von Sachsen Friedrich August des Gerechten in Zittau und seiner Umgebung, Zittau 1815.

Granier 1898
Hermann Granier, Die Russen und Österreicher in Berlin im Oktober 1760, in: Hohenzollern-Jahrbuch 2 (1898), S. 113 – 145.

Gröschel 2009
Sepp-Gustav Gröschel, Die Anfänge der Antikensammlung unter Kurfürst Friedrich Wilhelm von Brandenburg bis zu König Friedrich Wilhelm I., in: Franziska Windt (Hg.) / Saskia Hüneke (Bearb.), Antiken I. Kurfürstliche und königliche Erwerbungen für die Schlösser und Gärten Brandenburg-Preußens vom 17. bis zum 19. Jahrhundert (= Stiftung Preussische Schlösser und Gärten Berlin-Brandenburg, Bestandskataloge der Kunstsammlungen 1), Berlin 2009, S. 15 – 22.

Große 1879
L. Große, Entwickelung der Verfassung und des öffentlichen Rechts der Niederlausitz seit dem Traditions-Recesse im Jahre 1635, in: Neues Lausitzisches Magazin 25 (1879), S. 1 – 264.

Großer 2012
Karl Heinz Großer, Stift Joachimstein und seine Güter. Rückblicke auf die Geschichte einer Oberlausitzer Grundherrschaft, Oberstdorf 2012.

Haag 2006
Sabine Haag, Einblicke in die Bernsteinsammlung der Wiener Kunst- und Schatzkammer, in: Gerd Laue (Hg.), Bernstein. Kostbarkeiten europäischer Kunstkammern, München 2006, S. 44 – 55.

Haake 1900
Paul Haake, La société des antisobres, in: Neues Archiv für Sächsische Geschichte und Altertumskunde 21 (1900), 3 / 4, S. 241 – 254.

Haake 1901
Paul Haake, Ein politisches Testament König Augusts des Starken, in: Historische Zeitschrift 87 (1901), S. 1 – 21.

Haake 1922
Paul Haake, August der Starke im Urteil seiner Zeit und der Nachwelt, Dresden 1922.

Haake 1939
Paul Haake, Kursachsen oder Brandenburg-Preußen? Geschichte eines Wettstreits, Berlin 1939.

Hahn, H. 2001
Hans-Werner Hahn, »Die Spinne im Kleinstaatennetz«. Preußische Herrschaft in Thüringen im 19. Jahrhundert, in: Thüringer Landtag (Hg.) / Harald Mittelsdorf (Red.), Das preußische Thüringen. Abhandlungen zur Geschichte seiner Volksvertretungen (= Schriften zur Geschichte des Parlamentarismus 17), Rudolstadt / Jena 2001, S. 47 – 76.

Hahn, P. 1979
Peter-Michael Hahn, Struktur und Funktion des brandenburgischen Adels im 16. Jahrhundert, Berlin 1979.

Hahn, P. 1990
Peter-Michael Hahn, Kursachsen und Brandenburg-Preußen. Ungleiche Gegenspieler (1485 – 1740), in: Reiner Groß (Hg.), Sachsen und die Wettiner. Chancen und Realitäten (= Dresdner Hefte, Sonderbd.), Dresden 1990, S. 93 – 99.

Hahn, P. 2001
Peter-Michael Hahn, Der Hof Friedrichs III. / I. um 1700 im Spiegel der Hofjournale seines Zeremonienmeisters Johann von Besser, in: Preußen 1701. Eine europäische Geschichte, Bd. 2: Essays, Ausstellung Berlin, Große Orangerie des Schlosses Charlottenburg, hg. v. Franziska Windt, Berlin 2001, S. 57 – 67.

Hahn, P. 2009 / 10
Peter-Michael Hahn, Calvinismus und Reichsferne. Politische Orientierung und kulturelle Prägung Kurbrandenburgs 1650 – 1700, in: Blätter für deutsche Landesgeschichte, N. F. des Korrespondenzblattes 145 / 146 (2009 / 10), S. 49 – 93.

Hahn, P. 2013
Peter-Michael Hahn, Friedrich II. von Preußen. Feldherr, Autokrat und Selbstdarsteller (= Kohlhammer-Urban-Taschenbücher 658), Stuttgart 2013.

Hammer 1997
Michael Hammer, Volksbewegung und Obrigkeiten. Revolution in Sachsen 1830/31 (= Geschichte und Politik in Sachsen 3), Weimar 1997.

Hammerstein 1972
Notker Hammerstein, Jus und Historie. Ein Beitrag zur Geschichte des historischen Denkens an deutschen Universitäten im späten 17. und frühen 18. Jahrhundert, Göttingen 1972.

Hanke 2006
René Hanke, Brühl und das Renversement des alliances. Die antipreußische Außenpolitik des Dresdener Hofes 1744–1756 (= Historia profana et ecclesiastica. Geschichte und Kirchengeschichte zwischen Mittelalter und Moderne 15), Berlin 2006.

Hasse 1804
[Friedrich Christian August Hasse], Dresden und die umliegende Gegend bis Elsterwerda, Bautzen, Herrnhut, Rumburg, Aussig, Töplitz, Freyberg und Hubertsburg. Eine Darstellung für Natur- und Kunstfreunde, Tl. 2: Wegweiser durch die Gegend um Dresden. Nebst einer Reisekarte durch die Gegend um Dresden, 2. Aufl., Dresden 1804.

Hassel 1805
Johann Georg Heinrich Hassel, Statistischer Umriss der sämtlichen Europäischen Staaten in Hinsicht ihrer Grösse, Bevölkerung, Kulturverhältnisse, Handlung, Finanz- und Militärverfassung und ihrer aussereuropäischen Besitzungen, 2 Bde., Braunschweig 1805.

Hassel 1809
Johann Georg Heinrich Hassel, Statistische Übersichts-Tabellen der sämmtlichen europäischen und einiger aussereuropäischen Staaten, Göttingen 1809.

Hassel 1813
Johann Georg Heinrich Hassel, Statistisches Repertorium über das Königreich Westphalen, Braunschweig 1813.

Haupt 1974
Walther Haupt, Sächsische Münzkunde, 2 Bde., Berlin 1974.

Haupt-Konvention, 1819
Haupt-Konvention zu Vollziehung des, zwischen Ihro Königl. Majestäten von Preußen und von Sachsen zu Wien am 18. Mai 1815 abgeschlossenen Friedens-Traktats und zu näherer Bestimmung der, durch diesen Traktat veranlaßten Auseinandersetzungen und Ausgleichungen vom 28. August 1819, in: Anhang zur Gesetz-Sammlung für die Königlichen Preußischen Staaten 1819, Berlin 1819, S. 1–38.

Heckmann 1998
Hermann Heckmann, Baumeister des Barock und Rokoko in Brandenburg-Preußen, Berlin 1998.

Hehl 2008
Ulrich von Hehl, Das europäische Mächtesystem im Zeitalter der Französischen Revolution. Das Pillnitzer Fürstentreffen von 1791, in: Guntram Martin / Jochen Vötsch / Peter Wiegand (Hg.), 200 Jahre Königreich Sachsen. Beiträge zur sächsischen Geschichte im napoleonischen Zeitalter (= Saxonia. Schriften des Vereins für sächsische Landesgeschichte 10), Beucha 2008, S. 26–36.

Heinrich 1990
Gerd Heinrich (Hg.), Ein sonderbares Licht in Teutschland. Beiträge zur Geschichte des Großen Kurfürsten von Brandenburg (1640–1688) (= Zeitschrift für Historische Forschung, Beiheft 8), Berlin 1990.

Helden nach Maß, Kat. 2013
Helden nach Maß. 200 Jahre Völkerschlacht bei Leipzig, Ausstellung Leipzig, Stadtgeschichtliches Museum, hg. v. Volker Rodekamp, Leipzig 2013.

Hentschel 1969
Walter Hentschel, Die Zentralbauprojekte Augusts des Starken. Ein Beitrag zur Rolle des Bauherrn im deutschen Barock (= Abhandlungen der Sächsischen Akademie der Wissenschaften zu Leipzig, Philologisch-Historische Klasse 60,1), Berlin 1969.

Henze-Döhring 2000
Sabine Henze-Döhring, Kunst als Medium dynastischer Grenzziehung. Italienische Opern an deutschen Residenzen, in: Kathrin Eberl / Wolfgang Ruf (Hg.), Musikkonzepte – Konzepte der Musikwissenschaft. Bericht über den Internationalen Kongreß der Gesellschaft für Musikforschung in Halle (Saale) 1998, Bd. 1: Hauptvortrag, Kolloquien, Symposien, Kassel 2000, S. 161–171.

Henze-Döhring 2012
Sabine Henze-Döhring, Friedrich der Große. Musiker und Monarch, München 2012.

Henzel 1997
Christoph Henzel, Zu den Aufführungen der großen Oper Friedrichs II. von Preußen 1740–1756, in: Jahrbuch des Staatlichen Instituts für Musikforschung, Preußischer Kulturbesitz (1997), S. 9–57.

Henzel 2009
Christoph Henzel, Berliner Klassik. Studien zur Graunüberlieferung im 18. Jahrhundert (= Ortus-Studien 6), Beeskow 2009.

Heres 2006
Gerald Heres, Dresdener Kunstsammlungen im 18. Jahrhundert, 2. überarb. Aufl., Dresden 2006.

Hering 1849
Carl Wilhelm Hering, Geschichte der Stadt und Ephorie Großenhain oder der einstigen Hainer Pflege nach urkundlichen Nachrichten bearbeitet und nebst den bei der am dritten Adventssonntage 1848 in Hain begangenen Kirchenjubelfeier von den dasigen Geistlichen gehaltenen Predigten und Reden, Großenhain / Oederan 1849.

Heubner 1815
Heinrich Leonhard Heubner, Predigten im Jahre 1813 und 1814 zu Wittenberg während der Belagerung gehalten, Wittenberg 1815.

Heyn 1913
Konrad Heyn, Graf Francesco Algarotti und seine Beziehungen zur Dresdner Gemäldegalerie, in: Neues Archiv für Sächsische Geschichte 34 (1913), S. 272–298.

Hinrichs 1971
Carl Hinrichs, Preußentum und Pietismus. Der Pietismus in Brandenburg-Preußen als religiös-soziale Reformbewegung, Göttingen 1971.

Hinterkeuser 1999/2000
Guido Hinterkeuser, Ehrenpforten, Gläserspind und Bernsteinzimmer. Neue und wieder gelesene Quellen zur Baugeschichte von Schloss Charlottenburg (1694–1711), in: Stiftung Preußische Schlösser und Gärten Berlin-Brandenburg, Jahrbuch 3 (1999/2000), S. 65–102.

Hinterkeuser 2003
Guido Hinterkeuser, Das Berliner Schloss. Der Umbau durch Andreas Schlüter, Berlin 2003.

Hochedlinger 1994
Michael Hochedlinger, Die französisch-osmanische »Freundschaft« 1525–1792. Element antihabsburgischer Politik, Gleichgewichtsinstrument, Prestigeunternehmung, Aufriß eines Problems, in: Mitteilungen des Instituts für Österreichische Geschichtsforschung 102 (1994), S. 108–164.

Hochmuth 2013
Michael Hochmuth, Die Dresdner Hofkapelle auf Schloss Hubertusburg, in: Die königliche Jagdresidenz Hubertusburg und der Frieden von 1763, Ausstellung Wermsdorf, Schloss Hubertusburg, hg. v. Dirk Syndram u. Claudia Brink, Dresden 2013, S. 94–106.

Hoensch 1973
Jörg K. Hoensch, Friedrichs II. Währungsmanipulationen im Siebenjährigen Krieg und ihre Auswirkung auf die polnische Münzreform von 1765/66, in: Jahrbuch für die Geschichte Mittel- und Ostdeutschlands 22 (1973), S. 110–175.

Hoff- und Staats-Calender, 1729
Königlich Polnischer und Churfürstlicher Sächsischer Hoff- und Staats-Calender. Auf das Jahr 1729, o. O. 1729.

Höfische Bildnisse, Kat. 1966
Höfische Bildnisse des Spätbarock. Ausstellung Berlin, Schloss Charlottenburg, bearb. v. Helmut Börsch-Supan, Berlin 1966.

Holzhausen 1940
Walter Holzhausen, Antoine Pesne und seine Beziehungen zu August dem Starken, in: Zeitschrift für Kunstgeschichte 9 (1940), S. 49–65.

Hoppe 1989
Günter Hoppe, Martin Heinrich Klaproth (1743–1817) als Mineralchemiker und Mineralsammler, in: Der Aufschluss 40 (1989), S. 201–214.

Hórčanski 1782
Jan Hórčanski, Gedancken eines Ober-Lausitzer-Wenden über das Schicksaal seiner Nazion, Bautzen 1782.

Horn 2004
Christian Horn, Der aufgeführte Staat. Zur Theatralität höfischer Repräsentation unter Kurfürst Johann Georg II. von Sachsen, Tübingen / Basel 2004.

Houben 1990
Heinrich Hubert Houben, Hier Zensur – wer dort? Antworten von gestern auf Fragen von heute, Der gefesselte Biedermeier, Literatur, Kultur, Zensur in der guten, alten Zeit (= Reclams Universal-Bibliothek 1340), Leipzig 1990.

Hubertusburg, Kat. 2013
Die königliche Jagdresidenz Hubertusburg und der Frieden von 1763, Ausstellung Wermsdorf, Schloss Hubertusburg, hg. v. Dirk Syndram u. Claudia Brink, Dresden 2013.

Hundt 1996
Michael Hundt, Die mindermächtigen deutschen Staaten auf dem Wiener Kongress, Mainz 1996.

Hüneke 1997/98
Saskia Hüneke, Friedrich der Große in der Bildhauerkunst des 18. und 19. Jahrhunderts, in: Stiftung Preußische Schlösser und Gärten Berlin-Brandenburg, Jahrbuch 2 (1997/98), S. 59–86.

Jenak 2005
Rudolf Jenak (Hg.), Sachsen, der Rheinbund und die Exekution der Sachsen betreffenden Entscheidungen des Wiener Kongresses (1803–1816), Neustadt an der Aisch 2005.

Jenak 2010
Rudolf Jenak (Hg.), »Mein Herr Bruder«. Napoleon und Friedrich August I., Der Briefwechsel des Kaisers der Franzosen mit dem König von Sachsen (1806–1813), Beucha / Markkleeberg 2010.

Jenzen 2004
Igor A. Jenzen, Stil und Modus in der Dekorationskunst Augusts des Starken, oder warum Schloss Moritzburg mit Ledertapeten ausgestattet wurde, in: Staatliche Schlösser, Burgen und Gärten Sachsen (Hg.), Ledertapeten. Bestände, Erhaltung und Restaurierung, Dresden 2004, S. 24–30.

Jerouschek 2006
Günter Jerouschek, Arbeit am Mythos. Thomasius und die Gründung der Universität Halle, in: Heiner Lück (Hg.), Christian Thomasius (1655–1728). Wegbereiter moderner Rechtskultur und Juristenausbildung, Hildesheim 2006, S. 311–325.

Johann Friedrich Böttger, Kat. 1982
Johann Friedrich Böttger zum 300. Geburtstag. Meissen, Frühzeit und Gegenwart, Ausstellung Dresden, Dresdener Zwinger, Dresden 1982.

Jungmann 2012
Jens Jungmann, Sachsens Glanz und Preußens Gloria. Dresden 2012.

Jungnickel 1997
Dirk Jungnickel, Sachsens Glanz und Preussens Gloria. Werkstattgespräch mit Albrecht Börner zur Stoffentwicklung und Entstehungsgeschichte unter besonderer Berücksichtigung des Preußenbildes in der DDR, in: Der Wandel des Preußenbildes in den DDR-Medien (= Schriftenreihe Medienberatung 1), hg. v. d. Bundeszentrale für Politische Bildung, 2. Aufl., Bonn 1997, S. 19–35.

Justi 1760
[Johann Heinrich Gottlob von Justi], Leben und Character des Königl. Pohlnischen und Churfürstl. Sächßl. Premier-Ministre Grafens von Brühl, in vertraulichen Briefen entworfen, o. O. 1760.

Kadatz 1998
Hans-Joachim Kadatz, Knobelsdorff. Baumeister Friedrichs des Großen, 3. Aufl., Leipzig 1998.

Kaemmel 1899
Otto Kaemmel, Sächsische Geschichte. Mit einer Stammtafel des Hauses Wettin, Dresden 1899.

Kartel-Konvention, 1817
Kartel-Konvention zwischen Preußen und Sachsen vom 18. April 1817, in: Gesetz-Sammlung für die Königlichen Preußischen Staaten 1817, Berlin 1817, S. 130–131.

Kästner 1998
Erich Kästner, Werke, hg. v. Franz Josef Görtz, München 1998.

Kaupisch 2006
Sören Kaupisch, Bildtapeten auf textilem Träger im Gesellschaftszimmer des Schlosses Ahlsdorf in Brandenburg. Technologische Untersuchung und Erstellung eines Behandlungskonzeptes, unveröffentlichte Diplomarbeit, HAWK Hildesheim / Holzminden / Göttingen 2006.

Keisch 1997
Christiane Keisch, Das große Silberbuffet aus dem Rittersaal des Berliner Schlosses, Berlin 1997.

Keller 2005
Katrin Keller, Personalunion und Kulturkontakt. Der Dresdner Hof im Zeitalter der sächsisch-polnischen Union, in: Rex Rexheuser (Hg.), Die Personalunionen von Sachsen-Polen 1697–1763 und Hannover-England 1714–1837. Ein Vergleich (= Deutsches Historisches Institut Warschau, Quellen und Studien 18), Wiesbaden 2005, S. 153–176.

Keller / Matzerath 1997
Katrin Keller / Josef Matzerath (Hg.), Geschichte des sächsischen Adels, Köln / Weimar / Wien 1997.

Kerssenbrock-Krosigk 2001a
Dedo von Kerssenbrock-Krosigk, Friedrich III. / I. und die Luxusglasherstellung in Brandenburg, in: Christiane Keisch / Julia Schewski-Boch (Hg.), »Herrliche Künste und Manufacturen«. Fayence, Glas und Tapisserien aus der Frühzeit Brandenburg-Preußens 1680–1720, Berlin 2001, S. 96–107.

Kerssenbrock-Krosigk 2001b
Dedo von Kerssenbrock-Krosigk, Rubinglas des 17. und des 18. Jahrhunderts, Mainz 2001.

Keyser 1817
Friedrich Keyser (Hg.), Reformations-Almanach für Luthers Verehrer auf das evangelische Jubeljahr 1817, Erfurt 1817.

Kittstein 2003
Lothar Kittstein, Politik im Zeitalter der Revolution. Untersuchungen zur preußischen Staatlichkeit 1792–1807, Stuttgart 2003.

Klasse, Ordnung, Art, Kat. 2010
Klasse, Ordnung, Art. 200 Jahre Museum für Naturkunde, Ausstellung Berlin, Museum für Naturkunde, hg. v. Ferdinand Damaschun / Sabine Hackethal / Hannelore Landsberg u. Reinhold Leinfelder, Berlin 2010.

Kleist 1982
Heinrich von Kleist, Sämtliche Werke in vier Bänden, hg. v. Helmut Sembdner, München 1982.

Klingenberg 1996
Anneliese Klingenberg, Karl Philipp Moritz als Mitglied der Berliner Akademien, in: Wolfgang Griep (Hg.), Moritz zu Ehren. Beiträge zum Eutiner Symposium im Juni 1993 (= Eutiner Forschungen 2), Eutin 1996, S. 135–158.

Klingenberg 2001
Anneliese Klingenberg, Die »Neue Bibliothek der schönen Wissenschaften und der freyen Künste«. Programm für eine europäische République des Lettres, in: Dies./Katharina Middell/Matthias Middell/Ludwig Stockinger (Hg.), Sächsische Aufklärung (= Leipziger Studien zur Erforschung von regionenbezogenen Identifikationsprozessen 7), Leipzig 2001, S. 173–196.

Klingenberg 2009
Anneliese Klingenberg, Karl Philipp Moritz als Mitglied beider Berliner Akademien, in: Gegenworte. Hefte für den Disput über Wissen 22 (2009), S. 65–68.

Klingenberg/Middell/Stockinger 2001
Anneliese Klingenberg/Katharina Middell/Matthias Middell/Ludwig Stockinger (Hg.), Sächsische Aufklärung (= Leipziger Studien zur Erforschung von regionenbezogenen Identifikationsprozessen 7), Leipzig 2001.

Klüber 1833
Johann Ludwig Klüber (Hg.), Acten des Wiener Congresses in den Jahren 1814 und 1815, Bd. 5, 2. Aufl., Erlangen 1833.

Klueting 1986
Harm Klueting, Die Lehre von der Macht der Staaten. Das außenpolitische Machtproblem in der »politischen Wissenschaft« und in der praktischen Politik im 18. Jahrhundert, Berlin 1986.

Kluge 2012
Bernd Kluge (Bearb.), Die Münzen König Friedrichs II. von Preußen 1740–1786. Auf der Grundlage der Werke Friedrich Freiherr von Schrötters neu bearbeitet (= Berliner numismatische Forschungen, N. F. 10), Berlin 2012.

Kluge/Bannicke 2012
Bernd Kluge/Elke Bannicke, Für 8 Groschen ist's genug. Friedrich der Große in seinen Münzen und Medaillen, Berlin 2012.

Klüßendorf 2009
Niklot Klüßendorf, Münzkunde, Hannover 2009.

Kneschke 1811
Johann Gottfried Kneschke, Geschichte und Merkwürdigkeiten der Rathsbibliothek in Zittau, Zittau 1811.

Knobelsdorf 2012
Tobias Knobelsdorf, Die Plünderung von Schloss Hubertusburg im Frühjahr 1761, in: Die königliche Jagdresidenz Hubertusburg und der Frieden von 1763, Ausstellung Wermsdorf, Schloss Hubertusburg, hg. v. Dirk Syndram u. Claudia Brink, Dresden 2013, S. 181–194.

Knöfel 2009
Anne-Simone Knöfel, Dynastie und Prestige. Die Heiratspolitik der Wettiner (= Dresdner historische Studien 9), Köln/Weimar/Wien 2009.

Koch, H. 1998
Hansjoachim Koch, Die Befreiungskriege 1807–1815, 2. Aufl., Berg 1998.

Koch, U. 2010
Ute Christina Koch, Maecenas in Sachsen. Höfische Repräsentationsmechanismen von Favoriten am Beispiel von Heinrich von Brühl, unveröffentlichte Dissertation, Technische Universität Dresden 2010.

Koch, U. 2012
Ute Christina Koch, Potsdam contra Dresden. Die Kunstsammler Friedrich II. und Graf Brühl, in: Friedrich der Große und Graf Brühl. Geschichte einer Feindschaft, hg. v. d. Stiftung Fürst-Pückler-Museum Park und Schloss Branitz, Cottbus 2012, S. 63–75.

Koch, U. 2014
Ute Christina Koch, Der verlorene Diamant. Die Gemäldesammlung des Grafen von Brühl in Dresden, in: Dresdener Kunstblätter 2 (2014), S. 17–27.

Köllmann/Jarchow 1987
Erich Köllmann/Margarethe Jarchow, Berliner Porzellan, 2 Bde., München 1987.

Körner 2008
Dorit Körner, Sachsen und Preußen am Ende des Alten Reiches, in: Guntram Martin/Jochen Vötsch/Peter Wiegand (Hg.), 200 Jahre Königreich Sachsen. Beiträge zur sächsischen Geschichte im napoleonischen Zeitalter (= Saxonia. Schriften des Vereins für sächsische Landesgeschichte 10), Beucha 2008, S. 69–82.

Koselleck 1989a
Reinhart Koselleck, ›Erfahrungsraum‹ und ›Erwartungshorizont‹ – zwei historische Kategorien, in: Ders.,Vergangene Zukunft. Zur Semantik geschichtlicher Zeiten, Frankfurt am Main 1989, S. 349–375.

Koselleck 1989b
Reinhart Koselleck, Preußen zwischen Reform und Revolution. Allgemeines Landrecht, Verwaltung und soziale Bewegung von 1791 bis 1848, 3. Aufl., München 1989.

Koselleck 2000
Reinhart Koselleck, Erfahrungswandel und Methodenwechsel. Eine historisch-anthropologische Skizze, in: Ders., Zeitschichten. Studien zur Historik, Frankfurt am Main 2000, S. 27–77.

Koser 1913
Reinhold Koser, Geschichte der brandenburgisch-preußischen Politik, Bd. 1: Geschichte der brandenburgischen Politik bis zum Westfälischen Frieden von 1648, 2. Aufl., Stuttgart/Berlin 1913.

Krauske 1905
Otto Krauske (Bearb.), Die Briefe König Friedrich Wilhelms I. an den Fürsten Leopold zu Anhalt-Dessau 1704–1740 (= Acta Borussica. Denkmäler der Preußischen Staatsverwaltung im 18. Jahrhundert, Ergänzungsbd.), Berlin 1905 [ND mit einer Einleitung v. Gerd Heinrich, Frankfurt am Main 1986/87].

Krell 1911
Alfred Krell, Herzog Johann Adolf II. von Sachsen-Weissenfels als sächsischer Feldmarschall, mit besonderer Rücksicht auf seinen Anteil am zweiten Schlesischen Krieg, Leipzig 1911.

Kriegsgericht in Köpenick, Kat. 2011
Kriegsgericht in Köpenick! Anno 1730: Kronprinz – Katte – Königswort, Ausstellung Berlin, Schloss Köpenick, bearb. v. Jürgen Kloosterhuis und Lothar Lambacher, Berlin 2011.

Kriegslasten eines Dorfes, 1935
Kriegslasten eines Dorfes. Was die Gemeinde Stenn im Siebenjährigen Krieg an Freund und Feind zu zahlen hatte, in: Zwickauer Tageblatt und Anzeiger, 7. 11. 1935, n. pag.

Kroll 2013
Frank-Lothar Kroll (Hg.), Die Herrscher Sachsens. Markgrafen, Kurfürsten, Könige 1089–1918, 2. Aufl., München 2013.

Krünitz 1792
Johann Georg Krünitz, Oekonomisch-technologische Encyklopädie, oder allgemeines System der Staats-, Stadt-, Haus- und Landwirtschaft, Bd. 57, Berlin 1792.

Kügelgen 1870
Wilhelm von Kügelgen, Jugenderinnerungen eines alten Mannes, Berlin 1870.

Kuke 2002
Hans-Joachim Kuke, Jean de Bodt 1670–1745. Architekt und Ingenieur im Zeitalter des Barock, Worms 2002.

Kuke/Wimmer 2013
Hans-Joachim Kuke/Clemens Alexander Wimmer, Potsdam – Versailles. Jean de Bodt und der Potsdamer Lustgarten, in: Die Gartenkunst 25 (2013), 2, S. 293–340.

Kunisch 2009
Johannes Kunisch, Friedrich der Große. Der König und seine Zeit, München 2009.

Kunst und Wissenschaft, 2011
Kunst und Wissenschaft um 1800. Die Sammlungen der Oberlausitzischen Gesellschaft der Wissenschaften zu Görlitz, hg. v. d. Städtischen Sammlungen für Geschichte und Kultur Görlitz, Bielefeld / Berlin 2011.

Kunze, G. 2004
Gerhard Kunze, »Die Saxen sind Bestien«. Die Erschießung von sieben sächsischen Grenadieren bei Lüttich am 6. Mai 1815, Berlin 2004.

Kunze, P. 2000
Peter Kunze, Die Sorben / Wenden in der Niederlausitz – ein geschichtlicher Überblick, 2. Aufl., Bautzen 2000.

Kunze, P. 2008
Peter Kunze, Kurze Geschichte der Sorben. Ein kulturhistorischer Überblick in zehn Kapiteln, 4. Aufl., Bautzen 2008.

Kurzwelly 1912
Albrecht Kurzwelly, Das Bildnis in Leipzig vom Ende des 17. Jahrhunderts bis zur Biedermeierzeit, Leipzig 1912.

Lackmann 2005
Thomas Lackmann, Das Glück der Mendelssohns. Geschichte einer deutschen Familie, Berlin 2005.

Lange 2005
Heinrich Lange, Wechselvolles Schicksal der preußischen Kroninsignien und Kronjuwelen. Ein Beitrag zum 300. Jubiläum von Schloss Charlottenburg, in: Jahrbuch für Brandenburgische Landesgeschichte 56 (2005), S. 203 – 227.

Langewiesche 2004
Dieter Langewiesche, Der deutsche »Sonderweg«. Defizitgeschichte als geschichtspolitische Zukunftskonstruktion nach dem Ersten und Zweiten Weltkrieg, in: Ders. / Horst Carl / Hans-Henning Kortüm / Friedrich Lenger (Hg.), Kriegsniederlagen. Erfahrungen und Erinnerungen, Berlin 2004, S. 57 – 67.

Laube 2003
Stefan Laube, Das Lutherhaus Wittenberg. Eine Museumsgeschichte, Leipzig 2003.

Laudel 1987
Heidrun Laudel, Planung zum Dresdener Schloß, in: Matthäus Daniel Pöppelmann 1662 – 1736. Ein Architekt des Barocks in Dresden, Ausstellung Dresden, Albertinum, Dresden 1987, S. 53 – 60.

Laudel 1991
Heidrun Laudel, Projekte zur Dresdner Residenz in der Regierungszeit Augusts des Starken, in: Kurt Milde (Hg.), Matthäus Daniel Pöppelmann 1662 – 1736 und die Architektur der Zeit Augusts des Starken (= Fundus-Bücher 125), Dresden 1991, S. 299 – 312.

Lebewohl, 1815
Erwiedertes Lebewohl der abgeschiedenen an die bleibenden Sachsen, Leipzig [1815].

Lee 2011
David E. Lee, Armor im Harnisch. Gleim als Anakreontiker und Grenadier, in: Euphorion 105 (2011), S. 19 – 50.

Legendäre »lange Kerls«, 2003
Legendäre »lange Kerls«. Quellen zur Regimentskultur der Königsgrenadiere Friedrich Wilhelms I. 1713 – 1740, bearb. v. Jürgen Kloosterhuis, Berlin 2003.

Lehmann, E. 1909
Emil Lehmann, Der polnische Resident Berend Lehmann, der Stammvater der israelitischen Religionsgemeinde zu Dresden (1885), in: Ders., Gesammelte Schriften, hg. v. seinen Kindern, 2. Aufl., Dresden 1909, S. 91 – 134.

Lehmann, R. 1934
Rudolf Lehmann, Die Haltung der Niederlausitzer Stände in der sächsischen Frage 1813 bis 1815 und der Übergang des Markgraftums an Preußen, in: Niederlausitzer Mitteilungen 22 (1934), S. 57 – 69.

Lehmann, R. 1953
Rudolf Lehmann, Die Oberamtsregierung im Markgraftum Niederlausitz, ihr Archiv und dessen Schicksale, in: Forschungen aus mitteldeutschen Archiven. Zum 60. Geburtstag von Helmut Kretzschmar, hg. v. d. Staatlichen Archivverwaltung im Staatssekretariat für Innere Angelegenheiten, Berlin 1953, S. 104 – 126.

Lehmann, R. 1956
Rudolf Lehmann, Die niederlausitzer Stände in sächsischer Zeit. Ein Beitrag zur Verfassungs- und Verwaltungsgeschichte der Niederlausitz, in: Archivar und Historiker. Studien zur Archiv- und Geschichtswissenschaft. Zum 65. Geburtstag von Heinrich Otto Meisner, hg. v. d. Staatlichen Archivverwaltung im Staatssekretariat für Innere Angelegenheiten, Berlin 1956, S. 308 – 325.

Lehmann, R. 1963
Rudolf Lehmann, Geschichte der Niederlausitz (= Veröffentlichungen der Berliner Historischen Kommission beim Friedrich-Meinecke-Institut der Freien Universität Berlin 5), Berlin 1963.

Lehmann, H. 1993
Hannelore Lehmann, Pietismus in Potsdam im Spiegel von Briefen an August Hermann Francke (1663 – 1727) und seinen Sohn Gotthilf August (1696 – 1769), in: Jahrbuch für brandenburgische Landesgeschichte 44 (1993), S. 43 – 53.

Lehmann, H. 1997
Hannelore Lehmann, Zur pietistischen Konventikelbildung in Potsdam (1692 – 1742), in: Erich Donnert (Hg.), Europa in der Frühen Neuzeit. Festschrift für Günter Mühlpfordt, Bd. 1: Vormoderne, Weimar / Köln / Wien 1997, S. 539 – 575.

Lehmann, H. 2004
Hannelore Lehmann, Das Tuchtfeldsche Soldatenkonventikel in Potsdam 1725 / 27. Erziehung zum frommen Soldaten oder ›Verleidung‹ des Soldatenstandes?, in: Michael Kaiser / Stefan Kroll (Hg.), Militär und Religiosität in der Frühen Neuzeit (= Herrschaft und soziale Systeme in der frühen Neuzeit 4), Münster 2004, S. 277 – 292.

Lehnert / Vogel 2011
Katrin Lehnert / Lutz Vogel, Das Ziel liegt am Wegesrand. Arbeitsmobilitäten in der Oberlausitz des 19. Jahrhunderts, in: Winfried Müller / Swen Steinberg (Hg.), Menschen unterwegs. Die via regia und ihre Akteure, Dresden 2011, S. 212 – 219.

Leibetseder 2013
Stefanie Leibetseder, Schloss Doberlug. Nebenresidenz der Wettiner, hg. v. Peter Langen u. Anne-Katrin Ziesak f. d. Haus der Brandenburgisch-Preußischen Geschichte, Dresden 2013

Leipziger Bildnismalerei, Kat. 1912
Die Leipziger Bildnismalerei von 1700 bis 1850. Ausstellung Leipzig, Altes Rathaus, Leipzig 1912.

Lentz 2013
Thierry Lentz, Le congrès de Vienne. Une refondation de l'Europe 1814 – 1815, Paris 2013.

Lessing 1985 – 2003
Gotthold Ephraim Lessing, Werke und Briefe in zwölf Bänden, hg. v. Wilfried Barner, Frankfurt am Main 1985 – 2003.

Lessmann 2000
Johanna Lessmann, Das »Brühlsche Allerlei«. Ein Service für Heinrich Graf von Brühl, in: Schwanenservice. Meissener Porzellan für Heinrich Graf von Brühl, Ausstellung Dresden, Dresdener Schloss, hg. v. Ulrich Pietsch, Dresden 2000, S. 106 – 118.

Lettre d'un voiageur à Milord H., 1758
Lettre d'un voiageur à Milord H. [concernant les horreurs que la Saxe a éprouvées depuis l'invasion de sa Majesté Prussienne], o. O. 1758.

Lichtentanne im Siebenjährigen Krieg, 1935
Lichtentanne im Siebenjährigen Krieg. Ein Vorgefecht, in: Zwickauer Geschichtsblätter. Beilage zum Zwickauer Tageblatt und Anzeiger 246 (1935), n. pag.

Liebsch 2007
Thomas Liebsch, Das Schicksal der Gemäldegalerie König Augusts III. von Polen im Jagdschloss Hubertusburg im Siebenjährigen Krieg, in: Jahrbuch der Staatlichen Kunstsammlungen Dresden 33 (2006/07), S. 42–57.

Lileyko 1997
Jerzy Lileyko, Die polnischen Staatszeremonien, in: Unter einer Krone. Kunst und Kultur der sächsisch-polnischen Union, Ausstellung Dresden, Dresdener Schloss, hg. v. Werner Schmidt u. Dirk Syndram, Leipzig 1997, S. 376–377.

Lippert 1900
Woldemar Lippert, Heinrich Theodor Flathe und seine Stellung in der sächsischen Geschichtsschreibung, in: Deutsche Geschichtsblätter 1 (1900), S. 223–227.

Lippert 1909
Woldemar Lippert, Friedrich Augusts III. Huldigungsfahrt in die Niederlausitz und Besuch des Spreewaldes 1769, in: Niederlausitzer Mitteilungen 11 (1909–1911), S. 1–34.

Lippert 1916
Woldemar Lippert, Die Niederlausitz vor hundert Jahren. Zum Gedenktage des Überganges der Niederlausitz an Preußen im Jahre 1815, in: Heimat-Kalender für den Kreis Luckau (1916), S. 63.

Locker 2006
Tobias Locker, Die Bildergalerie von Sanssouci bei Potsdam, in: Bénédicte Savoy (Hg.), Tempel der Kunst. Die Entstehung des öffentlichen Museums in Deutschland 1701–1815, Mainz 2006, S. 217–242.

Loesch 1992
Anette Loesch, Die Napoleonische Schenkung 1809. Französisches Porzellan in Dresden, Dresden 1992.

Lorenc 1981
Kito Lorenc (Hg.), Sorbisches Lesebuch/Serbska čitanka, Bautzen 1981.

Lorenc 2004
Kito Lorenc (Hg.), Das Meer – Die Insel – Das Schiff. Sorbische Dichtung von den Anfängen bis zur Gegenwart, Heidelberg 2004.

Lubojatzky 1852
Franz Anton [Friedrich] Lubojatzky, König Friedrich August III. von Sachsen und seine Zeit, 3 Bde., Grimma 1852.

Luh 1995
Jürgen Luh, Unheiliges Römisches Reich. Der konfessionelle Gegensatz 1648 bis 1806 (= Quellen und Studien zur Geschichte und Kultur Brandenburg-Preußens und des Alten Reiches 1), Potsdam 1995.

Luh 2001
Jürgen Luh, Sachsens Bedeutung für Preußens Kriegsführung, in: Dresdner Hefte 68 (2001), S. 28–34.

Luh 2012
Jürgen Luh, »Ich habe Mittel genug, meine Feinde zu vernichten.« Friedrich der Große und Graf Heinrich von Brühl, in: Friedrich der Große und Graf Brühl. Geschichte einer Feindschaft, hg. v. d. Stiftung Fürst-Pückler-Museum Park und Schloss Branitz, Cottbus 2012, S. 11–19.

Luh 2013
Jürgen Luh, Feinde fürs Leben. Friedrich der Große und Heinrich von Brühl, in: Studien und Vorträge zur preußischen Geschichte des 18. Jahrhunderts (= Friedrich300 – Studien und Vorträge), hg. v. d. Stiftung Preußische Schlösser und Gärten Berlin-Brandenburg, 08.11.2013, http://www.perspectivia.net/content/publikationen/friedrich300-studien/luh_feinde, Stand: 20.11.2013.

Luig 1995
Klaus Luig, Christian Thomasius, in: Michael Stolleis (Hg.), Staatsdenker in der Frühen Neuzeit, München 1995, S. 227–256.

Machatschek 1862
Eduard Machatschek, Geschichte des Königreichs Sachsen. Nach glaubwürdigen Quellen, Regensburg/Leipzig 1862.

Magdeburg 1200, Kat. 2005
Magdeburg 1200. Mittelalterliche Metropole, Preußische Festung, Landeshauptstadt, Die Geschichte der Stadt von 805 bis 2005, Ausstellung Magdeburg, Kulturhistorisches Museum, hg. v. Matthias Puhle, Magdeburg 2005.

Manger 1789
Heinrich Ludwig Manger, Baugeschichte von Potsdam, 3 Bde., Berlin/Stettin 1789.

Mann 2008
Vivian B. Mann, A Court Jew's Silver Cup, in: Metropolitan Museum Journal 43 (2008), S. 131–140.

Männl o. J.
Ingrid Männl, Kurfürst Friedrich Wilhelm von Brandenburg (1640–1688), in: Die Siegel der Preußen, Sonderdruck o. O. o. J.

Marcowitz 1997
Reiner Marcowitz, Finis Saxoniae? Frankreich und die sächsisch-polnische Frage auf dem Wiener Kongress 1814/1815, in: Neues Archiv für Sächsische Geschichte 68 (1997), S. 157–184.

Marksteine, Kat. 2001
Marksteine. Eine Entdeckungsreise durch Brandenburg-Preußen, Ausstellung Potsdam, Haus der Brandenburgisch-Preußischen Geschichte, bearb. v. Agnete von Specht u. Monika Hingst, Berlin 2001.

Martin/Vötsch/Wiegand 2008
Guntram Martin/Jochen Vötsch/Peter Wiegand (Hg.), 200 Jahre Königreich Sachsen. Beiträge zur sächsischen Geschichte im napoleonischen Zeitalter (= Saxonia. Schriften des Vereins für sächsische Landesgeschichte 10), Beucha 2008.

Marx 1975
Harald Marx, Die Gemälde des Louis de Silvestre in der Dresdner Gemäldegalerie Alte Meister, Dresden 1975.

Marx 1979
Harald Marx, Louis de Silvestre im Bildnis, in: Sächsische Heimatblätter 19 (1979), S. 119–128.

Marx 1985
Harald Marx, Barocke Bildnismalerei in Dresden. Von der Mitte des 17. Jahrhunderts bis zum Ende der »augusteischen« Zeit, in: Jahrbuch der Staatlichen Kunstsammlungen Dresden 17 (1985), S. 51–84.

Marx 1989
Harald Marx (Hg.), Matthäus Daniel Pöppelmann. Der Architekt des Dresdner Zwingers, Leipzig 1989.

Marx 2006
Harald Marx, Ein Bildnis der Gräfin Cosel als Neuerwerbung in der Dresdener Gemäldegalerie Alte Meister, in: Dresdener Kunstblätter 2 (2006), S. 69–80.

Matschke 2004
Klaus-Peter Matschke, Das Kreuz und der Halbmond. Die Geschichte der Türkenkriege, Düsseldorf/Zürich 2004.

Matzke 2011
Judith Matzke, Gesandtschaftswesen und diplomatischer Dienst Sachsens 1694–1763 (= Schriften zur sächsischen Geschichte und Volkskunde 36), Leipzig 2011.

Mayr 1939
Josef Karl Mayr, Aufbau und Arbeitsweise des Wiener Kongresses, in: Archivalische Zeitschrift 49 (1939), S. 64–127.

Meckel 2013
Claudia Meckel, Kutschen, Schlitten, Sänften (= Stiftung Preußische Schlösser und Gärten Berlin-Brandenburg, Bestandskataloge der Kunstsammlungen, Angewandte Kunst), Berlin 2013.

Meier 1993
Brigitte Meier, Die Einführung der Steinschen Städteordnung in Potsdam. Von der Magistratsverfassung zur städtischen Selbstregierung, in: Jahrbuch für brandenburgische Landesgeschichte 44 (1993), S. 116–129.

Meier/Schultz 1994
Brigitte Meier/Helga Schultz (Hg.), Die Wiederkehr des Stadtbürgers. Städtereformen im europäischen Vergleich 1750 bis 1850, Berlin 1994.

Meine 1898
Franz Meine, Die vermittelnde Stellung Joachims II. von Brandenburg zu den politischen und religiösen Parteien seiner Zeit, Dissertation, Lüneburg 1898.

Meisl 1924
Josef Meisl, Behrend Lehmann und der sächsische Hof, in: Jahrbuch der Jüdisch-Literarischen Gesellschaft 16 (1924), S. 227–252.

Memoiren einer preußischen Königstochter, 2007
Memoiren einer preußischen Königstochter. Markgräfin Wilhelmine von Bayreuth, Übers., Anm. u. Nachwort v. Günter Berger, Bayreuth 2007.

Mergen 2005
Simone Mergen, Monarchiejubiläen im 19. Jahrhundert. Die Entdeckung des historischen Jubiläums für den monarchischen Kult in Sachsen und Bayern, Leipzig 2005.

Mertens, K. 1991
Klaus Mertens, Das kursächsische Oberbauamt und Matthäus Daniel Pöppelmann, in: Kurt Milde (Hg.), Matthäus Daniel Pöppelmann 1662–1736 und die Architektur der Zeit Augusts des Starken (= Fundus-Bücher 125), Dresden 1991, S. 28–39.

Mertens, M. 2003
Melanie Mertens, Berliner Barockpaläste. Die Entstehung eines Bautyps in der Zeit der ersten preußischen Könige (= Berliner Schriften zur Kunst 14), Berlin 2003.

Metasch 2011
Frank Metasch, Exulanten in Dresden. Einwanderung und Integration von Glaubensflüchtlingen im 17. und 18. Jahrhundert, Leipzig 2011.

Metasch 2013
Frank Metasch, Sachsen im Siebenjährigen Krieg. Regionale Aspekte eines globalen Konflikts, in: Die königliche Jagdresidenz Hubertusburg und der Frieden von 1763, Ausstellung Wermsdorf, Schloss Hubertusburg, hg. v. Dirk Syndram u. Claudia Brink, Dresden 2013, S. 171–180.

Meyer 2010
Dietrich Meyer, Zinzendorf in Württemberg. Die evangelische Kirche zwischen Faszination und Ablehnung, in: Blätter für württembergische Kirchengeschichte 110 (2010), S. 137–158.

Meynert 1835
Hermann Meynert, Geschichte des sächsischen Volkes, von den ältesten bis auf die neuesten Zeiten. Nach den besten Quellen und für alle Stände bearbeitet, Leipzig 1835.

Milde 1991
Kurt Milde (Hg.), Matthäus Daniel Pöppelmann 1662–1736 und die Architektur der Zeit Augusts des Starken (= Fundus-Bücher 125), Dresden 1991.

Miltschus 2004
Thomas Miltschus, Das »Brühlsche Allerlei«. Ein Tafelservice der Königlichen Porzellanmanufaktur Meissen der 1740er Jahre, unveröffentlichte Magisterarbeit, Universität Leipzig 2004.

Moerner 1867
Theodor von Moerner, Kurbrandenburgs Staatsverträge von 1601 bis 1700, Berlin 1867.

Moser 1743
Johann Jacob Moser, Teutsches Staats-Recht, Tl. 10, Leipzig/Ebersdorf im Vogtland 1743 [ND Osnabrück 1968].

Müller, F. 1997
Frank Müller, Kursachsen und der Böhmische Aufstand 1618–1622 (= Schriftenreihe der Vereinigung zur Erforschung der Neueren Geschichte 23), Münster 1997.

Müller, K. 1986
Klaus Müller (Hg.), Quellen zur Geschichte des Wiener Kongresses 1814/15, Darmstadt 1986.

Müller, M. 1998
Michael G. Müller, Sachsen-Polen im europäischen Mächtesystem des 18. Jahrhunderts, in: Sachsen und Polen zwischen 1697 und 1765. Beiträge der wissenschaftlichen Konferenz vom 26. bis 28. Juni 1997 in Dresden (= Saxonia. Schriften des Vereins für Sächsische Landesgeschichte 4/5), Dresden 1998, S. 48–51.

Müller, R. 1984
Reinhold Müller, Die Armee Augusts des Starken. Das sächsische Heer von 1730 bis 1733, Berlin (Ost) 1984.

Müller, W. 2001
Winfried Müller, Der Siebenjährige Krieg – Sachsen im Beziehungsgeflecht des Alten Reiches und der europäischen Großmächte, in: Dresdner Hefte 68 (2001), S. 2–10.

Müller, W. 2010
Winfried Müller, »Hier bin ich geboren worden«. Napoleon und Sachsen, in: Dresdner Hefte 103 (2010), S. 72–79.

Müller, W. 2011
Winfried Müller, Die Oberlausitz in der Frühen Neuzeit (1526–1815), in: Ders./Lars-Arne Dannenberg/Edmund Pech/Swen Steinberg, Oberlausitz (= Kulturlandschaften Sachsens 4), Leipzig/Dresden 2011, S. 57–96.

Müller, W. 2012
Winfried Müller, »Sachsen wäre jedoch am nützlichsten«. Das Kalkül Friedrichs II. und seiner Nachfolger, in: Dresdner Hefte 111 (2012), S. 4–16.

Müller, W. 2013
Winfried Müller, Das sächsische Rétablissement nach 1763. Ziele und Grenzen einer Staatsreform, in: Dresdner Hefte 114 (2013), S. 14–24.

Müller/Dannenberg/Pech/Steinberg 2011
Winfried Müller/Lars-Arne Dannenberg/Edmund Pech/Swen Steinberg, Oberlausitz (= Kulturlandschaften Sachsens 4), Leipzig/Dresden 2011.

Müller/Steinberg 2011
Winfried Müller/Swen Steinberg (Hg.), Menschen unterwegs. Die via regia und ihre Akteure, Dresden 2011.

Nabrdalik 1998
Dag Nabrdalik, Das Berliner Teeservice für Wilhelm Christoph Diede zum Fürstenstein, in: Keramos 159 (1998), S. 13–50.

Napoleon und Europa, Kat. 2010
Napoleon und Europa. Traum und Trauma, Ausstellung Bonn, Kunst- und Ausstellungshalle der Bundesrepublik Deutschland, hg. v. Bénédicte Savoy u. Yann Potin, übers. v. Tom Heithoff, München/Berlin/London/New York 2010.

Naumann 1727
Johann Christoph Naumann, Vorstellung des Jagt-Palaies Hubertusburg, welches nach Königlicher Majest. von Pohlen und Churfürstl. Durchl. zu Sachsen Entwurff vor Ihro Hoheit Dero Königlicher Prinzen ausgeführet worden, o. O. 1727.

Neitmann/Schröder/Weirauch 2006
Klaus Neitmann/Kathrin Schröder/Kärstin Weirauch, »Ist Zierde des Landes gewest«. Lübben (Spreewald) im Spiegel archivalischer Quellen, Berlin 2006.

Nelson 2012
Vernon H. Nelson, John Valentine Haidt, The Life of a Moravian Painter, Bethlehem, Pannsylvania 2012.

Neugebauer 2001
Wolfgang Neugebauer, Vom höfischen Absolutismus zum fallweisen Prunk. Kontinuitäten und Quantitäten in der Geschichte des preußischen Hofes im 18. Jahrhundert, in: Klaus Malettke / Chantal Grell (Hg.), Hofgesellschaft und Höflinge an europäischen Fürstenhöfen in der Frühen Neuzeit (15.–18. Jh.) / Société de cour et courtisans dans l'Europe de l'epoque moderne, Münster 2001, S. 89 – 111.

Nicklas 2002
Thomas Nicklas, Macht oder Recht. Frühneuzeitliche Politik im Obersächsischen Reichskreis, Stuttgart 2002.

Nicolai 1769
Friedrich Nicolai, Beschreibung der Königlichen Residenzstädte Berlin und Potsdam und aller daselbst befindlicher Merkwürdigkeiten, Berlin 1769.

Nicolai 1786
Friedrich Nicolai, Nachricht von den Baumeistern, Bildhauern, Kupferstechern, Stukkaturern und anderen Künstlern welche vom dreyzehnten Jahrhunderte bis jetzt in und um Berlin sich aufgehalten haben, Berlin / Stettin 1786 [ND Hildesheim / Zürich / New York 1987].

Niedersen 2013
Uwe Niedersen (Hg.), Sachsen, Preußen und Napoleon. Europa in der Zeit von 1806 – 1815, Dresden / Torgau 2013.

Nitzsch, I. 1815
Karl Immanuel Nitzsch, Predigten in den Jahren 1813 und 1814 zu Wittenberg größtenteils während der Belagerung der Stadt gehalten, Wittenberg 1815.

Nitzsch, L. 1817
Karl Ludwig Nitzsch, Ueber das Heil der Welt, dessen Gründung und Förderung. Auf Veranlassung des dritten Jubelfestes der Reformation, Wittenberg 1817.

Oelsner / Prinz 1989
Norbert Oelsner / Henning Prinz, Das Schloß im Barockzeitalter. Die Residenz Augusts des Starken, in: Das Dresdener Schloss. Monument sächsischer Geschichte und Kultur, Ausstellung Dresden, Grünes Gewölbe im Dresdener Schloss, Dresden 1989, S. 72 – 78.

Oncken 1876
Wilhelm Oncken, Oesterreich und Preußen im Befreiungskriege. Urkundliche Aufschlüsse über die politische Geschichte des Jahres 1813, Bd. 1, Berlin 1876.

Onder den Oranje Boom, Kat. 1999
Onder den Oranje Boom. Niederländische Kunst und Kultur im 17. und 18. Jahrhundert an deutschen Fürstenhöfen, Textbd., Ausstellung Krefeld, Kaiser-Wilhelm-Museum / Oranienburg, Schloss Oranienburg, hg. v. Markus Schacht u. Jörg Meiner, München 1999.

Opitz 1985
Alfred Opitz, Sachsen und die sächsische Frage in den Jahren der napoleonischen Fremdherrschaft und des Wiener Kongresses, in: Blätter für deutsche Landesgeschichte 121 (1985), S. 229 – 260.

Oschlies 2009
Wolf Oschlies, Und ewig singen die Sachsen, in: Eurasisches Magazin, 31. 12. 2009, http://www.eurasischesmagazin.de/artikel/Und-ewig-singen-die-Sachsen/20100118, Stand: 10. 10. 2013.

Oschmann 1991
Susanne Oschmann, Gedankenspiele. Der Opernheld Friedrichs II. von Preußen, in: Klaus Hortschansky (Hg.), Opernheld und Opernheldin im 18. Jahrhundert. Aspekte der Librettoforschung, ein Tagungsbericht (= Schriften zur Musikwissenschaft aus Münster 1), Hamburg / Eisenach 1991, S. 175 – 193.

Œuvres de Frédéric le Grand, 1846 – 1856
Œuvres de Frédéric le Grand, hg. v. Johann David Erdmann Preuss, 30 Bde., Berlin 1846 – 1856.

Pahlmann 1997
Manfred A. Pahlmann, Anfänge des städtischen Parlamentarismus in Deutschland. Die Wahlen zur Berliner Stadtverordnetenversammlung unter der Preußischen Städteordnung von 1808 (= Publikationen der Historischen Kommission zu Berlin), Berlin 1997.

Pallain 1881
Georges Pallain (Hg.), Correspondance inédite du Prince de Talleyrand et du Roi Louis XVIII pendant le Congrès de Vienne, 2. Aufl., Paris 1881.

Pech / Scholze 2003
Edmund Pech / Dietrich Scholze (Hg.), Zwischen Zwang und Beistand. Deutsche Politik gegenüber den Sorben vom Wiener Kongress bis zur Gegenwart, Bautzen / Dresden 2003.

Peistel 1837
Carl Heinrich von Peistel, Lebenslauf, in: Nachrichten aus der Brüdergemeine, Spandau 1837, S. 823 – 842.

Pescheck 1834 – 1837
Christian Adolph Pescheck, Handbuch der Geschichte von Zittau, 2 Bde., Zittau 1834 – 1837.

Peschken 2002
Goerd Peschken, Bernsteinkabinett und Rote Kammer, in: Aspekte der Kunst und Architektur in Berlin um 1700, bearb. v. Guido Hinterkeuser u. Jörg Meiner, Potsdam 2002, S. 49 – 57.

Petschel 2000
Dorit Petschel, Sächsische Außenpolitik unter Friedrich August I., Zwischen Rétablissement, Rheinbund und Restauration (= Dresdner historische Studien 4), Weimar / Wien 2000.

Peucker 2003
Paul Peucker, Drei Gemälde aus dem Schwestern- und Brüderhaus in Herrnhut, in: Unitas Fratrum 51 / 52 (2003), S. 131 – 144.

Peucker 2005
Paul Peucker, Kreuzbilder und Wundenmalerei – Form und Funktion der Malerei in der Herrnhuter Brüdergemeine um 1750, in: Unitas Fratrum 55 / 56 (2005), S. 125 – 174.

Philipp 1908
Albrecht Philipp, August der Starke und die Pragmatische Sanktion, Leipzig 1908.

Pietsch 2010
Ulrich Pietsch, Die Porzellansammlung Augusts des Starken (1670 – 1733) im Japanischen Palais. Ein gebautes Sinnbild für die Porzellanleidenschaft des Königs, in: Jahrbuch der Staatlichen Kunstsammlungen Dresden 36 (2010), S. 24 – 33.

Pölitz 1809
Karl Heinrich Ludwig Pölitz, Geschichte und Statistik des Königreiches Sachsen und des Herzogthums Warschau. Für Selbstbelehrung und Jugendunterricht, Tl. 1, Leipzig 1809.

Pölitz 1816
Karl Heinrich Ludwig Pölitz, Ueber die politische Stellung Sachsens im Staatensysteme von Teutschland und Europa. Einleitung zu seinen öffentlichen Vorträgen über die neuere und neueste Geschichte des Königreiches Sachsen im Sommerhalbjahr 1816, Leipzig 1816.

Pollack 2012
Friedrich Pollack, Die Entdeckung des Fremden. Wahrnehmung und Darstellung der Lausitzer Sorben im gelehrten Schrifttum des 17. und 18. Jahrhunderts, Bautzen 2012.

Pöppelmann, Kat. 1987
Matthäus Daniel Pöppelmann 1662 – 1736. Ein Architekt des Barocks in Dresden, Ausstellung Dresden, Albertinum, Dresden 1987.

Porzellan Parforce, Kat. 2005
Porzellan Parforce. Jagdliches Meißner Porzellan des 18. Jahrhunderts, Ausstellung Moritzburg, Schloss Moritzburg / Düsseldorf, Schloss Benrath / Iphofen, Knauf-Museum, hg. v. Ulrich Pietsch u. Jutta Charlotte von Bloh, München 2005.

Poser 1994
Steffen Poser, Die Jahrhundertfeier der Völkerschlacht und die Einweihung des Völkerschlachtdenkmals zu Leipzig, in: Katrin Keller (Hg.), Feste und Feiern. Zum Wandel städtischer Festkultur in Leipzig, Leipzig 1994, S. 196 – 213.

Posse 1931
Hans Posse, Die Briefe des Grafen Francesco Algarotti an den sächsischen Hof und seine Bilderkäufe für die Dresdner Gemäldegalerie 1743–1747, in: Jahrbuch der Preußischen Kunstsammlungen 52 (1931), Beiheft, S. 1–73.

Press 1991
Volker Press, Kriege und Krisen. Deutschland 1600–1715 (= Neue deutsche Geschichte 5), München 1991.

Preußen 1701, Kat. 2001
Preußen 1701. Eine europäische Geschichte, Bd. 1: Katalog; Bd. 2: Essays, Ausstellung Berlin, Große Orangerie des Schlosses Charlottenburg, hg. v. Franziska Windt, Berlin 2001.

Prinz Xaver von Sachsen, Kat. 2009
Die Gesellschaft des Fürsten. Prinz Xaver von Sachsen und seine Zeit, Ausstellung Chemnitz, Schlossbergmuseum, hg. v. Uwe Fiedler / Thomas Nicklas u. Hendrik Thoß, Chemnitz 2009.

Pröve 2000
Ralf Pröve, Stadtgemeindlicher Republikanismus und die »Macht des Volkes«. Civile Ordnungsformationen und kommunale Leitbilder politischer Partizipation in den deutschen Staaten vom Ende des 18. bis zur Mitte des 19. Jahrhunderts (= Veröffentlichungen des Max-Planck-Instituts für Geschichte 159), Göttingen 2000.

Putkowska 1991
Jolanta Putkowska, Das Ensemble der königlichen Residenzen Augusts II. in Warschau und der Anteil Matthäus Daniel Pöppelmanns an seinem Entstehen, in: Kurt Milde (Hg.), Matthäus Daniel Pöppelmann 1662–1736 und die Architektur der Zeit Augusts des Starken (= Fundus-Bücher 125), Dresden 1991, S. 464–472.

Pyta 2011
Wolfram Pyta, Wiener Kongress, in: Friedrich Jaeger (Hg.), Enzyklopädie der Neuzeit, Bd. 14: Vater – Wirtschaftswachstum, Stuttgart / Weimar 2011, Sp. 1085–1091.

Quellen zum modernen Gemeindeverfassungsrecht, 1975
Quellen zum modernen Gemeindeverfassungsrecht in Deutschland (= Schriften des Deutschen Instituts für Urbanistik 45), bearb. v. Christian Engeli u. Wolfgang Haus, Stuttgart 1975.

Rachel 1911–1928
Hugo Rachel, Die Handels-, Zoll- und Akzisepolitik, 3 Bde. (= Acta Borussica. Denkmäler der Preußischen Staatsverwaltung im 18. Jahrhundert 5), Berlin 1911–1928.

Rackwitz 2006
Werner Rackwitz, Der »Soldatenkönig« und der »Prediger der Herzensreligion«. Der Briefwechsel zwischen Friedrich Wilhelm I. und dem Grafen Zinzendorf, in: Mitteilungen des Vereins für die Geschichte Berlins 102 (2006), S. 309–322.

Raumer 1861
Friedrich von Raumer, Lebenserinnerungen und Briefwechsel, 2 Tle., Leipzig 1861.

Redlich 1961
Oswald Redlich, Weltmacht des Barock. Österreich in der Zeit Kaiser Leopolds I., 4. Aufl., Wien 1961.

Reichelt 2013
Silvio Reichelt, Der Erlebnisraum Lutherstadt Wittenberg. Genese, Entwicklung und Bestand eines protestantischen Erinnerungsorts, Göttingen 2013.

Reiners 1986
Ludwig Reiners, Friedrich. Das Leben des Preußenkönigs, 3. Aufl., München 1986.

Reinhardt 1916
Paul Reinhardt, Die sächsischen Unruhen der Jahre 1830–1831 und Sachsens Übergang zum Verfassungsstaat, Halle 1916.

Reinheckel 1989
Günther Reinheckel, Prachtvolle Service aus Meißner Porzellan, Leipzig 1989.

Resch 1935
Fritz Resch, Schönburgisches Militärwesen vom 13. bis 19. Jahrhundert (= Schönburgische Heimatbücher 8), Glauchau 1935.

Rexheuser 2005
Rex Rexheuser (Hg.), Die Personalunionen von Sachsen-Polen 1697–1763 und Hannover-England 1714–1837. Ein Vergleich (= Deutsches Historisches Institut Warschau, Quellen und Studien 18), Wiesbaden 2005.

Richter 2009
Susan Richter, Fürstentestamente der Frühen Neuzeit. Politische Programme und Medien intergenerationeller Kommunikation, Göttingen 2009.

Rochlitz 1988
Friedrich Rochlitz, Tage der Gefahr. Ein Tagebuch der Leipziger Schlacht, Leipzig 1988.

Roettgen 1996
Steffi Roettgen, Francesco Algarotti in Preußen und Sachsen und – in Würzburg?, in: Tiepolo in Würzburg. Der Himmel auf Erden, Bd. 2: Aufsätze, Ausstellung Würzburg, Residenz Würzburg, hg. v. Peter O. Krückmann, München / New York 1996, S. 46–53.

Roettgen 1999
Steffi Roettgen, Anton Raffael Mengs 1728–1779. Das malerische und das zeichnerische Werk, 2 Bde., München 1999.

Rohr 1980
Alheidis von Rohr, Staats-und Stadtwagen aus dem hannoverschen Marstall, Hannover 1980.

Rohr 1733
Julius Bernhard von Rohr, Einleitung zur Ceremoniel-Wissenschaft der Grossen Herren, Berlin 1733 [ND hg. und komm. von Monika Schlechte, Weinheim 1990].

Rohrmüller 2009
Marc Rohrmüller, Das Stallgebäude als königliche Bildergalerie – Renovatio eines Sammlungsbaus, in: Dresdener Kunstblätter 1 (2009), S. 31–39.

Rohrwasser 1997
Michael Rohrwasser, Lessing, Gleim und der nationale Diskurs, in: Lenz-Jahrbuch 7 (1997), S. 137–162.

Roll / Pohle / Myrczek 2010
Christine Roll / Frank Pohle / Matthias Myrczek (Hg.), Grenzen und Grenzüberschreitungen. Bilanz und Perspektiven der Frühneuzeitforschung (= Frühneuzeit-Impulse. Schriftenreihe der Arbeitsgemeinschaft Frühe Neuzeit im Verband der Historikerinnen und Historiker Deutschlands e. V. 1), Köln / Weimar / Wien 2010.

Roll / Schnettger 2008
Christine Roll / Matthias Schnettger (Hg.), Epochenjahr 1806? Das Ende des Alten Reichs in zeitgenössischen Perspektiven und Deutungen, Mainz 2008.

Römer 1866
Joseph Reinhold Römer, Die Potsdamer Soldatenbrüder, in: Brüder-Bote 5 (1866), S. 63–79.

RTA J.R. 18.1, 2006
Deutsche Reichstagsakten unter Kaiser Karl V. Der Reichstag zu Augsburg 1547 / 48, Teilbd. 1 (= Deutsche Reichstagsakten, Jüngere Reihe 18.1), bearb. v. Ursula Machoczek, München 2006.

Ruhland 1996
Volker Ruhland, Sachsen in der Zerfallskrise des Feudalismus. Die Septemberunruhen von 1830, in: Uwe Schirmer (Hg.), Sachsen 1763–1832. Zwischen Rétablissement und bürgerlichen Reformen (= Schriften der Rudolf-Kötzschke-Gesellschaft 3), Beucha 1996, S. 183–205.

Rüdinger 1728
Johann Andreas Rüdinger (Hg.), Das frolockende Berlin, oder Historische Nachricht dererjenigen öffentlichen Freudens-Bezeigungen und sinnreichen Illuminationen, die bey hoher Anwesenheit Ihro Königl. Majestät in Pohlen, und Dero Königl. Printzens Hoheit daselbst angestellet worden, Berlin 1728.

Sachsen und Preußen, 2012
Dresdner Hefte. Beiträge zur Kulturgeschichte 111 (2012): Sachsen und Preußen. Geschichte eines Dualismus.

Salisch 2009
Marcus von Salisch, Treue Deserteure. Das kursächsische Militär und der Siebenjährige Krieg (= Militärgeschichtliche Studien 41), München 2009.

Saville 1970
Pierre Saville, Le Juif de Cour. Histoire du Résident royal Berend Lehmann (1661–1730), Paris 1970.

Schäbitz 2006
Michael Schäbitz, Juden in Sachsen – jüdische Sachsen? Emanzipation, Akkulturation und Integration 1700–1914 (= Forschungen zur Geschichte der Juden A/18), Hannover 2006.

Schadow 1987
Johann Gottfried Schadow, Kunstwerke und Kunstansichten. Ein Quellenwerk zur Berliner Kunst- und Kulturgeschichte zwischen 1780 und 1845, kommentierte Neuausgabe der Veröffentlichung von 1849, Bd. 1, hg. v. Götz Eckardt, Berlin 1987.

Scharloth 2005
Joachim Scharloth, Sprachnormen und Mentalitäten. Sprachbewusstseinsgeschichte in Deutschland im Zeitraum von 1766 und 1785, Tübingen 2005.

Schattkowsky 2007
Martina Schattkowsky, Zwischen Rittergut, Residenz und Reich. Die Lebenswelt des kursächsischen Landadligen Christoph von Loß auf Schleinitz (1574–1620), Leipzig 2007.

Schattkowsky 2013
Martina Schattkowsky (Hg.), Adlige Lebenswelten in Sachsen, Köln/Weimar/Wien 2013.

Schauer 1997
Burkhard Schauer, Der Münzfund von Fauenhorst, Ot. von Stadt Herzberg/Elster, Lkr. Elbe-Elster, verborgen ab 1754, in: Veröffentlichungen des Brandenburgischen Landesmuseums für Ur- und Frühgeschichte 31 (1997), S. 133–168.

Schillinger 1997
Klaus Schillinger, Sächsische Maßeinheiten bei der Messung von Strecken, in: Jahrbuch der staatlichen Schlösser, Burgen und Gärten in Sachsen 5 (1997), S. 118–124.

Schirmer 1996
Uwe Schirmer (Hg.), Sachsen 1763–1832. Zwischen Rétablissement und bürgerlichen Reformen, (= Schriften der Rudolf-Kötzschke-Gesellschaft 3), Beucha 1996.

Schirmer 2006
Uwe Schirmer, Kursächsische Staatsfinanzen (1456–1656). Strukturen – Verfassung – Funktionseliten (= Quellen und Forschungen zur sächsischen Geschichte 28), Stuttgart 2006.

Schlechte, H. 1958
Horst Schlechte (Hg.), Die Staatsreform in Kursachsen 1762–1763. Quellen zum kursächsischen Rétablissement nach dem Siebenjährigen Kriege, Berlin 1958.

Schlechte, M. 1984
Monika Schlechte, Das barocke Architektur- und Landschaftsensemble Moritzburg. Die Umgestaltungsphase in der Regierungszeit August des Starken, unveröffentlichte Dissertation, Technische Universität Dresden 1984.

Schleusner 1817
Johann Friedrich Schleusner, Predigt am ersten November 1817, als dem 2ten Tag der dritten Secularfeier der Reformation, in der Schlosskirche zu Wittenberg gehalten, Wittenberg 1817.

Schloss Oranienburg, 2001
Schloss Oranienburg. Ein Inventar aus dem Jahre 1743, bearb. v. Claudia Sommer, Berlin 2001.

Schmale/Stauber 1998
Wolfgang Schmale/Reinhard Stauber (Hg.), Menschen und Grenzen in der Frühen Neuzeit (= Innovationen. Bibliothek zur neueren und neuesten Geschichte 2), Berlin 1998.

Schmidt, A. 2006
André Schmidt, König (seit 1742 von König), Johann Ulrich, in: Sächsische Biografie, hg. v. Institut für Sächsische Geschichte und Volkskunde e. V., bearb. v. Martina Schattkowsky, 22.05.2006, http://saebi.isgv.de/biografie/Johann_Ulrich_von_K%C3%B6nig_(1688–1744), Stand: 22.11.2013.

Schmidt, O. 1921
Otto Eduard Schmidt, Minister Graf Brühl und Karl Heinrich von Heinecken. Briefe und Akten, Charakteristiken und Darstellungen zur sächsischen Geschichte (1733–1763), Leipzig/Berlin 1921.

Schmidt, R. 1914
Rudolf Schmidt, Brandenburgische Gläser, Berlin 1914.

Schmohl 1781
Johann Christian Schmohl, Sammlung für Freunde der Cameralwissenschaft und Staatswirtschaft, Leipzig 1781.

Schneider, H. 1952
Hans Schneider, Der preußische Staatsrat 1817–1918. Ein Beitrag zur Verfassungs- und Rechtsgeschichte Preußens, München 1952.

Schneider, L. 1852
Louis Schneider, Geschichte der Oper und des königlichen Opernhauses in Berlin mit den architektonischen Plänen des 1740 vom Freiherrn von Knobelsdorff und des 1844 vom Königl. Ober-Bau-Rat Langhans neuerbauten Berliner Opernhauses, Berlin 1852.

Schneider, S. 2011
Sabine Schneider, »...que depuis la sale des Gardes jusqu' à la Chambre à choucher tous les appartements doivent etre plus propres, plus riches, et plus magnifiques«. Zum Textilprogramm des 1719 eingerichteten Paradeappartements in der Dresdener Residenz (mit Ergänzung eines Glossars zu den Textil-Techniken), in: Jahrbuch der Staatlichen Kunstsammlungen Dresden 37 (2011), S. 9–39.

Scholze 2003
Dietrich Scholze (Hg.), Im Wettstreit der Werte. Sorbische Sprache, Kultur und Identität auf dem Weg ins 21. Jahrhundert, Bautzen 2003.

Schöning 1838
Kurd Wolffgang von Schöning, Des General-Feldmarschalls Dubislav Gneomar von Natzmer auf Cannewitz Leben und Kriegsthaten mit den Hauptbegebenheiten des von ihm errichteten und 48 Jahre als Commandeur en Chef geführten bekannten Garde-Reuter-Regiments Gens d'armes, Berlin 1838.

Schönpflug 2012
Daniel Schönpflug, Friedrich der Große als Ehestifter. Matrimoniale Strategien im Haus Hohenzollern 1740–1786, in: Friederisiko. Friedrich der Grosse, Bd. 2: Die Essays, Ausstellung Potsdam, Neues Palais in Sanssouci, München 2012, S. 75–85.

Schrader 1894
Wilhelm Schrader, Geschichte der Friedrichs-Universität zu Halle, 2 Bde., Berlin 1894.

Schreiben eines Reisenden, 1758
Schreiben Eines aus Teutschland zurückkommenden Russischen Reisenden an einen Officier bey der Russisch-Kayserlichen Armée, Königsberg 1758.

Schrötter 1904–1913
Friedrich Freiherr von Schrötter, Das preußische Münzwesen im 18. Jahrhundert. Münzgeschichtlicher Teil, 4 Bde., Berlin 1904–1913.

Schulte 1892
Aloys Schulte, Markgraf Ludwig Wilhelm von Baden und der Reichskrieg gegen Frankreich 1693–1697, 2 Bde., Karlsruhe 1892.

Schumacher / Wehinger 2009
Hans W. Schumacher / Brunhilde Wehinger (Hg.), Francesco Algarotti. Ein philosophischer Hofmann im Jahrhundert der Aufklärung (= Aufklärung und Moderne 16), Hannover 2009.

Schunka 2006
Alexander Schunka, Gäste, die bleiben. Zuwanderer in Kursachsen und der Oberlausitz im 17. und frühen 18. Jahrhundert, Hamburg 2006.

Schuster 1907
Georg Schuster, Die Verwandtschaft der Häuser Hohenzollern und Wettin, in: Hohenzollern-Jahrbuch 11 (1907), S. 109 – 154.

Schwencker 1937
Friedrich Schwencker, Friedrich der Große und die schlesische Brüdergemeine (= Hefte zur Brüdergeschichte 1), Herrnhut 1937.

Schwennicke 1996
Andreas Schwennicke, »Ohne Steuer kein Staat«. Zur Entwicklung und politischen Funktion des Steuerrechts in den Territorien des Heiligen Römischen Reiches (1500 – 1800) (= Studien zur europäischen Rechtsgeschichte 90), Frankfurt am Main 1996.

Sehnsucht und Wirklichkeit, Kat. 2009
Sehnsucht und Wirklichkeit. Malerei für Dresden im 18. Jahrhundert, Ausstellung Dresden, Gemäldegalerie Alte Meister, hg. v. Harald Marx, Köln 2009.

Seidel 1902
Paul Seidel, Lustschiffe Friedrichs I. auf Spree und Havel, in: Hohenzollern-Jahrbuch 6 (1902), S. 255 – 260.

Seidel 1929
Paul Seidel, Kriegschronik unserer Heimat, in: Unsere Heimat. Beilage des »General-Anzeiger« für das untere Erzgebirge 11 (1928), S. 83 – 86; 1 (1929), S. 4 – 6; 2 (1929), S. 11 – 13.

Sendschreiben, 1814
Heitere Blicke auf Sachsens Zukunft, im August 1814. Sendschreiben eines Sachsen an seine Landsleute im September 1814, Teutschland [1814].

Selwyn 2000
Pamela Eve Selwyn, Everyday Life in the German Book Trade. Friedrich Nicolai as Bookseller and Publisher in the Age of Enlightement 1750 – 1810, University Park, Pennsylvania 2000.

Seyffarth 2002
Joachim Seyffarth / Edith Seyffarth, Geschichten um vergessene Denkmale, Folge 6: Von Krieg und Not, vom »Schwarzen Tod« (= Schriftenreihe Erzgebirgische Heimat), Marienberg 2002.

Siebenhaar 2011
Beat Siebenhaar, »Der sächsische Dialekt«, in: Matthias Donath / André Thieme (Hg.), Sächsische Mythen. Menschen, Orte, Personen, Leipzig 2011, S. 91 – 99.

Siemsen 1909
August Siemsen, Kur-Brandenburgs Anteil an den kaiserlichen Wahl-Kapitulationen von 1689 bis 1742 (= Quellen und Studien zur Verfassungsgeschichte des Deutschen Reiches in Mittelalter und Neuzeit 3.3), Weimar 1909.

Silber und Gold, Kat. 1994
Silber und Gold. Augsburger Goldschmiedekunst für die Höfe Europas, Ausstellung München, Bayerisches Nationalmuseums, hg. v. Reinhold Baumstark / Helmut Seling u. Lorenz Seelig, München 1994.

Simms 1997
Brendan Simms, The Impact of Napoleon. Prussian High Politics, Foreign Policy and the Crisis of the Executive, 1797 – 1806, Cambridge 1997.

Smoler 1841
Jan Arnošt Smoler, Mały Serb aby serske a němske rozmołwenja. Der kleine Sorbe, Wendisch-deutsche Gespräche, Bautzen 1841.

Sohr 1862
Wilhelm Heinrich Sohr, Nekrologe, in: Neues Lausitzisches Magazin 39 (1862), S. 427 – 464.

Sommer 1996
Claudia Sommer (Red.), Die Bildergalerie in Sanssouci. Bauwerk, Sammlung und Restaurierung, Festschrift zur Wiedereröffnung 1996, Mailand 1996.

Sponsel 1906
Jean Louis Sponsel (Bearb.), Fürsten-Bildnisse aus dem Hause Wettin, Dresden 1906.

Staszewski 1981
Jacek Staszewski, Die polnisch-sächsische Union und die Hohenzollernmonarchie (1697 – 1763), in: Jahrbuch für die Geschichte Mittel- und Ostdeutschlands 30 (1981), S. 28 – 34.

Staszewski 1996
Jacek Staszewski, August III. Kurfürst von Sachsen und König von Polen. Eine Biografie, Berlin 1996.

Staszewski 2005
Jacek Staszewski, Begründung und Fortsetzung der Personalunion Sachsen-Polen 1697 und 1733, in: Rex Rexheuser (Hg.), Die Personalunionen von Sachsen-Polen 1697 – 1763 und Hannover-England 1714 – 1837. Ein Vergleich (= Deutsches Historisches Institut Warschau, Quellen und Studien 18), Wiesbaden 2005, S. 37 – 50.

Steguweit 2004
Wolfgang Steguweit, Raimund Faltz. Medailleur des Barock, Berlin 2004.

Steinmann 2007
Manfred Steinmann, Grenzsteine. Zwischen Sachsen und Preußen nach der Teilung von 1815, Spitzkunnersdorf 2007.

Stenke 1991
Gurdrun Stenke, Festarchitektur, in: Kurt Milde (Hg.), Matthäus Daniel Pöppelmann 1662 – 1736 und die Architektur der Zeit Augusts des Starken (= Fundus-Bücher 125), Dresden 1991, S. 335 – 344.

Stern 1950
Selma Stern, The Court Jew. A Contribution to the History of Absolutism in Europe, Philadelphia 1950.

Stockinger 2001
Ludwig Stockinger, Die sächsische Aufklärung als Modell deutscher Aufklärungsvarianten, in: Ders. / Anneliese Klingenberg / Katharina Middell / Matthias Middell (Hg.), Sächsische Aufklärung (= Leipziger Studien zur Erforschung von regionenbezogenen Identifikationsprozessen 7), Leipzig 2001, S. 23 – 48.

Stollberg-Rilinger 1997
Barbara Stollberg-Rilinger, Zeremoniell als politisches Verfahren. Rangordnung und Rangstreit als Strukturmerkmale des frühneuzeitlichen Reichstags, in: Johannes Kunisch (Hg.), Neue Studien zur frühneuzeitlichen Reichsgeschichte (= Zeitschrift für Historische Forschung, Beiheft 19), Berlin 1997, S. 91 – 132.

Stollberg-Rilinger 2004
Barbara Stollberg-Rilinger, Symbolische Kommunikation in der Vormoderne. Begriffe – Thesen – Forschungsperspektiven, in: Zeitschrift für Historische Forschung 31 (2004), S. 489 – 527.

Stollberg-Rilinger 2012
Barbara Stollberg-Rilinger, Das Berliner Stadtschloss als Bühne der preußischen Königswürde, in: Jürgen Kloosterhuis / Wolfgang Ribbe / Uwe Schaper (Hg.), Schloss. Macht und Kultur, Entwicklung und Funktion Brandenburg-Preußischer Residenzen, Ergebnisse einer Tagung aus Anlass des fünfzigjährigen Jubiläums der Historischen Kommission zu Berlin am 19. und 20. Februar 2009 (= Publikationen der Historischen Kommission zu Berlin, zugleich Schriftenreihe des Landesarchivs Berlin 15), Berlin 2012, S. 23 – 44.

Stollberg-Rilinger 2013
Barbara Stollberg-Rilinger, Rituale (= Historische Einführungen 16), Frankfurt am Main / New York 2013.

Stölzel 1889
Adolf Stölzel, Die Berliner Mittwochsgesellschaft über Aufhebung oder Reform der Universitäten (1795), in: Forschungen zur Brandenburgischen und Preußischen Geschichte 2 (1889), S. 201 – 222.

Sträter 1995
Udo Sträter, Aufklärung und Pietismus – das Beispiel Halle, in: Notker Hammerstein (Hg.), Universitäten und Aufklärung, Göttingen 1995, S. 49 – 61.

Sträter 2012
Udo Sträter, »eine wunderliche conjunctio Planetarum zu Halle« – oder: Wie eine Reformuniversität entstanden ist (= Hallesche Universitätsreden 1), Halle 2012.

Strobach 2011
Berndt Strobach, Privilegiert in engen Grenzen. Neue Beiträge zu Leben, Wirken und Umfeld des Halberstädter Hofjuden Berend Lehmann (1661 – 1730), 2 Bde., 2. Aufl., Berlin 2011.

Sturmhöfel 1908
Konrad Sturmhöfel, Illustrierte Geschichte der Sächsischen Lande und ihrer Herrscher, Bd. 2: Von 1815 bis 1904, Leipzig 1908.

Syndram 1999
Dirk Syndram, Die Schatzkammer Augusts des Starken. Von der Pretiosensammlung zum Grünen Gewölbe, Leipzig 1999.

Syndram 2008a
Dirk Syndram, Juwelenkunst des Barock. Johann Melchior Dinglinger im Grünen Gewölbe, München 2008.

Syndram 2008b
Dirk Syndram, Schatzkunst der Renaissance und des Barock. Das Grüne Gewölbe zu Dresden, 3. Aufl., München / Berlin 2008.

Syndram 2009
Dirk Syndram, Jaspisporzellan, Goldrubinglas und Landedelgestein – Von der »Transmutation« der barocken Schatzkunst, in: Böttgersteinzeug. Johann Friedrich Böttger und die Schatzkunst, Ausstellung Dresden, Grünes Gewölbe im Dresdener Schloss, hg. v. Dirk Syndram u. Ulrike Weinhold, München 2009, S. 55 – 95.

Syndram / Weinhold 2001
Dirk Syndram / Ulrike Weinhold, ». . . und einen Leib von Perl«. Die Sammlung der barocken Perlfiguren im Grünen Gewölbe, 2. Aufl., Dresden / Wolfratshausen 2001.

Taatz-Jacobi 2014
Marianne Taatz-Jacobi, Erwünschte Harmonie. Die Gründung der Universität Halle als Instrument brandenburg-preußischer Konfessionspolitik, Berlin 2014.

Tancré 1909
Johannes Tancré, Die Anfänge der Akzise in der Kurmark Brandenburg, Göttingen 1909.

Terne 2009
Claudia Terne, Friedrich II. von Preußen und die Hofoper, in: Michael Kaiser / Jürgen Luh (Hg.), Friedrich der Große und der Hof (= Friedrich300 – Colloquien 2), 15. 09. 2009, http://www.perspectivia.net/content/publikationen/friedrich300-colloquien/friedrich-hof/Terne_Hofoper, Stand: 02. 08. 2012.

Terne 2012
Claudia Terne, Friedrich II. von Preußen und die Hofoper, in: Friederisiko. Friedrich der Grosse, Bd. 1: Die Ausstellung, Ausstellung Potsdam, Neues Palais in Sanssouci, München 2012, S. 116 – 129.

Thieme 2010
André Thieme, Sächsische Mythen und sächsische Mentalitäten. Historische Anmerkungen zu Landesbewusstsein und Identität in Sachsen, in: Konstantin Hermann (Hg.), Sachsen seit der Friedlichen Revolution, Markkleeberg / Beucha 2010, S. 13 – 27.

Thieme 2012
André Thieme, Preußen als Herausforderung sächsischer Geschichtsschreibung, in: Dresdner Hefte 111 (2012), S. 60 – 71.

Thomas 1895
P. Thomas, Waldenburg im Siebenjährigen Kriege, in: Schönburgische Geschichtsblätter. Vierteljahrsschrift zur Erforschung und Pflege der Geschichte im Gebiete der Schönburgischen Receß und Lehnsherrschaften 2 (1895), 4, S. 205 – 223.

Thomasius 1691
Christian Thomasius, Einleitung zur Vernunftlehre, Halle 1691 [ND mit einem Vorwort v. Werner Schneiders, Hildesheim 1968].

Thomasius 1994
Christian Thomasius, Diskurs von der Nachahmung der Franzosen (1687), in: Werner Schneiders (Hg.), Ausgewählte Werke, Bd. 22: Kleine Teutsche Schriften, Hildesheim / Zürich / New York 1994, S. 1 – 70.

Töppel 2004
Roman Töppel, Oppel, Julius Wilhelm von, in: Sächsische Biografie, hg. v. Institut für Sächsische Geschichte und Volkskunde e. V., bearb. v. Martina Schattkowsky, 13. 09. 2004, http://saebi.isgv.de/biografie/Julius_Wilhelm_von_Oppel_(1765 – 1832), Stand: 04. 01. 2014.

Töppel 2008
Roman Töppel, Die Sachsen und Napoleon. Ein Stimmungsbild 1806 – 1813 (= Dresdner historische Studien 8), Köln / Weimar / Wien 2008.

Treffer 2005
Gerd Treffer, Moritz von Sachsen – Marschall von Frankreich, Regensburg 2005.

Treichel 2000
Eckhardt Treichel (Bearb.), Quellen zur Geschichte des Deutschen Bundes 1813 – 1830, Bd. 1: Die Entstehung des Deutschen Bundes 1813 – 1815, 2 Halbbde. (= Quellen zur Geschichte des Deutschen Bundes I.1), München 2000.

Triumph der blauen Schwerter, Kat. 2010
Triumph der blauen Schwerter. Meissner Porzellan für Adel und Bürgertum, Ausstellung Dresden, Dresdener Zwinger, hg. v. Ulrich Pietsch u. Claudia Banz, Leipzig 2010.

Tulard 1982
Jean Tulard, Napoleon oder Der Mythos des

Retters, Wien 1982.
Um die polnische Krone, 1962
Um die polnische Krone. Sachsen und Polen während des Nordischen Krieges 1700 – 1721, bearb. v. Johannes Kalisch u. Józef Gierowski (= Schriftenreihe der Kommission der Historiker der DDR und Volkspolens 1), Berlin 1962.

Ulbricht 1996
Gunda Ulbricht, Die Reform der Einwohnervertretung durch die Allgemeine Städteordnung vom 2. Februar 1832 und die Landgemeindeordnung vom 7. November 1838, in: Uwe Schirmer (Hg.), Sachsen 1763 – 1832. Zwischen Rétablissement und bürgerlichen Reformen (= Schriften der Rudolf-Kötzschke-Gesellschaft 3), Beucha 1996, S. 206 – 221.

Unfer Lukoschik 2008
Rita Unfer Lukoschik (Hg.), Italiener und Italienerinnen am Hofe Friedrichs II. 1740 – 1786, Berlin 2008.

Unfer Lukoschik 2009
Rita Unfer Lukoschik, Hors de Paris point de salut? Francesco Algarotti als Kulturvermittler zwischen Preußen, Sachsen und Italien, in: Jahrbuch für internationale Germanistik 41 (2009), 1, S. 9 – 45.

Unserm Freunde, 1796
Unserm Freunde dem Herrn Landsindikus Behrnauer zum Abschiede am 15ten December 1796, Görlitz 1796.

Unter einer Krone, Kat. 1997
Unter einer Krone. Kunst und Kultur der sächsisch-polnischen Union, Ausstellung Dresden, Dresdener Schloss, hg. v. Werner Schmidt u. Dirk Syndram, Leipzig 1997.

Urkunden und Aktenstücke, 1864 – 1930
Urkunden und Actenstücke zur Geschichte des Kurfürsten Friedrich Wilhelm von Brandenburg, 23 Bde., Berlin 1864 – 1930.

Varnhagen von Ense 1868–1869
Karl August Varnhagen von Ense, Blätter aus der preußischen Geschichte, 5 Bde., Leipzig 1868–1869.

Vehse 1851
Carl Eduard Vehse, Geschichte des preußischen Hofs und Adels und der preußischen Diplomatie, Bd. 2: Geschichte der deutschen Höfe seit der Reformation, Hamburg 1851.

Via regia, Kat. 2011
Via regia. 800 Jahre Bewegung und Begegnung, Ausstellung Görlitz, Kaisertrutz, hg. v. Roland Enke u. Bettina Probst, Dresden 2011.

Vogel 2011
Lutz Vogel, Aufnehmen oder Abweisen? Die Einwanderung von Böhmen und Preußen in die sächsische Oberlausitz im frühen 19. Jahrhundert, in: Ders. / Katrin Lehnert (Hg.), Transregionale Perspektiven. Kleinräumige Mobilität und Grenzwahrnehmung im 19. Jahrhundert (= Bausteine aus dem Institut für Sächsische Geschichte und Volkskunde 20), Dresden 2011, S. 43–67.

Vogel 2014
Lutz Vogel, Aufnehmen oder abweisen? Kleinräumige Migration und Einbürgerungspraxis in der sächsischen Oberlausitz 1815 bis 1871, Leipzig 2014.

Voigt 1917
Christian Voigt, Die Lustschiffe Friedrichs I. von Preußen, in: Erforschtes und Erlebtes aus dem alten Berlin. Festschrift zum 50jährigen Jubiläum des Vereins für die Geschichte Berlins (= Schriften des Vereins für die Geschichte Berlins 50), Berlin 1917, S. 521–547.

Völkel 2012
Michaela Völkel, Meissen on my mind. Die Königliche Porzellanmanufaktur im internationalen Wettstreit, in: Friederisiko. Friedrich der Grosse, Bd. 1: Die Ausstellung, Ausstellung Potsdam, Neues Palais in Sanssouci, München 2012, S. 378–381.

Vordtriede 1988
Werner Vordtriede (Hg.), Achim und Bettina in ihren Briefen. Briefwechsel von Achim von Arnim und Bettina Brentano, Bd. 2, Frankfurt am Main 1988.

Vötsch 2000
Jochen Vötsch, Um Einheit und Erhalt. Die kurfürstlichen Sammlungen als Hausfideikommiß 1737/47, in: Dresdener Kunstblätter 44 (2000), 6, S. 181–185.

Vötsch 2002
Jochen Vötsch, Konfession und Dynastie. Zum politischen Testament des sächsischen Kurfürsten Friedrich Augusts III. (1787), in: Neues Archiv für sächsische Geschichte 73 (2002), S. 63–86.

Vötsch 2003
Jochen Vötsch, Kursachsen, das Reich und der mitteldeutsche Raum zu Beginn des 18. Jahrhunderts, Frankfurt am Main / Berlin / Bern 2003.

Vötsch 2005
Jochen Vötsch, Flemming, Jacob Heinrich Graf von, in: Sächsische Biografie, hg. v. Institut für Sächsische Geschichte und Volkskunde e. V., bearb. v. Martina Schattkowsky, 26. 10. 2005, http://saebi.isgv.de/biografie/Jakob_Heinrich_von_Flemming_(1667–1728), Stand: 12. 02. 2014.

Vötsch 2009
Jochen Vötsch, Ein Testament Augusts des Starken von 1711, in: Neues Archiv für sächsische Geschichte 80 (2009), S. 249–262.

Vötsch 2014
Jochen Vötsch, Besser (seit 1690 von Besser) Johann, in: Sächsische Biografie, hg. v. Institut für Sächsische Geschichte und Volkskunde e. V., bearb. v. Martina Schattkowsky, 30. 01. 2014, http://saebi.isgv.de/biografie/Johann_von_Besser_(1654–1729), Stand: 12. 02. 2014.

Wackernagel 2002
Rudolf H. Wackernagel (Hg.), Staats- und Galawagen der Wittelsbacher. Kutschen, Schlitten und Sänften aus dem Marstallmuseum Schloß Nymphenburg, 2 Bde., München 2002.

Watzdorf 1962
Erna von Watzdorf, Johann Melchior Dinglinger. Der Goldschmied des deutschen Barock, 2 Bde., Berlin 1962.

Weber, K. 1866
Karl von Weber, Über Turniere und Kampfspiele, in: Archiv für sächsische Geschichte 4 (1866), S. 337–384.

Weber, K. 1871
Karl von Weber, Anna Constantia von Cossell. Nach archivalischen Quellen, in: Archiv für Sächsische Geschichte 9 (1871), S. 1–78 u. S. 113–164.

Weber, K. 1872
[Karl von Weber], Das politische Testament des Kurfürsten Friedrich August III. 1787, in: Archiv für die sächsische Geschichte 10 (1872), S. 337–390.

Weber, P. 2006
Peter Weber, Lessings ›Minna von Barnhelm‹, in: Ders. / Iwan-Michelangelo D'Aprile / Winfried Siebers (Hg.), Literarische und politische Öffentlichkeit. Studien zur Berliner Aufklärung (= Aufklärung und Europa 19), Berlin 2006, S. 61–104.

Webster 1919
Charles K. Webster, The Congress of Vienna 1814–1815, London 1919.

Weddingen 2009
Tristan Weddingen, Ein Modell für die Geschichte der Kunst. Die Hängung der Dresdener Gemäldegalerie zwischen 1747 und 1856, in: Dresdener Kunstblätter 1 (2009), S. 44–58.

Wehler 1987
Hans Ulrich Wehler, Deutsche Gesellschaftsgeschichte, Bd. 1: Vom Feudalismus des Alten Reiches bis zur Defensiven Modernisierung der Reformära 1700–1815, München 1987.

Weinart 1777
Benjamin Gottfried Weinart, Topographische Geschichte der Stadt Dresden und der um dieselbe herum liegenden Gegenden, Dresden 1777 [ND Leipzig 1974].

Weinart 1791
Benjamin Gottfried Weinart, Versuch einer Litteratur der Sächsischen Geschichte und Staatskunde, Tl. 2: Litteratur der Geschichte, Dresden / Leipzig 1791.

Wenzeslaus von Knobelsdorff, Kat. 1999
»Zum Maler und zum grossen Architekten geboren«. Georg Wenzeslaus von Knobelsdorff, 1699–1753, Ausstellung Berlin, Schloss Charlottenburg, hg. v. d. Stiftung Preußische Schlösser und Gärten Berlin-Brandenburg, Berlin 1999.

Wiegand 2008
Peter Wiegand, Neue Interessen und neue Gesichtspunkte – Friedrich August I. von Sachsen als Verbündeter Napoleons, in: Guntram Martin / Jochen Vötsch / Peter Wiegand (Hg.), 200 Jahre Königreich Sachsen. Beiträge zur sächsischen Geschichte im napoleonischen Zeitalter (= Saxonia. Schriften des Vereins für sächsische Landesgeschichte 10), Beucha 2008, S. 82–122.

Wiessner 1864
Moritz Wiessner, Die Akademie der bildenden Künste zu Dresden von ihrer Gründung 1764 bis zum Tode v. Hagedorns 1780. Eine Studie zu einer künftigen Geschichte der Königl. Akademie der bildenden Künste als Festschrift zu der Feier des 100jährigen Bestehens der letzteren, Leipzig 1864.

Willms 2008
Johannes Willms, Napoleon, 2. Aufl., München 2008.

Windt 1999
Franziska Windt, »Es zerstreut, die schönen Porzellane anzuordnen«, in: Sophie Charlotte und ihr Schloss. Ein Musenhof des Barock in Brandenburg-Preußen, Ausstellung Berlin, Schloss Charlottenburg, München / London / New York 1999, S. 153–159.

Wittwer 2007
Samuel Wittwer, Liaisons fragiles. Exchanges of gifts between Saxony and Prussia in the early Eighteenth century, in: Maureen Cassidy-Geiger (Hg.), Fragile diplomacy. Meissen Porcelain for European Courts ca. 1710–63, New York 2007, S. 87–109.

Wolff 1914
Richard Wolff (Hg.), Vom Berliner Hofe zur Zeit Friedrich Wilhelms I. Berichte des Braunschweiger Gesandten in Berlin 1728–1733 (= Schriften des Vereins für die Geschichte Berlins 48/49), Berlin 1914.

Wollgast 1996
Siegfried Wollgast, Leibniz, Tschirnhaus und der Dresdner Sozietätsplan, in: Sitzungsberichte der Leibniz-Sozietät 13 (1996), S. 73–96.

Wrede 2004
Martin Wrede, Das Reich und seine Feinde. Politische Feindbilder in der reichspatriotischen Publizistik zwischen Westfälischem Frieden und Siebenjährigem Krieg (= Veröffentlichungen des Instituts für Europäische Geschichte Mainz 196; Beiträge zur Sozial- und Verfassungsgeschichte des Alten Reiches 15), Mainz 2004.

Wuttke 1890
Robert Wuttke, Die Einführung der Land-Accise und der Generalkonsumtionsaccise in Kursachsen auf Grund von archivalischen Quellen dargestellt, Leipzig-Reudnitz 1890.

Zamoyski 2012
Adam Zamoyski, 1812. Napoleons Feldzug in Russland, übers. v. Ruth Keen u. Erhard Stölting, München 2012.

Zaunick 2001
Rudolph Zaunick, Ehrenfried Walther von Tschirnhaus, Dresden 2001.

Zedler 1735
Johann Heinrich Zedler (Hg.), Grosses vollständiges Universal Lexicon aller Wissenschaften und Künste, Welche bißhero durch menschlichen Verstand und Witz erfunden und verbessert worden, Bd. 11, Halle/Leipzig 1735, s.v. Grentze, Sp. 831–843.

Zeil 1996
Wilhelm Zeil, Sorabistik in Deutschland. Eine wissenschaftsgeschichtliche Bilanz aus fünf Jahrhunderten, Bautzen 1996.

Zernack 1994
Klaus Zernack, Polen und Russland. Zwei Wege in der europäischen Geschichte (= Propyläen Geschichte Europas, Ergänzungsbd.), Berlin 1994.

Zeumer 1913
Karl Zeumer (Hg.), Quellensammlung zur Geschichte der Deutschen Reichsverfassung in Mittelalter und Neuzeit, Tübingen 1913.

Zezschwitz 1864
Joseph Friedrich von Zezschwitz, Mittheilungen aus den Papieren eines sächsischen Staatsmannes, 2. Aufl., Dresden 1864.

Zukunft seit 1560, Kat. 2010
Zukunft seit 1560. Von der Kunstkammer zu den Staatlichen Kunstsammlungen Dresden, Bd. 1: Die Ausstellung, Ausstellung Dresden, Residenzschloss, hg. v. Karin Kolb/Gilbert Lupfer u. Martin Roth, Dresden/Berlin/München 2010.

Zwahr 1990
Hartmut Zwahr (Hg.), Meine Landsleute. Die Sorben und die Lausitz im Zeugnis deutscher Zeitgenossen, Von Spener und Lessing bis Pieck, 2. Aufl., Bautzen 1990.

Zwahr 1997/98
Hartmut Zwahr, Die Sorben. Geschichte einer Selbstbehauptung zwischen Reformation und Erstem Weltkrieg, in: Herbergen der Christenheit. Jahrbuch für deutsche Kirchengeschichte 21/22 (1997/98), S. 49–68.

Personenregister

d. Ä.	= der Ältere
d. J.	= der Jüngere
DtKR	= Deutsches Kaiserreich
geb.	= geborene
gen.	= genannt
HRR	= Heiliges Römisches Reich
Kf	= Kurfürst
Kg/Kgn	= König/Königin
MG	= Markgraf
S. (8)	= Person taucht nicht namentlich auf
verh.	= verheiratet

A

B

C

D

E

F

G

H

I

J

K

L

M

N

O

P

Q

R

S

T

U

V

W

X

Z

Bildnachweis

Die Namen in Klammern nach den Katalognummern bzw. Seitenzahlen verweisen auf den Fotografen.

Ahlsdorf, Privatbesitz Familie Meuschel-Wehner: S. 294, 296 akg-images: S. 61, 485
Altena, Museen Burg Altena: 1|12 (Klaus Sauerland)
Amsterdam, Rijksmuseum Amsterdam: S. 263
Aukrug, Dr. Thomas Habeck: 2|12, 6|47

Barnard Castle, The Bowes Museum: 1|8
Basel, HMB – Historisches Museum, Depositum der Pauls-Eisenbeiss-Stiftung: 5|15 (Jürgen Karpinski)
Bautzen, Domkapitel St. Petri: S. 432 (Jürgen Matschie)
Bautzen, Domschatzkammer St. Petri: 3|6 (Jürgen Matschie)
Bautzen, Sorbisches Institut Bautzen: S. 430, S. 431 (Hana Schön), S. 435
Bautzen, Staatsfilialarchiv Bautzen: S. 400
Bautzen, Stadtarchiv Bautzen: S. 414
Bautzen, Stadtmuseum Bautzen: S. 413 (Jürgen Matschie)
Beelitz, Alte Posthalterei – Beelitzer Heimatmuseum: S. 41 (Thomas Kläber)
Berlin, Akademie der Künste, Kunstsammlung: 6|73
Berlin, AMIGA: S. 26 (M. Kempfer, G. Lüttig)
Berlin, Archiv der Berlin-Brandenburgischen Akademie der Wissenschaften, Abt. Sammlungen, Gelehrtengemälde: 2|29 (Holger Kupfer)
Berlin, Evangelische Kirchengemeinde St. Petri-St. Marien: 3|4 (Andreas Mieth)
Berlin, Geheimes Staatsarchiv Preußischer Kulturbesitz, Bildstelle: 1|16, 4|18, 5|27, 7|3, 7|6, 7|8, 7|42, S. 72, S. 75, 178, 180, 272, 392, 405, 417
Berlin, Jürgen Luh: S. 171, 172
Berlin, KPM-Porzellansammlung des Landes Berlin: 5|12 (Wolfgang Pfauder)
Berlin, Marcus Müller-Witte: S. 36, 40
Berlin, Museum für Naturkunde Berlin, Historische Bild- und Schriftgutsammlungen: 6|60, 6|61
Berlin, Museum für Naturkunde Berlin, Hwa Ja Götz: 6|66, 6|78, 6|79, 6|80
Berlin, Staatliche Museen zu Berlin – Preußischer Kulturbesitz, Kunstbibliothek: 4|4
Berlin, Staatliche Museen zu Berlin – Preußischer Kulturbesitz, Kunstgewerbemuseum: 2|35 (Lothar Lambacher)
Berlin, Staatliche Museen zu Berlinn – Preußischer Kulturbesitz, Kupferstichkabinett: 2|43
Berlin, Staatliche Museen zu Berlin – Preußischer Kulturbesitz, Münzkabinett: S. 281, S. 283 o., S. 283 mi., S. 283 u.
Berlin, Staatsbibliothek zu Berlin – Preußischer Kulturbesitz: 2|5, 2|27, 2|28, 4|6, 4|7, 4|12, 5|20, 5|25, 6|2, 6|5, 6|8, 6|10, 6|13, 6|14, 6|15, 6|16, 6|19, 6|20, 6|21, 6|25, 6|32, 6|36, 6|38, 6|43, 6|55, 6|57, S. 77, 276, S. 385
Berlin, Stiftung Deutsches Historisches Museum: 1|13, 1|14, 2|21, 4|9, 5|17, 5|19, 5|23, 5|33, 6|52, 7|24, 7|38, S. 290, 487
Berlin, Stiftung Stadtmuseum Berlin: 2|6, 2|34, 2|40 (Michael Setzpfandt), 3|2 (Hans-Joachim Bartsch), 5|13 (Michael Setzpfandt), 5|22 (Michael Setzpfandt), 6|51 (Michael Setzpfandt), 6|58 (Michael Setzpfandt), S. 35
Berlin, Ute Seiler: 4|17
Berlin, Walter de Gruyter & Co.: S. 419
Bildarchiv Schloss Weesenstein: S. 217 (Herbert Boswank)
bpk: 7|7, 7|30, S. 27 (Berlin, Staatsbibliothek zu Berlin | Ruth Schacht), S. 29 (Herbert Hensky), S. 105, S. 119 (RMN – Grand Palais | Jean-Marc Manaï), S. 120 (RMN – Grand Palais | Jean-Gilles Berizzi), S. 122 u. (Staatliches Museum Schwerin | Gabriele Bröcker), S. 123 u. (Staatliches Museum Schwerin | Gabriele Bröcker), S. 218 (Kupferstichkabinett, SMB | Jörg P. Anders), S. 264 (Antikensammlung, SMB | Johannes Laurentius), S. 333 (Asmus Steuerlein), S. 334 (Museum der bildenden Künste, Leipzig | Ursula Gerstenberger), S. 335 (Gemäldegalerie, SMB | Jörg P. Anders), S. 376 (RMN – Grand Palais), S. 437 (Hamburger Kunsthalle | Christoph Irrgang), S. 438 (Hermann Buresch)
Brandenburg an der Havel, Stadtmuseum Brandenburg an der Havel: S. 70
Bremen, Nils Viebahn: 6|74
Burg Hohenzollern, Verwaltung Burg Hohenzollern: 2|11 (Roland Beck)

Chemnitz, Schloßbergmuseum Chemnitz: S. 408
Coburg, Kunstsammlungen der Veste Coburg: S. 130
Cottbus, Stadtarchiv Cottbus: 7|21 (Udo Bauer)

Dessau-Roßlau, Anhaltische Gemäldegalerie Dessau: 4|13, S. 188
Dessau-Roßlau, Team VIERZIG A, Ulrich Lange: S. 496-505
Doberlug-Kirchhain, Carsten Hoffmann: S. 39
Doorn, Huis Doorn: 1|9 (Jörg P. Anders)
Dresden, David Brandt: 7|44
Dresden, Historisches Archiv der Staatsoper Dresden: S. 279 (Matthias Creutziger)
Dresden, Militärhistorisches Museum der Bundeswehr: 4|15

Dresden, Sächsische Landesbibliothek – Staats- und Universitätsbibliothek Dresden: 1|6 (Klaus-Dieter Schumacher), 2|41 (Klaus-Dieter Schumacher), 4|2 (Klaus-Dieter Schumacher), 4|5, 5|4 (Klaus-Dieter Schumacher), 6|68, 6|69, 6|71, 6|72, 7|31, 7|33, S. 48 (Klaus-Dieter Schumacher), S. 106 (Klaus-Dieter Schumacher), S. 110 (Klaus-Dieter Schumacher, Kartenvorlage), S. 112 (Klaus-Dieter Schumacher), S. 258 (Klaus-Dieter Schumacher), S. 274 (Klaus-Dieter Schumacher), S. 289 (Klaus-Dieter Schumacher), S. 293 (Regine Richter), S. 377, 378 (Klaus-Dieter Schumacher), S. 379, 380, 383, 489

Dresden, Sächsisches Staatsarchiv, Hauptstaatsarchiv Dresden: 7|10, 7|11, 7|12, 7|15, 7|18, S. 416, 440

Dresden, Staatliche Kunstsammlungen Dresden, Galerie Neue Meister: S. 409 (Elke Estel, Hans-Peter Klut)

Dresden, Staatliche Kunstsammlungen Dresden, Gemäldegalerie Alte Meister: 2|26 (Elke Estel, Hans-Peter Klut), 2|37 (Hans-Peter Klut), 5|18 (Elke Estel, Hans-Peter Klut), 5|34 (Elke Estel, Hans-Peter Klut), 7|19 (Jürgen Karpinski), S. 30 (Hans-Peter Klut), S. 46 (Elke Estel, Hans-Peter Klut), S. 50 (SKD), S. 54 (Hans-Peter Klut), S. 58 (Elke Estel, Hans-Peter Klut), S. 59 (Hans-Peter Klut), S. 207 (Hans-Peter Klut), S. 213 (Hans-Peter Klut), S. 223 (Elke Estel, Hans-Peter Klut), S. 247 (Hans-Peter Klut), S. 256 (Elke Estel, Hans-Peter Klut), S. 266 (Elke Estel, Hans-Peter Klut), S. 267 (Hans-Peter Klut), S. 275 (Elke Estel, Hans-Peter Klut), S. 340 (Elke Estel), S. 341 (Hans-Peter Klut), S. 342 (Elke Estel, Hans-Peter Klut), S. 375 (Hans-Peter Klut), S. 426 (Hans-Peter Klut)

Dresden, Staatliche Kunstsammlungen Dresden, Grünes Gewölbe: 1|18 (Jürgen Karpinski), 1|20 (Jürgen Karpinski), 2|16 (Bildarchiv Grünes Gewölbe), 2|22 (Jürgen Karpinski), 2|33 (Jürgen Karpinski), 2|36 (Jürgen Karpinski), S. 125 (Jürgen Karpinski), S. 126 (Jürgen Karpinski), S. 127 (Jürgen Karpinski), S. 208 (Jürgen Karpinski),

Dresden, Staatliche Kunstsammlungen Dresden, Kunstgewerbemuseum: 1|19, 4|3, S. 118 (Hans-Peter Klut)

Dresden, Staatliche Kunstsammlungen Dresden, Kupferstichkabinett: 5|6 (Herbert Boswank), S. 117 (Herbert Boswank), S. 277 (Herbert Boswank), S. 422

Dresden, Staatliche Kunstsammlungen Dresden, Münzkabinett: 7|1, 7|14

Dresden, Staatliche Kunstsammlungen Dresden, Porzellansammlung: 2|20 (Elke Estel, Hans-Peter Klut), 2|32 (Elke Estel, Hans-Peter Klut), 5|10 (Jürgen Karpinski), 7|17 (Jürgen Lösel), 7|39 (Herbert Jäger), S. 211 (Jürgen Karpinski)

Dresden, Staatliche Kunstsammlungen Dresden, Rüstkammer: 1|15 (Jürgen Karpinski), 1|17 (Elke Estel, Hans-Peter Klut), 2|9 (Elke Estel, Hans-Peter Klut), 2|24 (Elke Estel, Hans-Peter Klut), S. 23 (Elke Estel, Hans-Peter Klut), S. 82 (Elke Estel, Hans-Peter Klut), S. 123 o. (Jürgen Lösel), S. 219 (Hans-Peter Klut), S. 484 (Hans-Peter Klut)

Dresden, Staatliche Kunstsammlungen Dresden, Skulpturensammlung: 2|17 (Elke Estel, Hans-Peter Klut), 2|18 (Hans-Peter Klut), S. 259 (Jürgen Karpinski)

Dresden, Städtische Galerie Dresden – Kunstsammlung, Museen der Stadt Dresden: 3|5, 5|5, 5|24, 7|13, 7|23, S. 486 (Walter Möbius)

Dresden, Stadtmuseum Dresden: 7|16, 7|22, 7|25, 7|29, 7|37, S. 38 (Franz Zadnicek)

Forst (Lausitz), Stadtarchiv: S. 226

Freiberg, Technische Universität Bergakademie Freiberg: 6|75 (Michael Schwan), 6|77 (Michael Schwan)

Freiberg, Technische Universität Bergakademie Freiberg, Universitätsbibliothek »Georgius Agricola«: 6|76

Freital, Städtische Sammlungen Freital auf Schloss Burgk: 7|26

Görlitz, Kulturhistorisches Museum Görlitz: 6|3, 6|59, 6|63, 6|65

Görlitz, Oberlausitzische Bibliothek der Wissenschaften: S. 415

Görlitz, Oberlausitzische Gesellschaft der Wissenschaften e. V.: 6|62, 6|64

Greifswald, Pommersches Landesmuseum: 4|14

Halberstadt, Gleimhaus: 6|37, 6|46, 6|48, 6|49, 6|50, 6|53, 6|67, S. 331 li. (Ulrich Schrader)

Halberstadt, Moses Mendelssohn Akademie Halberstadt: S. 177

Halberstadt, Städtisches Museum Halberstadt: 3|7, S. 181

Halberstadt, Ulrich Schrader: S. 182

Halle (Saale), Fotosammlung Salzwirker-Brüderschaft im Thale zu Halle: S. 214 (Klaus E. Göltz), S. 215 (Karin Böhme)

Halle (Saale), Franckesche Stiftungen zu Halle: S. 64

Halle (Saale), Martin-Luther-Universität Halle-Wittenberg, Universitäts- und Landesbibliothek Sachsen-Anhalt: S. 395

Halle (Saale), Martin-Luther-Universität Halle-Wittenberg, Universitätsarchiv: S. 65

Halle (Saale), Martin-Luther-Universität Halle-Wittenberg, Zentrale Kustodie: S. 67, S. 329

Halle (Saale), Reinhard Hentze: S. 393

Hannover, Museum August Kestner: 2|3 (Christian Tepper)

Hechingen, Haus Hohenzollern, SKH Georg Friedrich Prinz von Preußen: 2|39 (Jörg P. Anders), S. 212 (Jörg P. Anders), S. 343 (Roland Handrick)

Herrnhut, Heimatmuseum: 3|8

Herrnhut, Unitätsarchiv der Evangelischen Brüder-Unität: 3|9, 3|10, 3|11, S. 185, 186, 187

Idar-Oberstein, Deutsches Mineralienmuseum: 2|8

IMAGNO / brandstätter images: S. 388

Jüterbog, Museum im Mönchenkloster Jüterbog: 4|8 (Dietmar Fuhrmann)

Kamenz, Lessing-Museum Kamenz: 6|1

Königswartha, Hans-Joachim Gawor: S. 401, S. 492

Leipzig, Christoph Sandig: 1|3, S. 62

Leipzig, Museum der bildenden Künste Leipzig, Porträtsammlung der Kramermeister Leipzig, Leihgabe der Industrie- und Handelskammer zu Leipzig: 1|5

Leipzig, PUNCTUM / Bertram Kober: S. 338 o.

Leipzig, Sondersammlungen der Universitätsbibliothek Leipzig: 6|6, 6|29, 6|45, 6|30

Leipzig, Stadtgeschichtliches Museum Leipzig: 1|1, 1|2 (Heize), 1|4, 6|56, 7|27, 7|36, S. 399

Leipzig, Universität Leipzig, Kustodie: 6|54, S. 330 (Marion Wenzel), S. 331 re. (Marion Wenzel)

London, British Museum: S. 483

Löwenberger Land, Evangelische Kirchengemeinde Neuholland: 3|3 (Wilmar Müller)

Lübbenau, Gräflich zu Lynarsche Schloßverwaltungs GbR: 4|16 (Wolfgang Scholvien)

Luckau, Evangelische Kirchengemeinde St. Nikolai: 3|1 (Thomas Kläber)

Magdeburg, Kulturhistorisches Museum: 1|10 (Hans-Wulf Kunze)

Magdeburg, Stadtarchiv: 1|11

Münster, LWL-Museum für Kunst und Kultur: S. 80 (Hanna Neander)

Nürnberg, Germanisches Nationalmuseum: S. 254

Ostritz, Tilo Böhmer, Marita Böhmer: S. 398

Passeier, Museum Passeier, Tiroler Matrikelstiftung: S. 389
Potsdam, Brandenburgisches Landeshauptarchiv: S. 420, 421, 424, 425
Potsdam, Haus der Brandenburgisch-Preußischen Geschichte: S. 31 (Stephan Gutschmidt), S. 295 (Ewa Gossart), S. 297 (Ewa Gossart)
Potsdam, Potsdam Museum – Forum für Kunst und Geschichte: 5|7 (Michael Lüder)
Potsdam, Stiftung Deutsches Rundfunkarchiv, Babelsberg: S. 25 (Heinz Pufahl), S. 490 (Heinz Pufahl), S. 491 (Heinz Pufahl)
Potsdam, Stiftung Preußische Schlösser und Gärten Berlin-Brandenburg: 2|15 (Jörg P. Anders), 2|23 (Daniel Lindner), 2|42 (Walter Steinkopf), 5|1 (Roland Handrick), 5|8 (Daniel Lindner), 5|9 (Roland Handrick), 5|11 (Katrin Engelmann), 5|14 (Roland Handrick), 5|29 (Daniel Lindner), S. 53 (Roland Handrick), S. 56 (Roland Handrick), S. 57 re. (Wolfgang Pfauder), S. 83 (Wolfgang Pfauder), S. 115 (Roland Handrick), S. 116 (Roland Handrick), S. 122 o. (Roland Handrick), S. 133, S. 190 (Roland Handrick), S. 203 (Roland Handrick), S. 204 (Roland Handrick), S. 253 (Roland Handrick), S. 261 (Wolfgang Pfauder), S. 269 (Jörg P. Anders), S. 271 (Daniel Lindner), S. 332 (Jörg P. Anders), S. 337 (Jörg P. Anders), S. 338 u. (Roland Handrick), S. 339 (Wolfgang Pfauder)
Potsdam, Universitätsbibliothek: 6|70
Privatbesitz: 7|4

Schildau, Evangelisches Pfarramt im Kirchspiel Schildau: 5|35 (Matthias Schulze)
Schönberg'sche Stiftung: S. 220
Schwerin, Staatliches Museum Schwerin: 2|25
Sölden, Christian Zander: S. 287
St. Petersburg, Staatliche Eremitage: S. 129
Stockholm, Livrustkammaren: 5|16 (Göran Schmidt)
Straßburg, Musées de Strasbourg: 4|1 (M. Bertola)

Trier, Stadtbibliothek / Stadtarchiv Trier: 2|30 (Anja Runkel)
Turin, GAM – Galleria Civica d'Arte Moderna e Contemporanea: 7|2

Valençay, Schloss Valençay: 7|35

Warschau, Muzeum Narodowe w Warszawie: 2|1 (Wilczynski Krzysztof), 2|2 (Ligier Piotr), 2|10 (Ligier Piotr), 2|38 (Ligier Piotr), S. 246 (Reszka Zbigniew), S. 249 (Ligier Piotr), S. 251 (Wilczynski Krzysztof)
Warschau, Zamek Królewski w Warszawie: 2|14 (Andrzej Ring, Lech Sandzewicz), S. 245 (Andrzej Ring, Lech Sandzewicz)
Weißenfels, Museum Weißenfels – Schloss Neu-Augustusburg: 1|7, S. 47
Wien, Heeresgeschichtliches Museum Wien: S. 78
Wien, Kunsthistorisches Museum Wien: S. 57 li.
Wien, Österreichische Nationalbibliothek: S. 406
Wikimedia Commons: S. 28 (Stefan Fussan), S. 284 (Beek100), S. 386
Wikipedia: S. 396
Wittenberg, Städtische Sammlungen Lutherstadt Wittenberg: 7|43
Wolfenbüttel, Herzog August Bibliothek Wolfenbüttel: S. 45, 428
Würzburg, Universitätsbibliothek Würzburg: S. 81

Zeitz, Grafiksammlung Museum Schloss Moritzburg Zeitz: S. 410
Zossen, Brandenburgisches Landesamt für Denkmalpflege und Archäologisches Landesmuseum: 5|28 (Detlef Sommer)

Die Herausgeber haben sich bis Produktionsschluss intensiv bemüht, alle Inhaber von Abbildungsrechten ausfindig zu machen. Personen und Institutionen, die möglicherweise nicht erreicht wurden und Rechte an verwendeten Abbildungen beanspruchen, werden gebeten, sich nachträglich mit dem Haus der Brandenburgisch-Preußischen Geschichte in Verbindung zu setzen.

Impressum Ausstellung

Eine Ausstellung des Hauses
der Brandenburgisch-Preußischen Geschichte (HBPG),
veranstaltet in Zusammenarbeit
mit der Stadt Doberlug-Kirchhain.

Unter der gemeinsamen Schirmherrschaft
des Ministerpräsidenten des Landes Brandenburg
Dr. Dietmar Woidke
und des Ministerpräsidenten des Freistaates Sachsen
Stanislaw Tillich.

Konzeption
Anne-Katrin Ziesak und Peter Langen

Gesamtleitung
Dr. Kurt Winkler, Direktor des HBPG

Leitung Ausstellung, Publikationen, Vermittlung
Anne-Katrin Ziesak

Wissenschaftliche Mitarbeit
Peter Langen

Wissenschaftliche Recherchen
Dr. Diana Stört (Szene 6), Dr. Ines Elsner, Drs. André van der Goes,
Dr. Ewa Gossart, Stephan Gutschmidt, Dr. Simone Neuhäuser

Organisation und Leihverkehr
Dr. Ewa Gossart
Monika Hingst (Ausstellungsorganisation HBPG)

Kulturelle Bildung, Museumspädagogik, Vermittlung
Dana Kresse
Ulrike Strube (Konzeption Schülerfahrten)

Kommunikation und Marketing
Elke Scheler
Christine Oehrlein (Werbegrafik, Mediaplanung)
Dr. Antje Frank (Pressearbeit, Medienpartnerschaften)
Kirsten Foemmel (Marketing, Social Media)
Christian Huber (Assistenz)

Organisation, Finanzen, Betrieb
Samo Darian, relations*
Katja Meyer (Stellv. Leitung)
Theresia Gebauer (Leitung Verwaltung HBPG)

Veranstaltungen, Kooperation, Sponsoring, Ticketing
Bettina Scharf
Christin Münch (Veranstaltungskalender)

Besucherservice
Ulrike Strube
Karina Wisniewski (Stellv. Leitung)
Kerstin Petzold (Mitarbeit Besucherservice / Schülerfahrten)
Ina Plitta (Mitarbeit Schülerfahrten / Buchungen)

Ausstellungsarchitektur und Corporate Design
gewerkdesign, Berlin

Bauleitung
Riepe Ausstellungsbau, Bernau bei Berlin

Ausstellungsbau
Schreinerei Langner, Sondershausen

Ausstellungsgrafik
Team VIERZIG A, Dessau

Lichtgestaltung
Paul Robert Göschel, Dresden

Restauratorische Betreuung
York Rieffel
Ute Seiler
Mirah von Wicht

Objekteinrichtung
Zehnpfennig und Weber GbR, Berlin

Trailer und biografische Filmstationen
Hochschule für Film und Fernsehen »Konrad Wolf«
in Potsdam-Babelsberg

Technische Medienplanung
verbrueggen av medien, Berlin

Audioguide
Acoustiguide GmbH

Kunsttransporte
Hasenkamp Internationale Transporte GmbH

Besucherleitsystem
Büro für Besucherorientierung, Denis Schäfer

Ticketing
Museum & Service Betriebsgesellschaft
der Staatlichen Museen zu Berlin mbH

Ausstellungsbetrieb
WWS Strube GmbH

Website
Kai-Britt Albrecht, historikerin.de,
christian.bimm.coers (Gestaltung)

www.brandenburgische-landesausstellung.de

Partner und Förderer

Die Erste Brandenburgische Landesausstellung wäre ohne die Unterstützung der Partner und Förderer nicht möglich geworden. Dafür danken wir

HAUPTFÖRDERER

LAND BRANDENBURG

KULTUR STIFTUNG · DER LÄNDER

Ostdeutsche Sparkassenstiftung gemeinsam mit der Sparkasse Elbe-Elster

Landkreis Elbe-Elster …hier spielt die Musik

HAUPTSPONSOR

VATTENFALL

UNTERSTÜTZER

Investitionsbank des Landes Brandenburg ILB

BAD LIEBENWERDA MINERALQUELLEN

BASF The Chemical Company

Freunde des HBPG e.V.

Kultur macht STARK Bündnisse für Bildung

Gefördert vom Bundesministerium für Bildung und Forschung

von uns für uns museum-macht-stark.de

KOOPERATIONSPARTNER

kulturland brandenburg 2014
PREUSSEN SACHSEN BRANDENBURG
nachbarschaften im wandel

BUGA2015
Havelregion
18.4.-11.10.

idpraxis

Förderverein Lausitz e.V.

HFF Konrad Wolf

TOURISTISCHE PARTNER

I Love FiwA
Für Finsterwalde
Sängerstadtmarketing e.V.

Elbe-Elster-Land
Bewegt jeden.

TMB Tourismus-Marketing Brandenburg GmbH

MOBILIÄTSPARTNER

VBB
Verkehrsverbund Berlin-Brandenburg
Alles ist erreichbar.

DB BAHN
Regio Nordost

MEDIENPARTNER

rbb FERNSEHEN

INFOradio rbb

kulturradio rbb

mdr

Märkische Allgemeine

LAUSITZER RUNDSCHAU
TÄGLICH. LESEN. INFORMIERT.

WISSENSCHAFTLICHE PARTNER

Universität Potsdam

TECHNISCHE UNIVERSITÄT DRESDEN

STIFTUNG
PREUSSISCHE SCHLÖSSER UND GÄRTEN
BERLIN-BRANDENBURG

STAATLICHE KUNSTSAMMLUNGEN DRESDEN

ISGV
Institut für Sächsische Geschichte und Volkskunde e.V.

LAND BRANDENBURG
Brandenburgisches Landesamt für Denkmalpflege und Archäologisches Landesmuseum

SORBISCHES INSTITUT

blha
Brandenburgisches Landeshauptarchiv

EUROPÄISCHE UNION
Europäischer Fond für regionale Entwicklung
Investition in Ihre Zukunft!

Die Sanierung des Schlosses Doberlug erfolgt
aus Mitteln des Europäischen Fonds für regionale Entwicklung (EFRE).

Gremien

FACHBEIRAT

Sprecher

Prof. Dr. Frank Göse
Historisches Institut Universität Potsdam

Prof. Dr. Winfried Müller
Direktor des Instituts für Sächsische Geschichte und Volkskunde e. V.

weitere Mitglieder (in alphabetischer Reihenfolge)

Dr. Rainer Aurig
Sächsisches Staatsministerium für Wissenschaft und Kunst

Prof. Peter Badel
Hochschule für Film und Fernsehen »Konrad Wolf« Potsdam-Babelsberg

Dr. Rainer Ernst
Leiter Kreismuseum Finsterwalde

Brigitte Faber-Schmidt
Geschäftsführerin der Brandenburgischen Gesellschaft für Kultur und Geschichte gGmbH/Kulturland Brandenburg

Prof. Dr. Heinz-Dieter Heimann
Historisches Institut Universität Potsdam

Pfarrer Dr. Volker Jastrzembski
Evangelisches Konsistorium Berlin

Dr. Uwe Koch
Ministerium für Wissenschaft, Forschung und Kultur des Landes Brandenburg

Dr. Susanne Köstering
Geschäftsführerin des Museumsverbandes des Landes Brandenburg e. V.

Dr. Jürgen Luh
Stiftung Preußische Schlösser und Gärten Berlin-Brandenburg

Dr. Steffen Menzel
Präsident der Oberlausitzischen Gesellschaft der Wissenschaften e. V.

PD Dr. Klaus Neitmann
Direktor des Brandenburgischen Landeshauptarchivs

Bettina Probst
Projektleiterin 3. Sächsische Landesausstellung »Via Regia« (Görlitz 2011), Leiterin der Stabsstelle für das Humboldt-Forum, Stiftung Preußischer Kulturbesitz

Prof. Dr. sc. Dietrich Scholze-Šołta
Direktor des Sorbischen Instituts

Prof. Dr. Franz Schopper
Direktor des Brandenburgischen Landesamtes für Denkmalpflege und Archäologischen Landesmuseums

Gerd Streidt
Direktor der Stiftung Fürst-Pückler-Museum Park und Schloss Branitz

Prof. Dr. Dirk Syndram
Direktor Grünes Gewölbe und Rüstkammer, Staatliche Kunstsammlungen Dresden

Dr. André Thieme
Fachbereich Museen der Staatlichen Schlösser, Burgen und Gärten Sachsen

Dr. Kurt Winkler,
Vorsitzender der Geschäftsführung der Brandenburgischen Gesellschaft für Kultur und Geschichte gGmbH / Haus der Brandenburgisch-Preußischen Geschichte